KB068724

국제형사법

김기준

박영사

책을 펴내면서

국제형사법 체제의 등장은 주권 국가의 전유물로만 여겨져 왔던 형벌권을 국제재판소가 행사하는 크나큰 변화를 의미한다. 국제형사법은 인간의 존엄성을 기반으로 인류의 안녕과 개인의 인권을 보호하려는 목적을 가지며 세계 각국에서 발생하는 중대한 인권 침해와 인류의 평화와 안녕에 대한 거시적 위협에 대처한다. 국제사회가 설립한 국제재판소는 국제형벌권의 실현주체로서 국제범죄가 발생할 경우 해당 지역의 국가가 범죄를 묵인 또는 승인하였는가 여부와 무관하게 국가 주권의 영역 깊숙이 침투하여 국제범죄를 처벌할 수 있다.

이러한 형태의 국제형벌권은 제2차 세계대전 이후 뉘른베르크 재판과 동경 재판에서 최초로 현실화되어 수많은 국제범죄자들을 국제형사법에 근거하여 형사 처벌하였다. 뉘른베르크 재판에 미국 측 검사로 참여한 로버트 잭슨(Robert Jackson) 전 검찰총장 · 대법관은 뉘른베르크 재판을 '지금까지 권력이 이성에게 준 가장 큰 헌정'이라고 평가하였다. 비록 뉘른베르크 재판과 같은 최초 단계의 국제형사법 체제에 대하여는 처벌의 선택성과 소급입법 논란 등을 이유로 '승자의 정의(Victor's Justice)'라는 비판적 관점이 존재하였으나, 국제적 차원에서 발생한 대규모의 잔학행위를 사실적 권력이 아닌 법의 테두리 내에서 형사 처벌하게 된 것은 인류 역사에 있어 커다란 진보로 평가될 수 있을 것이다. 이후 국제형사법 체제는 동서 냉전 기간 등을 거치면서 적지 않은 부침의 과정을 겪었으며 그간의 발전에도 불구하고 시스템의 불완전성 혹은 처벌의 선택성에 대한 문제 등이 아직까지도 존재하는 것이 사실이다. 그러나 전 세계 모든 국가를 재판권의 잠재적 대상으로 하는 상설 국제형사재판소(International Criminal Court)가 설립되고 모호하고 불완전한 형태로 존재하였던 국제형사규범들의 대다수가 로마규정에 명문화됨으로써 국제형사법 체제는 더욱 큰 도약을 향한 새로운 전환점에 다다른 것으로 생각된다. 이제 국제형사법은 국제법의 가장 핵심적인 영역에 자리 잡게 되었으며 향후에도 국가나 거대 권력에 의하여 자행되는 심각한 인권침해 범죄에 더욱더 강력하게 대응해 나감으로써 국제사회의 보편적 정의 실현과 세계의 평화와 안전에 크게 기여하게 될 것이다.

국제형사법 체제와 관련하여 우리가 명심할 점은 개별 국가는 국제형사법 체제에 대한 방관자로만 머물러 있을 수 없다는 점이다. 각 주권 국가들은 국제형사법의 적극적 실행 주체로서의 지위와 자국 국민이 국제형사법의 수동적 규율대상이 되는 이중적 지위를 갖는다.

우선 개별 국가는 국제법인 국제형사법을 국내법에 적극 수용하여 자국 법원에서 국제범죄를 스스로 처벌할 수 있다. 1961년의 아이히만 사건은 국제형사법을 적극 활용한 가장 극적인 사례일 것이다. 처벌 대상 국제범죄가 발생할 당시에는 아이히만의 범죄를 처벌할 수 있는 이스라엘의 법령이 존재하지 않았음은 물론 이스라엘이라는 나라 자체가 존재하지 않았음에도 이스라엘의 정보기관 모사드는 아이히만을 아르헨티나에서 납치한 후 이스라엘 법정에 세워 법의 심판을 받게 하였다. 중국 역시 제2차 대전 이후 모두 13개의 재판소를 설치하여 심각한 범죄를 저지른 일본인 504명에 대한 유죄판결을 선고하고 149명을 처형한 바 있다. 제2차 대전 이후 뉘른베르크와 동경 재판 이외에도 다수 국가의 국내법정에서 국제범죄자들이 처벌되었으며 이 책에서 소개하는 바와 같이 현재에도 세계 각국의 법정에서 다양한 국제범죄에 대한 처벌이 이루어지고 있다. 특히 보편적 관할권에 근거하여 이루어진 유럽 국가에 의한 기소가 범죄 발생 국가의 사법체계에 대한 압력으로 작용하는 이른바 피노체트 효과(Pinochet effect)는 주목할 만한 현상으로 받아들여지고 있다.

국제형벌권이 특정 국가에서 일어난 국제범죄의 처벌에 직접 개입하는 상황은 국가나 정권이 관계된 대규모의 잔학행위와 관련하여 흔히 발생한다. 현 정권의 국가기관이나 국가 유관기관이 관여한 국제범죄를 국가 스스로 제대로 처벌하리라고 기대하기는 어려우며, 심지어 사면 등 면책성 부여를 위한 적극적 조치가 취해지는 경우도 있다. 독재 정권이 무너지고 민주화된 새로운 정권이 권력을 장악하거나 정권 이양이 진행되는 과정인 경우에도 과거 정권과의 마찰 우려나 원만한 정권 이양을 위하여 국제범죄에 대한 처벌이 제대로 이루어지지 않는 상황이 발생할 수 있으며, 국내의 사법체제가 국내적 충돌상황에서 붕괴되거나 아직까지 제대로 발전되어 있지 않아 정상적인 처벌이 불가능한 경우도 있다. 이에 따라 안전보장이사회는 국제형사재판소 설립 이전에도 舊유고 국제형사재판소(International Criminal Tribunal for the Former Yugoslavia, ICTY)와 르완다 국제형사재판소(International Criminal Tribunal for Rwanda, ICTR) 등 임시재판소를 설립하여 특정 국가나 지역 내에서 발생한 일정한 기간 동안의 범죄를 처벌하도록 한 바 있다. 새로이 설립된 국제형사재판소는 개별 국가가 국제범죄를 처벌할 의사나 능력이 없을 경우에만 개입(보충성의 원칙)하는 비상적·대기적 법원의 성격을 가지고 있는 것이 사실이다. 그러나 세계 124개국이 로마규정의 체약당사국으로 가입하였으며 영토주의와 소극적 속인주의 재판권 원칙에 따라 잠재적으로는 전 세계를 국제형사재판소의 재판권 대상으로 하는 까닭에 개별 국가에 대한 실질적 영향력은 매우 강력한 것이다. 따라서 로마규정 성립 이후, 일본 등 일부 국가의 예외가 존재하기는 하나, 로마규정 체약당사국들 대부분은 자국의 국제범죄 관련 사건들을 국제재판소의 관여 없이 스스로 처리할 수 있도록 국제형사규범을 국내법으로 도입하고 이와 관련된 인적·제도적 기반을 확보해 나가고 있다. 이는 국제형사법 체제와 관련한 자주권 확보라는 측면에서 매우 자연스러운 현상으로 생각된다.

이처럼 국제형사법 체제는 국제재판소와 개별 국가들의 밀접한 연계 속에서 기능하고 있으며 국제형사법 체제에 대한 개별국가들의 대응 역시 문제된 상황에 따라 매우 다양한 양상으로 전개되고 있다. 그렇다면 국제형사법 체제는 우리에게 어떤 의미와 가치를 가지고 있을까?

역사적으로 우리나라는 일제의 식민지배와 남북분단, 6·25전쟁 등을 겪어 국제형사법 체제와 관련된 중요 문제들이 발생할 수밖에 없는 환경을 가지고 있다. 그럼에도 불구하고 그 동안의 국제형사법과 관련한 상황을 돌아보면 유감스러운 점이 적지 않다. 일제 식민 지배의 쓰라리고 슬픈 역사 속에서 우리 국민들이 성노예 범죄, 731 부대의 생체실험과 같은 국제범죄의 피해자가 되는 가슴 아픈 사건들이 발생하였지만 이에 대한 국제형사법적 대응이 제대로 이루어지지 않았다. 제2차 대전 당시의 국제범죄에 대하여 많은 국가에서 형사절차를 진행하였고 지금도 독일에서는 이들 범죄에 대한 처벌 노력이 계속되고 있는 상황과 대조된다. 물론 광복 이후 전개된 냉전 상황 등 냉엄한 국제 정치의 현실로 인하여 적절한 국제형사법적 대응이 이루어지기 어려운 여건도 있었을 것이나, 국제형사법에 정통하지 못한 우리의 내적 역량도 이러한 결과에 일정 부분 영향을 끼친 것으로 생각된다.

최근에는 천안함 사건과 연평도 포격 행위에 대하여 국제형사재판소에서 정식수사에 착수하지 않겠다는 결정을 내리는 한편, 북한 관련 상황을 국제형사재판소에 회부하려는 유엔의 움직임이 언론을 통해 지속적으로 보도되고 있다. 이는 우리를 둘러싼 국제형사법 체제의 민감성을 잘 보여주는 상황인데, 이에 대한 국내적 관심이나 관련 분야에 대한 연구가 활발하게 이루어지는 것으로 보이지는 않는다.

이처럼 우리의 역사적 상황과 현 시점의 특수성 등에 비추어 볼 때 국제형사법 체제를 우리가 어떤 식으로 수용하고 대응해 나갈 것인가는 매우 긴요하고 중대한 문제이다. 따라서 현 시점에서 국제형사법 체제와 관련된 과제와 의미를 다음과 같이 생각해 볼 수 있다.

우선 국제형사법 영역에서의 주체성 확립은 가장 기본적이면서도 중요한 과제이다. 자국 영역 내에서 발생한 사건에 대하여 국제사회가 개입하는 것은 다양한 국제정치적 요소에도 영향을 받을 수 있으나 기본적으로는 해당 국가가 국제범죄를 제대로 취급할 수 있는 제도와 역량을 갖추었는가 여부에 상당 부분 좌우될 것이다. 특히 거시적 국제범죄에 대한 대응 방안으로는 형사처벌뿐만 아니라 진실위원회 등 대안적 해결수단이 국제형사법 체제 내에 함께 공존하고 있다. 국제형사법과 관련된 주체성과 역량의 확립이 대안적 해결수단을 적절한 수준에서 스스로 고려할 수 있도록 하는 전제조건일 수 있다는 점에서 우리가 처한 현실에서는 국제형사법 체제에 대한 대응 수준이 더욱 큰 의미를 갖는 것으로 생각된다.

우리나라는 2003년 로마규정의 국내발효 이후 상당한 공백기를 거친 2007년에 이르러 「국제형사재판소 관할 범죄의 처벌 등에 관한 법률」(국제범죄법)을 제정하였다. 국내입법이 시기적으로 다소 지연된 감이 있고 법률의 개정이 필요한, 일부 미흡한 부분이 있기는 하나 전반적인 수준이나 내용은 국제 기준에 충분히 부합하는 것으로 생각된다. 따라서 이러한 국내 입법을 통하여 국제범죄의 처벌을 위한 법적 기반을 갖추고 문제된 국제범죄를 스스로 처벌함으로써 불필요한 국제사회의 개입을 방지할 수 있는 토대가 조성되었다는 점에서 국제범죄법의 제정은 매우 큰 의미를 가지고 있다. 다만 국제형사법이 국내법에서는 인정되지 않는 다양한 특수성을 가지고 있음에 비추어 하나의 법률을 제정하는 것만으로는 국제형사법 체제의 원만한 운영이 보장된다고 할 수는 없을 것이다. 국제형사규범에 대한 필수적인 이해와 지식을 갖추고 이를 실무에 적용할 수 있는 검사, 판사, 변호사 등의 인적 자원의 확보 역시 국제형사법 체제의 원활한 운용에 긴요한 요소이며 이를 위해서는 이 분야에 대한 충분한 연구도 계속되어야 할 것이다. 이처럼 국제형사규범의 현실적 적용가능성을 강화시키는 종합적인 노력이 꾸준히 지속될 필요가 있을 것으로 생각된다.

특히 국내법에 자리 잡은 국제형사법은 학문적 관점에서도 매우 큰 의미를 가지며 우리 법의 발전에도 기여할 것이다. 국제사회의 법으로만 존재하던 국제법이 국내에 수용되어 국내법 체제에 직접적으로 영향을 미치는 현상은 형사법 분야에서도 더욱 강화되어 나갈 것이다. 우리의 국제범죄법은 로마규정에 대한 이행입법의 성격뿐만 아니라 국제관습법을 함께 반영함으로써 국제범죄에 대한 일반법의 성격을 동시에 가지고 있으며, 조약범죄에 해당할 수 있는 인신매매죄 등이 새로이 형법에 규정되는 등 다양한 분야에서 국제형사규범의 수용 현상이 활발하게 전개되고 있다. 이와 관련하여 특히 주목할 점은 국제법이 국내법에 일정 부분 영향을 끼치는 단편적 현상을 넘어 국제법에 기반하여 도입된 국제형사규범이 국내법 체계 내에서 독립된 특성을 지닌 별개의 영역으로까지 자리 잡게 되었다는 점이다. 국제법에 기원을 둔 국제범죄법은 국내법의 일반 범죄와 다른 특성을 가지고 있어 이에 대한 정확한 해석 적용을 위해서는 모법(母法)이라 할 수 있는 국제형사규범에 대한 정확한 이해가 요구되며 국제법 해석과의 일관성, 국제형사법 친화적 해석의 원칙 등 일반 형사법에 대비되는 특수한 원칙들이 고려되어야 한다. 우리 국제범죄법의 다수 조항들이 국제법을 직접 우리 규범의 내용으로 포섭하고 있고 국제범죄법 제18조가 국제범죄의 적용과 관련하여 필요할 때에는 국제형사재판소규정 제9조에 따라 2002년 채택된 로마규정 범죄구성요건을 고려할 수 있다고 명시한 것은 이러한 측면을 잘 나타내고 있다. 이처럼 별도의 단행법인 국제범죄법을 중심으로 국내법 체계에 자리 잡은 국제형사법은 형법, 군형법, 형사소송법 등과 같이 국내법 체계 내에서 독립된 특수한 법영역을 이룬 독자적 연구 대상으로 분류될 수 있을 것이다.

국제형사법은 헌법, 형법, 형사소송법, 국제법, 범죄인인도법, 국제형사협력법 등 다양한 법률 분야와 관련되어 있고 국제형사규범이 국내법에 자리 잡고 이행되는 과정에서 국제규범과 국제재판소의 판례가 고려되는 수직적 상호작용(Vertical Interaction)과 국제형사규범을 도입한 국가들 간의 비교법적 고찰을 통한 수평적 상호작용(Horizontal Interaction)이 강화된다. 이러한 과정을 통하여 우리 법의 내용이 더욱 풍부해지고 우리가 간과하였던 법이론적 측면을 성찰하는 계기도 될 수 있어 종국적으로는 우리법의 발전에 크게 기여할 수 있을 것이다. 외국의 주요 대학에서 국제형사법이 별도의 단일 강좌로 개설되고 국제법 교과서뿐만 아니라 일반 형사법 교과서에도 국제형사법의 판례가 인용되고 있음은 국제형사법 체제의 학문적 중요성을 잘 드러내는 하나의 사례로 생각된다.

국제형사법 체제는 아직까지 보편성이나 강제성의 관점에서 완성된 체제로 보기 어려운 측면이 적지 않으며 특히 선택성의 문제는 국제형사법의 정당성 및 근거지움과 관련하여 현재 단계에서는 완전히 해결하기 어려운 문제로 남아 있다. 그러나 이러한 문제점과 국제형사법 체제에 영향을 미치는 국제정치의 가변성에도 불구하고 국가 간 상호의존성이 장기적으로 더욱 강화되고 세계 공동체가 발전을 거듭해 나감에 따라 국제형사법 역시 더욱 발전하며 국제형사법이 직접 취급하는 대상 범죄도 확대되어 갈 것이다. 당초 쉽지 않을 것으로 생각되었던 로마규정의 침략범죄에 대한 합의가 최근 캄팔라 회의에서 이루어진 점 등은 국제형사법 체제의 잠재력을 잘 드러내는 것으로 생각된다. 국제사회의 중요한 일원인 우리나라도 국제형사법이 지향하는 세계의 평화와 안전, 복지 등 국제사회의 이념과 국제사회에서의 정의 실현이라는 보편적 가치에 적극 동참할 필요가 있을 것이다.

이 책에서는 국제형사법의 제반 이론과 문제영역을 빠짐없이 다루는 한편 국제형사법과 일반형사법, 비교형사법, 국제인도법, 국제인권법, 전쟁범죄법 등을 다루는 학자, 실무가, 학생 등 모두에게 유용한 연구서가 될 수 있도록 노력하였다. 이 책은 크게 국제형사법의 일반이론 부분을 다룬 총론(제1부)과 개별 국제범죄를 분석한 각론(제2부)으로 나뉘어 있다.

제1부 제1편에서는 국제형사법의 개념, 목적과 기능, 국제형사법의 역사 등을 다룬다. 국제형사법 체제의 근거지움에 대한 현재 단계의 논의 상황을 소개하고 국제형벌권과 국가형벌권의 상호 관계에 대한 고찰도 진행하였다. 특히 국제형사법 체제의 대안이라 할 수 있는 진실위원회 등 대안적 해결방안에 대하여도 분석하였다.

제2편 제1장 국제형사법의 기본 원칙에서는 국제형사법에 구현되어 있는 형사법의 일반원칙인 개인책임의 원칙, 죄형법정주의, 일사부재리 원칙 등과 함께 국제형사법의 특유한 원칙으로 국제범죄법에 규정된 시효 배제와 우리에게도 구속력이 있는 로마규정의 면책성 배제 원칙 등을 살피고 특히 헌법과의 정합성 여부에 대하여도 간략히 고찰하고 있다. 제2장에서는 국제형사법의 법원과 해석 원칙을 살펴본다.

제3편 범죄론에서는 우리와는 상이한 국제형사법에서의 범죄론 체계를 개괄하고 특히 제3장

의 주관적 요소 부분에서는 이에 대한 일반 이론적 분석과 함께 국제형사법에 구현되어 있는 주관적 요건에 대하여 상세히 고찰한다. 그 밖에 우리 법의 공범론과 미수론에 해당하는 부분에 대한 고찰과 함께 국제형사법 영역에서의 특수한 책임 유형으로 국제범죄법에도 도입되어 있는 상급자책임 이론과 국내입법을 둘러싼 논란 등에 대하여 살펴보고 있다. 제8장 형사책임을 배제하는 근거 부분은 국제형사법의 일반이론 부분을 국내법에 전면적으로 수용하지 않은 상황에서도 형법 제20조의 정당행위 조항을 통하여 직접 국내 재판에 적용될 수 있다는 점에서 큰 의미를 가지고 있다. 특히 국제범죄법 제4조는 상급자의 명령에 따른 행위 조항을 별도로 두고 있어 그 해석과 적용에 있어 국제형사규범에 대한 이해는 필수적인 전제 요소이다. 또한 정당방위, 강박과 긴급피난, 착오 이론 등은 일반 국내법에서 인정되는 것과는 다른 특별한 요소를 포함하고 있어 이에 대한 국제형사법 영역에서의 논의 상황을 소개하고 그 해석적 함의를 검토하였다. 국내법에서는 일반적으로 승인되지 않는 다양한 항변에 대한 논의, 특히 보복의 항변 등에 대한 논의는 적지 않은 중요성을 가진 것으로 생각된다.

제4편에서는 아직 미흡한 단계에 머물러 있는 국제형사법에서의 형의 양정 문제와 형벌의 집행에 대하여 살펴본다.

제5편 국내 법원에서의 국제범죄 처벌 부분에서는 각 국가가 보유하고 있는 일반적 재판권과 국제범죄에 대한 특수한 재판권인 보편적 관할권을 함께 고찰한다. 그리고 국제형사규범이 각 국가에 수용되는 방식에 대한 이론적이고 실제적인 분석과 함께 각국 법원에서 실제 이루어진 국제범죄 처벌 사례들을 개괄한다.

총론을 마무리 짓는 제6편 우리나라와 국제형사법 부분에서는 우리 국제범죄법이 취하고 있는 국제형사규범의 분리수용 방식에 대하여 개괄한다. 그리고 우리 국제범죄법이 단순히 로마규정의 이행법률에 그치는 것이 아니라 국제관습법을 포함한 국제법 위반 범죄에 대한 일반법적 성격을 함께 가지고 있는 점 등 국내법 체계에 자리 잡은 국제범죄법 체계의 독자성을 살펴본다. 그리고 마지막으로 천안함 사건, 연평도 포격 사건, 일본의 성노예 범죄, 731 부대의 생체실험 등 우리나라와 직접적으로 관련된 주요 사례에 대한 국제형사법적 평가에 대하여 간략하지만 중요한 고찰을 하고 있다.

제2부 제1편에서 제4편까지의 국제형사법 각론 부분에서는 국제범죄인 집단살해죄, 인도에 반한 죄, 전쟁범죄, 침략범죄 등의 역사, 규범 내용 등을 로마규정을 중심으로 국제적 차원에서 고찰한 후 이를 도입한 국제범죄법의 내용에 대하여도 상세히 분석한다. 특히 국제규범과 국제범죄법의 내용이 불합리하게 부합하지 않거나 개선 필요성이 있는 부분에 대하여는 법령 개정 의견도 함께 개진하고 있다. 마지막으로 제5편에서는 국제법에 의하여 직접 개인의 형사책임이 인정되는 것은 아니나 억제조약 체제를 통하여 개별국가에 의한 처벌이 요구되는 조약범죄 중 중요한 위치를 차지하고 있는 고문범죄, 테러범죄, 해적범죄 등에 대하여 고찰하고 있다.

이 책의 집필 과정에서 국제조약에 대한 번역은 기본적으로 외교부에서 제공하는 공식 번역을 따르는 것을 원칙으로 하였으나 일부 어색하거나 오역이 있는 부분은 가능한 범위에서 수정하였다.

이 책을 기획하고 집필하는 과정은 매우 오랜 기간이 소요되었다. 쉽지 않은 작업이었다. 능력 없고 우둔한 사람이 이 책을 완성하기까지 너무나 많은 분들의 도움이 있었다. 우선 저를 학문의 길로 이끌어 주신 신동운 선생님과 서울대학교 법과대학에서 저를 지도하여 주셨던 다른 선생님들께 깊은 감사를 드린다. 그리고 이 책의 원고를 꼼꼼히 읽고 의견을 제시하여 주신 김진태 변호사님, 최용성 변호사님, 지금은 검사로 임관한 박세혁 법무관 등에게 감사드리며 최길수 부장검사님의 조언은 이 책의 방향을 잡아 나감에 큰 도움이 되었다. 또한 어려운 출판 여건 속에서도 이 책의 출판을 허락해 주신 박영사와 이 책의 계획과 세심한 편집 등에 노력을 기울여 주신 조성호 이사님과 한두희 씨, 조아라 씨 등 관계자 여러분께도 심심한 감사의 뜻을 표한다. 마지막으로 초기 단계 난삽한 원고를 읽으시고 고귀한 의견을 주신 어머님과, 주말과 저녁 시간을 책상에만 앉아 있는 것을 묵묵히 감내해 준 아내와 아이들의 함께 함은 이 책을 더불어 집필한 것 이상의 노력과 공감의 의미를 갖는 소중한 것이었다.

한 나라의 법은 국가를 떠받치는 기둥이며 법학과 법률서비스 산업은 가장 중요한 국가의 기간학문/산업이다. 필자는 우리나라가 국제형사법 분야에 대한 연구와 실무 역량을 더욱더 강화해 나갈 경우 국제사회의 정의 실현과 국제형사법의 발전에 기여함은 물론 우리나라가 국제형사법 영역에 있어 아시아 지역의 중심국가로 성장해 나갈 수 있을 것으로 확신하고 있다. 모쪼록 여러모로 미흡한 이 책이 국제형사법에 대한 이해를 조금 더 깊게 하고 더 심도 깊은 후속 연구와 우리 법조인의 세계 진출에 작은 도움을 줄 수 있기를 감히 희망해 보면서 이 책의 내용에 대하여 많은 조언과 질책도 함께 기대해 본다.

2017년 새 봄. 김 기 준

요약 목차

제 1 부 국제형사법 총론

제 2 부 국제형사법 각론

목 차

제 1 부 국제형사법 총론

제 1 편 국제형사법 체제의 성립과 발전

제1장 국제형사법과 국제범죄

제2장 국제형사법의 목적과 기능

제5장   대안적 해결방안

제 2 편   국제형사법의 기초이론

제1장   국제형사법의 기본 원칙

제2장　국제형사법의 법원(法源)과 해석

제 3 편 범죄론

제1장 범죄의 성립 체계

제2장 일반적 객관적 요건

제6장 상급자책임(Superior Responsibility)

제7장　미완성 범죄(Inchoate Crime)

제8장　형사책임을 배제하는 근거

제9장　죄수론

제 4 편　형벌론

제1장　부과 가능한 형벌

제2장　형의 양정

제3장 집행(Enforcement)

제 5 편 국내법원에서의 국제범죄 처벌

제1장 국제형사규범의 수용

제2장 국내 법원의 국제범죄 재판권

제3장　국내 법원에서의 처벌 현황

제 6 편　우리나라와 국제형사법

제1장　국제형사규범의 국내적 수용

제2장   천안함 사건과 연평도 포격 사건
– 국제형사재판소의 예비조사 결과 –

제3장   일본의 성노예 범죄에 대한 국제적 승인   401

제4장   일본의 생체실험과 인도에 반한 죄   403

제 2 부　국제형사법 각론

제 1 편　집단살해죄(Genocide)

제1장　총　설

제2장　범죄의 주체와 대상

제3장　주관적 요건

제4장 객관적 요건

제5장 집단살해죄의 처벌

제6장 집단살해죄의 선동(煽動)

제 2 편 인도에 반한 죄(Crime against Humanity)

제1장 총 설

제5장　인도에 반한 죄의 처벌

제 3 편　전쟁범죄(War Crime)

제1장　총　설

제2장　전쟁범죄의 주체와 대상

제3장　주관적 요건　572

제4장　배경적 요소로서의 무력충돌

제5장　사람에 대한 전쟁범죄

제6장　재산과 다른 권리들에 대한 전쟁범죄

제7장　금지된 방법에 의한 전쟁범죄

제8장 금지된 무기를 사용한 전쟁범죄

제9장 전쟁범죄에 있어서의 죄수론 715

제 4 편   침략범죄(The Crime of Aggression)

제1장   총 설

제2장   침략행위

제3장   침략범죄

제4장   주관적 요건   741

제5장 침략범죄 재판권

제6장 개별 국가의 재판권

제 5 편 조약범죄(Treaty Crime)

제1장 총 설

제2장 고문범죄

제3장 테러범죄

제4장 해적범죄

'본서의 내용과 본서에서 표명된 견해는 저자 개인의 학문적 견해로서 법무·검찰의 공식적 견해와는 무관한 것임을 밝힙니다.'

제 **1** 부

국제형사법 총론

제1편

국제형사법 체제의 성립과 발전

제1장 국제형사법과 국제범죄

제1절 국제형사법의 탄생과 발전

국제법에 근거한 국제범죄의 관념과 이러한 국제범죄를 국제재판소에서 직접 처벌하는 국제형벌권은 뉘른베르크 재판과 함께 탄생했다. 국제범죄가 발생할 경우 전통적 국제법 주체인 국가에 대한 제재를 넘어서 국제범죄를 저지른 개인에 대한 형사처벌이 가능하게 된 것이다. 국내형사법 또는 국내법의 일반 범죄와 구분되는 국제형사법과 국제범죄의 관념은 다음과 같은 뉘른베르크 재판의 고전적 언명에 잘 나타나 있다.

> 국제법에 반한 범죄는 추상적 단체가 아닌 개인에 의하여 범하여진다. 국제법의 강제는 그러한 범죄를 저지른 개인을 처벌함으로써만 이루어질 수 있다.....개인들은 개별 국가에 의해 부과되는 국가에 대한 복종 의무를 초월하는 국제적 의무를 부담한다.[1]

뉘른베르크 국제군사재판소는 국제범죄의 범죄자를 처벌한 최초의 국제재판소이며 뉘른베르크 국제군사재판소의 설립 근거인 뉘른베르크 국제군사재판소 헌장(Charter of the International Military Tribunal of Nuremberg[2])은 국제형사법의 출생증명서라고 지칭된다. 뉘른베르크 헌장에는 평화에 반한 죄(침략범죄), 인도에 반한 죄, 전쟁범죄 등을 저지른 주축국 범죄자들을 국제재판소에서 국제법을 적용하여 형사처벌한다는 당시로서는 혁명적인 내용이 담겨 있었다. 형사책임은 범죄자의 국가 내 지위, 범죄행위와 관련된 국내법 규정, 범죄행위에 대한 상급자의 명령 유무 등과 무관하게 부과되었다.[3] 뉘른베르크에서 탄생한 원칙과 체제는 동경재판과 제2차 대전 이후

---

1) IMT, judgment of 1 October 1946, in The Trial of German Major War Criminals. Proceedings of the International Military Tribunal sitting at Nuremberg, Germany, Pt 22 (22 August 1946 to 1 October 1946), p. 447.
2) 이하 뉘른베르크 헌장으로 약칭한다.
3) 뉘른베르크 헌장 제6조, 제7조, 제8조 참조.

점령지역에서 이루어진 다수 재판에서도 그대로 인정되어 국제형사법의 핵심적 영역을 이루는 국제관습법이 되었다.[4]

국제형사법 체제의 새로운 출현은 두 가지 중요한 의미를 갖는다. 먼저 국제법 위반행위가 국제법에 직접 근거하여 국제법정에서 처벌받게 되었다는 점이나. 국제법의 수명자는 국가라는 전통적 입장에서 벗어나 개인의 국제법 주체성이 국제형사법 분야에서 인정되었다.[5] 이러한 발전은 개인의 지위가 강화되어 가는 현대 국제법의 일반적 경향과 함께 나치 잔학 행위자의 책임을 국제법에 따라 물어야 한다는 국제공동체의 공통된 의사에 근거한 것이다.[6]

다음으로 국제범죄에 해당하는 일정한 범주의 국제법 위반행위에 대하여는 국가 주권의 존재가 더 이상 방어막으로 작용할 수 없게 되었다. 규범 질서 확립을 통하여 국민들의 평화로운 공존이 가능하도록 하는 책무는 각 주권국가에 있다는 것이 전통적 입장이었으며 실제 각 주권국가들은 국가 형벌권을 통하여 규범 질서를 유지하고 강제하여 왔다. 이와 같은 전통적 주권관념에 기반한 국가형벌권과 관련된 문제는 개별 국가의 입장에서는 매우 민감한 사안으로 각국은 국가형벌권에 대한 외부 간섭에 대하여 방어적 태도를 취하여 왔다. 그러나 새로운 국제범죄의 관념이 승인됨으로써 국제형사권력이 '국가 주권의 갑옷'을 뚫고 들어가 국제법 위반행위를 저지른 개인을 직접 처벌하게 된 것이다.

국제형사법 체제의 발전은 인류 역사상 가장 어둡고 참혹한 역사의 산물이다. 제2차 대전 당시 유대인에 대한 대량학살이 국가에 의하여 체계적·조직적으로 자행되었으며 그 이후로도 국가에 의하여 명령되거나 묵인된 수많은 참혹한 범죄들이 은폐되거나 처벌되지 않는 면책성의 상황이 지속되었다. 그러나 이제 기본적 인권을 침해하고 국제공동체의 근본적 가치를 훼손하는 심각한 범죄들은 개별 국가의 정책과 관계없이 국제법에 직접 근거하여 처벌될 수 있다는 커다란 변화가 이루어진 것이다. 특히 상설 국제재판소인 국제형사재판소(International Criminal Court)가 2003년부터 본격적 활동을 개시하고 로마규정[7]에서 최초로 국제형사법을 포괄적으로 규범화하는 등 커다란 진전이 국제형사법의 영역에서 이루어지게 되었다. 그러나 이러한 커다란 발전과 변화에도 불구하고 뒤에서 상세히 살펴볼 바와 같이 국제형사법 체제는 아직까지도 발전을 거듭하고 있는 미완성 체제로서 많은 한계와 불명확성을 동시에 가지고 있다.

우선 국제형사법 체제의 전반적 발전에도 불구하고 보편적으로 받아들일 수 있는 국제형사법(International Criminal Law, Völkerstrafrecht)의 개념에 대한 논란이 아직까지 계속되고 있다.[8] 국

---

4) Werle, Gerhard; Jeßberger, Florian. Principles of International Criminal Law. : Oxford University Press. Kindle Edition(2014), p. 6.

5) Cryer, Robert; Friman, Håkan; Robinson, Darryl; Wilmshurst, Elizabeth. An Introduction to International Criminal Law and Procedure : Cambridge University Press. Kindle Edition(2014), p. 3.

6) Werle, Gerhard; Jeßberger, Florian, 전게서, p. 2.

7) 국제형사재판소에 관한 로마규정(Rome Statute of the International Criminal Court). 이하 로마규정이라 한다.

8) 국제형사법의 개념에 불명확성이 존재하는 주요 원인으로는 본격적 논의가 시작된 시점이 제2차 대전 이후

제형사법의 관념을 핵심적 국제범죄를 기준으로 파악하여 국제법에 입각한 국제범죄에 대한 개
인의 형사책임을 근거 짓거나 배제하는 모든 규범체제로 정의하는 입장9), 규범의 목적 측면에서
국제형사법을 정의하여 국제적 관심사가 되는 범죄행위를 금지하고 개별 국가에 대하여 이들 범
죄를 기소하고 처벌할 의무를 부과하는 것을 목적으로 만들어진 국제규범 전체를 지칭한다는 입
장10), 집단살해죄, 인도에 반한 죄, 전쟁범죄, 침략범죄 등 이른바 핵심 범죄들을 실체법적으로
규율하는 규범뿐만 아니라 이러한 범죄들을 국제적으로 조사하여 기소하는 절차와 원칙들도 함
께 포섭하려는 입장11), 국제형사법의 개념을 기능적 관점에서 현실적으로 조망하여 국제법, 국내
형사법, 비교형사법과 비교형사소송법, 국제인권법 등 광범위한 영역을 포괄하는 것으로 파악하
려는 입장12) 등이 존재한다.

　서로 다른 목적에 따라 정의된 이와 같은 개념들은 각각 나름대로의 효용을 가지고 있어 반
드시 어느 하나가 우월하다고 단정하기 어려운 측면이 있다. 국제형사법 체제가 현실적으로 관
련되어 있는 영역은 매우 복잡하고 다차원적이다. 따라서 국제형사법의 관념에 대하여 어떤 입
장을 취하는가 여부에 관계없이 국제범죄의 특수한 처벌구조에 입각하여 국제재판소에 의한 직
접적 강제체제와 각국 국내법원에 의한 간접적 강제체제를 함께 고찰하지 않을 수 없으며 국제
범죄 성립의 전제가 되는 국제인권법 등도 함께 살펴보아야 한다. 또한 국제형사법 혹은 국제범
죄의 개념에 대한 입장에 따라 현실적으로 존재하는 국제형사법 관련 규범의 규범력이나 내용에
실질적 차이를 가져오는 것은 아닌 것으로 생각된다. 따라서 본서에서 사용하는 국제형사법과
국제범죄의 관념은 이러한 개념이 지칭하는 대상이 무엇인가를 명확히 하여 연구의 대상에 대한

로 역사가 깊지 않다는 점, 국제형사법은 상호 연관되어 있으나 서로 상이한 다수 분야의 법 체제에서 유래
하였다는 점 등이 거론된다. 실제 전쟁범죄는 무력 충돌 상황에서 적용되는 국제인도법의 영역에서 유래하
였으며 집단살해죄와 인도에 반한 죄는 대량의 인권남용 상황에 대한 인권법에 기반한 대응이라는 측면이
크다.〔Cryer, Robert; Friman, Håkan; Robinson, Darryl; Wilmshurst, Elizabeth, 전게서, p. 3〕국제형사법 실
무가와 학자들도 국내형사법, 국제인권법, 국제인도법 등 다양한 경로를 통하여 국제형사법에 종사하게 되
었으며 그들의 상이한 경험으로 말미암아 국제형사법의 개념을 형성하는 관섬에 많은 차이가 발생하게 되
었다. Beth Van Schaack, Ronald C. Slye, "Defining International Criminal Law", Santa Clara Univ. Legal
Studies Research Paper No. 07-32(2007), p. 1.
  9) Werle, Gerhard; Jeßberger, Florian, 전게서, p. 31.
 10) Antonio Cassese, International Criminal Law, p. 15.
 11) 이러한 입장에서는 국제형사재판소가 채택한 보충성의 원칙 등을 근거로 국내법상의 국제범죄 처벌 규범들
     도 고찰 대상으로 삼고 있다. Cryer, Robert; Friman, Håkan; Robinson, Darryl; Wilmshurst, Elizabeth, 전게서,
     p. 5.
 12) 국제형사법의 내용을 국제형사법의 주체, 내용, 범위, 가치, 목적, 방법 등에 근거한 요소들로부터 추출하되
     다른 법적 규칙에서와 같은 정합성이나 방법론적 일관성을 달성하기 어렵다는 점을 인정하고 이들 사이의
     기능적 전체성을 확보하려는 것이다.〔M. Cherif Bassiouni, "The Discipline of International Criminal Law",
     in International Criminal Law volume I. : Leiden : Martinus Niihoff Publishers(2008), p. 3〕이러한 국제형사
     법의 개념은 언어의 용례에 기초한 측면이 강하여 일관성을 가질 수 없고 개념의 과잉이 존재할 수 있다는
     비판은 Cryer, Robert; Friman, Håkan; Robinson, Darryl; Wilmshurst, Elizabeth, 전게서, p. 4.

개념적 틀을 제공하면서도 새롭게 탄생하여 발전하고 있는 국제형사법의 핵심적 특질을 어느 정도 명확히 반영하는 것이면 족한 것으로 생각된다.

이러한 관점에서 볼 때 국제형사법이 갖는 가장 두드러진 규범적 특징은 국제법이 직접적으로 개인에 대하여 형사책임을 부과한다는 것이다. 뉘른베르크 재판을 기점으로 국가의 행동을 인도하고 제약하는 국제법과 개인에 대한 형사법의 교착이 이루어져 국제법의 수범자를 국가로 제한하는 법효력론적 구분은 형사법의 영역에서도 더 이상 타당할 수 없게 되었다.[13] 이에 따라 본서에서는 국제형사법의 관념을 개인에 대한 형사책임이 국제법에 의하여 직접적으로 인정되는 국제범죄를 규율하는 규범의 총체라는 의미로 사용하기로 정의한다.(협의의 국제형사법) 여기에는 국제범죄에 대한 형사책임을 근거 짓거나 책임을 배제하는 실체법적 규범 뿐 아니라 국제범죄의 처벌을 위한 각종 절차법적 규율 체제도 함께 포함되는 것으로 국제범죄에 대한 포괄적 규범체제를 의미하는 것이다.[14] 국제형사법을 이와 같이 정의하는 것은 국제법에 의하여 직접 형사책임을 부담하는 국제범죄만을 원칙적 규율 대상으로 포섭하여 개념적 명확성을 도모할 수 있는 장점이 있다. 또한 국제범죄를 집단살해죄, 인도에 반한 죄, 전쟁범죄, 침략범죄 등 국제공동체 전체의 관심 대상인 국제형사재판소의 재판권에 속하는 범죄로 제한함으로써 국제범죄의 중대성과 심각성을 각인시키는 효과도 아울러 갖는다. 이는 국제범죄의 관념을 보호 가치라는 상대적이고 불명확한 관점에서 정의하는 것을 회피함으로써 국제적 범죄화(international criminalization)에 관한 일관적이고 통일된 절차가 존재하지 않는 상황에서 발생할 수 있는 위험성도 배제할 수 있다.[15]

국제범죄의 관념을 이와 같이 정의할 경우 국제법과의 관계에서 간접적 범죄성만을 갖는 이른바 **조약범죄**는 국제범죄의 개념 범위에서 제외된다. 조약범죄에도 국제적 이해관계가 존재

---

13) ICTY는 Tadić 사건 항소심에서 '국가 주권 지향적인 접근방법은 점차적으로 인권 지향적 접근방법으로 대체되어 왔다. ....국제법은 국가들의 정당한 이익을 당연히 보호하지만, 점차적으로 인간의 보호로 향하여야 한다'고 설시하고 있다. Tadić, ICTY (AC), decision of 2 October 1995, para. 97.

14) 'International Criminal Law'를 어떻게 번역할 것인가는 용이한 과제가 아니다. 국제형법이라는 용어를 사용하는 경우(森下忠, 國際刑法入門. 東京, 悠悠社(1993) p. 2), 조상제, 천진호, 류진철, 이진국, 『국제형법』, 서울 : 준커뮤케이션즈, 2011, 3면. 위 『국제형법』에서는 절차법적 측면이 아닌 국제형사법의 실체법적 영역을 주로 다루고 있다.)와 국제형사법이라는 용어를 사용하는 경우(사법연수원, 『국제형사법』, 서울 : 사법연수원, 2008, 山本草二, 國際刑事法. 東京, 三省堂(1991))가 함께 발견된다. 'criminal'이라는 용어는 범죄의 특성과 관련된 실체적인 측면을 갖는 경우가 있는가 하면 형사사법에서의 '형사'라는 용어와 같이 보다 포괄적인 의미로 사용되는 경우도 존재한다.(Brayan A. Garner, Black's Law Dictionary, Thomson Business, West Eighth Edition, p. 402) 'International Criminal Law'의 규율대상에는 국제범죄의 실체법적인 측면뿐만 아니라 국제법원과 국내법원에서 실체규범을 강제하는 절차법적 측면, 국내법원과 국제법원과의 협력관계 또는 병존하는 재판권 사이의 관계에 대한 부분도 함께 포함된다는 점에서 'International Criminal Law'는 '국제형사법'으로 번역하여 사용하는 것이 적절한 것으로 생각된다. 다만 국제형법이라는 용어는 국제형사법 중 실체적 규범 부분만을 지칭할 때 사용할 수 있을 것이다.

15) Cryer, Robert; Friman, Håkan; Robinson, Darryl; Wilmshurst, Elizabeth, 전게서, p. 7.

하는 것은 사실이나 조약범죄와 국제범죄는 국제사회에 미치는 영향, 강제 방식, 주권의 제약 정도에 있어서 현저한 차이가 있다. 조약범죄는 형사처벌의 근거가 되는 국제적 구성요건이 존재하지 않아 원칙적으로 국제재판소의 재판권 대상이 될 수 없다.[16] 다만 이러한 조약범죄 역시 국제적 이해관계를 가지고 있을 뿐 아니라 국제범죄로 발전하는 과정 중에 있는 경우도 있으므로 필요한 경우 일정한 범위에서 조약범죄에 대한 고찰도 함께 진행해 나갈 것이다.(광의의 국제형사법)[17]

국제형사법은 국제법의 영역에서 새롭게 창조된 특수한 법체제로서 대륙법계나 영미법계 등 기존에 존재하고 있던 어느 하나의 모델을 따른 것이 아니다. 국제범죄는 국제성, 집단성 등 고유한 특성들을 가진 새로운 유형의 범죄로서 국제범죄에 공통적으로 적용되는 일반이론 영역에는 국내법과는 상이한 시효 배제, 상급자책임 등 특수한 규율들도 존재한다. 나아가 이러한 국제형사법의 규범들은 국제법의 형태로만 존재하는 것이 아니라 많은 국가들의 국내법에 수용되어 국제법에 기원을 둔 국제범죄라는 특수한 영역을 형성하고 있다. 우리나라도 현재 국제형사재판소 관할 범죄의 처벌 등에 관한 법률을 제정하여 시행중에 있으며[18] 이처럼 국제법에 반한 범죄를 규율하는 국내 규범들을 '국제범죄법'으로 지칭할 수 있을 것이다.[19]

국제형사법은 국제법으로서의 성격과 형사법으로서의 성격을 함께 가지고 있으나 아직까지 국제적 형벌규범을 만드는 일관된 별도의 절차가 존재하지 않는다. 따라서 뒤에서 살피는 바와 같이 국제형사법의 형사법으로서의 성격에도 불구하고 국제적 차원에서는 국제법과 동일한 법원(法源)이 적용되어 국제관습법이 법원으로 인정되고 있으며 국제형사법은 그 탄생의 시기부터 형사법의 대원칙인 죄형법정주의(罪刑法定主義)와 긴장관계를 형성하여 왔다. 이러한 긴장관계는

---

16) 조약범죄의 근거가 되는 당해 조약의 체약당사국이 조약상 규정되어 있는 범죄들을 범죄화할 의무를 부담하는 것은 사실이나 이러한 의무를 이행하여 대상 행위를 처벌하는 경우에도 그 처벌근거는 국제법이 아닌 국내법이다.

17) 마약, 테러, 해적행위 등이 직접적으로 국제법에 따른 형사책임 대상이 되는가 여부에 대하여 논란이 있으며 이와 관련된 국제법은 현재 발전과정에 있다. Werle, Gerhard; Jeßberger, Florian, 전게서, p. 33.

18) 국제형사재판소 관할 범죄의 처벌 등에 관한 법률은 2007년 12월 21일 법률 제8719호로 제정되었으며 일부 자구 수정 과정을 거쳐 2011년 4월 12일부터 법률 제10577호로 시행중이다.

19) 국제형사법의 개념에 대응하여 '국제범죄'를 규율하는 국내형사법을 '협의의 국제범죄법', 조약범죄까지 포괄하는 국내형사법을 '광의의 국제범죄법'으로 지칭할 수 있을 것이다. 본서에서는 협의의 국제범죄법의 기본법이라 할 수 있는 국제형사재판소 관할 범죄의 처벌 등에 관한 법률을 '국제범죄법'으로 약칭하기로 한다. 이는 형법의 경우 실질적 의미의 형법과 형식적 의미의 형법이 구분되는 용어로 사용되는 것과 대응하는 것이다.(위 법에서는 약칭을 '국제형사범죄법'이라고 규정하고 있으나 형사 처벌을 전제로 하는 범죄의 개념에 '형사'라는 수식어를 부가할 필요는 없는 것으로 보인다) 2013년 형법 개정을 통하여 「인신매매방지의정서」의 이행입법으로 형법 제31장을 "약취와 유인의 죄"에서 "약취, 유인 및 인신매매의 죄"로 변경하고 인신매매 관련 처벌조항을 신설하는 한편, 목적범 형태의 약취, 유인 등의 죄에 "추행, 간음, 결혼, 영리, 국외이송 목적" 외에도 "노동력 착취, 성매매와 성적 착취, 장기적출" 등 신종범죄를 목적으로 하는 경우를 추가한 바 있다.

로마규정에서의 조문화로 상당 부분 해소된 측면이 있으나 여전히 국제사회의 통일된 입법기구가 존재하지 않는 까닭에 국제관습법의 법원(法源)으로서의 역할은 계속될 수밖에 없을 것으로 보인다. 또한 전쟁범죄의 경우 국제인도법이 기초 행위 규범으로 존재하는 것과 같이 국제형사법은 국제인권법, 국제인도법 등 다른 법역(法域)의 규범들과 깊은 내적 연관관계 속에서 존재하고 있다.

제2절　구분되는 영역과 개념들

1. 초국경형사법(Transnational Criminal Law)

초국경형사법은 국경을 초월하는 초국가적 성격의 범죄를 규율하는 국내형사법을 지칭한다. 현실적 혹은 잠재적으로 국경을 넘어서는 효과를 갖는 범죄를 대상으로 한다는 점에서 국제법의 형사적 측면을 규율하는 국제형사법과는 구분되는 개념이다. 뉘른베르크 재판 이후부터 임시재판소가 설립된 1990년대 이전까지는 '국제형사법(International Criminal Law)'이라는 용어가 초국경범죄를 다루는 국내형사법을 지칭하는 것으로 사용되는 경향이 있었다. 그리고 아직까지도 일부에서는 이러한 범죄를 다루는 영역을 국제형사법의 가장 친숙한 형태로 이해하고 있기도 하다. 그러나 국제형사법 학계는 국제형사법과 초국경형사법을 개념적으로 구분하여 사용하고 있다.[20]

초국경형사법에는 섭외적(涉外的) 성격을 갖는 범죄를 국내법상 범죄로 규정하여 국내재판권의 대상으로 삼는 일련의 규범들이 포함되며 형사사법공조와 범죄인인도 등 범죄처벌을 위한 국가간 협력에 대한 규칙들도 그 대상이 된다. 국제범죄와 달리 초국경범죄를 처벌하는 법원(法源)은 국내법이며 국제협력 등의 관계에서 국제법이 일부 법원(法源)으로 활용될 뿐이다.[21]

2. 초국가형사법(Supernational Criminal Law)

초국가형사법은 규범창조력을 갖춘 초국가적 기구에 의하여 창조되어 적용되는 국제사회의 형사규범을 의미한다. 국제형사규범을 창조할 수 있는 법적 권한을 가진 진정한 초국가적 기구가 규범을 창조하는 것을 상정하고 있으므로 조약이나 국제관습법에 기반하여 형벌규범이 성립되는 경우와는 구분된다. 이러한 관점에서 볼 때 아직까지는 형사규범을 창조할 수 있는 진정한 법적 권한을 가진 국제기구가 존재하지 않으므로 초국가적 형사법은 발전되어 있지 않은 상황이다.[22]

---

20) 독일어의 'Völkerstrafrecht'와 'Internationales Strafrecht', 프랑스어의 'droit international pénal international'과 'droit international pénal international', 스페인어의 'derecho internacional penal'과 'derecho penal internacional' 등. Cryer, Robert; Friman, Håkan; Robinson, Darryl; Wilmshurst, Elizabeth, 전게서, p. 5 참조.

21) 초국경형사법과 국제형사법의 차이와 초국경형사법과 조약범죄의 관련성에 대한 상세한 논의는 Neil Boister, ""Transnational Criminal Law?", European Journal of International Law(2003) 참조.

22) 2009년 12월 발효된 리스본 조약이 EU 체제 내에서 형사법의 국제적 차원으로의 이행을 지향하고 있으나 EU의 형사 규범 제정 권한은 제한된 영역에서조차도 논란이 있어 초국가형사법으로서의 유럽형사법

이와 달리 뉘른베르크 재판소를 비롯하여 ICTY와 ICTR, 국제형사재판소 등 국제형사법원에서 적용되는 형사법을 초국가형사법으로 지칭하는 경우가 있다.[23] 그러나 이는 규범창조력을 보유하고 있지 않은 국제형사법원이 기존의 국제법을 적용하는 것에 불과함에도 이러한 법 영역을 초국가형사법으로 지칭하는 것은 오해의 소지가 있는 표현이며 실제 초국가형사법이라는 용어가 이러한 용례에 따라 사용되고 있지도 않다.[24]

3. 형법의 역외적용법(Rules on Extraterritorial Jurisdiction)

형법의 역외적용법은 특정한 개별 국가의 형사법이 섭외사건에서 적용될 수 있는 범위를 결정하는 규범이다.[25] 여기에서의 형법은 형식적 의미의 형법이 아닌 실질적 의미의 형법을 의미하는 것으로 형법의 역외적용법은 개별 법령에 규정된 형벌규범의 역외 적용 문제를 모두 대상으로 하는 것이다. 일반적으로 형법적용법(刑法適用法, Strafanwendungsrecht)은 내국형법의 장소적 적용범위를 정하는 법규범을 통칭하는 것으로[26] 형법의 역외적용법은 형법적용법의 일부를 이룬다.

형법의 역외적용법은 특정 사건이 갖는 섭외적 특성에 근거하여 일정한 시간과 장소에서 발생한 특정한 사건에 대하여 내국 형사법을 적용할 것인가 여부를 결정하는 것으로 기본적으로 속지주의만으로는 국내 재판권이 인정되지 않는 섭외적 성격을 갖는 영역에 대한 규범이다. 역외 관할권을 승인하는 근거가 될 수 있는 규칙으로는 적극적 속인주의(active personality principle), 소극적 속인주의(passive personality principle)[27], 보호주의(principle of protection), 세계주의(universality principle) 등이 존재한다.

국제범죄에 있어서도 어떤 국가의 국내법원이 역외적 성격을 갖는 특정한 범죄를 기소하여 처벌할 수 있는가 여부는 당해 국가의 역외적용법이 규정하는 원칙에 따라 결정된다. 이처럼 역외 관할권의 존재나 범위를 결정하는 규범은 국내법이며 각국은 국제법이 허용하는 범위 내에서 자국 형법의 역외적 적용에 대한 범위를 결정할 수 있다.[28] 대륙법계 국가들은 일반적으로 자국민이 외국에서 범한 행위에 대한 국내 처벌을 허용하고 있으나 영미법계 국가들은 범죄가 발생

(European Criminal Law)은 존재하지 않는다는 입장은 Werle, Gerhard; Jeßberger, Florian, 전게서, p. 49.

23) Roelof Haverman, Olga Kavran and Julian Nicholls (eds.), "Supranational Criminal Law : A System Sui Generis", New York, Grotius Centre for International Legal Studies, Leiden University (2003).

24) Cryer, Robert; Friman, Håkan; Robinson, Darryl; Wilmshurst, Elizabeth, 전게서, p. 8.

25) Werle, Gerhard; Jeßberger, Florian, 전게서, p. 50.

26) 형법적용법에 해당하는 영역을 형벌적용법(刑罰適用法, Strafanwendungsrecht)라고 지칭하는 견해도 있으나 형법 제2조에서 제6조는 우리나라 형법의 적용범위를 정하고 있다는 점에서 형법적용법이라는 용어가 보다 타당한 것으로 생각된다. 森下忠, 刑法適用法の理論, 東京, 成文堂(2005), p. 1 et seq.

27) active personality principle을 능동적 속인주의(能動的 屬人主義), passive personality principle을 수동적 속인주의(受動的 屬人主義)로 번역하는 입장은 森下忠, 刑法適用法の理論, 東京, 成文堂(2005), p. 112 et seq.

28) Werle, Gerhard; Jeßberger, Florian, 전게서, p. 50.

한 장소에서 범죄자를 심리하여 처벌하는 것이 완전하고 편리한 것이라는 측면에서 일반적으로 속인주의에 기초한 역외 재판권을 인정하지 않고 있다.[29]

국제범죄의 경우 일반 범죄에 적용되는 역외재판권의 범위를 넘어서 보편적 관할권이 광범위하게 인정되는 등 역외적용법은 국제형사법 체제 내에서 중요한 규범영역으로 자리 잡고 있다.

국제범죄법 제3조는 속지주의, 속인주의, 보호주의 등에 근거한 재판권을 규정하고 있을 뿐 아니라 범죄자가 국내에 소재할 경우 국외에서 외국인이 범한 범죄를 국내법원에서 처벌하는 제한적 보편적 관할권을 규정하고 있다. 또한 조약범죄를 규율하는 테러방지법 제19조는 범죄자의 국내 소재 여부에 관계없이 외국에서 범하여진 외국인의 범죄를 처벌하는 규정을 두고 있다.[30] 특히 개정 형법 제296조의 2에서는 인신매매죄 등 조약범죄에 대하여 세계주의를 명시적으로 규정하여 형법 총칙에 대한 특칙을 형성하고 있다.[31]

4. 국제형사협력법(Law of International Judicial Assistance and Cooperation in Criminal Matters)

국제범죄에 대한 국제형사협력법에는 범죄인인도, 형사사법공조, 형사절차의 이관 등을 규율하는 법 영역이 포함된다. 국제형사협력법은 국제재판소와 국가 사이 혹은 국가들 사이에서 국제범죄의 처벌을 위하여 이루어지는 형사법 분야에서의 협력을 그 대상으로 한다. 형사처벌을 위한 절차적 협력 부분만이 규율되며 개인에 대한 형사책임을 직접 근거지우는 규범은 포함되지 않는다.

국제형사협력에 대한 규칙은 국가간 조약을 근간으로 하며 국제적 협력에 관한 국내 규범에 의하여 보충되는 것이 일반적이다. 국제형사재판소와의 협력에 있어서는 쌍방가벌성 원칙과 정치범 불인도 원칙이 제한되는 등 일반범죄와는 다른 특수성이 존재하며 형사절차 이관이라는 독특한 영역도 존재한다.[32] 특히 국제형사법원은 스스로의 집행기관을 가지고 있지 않아 개별 국가들과의 수직적 협력에 상당 부분 의존할 수밖에 없는 까닭에 국제형사협력법은 국제형사법 분야에서 큰 중요성을 가지고 있다.

---

29) 이러한 역외재판권 범위의 차이는 범죄인인도에 있어 자국민불인도의 원칙을 적용할 것인가 여부에도 직접적으로 영향을 미치고 있다. Sunil Kumar Gupta, "Sanctum for the War Crimnal : Extradition Law and the International Criminal Court", California Criminal Law Review(2000), p. 13 et seq 참조.
30) 국민보호와 공공안전을 위한 테러방지법. 이하 테러방지법으로 약칭한다.
31) 로마규정에 새로이 도입되는 침략범죄와 관련된 외환유치죄(형법 제92조)와 여적죄(제93조)에 대하여는 외국인의 국외범을 처벌하는 역외재판권이 인정되고 있다.(형법 제5조 제2호)
32) 상세한 내용은 M. Cherif Bassiouni, "Introduction to transfer of Criminal Proceedings", Law and Practice of United States", International Criminal Law volume II. : Leiden : Martinus Niihoff Publishers(2008), p. 515 et seq; 森下忠, 新國しい國際刑法, 東京, 信山社(2002), p. 181 et seq 참조.

제 3 절 국제범죄(International Crime)와 조약범죄(Treaty Crime)

1. 국제범죄

(1) 국제적 요소와 가변성(可變性)

앞서 본 바와 같이 국제범죄는 국제법에 의하여 창조되어 국제법에 근거하여 개인에게 직접적으로 형사책임이 부과되는 범죄로서 세계의 평화·안전과 복지를 위협하며 국제공동체의 관심사가 되는 중대한 범죄를 그 대상으로 한다.[33] 현재 시점에서 이러한 국제범죄로 인정되는 범죄는 집단살해죄, 인도에 반한 죄, 전쟁범죄, 침략범죄 등이다.

집단살해죄는 국민적, 민족적, 인종적 또는 종교적 집단의 전부 또는 일부를 파괴할 목적으로 행하여지는 집단 구성원의 살해, 중대한 신체적·정신적 위해의 야기, 출생방지 조치 등 다양한 범죄행위로 구성된다. 집단살해죄에는 보호되는 집단 전체 혹은 일부에 대한 파괴라는 조직화된 폭력의 맥락이 존재하며 특정한 집단의 물리적 사회적 존재에 대한 의도적 공격은 국제사회의 평화를 침해하고 교란시킨다. 인도에 반한 죄는 민간인 주민들을 대상으로 하는 비인도적 집단행위를 규율한다. 대상이 되는 비인도적 행위에는 살인, 고문, 강간, 성적 노예화, 박해, 기타 비인도적 행위 등이 포함되어 있다. 민간인의 인권에 대한 체계적이거나 광범위한 침해는 세계의 평화, 안전, 복지에 대한 위협이다. 전쟁범죄는 무력충돌에서 초래되는 부정적 효과를 가능한 최소화시키고 충돌의 확대를 막기 위한 목적을 가지고 있다. 국제적 관심의 대상이 되는 중대한 무력충돌의 상황에서 저질러지는 국제인도법 위반행위들은 무력충돌 상황을 더욱 악화시키며 민간인이나 전투에 참여하지 않는 사람들에게 불필요한 고통을 야기한다. 비차별적 성격을 갖는 금지된 대량살상 무기를 사용하는 것은 국제평화와 안전에 대한 심각한 침해이다. 침략행위는 평화로운 인류의 공존을 불가능하게 하는 것일 뿐 아니라 집단살해죄, 인도에 반한 죄, 전쟁범죄 등 다른 범죄가 발생할 수 있는 상황을 조성한다. 대규모의 전쟁은 커다란 고통을 야기하고 거의 필연적으로 잔학행위를 발생시켜 세계평화를 교란시키며 국제적 안전에 대한 심각한 침해를 야기한다.

국제범죄는 이처럼 국제사회의 근본가치들과 연계된 '국제적 요소'를 구비하고 있으며 이러한 국제적 요소로 말미암아 국내법상 일반 범죄가 아닌 국제법에 의하여 처벌되는 국제범죄로 전환된다. 이러한 국제적 요소는 체계적이거나 대규모의 무력사용이라는 공통된 특징을 가지고 있으며[34] 세계의 평화·안전과 복지 등 국제사회가 공유하는 인류공동의 이익에 대한 공격, 기본적 인권에 대한 체계적 침해, 국경을 넘어서는 범죄의 특성 등을 함께 나타낸다.

---

33) 로마규정 서문 제3문장, 로마규정 제1조 국제형사재판소의 일반적 정의 규정 참조.
34) Werle, Gerhard; Jeßberger, Florian, 전게서, p. 35.

현재 시점에서 인정되고 있는 국제범죄의 종류나 내용은 고정되어 불변하는 것이 아니다. 지금은 국제범죄로 인정되고 있는 집단살해죄는 제2차 대전 이후에야 비로소 독자적인 국제범죄의 유형으로 발전되었다. 뉘른베르크 헌장에는 집단살해죄가 독립된 범죄로 규정되어 있지 않았으며 집단살해죄에 해당할 수 있는 행위들은 전쟁범죄와 인도에 반한 죄로 처벌되었다. 이처럼 국제법에 의하여 보호되는 기본적 이익을 파괴하는 범죄가 등장할 경우 새로이 국제범죄의 범주에 편입될 수 있으며, 테러범죄는 현재 시점에서는 조약범죄로만 인정되고 있으나 국제범죄로 변모해 나가는 중이라는 평가이다.[35] 또한 이미 인정되고 있는 국제범죄의 대상이 되는 행위들도 그 범위가 확대되거나 요건이 변화되기도 한다. 로마규정은 강간뿐만 아니라 성적 노예화, 강제매춘, 강제임신, 강제불임 그리고 이에 상응하는 중대성을 가진 다른 유형의 성폭행을 인도에 반한 죄에 해당하는 성폭력 행위로 최초로 명시하고 있다.

(2) 국가책임과의 관계

국제범죄는 국가의 관여나 묵인 하에 발생하는 경우가 흔하며 국제범죄의 배경적 요소로 존재하는 체계적이거나 대규모의 폭력 또는 무력 사용은 국가 공동체의 책임으로 귀속되는 경우가 일반적이다. 침략범죄는 국가에 의한 침략행위를 전제로 하는 것으로 국가의 고위급 정책결정자에 의하여만 저질러질 수 있으며 집단살해죄, 전쟁범죄, 인도에 반한 죄의 경우에도 국가의 행위를 실행한다는 요소가 존재하는 경우가 흔하다. 국제범죄가 국가권력의 지지를 받거나 국가권력 체제 내에서 발생한 경우 범죄자를 처벌해야 할 국가가 오히려 범죄자가 처벌되지 않도록 보호하는 경우가 다수 발생하는 등 국제범죄에 대한 면책성이 만연하게 되는 결과로 이어진다.[36] 이러한 점에서 국제범죄의 개념 자체를 국가의 범죄 관여라는 요소를 통하여 정의하려는 입장까지도 존재하고 있다. 그러나 국제형사법의 수명자(受命者)는 개인이며 국가가 아니다. 국제범죄는 개인에 의하여 범하여지며 국제형사법은 개인의 형사적 책임 문제를 다룬다. 범죄자가 국가의 기관이나 대리인 자격에서 행동하였는가 여부는 국제범죄의 성립과 무관하며 침략범죄를 제외하면 국가 내에서의 범죄자의 지위는 국제범죄의 개념요소와 직접 연계되어 있지 않다.[37]

국제범죄가 발생한 경우 일반 국제법상의 '국가책임'과 국제형사법에 의한 '개인의 형사책임'은 국제법의 이행이라는 목적을 공유하고 있으나 서로 구분되는 별개의 체제에 근거한 것이다.

---

35) Ambos, Kai. Treatise on International Criminal Law : Volume II : The Crimes and Sentencing : Oxford University Press. Kindle Edition (2014), p. 234; 테러범죄에 대하여 국제적 요소를 인정할 수 있다는 이유로 평화 시에 범하여지는 테러범죄를 국제관습법상의 국제범죄로 선언한 레바논 특별재판소 판결(STL (AC), Interlocutory Decision on the Applicable Law of 16 February 2011, paras. 85, 111)과 테러행위 개념의 불명확성 등을 근거로 테러범죄를 국제범죄로 인정하는 것에 대한 상세한 비판은 Werle, Gerhard; Jeßberger, Florian, 전게서, p. 48.

36) Werle, Gerhard; Jeßberger, Florian, 전게서, p. 35.

37) Cryer, Robert; Friman, Håkan; Robinson, Darryl; Wilmshurst, Elizabeth, 전게서, p. 7.

국제법에 위반되는 모든 행위는 궁극적으로 개인에게 귀속될 수 있고 개인이 국가 기관의 입장에서 행동하였다 하더라도 자연인이 저지른 범죄행위를 형사적으로 처벌함으로써 범죄자가 국가 주권의 방패 뒤로 숨는 것을 방지한다. 그리고 국제법에 따라 국가에 귀속될 수 있는 국제법 위반 행위에 대하여는 개인의 형사처벌 여부와 관계없이 대상 국가에 대하여 다양한 유형의 책임이 별도로 부과된다. 또한 국제형사법의 제재는 응보적이고 예방적인 본질을 가지고 있다는 점에서 국제법에 상응하도록 상황을 회복시키는 것을 목적으로 하는 국가책임에 관한 규범과는 상이한 것이다.[38] 국가가 일정한 집단을 절멸시키는 행위를 지원한 경우와 같이 특정한 국제범죄가 국가의 책임으로 귀속될 수 있는 경우 국제범죄를 저지른 개인이 집단살해죄로 형사책임을 부담하는 것과 별개로 국가도 피해자에 대한 배상의무를 부담하게 된다. 로마규정 제25조 제4항은 '개인의 형사책임과 관련된 이 규정의 어떠한 조항도 국제법상의 국가책임에 영향을 미치지 아니한다'라고 규정하여 이러한 점을 명백히 하고 있다. 국제사법재판소 역시 이와 같은 국제법 하에서의 이중적 책임에 대하여 긍정적 견해를 표명한 바 있다.[39]

2. 조약범죄

국제사회의 이해에 가장 큰 영향을 미치는 국제범죄 이외에도 인류의 일반적 안녕과 세계 경제에 심대한 영향을 미치는 일련의 범죄들이 존재한다.[40] 이들 범죄들은 실제적 혹은 잠재적으로 초국가적 영향을 미치는 범죄이다.[41]

국제법은 이와 같은 초국가적 성격을 갖는 범죄에 대하여 이른바 억제조약(suppression convention)을 통한 처벌을 도모하고 있다. 마약, 테러, 해적행위 등의 범죄를 대상으로 한 억제조약은 체약당사국에 대하여 해당 범죄의 처벌 및 기소의무와 형사절차에 있어서의 국제적 협력의무 등을 부과하고 있다. 이들 범죄는 조약범죄(Treaty Crime) 혹은 범죄의 초국가적 성격에 주목하여 초국가범죄(Transnational Crimes) 등으로 지칭된다. 현재 테러 등의 사태에 대응하여 체결된 억제조약이 약 200개에 이르며[42] 마약, 해적행위, 노예화, 고문, 인종차별, 강제적 실종, 뇌물, 인신매매와 불법이민 및 무기밀매 등이 포함된 초국가적 조직범죄 등 다양한 분야에 대한 억제조약이 증가하고 있다.[43]

---

38) Werle, Gerhard; Jeßberger, Florian, 전게서, p. 44.
39) 그러나 구체적 사건에 있어서는 사실관계를 이유로 국가책임이 인정되지는 않았다. ICJ, judgment of 26 February 2007 (Case Concerning the Application of the Convention on the Prevention and Punishment of the Crime of Genocide, Bosnia-Herzegovina v Serbia-Montenegro), in ICJ Reports 2007, 43, paras. 172 이하, 386 이하.
40) 초국가적 조직범죄가 세계의 정치, 경제, 사회의 안정과 발전에 미치는 영향에 대해 우려를 표명한 것은 2002년 1월 23일 유엔총회 결의(UN Doc. A/ RES/ 56/ 120).
41) Cryer, Robert; Friman, Håkan; Robinson, Darryl; Wilmshurst, Elizabeth, 전게서, p. 329.
42) Ambos, Kai, 전게서 II, p. 223.
43) Cryer, Robert; Friman, Håkan; Robinson, Darryl, 전게서, p. 329 et seq; 상세한 내용은 제2부 제5편 조약범죄

억제조약의 대상 범죄 대부분이 국제화되어 있다는 특성을 가지고 있어 억제조약은 이들 범죄의 처벌을 위하여 국제적 협력이 필요하다는 실제적 필요에 기초한 것이다.[44) 마약, 테러 등 특정 국가의 국경을 넘어 저질러지는 범죄에 대하여 효과적으로 대처하기 위해서는 관련 국가들의 협력이 필수적이며 이러한 상황은 형사법 집행 분야에서 보다 직극적인 국제화의 요구로 이어지고 있다. 따라서 이러한 억제조약은 체약당사국에 대하여 대상 범죄의 처벌 및 기소의무뿐만 아니라 국제적 협력의무도 동시에 규정하고 있다. 그러나 엄격한 의미에서의 국제범죄와 달리 국제사회는 조약범죄를 직접 처벌할 수 있는 초국가적 재판권을 가지고 있지 않다. 조약범죄 대상 행위의 범죄성이 직접 국제법에 규정되어 있지 않으며 해당 조약은 체약당사국에 대하여 이들 범죄를 처벌할 의무를 부과하고 있을 뿐이다. 따라서 체약당사국이 조약상 의무에 위반하여 대상 행위를 처벌하는 국내법을 마련하지 않았다면 당해 국가가 이에 대한 국가책임을 부담할 뿐 개인이 직접 국제법에 근거하여 처벌되지는 않는다.[45)

──────────
부분 참조.

44) Werle, Gerhard; Jeßberger, Florian, 전게서, p. 47.

45) Ambos, Kai, 전게서 II, p. 223.

제 2 장

국제형사법의 목적과 기능

제 1 절 국제형사법의 목적

국제형사법은 인간 존엄의 보호라는 궁극적 가치를 기반으로 인류 전체의 보호와 개인의 보호를 함께 지향하는 복합적 목적을 가지고 있다. 국내형사법이 국가 내에서의 평화로운 상호공존에 봉사하는 것이라면 국제형사법은 국가 경계를 초월하는 중대한 인권침해와 인류의 평화와 안녕에 대한 거시적 위협에 대처하는 것이다.[46] 이와 같은 국제형사법의 목적은 국제형사법의 초국가적 형벌권을 정당화하는 중요한 요소로서 국제형사법 체제를 국내형사법과 구분되게 하는 것이다.[47]

국제형사법은 거시적 측면에서 국제 공동체의 근본 가치인 세계의 평화·안전과 복지를 보호한다. 로마규정 서문은 국제범죄가 "-- 세계의 평화·안전과 복지를 위협하고 있음을 인식하며"라고 규정하여 이에 대한 보호가 국제형사법의 목적임을 명확히 하고 있다. 세계평화와 국제적 안전은 유엔의 주요 목적이기도 하다.[48] 유엔헌장 제7장은 안전보장이사회에 대하여 국제적 평화와 안전을 유지하고 회복하는데 필요한 조치를 취할 수 있는 권한을 부여하고 있으며 안전보장이사회는 이러한 권한에 기하여 ICTY과 ICTR 등 국제범죄를 처벌하는 임시재판소를 설립한 바 있다.[49]

세계의 평화·안전과 복지는 초개인적이고 집합적이며 복합적인 특징을 가진다. 국제 공동

---

46) Ambos, Kai. Treatise on International Criminal Law : Volume I : Foundations and General Part : Oxford University Press. Kindle Edition (2013), pp. 72-73.

47) Ambos, Kai, 전게서 I, pp. 65-66. 국내형사법의 경우에도 세계주의 관념에 따라 국제적 가치를 보호하는 범죄를 규정하는 경우가 있는 것은 사실이나 이는 예외적인 것이다.

48) 국제연합 헌장 제1조 제1항 참조.

49) 1993년 2월 22일 ICTY 설립에 대한 안전보장이사회 결의(UN Doc. S/ RES/ 808), 1994년 11월 8일 ICTR 설립에 대한 안전보장이사회 결의(UN Doc. S/ RES/ 955).

체의 근본 가치에 대한 공격은 '국제 공동체 전체'에 영향을 미치며[50] 궁극적으로 인류 자체를 그 목표로 한 것으로 평가될 수 있다.[51] 국제형사법에서의 국제적 평화의 관념은 국가 간 무력충돌뿐만 아니라 한 국가 내에서 발생하는 집단살해, 민간인 주민에 대한 공격 등 심각한 대량 인권침해까지도 포섭하는 광범위한 개념이다. 따라서 어느 한 국가 내에서 발생하는 대규모의 인권침해는 세계 평화에 대한 위협으로 간주될 수 있다. 세계의 복지 역시 독립된 보호 객체로서 로마규정을 해석하고 적용하는 지침 역할을 수행한다.[52]

나아가 국제형사법은 궁극적 목적인 인간존엄의 보호에 기반한 개인적 법익들도 함께 보호한다. 집단살해죄는 집단 존립의 보호를 넘어 구성원 개인에 대한 존엄의 침해로부터 개인을 보호하며 인도에 반한 죄는 광범위하거나 체계적으로 이루어지는 민간인에 대한 공격 과정에서 침해받을 수 있는 인간 개인의 존엄, 생명, 자유 등을 함께 보호한다. 전쟁범죄 규범도 무력충돌 상황에서의 인간 개인의 존엄, 생명, 신체의 완전성을 보호하려는 목적을 가지고 있다.[53]

이와 같이 국제 공동체 전체에 영향을 미치는 기본적 가치에 대한 공격이라는 요소는 대상 범죄를 국제범죄로 탈바꿈시킨다. 로마규정 제1조와 제5조는 국제형사재판소가 '국제 공동체 전체의 관심사인 가장 중대한 범죄'를 다룬다고 규정하고 있다. 국제 공동체 전체에 영향을 미치며 국제 공동체의 기본적 가치를 공격하는 국제범죄가 발생하였음에도 개별 국가가 이와 같은 국제범죄를 처벌할 능력이나 의사가 없다면 국제형사법이 당해 국가의 '주권의 갑옷'을 뚫고 들어가 이들에 대한 처벌이 가능하도록 한다.[54]

일반적으로 형사법 혹은 형벌은 사회적 갈등을 해결하는 다른 사회적 통제수단이나 비형사법적 수단과의 관계에서 최후의 수단으로 사용되어야 한다. 그러나 국제형사법의 대상이 되는 국제범죄는 기본적 인권을 침해하는 심각한 범죄이므로 이와 같은 일반 원칙이 그대로 적용되기 어렵다는 주장도 있다. 국가가 국제범죄와 같은 심각한 범죄를 처벌하지 않고 방관하는 것은 자신의 권력을 스스로 포기하는 것이고 국민의 기본적 권리를 보장할 직무를 유기하는 행위에 가까운 것이므로 이에 대한 보다 적극적 대응이 요구된다는 것이다.[55]

---

50) 로마규정 서문에는 "----그러한 중대한 범죄가 세계의 평화·안전과 복지를 위협하고 있음을 인식하며----", "----이러한 목적과 그리고 현재와 미래의 세대를 위하여, 국제연합 체제와의 관계 속에서 국제공동체 전체의 관심사인 가장 중대한 범죄에 대하여 관할권을 갖는 독립적인 상설 국제형사재판소를 설립하기로 결정하며----"라고 명시하고 있다.; Tadić, ICTY (AC), decision of 2 October 1995, para. 59에서는 '재판소의 재판권 대상이 되는 범죄는 ---- 전체 인류에 영향을 미치며 전세계 모든 국가들의 양심에 충격을 주는 것이므로--- 국제공동체를 대신하여 이러한 범죄를 처벌--- '이라고 설시하고 있다.

51) Ambos, Kai, 전게서 I, p. 66.

52) Werle, Gerhard; Jeßberger, Florian, 전게서, p. 34.

53) 'International harm principle'에 대한 설명은 Ambos, Kai, 전게서 I, p. 67.

54) Werle, Gerhard; Jeßberger, Florian, 전게서, p. 34.

55) Ambos, Kai, 전게서 I, p. 65.

제 2 절 형벌의 목적

1. 국제법원의 판례와 논의 상황

로마규정은 서문에서 "-- 이러한 범죄를 범한 자들이 처벌받지 않는 상태를 종식시키고, 이를 통하여 그러한 범죄의 예방에 기여하기로 결정하며---"라고 명시하여 국제형사법에서의 형벌에 응보적 측면과 예방적 측면이 있음을 명확히 하고 있다. 국제형사재판소 역시 Lubanga 사건에서 로마규정 서문을 언급하며 형벌 부과의 목적에는 응보적 측면과 예방적 측면이 있음을 선언하였다.[56] ICTY도 형벌을 부과하는 중요한 목적으로 응보와 예방을 기본적으로 언급하고 있다. Kupreškić 사건에서 응보와 예방이 형벌 부과시 일반적으로 고려되어야 하는 요소라고 판시하였으며[57] Erdemović 사건에서는 응보, 사회방위, 갱생, 예방 등을 형벌을 결정하는 요소로 고려하여야 한다고 판시하였다.[58] ICTR은 응보, 예방, 갱생을 동일한 수준의 가치를 갖는 형벌의 목적으로 설시한 바 있다.[59] 그러나 이와 같은 로마규정의 문언과 국제형사법원의 판례들에도 불구하고 국제형사법에 의하여 부과되는 형벌의 목적 이론은 아직까지 발전 과정에 있으며 논의 수준 역시 미흡한 상태에 머물러 있어 상대적으로 미발달된 국제형사법 체제의 일면을 보여주고 있다는 평가이다.[60]

인간 존엄의 보호라는 궁극적 목적을 기반으로 세계 평화와 안전, 개인의 인권 보호 등을 국제형사법의 목적으로 승인하더라도 국제형사법 체제 내에서 이러한 목적이 어떻게 달성될 수 있는가는 별도로 탐구되어야 할 영역이다. 형사 재판권의 행사는 공동체가 취할 수 있는 가장 강력한 강제조치 중의 하나이며 형벌의 부과는 개인의 자유나 재산을 박탈하는 것으로 이를 정당화할 수 있는 근거가 요구된다. 국내형사법 영역에서는 전통적으로 형벌의 정당화에 대하여 범죄 자체에 초점을 맞추는 의무론적 입장과 범죄예방 기능을 강조하는 목적론적 입장이 존재하여 왔으며 대부분 국가의 형사사법 체제는 이들 두 가지를 혼합한 기초 위에 성립되어 있다.[61] 국제형사법의 영역에서도 형벌을 부과함에 있어 개인의 자유나 재산의 박탈을 정당화할 수 있는 근거가 요구된다. 특히 국제형사법 체제의 정당성은 부과되는 형벌의 정당성과 밀접하게 관련되어

---

56) Lubanga, ICC (TC), sentencing judgment of 10 July 2012, para. 16.

57) Kupreškić et al., ICTY (TC), judgment of 14 January 2000, paras. 848-849.

58) Erdemović, ICTY (TC), sentencing judgment of 29 November 1996, para. 60.

59) Rutaganira, ICTR (TC), judgment of 14 March 2005, para. 107 et seq; Muhimana, ICTR (TC), judgment of 28 April 2005, para. 588은 예방, 정의, 화해, 평화의 회복과 유지를 언급하여 다원화된 접근법을 취하고 있다.

60) Ambos, Kai, 전게서 I, p. 71.

61) 이에 대한 비교적 상세한 논의는 Cryer, Robert; Friman, Håkan; Robinson, Darryl; Wilmshurst, Elizabeth, 전게서, p. 29.

있어[62] 국제형사법에서 형벌의 목적에 대한 논의는 처벌권력(ius puniendi)의 정당화 또는 국제형사법 체제의 일반적 근거지움 문제와 혼합되어 나타나기도 한다.

국제형사법의 대상이 되는 국제범죄는 다수 범죄들이 집합적으로 범하여지는 거시 범죄적 특성을 가지고 있고 국제형사법이 구현되는 국제형사절차 역시 국내형사법과는 상이한 측면을 다수 가지고 있다. 이러한 특수성에 따라 국제형사법에서의 형벌의 목적은 국내형법과 비교하여 더욱 넓은 범주의 것이어야 하는가 여부와 만일 그렇다면 어떠한 요소들이 이에 추가적으로 포함되어야 하는가의 문제가 논란이 되고 있다. 국제형사법 체제와 국내형사법 체제의 차별성을 강조하는 입장에서는 국내법 질서에 적용되는 전통적 특별예방 또는 일반예방이 국제범죄의 영역으로 손쉽게 이전될 수 없다고 주장하며 국제형사법 영역에 적용되는 형벌의 목적을 새로이 정비하려는 시도를 이어가고 있다.[63] 그러나 이와 달리 국제형사법 체제와 국내법 체제 사이에 존재하는 일부 차이점은 인정하면서도 국제형사법의 많은 규범들이 국내법에 도입되는 상황에서 국제형사법의 형벌 목적이 국내형사법의 경우와 중대하게 달라야 하는가는 의문스럽다는 주장도 있다.[64]

이처럼 국제형사법에서의 형벌의 목적 이론은 아직까지 발전 단계에 있으며 국제적 처벌의 정당화 문제에 대한 논의는 일관되어 있지 않거나 때로는 모순된다는 평가이다.[65] 따라서 현재로서는 앞서 본 바와 같이 국제규범에 명시적으로 구현되어 있는 형벌의 목적과 지금까지의 국제재판소의 판결들을 토대로 국제형사법에서 승인되고 있는 형벌의 목적을 살펴볼 수 있다.

2. 응보(Retribution)

응보는 국내형사법에서도 승인되는 전통적인 형벌 목적의 하나이다. 국제형사법 체제 하에서도 정의 관념에 입각하여 국제범죄에 대한 처벌이 요구되며 응보는 형벌 목적으로서 부정될 수 없는 위치를 차지하고 있다. 응보는 형벌의 결과론적 정당화가 아닌 의무론적 정당화로서 국제형사법에서의 현대적 응보이론은 응보를 단순한 복수와 조심스럽게 구분하려고 노력하고 있다.[66]

---

62) Werle, Gerhard; Jeßberger, Florian, 전게서, p. 36.

63) 기존의 전통 이론에 존재하는 응보 및 예방을 화해 등과 결합하여 논하거나 전통적 형벌의 목적인 응보, 예방을 넘어선 보다 넓은 정의의 관점을 취하는 포괄적 접근방법을 취하기도 한다. 이에 대한 설명은 Ambos, Kai, 전게서 I, p. 71; 국내에서의 형벌 목적이 국제적 차원에 그대로 이전될 수 없으며 특별한 유형의 형벌 이론이 필요하다는 주장은 Jens David Ohlin, "Towards a Unique Theory of International Criminal Sentencing" in Göran Sluiter and Sergey Vasiliyev (eds.), International Criminal Procedure : Towards a Coherent Body of Law (London, 2009), p. 282.

64) Cryer, Robert; Friman, Håkan; Robinson, Darryl; Wilmshurst, Elizabeth, 전게서, p. 29.

65) 형벌의 정당화에 대한 논의의 비일관성과 모순성은 국내 사법 체제에 대하여도 제기될 수 있으며 이러한 비판이 형사법 폐지 등의 요구로 이어지지는 않았다는 점에서 국제형사법에서의 이러한 상황이 반드시 국제형사법의 기반을 약화시키는 것은 아니라는 견해는 Cryer, Robert; Friman, Håkan; Robinson, Darryl; Wilmshurst, Elizabeth, 전게서, p. 29.

66) 응보이론에 대한 기원과 일반적 내용에 대한 개괄적 설명은 Cryer, Robert; Friman, Håkan; Robinson, Darryl; Wilmshurst, Elizabeth, 전게서, p. 30. 이하.

ICTY는 Aleksovski 사건에서 다음과 같이 설시하고 있다.

> (응보는) ‒ ‒ 복수 욕구의 충족이 아닌 국제 공동체가 범죄에 대하여 가지고 있는 정당한 분노의 표출로 이해되어야 한다. ‒ ‒ ‒ ‒ 형벌은 문제되는 행위에 대한 국제 공동체의 명백한 비난이어야 하며 동시에 '국제사회가 국제인도법과 인권에 대한 심각한 침해를 감내하지 않을 것임'을 보여 주는 것이어야 한다.[67]

또한 Nikolić 사건에서는 임시재판소의 설립 취지와 국제인도법의 목적, 피해자에 대한 고려 등을 종합하여 응보에 대하여 다음과 같이 선언하고 있다.

> 임시재판소를 설립한 취지와 국제인도법의 목적에 비추어 볼 때 응보는 개인들에 대한 침해가 가장 일어나기 쉬운 무력충돌 시기에 범하여진 심각한 기본적 인권 침해와 인권 무시 행위에 대한 국제사회의 비난과 분노의 표현으로 이해될 수 있다. 또한 응보는 피해자에게 가하여진 피해와 고통을 공식적으로 인정하는 것이기도 하다. 나아가 국제형사사법 체제에서의 응보는 국제범죄가 반드시 처벌되어야 하며 면책성이 허용될 수 없다는 국제 공동체의 명백한 선언이다.[68]

Todorvić 사건 등에서는 응보주의를 형벌 부과에 있어 선택할 수 있는 공정하고 균형 잡힌 접근방법으로 판단하면서 응보주의에 따라 부과되는 형벌은 저질러진 악행에 비례하여야만 하며 형벌은 범죄에 상응한 것이어야 한다고 판시하고 있다.[69] 또한 국제형사법 체제 하에서는 국내형사법에서 일반적으로 적용될 수 있는 다른 형벌 목적들의 타당성이 약화되므로 응보의 관념이 국제형사법에서의 형벌 목적으로 더욱 잘 적용될 수 있다는 주장도 있다.[70]

그러나 이와 달리 국제형사법에서의 응보주의에 대하여 동의하지 않는 입장도 있다. 국제범죄에서 드러나는 악행의 수준이나 책임성의 정도에 비추어 볼 때 이에 비례한 처벌이 가능할 것인가 여부에 의문을 제기하면서 대규모로 이루어지는 국제범죄의 경우 해악의 균형을 상정하는 것이 불가능하다는 것이다.[71] 응보주의를 지지하는 입장에서는 이러한 주장이 일부 정당한 측면을 가지고 있음은 인정하면서도 국내형사법에 있어서도 적지 않은 범죄자들은 자신의 남은 여생을 다 바쳐도 갚지 못하는 수준의 심각한 범죄를 저지르고 있으므로 이러한 현상이 국제형사법

---

67) Aleksovski, ICTY (AC), judgment of 24 March 2000, para. 185.

68) Nikolić, ICTY (TC), judgment of 18 December 2003, paras. 86-87.

69) Todorović, ICTY (TC), judgment of 31 July 2001, para. 29; Plavšić, ICTY (TC), judgment of 27 February 2003, para. 23.

70) Cryer, Robert; Friman, Håkan; Robinson, Darryl; Wilmshurst, Elizabeth, 전게서, p. 30.

71) 이에 대한 상세한 논의상황은 Ambos, Kai, 전게서 I, p. 68; 또한 국제범죄의 복잡한 본질과 국제형사사법 체제에 참여하는 많은 사람들이 범죄에 대하여 가지고 있는 다양한 직관이 응보적 정당화의 효용성을 부정하게 만드는 것이라고 주장되기도 한다. Cryer, Robert; Friman, Håkan; Robinson, Darryl; Wilmshurst, Elizabeth, 전게서, p. 31.

에 국한된 것이 아니며 따라서 국제형사법 체제에서 응보가 형벌의 목적으로 자리매김하는 것에 대한 중요한 반론은 아니라고 지적하고 있다.[72] 그 밖에 응보주의적 접근방법 자체의 문제점을 지적하는 견해도 있다. 비난의 문화를 넘어서는 것의 중요성을 강조하거나 응보주의는 형벌의 부과가 무의미한 경우조차 처벌을 요구한다는 지적, 응보주의 입상에서는 실용성의 문제가 중요하지 않은 것으로 보일 것이나 도덕적 절대주의의 위험이 여전히 존재한다는 주장 등이 있다.[73] 또한 국제범죄의 경우 범죄자들은 조직적 측면에서 보호되므로 응보나 예방 모두 효용성이 없으며 제도적 개혁이 필요하다는 주장도 있다.[74]

3. 일반예방(General Deterrence)

범죄의 예방은 형벌을 정당화하는 가장 중요한 근거 중 하나이며 국제형사법에서도 형벌의 예방적 효과는 매우 중요한 의미를 갖는다. 과거에는 국제범죄를 저지른 범죄자들에 대한 처벌이 거의 이루어지지 않는 상황이 지속되어 실제로 범죄자들은 자신들이 처벌받지 않을 것으로 생각하게 되었다. 이에 따라 국제형사법이 갖는 예방의 목적은 훼손되었으며 인권침해 범죄에 대한 면책성 문화는 국제범죄의 지속적 발생에 상당한 원인을 제공한 것으로 믿어지고 있다.[75]

로마규정 서문은 '이러한 범죄를 범한 자들이 처벌받지 않는 상태를 종식시키고, 이를 통하여 그러한 범죄의 예방에 기여하기로 결정하며' 라고 국제형사법에서의 일반예방이라는 목적을 명시하고 있다. 또한 유엔안전보장이사회도 ICTY의 설립 시 범죄자에 대한 기소와 처벌이 미래의 인권침해 범죄를 막는데 기여할 것이라고 선언한 바 있다.[76]

예방을 형벌의 목적으로 인정하는 것에 대하여는 인간을 목적이 아닌 수단으로 취급하는 것이며 인간의 도덕적 가치와 상응하지 않는 것이라는 전통적 응보주의 관점에서의 비판이 존재한다.[77] 특히 일부에서는 국제형사법 체제 하에서 예방이론이 전제하는 인간의 모습과 의사결정 형태에 대하여 구체적으로 의문을 제기하고 있다. 예방이론에 근거한 접근법은 인간을 이성적이고 타산적인 사람으로 취급하여 범죄자는 자신의 행위가 초래할 비용과 이익을 신중하게 저울질한다고 보고 있으나 이는 범죄자가 국제범죄를 저지르게 되는 현상이나 국제범죄에 대한 실제적 의사결정 형태를 반영하지 못하는 것이라고 주장한다.[78] 예를 들면 자살 폭탄 공격을 감행하는

---

72) Mark Osiel, "Why Prosecute? Critics of Punishment for Mass Atrocity", Human Rights Quarterly(2000), p. 129.
73) Cryer, Robert; Friman, Håkan; Robinson, Darryl; Wilmshurst, Elizabeth, 전게서, p. 32.
74) Ambos, Kai, 전게서 I, p. 69.
75) Werle, Gerhard; Jeßberger, Florian, 전게서, p. 37.
76) 1993년 2월 22일 ICTY 설립에 대한 안전보장이사회 결의 UN Doc. S/ RES/ 808 (1993).
77) 형벌의 목적과 관련된 상대주의적 입장에 대한 비판에 대하여 상세한 것은 Cryer, Robert; Friman, Håkan; Robinson, Darryl; Wilmshurst, Elizabeth, 전게서, p. 32.
78) Cryer, Robert; Friman, Håkan; Robinson, Darryl; Wilmshurst, Elizabeth, 전게서, p. 32; David Wippman, "Atrocities, Deterrence and the Limits of International Justice", Fordham International Law Journal (1999), p. 474 et seq.

범죄자가 체포 후 받을 형벌을 두려워하여 범죄를 중단하지는 않는다는 점에서 예방효과를 기대하기 어렵다는 것이다.[79] 또한 국제범죄와 국제범죄자의 고유한 특성, 역사적 맥락 등 거시 범죄적 성격을 고려할 때 국제형사법의 억제 기능은 그 중요성이 약화된다고 주장한다. 국제범죄가 범하여지는 상황의 경우 범죄자들이 스스로 몸담고 있는 형사법 체제에 의하여 요구되는 바에 따라 행위하는 경우가 존재하는 등 완전히 사회화된 상태에 있거나[80] 보다 높은 선을 위한 행위라는 투쟁의식, 심한 편견 등 당시 시점에 존재하던 스스로에게는 급박한 고려상황들이 이들의 심리에서는 범죄 실행의 결정적 요소로 작용한다는 것이다.[81] 또한 일반예방의 효과는 입증되기 어려울 뿐 아니라 국제적 차원에서는 더욱 의심스럽다는 비판도 제기된다.[82]

이에 대하여 우선 일반예방이 전제하고 있는 상황을 근거로 한 비판이 일부 경우에는 타당할 수 있으나 많은 고위급 지도자들은 자신들이 고려할 수 있는 여러 사항들에 대하여 무감각하거나 맹목적이지 않다는 점에서 이성적 계산능력을 과소평가한 것이라는 반론이 있다.[83] 특히 예방이론이 갖는 교육적 기능을 강조하는 새로운 입장에 대하여는 이러한 비판의 설득력이 더욱 약화되는 것으로 보인다. 국제형사법에서의 예방은 범죄의 단순한 억제효과만을 지칭하는 것은 아니다. 더욱 중요한 것은 국제형사법의 영역에 존재하고 있는 법에 대한 국제적 인식을 가능하게 하고 규범을 강화시키는 것으로(적극적 일반 예방, positive general prevention) 국제형사법은 이러한 기능을 통하여 국제법의 규범을 안정화시키는데 기여한다.[84] 국제법에 근거하여 강제되는 심각한 범죄에 대한 처벌 현상을 각인시켜 '국제법도 법이며 법을 파괴한 자들에 대하여 형벌이 집행된다는 사실을 인류에게 상기'시키게 된다는 것이다.[85] 이와 같은 교육적 기능에 대하여 ICTY는 '교육적 기능은...... 국제인도법이 모든 상황 하에서도 지켜져야 하는 규칙이라는 메시지를 전달하는 것을 목적으로 하며 이렇게 함으로써 형벌은 이러한 규칙들과 이러한 규칙들이 깃들어 있는 대중의 마음속에 존재하는 도덕적 요구들을 내재화시킨다.'고 설시한 바 있

---

79) Mark A. Drumbl, "Collective Violence and Individual Punishment : The Criminality of Mass Atrocity", Northwestern University Law Review(2005), p. 590.

80) Ambos, Kai, 전게서 I, p. 69.

81) Cryer, Robert; Friman, Håkan; Robinson, Darryl; Wilmshurst, Elizabeth, 전게서, p. 32.

82) Ambos, Kai, 전게서 I, p. 69 et seq.

83) Cryer, Robert; Friman, Håkan; Robinson, Darryl; Wilmshurst, Elizabeth, 전게서, p. 32; 범죄자가 전후 비중 관계를 고려하는 것으로 보인다는 주장은 T.J. Farer, "Restraining the Barbarians : Can International Criminal Law Help?", Human Rights Quarterly (2000), p. 117.

84) Werle, Gerhard; Jeßberger, Florian, 전게서, p. 38.; 예방적 기능에 대하여 ICTY 등의 사례에 기반한 상세한 연구는 P. Akhavan, "Beyond Impunity : Can International Criminal Justice Prevent Future Atrocities?", 95 AJIL (2001), p. 7 et seq.

85) 국제형사법의 맥락에서의 이와 같은 적극적 일반예방은 경우에 따라서는 개인에 대하여 국내법 위반 행위를 요구하기도 한다. 국제법 위반 행위가 국내법의 가면을 쓰고 나타날 때에도 국제형사법은 역시 구속적인 것이며 인류의 이익이라는 관점에서 국제형사법은 행위 주체에게 일반 국내 형사법이 요구하는 것 이상을 요청하게 된다는 것이다. Werle, Gerhard; Jeßberger, Florian, 전게서, p. 38.

다.[86] 형사절차와 처벌은 '저질러진 악행의 본질에 대하여 범죄자와 피해자 그리고 보다 광범위하게는 사회 전체가 의견을 교환하는 기회'로서 범죄자로 하여금 자신들의 행동이 갖는 악성을 이해하게 하고 공동체에 대하여는 이러한 규범의 존재를 재확인시키며 동시에 비난받을 수밖에 없는 행위의 수용 불가능한 본질을 교육시키게 된다는 것이다.[87]

이러한 입장은 ICTY의 Nikolić 사건 항소심 판결에서 잘 나타나 있다.

> 무력충돌의 기간 동안 모든 사람들은 반드시 동료 전투원과 보호받는 사람들 특히 민간인들과 관련하여 그들에게 부과되는 의무에 대하여 보다 잘 인식하고 있어야 한다. 따라서 임시재판소와 다른 국제법원들의 존재가 단순히 법을 어긴 결과에 대한 두려움을 가져 오게 하는 것만이 아니라 법의 지배 원칙에 대한 존중의 문화를 발전시킴으로써 범죄의 실행을 예방할 수 있는 상황을 만들기를 희망한다. 법정 앞에 선 피고인은 법의 지배라는 목적을 확립하기 위한 단순한 수단이 아니다. 실제로 지금까지 형벌의 총체적 평가에 있어 예방 목적에 과도한 비중이 주어져서는 안 된다고 판시하여 왔다.[88]

비록 예방이론에 대하여 가해지는 비판에 대한 이러한 설명이 완벽한 답은 아닐지라도 예방의 기능이 보다 섬세한 수준까지 작용되고 있음을 보여준다. 이러한 입장에서는 예방 작용이 이성적이고 타산적 수준에서만 작용하는 것이 아니라 자신이 취할 수 있는 선택사항을 선별하는 단계에서 의식적 혹은 무의식적으로 작용하는 것으로 파악한다. 만일 어떤 선택사항 자체가 도덕적 이유나 다른 어떤 이유로 가능하지 않다고 미리 전제하고 있을 경우라면 비용과 이익을 저울질하는 다음 단계로 들어가지 않는다는 것이다. 이는 현대 사회에서 결투에 의하여 분쟁을 종결하는 것을 더 이상 고려하지 않게 된 것과 유사한 것으로 이러한 결과는 형벌의 교육적 기능과 내적으로 연결되어 있다.[89]

일반예방의 효과에 대하여 국제형사법 영역에서도 많은 논란이 있어 왔다. 예방효과는 증명되기 어렵다는 주장과 함께 실제적 영향력에 대하여 상당히 많은 회의적 시각이 존재하는 것이 사실이다.[90] 또한 국제형사법원의 예방효과에 대한 증거가 상당히 증가하고 있는 것은 사실이나

---

86) Kordić and Čerkez, ICTY (AC), 17 December 2004, paras. 1080-1081; 특정한 상황에서 인정되는 국제범죄는 상대적으로 최근의 도덕적 합의를 반영한 것이므로 교육적 기능은 더욱 중요시되어야 하며 규범을 제대로 인식하지 못한 사람은 소년병 금지 사례에서 나타나듯이 범죄를 저지를 가능성이 더욱 높다는 주장은 Cryer, Robert; Friman, Håkan; Robinson, Darryl; Wilmshurst, Elizabeth, 전게서, p. 36.

87) Cryer, Robert; Friman, Håkan; Robinson, Darryl; Wilmshurst, Elizabeth, 전게서, p. 36; 적극적 일반예방과 관련된 담론의 교육적 기능과 형벌의 의사 교환적 기능에 초점을 맞춘 표현주의에 대한 논의는 Ambos, Kai, 전게서 I, p. 71.

88) Momir Nikolić, ICTY(TC), 2 December 2003, paras. 89-90.

89) Cryer, Robert; Friman, Håkan; Robinson, Darryl; Wilmshurst, Elizabeth, 전게서, p. 33.

90) 범죄 집단의 상급자가 형벌의 위화효과를 이유로 범죄를 실행하지 않는다고 보기 어려우며 하급자 역시 검거 가능성이 낮은 것으로 생각하여 범죄를 실행하게 된다는 주장 등 상세한 논의상황은 Ambos, Kai, 전게서 I, p. 69.

아직까지 예방효과는 완전히 입증되지는 않았으며 예방효과에 대한 신뢰할 만한 근거를 찾기도 어렵다는 것이다. ICTY나 ICTR의 설립이 이후의 국제범죄 발생을 막지 못하였다는 비판과 모든 범죄가 기소될 수 없는 국제형사법 강제체제의 취약성을 근거로 예방 효과에 대하여 의문을 표시하는 견해도 같은 맥락에서 주장되고 있다.[91]

그러나 책임의 문화가 확립되고 로마규정에서 지향하고 있는 바와 같이 각국의 국내 사법체제가 국제범죄의 처벌에 있어 역할을 다하게 된다면 이러한 비판은 시간이 지남에 따라 무뎌져 갈 것이라는 예측도 존재한다.[92] 일부 적극적 입장에서는 국제범죄의 기소가 상당히 직접적인 예방효과를 가져왔다고 주장하기도 하며[93] 국제형사재판소의 검사는 국제형사재판소가 아프리카에서의 범죄와 다수 국가들의 정책에 대하여 실질적 영향을 미쳐 왔다고 단언하기도 하였다.[94] 국제적 차원 혹은 국내적 차원에서 이루어지는 국제범죄의 기소가 적어도 직관적으로는 국제범죄에 대한 일정한 억제 효과를 가지는 것으로 보인다는 입장도 이러한 주장과 맥락을 같이 하고 있다. 국제범죄에 대한 형사기소는 명예 실추, 부끄러움 등 다른 부수적 효과들과 함께 국제형사법 영역에서 보다 넓은 의미의 억제 효과를 갖는다고 이해할 수 있다는 것이다.[95]

이러한 논란 속에서 ICTY는 Tadić 사건 항소심에서 예방을 형벌을 결정함에 있어 고려할 수 있는 합법적 요소로 인정하면서도 유죄판결에 부과되어야 할 형벌의 전체적 평가에서 과도한 비중이 주어져서는 안 된다고 판시하고 있다.[96] ICTY의 이러한 판결은 예방이론에 대하여 제기되는 본질적 비판에 응답하는 것일 뿐 아니라 예방이론에 대한 일부의 적극적 지지 입장에도 불구하고 국제형사법 영역에서 예방이론이 갖는 제한적 타당성을 고려한 합리적 입장으로 생각된다.

4. 특별예방(Specific Deterrence)

국제범죄가 범하여지는 많은 경우 당해 상황 하에서의 범죄자의 행위가 특별히 일탈적인 것으로 보기 어려운 측면이 있으며 범죄를 야기하는 특별한 체제가 종식되면 특별예방의 여지가 없어지게 되는 것이 일반적이라고 주장되기도 한다. 그러나 국제형사법의 영역에 있어서도 범죄

---

91) 이러한 입장에 대한 소개는 Cryer, Robert; Friman, Håkan; Robinson, Darryl; Wilmshurst, Elizabeth, 전게서, p. 34.

92) Cryer, Robert; Friman, Håkan; Robinson, Darryl; Wilmshurst, Elizabeth, 전게서, p. 34.

93) Hunjoon Kim and Katherine Sikkink, "Explaining the Deterrence Effect of Human Rights Prosecutions for Transitional Countries", International Studies Quarterly(2010), p. 29 et seq; 이러한 분석에 사용된 방법론적 측면 등에서 회의적이라는 입장은 Pádraig McAuliffe, "Suspended Disbelief? The Curious Endurance of the Deterrence Rationale in International Criminal Law", New Zealand Journal of Public and International Law (2012) 참조.

94) Ben Schiff, "The ICC's Potential for Doing Bad when Pursuing Good", Ethics and International Affairs(2012) p. 78 참조.

95) Ambos, Kai, 전게서 I, p. 70.

96) Tadić, ICTY (AC), 26 January 2000, para. 48.

자들에 대한 특별예방 효과는 부정될 수 없다는 적극적 지지 입장이 존재한다. 범죄자는 하나의 범죄 관련 체제가 종료한 뒤 또 다른 인권 침해 체제에 가담할 수 있으므로 특별예방 효과는 존재할 수 있다는 것이다. 독일에서 국제범죄에 가담하였던 Klaus Barbie가 1945년 볼리비아로 도주한 후 또 다른 범죄체제에 관여한 사례 능을 근거로 제시하고 있다.[97]

범죄자를 구금하여 추가적 범죄를 예방한다는 관념이 국제형사법에서는 큰 영향을 미치지 못하여 온 것이 사실이나[98] 이러한 측면의 특별예방은 동경재판의 Röling 판사의 견해에서 이미 등장한 바 있다. 그는 침략범죄의 범죄성에 대하여는 의문을 표명하면서도 기소된 피고인들은 실제로 위험한 존재이며 이러한 위험한 피고인들의 일본에서의 영향력은 투옥을 통하여 제거되어야만 하므로 침략범죄에 대한 기소는 정당화될 수 있다고 보았다.[99]

특별예방의 또 다른 차원이라 할 수 있는 갱생(rehabilitation)은 형사 제재의 목적을 범죄인의 개선에 두는 것이다. 그러나 국제범죄를 저지른 주요 범죄자를 갱생의 대상으로 보는 것은 타당하지 않다고 보아 국제형사법 영역에 있어서 갱생의 이념은 제대로 인정받거나 발전되지 못하였다.[100] 그러나 하위 범죄자의 범죄와 관련하여 형벌의 부과 단계에서는 갱생이 직접적으로 고려되기도 하였는데 이와 관련한 가장 유명한 사례가 Erdemović 사건이다. Erdemović은 젊은 보스니아계 크로아티아인으로 강박에 의하여 대량학살에 참여하였다. 재판부는 범죄자의 교정 가능한 인간성에 주목하여 피고인은 '교정가능하며 따라서 젊은 시절에 석방되어 새로운 삶을 시작할 두 번째 기회가 주어져야 한다'며 상대적으로 짧은 징역 5년형을 선고하였다.[101] 한편 ICTY는 Čelebići 사건에서 '갱생이 고려되어야 할 타당한 요소이기는 하지만 적절하지 않은 과도한 비중이 부여되어서는 안 된다'며 갱생에 대한 적극적 고려를 요청한 피고인의 주장을 받아들이지 않았다.[102]

---

97) Werle, Gerhard; Jeßberger, Florian, 전게서, p. 38; 이에 반하여 예방효과를 인정하기 어렵다는 주장은 K. Rodman, "Darfur and the Limits of Legal Deterrence", Human Rights Quarterly (2008), p. 529 et seq.
98) Cryer, Robert; Friman, Håkan; Robinson, Darryl; Wilmshurst, Elizabeth, 전게서, p. 35.; Mark A. Drumbl, 전게논문, p. 589.
99) International Military Tribunal for the Far East, judgment of 12 November 1948, Dissenting Opinion of the Member from the Netherlands; 이러한 주장은 과거의 행위가 아닌 장래에 범할 가능성이 있는 행위를 형사 처벌의 대상으로 삼는 것일 뿐 아니라 누가 범죄를 저지를 것인가에 대한 부정확한 판단에 의존하는 것이라는 비판은 Cryer, Robert; Friman, Håkan; Robinson, Darryl; Wilmshurst, Elizabeth, 전게서, p. 35.
100) Cryer, Robert; Friman, Håkan; Robinson, Darryl; Wilmshurst, Elizabeth, 전게서, p. 35.
101) Erdemović, ICTY (TC), sentencing judgment of 5 March 1998, para. 16.
102) Mucić et al.(Čelebići), ICTY (AC), judgment of 20 February 2001, para. 806; 유사한 판결로는 Kunarac et al., ICTY (TC), judgment of 22 February 2001, para. 844 등; 시민적 정치적 권리에 대한 국제규약(International Covenant of Civil and Political Rights, ICCPR) 제10조 제1항은 개선과 사회적 갱생을 교정체제의 궁극적 목표로 보고 있다.

5. 보다 다양한 목적과 기능에 대한 논의

범죄자에 대한 형사처벌의 목적을 포함하여 국제형사 절차 일반에 대하여 보다 다양하고 광범위한 목적이나 가치가 주장되기도 한다.

피해자에 대한 정의의 실현을 국제형사 절차의 주요한 기능의 하나로 보는 입장이 있다. 국제범죄 범죄자에 대한 처벌 절차나 이를 위한 피해자의 증언 절차 등은 피해자에게 정의가 실현되었다는 점을 알리고 일종의 '종결 효과'를 가져 온다는 것이다.[103] ICTY는 Nikolić 사건에서 '처벌은 반드시 -- 직접 혹은 간접적으로 -- 범죄의 피해자가 된 사람들에 대한 정의의 요청을 반영하여야 한다'고 판시한 바 있다.[104] 로마규정 서문에 피해자에 대한 명시적 언급이 존재하지 않는다는 이유로 피해자에 대한 배상은 국제형사 체제의 목적이 아니라는 주장이 제기되기도 하나 로마규정은 피해자에 대한 배상 절차를 개별조문에서 명시하고 있고[105] 국제형사재판소 실무에서 이러한 절차는 실제로 활용되고 있다. 따라서 형벌 부과뿐만 아니라 피해자에 대한 정당한 배상 역시 국제형사 절차의 부가적 목적으로 볼 수 있을 것이며, 나아가 로마규정 제19조 제3항에서 피해자가 국제형사재판소의 재판 적격성 판단에 대한 의견을 제출할 수 있도록 규정하고 있음을 고려할 때 피해자에 대한 정의 역시 국제형사 절차의 보다 광범위한 목적에 포함되어 있다고 보는 것이 타당할 것이다.[106]

한편 국제범죄에 대한 형사절차를 통하여 과거에 발생한 대규모의 범죄를 공적으로 확인하고 진실을 기록하는 것을 국제형사 절차의 중요한 기능으로 파악하는 입장이 존재한다. 강압 체제의 대표자들은 인권에 대한 조직적 침해가 발생하였다는 사실 자체를 부정하는 행태를 전형적으로 보여 왔다. 이러한 상황에서 형사재판 절차를 통하여 심각한 인권침해 범죄가 존재하였음을 공적으로 선언하고 감추어져 있던 과거의 진실을 찾는 기능 역시 국제형사 절차가 갖는 중요한 독립적 기능이라는 주장이다. 사법적 판단을 통하여 국제범죄가 범하여졌음을 확인하는 것은 자신의 범죄 행위를 승인하지 않는 범죄자의 행태에 정면으로 대응하는 것이며 과거에 발생한 부정의(不正義)와 피해자의 고통을 공적으로 승인하는 것으로 이해하면서 이러한 과정에서 잔학 행위와 관련된 역사 조작도 방지될 수 있다고 주장한다.[107] 국제범죄의 재판에서 각종 증거가 정밀하게 조사되고 그 결과가 영원한 범죄 기록으로 만들어져야 한다는 역사 기록으로서의 중요성을 강조하는 것도 같은 맥락으로 이해할 수 있다.[108]

---

103) Cryer, Robert; Friman, Håkan; Robinson, Darryl; Wilmshurst, Elizabeth, 전게서, p. 37.

104) Momir Nikolić, ICTY (TC), 2 December 2003, para. 86.

105) 국제범죄를 저지른 범죄자에 대한 배상 명령을 유죄판결과 함께 내릴 수 있도록 규정하고 있다. 로마규정 제75조 참조.

106) Ambos, Kai, 전게서 I, p. 72.

107) Werle, Gerhard; Jeßberger, Florian, 전게서, p. 38.

108) Cryer, Robert; Friman, Håkan; Robinson, Darryl; Wilmshurst, Elizabeth, 전게서, p. 38; 우리나라에서도 영구

마지막으로 책임의 개별화 기능을 국제형사 절차가 수행하는 또 다른 역할의 하나로 이해하는 입장이 있다. 국가와 같은 추상적 단체가 배후에 존재하는 거시적 성격의 국제범죄에 있어서는 피해자를 선택하고 조직화된 범행을 실제로 저지른 범죄자를 명확히 하는 책임의 개별화가 특별한 의미를 지닌다는 것이다. 실제로 범죄를 저지른 범죄자를 확인하여 그 책임을 명확히 하는 것은 피해자에게 중요한 의미를 가지는 것일 뿐 아니라 조직적 범죄에 참가한 범죄자에게도 그의 책임을 이해할 수 있는 기회를 부여하고 공동체 내에 존재할 수 있는 집단책임의 관념을 반박하는 중요한 역할을 수행한다는 주장이다.[109]

그러나 국제형사법 체제에 지나치게 다양한 목적들을 추가하는 것은 형사절차에 적합하지 않은 과도한 부담을 지울 수 있으며 궁극적으로 국제형사사법 체제의 신뢰성을 감소시킬 수 있다는 우려를 제기하는 견해도 있다.[110]

(준영구) 보존할 중요사건기록 등의 선정 및 관리지침을 통하여 사적(史的) 자료가 될 만하거나 역사적으로 중요한 의미가 있다고 평가되는 사건을 영구보존 대상으로 분류하여 관리하고 있다. 영구(준영구) 보존할 중요사건기록 등의 선정 및 관리지침 대검예규 제762호.

109) Werle, Gerhard; Jeßberger, Florian, 전게서, p. 39.

110) M. Damaška, "What is the Point of International Criminal Law?", Chicago-Kent Law Review(2008), p. 331 et seq.

제 3 장

국제형사재판권

제 1 절 국제형벌권의 근거와 정당성

1. 국제형벌권의 근거지움

국제법에 근거하여 직접 범죄자를 처벌하는 것은 국제형사법원이 보유하는 국제형벌권을 전제로 한다. 이와 같은 국제형벌권 혹은 국제적 형사재판권은 뉘른베르크 재판과 동경재판, ICTY, ICTR 등에서 간헐적으로 현실화되었으며 현재는 상설 국제형사법원인 국제형사재판소 등에 구현되어 있다.

이상적(理想的)이고 상당한 수준의 완전성을 갖춘 국제 공동체가 존재하지 않는 상황에서 현실적으로 행사되고 있는 국제형사재판권 혹은 국제형벌권의 근거지움에 대한 현재의 논의는 아직까지 잠정적이고 모색적인 것으로 보인다. 국제적 처벌권력의 근거지움의 문제는 국제형사재판권이 국가 주권의 갑옷을 뚫고 들어가 직접 국제범죄를 저지른 범죄자를 처벌할 수 있는 이유는 무엇이며 어떤 국제범죄가 그 대상이 될 수 있는가의 문제와도 관련되어 있다.

전통적으로 형벌을 과할 수 있는 공적 권한인 형벌권은 개별 주권국가가 보유하는 것으로 이해되어 왔으며[111] 현재에도 국제적 차원에서 행사되는 국제적 처벌권력의 근거에 대하여 근본적 의문을 제기하는 입장이 존재한다. 형사처벌 권한의 원천이라 할 수 있는 주권이 없는 상태에서 어떻게 처벌권력이 존재할 수 있는가에 대한 의문을 제기하면서 국제형사법 체제에는 통합된 초국가적 처벌권력(punitive power, ius puniendi)이 존재하지 않는다고 보는 것이다. 국민들의 평화로운 공존을 위한 규범질서를 창조하고 강제할 근본적 책무는 개별 주권국가에게 부여되어 있고 형사법은 이와 같은 규범질서의 필수적 부분이다. 국내법 체제에 있어서 형사법 위반을 처벌을 할 수 있는 권력이 국가주권으로부터 유래함에 반하여 세계국가가 존재하지 않는다면 초국가

---

111) 신동운,『형법총론』, 서울 : 법문사, 2015, 787면.

적 형사법에 의하여 보호될 수 있는 규범질서 자체도 존재하지 않는다는 주장이다.[112] 나아가 국제형사법 체제는 민주주의 이론의 관점에서도 비판받아 왔다.[113] 국가의 경우와 달리 국제 공동체는 직접적이든 간접적이든 민주적 정통성을 부여받을 수 있는 입법기구를 가지고 있지 않으므로 국제형사법은 자율적 개인들의 집합적 자기 결정으로 간주될 수 없다는 것이다.[114]

국제형사법 체제에 대한 이러한 비판들은 국가가 법질서에 관한 권력을 독점하고 있다는 국가 중심적 관점에 근거한 것으로 보인다. 그러나 국가 중심적 접근에만 천착하는 이러한 입장이 현존하는 국제질서와 실제로 기능하고 있는 국제형사 체제의 복잡한 현상을 제대로 평가한 것이라고 보기는 어려울 것이다.[115]

우선 현실적으로 정립되어 기능하는 국제형사재판권 내지 국제형벌권은 국가의 위임에 근거할 수 있다. 개별 국가는 조약을 통하여 국제형사법원에 자신들의 처벌권력이나 재판권을 위임할 수 있으며 실제로 국제형사재판소는 로마규정이라는 국제조약을 통한 개별 주권국가의 위임에 근거하였다고 볼 수 있다.[116] 나아가 국제사회는 국제연합 헌장 제7장에 따른 안전보장이사회 결의에 의하여 국제적 처벌권능을 갖는 국제재판소를 창설할 수 있다. ICTY와 ICTR 같은 임시재판소는 이와 같은 국제사회의 결정에 따라 설립되었다.[117] 또한 점령이라는 특별한 법적 상황 아래에서 점령 권력은 형사재판소를 설립할 권한을 갖는 것으로 이해되고 있다. 뉘른베르크 재판소나 동경재판소 등은 이와 같은 점령권력에 의한 재판권으로 받아들여지며 이라크 고위재판소(Iraqi High Tribunal)도 이러한 모델에 해당하는 것으로 보는 견해가 있다.[118]

나아가 국제형벌권의 정당화는 국제범죄의 특수성에 입각한 근거지움으로도 나타난다. 고도의 심각성을 가지는 국제범죄는 국내법정에만 의존하여 해결될 수 없는 국제적 사안이므로 범죄 발생 장소에 관계없이 국제형사재판권의 대상이 될 수 있다는 것이다. 참혹하고 심각한 국제범죄가 발생하였음에도 관련 국가가 이러한 범죄를 저지른 범죄자를 처벌할 의사나 능력을 가지고 있지 않다면 중대하고 심각한 부정의에 대한 국제적 차원의 대응이 필요하다.[119] 국제형사법의

---

112) 이러한 주장에 대한 상세한 소개는 Ambos, Kai, 전게서 I, p. 57.

113) M. Morris, "The Democratic Dilemma of the International Criminal Court", Buffalo Criminal Law Review (2002), p. 591 et seq; M. Glasius, "Do International Criminal Courts Require Democratic Legitimacy?", The European Journal of International Law(2012), p. 43 et seq 참조.

114) Werle, Gerhard; Jeßberger, Florian, 전게서, p. 34.

115) Ambos, Kai, 전게서 I, p. 57.

116) Ambos, Kai, 전게서 I, p. 57; 국제형사재판권과 주권과의 관계에 대한 상세한 논의는 Robert Cryer, "International Criminal Law vs State Sovereignty: Another Round?", The European Journal of International Law(2005).

117) 임시재판소 재판권에 대한 이의에 대하여는 Tadić, ICTY (AC), decision of 2 October 1995, paras. 26-48; ICTR (TC), decision of 18 June 1997, paras. 17-29; 임시재판소 재판권의 합법성에 대한 상세한 논의는 Willian A. Schabas, The UN International Criminal Tribunals The Former Yugoslavia Rwanda and Sierra Leone. Cambridge : Cambridge University Press(2006), p. 47 et seq 참조.

118) Ambos, Kai, 전게서 I, p. 57.

119) 국제형사법원이 승인될 수 있는 있는 이유로 국제범죄의 국제성, 개별 국가에 의한 처벌의 어려움 이외에

핵심 영역에는 국제 공동체의 근본 가치인 세계의 평화·안전과 복지의 보호라는 목적이 존재하며 세계평화와 국제적 안전은 국제 공동체인 유엔의 목적이기도 하다. 국제형사법은 이처럼 보편적으로 받아들여지는 문명사회의 최소 기준을 보호하고 이러한 보편적 기준은 모든 형태의 민주적 절차에 있어서 필수적인 것으로 받아들여지고 있다. 따라서 국제형사법 그 자체가 민주주의 원칙과 충돌되는 것이 아니며 오히려 국제형사법에 의하여 보호되는 가치를 무시하는 체제가 비민주적인 것으로 간주되어야 한다는 것이다.120) 이처럼 국제범죄의 처벌은 국제 공동체의 책무이며 국제범죄와 국제 공동체의 보편적 이해관계와의 관련성이 국제형사법에 대하여 특별한 정통성을 제공할 수 있다고 본다.

국제형벌권의 정당성을 인정하지 않는 국가 중심적 접근법에 대하여 법 이론적 차원에서의 반론도 제기되고 있다. 국가 중심적 접근법은 당위적 정통성이나 가치에 근거할 수 있는 규범의 잠재적 측면을 인정하지 않는 것으로 국가에 의해 강제되는 법질서의 측면에만 지나치게 의존하고 있다는 것이다. 법실증주의자들도 실정 규범과 관련하여 도덕적 유효성에 대한 유보를 인정하여 왔으며 당위적 정통성에 근거할 수 있는 규범의 잠재력은 오랫동안 법이론121)이나 국제법122)에서 인정되어 왔다고 비판한다. 그리고 이러한 입장에서는 다음과 같이 초국가적 처벌권력을 집합적 관점과 개인적 관점으로 나누어 설명하고 있는데123) 궁극적으로는 앞서 본 국제범죄의 특수성에 입각한 설명에 상응하는 것이다.

우선 집합적 관점에서 초국가적 처벌권력은 필수적인 것이며 국제 공동체 이익의 보호라는 당위적 가치에 기초한 국제질서를 방어하기 위하여 정당화된다고 본다. 이러한 입장은 현재의 국제형사법 체제가 처해 있는 상황을 개별 국가가 처음으로 권력 독점을 형성하고 공고히 하였던 경우에 비유하여 이해한다. 그리고 당위적 가치질서로 승인되어야 하는 초국가적 세계질서가 존재한다고 가정한다면 비록 스스로 이러한 규범질서를 창조한 것은 아닐지라도 그러한 질서는 그 자체로 방어되어야 한다는 결론에 이른다는 것이다. 나아가 개인적 관점에서의 정당화는 보

보편적 관할권의 자의적 행사가능성 등을 제시하는 견해는 Mortimer N. S. Sellers, Elizabeth Andersen, International Criminal Law and Philosophy(ASIL Studies in International Legal Theory), Cambridge University Press, Kindle Edition(2009), p. 61.

120) Werle, Gerhard; Jeßberger, Florian, 전게서, p. 35.
121) 켈젠, 라드브루흐, 하트 등의 법실증주의자들 역시 궁극적으로 도덕적 유효성에 근거한 일정한 범위의 유보를 인정하고 있으며 참을 수 없는 불법의 경우 정의의 요청에 순응하여야 한다는 라드브루흐의 주장 등에 대한 개괄적 소개는 Ambos, Kai, 전게서 I, p. 57; 구스타프 라드브루흐 : 최종고 역, 『법학의 정신』, 서울 : 종로서적, 1982.
122) Antonio Cassese, "International Criminal Court and Tribunals The Legitimacy of International Criminal Tribunals and the Current Prospects of International Criminal Justice", Leiden Journal of International Law (2012), p. 492 et seq.
123) Ambos, Kai, "Punishment without a Sovereign? The Ius Puniendi Issue of International Criminal Law: A First Contribution towards a Consistent Theory of International Criminal Law", Oxford Journal of Legal Studies (2013), p. 6 et seq.

편적 가치인 인간존엄의 보호에 기반하고 있다. 기본적 인권의 원천으로서의 인간존엄은 초국가
적인 것이며 국가들 사이에서도 형사법에 의하여 승인되고 반드시 강제되어야 한다는 주장이
다.[124] 인간존엄은 19세기에 이미 법적 관념으로 승인되었으며 국제적 차원에서는 20세기 이르
러 인권법을 조문화하는 기반이 되었다.[125] 이처럼 인간존엄의 관념은 도덕률과 실정법 사이의
접속점으로도 작용하여 도덕의 차원에서 주관적 권리로 이행하는 근거로 기능하게 되었으며 인
간존엄 사상에 근거한 인권은 도덕의 최소한이며 보편적으로 승인되는 간문화적인 것이므로 초
국가적 차원에서도 궁극적으로 보호되어야 한다고 주장한다. 그리고 이러한 권리를 침해한 것은
심각한 악행으로 반드시 처벌되어야만 하며 실제 로마규정에 따라 설립된 국제형사재판소나 다
른 국제형사법원들은 어떠한 문화에서도 승인될 수 없는 기본적 인권을 침해하는 가장 심각한
범죄를 다루고 있다는 것이다. 따라서 심각한 국제범죄를 저지른 범죄자는 국제적 처벌을 회피
하기 위하여 주권관념의 장막 뒤로 숨을 수 없으며 국민의 기본권을 충분히 보호하지 못하는 국
가의 경우 국제형사법의 적용에 대한 합법적 반대를 할 수 없다는 결론에 도달한다는 것이다.[126]

결론적으로 국제형사법 체제는 국제적 차원의 중앙집권적 입법기구나 사법체제 그리고 세계
국가 또는 세계정부에 의한 권력독점이 없는 상황에서 기능하는 것으로 완전한 법질서에 상응하
는 형태를 갖추고 있지 못한 것은 사실이다. 그러나 국제형사법 체제는 인간존엄의 가치에 입각
하여 거대하고 심각한 집단적 범죄행위를 처벌해야 한다는 법적 도덕적 가치 판단을 대변하고
있다. 그리고 국제형사법 체제를 통하여 방지되고 처벌되는 국제범죄는 절대적이고 훼손불가능
하며 가장 우선시되는 보편적 국제 가치를 침해하는 대세적 범죄(ius cogens crime)에 해당하여 이
러한 범죄에 대한 기소와 처벌은 개별 국가의 동의에 의존할 수 없다는 것이다.[127]

인간의 존엄에 입각한 기본적 인권 관념 혹은 국제사회의 공통 가치를 근거로 추론되는 민
주적 정당성 등은 현존하는 국제형사법 체제의 정통성을 뒷받침하는 기반으로 작용하고 있으며
특히 참혹한 국제범죄를 저지른 범죄자가 자신을 방어하기 위하여 주장하는 국제적 처벌권력의
존부에 대한 항변을 배척하는 근거가 될 수 있을 것이다.

그러나 국제적 처벌권력의 정당화 문제는 개별 국제범죄를 처벌할 수 있는 국제형벌권이 어
떻게 존재할 수 있는가의 문제를 넘어서 현존하는 국제적 처벌권력의 전체적 구조와 내용이 정
당한 것으로 평가될 수 있는가의 문제까지 포괄하는 것일 수 있다. 현재 국제형사법에 의하여 규
율되고 있는 국제범죄가 국제공동체에 있어서 우려와 관심의 대상이 된다는 것은 사실이나 특정

---

124) Ambos, Kai, 전게서 I, p. 58.

125) 1948년 세계인권선언 제1조.

126) 국제형사법원의 정통성은 기소되는 범죄의 심각성 즉 보편적 법적 이익에 대한 보호 여부에 의거할 수 있다.
    이른바 기능적 주권 관념에 대한 소개는 Ambos, Kai, 전게서 I, p. 59.

127) Ambos, Kai, 전게서 I, p. 60; 집단살해죄의 대세적 효력을 인정하는 판례는 ICJ, judgment of 26 February
    2007 (Case Concerning the Application of the Convention on the Prevention and Punishment of the Crime
    of Genocide, Bosnia-Herzegovina v Serbia-Montenegro) 등.

행위를 국제범죄로 정의하는 국제적 범죄화의 절차적 일관성이 존재하지 않는 상황에서 국제형사법이나 국제범죄의 범주를 가치론적 입장에서 정의하는 것의 위험성을 지적하는 입장이 존재한다.[128] 주요 강대국의 이해관계에 의하여 실질적으로 좌우될 수 있는 국제 관계에서의 현실과 개별적 이해관계에 기반하여 국제 공동체 내에서 벌어지고 있는 다양한 현상들을 고려할 때 이러한 주장은 경청되어야 할 것으로 판단되며 국제형벌권의 근거지움 역시 절차적 측면이나 보편성의 측면에서 한계를 가진 제한적이고 잠정적인 것으로 생각된다.

국제형사법 체제가 갖는 한계는 일정 행위의 범죄화라는 규범적 측면뿐만 아니라 다음에서 살피는 국제범죄의 기소와 처벌에 있어서의 선택성에 대한 비판에서도 드러나고 있다. 이러한 비판은 현존하는 국제형사법 체제의 정통성 자체에 적지 않은 영향을 미치는 것일 뿐 아니라 국제형사법 체제의 장기적 발전 가능성을 좌우할 수 있는 매우 중요한 요소일 것이다.

2. 선택성에 관한 논란

국제형사법 영역에 있어서 선택적 처벌에 대한 논란은 오랜 역사를 가진 것이다. 뉘른베르크 재판에서 피고인 측은 연합국도 자신들과 동일한 행위를 저질렀음에도 연합국 측 범죄자들은 기소되지 않았으므로 자신들의 행위도 면책되어야 한다는 취지의 이른바 동일행위 항변(plea of tu quoque)을 제기한 바 있다. 재판과정에서 이러한 항변이 유효한 것으로 받아들여지지는 않았으나 재판의 진행이나 결과에 실질적으로 적지 않은 영향을 미쳤다.[129]

이와 같은 선택성에 대한 논란은 현재까지도 이어져 국제형사법은 서방 국가들에 의하여 만들어진 것으로 그들이 아닌 다른 사회를 향하여 강제되고 있다는 비판이 일부에서 제기되고 있다. 일부 학자는 국제형사법에서 활용되는 규범으로 조약법보다 관습법이 더욱 빈번하게 사용되는 것은 강대국의 이해를 선호하는 것에 기인하는 것이라고 주장한다.[130] 국제범죄가 기소되어 국제형사법이 실질적으로 강제되는 상황은 국제 무대에서 나약한 상태에 있거나 강대국의 지지를 받는 것에 실패한 경우에만 이루어지며[131] 이와 같은 상황을 고려할 때 국내에서 발생한 분쟁에 대한 해결은 오히려 해당국의 일반적 절차에 맡기는 것이 타당하다고 주장되기도 한다.[132]

128) Cryer, Robert; Friman, Håkan; Robinson, Darryl; Wilmshurst, Elizabeth, 전게서, p. 7.
129) 상세한 것은 Cryer, Robert; Friman, Håkan; Robinson, Darryl; Wilmshurst, Elizabeth, 전게서, p. 120 참조.
130) 승자의 정의 논란, 불분명한 관습법의 존재와 죄형법정주의 문제 등을 함께 지적하는 견해는 Anthony Anghie and B.S. Chimni, "Third World Approaches to International Law and Individual Responsibility in Internal Armed Conflict", Chinese Journal of International Law(2003), p. 92 et seq; Cryer, Robert; Friman, Håkan; Robinson, Darryl; Wilmshurst, Elizabeth, 전게서, p. 45.
131) M. Damaška, "What is the Point of International Criminal Law?", p. 361; 아프리카 국가와 국제형사재판소의 갈등 관계에 대한 것은 Charles Chernor Jalloh, "Regionalizing International Criminal Law?", International Criminal Law Review(2009), p. 445.
132) Anghie and Chimni, 전게논문, pp. 91-92.

현재 미국 등 강대국들이 로마규정에 가입하고 있지 않으므로 국제관습법상 명확히 인정되고 있는 국제범죄에 대하여도 국제형사재판소가 행사할 수 있는 재판권의 범위는 제한적이다. 안전보장이사회의 결의가 있을 경우 재판권 범위의 제한이 없는 국제형사법원이 설립될 수 있으나 이는 안전보장이사회 회원국들의 이해관계에 반하지 않는 경우에만 가능한 조치이다. 나아가 국제형사법의 규범 내용에 있어서도 로마규정이 비차별적 효과를 갖는 핵무기 사용을 금지하지 않은 것은 강대국의 이해를 대변하는 것 이외에 아무런 근거가 존재하지 않는다는 비판도 존재한다.[133]

국제형사법 체제 내에 존재하는 선택성 논란에 대하여 급진적 입장을 취하지는 않는다 하더라도 선택성의 문제가 존재한다는 사실을 완전히 부정하기는 어려울 것이다. 법의 집행이나 규범 내용에 대한 선택성 논란은 법의 지배 원칙에 비추어 볼 때 근본적 문제가 될 수 있으며 국제형사법 체제에 의하여 부과되는 형벌의 정당성에도 적지 않은 영향을 미칠 것이다. 형벌이 갖는 응보의 목적은 선택적 처벌이 만연한 상황에서는 이루어지기 어려우며 잠재적 범죄자가 자신은 기소로부터 면제받을 수 있을 것이라는 생각을 가질 경우 형벌 부과가 갖는 예방의 목적도 달성되기 어렵다. 국제형사법 체제에 대하여 제기되는 이러한 비판들은 국제형사법 체제가 여전히 혼란스럽고 애매모호한 것이라는 주장에 일정한 근거를 제공하는 것으로 선택성의 문제가 점차 감소되어 가고 있다는 주장에도 불구하고 아직도 국제형사 체제에 존재하는 중요한 문제점의 하나로 인식되고 있는 것으로 보인다. 물론 르완다, 우간다, 콩고 등 적지 않은 국가들이 국제형사재판소에 대하여 자국에서 발생한 국제범죄를 스스로 회부하여 왔다는 점에서 선택성의 문제는 단순히 이론적 차원에서 다루어지기 어려운 측면이 있는 것도 사실이다. 강대국들도 자신들이 직접 관여된 국제범죄의 형사책임을 부과하는 문제에 대하여는 반대하기 어려울 것이라는 주장이나[134] 선택성 문제의 해결을 위하여 국내법에 의한 간접적 강제체제와 국제재판소에 의한 직접적 강제체제가 시너지 관계를 이루는 것이 바람직하다는 주장 등도 존재한다.[135] 비록 현재로서는 선택성 문제에 대한 궁극적 해답을 찾기는 어려울 것으로 보이나 발생한 국제범죄의 일부만이 처벌되는 상황이 아무런 처벌도 이루어지지 않는 불처벌의 상황보다는 바람직스럽다는 입장에서 나타나듯[136] 개인의 인권을 심각하게 침해하고 국제사회의 공통가치를 파괴하는 국제범죄에 대한 처벌의 완전한 포기가 아닌 선택성의 개선을 위한 노력으로 이어져야 한다는 점은 분명한 것으로 생각된다.

---

133) Allan A. Ryan, Yamashita's Ghost : War Crimes, MacArthur's Justice, and Command Accountability, Kansas : University Press of Kansas (2012), p. 335.

134) M. Damaška, "What is the Point of International Criminal Law?", p. 363.

135) Cryer, Robert; Friman, Håkan; Robinson, Darryl; Wilmshurst, Elizabeth, 전게서, p. 44.

136) Allan A. Ryan, 전게서, p. 335 et seq 참조.

제 2 절 국제형벌권과 국가형벌권의 상호 관계

1. 국제재판권과 국내재판권의 병존

국제범죄에 대한 국제재판권이 인정된 이후의 시점부터는 국제범죄를 기소하고 재판하는 강제체제와 관련하여 적어도 이론적 차원에서는 국제 형벌권에 기초하여 국제형사법원에 의하여 재판권이 행사되는 '직접적 강제체제(direct enforcement system)'와 각국 국내 형벌권에 기반하여 국내사법 체제에 의하여 재판권이 행사되는 '간접적 강제제체(indirect enforcement system)'가 병존할 수 있다. 그러나 뉘른베르크 재판 이후 ICTY 재판소 설립 이전의 시기에는 상설 국제형사법원은 물론 임시적 형태의 국제형사법원도 존재하지 않았으며 국제범죄를 저지른 범죄자에 대한 처벌은 각국 국내사법 체제에 의한 간접적 강제체제에 의존할 수밖에 없는 상황이었다. 이와 같은 직접적 강제체제의 완전한 공백상태는 1990년대 초반 ICTY와 ICTR의 등장으로 일부 해소되는 양상을 보였으나 위 재판소들의 재판권은 시간적·장소적으로 제한적인 것이었으므로 세계 여러 곳에서 지속적으로 발생하는 국제범죄에 대한 직접적 대응책이 될 수는 없었다. 그리고 이처럼 직접적 강제체제가 제대로 작동하지 못하는 상황임에도 국내법원에 의한 국제범죄 기소 사례 역시 드물었다.[137] 따라서 계속되는 국제범죄의 면책성에 대한 문제의식과 심각한 국제범죄의 처벌필요성에 대한 공감대가 형성되어 상설 국제형사법원인 국제형사재판소가 설립되기에 이른 것이다.

역사상 최초로 전 세계를 재판권의 잠재적 대상으로 삼는 국제형사재판소의 설립은 국제범죄에 대한 직접적 강제체제 분야에서 획기적 발전으로 평가될 수 있다. 그러나 국제형사재판소의 재판권은 소급효가 제한되며 체약당사국의 영토 및 국적을 기반으로 재판권이 획정된다는 제약이 존재한다. 국제형사재판소의 인적, 물적 자원 역시 제한되어 있으며 미국, 중국 등 주요 강대국이 로마규정에 가입하지 않아 세계적 보편성을 확보함에도 미흡한 측면이 있다. 또한 국제형사재판소는 체약당사국이 국제범죄를 스스로 처벌하지 않거나 처벌할 능력이 없을 경우에만 개입하는 보충성의 원칙을 도입하고 있어 상설재판소임에도 불구하고 국제범죄에 대한 비상 법원 혹은 대기적 법원으로 평가되고 있다.[138]

이처럼 국제형사재판소가 본격적 활동을 개시한 시점에서도 국제법원의 재판권에 속하지 않는 사건에 대하여는 국내 법원만이 재판권을 보유하는 상황이 지속되고 있으며 국제형사재판소의 보충성 원칙 등을 고려할 때 국내사법 체제를 통한 간접적 강제체제의 중요성은 앞으로도 계속될 것으로 보인다. 국제범죄에 대한 간접적 강제체제는 본질적으로 국내형벌권에 기초한 것이

---

137) Werle, Gerhard; Jeßberger, Florian, 전게서, p. 91.
138) Werle, Gerhard; Jeßberger, Florian, 전게서, p. 92.

나 국제범죄의 특수성에 따라 보편적 관할권 부여, 범죄인인도 혹은 기소의무의 부과, 시효의 배제, 공적 지위의 무관련성 원칙 등 일반범죄에 대하여는 인정되지 않는 국제범죄에 대한 특수한 규율들이 적용되는 것이 일반적이다.

이처럼 국제범죄에 대하여 직접적 강제체제와 간접적 강제체제가 병존함에 따라 양 재판권 사이의 우선성 문제, 국제적 일사부재리원칙의 적용 문제, 범죄인인도 등 국제적 협력 문제 등 다양한 법적 쟁점과 실행 과정에서의 문제점이 부각되고 있다.

2. 직·간접적 강제체제 사이의 우월관계

앞서 본 바와 같이 직접적 강제체제와 간접적 강제체제가 병존하는 재판권 경합의 상황에서는 국제범죄를 기소하고 처벌할 수 있는 권한을 배분하거나 국제 공동체의 형벌권과 개별 국가의 형벌권 사이에서 우월 관계를 결정해야 하는 문제가 발생할 수 있다. 경합하는 국제형벌권과 국내형벌권의 상호관계를 어떻게 규율할 것인가의 문제는 이론적 차원보다는 국제 형사정책적 측면에서 결정되어 온 것으로 보이며 지금까지 이와 관련된 다양한 모델들이 존재하거나 논의되어 왔다.

이와 관련된 가장 최초의 모델은 제2차 대전 이전의 시기에 국제연맹 체제 내에서 추진되었던 상설국제형사재판소(permanent International Criminal Court)에서의 선택재판권 모델이었다. 이는 국제재판소에 대한 재판권 부여 여부를 개별국가의 결정에 전적으로 의존시키는 것으로 개별 국가는 그들의 재판권에 속하는 사건을 국제형사법원에 회부할 것인가 여부를 선택할 수 있는 완전한 권한을 가지고 있었다. 그러나 이러한 모델을 채택한 국제형사재판소는 설립되지 못하였으며[139] 로마규정 제정 과정에서도 이러한 선택재판권 모델을 채택하는 방안이 논의되었으나 채택되지 않았다.[140]

최초의 국제형사법원인 뉘른베르크 국제군사재판소의 설립을 규정한 뉘른베르크 헌장은 배타성 모델을 채택하고 있었다. 뉘른베르크 재판소는 일정한 범위의 독일 전범자들에 대한 배타적 재판권을 보유하고 있었으며 이들에 대한 국내법원에 의한 간접적 강제체제는 배제되었다.[141]

이에 반하여 ICTY와 ICTR은 국내법원과의 관계에서 우월성 모델을 따르고 있다. ICTY와 ICTR 법령은 이들 재판소 대상 범죄들에 대한 국내법원의 재판권을 인정하면서도[142] 재판권 충돌 문제가 발생할 경우 국제재판소가 사건의 모든 단계에서 국내법원에 대하여 사건의 이관을

---

139) 위 재판소는 1937년 11월 16일 Convention pour la Création d'une Cour Pénale Internationale에 근거한 것이다. 위 협약은 13개국만이 서명하여 발효에 이르지 못했다. 위 재판소의 체제와 구성 등에 대하여 상세한 것은 Werle, Gerhard; Jeßberger, Florian, 전게서, p. 17.

140) Werle, Gerhard; Jeßberger, Florian, 전게서, p. 93.

141) 런던헌장 제1조 및 뉘른베르크 헌장 제6조. 다만 여기에서도 비체약당사국에 대한 규율은 존재하지 않으므로 준배타적(準排他的) 성격을 갖는 것이라는 주장은 Werle, Gerhard; Jeßberger, Florian, 전게서, p. 92.

142) ICTY 법령 제9조 제1항, ICTR 법령 제8조 제1항.

요청할 수 있도록 하는 우월성을 명시하고 있다.[143]

　　로마규정은 국내법원의 재판권을 승인하고 있을 뿐만 아니라[144] 임시재판소 법령과는 달리 국내법원에 의한 간접적 강제체제가 원칙적으로 우선적으로 실행될 수 있는 체제를 취하고 있다. 로마규정은 국내사법 체제가 국제범죄자의 처벌에 실패하지 않는다면 직접 개입하지 않는다는 보충성의 원칙(principle of complementarity)을 통하여 국제형사재판소에 의한 직접강제를 예외적인 것으로 규정하고 있다.[145] 보충성 원칙은 주권국가의 일차적 재판권 존중이라는 관념을 기본으로 삼는 것일 뿐 아니라 관련 당사국이 증거나 증인 등에 가장 잘 접근할 수 있고 충분한 사법 자원을 가지고 있다는 효율성의 측면도 함께 고려하여 도입된 것이다.[146] 또한 보충성 원칙은 로마규정 협상과정에서 협상의 타결에 매우 긍정적인 효과를 가져왔다.[147] 그러나 이처럼 국내재판권이 국제형사재판소의 재판권과의 관계에서 우선적으로 행사될 수 있으나 국내법원의 일방적 우월성을 승인하는 것은 아니다. 국내법원이 스스로 재판권을 행사하는 경우라 할지라도 당해 국가가 진정으로 대상 사건을 수사 또는 기소할 의사나 능력이 없는 경우는 보충성 원칙의 예외에 해당하며 이 경우 국제형사재판소는 국내법원의 재판권 행사 여부에 관계없이 직접 재판권을 행사할 수 있기 때문이다. 특히 이러한 예외 사유 해당 여부에 대한 판단 권한을 국제형사재판소가 배타적으로 행사하는 까닭에 국제형사재판소는 국내재판소에 대하여 일종의 감독적 역할을 수행하게 된다.[148] 이와 같은 국제형사재판소의 감독권한으로 인하여 로마규정 체약당사국들이 그들 자신의 사건을 자발적으로 기소하여 처벌하는 등 스스로의 의무를 성실히 이행함으로써 불필요한 외부 간섭을 방지하려 할 것으로 기대된다. 이처럼 보충성 원칙에 입각한 모델에서는 국제형사재판소가 종국적 감독 기능을 보유하면서도 개별 국가의 주권을 존중하고 범죄와 가장 근접한 국가의 사법체제를 적극 활용하는 분산화된 기소체제의 장점을 활용할 수 있어 국제형사법의 강제체제에 있어서 가장 효율적인 모델의 하나로 평가받고 있다.[149]

---

143) ICTY 법령 제9조 제2항, ICTR 법령 제8조 제2항.
144) 로마규정 서문 4문단과 6문단은 '국제공동체 전체의 관심사인 가장 중대한 범죄는 처벌되지 않아서는 안 되며, 그러한 범죄에 대한 실효적 기소는 국내적 수준에서 조치를 취하고 국제협력을 제고함으로써 확보되어야 함을 확인하며, 국제범죄에 책임이 있는 자들에 대하여 형사관할권을 행사함이 모든 국가의 의무임을 상기하며'라고 규정하여 국내법원의 재판권을 명시적으로 승인하고 있다.
145) 로마규정 제17조 참조.
146) 국제재판소의 사건 처리 능력의 한계를 가장 잘 보여주는 것이 ICTR의 사례이다. ICTR이 취급한 르완다 사태에는 약 80만명 이상의 범죄혐의자들이 존재하였으나 ICTR은 설립 이후 약 75명에 대한 형사절차만을 진행할 수 있었다. 동일한 기간 동안 르완다의 가차차(gacaca) 법원에서는 약 5만명에 가까운 범죄혐의자에 대한 재판이 이루어졌다고 한다. Werle, Gerhard; Jeßberger, Florian, 전게서, p. 93.
147) Cryer, Robert; Friman, Håkan; Robinson, Darryl; Wilmshurst, Elizabeth, 전게서, p. 154.
148) Werle, Gerhard; Jeßberger, Florian, 전게서, p. 95; 森下忠, 國際刑法學の課題. 東京, 成文堂(2006), p. 167.
149) Werle, Gerhard; Jeßberger, Florian, 전게서, p. 94.

제4장 국제형사재판의 발전

　현대적 의미의 국제형사법 체제와 유사한 제도가 중세시대에도 이미 존재한 것으로 멀리 소급하여 파악하는 입장이 있다.[150] 이미 19세기 초반에는 해적행위가 국제관습법상 형사처벌의 대상이 되었으며 노예화 역시 국제적 범죄의 성격을 가지게 된다.[151] 특히 전쟁범죄법의 근간을 이루는 헤이그 법과 제네바 법이 등장한 것은 19세기 중반으로 국제적십자위원회의 활동 등을 통하여 의미있는 발전이 이루어지기도 하였다. 그러나 현대적 의미의 국제형사법에 대한 본격적 논의가 이루어진 것은 20세기 초 제1차 대전 이후부터라고 할 수 있다.

　국제법의 수명자는 국가이며 개인이 아니라는 전통적 입장과 주권 관념에 기반한 국가들의 방어적 태도가 국제형사법 체제의 본격적 발전을 위하여 우선적으로 극복될 필요가 있었다. 이러한 장애는 개인의 지위를 강화하는 현대 국제법의 일반적 경향과 나치 잔학행위자들에 대한 면책성을 배제하여야 한다는 국제공동체의 합의를 통하여 제2차 대전 이후 극복되었으며 이후 국제형사법 체제는 본격적으로 발전하게 된다.

　제2차 대전 이후 새롭게 탄생한 국제형사법의 관념은 뉘른베르크 국제군사위원회 헌장의 뉘른베르크 원칙에 집약되어 있다. 뉘른베르크 재판에서 실제 활용된 이러한 원칙은 이후 유엔 총회의 승인 등을 통해 국제사회에서 전면적으로 받아들여지게 되었다. 그러나 이후 국제사회가 냉전시대에 접어들면서 개별 국가에 의하여 자행된 잔학행위를 처벌하려는 의지가 결핍된 상황이 상당기간 계속된다. 이러한 정체기는 1990년대에 이르러 이전 유고슬라비아와 르완다에서 발생한 잔학행위에 대한 국제사회의 대응으로 국제범죄를 처벌할 임시재판소가 설립되고 이들 임시재판소가 국제범죄를 저지른 범죄자들을 처벌함은 물론 국제형사법의 규범들을 확인하고 발전시키는 중요한 역할을 수행함으로써 새로운 전기를 맞이하게 된다. 국제형사법 체제는

---

150) 중세 기사도 체제, 상급자명령 등을 다룬 1474년 Breisach에서의 Peter von Hagenbach에 대한 재판에 대하여 상세한 것은 Ambos, Kai, 전게서 I, p. 1; Cryer, Robert; Friman, Håkan; Robinson, Darryl; Wilmshurst, Elizabeth, 전게서, p. 11.

151) 기타 1차 대전 이전 시기의 상황에 대한 상세한 것은 Ambos, Kai, 전게서 I, p. 1 이하 참조.

이후 지속적 발전을 거듭하여 로마규정에서는 최초로 국제형사 규범들이 포괄적으로 명문화 되었으며 이러한 명문화된 규범을 적용할 수 있는 상설 국제재판소인 국제형사재판소가 설립되기에 이른다.

제 1 절   제1차 대전 이후

국제법에 근거하여 개인의 형사책임을 묻고 국제법에 위반한 사람들을 직접 국제법원에서 처벌하려는 시도는 제1차 대전 이후에도 존재하였다.

제1차 대전 이후 연합군은 15인 위원회를 만들어 전쟁 시작에 대한 책임, 전쟁법 위반, 기타 위원회가 재판하기에 적절한 것으로 판단하는 사항 등을 조사하도록 하였다. 위원회가 1919년 3월 제출한 보고서에서는 독일의 핵심 권력자들에게 전쟁 시작에 대한 책임이 있으며 전쟁법과 인도법 위반 사항들이 존재하므로 독일 황제를 포함하여 고위급 관료들을 재판에 회부할 것을 권고하고 있었다. 위 보고서는 국가수반을 포함하여 공적 지위에 따른 제한이나 구분을 두지 않고 전쟁과 인도주의 법과 관습의 위반 행위에 대한 형사책임을 물을 것을 요구하면서 연합국 인사들로 이루어진 '연합고위재판부(Allied High Tribunal)'를 구성하여 전쟁의 법과 관습, 인도법 위반을 심리할 것을 제안하였다. 그러나 위원회에 참가한 미국은 전쟁의 법과 관습의 위반을 국제범죄로 인정하는 국제 법령이나 조약이 존재하지 않는다는 이유로 반대의견을 표명하였으며[152] 특히 국가수반이 형사 기소의 대상이 된다는 것과 인도에 반한 죄라는 관념 하에 형사책임을 부과하는 것을 강하게 반대하였다.[153] 일본 역시 유죄판결을 내릴 수 있는 형사법의 존재가 국제법에서 승인되고 있는가에 대하여 의문을 표명하였다. 그러나 대다수 국가들은 비록 침략범죄까지 형사처벌의 대상으로 포함시키지는 않았으나 국제형사법이 일정한 영역에서 존재하는 것으로 판단하는 상황이었다.[154] 결국 1919년 베르사이유 조약 제227조에서는 이전 독일 황제가 '국제적 도덕과 조약의 존엄성에 대한 책임'을 부담하며 제228조와 제229조에서는 '전쟁에 대한 법과 관습을 위반하는 행위를 범한 모든 사람들'을 재판에 회부할 것을 규정하게 되었다. 또한 처벌 대상자의 지위에 대하여 특별한 규정을 두지 않았으므로 기능적 면책성의 적용이 배제되어 고위급 군대 지휘관들의 형사책임도 인정되었던 것으로 평가되고 있다. 그러나 이후 실제로 국제 형사법정이 설립되어 국제범죄를 저지른 범죄자들이 처벌되지는 않았다. 독일의 빌헬름 2세는 네덜란드로 도피하였으며 네덜란드는 정치적 범죄임을 이유로 연합국에 대한 범죄인인도를 거절하였

---

152) Cryer, Robert; Friman, Håkan; Robinson, Darryl; Wilmshurst, Elizabeth, 전게서, p. 116.

153) Paola Gaeta, "Official Capacity and Immunities", in A. Cassese, P. Gaeta, J. R.W.D. Jones (eds), The Rome Statute of the International Criminal Court. A Commentary, Oxford, Oxford University Press, 2002, vol. I, p. 979.

154) Cryer, Robert; Friman, Håkan; Robinson, Darryl; Wilmshurst, Elizabeth, 전게서, p. 116.

다. 또한 각국에서의 군사법원 재판을 위한 범죄인인도 요구 역시 독일의 거부로 실현되지 못하였다.[155] 이후 이들 범죄자들을 연합국에 인도하는 대신 독일 스스로 가장 심각한 범죄를 저지른 범죄자들을 직접 재판하는 것으로 타협이 이루어졌으나 매우 적은 숫자의 재판만이 진행되었으며 재판의 내용 역시 피고인 측에 편향된 것으로 의문스러운 무죄판결이나 관대한 형벌이 선고되었다. 결국 이는 이른바 '보여주기 재판(show trial)'에 불과한 것으로 제1차 대전 이후 국제법에 근거한 형사처벌은 실질적으로 이루어지지 않았던 것으로 평가되고 있다.[156]

이처럼 제1차 대전 이후에는 당초 의도와는 달리 국제형사재판이 실질적으로 이루어지지는 않았으나 국제법 하에서의 형사책임 관념이 받아들여져 조약화된 것은 과소평가될 수 없으며 제2차 대전 이후 국제형사법 체제의 발전에 기틀을 마련하는 것이었다.[157]

제 2 절   뉘른베르크 국제군사재판소(International Military Tribunal at Nuremberg)

1. 뉘른베르크 헌장

(1) 뉘른베르크 헌장의 성립

국제형사법의 중대한 발전은 제2차 세계대전 이후 뉘른베르크 재판에서 이루어졌다. 제2차 대전이 아직 끝나지 않은 시점에서 이미 전후 전쟁범죄자의 처벌문제가 중요한 과제로 부각되었으며[158] 제1차 대전 이후 있었던 형사처벌의 중단 사례를 교훈삼아 제2차 대전 기간 중 범죄자 처벌을 위한 준비가 미리 이루어졌다.

---

155) 당시의 네덜란드 법에 의하면 오직 조약에 의하여만 범죄인인도가 가능하였었는데 네덜란드는 베르사이유 조약 당사국이 아니었고 베르사이유 조약 제227조에 규정된 것은 네덜란드 법에 의한 범죄가 아니었다. 베르사이유 조약 제229조에 의하면 연합국의 국민들에 대한 전쟁범죄를 저지른 사람들은 관련 국가의 군사법원에 인치되었어야 하며 이들 국가 이외의 국민을 대상으로 한 전쟁범죄는 당해 국가의 구성원으로 만들어진 군사법원에 인치되었어야 했다. 이에 따라 연합국은 고위급 육·해군 지도자들이 포함된 전쟁범죄자 896명의 인도를 독일에 대하여 요구하였으나 독일은 이들의 인도를 완강히 거부하였다. Paola Gaeta, "Official Capacity and Immunities", p. 979; Werle, Gerhard; Jeßberger, Florian, 전게서, p. 3 이하.

156) Paola Gaeta, "Official Capacity and Immunities", p. 979; 라이프찌히 전쟁범죄 재판(Leipzig War Crimes Trials)과 1919년 채택된 독일의 전쟁범죄에 대한 법률(Gesetz zur Verfolgung von Kriegsverbrechen und Kriegsvergehen of 18 December 1919)에 기하여 이루어진 재판에 대한 상세한 것은 Werle, Gerhard; Jeßberger, Florian, 전게서, p. 4; 특별한 관심을 끈 재판은 잠수함 공격으로 영국 병원선을 침몰시키고 2대의 구명정에 탑승한 사람들을 구하지 않은 사건에 대한 것이었다. 당초 독일 법원은 Lieutenants Dithmar과 Boldt에 대하여 4년형을 선고하였으나(Judgement in case of Lieutenants Dithmar and Boldt Hospital Ship v Llandovery Castle, July 16, 1921) 이후 재심에서 그들의 상급자가 형사 책임을 부담하게 되자 무죄가 선고되었다. 위 재판 등에 대하여 상세한 것은 Geo. Gordon Battle, "The Trials before the Leipsic Supreme Court of Germans Accused of War Crimes", Virginia Law Review, Vol. 8, No. 1 (1921) 참조.

157) Werle, Gerhard; Jeßberger, Florian, 전게서, p. 4.

158) Ambos, Kai, 전게서 I, p. 4.

1942년 연합국들은 런던의 성 제임스 궁전에서 유엔전쟁범죄위원회(UN War Crimes Commission, UNWCC)[159]의 설립을 내용으로 하는 성 제임스 선언을 발표하여 국제군사법원(International Military Tribunal, IMT)의 설립을 위한 기반을 조성하기 시작한다. 이후 위원회는 각국 인사들을 포함하는 국제적 성격을 띠는 형태로 조직되었으며 전쟁범죄와 인도에 반한 죄의 문서화 작업[160]과 전쟁범죄에 대한 증거 확보 등 조사 업무를 함께 수행하여 뉘른베르크 재판의 중요한 토대를 형성하였다.[161]

제2차 대전 종전 이전인 1943년 11월 독일의 잔학행위에 대한 모스크바 선언(Moscow Declaration of German Atrocities)은 국제형사법에서 가장 중요한 문서 중 하나로 평가된다.[162] 영국, 미국, 소련 등이 서명한 위 선언에서는 주축국 범죄자들에 대한 처벌 의지가 강력하게 거듭 표명되었으며 구체적 처리 방안도 제시되었다. 주축국 범죄자들의 범죄행위가 특정한 국가 영역으로 지역화 되어 있는 경우에는 그들이 잔학행위를 범한 지역의 국가로 돌려보내어 이제는 자유화된 해당 국가에서 처벌하도록 하였으며 범죄자의 범죄행위가 일정한 지역에 국한되지 않고 많은 지역에 걸쳐져 있는 주요 범죄자들은 연합국들의 공동 결정에 따라 처벌되도록 규정하였다.[163] 그리고 이러한 노력은 최종적으로 런던협정으로 약칭되는 유럽 주축국 주요 전쟁범죄자의 기소와 처벌에 관한 협정(Agreement for the Prosecution and Punishment of the Major War Criminals of the European Axis)으로 이어져 최초의 국제군사법원이 탄생하게 되었다. 위 협정은 1945년 8월 8일 런던에서 개최된 영국, 미국, 프랑스, 소련 등이 참가한 국제군사회의(International Military Conference)에서 합의된 것으로 뉘른베르크 헌장(The Charter of the International Military Tribunal at Nuremberg, Nuremberg Charter, IMT Charter)은 위 런던 협정에 부속서 형태로 첨부되어 있었다.[164]

---

159) 여기에서 사용된 UN 명칭은 1945년 설립된 유엔과는 무관한 것이다. 이는 1942년 워싱턴에서 개최된 회의에 참여한 당사국들이 자신들을 국제연합(United Nations)으로 칭하였던 것에서 유래하였다. Werle, Gerhard; Jeßberger, Florian, 전게서, p. 6.
160) Ambos, Kai, 전게서 I, p. 4.
161) Werle, Gerhard; Jeßberger, Florian, 전게서, p. 6.
162) Farhad Malekian, Jurisprudence of International Criminal Justice. Newcastle : Cambridge Scholars Publishing (2014), p. 24.
163) Moscow Declaration on Atrocities by President Roosevelt, Mr. Winston Churchill and Marshal Stalin, issued on November 1, 1943.
164) 전쟁기간 동안 연합국들 사이에서는 전쟁범죄자들의 처벌에 대한 많은 토론이 이어졌다. 미국과 소련의 설득에 따라 영국의 처칠도 범죄자들의 즉결 처형이 아닌 재판을 통하여 형벌을 부과하는 입장을 취하게 되었으며 그 결과 프랑스, 영국, 미국, 소련 대표들이 런던에서 만나 국제재판소의 헌장 초안을 만드는 작업을 진행하였다. 런던 협정의 성립으로 이어진 위 협상에서 뉘른베르크 군사재판소의 기반이 형성되었으나 협상과정에서는 서로 다른 견해들이 제시되었고 특히 미국과 소련 대표들이 수많은 중요 문제들에 대하여 충돌을 일으키는 상황이 전개 되었다. 소련은 재판소 설립 목적을 그들이 생각하기에 유죄로 추정되는 피고인들에 대한 형량을 결정하는 것으로 보았으나 미국은 이를 반대하였다. 또한 프랑스, 소련과 같은 대륙법계 국가와 영국과 미국 등 보통법계 국가 사이에서 무엇이 타당한 재판 절차인가 여부를 둘러싸고 이견이 있어 협상 과정에서 심각한 어려움이 발생하기도 하였다. 이러한 쉽지 않은 과정을 거쳐 1945년 8월 8일 연합

(2) 뉘른베르크 헌장의 내용

국제형사법의 출생증명서라고 할 수 있는 뉘른베르크 헌장은 뉘른베르크 국제군사재판소의 기본문서이다.[165] 뉘른베르크 헌장은 평화에 반한 죄, 인도에 반한 죄, 전쟁범죄 등을 처벌대상 범죄로 규정하고 국제법에 의하여 범죄자들이 직접 형사책임을 부담한다는 내용을 담고 있었다. 또한 국제범죄의 처벌과 관련된 여러 원칙들을 함께 규정하고 있었으며 위 원칙들의 대다수는 동경재판을 포함한 이후의 다수 재판들에서 거듭 채택되고 승인되었다.

국제범죄로 처벌받을 수 있는 범죄는 뉘른베르크 헌장 제6조에 규정되어 있다. 뉘른베르크 헌장 제6조는 평화에 반한 죄라는 명칭으로 침략행위의 계획, 준비, 실행에 관여하는 행위를 처벌하도록 규정하였다. 전쟁의 법과 관습의 위반도 전쟁범죄로 처벌대상이 되었으며 특히 인도에 반한 죄를 재판권의 대상으로 포함시킨 것은 큰 의미를 갖는다. 전쟁범죄는 상대편 국가의 국민들을 보호하는 것이지만 인도에 반한 죄는 범죄를 범한 국가의 국민들도 보호 대상에 포함시키는 것으로 자국 국민에 대한 행위를 국제형사법의 규율대상으로 포함시키게 된 것이다. 인도에 반한 죄의 관념이 인정된 것은 다수 민간인 주민들을 대상으로 범하여지는 체계적이고 심각한 공격은 국제적 차원에서 다루어져야 하는 국제적 문제라는 인식에 바탕을 둔 것이다.[166] 그러나 이러한 유형의 범죄들 중 가장 심각한 형태인 집단살해죄는 뉘른베르크 헌장에 명시적으로 규정되지 않았다. 뉘른베르크 헌장은 런던협정에 부속서 형태로 첨부되어 있었는데 런던협정 제1조는 범죄자의 범죄가 일정한 지역에 국한되지 않고 많은 지역에 걸쳐져 있는 주요 범죄자들을 뉘른베르크 재판에서 처벌받도록 규정하고 있었다.[167]

뉘른베르크 헌장은 그 밖에 개인의 형사책임은 범죄자의 공식지위[168], 국내법 위반 여부와 무관하게 부과됨을 선언하고 있다.[169] 상관의 명령에 따랐을 뿐이라는 상급자명령의 항변은 허용되지 않으며 이러한 상황은 형벌의 감경요소로만 규정되었다.[170] 그 밖에 뉘른베르크 헌장 제10조는 범죄 집단에의 가입을 체약당사국이 처벌할 수 있도록 하는 조항을 두고 있었다. 뉘른베르크 재판부에 의하여 일정한 집단이나 조직이 범죄적인 것으로 선언되었다면 이러한 집단의 범죄성은 이미 입증된 것으로 간주되어 다시 다툴 수 없으며 이러한 집단에의 가입 행위는 체약당

국 4개국은 국제군사재판소를 설립하는 런던협정에 서명하였으며 이후 다른 19개국이 위 협정에 참가하였다. Cryer, Robert; Friman, Håkan; Robinson, Darryl; Wilmshurst, Elizabeth, 전게서, p. 117.; Ambos, Kai, 전게서 I, p. 4.

165) Werle, Gerhard; Jeßberger, Florian, 전게서, p. 5.
166) Werle, Gerhard; Jeßberger, Florian, 전게서, p. 7.
167) 런던협정 제1조.
168) 뉘른베르크 헌장 제7조.
169) 뉘른베르크 헌장은 제6조 (c)의 인도에 반한 죄 부분에 이를 특히 명시하고 있다.
170) 뉘른베르크 헌장 제8조.

사국의 국내법원에서 처벌될 수 있었다.[171] 또한 궐석재판 조항도 규정되어 있었다.[172]

2. 재판소의 구성과 심리 및 판결

(1) 재판소의 구성

재판소에는 연합국인 프랑스, 소련, 영국, 미국 등으로부터 각 1명씩 모두 4명의 판사가 선임되었으며 같은 방식으로 선임된 4명의 후보판사 등 모두 8명의 판사들이 있었다. 재판장은 영국의 Lord Justice Geoffrey Lawrence였다. 연합국들은 검사도 1명씩 지정할 권한을 가지고 있었다. 변호인단에는 다수의 독일 변호사들이 참석하였는데 Hermann Jahreiss라는 퀼른 출신 국제변호사와 Otto Kranzbuhler라는 해군법무관이 변호인단을 이끌었다.[173]

(2) 기소 및 심리

뉘른베르크 재판의 기소는 1945년 10월 10일 뉘른베르크가 아닌 베를린에서 이루어졌다. 모두 24명의 피고인들과 6개의 범죄단체가 기소되었으며 피고인 중 1명은 재판 전 스스로 목숨을 끊었다.[174] 기소된 내용은 뉘른베르크 헌장 제6조에 근거한 4개의 주요 범죄혐의에 대한 것이었다.[175] 기소 이후 재판 장소가 뉘른베르크로 변경되어 재판이 진행되었다.

첫 재판은 미국 검찰총장과 대법관을 지낸 인사로서 런던 협상에서 미국을 대표하였던 미국 측 검사 Robert Jackson의 연설과 함께 시작되었다. 그는 재판부에 대하여 뉘른베르크 재판을 '지금까지 권력에 의하여 이성에 주어진 가장 큰 헌정'이라고 평가하였다. 그리고 연합국 측 인사들은 기소대상에서 제외되고 상대국 국민만이 기소되었다는 공정성 논란에 대하여는 비록 국제법이 독일 침략자들에 대하여 처음으로 적용되는 것이지만 반드시 비난되어야만 한다는 유효

---

171) 이러한 규정은 개인 책임의 원칙에 반하는 것으로 의문스런 것이며 이와 같은 집단 가입의 처벌 조항은 유지될 수 없는 성격의 것이었다는 주장은 Werle, Gerhard; Jeßberger, Florian, 전게서, p. 7.

172) 뉘른베르크 헌장 제12조.

173) Cryer, Robert; Friman, Håkan; Robinson, Darryl; Wilmshurst, Elizabeth, 전게서, p. 117.

174) 기소된 피고인들은 Karl Dönitz, Hans Frank, Wilhelm Frick, Hans Fritzsche, Walter Funk, Hermann Göring, Rudolf Hess, Alfred Jodl, Ernst Kaltenbrunner, Wilhelm Keitel, Konstantin von Neurath, Franz von Papen, Willem Raeder, Joachim von Ribbentrop, Alfred Rosenberg, Fritz Saukel, Hjalmar Schacht, Baldur von Schirach, Arthur Seyss-Inquart, Albert Speer and Julius Streicher. Martin Bormann, Gustav Krupp, Robert Ley 등이다. Martin Bormann에 대한 재판은 궐석재판으로 진행되었으며 Gustav Krupp은 재판을 감당할 정신적 능력이 없다고 선언되었다. Robert Ley는 재판전 구금 과정에서 스스로 목숨을 끊었다. Cryer, Robert; Friman, Håkan; Robinson, Darryl; Wilmshurst, Elizabeth, 전게서, p. 118.

175) 1번 범죄사실은 전체 범죄에 대한 총괄적 공모로서 미국 기소 팀이 담당하였으며 2번 범죄사실은 평화에 반한 죄로서 영국 기소팀이 담당하였다. 3번 범죄사실은 전쟁범죄, 4번 범죄사실은 인도에 반한 죄에 대한 것으로 프랑스와 소련 검사들이 나누어 담당하였는데 프랑스는 서부지역에서의 충돌을, 소련은 동부지역에서의 충돌을 각각 담당하였다. Cryer, Robert; Friman, Håkan; Robinson, Darryl; Wilmshurst, Elizabeth, 전게서, p. 117.

한 목적에 부합하는 경우라면 재판부 구성 국가들을 포함한 다른 모든 국가들의 침략행위에 대하여도 국제법이 적용될 수 있다고 주장하며 이러한 우려를 불식시키려 하였다. 이후 뉘른베르크 재판은 10개월이 넘는 기간 동안 403회의 공개 심리를 거쳐서 판결에 이르게 되었다.[176]

(3) 선고

교수형 12명, 종신형 3명, 20년형 2명, 15년형과 10년형 각 1명 등이 선고되었으며 3명의 피고인들과 기소된 6개의 단체 중 3개 단체가 무죄판결을 받았다.[177]

3. 재판에 대한 평가

(1) 공정성 논란

주축국 범죄자들이 형사책임을 부담하게 된 것은 침략전쟁을 시작하고 수행하였기 때문인가 아니면 오직 전쟁에서 패하였기 때문인가라는 근본적 질문이 제기되었다. 이러한 현상은 연합국 측 전쟁범죄에 대하여는 기소나 처벌이 전혀 이루어지지 않았기 때문이다.[178] 같은 맥락에서 재판 과정에서도 국내법에서는 주장되지 않는 동일행위의 항변(plea of tu quoque)이 제기되었다. 비록 연합군이 홀로코스트와 같은 대량학살 범죄를 범하지 않은 것은 사실이지만 연합국도 독일과 유사한 전쟁범죄를 저질렀음에도 이러한 연합국의 행위는 기소되지 않았으므로 독일 측 인사들도 면책되어야 한다는 취지의 항변이었다. 뉘른베르크 재판부는 재판과정에서 연합군 측 범죄에 대하여 직접적으로 문제를 제기하는 방식으로 항변을 제기하는 것을 허용하지 않았다. 그러나 변호인 측은 이를 법이론과 연계시켜 쟁점화하는 흥미로운 전략을 선택하였다. 변호인은 독일의 무제한 잠수함 공격과 관련된 사건에서 미국 태평양함대 사령관 Chester Nimitz가 미해군의 실제 행위가 뉘른베르크에서 기소된 피고인의 행위와 동일한 것임을 시인한 바 있다는 점 등을 근거로 무제한 잠수함 공격이 당시의 국제관습법에 의하여 허용되고 있었다고 주장하여 사실상 tu quoque 항변을 법적 문제로 제기한 것이다. 비록 재판부가 결론에 있어서는 이러한 주장에 동의하지 않았으나 법정에서 연합군 측의 유사한 행위를 언급함으로써 잠수함 전투와 관련된 전쟁범죄의 형량 평가에 영향을 미치게 되었다. 또한 연합군 측 특히 영국의 폭격으로 독일이 황폐

---

176) Cryer, Robert; Friman, Håkan; Robinson, Darryl; Wilmshurst, Elizabeth, 전게서, p. 118.

177) 무죄 선고된 피고인은 Hjalmar Schacht, Hans Fritzsche, Franz von Papen이며 무죄선고된 단체는 SA, High Command, Reich Cabinet이다. 재판과정에서 소련 판사 Major-General Nikitchenko는 모든 무죄 판결에 반대하여 모든 피고인과 조직에 대한 유죄판결을 주장하였으며 Rudolf Hess에 대하여도 징역형이 아닌 사형이 선고되어야 한다고 주장하였다. IMT, judgment of 1 October 1946, in The Trial of German Major War Criminals. Proceedings of the International Military Tribunal sitting at Nuremberg, Germany, Pt 22 (22 August 1946 to 1 October 1946), p. 531 이하의 Dissenting Opinion of the Soviet Member of the International Military Tribunal; 판결 결과에 대한 상세한 내용은 Ambos, Kai, 전게서 I, p. 6.

178) Werle, Gerhard; Jeßberger, Florian, 전게서, p. 8.

화되었다는 주장으로 인하여 독일 측의 영국 대공습과 관련한 기소가 이루어지지 않았으며 전쟁 후반기에 나타난 폴란드나 독일에서 행해진 소련군의 행위가 일정한 범주의 독일 측 범죄 행위에 대한 기소를 어렵게 만들었다고 한다.[179]

그 밖에 선서진술서에의 과도한 의존, 검찰 측과 변호인 측 인적 자원의 심대한 불균형 문제 등이 뉘른베르크 재판의 불완전성으로 거론되었다. 또한 재판의 전반적인 정당성과 관련하여 중립 국가의 판사나 독일 판사가 있었다면 절차적 정당성을 향상시킬 수 있었다는 주장이 있으나 재판에 적용된 기준들을 고려하여 판단할 때 재판은 기본적으로 공정하게 진행되었다는 평가도 존재한다.[180]

뉘른베르크 재판의 공정성을 둘러싼 논란은 뉘른베르크 재판이 가장 핵심적으로 어떤 범죄를 심판한 것인가의 문제와 관련되어 있을 수 있다. 이와 관련하여 미국측 기소 내용에서 침략범죄가 '최고의 국제범죄(supreme international crime)'라고 언급되어 있으나 뉘른베르크 재판은 침략행위보다는 홀로코스트와 같은 일련의 잔학행위에 대한 재판으로 평가되고 기억될 수 있을 것이다.[181]

(2) 소급입법(ex post facto legislation)이라는 비판

뉘른베르크 재판에 대하여 법적 측면에서 제기된 가장 중요한 논란은 소급처벌 금지 위반 여부이다. 뉘른베르크 재판에서 기소된 모든 범죄들이 당해 범죄가 범하여졌을 당시 이미 국제법 하에서 형사처벌 대상으로 인정되고 있었는가의 문제에 대하여는 견해가 일치하고 있지 않다.

소급입법 논란은 대상이 되는 범죄의 종류에 따라 상이하게 전개된다. 전쟁범죄에 대하여는 대상 행위를 규제하는 다양한 국제규범이 존재하고 있었으므로 처벌의 법적 근거가 갖추어져 있었다는 점에 대하여는 논란의 여지가 없다. 그러나 인도에 반한 죄와 평화에 반한 죄의 개념은 나치의 행위를 염두에 둔 연합국들에 의하여 새로이 정의된 것이다. 인도에 반한 죄의 경우 구체적 행위유형인 살인, 노예화, 고문, 강간 등은 당시 모든 국내법 체제에서 불법으로 인정되는 것들로서 행위의 범죄성 자체에 대한 의문은 존재하지 않았다. 논란이 된 것은 이러한 행위를 인도에 반한 죄라는 죄명 하에 기소할 수 있는가 여부와 국제법에 직접 근거하여 인도에 반한 죄로 범죄자를 처벌할 수 있는가의 문제였다. 이와 관련하여서는 법의 일반원칙이 국제법의 법원이므로 법의 일반원칙에 근거하여 인도에 반한 죄에 대한 처벌이 정당화될 수 있다는 주장이 설득력 있게 주장된다.[182]

---

179) Cryer, Robert; Friman, Håkan; Robinson, Darryl; Wilmshurst, Elizabeth, 전게서, p. 120.
180) Cryer, Robert; Friman, Håkan; Robinson, Darryl; Wilmshurst, Elizabeth, 전게서, p. 119.
181) Cryer, Robert; Friman, Håkan; Robinson, Darryl; Wilmshurst, Elizabeth, 전게서, p. 120.
182) 영국과 프랑스 검사들은 만일 살인, 강간, 강도가 각국 국내법에서 처벌되는 것이라면 이처럼 이미 처벌 가능한 일반 범죄들을 체계적으로 범하였다는 차이점만이 존재하는 상황에서 이러한 범죄를 저지른 범죄자

평화에 반한 죄를 근거로 형사처벌하는 것에 대하여는 보다 강력한 반대가 있었다. 국제법 하에서 침략전쟁이 불법이라는 것 자체에 대하여는 일정한 근거를 찾을 수 있다 하더라도 일반적 불법성의 단계를 넘어 범죄성을 가진 행위로 도약하기 위해서는 보다 강력한 근거가 필요하기 때문이다. 뉘른베르크 판결에는 이러한 문제와 관련하여 다음과 같은 단순한 언급만이 존재한다.

> 국가 정책 수단으로서의 전쟁의 완전한 포기는 그러한 전쟁이 국제법 하에서 불법이라는 명제와 필수적으로 관계된다. 따라서 전쟁에 수반되는 불가피하고 끔찍한 결과에도 불구하고 그러한 전쟁을 계획하고 수행한 사람은 전쟁을 계획하고 수행하는 행위를 통하여 범죄를 범한 것이다.[183]

나아가 평화에 반한 죄가 죄형법정주의에 위반된다는 주장에 대하여 재판부는 다음과 같이 판단하고 있다.

> Nullum crimen sine lege라는 법언은 주권에 대한 제한이 아니며 일반적으로 정의의 원칙이라고 할 수 있다. 조약과 보증을 무시하고 아무런 경고 없이 이웃나라를 침략한 사람을 처벌하는 것이 정의롭지 않다고 주장하는 것은 명백히 사실이 아니다. 왜냐하면 침략을 한 사람은 그가 악행을 범하고 있음을 알았음이 틀림없기 때문이다. 이러한 상황에서 공격자를 처벌하는 것이 정의롭지 않은 것이 아니라 그의 악행이 처벌되지 않도록 허용하는 것이 정의롭지 않은 것이다.[184]

이와 같은 결론을 지지하는 입장에서는 전통적으로 전쟁에 대한 국제법의 심각한 위반은 그 범죄성에 대한 명시적 선언이 존재하지 않는 상황에서도 형사처벌의 대상이 되는 것으로 간주되어 왔다고 주장한다. 따라서 침략전쟁의 수행 역시 국제법 하에서의 불법성을 이유로 형사처벌의 대상이 될 수 있다는 논리를 전개하고 있다.[185] 그러나 이와 같은 주장에도 불구하고 적어도 평화에 반한 죄를 처벌한 것은 본질적으로 소급입법(ex post facto legislation)에 해당하는 것이며 당시 이루어진 침략범죄의 범죄화는 새로운 범죄를 만든 것이므로 죄형법정주의 원칙에 부합

들을 처벌에서 벗어나게 할 이유가 있는가에 대하여 의문을 제기하면서 인도에 반한 죄는 노예화, 살인 등 보통법상의 범죄들을 정치적 목적을 위하여 체계적으로 범한 것에 불과한 것이라고 주장하였다. IMT, in The Trial of German Major War Criminals, Proceedings of the International Military Tribunal Sitting at Nuremberg, Germany, Pt 2, 46, Pt 4, 34; Werle, Gerhard; Jeßberger, Florian, 전게서, p. 9; 2006년 유럽인권법원은 1949년 에스토니아에서 발생한 추방과 관련하여 인도에 반한 죄는 1949년에 이미 법의 일반원칙에 따라 처벌될 수 있는 범죄로 보편적으로 승인되고 있었다고 판시하였다. ECHR, decision of 17 January 2006(Kolk and Kislyiy v Estonia).

183) IMT, judgment of 1 October 1946, in The Trial of German Major War Criminals, Proceedings of the International Military Tribunal Sitting at Nuremberg, Germany, Pt 22 (1950), 445.

184) IMT, judgment of 1 October 1946, in The Trial of German Major War Criminals, Proceedings of the International Military Tribunal sitting at Nuremberg, Germany, Pt 22 (22 August 1946 to 1 October 1946) 444.

185) Werle, Gerhard; Jeßberger, Florian, 전게서, p. 10.

할 수 없다는 비판이 더욱 설득력 있는 것으로 보인다.[186] 이와 관련하여 침략범죄가 엄격한 의미에서 소급입법에 해당하는 것은 사실이나 나치의 침략행위는 1943년 모스코바 선언(Moscow declaration) 등 국가 공동체에 의하여 받아들여지고 있는 법의 원칙을 위반한 것이므로 자신들의 행위가 형사처벌 대상이 아니라고 범죄자들이 실제로 생각하였는가는 의문스럽다는 주장도 존재한다.[187] 뉘른베르크 재판부는 전쟁의 법은 정지되어 있는 것이 아니라 변화하는 세계의 필요에 따라 점진적으로 적응해 가는 것으로 보았으며[188] 죄형법정주의 원칙을 완화된 형태로 규범화시킨 후 정의의 요청이 있을 경우 대상자의 처벌을 막을 수 없다는 의미에서 그 자체를 정의의 원칙의 하나로 이해한 것이다.[189]

뉘른베르크 재판에서의 죄형법정주의 원칙을 둘러싼 이러한 논란은 현재 시점에 있어서는 역사적 논쟁의 대상일 뿐이다. 뉘른베르크에서 적용되고 발전된 원칙들은 이후 반복적으로 확인되어 국제법의 일부로 굳건히 자리 잡고 있으며 국제법에 대한 가장 심각한 위반행위의 범죄성은 이미 국제형사법 체제의 중심에 명확히 자리 잡고 있기 때문이다.[190]

4. 뉘른베르크 원칙(Nuremberg Principles)의 구체화

1946년 10월 1일 뉘른베르크에서 주요 전쟁 범죄자들에 대한 판결이 내려지자 미국의 주도 하에 1946년 12월 11일 유엔총회결의 95(Ⅰ)이 채택되었다.[191] 55개 유엔 회원국이 참가한 위 결의는 뉘른베르크 헌장과 동경 헌장, 뉘른베르크 판결 등에서 나타난 원칙들을 승인하고 이들이 형사법의 일반적 관념을 형성하는 법적 요소임을 지지하는 것이었다. 그리고 이러한 원칙들을 국제 공동체 전체에 대하여 구속력을 가질 수 있는 국제관습법에서의 일반원칙으로 인정시키는 강력한 움직임이라는 법적 의미를 가지고 있었다.[192] 또한 동일한 결의에서 유엔총회는 국제법

---

186) Ambos, Kai, 전게서 I, p. 89; T. Weigend, ""In general a principle of justice": The Debate on the "Crime against Peace" in the Wake of the Nuremberg Judgment", 10 JICJ (2012), p. 41; G.A. Finch, "The Nuremberg Trial and International Law", 41 AJIL (1947), p. 20; F.B. Schick, "The Nuremberg Trial and the International Law of the Future", 41 AJIL (1947), p. 770.

187) Cryer, Robert; Friman, Håkan; Robinson, Darryl; Wilmshurst, Elizabeth, 전게서, p. 119.

188) IMT, judgment of 1 October 1946, in The Trial of German Major War Criminals. Proceedings of the International Military Tribunal sitting at Nuremberg, Germany, Pt 22 (22 August 1946 to 1 October 1946) 445.

189) Ambos, Kai, 전게서 I, p. 89; 이러한 죄형법정주의의 규범화 경향은 적어도 로마규정 채택 이전까지 그대로 이어져 왔으며 현재의 관점에서도 불소급의 원칙이 국제법을 위반한 권력 남용 행위를 처벌로부터 보호해 주기 위한 것은 아니라는 주장에 대한 것은 Werle, Gerhard; Jeßberger, Florian, 전게서, p. 10.

190) 뉘른베르크 재판의 판결이 침략범죄의 형사처벌에 대한 국제사회의 법적 견해(opinio juris)를 위한 새로운 출발점이 되었으며 국제관습법의 창조에 기여하는 것이라는 점은 A.C. Carpenter, "The International Criminal Court and the Crime of Aggression", 64 Nordic Journal of International Law (1995), p. 18 et seq; Werle, Gerhard; Jeßberger, Florian, 전게서, p. 537.

191) 95(I) Affirmation of the Principles of International Law recognized by the Charter of the Nurnberg Tribunal (A/RES/1/95).

192) Antonio Cassese, "Affirmation of the Principles of International Law Recognized by the Charter of the

의 발전과 조문화를 위하여 유엔결의 94(Ⅰ)에 따라 설립된 위원회로 하여금 뉘른베르크 헌장과 뉘른베르크 판결에서 승인된 원칙들을 국제형사법전의 형태로 조문화시키는 작업을 진행할 것을 선언하였다. 이후 1947년 11월 21일 유엔총회결의 177(Ⅱ)에서는 유엔총회결의 174에 의하여 새로이 설립된 국제법위원회에 대하여 뉘른베르크 원칙을 명확히 규정할 것과 인류의 평화와 안전에 반한 범죄에 대한 법의 초안을 만들 것을 요청하였다.[193] 이에 따라 우선 위원회는 뉘른베르크 헌장과 판결에서 나타난 원칙들을 일반 원칙으로 승인할 것인가 여부와 만일 승인한다면 어느 범위 내에서 승인할 것인가에 대한 논의를 진행한 결과 이미 유엔총회에서 이러한 원칙들이 승인된 바 있으므로 이에 대한 새로운 평가는 필요하지 않으며 이들을 구체적 원칙으로 표현하는 작업만을 진행하면 된다고 결의하였다.[194] 그리고 이후 위원회는 국제형사법의 영역에 심대한 영향을 미친 다음과 같은 7개의 원칙을 구체화시켰다.[195]

　　여기에서는 일정한 국제범죄에 대한 책임은 국제법 하에서 곧바로 인정되며 형사 책임은 국가에서의 공적 지위와 무관하게 부과된다고 규정하는 등 뉘른베르크 헌장과 재판에서 나타난 원칙들을 명시하고 있다. 이러한 원칙들은 개인, 국가, 국제사회의 상호관계를 새롭게 설정하고 국제법에 의하여 직접 규율되는 국가 내부의 새로운 영역을 구획하는 것으로 산업화된 전쟁인 제2차 대전과 더욱 강화된 국가들의 상호 의존성의 배경 하에 탄생한 것이다. 국제사회는 이러한 새로운 환경 변화에 대응하여 국제사회의 안정을 이룰 수 있는 보다 새롭고 강력한 대책이 요구된다는 인식을 가지게 되었으며 이러한 성과는 이와 같은 인식을 바탕으로 이루어진 공적 의식 영역에서의 혁신의 하나로 평가되기도 한다.[196]

　　그러나 이후 유엔총회는 위원회에서 제출한 문서를 공식적으로 채택하지 않고 이를 열람시키면서 회원국들의 의견을 조문 초안 작업에 반영하도록 하였으며[197] 침략범죄의 개념과 관련한 문제 제기가 또다시 나타나면서 1954년에는 위원회에서 이미 채택한 조문과 관련한 추가적 진행을 사실상 무기한 연기시키게 되었다.[198]

　　Nürnberg Tribunal", United Nations Audiovisual Library of International Law(2009), p. 1.

193) 177(II) Formulation of the principles recognized in the Charter of the Nüremberg Tribunal and in the judgement of the Tribunal.

194) Yearbook of the International Law Commission, 1950, vol. II, para. 96.

195) 뉘른베르크 원칙의 발전과 영향에 대하여 상세한 것은 Antonio Cassese, "Affirmation of the Principles of International Law Recognized by the Charter of the Nürnberg Tribunal", p. 4 et seq.

196) Bruce Broomhall, International Justice and The International Criminal Court : Between Sovereignty and the Rule of Law. New York : Oxford University Press(2004), p. 19.

197) 488(V) of 12 December 1950.

198) 897(IX) of 4 December 1954, the General Assembly; 오랜 기간이 지난 1981년 12월 10일 유엔총회결의 36/106에 의하여 이러한 초안 작업은 비로소 재개될 수 있었으며 1996년에 이르러서야 인류의 평화와 안전에 대한 범죄 초안(draft Code of Crimes against the Peace and Security of Mankind)이 채택될 수 있었다. Yearbook of the International Law Commission, 1996, vol. II(Part Two).

Principles of International Law Recognized in the Charter of the Nürnberg Tribunal and in the Judgment of the Tribunal

Principle I
Any person who commits an act which constitutes a crime under international law is responsible therefor and liable to punishment.

Principle II
The fact that internal law does not impose a penalty for an act which constitutes a crime under international law does not relieve the person who committed the act from responsibility under international law.

Principle III
The fact that a person who committed an act which constitutes a crime under international law acted as Head of State or responsible Government official does not relieve him from responsibility under international law.

Principle IV
The fact that a person acted pursuant to order of his Government or of a superior does not relieve him from responsibility under international law, provided a moral choice was in fact possible to him.

Principle V
Any person charged with a crime under international law has the right to a fair trial on the facts and law.

Principle VI
The crimes hereinafter set out are punishable as crimes under international law:
(a) Crimes against peace:
 (i) Planning, preparation, initiation or waging of a war of aggression or a war in violation of international treaties, agreements or assurances;
 (ii) Participation in a common plan or conspiracy for the accomplishment of any of the acts mentioned under (i).
(b) War crimes:
Violations of the laws or customs of war which include, but are not limited to, murder, ill-treatment or deportation to slave-labour or for any other purpose of civilian population of or in occupied territory, murder or ill-treatment of prisoners of war, of persons on the seas, killing of hostages, plunder of public or private property, wanton destruction of cities, towns, or villages, or devastation not justified by military necessity.
(c) Crimes against humanity:
Murder, extermination, enslavement, deportation and other inhuman acts done against any civilian population, or persecutions on political, racial or religious grounds, when such acts are done or such persecutions are carried on in execution of or in connection with any crime against peace or any war crime.

Principle VII
Complicity in the commission of a crime against peace, a war crime, or a crime against humanity as set forth in Principle VI is a crime under international law.

제 3 절   극동 국제군사재판소(International Military Tribunal for the Far East)

침략전쟁을 일으킨 일본인을 처벌하기 위한 극동 국제군사재판소가 1946년 동경 헌장에 근거하여 설립되어 도조 전 일본 수상을 비롯한 28명의 전직 고위정치인과 군수뇌부에 대한 재판이 1948년까지 이루어졌다. 이러한 재판은 일본의 침략정책을 대상으로 하는 것임에도 정치적 이유에서 일본 천황에 대한 기소는 이루어지지 않았다.

1. 동경 헌장

(1) 동경 헌장의 성립

아시아 지역 전쟁에 관계되었던 연합국 대표들은 극동위원회(Far Eastern Commission, FEC)를 구성하여 일본에 대한 점령정책을 수립하고 극동에서의 연합국 정책을 조율하도록 하였는데 일본의 주요 전쟁범죄자에 대한 기소와 처벌 문제는 극동위원회에서 다룰 중요한 정책의 일부였다.[199]

극동국제군사재판(동경재판, Tokyo IMT)의 법령상 근거인 동경 헌장(Charter of the International Military Tribunal for the Far East. Tokyo, IMTFE 헌장)은 기본적으로 뉘른베르크 헌장에서 나타난 원칙들을 재확인하는 형태로 만들어졌으나 뉘른베르크 재판의 경우와 달리 조약이 아닌 연합군 사령관 맥아더의 1946년 1월 19일자 포고에 의한 것이다.[200] 연합국들은 포츠담 선언 제10항을 통하여 전쟁범죄자들에 대한 '엄격한 정의(stern justice)'를 선언한 바 있으며[201] 연합군 최고사령관 맥아더는 연합국들이 부여한 포츠담 선언 실행 권한에 근거하여 동경재판소 설립을 위한 포고를 내리게 된 것이다.

포고의 서문에서는 포츠담 선언 제10항의 엄격한 정의 원칙을 언급한 후 1945년 9월 2일 동경만(東京灣)에서의 항복문서 조인 당시 일본이 포츠담 선언을 승인한 바 있으며 일본의 항복으로 일본에 대한 통치권한은 연합국 총사령관에게로 이전되었음을 확인하고 있다. 그리고 1945년 12월 26일 모스코바 회의에 따라 부여받은 연합군 총사령관으로서의 권한에 근거하여 포고를 발령함을 선언하였다. 동경재판소의 구성, 권한 등을 명시한 동경 헌장은 포고문에 부속되어 있었는데 포고문 제1조는 재판소의 설립을 명시하고 제2조에서는 동경 헌장에 의한 재판소의 구성 및 재판권 등이 총사령관에 의하여 승인되었음을 선언하고 있다. 그런데 포츠담 선언 제10항에

---

199) 위원회에 참여한 국가는 미국, 영국, 프랑스, 소련, 호주, 캐나다, 중국, 네덜란드, 뉴질랜드, 인도, 필리핀 등이다. Ambos, Kai, 전게서 I, p. 6.

200) Special Proclamation by the Supreme Commander for the Allied Powers of 19 January 1946.

201) Potsdam Declaration(Proclamation Defining Terms for Japanese Surrender Issued, at Potsdam, July 26, 1945) 제10항 "---but stern justice shall be meted out to all war criminals, including those who have visited cruelties upon our prisoners,---".

는 일본의 범죄에 대하여 'all war criminals'라는 제한적 해석이 가능한 문언이 사용되고 있어 이를 바탕으로 설립된 동경재판소는 평화에 반한 죄에 대한 재판권을 갖지 않는다는 이의가 재판 과정에서 제기되었다. 그러나 재판부는 일본 정부가 항복할 당시 재판권의 대상으로 지칭된 전쟁범죄자들의 범위에는 전쟁 시작에 책임이 있는 사람들도 포함되는 것으로 해석하여 이러한 이의를 기각하였다.[202]

(2) 동경 헌장의 내용

재판권 대상 범죄와 관련하여 동경 헌장은 외견상으로는 뉘른베르크 헌장이 재판권 대상 범죄로 규정하고 있는 평화에 반한 죄, 인도에 반한 죄, 전쟁범죄 등을 동일하게 규정하고 있는 것으로 보인다. 그러나 이러한 외견상의 유사성에도 불구하고 동경재판소의 재판권 범위는 뉘른베르크 재판소와 달리 매우 제한적인 것이었다. 뉘른베르크 헌장과 달리 동경 헌장은 평화에 반한 죄를 기반으로 한 재판권만을 인정하여 직접 평화에 반한 죄를 범하거나 혹은 적어도 평화에 반한 죄를 하나 이상 범한 범죄자들만을 재판권의 대상으로 삼고 있었기 때문이다.[203] 이러한 재판권의 제한성은 뉘른베르크 재판과 비교할 때 매우 큰 차이점으로 지적될 수 있으며 특히 침략범죄의 소급성 논란이 있는 상황에서 동경재판의 전반적 평가에도 영향을 미칠 수 있는 중요한 요소로 생각된다.

구체적 범죄의 내용을 규정한 동경 헌장 제5조는 뉘른베르크 헌장 제6조를 대부분 반영한 것이었다. 다만 뉘른베르크 헌장과 달리 인도에 반한 죄의 행위유형에 투옥, 고문, 강간 등을 포함시켰을 뿐만 아니라 '전쟁 중 혹은 전쟁 이전'이라는 문구를 삭제하여 전쟁과의 관련성 요건을 배제하였다.[204] 공적 지위의 무관련성, 상급자명령 항변의 배제 등은 뉘른베르크 헌장과 동일하게 규정되었다.

2. 재판소의 구성과 심리 및 판결

(1) 재판소의 구성

뉘른베르크 재판소와 비교되는 구조적 차이점 중 하나는 11명이라는 많은 숫자의 판사가 존재하였다는 점이다. 판사는 일본에 대한 항복 문서 조인국인 호주, 캐나다, 중국, 프랑스, 뉴질랜드, 네덜란드, 영국, 미국, 소련 등 9개국과 일본의 확장정책에 따라 고통 받은 것으로 인정된 인도와 필리핀 등 모두 11개국의 추천을 받아 연합국 사령관인 맥아더에 의하여 임명되었다.[205]

---

202) International Military Tribunal for the Far East, judgment of 12 November 1948. 48, 440-441.

203) 따라서 이른바 A급 전범자들만이 동경재판의 대상이 되었다. 동경 헌장 제5조 모두 부분 참조; B.V.A. Röling and Antonio Cassese, The Tokyo Trial and Beyond. Cambridge : Polity Press(1993), p. 3.

204) Ambos, Kai, 전게서 I, p. 6.

205) 동경 헌장 제2조; 이에 따라 미국(John P. Higgins), 영국((Lord Patrick), 프랑스(Henri Bernard), 소련(I.M.

뉘른베르크 재판소의 경우 재판장을 판사들이 선출하도록 하였으나 동경재판에서는 재판장 역시 연합군 총사령관 맥아더가 지명하도록 규정하고 있었다.[206] 대표 검사 역시 동일한 절차에 따라 지명되었으며 다른 국가들은 부검사를 선임할 수 있었다.[207] 이처럼 이끌어 나가는 것이 용이하지 않은 대규모의 국제재판부를 호주 판사인 William Webb이 관장하였으나 재판에서의 그의 행동은 비판의 대상이 되었으며 미국이 대표검사로 선택한 Joseph Keenan 역시 전문성의 측면에서 문제가 있는 부적합한 인물로 평가되었다고 한다. 변호인으로는 다수의 일본 법률가들과 일부 미국 법률가들이 관여하였다.[208]

(2) 기소 및 심리

1946년 3월 29일의 기소를 시작으로 재판이 시작되어 28명의 피고인들이 55가지 범죄사실로 재판을 받았다.[209] 이들 피고인들 중에는 이전 수상인 히라누마 기이치로(平沼騏一郎), 히로타 고키(平沼騏一郎), 고이소 구니아키(小磯国昭), 도조 히데키(東條英機)와 외교장관이었던 마쓰오카 요스케(松岡洋右), 시게미쓰 마모루(重光葵), 도고 시게노리(東郷茂徳) 등이 있었으며 평화에 반한 죄와 전쟁범죄 등으로 재판을 받았다.[210] 정치적인 이유에서 일본 천황에 대한 기소는 이루어지지 않았으며[211] 재판은 거의 2년 반 동안 계속되었다.

(3) 선고

1948년 11월 판결의 대부분이 선고되었다. 재판소는 판결문에서 침략전쟁을 시작하여 아시아를 지배하려는 공모가 존재하였으며 1937년 난징(南京)의 강간을 비롯하여 각종 전쟁범죄가 연합군 포로나 민간인을 대상으로 자행되었음을 확인하였다.[212] 끝까지 재판을 받았던 피고인들 모두에 대하여 적어도 일부 유죄판결이 선고되었는데[213] 침략전쟁 혐의 등으로 도조 전 일본 수

Zarayanov), 중국(Mei Ju-ao), 호주(William Webb), 인도(Radhabinod Pal), 네덜란드(Rolling), 필리핀(Delfin Jaranilla), 뉴질랜드(Harvey Northcroft) 등이 임명되었다. 이와 같은 판사 임명절차가 지나치게 미국에 편향된 것이었다는 비판은 Farhad Malekian, 전게서, p. 27.

206) 동경 헌장 제3조.

207) 동경 헌장 제8조

208) 그 중 가장 잘 알려진 사람으로는 동경의 영미법 교수 Kenzo Takayanagi와 정치가이지 법률가였던 Ichiro Kiyose가 있다. Cryer, Robert; Friman, Håkan; Robinson, Darryl; Wilmshurst, Elizabeth, 전게서, p. 121.

209) International Military Tribunal for the Far East, judgment of 12 November 1948, 특히 48, 414 참조.

210) 불법적 전쟁에서의 모든 살해 행위는 그것이 전투원에 대한 살해일지라도 살인에 해당한다며 이루어진 기소의 당부는 평화에 반한 죄와 중복된다는 이유로 판단되지 않았다. Cryer, Robert; Friman, Håkan; Robinson, Darryl; Wilmshurst, Elizabeth, 전게서, p. 121.

211) Werle, Gerhard; Jeßberger, Florian, 전게서, p. 10; 일본 천황 히로히토와 부인 아사카에 대한 기소가 이루어지지 않은 것에 대한 비판은 Farhad Malekian, 전게서, p. 134.

212) Cryer, Robert; Friman, Håkan; Robinson, Darryl; Wilmshurst, Elizabeth, 전게서, p. 122.

213) 유죄판결에 대하여 3명의 반대의견과 1명의 보충의견, 1명의 별도의견이 있었다. International Military

상 등 7명에 대하여 사형선고가 내려졌다. 그 밖에 16명에 대하여는 종신형이 선고되었고 20년 형과 7년 형이 각각 1명에게 선고되었다.[214] 마쓰오카 요스케(松岡洋右)와 나가노 오사미(永野修身)는 판결 전 지병으로 사망하였으며 오카와 슈메이(大川周明)는 재판을 받을 정신적 능력이 없는 것으로 선언되었다.[215] 사형을 선고받은 피고인들은 한 가지 이상의 주요 전쟁범죄 혐의에 대하여 유죄판결을 선고받은 경우이다. 예를 들면 범죄사실 54는 잔학행위의 명령이나 허용에 대한 것이며 범죄사실 55는 전쟁법 위반을 방지하고 규범을 준수시킬 의무 위반에 대한 것이었다.[216] 뉘른베르크 재판의 경우와는 대조적으로 어느 누구도 인도에 반한 죄로 유죄판결을 받지 않았다.[217]

동경재판 판결은 대부분 뉘른베르크 재판에서의 견해를 실질적으로 따르는 것으로 침략전쟁의 범죄성, 상급자명령 항변의 배제 등도 동일하게 인정되었다. 가장 중요한 차이점으로 언급될 수 있는 것은 뉘른베르크 재판에서는 상급자책임에 대하여 별도로 다루지 않았으나 동경재판에서는 상급자책임을 군대와 민간인 상급자 모두에 대하여 적용하였다는 점이다.[218]

재판장인 William Webb은 침략범죄의 범죄성에 대한 별도의견에서 침략전쟁의 형사책임은 자연법에 근거할 수 있다고 보면서도 피고인들의 형량을 결정함에 있어 전쟁에 대하여 책임이 있는 일본 천황이 피고인으로 존재하지 않는 상황을 고려하여야 한다고 주장하였다. 프랑스 판사 Bernard 역시 평화에 반한 죄는 자연법에 근거할 수 있다고 보았으며 상급자책임에 대하여도 보다 섬세한 접근방법을 취하였다. 한편 네덜란드의 Röling 판사는 침략행위의 범죄성에 대하여 부정적 의견을 제시하면서 뉘른베르크 재판에서의 선례와 동경재판에서의 다수의견에 대한 반대 입장을 명백히 하였다. 그러나 종국적으로는 재판부가 단지 침략전쟁을 일으켰다는 사실만으로는 피고인들에 대하여 사형을 선고하지 않았다는 점을 지적하면서 점령군은 자신들의 안전을 위협한 전쟁을 시작하는데 책임이 있는 사람들을 투옥할 권한을 가지고 있다고 보았다.[219] 인도의 Pal 판사는 침략범죄에 대하여 법률적 측면과 사실적 측면에서 반대의견을 전개하였다. 그는 평

Tribunal for the Far East, judgment of 12 November 1948 49, 852 참조.

214) International Military Tribunal for the Far East, judgment of 12 November 1948, 특히 49, 857 참조; 植松慶太, 極東國際軍事裁判, 東京, 人物往來社(1962).

215) International Military Tribunal for the Far East, judgment of 12 November 1948, 특히 48, 425 참조.

216) Ambos, Kai, 전게서 I, p. 6.

217) Werle, Gerhard; Jeßberger, Florian, 전게서, p. 329 : 이에 반하여 Dohihara, Kimura, Muto, Itagaki, Tojo 등 5명이 범죄사실 54에 근거하여 인도에 반한 죄로 유죄판결을 선고 받았다는 견해가 있다.(Ambos, Kai, 전게서 I, p. 6) 그러나 동경재판 판결문에는 인도에 반한 죄에 대한 명시적 언급이 발견되지 않는다.

218) International Military Tribunal for the Far East, judgment of 12 November 1948, 48, 442-447 참조; Cryer, Robert; Friman, Håkan; Robinson, Darryl; Wilmshurst, Elizabeth, 전게서, p. 122.

219) 그는 Shigemitsu와 Hirota에 대한 무죄판결을 주장하면서도 전쟁범죄에 대하여는 매우 엄격한 입장을 취하여 더욱 많은 피고인이 있었다면 모두 사형을 부과하였을 것이라고 주장하기도 하였다. Cryer, Robert; Friman, Håkan; Robinson, Darryl; Wilmshurst, Elizabeth, 전게서, p. 122.

화에 반한 죄가 기존 국제법의 일부라는 점을 부정하면서 명확한 개념이 존재하지 않는 상태에서 주장되는 침략 개념은 이해관계에 따른 해석 가능성을 열어둔 것이라고 비판하였다. 또한 사실관계에 대하여도 다수의견과는 달리 대체적으로 피고인들의 항변을 받아들여 일본의 행위는 서구열강의 도발에 대한 임시적 대응책이었다거나 중국에서의 공산주의에 대한 공포에 대한 대응으로 설명된다고 주장하였다. 그는 재판절차도 전반적으로 불공정하였으며 기소 국가들 스스로가 식민지에서 행한 행위들과 히로시마와 나가사키에 대한 핵무기의 사용 등을 근거로 피고인들에 대한 기소가 위선적이라고 비판하면서 전쟁범죄를 포함한 모든 피고인들의 범죄에 대하여 무죄를 주장하였다.[220] 이러한 Pal 판사의 의견은 필리핀 출신 Jaranilla 판사의 별개의견에서 다시 비판되었다. 그는 Pal 판사가 동경 헌장에 따른 판사의 지명을 수락하였으므로 동경 헌장의 조항들을 법으로 받아들였어야 한다고 주장하였다. 그리고 재판절차는 공정하였으며 핵무기의 사용 역시 전쟁의 종결을 가져올 수 있었으므로 정당화된다고 주장하였다.[221]

3. 재판에 대한 평가

(1) 처벌대상 범죄의 제한성

동경재판에서의 범죄자 기소와 사후 집행과정 등은 많은 한계를 내포하고 있는 것으로 보인다. 가장 먼저 지적할 수 있는 것은 기소 대상 범죄가 매우 제한되었다는 것이다. 일본이 자국의 증거 문서들을 소각하여 관련 증거를 확보하는데 어려움이 있었을 뿐 아니라[222] 앞서 본 바와 같이 평화에 관한 죄와 관련된 범죄자만을 중대 전쟁범죄자로 보아 처벌 대상으로 삼는 제한적 구조를 가지고 있었다.[223] 또한 정치적인 이유에서 일본 천황에 대한 기소는 이루어지지 않았으며[224] 천황에 대한 면책성의 부여가 일본의 전후 안정에 필수적이라는 이유에서 기소 당국이나 변호인 측 모두 천황에 대한 언급 자체를 회피하였다.[225] 특히 일본이 저지른 참혹한 생체실험 등을 처벌할 수 있는 인도에 반한 죄가 동경 헌장 제5조 (c)에 포함되어 있었으며 실제 생체실험을 관장한 혐의를 받고 있던 731부대 사령관 이시이 시로(石井四郎)에 대한 조사가 진행된 바 있었다.[226] 그러나 미국은 인간 생체실험의 결과를 수령하는 대가로 731부대 구성원들의 사면을

220) Cryer, Robert; Friman, Håkan; Robinson, Darryl; Wilmshurst, Elizabeth, 전게서, p. 123.
221) Jaranilla 판사는 이른바 '바탄죽음의 행진(Bataan Death march)'의 피해자였었기 때문에 편향된 시각을 가질 수 있다는 점에서 판사 임명에 대한 논란이 발생하였다. Cryer, Robert; Friman, Håkan; Robinson, Darryl; Wilmshurst, Elizabeth, 전게서, p. 123.
222) Cryer, Robert; Friman, Håkan; Robinson, Darryl; Wilmshurst, Elizabeth, 전게서, p. 328.
223) 동경 헌장 제5조.
224) Werle, Gerhard; Jeßberger, Florian, 전게서, p. 10.
225) Bix, Herbert P., Hirohito And The Making Of Modern Japan. HarperCollins. Kindle Edition. 15장 참조; Cryer, Robert; Friman, Håkan; Robinson, Darryl; Wilmshurst, Elizabeth, 전게서, p. 126; 일본 천황뿐만 아니라 그 부인인 Asaka의 처벌에 대하여도 함께 언급하고 있는 것으로는 Farhad Malekian, 전게서, p. 134 참조.
226) 이시이 시로(石井四郎)에 대한 Col Smirnov 조사관의 1947년 1월 15일자 조사 자료는 http://imtfe.law.virginia.

약속하고 일본의 생화학부대인 731부대의 인간생체실험 사건을 동경재판에서 배제시켰다.[227] 나아가 동경재판에서 중국과 한반도 내에서 일본군이 저지른 범죄에 대하여는 아무런 조사나 기소가 진행되지 않았음도 비판의 대상이 되고 있다.[228]

(2) 감형 및 석방 정책

동경재판의 민주적 정당성은 많은 국가의 대표들이 함께 참여하였다는 점에서 찾을 수 있을 것이나 연합국 총 사령관 맥아더가 판사들의 임명 권한을 가지고 있었을 뿐 아니라 판결의 집행에 있어서도 전면적 권한을 가지고 있어 정치적 영향력을 강하게 받을 수 있는 체제였다. 실제로 동경재판 이후 정치적 협상이 이루어져 1950년 형벌을 선고받은 피고인들에 대한 감형이 이루어졌다.[229] 특히 이후 전개된 냉전 상황에 대한 고려가 작용하여 투옥되었던 사람들은 1955년까지 모두 석방되었다.[230] 이러한 감형 및 석방정책은 정치적 의사결정에 의해 좌우된 제한된 기소와 함께 당초 예정되었던 형사사법 체제가 제대로 작동하지 못하였다는 비판에 상당한 근거를 제공하는 것이다.[231]

(3) 동경재판에 대한 비판과 과제

침략범죄에 대한 소급입법 논란 등 동경재판에서 제기된 법적 측면에서의 이의는 뉘른베르크 재판과 유사한 것으로 뉘른베르크 판결과 당시 전개되었던 이론적 근거에 따라 받아들여지지 않았다.[232] 그리고 이러한 동경재판의 결과는 샌프란시스코 강화조약 제11조에서 일본 정부에 의하여 또다시 명시적으로 수용되었다.[233] 그러나 '승자의 정의(Victor's Justice)'라는 주장 속에 요약되어 있는 비판적 관점은 여전히 존재하고 있으며 이는 상당 부분 뉘른베르크 재판에 대한 비판과 그 궤적을 같이 하는 것으로 보인다. 그러나 한편으로는 이미 우리나라를 포함한 외국에 대한 식민지화를 추구하였던 일본의 침략적 행동이 객관적으로 존재하였음에도 재판과정에서 이를 도외시하려는 움직임도 있었다. 앞서 본 바와 같이 동경재판의 변호인이 일본의 행동을 서구 제국주의로부터 아시아를 해방시키기 위한 것이었다고 주장하는 것을 부당하게 전면적으로 수용하고 이를 전제로 다수의견을 비판한 인도 출신 Pal 판사의 경도된 시각이 재판과정에서 나타난 것이다.

---

edu/ 참조.
227) Cryer, Robert; Friman, Håkan; Robinson, Darryl; Wilmshurst, Elizabeth, 전게서, pp. 123-124.
228) Farhad Malekian, 전게서, p. 134 참조.
229) Farhad Malekian, 전게서, p. 63.
230) Cryer, Robert; Friman, Håkan; Robinson, Darryl; Wilmshurst, Elizabeth, 전게서, p. 126.
231) Farhad Malekian, 전게서, p. 134.
232) Werle, Gerhard; Jeßberger, Florian, 전게서, p. 11.
233) 샌프란시스코 강화조약(1951년) 제11조.

이와 같은 동경재판에 대한 엇갈린 평가와 논란은 동경재판의 성립과 진행 전반을 둘러싸고 존재하였던 매우 다양하고 복합적인 배경 하에서 복잡하게 지속되어 왔다. 앞서 본 바와 같이 동경재판의 기본 체제를 만들고 구체적 처벌대상을 정하는 과정 뿐 아니라 형벌을 집행함에 있어서도 다양한 정치적 고려가 작용하였으며 동경재판에 막강한 영향력을 행사하던 미국이 히로시마와 나가사키에 대하여 핵무기를 사용하였다는 사실, 이후 전개된 냉전체제, 한반도에서의 6·25 전쟁 등이 모두 함께 복합적 영향을 미친 것으로 보인다.

그러나 특히 주목하여야 할 점은 동경재판이 범죄성의 논란이 있는 침략범죄를 기반으로 진행됨으로써 참혹한 형태로 범하여진 인도에 반한 죄와 전쟁범죄에 대해 제대로 된 평가와 단죄를 할 수 없는 내재적 한계를 가지고 있었다는 점이다. 특히 731부대의 잔혹행위를 처벌대상에서 의도적으로 배제한 것은 뉘른베르크 재판과 극명한 대조를 이루는 부분이다. 동경재판 과정에서 판사들 대다수는 침략범죄에 대한 논란과는 별개로 포로에 대한 학대 행위 등 전쟁범죄에 대하여는 매우 강경한 입장을 유지하였다는 점에서 당연히 기소되었어야 할 인도에 반한 죄가 기소와 처벌 대상에서 배제된 것이 동경재판에 대한 사후적 평가에 실질적으로 매우 큰 영향을 미치는 결과를 가져온 것으로 보인다. 따라서 동경재판이나 일본의 국제범죄 행위에 대한 진정한 평가는 당시 기소되어 처벌된 범죄뿐만 아니라 731부대를 포함하여 일본이 자행한 잔학행위에 대한 정확한 사실 확인과 이에 대한 법적 평가의 토대 위에서 올바르게 이루어질 수 있을 것이다.[234] 그러나 지금까지 뉘른베르크 재판에 비하여 동경재판에 대한 서방 국가들의 관심은 상대적으로 적었으며[235] 이에 대한 국내외의 체계적 연구는 아직까지 미흡한 상황이다.

특히 동경재판에서는 1910년 일본에 의하여 국권을 침탈당한 우리나라와 관련된 피해에 대하여는 제대로 심리되지 않았다. 연합국 측은 1928년부터 2차 대전기간까지의 범죄로 재판의 대상 범죄를 제한하였으며 그 결과 성노예범죄, 우리나라 노동자에 대한 잔인한 처우 등이 다루어지지 못하는 결과를 가져왔다. 그리고 이후의 국제정치 상황 역시 미국과 소련 모두 한반도 내에서 일본의 범죄를 다룰 정치적 필요성을 느끼지 못하는 방향으로 전개되어 일본의 잔학행위가 인도에 반한 죄 등으로 다루어지지 않게 되는 요인으로 작용하였다.[236]

---

234) 동경 재판과 달리 1949년 당시 소련의 하바로브스크에서는 731부대 책임자 키요시 카와시마에 대한 인도에 반한 죄의 재판이 이루어졌다. 동경재판 이외에 각 지역에서 이루어진 재판에 대하여 상세한 것은 Kerstin von Lingen, War Crimes Trials in the Wake of Decolonization and Cold War in Asia, 1945-1956: Justice in Time of Turmoil (World Histories of Crime, Culture and Violence). Helsinki: Springer International Publishing. Kindle Edition.(2016) 참조.

235) Cryer, Robert; Friman, Håkan; Robinson, Darryl; Wilmshurst, Elizabeth, 전게서, p. 124.

236) 여기에서는 국권을 침탈당한 상태에서 나타날 수 있는 피합병국가 국민의 국제법적 지위에 관한 문제를 함께 지적하고 있다. Kerstin von Lingen, 전게서, 317.

제 4 절 통제위원회 법령 제10호 재판과 태평양 지역 재판

　뉘른베르크 재판과 동경재판에서 적용되었던 국제형사법의 원칙들은 제2차 대전 이후 각국의 국내 법원 및 군사재판소에서 이루어진 재판들에서 재확인되고 더욱 상세하게 선언되었다. 앞서 살핀 뉘른베르크 재판 이외에 연합국이 과거 독일 점령지역에서 진행한 재판들은 1945년 12월 20일 연합국 통제위원회에 의해 발령된 통제위원회 법령 제10호(Law No. 10 on the Punishment of Persons Guilty of War Crimes, Crimes Against Peace and Against Humanity, Control Council Law(CCL) No. 10)에 근거를 둔 것이다. 위 법령은 뉘른베르크 원칙을 수용하여 더욱 발전시킨 것으로 4개의 점령 지역에서 이루어진 후속 재판에 대하여 통일된 법적 기반을 제공하였다.[237] 통제위원회 법령 제10호는 뉘른베르크 헌장과 동일하게 전쟁범죄, 인도에 반한 죄와 평화에 반한 죄를 대상으로 규정하고 있으며 인도에 반한 죄에 있어서는 뉘른베르크 헌장과는 달리 전쟁범죄나 평화에 반한 죄와의 연계 요건을 삭제하는 중요한 발전을 이루었다.[238]

　1949년까지 위 법령에 근거한 12개의 주요한 재판이 미군사법원에 의하여 이루어졌다.[239] 여기에는 나치 의사들에 대한 재판, 절멸작전에 참여한 부대에 대한 재판, 독일 고위 지휘관 등에 대한 재판 등이 포함되어 있으며[240] 이러한 재판들은 국제형사법의 발전에 심대한 영향을 미쳐왔다. 영국 점령 지역에서의 재판도 통제위원회 법령의 해석과 국제형사법의 발전에 기여하는 것이었으며 프랑스와 소련이 점령한 지역에서도 별도의 재판이 이루어졌다.[241]

　태평양 지역에서도 영국, 미국, 호주, 중국, 필리핀 등에 의하여 많은 재판들이 이루어졌으며 이러한 재판들은 국내법에 규정된 전쟁범죄 조항에 기초한 경우가 많았다.[242] 중국의 침략에 앞

---

237) 위 법령 제3조에 따라 영국, 프랑스, 소련 점령 지역의 독일 법원에도 재판권이 부여됨으로써 위 법령은 독일 법원에 의하여도 적용될 수 있었다.(Werle, Gerhard; Jeßberger, Florian, 전게서, p. 12) 그러나 이후 독일 연방 대법원은 통제위원회 법령의 적용을 거부하고 국내법을 적용하기도 하였다.(Ambos, Kai, 전게서 I, p. 8)
238) 통제위원회 법령 제10호 제2조 제1항 (c); Werle, Gerhard; Jeßberger, Florian, 전게서, p. 12.
239) M. Lippman, "The Other Nuremberg: American Prosecution of Nazi War Criminals in Occupied Germany", Indiana International and Comparative Law Review(1992), p. 1.
240) 이른바 'Medical Trial' (Brandt et al.), 'Justice Trial' (Altstötter et al.), 'IG Farben Trial' (Krauch et al.), 'Hostages Trial' (List et al.), 'Einsatzgruppen Trial' (Ohlendorf et al.), 'Ministries Trial' (von Weizsäcker et al.), 'High Command Trial' (von Leeb et al.), RuSHA(Greifelt et al.) 사건, Pohl et al. 사건, Flick et al. 사건, Krupp et al. 사건 등.
241) 이러한 재판에서도 정도의 차이는 있으나 뉘른베르크 판결이 지침으로 활용되었다. Cryer, Robert; Friman, Håkan; Robinson, Darryl; Wilmshurst, Elizabeth, 전게서, p. 125.
242) 영국 점령의 홍콩에서의 재판에 대한 것은 Suzannah Linton, "Rediscovering the War Crimes Trials in Hong Kong, 1946-48" Melbourne Journal of International Law(2012); 기타 이에 대한 상세한 논의는 Mark Sweeney, "The Canadian War Crimes Liaison Detachment - Far East and the Prosecution of Japanese "Minor" War Crimes", PHD Thesis University of Waterloo(2013); 영국 점령지역의 경우 Royal Warrant에 근거하여 진행되었다. Cryer, Robert; Friman, Håkan; Robinson, Darryl; Wilmshurst, Elizabeth, 전게서, p. 125.

장선 타카시 사카이에 대한 재판[243], 상급자책임 이론을 탄생시킨 야마시타 재판과 연합국 판사들의 혼합 재판부에서 실시된 토요타 해군제독에 대한 재판이 대표적인 것으로 거론된다.[244] 이와 같은 형태로 수천 건의 재판이 이루어졌으나 유럽에서 진행된 재판과 비교할 때 구체적 내용이 잘 알려져 있지 않다. 일부 중요한 재판들이 유엔전쟁범죄위원회에 의하여 간행되었으나 각국 국내에서 이루어진 재판들은 제대로 정리되어 문서화되어 있지 않은 상황이다.[245]

제5절 舊유고 국제형사재판소(International Criminal Tribunal for the Former Yugoslavia, ICTY)

1. 재판소의 성립

舊유고 국제형사재판소는 1991년 이후 舊유고연방공화국 특히 보스니아-헤르체고비나에서 발생한 대량학살, 감금, 강간 등 이른바 인종청소(ethnic cleansing)라는 명목으로 자행된 국제인도법 위반행위를 처벌하기 위하여 설립된 임시적 성격의 국제 형사재판소이다.[246]

1990년대 초반까지는 뉘른베르크 재판소와 동경 재판소를 잇는 국제형사법원이 등장하지 않았다. 그러나 1990년대 있었던 유고슬라비아 붕괴과정에서의 충돌과 1994년의 르완다 사태는 국제적 차원의 형사재판소를 설립할 필요성에 대한 인식을 유엔에서 다시 되살리는 계기가 되었다.

1991년 6월 슬로베니아와 크로아티아가 구유고슬라비아 연방으로부터 독립한 것을 기점으로 이 지역 민족들의 분리·독립운동이 촉발되었다. 국제사회가 슬로베니아, 크로아티아, 보스니아 등의 분리 독립을 승인하였으나 이들 각 국가에 퍼져 있던 세르비아계 민족은 각국 내에서 세르비아계 민족국가 수립을 위한 무장 활동을 개시하였으며 이로 인하여 유고슬라비아 내전이 발발하는 등 다수의 무력충돌이 이어졌다. 내전 발발 이후 세르비아계는 인종청소라는 명목으로 비세르비아계 민족을 상대로 대규모의 집단학살, 성폭력 등 국제범죄를 자행하였으며 보스니아에 위치한 수용소는 홀로코스트의 아픈 기억을 떠올리게 하는 것이었다. 내전이 심화되어 감에 따라 국제사회의 관심은 더욱 증폭되었으며 1991년 9월 유엔 안전보장이사회는 유고사태가 국제평화와 안전을 위협한다는 결의 제713호를 선언하고 다시금 1992년 결의 제780호를 통하여 유고슬라비아에서의 국제범죄 혐의를 조사하는 위원회를 설치하도록 하였다. 위원회가 재정적 지원을 받지 못하는 상황에서 최초의 의장인 Frits Kalshoven이 사임하고 M. Cherif Bassiouni가 새로운 의장으로 취임하여 재정적 지원을 얻을 수 있었으며 유고슬라비아에서의 증거수집 작업도 진

---

243) 그는 1946년 난징에서 중국 전쟁범죄위원회에 의하여 사형선고를 받았다. Ambos, Kai, 전게서 I, p. 7.

244) Cryer, Robert; Friman, Håkan; Robinson, Darryl; Wilmshurst, Elizabeth, 전게서, p. 125; 기타 다른 국가들에서 이루어진 재판에 대하여 상세한 것은 Ambos, Kai, 전게서 I, p. 7.

245) 전쟁범죄위원회는 89개의 재판에 대한 기록을 문서화하여 'Law Reports of Trials of War Criminals'라는 형태로 간행하였다.

246) 정식명칭은 'International Tribunal for the Prosecution of Persons Responsible for Serious Violations of International Humanitarian Law Committed in the Territory of the Former Yugoslavia since 1991'이다.

행되어 그 결과는 1994년 보고되었다.[247] 이와 별도로 1993년 2월 22일 유엔안전보장이사회는 결의 제808호로 유고슬라비아 내전 시에 자행된 국제인도법의 중대한 위반행위를 처벌하기 위한 국제재판소를 설립한다는 원칙을 선언하였으며 1993년 5월 3일 유엔 사무총장이 안전보장이사회의 결의를 통하여 재판소를 설립할 것을 권고하는 보고서를 제출하였다.[248] 재판소의 법령 초안이 위 보고서에 첨부되어 있었는데 뉘른베르크 헌장의 모델을 따르는 측면도 있었으나 보다 능률적인 체제와 강제적 협력시스템이 도입되었다. 일부 국가들과 학자들은 안전보장이사회가 이러한 형태의 재판소를 설립할 수 있는가에 대한 의문을 표명하였으나 안전보장이사회는 1993년 5월 25일 결의 제827호를 통하여 보고서에 첨부된 법령 초안을 채택하고 구유고 국제형사재판소(ICTY)를 설립하였다.[249] 위 결의 제827호는 ICTY의 설립 목적으로 '유고슬라비아의 상황에서 발생하는 범죄를 종식시킬 수 있고 그러한 범죄에 대하여 책임이 있는 사람들을 법의 심판대에 세울 수 있는 효율적 조치'를 취하고 '세계평화의 회복과 유지에 기여'하려는 것임을 명시하고 있으며 이를 통하여 '위반행위 중단과 효율적 교정을 보장'하려 한다고 선언하고 있다.[250]

이와 같이 설립된 ICTY는 이후 다수의 중요 판례들을 축적해 나감으로써 국제관습법의 형성에 기여하였으며 국제형사재판소, 시에라리온 특별재판소, 캄보디아 특별재판소 등 다수의 국제재판소에 대한 중요한 선례를 제공하였다.

2. 재판권의 대상

ICTY 재판권의 대상은 1949년 제네바협약의 중대한 위반과 공통 제3조에 규정된 행위를 포함하여 전쟁에 대한 법과 관습의 위반, 집단살해죄, 인도에 반한 죄 등이다.[251] 재판권의 시간적 범위는 1991년 1월 1일 이후에 발생한 범죄로 제한되었으나 종기(終期)는 정해지지 않았다. 따라서 후속적으로 발생한 코소보와 마세도니아에서의 충돌도 ICTY 재판권의 대상에 포함되게 되었다.[252] 장소적으로는 구 유고슬라비아 사회주의연방공화국의 영토, 영공, 영해를 포함한 모든 영

---

247) Final Report of the Commission of Experts Established Pursuant to Security Council Resolution 780(1992), UN Doc. S/ 1994/ 674 of 27 May 1994.

248) Report of the Secretary-General Pursuant to Paragraph 2 in Security Council Resolution 808(1993), UN Doc.S/ 25704 of 3 May 1993, para. 20; 관련국과의 조약에 의하여 재판소를 설립하는 것에 대한 타당성 조사도 진행되었으나 시간 지연 우려뿐만 아니라 이전 유고슬라비아 지역에 있는 관련 국가들이 해당 조약을 비준할 것이라는 보장이 없다는 이유로 이러한 방식은 채택되지 않았다.

249) 1993년 5월 25일 안전보장이사회결의, S/RES/827(1993).

250) 1993년 5월 25일 안전보장이사회결의, S/RES/827(1993) 서문.

251) ICTY 법령 제2조, 제3조, 제4조, 제5조; 한편 ICTY는 국제적 무력충돌뿐만 아니라 비국제적 무력충돌에 대하여도 재판권을 갖는 것으로 판시하였다. Tadić, ICTY (AC), decision of 2 October 1995, paras. 79-93.

252) 1998년 3월 31일 유엔안전보장이사회 결의 1160, para. 17 참조; 또한 조문의 해석상 위 지역의 평화유지군 관련 사건 재판권도 가지게 되었는데 이는 법령의 초안자들도 예상하지 못한 결과였다. Cryer, Robert; Friman, Håkan; Robinson, Darryl; Wilmshurst, Elizabeth, 전게서, p. 129.

역에서 발생한 범죄에 대하여 재판권을 갖는다.[253] 자연인만을 처벌 대상으로 하며 각종 조직, 정당, 행정기관 등은 처벌 대상에 포함되지 않았다.[254]

각국 국내 법원 역시 병존적 재판권을 가지지만[255] ICTY가 국내 법원에 대하여 우월한 지위를 보유하며 이러한 우월성에 근거하여 ICTY는 절차의 이관을 요청할 수 있다.[256] 절차증거규칙 제9조는 이관 요청 사유를 대상행위가 국제범죄로 기소되지 않은 경우, 절차 진행이 공정하지 않은 경우, 재판소가 진행하는 수사 및 기소 사건의 중대한 문제들과 밀접히 연관되어 있는 경우 등으로 규정하고 있다. 그러나 현재는 ICTY가 그 활동을 종료함에 따라 ICTY에서 진행 중이던 사건을 각국 법원으로 되돌려 보내는 상황으로 변화되었다. ICTY에 의하여 재판받은 자는 국내 법원에 의해 다시 재판받지 아니한다.[257]

3. 재판소의 조직과 구성

ICTY는 네덜란드 헤이그에 소재하며 심판부, 소추부, 사무국 등 3개의 주요 기구로 구성되어 있다. ICTY에는 모두 16명의 상임재판관이 있었다.[258] 1심 재판부는 3개이며 각 재판부는 의장 재판관과 다른 두 사람의 재판관으로 구성되었다. 1심 재판에 대하여는 항소가 가능하며 항소심은 7명으로 구성된 항소심 재판부가 담당하였다.[259] 2000년 후반에 이르러 ICTY 판사, ICTR 판사 각 2명과 항소심 판사 5명 등으로 구성되는 체제로 정비되었다.[260] 소추부 소속 검사는 범죄 혐의와 공소 제기 등에 대한 책임을 부담한다. 사무국은 재판소의 행정적 업무를 책임지며 증인 프로그램, 피고인의 이송 등의 업무를 담당한다.

4. 주요 활동

(1) 재판권 이의에 대한 판결

ICTY는 초기 단계에는 적은 숫자의 직원과 열악한 자금 지원 문제로 어려움을 겪었으며[261]

---

253) ICTY 법령 제1조.
254) ICTY 법령 제6조.
255) ICTY 법령 제9조 제1항.
256) ICTY 법령 제9조 제2항.
257) ICTY 법령 제10조. 다만, 국내법원 재판에 의한 재판이 있었던 경우에는 당해 재판이 1) 일반범죄로 판결된 경우, 2) 국내법원의 소송절차가 공정성, 독립성을 상실한 경우, 국제형사책임으로부터 보호하기 위해 의도되었거나 당해 사건이 성실히 소추되지 아니한 경우에는 ICTY에 의하여 다시 재판을 받을 수 있다.
258) 우리나라의 권오곤 재판관이 2001년 ICTY 재판관으로 선임되어 약 15년간 활동하다가 2016년 3월 카라지치에 대한 판결을 끝으로 퇴임한 바 있다.
259) 항소심 판결의 구속성에 대한 것은 Aleksovski, ICTY (AC), judgment of 24 March 2000, para. 112.
260) 따라서 2명의 ICTY 판사, 2명의 ICTR 판사, 5명의 항소심 전속 판사가 존재하는 형태이다. ICTY 법령 제14조 제4항, ICTR 법령 제13조 제3항 참조.
261) Cryer, Robert; Friman, Håkan; Robinson, Darryl; Wilmshurst, Elizabeth, 전게서, p. 130; Annual Report of the ICTY 1994, UN Doc. S/ 1994/ 1007, paras. 34-36, 143-149.

대상 지역에서 이어지는 무력충돌에 의하여 수사 자체가 제한되는 경우도 있었다. 이러한 교착 상태는 1995년 4월 독일이 자국 내에서 국제범죄로 기소한 보스니아계 세르비아인 Dusko Tadić 에 대한 재판을 ICTY로 이관함으로써 해소되었다.[262]

위 재판과정에서 Tadić은 ICTY의 재판권 자체에 대한 이의를 제기하여 이에 대한 중간 판결 이 1995년 10월 항소심에서 내려졌다. 그는 안전보장이사회가 ICTY와 같은 형태의 재판소를 설 립할 권한을 가지고 있지 않으며 ICTY의 국내재판소에 대한 우월성은 위법한 것이므로 그가 범 하였다고 주장되는 범죄에 대하여 ICTY는 재판권을 갖지 않는다고 주장하였다.[263] 이에 따라 ICTY는 재판소의 설립에 대한 합법성을 다투는 사안에 대하여 스스로 판단할 권한을 갖고 있는 가에 대한 결정을 우선적으로 내려야 했다. 이러한 문제는 실질적으로는 안전보장이사회가 취한 행위에 대한 사법 심사로 이어지는 것으로 오랜 역사를 가지고 있는 국제사법재판소에서도 이러 한 문제에 대한 심사를 본격적으로 진행하는 것을 우려하는 매우 민감한 영역이었다.[264] 이러한 상황에서 ICTY 1심 재판부는 ICTY가 안전보장이사회의 보조기관이며 보조기관은 주된 기관의 행위에 대한 적법성을 판단할 권한을 가지지 않는다고 판단하였다.[265] 그러나 항소심 재판부는 이와 반대로 ICTY는 스스로의 설립 적법성에 대해 판단 권한을 가지고 있다고 결정하였다. 대상 이 되는 형사사건에 대한 재판권을 합법적으로 행사할 수 있는가를 결정하기 위해서는 이러한 판단을 내릴 수 있는 내재적 권한이 존재한다고 본 것이다.[266] 그리고 당시 유고슬라비아에 무력 충돌이 존재하였으므로 안전보장이사회가 유엔헌장 제7장 하에서의 권한을 발동시킬 수 있었음 을 명백한 것으로 보면서 유엔헌장 제41조에 따라 취할 수 있는 안전보장이사회의 조치에 근거 하여 재판소 설립이 가능한 것으로 판단하였다. 비록 유엔헌장 제41조가 명시적으로 재판소 설 립 자체를 규정하고 있지는 않으나 제41조에 규정된 조치들은 열거적인 것이 아니라고 판단하고 재판소 설립이 가능한 것으로 해석하였다. 나아가 안전보장이사회가 사법적 기능을 가지고 있지 않으므로 사법적 기능을 가진 재판소를 창설할 수 없다는 주장은 법리적 근거를 들어 배척하였 다. 또한 안전보장이사회가 인도법 위반에 대한 심각한 경고를 표명한 이후 재판소를 설립하는 결정을 내렸으며 이처럼 국제 평화와 안전을 회복시키는데 도움을 주기 위하여 재판소를 설립한 것이라면 이러한 조치에 대한 안전보장이사회의 믿음이 옳은 것이었는가 여부에 대한 사후적인

---

262) Annual Report of the ICTY 1995, paras. 179-184.

263) Tadić, ICTY (AC), decision of 2 October 1995, para. 8.

264) Cryer, Robert; Friman, Håkan; Robinson, Darryl; Wilmshurst, Elizabeth, 전게서, p. 130; 안전보장이사회 결의 가 존재하는 사안에 대한 국제사법재판소와의 관계에 대한 것은 ICJ, judgment of 14 April 1992 Questions of Interpretation and Application of the 1971 Montreal Convention arising from the Aerial Incident at Lockerbie (Libyan Arab Jamahiriya v. United States of America) 참조.

265) Tadić, ICTY (TC), decision of 10 August 1995, paras. 8, 16.

266) Tadić, ICTY A. Ch., 2 October 1995, paras. 14-25; 이에 대한 평가 및 부수의견 등에 대하여 상세한 것은 Cryer, Robert; Friman, Håkan; Robinson, Darryl; Wilmshurst, Elizabeth, 전게서, p. 131.

평가는 적절하지 않은 것으로 판단하였다.[267] 재판부는 또한 이전 유고슬라비아는 유엔의 회원 국이었으므로 ICTY에 부여된 우월성이 이전 유고슬라비아의 주권이나 피고인의 권리를 침해하 지 않는다고 보았다.[268]

이러한 판결이 내려진 직후인 1995년 말 Dayton 평화협정에 의하여 분쟁상황이 공식적으로 종결되었다. 위 협정에서는 모든 관련 국가들에 대하여 ICTY에 대한 협력 의무를 규정하는 한편 이전 유고슬라비아에 있는 다국적군에게 ICTY에 의하여 기소된 사람을 체포할 수 있는 권한을 부여하고 있다.[269]

(2) 주요 재판의 진행 경과

코소보에서 더욱 심화되던 폭력 사태의 영향으로 안전보장이사회가 ICTY 검사에 대하여 사 건의 현장 조사를 요구하는 상황까지 발생하였다.[270] 1999년 5월 ICTY는 전 유고슬라비아 대통 령 Slobodan Milosevic를 코소보에서의 범죄혐의로 기소하였으나 그는 1심 판결 이전에 심장마 비로 사망하여 가장 중요한 재판절차가 종결되었다.[271] 한편 1999년 ICTY 검사는 많은 단체들과 여러 사람들로부터 NATO가 코소보에서 벌인 공중 군사작전에 관한 전쟁범죄 혐의를 조사하여 줄 것을 요청받게 되었다. 이러한 요구에 대응하여 구성된 자문위원회에서 당시까지 제출된 증 거에 대한 예비적 평가, 전면적 수사 개시의 타당성 여부 등을 검토하였는데 2000년 6월 자문위 원회는 수사에 착수하지 않도록 권고함으로써 많은 논란을 불러일으키기도 하였다.[272]

ICTY는 2016년 6월 현재까지 106명에 대한 61건을 종결 처리하는 등 수많은 사건을 취급하 였으며 신속한 업무 종결을 위하여 다양한 완결 전략(completion strategy)을 추진하였다. 여기에는 전담판사제, 항소심의 확대 등이 포함되었으며 수사 대상을 고위급 범죄자에 집중하고 하위 범 죄자들은 각국 국내 법원에서 처리되도록 하는 방식도 채택되었다. 안전보장이사회 역시 2003년 결의 제1534호를 통하여 최고위 지도자의 범죄에 초점을 맞추도록 요구하였다. ICTY절차 증거규 칙 11bis 개정을 통하여 ICTY로부터 국내 법원으로의 사건 이첩도 허용되어 2005년부터 국내 법 원 특히 보스니아와 크로아티아로 관련 사건들이 이첩되었다.[273]

---

267) Tadić, ICTY (AC), decision of 2 October 1995, para. 39.
268) Tadić, ICTY (AC), decision of 2 October 1995, paras. 55-60, 61-64.
269) Cryer, Robert; Friman, Håkan; Robinson, Darryl; Wilmshurst, Elizabeth, 전게서, p. 132; 다국적군에 부여된 체포권한의 법적 근거에 대한 논의는 Paolu Gaeta, "Is NATO Authorized or Obliged to Arrest Persons Indicted by the International Criminal Tribunal for Former Yugoslavia?", European Journal of International Law(1998), p. 174.
270) 1998년 3월 31일 안전보장이사회 결의 1160. para. 17; Annual Report of the ICTY 1998, para. 118.
271) Milošević et al., ICTY Indictment, 24 May 1999; Milošević, ICTY (TC), decision of 8 November 2001, paras. 26-53.
272) 이에 대하여 상세한 것은 Cryer, Robert; Friman, Håkan; Robinson, Darryl; Wilmshurst, Elizabeth, 전게서, p. 133.
273) 상세한 것은 Cryer, Robert; Friman, Håkan; Robinson, Darryl; Wilmshurst, Elizabeth, 전게서, p. 133 et seq.

5. 잔여이행절차(Residual Mechanism)

2010년 안전보장이사회는 ICTY와 ICTR의 업무를 종료하고 남은 업무를 인계받아 처리하도록 하는 이른바 잔여이행절차에 합의하였다.[274] 이행에 관한 규칙에서는 ICTY가 잔여이행절차의 활동 개시 12개월 이전에 체포된 모든 혐의자들에 대한 기소를 완료하도록 하고 있으며 최후로 체포되어 기소된 Ratko Mladić 와 Goran Hadžić에 대한 재판은 잔여이행처리기구에 의하여 이루어지고 있다. 잔여이행처리기구는 새로운 기소를 하지 않으며 항소 절차, 재심, 형의 집행 감독, 사면의 결정 등 ICTY의 남은 잔여 임무들을 수행하게 된다.[275]

6. 평가

ICTY는 국제범죄에 대한 면책성을 상당한 범위에서 소멸시켜 책임의 문화를 촉진시켰으며 참혹한 범죄의 존재를 확인하여 피해자에 대한 정의를 실현시켰다. 그리고 이러한 과정을 통하여 국제법의 발전과 법의 지배를 강화시키는 임무를 어느 정도 완성한 것으로 평가되고 있다. 특히 ICTY는 분쟁의 일방 당사가가 완전히 패배한 상황이 아닌 경우에도 국제범죄에 대한 국제적 기소가 가능하다는 것을 보여 주었으며 ICTR에 대하여는 직접적 선례를 제공하고 국제형사재판소에 대하여도 간접적 영향을 미쳤다.[276]

특히 ICTY는 국제형사법 영역에서의 규범 정립에 큰 영향을 끼쳤다. 대다수의 판결들은 사리에 맞는 합당한 것으로 평가받았으며 관련 국가들로부터도 특별한 비난을 받지 않았다.[277] 다만 일련의 무죄 판결에 대하여는 논란이 제기된 바 있는데 2012년 11월 Croatian generals Ante Gotovina와 Mladen Markač에 대한 항소심에서의 무죄판결이 주된 비난의 대상이 되었다.[278] 그 밖에 충돌 당사자의 일방에 편향되었다는 비판, 고비용 저효율 구조, 사건의 처리 지연, 재판소

참조; ICTY에는 2017년 4월 현재 1명에 대한 1개 사건이 1심, 8명에 대한 3개의 사건이 항소심에 계속 중이며 13명의 피고인에 대한 7건은 관련 국가로 이송되었다. http://www.icty.org/en/action/cases/4 2017. 4. 24. 접근.

274) 2010년 12월 22일 안전보장이사회 결의 UN Doc. S/ RES/ 1966 (2010).

275) Werle, Gerhard; Jeßberger, Florian, 전게서, p. 118.

276) Cryer, Robert; Friman, Håkan; Robinson, Darryl; Wilmshurst, Elizabeth, 전게서, p. 136.

277) Cryer, Robert; Friman, Håkan; Robinson, Darryl; Wilmshurst, Elizabeth, 전게서, p. 137.

278) 위 판결은 1300페이지라는 장문의 판결문을 통하여 만장일치로 이루어진 1심 유죄판결을 56페이지에 불과한 만장일치가 아닌 판결로 번복시킨 것이다. 위 판결 당시 매우 강한 반대의견이 개진되었으며 학계로부터도 많은 비판을 받았다고 한다.〔J.N. Clark, "Courting Controversy: The ICTY's Acquittal of Croatian Generals Gotovina and Markač", 11 Journal of International Criminal Justice(2013) 참조〕 그 밖에 ICTY 항소심은 2013년 5월 Momčilo Perišić 사건, Jovica Stanišić과 Franko Simatović 사건 등에서 방조의 범위를 매우 좁게 해석하여 무죄를 선고함으로써 이전 유고슬라비아뿐만 아니라 ICTY 내부에서도 논란이 있었다고 한다. Šešelj 사건 재판에서는 절차에서 배제된 Frederik Harhoff 판사와 관련된 정치적 간섭 논란이 존재하였다. 상세한 것은 Werle, Gerhard; Jeßberger, Florian, 전게서, p. 118.

가 범죄지인 유고슬라비아로부터 너무 멀리 떨어져 있다는 것 등에 대한 논란도 있었다.[279]

제 6 절　르완다 국제형사재판소(International Criminal Tribunal for Rwanda, ICTR)

1. 재판소의 성립

르완다 국제형사재판소는 르완다와 르완다 주변국가에서 자행된 심각한 국제범죄에 대하여 책임 있는 자를 처벌하기 위하여 설립된 임시재판소이다.[280] ICTR도 ICTY와 같이 유엔헌장 제7장에 근거한 안전보장이사회의 권한을 기반으로 설립된 국제재판소로서 한시적 성격을 가진 임시재판소이다. ICTR이 설립되기까지 르완다 사태는 아래와 같이 매우 복잡하면서도 참혹한 양상으로 전개되었다.[281]

1994년 르완다는 7백만 인구 중 후투족이 약 85퍼센트, 투치족이 약 14퍼센트, 기타 민족이 약 1퍼센트를 차지하고 있었다. 식민시대 이전에는 투치족이 일반적으로 보다 높은 사회적 지위를 차지하였으며 후투족의 지위는 상대적으로 낮았다. 이들 두 종족 사이에서는 사회적 이동이 가능하여 원래 후투족이었으나 많은 재산을 가지게 된 사람은 투치족으로 합류할 수 있으며 가난해진 투치족은 후투족으로 간주되었다. 제1차 대전 기간 중 르완다에 대한 독일 제국주의의 통제력은 사라졌으나 르완다는 새로이 벨기에의 관리 하에 들어가게 되었다. 그러나 1950년대 후반의 탈식민화 조류와 함께 다수결 원칙을 주장하는 후투족 다수파와 민주화에 저항하면서 기존 특권을 유지하려는 투치족 사이에 긴장이 고조되었으며 1959년 11월에는 폭력사태가 시작되어 종족간 갈등은 더욱 격화되어 갔다. 르완다가 종국적으로 독립을 쟁취한 1962년 이후부터 후투족에게로 권력이 점진적으로 이양되자 수십만의 투치족이 이웃나라로 도피하였으나 도피한 투치족들이 후투족이 이끄는 르완다 정부를 상대로 조직화된 공격을 감행하는 악순환이 지속되어 1980년대 말까지 약 48만 명의 르완다 난민이 발생하였다.

1988년 투치족이 주도하는 르완다 애국전선(Rwandan Patriotic Front, RPF)이 우간다의 Kampala 에서 설립되었으며 1990년 10월 1일 7천 명의 군대를 동원하여 르완다에 대한 공격을 감행하였다. 위 사건이 발생하자 르완다 내에 있는 모든 투치족은 르완다 애국전선의 공범으로 간주되었으며 이들을 감싸는 후투족도 반역자로 낙인찍히게 되었다. 이러한 과정에서 라디오를 중심으로 한 미디어는 민족 문제를 악화시키는 근거 없는 루머를 확장시켰다. 1993년 8월 국제연합, 아프

---

279) Cryer, Robert; Friman, Håkan; Robinson, Darryl; Wilmshurst, Elizabeth, 전게서, p. 137.

280) 정식 명칭은 International Criminal Tribunal for the Prosecution of Persons Responsible for Genocide and Other Serious Violations of International Humanitarian Law Committed in the Territory of Rwanda and Rwandan Citizens responsible for genocide and other such violations committed in the territory of neighbouring States, between 1 January 1994 and 31 December 1994이다.

281) Alison Des Forges, 'Leave None to Tell the Story' Genocide in Rwanda. New York, Human Rights Watch (1999) 참조.

리카 통일기구(Organisation of African Unity, OAU), 탄자니아 등의 중재로 내전 종식을 위한 아루샤 평화협정이 체결되어 잠시 평화를 찾는 듯한 모습을 보이기도 하였으며 1993년 10월 안전보장이사회가 르완다 평화유지군(United Nations Assistance Mission for Rwanda, UNAMIR)을 창설하기도 하였다.

그러나 1994년 3월 6일 르완다 대통령이 탑승한 비행기가 키갈리에서 격추되어 탑승자 전원이 사망하는 사고가 발생하였다. 이 사건을 계기로 르완다 애국전선과 르완다 정부 사이의 나약한 평화체제는 파괴되었으며 이후 약 100일간 상상하기조차 어려운 피비린내 나는 폭력이 국가 전체를 휘감았다. 격렬하고 구조적인 집단살해가 발생하였으며 약 15만 명에서 25만 명에 달하는 여성들이 강간을 당하고 Agathe Uwilingiyimana 수상을 포함한 온건파 후투족 지도자들도 참혹하게 살해되었다. 이후 밝혀진 바에 의하면 후투족 극단주의자들은 평화 회담을 진행하면서 사실은 투치족과 온건파 후투족을 절멸시키려는 계획을 준비하고 있었던 것이다. 이처럼 집단살해죄, 인도에 반한 죄, 전쟁범죄가 투치족 민간인과 온건파 후투족을 상대로 경악스러운 수준으로 자행되었으며 범죄자는 주로 군인, 경찰관, 정치인 등이었으나 일반 민간인도 범죄에 가담하였다. 약 80만 명에서 100만 명 정도의 남자, 여자, 아이들이 후투족 극단주의자들에 의하여 살해된 것으로 추정되며 이러한 숫자는 나치 홀로코스트가 최고조로 달한 시기와 비교하여도 4배에 이르는 것이었다. 그러나 국제사회의 미온적 대응이 이어지는 등 이러한 혼란 상황은 르완다 애국전선이 르완다 전체의 군사통제권을 되찾는 1994년 7월까지 계속되었다.

이러한 참상을 목도한 국제사회는 국제재판소를 설립하여 르완다의 대량학살사태에 대한 책임자를 처벌하라고 요구하기에 이르렀다. 1994년 7월 1일 안전보장이사회는 결의 제935호로 르완다 국제형사재판소 설치를 위한 전문가위원회를 구성하도록 결정하였으며 1994년 11월 8일 결의 제955호로 ICTR의 설립이 결정되었다. 그리고 1995년 2월 22일 안전보장이사회 결의 제977호에서 ICTR을 탄자니아공화국 아루샤에 설치하기로 결정하고 1996년 9월 24일 국제연합과 탄자니아공화국 사이에 르완다 국제형사재판소 설립에 관한 협정이 체결되었다.

한편 르완다 내에 존재하였던 사법 자원 대부분이 파괴되어 이들 범죄에 대한 국내 재판은 1996년에야 시작될 수 있었다. 2000년 약 10만 명에 이르는 집단살해죄 혐의자들이 재판을 기다리고 있었으며 2001년 르완다 정부는 엄청나게 많은 숫자의 사건을 처리하기 위하여 전통 사법체제인 가차차(Gacaca) 법원을 도입하게 되었다.

2. 재판권의 대상

ICTR의 재판권 대상 범죄는 집단살해죄, 인도에 반한 죄, 제네바 협약의 공통 제3조와 추가의정서 II 위반으로서 비국제적 무력충돌에서 범하여진 전쟁범죄 등이다.[282] 시간적으로는 1994

---

282) ICTR 법령 제2조, ICTR 법령 제3조, ICTR 법령 제4조. ICTR 법령은 인도에 반한 죄의 모든 행위에 있어서

년 1월 1일부터 1994년 12월 31일까지 발생한 범죄가 재판권 대상이며 장소적으로는 르완다에서 범하여지거나 혹은 르완다 국민에 의하여 르완다 인접 국가에서 범하여진 범죄가 대상이 된다.[283] ICTR은 ICTY와 동일하게 자연인만을 처벌 대상으로 삼고 있다.[284]

각국 국내 법원 역시 병존적 재판권을 가지지만[285] ICTR이 국내 법원에 대하여 우월한 지위를 보유하며 국내 재판소에 계류 중인 사건의 이관을 요청할 수 있다.[286] ICTR에 의하여 재판을 받은 자는 원칙적으로 국내 법원에 의해 다시 재판받지 아니한다.[287]

3. 재판소의 조직과 구성

ICTR은 탄자니아의 아루샤에서 설립되었다. 심판부, 소추부, 사무국 등 3개의 주요 기구로 구성되어 있으며 세 개의 재판부를 운영하는 등 ICTY와 매우 유사한 구조를 가지고 있다.[288] ICTY와의 일관성 있는 판례를 유지하기 위해 ICTY와 항소심을 공유하였으며 항소심은 헤이그에 위치하였다.[289] 설립 초기에는 ICTY 출신 판사들만으로 항소심이 구성되었으나 2000년 후반 두 명의 ICTR 판사가 임명되었다.[290] 검사까지도 ICTY와 공유하는 체제였다가 신속을 도모하는 종결전략의 일환으로 2003년 별도의 검사가 임명되어 비로소 업무가 분할되었다.[291]

4. 주요활동

ICTR은 1995년 5월 활동을 시작하였으며 최초의 혐의자가 1996년 5월에 송환되어 1997년 1월 첫 사건에 대한 심리가 개시되었다.

최초로 집단살해죄에 대하여 유죄판결이 선고된 Jean Paul Akayesu 사건[292]과 이전 르완다 수상인 Jean Kambanda 사건[293] 등이 ICTR에서의 중요 사건으로 평가된다. ICTR은 1998년 9월 Akayesu 사건에서 국제형사법원으로는 처음으로 집단살해죄에 대하여 유죄판결을 선고하였으며

차별성 요건을 요구하고 있다.
283) ICTR 법령 제7조.
284) ICTR 법령 제5조.
285) ICTR 법령 제8조 제1항.
286) ICTR 법령 제8조 제2항.
287) ICTR 법령 제9조 다만, 국내법원 재판의 경우에는 당해 재판이 1) 일반범죄로 판결된 경우, 2) 국내법원의 소송절차가 공정성, 독립성을 상실한 경우, 국제형사책임으로부터 보호하기 위해 의도되었거나 당해 사건이 성실히 소추되지 아니한 경우에는 ICTR에 의하여 다시 재판을 받을 수 있다고 한다.
288) 2004년 10월부터 우리나라의 박선기 재판관이 ICTR 재판관으로 활동한 바 있으며 현재는 뒤에서 살피는 잔여업무처리기구(MITC) 재판관으로 활동 중에 있다.
289) ICTR 법령 제12조 제2항.
290) 따라서 2명의 ICTY 판사, 2명의 ICTR 판사, 5명의 항소심 전속 판사가 존재하는 형태이다. ICTY 법령 제14조 제4항, ICTR 법령 제13조 제3항 참조
291) Werle, Gerhard; Jeßberger, Florian, 전게서, p. 17.; 舊ICTR 법령 제15조 제3항 참조.
292) Akayesu, ICTR (TC), judgment of 2 September 1998.
293) Kambanda, ICTR (TC), judgment of 4 September 1998; Kambanda, ICTR (AC), judgment of 19 October 2000.

특히 성범죄가 집단살해죄의 행위에 해당할 수 있다고 판시하였다. 1998년 5월 Jean Kambanda 사건에서는 집단살해죄 혐의에 대한 피고인의 유죄답변이 있었으며 이후 집단살해죄와 인도에 반한 죄로 종신형에 처해졌다. 모두 6명이 관련된 Butare 사건은 약 10년 동안 714회의 공판기일을 거쳐 판결이 선고되었으며[294] 일부 사건의 재판 과정에서 ICTR과 르완다와의 관계가 매우 악화되는 사태가 발생하기도 하였다.[295]

ICTR은 2017년 4월 현재 모두 71개의 사건에서 93명의 피고인이 기소되어 83명에 대한 사건이 ICTR에서 종결되었다. ICTR은 르완다 내에서 이루어지는 재판의 공정성과 구금의 적법성 기준에 대하여 비판적 입장을 가지고 있었으나 종결전략의 일환으로 2011년과 2012년 프랑스 법원으로 2건, 르완다 법원으로 3건을 이관했다.[296]

5. 잔여 이행 절차(Residual Mechanism)

2010년 안전보장이사회는 ICTY와 ICTR의 업무를 종료하고 남은 업무를 인계받아 처리하도록 하는 이른바 잔여이행절차에 합의하였다.[297] ICTR의 잔여이행절차를 수행하는 잔여이행처리기구는 2012년 7월 1일 업무를 개시하여 완결된 사건의 증인 보호, 형 집행 감독, 이관된 사건의 감시, 2012년 7월 1일 이후 제기된 항소사건 처리 등의 업무를 수행하고 있다. 도주 중인 최고위급 3명에 대한 사건이 아직 이관되지 않은 채 남아 있으며 이들이 검거될 경우 잔여이행절차에 따라 심리될 예정이다.[298]

---

294) Nyiramasuhuko et al.(Butare), ICTR (TC), judgment of 24 June 2011; Werle, Gerhard; Jeßberger, Florian, 전게서, p. 119.

295) 이러한 관계악화는 Jean-Bosco Barayagwiza에 대한 재판 전 구금 관련 항소심 판결이 원인이 되었다. 그는 언론매체를 통하여 집단살해를 옹호한 사람 중의 하나였는데 재판소는 재판전 불법 구금으로 인권이 침해되었으므로 재판소의 내재적 권한에 따라 재판권이 부인되어야 한다고 판시하였다.(Barayagwiza, ICTR (AC), judgement of 3 November 1999. 참조) 이러한 판결에 대하여 르완다 측은 격분하여 ICTR과의 협력을 중단하였다. 이후 항소심 재판부는 판결의 재검토를 통하여 검사에 대하여 보다 확장된 사실을 추가로 제출하도록 한 후 재판권 행사를 계속할 것이라고 다시 판시하였으며 다만 이후 유죄판결이 선고된다면 재판 이전단계의 고통을 고려하여 형이 감경되어야 한다고 설시하였다.(Barayagwiza, ICTR (AC), judgement of 31 March 2000) 그리고 실제 종국 판결에서 그는 다른 공범들이 종신형에 처해진 것과 달리 35년형에 처해졌다.(Nahimana, Barayagwiza and Ngeze, ICTR (TC), judgement of 3 December 2003, paras. 1106-7); Cryer, Robert; Friman, Håkan; Robinson, Darryl; Wilmshurst, Elizabeth, 전게서, p. 141.

296) 8명은 도주 중에 있다. http://unictr.unmict.org/en/cases 2017. 4. 25. 접근.

297) UN Doc. S/ RES/ 1966 (2010).

298) Werle, Gerhard; Jeßberger, Florian, 전게서, p. 120; 이들에 대하여는 잔여이행처리절차를 통하여 새로운 체포영장이 발부되었다. Cryer, Robert; Friman, Håkan; Robinson, Darryl; Wilmshurst, Elizabeth, 전게서, p. 142.

6. 평가

초기 단계에는 ICTR의 활동에 대한 적지 않은 비판이 있었으며 1997년에는 유엔 내부 문제 감시국의 매우 비판적인 보고서에서 공개되기도 하였다. 그러나 이후 고위직 범죄자뿐만 아니라 중요 범죄에 가담한 민간인을 성공적으로 체포하여 처벌함으로써 일정 영역에 있어서는 ICTY를 능가하는 성과를 거둔 것으로도 평가된다.[299]

ICTR은 특히 집단살해죄의 개념을 발전시키는데 선구적 역할을 하였다. Akayesu 판결은 1994년 르완다에서 집단살해죄가 발생하였음을 확인한 의미 있는 판결이었으며[300] 성범죄를 집단살해죄의 행위에 포함시키고 언론 종사자들의 집단살해죄 선동 책임도 인정하는 성과를 거두었다.[301] 그러나 일부 ICTR의 판결의 경우 법적 추론의 질적 수준이 제대로 유지되지 않았다는 평가도 병존한다. 또한 재판 전 구금의 장기화 문제가 존재하였으며 실제로 재판의 진행에 매우 긴 시간이 소요되었다. 그리고 르완다 애국전선 소속 관련자들의 범죄가 기소되지 않은 점, 재판소가 지역적으로 너무 먼 곳에 위치한 점 등도 비판의 대상이 되었다.[302]

제 7 절 국제형사재판소(International Criminal Court)

국제형사재판소는 집단살해죄, 인도에 반한 죄, 전쟁범죄, 침략범죄 등 국제범죄를 저지른 국제범죄자를 처벌할 수 있는 최초의 상설 국제재판소이다. 국제형사법 체제가 태동한 이후에도 인권을 침해하는 대규모 잔학 행위들이 전세계적으로 발생하여 왔음에도 이들에 대한 처벌은 제대로 이루어지지 않아 왔다. 이와 같은 면책성의 상황을 종식시키기 위하여 새로운 상설 국제형사재판소가 설립된 것이다.

국제형사재판소는 잠재적으로 전세계를 관할권의 대상으로 하고 있으며 국제형사재판소에 관한 로마규정(Rome Statute of the International Criminal Court)[303]은 국제범죄의 개념과 함께 형사법의 주요 원칙들을 명시하여 국제형사 규범을 명확화하는 의미 있는 발전을 이룬 것으로 평가되고 있다.

우리나라는 로마규정의 83번째 당사국으로[304] 국제형사재판소 설립 단계에서부터 적극적 역

---

299) Cryer, Robert; Friman, Håkan; Robinson, Darryl; Wilmshurst, Elizabeth, 전게서, p. 143.

300) Akayesu, ICTR (TC), judgment of 2 September 1998.

301) Nahimana, Barayagwiza and Ngeze, ICTR (TC), judgement of 3 December 2003.

302) Cryer, Robert; Friman, Håkan; Robinson, Darryl; Wilmshurst, Elizabeth, 전게서, pp. 143-144.

303) 이하 '로마규정'으로 약칭한다. 로마규정은 1998년 7월 17일 로마에서 채택되어 2002년 7월 1일 발효되었다.

304) 로마규정은 국회의 동의가 필요한 조약으로 2002년 11월 8일 제234회 국회 제14차 본회의를 통과하여 우리 나라에 대하여는 2003년 2월 1일 조약 제1619호로 발효되었다. 로마규정의 이행법률로서의 성격을 함께 가지고 있는 국제범죄법이 2007년 12월 21일부터 시행중이다.

할을 수행하여 왔다.305) 국제형사재판소는 뒤에서 살피는 바와 같이 적지 않은 한계를 가지고 있는 것도 사실이다. 그러나 당초의 예상과 달리 로마회의에서 120개국의 지지를 받아 설립되어 국제형사법 영역에서 가장 중요한 조직으로 자리매김하였으며 그 중요성은 날로 커져갈 것으로 보인다.

1. 재판소의 성립과 발전

(1) 재판소의 성립

앞서 본 바와 같이 국제형사법원을 만들려는 노력의 시작은 제2차 대전 이전의 시기로 거슬러 올라갈 수 있으나 제2차 대전 이후 뉘른베르크 군사재판소 등이 설립됨으로써 새로운 전기를 맞이하게 되었다. 1948년 집단살해방지협약 제6조에는 국제형사법원의 국제재판권을 승인하는 조항이 포함되어 있었으며306) 이후 유엔총회는 집단살해죄를 다룰 국제형사법원의 설립가능성을 검토할 것을 유엔 국제법위원회에 의뢰하였다.307) 유엔총회 법률위원회의 하부위원회가 1951년 마련한 국제형사재판소의 초안을 토대로 한 개정안이 1954년 유엔총회에 제출되었다.308) 그러나 이후 급격히 악화된 국제정치 상황으로 1957년 유엔총회는 침략에 대한 개념정의가 마련될 때까지 국제범죄의 조문화 및 국제형사법원의 설립 작업을 중단하기로 결정하였다.309)

오랜 기간 중단되었던 국제형사재판소 설립 작업은 1989년 트리니다드 토바고의 제안에 따라 국제법위원회에 의한 상설 국제형사법원 설립 작업을 유엔총회가 승인함으로써 재개되었으며310) 국제법위원회는 1994년 국제형사재판소의 법령 초안을 유엔총회에 제출하였다.311) 그리고 총회에서 임명된 새로운 임시위원회가 작업을 추가로 진행하여 국제범죄와 이를 처벌할 수 있는 재판소에 대한 보고서를 1995년 또다시 제출하였다.312) 이후 유엔총회의 결정에 따라 재판소 설

---

305) 2003년 2월 송상현 재판관이 초대 재판관으로 선출되고 재선에 성공한 이후 2009년 3월 소장으로 선출되어 2015년 3월까지 활동하다가 퇴임하였다. 현재는 정창호 재판관이 새로이 국제형사재판소 재판관으로 선출되어 2015년 3월부터 활동 중이다.; 김영석, "국제형사재판소의 설립 현황 : 로마회의 이후를 중심으로", 인도법논총(2001); 최태현, "국제형사재판소(ICC)규정 제정과정에서의 한국의 기여", 서울국제법연구 13권 (2006) 등 참조.
306) 집단살해방지협약 제6조 집단살해 또는 제3조에 열거된 기타 행위에 대해 혐의가 있는 자는 그러한 행위가 영토 내에서 행해진 국가의 권한 있는 재판소에 의하거나 또는 국제형사재판소의 관할권을 수락한 체약국에 관해서는 관할권을 가지는 동 재판소에 의하여 심리된다.
307) 유엔총회결의 260(III) of 9 December 1948, UN Doc. A/ RES/ 3/ 260 (1948).
308) Werle, Gerhard; Jeßberger, Florian, 전게서, p. 18.
309) 유엔총회결의 1186(XII) of 11 December 1957, UN Doc. A/ RES/ 12/ 1186 (1957).
310) 유엔총회결의 44/ 39 of 4 December 1989, UN Doc. A/ RES/ 44/ 39 (1989).
311) Werle, Gerhard; Jeßberger, Florian, 전게서, p. 163.
312) UN Doc. A/ RES/ 49/ 53 (1994), 50/ 46 (1995); 국제법위원회의 역할 및 구체적 진행 경과에 대하여 상세한 것은 J. Crawford, "The Work of the International Law Commission", in A. Cassese, P. Gaeta, and J.R.W.D. Jones (eds), The Rome Statute of the International Criminal Court, Vol. I (2002), p. 23; Adriaan Bos, "From

립을 위한 준비위원회가 새로이 구성되어 작업을 추가로 진행하였으며 1996년 새로운 초안이 제출되었다.[313] 그리고 초안의 문언은 여러 번의 수정 과정을 거쳐 로마회의의 기초가 된 1998년 초안으로 성안되었다.[314]

위와 같이 성안된 초안을 바탕으로 1998년 7월 로마에서 160여 개국이 참가한 가운데 국제형사재판소 설립에 관한 로마회의가 개최되었다. 로마회의에는 유엔회원국뿐만 아니라 17개 국제기구 대표와 250개 비정부기구 대표 등도 함께 참관하였다. 회의과정에서 국제범죄의 개념 문제에 대한 논란은 예상보다 적었다. ICTY와 ICTR에서의 경험이 도움이 되었으며 일찌감치 핵심 범죄로 논의대상을 제한하였기 때문이다.[315] 다만 침략범죄에 대한 개념 합의에는 실패하여 침략범죄는 재판권에는 속하나 구체적 개념 등이 합의될 때까지는 실제로 적용될 수 없는 대기 중인 범죄로 규정되었다.[316]

가장 논란이 많았던 분야는 재판권 문제였다. 강력한 국제재판소를 만들고 폭넓은 독립성을 부여하려는 호주, 캐나다, 독일 등이 하나의 그룹을 형성하였으며(소위 like-minded states), 미국, 인도, 중국 등은 주권 침해와 자국민 보호에 대한 우려로 약하고 상징적인 법원을 희망하였다.[317] 이러한 기본적 입장 차이로 인하여 일정한 범주의 사건에 대하여 자동적 재판권을 인정할 것인가의 문제를 포함한 재판권의 범위, 안전보장이사회의 관여 정도와 방식 등 유엔과의 전반적 관계 설정 문제, 검사의 역할과 지위 등에 있어서 많은 논란과 이견이 나타나게 되었다.

재판권과 관련하여서는 체약당사국과의 연결점을 요구하지 않는 보편주의 입장이 채택되지 않았으나 개별 국가의 동의 모델이나 죄명별 선택적 배제 모델도 배제되었다. 그리고 영토주의와 속인주의 원칙을 타협점으로 규정하면서 모든 체약당사국에 대한 자동적 재판권이 승인되었다. 또한 안전보장이사회가 회부하는 사건에 대하여는 비체약당사국에 대하여도 재판권 행사가 가능하도록 재판권이 확대되었으며[318] 국제형사재판소의 검사도 스스로의 수사 개시 권한을 가

---

the International Law Commission to the Rome Conference (1994-1998)", in A. Cassese, P. Gaeta, and J.R.W.D. Jones (eds), The Rome Statute of the International Criminal Court, Vol. I (2002), p. 35.

313) Report of the Preparatory Committee on the Establishment of an International Criminal Court, A/ RES/ 51/ 207 (1996), Annex.

314) Draft ICC Statute (1998), UN Doc. A/ CONF. 183/ 2/ Add. 1; Werle, Gerhard; Jeßberger, Florian, 전게서, p. 19.; 이와 같은 공식 초안 이외에 국제형법학회(the Association Internationale de Droit Pénal), 막스프랑크 외국법 및 국제법연구소(Max Planck Institute for Foreign and International Criminal Law) 등이 만든 '시라쿠스 초안(Siracusa draft)'의 성립 경위 및 내용에 대하여 상세한 것은 Ambos, Kai, 전게서 I, p. 19.

315) 이전 초안들에는 핵심범죄 이외에 마약, 테러, 고문 등 다른 범죄들도 포함되어 있었다. 재판소 대상 범죄에 대한 초안에서의 변화 상황에 대하여는 Werle, Gerhard; Jeßberger, Florian, 전게서, p. 20.

316) 개정 전 로마규정 제5조 제2항 참조.

317) 상징적 국제재판소를 원하는 입장에서는 유엔 안전보장이사회가 위기 상황에서 활성화조치를 취할 경우 곧바로 활용될 수 있는 일종의 임시 법원적 성격의 재판소를 희망하였다. Werle, Gerhard; Jeßberger, Florian, 전게서, p. 20.

318) 로마규정 제12조, 제13조.

지게 되었다.[319)]

　이러한 협상 과정을 거쳐 1998년 7월 17일 개최된 전체회의에서 120개국의 찬성으로 국제형사재판소에 관한 로마규정이 채택되었다. 미국[320)], 중국, 이스라엘, 이라크, 리비아, 예멘, 카타르 등 7개국만이 반대하였고 21개국은 기권하였다. 협약서명을 위한 최종시한인 2000년 12월 31일까지[321)] 모두 139개국이 협약에 서명하였다. 그리고 2002년 3월 11일 보스니아-헤르체고비나가 비준서를 기탁하여 로마규정 제126조의 60개국 비준 요건이 충족됨으로써 로마규정은 2002년 7월부터 효력을 발생하게 되었다. 이후 체약당사국들의 위임에 따라 준비위원회가 성안한 로마규정 범죄구성요건과 절차증거규칙이 2002년 9월 체약당사국 총회에서 승인되었다.[322)]

　2003년 2월 4일부터 7일까지 개최된 체약당사국 총회에서 18명의 판사들이 선출되어 국제형사재판소는 2003년 3월 11일 네덜란드 헤이그에서 업무를 시작하였다. 최초의 검사는 2003년 3월 21일 체약당사국 총회에서 선출되었다.

　2017년 4월 현재 로마규정의 체약당사국은 아시아 19개국, 아프리카 34개국, 동유럽 18개국, 남아메리카와 카리브해 국가 28개국, 서유럽 25개국 등 모두 124개국이다.

(2) 캄팔라 재검토 회의

　2010년 3월 31일부터 6월 11일까지 로마규정 123조 제1항에 따라 우간다의 캄팔라에서 최초의 재검토회의가 개최되었다. 모두 87개 체약당사국이 참석하였으며 중국, 러시아, 미국 등 안전보장이사회 상임이사국 등도 참관인 자격으로 참석하였다.[323)]

　재검토 회의에서는 침략범죄의 개념과 이에 대한 수사개시절차, 재판권 등에 새로이 합의하는 중대한 진전을 이루었다.[324)] 또한 로마규정 제8조를 개정하여 덤덤 탄환과 같은 무기의 사용이 비국제적 무력충돌에서도 처벌될 수 있도록 함으로써 국제관습법과 조화를 이루게 되었다.[325)] 그 밖에 로마규정 가입시 전쟁범죄에 대한 재판권을 7년간 선택적으로 배제할 수 있도록 한 로마규정 제124조 삭제 문제도 논의되었으나 합의에 이르지 못하였다.[326)]

---

319) 로마규정 제15조 제1항; 개별 회원국이 거부권을 행사할 수 있는 안전보장이사회에 지나치게 많은 권한을 줄 경우 국제형사재판소의 신뢰성에 영향을 줄 수 있다는 점에서 ICTY와 ICTR에서 상응하는 검사의 권한을 부여하는 것이 국제형사재판소 독립성에 불가결한 요소로 여겨졌었다. Werle, Gerhard; Jeßberger, Florian, 전게서, p. 21.

320) 미국의 입장에 대하여 상세한 것은 L.A. Casey, "The Case Against the International Criminal Court", 25 Fordham International Law Journal (2002) 참조.

321) 로마규정 제125조 제1항.

322) Werle, Gerhard; Jeßberger, Florian, 전게서, p. 22.

323) 로마규정 제123조; Werle, Gerhard; Jeßberger, Florian, 전게서, p. 25, 163.

324) Resolution RC/ Res. 6 of 11 June 2010.

325) Resolution RC/ Res. 5 of 10 June 2010.

326) Resolution RC/ Res. 4 of 10 June 2010.

2. 재판소의 조직과 구성

국제형사재판소는 소장, 전심부(Pre-Trial Division), 1심부(Trial Division), 상소부(Appeals Division), 소추부(the Office of the Prosecutor), 사무국 등으로 구성되어 있다.[327]

재판관은 체약당사국 총회에서 채택된 복잡한 투표 규칙에 따라 비밀투표로 선출된다. 재판관의 임기는 9년으로 재판관의 자격은 로마규정 제36조 제3항에 규정되어 있다. 소장단에는 소장 한명과 두 명의 부소장이 있으며 이들은 재판관들의 선거로 선출된다. 전심부(Pre-Trial Division)의 도입은 법 체제간 타협의 산물로서 ICTY 등 임시재판소가 공판 이전 단계에서 대체로 보통법적인 특성을 가지고 있었던 것과 대비되는 것이다.[328]

소추부는 독립적으로 활동하는 재판소 내에 존재하는 별개 기관이다. 재판소 관할범죄에 관한 정보를 접수하고 범죄를 수사하여 기소할 책임을 부담한다.[329] 소추부의 장은 소추관으로 당사국총회 회원국의 비밀투표에 의하여 선출된다. 소추관과 부소추관의 임기는 원칙적으로 9년이며 재선될 수 없다.[330]

체약당사국 대표들로 구성되는 체약당사국 총회는 1년에 1회 정기적으로 개최되며 비정기회의는 이사회 혹은 체약당사국 3분의 1 이상의 요청에 따라 소집될 수 있다.[331] 국제형사재판소의 일반행정은 사무국에서 담당한다.[332]

3. 재판권

국제형사재판소는 잠재적으로는 전세계를 대상으로 한 재판권을 갖는다. 그러나 보편주의 원칙이 채택되지 않은 관계로 완전한 보편성은 세계 모든 국가가 로마규정의 체약당사국이 된 이후 실현될 수 있는 상황이다.

(1) 재판권의 일반적 범위

국제형사재판소는 국제적 우려의 대상이 되는 가장 심각한 범죄인 집단살해죄, 인도에 반한 죄, 전쟁범죄, 침략범죄 등에 대한 재판권을 갖는다.(물적 재판권, jurisdiction ratione materiae)[333] 개정 전 로마규정에 의하면 침략범죄 개념 정의와 재판권 행사조건이 정해진 후 침략범죄에 대

---

327) 로마규정 제34조.
328) Cryer, Robert; Friman, Håkan; Robinson, Darryl; Wilmshurst, Elizabeth, 전게서, p. 150.
329) 로마규정 제42조 제1항.
330) 로마규정 제42조 제4항.
331) 로마규정 제112조 참조.
332) 2013년 국제형사재판소의 예산은 € 115 million(1억 1천 5백만 유로)이며 약 760명의 직원이 근무하고 있다. Werle, Gerhard; Jeßberger, Florian, 전게서, p. 98.
333) 로마규정 제5조 제1항, 제6조, 제7조, 제8조.

한 재판권을 행사할 수 있도록 규정되어 있었으나 2010년에 있었던 캄팔라 재검토 회의에서 이에 대한 합의에 도달하여 체약당사국들의 비준 등이 원활하게 진행될 경우 빠르면 2017년에 효력이 발생할 수 있는 상황이다.

　로마규정은 체약당사국과의 관계에서 재판권에 대한 자동수락 모델을 따르고 있다. 따라서 체약당사국이 로마규정을 비준하는 것은 핵심범죄에 대한 재판권을 수락하는 것이다. 다만 전쟁범죄에 대하여는 로마규정 비준 시 자국 국민이나 자국 영토 내에서 발생한 범죄에 대하여 7년 동안 재판권을 수락하지 않게끔 선언할 수 있도록 허용하고 있다.[334] 이러한 일시적 선택적 배제를 허용한 것은 로마규정에 대한 최종 합의를 용이하게 이끌어내기 위한 것이었으나 내용적으로는 국제형사재판소의 재판권 행사에 심각한 장애를 초래할 수 있는 것이었다. 그러나 프랑스와 콜롬비아만이 선택적 배제 선언을 하였으며 프랑스는 사후적으로 이를 철회하였다. 또한 콜롬비아에 대한 배제기간은 이미 경과하는 등 실제로는 재판권에 대하여 큰 영향을 미치지 않았다.[335]

　국제형사재판소의 재판권은 로마규정이 효력을 발생한 2002년 7월 1일 이후 범하여진 범죄로 제한된다. 이와 같이 시간적 제한을 둔 것은 체약당사국들이 과거의 상황들까지 국제형사재판소에 의하여 다루어지는 것을 원하지 않았기 때문이다.[336] 만일 어느 국가가 로마규정 발효 이후 당사국이 되었다면 당해 국가에 대하여 로마규정의 효력이 발생한 이후의 범죄에 대하여만 재판권이 행사될 수 있다.[337]

　국제형사재판소는 영토주의와 적극적 속인주의를 채택하고 있다.[338] 그러므로 체약당사국 국민이나 재판권을 수락한 국가의 국민에 의한 범죄 또는 이들 국가의 영토 내에서 범하여진 범죄가 재판권의 대상이 된다.[339] 이러한 원칙에 따르면 범죄자가 체약당사국 국민이 아니라 하더라도 체약당사국 영토 내에서 범하여진 범죄에 대하여는 국제형사재판소가 재판권을 행사할 수 있다. 또한 범죄가 비체약당사국 영토 내에서 발생하였다 하더라도 체약당사국 국민에 의한 범

---

334) 로마규정 제124조.

335) 프랑스의 철회는 2008년 1월 15일 효력이 발생하였으며 콜롬비아의 배제선언의 효력은 2009년 11월 1일 만료되었다. Cryer, Robert; Friman, Håkan; Robinson, Darryl; Wilmshurst, Elizabeth, 전게서, p. 168.

336) Cryer, Robert; Friman, Håkan; Robinson, Darryl; Wilmshurst, Elizabeth, 전게서, p. 169.

337) 로마규정 제11조 시간적 관할권.

338) Werle, Gerhard; Jeßberger, Florian, 전게서, p. 96; 재판권 조항의 성안과정에서 독일, 미국 등 수많은 국가의 제안이 있었으나 우리나라의 제안이 가장 많은 지지를 받았으며 현재의 로마규정은 우리나라의 제안을 바탕으로 규정된 것이다. Cryer, Robert; Friman, Håkan; Robinson, Darryl; Wilmshurst, Elizabeth, 전게서, p. 167.

339) 제12조 관할권 행사의 전제조건

　2. 제13조 가호 또는 다호의 경우, 다음중 1개국 또는 그 이상의 국가가 이 규정의 당사국이거나 또는 제3항에 따라 재판소의 관할권을 수락하였다면 재판소는 관할권을 행사할 수 있다.

　　가. 당해 행위가 발생한 영역국, 또는 범죄가 선박이나 항공기에서 범하여진 경우에는 그 선박이나 항공기의 등록국

　　나. 그 범죄 혐의자의 국적국

죄는 재판권의 대상이 된다.[340] 다만 캄팔라 회의 결과 침략범죄에 대하여는 재판권에 대한 별도의 특별규정을 두게 되었다.[341]

로마규정 제12조 제3항은 비체약당사국의 재판권 수락 선언을 허용하고 있다. 그러나 이러한 수락이 국제형사재판소에 대한 사건 회부에 해당하는 것은 아니므로 로마규정에 따른 별도의 회부 절차나 검사의 직권에 의한 수사 개시가 필요할 것이다.[342] 재판권 수락 선언의 법적 효과는 비체약당사국을 체약당사국과 동일한 지위에 두는 것이다. 로마규정 절차 증거규칙 제44조 제2항에 따라 '문제된 범죄에 대하여' 재판권을 수락하는 선언은 당해 상황과 관련된 '모든' 범죄에 대한 재판권을 수락하는 결과를 가져온다.[343] 이는 비체약당사국이 자신의 국민은 보호하면서 상대방 국민에 대하여만 국제형사재판소의 재판권에 동의하는 것을 막기 위한 것이다.[344]

(2) 안전보장이사회 회부 사건

안전보장이사회가 유엔헌장 제7장에 근거하여 회부하는 사건에 대하여는 범죄자의 국적이나 범죄 장소와 무관하게 재판권이 행사될 수 있다. 이는 로마규정 제12조 제2항의 반대해석에 의하여 인정될 뿐 아니라 안전보장이사회는 스스로의 권한에 따라 별도의 임시재판소를 설치할 수 있다는 점에서 그 이론적 근거를 찾을 수 있다. 이와 같은 비체약당사국에 대한 재판권은 국제평화의 유지에 관한 안전보장이사회의 권능에서 유래하는 것이다.[345] 실제 안전보장이사회는 2005년 3월 31일 결의 1593호를 통하여 비체약당사국인 수단에서의 상황을 국제형사재판소에 회부하였으며[346] 2011년 2월 26일에는 결의 1970호를 통하여 리비아에서의 상황을 국제형사재판소에 회부하였다.[347]

---

340) Werle, Gerhard; Jeßberger, Florian, 전게서, p. 96.

341) 상세한 것은 제2부 제4편 침략범죄 제4장 참조.

342) Cryer, Robert; Friman, Håkan; Robinson, Darryl; Wilmshurst, Elizabeth, 전게서, p. 180; 팔레스타인이 국제형사재판소 재판권을 승인하였음에도 불분명한 팔레스타인의 국가 지위 등을 이유로 한 수사 불개시 결정에 대한 것은 ICC (OTP), decision of 3 April 2012 (Situation in Palestine). 이에 대하여 상세한 것은 A. Zimmermann, "Palestine and the International Criminal Court Quo Vadis?", JICJ (2013), p. 303; J. Dugard, "Palestine and the International Criminal Court", 11 JICJ (2013), p. 563 등 참조.

343) 로마규정 절차 증거규칙 제44조 제2항.

344) Cryer, Robert; Friman, Håkan; Robinson, Darryl; Wilmshurst, Elizabeth, 전게서, p. 169.

345) 안전보장이사회 회부 사건의 경우 국제형사재판소의 대상 범죄가 아닌 범죄로까지 재판권이 확대될 수 있는가 여부에 대하여는 논란이 있다. Werle, Gerhard; Jeßberger, Florian, 전게서, p. 97.

346) UN Doc. S/ RES/ 1593 (2005); 이에 대한 상세한 논의는 L. Condorelli and M. Ciampi, "Comments on the Security Council Referral of the Situation in Darfur to the ICC", 3 JICJ (2005), p. 590.

347) UN Doc. S/ RES/ 1970 (2011); 주목할 것은 안전보장이사회 결의 6절이 국제형사재판소의 재판권에 대하여 일정한 제한을 가하고 있다는 점이다. 즉 수단이나 리비아의 국민이 아닌 비체약당사국 국민의 행위가 유엔 안전보장이사회나 아프리카 연합에 의하여 승인되거나 승인 하에 실시된 작전에 관련된 것이라면 재판권의 대상에서 면제되도록 규정하고 있다. 이러한 조항은 미국이 자국 군대 구성원이 국제형사재판소의 재판권 대상이 되는 것을 우려했기 때문이라고 한다. Werle, Gerhard; Jeßberger, Florian, 전게서, p. 97.

한편 안전보장이사회는 국제형사재판소의 재판권과 관련하여 로마규정 제16조에 따라 12개월간 수사나 기소의 연기를 요청할 수 있으며 이러한 요청을 갱신할 수도 있다. 당초 국제법위원회 초안에는 안전보장이사회의 심리대상이 된 사건의 경우 안전보장이사회가 국제형사재판소의 재판권 행사에 동의하지 않는다면 재판권이 배제된다는 내용이 포함되어 있었다. 그러나 이러한 조항은 국제형사재판소를 안전보장이사회에 종속시키는 것으로 받아들이기 어려운 것으로 여겨졌으며 결국 안전보장이사회와 의견이 일치하지 않을 경우 재판권 행사에 대한 찬성 결정이 아닌 현재와 같이 재판권 행사 연기를 위한 찬성결정이 필요하도록 규정하게 된 것이다. 이처럼 다소 약화된 형태이기는 하나 안전보장이사회와 같은 정치적 기구에 의한 사법절차에 대한 간섭이 일부 허용되고 있다. 이는 국제평화와 안전에 일차적 책임을 지고 있는 안전보장이사회의 결정을 존중하여 평화의 회복이 최우선적인 것으로 간주되는 시기에 있어서는 정의의 요구를 유보할 수 있도록 허용한 것이다. 그러나 이러한 형사절차의 중단은 평화조약의 체결 등 평화의 회복을 위하여 취하여지는 일시적이고 잠정적 조치일 뿐이다.[348]

(3) 18세 미만자에 대한 재판권의 배제

로마규정 제26조에 따라 국제형사재판소의 재판권은 범죄 당시 18세에 도달한 사람에 대해서만 행사될 수 있다. 이는 형사처벌 연령에 대하여 각국 국내법이 취하고 있는 통상적 입장과는 달리 범죄자의 연령을 재판권 행사의 조건으로만 규정한 것으로 세계의 다양한 국가들이 채택하고 있는 상이한 형사책임 연령들 사이에서 선택을 해야만 하는 어려운 상황을 피하기 위한 것이었다.

18세라는 다소 높은 연령으로 재판권의 범위를 제한한 것은 국제형사재판소의 부족한 자원 등을 고려할 때 미성년자를 기소하도록 하는 것은 현명하지 않다는 판단에 의한 것으로 보인다. 그러나 이러한 조항과 무관하게 국제범죄를 범한 미성년자의 국내적 처벌은 각국 국내법에 따라 가능하다.[349]

---

348) Cryer, Robert; Friman, Håkan; Robinson, Darryl; Wilmshurst, Elizabeth, 전게서, p. 170; 안전보장이사회는 미국의 주도 하에 이루어진 2002년 7월 14일 결의 1422호를 통하여 이러한 권한을 행사한 바 있다. 위 결의에서는 로마규정의 체약당사국이 아닌 국가의 전 현직 공무원 또는 기타 인물에 대한 사건이 유엔의 승인이 있었던 군사작전과 관련된 작위나 부작위에 대한 것이라면 안전보장이사회가 승인하지 않는 한 2002년 7월 1일부터 12개월 동안 수사나 기소를 하지 않도록 명시하고 있었다.〔UN Doc. S/ RES/ 1422 (2002)〕 안전보장이사회는 필요한 경우 이를 지속적으로 갱신할 것이라는 의사를 표명하였으며 실제 2003년 6월 12일 결의 1487호를 통한 갱신이 이루어졌다.〔UN Doc. S/ RES/ 1487 (2003)〕 그러나 2005년 6월 이후 시점부터는 미국을 제외한 다른 안전보장이사회 구성원들이 반대의사를 표명하여 새로운 갱신은 이루어지지 않았다.(Werle, Gerhard; Jeßberger, Florian, 전게서, p. 98) 안전보장이사회에 의한 이와 같은 일반적 형태의 재판권 제한은 위 조항의 당초 규정 취지에 상응하지 않는 것으로 보인다.
349) Cryer, Robert; Friman, Håkan; Robinson, Darryl; Wilmshurst, Elizabeth, 전게서, p. 169.

4. 재판권 행사 개시 절차(Trigger Mechanism)

국제형사재판소의 재판권 행사는 체약당사국에 의한 회부, 안전보장이사회에 의한 회부, 검사의 직권적 수사 개시 등 3가지 경로를 통하여 시작될 수 있다.[350] 체약당사국과 안전보장이사회는 특정 상황을 국제형사재판소에 회부할 수 있을 뿐이며 수사 개시 여부는 검사에 의하여 결정된다.[351]

(1) 체약당사국에 의한 회부

로마규정 체약당사국은 국제형사재판소에 사건을 회부할 수 있으며 이러한 자기 의뢰(Self-referrals)에는 특별한 요건이나 제한이 규정되어 있지 않다.[352]

자기 의뢰 방식은 국제적 수사와 관련하여 주권 침해적 요소가 적고 관련 국가와의 협력 강화, 수사관과 증인의 효율적 보호 등 장점이 매우 많은 방식이다.[353] 그러나 정치적 반대자에 대한 국제형사재판소의 개입을 초래하려는 목적으로 활용될 수 있으며 관련 국가가 스스로 다룰 수 있는 사건을 국제형사재판소에 넘겨 과도한 부담을 안도록 할 위험성도 존재한다.[354] 그러나 국제형사재판소의 검사는 이러한 경우 심각성의 결여, 보충성 원칙, 정의에 대한 고려 등을 이유로 수사를 개시하지 않을 수 있다.[355]

(2) 안전보장이사회에 의한 회부

안전보장이사회에 대하여 회부 권한을 부여하는 것에 대하여 로마규정 협상과정에서 일부

---

350) 로마규정 제13조 관할권의 행사.

351) Cryer, Robert; Friman, Håkan; Robinson, Darryl; Wilmshurst, Elizabeth, 전게서, p. 163.

352) 제14조 당사국에 의한 사태의 회부
   1. 당사국은 재판소 관할권에 속하는 하나 또는 그 이상의 범죄의 범행에 대하여 1인 또는 그 이상의 특정인이 책임이 있는지 여부를 결정하기 위하여 그러한 범죄가 범하여진 것으로 보이는 사태를 수사하도록 소추관에게 요청하여, 재판소 관할권에 속하는 하나 또는 그 이상의 범죄가 범하여진 것으로 보이는 사태를 소추관에게 회부할 수 있다.
   2. 회부시에는 가능한 한 관련 정황을 명시하고 그 사태를 회부한 국가가 입수할 수 있는 증빙문서를 첨부한다.

353) 국제형사재판소의 검사는 자기 의뢰를 통하여 관련 국가의 지지가 명시적으로 확인되는 곳에서부터 수사를 진행할 의사를 표명한 바 있다. Annex to the Paper on Some Policy Issues before the Office of the Prosecutor, 'Referrals and Communications', at section D, on the website of the ICC at www.icc-cpi.int. p. 5.

354) Katanga 사건에서 변호인은 자기회부의 무조건적 허용은 체약당사국에게 국제범죄를 스스로 기소하지 않을 권한을 제한 없이 부여하는 것이므로 국내 기소를 촉진하는 체제를 위험에 빠뜨리고 각 국가의 국제범죄 기소의무를 부정하는 것이라고 주장한 바 있다. Katanga and Ngudjolo Chui, ICC (AC), judgement of 25 September 2009, para. 63.

355) 2003년 우간다 상황에 대한 논란 등은 Cryer, Robert; Friman, Håkan; Robinson, Darryl; Wilmshurst, Elizabeth, 전게서, p. 166.

반대가 있었다. 그러나 안전보장이사회는 국제적 평화와 안전이 위협받을 경우 유엔헌장에 따라 새로운 임시재판소를 만드는 방법으로 국제형사 체제에 개입할 수 있다. 따라서 로마규정에서의 회부 허용이 새로운 권능을 부여하는 것으로 보기 어려운 것이며 일반적으로는 안전보장이사회의 이러한 권한이 유용하고 적절한 것으로 승인되고 있다. 이처럼 로마규정이 안전보장이사회의 회부를 허용함에 따라 앞으로는 ICTY나 ICTR의 설립과 같은 새로운 임시재판소를 만드는 것이 아니라 당해 사건을 국제형사재판소에 회부하게 될 것이다.356) 실제 유엔안전보장이사회는 수단과 리비아에서의 상황을 국제형사재판소에 회부한 바 있다.357)

(3) 검사의 수사 개시 권한

국제형사재판소의 검사가 직권으로 수사를 개시할 수 있도록 할 것인가 여부는 로마규정 협상과정에서 중요한 쟁점 중의 하나였다. 이와 관련하여 전적으로 외부 의사에 따라서만 국제형사재판소의 재판권이 행사되어서는 안 된다는 주장과 직권 수사를 허용할 경우 정치적 수사의 우려가 있음에도 국제형사재판소는 각 국가가 자국 검사에 대하여 가지는 것과 유사한 감독 체제를 구비하고 있지 못하다는 우려가 함께 제기되었다. 결국 로마규정 제15조는 체약당사국이나 안전보장이사회의 회부가 없더라도 검사의 수사 개시를 허용하되 국제형사재판소 전심재판부의 허가를 얻도록 규정하여 검사의 독립성을 해치지 않으면서도 권한의 남용을 방지할 수 있도록 도모하고 있다.358)

심각한 국제범죄에 대한 정보를 접한 검사는 수사를 진행할 합리적 근거가 존재하는가 여부를 결정하기 위하여 대상 상황에 대한 예비조사를 개시할 수 있다. 검사는 이러한 절차를 통하여 재판권 대상이 되는 범죄가 범하여졌는가 여부와 재판 적격성, 정의의 원칙에 따른 수사진행 필요성 등에 대한 판단을 하게 된다.359)

국제형사재판소 출범 이후 많은 지역으로부터 범죄 수사의 착수를 희망하는 의사가 전달되었다.360) 국제형사재판소 검사는 북한의 천안함 사태와 연평도 포격 행위에 대하여 정식 수사를 개시하기에는 부족하다는 견해를 표명한 바 있으며361) 이라크, 베네수엘라, 팔레스타인에서의 범

---

356) Cryer, Robert; Friman, Håkan; Robinson, Darryl; Wilmshurst, Elizabeth, 전게서, p. 164; 로마규정 제27조의 면책성과 안전보장이사회의 회부 사이에서 발생하는 논란에 대하여는 Dapo Akande, "The Legal Nature of Security Council Referrals to the ICC and its Impact on Al Bashir's Immunities", 7 JICJ(2009), p. 333 et seq; Paola Gaeta, "Does President Al Bashir Enjoy Immunity from Arrest?" 7 JICJ(2009) , p. 315 et seq. 참조.
357) UN Doc. S/ RES/ 1593 (2005); UN Doc. S/ RES/ 1970 (2011).
358) Cryer, Robert; Friman, Håkan; Robinson, Darryl; Wilmshurst, Elizabeth, 전게서, p. 165.
359) 로마규정 제53조 및 Annex to the Paper on Some Policy Issues before the Office of the Prosecutor, 'Referrals and Communications', Regulations of the Office of the Prosecutor. pp. 25-31 참조; Cryer, Robert; Friman, Håkan; Robinson, Darryl; Wilmshurst, Elizabeth, 전게서, p. 165.
360) 각 년도별 OTP's reports on preliminary examination activities 참조.
361) Situation in the Republic of Korea Article 5 Report(SAS-KOR-Article-5-Public-Report-ENG-05 Jun 2014) 참조.

죄혐의에 대하여도 수사개시 요건이 충족되지 않았다고 판단하였다.[362] 케냐와 코트디브와르 사건에 대하여는 직권으로 수사가 개시되었다.[363]

5. 재판 직격성

로마규정 제17조는 재판 적격성 요건으로 중대성과 보충성을 규정하고 있으며[364] 제18조와 제19조에서는 이를 결정하는 구체적 절차를 규정하고 있다.

(1) 중대성(Gravity)

국제범죄에 해당하는 행위가 발생하였다 하더라도 일정한 수준의 심각성을 갖추지 못하였다면 국제형사재판소의 절차는 개시되지 않는다.[365] 국제형사재판소의 제한된 자원을 사소한 범죄에 활용하는 것은 부적절하며 국제형사재판소가 제대로 된 기능을 발휘하기 위해서는 너무 지나친 업무 부담량을 가져서는 안 된다는 고려에 따른 것이다.[366] 아직까지 사건의 중대성을 평가하는 구체적 기준은 결정된 바 없다.[367]

(2) 보충성(Complementarity)

국제형사재판소는 보충성 원칙에 따라 국내 법원이 수사나 기소를 위한 조치를 진행하지 않는 경우에만 당해 사건에 대한 절차를 개시하게 된다. 로마규정 서문은 체약당사국의 국제범죄에 대한 재판권 행사 의무를 규정하고 있으며[368] 로마규정 제1조는 보충성 원칙을 명시하고 있다.[369] 이처럼 국제형사재판소의 재판권은 국내 재판권을 보조하는 것일 뿐 대체하려는 것이 아니다.

---

362) 이라크, 베네수엘라 사건에 대한 Prosecutor's letters of 9 February 2006. Cryer, Robert; Friman, Håkan; Robinson, Darryl; Wilmshurst, Elizabeth, 전게서, p. 165 참조; 콜롬비아 사건의 경우에는 국내절차의 진행을 지속적으로 지켜본다는 입장을 표명하였다. Situation in Colombia: Interim Report, November 2012.
363) 2017년 4월 현재 아프가니스탄, 부룬디, 콜롬비아, 기니, 이라크/영국, 나이지리아 등에 대한 예비조사가 진행 중에 있다.; https://www.icc-cpi.int/# 참조.
364) Werle, Gerhard; Jeßberger, Florian, 전게서, p. 103.; J.T. Holmes, "Complementarity : National Courts Versus the ICC", in A. Cassese, P. Gaeta, and J.R.W.D. Jones (eds), The Rome Statute of the International Criminal Court, Vol. I (2002), p. 667.
365) 로마규정 제17조 제1항 (d).
366) 중대성 요건에 대한 상세한 것은 S. SáCouto and K. Cleary, "The Gravity Threshold of the International Criminal Court", 23 American University International Law Review (2008), p. 807. 이하
367) Werle, Gerhard; Jeßberger, Florian, 전게서, p. 104.
368) 로마규정 전문 제6단락 '---국제범죄에 책임이 있는 자들에 대하여 형사관할권을 행사함이 모든 국가의 의무임을 상기하며---'
369) 로마규정 제1조 재판소 '--국제적 관심사인 가장 중대한 범죄를 범한 자에 대하여 관할권을 행사하는 권한을 가지며, 국가의 형사관할권을 보충한다.--'

이러한 보충성의 원칙은 로마규정에 대한 종국적 합의를 이끌어 내는데 매우 긍정적인 역할을 하였다. 스스로의 사법 체제에 만족하고 있을 뿐 아니라 주권과 관련한 민감한 형사사건들을 자국 내에서 완벽하게 다룰 수 있다고 믿는 국가들에게는 새로 설립되는 국제재판소가 임의로 자신들의 사건을 가져갈 수 없도록 한 것이 중요한 요소로 작용하였다.[370] 이처럼 보충성의 원칙을 도입한 것은 개별 국가가 보유하는 형사재판권에 대한 존중에 기반한 것일 뿐 아니라 국제형사법 체제의 효율성도 함께 지향하는 현실적 고려가 작용한 것이다. 국제형사재판소는 국제형사법을 강제하는 방법들 중 하나일 뿐이며 모든 경우에 적용될 수 있는 최상의 방법은 아니다. 실제로 많은 경우 사건 관련 당사국이 증거나 증인에 대한 접근 등에 가장 용이하며 절차를 진행할 충분한 자원도 구비하고 있다.

로마규정 제17조 제1항은 관할권을 가지는 국가가 당해 사건을 수사하고 있거나 기소한 경우, 불기소결정이 있었던 경우, 이미 재판을 받아 로마규정 제20조 제3항에 따라 국제형사재판소의 재판이 허용되지 않는 경우 등 재판 적격성이 존재하지 않는 세 가지 상황을 규정하고 있다.[371] 따라서 국제형사재판소는 국내 권한당국이 동일한 사건에 대하여 수사하거나 기소 절차를 진행하고 있는가 여부 혹은 이미 그러한 절차가 종결되었는가 여부를 확인하여야 하며 이러한 사실들이 발견되었다면 일반적으로는 재판권을 행사할 수 없을 것이다.[372]

국내 재판권의 대상이 되는 사건과 동일성 여부를 판단하는 기준에 대하여 국제형사재판소는 동일 인물·동일 행위 기준(same person, same conduct test)이라는 엄격한 접근방법을 취하고 있다. 따라서 보충성이 인정되는 것은 국내 권한당국이 동일한 인물에 대하여 실질적으로 동일한 행위를 수사하거나 기소하는 경우로 한정된다.[373] 그러나 대상 행위가 동일한 이상 동일한 법

---

370) Cryer, Robert; Friman, Håkan; Robinson, Darryl; Wilmshurst, Elizabeth, 전게서, p. 154.

371) 로마규정 제17조 재판 적격성의 문제
   1. 전문 제10항과 제1조를 고려하여 재판소는 다음의 경우 사건의 재판 적격성이 없다고 결정한다.
      가. 사건이 그 사건에 대하여 관할권을 가지는 국가에 의하여 수사되고 있거나 또는 기소된 경우. 단, 그 국가가 진정으로 수사 또는 기소를 할 의사가 없거나 능력이 없는 경우에는 그러하지 아니하다.
      나. 사건이 그 사건에 대하여 관할권을 가지는 국가에 의하여 수사되었고, 그 국가가 당해인을 기소하지 아니하기로 결정한 경우. 단, 그 결정이 진정으로 기소하려는 의사 또는 능력의 부재에 따른 결과인 경우에는 그러하지 아니하다.
      다. 당해인이 제소의 대상인 행위에 대하여 이미 재판을 받았고, 제20조제3항에 따라 재판소의 재판이 허용되지 않는 경우

372) Werle, Gerhard; Jeßberger, Florian, 전게서, p. 104; Gaddafi and Al-Senussi, ICC (PTC), decision of 11 October 2013, para. 26 등.

373) Werle, Gerhard; Jeßberger, Florian, 전게서, p. 104; Muthaura et al., ICC (AC), judgment of 30 August 2011, paras. 39 et seq; Gaddafi and Al-Senussi, ICC (PTC), decision of 11 October 2013, para. 66 등; 동일성 판단에 대한 이와 같은 엄격한 기준으로 말미암아 체약당사국의 입장에서는 국제형사재판소가 취급하려는 사건을 정확히 예측한 경우에만 재판권의 허용성에 대한 이의를 제기할 수 있다는 비판이 있으며 따라서 사건의 동일성을 보다 신축적으로 해석하여 실질적으로 동일한 행위로 보아야 한다는 견해는 Cryer, Robert; Friman, Håkan; Robinson, Darryl; Wilmshurst, Elizabeth, 전게서, p. 156.

적 규율이 이루어져야 하는 것은 아니다. 따라서 국내 권한당국이 국제범죄가 아닌 일반범죄로 수사 또는 기소한 경우에도 보충성 원칙은 적용된다.[374] 국내절차가 보편적 관할권에 근거하여 이루어진 경우에도 국제형사재판소의 재판권이 배제되는가 여부에 대하여는 논란이 있다.[375]

보충성 원칙에 대한 예외는 당해 국가가 진정으로 수사 또는 기소할 의사나 능력이 없는 경우이다. 여러 상황에 비추어 판단할 때 당해 국가가 형사절차를 진정으로 수행할 것 같지 않거나 그러한 능력이 없는 경우에는 당해 국가가 사법절차를 진행하고 있는가 여부에 관계없이 국제형사재판소는 재판권을 행사할 수 있다. 이러한 예외 사유에 대한 판단은 국제형사재판소에 의하여 배타적으로 이루어지므로 국제형사재판소는 국내 사법기관에 대하여 일종의 감독적 역할을 수행하게 된다.[376] 로마규정 제17조 제2항은 국내 절차가 범죄자를 보호할 목적을 가지거나 절차의 부당한 지연이 있었는가 여부, 절차가 독립적이고 공정하게 수행되었는가 여부 등을 고려하여 판단하도록 규정하고 있다. 또한 제17조 제3항은 당해 사건을 담당할 능력이 존재하는가에 대한 판단에 있어서 사법제도의 전반적 붕괴나 이용불능으로 인하여 범죄자의 신병이나 필요한 증거를 확보할 수 없는가 여부, 형사절차의 진행 가능성 등을 고려하도록 규정하고 있다. 로마규정상의 범죄를 기소하는데 요구되는 필수적 입법이 존재하지 않는 경우도 본 조항에서의 무능력에 해당할 수 있을 것이다.[377]

Katanga 사건의 경우 콩고민주공화국이 피의자에 대한 수사를 진행하지 않겠다는 의사를 표명함에 따라 적격성 요건 판단이 매우 수월하게 진행될 수 있었다.[378] 그러나 중앙아프리카공화국의 의뢰로 진행된 Bemba 사건에서는 피고인이 국내에서 수사가 진행되고 있었음을 주장하며 재판권에 대한 이의를 제기하였다. 종국적으로 국제형사재판소는 국내 형사절차가 중단되었을 뿐 아니라 중앙아프리카공화국의 매우 부족한 사법 예산을 고려할 때 국내 형사절차가 정상적으로 진행될 수 없다는 이유로 이러한 주장을 받아들이지 않았다.[379]

---

374) Gaddafi and Al-Senussi, ICC (PTC), decision of 31 May 2013, paras. 73 이하; Cryer, Robert; Friman, Håkan; Robinson, Darryl; Wilmshurst, Elizabeth, 전게서, p. 156.

375) 보편적 관할권에 대하여서까지 우선성을 부여할 근거는 존재하지 않다는 주장은 Cryer, Robert; Friman, Håkan; Robinson, Darryl; Wilmshurst, Elizabeth, 전게서, p. 156; 로마규정 제18조가 제3국의 재판권을 범죄 발생국 재판권과 동일시하는 근거를 강화한다고 보는 입장은 Werle, Gerhard; Jeßberger, Florian, 전게서, p. 106.

376) 森下忠, 國際刑法學の課題. 東京, 成文堂(2006), p. 167; 이러한 방식이 향후 국제형사법원의 역할 모델이 될 수 있다는 평가는 Werle, Gerhard; Jeßberger, Florian, 전게서, p. 94.

377) Cryer, Robert; Friman, Håkan; Robinson, Darryl; Wilmshurst, Elizabeth, 전게서, p. 158.

378) Katanga and Ngudjolo Chui, ICC (AC), judgment of 25 September 2009, paras. 73 et seq.

379) Bemba Gombo, ICC (TC), 24 June 2010, paras. 21, 245; Cryer, Robert; Friman, Håkan; Robinson, Darryl; Wilmshurst, Elizabeth, 전게서, p. 155.

6. 사건 진행 절차

국제형사재판소에서의 사건 처리는 예비조사, 수사, 전심재판, 1심 재판, 항소심 재판, 강제집행 등의 절차에 따라 진행된다.

검사는 심각한 범죄에 대한 정보를 취득한 경우 수사를 진행할 합리적 근거가 존재하는가 여부를 결정하기 위하여 대상이 된 상황에 대한 예비조사를 실시하여 수사개시 여부를 결정한다.[380]

수사 단계에서는 관련 증거를 수집하고 피의자의 신원을 확인하며 판사에 대하여 체포영장이나 소환장의 발부를 요청할 수 있다. 전심재판부는 재판소 관할범죄를 범하였다고 믿을 만한 합리적 근거가 있는 상황에서 재판 출석을 보장하기 위한 경우, 수사 또는 재판소에서의 절차를 방해하거나 위태롭게 하지 못하도록 보장하기 위한 경우, 범행의 계속을 방지하기 위한 경우 등에 체포영장을 발부한다.[381]

전심재판 단계에서는 3명의 전심재판부 판사들이 피고인의 신원을 확인하고 피고인이 기소사실을 이해하였는가 여부를 확인하는 최초 출두절차를 진행한다. 그리고 검사와 변호인, 피해자 측 의견을 듣는 절차를 거쳐 60일 이내에 재판으로 진행할 충분한 증거가 존재하는가 여부에 대한 결정을 내린다. 전심 재판 단계에서 기각 결정이 있었다 하더라도 새로운 증거가 발견되었다면 검사는 새로운 절차를 신청할 수 있다.[382]

1심 재판에서는 합리적 의심을 배제할 정도로 범죄사실이 입증되었는가 여부를 3명의 판사들이 심리하여 범죄가 입증된 것으로 판단될 경우 형을 선고한다. 국제형사재판소는 최고 30년을 초과하지 않는 유기징역 또는 범죄의 중대성 등에 따라 무기징역을 선고할 수 있다.[383] 판사는 유죄판결과 별도로 피해자에 대한 배상을 명령할 수 있다.[384] 충분한 입증이 없었다고 판단될 경우 무죄가 선고된다.

1심 판결에 대하여는 유무죄 혹은 형량에 대하여 검사와 피고인 모두 항소할 수 있다.[385] 항소심은 5명의 판사가 심리하며 피고인만 항소하거나 검사가 피고인을 위하여 항소한 경우에는 불이익변경금지의 원칙이 적용된다.[386]

독립된 집행기관을 가지고 있지 않은 국제형사재판소는 구금시설 등을 모두 국제사회에 의존하고 있다. 로마규정 제9부에는 범죄인인도를 포함하여 증거의 수집과 재산의 추적 등 체약당

---

380) 로마규정 제15조, 제53조.
381) 로마규정 제58조 제1항.
382) 로마규정 제61조.
383) 로마규정 제78조 제2항.
384) 로마규정 제75조.
385) 로마규정 제81조.
386) 로마규정 제83조 제2항.

사국과의 다양한 협력 체제를 규정하고 있다. 국제형사재판소에는 형벌 집행의사를 표명한 국가들의 목록이 구비되어 있다. 형벌은 이들 국가 중 국제형사재판소가 지정한 국가에서 집행되며 해당되는 국가가 없을 경우 재판소 소재지 국가에서 집행된다.[387]

7. 주요 사건 현황

2017년 4월 현재 모두 11건의 예비 조사가 진행 중이며 수사가 진행 중인 사건은 케냐와 말리에서의 사건 등 모두 10건이다. 공소취소나 무죄, 공소사실 확인신청의 기각 등으로 모두 7명에 대한 사건이 종결되었다. 전심재판 단계 9건, 1심 재판 5건, 항소심 1건 등이 계류 중에 있으며 1건에 대하여 판결 선고 후 배상명령절차가 진행 중에 있다.

국제형사재판소가 활동을 시작한 이후 비교적 짧은 기간 동안 체약당사국에 의한 회부, 안전보장이사회에 의한 회부, 검사의 직권 수사 등 수사 개시가 가능한 모든 방식이 활용되었다. 로마규정 제13조 제1항에 따라 자신들의 사건을 회부한 국가는 콩고민주공화국, 우간다, 중앙아프리카 공화국, 말리, 코모로 등이며 국제형사재판소 검찰에서 처음으로 조사를 개시하기로 결정한 사건은 콩고민주공화국 사건이다.[388]

최초로 기소된 Thomas Lubanga Dyilo는 국제형사재판소의 체포영장에 의거하여[389] 2006년 3월 국제형사재판소에 인도되었다. 그는 15세 미만의 소년병을 사용한 혐의로 기소되어 2012년 3월 14일 유죄판결을 선고받았으며[390] 2012년 7월 10일 14년 형이 선고되었다.[391] 피고인은 유죄판결과 양형 모두에 대해 항소하였으며 검찰도 양형에 대하여 항소하였다. 2014년 12월 1일 항소심에서 1심 판결을 승인함으로써 판결이 확정되어 2015년 12월 피고인은 콩고민주공화국으로 이송되어 수감생활을 하고 있다.

Katanga와 Mathieu Ngudjolo Chui도 콩고민주공화국 권한 당국에 의하여 2007년과 2008년 각각 국제형사재판소에 신병이 인계되었다.[392] 이들은 전쟁범죄와 인도에 반한 죄로 기소되었는데 Ngudjolo Chui에 대하여는 2012년 12월 18일 1심에서 무죄판결이 선고되었으며 검찰의 항소도 2015년 2월 27일 기각되었다. Katanga에 대하여는 2014년 3월 인도에 반한 죄와 전쟁범죄의 종범으로 유죄판결이 선고되었으며[393] 형량은 징역 12년으로 결정되었다.[394]

중앙아프리카공화국 사태와 관련하여 Bemba는 2008년 5월 벨기에에서 체포되어 국제형사

387) 로마규정 제103조. 기타 집행에 관하여 상세한 것은 로마규정 제10부 참조.
388) Werle, Gerhard; Jeßberger, Florian, 전게서, p. 107.
389) Lubanga Dyilo, ICC (PTC), warrant of arrest, 10 February 2006.
390) Lubanga Dyilo, ICC (TC), judgment of 14 March 2012.
391) Lubanga Dyilo, ICC (TC), decision of 10 July 2012.
392) Katanga, ICC (PTC), warrant of arrest, 2 July 2007; Ngudjolo Chui, ICC (PTC), warrant of arrest, 6 July 2007.
393) Katanga, ICC (TC), judgment of 7 March 2014.
394) Katanga, ICC (TC), decision on Sentence pursuant to article 76 of the Statute of 23 May 2014, para. 147.

재판소에 인계되었다.[395] 2009년 7월 전심재판부의 공소사실 확인절차를 거쳐[396] 2010년 11월 재판이 시작되었다. 그에게 적용된 혐의는 전쟁범죄와 인도에 반한 죄로서 2016년 3월 21일 유죄판결이 선고되었다.[397]

8. 국제형사재판소의 한계와 과제

국제형사재판소는 인적·물적 자원의 제한, 관련 국가의 협력 부족 등 적지 않은 현실적 어려움을 마주하고 있다. 특히 국제형사재판소를 둘러싸고 제기되고 있는 다음 두 가지 사항은 국제형사재판소의 본질적 기능과 관계된 중요한 도전으로 생각된다.

(1) 주요 강대국의 미가입과 재판권 배제 움직임

국제형사재판소가 광범위한 지지를 받고 설립된 것은 사실이나 보편적으로 받아들여질 수 있는 세계법원과는 아직까지 거리가 있는 것으로 평가된다.[398] 주요 강대국인 미국, 중국, 러시아, 인도 등이 로마규정에 가입하지 않아 세계적 보편성 확보가 미흡한 상황이다.[399] 특히 미국은 당초 상설 국제형사법원의 설립에 대한 강력한 지지 국가였으나 협상 결과에 대한 불만으로 미국 클린턴 행정부는 서명이 가능한 마지막 날인 2000년 12월 31일에서야 로마규정에 서명하였다. 그리고 부시 행정부가 들어선 2002년에 이르러 로마규정에 가입하지 않겠다는 의사를 명확히 표시하면서 기존 서명을 무효화시키는 외교상 전례 없는 상황까지 발생하였다.[400] 미국의 뒤를 이어 2002년 5월 6일 이스라엘도 동일한 선택을 하였으며 수단도 유사한 조치를 취하였다.

나아가 미국은 안전보장이사회의 결의나 로마규정 제98조 제2항을 활용하여 자국민이 국제형사재판소의 재판권 대상이 되지 않도록 노력하는 한편 이와 관련된 별도의 국내법을 제정하는 등 미국이 적극적으로 국제형사재판소를 약화시키려 한다는 비판이 계속되고 있다.[401]

---

395) Bemba, ICC (PTC), warrant of arrest, 23 May 2008.
396) Bemba, ICC (PTC), decision of 15 June 2009.
397) Bemba, ICC (TC), judgment of 21 March 2016.
398) Werle, Gerhard; Jeßberger, Florian, 전게서, p. 22.
399) 중국에서의 상황에 대하여는 J. Lu and Z. Wang, "China's Attitude towards the ICC", 3 JICJ (2005), p. 608 et seq; 러시아 헌법과 관련된 러시아에서의 상황에 대하여는 B. Tuzmukhamedov, "The ICC and Russian Constitutional Problems", 3 JICJ (2005), p. 621; 인도에 대하여는 U. Ramanathan, "India and the ICC", 3 JICJ (2005), p. 627.
400) 이러한 예외적인 현상은 조약법에 의한 비엔나 협약 제18조가 서명국가는 조약의 당사국이 될 의사가 없음이 명백하지 않는 한 '효력발생 이전에 조약의 목표와 목적을 훼손'할 수 없다는 의무를 부과하고 있어 이를 회피하기 위한 것이었다고 한다. Cryer, Robert; Friman, Håkan; Robinson, Darryl; Wilmshurst, Elizabeth, 전게서, p. 173.
401) 미국이 주도한 안전보장이사회 결의 Resolution 1422 of 12 July 2002, UN Doc. S/ RES/ 1422 (2002), Resolution 1487 of 12 June 2003, UN Doc. S/ RES/ 1487 (2003) 등 참조; 미국의 로마규정 제98조 제2항을 활용한 불인도협약 체결에 대하여는 D. Scheffer, "Article 98(2) of the Rome Statute : America's Original

그러나 로마규정에 가입하지는 않았지만 강대국들은 안전보장이사회 결의를 통하여 특정한 사건을 국제형사재판소에 회부함에 있어서는 또 다른 행보를 보이고 있다. 미국, 중국, 러시아는 2005년 안전보장이사회가 결의 1593호를 통하여 Darfur 사태를 국제형사재판소에 회부함에 있어 반대가 아닌 기권을 선택하였으며 2011년 리비아 사태의 회부에 대하여 미국은 찬성의견을 표명하였다.[402]

(2) 아프리카 국가들과의 갈등

국제형사재판소와 아프리카 국가들 사이의 관계는 지속적으로 악화되고 있다는 평가이다.[403] 아프리카 연합(African Union)은 2008년 이미 유럽국가들이 보편적 관할권을 부적절하게 적용하여 국제법상 인정되는 면책특권을 침해하고 있다고 비판하였다.[404] 특히 2009년 3월 수단 대통령 Omar al-Bashir에 대한 체포영장이 발부되자 아프리카 연합은 국제형사재판소를 아프리카와 아프리카인을 겨냥한 신제국주의적 법체제라고 비난하고 로마규정 제98조에 근거하여 수단 대통령에 대한 체포나 인도에 협력하지 않을 것임을 선언하였다.[405] 또한 국제형사재판소가 케냐 사태와 관련하여 현직 대통령 Uhuru Kenyatta와 현직 부통령 William Ruto에 대한 직권 조사를 시작하자 상황은 더욱 악화되어 아프리카 연합은 안전보장이사회에 대하여 로마규정 제16조에 규정된 권한을 행사하여 국제형사재판소에서의 형사절차를 중지시켜 줄 것을 반복적으로 요청하였다.[406] 나아가 아프리카 연합 정상들은 케냐의 요청에 따라 소집된 아프리카 연합의 특별정상회

Intent", 3 JICJ (2005), p. 333; H. van der Wilt, "Bilateral Agreements between the United States and States Parties to the Rome Statute", 18 Leiden Journal of International Law (2005), p. 96 등 참조; 2002년 8월 2일 발효된 American Servicemembers' Protection Act에 대한 상세한 내용은 L.V. Faulhaber, "American Service-members' Protection Act of 2002", 40 Harvard Journal of Legislation (2003), p. 537.

402) 미국은 자국 국민이 국제형사재판소에 기소되는 상황에 대하여는 여전히 매우 우려하는 태도를 보이고 있으나 국제형사재판소에 대한 전반적 태도에 있어서는 일부 변화가 나타나고 있는 것이 사실이다. 2009년 미국은 8년 만에 로마규정 체약당사국 총회에 참관국 입장으로 다시 참석하였으며 2010년 재검토회의에도 참석하였다. 또한 오바마 행정부는 검찰국의 수사 활동을 지원할 의사도 표명한 바 있다. Werle, Gerhard; Jeßberger, Florian, 전게서, p. 23; 이와 같은 미국의 태도 변화에 대한 논의는 H.H. Koh, "International Criminal Justice 5.0", 38 Yale Journal of International Law (2013), p. 525; S.E. Smith, "Definitely Maybe: The Outlook for U.S. Relations with the International Criminal Court during the Obama Administration", 22 Florida Journal of International Law (2010), p. 155.

403) 이에 대하여 상세한 논의는 K. Mills, ""Bashir is Dividing Us": Africa and the International Criminal Court", 34 Human Rights Quarterly (2012); Aminta Ossom, "Aa African Solution to an African problem? How an African Prosecutor could strengthen the ICC", Virginia Journal of International Law Digest(2011).

404) Werle, Gerhard; Jeßberger, Florian, 전게서, pp. 24, 163; H. van der Wilt, "Universal Jurisdiction under Attack", 9 JICJ (2011), p. 1043.

405) Werle, Gerhard; Jeßberger, Florian, 전게서, p. 24; 137 AU Assembly, Decision on the Meeting of African States Parties to the Rome Statute of the International Criminal Court, Assembly/ AU/ Dec. 270(XIV), 3 July 2009.

406) Werle, Gerhard; Jeßberger, Florian, 전게서, p. 24; 또한 아프리카 연합은 국제형사재판소에 대하여 위 사건

의에서 케냐 대통령에 대한 재판을 임기 만료 시까지 중단하고 다른 모든 아프리카 연합 소속 현직 대통령이나 현직 정부 수반에 대한 형사절차를 진행하지 않을 것을 요구하였다.[407] 그리고 이와 같은 긴장 관계 속에서 2010년부터는 아프리카 대륙에서 발생한 범죄에 대하여 스스로 기소와 처벌을 하려는 목적에서 아프리카 사법재판소와 인권법원을 설립하려는 구체적 노력이 진행되고 있다.[408]

제8절 혼합형 재판소(Hybrid Courts)

1. 혼합형 재판소의 성격과 유형

국제사회가 국제범죄를 취급하는 가장 전형적인 방법은 특정 국가의 사법체계에서 독립된 국제기구 형태의 국제형사법원을 설립하는 것이다.[409] 그러나 각국에서 발생한 다양한 범죄들을 처리하는 실제 과정에서는 국제화된 특징을 지니면서도 개별 국가의 사법체제와 관계된 복합적 성격의 혼합형 재판소(Hybrid Courts) 혹은 국제화 법원(Internationalized Courts)이 개별 국가와의 협력 하에 설립되고 있다.

대규모 충돌 상황이 발생할 경우 국내 사법체제 훼손으로 말미암아 개별 국가가 국제범죄를 다룰 능력을 갖추지 못한 경우가 적지 않다. 이러한 상황에서 모색될 수 있는 국제적 차원의 대응책으로 앞서 본 바와 같이 국제형사법원의 설립이 검토될 수 있을 것이다. 그러나 ICTY나 ICTR 같은 국제기구 형태의 국제형사법원은 많은 비용이 소요될 뿐 아니라 많은 숫자의 사건을

을 케냐로 반송할 것을 요구하기도 하였다. AU Assembly, Decision on the Implementation of the Decision on the ICC, Assembly/ AU/ Dec. 419(XIX), July 2012 및 AU Assembly, Decision on International Jurisdiction, Justice and the International Criminal Court, Assembly/ AU/ 13(XXI), May 2013.

407) AU Assembly, Decision on Africa's Relationship with the ICC, Ext/ Assembly/ AU/ Dec. 1(Oct. 2013), 12 October 2013.

408) AU, Draft Protocol on Amendments to the Protocol on the Statute of the African Court of Justice and Human Rights, Exp/ Min/ IV/ Rev. 7, 15 May 2012, adopted by Meeting of Government Experts and Ministers of Justice/ Attorneys General; 이에 대한 상세한 논의는 C.B. Murungu, "Towards a Criminal Chamber in the African Court of Justice and Human Rights", 9 JICJ (2011), p. 1067 et seq; A. Abass, "Prosecuting International Crimes in Africa", 24 EJIL (2013), p. 933 et seq; 지금까지 국제형사재판소의 사건들이 아프리카 대륙에 집중된 측면을 부인하기는 어려우나 모든 아프리카 국가들이 국제형사재판소에 대하여 적대적인 것은 아니며 특히 아프리카 민간단체로부터 광범위한 지지를 받고 있다는 주장도 존재한다. 국제형사재판소가 다루는 대부분의 아프리카 사건은 해당 국가가 스스로 회부한 것이거나 안전보장이사회가 회부한 것이라는 점도 중요한 판단 요소로서 이러한 갈등에 대하여 보다 세밀하고 진지한 고찰이 이루어져야 한다는 주장은 Werle, Gerhard; Jeßberger, Florian, 전게서, p. 25.; 남아프리카 공화국은 2016. 10. Al Bashir의 체포 문제를 빌미로 ICC 탈퇴를 선언하였으나 2017. 2. 남아프리카 공화국 고등법원은 의회의 동의가 없는 탈퇴 결정은 무효라고 판결한 바 있다.

409) 국제적 차원에서 국제기구 형태로 설립되어 형사문제를 다루는 국제재판소를 '국제형사법원'이라고 부르기로 한다.

처리할 수 없다는 한계를 가지고 있다.410) 또한 국제형사법원은 재판권의 범위가 제한되며 안전 혹은 기타 이유로 사건 현장에서 멀리 떨어져 위치하는 문제점도 존재한다. 따라서 ICTY나 ICTR 설립 이후 유사한 형태의 국제법원을 설립하려는 움직임이 있었으나 모두 성공하지 못하였다.

이러한 상황에서 대안으로 등장한 것이 국제적 요소와 국내적 요소를 함께 가진 혼합형 재판소이다. 혼합형 재판소는 일반적으로 국제기구가 아닌 국내 사법체제에 통합되어 있어 순수한 형태의 국제재판소에 비하여 외부의 간섭으로 인식될 가능성이 낮다. 따라서 주권 침해에 대한 우려를 감소시키면서도 관련국과의 협력 증대, 정통성 강화, 피해자 관여의 용이성 증대 등 다양한 효과를 함께 기대할 수 있다. 또한 상대적으로 높은 신뢰성에 비하여 적은 비용으로 정의를 실현할 수 있다는 장점도 있다.411) 재판소의 실제 설립 지역을 살펴보더라도 헤이그에 위치한 레바논 특별재판소와 보편적 관할권에 기한 세네갈 특별재판소를 제외하면 혼합형 재판소들은 모두 범죄가 발생한 국가에 위치하여 편의성과 효율성을 증대시키고 있다. 다만 혼합형 재판소에서 선고되는 판결의 수준은 다소 미흡한 것으로 유엔 임시재판소의 판례와 비교할 때 국제형사법의 발전에 바람직한 영향을 끼친 것으로 보이지 않는다는 비판이 존재한다.412)

이와 같은 혼합형 재판소 혹은 국제화된 법원은 설립의 정치적 배경, 법적 기반 등에 따라 다양한 유형이 존재하며 국제화의 수준 역시 차이가 있다. 대체적으로 법적 측면에서는 국내법과 국제법이 혼재되어 동시에 적용될 수 있으며413) ICTY나 ICTR과 같이 재판권에 대한 시간적 장소적 제한이 일정 부분 존재하는 임시재판소 형태를 띠는 경우가 많다.414) 국제 판사와 국제 검사가 국내 판사와 국내 검사와 함께 근무하는 경우가 많으며415) 코소보, 동티모르, 캄보디아, 세네갈의 경우에는 특별재판소가 국내 사법체제에 완전히 편입되어 있었으나 시에라리온 특별재판소와 레바논 특별재판소는 국내 사법체제와 밀접하게 연계되어 있으면서도 독립된 실체를 형성하고 있다.416) 이처럼 모델별로 국제화의 정도와 구체적인 형태가 서로 상이한 상황이다.

혼합형 재판소의 또 다른 특징으로는 설립에 있어 국제기구가 관여한다는 점을 들 수 있다. 시에라리온 특별재판소, 캄보디아 특별재판소, 레바논 특별재판소는 국제연합과 관련 국가의 양자 협약으로 설립되었으며417) 세네갈 특별재판소는 아프리카 연합과의 협약을 통하여 설립되었

---

410) Werle, Gerhard; Jeßberger, Florian, 전게서, p. 28.

411) Cryer, Robert; Friman, Håkan; Robinson, Darryl; Wilmshurst, Elizabeth, 전게서, p. 181; 혼합형 재판소에 대한 보다 상세한 분석은 Laura A. Dickinson, "The Promise of Hybrid Courts" (2003) 97 American Journal of International Law. p. 295 et seq.

412) Werle, Gerhard; Jeßberger, Florian, 전게서, p. 28; 이러한 현상의 원인을 열악한 재정상황과 인적자원의 부족으로 분석하는 견해는 Ambos, Kai, 전게서 I, p. 52.

413) 레바논의 국내법만을 적용하는 레바논 특별 재판소는 예외적 경우에 속한다.

414) Werle, Gerhard; Jeßberger, Florian, 전게서, p. 28.

415) Ambos, Kai, 전게서 I, p. 41.

416) Cryer, Robert; Friman, Håkan; Robinson, Darryl; Wilmshurst, Elizabeth, 전게서, p. 181.

417) 다만 레바논과의 협약은 안전보장이사회의 결의에 의하여 효력이 발생하였다.

다. 동티모르와 코소보는 국제적 간섭과 국제적 이행 기구의 주관 하에 설립된 사례로서[418] 설립된 재판소도 유엔의 과도 행정기구의 일부에 속한다.[419]

재판소의 재판권 대상이 되는 범죄에도 차이가 있는데 특히 레바논 특별재판소는 집단살해죄, 인도에 반한 죄, 전쟁범죄 등과 같은 국제범죄를 대상으로 하고 있지 않다.[420]

2. 시에라리온 특별재판소(The Special Court for Sierra Leone, SCSL)

시에라리온 특별재판소는 2002년 유엔과 시에라리온 사이의 협정에 근거하여 설립되었다. 위 재판소는 혼합형 재판소들 중 ICTY와 ICTR 등 임시재판소와 가장 유사한 형태를 취하고 있다는 평가이다.

재판소는 1991년 시작되어 10년간 지속된 시에라리온 내전을 원인으로 설립되었다. 내전진행 과정에서 충돌의 일방당사자인 '통일혁명전선(Revolutionary United Front, RUF)'이 인접 국가인 리베리아에서 시에라리온으로 진격하여 시에라리온 정부를 전복시키려 하였다. 이러한 상황에서 소년병 징집, 사지 절단 등 다양한 유형의 대량 인권침해가 발생하였다.[421]

시에라리온 대통령은 안전보장이사회에 대하여 내전 과정에서 자행된 범죄를 다룰 특별재판소의 설립을 요청하였으며 이에 따라 안전보장이사회는 유엔 사무총장으로 하여금 시에라리온 정부와 재판소 설립에 관한 협상에 들어가도록 하는 내용의 결의를 채택하였다.[422] 이후 설립될 특별재판소의 법령이 첨부된 시에라리온 정부와 유엔 사무총장 사이의 협정이 2002년 1월 16일 타결되었다. 그리고 시에라리온이 협정의 국내 도입을 위한 입법을 마침에 따라[423] 재판소는 2002년 7월 업무를 시작하였다.[424]

시에라리온 특별재판소는 유엔 안전보장이사회의 부속 기구나 국내 사법체제의 일부가 아닌 독립적 국제기구로 평가된다. 시에라리온 특별재판소는 피고인의 면책성과 관련된 판결에서 스스로를 국제법원에 해당한다고 판시한 바 있다.[425] 재판소에는 자체 법령과 자체 절차 증거규칙

418) Cryer, Robert; Friman, Håkan; Robinson, Darryl; Wilmshurst, Elizabeth, 전게서, p. 181.
419) Ambos, Kai, 전게서 I, p. 41; Werle, Gerhard; Jeßberger, Florian, 전게서, p. 28.
420) 한편 뒤에서 살피는 혼합형 재판소 이외에 보스니아-헤르체꼬비나 법원 내에 존재하는 전쟁범죄 재판부 역시 국제적 요소를 가진 국내기구에 해당한다는 입장은 Cryer, Robert; Friman, Håkan; Robinson, Darryl; Wilmshurst, Elizabeth, 전게서, p. 181.
421) 내전상황은 2000년 영국군의 개입과 대규모 유엔 평화유지군의 주둔으로 비로소 종료되었다. Cryer, Robert; Friman, Håkan; Robinson, Darryl; Wilmshurst, Elizabeth, 전게서, p. 182.
422) 안전보장이사회 결의 1315(2000) of 14 August 2000.
423) The Special Court Agreement (2002) Ratification Act.
424) Cryer, Robert; Friman, Håkan; Robinson, Darryl; Wilmshurst, Elizabeth, 전게서, p. 182; 유엔사무총장은 시에라리온 특별재판소를 '조약에 기초한 특별한 형태의 재판소로 복합적 재판권 및 복합적 구성'을 가진 것으로 설명하였다. Report by the Secretary-General on the Establishment of a Special Court for Sierra Leone, UN Doc. S/ 2000/ 915 of 4 October 2000, para. 9 (Secretary-General's Report).
425) Taylor, SCSL (AC), decision of 31 May 2004, para. 42.

이 적용되나 국제법 또는 국내법도 일부 활용할 수 있도록 하고 있다.[426] 재판소와 국내법원은 경합하는 재판권을 갖지만 재판소의 재판권이 우선한다.[427] 유엔 사무총장에 의하여 임명되는 국제판사가 다수를 차지하며 판사 중 일부는 시에라리온 정부에 의하여 임명된다. 유엔은 검사와 사무국장을 임명하고 시에라리온 정부는 부검사를 임명한다.[428]

재판소는 1996년 11월 30일부터 서아프리카 국가 영토 내에서 범하여진 '국제인도법과 시에라리온 법의 심각한 위반에 대하여 가장 중대한 책임'이 있는 사람들에 대한 재판권을 갖는다.[429] 다만 여기에서 '가장 책임 있는'이라는 문언은 기소 정책을 언급한 것일 뿐 재판권에 대한 공식적 제한은 아니라고 해석된다. 즉 재판소는 제한된 숫자의 범죄자만을 대상으로 짧은 기간 운영된다는 것을 의미한다.[430]

재판소는 재판권 존부에 대한 판단 권한을 스스로 보유하고 있음을 선언하는 한편 시에라리온 정부와 유엔 사무총장이 재판소의 재판권에 대하여 합의할 권한이 있는가 여부, 그러한 합의가 Lomé 평화협정에 부합하는가 여부 등 재판권에 대하여 피고인 측이 제기한 다수의 이의를 모두 기각하였다.[431] 또한 특별재판소 법령에 명시된 바와 같이 Lomé 평화협정을 통하여 내려진 사면은 재판소에서의 국제범죄 기소를 방해하지 않는다고 판시하였다.[432]

재판권의 대상이 되는 충돌의 특성을 고려하여 재판권은 비국제적 무력충돌에서의 전쟁범죄와 인도에 반한 죄로 국한되었으며 집단살해죄와 국제적 충돌에서의 전쟁범죄는 포함되지 않았다.[433] 재판소의 재판권 대상에는 시에라리온 국내법 하에서만 범죄로 규정되어 있는 몇몇 특별한 범죄도 포함되어 있다.[434]

시에라리온 특별재판소 법령에 규정된 인도에 반한 죄의 개념은 완전히 동일하지는 않으나

---

426) 시에라리온 특별재판소 법령 제14조.
427) 시에라리온 특별재판소 법령 제8조.
428) Cryer, Robert; Friman, Håkan; Robinson, Darryl; Wilmshurst, Elizabeth, 전게서, p. 182.
429) 시에라리온 특별재판소 법령 제1조 이하.
430) Cryer, Robert; Friman, Håkan; Robinson, Darryl; Wilmshurst, Elizabeth, 전게서, p. 202; 일부 예외는 있으나 원칙적으로 평화유지군과 관련된 인사들은 파견국가의 재판권에 속하는 것으로 규정되어 있다. 시에라리온 특별재판소 법령 제1조 제2항, 제3항.
431) Morris Kallon et al. SCSL (AC), decision of 13 March 2004; Moinina Fofana, SCSL (AC), decision of 25 May 2004 등; 절차의 신속화를 위하여 시에라리온 특별재판소 절차증거규칙에 따라 재판권에 대한 이의는 항소심에서 단심으로 최종 판단한다. Cryer, Robert; Friman, Håkan; Robinson, Darryl; Wilmshurst, Elizabeth, 전게서, p. 183.
432) 시에라리온 특별재판소 법령 제10조; Morris Kallon et al. SCSL (AC), decision of 13 March 2004. paras. 67. et seq; 이처럼 면책성의 배제라는 결과를 가져오기 위하여 국제화된 해결책을 도모하였다는 주장은 Cryer, Robert; Friman, Håkan; Robinson, Darryl; Wilmshurst, Elizabeth, 전게서, p. 183.
433) 시에라리온 특별재판소 법령 제2조, 제3조, 제4조; 그러나 시에라리온 특별재판소는 전쟁범죄의 배경이 된 무력충돌의 성격이 국제적인 것인가 아니면 비국제적인 것인가 여부에 관계없이 기소될 수 있다고 판단하였다. Moinina Fofana, SCSL (AC), decision of 25 May 2004.
434) 시에라리온 특별재판소 법령 제5조.

ICTR 법령의 영향을 받은 것이다. 인도에 반한 죄에 있어서 차별 요건은 삭제되었으며 성범죄와 박해 행위의 개념이 더욱 발전되어 규정되었다. 전쟁범죄에 대하여는 ICTR 법령의 전쟁범죄 개념을 거의 그대로 반복하고 있다.[435] 소년병 징집을 전쟁범죄에 포함시킨 것에 대하여 죄형법정주의 위반이라는 이의가 있었으나 재판소는 1996년 11월 이전부터 소년병 징집은 국제관습법에서의 전쟁범죄에 해당한다고 판시하면서 이러한 이의를 기각하였다.[436]

내전 기간 동안 심각한 범죄를 저지른 소년병들을 어떻게 취급할 것인가는 많은 논란을 야기한 문제였다. 최종적으로 범죄 당시 15세가 되지 않은 소년에 대한 재판권은 배제되는 것으로 결정되었고 15세부터 18세까지 미성년 범죄자들에 대한 유죄판결에 대비한 특별한 조항들이 삽입되었다.[437]

재판소는 2006년 초반 13명의 피고인들을 기소하였으나 그 중 4명은 재판 도중에 사망하였다.[438] 9명의 피고인에 대한 재판에서 8명이 전쟁범죄와 인도에 반한 죄로 15년에서 52년 형을 선고받았으며 이러한 결과는 항소심에서도 전반적으로 유지되었다.[439]

시에라리온 정부를 공격한 통일혁명전선(Revolutionary United Front, RUF)에 대한 사건과 달리 시에라리온 정부와 연계된 국내방위군(Civil Defence Force, CDF) 관련 사건은 많은 논란을 야기하였다. 관련 피고인에 대한 일부 혐의가 인정된다고 본 다수의견과 달리 시에라리온 판사는 국내방위군의 행위는 긴급상황에 의한 것이라는 근거 등을 제시하며 무죄판결을 주장하였으며 이들에게 종국적으로 부과된 상대적으로 관대한 형량도 논란이 되었다.[440] 이에 따라 항소심은 다수의견으로 1심 판결의 몇 가지 죄명에 대한 판단을 뒤집고 실질적으로 형량을 상향하였다.[441]

시에라리온 특별재판소의 마지막 피고인은 전 리비아 대통령 Charles Taylor이다. 그는 인도에 반한 죄, 전쟁범죄 등 모두 11개의 공소사실로 유죄판결을 선고받고 50년 형에 처해졌다.[442]

---

435) 다만 로마규정에 포함된 중대성을 기준으로 한 포괄적 위반 행위 개념을 반영하여 국제인도법의 다른 심각한 위반도 함께 규정하고 있다. Cryer, Robert; Friman, Håkan; Robinson, Darryl; Wilmshurst, Elizabeth, 전게서, p. 184.

436) Norman et al., SCSL (AC), decision of 31 May 2004.

437) 시에라리온 특별재판소 법령 제15조 제1항, 제19조 제1항.

438) Werle, Gerhard; Jeßberger, Florian, 전게서, p. 122.

439) 1997년 2월부터 1998년 2월까지 시에라리온의 수반이었던 Johnny Paul Koroma는 생사가 불명한 상태였으나 검찰은 이에 대한 기소를 철회하지 않았다. Werle, Gerhard; Jeßberger, Florian, 전게서, p. 122.

440) Fofana and Kondewa, SCSL (TC), judgment of 2 August 2007과 이에 대한 Separate Concurring and Partially Dissenting Opinion of Hon. Justice Bankole Thompson; Fofana and Kondewa, sentencing judgment of 9 October 2007.

441) Fofana and Kondewa, SCSL (AC), judgment of 28 May 2008; 항소심에서도 시에라리온 판사는 무죄를 주장하는 한편 민주적으로 선출된 정부로 되돌리기 위한 투쟁이었음을 이유로 관대한 형이 유지되어야 한다고 주장하였다. 그러나 항소심은 충돌의 모든 당사자들은 동일한 원칙을 준수하여야 하고 동일한 처벌을 받아야 한다는 원칙을 유지하였다. Cryer, Robert; Friman, Håkan; Robinson, Darryl; Wilmshurst, Elizabeth, 전게서, p. 184.

442) Taylor, SCSL (TC), judgment of 26 April 2012, SCSL (TC) judgment of 18 May 2012, SCSL (TC), sentencing

재판은 안전상의 이유로 특별 협약에 따라 헤이그에 있는 국제형사재판소에서 이루어졌다. Charles Taylor의 유죄판결이 항소심에서도 승인됨으로써 시에라리온 특별재판소는 모든 재판을 끝내고 11년간의 일정을 마감하였다.[443]

ICTY와 ICTR의 경우와 같이 재판소의 남은 업무 처리를 위하여 시에라리온 정부와 유엔 사이의 합의에 따라 시에라리온 특별재판소의 잔여이행절차법원(Residual Special Court for Sierra Leone, RSCSL)이 형벌 집행의 감독, 증인과 피해자 보호, 기록 보존 등의 업무를 담당하게 되었다.[444]

시에라리온 특별재판소는 국제형사법의 관념과 원칙을 더욱 세밀하게 정제하고 전쟁범죄와 인도에 반한 죄에 대한 새로운 발전에 크게 기여하였으며 제도적 측면이나 절차적 측면에서도 혁신을 이룬 것으로 평가되고 있다.[445]

3. 세네갈 특별재판소(Extraordinary African Chambers)

세네갈 특별재판소는 아프리카 국가 차드의 독재자 Hissène Habré가 재임한 1982년부터 1990년까지 자행된 심각한 인권 침해 사건들을 처벌하기 위하여 세네갈과 아프리카 연합의 협력에 따라 세네갈 사법체제 내에 보편적 관할권을 근거로 설치된 혼합형 재판소이다.

2000년 이후 세네갈에 거주하고 있던 Hissène Habré를 법의 심판대에 세우려는 다양한 시도가 이어져 왔다. 2010년 서아프리카 제국 경제공동체법원(the Court of Justice of the Economic Community of West African States, ECOWAS)은 소급금지 원칙을 위반하지 않으려면 Habré를 국제적 성격을 가진 특별한 임시절차에 따라 재판을 받도록 하여야 한다고 판시한 바 있다.[446] 세네갈 법원은 Hissène Habré에 대해 벨기에로의 범죄인인도를 거부한 바 있는데 이와 관련하여 2012년 국제사법재판소는 세네갈이 고문방지협약 당사국으로 부담하고 있는 국제법상 의무를 위반하고 있으며 범죄인인도를 하지 않는다면 지체없이 Hissène Habré 사건에 대한 형사기소 절차를 취해야 한다고 판시하였다.[447] 이러한 국제사법재판소에 대한 판결의 대응조치로 이후 세네갈 특별재판소의 설립절차가 진행되게 되었다.[448]

2012년 8월 세네갈과 아프리카 연합은 특별재판소 설립을 위한 협약을 체결하고 2012년 12

---

judgment of 30 May 2012 등.

443) Taylor, SCSL (AC), judgment of 26 September 2013.

444) Agreement between the United Nations and the Government of Sierra Leone on the Establishment of a Residual Special Court for Sierra Leone of 11 August 2010.

445) Cryer, Robert; Friman, Håkan; Robinson, Darryl; Wilmshurst, Elizabeth, 전게서, p. 185; Chacha Murungu, "Prosecution and Punishment of International Crimes by the Special Court for Sierra Leone" in Chacha Murungu and Japhet Biegon (eds.), Prosecuting International Crimes in Africa (Pretoria, 2011) pp. 97-118.

446) Court of Justice of ECOWAS, judgment of 18 November 2010(Hissène Habré v Republic of Senegal).

447) ICJ, judgment of 20 July 2012 (Questions Relating to the Obligation to Prosecute or Extradite, Belgium v Senegal), in ICJ Reports 2012, 422.

448) Werle, Gerhard; Jeßberger, Florian, 전게서, p. 126.

월 세네갈은 협약을 도입하는 국내법을 제정하였다.[449] 협약에 따르면 특별재판소는 1982년 6월 1일에서 1990년 12월 1일까지의 Habré 재임기간 동안 범하여진 집단살해죄, 인도에 반한 죄, 전쟁범죄와 고문 등에 대하여 가장 책임 있는 사람들을 처벌할 수 있다.[450] 1심 재판부와 항소부는 모두 세네갈 사법체제 내에 설립되었다. 재판소의 판사는 세네갈과 아프리카 연합 의장이 선임하는 세네갈 판사들로 구성되나 재판장은 아프리카 연합 소속의 다른 국가의 국민 중에서 선임되었다.[451] 검사는 독립된 검찰국 소속으로 판사와 동일한 방식으로 임명되었다.[452] 재판소에 필요한 자금은 국제적 기부로 조달되었다.[453]

재판부는 2013년 2월 8일부터 업무를 개시하였으며 수사판사는 2013년 7월 2일 Hissène Habré를 인도에 반한 죄, 고문, 전쟁범죄 등으로 기소하였다. 검찰이 세네갈에 소재해 있지 않은 Hissène Habré 체제 핵심 가담자 5명에 대한 기소를 요구함에 따라 세네갈과 차드는 사법협력에 관한 특별 협약을 체결하였다. Hissène Habré 재판과 관련하여 차드는 2002년 이미 Habré의 해외 기소에 대한 면책특권을 포기한 바 있으며 특별재판소 법령 역시 명시적으로 면책특권이나 사면이 기소의 장애사유가 되지 않음을 규정하고 있다.[454]

4. 캄보디아 특별재판소(Extraordinary Chambers in the Courts of Cambodia, ECCC)

1975년부터 1979년까지 캄보디아에서 지속되었던 폴포트(Pol pot) 정권의 크메르 루즈(Khmer Rouge) 체제 혹은 캄푸치아 민주공화국(Demorcatic Kampuchea) 체제 하에서는 약 170만 명이 넘는 사람들이 사형, 기아, 강제노동 등으로 사망하였다.[455] 캄보디아 특별재판소는 위 기간 동안 범하여진 폴포트(Pol pot) 정권 하에서의 범죄들을 다루기 위해 설립된 특별재판소이다.

당초 유엔 전문가 그룹이 임시재판소 설립을 권고하였으며 캄보디아도 유엔에 대하여 크메르 루즈 공무원들을 법정에 세울 수 있도록 도와줄 것을 요청하였다. 그러나 실제로 캄보디아 내에 특별재판소가 도입되기 까지는 오랜 시간이 필요하였다.[456] 유엔은 임시재판소 설립을 권고

---

449) Cryer, Robert; Friman, Håkan; Robinson, Darryl; Wilmshurst, Elizabeth, 전게서, p. 190.
450) 세네갈 특별재판소 법령 제3조에서 제8조.
451) 세네갈 특별재판소 법령 제2조, 제11조.
452) 세네갈 특별재판소 법령 제12조.
453) 기부내역은 다음과 같다. Chad (US $ 3,743,000), EU (€ 2 million), the Netherlands (€ 1 million), AU (US $ 1 million), US (US $ 1 million), Belgium (€ 500,000), Germany (€ 500,000), France (€ 300,000), Luxembourg (€ 100,000). Werle, Gerhard; Jeßberger, Florian, 전게서, p. 163.
454) 세네갈 특별재판소 법령 제10조 제3항 등. 흥미로운 것은 과거 차드에서 이미 Habré에 대한 궐석 재판이 있었던 관계로 일사부재리 쟁점이 제기될 수 있다는 것이다. 세네갈 특별재판소 법령 제19조 참조; Cryer, Robert; Friman, Håkan; Robinson, Darryl; Wilmshurst, Elizabeth, 전게서, p. 191; 기타 세네갈 특별재판소에 대하여 상세한 논의는 S. Williams, "The Extraordinary African Chambers in the Senegalese Courts", 11 JICJ (2013).
455) Cryer, Robert; Friman, Håkan; Robinson, Darryl; Wilmshurst, Elizabeth, 전게서, p. 185.
456) 상세한 성립 경과에 대하여는 Horsington, Helen, "The Cambodian Khmer Rouge Tribunal: The Promise of a Hybrid Tribunal", Melbourne Journal of International Law(2004).

하였으나 캄보디아가 국내적 해결책을 고집하는 상황에서 1999년 시작된 캄보디아 정부와 유엔 사이의 협상은 2002년에 이르러 결렬되었다. 유엔은 캄보디아 사법체제가 독립성, 불편부당성, 객관성 등을 갖추고 있지 못하다고 보았던 반면 캄보디아는 유엔과의 협약에 따라 유엔의 도움을 받아 상황이 규율되어 나가는 것을 받아들이지 않았다.[457] 이후 유엔 총회가 캄보디아 법에 근거한 특별재판소 형태의 국내 재판소 설립을 위한 협상을 시작할 것을 권고함에 따라 새로운 국면이 전개되기 시작하여[458] 2003년 5월 캄보디아와 유엔 사이의 협약이 유엔 총회에 의하여 채택되고[459] 2004년 10월 위 협약을 캄보디아 의회가 비준함으로써 2005년 3월 29일 협약의 효력이 발생하였다.[460]

캄보디아 특별재판소는 캄보디아 국내 사법체제 내에 설립되었으며 캄보디아 국내법이 적용된다. 그러나 캄보디아 특별재판소의 전심 재판부는 스스로를 캄보디아 사법체제에서 독립되어 존재하는 독립체로 판단하였다.[461] 위 협약과 법률에 따라 재판소는 '캄푸치아 민주공화국(Demorcatic Kampuchea)의 고위급 지도자의 범죄와 캄보디아 형법, 국제인도법과 관습, 캄보디아에 의하여 승인된 국제조약 등에 대한 심각한 위반에 대하여 가장 큰 책임을 부담하는 사람의 범죄'를 심리한다. 대상 범죄에는 1948년 집단살해방지협약에 규정된 집단살해죄, 로마규정에 정의된 인도에 반한 죄, 제네바 협약에 대한 심각한 위반에 해당하는 범죄와 일부 캄보디아 국내법상의 범죄 등이 포함된다.[462] 그러나 비국제적 무력충돌 상황에서의 전쟁범죄는 포함되지 않았다. 왜냐하면 캄보디아는 1980년 이전에는 제네바협정 부속의정서의 체약당사국이 아니었으며 비국제적 무력충돌 상황에서의 대상 행위의 범죄성이 대상 범죄들이 범하여진 1970년대에도 국제관습법에 의하여 인정되는가 여부에 대한 의문이 존재하였기 때문이다.[463] 재판권의 시간적 범위는 완전히 소급적인 것으로 1975년 4월 17일부터 1979년 1월 6일까지의 범죄를 대상으로 하였다.[464]

캄보디아 특별재판소의 재판부는 매우 특이한 형태로 구성되어 있다. 1심은 모두 5명의 판

---

457) Cryer, Robert; Friman, Håkan; Robinson, Darryl; Wilmshurst, Elizabeth, 전게서, p. 186.

458) 유엔총회 결의 57/ 228A of 18 December 2002.

459) 유엔총회 결의 57/ 228B of 13 May 2003.

460) 위 협약은 조약법의 적용을 받는 것으로 캄보디아 입법에 의하여 회피될 수 없는 것이었다. 캄보디아와 유엔 사이의 조약과는 별도로 국내 사법 체제에서 대상 범죄를 기소할 수 있도록 하는 '특별재판소 설립에 관한 법률(Law on the Establishment of the Extraordinary Chambers)'이 도입되었으며 위 법률은 2004년 10월 5일과 27일 두 차례에 걸쳐 개정되었다. Ambos, Kai, 전게서 I, p. 45; Cryer, Robert; Friman, Håkan; Robinson, Darryl; Wilmshurst, Elizabeth, 전게서, p. 186.

461) ECCC (PTC), Decision on Appeal against Provisional Detention Order of Kaing Guek Eav Alias "Duch" of 3 December 2007, paras. 17-20.

462) UN-Cambodia Agreement 제1조, 제9조.

463) Report of the Group of Experts for Cambodia Established Pursuant to General Assembly Resolution 52/ 135, UN Doc. A/ 53/ 850, paras. 72-75.

464) Cryer, Robert; Friman, Håkan; Robinson, Darryl; Wilmshurst, Elizabeth, 전게서, p. 186.

사로 구성되는데 재판장 판사를 포함한 3명이 캄보디아 판사이며, 항소심은 모두 7명의 판사로 구성되는데 재판장 판사를 포함한 4명이 캄보디아 판사이다.[465] 이러한 구성은 캄보디아 측 주장을 따른 것으로 이처럼 재판부에 캄보디아 판사들이 다수를 차지한 것과의 균형을 위하여 가중다수결(qualified majority)이 채택되었다.[466] 그러나 이러한 구조는 판결 선고에 있어 교착 상태를 가져올 수 있는 것으로 모든 국제 판사들이 유죄 의견을 표명하더라도 무죄판결이 선고될 수 있는 상황이었다.[467] 소송절차도 캄보디아 형사소송법을 따르도록 되어 있었다.[468] 국제 판사와 국내 판사 두 사람이 수사판사로서 캄보디아 법에 따라 수사를 담당하는데 의견 충돌로 협의가 되지 않을 경우에는 국내 판사들이 다수를 차지하는 전심 재판부에 의하여 결정된다.[469] 검사 역시 국내 검사와 국제 검사가 임명되고 의견이 불일치할 경우 동일한 절차에 따라 처리되도록 규정되었다.[470] 유엔 사무총장이 국제 판사와 국제 검사를 지명하도록 되어 있었으나 캄보디아 최고 치안판사 위원회(Cambodian Supreme Council of Magistracy)가 모든 판사들과 검사들을 임명하는 구조를 가지고 있었다.[471] 판사들은 2006년 3월 7일 임명되었으며 몇 번의 지연 과정을 거쳐 2007년 6월 12일 재판소에 적용될 절차규칙에 합의하였다.[472]

대상 범죄들에 대하여 가장 책임이 있는 폴 포트는 이미 사망한 상황에서 2008년 8월 8일 프놈펜의 S-21 보안센터 소장이었던 Kaing Guek Eav alias Duch가 첫 번째로 기소되었다. 재판은 2009년 3월 30일 시작되어 2010년 7월 26일 살해, 노예화, 투옥, 고문과 정치적 근거에 의한 박해 등으로 인한 인도에 반한 죄와 살인, 고문, 비인도적 처우 등으로 인한 제네바협정에 대한 심각한 위반 등으로 징역 35년이 선고되었다.[473] 그러나 1심 판결에 대한 검찰 항소가 받아들여져 항소심에서는 무기징역형이 선고되었다.[474]

두 번째 사건은 전 캄푸치아 공산당 부서기 Nuon Chea(84세), 전 외교부 차관 Ieng Sary(85세), Ieng Sary의 부인이자 전 사회부 장관 Ieng Thirith(78세), 전 국가원수 Khieu Samphan(79세) 등 4명에 대한 재판이었다. 2011년 1월 13일 4명의 피고인들에 대한 기소가 전심 재판부에 의하여 최종 승인되어 정식 재판 절차가 시작되었다.[475] Ieng Sary은 집단살해죄 혐의에 대하여 과거

---

465) Ambos, Kai, 전게서 I, p. 45.
466) UN-Cambodia Agreement 제3조, 제4조.
467) Cryer, Robert; Friman, Håkan; Robinson, Darryl; Wilmshurst, Elizabeth, 전게서, p. 186.
468) UN-Cambodia Agreement 제12조.
469) UN-Cambodia Agreement 제5조, 제7조.
470) UN-Cambodia Agreement 제6조 등.
471) Cryer, Robert; Friman, Håkan; Robinson, Darryl; Wilmshurst, Elizabeth, 전게서, p. 187.
472) Ambos, Kai, 전게서 I, p. 45.
473) Kaing Guek Eav (Duch), ECCC (TC), judgment of 26 July 2010. 1999년 3월부터 2007년 7월 31일까지 불법 구금되어 있었던 것에 대한 보상으로 5년이 감형되었다.
474) Kaing Guek Eav (Duch), ECCC (AC), judgment of 3 February 2012.
475) Ambos, Kai, 전게서 I, p. 46.

궐석재판으로 유죄판결을 선고받은 적이 있어 검찰과 전심 재판부 사이에 기소 가능성을 두고 논란이 있었으나 그는 2013년 사망하였다. 또한 2011년 11월 재판소는 Ieng Thirith가 재판을 받을 수 있는 능력이 없다고 판단하여 결국 두 명에 대한 재판만 남게 되었다.[476] 피고인들은 인도에 반한 죄와 제네바협정의 심각한 위반, 집단살해죄 등으로 기소되었는데 실제 재판은 2011년 6월 27일 시작되었으며 이후 법원의 명령에 따라 보다 작은 재판들로 분리되어 진행되었다. 재판부는 우선적으로는 주민들의 강제 이주에 집중하여 심리할 것을 선언하였으며[477] 분리된 재판 중 일부가 2013년 10월 종결되었다.[478] 2014년 8월 7일 Nuon Chea와 Khieu Samphan은 종신형을 선고받았으며[479] 위 판결은 대법원에서 확정되었다.[480]

캄보디아 특별재판소에 의하여 재판을 받아야 하는 사람들이 기소된 5명으로 제한되어야 하는가의 문제에 대하여 국제 검사와 캄보디아 검사들 사이에 의견이 일치하지 않았다. 결국 많은 논란 끝에 2009년 9월 7일 국제 검사가 수사판사에 대하여 수사개시 요청을 함에 따라 피의자들의 신원이 비밀에 붙여진 상태에서 두개의 수사절차가 진행 중에 있다.[481] 이러한 과정에서 캄보디아 판사들의 공정성에 대한 의문이 제기되었으며 국제 수사판사가 사직하고 새로운 국제 수사판사가 임명되기도 하였다. 이후에도 캄보디아 측의 도움을 거의 받지 못하는 상황에서 수사가 진행되는 등 분열상황이 계속되었다.[482] 2015년 3월 또 다른 피고인인 Meas Muth가 기소되어 재판이 진행 중에 있다.[483]

5. 레바논 특별재판소(Special Tribunal for Lebanon)

레바논 특별재판소는 레바논 전 총리 라피크 하리리(Rafiq Hariri) 등에 대한 살해사건과 관련하여 유엔 안전보장이사회의 관여 하에 설립된 특별재판소이다.

안전보장이사회는 2005년 2월 14일에 있었던 레바논 전 총리 라피크 하리리 살해사건과 관련하여 레바논 당국의 암살사건 조사를 돕는 위원회 조직 등을 결의하였다.[484] 이후 레바논이 국

---

476) 이처럼 2011년 11월 17일 1심 재판부는 Ieng Thirith이 재판을 받을 수 있는 정신적 능력을 구비하고 있지 못하다고 판단하였다. 그러나 특별재판소 최고법원은 가중 다수결 결정에 따라 검찰의 항소를 인용하고 피고인에 대한 무조건 석방 명령의 효력을 배제시켰다. 이후 특별재판소 최고법원은 1심 법원에 대하여 6개월 동안 의학적, 심리학적 치료를 시행한 후 정신적 능력을 재검사 할 것을 명령하였다. 그러나 2012년 9월 16일 최종적으로 특별재판소 최고법원 역시 피고인에 대한 즉각적 석방을 명령하였다. Cryer, Robert; Friman, Håkan; Robinson, Darryl; Wilmshurst, Elizabeth, 전게서, p. 188.
477) Ambos, Kai, 전게서 I, p. 46.
478) Cryer, Robert; Friman, Håkan; Robinson, Darryl; Wilmshurst, Elizabeth, 전게서, p. 188.
479) http://www.eccc.gov.kh/en/keyevents 참조.
480) 2016. 11. 23. Extraordinary Chambers in the Courts of Cambodia Case No. 002/19-09-2007-ECCC/SC.
481) Ambos, Kai, 전게서 I, p. 46.
482) Cryer, Robert; Friman, Håkan; Robinson, Darryl; Wilmshurst, Elizabeth, 전게서, p. 188.
483) http://www.eccc.gov.kh/en/case/topic/286 참조.
484) 안전보장이사회 결의 1595(2005) of 7 April 2005 established the UN International Independent Investigation

제재판소의 설립을 요청하자 안전보장이사회는 유엔 사무총장에 대하여 레바논 정부와 '국제적 성격의 재판소' 설립에 대한 협상을 의뢰하였다.[485] 협상 결과 도출된 재판소 설립을 위한 협정과 법령 초안이 안전보장이사회에 제출되어 승인되었으며[486] 레바논 정부 역시 협정에 서명하였다. 그러나 이후 레바논 헌법과의 상충 문제로 재판소 설립절차가 교착상태에 이르자 안전보장이사회가 레바논 총리의 요청에 따라 유엔헌장 제7장의 권한에 의거하여 협정의 조항들에 대하여 법적 효력을 부여함으로써[487] 처음으로 안전보장이사회가 유엔헌장 제7장에 근거하여 혼합형재판소를 설립하게 되었다.[488]

이처럼 레바논 특별재판소의 설립근거가 되는 협약이 비록 안전보장이사회의 결의에 의하여효력이 부여되기는 하였으나 시에라리온의 경우처럼 재판소는 기본적으로 조약에 근거한 것으로유엔의 부속 기관이나 레바논 법원의 일부가 아니다.[489] 특별재판소의 재판권과 조직은 유엔과레바논 사이의 협약과 안전보장이사회 결의 1757에 부속된 재판소 법령에 규정되어 있다. 레바논 특별재판소는 네덜란드 헤이그에 위치하며 2005년 2월 14일에 있었던 레바논 전 총리 라피크하리리와 다른 여러 사람들을 사망에 이르게 한 사건에 대하여 책임 있는 사람들을 처벌 대상으로 한다.[490] 1심 법원은 두 사람의 국제 판사와 한 사람의 레바논 판사로 구성되며 항소심은 3명의 국제 판사와 두 사람의 레바논 판사로 구성된다. 그러나 국제범죄에 대한 재판권을 보유하고있지 않으며 레바논 형법이 적용된다.[491] 사형이나 강제노역형이 선고될 수 없으며 레바논 국내법원에 대하여는 우월성을 가진다.[492]

2011년 1월 첫 번째 기소가 이루어졌으며 2011년 6월에는 재판소가 기소 내용을 확인하고당시까지 체포되지 않았던 모든 피의자들에 대한 체포영장을 발부하였다.[493] 레바논 국내법에따라 궐석재판이 가능하였으므로 2014년 1월 피고인이 없는 상태에서 Ayyash et al.에 대한 재판

Commission (UNIIC); 안전보장이사회 결의 1636(2005) of 31 October 2005.

485) 안전보장이사회 결의. 1664(2006) of 29 March 2006.

486) Report of the Secretary-General on the Establishment of a Special Tribunal for Lebanon, UN Doc. S/ 2006/ 893 of 15 November 2006; Cryer, Robert; Friman, Håkan; Robinson, Darryl; Wilmshurst, Elizabeth, 전게서, p. 188.

487) 안전보장이사회 결의 1757 of 30 May 2007, UN Doc. S/ RES/ 1757 (2007); 이러한 해법에 대하여는 국내의 헌법 문제를 유엔헌장 제7장을 이용하여 회피하려 하는 것이라는 일부 이사국들의 비판이 있었다. Cryer, Robert; Friman, Håkan; Robinson, Darryl; Wilmshurst, Elizabeth, 전게서, p. 188.

488) Werle, Gerhard; Jeßberger, Florian, 전게서, p. 123.

489) Cryer, Robert; Friman, Håkan; Robinson, Darryl; Wilmshurst, Elizabeth, 전게서, p. 188.

490) Werle, Gerhard; Jeßberger, Florian, 전게서, p. 123; 또한 일정한 기간 내에 있는 이와 유사한 본질과 중대성을 갖는 범죄도 그 대상이다. Cryer, Robert; Friman, Håkan; Robinson, Darryl; Wilmshurst, Elizabeth, 전게서, p. 189.

491) 테러와 생명에 관한 범죄 등에 대한 레바논 형법이 적용된다. 레바논 특별재판소 법령 제2조 (a) 참조.

492) Cryer, Robert; Friman, Håkan; Robinson, Darryl; Wilmshurst, Elizabeth, 전게서, p. 189.

493) Ayyash et al., STL (Pre-Trial Judge), warrants of arrest, 28 June 2011, against Salim Jamil Ayyash, Mustafa Amine Badreddine, Hussein Hassan Oneissi and Assad Hassan Sabra.

이 시작되었다. 2012년 6월 두번째 기소가 이루어져 2013년 7월에 재판소가 기소내용을 승인하였으며 역시 미체포 상태인 피의자에 대하여 체포영장이 발부되었다.[494]

2011년 2월 항소심 재판부는 재판소가 적용하여야 할 법에 대하여 결정하면서 평화의 시기에 범하여지는 테러는 국제관습법에 따라 형사처벌의 대상이 되는 것이며 따라서 독립된 범죄로 승인될 수 있다는 부가의견(obiter dictum)을 표명하여 학계에서 심각한 비판을 받았다.[495] 그리고 2012년 8월 두 번째 결정에서 특별재판소의 재판권과 합법성에 대하여 스스로 판단하였다.[496]

레바논 특별재판소에는 약400명이 근무하며 국제사회 기부금 51퍼센트와 레바논 정부 출연금 49퍼센트로 운영된다.[497]

6. 동티모르 심각한 범죄 재판부(Serious Crimes Panels)

동티모르는 포르투갈 식민지였다가 1975년 인도네시아에 무력 합병되었다. 1999년 실시된 국민투표에서 대다수의 동티모르인들은 독립 찬성에 투표를 하였는데 그 과정에서 인도네시아 무장 사병조직에 의한 광범위한 폭력이 발생하였으며 이러한 폭력사태는 유엔이 승인한 군대가 개입하여 비로소 중단되었다. 그리고 안전보장이사회의 1999년 결의에 따라 유엔 동티모르 과도행정기구(United Nations Transitional Administration in East Timor. UNTAET)가 설립되어 이전 정권의 주권적 행위들을 모두 담당하게 되었다.[498]

동티모르 과도행정기구는 사법조직 개편을 통하여 6개의 지방법원과 항소법원 등을 구성하였으며[499] 수도 딜리(Dili)에 있는 지방법원에 '심각한 범죄 재판부(Serious Crimes Panels)'와 이에 대한 항소법원을 설립하였다.[500] 재판부는 일정 수준 이상의 심각한 범죄에 대한 배타적 재판권을 보유하였다. 재판부에는 동티모르 판사들과 국제 판사들이 혼합되어 있었으나 국제 판사들이 다수를 차지하였다.[501] 또한 과도행정기구는 기소를 담당할 별도의 검찰조직인 국가 검찰실을 국내 검사와 국제 검사로 구성하고[502] 특히 대검찰청 내부에 부검찰총장으로 호칭되는 심각한

---

494) Merhi, STL (Pre-Trial Judge), decision of 31 July 2013; 재판의 경과에 대하여 상세한 것은 Cryer, Robert; Friman, Håkan; Robinson, Darryl; Wilmshurst, Elizabeth, 전게서, p. 190.

495) STL (AC), Interlocutory Decision on the Applicable Law of 16 February 2011; Cryer, Robert; Friman, Håkan; Robinson, Darryl; Wilmshurst, Elizabeth, 전게서, p. 189.

496) Ayyash et al., STL (AC), decision of 24 August 2012.

497) Cryer, Robert; Friman, Håkan; Robinson, Darryl; Wilmshurst, Elizabeth, 전게서, p. 190.

498) 안전보장이사회 결의 1272 (1999); Cryer, Robert; Friman, Håkan; Robinson, Darryl; Wilmshurst, Elizabeth, 전게서, p. 191.

499) UNTAET Regulation 2000/ 11 of 6 March 2000; Cryer, Robert; Friman, Håkan; Robinson, Darryl; Wilmshurst, Elizabeth, 전게서, p. 193.

500) Ambos, Kai, 전게서 I, p. 43.

501) UNTAET Regulation 2000/ 15 of 5 July 2000.

502) UNTAET Regulation 2000/ 16 of 5 July 2000.

범죄 전담 특별검사도 두었다.[503]

UNTAET 법령은 집단살해죄, 인도에 반한 죄, 전쟁범죄 등 국제범죄와 함께 살인, 성범죄, 고문 등 일정한 국내범죄를 심각한 범죄 재판부의 배타적 재판권 대상으로 규정하였으며 형사법과 형벌에 대한 일반원칙 조항들도 함께 규정하였다.[504] 재판권은 1999년 1월 1일부터 10월 25일 사이에 동티모르에서 발생한 범죄나 다른 장소에서 발생한 범죄 중 동티모르 국민에 대한 범죄로 제한되었다.[505] 심각한 범죄 재판부는 국내법[506], 임시 형사소송법을 포함하여 UNTAET 규정[507] 그리고 필요한 경우에는 적용가능한 조약과 일반적으로 승인된 국제법의 원칙 등을 적용할 수 있었다.[508]

특별 재판절차를 통하여 모두 391명이 기소되어 84명이 유죄판결을 받았으며 3명이 무죄판결을 받았다. 그리고 인도네시아에 체류하고 있는 300명 이상이 미체포 상태로 남아 있다.[509] 다수의 재판에서 대상 행위를 일단 국내법 상의 일반 범죄로 기소한 후 피고인의 유죄답변이 있을 경우 이에 근거하여 인도에 반한 죄 등에 대한 유죄판결이 내려졌다. 그러나 복잡한 국제형사법의 쟁점들이 제대로 논의되지 않음으로써 전쟁범죄의 배경적 요소인 무력충돌의 성격, 인도에 반한 죄의 전제요건, 강박과 상급자명령 항변의 처리 문제 등이 제대로 규명되지 않았다는 비판이 있다.[510] 또한 동티모르 사태와 관련된 범죄자들을 실제로 처벌하려는 노력은 인도네시아와의 협력이 제대로 이루어지지 않아 많은 어려움을 겪었다.[511]

---

503) Ambos, Kai, 전게서 I, p. 43.

504) UNTAET Regulation 2000/ 15 of 5 July 2000, 제4조에서 제6조, 제7조, 제10조에서 제21조.

505) Ambos, Kai, 전게서 I, p. 43; Cryer, Robert; Friman, Håkan; Robinson, Darryl; Wilmshurst, Elizabeth, 전게서, p. 193.

506) 국내법의 적용과 관련하여 항소법원이 인도네시아의 동티모르 점령은 불법적인 것이었으므로 국내법으로서 인도네시아법의 적용을 거부하고 이전 제국주의 국가인 포르투갈 법이 적용된다고 판시하여 더욱 복잡한 상황으로 전개되었다. Cryer, Robert; Friman, Håkan; Robinson, Darryl; Wilmshurst, Elizabeth, 전게서, p. 193; 상세한 것은 Sylvia de Bertodano, "Current Developments in Internationalized Courts : East Timor – Justice Denied" (2004) 2 JICJ, p. 916 et seq 참조.

507) UNTAET Regulation 2000/ 30 of 25 September 2000.

508) Cryer, Robert; Friman, Håkan; Robinson, Darryl; Wilmshurst, Elizabeth, 전게서, p. 193.

509) Report of the Secretary-General on Justice and Reconciliation for Timor-Leste, UN Doc. S/ 2006/ 580, 26 July 2006, para. 9.

510) Suzannah Linton, "Prosecuting Atrocities at the District Court of Dili", Melbourne Journal of International Law(2001); Ambos, Kai and Steffen Wirth, "The Current Law of Crimes against Humanity: An Analysis of UNTAET Regulation 15/ 2000", Criminal Law Forum (2002) 등.

511) Cryer, Robert; Friman, Håkan; Robinson, Darryl; Wilmshurst, Elizabeth, 전게서, p. 194; 인도네시아는 양자협정의 존재에도 불구하고 오랜 기간 동안 협력을 거부하였으며 인도네시아 자카르타에 임시재판소를 만들어 이러한 문제를 취급하려 하였다.(Suzannah Linton, "Unravelling the First Three Trials at Indonesia's Ad Hoc Court for Human Rights Violations in East Timor", 17 Leiden Journal of International Law (2004)) 그러나 이후 동티모르와 인도네시아는 진실과 우정위원회를 공동으로 설립한 바 있다.(Commission of Truth and Friendship's Final Report on the 1999 Atrocities in East Timor)

2002년 5월 20일 동티모르에서의 선거 이후 유엔은 과도행정기구의 권한을 새로 구성된 민주화된 동티모르에 넘겼으며 유엔 동티모르 과도행정기구는 자문 기능만을 수행하는 다른 유엔기구에 의해 대체되었다. 그러나 과도행정기구의 법령들은 임시적으로 계속 적용되었으며 심각한 범죄 재판부 역시 새로운 동티모르 헌법 체제 하에서 기능을 계속 유지하였다. 이후 단계적으로 과도행정기구의 법령은 다른 정식 법령으로 대체되었으며 2005년 5월 심각한 범죄 재판부 역시 기능 수행을 중단하고 일반법원에서 국제범죄와 관련된 사건들을 다루게 되었다.[512]

7. 코소보 특별재판부(Kosovo Special Panels)

1998년 이후 본격화된 코소보에서의 알바니아계 독립 움직임과 이에 대한 무력 대응과정에서 많은 민간인 피해가 발생하였다. 안전보장이사회의 결의에 따라 유엔이 임시적으로 코소보에서의 주권적 행위들을 모두 담당하게 되면서 유엔 코소보 임시행정부(UN Mission in Kosovo, UNMIK)가 설립되었다. 코소보 임시행정부는 법질서 확립 및 공정한 사법체제 확립 등 국가건설 과제를 수행하기 위하여 입법·사법·행정 권한을 부여받았으며[513] 다양한 규칙을 제정하고 행정명령을 발령하여 정부, 대통령, 의회, 사법시스템 등이 포함된 임시 자주 정부기구(Provisional Institutions of Self-Government, PISG)를 설립하였다.[514] 이러한 과정에서 사법체제도 정비되어 헌법재판소, 대법원, 지방법원, 시법원, 경미범죄법원 등이 만들어졌으며[515] 전쟁범죄 등을 심리할 특별재판소 설립도 추진되었으나 실패하였다. 코소보가 자체적으로 새로운 국내 판사와 국내 검사를 임명하였으나 불공정한 실무 관행으로 인하여 국제 판사와 국제 검사가 함께 근무하게 되었다.[516]

코소보 특별재판부가 국내법원 체제에 속한 관계로 일차적으로는 이미 존재하였던 국내법을 적용하였으나 이후 코소보 임시행정부는 국제범죄의 현대적 개념을 담고 있는 새로운 형법과 형사소송법을 제정하였다.[517] 특별재판부에서는 다수의 고위급 사건과 기타 주요 사건들을 취급하

512) Cryer, Robert; Friman, Håkan; Robinson, Darryl; Wilmshurst, Elizabeth, 전게서, p. 193.
513) 안전보장이사회 결의 1244 of 10 June 1999; UNMIK Regulation No. 2001/ 9, Chapter 12; Ambos, Kai, 전게서 I, p. 41; Cryer, Robert; Friman, Håkan; Robinson, Darryl; Wilmshurst, Elizabeth, 전게서, p. 191; 상세한 내용은 Hansjörg Strohmeyer, "Collapse and Reconstruction of a Judicial System: The United Nations Missions in Kosovo and East Timor", American Journal of International Law (2001).
514) 유엔행정기구의 민주적 대표성의 결핍 문제와 광범위한 조치들에 대한 비판적 논의는 David Marshall and Shelley Inglis, "The Disempowerment of Human Rights-Based Justice in the United Nations Mission in Kosovo", 16 Harvard Human Rights Journal(2003); Carsten Stahn, "Justice under Transitional Administration : Contours and Critique of a Paradigm", 27 Houston Journal of International Law(2005) 등.
515) Ambos, Kai, 전게서 I, p. 42.
516) UNMIK Regulation 2000/ 6 of 15 February 2000 and Regulation 2000/ 34 of 29 May 2000; Cryer, Robert; Friman, Håkan; Robinson, Darryl; Wilmshurst, Elizabeth, 전게서, p. 192; 국제 판사와 국제 검사는 국내 판사와 국내 검사와 2:1의 비율로 참가하여 업무를 수행하였다. Ambos, Kai, 전게서 I, p. 41.
517) UNMIK Regulation 2003/ 25 and Regulation 2003/ 26, both of 6 July 2003. 이러한 법령들은 사후적으로 코소보 공화국의 입법으로 대체되었다. Cryer, Robert; Friman, Håkan; Robinson, Darryl; Wilmshurst, Elizabeth,

였는데 객관적으로 국제화되어 있는 외양에도 불구하고 재판부 업무의 질적 수준은 미흡한 것이라는 비판을 받았다.[518]

2008년 2월 17일의 코소보 독립선언 직전 EU 법치임무단(EULEX; EU Rule of Law Mission in Kosovo)이 설립되어 코소보 임시행정부(UNMIK)가 담당하던 기능 중 일부를 새로이 담당하게 되었다. 2008년 12월부터 전면적 활동에 들어간[519] EU 법치임무단은 심각한 범죄에 대한 수사, 기소, 판결, 집행 등에 있어 코소보 기구들에 대한 감시 및 조언[520], 법치와 공공질서의 유지·촉진 등을 주요 임무로 하고 있었다.[521] EU 법치임무단은 31명의 국제 판사와 15명의 국제 검사로 하여금 코소보의 판사와 검사를 적극적으로 돕도록 하였다. 국제 검사는 인신매매, 돈세탁, 전쟁범죄, 테러 등 심각한 범죄를 주로 다루는 특별검찰국에서 수사 및 기소 권한을 보유하고 있었으며[522] 국제 판사는 특별검찰국에서 기소한 사건에 대한 판결 권한을 가지고 있었다.[523]

8. 기타 특수한 재판소

방글라데시는 남아시아에서는 처음으로 로마규정에 가입한 국가이다. 방글라데시에서는 국제범죄를 위한 순수 국내법원이 설립되었는데[524] 인도에 반한 죄, 평화에 반한 죄, 집단살해죄, 전쟁범죄 등을 재판권의 대상으로 삼고 있다.[525] 방글라데시 모델의 특징은 국제범죄에 대한 재판을 진행하면서도 국제사회의 도움을 전혀 받지 않았다는 점이다. 보통법과 국제관습법이 일차적 법원(法源)이며 임시재판소와 유사한 형태를 취하고 있으나 국내법에 근거하여 설립된 법원으로 순수하게 국내법 절차에 따라 재판이 진행되었다. 2011년 11월 20일 방글라데시 독립에 반대하던 정당 지도자 Delwar Hossain Sayedee가 처음으로 기소된 이후 10명의 범죄자가 추가로 기

전게서, p. 192.

518) 특히 피의자 구금, 변호 시스템, 증인보호, 형량 결정 등에 대한 비판이 다수 제기되었다. Cryer, Robert; Friman, Håkan; Robinson, Darryl; Wilmshurst, Elizabeth, 전게서, p. 192.

519) Ambos, Kai, 전게서 I, p. 42; 코소보 의회는 코소보 사법체제 내에서 EU법치임무단의 판사 또는 검사가 독립적 혹은 혼합적 구성 형태로 활동할 수 있도록 법령을 정비하였다. Cryer, Robert; Friman, Håkan; Robinson, Darryl; Wilmshurst, Elizabeth, 전게서, p. 192.

520) Article 3(a) and (d) of the Council Joint Action 2008/ 124/ CFSP.

521) Article 3(b) of the Council Joint Action 2008/ 124/ CFSP; Ambos, Kai, 전게서 I, p. 42.

522) Law No. 03/ L-052 on the Special Prosecution Office of the Republic of Kosovo, adopted on 13 March 2008; Ambos, Kai, 전게서 I, p. 42.

523) Law No. 03/ L-053, Arts. 3.1, 8.1, Law No. 03/ L-052; Cryer, Robert; Friman, Håkan; Robinson, Darryl; Wilmshurst, Elizabeth, 전게서, p. 192; 국제판사가 6개의 혼합 재판부에서 코소보 판사들과 함께 판결하였는데 EU법치임무단의 판사들이 다수를 차지하고 의장으로도 활동하였다. 이와 같은 EU법치임무단의 설립이 기존에 있었던 코소보 임시행정부(UNMIK)의 권한을 제한하는 것은 아니었지만 EU법치임무단이 코소보공화국의 헌법 등에 부합하는가에 대하여는 논란이 있는 상황이다. Ambos, Kai, 전게서 I, p. 42.

524) Ambos, Kai, 전게서 I, p. 41.

525) International Crimes Tribunals Act 1973 (ICTA) 제3조 제2항 (a)-(f). 여기서는 집단살해죄의 보호집단이 정치적 집단으로 확대되어 있다. Werle, Gerhard; Jeßberger, Florian, 전게서, p. 301.

소되었다.[526]

    록컬비 임시법원은 국제법원이 아니며 국제범죄를 처벌한 사례도 아니나 국내법원의 재판이 국제적 차원에서 조정되어 제3국에서 이루어진 흥미로운 사례이다. 1998년 팬암 103기가 리비아인 두 명에 의하여 스코틀랜드 록컬비 상공에서 폭파된 '록컬비 사건'이 발생하였다. 범죄의 처벌을 위하여 스코틀랜드는 이들 리비아 범죄자들을 리비아로부터 인도받고자 하였으며 리비아와의 협상 결과 안전보장이사회가 리비아에 대하여 부과한 제재를 중단하는 대가로 이들을 인도받기로 큰 틀에서 합의가 이루어졌다.[527] 이후 실제로 범죄인인도가 실현되기 위해서는 범죄인인도 이후의 형사절차에 대한 협약이 필요한 상황이었다. 리비아와 미국, 영국의 합의 결과 영토재판권에 기하여 스코틀랜드 법을 적용하여 스코틀랜드 법원과 검찰이 사건을 취급하되 재판은 중립적 장소인 네덜란드에서 진행하도록 결정되었다.[528] 그리고 재판에서의 기소 대상 범죄는 살인죄로 한정되었다. 이러한 합의에 따라 네덜란드에서 스코틀랜드 법원에 의한 재판이 이루어져 2001년 1월 31일 스코틀랜드 고등법원은 피고인 중 한 사람에 대하여 유죄판결을 선고하고 한 사람에 대하여는 무죄판결을 선고하였다.[529]

---

526) Ambos, Kai, 전게서 I, p. 51.
527) 안전보장이사회 결의 731(1992) of 21 January 1992; 748(1992) of 31 March 1992; 883(1993) of 11 November 1993 등.
528) 스코틀랜드는 스코틀랜드 고등법원(the Scottish High Court of Justiciary)이 배심원 없이 외국에서 재판할 수 있도록 스코틀랜드 법을 개정하였으며 영국과 네덜란드 사이에도 별도 협정이 체결되었다. Cryer, Robert; Friman, Håkan; Robinson, Darryl; Wilmshurst, Elizabeth, 전게서, p. 198.
529) HM Advocate v. Al Megrahi (High Court of Justiciary at Camp Zeist). 2002년 3월 14일 선고된 항소심에서도 원심판결은 그대로 유지되었다. Al Megrahi v. HM Advocate, 2002 SCCR 509; Cryer, Robert; Friman, Håkan; Robinson, Darryl; Wilmshurst, Elizabeth, 전게서, p. 198.

제 5 장　대안적 해결방안

제 1 절　대안적 해결방안의 모색

1. 형사처벌에 대한 대안적 해결방안

국제형사법이 국제범죄에 대한 면책성을 배제함으로써 이른바 '책임의 시대(The Age of Accountability)'를 열어 나가고 있다는 점에서 형사기소는 국제범죄에 대한 가장 원칙적 대응책이며 대다수의 법률가들이 선호하는 방식일 것이다.[530] 국제범죄에 대한 정당한 처벌을 통하여 정의를 실현하는 것이 사회적 화해를 궁극적으로 촉진시킬 수 있으며 평화의 지속을 위한 전제조건이라고 주장되어 왔으며 이러한 사상은 '정의 없는 평화 없다(No peace without justice)'라는 경구에 함축적으로 표현되어 있다. 심각한 국제범죄를 저지른 범죄자들이 스스로를 사면하는 등 형사책임의 기본적 원칙이 존중받지 못하고 면책성과 무법, 권력의 남용이 횡횡한다면 그러한 사회는 과거로부터 벗어나 새로운 단계로 나아가기 어려울 것이다. 안전보장이사회는 ICTY와 ICTR 설립 당시 국제범죄에 대한 처벌이 화해와 지역 평화 회복에 도움이 된다며 평화와 정의의 상호연관성을 인정하였으며[531] ICTY의 판결에서도 이러한 내용이 구체적으로 나타나고 있다.[532]

그러나 '형사 처벌은 일부를 다소 개선시키고 다른 일부는 단지 약간 좋아지게 하며 나머지 부분에 있어서는 전적으로 가혹하게 한다'는 주장과 같이[533] 처벌 그 자체를 위한 처벌보다는 국

---

530) 반기문 유엔사무총장의 2010년 3월 31일 국제형사재판소 재검토 회의에서의 연설 'The Age of Accountability' 참조.

531) Cryer, Robert; Friman, Håkan; Robinson, Darryl; Wilmshurst, Elizabeth, 전게서, p. 40.

532) 재판부는 피고인에 대하여 11년 형을 선고하면서 '그러한 범죄와 관련된 진실을 정립함에 있어 자인(自認)과 심각한 범죄에 대한 완전한 공개는 매우 중요한 것이다. 이러한 자인과 공개는 저지른 범죄에 대한 책임을 받아들이는 것일 뿐만 아니라 화해를 촉진할 것이다'라고 설시하였다. Plavšić, ICTY (TC), judgment of 27 February 2003, para. 19.

533) Mark Osiel, "Ever Again: Legal Remembrance of Administrative Massacre", University of Pennsylvania Law Review (1995), p. 700.

제형사법 체제에 있어 보다 다양한 대안적 해결책을 제시하는 입장이 있다. 특정한 시기에 이루어지는 일정한 범위의 사면은 대립을 완화시키고 국민들을 과거에서 벗어나 미래로 전진하게 할 수 있다는 주장도 여전히 제기되고 있으며534) 실제로 여러 국가들에서 진실위원회 등이 형사기소에 대한 대안으로 활용되고 있다. 또한 민사적 조치나 공직 배제 등이 국제범죄에 대한 대응책으로 실행되는 경우도 있다.

　　로마규정은 사면이나 일정한 조건하에 형사처벌을 면제하는 진실위원회와의 관계에 대하여 명시적 규정을 두고 있지 않다.535) 따라서 로마규정 제17조와 관련하여 국내에서의 사면이 국제형사재판소에서의 형사절차에 대한 장애사유가 되는가 여부에 대하여는 완전한 합의가 존재하지 않는 상황이다.536)

　　이러한 대안적 해결방안은 원칙적으로 형사처벌의 배제를 전제로 하는 까닭에 국제범죄에 대한 일반적 기소의무가 존재하는가 또는 국제범죄의 불기소에 대한 국제법적 허용성 여부 문제와 실제로 어느 한 국가의 불기소 결정이 보충성 원칙을 근간으로 하는 국제형사재판소나 보편적 관할권을 행사하는 다른 국가에 대하여 어떠한 법적 효력을 가지는가 하는 문제에 동시에 관련될 수 있다.

2. 불기소의 허용가능성과 범위에 대한 논의

　　국제범죄를 기소하고 처벌해야 하는 국제법적 의무의 존재를 인정한다면 국제범죄의 불기소는 어떤 경우에도 허용될 수 없다는 주장이 제기될 수 있다. 실제로 국제범죄를 형사처벌의 대상에서 배제하는 대표적 조치인 국제범죄에 대한 사면은 불법이라는 주장이 있다.537)

　　독재체제로부터 법의 지배 체제로의 거시적 이행과정에서 이전 정권의 범죄를 처벌하지 않겠다는 결정이 적지 않게 나타났으며 이에 대한 국제형사법에서의 명확히 정립된 입장은 존재하지 않는 것으로 보인다.538) 다만 현재로서는 국제범죄에 대한 사면이 국제범죄에 대한 기소의무에 무조건적으로 반한다는 주장은 수용되기는 어려울 것으로 보인다. 국제관습법이나 기본적 인권에 기반한 의무 혹은 국제형사법 규범의 대세적 금지(ius cogens prohibitions)에 기반 하

---

534) Cryer, Robert; Friman, Håkan; Robinson, Darryl; Wilmshurst, Elizabeth, 전게서, p. 575.

535) 이는 로마회의 당시 이러한 문제에 대하여 합의를 이룰 수 없었기 때문이다. Werle, Gerhard; Jeßberger, Florian, 전게서, p. 89.

536) J. Dugard, "Possible Conflicts of Jurisdiction with Truth Commissions", in A. Cassese, P. Gaeta, and J.R.W.D. Jones (eds), The Rome Statute of the International Criminal Court: A Commentary , Vol. I (2002), p. 693.

537) Diane Orentlicher, "Settling Accounts, The Duty to Prosecute Human Rights Violations of a Former Regime", 100 Yale Law Journal (1991). p. 2537 et seq.

538) J. Dugard, "Possible Conflicts of Jurisdiction with Truth Commissions", p. 695; J.M. Kamatali, "The Challenge of Linking International Criminal Justice and National Reconciliation: the Case of the ICTR", 16 Leiden Journal of International Law (2003), p. 115; Werle, Gerhard; Jeßberger, Florian, 전게서, p. 88.

더라도 국제범죄가 발생한 모든 경우에 있어서 기소의무가 존재하는 것으로 인정되고 있지는 않기 때문이다.[539] 이러한 문제에 대한 국제법적 상황은 시에라리온 특별재판소의 다음 판결에 잘 나타나 있다.

> 국제법 하에서의 심각한 범죄에 대하여는 정부에 의한 사면이 내려질 수 없다는 국제규범이 다양한 자료들에 의하여 광범위하게 지지되고 있음이 명확하다는 주장이나, －－－－ 그것이 명확하다는 주장이 완전히 옳은 것은 아니며－－－ 그러한 규범은 국제법 하에서 발전하고 있는 것으로 받아들여지고 있다.[540]

따라서 현재로서는 국제범죄에 대한 사면의 허용 여부에 대한 논란은 국제범죄에 대한 일정한 범위의 기소의무가 존재하는 것으로 인정될 수 있는가 여부와 평화의 재정립을 위하여 필요한 경우 그에 대한 예외를 인정할 수 있는가의 문제로 검토될 수 있을 것이다.[541]

우선 국제법이 일정한 경우에 있어서는 기소와 처벌 의무를 부과하고 있다는 점에서 형사책임에 대한 전면적 면제는 수용할 수 없을 것으로 보이며 따라서 국제범죄에 대한 전면적이고 일반적인 사면이 불가능하다는 점은 비교적 명확한 것으로 보인다.[542] 그리고 국제법에 반한 범죄에 대한 사면은 제3국의 보편적 관할권에 의한 기소에 대하여 장애사유가 되지 않는다.[543] 그러나 사면이 때로는 불가피한 것이라는 점에서 국제형사법이 사면을 완전히 배제하는 것은 아니다.[544] 불기소 합의가 있어야만 내전이 종료될 수 있는 경우와 같이 특별한 필요성이 있는 경우 처벌의 포기가 정당화되거나[545] 일정한 상황 하에서는 평화 회복 및 국가적 화해 촉진을 위하여

---

539) Cryer, Robert; Friman, Håkan; Robinson, Darryl; Wilmshurst, Elizabeth, 전게서, p. 77.

540) Morris Kallon et al., SCSL (AC), decision of 13 March 2004, para. 82.

541) Cryer, Robert; Friman, Håkan; Robinson, Darryl; Wilmshurst, Elizabeth, 전게서, p. 570.

542) Ambos, Kai, "The Legal Framework of Transitional Justice", in K. Ambos et al. (eds), Building a Future on Peace and Justice (2009), p. 31 et seq; L.J. Laplante, "Outlawing Amnesty: The Return of Criminal Justice in Transitional Justice Schemes", 49 Virginia Journal of International Law (2009), p. 940 et seq; Werle, Gerhard; Jeßberger, Florian, 전게서, p. 88; 시에라리온 특별재판소 법령 제10조 참조 'An amnesty granted to any person falling within the jurisdiction of the Special Court in respect of [crimes against humanity, violations of common Art. 3, other serious violations of international humanitarian law] shall not be a bar to prosecution.'

543) 보편적 관할권에 대한 프린스톤 원칙 7. '1. Amnesties are generally inconsistent with the obligation of states to provide accountability for [war crimes, crimes against peace, crimes against humanity, genocide] 위 원칙의 일반적 내용에 대하여 상세한 것은 박찬운, 『국제범죄와 보편적 관할권』, 서울 : 한울, 2009. 234면 이하.; 사면 규정을 포함하고 있는 Lomé 평화협정은 국제조약이 아니므로 국제적 차원의 효력을 가질 수 없다는 것은 Kallon et al., SCSL (AC), decision of 13 March 2004, paras. 67 et seq.

544) L. Mallinder, "Can Amnesties and International Justice be Reconciled?", 1 International Journal of Transitional Justice (2007), p. 208. 이하.

545) M.P. Scharf, "The Amnesty Exception to the Jurisdiction of the International Criminal Court", 32 Cornell International Law Journal (1999), p. 507; 사면의 조건에 대한 것은 Ambos, Kai, "The Legal Framework of Transitional Justice", p. 62 et seq.

처벌의 포기가 필요할 수 있다.[546] 따라서 사면은 현재 진행되는 폭력을 종결시키고 평화를 가져 오기 위하여 절대적으로 필요한 경우에만 합법적인 것이다.

남아프리카공화국의 사면과 조사기능을 구비한 진실화해위원회를 결합시킨 모델이 전환기 사회에서의 전형적 문제점을 극복하는 것으로 평가되기도 한다. 남아프리카공화국은 기소의무의 이행과 진행 중인 폭력을 종지시켜야 하는 상황 사이에서 이러한 해결책을 통하여 일부의 처벌 포기를 수용하는 동시에 과거의 부정의를 조사하고 이를 공적으로 승인하는 것을 함께 도모하여 갈등을 해소할 수 있었다.[547] 그러나 이와 같이 성공적인 것으로 평가받는 남아프리카공화국의 경우에도 일부의 불기소 정책에 대하여 헌법재판이 제기된 바 있다. 위 재판의 판결에서 설시된 다음과 같은 내용은 정권교체 시기에 상충되는 다양한 요소들을 고려하여야 하는 어려운 상황을 잘 보여 주고 있다.

> 헌법은 .... 새로운 민주질서로의 전환을 촉진하기를 추구하였으며 이는 '남아프리카공화국 국민들 사이에 서의 화해와 사회의 재건'에 바쳐진 것이다. 문제는 제한된 자원과 과거의 유산 속에서 어떻게 이를 효율적 으로 달성할 수 있는가 여부이다... 많은 사람들이 무자비한 차별의 비인도주의적 상황 속에서 오랜 시간 동 안을 인내해야 하였으므로 고문과 권력 남용에 의하여 기본적 인권이 침해된 사람들과 그 가족들만이 '말 못 하는 고통과 부정의'를 감내해야 했던 유일한 피해자는 아니다. 이미 태어났거나 태어나지 않은 세대들이 가 난, 영양실조, 무주택, 문맹, 차별정책 등을 통하여 과거 형성되어 지속되어 왔던 박탈과 이로 인한 삶과 생 활에 대한 명백한 영향으로 고통을 겪을 것이다. 국가는 이러한 집단적 잘못을 되돌릴 수 있는 자원이나 기 술이 없다.....이러한 고뇌에 찬 문제에 대하여 답변을 요구받은 국가 지도자들과 헌법의 협상에 참여한 사람 들은 매우 어려운 선택을 해야만 하였다. 그들은 과거 국가 공무원에 의하여 범하여진 살인, 고문 혹은 공격 행위 등에 의하여 고통 받은 사람들이 제기하는 심각한 처벌 요구에 우선성을 두어 교육, 주거, 건강 등의 중요한 영역에 절대적으로 필요한 재원들을 이러한 용도로 전환하여 제한된 국가 자원을 사용할 수도 있었 을 것이다. .... 그러나 그들은 ....학생과 가난한 집 없는 사람들의 요구가 더욱 우대받는 것으로.....허용할 권한을 가지고 있었다......[548]

한편 국제범죄에 대한 기소를 배제하는 이와 같은 예외적 필요성에 공감하면서도 면책성 부 여의 근거로 주장되는 필요성, 적절성 등의 개념이 남용될 수 있으며 국제형사법의 중요한 가치 나 요소가 무시될 수 있다는 주장도 경청할 필요가 있을 것이다.[549] 국제 인권단체들은 전통적으

---

546) Werle, Gerhard; Jeßberger, Florian, 전게서, p. 89; J. Dugard, "Dealing with Crimes of a Past Regime: Is Amnesty Still an Option?", 12 Leiden Journal of International Law (1999), p.1001 et seq.

547) Werle, Gerhard; Jeßberger, Florian, 전게서, p. 89.

548) Azanian People's Organization (AZAPO) and Others v. President of the Republic of South Africa (1996) 4 SA 562 (CC), paras. 42- 45; Cryer, Robert; Friman, Håkan; Robinson, Darryl; Wilmshurst, Elizabeth, 전게서, p. 568.

549) Cryer, Robert; Friman, Håkan; Robinson, Darryl; Wilmshurst, Elizabeth, 전게서, p. 568.

로 국제범죄에 대하여 관대한 입장을 취하지 않았으며 범죄자들에 대한 기소를 요구하고 이를 감독하는 입장이었다.[550] 또한 일정한 범위에서의 사면에 대하여 국제법적 합법성을 인정한다 하더라도 한 국가에서의 입법이나 법적 조치가 다른 국가의 재판권에 변경을 가져오지는 않으므로 국내적 사면이 국제형사재판소나 역외 재판권을 행사하는 다른 국가를 구속할 수는 없을 것이다. 따라서 앞서 본 바와 같은 맥락에서 국제범죄에 대한 일반적이고 전면적 사면은 국제형사재판소 재판권의 허용성과 관련하여 로마규정 제17조 제1항 (b)의 적용에 직접적 영향을 미치지는 않는 것으로 보인다. 다만 뒤에서 살피는 바와 같이 진실위원회에서 이루어지는 일정한 행위를 조건으로 한 경우에 대한 평가는 사안별로 이루어져야 하는 것으로 주장되고 있다. 결국 매우 심각한 인권 침해의 경우에는 국내적 사면에도 불구하고 국제형사재판소는 스스로의 절차를 개시할 수 있을 것이다.[551] 한편 로마규정 제53조는 수사의 진행이 정의의 이해에 부합하지 않는다고 믿을 수 있는 실질적 이유가 존재할 경우 범죄의 심각성과 피해자의 이해관계에도 불구하고 수사나 기소 절차를 진행하지 않을 수 있는 권한을 검사에게 부여하고 있다.[552] 이와 같은 검사의 절차 종결 결정은 전심 재판부의 심사 대상이다.[553]

---

550) Alexandra Huneeus, "International Criminal Law by Other Means : The Quasi-Criminal Jurisdiction of the Human Rights Courts" (2013) 107 American Journal of International Law 1; 또한 과도기적 사회들만이 국제형사법과 관련한 문제들을 다룰 필요가 있는 유일한 사회는 아니며 안정적인 국가들에도 국제범죄를 범한 사람들이 존재할 수 있다. Cryer, Robert; Friman, Håkan; Robinson, Darryl; Wilmshurst, Elizabeth, 전게서, p. 569.

551) Werle, Gerhard; Jeßberger, Florian, 전게서, p. 90; 진실위원회의 활동과 로마규정 제17조의 관계에 대하여는 C. Stahn, "Complementarity, Amnesties and Alternative Forms of Justice", 3 JICJ (2005), p. 708 et seq.

552) 로마규정 제53조의 정의의 이해(interests of justice)에 대한 해석에 대하여는 Ambos, Kai, "The Legal Framework of Transitional Justice", p. 82 et seq; D. Dukic, "Transitional Justice and the International Criminal Court— In "the interests of justice"?", 89 International Review of the Red Cross (2007), p. 695 et seq; 이와 관련된 검사의 재량에 대하여는 D. Robinson, "Serving the Interests of Justice: Amnesties, Truth Commissions and the International Criminal Court", 14 EJIL (2003), p. 486 et seq; K.A. Rodman, "Is Peace in the Interests of Justice? The Case for Broad Prosecutorial Discretion at the International Criminal Court", 22 Leiden Journal of International Law (2009), p. 99 et seq.

553) 로마규정 제53조 수사의 개시 참조; 한편 로마규정 제16조에 근거하여 국제형사재판소에서의 수사와 기소를 막으려는 안전보장이사회의 결정에 대하여 국제형사재판소의 검찰은 '정의의 고려'는 정치적 이유에서 기소를 회피하는 것이 아닌 범죄의 기소를 요구하고 있으며 로마규정의 초안자들 역시 정의와 평화가 충돌하는 상황에 있어서 명백히 국제범죄에 대한 기소를 선택하였으므로 이러한 문제는 더 이상 정의의 추구에 대한 찬성 혹은 반대 입장을 정하는 문제가 아니라며 불기소는 최후의 수단이어야 한다고 판단하였다.(ICC Office of the Prosecutor, Policy Paper on the Interests of Justice, September 2007, pp. 3, 4, 8, 9) 이러한 국제형사재판소 검찰의 언급은 위와 같은 안전보장이사회의 특별한 행동에 대응하는 상황적 맥락에서 나타난 것으로 이에 대한 다양한 평가가 존재하는 상황이다. Cryer, Robert; Friman, Håkan; Robinson, Darryl; Wilmshurst, Elizabeth, 전게서, pp. 572-573.

제 2 절   다양한 대안적 해결방안

1. 사면(Amnesty)

사면은 당해 범죄에 대한 재판이 있었는가 여부에 관계없이 특정한 개인이나 집단에 대한 일정한 유형의 범죄와 관련하여 형사책임의 가능성이나 형사책임으로부터 유래하는 결과를 제거하는 예외적인 법적 조치이다.[554] 사면은 범죄행위에 대한 완전한 면책성을 부여한다는 점에서 형사처벌의 대안으로는 가장 논란이 많은 것이다.

국제법 영역에서도 사면은 1648년 베스트팔렌조약에 포함되어 있는 등 그 역사가 오래되었다. 사면이 화해를 촉진시키고 과거로부터 벗어나 앞으로 나아가게 하는 기능을 갖는다고 흔히 말하지만 이러한 기능이 경험적으로 입증된 바는 없는 것으로 보인다.[555] 최근에는 라틴아메리카 지역에서 충돌을 중단하고 민간정부에 정권을 넘기는 독재정부에 대한 보상으로 사면이 흔히 이루어지기도 하였다. 이러한 사면은 사면법을 통과시키는 공식적 조치 뿐 아니라 범죄를 기소하지 않는 정부의 현실적 부작위에 의하여 이루어지기도 한다.[556] 뒤에서 보는 남아프리카공화국 사례처럼 범죄에 대한 완전한 고백 등 일정한 행위가 사면의 조건으로 요구되는 경우가 있으며 사면 대상 범죄가 정치적 범죄로 제한되기도 한다.[557]

2. 진실위원회(Truth Commission)

별도로 구성되는 진실위원회에서의 절차가 형사절차를 완전히 대체하거나 혹은 사면이나 일부 범죄자에 대한 형사절차와 병행하여 진행되기도 한다.

진실위원회는 범죄자들의 과거 범죄를 조사하며 때로는 범죄자가 진실위원회에 출석하여 스스로의 잘못을 고백하기도 한다.[558] 이처럼 범죄자들은 이러한 절차를 통하여 과거의 부정의를

---

554) Cryer, Robert; Friman, Håkan; Robinson, Darryl; Wilmshurst, Elizabeth, 전게서, p. 569; 헌법 제79조, 사면법 제1조, 제3조, 제5조 등 참조.
555) Cryer, Robert; Friman, Håkan; Robinson, Darryl; Wilmshurst, Elizabeth, 전게서, p. 569.
556) Werle, Gerhard; Jeßberger, Florian, 전게서, p. 85; 칠레는 국민 투표 방식으로 정권이 스스로를 사면한 경우에 해당한다. 이처럼 투표를 활용한 경우 그 정당성이 다소 강화된 것으로 보이기도 하지만 이러한 조치 역시 권력 남용의 연장선상에 존재하는 것으로 대중의 동의가 강제되는 경우가 흔히 발생한다. Cryer, Robert; Friman, Håkan; Robinson, Darryl; Wilmshurst, Elizabeth, 전게서, p. 569; 칠레의 상황에 대한 것은 L.J. Laplante, "Outlawing Amnesty: The Return of Criminal Justice in Transitional Justice Schemes", p. 922 et seq; 아르헨티나에 대한 것은 A.S. Brown, "Adios Amnesty: Prosecutorial Discretion and Military Trials in Argentina", 37 Texas International Law Journal (2002), p. 203; E. Crenzel, "Argentina's National Commission on the Disappearance of Persons", 2 International Journal of Transitional Justice (2008), p. 176 et seq.
557) Cryer, Robert; Friman, Håkan; Robinson, Darryl; Wilmshurst, Elizabeth, 전게서, p. 569.
558) P. Hayner, "Truth Commissions: A Schematic Overview", 88 International Review of the Red Cross (2006), p. 295.

공식적으로 인정하는 진술을 할 수 있고 피해자들과 참고인들의 증언이 공식 청문절차에서 이루어지기도 한다. 완성된 보고서는 진실위원회에 정통성을 부여하는 중요한 결과물로서 관련 자료들과 함께 다음 세대를 위한 공적 기록으로 보존된다.[559] 이러한 진실위원회 체제는 아르헨티나, 칠레, 과테말라, 남아프리카공화국, 시에라리온 등 다수 국가에서 채택된 바 있으며[560] 일부 학자들은 진실위원회가 피해자들의 치유에 특히 적합한 것으로 판단하고 있다.[561]

진실위원회의 활동에는 사면 조치가 수반되는 경우가 적지 않다.[562] 남아프리카공화국의 경우 심각한 범죄를 저지른 범죄자가 진실위원회에 대한 사면 요청과 함께 진실위원회에서 자신의 범죄를 완전히 고백하고 그러한 고백이 과거 발생하였던 부정의를 명확히 하는데 기여한 것으로 인정될 경우 그에 대한 보상으로 사면이 부여되었다.[563]

국제범죄에 대한 대응에 있어 진실위원회는 대용품에 불과한 것이라고 평가되기도 하나 잘 계획되어 지혜롭게 운영되는 진실위원회는 형사기소가 달성하지 못하는 목표들을 성취하는 방법이 될 수도 있을 것이다. 그러나 동티모르의 경우처럼 진실위원회가 잘못 운영될 경우 많은 비판과 혼란을 야기할 수 있으며 아예 진실위원회가 존재하지 않는 것보다 좋지 못한 결과를 가져올 수도 있다.[564]

3. 기타 제재 방안

국제범죄자에 대한 대응방법으로는 배상청구 등이 함께 논의될 수 있다.[565] 실제로 국제범죄에 대한 책임이 국가에 귀속될 수 있을 경우 국가에 의한 손해배상의 대상이 된다. 독일은 홀

---

559) 보고서에는 피해자의 이름과 인권침해를 한 범죄자의 이름이 포함되기도 한다. 법치주의 관점에서 범죄자의 이름을 명시하는 것에서 나타나는 긴장 관계에 대한 것은 Werle, Gerhard; Jeßberger, Florian, 전게서, p. 85.

560) Werle, Gerhard; Jeßberger, Florian, 전게서, p. 86; 시에라리온에서의 진실 위원회에 대한 논의는 William Schabas, "Conjoined Twins of Transitional Justice? The Sierra Leone Truth and Reconciliation Commission and the Special Court", 2 JICJ (2004), p. 1082.

561) Cryer, Robert; Friman, Håkan; Robinson, Darryl; Wilmshurst, Elizabeth, 전게서, p. 579.

562) Priscilla Hayner, "Fifteen Truth Commissions – A Comparative Study", 16 Human Rights Quarterly(1994), p. 597 et seq.

563) Werle, Gerhard; Jeßberger, Florian, 전게서, p. 86; 이와 같은 형태의 진실위원회의 활동에 대하여는 피해자 측의 반발이 있을 수 있다. 성공적으로 평가되는 남아프리카공화국 사례에 있어서도 일부 피해자들이 진실·화해위원회의 활동과 사면절차에 대하여 이의를 제기하였으나 남아프리카공화국 헌법재판소는 이를 기각하였다. Azanian People's Organization (AZAPO) and Others v. President of the Republic of South Africa (1996) 4 SA 562 (CC).

564) 진실위원회의 성공 조건으로는 위원회의 독립성, 위원의 신뢰성, 국민과의 정보 및 의견 교환 수단의 보유, 보상의 지급 등이 언급되기도 한다. Cryer, Robert; Friman, Håkan; Robinson, Darryl; Wilmshurst, Elizabeth, 전게서, p. 580.

565) 시민적 정치적 권리에 대한 국제규약(International Covenant of Civil and Political Rights, ICCPR) 제2조 제3항은 권리를 침해당한 사람에 대한 사법적 구제의 권리에 대하여 규정하고 있다.

로코스트에 대한 배상으로 60billion 달러(한화 약 72조 원)를 피해자들에게 지급하였으며 아르헨티나 군사정권의 피해자 일부에 대하여도 배상금이 지급되었다.566)

국제범죄에 대한 대규모의 행정적 공모가 있었던 경우 국제범죄에 책임이 있는 것으로 생각되는 공무원들을 몰아내는 정화(Lustration) 작업과 같은 비사법적 제재가 추진되기도 한다.567) 이러한 방식의 제재는 1980년대 후반 동유럽 공산주의 붕괴 이후 자주 사용되어 왔으며 이라크에서는 Ba'ath당 구성원들을 이라크 공직과 사법체제에서 배제시켰다.568) 이러한 공직배제 조치는 부패하거나 효율성이 떨어지는 인사를 공직에서 배제하는 방법이거나 과거 존재하였던 대규모의 불법적 공모에 대응하는 방법의 하나로 보일 수도 있다. 그러나 이러한 조치의 주된 목적이 일종의 처벌로서 사실상 형벌의 효과를 의도하는 것이라면 적지 않은 문제점이 있다. 왜냐하면 이러한 조치는 그 결과의 심각성에도 불구하고 개인의 책임 유무에 대한 정확한 조사 없이 대규모로 행하여지기 때문이다. 과거의 전체주의 국가에서는 정당 구성원이 되는 것이 공직을 위한 필수 조건이었던 까닭에 적지 않은 사람들은 단지 행정적 편의를 위하여 정당에 가입하였을 뿐 범죄 행위 등에 개인적으로 관련되어 있지 않은 경우가 많았다. 따라서 비차별적으로 내려지는 공직 배제 조치에 대하여는 인권법 특히 사법절차에 따른 결정을 받을 권리를 침해할 수 있다는 우려가 제기될 수 있다.569)

제 3 절   적절한 제재 방안의 선택

국제범죄가 야기하는 인권에 대한 심각한 침해 상황을 고려할 때 범죄자에 대한 기소가 국제범죄에 대한 가장 원칙적 대응 방법일 것이다. 국제범죄에 대한 기소는 국내법 혹은 국제법에

---

566) 지급되어야 할 적절한 배상 수준에 대하여 논란이 있고 자금 문제로 충분한 배상이 현실적으로 어려운 경우도 있을 것이나 배상의 상징적 의미는 적지 않은 비중을 차지할 수 있다. Cryer, Robert; Friman, Håkan; Robinson, Darryl; Wilmshurst, Elizabeth, 전게서, p. 581; 자발적 배상이 이루어지지 않을 경우 범죄 행위가 발생한 국가나 혹은 제3국에서 국제범죄에 책임이 있는 사람을 대상으로 소송을 제기할 가능성이 존재한다. 미국의 경우 일정한 범위의 국제법 위반 행위에 대한 손해배상 소송을 Alien Tort Claims Act에 근거하여 외국인에게도 허용하고 있다.〔Filartiga v. Peña-Irala, 630 F 2d 876 (1980), Sosa v. Alvarez-Machain, 542 US 692 (2004)〕 이에 따라 많은 숫자의 소송이 위 법에 근거하여 미국법원에 제기되었으나 Kiobel v Royal Dutch Petroleum Co., decision of 17 April 2013, 133 S.Ct. 1659 (2013) 사건에서 역외적용을 제한함으로써 향후 미국 내 국제범죄 관련 소송의 유효성이 불분명한 상황이라고 한다. Werle, Gerhard; Jeßberger, Florian, 전게서, p. 86.

567) R. Boed, "An Evaluation of the Legality and Efficacy of Lustration as a Tool of Transitional Justice", 37 Columbia Journal of Transnational Law (1999), p. 357; M.J. Ellis, "Purging the Past: The Current State of Lustration Laws in the Former Communist Bloc", 59 Law and Contemporary Problems (1996), p. 181.

568) 리베리아의 진실과 화해위원회는 심각한 범죄에 대하여 책임 있는 사람들을 공직에서 배제할 것을 권고하기도 하였다.

569) Cryer, Robert; Friman, Håkan; Robinson, Darryl; Wilmshurst, Elizabeth, 전게서, pp. 580, 581.

근거할 수 있으며 국내법원, 국제재판소 혹은 혼합형 재판소가 담당할 수도 있다. 독일 통일 이후 동독 정부에 의한 국제범죄의 처벌이나 ICTY와 ICTR에서의 처벌이 이러한 원칙적 처벌 사례에 해당할 수 있을 것이다.570) 그러나 체계적 부정의에 대한 대응 방법의 선택은 광범위한 정치적, 사법적, 문화적 요소에 의존한다.571) 앞서 본 바와 같이 과거 발생한 국제범죄나 부정의를 다루는 다양한 방법들이 존재하며 형사기소와 이러한 대안들은 상호 배타적이 아니므로 서로 보완적으로 동시에 적용될 수 있다. 따라서 형사기소와 별도로 혹은 형사절차와 병행하여 진실위원회가 활성화될 수 있으며 형사기소와 사면정책을 동시에 채택하여 주된 범죄자만을 기소하고 하위 범죄자들 중 일부를 사면하는 정책이 이루어질 수도 있다.572)

구체적 사건에서 국제범죄에 대한 대응수위나 방법을 결정함에 있어서는 범죄의 심각성이 가장 중요한 요소로 고려되어야 할 것이다. 문제된 범죄가 국가에 의하여 자행된 집단살해죄나 인도에 반한 죄 등 중대한 것인가 아니면 보다 덜 심각한 범죄인가 여부를 충돌의 유형, 인권침해의 본질과 심각성, 범죄자와 피해자의 숫자 등과 함께 종합적으로 고려하여 신중하게 판단한 후 구체적 대응방식을 결정하여야 한다.573)

주의할 점은 이러한 과정에서 논의되는 어떠한 대응방법도 그 자체로 완전하지는 않으며 각각의 수단은 국제범죄에 대한 대응이라는 측면에서 불가피하게 부족한 점이 있다. 따라서 국제형사법 체제가 달성할 수 없는 기능을 일정한 대체 수단이 실행할 수 있다는 이유만으로 그러한 수단이 국제범죄에 대한 보다 타당한 대응책이라고 단정할 수는 없으며 나아가 하나의 상황에서 취해진 대응방안에 대한 분석을 다른 상황에 적용함에는 있어서 세심한 주의가 요구된다. 각 상황에 내포되어 있는 정치적, 경제적, 문화적, 종교적 측면이 대응방안의 선택과 적용 결과에 영향을 미칠 수 있고 대응이 필요한 거시적 상황은 하나의 해결책만으로 감당하기에는 너무나 다양한 측면을 가지고 있기 때문이다.574) 그러므로 실행가능성에 근거하여 각각의 상황들에 따라 시간을 두고 서로 다른 대응책들이 채택될 수 있고575) 현실적으로 채택되는 구체적 대응방안 역시 자금, 인력, 사법 역량, 정치적 환경 등에 따라 제한될 수 있으므로 현실적 한계도 구체적으로

---

570) Werle, Gerhard; Jeßberger, Florian, 전게서, p. 85.

571) Werle, Gerhard; Jeßberger, Florian, 전게서, p. 87; 이러한 대안들의 선택에 영향을 미치는 요소에 대한 것은 L.E. Fletcher, H.M. Weinstein, and J. Rowen, "Context, Timing and the Dynamics of Transitional Justice : A Historical Perspective", 31 Human Rights Quarterly (2009), p. 165 et seq.

572) 형사 기소와 진실위원회의 보충적 관계에 대한 평가와 효율성에 대한 논의는 A. Bisset, "Truth Commissions: A Barrier to the Provision of Judicial Assistance?", 10 International Criminal Law Review (2010), p. 647; J. Doak, "The Therapeutic Dimension of Transitional Justice", 11 International Criminal Law Review (2011), p. 263.

573) Werle, Gerhard; Jeßberger, Florian, 전게서, p. 87.

574) Cryer, Robert; Friman, Håkan; Robinson, Darryl; Wilmshurst, Elizabeth, 전게서, p. 568.

575) L.E. Fletcher, H.M. Weinstein, and J. Rowen, "Context, Timing and the Dynamics of Transitional Justice : A Historical Perspective", p. 163.

고려되어야 한다. 이처럼 국제범죄에 대응하여 이를 취급하는 방법을 선택하는 것은 매우 복잡하고 섬세한 분석을 요구하는 작업이다.[576]

---

576) Cryer, Robert; Friman, Håkan; Robinson, Darryl; Wilmshurst, Elizabeth, 전게서, p. 568; 정치적 이행이라는 변화가 舊정권의 완전한 패배나 혹은 혁명에 의한 것이었다면 형사법적 수단을 활용하는 것이 보다 용이한 것으로 받아들여지고 있다. Werle, Gerhard; Jeßberger, Florian, 전게서, p. 87.

제 2 편

국제형사법의 기초이론

제 1 장

국제형사법의 기본 원칙

국제형사법 영역에서도 국내법의 경우와 완전히 동일하지는 않으나 개인책임의 원칙과 죄형
법정주의 원칙, 일사부재리의 원칙 등 보편적 형사법의 원칙들이 인정되고 있으며 이와 함께 국
내 형사법에서는 일반적으로 인정되지 않는 시효의 배제, 면책성의 배제 등 국제형사법 특유의
원칙들이 함께 존재하고 있다.

제 1 절 개인책임의 원칙

개인책임의 원칙은 국제형사법의 근간을 이루는 일반원칙이다. 뉘른베르크 재판부는 형벌에
서의 유책성은 개인에 대하여 인정되는 것이라고 판시하였으며[577] ICTY도 Tadić 사건에서 개인
적으로 가담하지 않은 행위를 이유로 형사 처벌될 수 없음을 선언하였다.[578] 국제형사법에서 개
인책임의 원칙은 국제관습법의 일부를 이루고 있다.[579]

개인책임의 원칙은 행위자에게 귀속될 수 있는 작위 또는 부작위에 근거하여서만 형사책임
이 부과될 수 있으며[580] 선고되는 형벌 역시 책임에 비례할 것을 요구하고 있다.[581] 특히 국제범

---

577) IMT, judgment of 1 October 1946, in The Trial of German Major War Criminals. Proceedings of the Inter-
national Military Tribunal sitting at Nuremberg, Germany, Pt 22 (22 August 1946 to 1 October 1946), p. 447;
Philippe Sands QC, "Twin Peaks: The Hersch Lauterpacht Draft Nuremberg Speeches", Cambridge Journal
of International and Comparative Law(2012), p. 41 et seq; Allison Marston Danner, Jenny S. Martinez,
"Guilty Associations: Joint Criminal Enterprise, Command Responsibility, and the Development of Inter-
national Criminal Law", California Law Review, Vol 93(2005), p. 85.

578) Tadić, ICTY (AC), decision of 2 October 1995, paras. 128-137.

579) Werle, Gerhard; Jeßberger, Florian, 전게서, p. 41; 국제법의 일반원칙 또는 법의 일반원칙에 해당한다는 견
해는 Ambos, Kai, 전게서 I, p. 94.

580) Tadić, ICTY (AC), judgment of 15 July 1999, para. 186 : Kordić and Čerkez, ICTY (TC), judgment of 26
February 2001, para. 364; Taylor, SCSL (AC), judgment of 26 September 2013, para. 387.

581) Werle, Gerhard; Jeßberger, Florian, 전게서, p. 42; 범죄의 중대성을 결정함에 있어서는 당해 사건에 존재하

죄는 다수 피고인들이 하나의 범죄에 협력하는 거시 범죄적 특성을 가지고 있어 집단 처벌을 금지하는 개인책임의 원칙은 더욱 큰 중요성을 갖는다.

로마규정은 책임주의 원칙을 명시적으로 규정하고 있지는 않다. 그러나 개인책임의 원칙이 국제법의 일반원칙으로 인정되는 까닭에 이 원칙은 로마규징 제21조 제1항에 근거하여 국제형사재판소에서도 적용될 수 있는 근본 원칙이다.[582] 로마규정 제25조 제2항과 제3항은 개인책임의 원칙을 전제로 한 것이며 형벌 선고에 있어 범죄의 중대성을 중요 요소로 규정한 로마규정 제78조 제1항 역시 개인책임 원칙의 묵시적 표현으로 이해된다.[583] 특히 로마규정 절차증거규칙 제145조는 부과되는 형벌이 유죄판결을 받는 개인의 책임을 반영한 것이어야 한다고 규정하여 개인책임의 원칙을 명백히 선언하고 있다.[584]

제 2 절 죄형법정주의(Nullum Crimen, Nulla Poena Sine Lege)

죄형법정주의가 형사법의 영역에서 차지하는 근본적 중요성에도 불구하고 뉘른베르크 재판 당시부터 죄형법정주의와 관련된 논란은 국제형사법 영역에서 계속되어 왔다. 최근 로마규정에 죄형법정주의 원칙을 상세하게 명문화함으로써 커다란 진전을 이루게 되었으나 여전히 대륙법계 국가의 상대적으로 엄격한 죄형법정주의 원칙과 비교할 때 미흡한 부분이 적지 않은 것으로 평가되고 있다. 나아가 로마규정이 적용되지 않는 영역에 있어서는 여전히 국제관습법이 법원(法源)으로 인정되는 등 국제형사법 체제에 내재하는 본질적 한계도 존재하는 상황이다. 그러나 개별 주권국가들이 국제형사법의 규범을 국내로 도입함에 있어서는 스스로의 헌법체제에 맞도록 이를 변형할 수 있으며 국내법의 정립이나 해석, 적용에 있어서까지 국제법상의 죄형법정주의 원칙을 무조건적으로 추종할 필요는 없다. 국내법에서는 관습법이 형사법의 법원(法源)으로 활용될 수 없으며 도입된 국제형사규범에 대한 '국제법 친화적 해석'의 필요성은 인정하더라도 우리 헌법체제에서 선언되고 보존되어 있는 죄형법정주의 원칙의 본질적 가치가 훼손되어서는 안 될 것이다.

는 특정한 상황이 고려되어야 할 뿐 아니라 범죄에 대한 피고인의 참여 유형과 정도도 함께 고려되어야 한다. Kupreškić et al., ICTY (TC), judgment of 14 January 2000, para. 852; Aleksovski, ICTY (AC), judgment of 24 March 2000, para. 182; Mucić et al., ICTY (AC), judgment of 20 February 2001, para. 731; Blaškić, ICTY (AC), judgment of 29 July 2004, para. 683; Akayesu, ICTR (AC), judgment of 1 June 2001, para. 413.

582) Ambos, Kai, 전게서 I, p. 94.

583) Werle, Gerhard; Jeßberger, Florian, 전게서, p. 42.

584) Rule 145 Determination of sentence

  1. In its determination of the sentence pursuant to article 78, paragraph 1, the Court shall:

    (a) Bear in mind ----must reflect the **culpability of the convicted person**---

1. 죄형법정주의 일반이론

죄형법정주의 원칙은 사전에 공포된 법에 의하여 자신의 행위가 법에 따라 허용되는 것인가 여부를 행위자가 미리 알 수 있도록 하여야 한다는 것으로 형벌 대상 행위의 사전적 금지에 기초하여서만 형사책임의 부과가 가능하다는 형사법의 기본원칙이다.[585] 형사절차를 통하여 부과되는 형벌은 개인에게 심각한 결과를 초래하는 것으로 죄형법정주의 원칙을 통하여 국가 또는 국제기구와 비교하여 상대적으로 열악한 입장에 있는 개인이 부당한 간섭으로부터 보호될 수 있다.[586]

죄형법정주의 원칙은 구체적으로 네 가지 하위 원칙들로 세분화될 수 있다. 행위 당시 법령에 조문화되어 있는 행위만이 처벌될 수 있다는 lex scripta, 법적 확실성을 위하여 형벌규범이 충분히 명확히 규정될 것을 요구하는 lex certa, 형벌규범은 유추에 의하여 확장될 수 없다는 lex stricta, 형벌규범은 소급될 수 없으며 형벌법규의 효력 발생 이후에 범하여진 행위만이 처벌될 수 있다는 lex praevia 등이 죄형법정주의 원칙의 본질적 요소를 이룬다.[587]

2. 국제관습법에서의 죄형법정주의

로마규정 성립 이전에도 비록 구체적 내용과 엄격성의 측면에서는 차이가 있으나 죄형법정주의는 국제관습법에 자리 잡은 기본원칙이었다. 특히 죄형법정주의의 요소 중 lex praevia와 lex certa는 국제형사법 영역에서도 승인되고 있었으므로 행위자를 처벌하기 위해서는 범죄가 범하여질 당시 이미 국제범죄를 규정하는 성문 혹은 불문의 규범이 충분히 명확한 형태로 존재하고 있어야 했다. 그러나 이러한 원칙이 요구하는 구체적 수준은 대륙법계 국가의 경우에 비하여 덜 엄격한 것이었다.[588] 시민적 정치적 권리에 대한 국제규약 제15조도 '어느 누구도 행위 시의 국내법 또는 국제법에 의하여 범죄를 구성하지 아니하는 작위 또는 부작위를 이유로 유죄로 인정되지 않는다'고 규정하고 있다.

(1) 뉘른베르크 재판과 동경재판

뉘른베르크 재판과 동경재판에서 평화에 반한 죄로 피고인들을 처벌하는 것은 소급적용에

585) Cryer, Robert; Friman, Håkan; Robinson, Darryl; Wilmshurst, Elizabeth, 전게서, p. 18; 죄형법정주의의 라틴어 용어인 'nullum crimen, nulla poena sine lege'는 포에르바하에 의하여 만들어졌다. Ambos, Kai, 전게서 I, p. 88.
586) Susan Lamb, "Nullum crimen, Nulla poena sine lege in International Criminal Law", in Antonio Cassese, Paola Gaeta, John R.W.D. Jones, The Rome Statute of The International Criminal Court : A Commentary volume I New York : Oxford University Press(2002), p. 734.
587) Ambos, Kai, "General Principles of Criminal Law in the Rome Statute", Criminal Law Forum 10 (1999), p. 4; Susan Lamb, 전게논문, p. 734.
588) Werle, Gerhard; Jeßberger, Florian, 전게서, p. 39; Ambos, Kai, 전게서 I, p. 88.

해당하여 죄형법정주의 원칙에 반하는 것이라는 주장이 제기되었다. 그러나 뉘른베르크 재판부와 동경 재판부는 피고인들의 행위는 평화에 반한 죄와 관련하여서도 이미 형사처벌의 대상이 되는 범죄적 행위라고 판단하였다. 그러나 국제법의 영역에서도 형벌규범의 소급금지가 법의 일반원칙으로 인정될 수 있었던 당시 상황에서 내려진 위 판결들에 대하여는 평화에 반한 죄에 대한 책임을 소급적으로 물을 것이라는 적지 않은 비판이 있었으며589) 죄형법정주의 원칙을 엄격하게 이해할 경우 위 재판들 뿐 아니라 뉘른베르크 재판 이후의 많은 재판들 역시 정당성을 인정받기 어려운 것이라는 주장도 있다.590)

뉘른베르크 재판부는 법은 정지되어 있는 것이 아니라 변화하는 세계의 필요에 따라 점진적으로 적응해 가는 것이라며 죄형법정주의 원칙을 매우 완화된 형태로 이해하였으며591) 정의의 요청이 있을 경우 죄형법정주의 원칙을 이유로 처벌을 막을 수 없다는 의미에서 그 자체를 정의의 원칙으로 보았다.592) 이와 같이 국제형사법 영역에서의 죄형법정주의 원칙은 규범화되었으며 이러한 규범화 경향은 로마규정 채택 이전의 시기까지 이어졌다. 이러한 현상은 국제형사법 영역에서 사법적 법 창조가 중요한 역할을 담당한 것과 맥락을 같이 하는 것으로 보인다.593)

뉘른베르크 재판과 동경재판에서는 사형, 무기징역 또는 장기 징역형이 선고되었다. 형벌법정주의 원칙과 관련하여 형벌을 소급한 것이라는 우려를 배제하기 위하여 부과되는 형벌은 국제관습법에 근거한 것으로 간주되었다.594) 그러나 실제 재판에서는 형벌의 감경요건에 대한 약간의 언급이 있었을 뿐 형벌 선고와 관련된 기준은 전혀 발전되지 않았으며 양형은 전체 절차에서 매우 적은 비중을 차지하는 것이었다.595)

(2) 임시재판소

ICTY는 Vasiljevic 사건에서 기소된 범죄의 개념이 국제관습법에 명확히 존재하지 않는다는 이유로 일부 무죄판결을 선고하면서 죄형법정주의 원칙을 다음과 같이 정의한 바 있다.

---

589) Cryer, Robert; Friman, Håkan; Robinson, Darryl; Wilmshurst, Elizabeth, 전게서, p. 19.
590) Ambos, Kai, 전게서 I, p. 88.
591) IMT, judgment of 1 October 1946, in The Trial of German Major War Criminals. Proceedings of the International Military Tribunal sitting at Nuremberg, Germany, Pt 22 (22 August 1946 to 1 October 1946), p. 445.
592) IMT, judgment of 1 October 1946, in The Trial of German Major War Criminals. Proceedings of the International Military Tribunal sitting at Nuremberg, Germany, Pt 22 (22 August 1946 to 1 October 1946), p. 444; 재판부의 nullum crimen principle에 대한 이해가 매우 모호한 것이었다는 주장은 Guido Acquaviva, "At the Origins of Crimes Against Humanity", 9 JICJ(2011), pp. 888-891.
593) Ambos, Kai, 전게서 I, p. 88.
594) 이에 대한 비판적 견해로는 William Schabas, "War Crimes, Crimes against Humanity, and the Death Penalty", 60 Albany Law Review (1997) 참조.
595) Cryer, Robert; Friman, Håkan; Robinson, Darryl; Wilmshurst, Elizabeth, 전게서, p. 501.

> 다음과 같은 규범은 죄형법정주의 관점에서 유죄판결의 근거로 삼을 수 없다. 이러한 규범은 ----
> 충분히 정확하게 규정되어 있지 않아 행위자가 이를 근거로 어떠한 행위를 할 것인가 여부를 결정하고 허용
> 되는 행위와 허용되지 않는 행위를 구분하도록 하지 못하는 경우이거나 행위 시점에 이러한 규범에 대한 충
> 분한 접근이 가능하지 않은 경우이다. 유죄판결은 피고인이 행위 당시 합리적으로 알 수 있었던 규범에 근거
> 하여 선고되어야만 하며 유죄판결의 근거가 되는 규범은 일정한 작위 또는 부작위가 형사책임의 대상이 되
> 는가 여부에 대하여 충분히 명확한 것이어야 한다.[596]

죄형법정주의 원칙은 금지되는 행위를 규범적으로 명확히 규정함으로써 법적 명확성을 도모
하는 것이다. 그러나 성문법이 아닌 국제관습법은 정확한 개념 정의가 본질적으로 어려운 까닭
에 죄형법정주의 원칙과 양립하기 쉽지 않은 속성을 가지고 있다.[597] 그러나 국제법의 영역에서
죄형법정주의를 규정하고 있는 시민적 정치적 권리에 대한 국제규약 제15조는 국제관습법과 같
은 국제법의 특정한 법원(法源)을 형사처벌의 근거로 삼는 것을 명시적으로 금지하거나 특정한
국제법의 법원(法源)만이 형사책임을 근거지울 수 있는 것으로 규정하고 있지는 않다. 그리고 비
록 국제형사법이 형사법의 성격을 함께 갖고 있는 것은 사실이나 형사처벌을 위하여 항상 성문
법이 요구되며 국제관습법은 형사책임을 근거 지우는데 부족하다는 주장은 죄형법정주의 원칙에
대한 엄격한 해석에 기반한 일부 국가의 국내법 질서에 적용될 수 있는 것일 뿐 국제형사법의
영역에서는 적용되지 않는 것으로 받아들여져 왔다.[598]

임시재판소들도 국제관습법이 국제형사법의 법원(法源)으로 사용될 수 없다고 판단할 근거가
존재하지 않는다는 입장이다. ICTY는 죄형법정주의 원칙의 가치를 인정하면서도 죄형법정주의
원칙을 폭넓게 해석하여 국제관습법을 형사책임의 근거로 인정하고 있다.[599]

ICTY는 Tadić 사건에서의 재판권 이의신청에 대한 결정에서 죄형법정주의 원칙에 따라 국
제인도법 규범이 의문의 여지없이 국제관습법의 대상이 된 경우에만 이를 적용할 수 있는 것이
사실이나 제네바협정 공통 제3조는 의문의 여지없이 국제관습법의 일부를 형성하는 것이므로
ICTY 법령 제3조가 제네바협정 공통 제3조에 대한 처벌규범을 포함시켰다고 하여 죄형법정주의
원칙이 침해되는 것은 아니라고 판단하였다.[600] 또한 예측가능성과 관련하여 너무나 끔찍한 불
법행위를 저지른 범죄자가 자신의 이러한 행위가 처벌받을 수 있는 성격의 것이라는 점을 알지

---

596) Vasiljević, ICTY (TC), judgment of 29 November 2002, para. 193; 지나치게 막연한 범죄 개념이 nullum
crimen sine lege 원칙에 위반되는 것은 사실이나 위 사안에 있어서 죄형법정주의 위반을 인정할 정도의
불명확성이 존재하였는가에 대하여 의문을 표시하는 견해는 Antonio Cassese, "Black Letter Lawyering vs
Constructive Interpretation : The Vasiljević Case", 2 JICJ (2004).

597) Susan Lamb, 전게논문, p. 743.

598) Cryer, Robert; Friman, Håkan; Robinson, Darryl; Wilmshurst, Elizabeth, 전게서, p. 19.

599) Milutinović et al., ICTY (AC), decision of 21 May 2003, para. 37; Ambos, Kai, 전게서 I, p. 89.

600) Tadić, ICTY (TC), decision of 10 August 1995, para. 72; Tadić, ICTY (AC), decision of 2 October 1995,
para. 94.

못하였다는 주장은 받아들여질 수 없는 것이라며[601] 국제인도법의 심각한 위반에 해당하거나 일반적으로 승인되는 인권 기준을 심각하게 위반한 경우에는 예측가능성을 인정하고 있다.[602] 뉘른베르크 재판에서 등장한 죄형법정주의가 정의의 원칙이라는 주장은 ICTY 판결에서도 동일하게 등장하였다.[603] 임시재판소들은 전반적으로 매우 법 창조적인 입장을 취하여 왔으며 이러한 판례들이 일면으로는 국제형사법의 발전을 촉진시켰다는 평가가 존재한다.[604] 실제 공동범죄집단 이론은 1999년 ICTY의 Tadić 사건에서 처음으로 등장하였다.[605]

이처럼 국제형사법 영역에서는 문제가 되는 규범이 과도하게 불명확한 것이 아니라면 판결 대상이 되는 범죄의 범주를 판례법을 통하여 명확하게 하는 것만으로는 죄형법정주의에 위반되지 않는다는 주장이 유력하다.[606] 그러나 국제관습법의 전제가 되는 국가관행이 부족한 상황에서 현실적으로 존재하는 법이 아닌 있어야 할 법(de lege ferenda)을 선언하는 형태의 법 창조 작업은 죄형법정주의 원칙과 양립될 수 없는 것이다.[607]

한편 형벌법정주의 원칙에 대한 우려로 ICTY 법령 제24조 제2항과 ICTR 법령 제23조 제1항은 형의 선고와 관련하여 각각 유고슬라비아와 르완다의 일반적 관행에 의거할 것을 규정하고 있다. 사형의 부과와 관련하여 많은 국가들이 사형 금지의 국제적 의무를 부담하고 있고 국내법상 사형을 허용하지 않는 국가들도 존재하나 국제범죄의 처벌과 관련하여 국제관습법에 따라 부과될 수 있는 형벌에는 사형이 포함되어 있는 것으로 이해되고 있다.[608]

---

601) Milutinović et al., ICTY (AC), decision of 21 May 2003, para. 42; Ieng Sary et al., ECCC (PTC), decision of 15 February 2011, paras. 117, 231.

602) Milutinović et al., ICTY (AC), decision of 21 May 2003, paras. 37 et seq; Galić, ICTY (AC), judgment of 30 November 2006, para. 81 et seq; 범죄자들이 범한 살인 등의 행위는 모든 국내법 체제에서 범죄화되어 있다는 점에서 예측가능성의 결여를 주장하는 변호인 측 주장은 설득력을 얻지 못하였다. Susan Lamb, 전게 논문, p. 745.

603) Milutinović et al., ICTY (AC), decision of 21 May 2003.

604) 사법적 법창조가 국제형사법의 혈액과 같은 존재라는 주장 등에 대한 소개는 Ambos, Kai, 전게서 I, p. 89.

605) Tadić, ICTY (AC), judgment of 15 July 1999, para. 188 이하; Ambos, Kai, 전게서 I, p. 89.

606) Cryer, Robert; Friman, Håkan; Robinson, Darryl; Wilmshurst, Elizabeth, 전게서, p. 20; Mohamed Shahabuddeen, "Does the Principle of Legality Stand in the Way of Progressive Development of the Law?", 2 Journal of International Criminal Justice (2004); 이 경우 새롭게 출현한 의견이 후속 판례법에 의해 계속적으로 인정될 경우 로마규정 제28조의 상급자책임의 경우와 같이 명문의 규범으로 탈바꿈할 수도 있을 것이다.

607) Ambos, Kai, 전게서 I, p. 89; Cryer, Robert; Friman, Håkan; Robinson, Darryl; Wilmshurst, Elizabeth, 전게서, p. 20; 국제형사법에서의 판례들은 판결의 대상 행위가 갖는 인류 존엄성에 대한 공격성의 정도에 따라 인도되어 왔으며 앞으로도 행위가 극악무도 할수록 당해 행위가 인도주의라는 도덕적 원칙뿐만 아니라 실정법인 국제관습법에도 위반한 것으로 판단할 것이라는 견해는 Susan Lamb, 전게논문, p. 746; ICTY와 ICTR 판례가 국제관습법에 부합하는가 여부에 대하여 의문을 표시하는 견해는 Roozbeh (Rudy) B. Baker, "Customary International Law in the 21st Century : Old Challenges and New Debates", 10 EJIL(2010).

608) Cryer, Robert; Friman, Håkan; Robinson, Darryl; Wilmshurst, Elizabeth, 전게서, p. 21.

3. 로마규정

로마규정은 형사법의 일반원칙 가장 앞부분에 다음과 같이 3개의 조문을 두어 죄형법정주의 원칙을 상세히 규정하고 있다.

제22조 범죄법정주의

1. 누구도 문제된 행위가 그것이 발생한 시점에 재판소 관할범죄를 구성하지 않는 경우에는 이 규정에 따른 형사책임을 지지 아니한다.

2. 범죄의 정의는 엄격히 해석되어야 하며 유추에 의하여 확장되어서는 아니된다. 범죄의 정의가 분명하지 않은 경우, 정의는 수사·기소 또는 유죄판결을 받는 자에게 유리하게 해석되어야 한다.

3. 이 조는 이 규정과는 별도로 어떠한 행위를 국제법상 범죄로 성격지우는 데 영향을 미치지 아니한다.

제23조 형벌법정주의

재판소에 의하여 유죄판결을 받은 자는 이 규정에 따라서만 처벌될 수 있다.

제24조 소급효 금지

1. 누구도 이 규정이 발효하기 전의 행위에 대하여 이 규정에 따른 형사책임을 지지 아니한다.

2. 확정판결 전에 당해 사건에 적용되는 법에 변경이 있는 경우, 수사중이거나 기소중인 자 또는 유죄판결을 받은 자에게 보다 유리한 법이 적용된다.

---

(1) 범죄법정주의

로마규정은 엄격한 형태의 죄형법정주의 원칙을 규정하고 있다.[609] 위 원칙이 형사법의 일반원칙을 규정한 제3장의 모두 부분에 위치해 있다는 것이 위 원칙의 중요성을 말해 준다.

로마규정 제22조 제1항은 범죄행위 당시 로마규정에 범죄가 규정되어 있는 경우에만 형사책임을 부담함을 규정하고 있고 제2항은 범죄 개념은 유추해석에 의하여 확장될 수 없고 의문이 있을 경우 피고인에게 유리하게 해석되어야 한다고 규정하고 있다.[610] 또한 제24조 제1항은 '누구도 이 규정이 발효하기 전의 행위에 대하여 이 규정에 따른 형사책임을 지지 아니한다'는 내용으로 소급효 금지를 규정하고 있다. 따라서 로마규정 제11조와 제126조에 따라 로마규정이 효력을 발생한 2002년 7월 1일 이후의 행위만이 로마규정의 적용대상이 된다. 또한 제24조 제2항은 법의 변경의 경우 피고인에게 유리한 법을 적용할 것을 규정하고 있다. 이처럼 로마규정은 성문성(lex scripta), 명확성(lex certa) 불소급성(lex praevia), 유추해석 금지 등 엄격성(lex stricta)과 함께

---

609) Cryer, Robert; Friman, Håkan; Robinson, Darryl; Wilmshurst, Elizabeth, 전게서, p. 21.

610) 위 원칙에 관한 국제형사재판소의 판결은 Al Bashir, ICC (PTC), decision of 4 March 2009, paras. 133, 160; Bemba, ICC (PTC), decision of 15 June 2009, para. 423.

피고인에게 유리한 법을 적용하는 유리한 법 적용의 원칙(lex mitior)[611]까지 죄형법정주의의 주요 요소들을 모두 규정하고 있다. 또한 죄형법정주의 원칙은 범죄의 성립요건 뿐 아니라 책임 배제 요건 등 형사책임의 일반적 조건에도 적용된다. 따라서 형사책임 배제조항을 문언의 가능한 범위 이상으로 좁게 해석하여 피고인에게 불리한 형사책임의 확장을 가져오게 할 수 없다.[612]

죄형법정주의 원칙은 국제형사재판소의 재판에서 실질적인 규범력을 발휘하고 있다. 국제형사재판소는 로마규정 제22조 제2항을 근거로 로마규정 제30조의 주관적 요건을 명문의 규정 없이 완화하여 'dolus eventualis' 혹은 'recklessness' 등이 로마규정에서의 주관적 요건을 충족시키는 것으로 해석할 수는 없다고 판시하였다.[613] 나아가 국제형사재판소의 대상 범죄는 로마규정 체약 당사국들의 승인을 받아 로마규정에 성문의 형태로 구체적 금지 행위와 그에 대한 형벌을 규정한 것이므로(lex scripta) 유추에 의하여 확장 해석될 수는 없다고 설시하고 있다.(lex stricta)[614]

그러나 국제형사재판소가 로마규정 제8조 제2항 (b)(xxvi)에 규정된 '국가의 군대(national national armed forces)'라는 요건을 해석함에 있어 국가의 정식 군대가 아닌 반군(rebel forces)의 군대도 포함될 수 있다고 해석한 것은 로마규정에 의하여 금지되어 있는 유추해석으로 죄형법정주의 위반이라는 비판이 존재한다.[615] 또한 로마규정의 일부 조항은 로마규정이 스스로 규정하고 있는 죄형법정주의 원칙을 충족시키지 못하는 미흡한 것이라는 비판도 제기된다. 로마규정 제7조 제1항 (k)에는 '다른 유사한 성격의 비인도적 행위(other inhumane acts of a similar character)'를 인도에 반한 죄의 하나로 규정하고 있다. 그러나 여기에서의 '유사성'은 로마규정 제7조에 있는 다른 행위에 대한 유추해석의 방법으로 도출될 수밖에 없으므로 명확한 행위유형이 규정된 것으로 볼 수 없으며 이와 같은 유사한 성격의 행위를 전반적으로 처벌하는 것은 죄형법정주의에 반

---

611) 이러한 원칙이 절차 규범에 적용될 수 있는가에 대한 Limaj et al. 사건 판결(Limaj et al., ICTY (TC), judgment of 30 November 2005)에서의 논란에 대해서는 Ambos, Kai, 전게서 I, p. 90.

612) 이러한 해석은 각국 국내법이 일반적으로 취하는 입장이기도 하다. 다만 피고인의 형사책임을 배제하기 위해서는 피고인을 위하여 보다 광범위하게 해석될 수 있다. Ambos, Kai, 전게서 I, p. 90.

613) Jean-Pierre Bemba Gombo, ICC (PTC), decision of 15 June 2009, para. 369.

614) Lubanga, ICC (PTC), decision of 29 January 2007, para. 303; 위 사건에서 변호인은 죄형법정주의 원칙상 로마규정 제8조 제2항 (b)(xxvi)에 규정된 소년병 징집 행위의 범죄성을 피고인이 인식하는 것이 필요하나 피고인에게는 이러한 인식이 없었다고 주장하였다. 이에 대하여 국제형사재판소는 죄형법정주의 원칙은 범죄인의 주관적 정신 상태와 관련된 것이 아니며 오직 범행 당시 그러한 범죄가 존재할 것을 요구하는 것이라는 이유로 변호인의 주장을 받아들이지 않았다. Thomas Lubanga Dyilo, ICC (PTC), decision of 29 January 2007, para. 294.

615) 국제형사재판소는 이러한 해석의 근거를 단순히 '인도적 고려와 상식'에서 찾고 있다. Lubanga, ICC (PTC), decision of 29 January 2007, paras. 268 et seq 참조; 위 조항의 협상 과정에서 'national'이라는 제한 요건을 부가한 것은 그 적용대상을 오직 국가의 공식적 군대에 한정하려는 의도였다는 점에서 이러한 해석은 의문스러운 것이라는 주장은 Ambos, Kai, 전게서 I, p. 91; 이후 위 사건의 1심 재판부는 위 사건의 전제가 된 무력충돌의 법적 성격을 비국제적인 것이라고 판단하여 형사처벌의 범위를 국가의 군대뿐만 아니라 무장 집단까지 명문으로 확장하고 있는 로마규정 제8조 제2항 (e)(vii)을 적용함으로써 이러한 논란을 피해갈 수 있었다. Thomas Lubanga Dyilo, ICC (TC), judgment of 14 March 2012. 참조.

하는 것이라는 주장이 존재한다.[616] 그리고 로마규정 제8조 제2항 (b)(iv)는 '예상되는 구체적이고 직접적인 제반 군사적 이익과의 관계에 있어서 명백히 과도하게 민간인에 대하여 부수적으로 인명의 살상이나 상해를, 민간 대상물에 대하여 손해를, 또는 자연환경에 대하여 광범위하고 장기간의 중대한 피해를 야기한다는 것을 인식한 상태에서 이루어진 의도적 공격'을 처벌대상으로 규정하고 있다. 여기에서의 '명백히 과도한(clearly excessive)', '군사적 이익(military advantage)' 등은 가치 판단에 많은 부분을 의존하여 다양하게 해석될 수 있는 불명확한 개념이므로 lex certa에 반하는 것이라는 주장도 제기된다.[617]

　　로마규정에서의 죄형법정주의 원칙 중 특히 lex scripta 원칙과 관련하여 로마규정에 명시되어 있지 않은 국제관습법이나 법의 일반원칙 등을 근거로 일정한 행위를 처벌 대상으로 삼을 수 있는가에 대한 논란이 존재한다. 로마규정 제22조 제3항은 '이 규정과는 별도로 어떠한 행위를 국제법상 범죄로 성격지우는 데 영향을 미치지 아니한다.'고 규정하고 있고, 로마규정 제21조가 국제법상의 원칙 및 규칙(principles and rules of international law)과 법의 일반원칙(general principle of law)을 국제형사재판소에서 활용할 수 있는 법원(法源)으로 규정하고 있기 때문이다. 그러나 로마규정 제22조 제1항, 제2항과 제23조, 제24조는 국제형사재판소가 국제범죄를 처벌할 수 있는 유일하고 배타적인 근거가 로마규정임을 명확히 하는 것으로 해석되며 특히 로마규정 제23조는 명백히 '로마규정에 의하여' 형사책임을 부담하도록 규정함으로써 오직 로마규정에 의한 처벌권한만을 부여하고 있음을 명확히 하고 있다.[618] 따라서 국제형사재판소가 로마규정이 아닌 로마규정 외부에 존재하는 규범을 형사처벌의 근거로 삼아 피고인에게 불리한 새로운 범죄나 형벌을 인정하거나 형벌을 강화하여 선고하는 것은 로마규정에 규정된 죄형법정주의 원칙과 양립하기 어려운 것으로 판단된다. 당초 국제법위원회의 초안에는 국제형사재판소의 관할에 속하는 범죄의 개념이 포함되어 있지 않았다. 그러나 범죄의 개념을 명확하게 정의하여 로마규정에 명시하는 것이 형사법의 정신에 따라 요구된다는 주장에 따라 범죄의 개념이 로마규정 내에 정의되었다는 점도 이러한 제한적 해석을 뒷받침한다.[619] 이처럼 국제관습법상의 모호한 개념들이 로

---

616) Ambos, Kai, 전게서 I, p. 91; 독일의 국제범죄법(the Code of International Criminal Law, Völkerstrafgesetzbuch)은 독일 형법 제226조의 심각한 상해 개념을 명시적으로 원용하여 '심각한 신체적 혹은 정신적 해악'을 가하는 행위를 범죄행위의 유형으로 규정하고 있다.(독일 국제범죄법 제7조 제1항 8호) 우리 국제범죄법 제9조 제2항 제9호 역시 '제1호부터 제8호까지의 행위 외의 방법으로 사람의 신체와 정신에 중대한 고통이나 손상을 주는 행위'로 행위유형을 보다 특정적으로 규정하고 있다.

617) lex certa 원칙의 요구 수준을 단순한 예측가능성으로 낮춘다고 하더라도 이는 장래에 발생할 사안들에 대한 평가에 의존하는 것이므로 일반 병사들에게까지 이러한 부분에 대한 예측가능성이 존재한다고 보기 어렵다는 견해는 Ambos, Kai, 전게서 I, p. 92.

618) Ambos, Kai, 전게서 I, p. 92.

619) 로마규정 체약당사국들이 자신들이 서명하는 대상이 무엇인가를 명확히 알 수 있도록 하여 줄 것을 주장한 것도 죄형법정주의 원칙을 도입하게 된 강력한 동인이 되었을 것이라는 주장은 Cryer, Robert; Friman, Håkan; Robinson, Darryl; Wilmshurst, Elizabeth, 전게서, p. 21.

마규정에서의 구체적 범죄 개념으로 명문의 형태로 명확화 되었고 이러한 성문법을 전제로 각국의 비준이 있었다는 점에서 체약당사국의 의사 역시 국제관습법을 범죄의 성립 근거에 포함시키려 한 것으로는 생각되지 않는다. 다만 로마규정 제31조 제3항이 명시하고 있는 바와 같이 피고인의 이익을 위하여 형사책임을 배제하는 근거를 로마규정 외부의 규범에서 찾는 것은 허용된다고 볼 것이다.[620)

(2) 형벌법정주의

로마규정은 형벌부과를 위해서는 미리 정의된 형벌이 존재하여야 한다는 형벌법정주의 원칙을 명문으로 규정하고 있다. 그러나 이러한 원칙적 선언에도 불구하고 로마규정에서의 형벌규범은 로마규정이 스스로 규정하고 있는 형벌법정주의 원칙에 부합하지 않는다는 비판이 존재한다.[621)

형벌법정주의 원칙에 따르면 국제형사재판소가 재판권을 행사하여 구체적 형벌을 선고하기 위해서는 형벌을 규정한 법규가 존재하고 있어야 한다. 그러나 국제법에 기반한 형사처벌의 경우 구체적이고 명확한 형벌 부과 체제가 존재하지 않는다는 문제점이 계속 지적되어 왔으며 로마규정 역시 최소한의 형벌 범주만을 규정하여 동일한 비판의 대상이 되고 있다.[622)

이처럼 형벌과 관련하여 미흡한 내용만이 로마규정에 규정되게 된 것은 특정한 범죄에 대하여 무엇이 적절한 형벌인가에 대한 합의에 쉽게 이르지 못하였기 때문이다. 결과적으로 로마규정은 모든 범죄에 공통적으로 적용되는 일반적 형량 범주만을 규정하고 있을 뿐 구체적 범죄 유형에 적용되는 형벌범주를 전혀 규정하고 있지 않다. 이처럼 미흡한 형벌 규범은 형의 선고에 있어 재판부에게 지나치게 넓은 재량을 부여하는 것으로[623) 양형 규범 체제의 결핍 문제로 이어지고 있다. 이와 같이 현 시점에서의 로마규정의 형벌법정주의 원칙은 매우 완화된 형태라고 평가될 수밖에 없는 상황이다.[624)

---

620) 그 밖에 로마규정 제7조 제1항 (h)가 '국제법에 의하여 허용되지 않는 것으로 일반적으로 받아들여지는 근거'를 범죄의 요건으로 규정하는 것과 같이 대상 행위의 처벌가능성을 로마규정 바깥에 존재하는 국제법의 일반 규칙에 의존하도록 한 이른바 '포괄조항(blanket)' 역시 죄형법정주의 원칙에 비추어 타당하지 않다는 비판적 견해는 Ambos, Kai, 전게서 I, p. 92.
621) 로마규정과 임시재판소 법령에 대한 형벌법정주의와 관련된 문제 제기 및 이에 대한 반론들에 대한 상세한 논의는 Ambos, Kai, 전게서 I, p. 93 참조.
622) 로마규정 제77조 참조.
623) Cryer, Robert; Friman, Håkan; Robinson, Darryl; Wilmshurst, Elizabeth, 전게서, p. 500.
624) Werle, Gerhard; Jeßberger, Florian, 전게서, p. 40.

제 3 절   일사부재리 원칙(Ne bis in idem)

1. 일반이론

일사부재리 원칙(ne bis in idem, non bis in idem) 또는 이중위험(double jeopardy) 금지는 개인의 인권보호와 공정한 형사사법의 토대가 되는 주요한 원칙이다.[625] 이는 어느 누구도 동일한 범죄로 거듭 소추되어서는 안 되며 동일한 범죄로 거듭 처벌받아서도 안 된다는 것을 그 핵심적 내용으로 하고 있다.[626]

일사부재리 원칙은 'res judicata rule', 'autrefois acquit/autrefois convict', 'double jeopardy', 'non bis in idem' 등 다양한 용례로 사용되고 있다.[627] 이중위험 금지라는 용어는 미국 연방헌법 제5조에서 유래된 것으로[628] 대륙법계 국가나 국제기구에서는 위 원칙의 라틴어 표현인 "ne bis in idem"이 주로 사용되고 있다.[629]

---

625) Lorraine Finlay, "Does the International Criminal Court Protect against Double Jeopardy : An Analysis of Article 20 of the Rome Statute", U.C. Davis Journal of International Law and Policy(2009), p. 223.

626) bis vexari pro una et eadem causa (no one should have to face more than one prosecution for the same offence)과 nemo debet bis puniri pro uno delicto (no one should be punished twice for the same offence) 로도 표현된다. John A.E. Vervaele, "The Transnational Ne bis in idem principle in the EU Mutual recognition and Equivalent protection of Human rights", p.100.

627) Christine Van den Wyngaert, International Criminal Law A Collection of International and European Instruments. Hague : Martinus Nijhoff Publishers(2005), p. 706 참조.

628) 미연방헌법 수정 제5조 "...nor shall any person be subject for the same offence to be twice put in jeopardy of life or limb...".

629) Anthony J. Colangelo, "Double Jeopardy and Multiple Sovereigns : A Jurisdictional Theory", Washington University Law Review(2009), p. 779 참조. Black's Law Dictionary(8th ed. 2004) 1077면에서는 위 원칙을 동일한 범죄에 대한 한 번 이상의 재판을 금지(not twice for the same thing)하는 법을 지칭하는 것으로 본질적으로 이중위험금지(double jeopardy bar)를 의미한다고 설명하고 있다. 국가별 사용례를 구체적으로 살펴보면 ne bis in idem이라는 용어를 사용하는 국가는 오스트리아, 벨기에, 브라질, 인도네시아, 네덜란드, 폴란드, 러시아, 스페인 등이며, 이중위험의 금지(prohibition of double jeopardy)라는 용어는 오스트리아와 일본이, 이중처벌의 금지(prohibition of double punishment)는 오스트리아, 기관력의 소극적 효력(negative authority of res judicata)은 알제리, 핀란드, 프랑스, 그리스, 기니, 이태리, 폴란드, 루마니아 등에서 사용하고 있다. Josè Luis De La Cuesta, "Concurrent National and International Criminal Jurisdiction and the Principle 'Ne bis in dem' General Report". International Review of Penal Law (Vol. 73)(2002), p. 709; 위와 같이 일사부재리 원칙, 이중처벌 금지 원칙 등을 평면적으로 비교하고 있으나 사실상 각 국가에서 인정되는 일사부재리 원칙과 이중처벌 금지 원칙은 그 내용에 있어 차이가 있다. 예를 들면 영미법의 경우 이중위험의 발생기준시점을 배심원단 구성시점으로 보게 되나[신동운, 『신형사소송법』, 서울 : 법문사, 2014, 1513면 참조] 대륙법계 국가에서는 검사에게 부여되어 있는 공소권(right to prosecute)은 판결이 상소를 포함한 통상의 방법으로 다투어질 수 없는 단계에 이르러 확정될 경우 비로소 소멸하는 것으로 보아 공소권 소멸 이전에 행하여지는 검찰 상소는 공소권의 복수 행사에 해당되지 않으며 따라서 무죄판결에 대한 상소도 일사부재리의 원칙에 반하지 않는 것으로 본다. 森下忠, 國際刑法學の課題, 東京, 成文堂(2006), p. 162; Mireille Delmas-Marty and J.R. Spencer, European Criminal Procedures, Cambridge : Cambridge

위 원칙은 로마법까지 거슬러 올라가는 오랜 기원을 가지고 있으며,[630] 교회법 시대를 거쳐 보통법의 보편적 원칙으로 자리 잡게 되었다고 한다.[631] 위 원칙은 현재 각국의 국내법뿐만 아니라 많은 인권 관련 조약에도 규정되어 있는[632] 등 위 원칙의 중요성에 대하여는 논란의 어지가 없다.[633] 일사부재리 원칙은 형사사법 체제에 있어서 최종성의 중요성을 반영한 것으로 사법시스템에 대한 공공의 신뢰와 사법절차에 대한 존중을 보존하는 역할을 수행한다. 그리고 제한된 사법자원의 합리적 분배라는 부수적 이득 외에도 수사기관으로 하여금 충분하고 열정적인 수사를 하도록 하는 효과도 가지고 있다.[634] 이처럼 이 원칙은 각 국가의 형사법 체제에 깊이 뿌리박은 형사법의 일반원칙이며 국제 인권조약에도 규정되어 있는 보편적 권리로서의 성격을 갖고 있다.[635]

2. 국제관습법에서의 일사부재리 원칙

(1) 뉘른베르크 재판에서의 일사부재리 원칙

뉘른베르크 헌장은 일정한 범위의 독일 전범자들에 대해 뉘른베르크 국제군사재판소에 배타

University Press(2002), p. 573 et seq 등 참조.

630) Lorraine Finlay, 전게논문, p. 223 참조.

631) Anthony J. Colangelo, 전게논문, p. 779 참조.

632) ICCPR 제14조 제7항, ECHR에 대한 Protocol 7의 4조 등.

633) Anthony J. Colangelo, 전게논문, p. 779 참조; 각국에서 일사부재리 원칙을 인정하는 근거로 제시되는 것은 개인의 자유(individual freedom), 인권 보장(protection of human rights), 정의(justice), 법적 명확성(legal certainty), 이전의 사법적 결정에 대한 존중(the respect for judicial decisions rendered in the past, res judicata), 법치주의(rule of law), 사법에 있어서의 안전(juridical security), 적법절차(due process), 절차적 효율성(procedural efficiency), 사회적 평화와 질서(social peace and order) 등 매우 다양하다. Josè Luis De La Cuesta, 전게논문, p. 710. 위 원칙의 인정근거에 대한 영국에서의 논의는 David S. Rudstein, "Rertying the Acquitted in England PART II: THE Exception to the Rule against Double Jeopardy for "Tainted Acquittals"". San Diego International Law Journal(2008), p. 240 이하 참조; Green v. United States 사건에서 미국 연방대법관 블랙 판사는 이중위험금지 원칙은 영미법에 깊이 자리한 것으로서 막대한 자원과 막강한 권력을 가진 국가가 특정인의 범죄혐의에 대해 반복적으로 유죄입증을 시도하는 것은 피의자에게 곤란함과 경제적 어려움, 고난 등을 가중하는 것으로 그를 계속적인 걱정과 불안 속에 두는 것일 뿐아니라 무고한 사람이 유죄판결을 받을 가능성을 높이는 것으로 허용되어서는 안 된다고 설시하였다. Green v. United States, 355 U.S. 184, 187-88 (1957); 독일에서는 인간의 존엄 등과 관련하여 피고인에 대한 실질적인 보호에 위 원칙의 목적이 있는 것으로 이해한다. 위 원칙이 적용됨으로써 명예롭지 못하고 불안감을 주는 형사절차에 피고인을 거듭 회부하는 것이 방지되며 법집행기관의 계속되는 수사를 제한함으로써 효율성의 측면도 제고할 수 있다는 것이다. Eser Meyer - Kommentar zur Charta der Grundrechte der Europäischen Union - 2. Auflage. Baden-Baden : Nomos Verlagsgesellschaft (2006), p. 7 참조.

634) Lorraine Finlay, 전게논문, p. 224 참조. 결국 궁극적으로는 피의자에 대한 공정성과 소추기관의 사전적인 완벽한 조사와 준비라는 이해가 이러한 원칙을 촉진하는 것이라고 한다. Cryer, Robert; Friman, Håkan; Robinson, Darryl; Wilmshurst, Elizabeth, 전게서, p. 85.

635) John A.E. Vervaele, 전게논문, p. 102.

적 재판권을 부여하고 이들에 대한 간접적 강제체제 자체를 인정하고 있지 않다.636) 다만 뉘른베르크 군사법원에서 재판을 받은 피고인이 국내법원에서 또다시 처벌을 받을 수 있는 범위를 제한적 형태로 규정하고 있었다.637) 이와 반대로 뉘른베르크 국제군사재판소의 우월성에 따라 위로의 일사부재리 원칙은 전혀 규정되지 않았다.

(2) 임시재판소에서의 일사부재리 원칙

안전보장이사회에 의하여 설립된 ICTY 및 ICTR은 유고슬라비아와 르완다에서 행하여진 심각한 국제범죄에 대하여 인적, 지역적, 시간적으로 제한된 재판권을 행사한다. 국내법원의 병존적 재판권이 인정되나 임시재판소가 국내법원에 대하여 우월성을 갖는 체제로서 다음과 같이 아래로의 일사부재리 원칙과 위로의 일사부재리 원칙을 상이한 형태로 규정하고 있다.

ICTY 법령 제10조 제1항 및 ICTR 법령 제9조 제1항은 어느 누구도 국제법정에서 이미 재판을 받은 국제인권법의 심각한 위반을 구성하는 행위에 대하여 국내법원에서 다시 재판을 받지 않는다고 규정하여 아래로의 일사부재리 원칙을 규정하고 있다. 또한 ICTY 법령 제10조 제2항과 ICTR 법령 제9조 제2항은 국내법원에서 재판을 받은 사람은 국내법원에서 국제범죄가 아닌 일반범죄로 재판을 받은 경우이거나 국내절차가 편파적이고 비독립적인 것으로 범죄자를 국제적 책임으로부터 보호하려는 의도로 진행된 경우 혹은 당해 사건이 정상적인 열의를 가지고 기소되지 않은 경우 등 2가지의 경우에 있어서만 국제법정에서 다시 재판을 받을 수 있다는 내용으로 위로의 일사부재리 원칙도 함께 규정하고 있다. 나아가 또한 ICTY 법령 제10조 제3항과 ICTR 법령 제9조 제3항은 국제재판소가 이미 국내에서 재판을 받은 사람에 대하여 다시 형을 선고할 경우 국내에서 동일한 행위를 이유로 판결을 받아 집행된 형을 고려하도록 규정하고 있다.

Tadić 사건은 ICTY 법령에 규정되어 있는 일사부재리 원칙의 해석과 적용범위에 관련된 최초의 사건이다. 위 사건에서 피고인은 자신이 이미 독일에서 재판을 받았으므로 또다시 재판을 하는 것은 일사부재리 원칙에 반하는 것으로 ICTY는 자신을 재판할 수 있는 재판권이 없다고 항변하였다. 그러나 ICTY 재판부는 피고인이 비록 독일에서 본안에 대한 심리를 받은 사실이 있다 하더라도 그러한 심리는 그를 ICTY에 인도하는 인도준비를 포함한 일련의 중간적 재판에 불과하므로 ICTY에서의 새로운 재판이 일사부재리 원칙에 반하지는 않는 것으로 판시하였다.638) 일사부재리 원칙은 당해 사건이 종결되는 형태의 재판을 받았을 경우에만 인정되는 것이며 절차의 초기단계에서는 이중위험금지 원칙에서 의미하는 위험이 존재하지 않는다고 본 것이다.639)

---

636) 런던헌장 제1조 및 뉘른베르크 헌장 제6조.

637) 뉘른베르크 헌장 제11조.

638) Tadić, ICTY (TC), decision of 14 November 1995.

639) Alexander Zahar, Göran Sluiter, International Criminal Law A Critical Introduction. New York : Oxford University Press(2008), p. 31.

　Tadić 사건이 위로의 일사부재리 원칙에 대한 것이었다면 ICTR에서의 Ntuyahaga 사건은 아래로의 일사부재리 원칙이 문제된 사건이었다.[640] 위 사건의 피고인 Ntuyahaga가 ICTR에 의하여 기소되었다가 공소취소된 후 신병이 르완다로 인도되어 르완디 법원에서 재판을 받게 되자 피고인은 ICTR 재판부의 결정에 따라 자신은 이미 방면된 것이라고 항변하였다. 그러나 르완다 법원은 일사부재리 원칙 등 관련 규정에 따라 고려되어야 할 이전의 판결은 검사가 모든 증거를 제출한 단계에 이르렀을 경우인데 ICTR에서의 재판 경과를 볼 때 당시 제출된 증거들이 유죄판결을 유지하는데 부족한 상태였다는 이유로 이러한 주장을 받아들이지 않았다.[641]

3. 로마규정에서의 일사부재리 원칙

　국제형사재판소의 재판권은 국내 재판권에 대하여 보충적 성격을 가지므로 동일한 범죄 행위에 대하여 체약당사국의 재판권과 국제형사재판소 재판권의 경합이 발생할 수 있다. 로마규정에서 일사부재리 원칙은 3개 유형으로 이루어져 있다. 제20조 제1항은 국제형사재판소 재판의 스스로에 대한 일사부재리 원칙, 제2항은 국제형사재판소 재판의 국내 법원에 대한 일사부재리 원칙, 제3항은 각국 법원 재판의 국제형사재판소에 대한 일사부재리 원칙을 각각 규정하고 있다.[642]

---

640) 위 사건은 다음과 같이 복잡하게 전개되었다. 르완다 수상과 이를 호위하던 10명의 벨기에 직원들에 대한 암살 사건의 범죄자 Bernard Ntuyahaga는 다른 여러 명의 범죄자들과 함께 르완다와 벨기에 사법당국으로부터 동시에 수배를 받고 있었다. 그는 수사당국에 의하여 체포되기 이전에 스스로 아루샤에 있는 ICTR에 출두하였다. 이러한 자발적 출두의 숨겨진 이유는 관계 당국의 추적으로 곧 체포될 것으로 보이는 상황에서 도주 중 체포되어 르완다로 인도될 경우 ICTR의 경우와 달리 사형선고의 가능성이 있었기 때문이다. 그는 이후 ICTR에서 인도에 반한 죄, 전쟁범죄, 집단살해죄 등으로 기소되었으나 벨기에와 르완다는 각각 피의자를 자국 법원에서 심리하도록 해 줄 것을 요청하였다. ICTR 검사는 1999년 3월 Ntuyahaga가 벨기에에 인도되어 재판을 받도록 할 목적으로 Ntuyahaga에 대한 기소를 취하고 재판부에 Ntuyahaga를 ICTR이 위치하고 있던 탄자니아 사법당국에 인도할 것을 요청하였다. 그러나 재판부는 이미 기소된 사람에 대한 인도를 명할 수 있는 권한을 가지고 있지 않다며 Ntuyahaga를 석방하였다. 석방된 Ntuyahaga는 이후 벨기에와 르완다의 요청에 따라 탄자니아 정부에 의하여 체포되어 양 국가가 모두 범죄인인도를 요청하는 상황에서 종국적으로 범죄지 국가인 르완다로 인도되었다. Luc Reydams, Luc Reydams, "Universal Criminal Jurisdiction : The Belgian State of Affairs" Criminal Law Forum 11(2000), p. 204.

641) Christine Van den Wyngaert and Tom Ongena, 전게논문, p. 721.

642) 로마규정에서의 일사부재리 원칙과 관련하여 국제형사재판소 재판권의 대상이 되는 심각한 국제범죄에 대한 책임은 반드시 추궁되어야 하므로 일사부재리 원칙의 적용범위는 가급적 축소되어야 한다는 입장과 이와 반대로 이처럼 국제공동사회의 공적 분노가 가장 높은 경우 적법절차와 근본적 공정성의 측면에서 피고인의 권리가 더욱 보호되어야 한다는 입장이 대립된다. 이러한 상반된 입장에 대한 균형점으로 로마규정 제20조가 만들어졌으나 아직까지 위 조항의 적절성에 대한 논란이 남아 있는 상태이다. Lorraine Finlay, 전게논문, p. 226.

(1) 국제형사재판소 판결의 국제형사재판소에 대한 효력(제20조 제1항)

국제형사재판소가 유죄 혹은 무죄 판결을 선고한 경우 국제형사재판소 스스로 재차 심리할 수 없음을 규정한 조항이다. 동일한 사안에 대하여 동일한 법원에 의한 거듭된 재판을 금지하는 것은 일사부재리 원칙의 통상적인 보호 범주에 속한다. 1994년 국제법위원회 초안에는 너무나 자명한 원리라는 이유로 포함되지 않았다가 1998년 예비위원회에서 명확성의 원칙을 충족시킬 필요성이 있다는 주장이 제기되어 별도의 항목으로 규정되게 되었다.[643] 이러한 유형의 일사부재리 원칙은 일사부재리 원칙을 규정하고 있는 제20조의 3가지 규범들 중 적용 범위가 가장 직접적이고 포괄적이다.

로마규정 제20조 제1항의 일사부재리 원칙은 범죄의 기초를 이루는 행위를 기준으로 규정되어 있다. 유죄 혹은 무죄 판결이 선고된 것과 동일한 사실관계(facts, in concreto application)를 기초로 적용되며 범죄의 특질이나 법적 요소 등은 고려되지 않는다. 따라서 동일한 행위나 사실관계를 근거로 이미 재판을 받았다면 이후 다른 범죄로 기소하거나 재판하는 것은 불가능하다.[644] 예를 들면 집단살해죄에 대하여 무죄판결 받았다면 동일한 행위에 대하여 인도에 반한 죄로 거듭 재판받을 수 없다. 이와 같이 행위를 기초로 포괄적으로 적용되는 일사부재리 원칙은 피고인에 대한 광범위한 보호책으로 기능한다.

로마규정 제20조 제1항은 "이 규정에 정한 바를 제외하고(except as provided in this Statute)"라는 단서를 두어 제8장에 규정된 항소나 재심 등은 본 조항에 저촉되지 않음을 명백히 하고 있다.[645]

(2) 국제형사재판소 판결의 국내법원 등에 대한 효력(제20조 제2항)

로마규정 제20조 제2항은 국제형사재판소 판결의 국내법원에 대한 아래로의 일사부재리 원칙을 규정하고 있다. 국제형사재판소에서 유죄 또는 무죄 판결을 받은 피고인에 대한 국내 법원의 재판권을 제약한다는 점에서 국가주권의 제한 문제와 밀접한 관련이 있다.

본 조항에 규정되어 있는 일사부재리 원칙의 객관적 적용범위는 제1항에 비하여 제한적이다. 여기에서는 원칙의 적용범위를 '제5조에 규정된 범죄'로 제한하고 있어 국제형사재판소에 의하여 일정한 범죄에 대한 판결이 있었다고 하더라도 국제형사재판소가 직접 판결한 제5조에 열거되어 있는 범죄인 집단살해죄, 전쟁범죄 등이 아니라면 동일한 행위를 근거로 국내법원에서의 새로운 재판이 가능하다. 따라서 국제형사재판소에서 집단살해죄로 이미 무죄판결이 내려졌다

643) Lorraine Finlay, 전게논문, p. 229.
644) Lorraine Finlay, 전게논문, p. 230.
645) 영미법계 국가의 입장에서는 로마규정 제81조가 검찰 측 항소를 허용하고 있다는 점에서 이중위험금지의 예외에 해당한다고 이해할 수 있을 것이다. Christine Van den Wyngaert and Tom Ongena, 전게논문, p. 722.

하더라도 국내법원에서 일반 살인죄로 재차 심리될 수 있다.[646] 나아가 국내법원은 로마규정 제
5조에 열거되어 있는 범죄 중 국제형사재판소에서 심리한 것과 동일한 범죄가 아니라면 로마규
정에서 규정하고 있는 다른 국제범죄로도 심리하여 처벌할 수 있을 것이다. 예를 들면 국제형사
재판소에서 집단살해죄에 대하여 무죄판결을 받은 경우에도 국내법원에 인도에 반한 죄로 기소
될 수 있다. 여기에서의 일사부재리 원칙은 동일한 범죄(offence, in abstracto application) 혹은 책
임의 법적 근원(legal head of liability)을 토대로 적용되기 때문이다.[647]

　　당초 1998년의 준비위원회에서는 행위 개념을 기본으로 보다 광범위한 조항이 마련되어 있
었으나 로마규정 협상과정에서 현재의 문언과 같은 형태로 변경되었다. 이에 대하여 일사부재리
원칙이 추구하는 보호의 목적이 완전히 훼손되었다는 견해와 국제형사재판소 재판권의 제한성을
고려할 때 정당화된다는 견해가 서로 대립되고 있다.

　　인권보호의 관점에서는 일사부재리 원칙에 대한 제한에 해당될 수 있으나 국제형사재판소가
국내법원에서 심리할 수 있는 일반범죄에 대한 재판권을 보유하고 있지 않으므로 일사부재리 원
칙의 적용범위를 지나치게 확대하는 것은 법적 규율에 있어 공백을 초래할 수 있는 것이 사실이
다. 객관적으로 살인행위가 존재한다 하더라도 그 자체만으로 국제형사재판소의 재판권에 바로
포섭되어 처벌될 수 있는 것은 아니다. 국제형사재판소의 관할 대상인 집단살해죄로 인정되기
위해서는 '국민적, 민족적, 인종적 또는 종교적 집단의 전부 또는 일부를 그 자체로서 파괴할 목
적'이 있어야 하며, 인도에 반한 죄가 성립되기 위해서는 '민간인 주민에 대한 광범위하거나 체계
적인 공격의 일부로서 그 공격에 대한 인식을 가지고 범하여진 행위'에 해당되어야 한다. 그런데
실제 소송 진행과정에서 이러한 목적이나 배경적 요소와 이에 대한 고의가 인정되지 않아 국제
형사재판소에서 무죄판결이 선고되었다고 하여 그 전제가 되는 살인행위를 국내법원에서 처벌할
수 없도록 하는 것은 타당하지 않다. 이러한 결과는 국제형사재판소가 국내법상의 일반범죄 재
판권을 갖지 않는다는 한계에 근본적 원인이 있는 것이므로 불가피한 결론으로 생각된다.

　　한편 국제형사재판소에 의하여 집단살해죄로 유죄판결을 받은 자에 대하여 국내법원에서 일
반살인죄로 다시 재판할 수 있는가의 문제가 있다. 이러한 재판을 허용되는 것은 이미 동일한 행
위에 대한 유죄판결이 있었음에도 국내법원의 거듭된 재판이 가능하다는 점에서 당사자에게 가
혹할 뿐 아니라 불합리한 것으로 보이기도 한다. 그러나 로마규정 제20조 제2항은 명백히 '제5조
에 적시된 범죄(crime referred to in article 5)'에 한하여 일사부재리의 원칙이 적용됨을 규정하여
사실관계가 아닌 법률상 동일한 범죄로 그 범위를 한정하고 있으므로 비록 피고인에 대하여는
불이익한 점이 있으나 일사부재리 원칙은 적용되지 않는 것으로 해석되고 있다. 이와 같은 불합

---

646) Lorraine Finlay, 전게논문, p. 231. 예를 들면, 집단살해죄 혐의로 국제형사재판소에 기소된 자가 집단살해
　　죄의 특별한 목적(dolus specialis)에 대한 입증이 없다는 이유로 무죄를 선고받은 경우 동일한 행위에 대해
　　국내법원에서 일반살인죄로 재판받을 수 있다. 森下忠, 國際刑法學の課題, 東京, 成文堂(2006), p. 169.
647) Lorraine Finlay, 전게논문, p. 231.

리한 결과를 고려하여 국내법원이 국제형사재판소의 판결에 따라 집행된 형을 의무적으로 산입하도록 하는 산입주의를 채택하지 않은 것은 인권보호를 위하여 부여되어야 할 최소한의 보호장치를 갖추지 않은 것이라고 비판받고 있다.[648]

한편 로마규정 제20조 제2항의 '다른 재판소(another court)'가 체약당사국의 국내법원만을 의미하는 것인가 여부가 문제된다. 체약당사국 국내법원뿐만 아니라 ICTY나 ICTR과 같은 다른 국제재판소와 재판권 경합이 발생하는 상황을 배제할 수 없다는 점에서 다른 재판소에는 국내법원뿐만 아니라 다른 국제재판소도 포함되는 것으로 해석되고 있다.[649]

(3) 국내법원 등의 판결의 국제형사재판소에 대한 효력(제20조 제3항)

로마규정 제20조 제3항은 각국 법원의 재판이 국제형사재판소에 대하여 미치는 위로의 일사부재리 원칙의 효력을 규정하고 있다. 위 조항은 제20조 제1항과 같이 행위를 기초로 일사부재리 원칙을 규정하고 있다. 따라서 후속적 기소의 법적 근거의 상이성 여부와 관계없이 동일한 사실관계에 대하여는 후속 기소가 불가능하다.[650] 예를 들면 국내법원에서 살인이나 성범죄를 저지른 것으로 판결을 받았다면 국제형사재판소는 동일한 행위에 기초하여 재차 심판할 수 없다. 이러한 광범위한 일사부재리 원칙은 인권보호의 목적을 최대한 달성할 수 있으며 개별 국가의 주권을 존중함으로써 국제형사재판소의 보충성 원칙에 실효성을 부여하는 것으로 평가되고 있다.[651]

한편 광범위하게 적용되는 일사부재리 원칙으로 말미암아 중대한 국제범죄를 저지른 자에 대한 불충분한 처벌을 허용한다거나 개별 국가가 고의로 중대한 범죄를 은폐할 수 있다는 우려는 이러한 원칙에 대한 다음과 같은 예외 조항에 의하여 상당 부분 완화될 수 있을 것으로 기대된다.

로마규정에는 첫 번째 예외로 '재판소 관할범죄에 대한 형사책임으로부터 범죄자를 보호할 목적이었던 경우'가 규정되어 있다. 이러한 예외조항은 국내법원에서의 면책적 소송을 통하여 일사부재리 원칙이 남용되는 것을 방지하려는 목적이 있다.[652] 예외사유 해당여부는 국제형사재판소가 스스로 결정할 수 있으므로 국제형사재판소는 중대한 범죄가 의도적으로 처벌되지 않도록 방지하는 일종의 감독 권한을 행사할 수 있으며 이를 통하여 국내법원의 절차가 형사사법 정의를 위한 일정한 기준을 충족시키도록 하고 있다.[653]

---

648) Christine Van den Wyngaert and Tom Ongena, 전게논문, p. 724; 森下忠, 國際刑法學の課題, 東京, 成文堂 (2006), p. 170.
649) 森下忠, 國際刑法學の課題, 東京, 成文堂(2006), p. 169.
650) Christine Van den Wyngaert and Tom Ongena, 전게논문, p. 726.
651) Lorraine Finlay, 전게논문, p. 235.
652) Christine Van den Wyngaert and Tom Ongena, 전게논문, p. 724.
653) Lorraine Finlay, 전게논문, p. 236.

로마규정은 ICTY, ICTR에서 규정하고 있는 일반범죄의 예외는 채택하고 있지 않다. 따라서 국내법원에서 국제범죄가 아닌 일반범죄로 기소된 경우에도 원칙적으로는 예외에 해당하지 않아 국제형사재판소는 동일한 행위에 대하여 다시 심판할 수 없다. 일반범죄의 예외가 로마규정에서 채택되지 않은 것은 일반범죄의 예외 개념이 불분명하다는 비판 때문이었다.[654) 그러나 일반범죄의 예외라는 개념 자체가 완전히 포기된 것으로 보기는 어려우며 면책소송 예외 규정을 통하여 일반범죄 예외가 규율하여야만 하는 상황이 상당부분 해결될 수 있을 것이다.[655)

두 번째로 규정된 예외는 '그 밖에 국제법에 의하여 인정된 적법절차의 규범에 따라 독립적이거나 공정하게 수행되지 않았으며, 상황에 비추어 범죄자를 처벌하려는 의도와 부합하지 않는 방식으로 수행된 경우'이다. 위 규정은 실제 사건에서 적용하기가 매우 까다로운 규정으로 평가된다.[656) 위 조항은 두 개의 요건을 중첩적으로 충족시켜야 하는데 첫 번째 요건은 국제법에서 인정되는 적법절차의 위반이다. 선입견을 가진 판사에 의한 재판, 판결을 하는 법관에 대한 압력 행사, 편향된 시각을 가진 수사기관의 존재 등이 그 예이다. 두 번째 요건은 당해 절차가 '상황에 비추어 범죄자를 처벌하려는 의도와 부합하지 않는 방식으로 수행된 경우'이다. 예외 인정 요건에 주관적 요소를 도입하여 매우 개방된 형태로 규정함으로써 국제형사재판소에 대하여 많은 재량을 부여하고 있다.[657)

(4) 산입주의(제78조 제2항)

로마규정 제78조 제2항은 '징역형을 부과함에 있어 재판소는 재판소의 명령에 따라 전에 구금되었던 기간이 있을 경우 이를 공제한다. 재판소는 그 당해 범죄의 기초를 이루는 행위와 관련하여 구금되었던 기간도 공제할 수 있다'라는 내용으로 산입주의 원칙을 선언하고 있다. 위 규정은 '공제할 수 있다'라는 표현을 사용하여 산입 여부를 재량으로 규정하고 있다. 그러나 문언에 관계없이 실제 적용에 있어서는 국제형사재판소가 예외 없이 이전의 구금기간을 산입할 것으로 기대되며 의무적 산입주의로 규정하는 것이 바람직하였다는 견해가 있다.[658)

---

654) Gaddafi and Al-Senussi, ICC (PTC), decision of 31 May 2013, paras. 85, 88 참조; 일반 범죄 예외를 인정한 것은 ICTY 법령 제10조 제2항 (a)와 ICTR 법령 제9조 제2항 (a).

655) Christine Van den Wyngaert and Tom Ongena, 전게논문, p. 726; 森下忠, 國際刑法學の課題, 東京, 成文堂 (2006), p. 171에서는 '형사사법을 면하려는 목적'에 해당하는 경우로 집단살해죄와 같은 심각한 범죄를 단순 폭력 등으로 기소하는 사례를 들고 있다.

656) Christine Van den Wyngaert and Tom Ongena, 전게논문, p. 725.

657) Lorraine Finlay, 전게논문, p. 238.

658) Lorraine Finlay, 전게논문, p. 243.

4. 우리 국제범죄법의 일사부재리 원칙

(1) 국제범죄법의 내용

국제범죄법 제7조는 '집단살해죄 등의 피고사건에 관하여 이미 국제형사재판소에서 유죄 또는 무죄의 확정판결이 있은 때에는 판결로써 면소의 선고를 하여야 한다'고 규정하고 있다. 형사소송법 제326조가 국내 확정판결에 대하여 면소판결을 선고하도록 규정한 것과 동일하게 국제형사재판소의 확정판결이 존재하는 경우를 면소판결의 대상으로 규정한 것이다.[659]

국내 확정판결이 있을 경우 대상 사건을 면소판결의 대상으로 하는 것은 피고사건의 실체와 관련하여 이미 확정판결이 존재하고 있음에도 재소를 허용하게 되면 종전 법원의 판단과 이후 법원의 판단이 불일치하는 사태가 발생하여 재판의 권위를 해칠 염려가 있고[660] 확정판결에는 일사부재리 효력이 있으므로 동일성이 인정되는 범죄사실에 대하여 재소를 금지하려는 것이다.[661]

외국법원의 판결이나 국제형사재판소의 판결이 직접 우리 법원에 대하여 구속력을 가질 수는 없다. 그러나 우리나라는 로마규정의 체약당사국으로 조약법인 로마규정의 준수의무를 부담하고 있으며 이와 별도로 국제범죄법 제7조가 국내법 체제 내에서도 국제형사재판소의 판결에 대한 일사부재리 효력을 부여하고 있는 것이다. 그러나 위 조항의 구체적 효력범위에 대하여는 아래에서 보는 바와 같이 보다 신중한 검토가 필요하다.

(2) 일사부재리 효력의 객관적 범위의 제한

국제범죄법 제7조가 '집단살해죄 등의 피고사건'에 대한 국제형사재판소의 확정판결이 있는 경우를 면소판결의 대상으로 규정한 점은 명백하다. 그러나 국제형사재판소 판결의 일사부재리 효력을 어떤 범위에서 인정하여 면소판결의 대상으로 삼을 것인가를 결정하는 것은 용이하지 않은 과제이다. 일사부재리 원칙의 국제적 적용에 있어 효력의 적용 범위에 대한 복잡한 문제가 동일하게 나타나기 때문이다. 실제 각국 형사법 체제의 상이성으로 말미암아 많은 국가들이 일사부재리 원칙을 국제적 차원에 적용함에 있어 사건의 동일성 판단에 어려움을 겪고 있다.[662]

우리 형사소송법은 일사부재리 효력이 미치는 범위와 관련하여 유죄 혹은 무죄 판결이 선고된 것과 동일한 사실관계(facts, in concreto application)에 근거를 두는 입장을 취하고 있다. 동일한

---

659) 형사소송법 제326조 참조.

660) 신동운, 『신형사소송법』, 서울 : 법문사, 2014, 1463면

661) 이재상·조균석, 『형사소송법』, 서울 : 박영사, 2015, 705면; 국내법원에서 확정판결이 있었던 경우 검사는 검찰사건사무규칙에 의하여 공소권 없음 처분을 하여야 한다는 점에 비추어 검찰사건사무규칙상 명시되어 있지 않으나 국제범죄법 제7조의 범위 내에 속하는 사건에 대하여는 공소권 없음 결정을 하는 것이 타당할 것이다. 검찰사건사무규칙 제69조 제3항 제4호 참조.

662) 특히 영미법와 대륙법의 상이성에서 발생하는 문제들은 일사부재리 원칙의 국제적 적용에 있어 실질적 문제를 야기하고 있다고 한다. Josè Luis De La Cuesta, 전게논문, pp. 721, 726 등 참조.

범죄(offence, in abstracto application)인가 여부 혹은 책임의 법적 근원(legal head of liability)은 원칙적으로 고려대상이 아니다. 우리 형사소송법에 있어서 기판력이 미치는 범위는 과거의 특정시점에서 행하여졌던 순수한 사실상태로 법률적 평가와는 무관하며 사건의 단일성과 동일성의 범위에 따라 결정된다.[663] 법원의 현실적 심판의 대상이 된 공소사실은 물론 그 공소사실과 단일하고 동일한 관계에 있는 사실의 전부에 기판력이 미친다.[664]

그런데 이와 달리 국제범죄법 제7조의 근원이 되는 로마규정 제20조 제2항의 일사부재리 원칙은 대상사건의 기본적 사실관계가 아닌 동일한 범죄(offence, in abstracto application) 혹은 책임의 법적 근원(legal head of liability)을 근거로 적용된다. 따라서 국제법적으로는 국제형사재판소에서 판결한 범죄와 동일한 범죄인가 여부에 따라 국내법원에서의 재판의 허용성이 결정되며[665] 우리가 로마규정 체약당사국으로 부담하고 있는 국제법상 의무도 이러한 범위로 제한된다. 이와 관련하여 우리 국제범죄법 제7조는 면소의 원인이 되는 이전의 판결을 '집단살해죄 등의 피고사건'으로만 규정하고 있다. 따라서 견해에 따라서는 우리 형사소송법에서 기판력이 미치는 범위는 과거의 특정시점에 존재하였던 사실 상태에 근거하는 것이므로 위 조항에서의 '피고사건'도 동일한 맥락에서 해석하여 국제형사재판소의 판결이 있었던 사건과 단일성과 동일성이 미치는 범위에서는 면소판결이 선고되어야 하는 것으로 주장할 수 있을 것이다. 그러나 이러한 해석은 우리 국제범죄법의 근거가 된 로마규정 제20조 제2항이 제20조 제1항과 달리 좁은 범위의 일사부재리 원칙을 규정한 것과 부합하지 않는 것이다. 앞서 본 바와 같이 국제형사재판소는 국내법상의 일반살인죄 등을 심리하여 재판할 수 없다는 한계를 가지고 있다. 따라서 국제형사재판소에서의 심리 결과 인명을 살상한 행위 자체는 인정되나 집단살해죄 등에서 요구되는 특별한 목적이 입증되지 않은 경우 국제형사재판소는 무죄판결을 선고할 수밖에 없다. 이러한 경우까지 국제형사재판소의 판결에 광범위한 일사부재리효력을 인정하여 국내법원에서 일반살인죄로 기소될 수 없도록 하는 것은 우리나라의 주권을 지나치게 제약하는 것일 뿐 아니라 법질서의 공백을 야기하는 것이다.

국제범죄법 제7조의 문언 역시 일사부재리 원칙의 근거가 되는 사건에 대하여 단순히 '피고

---

663) 신동운, 『신형사소송법』, 644면, 629면 등. 소인대상설에 터잡아 일사부재리의 효력을 기판력과 별개로 이중위험금지에 근거한 절차적 효력으로 보면서 이중위험의 적용범위를 해석한 차용석·최용석, 『형사소송법』(제4판) 서울 : 21세기사, 2013, 757면도 결론에서는 같다.

664) 이재상·조균석, 『형사소송법』. 726면; 대법원 1994. 3. 22. 93도2080 전원합의체판결 이후 우리 판례가 규범적 요소도 기본적 사실관계동일설의 실질적 내용을 이루는 것으로 보는 듯하나 판례가 언급한 '규범적 요소'에 대한 개념 정의가 불분명하다는 점에서 이러한 입장은 동일성 판단에 혼란을 초래하기 쉬우며 여전히 前 법률적·자연적 관점에서 동일성을 판단하여야 한다는 주장은 신동운, 『신형사소송법』, 1512면; ne bis in idem에서의 'idem'의 개념 범위에 대한 외국의 다양한 입장은 Josè Luis De La Cuesta, 전게논문, p. 722 et seq.

665) Lorraine Finlay, 전게논문, p. 231; 森下忠, 國際刑法學の課題, 東京, 成文堂(2006), p. 169.

사건'으로 규정하지 않고 '집단살해죄 등의 피고사건'으로 특정한 범죄에 해당함을 나타내는 수식어를 전면에 부기하고 있어 어느 정도 탄력적 해석이 가능한 것으로 보인다. 국회 입법 과정의 이행법률안 심사보고서에서도 '형법은 외국에서 형의 집행을 받은 경우 임의적 감경사유로 규정하고 있는데 비하여, 안 제7조는 집단살해죄 등에 대하여 이미 국제형사재판소에서 유죄 또는 무죄의 확정판결이 있은 때에는 판결로써 면소의 선고를 하여야 한다고 규정하고 있음. 이는 로마규정 제20조의 일사부재리 조항에 의한 것으로 적정한 것으로 판단됨'이라는 내용으로 로마규정 제20조 제2항의 개념에 상응하는 국내 입법임을 명확히 하고 있다.

결론적으로 문언상 다소 불분명한 점이 있고 일반적으로 인정되는 기판력 범위에 대한 이론과 부합하지 않는 측면이 있기는 하나 우리 국제범죄법 제7조의 일사부재리 원칙의 효력은 로마규정 제20조 제2항에 상응하여 동일한 범죄(offence, in abstracto application) 혹은 책임의 법적 근원(legal head of liability)을 근거로 제한되는 것으로 해석되어야 할 것이다. 따라서 국제형사재판소에서 집단살해죄에 대한 무죄판결이 내려진 경우 동일한 행위에 대하여 우리 법원이 집단살해죄로 이를 재차 심리하는 것은 허용되지 않으나 국내형법상의 일반살인죄로 심리할 수 있음은 물론 다른 국제범죄인인도에 반한 죄 등으로 심리하여 처벌할 수 있을 것이다.

기판력의 대상이 되는 사건의 범위를 이와 같이 제한적으로 해석하는 것은 국내법 체제 내에서는 이례적인 것이므로 국제범죄법 제7조가 규정하고 있는 일사부재리 원칙의 효력범위를 좀 더 명확히 규정하는 것이 바람직할 것으로 생각된다.[666]

(3) 국제형사재판소 판결 확정 이전 단계

국제범죄법 제7조는 국제형사재판소의 확정판결이 있는 경우만을 면소판결 사유로 규정하고 있다. 따라서 국제형사재판소에서 수사가 이루어지고 있거나 기소 후 1심 판결까지의 시점에 있어서 국내법원에서의 재판가능성이 논의될 수 있을 것이다.

먼저 국제형사재판소에서의 사건이 수사단계에 머물러 있을 경우 일사부재리의 효력을 인정할 수 없다는 것은 일사부재리 원칙의 일반이론과 국제형사재판소의 보충성을 규정한 로마규정 제17조에 비추어 명백한 것으로 생각된다.

다음으로 생각해 볼 수 있는 것은 국제형사재판소에서 기소는 이루어졌으나 아직 1심 판결이 선고되지 않은 단계이다. 국내 형사절차와 관련하여 우리 형사소송법 제327조 제1호와 제3호는 피고인에 대한 재판권이 없는 경우나 공소가 제기된 사건에 대하여 다시 공소가 제기된 경우를 공소기각 판결 대상으로 명시하고 있다. 국제범죄법 제7조가 국제형사재판소 확정판결의 존재를 면소사유로 규정하는 등 일정한 범위에서 국제형사재판소의 판결에 국내 판결과 동일한 효

---

666) 독일법에서 사용되고 있는 용례는 우리에게 시사하는 바가 있다. 로마규정 제20조 제2항에 상응하는 독일 국제범죄법 제69조 제1항은 그 대상을 행위(Tatbestand)가 아닌 범죄(Verbrechen)로 명시하고 있다.

력을 부여하고 있으므로 국제형사재판소에 기소가 이루어진 경우를 우리 형사소송법이 규정하고 있는 '공소가 제기된 사건'으로 볼 수 있다는 주장도 가능할 것이다. 그러나 국제형사재판소는 국내절차와 관련하여 보충성의 원칙을 규정하고 있을 뿐 아니라 공소권의 제약은 주권의 제약과 관련된 문세임에노 로마ㅐ정에는 이에 대한 명백한 언급이 없다. 따라서 일사부재리 원칙의 효력은 원칙적으로 국내 재판에 한정된다는 우리나라의 학설과 판례를 함께 고려할 때 국제범죄법 제7조의 문언에 따라 국제형사재판소의 확정 판결이 있는 경우에만 특별한 법적 효력이 부여되는 것으로 해석하는 것이 타당할 것이다. 로마규정 제20조 역시 '유죄 또는 무죄판결을 받은 (convicted or acquitted)' 행위나 범죄를 그 대상으로 하고 있으므로 일사부재리 원칙의 대상이 되는 위험(jeopardy)은 수사나 기소단계에서는 발생하지 않는 것으로 이해된다.[667]

5. 형법 제7조의 적용 가능성

(1) 형법 제7조의 규범 내용과 헌법불합치 결정

개정 전 형법은 형법의 적용범위를 규정한 총칙 제1장 제7조에서 '범죄에 의하여 외국에서 형의 전부 또는 일부의 집행을 받은 자'에 대하여 '형을 감경 또는 면제'할 수 있다는 내용으로 외국에서 형의 집행을 받은 경우를 형의 임의적 감면사유로 규정하고 있었다.[668] 위 조항은 넓게 는 동일한 행위로 거듭 처벌받을 수 없다는 이른바 '일사부재벌(ne bis poena in idem)' 원칙에 해당하는 규정으로 형사재판권이 국제적으로 경합하는 상황에서 '외국에서 범죄로 인하여 형의 집행을 받은 경우'에도 국내법원에서 거듭된 재판이 가능함을 전제로 한 조항이다.[669]

위와 같이 종래의 형법이 규정하고 있었던 형의 감경 또는 면제의 성격과 관련하여 대법원은 형의 임의적 감면 조항임을 명백히 하고 있었으나[670] 2015년 5월 28일 헌법재판소는 외국에

---

667) Lorraine Finlay, 전게논문, p. 233.
668) 위와 같은 내용은 형법 제정 당시부터 2016. 12. 20. 법률 제1441호로 개정되기 이전까지 동일한 내용으로 규정되어 있었다.
669) 형법 제정 당시 위 조항의 성립경과에 관한 심의회 회의록에 엄상섭 법제사법위원회 대리의 발언은 다음과 같다. "法制司法委員長代理(嚴상섭): 「第七條 犯罪에 依하여 外國에서 刑의 全部 또는 一部의 執行을 받은 者에 對하여는 刑을 輕減 또는 免除할 수 있다」 이것은 外國에 가서 罪를 지어가지고 … 詐欺罪면 詐欺罪 를 지어서 外國에서 裁判을 받고 거기서 全部 刑을 받았거나 或은 刑의 執行의 一部를 받았거나 이럴 쩍에 는 우리나라에서 執行의 一部를 받은 것은 減輕을 하고 全部 받은 것은 免除한다 이런 것입니다. 이것은 常識的으로 봐서는 當然한 일로 생각할 것이나 外國의 判決이라는 것은 반드시 우리나라의 判決이 아닙니 다. 그러니까 外國의 判決에 依해서 刑을 받고 刑의 執行을 받았다 하드라도 우리나라에서는 우리나라 立場 에서 다시 價値判斷을 해서 大韓民國의 立場에서 判決할 수가 있는 것입니다. 그러나 같은 行爲를 가지고 이미 外國에서 判決을 받아서 刑의 執行을 받은 사람을 또다시 우리나라에서 處罰한다는 것은 苛酷하지 않 을까 그래서 이러한 條文이 있는 것입니다." 위 발언 부분 이외에 위 조항에 대한 추가적인 토론 자료 등은 발견되지 않는다. 한국형사정책연구원, 『형사소송법제정자료집』, 서울 : 한국형사정책연구원, 1990, 197면.
670) '범죄에 대하여 외국에서 형의 전부 또는 일부의 집행을 받은 자에 대하여는 법원의 재량에 의하여 형을 감경 또는 면제할 수 있다는 것으로서 외국에서 형을 받은 자라고 해서 반드시 감경 또는 면제를 하지 않으

서 받은 형의 집행을 전혀 반영하지 아니할 수도 있도록 한 것은 과잉금지원칙에 위배되어 신체의 자유를 침해한다는 이유로 형법 제7조에 대하여 헌법불합치 결정을 내렸다.[671] 이러한 헌법재판소 결정에 따라 2016년 12월 20일 법률 제1441호로 형법 제7조를 개정하여 '죄를 지어 외국에서 형의 전부 또는 일부가 집행된 사람에 대해서는 그 집행된 형의 전부 또는 일부를 산입한다'는 내용으로 형의 전부 또는 일부에 대한 의무적 산입을 내용으로 하는 탄력적 산입주의로의 개정이 이루어졌다.[672]

형법 제7조는 그 대상을 '범죄로 인하여 외국에서 형의 전부 또는 일부의 집행을 받은 자'로 규정하고 있을 뿐 국내 재판과 외국 재판의 대상의 동일성 요건을 명시하고 있지 않다. 그러나 외국판결의 효력에 대한 일반이론 등에 비추어 전혀 상이한 범죄사실로 외국에서 형의 집행을 받았다고 하여 국내 재판에서 형의 감경이 허용되는 것으로 해석할 수는 없을 것이므로 국내판결과 외국판결 사이에 대상의 동일성이 요구된다고 보아야 할 것이다. 우리 대법원도 외국판결과의 동일성이 형법 제7조의 적용기준이 됨을 명백히 하고 있다.[673]

다음으로 형법 제7조의 해석상 동일성을 결정하는 기준이 어떤 것인가 여부가 문제될 수 있다. 일본 형법 제5조가 '행위'의 동일성을 전제로 규정[674]한 것과 달리 우리 형법 제7조는 그 적

면 안 된다는 것이 아니니, 이건에 있어서 피고인등이 일본국에서 형의 집행을 받았다고 해서 피고인등에게 형을 선고한 것이 형법 제7조에 위배된다고 할 수 없다'고 판시하고 있다. 대법원 1979. 4. 10. 선고 78도831 판결 등.

[671] 저자는 형법 제7조의 위헌가능성을 지적하면서 독일식 필요적 산입주의 등에 대한 입법론을 제시한 바 있다. 졸저 김기준, 『일사부재리 원칙의 국제적 전개 - 국제적 이중처벌 방지를 위한 새로운 모색』, 서울 : 경인문화사, 2013; 김기준, "일사부재리 원칙의 국제적 적용에 관한 연구", 서울대학교 박사논문(2010) 참조. 헌법재판소는 2015년에 있었던 결정에서 형사판결은 국가주권의 일부분인 형벌권 행사에 기초한 것이고 외국 형사판결은 원칙적으로 우리 법원을 기속하지 않으므로 외국에서 형벌을 선고받고 집행을 받았다 하여 또다시 국내에서 재판을 받는 것이 헌법 제13조 제1항의 이중처벌금지 원칙에는 위배되지 않는다고 보았다. 그리고 외국에서 형의 집행을 받은 자에게 어떠한 요건 아래 어느 정도 혜택을 줄 것인가에 대하여는 일정 부분 재량권을 가지고 있으나 형법 제7조와 같이 외국에서 받은 형의 집행을 전혀 반영하지 아니할 수도 있도록 한 것은 과잉금지원칙에 위배되어 신체의 자유를 침해한다고 본 것이다. 헌재 2015. 5. 28. 2013헌바129(헌법불합치).

[672] 헌법재판소 결정 내용에 대한 분석과 형법 제7조에 대한 여러 개정안들의 내용 비교, 탄력적 산입주의로의 개정이 위헌성을 해소하기에 충분한 것인가 등에 대하여 상세한 것은 졸고 김기준, "형법 제7조에 대한 헌법불합치 결정에 대한 고찰", 서울대학교 법학연구소 주최 국제세미나 「시간과 공간 속의 형사법」 발표 (2016. 11. 18. 서울대학교 근대법학교육 백주년 기념관) 참조.

[673] 대법원 2008. 10. 9. 선고 2008도5833 판결.

[674] 일본형법 제5조(외국판결의 효력)
외국에서 확정재판을 받은 자라도 동일의 행위에 대하여 다시 처벌하는 것을 방해하지 아니한다. 다만, 범인이 이미 외국에서 선고된 형의 전부 또는 일부의 집행을 받은 때에는 형의 집행을 감경하거나 면제한다.
日本刑法 第5條(外国判決の効力)
外国において確定裁判を受けた者であっても、同一の行為について更に処罰することを妨げない。ただし、犯人が既に外国において言い渡された刑の全部又は一部の執行を受けたときは、刑の執行を減軽し、又は免除する。

용대상을 단순히 '죄를 지어 외국에서 형의 전부 또는 일부가 집행된 사람'으로 규정하고 있어 범죄를 기준으로 동일성을 판단하여야 하는 것이 아닌가라는 의문이 제기될 수 있다. 그러나 앞서 본 바와 같이 형법 제7조는 일사부재리 원칙이 적용되지 않을 경우 발생하는 문제점을 보완한다는 의미에서 인정되는 '일사부재벌(ne bis poena in idem)' 원칙의 범주에 속하는 것이다. 따라서 일사부재리 원칙에서 적용되는 대상의 동일성에 대한 이론을 배제할 특별한 이유를 발견할 수 없다. 또한 우리 형사소송법의 심판대상은 '범죄사실의 동일성'이고 이를 기준으로 기판력의 범위와 양형이 결정된다는 점에서[675] 형법 제7조의 경우에도 '범죄사실의 동일성'을 기준으로 그 적용 여부가 결정되어야 할 것이다. 우리 헌법재판소도는 이중처벌금지 원칙이 처벌 또는 제재가 '동일한 행위'를 대상으로 행해질 때에 적용될 수 있는 것이고 대상 행위의 동일성은 기본적 사실관계가 동일한가 여부에 따라 판단하여야 한다고 판시한 바 있다.[676] 대법원 역시 범죄사실의 동일성이 형법 제7조의 적용 여부를 결정하는 기준이 됨을 명백히 하고 있다.[677]

(2) 국제형사재판소의 판결에 대한 적용가능성

원칙적으로 외국에서 형의 전부 또는 일부를 집행 받은 경우란 외국의 권한 있는 법원에 의한 형사판결을 통하여 형의 집행을 받은 경우를 의미할 것이다.[678] 이와 관련하여 국제형사재판소의 판결에 따라 형의 집행이 있었던 경우 위 조항에 의한 감경대상이 될 수 있는가의 문제가 제기될 수 있다. 실제 발생 사례가 많지는 않을 것이나 앞서 본 바와 같이 로마규정 제20조 제2항에 대응하는 국제범죄법 제7조의 면소대상을 국제형사재판소의 판결과 동일한 범죄로 한정하여 해석하여야 하므로 기본적 사실관계는 동일하면서도 국제형사재판소에서 처벌받은 범죄와 상이한 범죄로 국내에서 기소할 경우 형법 제7조의 적용문제가 현실적으로 발생할 수 있을 것이다.

형법 제7조의 제정 연혁 등을 고려할 때 제정 당시 국제형사재판소 등 국제형사법원의 판결이 위 조항에 포섭되는 것으로 상정하지는 않았을 것이다. 그러나 형법 제7조는 형사재판권의 국제적 경합 상황에서 거듭된 소추가 인정됨으로써 발생하는 문제점을 해결하기 위한 원칙조항

---

675) 따라서 이러한 사실관계를 기반으로 일정한 시점을 기준으로 공소제기의 효과가 미치는 범죄사실의 단위인 사건의 단일성(單一性)과 시간의 경과에 따른 사실관계의 증감에도 불구하고 전후의 범죄사실이 그 동질성을 유지하는 사건의 동일성(同一性)이 평가되어 기판력의 객관적 범위가 결정된다. 신동운, 『신형사소송법』, 629면, 644면 등 참조. 일사부재리의 효력을 기판력과 별개의 절차적 효력이라며 그 근거를 이중위험금지에서 찾는 해석은 차용석 · 최용성, 『형사소송법』(제4판), 748~750면 참조.

676) 헌법재판소 1994. 6. 30. 자 92헌바38 결정(전원재판부).

677) 대법원 2008. 10. 9. 선고 2008도5833 사건 등; 형법 제7조가 범죄로 인하여 외국에서 '형의 일부 집행을 받은 자'를 포함하고 있으므로 외국에서 형의 전부를 집행 받을 것이 요구되지는 않는다. 실제 우리 법원은 피지 교도소에서 3년 5개월간의 수감생활을 하다가 가석방된 사안에서 형법 제7조를 적용하여 법률상 감경을 한 바 있다. 서울지방법원 2000. 7. 20. 선고 2000고합616 판결.

678) Josè Luis De La Cuesta, 전게논문, p. 722.

으로서의 성격을 가지고 있다. 또한 형법 제7조는 '외국에서 형의 집행'을 받은 자를 그 대상으로 규정하고 있을 뿐 판결 주체를 외국 법원으로 명시적으로 제한하고 있지도 않다. 국제형사재판소의 재판권은 각 국가의 재판권에서 유래한 것이라는 주장이 존재할 뿐만 아니라 이를 제한적으로 해석할 경우 동일한 국제범죄가 국제형사재판소가 아닌 보편적 관할권에 기하여 다른 외국에서 처벌된 경우에 비하여 불이익한 결과를 가져와 형평성 문제도 제기될 수 있다.

따라서 국제형사재판소의 판결과 이에 따른 형의 집행이 있었음에도 거듭된 국내 재판 과정에서 감경 가능성을 인정하지 않는 것은 당사자의 기본권을 침해하는 것일 수 있으므로 형법 제7조의 '외국에서의 형의 집행'을 우리나라 영토 바깥에서 있었던 모든 판결 및 집행을 포함하는 개념으로 해석하여 국제형사재판소의 판결과 그 판결에 따른 집행이 있었던 경우에도 형법 제7조의 적용이 있다고 보는 것이 타당할 것으로 생각된다.

제 4 절 시효의 배제(Non-applicability of Statute of Limitations)

국제범죄에 대하여 시효를 배제하는 것은 중대한 국제범죄를 저지른 범죄자에 대한 면책성 배제에 그 목적이 있다. 국제범죄를 방지하려는 국제사회의 노력에도 불구하고 참혹한 국제범죄가 지속적으로 발생하고 있다. 특히 이러한 범죄들이 국가의 지원이나 묵인 하에 이루어지는 사례가 흔하게 발생하여 당해 국가에 의한 수사나 기소가 만족할 만한 수준에 이르지 못하거나 수사나 기소에 많은 시간이 소요되게 되었다. 따라서 이러한 특수한 배경 하에서 발생하는 국제범죄에 대하여 시효를 인정하지 않는 것은 형사정책적으로 중요한 의미를 갖는다. 나아가 심각한 국제범죄에 대한 처벌요구는 시간의 경과와 무관하게 계속되는 것으로 평가되기도 한다.[679]

1. 일반범죄에 대한 시효제도

시효제도를 인정하는 것은 시간이 지남에 따라 범죄자에 대하여 법의 심판을 받게 하려는 사회적 이해가 감소되며 신뢰성 있는 증거 수집에 어려움이 있고 공정하고 효율적인 재판을 보장하기 어렵다는 점 때문이다. 대부분의 국가는 국내법상 일반범죄에 대한 공소 제기에 일정한 시간제한을 두고 있으며[680] 특히 대부분의 대륙법계 국가들에서는 명시적으로 시효의 적용을 배제하는 조항을 두지 않는 이상 기본적으로 모든 범죄를 공소시효의 적용대상으로 삼고 있다. 공소시효가 존재할 경우 적용되는 기간은 범죄의 중대성이나 부과될 수 있는 최대한의 형벌에 따

---

679) 증거의 산일, 증인의 기억력 감소, 공정한 재판을 받을 권리의 침해 가능성 등 절차적 요소와 형벌부과 목적 등 실체법적 요소에 대한 분석을 토대로 국제범죄에 대한 공소시효 적용의 타당성을 논하는 매우 상세한 논의는 Ruth Alberdina Kok, "Statutory Limitations in International Criminal Law", doctoral thesis Amsterdam University(2007) 참조.

680) Ambos, Kai, 전게서 I, p. 427.

라 정하여 지는 것이 일반적이다.[681]

가장 심각한 범죄에 대한 공소시효 인정 여부는 국가별로 상당한 차이가 있다. 살인죄의 경우 프랑스에서는 10년이 경과하면 기소가 금지되나 폴란드의 경우에는 30년이 경과할 것을 요구하고 있으며 독일 형법 제211조는 모살(謀殺)에 대하여 공소시효를 배제하고 있다.[682] 우리나라도 최근 형사소송법 개정을 통하여 사형에 처해질 수 있는 살인죄에 대한 공소시효를 배제한 바 있다.[683] 보통법 국가에서는 전통적으로 가장 심각한 유형의 범죄에 대하여는 시효를 적용하지 않는 것이 일반적이다.[684]

2. 국제범죄에 대한 시효 배제

(1) 국제규범과 국제재판소의 판례

앞서 본 바와 같이 국내 일반범죄에 대하여는 그 범위나 기간의 차이는 있으나 일반적으로 시효가 인정되고 있다. 그러나 이와 같이 국내법에 규정된 시효는 국제법 하에서의 형사 책임에 영향을 미치지 않으며 지금까지 국제범죄를 규정한 뉘른베르크 헌장, 동경 헌장, ICTY, ICTR 법령 어디에도 국제범죄에 대한 시효는 규정되어 있지 않았다. 제네바협약이나 그 부속의정서,[685] 집단살해방지협약에도 시효를 인정하는 규정은 존재하지 않는다.[686] 국제형사법 체제 하에서는 이처럼 시효를 허용하는 규정을 두지 않은 법령의 반대해석에 따라 국제법상 국제범죄는 시효의

---

681) Ruth Alberdina Kok, 전게논문, p. 31.

682) Ambos, Kai, 전게서 I, p. 428.

683) 형사소송법 제253조의2(공소시효의 적용 배제) 사람을 살해한 범죄(종범은 제외한다)로 사형에 해당하는 범죄에 대하여는 제249조부터 제253조까지에 규정된 공소시효를 적용하지 아니한다.; 그 밖에 성폭력범죄의 처벌 등에 관한 특례법 제21조, 아동·청소년의 성보호에 관한 법률 제20조, 헌정질서 파괴범죄의 공소시효 등에 관한 특례법 제3조 등에서 시효에 관한 특례를 규정하고 있다.

684) 다만 범죄 이후 오랜 시간이 경과하여 이루어진 기소는 절차의 남용이라는 관점에서 취급될 수 있다. Ambos, Kai, 전게서 I, p. 428; Christine van den Wyngaert and Dugard, "Non-Applicability of Statute of Limitations", in A. Cassese, P. Gaeta, and J.R.W.D. Jones (eds), The Rome Statute of the International Criminal Court : A Commentary, Vol. I (2002), p. 874.

685) 시효가 배제된다는 것을 명문으로 규정하지 않은 것에 대하여 비판적 견해가 존재한다. 1949년 당시에는 이미 전쟁범죄자들의 처벌에 많은 시간이 소요될 것이라는 점이 명백했음에도 4개의 제네바협정이 시효에 관한 문제를 다루지 않은 것은 이해하기 어렵다는 것이다. 1977년의 부속 의정서 역시 시효문제에 대하여 침묵하고 있으나 이미 1968년 유엔 총회와 1974년 유럽의회에서 전쟁범죄와 인도에 반한 죄에 대한 시효배제 문제를 다루는 등 국제범죄에 대한 시효 부적용의 중요성이 중요한 위치를 점하고 있었음에도 이에 대한 적극적 논의가 없었던 것은 의문이라는 주장이다. Christine Van den Wyngaert and John Dugard, 전게논문, p. 877.

686) 뉘른베르크 재판과 유사한 시기에 성립된 통제위원회 법령 10호 제2조 제5항은 1933년 1월 30일부터 1945년 7월 1일까지의 기간을 시효기간에서 배제하고 있다. 그러나 위 법령은 독일 내에서의 국내 절차에서 시효를 배제하려는 것이었으며 국제법이 적용되는 국제적 차원에서 국제범죄에 대하여 시효가 적용됨을 전제로 한 규정이 아니다. Christine Van den Wyngaert and John Dugard, 전게논문, p. 877

적용 대상이 아닌 것으로 이해되고 있다.[687] 따라서 로마규정과 같은 명시적 시효배제 조항이 없더라도 국제형사법원에서의 재판에서는 시효의 적용을 주장하여 책임을 회피할 수 없다.[688]

국제사회에서 국제범죄에 대한 시효배제 문제가 본격적으로 제기된 것은 대륙법계 국가들에서 국내적으로 국제범죄에 대한 시효가 도과하기 시작하는 1960년대에 이르러서이다.[689] 국제범죄를 저지른 자들이 형사책임으로부터 '기술적' 탈출에 성공하는 것을 방지하기 위하여 국제범죄에 대하여 시효를 배제하려는 협약들이 등장하게 된다. 이와 관련하여 가장 먼저 1968년 전쟁범죄 및 인도에 반하는 죄에 대한 공소시효 부적용에 관한 유엔 협약(UN Convention on the Non-Applicability of Statutory Limitations to War Crimes and Crimes Against Humanity)이 나타났다.[690] 그러나 위 협약은 '범죄의 발생 시기에 무관하게' 적용되는 것으로 인권에 관한 유럽협약 제7조 혹은 시민적 정치적 권리에 대한 국제규약 제15조 등에 규정된 소급금지 원칙에 반한다는 비판이 제기되었다.[691] 이러한 문제점을 극복하기 위해 협약의 적용대상을 협약의 효력 발생 이후로 제한한 1974년 인도에 반한 죄와 전쟁범죄에 대한 시효 부적용에 관한 유럽협약(the European Convention on the Non-Applicability of Statutory Limitations to War Crimes and Crimes Against Humanity)이 만들어졌다. 그러나 위 협약에 대한 비준은 제대로 이루어지지 못하였다.[692]

로마규정 제29조는 국제형사재판소의 관할범죄인 국제범죄에 대하여는 어떠한 시효도 적용되지 아니한다고 규정하고 있다.[693] 로마협정 협상에서 국제범죄들 중 전쟁범죄에 대하여도 시효의 적용을 배제할 것인가 여부는 가장 논쟁적인 부분 중 하나였다.[694] 유엔 표장의 부적정 사용 등 상대적으로 심각성이 미약한 전쟁범죄들에 대해서까지 시효를 배제하는 것은 타당하지 않다는 주장은 상당한 설득력을 가진 것으로 생각된다. 국제형사재판소의 검사는 당해 사건의 구체적 상황에 따라 로마규정 제53조 제1항 (a)에 근거한 정의의 원칙에 대한 고려를 이유로 기소를 회피할 수 있을 것이다.[695]

---

687) Ambos, Kai, 전게서 I, p. 429; Cryer, Robert; Friman, Håkan; Robinson, Darryl; Wilmshurst, Elizabeth, 전게서, p. 84.
688) Ambos, Kai, 전게서 I, p. 429.
689) Christine Van den Wyngaert and John Dugard, 전게논문, p. 874
690) 1968. 11. 26 유엔총회에서 채택되어 1970. 11. 11 발효되었다. 그러나 위 협약은 지금까지 54개국만이 비준하였다. Werle, Gerhard; Jeßberger, Florian, 전게서, p. 287.
691) Christine Van den Wyngaert and John Dugard, 전게논문, p. 875.
692) 위 협약에 대하여는 8개국만이 서명하였으며 벨기에, 보스니아-헤르체고비나, 몬테니그로, 네덜란드, 루마니아, 세르비아, 우크라이나 등 7개국만이 비준하였다. Werle, Gerhard; Jeßberger, Florian, 전게서, p. 287.
693) 위 조항은 형사법의 실질적 원칙을 다루는 다른 조항들 사이에 위치해 있다. 그러나 위 조항의 성격이나 내용에 비추어 기소의 허용성에 대한 규정들 사이에 규정되었어야 한다는 주장이 있다. 프랑스, 벨기에, 룩셈부르크 등과 같이 나폴레옹 형사소송법의 영향을 받은 국가들은 이를 기소에 대한 절차적 제한에 관한 규칙으로 보고 있다. 시효에 대한 규정이 형법에 포함되어 있는 독일의 경우에도 이를 절차법적인 것으로 파악하고 있다는 주장은 Christine Van den Wyngaert and John Dugard, 전게논문, p. 874.
694) Werle, Gerhard; Jeßberger, Florian, 전게서, p. 287.
695) Ambos, Kai, 전게서 I, p. 429.

로마규정뿐만 아니라 ICTY는 Furundzija 사건에서 고문범죄의 대세적 효력을 근거로 시효가 적용되지 않는다고 판시하였으며,[696] 미주인권위원회(IACHR, Inter-American Commission on Human Rights)도 고문과 같은 심각한 인권침해 행위에 대하여는 시효가 적용되지 않는다고 판단하였다.[697] 나아가 캄보디아 특별재판소 법령[698], 이라크 특별재판소 법령[699], 동티모르의 심각한 범죄재판부 법령[700] 등도 시효배제를 명시하고 있다.

로마규정 등 명문의 국제규범과 국제형사법원의 판례 등은 국제범죄에 대한 시효배제가 국제관습법으로 자리 잡아가고 있음을 강하게 보여주는 것이라는 평가가 있다.[701] 그러나 국제관습법에서의 시효배제는 집단살해죄와 인도에 반한 죄, 고문에 대한 것으로 제한된다는 입장[702]과 이와 달리 전쟁범죄에 대한 공소시효의 부적용도 이미 국제관습법화 되었다는 주장이 함께 존재한다.[703]

앞서 살핀 모든 상황들을 종합적으로 고려할 때 국제범죄에 대한 시효배제를 수용하는 방향으로의 움직임은 명확하며 이러한 움직임은 더욱 강화되어 나갈 것으로 보이나 현재 단계에서 국제범죄에 대한 시효배제가 국제관습법으로 인정되는가 여부는 단정하기 어렵다고 보는 것이 보다 타당할 것이다.[704] 앞서 본 바와 같이 시효배제와 관련된 협약은 제대로 비준되지 않았으며 다음에서 살피는 바와 같이 국제범죄에 대한 시효배제와 관련된 각국 국내법도 그 범위나 내용이 서로 상이하기 때문이다.[705]

(2) 국내 입법과 국내법원 판례

국제재판소에서의 경우와는 달리 국제범죄의 국내 기소에 있어서 공소시효는 실질적 장애로 작용하여 왔다. 프랑스의 Barbie 사건에서는 인도에 반한 죄에 대해서만 시효 적용이 배제되고 전쟁범죄에 대하여는 시효가 인정되었다.[706] 이탈리아의 Hass and Priebke 사건에서는 피고인이

---

696) Furundžija, ICTY (TC), judgment of 10 December 1998, para. 157; Cryer, Robert; Friman, Håkan; Robinson, Darryl; Wilmshurst, Elizabeth, 전게서, p. 83.
697) Barrios Altos v Peru, Judgment (Merits), para. 41 (14 March 2001); Ambos, Kai, 전게서 I, p. 429.
698) 캄보디아 특별재판소 법령 제4조, 제5조.
699) 이라크 특별재판소 법령 제17조 (d).
700) 동티모르의 심각한 범죄재판부 법령(UNTAET Regulation No. 2000/ 15.) Section 17.1.
701) Ambos, Kai, 전게서 I, p. 429.
702) Antonio Cassese, International Criminal Law, p. 319.
703) Jean-Marie Henckaerts, Louise Doswald-Beck, Customary International Humanitarian Law Volume I. : Cambridge, Cambridge University Press(2009), pp. 614–618; Cryer, Robert; Friman, Håkan; Robinson, Darryl; Wilmshurst, Elizabeth, 전게서, p. 89.
704) 이에 대한 상세한 논의 상황은 Werle, Gerhard; Jeßberger, Florian, 전게서, p. 287.
705) Cryer, Robert; Friman, Håkan; Robinson, Darryl; Wilmshurst, Elizabeth, 전게서, p. 83.
706) 시효 배제는 국가들의 공동체에 의하여 승인되는 법의 일반원칙이므로 이러한 원칙이 대상 범죄에도 적용될 수 있다고 전제하고 있다. Cour de Cassation, ILR, 78 (1984), 124, 125, 135; Ambos, Kai, 전게서 I, p. 428.

제2차 대전 중 수백 명의 민간인을 집단적으로 살해한 사실을 자백하였음에도 이탈리아 법원은 시효를 이유로 유죄판결을 내리지 않았다. 다만 이탈리아 법에 의하여 종신형에 해당할 수 있는 전쟁범죄의 경우 공소시효의 적용에서 제외되는 것으로 판단하였다. 또한 1976년 스위스는 공소시효를 이유로 제2차 대전 당시의 전쟁범죄자 Pieter Menten에 대한 네덜란드의 범죄인인도 요청을 거부하여 그에 대한 형사기소는 실현되지 못하였다.[707] 그러나 이스라엘은 아이히만 사건에서 국제범죄에 대한 시효 부적용을 규정한 이스라엘 법을 적용하여 아르헨티나 법에 의한 시효의 적용을 주장한 피고인의 항변을 기각하였다.[708]

자국의 형사 문제에 간섭받기를 원하지 않는 로마규정 체약당사국들의 경우 시효를 적용하지 않는 국내입법을 제정할 것으로 예상되어 왔다. 그러나 아직까지 국제범죄의 시효 적용에 대한 각국 국내법은 적용범위나 내용에 있어 다양한 형태를 띠고 있다.[709] 먼저 우리나라의 국제범죄법 제6조는 로마규정에 규정된 국제범죄에 대한 시효를 원칙적으로 완전히 배제하고 있다. 독일 국제범죄법 제5조 역시 국제범죄에 대한 시효의 배제를 규정하고 있다. 프랑스는 집단살해죄와 인도에 반한 죄에 대하여만 시효를 배제하며 전쟁범죄에 대하여는 범죄의 중대성에 따라 20년 혹은 30년의 시효를 규정하고 있다. 그리스와 중국은 국제범죄에 대하여 특별한 시효배제 규정을 두고 있지 않다.[710] 네덜란드 법은 심각성이 가장 미약한 전쟁범죄에 대하여 공소시효를 규정하고 있다.[711] 유엔 192개 회원국들 중 146개국이 심각한 범죄나 국제범죄에 대하여 시효를 배제하는 법률을 가지고 있다고 한다.[712]

3. 시효와 불소급 원칙

국제범죄의 공소시효 적용 배제와 관련하여 시효기간이 사후적으로 연장되거나 혹은 시효가 소급적으로 배제된 경우 형벌불소급 원칙과의 정합성 문제가 발생할 수 있다. 특히 국내법상 인정되는 공소시효 등의 장애를 피할 수 있는 국제법에 근거한 (역외)재판권이 소급적으로 도입된 경우 역시 동일한 소급효 논란이 제기될 수 있을 것이다.

이와 관련하여 범죄를 저지를 당시 조약법 혹은 국제관습법에 해당 범죄가 이미 규율되어 있었음을 전제로 제2차 세계대전 기간 중 범하여진 범죄에 대하여 소급적 형사책임을 인정한 사례가 존재한다. 캐나다 대법원은 Finta 사건에서 해외에서 범하여진 범죄에 대한 소급적용을 인정하였으며 Polyukhovic 사건에서 호주 고등법원도 소급적용을 인정하였다. Barbie 사건에서 프

707) Cryer, Robert; Friman, Håkan; Robinson, Darryl; Wilmshurst, Elizabeth, 전게서, p. 84.
708) A-G of Israel v Eichmann, District Court Judgment, ILR, 36 (1968), 18, para. 53 (12 December 1961); Ambos, Kai, 전게서 I, p. 428.
709) Ambos, Kai, 전게서 I, p. 428.
710) Ambos, Kai, 전게서 I, p. 428.
711) Cryer, Robert; Friman, Håkan; Robinson, Darryl; Wilmshurst, Elizabeth, 전게서, p. 84.
712) Ruth Alberdina Kok, 전게논문, p. 44.

랑스 대법원은 인도에 반한 죄에 대한 규범은 프랑스 국내에서 직접 적용될 수 있다고 판단하여 범죄자를 처벌할 수 있다는 결론을 도출하였다.[713] 유럽인권법원도 1944년에 범하여진 전쟁범죄에 대하여 2004년에 선고된 유죄판결이 유럽인권협약(European Convention on Human Rights, ECHR)에 규정된 죄형법정주의 원칙에 반하지 않는다고 판시한 바 있다.[714] 다만 이러한 소급효 인정 여부와는 별도로 범죄가 행하여질 당시 반드시 당해 국제범죄는 범죄로서 존재하고 있었어야 한다.[715]

로마규정에 대한 일부 국가의 국내 이행법률에는 소급효에 대한 부분이 직접 규정된 경우가 있다. 캐나다의 인도에 반한 죄와 전쟁범죄에 대한 법률은 캐나다 외부에서 범하여진 범죄는 소급적으로 기소될 수 있으나 로마규정 채택 이전에 범하여진 범죄의 경우 범죄 행위 당시 그러한 범죄가 국제관습법에 의하여 인정될 것을 요건으로 규정하고 있다. 위 법령에서는 로마규정에 정의된 범죄들은 늦어도 로마규정이 채택된 시점에는 국제관습법에서의 범죄성이 인정되며 특히 인도에 반한 죄의 경우 문명국가들에 의하여 인정된 국제관습법이나 법의 일반원칙에 따라 뉘른베르크 헌장이 채택된 1945년 8월 8일이나 동경 헌장 성립된 1946년 1월 19일 이전의 시기에 형사처벌의 대상이 되었음을 명확히 하고 있다.[716] 뉴질랜드 법에서도 집단살해죄와 인도에 반한 죄에 대한 재판권 시작시점을 뉴질랜드가 집단살해방지협약을 비준한 시점과 ICTY가 인도에 반한 죄에 대하여 재판권 행사를 시작한 시점을 반영하여 규정하고 있으며[717] 영국은 1991년 1월 1일 이후 범하여진 일정한 범위의 국제관습법상의 국제범죄에 대하여 영국 법원에 대하여 소급적 재판권을 부여하고 있다.[718]

4. 국제범죄법

우리 국제범죄법은 시효의 부적용을 규정한 로마규정 제29조에 대응하여 제6조에서 "집단살해죄등에 대하여는 「형사소송법」 제249조부터 제253조까지 및 「군사법원법」 제291조부터 제295조까지의 규정에 따른 공소시효와 「형법」 제77조부터 제80조까지의 규정에 따른 형의 시효에 관한 규정을 적용하지 아니한다"는 내용으로 시효의 배제를 명시적으로 규정하고 있다. 시효가 배

---

713) Cryer, Robert; Friman, Håkan; Robinson, Darryl; Wilmshurst, Elizabeth, 전게서, p. 84.

714) ECHR, judgment of 17 May 2010, case no. 36376/04 (Kononov v. Latvia), para. 205 et seq 참조.

715) Cryer, Robert; Friman, Håkan; Robinson, Darryl; Wilmshurst, Elizabeth, 전게서, p. 85. 일정한 장애 사유를 근거로 시효의 정지 기간을 규정하는 형태의 법령에 대하여는 5.18민주화운동에관한특별법에 대한 헌법재판소 1996. 2. 16. 96헌가2 판결 참조. 기타 독일에서의 전후 처리 과정 및 공소시효와 관련된 소급금지 원칙에 대한 상세한 것은 김성돈, "공소시효 제도와 소급금지원칙", 법학논총 제11집(1995) 참조.

716) Crimes against Humanity and War Crimes Act 2000 제6조; Cryer, Robert; Friman, Håkan; Robinson, Darryl; Wilmshurst, Elizabeth, 전게서, p. 85.

717) International Crimes and International Criminal Court Act 2000, 제8조 제4항.

718) Robert Cryer and Paul David Mora, "The Coroners and Justice Act 2009 and International Criminal Law : Backing into the Future?", 58 International and Comparative Law Quarterly(2010), p. 803 et seq 참조.

제되는 대상 범죄는 '집단살해죄등'[719]으로 규정되어 있으며 국제범죄법 제5조에 의한 상급자책임 역시 시효배제의 대상이 된다고 해석된다.[720] 그러나 제15조(지휘관 등의 직무태만죄)와 제16조(사법방해죄)에 대하여는 명시적 배제 조항이 없으므로 국내법상의 시효가 적용된다.

앞서 본 일부 입법례와 달리 우리 국제범죄법은 소급효에 대한 별도의 규정을 두고 있지 않다.

제5절 면책성의 배제

국제범죄는 국가의 관여 하에 이루어지는 경우가 흔한 까닭에 면책성 문제는 국제범죄를 다루는 국제형사법에 있어서 특히 중요한 의미를 가진다. 국제범죄에 대하여 면책성을 인정하는 것은 국제범죄를 저지른 가장 강력한 지위에 있는 사람을 보호하는 결과를 초래하며[721] 심각한 국제범죄가 처벌되지 않고 방치되는 상황을 조장하는 것이다.[722]

국제범죄에 대한 면책성 배제 이론은 기능적 면책성과 인적 면책성을 부여하는 일반 국제법의 규범 체계와 이에 상충되는 것으로 보이는 국제형사법에서의 국제범죄의 유책성에 대한 규범 체계가 서로 맞물려 매우 복잡하고 논쟁적으로 전개되고 있다.[723] 그러나 뒤에서 살피는 바와 같이 현대 국제법은 기본적으로 이러한 긴장관계를 국제범죄의 처벌을 우선시하는 국제형사법의 입장에 부합하는 방향으로 해소시켜 국제범죄에 대한 면책성의 인정 범위는 매우 제한적인 형태로만 존재하고 있다.[724] 국제법이 부여하는 기능적 면책성은 국제범죄에 대하여는 원칙적으로 인정되지 않으며 인적 면책성 역시 국제형사법원이 아닌 외국 법원에 대한 관계에서 제한된 범위에서만 인정되고 있다.[725] 이는 현대 국제법이 국가주권의 보호나 국제 관계의 효율적 기능이라는 가치보다는 심각한 국제범죄에 대한 처벌에 보다 비중을 두고 있다는 의미로 해석된다.

1. 국제법에서의 면책성 이론

(1) 면책성의 종류와 인정근거

면책성은 국제법뿐만 아니라 국내법에서도 흔히 등장하는 법적 개념이다. 그러나 국내법에서의 면책성은 국내법원을 대상으로 일반범죄에 대하여 인정되는 것으로 국제형사법원이나 외국

---

719) 로마규정 이행법률 제2조(정의) 1. "집단살해죄등"이란 제8조부터 제14조까지의 죄를 말한다.
720) MüKoStGB/Weigend VStGB § 5 Rn. 9 참조.
721) Werle, Gerhard; Jeßberger, Florian, 전게서, p. 270.
722) Paola Gaeta, "Official Capacity and Immunities", p. 982.
723) Cryer, Robert; Friman, Håkan; Robinson, Darryl; Wilmshurst, Elizabeth, 전게서, p. 564.
724) Werle, Gerhard; Jeßberger, Florian, 전게서, p. 273.
725) Cryer, Robert; Friman, Håkan; Robinson, Darryl; Wilmshurst, Elizabeth, 전게서, pp. 564-565.

법원을 대상으로 하는 것은 아니다.726) 국내법에서의 면책성은 권력분립 원칙에 근거하여 필요
한 범위의 독립성을 보존할 목적에서 인정되는 것으로 국가수반이나 정부수반, 국회의장 등에게
부여된다.727)

이러한 국내법상 면책성과 별도로 국가 공무원은 국제법에 따라 외국 재판권으로부터의 면
책성을 향유한다. 국제법이 이러한 면책성을 인정하는 것은 주권평등의 원칙상 어느 국가도 다
른 국가의 재판권에 복종하지 않는다는 원칙(par in parem non habet judicium)에 근거하거나728) 국
가 관계 또는 해당 국가의 효율적 기능을 위하여 부여되는 것이다.729) 따라서 일정한 지위를 갖
는 공무원과 일정한 범위의 공무원에 의한 공적 행위는 외국 법원 특히 외국형사법원에 대하여
면책성을 향유하고 있다. 이러한 면책성은 전통적으로 그 기능과 효과에 따라 '기능적 면책성
(immunity ratione materiae, 물적 면책성)'과 '인적 면책성(immunity ratione personae, 절차적 면책성)으
로 구분된다.730) 이들 면책성은 모두 공적 행위나 공적 지위의 기능을 보호하려는 것일 뿐 개인
에 대한 혜택을 목적으로 한 것은 아니다.731)

(2) 기능적 면책성(immunity ratione materiae)

기능적 면책성은 모든 공적 행위에 적용되는 것으로 국가를 대표하여 행한 '행위(conduct)'를
보호하는 것이다. 공적 행위의 효과는 국제법상 국가에 귀속되며 그 책임 역시 국가가 부담할 뿐
이를 수행한 개인이 부담하지 않는다. 따라서 그러한 행위가 어디에서 행하여졌는가에 관계없이
국가 기능의 수행을 위하여 행하여진 모든 국가 공무원의 행위에 적용된다.732) 예를 들면 경찰,
군인 등의 공적 지위에 따른 행위는 기능적 면책성에 따라 개인의 형사책임이 배제되며 이처럼
일정한 행위에 대하여 적용되는 기능적 면책성은 공적 지위를 이탈한 경우에도 종료되지 않는
다. 그리고 이러한 형태의 면책성은 모든 국가에 대하여 대세적 효력을 갖는다.733) 기능적 면책

---

726) Ambos, Kai, 전게서 I, p. 406; Antonio Cassese, International Criminal Law, p. 264.
727) 우리 헌법재판소는 헌법 제84조의 대통령에 대한 불소추특권은 국가원수로서 외국에 대하여 국가를 대표하
고 있는 대통령이 직책을 원활히 수행하도록 보장하고 그 권위를 확보하여 국가의 체면과 권위를 유지하여
야 할 실제상의 필요 때문에 대통령으로 재직 중인 동안만 형사상 특권을 부여한 것이라고 판시한 바 있다.
헌법재판소 1995. 1. 20. 94헌마246.
728) ICJ, judgment of 3 February 2012 (Jurisdictional Immunities of the State, Germany v Italy: Greece Inter-
vening), in ICJ Reports 2012, 99, para. 57; Blaškić, ICTY (AC), decision of 29 October 1997, paras. 38,
41; 이러한 면책성은 국가의 주권 면제 이론에 근거하여 이를 실질적으로 실현시키기 위한 것이므로 국가
만이 이를 포기할 수 있으며 자국을 상대로 주장될 수 없다는 것은 Ambos, Kai, 전게서 I, p. 407.
729) ICJ, judgment of 14 February 2002 (Case Concerning the Arrest Warrant of 11 April 2000, DR Congo v
Belgium), in ICJ Reports 2002, 3, paras. 53 et seq; Ambos, Kai, 전게서 I, p. 408; Werle, Gerhard;
Jeßberger, Florian, 전게서, p. 271.
730) Paola Gaeta, "Official Capacity and Immunities", p. 975.
731) Cryer, Robert; Friman, Håkan; Robinson, Darryl; Wilmshurst, Elizabeth, 전게서, p. 542.
732) Paola Gaeta, "Official Capacity and Immunities", p. 975 et seq.
733) Paola Gaeta, "Official Capacity and Immunities", p. 975; 외무공무원의 기능적 면책성에 대한 국제관습법의

성은 형사법의 실체법 영역에 영향을 미치며 기능적 면책성이 인정될 경우 개인의 형사책임 자체가 발생하지 않는다는 견해가 있으나[734] 형사 기소의 절차적 장애사유로 보는 것이 타당할 것이다.[735]

(3) 인적 면책성(immunity ratione personae)

인적 면책성은 공적 행위에 적용되는 기능적 면책성과 달리 개인의 지위와 연계되어 있다. 일부 중요 공무원의 자유로운 활동을 보장하는 것은 국가 기능에 있어 매우 중요한 것으로 국제법은 일정한 지위를 가진 공무원에 대하여 국제관계에서 면책성을 부여한다.[736] 따라서 이러한 면책성은 공적 행위뿐만 아니라 사적 행위에도 적용되나 공직 재직 기간 중에만 인정되며 공직에서 물러남과 동시에 면책성도 종료된다.[737] 국제법은 국가원수, 외교관, 정부수반과 외교장관 등 제한된 범위의 일정한 공무원에 대하여만 인적 면책성을 부여하고 있다.[738]

기능적 면책성과 인적 면책성은 상호 배타적인 것이 아니며 두개의 면책성에는 서로 교착하는 부분이 존재할 수 있다.[739] 따라서 인적 면책성의 대상인 공직자의 재직 중 행위가 기능적 면책성도 적용되는 것이라면 공직 종료에 영향을 받지 않고 시간적 제한 없이 면책성이 적용된다.[740]

2. 면책성 관련 국제적 논란과 국제사법재판소 판결 등

국가 공무원의 행위와 관련된 면책성 문제는 민감한 외교적 문제와 법적 논란을 야기할 수 있다. 콩고 외교부장관에 대한 체포영장 사건 등은 이러한 민감성과 실제적 논란 가능성을 잘 보여주고 있다.

국제사법재판소는 2002년 콩고 외교부장관에 대한 체포영장 사건에서 국제범죄에 대한 즉각적 처벌보다는 인적 면책성에 우위에 두는 판결을 내린 바 있다. 벨기에 판사는 2000년 3월 11

규칙은 외교관계에 관한 비엔나 협약 제39조 제2항에 규정되어 있으며, 영사에 대하여는 영사관계에 관한 비엔나협약 제43조 제1항에 규정되어 있다.

734) Werle, Gerhard; Jeßberger, Florian, 전게서, p. 271.

735) 공범의 범죄 참여 사례 등을 근거로 기능적 면책성이 실체적 효과를 가질 수 없다는 견해는 Ambos, Kai, 전게서 1, pp. 410-411; Cryer, Robert; Friman, Håkan; Robinson, Darryl; Wilmshurst, Elizabeth, 전게서, p. 543.

736) Werle, Gerhard; Jeßberger, Florian, 전게서, p. 272.

737) ICJ, judgment of 14 February 2002 (Case Concerning the Arrest Warrant of 11 April 2000, DR Congo v Belgium), in ICJ Reports 2002, 3, para. 60; Ambos, Kai, 전게서 I, p. 408; Antonio Cassese, "When May Senior State Officials be Tried for International Crimes? Some Comments on the Congo v Belgium Case", European Journal of International Law(2002) p. 864 et seq.

738) ICJ, judgment of 14 February 2002 (Case Concerning the Arrest Warrant of 11 April 2000, DR Congo v Belgium), in ICJ Reports 2002, 3, paras. 51, 53 et seq.

739) Werle, Gerhard; Jeßberger, Florian, 전게서, p. 272.

740) 외교관에 대한 면책성이 일반 면책성과 구분되는 특성에 대하여는 Ambos, Kai, 전게서 I, p. 409.

일 콩고민주공화국의 현직 외교부장관이던 Yerodia Abdoulaye Ndomasi에 대한 체포영장을 발부하고 대상자에 대한 체포와 벨기에로의 범죄인인도를 요구하였다. 이에 반발하여 콩고는 국제사법재판소에 위 사건을 제소하면서 체포영장과 체포영장의 근거가 된 벨기에법741)은 주권국가의 외교부장관에 대한 외교적 면책권을 침해하는 국제법에 위반된 것이므로 체포영장은 무효화되어야 한다고 주장하였다. 2002년 2월 14일 국제사법재판소는 13:3의 의견으로 벨기에의 체포영장은 면책성과 재직 중인 외교부장관의 불가침성에 대한 국제규범을 위반한 것이라고 판시하였다.742)

또한 2012년 국제사법재판소는 독일과 이탈리아 사이에 발생한 분쟁과 관련하여 특정 국가를 상대로 다른 나라에서 이루어지는 국제인권법 위반의 소송은 국가행위의 면책성에 해당되어 허용되지 않는 것으로 판단하였다.743) 유럽인권법원(European Court of Human Rights, ECHR) 역시 고문과 관련된 민사 손해배상 사건에 대하여도 주권 면제의 원칙이 적용된다고 판시한 바 있다.744)

3. 국제범죄에 대한 면책성 배제

(1) 기능적 면책성의 전면적 배제

공적 지위에 기하여 행한 행위라는 사실이 국제범죄에 대한 형사책임에는 아무런 영향도 주지 못한다는 것이 현대 국제법의 입장이다.

뉘른베르크 판결 이전의 전통적 국제관습법에서는 정치 지도자나 군대 지휘관은 기능적 면

---

741) 국제인도법의 심각한 위반의 억제에 관한 1993년 벨기에법 제5조 제3항.

742) ICJ, judgment of 14 February 2002 (Case Concerning the Arrest Warrant of 11 April 2000, DR Congo v Belgium), in ICJ Reports 2002, 3, paras. 51 et seq; 다만 위 판결은 부가 의견에서 재임기간 이후 사적 행위에 대하여는 사후적으로 심리될 수 있다고 언급하고 있다. ICJ, judgment of 14 February 2002 (Case Concerning the Arrest Warrant of 11 April 2000, DR Congo v Belgium), in ICJ Reports 2002, 3, para. 61. 그러나 기능적 면책성의 경우 국제범죄에 대하여도 일반적으로 제한된다는 의미에서 부적절한 것이라는 비판에 대한 소개는 Cryer, Robert; Friman, Håkan; Robinson, Darryl; Wilmshurst, Elizabeth, 전게서, p. 551, Ambos, Kai, 전게서 I, p. 417; 기타 이와 관련된 논의는 Paola Gaeta, "Official Capacity and Immunities", p. 983; Antonio Cassese, "When May Senior State Officials be Tried for International Crimes? Some Comments on the Congo v Belgium Case", p. 866 et seq 참조.

743) 인도에 반한 죄나 전쟁범죄에 해당할 수 있는 심각한 국제인권법 위반, 무력충돌 상황에 적용되는 국제법 위반 등이 저질러졌다고 주장하며 이탈리아 법정에 제기된 소송에서 이탈리아 법원은 독일의 국가 면책성을 부정하였다. 이에 대하여 국제사법재판소는 심각한 국제인권법 위반 등의 경우에도 국가 면책성에 대한 예외는 인정되지 않으며 당해 소송은 국제법상 허용되지 않는 것이라고 판단하였다. ICJ, judgment of 3 February 2012 (Jurisdictional Immunities of the State, Germany v Italy: Greece Intervening), in ICJ Reports 2012, 99, paras. 81 et seq.

744) ECHR, judgment of 21 November 2001, case no. No. 35763/ 97(Al-Adsani v UK), paras. 54-67; 고문 관련 규범의 강행 법규성에 근거한 소수의견에 대한 소개 및 위 판결이 범죄의 중대성을 고려함이 없이 전통적 주권 면제 이론에 천착한 것이라는 비판적 견해는 Ambos, Kai, 전게서 I, p. 417.

책성을 향유하였으며 전쟁범죄로 형사책임을 부담한 경우를 찾아보기 어려웠다. 제1차 대전 이후인 1919년 베르사이유 조약은 고위급 군대 지도자들에 대한 형사책임을 확인함으로써 기능적 면책성에 대한 관습법의 적용을 배제하는 규정을 두었으나[745] 실제로 재판이 실현되지는 못하였다. 국제범죄에 대한 기능적 면책성을 부정하는 전환점은 제2차 대전 이후 나타났다. 뉘른베르크 헌장 제7조는 국가 수반 혹은 정부의 책임 있는 공무원 지위 등에 무관하게 형사책임이 부과되며 이러한 지위를 이유로 형사책임이 면제되거나 완화되지 않는다고 규정하고 있다.[746] 이는 기능적 면책성에 대한 기존의 국제법 이론이 런던협정 제6조에 규정된 전쟁범죄, 인도에 반한 죄, 평화에 반한 죄에 대하여는 적용되지 않는다는 것을 명확히 한 것이다.[747] 약간의 차이는 있으나 유사한 조항이 동경 헌장 제6조에도 규정되었다.

뉘른베르크 재판에서도 다음과 같이 면책성이 부여되지 않음을 재확인하고 있다.

> 국제법의 원칙에 따라 일정한 상황 하에서 국가의 대표자들이 보호되기도 하지만 이러한 국제법의 원칙은 국제법에 의하여 범죄로 인정되어 비난받는 행위에 대하여는 적용될 수 없다. 이러한 행위를 범한 사람들은 관련된 절차에 따른 형사처벌에서 벗어나기 위하여 그들의 공적 지위의 장막 뒤로 그들 자신을 숨길 수 없다.…개별 국가에 의하여 부여되는 국가적 복종의 의무를 초월하는 국제적 의무를 개인들은 부담하고 있다. 국가가 일정한 행위를 허용하였다 하더라도 그것이 당해 국가가 갖는 국제법 하에서의 권한을 벗어난 것이라면 이와 같은 국가의 승인이 있었다 하더라도 그러한 승인에 따른 행위 과정에서 전쟁의 법을 위반한 사람은 면책성을 부여받을 수 없다.[748]

뉘른베르크 재판소와 동경재판소는 이와 같은 면책성 배제 조항이 당시의 국제관습법에 합치되는가 여부와 관계없이 각 헌장의 조항을 적용하여 재판하였다. 이후 면책성 배제 원칙은 집단살해방지협약 제4조, ICTY 법령 제7조 제2항과 ICTR 법령 제6조 제2항 등에도 규정되었으며 ICTY 판례에서도 명시적으로 인정되고 있다.[749]

로마규정 제27조 제1항도 공적 지위는 형사책임을 면제시키지 않으며 그 자체로 형벌 감경의 근거도 되지 않음을 다음과 같이 명시적으로 규정하고 있다.

---

745) 베르사이유 조약 제227조는 이전 독일 황제는 '국제적 도덕과 조약의 존엄성의 대한 책임'을 부담함을 규정하고 제228조와 제229조는 '전쟁에 대한 법과 관습을 위반하는 행위를 범한 모든 사람들'을 대상으로 재판을 진행할 것을 규정하였다.

746) Article 7. The official position of defendants, whether as Heads of State or responsible officials in Government Departments, shall not be considered as freeing them from responsibility or mitigating punishment.

747) Paola Gaeta, "Official Capacity and Immunities", p. 981.

748) IMT, judgment of 1 October 1946, in The Trial of German Major War Criminals, Proceedings of the International Military Tribunal Sitting at Nuremberg, Germany, Pt 22 (1950), 447.

749) Anto Furundžija, ICTY (TC), judgment of 10 December 1998, para. 140. 여기에서는 ICTY와 ICTR 법령에 규정된 기능적 면책성의 배제가 국제관습법에 해당한다고 선언하고 있다.; Blaškić, ICTY (AC), decision of 29 October 1997, para. 41 등.

> 제27조 공적 지위의 무관련성
>
> 1. 이 규정은 공적 지위에 근거한 어떠한 차별 없이 모든 자에게 평등하게 적용되어야 한다. 특히 국가 원수 또는 정부 수반, 정부 또는 의회의 구성원, 선출된 대표자 또는 정부 공무원으로서의 공석 지위는 어떠한 경우에도 그 개인을 이 규정에 따른 형사책임으로부터 면제시켜 주지 아니하며, 또한 그 자체로서 자동적인 감형사유를 구성하지 아니한다.
> 2. 국내법 또는 국제법상으로 개인의 공적 지위에 따르는 면제나 특별한 절차규칙은 그 자에 대한 재판소의 관할권 행사를 방해하지 아니한다.

로마규정 제27조 제1항은 통상적으로는 기능적 면책성을 향유하는 지위에 있으나 국제범죄에 대하여는 기능적 면책성이 인정되지 않는 일정 범위의 국가공무원을 예시적으로 규정하고 있다. 여기에는 국가와 정부 수반, 정부와 의회 구성원, 선출된 대표나 정부 공무원들이 포함된다.[750]

국제범죄에 대한 기능적 면책성은 개별 국가의 사법절차에서도 인정되지 않고 있다. 국내재판절차에서 국제범죄에 대한 면책성을 배제하는 계기는 영국에서의 피노체트 사건을 통하여 형성되었다.[751] 칠레의 독재자였던 피노체트는 스페인이 발부한 체포영장과 스페인의 범죄인인도 요청에 따라 1998년 10월 런던에서 체포되었다. 영국의 하급심 법원에서는 그가 체포와 범죄인인도에서 면제되는 면책권을 향유하고 있다고 보았으나 상급법원은 원심결정을 뒤집어 면책성의 보호를 받을 수 없다고 판단하였다.[752] 이스라엘에서의 아이히만 사건에서도 아이히만은 자신의 행위는 국가를 대신한 행위였다고 항변하였으나 이스라엘의 1심 법원과 상급심 모두 이러한 주장을 받아들이지 않았다.[753]

국제범죄에 대한 기능적 면책성이 배제되는 이유는 다양하게 설명될 수 있다. 우선 국제형사재판소의 경우처럼 국제재판권이 국제조약에 기초한 경우에는 조약 가입 시 이미 면책성이 포기된 것이므로 국제형사재판소에서 범죄를 기소하는데 장애가 될 수는 없다.[754]

---

750) Werle, Gerhard; Jeßberger, Florian, 전게서, p. 275; Hussein, ICC (PTC), decision of 1 March 2012, para. 8 에서는 국방부 장관, 내무부 장관 등을 언급하고 있다.

751) Werle, Gerhard; Jeßberger, Florian, 전게서, p. 275.

752) 그러나 종국적으로 피노체트는 건강상의 이유로 2000년 3월 석방되었다. Eva Brems, "Universal Criminal Jurisdiction for Grave Breaches of International Humanitarian Law : The Belgian Legislation", Singapore Journal of International and Comparative Law(2002), p. 922; 기타 피노체트 사건에 대하여 상세한 것은 A. Bianchi, "Immunity versus Human Rights : The Pinochet Case", 10 EJIL (1999), p. 239; M. Byers, "The Law and Politics of the Pinochet Case", 10 Duke Journal of Comparative and International Law (2002), p. 415; I. Wuerth, "Pinochet's Legacy Reassessed", 106 AJIL (2012), p. 731.

753) Paola Gaeta, "Official Capacity and Immunities", p. 982.

754) ICC (PTC), decision of 12 December 2011, para. 18; Ambos, Kai, 전게서 I, p. 414; Werle, Gerhard; Jeßberger, Florian, 전게서, p. 275; 2009년 국제형법학회에서 있었던 '국제범죄에 있어서 국가를 대표하여 행위한 사람들과 국가의 면책성에 대한 선언' 제3조 제1항은 진정한 초국가적 재판권은 개념적으로 개별 국가와 개별 국가의 형벌권에 우선한다는 사실에 근거하므로 기능적 면책성이 인정되지 않는 것이라고 선언하고 있다.

한편 조약법에 근거하지 않는 국제형사재판권이나 다른 나라 법원에서의 재판권에 대한 관계에서 기능적 면책성이 배제되는 근거로는 일정한 인권규범과 국제인도법규는 대세적 효력을 갖는 것이므로 면책성의 예외가 인정된다고 설명하는 입장이 있다.[755] 그러나 이러한 견해에 대하여는 대세적 효력이라는 규범적 특징을 서로 다른 차원에 잘못 적용시킨 방법론적 오류가 있다는 비판이 존재한다. 특정한 규범의 대세적 효력은 실체법적인 것이고 그러한 규범이 사후적으로 적용되는 절차적 영역에 영향을 미치는 것은 아니라는 것이다.[756] 국제사법재판소 역시 특정 행위를 형사 기소의 대상으로 삼을 것인가라는 면책성 인정 여부와 대상 행위가 합법적인가 혹은 불법적인가 여부는 서로 구분되는 문제로서 면책성을 인정한다고 하여 강행법규에 위반한 행위를 합법적인 것으로 선언하는 것은 아니라고 설시하고 있다.[757] 일정한 범죄를 금지하는 강행법규가 그러한 범죄의 기소와 관련된 모든 규범의 적용을 중단시키도록 하는 것은 아니며 면책성을 인정하는 것 자체가 범죄를 범하는 행위는 아니므로 면책성 규범과 강행법규와의 충돌은 존재하지 않는다는 것이다.[758]

다음으로 국제범죄를 범하는 행위는 기능적 면책성의 대상이 될 수 있는 공적 행위가 아닌 사적 행위이므로 처음부터 기능적 면책성이 인정될 여지가 없다고 설명되기도 한다. 그러나 국제적 관심사가 되는 가장 심각한 범죄를 사적 문제로 선언하는 것이 이러한 이론의 가장 큰 약점으로 지적된다. 실제 국제범죄는 국가에 의하여 자행되거나 국가의 지원을 받아 이루어지는 경우가 흔하므로 이러한 이론은 현실 상황을 반영한 것으로도 보기 어렵다.[759] 나아가 이러한 이

---

755) A. Bianchi, 전게논문, p.265. 등. 기타 이러한 의견에 대한 소개는 Ambos, Kai, 전게서 I, p. 412.

756) Ambos, Kai, 전게서 I, p. 412.

757) ICJ, judgment of 3 February 2012 (Jurisdictional Immunities of the State, Germany v Italy : Greece Intervening), in ICJ Reports 2012, 99, paras. 92 et seq. 이에 대한 상세한 논의는 F. Boudreault, "Identifying Conflicts of Norms : The ICJ Approach in the Case of the Jurisdictional Immunities of the State (Germany v. Italy: Greece Intervening)", 25 Leiden Journal of International Law (2012), p. 1003; S. Talmon, "Jus Cogens after Germany v. Italy : Substantive and Procedural Rules Distinguished", 25 Leiden Journal of International Law (2012), p. 979.

758) Cryer, Robert; Friman, Håkan; Robinson, Darryl; Wilmshurst, Elizabeth, 전게서, p. 541; 또한 어떠한 특정 규범이 강행법규성을 가지는가 여부 자체에 논란이 있다. 국제범죄 중 집단살해죄와 고문에 대하여만 강행법규성이 명확히 인정되었다는 주장은 Ambos, Kai, 전게서 I, p. 413; 집단살해죄의 강행법규성에 대한 것은 ICJ, judgment, advisory opinion and orders of 2 February 2006 (Case Concerning Armed Activities on the Territory of the Congo), in ICJ Reports 2006, 6, para. 64 및 ICJ, judgment of 26 February 2007 (Case Concerning the Application of the Convention on the Prevention and Punishment of the Crime of Genocide, Bosnia-Herzegovina v Serbia-Montenegro), in ICJ Reports 2007, 43, paras. 161-162; 고문에 대하여는 Furundžija, ICTY (TC), judgment of 10 December 1998, para. 155 참조; 국제인도법 위반과 관련된 집단살해죄, 집단살해죄, 전쟁범죄 등에 대한 강행법규성을 인정하는 것으로는 Kupreškić et al., Kupreškić et al., ICTY (TC), judgment of 14 February 2000, para. 520.

759) Ambos, Kai, 전게서 I, p. 411; D. Akande and S. Shah, "Immunities of State Officials, International Crimes, and Foreign Domestic Courts", 21 EJIL (2010), p. 831. et seq; Antonio Cassese, "When May Senior State Officials be Tried for International Crimes? Some Comments on the Congo v Belgium Case", p. 853 et seq;

론을 그대로 관철한다면 모든 국제범죄는 순수하게 사적인 것이므로 면책성의 인정 자체가 어려울 뿐 아니라 이러한 행위는 국가에 귀속될 수 없어 국가는 인권법 위반의 책임을 지지 않음은 물론 배상책임도 부담하지 않는다는 결론에 도달하게 되나 이는 수용하기 어려운 것이다.[760]

결국 국제형사법의 영역에서 국제범죄에 대한 면책성 배제의 문제는 이론적 문제라기보다는 국제범죄에 대하여 가장 책임 있는 사람을 기소하여야 할 필요성과 면책성을 인정하는 근거 사이에 실질적 균형을 이루는 곳에서 찾아질 수 있을 것이다.[761] 이러한 관점에서 로마규정 제27조는 적어도 국제범죄에 대한 기능적 면책성이 배제된다는 국제관습법의 선언이라는 점에 의견이 일치되고 있다. 나아가 국제형사법원에 대한 관계에서 뿐만 아니라 국내법원에 대한 관계에서도 국제범죄에 대한 기능적 면책성의 배제는 국제관습법에서 승인되고 있으며[762] 국제범죄에 대한 이러한 특별한 규율은 기능적 면책성에 관한 일반 규범에 대하여 특별법 관계에 있는 것으로 평가된다.[763] 임시재판소의 판결에서는 국가가 직접 관여한 공적 행위로 범죄가 범하여진 경우 면책성이 부여되지 않음은 물론 형량을 가중시키는 사유로 작용하기도 하였다.[764]

(2) 제한적으로 인정되는 인적 면책성

앞서 본 바와 같이 기능적 면책성이 국제형사법원에 대한 관계에서 뿐만 아니라 국내법원에 대한 관계에서도 모두 인정되지 않는 것과 달리 인적 면책성의 제한은 보다 복잡한 양상을 띠고 있다.

일반적으로 일정한 직위를 가지고 있는 사람의 인적 면책성은 내국법원에 대한 기소 장애 사유가 된다. 인적 면책권을 향유하는 공무원이 재직하는 기간 동안에는 공무원의 본국이 면책권을 포기하였을 경우에만 외국법원에서의 기소가 가능하며 이러한 포기가 없다면 국제범죄의 경우라 하더라도 외국법원과의 관계에서 당사자는 인적 면책성을 향유한다.[765] 그리고 이와 관

국제범죄에 국가가 전형적으로 관여하는 상황을 규정한 것은 고문방지협약 제1조 제1항.

760) Ambos, Kai, 전게서 I, p. 412.
761) Ambos, Kai, 전게서 I, p. 413; 면책성이 배제되는 범죄자들의 행위는 국제사회가 매우 중요한 것으로 간주하는 가치들에 대한 공격에 해당하기 때문에 기능적 면책성이 배제되어야 한다는 입장은 Paola Gaeta,, "Official Capacity and Immunities", p. 982.
762) Ambos, Kai, 전게서 I, p. 414 : Antonio Cassese, "When May Senior State Officials be Tried for International Crimes? Some Comments on the Congo v Belgium Case", p. 870; Paola Gaeta, "Official Capacity and Immunities", p. 979 et seq; Werle, Gerhard; Jeßberger, Florian, 전게서, p. 273; Blaškić, ICTY (AC), decision of 29 October 1997, para. 41; Furundžija, ICTY (TC), judgment of 10 December 1998, para. 140.
763) Paola Gaeta, "Official Capacity and Immunities", p. 982..
764) Aleksovski, ICTY (AC), judgment of 24 March 2000, paras. 183 et seq; Blaškić, ICTY (AC), judgment of 29 July 2004, paras. 686, 727; Stakić, ICTY (AC), judgment of 22 March 2006, para. 411; Kordić and Čerkez, ICTY (TC), judgment of 26 February 2001, paras. 853, 855; Kambanda, ICTR (TC), judgment of 4 September 1998, para. 44.
765) ICJ, judgment of 14 February 2002 (Case Concerning the Arrest Warrant of 11 April 2000, DR Congo v

련된 예외를 인정하는 국가 관행도 존재하지 않으므로 국제범죄를 기소하는 경우임을 들어 면책성의 예외를 추정할 수도 없다.[766] 따라서 앞서 본 피노체트 사건의 경우에도 만일 피노체트가 현직 대통령으로의 지위를 유지하고 있었다면 그에 대한 체포는 허용되지 않았을 것이다.[767]

그러나 내국법원과의 관계에서는 예외가 인정되지 않아 기소 장애 사유로 작용하는 인적 면책성이 국제적 차원에서 설립된 국제형사법원에 대하여는 예외로 인정되어 범죄자의 국제범죄 행위는 국제형사법원에서 심리될 수 있다. 우선 국제형사재판소에 대한 관계에서는 체약당사국의 인적 면책성은 완전히 사라진다.[768] 로마규정 제27조 제2항은 국제형사재판소에서 국제범죄가 기소되는 경우에는 이러한 면책성이 인정되지 않음을 명백히 하고 있으며 로마규정에의 가입이 면책성의 포기에 해당할 수 있다는 설명은 인적 면책성에 있어서도 동일하게 적용된다. 국제형사재판소도 Omar Al Bashir 사건에서 앞서 본 국제사법재판소의 Yerodia 판결은 국내법원과의 관계에서만 적용되는 것임을 명백히 하면서 국제형사재판소에 대한 면책성 주장을 배척하고 있다.[769] 특히 안전보장이사회가 국제형사재판소에 회부한 사건의 경우에는 비체약당사국에 대하여도 인적 면책성은 배제되며[770] 국제형사재판소는 리비아의 사실상 국가 수반인 Muammar Gaddafi 등에 대한 면책성 주장을 배척한 바 있다.[771] 이처럼 안전보장이사회에 의하여 설립된 ICTY나 ICTR에서의 재판이나 비체약당사국의 사건을 안전보장이사회가 국제형사재판소에 회부한 경우에는 체약당사국이 아니라 하더라도 인적 면책성에 대한 예외가 인정되며 이는 안전보장이사회가 유엔 헌장에 근거하여 보유하고 있는 권한과 유엔 회원국으로서의 의무에 기반한 것으

Belgium), in ICJ Reports 2002, 3, para. 58.

766) A. Cassese, "When May Senior State Officials be Tried for International Crimes? Some Comments on the Congo v Belgium Case", p. 865; P. Gaeta, 전게논문, p. 984 et seq; 국내법원에서 인적 면책성이 인정되지 않는 상황에 대한 상세한 설명은 Cryer, Robert; Friman, Håkan; Robinson, Darryl; Wilmshurst, Elizabeth, 전게서, p. 553.

767) Cryer, Robert; Friman, Håkan; Robinson, Darryl; Wilmshurst, Elizabeth, 전게서, p. 553.

768) 국제사법재판소는 ICTY나 판결 당시 설립 예정이던 국제형사법원과 같은 국제재판소에 대한 관계에서는 현직 공무원에 대한 인적 면책성이 배제될 수 있다고 설시하고 있다. ICJ, judgment of 14 February 2002 (Case Concerning the Arrest Warrant of 11 April 2000, DR Congo v Belgium), in ICJ Reports 2002, 3, para. 61.

769) Al Bashir, ICC (PTC), decision of 12 December 2011, para. 36.

770) Al Bashir, ICC (PTC), decision of 4 March 2009, paras. 40 et seq.

771) Gaddafi et al., ICC (PTC), decision of 27 June 2011, para. 9; Werle, Gerhard; Jeßberger, Florian, 전게서, p. 276; 기타 최고위급 지도자에 대한 사건으로는 뉘른베르크에서 진행된 히틀러 후계자 Karl Dönitz에 대한 사건, 이전 세르비아와 유고연방공화국 수반이었던 Slobodan Milošević에 대한 ICTY에서의 재판, 이전 수상이었던 Jean Kambanda에 대한 ICTR에서의 재판 등이 존재한다. IMT, judgment of 1 October 1946, in The Trial of German Major War Criminals, Proceedings of the International Military Tribunal Sitting at Nuremberg, Germany, Pt 22 (1950), 507; Kambanda, ICTR (TC), judgment of 4 September 1998; S. Milošević, ICTY (TC), decision of 8 November 2001, paras. 26 et seq; 과거 뉘른베르크 재판과 동경재판의 경우에는 일본과 독일의 항복으로 연합군은 면책성을 배제하는 입법을 그들의 뜻에 따라 만들 수 있었다. Cryer, Robert; Friman, Håkan; Robinson, Darryl; Wilmshurst, Elizabeth, 전게서, p. 556.

로 이해되고 있다.772)

이러한 원칙이 국제형사재판소나 임시재판소가 아닌 다른 혼합형 재판소 등에도 적용될 수 있는가는 논란의 대상이다. 시에라리온 특별재판소가 스스로를 국제법원으로 간주한 후 이를 근거로 인적 면책성에 대한 예외를 인정하여 이전 리베리아 수반 Charles Taylor를 심리한 사례가 존재하나773) 그 이론적 근거나 타당성에 대하여는 많은 비판이 제기되고 있다.774)

로마규정 제98조는 다른 국가에 대하여 형사사법 공조를 요청함에 있어 요청을 받은 국가가 다른 국가와 관계에서 면책성 원칙에 위반되는 행위를 할 것을 요구하는 경우에는 그러한 요청을 할 수 없도록 규정하고 있다.775) 이는 ICTY와 ICTR의 경우와 같이 모든 유엔 회원국들이 ICTY와 ICTR에 대한 협력의무를 부담하는 것과는 상이한 체제이다.776) 국제형사재판소로부터의 협력요청에 대한 인적 면책성의 주장 가능 여부와 관련하여 로마규정 체약당사국 국민에 대하여는 다른 체약당사국의 체포가 허용된다는 주장이 있다. 로마규정에 가입하는 것은 면책권의 묵시적 포기를 포함하는 것이며 이러한 포기는 국제형사재판소에 대한 관계뿐만 아니라 다른 체약당사국에 대하여도 마찬가지로 효력이 있고 따라서 로마규정 제27조 제2항은 국제형사재판소의 협조요청에 응하는 체약당사국의 권한당국에 의한 조치에도 적용되는 것으로 해석되어야만 한다는 것이다. 그리고 이러한 경우에 있어서는 인적 면책성이 로마규정 제98조 제1항에 규정한 장애사유가 되는 것은 아니며 체약당사국은 국제형사재판소의 요청에 응하는 것이 허용될 뿐 아니라 오히려 의무사항이라는 것이다.777) 그리고 이와 같은 인적 면책성에 대한 예외는 안전보장이

---

772) 다만 유엔회원국으로 승인받지 못하였던 유고연방공화국의 경우에는 데이톤 평화협정이 중요한 근거로 작용하였다. Cryer, Robert; Friman, Håkan; Robinson, Darryl; Wilmshurst, Elizabeth, 전게서, p. 556.

773) Taylor, SCSL (AC), decision of 31 May 2004, paras. 37 et seq 335.

774) Werle, Gerhard; Jeßberger, Florian, 전게서, p. 277; 실제 Taylor는 2003년 이미 현직에서 떠난 상태였으므로 인적 면책성이 적용되지 않을 수 있는 사건이었다. 시에라리온 특별재판소가 국제형사법원의 경우 인적 면책성의 예외가 인정될 수 있다고 본 것에 대하여 일부 국가들이 다른 국가의 주권을 제한하는 국제법원을 만들 수 있는가 여부는 의문시 된다는 내용 등 상세한 비판은 Cryer, Robert; Friman, Håkan; Robinson, Darryl; Wilmshurst, Elizabeth, 전게서, p. 562; 기타 이에 대한 상세한 논의는 Willian A. Schabas, 전게서, p. 328 et seq; Z. Deen-Racsmány, "Prosecutor v. Taylor: The Status of the Special Court for Sierra Leone and Its Implications for Immunity", 18 Leiden Journal of International Law (2005), p. 299 et seq 등 참조.

775) 로마규정 제98조 면제의 포기 및 인도 동의에 관한 협력.

776) 로마규정에 이러한 조항을 둔 것은 현존하는 국가들 사이의 조약이 로마규정 비준에 장애가 되는 상황을 막기 위한 것이었다. 그런데 미국은 범죄인을 구금하는 국가에서 미국 국민을 국제형사재판소에 대하여 인도하는 것을 금지하는 내용의 양자협정을 약 80개국과 후속적으로 체결하였다. 이러한 협정 체결은 국제형사재판소의 재판권을 회피하려는 것이며 특히 로마규정 체약당사국과 이러한 조약을 체결하는 것은 로마규정의 목적을 훼손하는 것이라는 비판이 제기되고 있다. Werle, Gerhard; Jeßberger, Florian, 전게서, p. 278.

777) 이러한 입장에서는 체약당사국의 권한당국은 단순히 국제형사재판소의 기관으로서 활동하는 것이므로 주권평등의 원칙에 대한 위반이 없고 따라서 개인적 면책성이 갖는 보호적 목적과도 충돌하지 않는 것으로 보고 있다. Werle, Gerhard; Jeßberger, Florian, 전게서, p. 278 et seq; D. Akande, "The Legal Nature of Security Council Referrals to the ICC and its Impact on Al Bashir's Immunities", 7 JICJ (2009), p. 337 et seq; S. Papillon, "Has the United Nations Security Council Implicitly Removed Al Bashir's Immunity?", 10

사회가 비체약당사국에 대한 사건을 국제형사재판소에 의뢰한 경우에도 동일하게 적용되어 비체약당사국과 관련된 협력 의무도 발생하는 것으로 주장되고 있다.[778] 실제 국제형사재판소는 비체약당사국 인사의 체포와 인도 등 협력의무와 관련된 사건에서 국제관습법에 근거하여 인적 면책성을 제한하는 결정을 내린 바 있다.[779] 국제형사재판소는 로마규정에 의하여 인정되는 면책성에 관련된 조약법상의 의무와 국제관습법 사이에 충돌이 존재하지 않으므로 로마규정 제98조제1항은 적용되지 않는다는 입장을 취하고 있다.[780]

4. 로마규정 제27와 헌법 제84조와의 관계

우리 헌법 제84조는 '대통령은 내란 또는 외환의 죄를 범한 경우를 제외하고는 재직중 형사상의 소추를 받지 아니한다'라고 규정하고 있다. 따라서 이러한 헌법 조항과 면책성의 배제를 규정한 로마규정 제27조와의 충돌 가능성이 제기될 수 있다.

먼저 위 규정이 우리 헌법에 합치된다는 주장이 있다. 로마규정 제27조에 규정된 면책성 배제의 원칙은 이른바 뉘른베르크 원칙들 중 3번째 원칙에 해당하는 것으로 임시재판소 법령들에 규정되었을 뿐 아니라 로마회의에서도 회원국들의 반대 없이 로마규정에 포함되어 일반적으로 승인된 국제법규임이 재차 확인된 것이므로 우리 헌법 제6조 제1항에 규정되어 있는 일반적으로 승인된 국제법규(customary international law)에 해당하여 국내법과 같은 효력을 가진다는 것이다. 그리고 위 규범은 헌법 제6조를 통하여 우리 법의 일부를 이루게 되었을 뿐만 아니라 헌법을 포함하여 국내법을 해석할 때에는 국제관습법을 비롯한 국제법에 합치하도록 해석하여야 할 의무가 헌법 제6조에 근거하여 존재한다고 전제한 후 집단살해죄 등은 국제법상 강행규범에 해당하는 것으로 헌법 제84조를 해석함에 있어 집단살해죄 등을 범하더라도 재직 중 소추되지 않는다고 한다면 이는 국제법상 강행법규에 위반하는 결과에 이르게 되므로 대통령이 국제형사재판소 관할범죄를 범하였을 때에는 재직 중이라도 면책특권을 향유할 수 없다고 주장한다.[781] 헌법 제

International Criminal Law Review (2010), p. 286.

778) Werle, Gerhard; Jeßberger, Florian, 전게서, p. 279.

779) Al Bashir, ICC (PTC), decision of 12 December 2011; Al Bashir, ICC (PTC), decision of 13 December 2011; 이러한 결정이 로마규정 제98조를 불필요한 것으로 만든다는 아프리카 연합의 비판과 이에 대한 일반적인 비판적 논의는 Cryer, Robert; Friman, Håkan; Robinson, Darryl; Wilmshurst, Elizabeth, 전게서, p. 562 et seq; Dire Tladi, "The ICC Decisions on Chad and Malawi : On Cooperation, Immunities, and Article 98", 11 Journal of International Criminal Justice (2013), p. 199; S. Papillon, 전게논문, p. 280 et seq.

780) Al Bashir, ICC (PTC), decision of 12 December 2011, para. 43
'--- the Chamber finds that customary international law creates an exception to Head of State immunity when international courts seek a Head of State's arrest for the commission of international crimes. There is no conflict between Malawi's obligations towards the Court and its obligations under customary international law; therefore, article 98(1) of the Statute does not apply.'

781) 이에 더하여 대통령은 취임시 헌법 제69조에 기하여 헌법준수 선서를 하게 되어 있으나 집단살해죄를 범하였다면 이는 헌법준수라는 대통령의 책무를 위반한 것이며 이러한 경우에도 면책특권을 부여한다면 우리

84조에 위반되지 않는다는 또 다른 해석론으로 중대한 국제범죄를 범한 자에 대해서까지 면책을 부여한 것은 아니라는 견해, 헌법상의 불체포특권 또는 면책이 포기될 수 있다면 헌법과 로마규정 사이의 충돌을 극복할 수 있다는 견해 등이 존재한다.[782]

우선 앞서 본 바와 같이 국제범죄 관련 규범의 강행법규성을 이유로 면책성이 제한되어야 한다는 주장은 국제형사법 영역에서 일반적으로 받아들여지고 있지 않다. 나아가 기능적 면책성의 배제는 국제관습법으로 인정될 수 있을 것이나 인적 면책성이 배제되는 국제재판소의 범위에 대한 논란이 있고 로마규정 제98조가 존재하는 상황에서 인적 면책성을 배제하는 국제관습법의 존부와 요건은 매우 조심스런 분석이 필요한 부분으로 생각된다. 그리고 우리 헌법을 국제법의 일부인 국제형사법에 맞도록 해석하여야 한다는 방법론을 일반적으로 받아들일 수 있는가의 여부도 논란이 될 수 있을 것이다.

로마규정 가입 과정에서 프랑스 등 일부 국가에서는 면책성 배제가 헌법에 합치하는가 여부의 논란이 제기되어 결국 헌법을 개정한 후 로마규정에 가입한 바 있다.[783] 현재 우리나라는 로마규정에 가입하여 체약당사국이 됨으로써 면책성 배제에 관한 국제관습법의 내용과 무관하게 국제형사재판소에 대한 관계에서는 국제법적으로 면책성을 포기한 상황에 이른 것으로 보인다. 그러나 로마규정 제27조과 달리 우리 헌법 제84조는 명시적으로 재직 중인 대통령의 면책특권을 규정하고 있다는 점에서 우리가 체결, 비준한 위 조항이 우리 헌법에 합치하는 것인가의 문제는 중요한 논란의 대상이 될 수 있는 것으로 생각된다.

헌법의 다른 전반적 조항들을 위반하는 해석이 될 것이며, 헌법 제84조의 '재직중'이라는 표현은 주로 대통령의 공적 행위(official activity)를 말하는 것인데 집단살해죄는 이에 해당하지 않으므로 면책특권의 적용대상이 되어서는 안 된다는 것이다. 또한 1950년 10월 집단살해방지협약 가입 당시 헌법을 개정하지 않은 것은 국제법상 공적지위의 무관련성 원칙과 당시 헌법의 조화를 헌법 해석을 통하여 추구한 사례로 인정된다고 주장한다. 김영석,『국제형사재판소법강의』, 서울 : 법문사, 2003, 148면.

782) 김헌진, ICC 규정과 형법, 한국학술정보(2006), 244면.
783) 프랑스에서는 로마규정 제99조 제4항이 국제형사재판소 검사가 프랑스 영토 내에서 활동하는 것을 허용하는 점 등을 근거로 로마규정의 면책성 배제 조항이 당시 프랑스 헌법에 합치하지 않는 것으로 보았다. 프랑스와 기타 각국의 로마규정 가입 당시 조치에 대하여 상세한 것은 Roy S. Lee, The International Criminal Court the Making of the Rome Statute Issues, Negotiations, Results. Hague : Kluwer Law International (2002), p. 59 et seq 등 참조.

제 2 장

국제형사법의 법원(法源)과 해석

제 1 절   국제형사법의 법원(法源)

국제형사법은 법체계상으로 국제법의 일부에 속한다.[784] 따라서 국제형사법의 법원은 기본적으로 국제법의 법원과 동일하며[785] 조약, 국제관습법, 법의 일반원칙 등이 법원에 포함된다.[786] 국제재판소 판결과 가장 저명한 학자들의 법이론은 국제법의 직접적 법원은 아니나 법을 결정하는 보조 수단으로 활용될 수 있다.[787] 특히 로마규정은 뒤에서 별도로 살피는 바와 같이 국제사법재판소 규정과 유사성을 가지나 동일하지 않은 법원(法源)에 대한 자체 규정을 두고 있다.

국제형사재판에 적용되는 국제형사 규범들이 죄형법정주의 원칙에 따른 명확성과 투명성을 충족시키기에 부족하다는 문제 제기가 계속되어 왔다. 그러나 로마규정은 대륙법 체제에 근접하도록 범죄의 개념과 형사법의 원칙들을 비교적 명확히 규정하고 있으며 로마규정 범죄구성요건과 절차증거규칙에서는 이를 더욱 상세하게 규율하고 있다. 따라서 죄형법정주의 관점에서 제기되는 비판들은 로마규정의 효력 발생으로 상당 부분 해소되었다고 볼 수 있다. 이와 같은

---

784) Cryer, Robert; Friman, Håkan; Robinson, Darryl; Wilmshurst, Elizabeth, 전게서, p. 8.

785) Ambos, Kai, 전게서 I, p. 73; Werle, Gerhard; Jeßberger, Florian, 전게서, p. 56.

786) 국제사법재판소규정 제38조
    1. 재판소는 재판소에 회부된 분쟁을 국제법에 따라 재판하는 것을 임무로하며, 다음을 적용한다.
       가. 분쟁국에 의하여 명백히 인정된 규칙을 확립하고 있는 일반적인 또는 특별한 국제협약
       나. 법으로 수락된 일반관행의 증거로서의 국제관습
       다. 문명국에 의하여 인정된 법의 일반원칙
       라. 법칙결정의 보조수단으로서의 사법판결 및 제국의 가장 우수한 국제법학자의 학설. 다만, 제59조의 규정에 따를 것을 조건으로 한다.
    2. 이 규정은 당사자가 합의하는 경우에 재판소가 형평과 선에 따라 재판하는 권한을 해하지 아니한다.

787) Cryer, Robert; Friman, Håkan; Robinson, Darryl; Wilmshurst, Elizabeth, 전게서, p. 8; Werle, Gerhard; Jeßberger, Florian, 전게서, p. 56; 국제법을 적용한 국내법원의 판결 역시 법을 결정하는 보조수단으로 활용될 수 있다. 그러나 국내법원의 판결은 국내법의 관점에서 이해된 것이므로 이들을 활용함에 있어서는 보다 섬세한 주의가 필요하다는 것은 Kupreškić et al., ICTY (TC), judgment of 14 January 2000, para. 542.

국제형사법의 조문화 상황을 고려할 때 현재 시점에서 국제형사법의 법원은 국제관습법과 부분적으로 조문화된 조약법의 상호 혼합체로 구성되는 새로운 수준의 통합단계에 이른 것이라는 평가이다.[788)]

불문의 국제관습법을 조문화하는 것은 규범의 명확성과 투명성 측면에서 중대한 발전이다. 형벌 규범의 성문화는 규범의 내용과 한계를 명확히 하여 죄형법정주의 원칙에 부합할 수 있도록 한다. 그러나 한편으로는 통일된 입법기관이 없는 국제형사법 체제를 고려할 때 이와 같은 조문화가 규범을 고착화시켜 국제형사법의 발전을 저해할 수 있다는 우려가 제기되기도 한다. 이와 관련하여 로마규정 제10조는 '이 부의 어느 조항도 이 규정과 다른 목적을 위한 기존의 또는 발전중인 국제법 원칙을 결코 제한하거나 침해하는 것으로 해석되지 않는다'고 규정하여 조문화된 로마규정이 국제형사법의 발전을 방해하지 않음을 선언하고 있다.

1. 조약

조약은 명칭에 관계없이 서면 형식으로 국가 간 또는 국제법 주체 간에 체결되어 국제법에 의하여 규율되는 국제적 합의이다.[789)] 로마규정 성립 이전에는 조약법의 비중이 상대적으로 작았으나 다자조약인 로마규정의 발효로 조약은 국제형사법의 주요한 법원으로 자리잡게 되었다.

국제형사법의 법원으로서 조약과 국제관습법은 상호 밀접한 관련성을 갖고 있다. 조약은 이미 존재하는 국제관습법을 조문화하는 경우가 많다. 로마규정에서의 국제범죄 개념 역시 기본적으로는 국제관습법을 따른 것으로 조문화 과정을 통하여 규범내용이 보다 명확하게 되었다.[790)] 또한 조약은 아직까지 존재하지 않았던 국제관습법을 형성하게 되는 새로운 출발점으로 작용하기도 한다. 조약은 국제관습법과 달리 체약당사국만을 구속하나 조약의 존재와 이에 근거한 국가 관행의 발전은 국제사회에서 보편적 효력을 가지는 국제관습법을 형성시키며 재판과정 등에서 국제관습법의 존재를 판단하는데 현실적으로 활용된다. 조약법과 국제관습법의 상호작용은 다음의 ICTY 판결에서 명확히 설명된 바 있다.

> ----국제법 규칙은 조약과 국제관습법 두 가지 형태로 출현하였으며 이들이 반드시 서로 상충되거나 충돌하는 것은 아니다. 이들은 상호 지지하고 보충하며 이들의 상호작용을 통하여 조약법은 점진적으로 국제관습법의 일부가 된다. 이러한 현상은 국제사법재판소가 Nicaragua 사건에서 설시하였듯이 1949년 제네바협정 공통 3조의 경우에도 타당하다...... .[791)]

---

788) Werle, Gerhard; Jeßberger, Florian, 전게서, p. 57.
789) 조약법에 관한 비엔나협약 제2조.
790) Werle, Gerhard; Jeßberger, Florian, 전게서, p. 57.
791) Tadić, ICTY (AC), decision of 2 October 1995, para. 98.

2. 국제관습법

국내 일반 형사법의 시각에서 볼 때 국제형사법도 엄연히 형사법의 성격을 가지고 있으므로 형사법의 법원으로 국제관습법을 승인하는 입장을 쉽게 받아들이기는 어려울 것이다. 실제 국제관습법은 불분명한 형태로 존재하여 그 내용을 명확히 하는 것이 어려우므로 이를 형사처벌의 근거로 삼는 것은 죄형법정주의 정신에 부합하지 않기 때문이다.[792] 그러나 국제형사법은 법을 제정하는 통일적 체제가 완전히 형성되어 있지 않은 국제법의 일부분으로 존재하는 까닭에 국제관습법은 현실적으로 활용되는 중요한 법원(法源)이다. 많은 국가들이 비준한 로마규정은 성문법으로서 국제관습법의 명확화에 중대한 기여를 하였으며 로마규정 자체가 국제관습법을 판단하는 중요한 근거로 작용할 수 있는 것도 사실이다. 그러나 로마규정은 조약법이므로 체약당사국만을 구속하는 한계를 여전히 가지고 있다. 따라서 국제형사법 영역에서 국제관습법은 국제조약법과 병존하여 여전히 가장 중요한 법원의 하나로 인정되고 있다.[793]

국제관습법으로 인정되기 위해서는 법적 의무의 인식(opinio juris sive necessitatis)과 국가관행 (consuetudo, repetitio facti)이 함께 존재하여야 한다.[794]

국가관행의 존부는 국제사회를 구성하는 국가들의 공적(公的) 태도의 총체적 상황으로부터 결정될 수 있다. 각국 법원 판결을 비롯한 다양한 형태의 국가의 공적 행위, 국가수반의 선언, 입법 조치, 사법관행 등이 고려되며 관련 조약과 이에 기반한 국가의 현실적 행태도 중요성을 갖는다.[795] 국제범죄에 대한 국내 입법은 국제법에 존재하는 형벌규범을 국내법에서 채택하는 형태로 이루어지며 우리의 국제범죄법 역시 이러한 국내 입법에 해당한다. 국제형사법의 영역에서는 무력충돌의 상황에서 현실적으로 적용되고 있는 군대메뉴얼도 국가관행이나 법적 견해의 표현으로서 중요한 위치를 차지하고 있다.[796] 국제법원의 판결과 국제기구의 관행 역시 국가관행에 대한 간접적 증거를 제공하여 국제관습법의 형성에 기여한다.[797] 이러한 국가관행은 통일적이고

---

792) Cryer, Robert; Friman, Håkan; Robinson, Darryl; Wilmshurst, Elizabeth, 전게서, p. 10.
793) 만일 로마규정이 적용되지 않는 새로운 임시재판소가 국제적 차원에서 설립된다면 그러한 재판소는 국제관습법에 근거하여 판결할 수밖에 없을 것이다. 국제관습법의 구속성에 대한 비판적 견해는 S. Estreicher, "Rethinking the Binding Effect of Customary International Law", 44 Virginia Journal of International Law (2003), p. 5.
794) Werle, Gerhard; Jeßberger, Florian, 전게서, p. 58.
795) 국가 관행의 존부에 관한 자료가 되는 국가의 행위는 특정한 국제법적 주제(主題)와 연계되어 있어야 한다. 따라서 국제범죄의 대상이 되는 범죄자의 행위를 국내법에서 처벌하였으나 국제법이 적용될 수 있는 국제범죄의 형태가 아닌 국내법에 근거한 일반범죄로 처벌된 것이라면 이를 국제관습법의 존부를 판단하는 자료로 활용할 수 있는가의 여부는 불분명하다. Werle, Gerhard; Jeßberger, Florian, 전게서, p. 58.
796) Tadić, ICTY (AC), decision of 2 October 1995, para. 83; Werle, Gerhard; Jeßberger, Florian, 전게서, p. 66.
797) 만장일치로 채택된 안전보장이사회의 결정 등에 대한 것은 Tadić, ICTY (AC), decision of 2 October 1995, para. 133.

광범위하며 장기간에 걸친 것이어야 한다.[798] 국가의 공적 선언 등에서 나타나는 국가의 언어적 행동이나 표현도 중요한 역할을 한다. 특히 국가의 언어적 행동이 국가가 취하는 실제 행동과 일치하지 않을 경우에도 국가관행이 결여되어 국제관습법이 인정되지 않는다고 조급하게 결론 지워서는 안 된다. 예를 들면 국가가 직접 관련된 국제범죄에 대한 처벌 의지가 결여되어 있어 관련자들에 대한 기소가 현실적으로 이루어지지 않았다 하더라도 해당 국가가 언어적 행동으로는 형벌규범을 승인하면서 다른 이유를 들어 규범위반 행위를 정당화하려고 시도하였다면 이러한 국가의 행동은 당해 규범의 존재를 확인하고 문제된 행위가 규범위반에 해당된다고 평가하는 것일 수 있기 때문이다.[799]

국가관행은 반드시 상응하는 법적 의무감(opinio juris)과 함께 존재하여야 한다. 많은 경우 앞서 본 국가의 행동은 국가관행뿐만 아니라 이에 상응하는 법적 의무감에 대한 지표로도 간주될 수 있다. 따라서 국가가 법적 의무감을 명확히 표현하는 경우에는 국제관습법의 객관적 요소와 주관적 요소가 동화되어 존재하는 것이다. 이처럼 이러한 두 가지 요소가 개념적으로는 명확히 구분되나 법적 의무감과 국가관행 사이의 경계는 현실적으로는 유동적이다.[800]

3. 법의 일반원칙

법의 일반원칙은 세계 주요 법 체제에서 승인되고 있는 법의 원칙이다.[801] 통일된 입법 기관이 존재하지 않고 성문화의 역사가 길지 않은 국제형사법 영역에서 법의 일반원칙은 국제관습법과 함께 법원으로서 중요한 위치를 차지한다.[802] 그러나 법의 일반원칙은 형사법의 법원으로 이상적인 것은 아니며 국제형사법의 규범들이 필요한 형사법적 개념들을 정의하지 않았을 경우에만 적용될 수 있다.[803] 임시재판소들은 관련된 국제법의 내용을 결정함에 있어 법의 일반원칙을 통하여 국내법상의 규범들을 실제로 고려하여 왔으나 법의 일반원칙으로 인정되기 위해서는 세계의 모든 법제 혹은 다수 법제에 동일한 원칙이 존재하는 보편성(普遍性)이 인정되어야 한다. 이러한 보편성은 보통법 혹은 대륙법 등 어느 하나의 체제에만 존재하는 것이 아닌 세계의 모든 주요 법 체제에 존재하는 공통된 일반적 관념에 의거하여야 함을 의미한다.[804]

798) Werle, Gerhard; Jeßberger, Florian, 전게서, p. 58.
799) Werle, Gerhard; Jeßberger, Florian, 전게서, p. 59.
800) Werle, Gerhard; Jeßberger, Florian, 전게서, p. 58; 국제형사법 영역에서 관습법으로서의 성격을 구비하였는가 여부를 확인하는 절차는 국제조약에 관습법 원칙이 조문화되었는가 여부를 확인하는 것에서 출발하여 ICTY, ICTR 판례 등 국제법원의 판례, 관련된 국제법위원회의 초안들, 유엔인권위원회의 보고서 등 국제기구의 보고서, 로마규정 범죄구성요건 등을 참조하게 되며 최종 단계에서는 관련된 국내입법 등을 고려하는 과정을 거치는 것으로 보고 있다. Krstić, ICTY (TC), judgment of 2 August 2001, para. 541 이하.
801) Furundžija, ICTY (TC), judgment of 10 December 1998, para. 177.
802) Werle, Gerhard; Jeßberger, Florian, 전게서, p. 59.
803) Cryer, Robert; Friman, Håkan; Robinson, Darryl; Wilmshurst, Elizabeth, 전게서, p. 11.
804) Furundžija, ICTY (TC), judgment of 10 December 1998, para. 178; Werle, Gerhard; Jeßberger, Florian,

또한 이러한 보편성만으로 존재하는 모든 법 원칙이 자동적으로 국제법 질서에 포함될 수 있는 것은 아니다. 법의 일반원칙은 일정한 법적 원리를 표상하는 것으로 그러한 법적 원칙이나 원리가 국제법 질서로 이전될 수 있는 것이어야 한다.[805] 따라서 국내법이 국제형사절차에 기계적으로 도입되거나 이전되어서는 안 되며 국제형사절차의 특수성이 반드시 고려되어야만 하는 것이다.[806] 로마규정 제21조 제1항은 로마규정이나 로마규정 범죄구성요건, 절차및증거규칙, 적용 가능한 조약과 국제법의 원칙에서 필요한 규범을 찾을 수 없을 경우 법의 일반원칙에 의거할 수 있도록 규정하고 있다.

4. 법을 결정하는 보조 수단

(1) 판례

국제형사법의 내용을 결정함에 있어 국제재판소의 판례들은 중요한 역할을 담당한다. 특히 뉘른베르크 군사재판소, 동경재판소, ICTY, ICTR, 국제형사재판소의 판결들은 국제형사법의 내용을 결정하는 중요한 수단이며 실제 이러한 국제법원의 판결들은 국제형사법의 형성에 지속적인 영향을 끼쳐 왔다.[807]

로마규정 제21조 제2항은 '기존의 결정 속에서 해석된 법과 규칙을 적용할 수 있다'고 규정하고 있다. 따라서 국제형사재판소의 경우에는 선례를 따를 수 있는 재량이 존재할 뿐이며 영미법의 선례구속성 원칙(stare decisis)은 배제되어 있다.[808] ICTY와 ICTR 체제에서의 선례 구속성은 조금 더 강력하다. ICTY 항소심은 '확실성과 예측가능성의 견지에서 항소심 재판부도 이전의 판결을 따라야만 하나 정의의 관점에서 설득력 있는 이유가 있을 경우 이들로부터 이탈하여 자유롭게 판단할 수 있어야 한다'고 판시하였다.[809] 그러나 뉘른베르크 재판소의 판결[810],

전게서, p. 60.
805) Werle, Gerhard; Jeßberger, Florian, 전게서, p. 60.
806) Furundžija, ICTY (TC), judgment of 10 December 1998, para. 178; 국제재판과 국내재판 사이에는 일정한 차이점이 존재하는 만큼 국내법 체제에서 인정되는 법의 일반원칙에 무비판적으로 의존하거나 국내법에서의 원칙을 구체적 맥락과 무관하게 국제법에 적용해서는 안 된다는 것은 Erdemović, ICTY (AC), judgment of 7 October 1997, Separate and Dissenting Opinion of President Cassese, para. 2 et seq; 법의 일반원칙은 모든 주요 법체제가 그 자체로 동의할 수 있는 구체적 법적 규범이 아니라 이러한 규범들이 기반하고 있는 일반적 원칙들일 뿐이다. 다양한 법원들을 실제로 적용함에 있어서 지속적으로 발전하는 국가 관행은 유동적인 상태에 있으므로 국제관습법과 법의 일반 원칙의 구분이 쉽지 않은 경우가 존재한다는 견해는 Werle, Gerhard; Jeßberger, Florian, 전게서, p. 60.
807) Werle, Gerhard; Jeßberger, Florian, 전게서, p. 63.
808) Ambos, Kai, 전게서 I, p. 79; Werle, Gerhard; Jeßberger, Florian, 전게서, p. 71.
809) Aleksovski, ICTY (AC), judgment of 24 March 2000, para. 107; 반면 항소심 판결은 1심 재판부를 구속한다. Aleksovski, ICTY (AC), judgment of 24 March 2000, para. 113.
810) Kupreškić et al., ICTY (TC), judgment of 14 January 2000, para. 540.

국제사법재판소의 판결[811] 등 다른 국제법원들의 판결은 ICTY와 ICTR에 대하여 구속력을 갖지 않는다.[812]

국내법원의 판례는 국제사법재판소규정 제38조 제1항 (b)에 규정된 국제관습법과 관련하여 국가관행에 대한 자료를 제공하며 다른 한편으로는 제38조 제1항 (c)에 규정된 법의 일반원칙들에 대한 정보를 제공한다. 또한 제38조 제1항 (d)에 의하여 판례는 법을 판단하는 보조수단으로 활용될 수 있다. 이처럼 국내법원의 판결은 국제관습법의 확인과 창조, 법의 일반원칙 형성에 기여하며 국제형사법의 규범내용을 결정하고 인식하는데 도움을 준다.[813]

만일 국내법원의 판례가 국제형사법을 명시적으로 언급하였다면 이러한 국내법원의 판례는 국제형사법의 영역에도 중요한 영향을 미친다. 이처럼 국내 판례법이 갖는 국제형사규범에 대한 창조적 영향은 국내법원이 직접 혹은 간접적으로 국제형사법을 적용하였는가 여부에 의존하는 것이다.[814] 제2차 대전 이후 통제위원회 법령 제10호에 기초한 판결, Eichmann 판결 등이 이러한 범주에 해당할 수 있다.[815] 그러나 국제관습법의 진화에 있어 진정한 규범적 중요성을 갖는 것은 국제재판소의 판례들이며 이에 비하여 국내법원의 판결이 국제형사법의 발전에 미치는 영향은 간접적인 것이다.[816]

(2) 권위 있는 학자들의 법이론

국제사법재판소규정 제38조 제1항 (d)에 따라 권위 있는 국제법학자의 학설이나 법이론은 국제법을 결정하는 보조수단으로 활용될 수 있다. 이러한 학자들의 법이론은 주로 국제법 관련 단체에서의 발표나 유엔 국제법위원회의 보고서 등을 통하여 얻어질 수 있다.[817]

제 2 절 국제형사법의 해석

1. 해석의 일반 원칙

국제형사법의 주요 법원인 조약의 경우에도 국내 제정법과 동일하게 이에 대한 해석이 요구된다. 조약에 대한 해석의 원칙은 조약법에 관한 비엔나 협약[818] 제31조와 제32조에 규정되어

---

811) Mucić et al., ICTY (AC), judgment of 20 February 2001, para. 24.
812) Werle, Gerhard; Jeßberger, Florian, 전게서, p. 64.
813) Ambos, Kai, 전게서 I, p. 78; Werle, Gerhard; Jeßberger, Florian, 전게서, p. 60.
814) Ambos, Kai, 전게서 I, p. 78.
815) Werle, Gerhard; Jeßberger, Florian, 전게서, p. 65.
816) 국제법을 적용하는 국내법원은 그 설립과 구성 형태에 관계없이 기능적 의미에서 국제 법원으로 간주된다는 견해는 Ambos, Kai, 전게서 I, p. 79.
817) Werle, Gerhard; Jeßberger, Florian, 전게서, p. 60.
818) 조약법에 관한 비엔나협약(Vienna Convention on the Law of Treaties)은 1969년 5월 23일 비엔나에서 작성되어 1980년 1월 27일 발효되었으며 우리나라에 대하여는 1980년 1월 27일 조약 제697호로 발효되었다.

있다.819) 조약법에 관한 비엔나 협약에 규정된 해석원칙은 국제관습법의 표현으로 인정되며820) 로마규정뿐만 아니라821) ICTY와 ICTR 등822) 모든 조약법의 해석에 적용된다.823)

문리해석에 따라 문언의 일반적 의미이다.824) 또한 목적론적 해석, 체계적 해석, 논리적 해석 등의 전통적 해석방법도 적용된다.825) 나아가 당해 조약의 규정뿐만 아니라 체약당사국들 사이의 다른 조약이나 협정도 고려될 수 있다.826) 국제형사재판소는 로마규정이 죄형법정주의 원칙을 명시하고 있고 형사법의 일반원칙 규정도 도입하고 있으므로 로마규정의 해석에 있어서는 죄형법정주의 원칙과 불명확할 경우 피고인의 이익에 의한다는 원칙의 제한을 받는다고 판단하고 있다.827) 역사적 해석은 보조적으로 활용되는 보충적 수단이다. 따라서 다른 해석방법들

---

819) 제31조 해석의 일반규칙
　1. 조약은 조약문의 문맥 및 조약의 대상과 목적으로 보아, 그 조약의 문면에 부여되는 통상적 의미에 따라 성실하게 해석되어야 한다.
　2. 조약의 해석 목적상 문맥은 조약문에 추가하여 조약의 전문 및 부속서와 함께 다음의 것을 포함한다.
　　(a) 조약의 체결에 관련하여 모든 당사국간에 이루어진 그 조약에 관한 합의
　　(b) 조약의 체결에 관련하여, 1 또는 그 이상의 당사국이 작성하고 또한 다른 당사국이 그 조약에 관련되는 문서로서 수락한 문서
　3. 문맥과 함께 다음의 것이 참작되어야 한다.
　　(a) 조약의 해석 또는 그 조약규정의 적용에 관한 당사국간의 추후의 합의
　　(b) 조약의 해석에 관한 당사국의 합의를 확정하는 그 조약 적용에 있어서의 추후의 관행
　　(c) 당사국간의 관계에 적용될 수 있는 국제법의 관계규칙
　4. 당사국의 특별한 의미를 특정용어에 부여하기로 의도하였음이 확정되는 경우에는 그러한 의미가 부여된다.
　제32조 해석의 보충적 수단
　제31조의 적용으로부터 나오는 의미를 확인하기 위하여, 또는 제31조에 따라 해석하면 다음과 같이 되는 경우에 그 의미를 결정하기 위하여, 조약의 교섭 기록 및 그 체결시의 사정을 포함한 해석의 보충적 수단에 의존할 수 있다.
　　(a) 의미가 모호해지거나 또는 애매하게 되는 경우, 또는
　　(b) 명백히 불투명하거나 또는 불합리한 결과를 초래하는 경우
820) ICJ, judgment of 12 December 1996 (Case Concerning Oil Platforms, Iran v USA), in ICJ Reports 1996, 803, para. 23; ICJ, judgment of 13 July 2009 (Case Concerning the Dispute Regarding Navigational and Related Rights, Costa Rica v Nicaragua), in ICJ Reports 2009, 213, para. 47; Tadić, ICTY (AC), judgment of 15 July 1999, para. 303; Werle, Gerhard; Jeßberger, Florian, 전게서, p. 66.
821) Lubanga Dyilo, ICC (TC), judgment of 14 March 2012, para. 601; ICC (PTC), decision of 31 March 2010 (Situation in the Republic of Kenya), para. 19.
822) Aleksovski, ICTY (AC), judgment of 24 February 2000, para. 98.
823) Werle, Gerhard; Jeßberger, Florian, 전게서, p. 66.
824) 조약법에 관한 비엔나 협약 제31조 제1항 참조.
825) Tadić, ICTY (AC), decision of 2 October 1995에서는 문언적 해석(Literal Interpretation, para. 71), 목적론적 해석(Teleological Interpretation, para. 72 et seq), 논리적·체계적 해석(Logical and Systematic Interpretation, para. 79 et seq)을 활용하고 있다.
826) 조약법에 관한 비엔나 협약 제31조 제3항.
827) Katanga, ICC (TC), judgment of 7 March 2014, para. 51.

이 불명확하거나 혹은 다른 해석방법에 의할 경우 명백히 불합리한 결과를 초래할 경우에만 활용된다.[828)

2. 특별한 해석 규칙

국제형사법 영역에서는 앞서 살핀 일반적 해석 원칙 이외에 국제형사법규의 목적과 그 실현의 관점에서 특별한 해석 규칙이 논의되고 있다.

우선 관습법에 부합하는 해석의 원칙이다. 국제형사법 조약의 개별 조항들은 그것이 상응하는 관습법의 규범에 귀속될 수 있는 한도까지 대응하는 관습법에 따라 해석되어야 한다는 것이다.[829) ICTY는 의문이 존재하는 경우이거나 문언상 반대의 경우임이 명백하지 않다면 당해 조항은 국제관습법의 관점에서 국제관습법에 상응하도록 해석되어야 한다고 판시하였다.[830)

다음으로 전쟁범죄법의 해석에 있어서는 형벌규범이 귀속될 수 있는 국제법에서의 금지규칙을 고려하여야 한다는 것이다. 인도에 반한 죄의 경우에는 그 기반이 되는 인권법과의 연계가 상대적으로 뚜렷하지 않으나 전쟁범죄법의 영역에서는 국제인도법과의 연계성이 매우 뚜렷하게 나타난다. 많은 전쟁범죄들은 오랜 기간 동안 국제인도법에서 실정법으로 존재하던 규범 내용에 형사책임만 추가된 것이기 때문이다.[831)

로마규정 제21조 제3항은 '법의 적용과 해석은 국제적으로 승인된 인권과 부합되어야 하며, 제7조 제3항에서 정의된 성별, 연령, 인종, 피부색, 언어, 종교 또는 신념, 정치적 또는 기타 견해, 국민적 · 민족적 또는 사회적 출신, 부, 출생 또는 기타 지위와 같은 사유에 근거한 어떠한 불리한 차별도 없어야 한다'고 명시하고 있다. 현재로서는 위 조항의 의미와 중요성이 명확하게 드러나 있지 않다. 국제적으로 승인된 인권이 무엇을 의미하는지도 불분명한 상황으로 국제형사재판소 역시 아직까지 위 조항에 대한 체계적이거나 일관성 있는 접근법을 정립하고 있지 못하다는 평가이다.[832)

3. 국내에 도입된 규범의 해석

국제범죄를 도입한 국내법의 해석에는 모규범(母規範)인 국제형사법이 영향을 미치게 된다. 왜냐하면 국제규범을 도입하여 제정한 법률은 비록 국내법이기는 하나 국제법에 근원을 두고

---

828) Werle, Gerhard; Jeßberger, Florian, 전게서, p. 67; 조약법에 관한 비엔나 협약 제32조 참조.

829) Werle, Gerhard; Jeßberger, Florian, 전게서, p. 67.

830) ICTY 법령을 제정한 사람들은 ICTY 법령이 명시적으로 국제관습법에서 이탈하는 경우가 아닌 한 국제관습법의 범주 내에 머물러 있을 것을 의도하였다고 판단하고 있다. Tadić, ICTY (AC), judgment of 15 July 1999, para. 287. 특히 유엔사무총장의 보고서를 근거로 ICTY 법령은 국제관습법에 근거한 것이라고 보고 있다.(para. 296)

831) Werle, Gerhard; Jeßberger, Florian, 전게서, p. 67.

832) Ambos, Kai, 전게서 I, p. 80.

있기 때문이다.833) 특히 로마규정과 동일한 규범 내용을 채택한 경우 체계적 해석 원칙에 따라 국제법 해석과의 일관성이 요구된다. 이러한 체계적 해석은 국제법에 대한 존중을 의미하는 한편834) 역사적, 목적론적 해석에 의하여도 정당화될 수 있다. 우리의 경우에도 국제범죄법의 입법 과정과 국제범죄법 제1조의 내용 등을 고려할 때 로마규정에 규정된 형벌 규범을 도입하는 것이 우리 국제범죄법의 주요 목적임을 알 수 있다.835)

우리 국제범죄법 제18조는 국제범죄의 적용과 관련하여 필요할 때에는 국제형사재판소규정 제9조에 따라 2002년 채택된 로마규정 범죄구성요건을 고려할 수 있다고 명시하여 위와 같은 해석방법의 근거를 제공하고 있다. 이러한 해석규정은 내국법에 편입된 국제형사법 규칙은 형식적으로는 국내법의 일부이나 그들의 실질적인 기원은 국제법임을 명백히 보여주는 것이다.836) 따라서 이와 같이 수용된 법을 해석함에 있어서는 모규범인 로마규정과 로마규정 범죄구성요건, 및 절차증거규칙, 국제형사재판소의 판결, 관련된 국제관습법과 이들을 해석하는 국제재판소의 판결, 외국법원의 판결들을 모두 함께 고려하게 될 것이다.837)

제 3 절 국제형사재판소 법원(法源)의 계층 구조

로마규정 제21조는 다음과 같이 국제형사재판소의 법원들 사이에 우선 순위를 부여하는 특별한 내용을 규정하고 있다.838)

> 제21조 적용법규
> 1. 재판소는 다음을 적용한다.
>   (a) 첫째, 이 규정, 범죄구성요건 및 절차및증거규칙
>   (b) 둘째, 적절한 경우 무력충돌에 관한 확립된 국제법 원칙을 포함하여 적용 가능한 조약과 국제법상
>   의 원칙 및 규칙

---

833) MüKo StGB Bd. 8, Einleitung Rn. 43.

834) 로마규정과 보편적인 국제관습법의 규칙이 독일 국내법 질서의 일부를 이룬다는 것은 MüKo StGB Bd. 8, Einleitung Rn. 43.

835) 독일 헌법의 국제법 친화성 원칙 등에 따라 독일 국제범죄법의 국제형사법 친화적 해석의 원칙이 인정될 수 있다는 것은 MüKo StGB Bd. 8, Einleitung Rn. 43.

836) 우리 국제범죄법은 제2조 제6호, 제7호, 제9조 제2항 제3호, 제4호, 제7호, 제10조, 제11조 등에서 직접 국제법을 우리 규범의 내용으로 포섭하고 있다.

837) 독일연방대법원은 ICTY의 판례를 수차례 인용한 바 있다. BGHSt 45, 64 (69) = NStZ 1999, 396 (398); BGHSt 46, 292 (299 ff.) = NJW 2001, 2728 (2729 f.) MüKo StGB Bd. 8, Einleitung Rn. 43-44.

838) Katanga, ICC (TC), judgment of 7 March 2014, para. 37 이하; 이에 대한 상세한 논의는 Leena Grover, "A Call to Arms:Fundamental Dilemmas Confronting the Interpretation of Crimes in the Rome Statute of the International Criminal Court", 21 European Journal of International Law (2010), p. 543 등.

(c) 이상이 없는 경우 적절하다면 범죄에 대하여 통상적으로 관할권을 행사하는 국가의 국내법을 포함
하여 세계의 법체제의 국내법들로부터 재판소가 도출한 법의 일반원칙. 다만, 그러한 원칙은 이 규
정, 국제법 및 국제적으로 승인된 규범 및 기준과 저촉되어서는 아니된다.

2. 재판소는 재판소의 기존 결정 속에서 해석된 법의 원칙과 규칙을 적용할 수 있다.

1. 주된 법원

로마규정 제21조 제1항은 국제형사재판소에서 적용할 수 있는 주된 법원으로 로마규정, 로
마규정 범죄구성요건, 로마규정 절차및증거규칙을 명시하고 있다. 이들 중 로마규정이 가장 주된
법원으로 로마규정 범죄구성요건과 절차및증거규칙에 의하여 보완된다.[839]

로마규정 범죄구성요건은 로마규정 제6조, 제7조 및 제8조, 제8조의2에 규정된 범죄를 해석
하고 적용하는 것을 보조하는 역할을 한다.[840] 로마규정 범죄구성요건은 구속적 효력을 갖지 않
는다는 견해가 있으나[841] 국제형사재판소는 로마규정 범죄구성요건과 로마규정과 사이에서 해소
될 수 없는 모순이 존재한다고 인정되는 경우가 아니라면 로마규정 범죄구성요건과 로마규정 절
차및증거규칙은 반드시 적용되어야 한다고 판시하고 있다.[842] 이처럼 로마규정 범죄구성요건과
절차및증거규칙도 로마규정에 규정되어 있는 규칙을 보완하고 명확화 시키는 것으로 국제형사재
판소와 체약당사국들을 구속한다.[843]

2. 부가적 법원

로마규정 제21조는 무력충돌에 관하여 확립된 국제법 원칙을 포함하여 적용가능한 조약과
국제법상의 원칙과 규칙들을 1차적인 부가적 법원으로 규정하고 있다. 이처럼 로마규정은 국제
형사재판소가 보충적으로 우선 적용할 수 있는 부가적 법원으로 무력충돌에 관한 국제법 원칙이
포함됨을 명확히 하여 국제관습법은 포함시키면서도 법의 일반원칙을 위 단계에서는 규정하고
있지 않다.[844]

---

839) Werle, Gerhard; Jeßberger, Florian, 전게서, p. 68.
840) 로마규정 제9조 범죄구성요건
　　　1. 범죄구성요건은 재판소가 제6조, 제7조, 제8조 및 제8조의2를 해석하고 적용하는 것을 보조한다. 이는
　　　　당사국총회 회원국의 3분의 2의 다수결에 의하여 채택된다.
841) Werle, Gerhard; Jeßberger, Florian, 전게서, p. 68.
842) Al Bashir, ICC (PTC), decision of 4 March 2009, para. 128.
843) Werle, Gerhard; Jeßberger, Florian, 전게서, p. 69; 로마규정 제9조 제3항은 로마규정 범죄구성요건이 로마
　　　규정과 부합되어야 한다고 규정하고 있다. 또한 로마규정 절차및증거규칙이 로마규정과 모순될 경우 로마
　　　규정 제51조 제5항에 따라 로마규정이 우선하여 적용된다.
844) Werle, Gerhard; Jeßberger, Florian, 전게서, p. 69; 이에 대하여 상세한 논의는 A. Pellet, "Applicable Law",
　　　in A. Cassese, P. Gaeta, and J.R.W.D. Jones (eds), The Rome Statute of the International Criminal Court,

로마규정은 이러한 부가적 법원의 적용을 '적절한 경우'로 제한하고 있다. 이러한 문언의 정확한 의미는 명백하지 않으나 로마규정에 기초한 해석과 국제관습법 사이에 간극이 존재하는 경우 국제형사재판소에 대하여 어느 정도 유연성을 부여하고 국제관습법의 기계적 적용을 배제하는 것으로 이해되고 있다.[845] 국제형사재판소는 로마규정 제21조 제1항 (a)에 규정되어 있는 로마규정, 로마규정 범죄구성요건, 로마규정 절차및증거규칙을 먼저 적용하고 이러한 법원들을 적용하였음에도 여전히 공백이 존재하고 그러한 공백이 조약법에 의한 비엔나 협약에 기한 해석에 따라 메워질 수 없을 경우 나머지 법원들이 적용될 수 있다고 판시하고 있다.[846]

나아가 이러한 부가적 법원까지 적용하여도 적절한 규범 내용을 찾을 수 없을 경우 제21조 제1항 (c)에 의하여 범죄에 대하여 통상적으로 관할권을 행사하는 국가의 국내법을 포함하여 세계의 다양한 법체제에 속하는 국가의 국내법들로부터 재판소가 도출한 법의 일반원칙에 의거할 수 있도록 하고 있다. 다만, 여기에서 원용하는 법의 일반원칙은 로마규정, 국제법, 국제적으로 승인된 규범 및 기준과 저촉되어서는 안 된다. 범죄에 대하여 통상적으로 관할권을 행사하는 국가에는 일반적인 형사재판권의 규칙에 따라 범죄발생지 국가, 범죄자나 피해자의 국적국 등이 포함될 것이다.[847]

Vol. II (2002), p. 1071, 1073; 국제관습법과 국제법의 일반원칙에 대한 동조화 논의 등에 대하여 상세한 것은 Ambos, Kai, 전게서 I, p. 76.

845) Werle, Gerhard; Jeßberger, Florian, 전게서, p. 69.

846) Al Bashir, ICC (PTC), decision of 4 March 2009, para. 126.

847) 보편적 관할권에 따른 재판권만을 가진 국가는 해당되지 않는 것으로 해석된다. Werle, Gerhard; Jeßberger, Florian, 전게서, p. 71.

제3편

범죄론

제1장 범죄의 성립 체계

제1절 국제형사법에서의 범죄의 관념

1. 범죄론 체계의 발전

형벌의 대상이 되는 범죄의 성립 여부를 살피는 과정은 일정한 단계를 밟아 체계적으로 진행된다. 범죄성립 여부를 논하는 이러한 일련의 검토과정 내지 시스템을 가리켜 '범죄론 체계(犯罪論 體系)'라고 한다.[848] 범죄론 체계는 법적용의 균질성과 통일성을 보장하여 사건을 효율적으로 해결하게 하고 법의 발전을 촉진시킬 수 있는 지침을 제공하는 등 매우 중요한 역할을 수행한다.[849] 따라서 국제형사법 영역에서도 보편적으로 적용될 수 있는 범죄론 체계와 정치하게 정립된 국제범죄 개념의 중요성은 간과될 수 없으며 이는 국제형사법 체제의 발전에 따라 더욱 강조될 것이다.

범죄론 체계를 섬세하게 정립하려는 노력이 국제형사법의 탄생 초기 단계부터 적극적으로 나타났던 것은 아니다. 제2차 대전 이후의 국제범죄에 대한 대응은 체계적이고 합리적인 형사법적 접근이라기보다는 잔학행위가 처벌되지 않고 방치되어서는 안 된다는 도덕적·정치적 명령에 기반한 다소 즉흥적이고 임시 대응적인 일련의 규칙들로 이루어져 있었다.[850] 국제형사법 발전의 초기 단계에서는 범죄행위의 개념을 어떻게 정의할 것인가라는 문제가 주류를 이루었으며[851] 국제범죄에 일반적으로 적용되는 원칙들을 포괄적으로 규율하려는 움직임은 없었다. 범죄의 성립요건과 다양한 귀속형태 등을 논하는 범죄론 체계와 형사책임의 일반원칙들이 중요시되지 않

---

848) 신동운, 『형법총론』, 서울 : 법문사, 2015. 82면.

849) Ambos, Kai, 전게서, p. 98.

850) Ambos, Kai, "Remarks on the General Part of International Criminal Law", p. 661.

851) 뉘른베르크 헌장이나 동경 헌장, 임시재판소의 법령들을 살펴보면 형사법의 일반 원칙의 부속적 지위가 뚜렷이 드러난다. 이러한 현상은 초기 발전 단계에 있었던 국제형사법에 과도한 부담을 주지 않았던 장점이 있었으며 실무적으로도 특별히 복잡한 문제가 야기되지는 않았다는 평가이다. 국제재판소들은 필요한 경우 국내법 체제의 '일반 원칙'에 의존하였다. Werle, Gerhard; Jeßberger, Florian, 전게서, p. 165.

은 것이다. 초기 단계에도 일반원칙 규범들이 일부 발전되기는 하였으나 이는 상급자책임이론, 명령에 의한 행위나 공적 지위에 기한 항변 배척 등 주로 범죄자가 형사책임에서 벗어나지 못하도록 하는 것들로서 국내 형사법에서 인정되는 일반적 규범 체계와는 상이한 것들이었다.[852]

이처럼 일반이론의 체계적 발전이 취약한 상황은 국제형사재판소 실립을 위한 준비위원회가 구성되어 본격적인 연구 작업을 수행하고 ICTY나 ICTR에서 국제범죄를 저지른 고위급 범죄자에 대한 사건을 다수 취급하면서 개선되기 시작하였다. 이후 발효된 로마규정에는 국제형사법의 일반원칙에 대한 포괄적 조항들이 제3장 '형법의 일반원칙'에 최초로 규정되었으며 이는 국제형사법의 일반원칙을 조문화하는 노력의 정점이자 가장 진보적인 표현이라고 평가받는다.[853] 여기에는 상급자책임과 같은 국제형사법에 특유한 원칙뿐만 아니라 죄형법정주의 등과 같은 형사법의 일반원칙과 교사나 방조, 미수 등 국내형사법에서도 쉽게 찾아볼 수 있는 내용들이 함께 존재한다.[854]

국제형사법에서의 일반이론 역시 국제법 하에서의 범죄에 대하여 보편적으로 적용될 수 있는 안정적이고 정치한 기준을 제공하는 것이어야 한다. 현재 로마규정에서 채택된 일반규범들은 국제관습법이나 문명국가에서 승인된 법의 일반원칙을 모델로 삼은 것으로[855] 많은 학자들의 연구와 국제형사재판소의 판례법에 의하여 더욱 발전되고 명확화 되어가는 과정을 거치게 될 것이다.

2. 범죄론 체계의 독자성

범죄론 체계는 비교법적으로 대륙법계 국가들의 삼원주의(tripartite structure)와 영미법계 국가들의 이원주의(bipartite structure)로 구분될 수 있다. 우리나라가 속해 있는 대륙법 체계에서는 구성요건해당성, 위법성, 책임성의 단계를 거쳐 범죄의 성립요건을 논하는 반면 영미법의 이원주의 범죄론에서는 객관적 요소(actus reus)와 주관적 요소(mens rea)를 포괄하는 범죄(offence)와 항변(defence)으로 나누어 고찰한다.[856] 또한 영미법에서는 정당방위와 같이 범죄의 성립을 좌

---

852) 이와 같이 국제형사법 영역에서 일반 이론의 발전이 지연된 원인으로 형법학자가 아닌 정치인, 외교관 혹은 국제공법을 다루는 법률가들에 의하여 국제형사법 실무가 다루어짐으로써 형사법 원칙들에 대한 근본적 고찰이 없었다거나 뉘른베르크나 동경재판이 미국 주도하에 실현됨으로써 일반이론의 체계화 정도가 상대적으로 낮은 실용주의적 미국 형사법의 원칙이 적용된 결과로 분석하는 견해가 존재한다. Ambos, Kai, "Remarks on the General Part of International Criminal Law", pp. 660-661.

853) Ambos, Kai, "Remarks on the General Part of International Criminal Law", Journal of International Criminal Justice(2006), p. 662; Werle, Gerhard; Jeßberger, Florian, 전게서, p. 165; Russell L. Christopher, "Tripartite Structures of Criminal Law in Germany and Other Civil Law Jurisdictions", Cardozo Law Review(2007), p. 2.

854) 본서에서는 형사법의 일반 이론 분야를 명문화시켰을 뿐 아니라 최초로 고유의 범죄론 체계를 갖춘 로마규정을 중심으로 고찰을 진행해 나갈 것이다.

855) 국제사법재판소 규칙 제38조 제1항 (b), (c) 참조; Werle, Gerhard; Jeßberger, Florian, 전게서, p. 165.

856) Werle, Gerhard; Jeßberger, Florian, 전게서, p. 168.

우하는 실체적 요소뿐만 아니라 기소장애사유와 같은 절차적 요소까지 항변 개념에 포함시켜 논하고 있다.[857]

국제형사법의 범죄론 체계는 영미법의 이원주의와 유사하다는 평가를 받아 왔다.[858] 로마규정과 임시재판소 법령들, 국제재판소들의 판례를 살펴보면 범죄의 성립요소를 객관적 요건과 주관적 요건으로 나누어 고찰한 후 항변의 존재 여부를 고찰하는 체제로 이루어져 있어 영미법의 이원주의 체계에 가까운 것으로 보이는 것이 사실이다. 특히 위법성(Wrongfulness, Unrecht)과 책임(Culpability, Schuld)을 명확히 구분하여 살피지 않는 까닭에 범죄의 요소들에 대한 보다 섬세한 분석이 불가능한 측면도 있다.[859] 그러나 이와 같은 이원론 체계와의 구조적 유사성에도 불구하고 국제형사법의 범죄론 체계는 영미법계나 대륙법계 중 한 체제를 따른 것이 아니라 국제형사법만의 독자적 체계를 형성하고 있다고 보는 것이 타당할 것이다.[860]

국제형사법 체계의 독자성은 우선 로마규정 제정과정과 그 결과 산출된 로마규정상 법률용어에서 드러난다. 로마규정의 일반이론에 대한 조문화 작업은 특정한 법체계에 의존함이 없이 비교형사법적 분석에 기반하여 진행되었다. 또한 로마규정에는 특정한 법체계 내에서 일정한 개념적 범주를 가지고 있는 기존의 법률 용어를 그대로 활용하지 않았다. 예를 들면 로마규정은 영미법에서 사용되는 'actus reus'와 'mens rea'라는 용어를 사용하지 않는다. 당초 1994년 국제법위원회 초안에는 이러한 용어들이 사용되고 있었으나 로마규정에는 종국적으로 'material element', 'mental element' 등으로 규정되었으며[861] 'defence'라는 용어 대신 'grounds for excluding criminal responsibility'가 사용되고 있다.[862] 그리고 용어의 선택뿐만 아니라 범죄의

857) M. Scaliotti, "Defences before the International Criminal Court, Part 1", 1 International Criminal Law Review (2001), p. 112.
858) Ambos, Kai, 전게서, p. 99; Werle, Gerhard; Jeßberger, Florian, 전게서, p. 168.
859) 대륙법계의 3원주의에서는 위법성과 책임을 명확히 구분하여 논하고 있으나 이원주의에는 이러한 구분이 존재하지 않는다. 대륙법계 일부 국가들의 지나친 이론화 경향을 경계할 필요성이 존재하는 것은 사실이나 자신의 생명을 보존하기 위하여 다른 사람의 생명을 희생시킨 경우에 대한 형사책임, 사실적 요소와 관련된 금지의 착오 등에 대한 합리적 취급 문제 등 위법성과 책임을 구분하는 것이 반드시 필요한 영역이 존재하며 논리적으로도 3원주의 체제가 일정 부분 장점을 가지고 있다는 견해는 Ambos, Kai, "Remarks on the General Part of International Criminal Law", p. 669.
860) 로마규정의 일반이론 부분에 있어서는 대륙법계 국가의 이론에 더 큰 비중이 주어 졌다는 견해는 Werle, Gerhard; Jeßberger, Florian, 전게서, p. 166; 국제형사법에서 드러나는 대륙법 또는 영미법과의 단편적 유사성에도 불구하고 영미법이나 대륙법 모두 국제범죄를 규율하기 위하여 만들어진 것이 아니므로 적용상 주의가 요구된다는 것은 Lubanga Dyilo, ICC (TC), judgment of 14 March 2012, para. 976.
861) 본서에서는 범죄의 '객관적 요소(객관적 요건)', '주관적 요소(주관적 요건)'이라는 용어를 함께 사용하기로 한다.
862) 특정한 법 체제에서 사용되는 용어가 그대로 사용할 경우 그 용어의 국내법에서의 해석과 국내법에 존재하는 다양한 함의가 그대로 국제형사법에 이전될 위험성이 존재한다. 그러나 기존 용어의 사용을 회피하는 것이 이러한 위험성을 피할 수 있는 장점이 있으나 검증된 법률 용어의 사용이 제한됨으로써 실제로 활용되는 개념들을 더욱 명확화 시켜야 할 필요성도 존재하는 상황이다. Werle, Gerhard; Jeßberger, Florian, 전

개념 역시 보통법뿐만 아니라 대륙법의 요소들을 함께 포함하여 결합시킨 특수한 관념 체계를 형성하고 있다.[863] 국제형사법은 법원(法源)에 있어서도 특정한 법체계가 아닌 국제형사법 자체의 법원에 근거하는 등 방법론적 독자성을 갖추고 있으며[864] 국제형사법의 일부 규범요소가 국내법 체계로 추급되는 것처럼 보이는 경우에도 국내법 체계와의 관념적 유사성은 표면적인 것에 그칠 수 있다.[865]

이와 같은 특수한 체계를 새롭게 만든 것은 각 국가들이 가지고 있는 법체계의 고유한 특성에 관계없이 국제형사법 체계가 모든 국가들에게 이해되고 수용될 수 있는 보편적인 수용성과 개방성을 갖출 수 있도록 노력한 결과이다. 국제형사법은 특정 국가나 특정 법역의 국민이 아닌 전세계 시민들을 대상으로 한 것이므로 세계 모든 법역의 시민들과 법률가들이 보편적으로 접근하고 이해할 수 있어야 하기 때문이다.

결국 국제형사법 체계의 특수성과 스스로의 근거지움 등을 고려할 때 국제형사법 체계는 영미법과 대륙법의 요소들을 국제법 하에서의 범죄라는 특별한 관념으로 결합시켜 창조한 독자적 체계로 평가할 수 있을 것이다.[866]

3. 국제범죄의 구성적 특수성 : 국제적 요소

집단살해죄, 인도에 반한 죄, 전쟁범죄 등 국제범죄를 구성하는 구체적 행위 자체의 범죄성은 많은 경우 이미 내국 형법에서도 규율되고 있다. 예를 들면 집단살해죄, 인도에 반한 죄, 전쟁범죄에 규정되어 있는 살인은 각 국가의 일반형법에서도 보편적으로 인정되는 범죄이다. 그러나 이와 반대로 일반형법의 규율대상이 되는 모든 살인행위가 국제형사법의 적용대상이 되는 것은 아니다. 국제형사법이 적용되는 국제범죄가 되기 위해서는 국제적 우려와 관심의 대상이 되게 하는 국제적 요소를 갖추고 있어야 한다.

이러한 국제적 요소는 당해 행위를 국제사회의 보편적 관심의 대상이 되게 하고 내국형법

게서, p. 170; Ambos, Kai, "Remarks on the General Part of International Criminal Law", p. 662; 본서에서는 '항변'이라는 용어를 '책임을 배제하는 근거'와 교환적으로 사용하기로 한다.

863) Ambos, Kai, 전게서, p. 99 et seq 참조 : 로마규정에서 나타난 특수성과 ICTY와 ICTR 판례에 나타난 범죄론 체계에 대하여는 Werle, Gerhard; Jeßberger, Florian, 전게서, p. 169.

864) Ambos, Kai, "Remarks on the General Part of International Criminal Law", p. 662.

865) Werle, Gerhard; Jeßberger, Florian, 전게서, p. 166.

866) 로마규정에서 형사책임의 일반원칙들을 조문화한 것은 큰 성과로 평가되나 그 이론적 완결성은 제한적인 상황이므로 이를 더욱 명확화하고 발전시켜 나가야 할 과제를 안고 있다. 이러한 작업은 현존하는 국내법 체제의 다양성 속에서 이루어져야 하는 어려운 작업이며 실제 각자가 이미 가지고 있었던 국내법에서의 사고방식으로부터 스스로를 자유롭게 하는 것의 어려움은 로마규정 제정 과정에서 드러난 바 있다. Werle, Gerhard; Jeßberger, Florian, 전게서, p. 166; 일정한 법역의 맥락에서 적용되는 개념이 국제적 차원에서 적용되는 것이 반드시 적절한 것은 아니라는 점에 대하여는 Mucić et al., ICTY (TC), judgment of 16 November 1998, para. 431.

상의 일반범죄의 범주를 넘어 국제범죄로 취급되게 하는 거시적 요소이다. 주의하여야 할 점은 국제범죄로 탈바꿈 시키는 특수한 요소는 범죄 개념의 외부에 존재하는 것이 아니라 국제범죄의 범죄 개념 내에 포섭되어 있는 범죄의 개념요소라는 점이다. 따라서 어떤 한 국가 내에서 발생한 범죄가 너무나 참혹하여 보편적 공분(公憤)을 불러일으키는 것이라 하더라도 국제범죄의 개념에 규정되어 있는 국제적 요소를 충족시키지 못한다면 국제형사법의 규율대상인 국제범죄에 해당하지 않는다. 내국 형법의 일반범죄를 국제범죄로 탈바꿈시키는 이러한 조직화된 폭력적 요소는 국제적 요소(International element), 배경적 요소(Contextual element), 배경적 상황(Contextual circumstances) 등으로 지칭되며 국제범죄의 성립을 위하여 개별 행위 요건에 추가하여 요구되는 부가적 요건이다.867)

국제적 요소 혹은 배경적 요소의 구체적 내용은 국제범죄 유형별로 상이하며 범죄의 개념에 반영되는 방식 역시 일률적이지 않다. 범죄의 유형에 따라 객관적 요소 혹은 주관적 요소의 형태로 규정된다.868) 인도에 반한 죄, 전쟁범죄, 침략범죄 등에서의 배경적 요소는 범죄의 객관적 요건으로 규정되어 있다. 인도에 반한 죄의 경우에는 민간인 주민들에 대한 광범위하거나 체계적인 공격의 존재가 배경적 요소로 요구된다. 따라서 오직 민간인 주민들에 대한 광범위하거나 체계적 공격 하에 이루어진 범죄 행위만이 국제범죄로서 인도에 반한 죄에 해당될 수 있다. 전쟁범죄에서는 객관적으로 존재하는 국제적 무력충돌 또는 비국제적 무력충돌 상황에서 범하여진 국제인도법 위반행위만을 처벌한다. 침략범죄 역시 무력의 조직적 사용이 요구되는 침략행위를 전제로 이러한 침략행위에 대한 가담행위만이 처벌된다. 이와 같은 배경적 요소는 객관적으로 존재하여야 할 뿐 아니라 주관적 요건의 대상으로 범죄자의 주관적 측면에도 반영되어 있어야 한다. 집단살해죄의 경우에는 집단살해죄에 규정된 행위를 실행함에 있어 요구되는 특별한 목적으로 대상 집단의 전부 혹은 일부를 파괴하려는 목적이 존재하여야 한다. 이처럼 집단살해죄의 국제적 요소는 집단 파괴 목적이라는 주관적 요소에 자리잡고 있다.869)

제 2 절 국제범죄의 일반적 구조

국제범죄가 성립하려면 범죄의 객관적 요소와 주관적 요소가 모두 존재하여야 하며 형사책임을 배제하는 요건들이 존재하지 않아야 한다. 나아가 국제형사재판소에서의 처벌로 이어지기 위해서는 로마규정에서 요구하는 소추조건도 구비되어야 한다.

---

867) 로마규정 범죄구성요건 제7조 일반요건 제7항 (c)에는 배경적 요소(contextual element)라는 용어가 사용되고 있다.
868) Werle, Gerhard; Jeßberger, Florian, 전게서, p. 170.
869) Werle, Gerhard; Jeßberger, Florian, 전게서, p. 170.

1. 객관적 요소(Material element)

국제범죄가 성립하기 위해서는 범죄의 객관적 요소가 존재하여야 한다. 범죄의 객관적 요소에는 행위, 결과, 국제범죄의 개념에 수반되는 상황 혹은 배경적 요소 등이 포함된다. 따라서 개별적 범죄행위와 별도로 인도에 반한 죄에 있어서는 민간인 주민들에 대한 광범위하거나 체계적인 공격이 존재하여야 하며 전쟁범죄의 경우에는 무력충돌 상황이 배경요소로 인정되어야 한다. 범죄행위, 결과, 상황 등은 모두 범죄의 주관적 요소에 대응된다.[870]

로마규정에서는 국제범죄 개념 부분과 참여 형태 등 개인의 형사 책임의 근거에 대한 부분이 나뉘어 규정되어 있다. 국제범죄의 개념은 로마규정 제6조(집단살해죄), 제7조(인도에 반한 죄), 제8조(전쟁범죄), 제8조의 2(침략범죄) 등에 규정되어 있다. 국제범죄는 다수 범죄자들이 관여하는 경우가 일반적이다. 개인의 독립 범행이 아닌 다수 범죄자가 관여된 경우에는 로마규정 제25조 또는 제28조에 따른 추가적 요소들이 인정되어야 한다. 로마규정 제25조 제2항은 개인책임의 원칙을 규정하는 한편 제25조 제3항 (a)에는 단독범의 직접 범행, 공동범행, 다른 사람을 통한 범행 등 대륙법 체계의 공범에 해당하는 다양한 참여 유형이 규정되어 있다. 그리고 제25조 제3항 (b), (c)는 교사, 방조 등을, (d)는 집단범죄에의 방조를 각각 규정하고 있다. 나아가 제25조 제3항 (f)에는 국내법의 장애미수와 중지미수에 해당하는 내용을 규정하고 있다. 로마규정은 우리의 부진정부작위범에 해당하는 부작위에 대한 일반 규정을 두고 있지 않다. 다만 로마규정 제28조는 국제형사법에서의 특수한 유책유형으로 부작위 책임인 상급자책임을 규정하고 있으며 그밖에 로마규정 제8조 제2항 (b)(xxv)과 같이 개별 범죄 조항에 부작위 책임이 일부 별도로 규정되어 있다.

2. 주관적 요소(Mental element)

국제범죄가 성립하기 위해서는 주관적 요소가 존재할 것이 요구된다.[871] 이는 객관적 요소에 대응되는 것으로 범죄에 따라 요구되는 객관적 요소에 대응하는 주관적 요소가 반드시 존재하여야 한다. 로마규정 제30조는 다른 특별한 규정이 없을 경우에 적용되는 주관적 요소를 분석적 접근법에 기반하여 규정하고 있다.

국제형사법 영역에서는 원칙적으로 고의범만이 처벌 대상이 되어 왔으며 로마규정 역시 객관적 요소에 대한 의욕과 인식을 가지고 행한 행위만을 원칙적 처벌대상으로 규정하고 있다.[872] 다만 로마규정 제30조는 이에 대한 예외를 허용하고 있으므로 과실범을 처벌하는 명시적 규정이

---

870) 로마규정 제30조 참조.

871) 국제형사재판소는 'subjective element' 또는 'mens rea'라는 용어를 사용하고 있다. Bemba, ICC (PTC), decision of 15 June 2009, para. 130.

872) 로마규정 제30조.

있을 경우 과실범도 처벌될 수 있다. 나아가 집단살해죄 등 일부 범죄의 경우에는 보다 강화된
주관적 요건인 특별한 목적이 추가적으로 요구되고 있다.

3. 형사책임을 배제하는 근거

주관적 요소와 객관적 요소가 존재한다면 다음 단계로 범죄자의 형사책임을 배제할 수 있는
사유가 존재하는가 여부를 살펴야 한다. 로마규정 제30조 제1항은 정당방위, 강박, 정신장애, 중
독 등을 규정하고 있으며, 제32조와 제33조는 사실의 착오와 법률의 착오, 명령에 의한 행위를
규정하고 있다. 특히 로마규정 제31조 제3항은 적용 가능한 다른 법원에 근거한 로마규정 외부
의 형사책임 배제사유를 승인하고 있어 로마규정에 명시되어 있지 않은 사유에 따라 형사책임을
부담하지 않을 가능성이 열려 있다.

국제형사법에서는 아직까지 대륙법계 형사법에서 인정되는 정당화사유와 책임사유를 구분
하고 있지 않다.[873] 그 밖에 로마규정에 규정되어 있지 않은 보복(reprisals)의 항변이 특히 전쟁범
죄의 영역에서 논란이 될 수 있으며 뉘른베르크 재판 등에서는 동일행위 항변(plea of tu quoque)
등이 제기된 바 있다.

4. 소추조건

범죄가 성립하고 형사책임이 배제될 수 있는 근거가 존재하지 않음에도 기소 장애사유가 존
재할 경우에는 형사처벌은 현실적으로 불가능하다는 점에서 소추조건은 실질적인 중요성을 갖고
있다. 그러나 소추조건은 행위의 범죄성에 직접 관련되어 있지 않으며 범죄 개념의 바깥에 위치
한다. 소추조건에는 재판권에 대한 요건과 절차법적 요소를 갖는 요건들이 모두 포함된다. 로마
규정은 미성년자[874], 이중처벌 금지[875] 등의 기소 장애사유를 적극적으로 규정하는 한편 공적지
위의 무관련성[876], 공소시효의 부적용[877] 등이 기소 장애사유에 해당하지 않음을 함께 규정하고
있다.

---

873) 국제형사법 영역에서 정당화사유와 책임사유를 구분하여 다루려는 대륙법계 국제형사법 학자들의 노력에
대하여는 Ambos, Kai, 전게서, p. 304 이하; Werle, Gerhard; Jeßberger, Florian, 전게서, p. 172; 기타 이에
대한 상세한 논의는 B. Krebs, "Justification and Excuse in Article 31(1) of the Rome Statute", 2 Cambridge
Journal of International and Comparative Law (2013), p. 383 et seq.
874) 로마규정 제26조.
875) 로마규정 제20조 제1항.
876) 로마규정 제27조.
877) 로마규정 제29조.

제 2 장 　　일반적 객관적 요건

　　국제범죄의 객관적 요건에는 범죄행위의 외부적 양태(樣態)를 결정짓는 모든 요소들이 포함된다. 이러한 객관적 요건은 기술적인 것이거나 규범적인 것일 수 있으며 행위와 관련된 것이거나 범죄자와 관련된 것일 수도 있다. 주관적 요건의 내용과 대상에 대하여는 일반 규정을 두고 있는 것과 달리 로마규정은 객관적 요소에 대한 일반조항은 규정하고 있지 않으나 그러나 일반적 객관적 요건은 다음과 같이 3가지 범주로 구분될 수 있을 것이다. 먼저 객관적 요건의 출발점은 범죄의 개념에 규정되어 있는 행위이다. 그리고 범죄행위의 개념은 당연히 그러한 행위를 범하는 주체를 전제로 하고 있다. 국제형사법에서는 자연인 이외에 법인을 범죄의 주체로 규정하고 있지 않다. 결과의 발생이 범죄의 요건으로 규정되어 있는 경우에는 범죄 행위와 결과를 연결시켜 주는 인과관계도 필요하다. 또한 범죄행위나 결과에 직접적으로 관계되지 않은 배경적 요소가 추가적인 객관적 요건으로 규정되어 있는 경우가 많다.[878]

제 1 절 　범죄행위(Perpetration, Commission)

　　국제범죄는 범죄 개념에 기술되어 있는 일정한 행위를 전제로 한다. 여기에는 작위뿐만 아니라 부작위도 포함된다. 로마규정 제25조 제2항은 국제형사재판소 관할 범죄를 '---범한 자(A person who commits a crime)---'가 형사책임을 부담하게 됨을 규정하고 있으며[879] 국제형사법원들도 범죄자가 구체적 범죄행위를 범한 경우에만 이를 근거로 유죄판결을 선고한다. 범죄행위는 인간의 자발적 행위에 기초한 것이어야 하며[880] 자동적 반사행위는 여기에 포함되지 않는다.[881]

---

878) Werle, Gerhard; Jeßberger, Florian, 전게서, p. 172.
879) ICTY 제7조 제1항, ICTR 제6조 제1항, SCSL 제6조 제1항 등도 동일하게 국제범죄를 '범한 자(person......committed)'가 형사책임을 부담하게 됨을 규정하고 있다.
880) Ambos, Kai, 전게서, p. 272.
881) Ilias Bantekas, International Criminal Law. Oxford : Hart Publishing Ltd(2010), p. 37; Werle, Gerhard;

이와 같은 범죄행위의 관념은 그 당연한 귀결로서 누가 이러한 범죄를 저지른 사람으로 간주되어야 하는가의 문제로 이어진다.[882]

제 2 절   범죄행위의 주체

1. 자연인(Natural person)

뉘른베르크 재판에서는 국제범죄가 추상적 단체가 아닌 개인에 의하여 범하여지는 것이라고 선언하여 자연인(自然人)이 범죄의 주체임을 명백히 한 바 있다. 또한 로마규정 제25조가 자연인에 대한 재판권을 선언하고 개인책임의 원칙을 규정하고 있다는 점에서 자연인이 범죄행위의 주체가 될 수 있음은 명백하다.[883] 국제형사법 영역에서는 자연인의 개인 자격에서의 행위 뿐 아니라 '국가의 대리인'이나 '국가의 이름으로 행위한 경우'에도 자신이 저지른 국제범죄에 대하여 형사책임을 부담한다는 점을 명백히 하여 왔다.[884]

2. 법인(Legal person, Juridical person)

로마규정 협상 과정에서 법인을 범죄행위의 주체로 보아 처벌 대상에 포함시킬 것인가에 대하여 많은 논쟁이 있었다. 프랑스는 피해자에 대한 손해배상의 중요성 등을 근거로 법인의 형사책임을 규정할 것을 강하게 주장하였으며[885] 로마규정 최종 초안에도 국가와 공공법인 등을 제외한 사기업이 범죄 주체로 포함되어 있었다.[886] 그러나 최종적으로는 법인의 형사책임은 로마규정에서 배제되었다. 아직까지 보편적으로 받아들일 수 있는 법인의 형사책임에 대한 기준이 존재하지 않으며 일부 주요 형사법 체계에서는 법인의 형사책임 개념이 받아들여지지 않고 있어 이를 인정할 경우 국제형사재판소의 기반이 되는 보충성 원칙이 제대로 작용하지 못하는 결과를 초래할 수 있다는 우려 때문이었다. 또한 법인에 대하여 형사책임을 인정하는 것이 개인책임에

Jeßberger, Florian, 전게서, p. 180.
882) ICTY는 '범죄를 물리적으로 범한 범죄자 혹은 형사법의 원칙에 따라 비난 받을 수 있는 부작위의 경우 작위의무자'를 지칭하는 것으로 판시하고 있다. Tadić, ICTY (AC), judgment of 15 July 1999, para. 188.; Kvočka et al., ICTY (TC), judgment of 2 November 2001, para. 251.
883) 로마규정 제25조 개인의 형사책임
　1. 재판소는 이 규정에 따라 자연인에 대하여 관할권을 갖는다.
　2. 재판소의 관할범죄를 범한 자는 이 규정에 따라 개인적으로 책임을 지며 처벌을 받는다.
884) Albin Eser, "Individual Criminal Responsibility", The Rome Statute of The International Criminal Court : A Commentary volume I. New York : Oxford University Press(2002), p. 779.
885) Ambos, Kai, "Individual criminal responsibility", In : O. Triffterer (ed.), Commentary on the Rome Statute of the International Criminal Court. München 2nd ed. 2008, p. 477.
886) U.N. Doc. A/CONF.183/C.1/L.3 (1998), article 23 paras. 5, 6; 여기에는 법인의 대표자 혹은 법인의 범죄적 행위에 명시적으로 동의한 기업의 지도적 위치에 있는 구성원 책임까지 포함되어 있었다. Ambos, Kai, "Individual criminal responsibility", p. 478.

집중되어 있는 국제형사재판소 재판권의 초점을 흐리는 것일 수 있으며 기업 재판에서 예상되는 증거확보의 어려움도 문제점으로 지적되었다.[887] 국가를 범죄행위의 주체에서 제외시키면서 다른 법인에 대한 형사책임만을 인정하는 것은 도덕적으로 문제가 있다는 주장도 있었다. 이처럼 궁극적으로 법인의 형사책임이 채택되지는 않았으나 이를 배제하는 것이 타당한가에 대한 논란은 지속되고 있다.[888]

3. 국가책임과의 관계

로마규정 제25조 제4항은 '개인의 형사책임과 관련된 이 규정의 어떠한 조항도 국제법상의 국가책임에 영향을 미치지 아니한다'라고 규정한다. 이는 로마규정에서 국가에 대한 형사책임을 묵시적으로 배제한 것이 국제관습법이나 다른 조약법에서 인정하고 있는 국가책임을 배제하는 것은 아니라는 점을 명확히 한 것이다.[889]

제 3 절   결과와 인과관계

다수의 국제범죄는 범죄행위에 따른 결과 발생을 요구하고 있다. 이처럼 범죄 개념에 결과의 발생이 요건으로 규정되어 있을 경우에는 결과의 발생뿐만 아니라 행위와 발생된 결과 사이에 인과적 연결이 존재하여야 한다.[890] ICTY는 Mucić et al. 사건에서 인과관계 요건을 명시적으로 인정한 바 있으며[891] 인과관계는 뉘른베르크 재판과 제2차 대전 후속 재판에서도 다수 언급되는 등 국제관습법에서도 범죄의 필수요건으로 인정되어 왔다.[892]

로마규정은 행위와 결과 사이의 인과관계에 대한 명시적 규정을 두고 있지 않다. 그러나 주관적 요건을 규정한 로마규정 제30조 제2항 (b)에 의하여 인과관계 요건은 묵시적으로 인정되며 구체적 범죄개념에 인과관계가 전제되어 있음을 나타내는 조항들이 있다.[893]

---

887) Ambos, Kai, "Individual criminal responsibility", p. 477.
888) Albin Eser, "Individual Criminal Responsibility", p. 779.
889) Albin Eser, "Individual Criminal Responsibility", p. 779.
890) 이러한 결과에는 피해자에게 육체적 고통을 야기하는 것과 같이 해악이 실제로 발생하는 것뿐만 아니라 로마규정 제8조 제2항 (b)(x)의 경우와 같이 피해자의 건강을 심각한 위험에 빠뜨리는 것과 같이 보호받는 권리에 대한 위험도 포함된다는 견해는 Werle, Gerhard; Jeßberger, Florian, 전게서, p. 173.
891) Mucić et al., ICTY (TC), judgment of 16 November 1998, para. 424. '피고인의 행위는 반드시 피해자의 죽음의 실질적 원인이어야만 한다.'
892) 뉘른베르크 재판, 영국점령 지역에서의 재판 등 국제관습법에서 인정된 인과관계 요건에 대하여 상세한 것은 Werle, Gerhard; Jeßberger, Florian, 전게서, p. 174.
893) 로마규정 제7조 제1항 (k) '신체 또는 정신적·육체적 건강에 대하여 중대한 고통이나 심각한 피해를 고의적으로 야기하는 유사한 성격의 다른 비인도적 행위' 등.

제 4 절 배경적 요소(Contextual Element)

국제범죄의 경우 일반범죄에서 요구되는 범죄행위와 결과 이외에 추가적인 배경적 요소가 요구되기도 한다. 인도에 반한 죄가 성립하기 위해서는 개별 범죄행위가 '민간인 주민에 대한 광범위하거나 체계적인 공격의 상황'에서 발생하여야 하며 전쟁범죄는 '국제적 무력충돌 혹은 비국제적 무력충돌의 맥락 혹은 이러한 무력충돌과 연계하여 발생할 것'이 요구된다. 이러한 배경적 상황 혹은 배경적 요소들은 범죄자의 개별 행위에 국제적 차원을 부여하는 핵심적 요건이다. 집단살해죄에 대한 범죄구성요건에 규정된 '명백한 패턴'이라는 배경 요건을 재판권에 대한 제약 요건으로 이해하는 견해가 있으나[894] 국제형사재판소는 범죄의 배경적 요소로 인정하고 있다.[895]

그 밖에 국제형사법의 영역에서는 구체적 범죄와 관련하여 피해자가 15세 이하일 것[896], 피해자가 제네바 협약 하에서 보호되는 사람일 것[897] 등도 배경적 요소에 해당하는 것으로 보고 있다.[898] 그러나 이러한 배경적 요소 혹은 상황 요건에 대한 이해는 보통법 전통에 기초한 것으로 대륙법계 국가의 법률가에게는 이질적으로 느껴지는 것이다. 보통법에서는 성범죄의 경우에 있어서 피해자의 성별, 절도죄에서의 대상 재물의 타인성 등 대륙법계 국가에서는 범죄구성요건의 내용에 불과한 것들을 별도의 상황 요건으로 이해하고 있다. 이러한 배경적 요소 내지 상황 요소는 범죄의 객관적 요건으로 이에 대응하는 주관적 요건이 반드시 존재하여야 한다.[899] 뒤에서 살피는 바와 같이 로마규정은 주관적 요소에 대한 분석적 접근법을 취하면서 이와 같은 배경적 요소를 인식의 대상으로 분류하고 있다.[900]

제 5 절 부작위

1. 진정부작위범(眞正不作爲犯)

로마규정의 일부 개별 범죄 조항에는 특정한 상황과 조건 하에서 의무 지워진 행위를 하지 않은 부작위를 처벌하는 규정이 있다. 이는 우리 형법의 진정부작위범에 해당하는 것으로 로마

---

894) Werle, Gerhard; Jeßberger, Florian, 전게서, p. 175.

895) Al Bashir, ICC (PTC), decision of 4 March 2009, paras. 117 et seq.

896) 로마규정 제8조 제2항 (b)(xxvi).

897) 로마규정 제8조 제2항 (a).

898) Werle, Gerhard; Jeßberger, Florian, 전게서, p. 174.

899) 보통법에서도 이러한 요소들은 고의의 대상으로 이를 인식하지 못한 경우 고의가 조각되는 것으로 이해되고 있다. Ambos, Kai, 전게서, p. 273.

900) 로마규정 제30조 제2항 참조.

규정은 생존에 필수적인 음식물을 허용하지 않은 경우[901], 절멸에 의한 인도에 반한 죄에서 식품과 의약품의 접근박탈[902]을 부작위 형태로 규정하고 있다.[903] 또한 부하가 범죄를 범하려 하는 것을 알거나 알 이유가 있음에도 이를 방지하거나 처벌하지 않은 경우에 상급자책임이 일반적 부작위 책임의 형태로 규정되어 있다.[904]

2. 부진정부작위범(不眞正不作爲犯)

로마규정은 일정한 요건이 충족될 경우 부작위를 작위와 동일시하여 처벌할 수 있도록 하는 부작위에 관한 일반규정을 두고 있지 않다. 따라서 우리의 부진정부작위범에 해당하는 일반적 부작위책임이 인정될 것인가 여부를 두고 논란이 있다. 로마규정의 해석을 둘러싼 이러한 논란은 우리 국제범죄법의 해석에도 직접적으로 영향을 미칠 수 있을 것이다. 우리 형법 제18조는 명시적으로 일반적 부작위책임을 인정하고 있으나[905] 모법(母法)이라 할 수 있는 로마규정의 해석상 이러한 형태의 부작위책임이 배제된다면 우리나라 국제범죄법을 해석함에 있어서도 이를 고려하여 제한적으로 해석하여야 한다는 주장이 가능하기 때문이다.

당초 로마규정의 최종 초안에는 부작위에 의한 범행의 실행(the commission par omission)을 인정하여 일반적 부작위책임을 인정하는 조항이 포함되어 있었으나 협상과정에서 삭제되었다. 프랑스 등이 일반적 부작위책임을 인정하는 것은 죄형법정주의 원칙에 반한다고 주장하여 합의에 도달할 수 없었기 때문이다. 또한 상급자책임을 둠으로써 일반적 부작위책임을 규정하지 않은 것에 대한 문제점이 어느 정도 보완된다는 주장도 있었다.[906]

이처럼 당초 존재하였던 일반적 부작위책임 조항이 사후적으로 삭제된 것은 사실이나 체약 당사국들이 부작위책임을 일률적으로 배제하는 것으로 합의한 것이라고 보기는 어려우며 로마규정에서도 부작위책임이 인정된다는 주장이 강력하다. 우선 국제형사법의 영역에 있어서도 형사정책적 관점에 비추어 볼 때 범죄를 방지할 책임이 있는 사람이 부작위로 범죄를 실현한 경우 이를 처벌하지 않을 이유는 없다. 포로를 관리하는 수용소 소장이 부작위로 죄수들을 고의적으로 기아에 빠지게 하였다면 이들이 처벌받지 않아야 할 이유는 없을 것이다.[907] 실제로 제2차 대전 이후부터 국제재판소들은 침해되는 법적 이익에 대한 통제와 보호의무에 기초하여 부작위에

---

901) 로마규정 제8조 제2항 (b)(xxv).

902) 로마규정 제7조 제1항 (b), 제2항 (b).

903) 로마규정 제8조 제2항 (a)(vi)의 정당한 재판을 받을 권리의 박탈, 제8조 제2항 (b)(xxiii)의 보호받는 사람의 이용도 여기에 해당할 수 있다는 견해는 Ambos, Kai, 전게서, p. 190.

904) 로마규정 제28조.

905) 형법 제18조(부작위범) 위험의 발생을 방지할 의무가 있거나 자기의 행위로 인하여 위험발생의 원인을 야기한 자가 그 위험발생을 방지하지 아니한 때에는 그 발생된 결과에 의하여 처벌한다.

906) Ambos, Kai, 전게서 I, pp. 189-190.

907) Werle, Gerhard; Jeßberger, Florian, 전게서, p. 270; Mrkšić and Šljivančanin, ICTY (AC), judgment of 5 May 2009, paras. 64 et seq.

의한 형사책임을 인정하여 왔다.[908] 임시재판소 판례 역시 ICTY 법령 제7조 제1항과 ICTR 법령 제6조 제1항에 규정된 범죄의 실행에는 부작위에 의한 범행의 실행이 포함되는 것으로 보았으며[909] 교사, 방조 등도 부작위에 의하여 이루어질 수 있는 것으로 판시하고 있다.[910] 이처럼 임시재판소에서는 행위를 하여야 할 의무와 요구된 행위를 할 수 있었던 기회가 존재함에도 행동을 취하지 않은 것이 범죄의 실행 결과로 연결될 경우 부작위책임을 인정하고 있다.[911]

비록 로마규정이 부작위에 대한 별도의 명시적 조항을 두고 있지는 않으나 로마규정의 문언은 일반적 부작위책임을 인정할 수 있는 가장 중요한 근거 중의 하나이다. 로마규정 제25조는 '범한.. (commits..)'이라는 문언을 사용하고 있다. 이러한 '범행(committing)'의 개념에는 작위뿐만 아니라 부작위가 포함되는 것으로 일반적으로 이해되고 있으며 따라서 로마규정 제25조의 문언

908) 뉘른베르크 재판에서도 부작위 책임이 인정되었으며 동경재판의 경우에도 특히 자신의 통제 하에 있는 포로에 대한 부작위 책임이 인정되었다. Ambos, Kai, 전게서, p. 190; Werle, Gerhard; Jeßberger, Florian, 전게서, p. 269; 부작위 책임이 인정된 사건으로는 US Military Tribunal, Nuremberg, judgment of 20 August 1947 (Brandt et al., so-called 'Medical Trial'), in Trials of War Criminals II, 171, p. 193; US Military Tribunal, Nuremberg, judgment of 17 April 1947(Milch, so-called 'Milch Trial'), in Trials of War Criminals II, p. 773. et seq; US Military Tribunal, Nuremberg, judgment of 28 October 1948 (von Leeb et al., so-called 'High Command Trial'), in Trials of War Criminals X, 462, p. 542 et seq; 포로의 처우와 관련된 부작위 책임에 대한 싱가포르에서의 영국 군사법원의 재판에 대한 상세한 것은 W.L. Cheah, "Post-World War II British "Hell Ship" Trials in Singapore, Omissions and the Attribution of Responsibility", 8 JICJ (2010), p. 1035 et seq.
909) 적극적으로 인간방패를 사용하도록 지시한 것이 입증되지 않은 사안에서 인간방패 사용과 관련한 부작위 책임을 인정한 것으로는 Blaškić, ICTY (AC), judgment of 29 July 2004, paras. 663, 670; ICTR 판례로는 Rutaganda, ICTR (TC), judgment of 6 December 1999, para. 41; Bisengimana, ICTR (TC), judgment of 13 April 2006, para. 33 등.
910) Krnojelac, ICTY (AC), judgment of 17 September 2003, para. 73; Blaškić, ICTY (AC), judgment of 29 July 2004, para. 47; Orić, ICTY (AC), judgment of 3 July 2008, para. 43; Ntawukulilyayo, ICTR (AC), judgment of 14 December 2011, para. 214; Taylor, SCSL (TC), judgment of 18 May 2012, paras. 471 et seq. (교사 부분), para. 483 (방조 부분) 등; 부작위에 의한 교사, 방조 등에 대하여 상세한 것은 Ambos, Kai, 전게서, p. 192.
911) Mrkšić and Šljivančanin, ICTY (AC), judgment of 5 May 2009, paras. 49, 146 et seq; Popović et al., ICTY (TC), judgment of 10 June 2010, para. 1544; Orić, ICTY (TC), judgment of 30 June 2006, para. 304; Ntagerura et al., ICTR (TC), judgment of 25 February 2004, para. 659; Bizimungu et al., ICTR (TC), judgment of 30 September 2011, para. 1900; Karemera and Ngirumpatse, ICTR (TC), judgment of 2 February 2012, para. 1431 등; 전쟁범죄에서의 작위의무는 특히 국제인도법에서 유래될 수 있다. 형식적으로는 제네바 협약이 분쟁의 체약당사국에 대하여만 의무를 부과하나 특정한 맥락 하에서는 이러한 의무들이 체약당사국을 대표하는 자연인에게도 적용되는 것으로 해석된다. 따라서 전쟁포로를 감시하는 사람은 그들에게 배정된 포로들에 대한 보호 의무를 부담하게 되는데 이는 제네바협정 III 제13조를 근거로 간접적으로 발생하거나 국제관습법에 의하여 인정되는 것이다. Werle, Gerhard; Jeßberger, Florian, 전게서, p. 268; 이와 같은 국제인도법에 근거한 법적 작위의무의 근거지움에 대한 회의적 시각은 L.C. Berster, ""Duty to Act" and "Commission by Omission" in International Criminal Law", 10 International Criminal Law Review (2010), p. 626 et seq; 등가성 요건과 관련하여 법령의 해석에 의하여 작위의무를 인정하는 과정을 부작위와 작위의 등가성 요건을 인정하는 과정으로 해석하기도 한다. 법에 의하여 작위 의무가 인정된다는 명시적 표현을 부작위의 등가성 요건으로 해석하는 견해는 Ambos, Kai, 전게서, p. 191.

에 의하더라도 부작위가 처벌될 수 있다는 것이다.[912] 또한 로마규정 범죄구성요건 역시 범죄행위와 관련하여 '작위들(acts)'라는 용어 대신 부작위를 함께 포섭하는 용어인 '행위(conduct)'를 전면적으로 사용하고 있다.[913] 국제형사재판소는 루방가 사건 전심 재판부 결정에서 '작위들 혹은 부작위들(actions or omissions)'이라는 용어를 사용하여 로마규정 체계 내에서도 부작위책임이 인정됨을 뒷받침하고 있다.[914]

나아가 각국의 국내 형사법 체체에 대한 비교법적 분석 결과 역시 부작위책임을 인정하는 쪽에 가까운 것으로 보인다. 프랑스 법에 기반한 일부 법제만이 이러한 책임을 인정하는 것을 거부하고 있을 뿐 대부분의 법제에서는 부작위에 의한 형사책임을 인정하고 있기 때문이다.[915] 로마규정 협상 과정에서 제기되었던 죄형법정주의 위반 우려 역시 부작위책임 인정에 큰 장애가 되지는 않을 것으로 보인다. 유추해석금지를 규정한 로마규정 제22조 제2항은 로마규정 제3장의 형사법의 일반원칙에는 적용되지 않으므로 부작위가 제25조 제2항의 범행 개념에 포섭될 수 있는가라는 문제에는 적용되지 않는다는 것이다.[916]

이와 같은 국제재판소들의 판례, 로마규정의 문언, 국가들의 일반적 관행 등을 고려할 때 현재로서는 부진정부작위범 형태의 부작위책임이 로마규정 체계 내에서도 인정되는 것으로 보인다. 따라서 우리 국제범죄법에 규정된 국제범죄에 대하여 우리 형법에 따라 부진정부작위범을 인정하더라도 국제형사법 체제와의 충돌 문제는 발생하지 않을 것으로 생각된다. 그러나 이러한 원론적 입장에도 불구하고 작위의무의 인정 근거, 등가성 요건 등 국제형사법 영역에서의 부작위 이론은 더욱 발전되어야 하며 특히 죄형법정주의 정신에 따라 부작위범에 대한 일반조항을 로마규정에 규정하는 것이 더욱 바람직할 것이다.

912) Ambos, Kai, 전게서, p. 190; Werle, Gerhard; Jeßberger, Florian, 전게서, p. 269.
913) Ambos, Kai, 전게서, p. 190; Cryer, Robert; Friman, Håkan; Robinson, Darryl; Wilmshurst, Elizabeth, 전게서, p. 355.
914) Lubanga Dyilo, ICC (PTC), decision of 29 January 2007, paras. 351 et seq.
915) Werle, Gerhard; Jeßberger, Florian, 전게서, p. 269; 이에 반하여 국내법들의 통일적 입장이 존재하지 않는다는 견해는 Ambos, Kai, 전게서, p. 193.
916) 죄형법정주의 원칙이 엄격히 적용되는 독일법에서도 부작위 책임을 허용하는 명시적 문언이 없는 경우에도 부작위 책임이 인정될 수 있다는 것이 압도적 견해라는 설명은 Werle, Gerhard; Jeßberger, Florian, 전게서, p. 269.

제3장　일반적 주관적 요건

제1절　형사책임과 주관적 요건

전통적으로 적용되어 온 국제형사법에서의 주관적 요건은 전반적으로 영미법 체계에 정향되어 있었으며 구체적 사실관계에 대응하여 적용되는 형태로서 일관성이 결여된 것이었다. 로마규정 제30조는 국제형사재판소에서 취급하는 모든 범죄에 적용되는 주관적 요건을 규정하는 등 주관적 요건의 명확화에 일부 진전을 이루고 있으나 용어의 불명확성과 모호성이 여전히 존재하는 상황이다.[917]

1. 주관적 요건의 동시 존재 원칙

범죄가 성립하기 위해서는 범죄 개념에 규정되어 있는 작위 또는 부작위 등 객관적 요소에 대응한 일정한 마음의 상태가 존재하여야 한다. 그리고 형사책임의 불가결한 조건인 주관적 요건이 범죄행위와 동시에 존재하여야 한다는 것은 법의 일반원칙이다.[918]

국제형사법에서도 형사책임이 성립하기 위해서는 범행 낭시 범죄사의 작위와 부작위에 수반된 특별한 마음의 상태가 존재하여야 한다는 점은 일반적으로 인정되어 왔다.[919] ICTY는 Mucic 사건에서 다음과 같이 판시하였다.

---

917) MüKoStGB/Zimmermann/Geiß VStGB § 8 Rn. 205, beck-online.
918) Werle, Gerhard; Jeßberger, Florian, 전게서, p. 176.
919) 고의가 합리적 의심을 넘어서는 수준으로 입증되지 않았다는 이유로 일부 피고인에 대하여 무죄판결한 것은 IMT, judgment of 1 October 1946, in The Trial of German Major War Criminals, Proceedings of the International Military Tribunal Sitting at Nuremberg, Germany, Pt 22 (1950), p. 507; 고의가 범죄에 대한 형사책임의 기본적 전제 조건(---As intent is a basic prerequisite to responsibility for crime---)이라는 것은 US Military Tribunal, Nuremberg, judgment of 10 April 1948 (Ohlendorf et al., so-called 'Einsatzgruppen Trial'), Trials of War Criminals IV, 411, p. 470.

> 형사책임이 성립하기 위해서는 두 가지에 대한 분석이 요구된다는 것이 법의 일반원칙임은 명백하다. 첫째는 범죄에 있어서 필수적인 물리적 행위 혹은 actus reus이며 두 번째는 .... 필수적 정신적 요소 혹은 mens rea이다.[920]

개인의 자율성은 범죄의 실행 여부를 자유로이 결정할 수 있음을 의미하며 행위의 결과에 대한 책임을 행위자에게 귀속시킬 수 있게 한다.[921] 이처럼 국제형사법의 영역에서도 범죄자의 일정한 마음 상태를 기반으로 하는 주관적 요건은 유책성의 필수 조건이다.

2. 주관적 요건의 일반적 구조 – 인식적 요소와 의지적 요소

우리 형법 제13조와 제14조는 일반적 주관적 요건으로서 고의와 과실을 규정하고 있다. 우리 형법은 고의를 '죄의 성립요소에 대한 인식'이라는 인식론적 입장에서 규정하고 있으나 고의는 의지적 요소와 인식적 요소가 결합된 것으로 '구성요건실현의 인식과 의욕이라는 점에 대하여는 이론이 없는 상황이다.[922] 우리 형사법에서는 인식적 요소와 의지적 요소가 반영되는 구조에 따라 미필적 고의, 인식 있는 과실에 대한 구분이 행해지고 있다.[923]

국제형사법 영역에서 범죄의 주관적 요건을 처음으로 명문화한 로마규정 제30조 제1항 역시 '고의'가 인정되기 위해서는 범죄의 실질적인 요소들에 대한 인식과 의욕이 존재하여야 한다고 규정하여 의지적 요소와 인식적 요소가 모두 요구됨을 명확히 하고 있다.[924] 이처럼 우리나라의 형사법과 국제형사법 모두 주관적 요소로서의 고의는 인식적 요소와 의지적 요소로 이루어져 있다는 점을 승인하고 있으나 개별적으로 인정되는 주관적 요건의 범주와 내용은 인식적 요소와 의지적 요소의 결합에 따라 다양한 스펙트럼을 가진다.

인식적 요소와 의지적 요소의 결합에 따른 다양한 형태를 살피기 이전에 주관적 요건과 관련된 영미법에서 사용되는 용어의 불명확성을 살펴볼 필요가 있다. 국제형사법은 기본적으로 국제사회에서 일반적으로 통용되는 영어를 기반으로 규정되어 있는 경우가 많고 다수의 언어가 공식문서에 동시에 사용된 경우에도 영어를 토대로 문언에 대한 협상 등 필요한 의사교환이 이루어지는 경우가 일반적이다. 따라서 영미법에서 나타나는 용어의 불명확성이 국제형사법 혹은 로마규정에 불가피하게 전이되거나 관련 주제에 대한 논의 과정에서 혼란을 야기하는 경우가 존재한다.

---

920) Mucić et al, ICTY (TC), judgment of 16 November 1998, paras. 424, 425.
921) Ilias Bantekas, 전게서, p. 35.
922) 신동운, 『형법총론』, 184면; 이재상·장영민·강동범, 『형법총론』, 160면 등.
923) 신동운, 『형법총론』, 서울 : 법문사, 2015. 176면 이하.
924) 로마규정 제30조 주관적 요소
　1. 달리 규정되지 않는 한, 사람은 의욕과 인식을 가지고 범죄의 객관적 요소를 범한 경우에만 재판소 관할 범죄에 대하여 형사책임을 지며 처벌을 받는다.

이와 같은 영어 자체의 불명확성에 기한 개념의 혼돈 사례는 로마규정에 대한 번역에서도 나타나고 있다. 로마규정 제30조 제1항은 주관적 요소로서 'intent and knowledge'를 가지고 범죄의 객관적 요소를 범한 경우 범죄가 성립됨을 규정하고 있는데 우리 정부가 제공하는 공식 번역에서는 이를 '고의와 인식'으로 표시하고 있다.[925] 그러나 로마규정 제30조 제1항에서의 'intent'는 인식적 요소와 의지적 요소를 포괄하는 고의를 의미하는 것이 아니라 고의의 의지적 요소만을 지칭하는 의욕에 해당하는 것이다. 이러한 혼란상황은 영미법에서는 'intent'가 상황에 따라 인식적 요소와 의지적 요소를 포괄하는 고의의 의미로 사용되거나 의지적 요소만을 지칭하는 의욕의 의미로 사용되는 경우가 모두 존재하는데 이러한 구분되는 용례를 잘못 이해함에 기인한 것이다.[926] 독일법과 이탈리아 법에서는 인식적 요소(Wissen)와 의지적 요소(Wollen)가 함께 존재하는 경우는 'dolo' 혹은 'Vorsatz'로 지칭된다. 그러나 영미법에서의 'intent' 혹은 'intentional'은 인식적 요소와 의지적 요소를 포함하는 넓은 의미로 사용되는 경우가 있는가 하면 맥락에 따라 의지적 요소만을 지칭하는 보다 좁은 의미로 사용되는 경우도 있어 사용된 맥락에 따른 섬세한 구분이 필요하다.[927] 따라서 로마규정 제30조와 같이 주관적 요소에 대하여 'intent and knowledge'의 형태로 'intent'와 'knowledge'를 병렬적으로 나열하고 있는 경우에는 'intent'를 의지적 요소와 인식적 요소를 함께 포함하는 고의가 아닌 의지적 요소만을 의미하는 의욕으로 번역하는 것이 타당할 것이다.

주관적 요건에 대한 일반 이론적 측면에서 볼 때 인식적 요소와 의지적 요소의 존재 혹은 결여에 따라 주관적 요소를 등급을 나누어 보다 상세히 고찰하는 논의 방식은 주관적 요건의 본질을 파악하는데 유용할 것으로 생각된다. 다만 국제형사법의 영역에서도 학자들이 제시하는 분류 기준이나 내용이 아직 완전히 일치되어 있지는 않은 상황이다.

먼저 의지적 요소와 인식적 요소가 가장 강하게 구비된 유형은 'dolus directus in the first degree'(제1도의 고의)이다. 제1도의 고의는 의지적 요소가 지배적 형태를 갖는 가장 심각한 책임 유형이다. 금지된 결과를 발생시키려는 목적적 의지와 범죄의 객관적 요소에 대한 완전한 인식을 함께 갖추고 있다. 목적 지향적 의지가 존재하는 이러한 유형에서는 결과를 야기하려는 행위자의 의지가 결과의 완성을 종국적으로 지향한다. 그러나 행위자가 야기하려는 결과가 행위자의 최종적 목표인가 아니면 최종적 목표를 달성하기 위한 중간 목표에 불과한가의 여부와는 무관하다.[928] 한편 특별한 목적(special intent) 혹은 dolus specialis이 요구되는 경우에는 의지적 요소가

925) www.mofa.go.kr 중 조약정보 참조. 2016. 7. 8. 접근.
926) Cryer, Robert; Friman, Håkan; Robinson, Darryl; Wilmshurst, Elizabeth, 전게서, p. 382.
927) Albin Eser, "Mental Elements - Mistake of Fact and Mistake of Law", in International Criminal Law volume I., : Leiden : Martinus Niihoff Publishers(2008), p. 906.
928) Badar, Mohamed Elewa. The Concept of Mens Rea in International Criminal Law : The Case for a Unified Approach : Bloomsbury Publishing. Kindle Edition(2013), p. 424.

더욱 강화되어 있기는 하지만 이러한 특별한 목적의 실현은 범죄의 요소가 아니며 이러한 목적에 직접 대응되는 범죄의 객관적 요소도 존재하지 않는다.929)

다음으로 의지적 요소는 약화되고 인식적 요소가 지배적인 유형으로 'dolus directus in the second degree'(제2도의 고의)가 존재한다.930) 행위자가 자신의 행위로 인하여 범죄의 결과가 발생할 것을 확신하거나 혹은 결과 발생에 대한 매우 높은 개연성을 인식하고 있으나 야기된 결과에 대한 의지적 요소는 약화되어 있다. 실제 야기된 결과는 행위자의 일차적 목적이 아니며 자신이 생각한 행위에 수반되는 부수적 결과일 수 있으나 이러한 부수적 결과에 관계없이 행위를 감행한 경우로 결국 행위자는 발생한 결과를 의욕한 것으로 취급된다. 그러나 행위자가 실제로 이러한 부수적 결과를 바라거나 의욕 하였어야 하는 것은 아니며 경우에 따라서는 그러한 결과에 대하여 무관심하거나 심지어 유감스럽게 생각할 수도 있다.931) 예를 들면 범죄자가 어떤 빌딩을 폭파시키려고 하는 상황에서는 무고한 민간인들이 필수적으로 희생됨을 명확히 인식하고 있으나 군사적 목적을 달성하기 위하여 이를 적극적으로 희망하지 않음에도 전쟁범죄를 감행하는 경우이다.932) 결국 제1도의 고의와 제2도의 고의를 구분하는 기준은 문제가 된 범죄의 객관적 요소의 달성을 직접적으로 의욕 하였는가 여부이다.933)

다음으로 의지적 요소가 더욱 약화되어 인식적 요소가 상대적으로 보다 큰 비중을 얻는 경우가 'dolus eventualis'이다. 자신의 행위로 범죄의 결과를 발생시킬 위험성을 인식하면서도 그러한 결과가 발생하는 것을 수용하거나 동의하는 경우이다.934) 앞서 본 빌딩 폭파 사례를 예로 들면 민간인을 살해할 것을 희망하지 않으면서도 민간인이 살해될 수 있다는 위험을 인식하고 그러한 위험이 현실화될 경우에도 이를 받아들일 준비가 되어 있는 경우가 이에 해당한다.935)

이와 관련되어 논의되는 개념으로 영미법상의 'recklessness'가 있다. 'recklessness'의 개념 범주에 대하여는 많은 논란이 있으며 영미법상의 'recklessness'를 dolus eventualis와 동일한 유형으로 이해하는 입장도 있다.936) 그러나 'recklessness'는 dolus eventualis와 구분되는 개념으로 보는 입장이 더욱 설득력이 있는 것으로 보인다. 이러한 입장에서는 dolus eventualis는 범죄자가 행위의 위험성을 인식하고 그 발생 가능성을 의지적으로 수용한 경우이나 recklessness는 이러한 유해한 부수적 효과에 대한 회피가 존재하는 경우로 이해한다. 따라서 dolus eventualis가 결과와

---

929) Badar, Mohamed Elewa, 전게서, p. 391.

930) Albin Eser, "Mental Elements - Mistake of Fact and Mistake of Law", p. 906; 이른바 간접고의(indirect intent)라는 개념을 이러한 범주와 동일하게 취급하는 견해는 Badar, Mohamed Elewa, 전게서, p. 390.

931) Badar, Mohamed Elewa, 전게서, p. 424.

932) Albin Eser, "Mental Elements - Mistake of Fact and Mistake of Law", p. 906.

933) Badar, Mohamed Elewa, 전게서, p. 424.

934) Lubanga, ICC (PTC), decision of 29 January 2007, para. 352 (ii).

935) Albin Eser, "Mental Elements - Mistake of Fact and Mistake of Law", p. 906.

936) Antonio Cassese, International Criminal Law. New York : Oxford University Press(2003), p. 161.

의 타협이라는 상대적으로 높은 의지적 요소를 갖는 반면 recklessness에는 이러한 부분이 결여되어 있으며[937] 이와 같은 의지적 측면에서의 차이가 recklessness와 달리 dolus eventualis를 넓은 의미의 고의의 범주에 포함될 수 있도록 한다는 것이다.[938] 따라서 비록 'recklessness'의 경우에도 의식적인 위험의 수용이라는 요소가 존재하기는 하나 인식적 측면이 충분히 강하지 않으므로 별도의 의지적 요소가 존재하지 않은 상황에서는 그 자체로 고의를 인정하기는 어려운 단순한 위험의 인식에 불과한 것이다. 그러므로 위험인식의 수준이 낮으면서도 의지적 요소는 결여되어 있는 recklessness는 dolus eventualis와는 구분되는 개념으로 보는 것이 타당할 것으로 생각된다.[939] recklessness를 고의의 범주에서 배제하는 이러한 입장은 ICTY의 Orić 사건에서도 수용된 바 있다.[940] 이와 같은 방식으로 recklessness를 이해하는 것은 이를 인식 있는 과실의 개념 범주에 위치시키는 것으로 recklessness와 인식 없는 과실을 인식 있는 과실(conscious negligence, bewußte Fahrlässigkeit)과 인식 없는 과실(unconscious negligence, unbewußte Fahrlässigkeit)의 대응관계로 이해하는 것이다.[941]

위험에 대한 인식이 존재하는 이러한 개념들은 인식 없는 과실(unconcious negligence)과는 인식적 측면에서 명백히 구분된다. 여기에는 인식적 요소가 존재하지 않으며 단지 가정적으로 범죄자가 당시 상황에서 그의 행위가 범죄의 결과를 발생시킬 것이라는 점을 알았어야 하거나 알 수 있었음을 의미할 뿐이다.[942] 그러나 recklessness에 대한 이러한 관념적 구분 가능성에도 불구하고 이는 여전히 매우 모호한 개념으로 미필적 고의 또는 dolus eventualis 등과 동의어로 사용되기도 한다.[943]

3. 범죄적 접근법과 분석적 접근법

국제범죄의 객관적 요소는 범죄 행위뿐만 아니라 범죄의 결과와 다양한 형태의 배경적 요소들로 구성되어 있으며 범죄의 성립을 위해서는 각각의 객관적 요소에 대응하는 주관적 요소가 존재하여야 한다. 이러한 객관적 요소에 대응하는 주관적 요소를 객관적 요소에 따라 구분하여 별도로 정의하는가 여부에 따라 입법례가 나뉘어져 있다.

이른바 '범죄적 접근법(offence analysis approach)'을 취하는 입법례의 경우 주관적 요소는 일

---

937) Lubanga, ICC (PTC), decision of 29 January 2007, para. 355. 각주 438에서는 'recklessness'가 자신의 작위나 부작위가 원인이 되어 나타난 결과인 범죄의 객관적 요소와 범죄자가 타협할 것을 요구하지 않는 이상 고의의 범주에 속할 수 없다고 보고 있다.

938) Badar, Mohamed Elewa, 전게서, p. 425.

939) Ambos, Kai, 전게서, p. 276.

940) Orić, ICTY (TC), judgment of 30 June 2006, para. 348 각주 1020.

941) Ambos, Kai, 전게서, p. 225.

942) Albin Eser, "Mental Elements - Mistake of Fact and Mistake of Law", p. 906.

943) recklessness를 인식 있는 과실과 미필적 고의 사이에 위치시키는 입장은 Ambos, Ka, 전게서, pp. 277-278.

반적 용어로 정의될 뿐 범죄 개념에 포함되어 있는 객관적 요소별로 구분되어 정의되지 않는다. 이러한 유형에서는 특정한 범죄를 전체 단위로 파악하여 고의 범죄, 미필적 고의 범죄 등으로 지칭할 뿐 범죄 내에 세부 요건으로 존재하는 구체적인 객관적 요건에 따라 주관적 요건을 구분하여 논하지 않는다.944) 우리 형법도 이러한 방식을 취하고 있다.

이와 달리 로마규정 제30조는 이른바 '분석적 접근법(element analysis approach)'을 취하고 있다. 범죄의 성립을 위하여 요구되는 각개의 객관적 요소에 따라 별도의 주관적 요건 개념을 부여하는 방식이다. 로마규정 제30조 제2항, 제3항은 범죄의 행위, 결과, 상황에 대응하는 주관적 요건의 인정기준을 분리하여 별도로 규정하고 있다. 이와 같이 주관적 요건을 다층적으로 규정하는 것이 기소 당국의 입장에서는 보다 어려운 것일 수 있으나945) 죄형법정주의 정신에는 더욱 부합한다는 주장도 있다.946) 이와 관련하여 유럽인권법원은 Kokkinakis 사건에서 주관적 요건에 대하여 분석적 접근법을 취하지 않더라도 죄형법정주의 원칙에 위배되는 것은 아니라고 판시한 바 있다.947)

제 2 절   국제관습법에서의 주관적 요건

주관적 요건의 개념을 직접 규정하고 있는 로마규정과 달리 뉘른베르크 헌장이나 동경 헌장, ICTY, ICTR 법령 어디에도 주관적 요건에 대한 일반조항은 존재하지 않았다. 다만 개별 범죄 개념 부분에 파괴할 목적(intent to destroy)948) 고의적 살해(wilful killing), 혹은 심각한 고통의 고의적 야기(wilfully causing great suffering)949) 등을 규정하여 특정 범죄에 한하여 적용되는 주관적 요건이 단편적으로 규정되었을 뿐이다.

이와 같이 주관적 요건에 대한 일반조항이 존재하지 않는 상황에서 국제범죄에 대한 주관적 요건은 국제 판례법에 의하여 개별적으로 다루어질 수밖에 없었다.950) 임시재판소는 주관적 요건과 관련하여 모든 국제범죄에 적용되는 통일적인 규칙을 정립하는 것을 망설이는 입장이었다. 그 결과 주관적 요건은 다양한 범죄들에 대한 사건에서 개별적으로 정의되었으며 이러한 판례들이 국제관습법의 영역에 있어 국제범죄의 주관적 요건에 대한 일정한 지침을 제공하여 주고 있다.951)

---

944) Ilias Bantekas, 전게서, p. 39.
945) Ilias Bantekas, 전게서, p. 38.
946) Badar, Mohamed Elewa, 전게서, p. 428.
947) ECHR, judgment of 25 May 1993, case no. 14307/88 (Kokkinakis v. Greece).
948) ICTY 법령 제4조 제2항.
949) ICTY 법령 제2조 제2항 (a), (c).
950) Cryer, Robert; Friman, Håkan; Robinson, Darryl; Wilmshurst, Elizabeth, 전게서, p. 381.
951) Cryer, Robert; Friman, Håkan; Robinson, Darryl; Wilmshurst, Elizabeth, 전게서, p. 382; Werle, Gerhard;

우선 국제관습법 하에서도 국제범죄가 성립하기 위해서는 고의가 요구되며 과실은 예외적인 상황에서만 형사책임의 근거로 작용할 수 있다. 그리고 일부 국제범죄에 있어서는 일반적 고의와 범주적으로 구분되는 특별한 목적이 존재하여야 한다.952) 임시재판소 법령에서는 집단살해죄의 경우 일반적 고의의 범주를 넘어서는 특별한 목적이 요구됨을 명시하고 있다.953)

국제관습법에서 고의 범죄에 대하여 요구되는 의지적 요소와 인식적 요소에 대한 임시재판소의 입장은 명확하지 않다. 일단 임시재판소 판례에서는 직접 고의와 간접 고의를 구분하고 있다.954) 직접 고의는 범죄자가 의도적으로 범죄를 범하거나 범죄의 실질적 요소를 실행한다는 명확한 인식을 가진 경우로 특별한 목적이 요구되는 경우를 제외하면 직접 고의가 존재할 경우 일반적으로는 형사책임 요건은 충족되는 것으로 보고 있다.955)

한편 직접 고의와 구분되는 간접 고의의 경우 불명확하고 혼란스런 모습을 보인다.956) 의지적 요소가 약화된 영역에서 인정되는 고의의 범주에 대하여 ICTY의 Blaškić 사건 1심에서는 제네바협정의 심각한 위반과 관련한 범죄에 대한 주관적 요건을 고의와 recklessness를 포함하는 광범위한 것으로 정의하였으나957) 다른 판례에서는 우연적이 아닌 의도적 요소가 주관적 요소로 요구된다고 설시하거나958) 'Intention'은 의도적 행위만을 지칭하는 것으로 판단하기도 하였다.959)

그러나 이와 달리 임시재판소에서는 때로는 인식적 요소에 근거하여 의지적 요소를 인정하는 등 독립된 의지적 요소를 항상 요구한 것은 아닌 것으로 보인다. Blaškić 사건 항소심에서는 '작위나 부작위를 명령한 사람이 그러한 명령의 실행 과정에서 범죄가 발생할 실질적 가능성(substantial likelihood)을 인식하였다면 ICTY 제7조 제1항에서 요구하는 명령에 대한 주관적 요건을 구비한 것이다. 그와 같은 인식을 가진 상태에서 내려진 명령은 그러한 범죄를 수용한 것으로 취급되어야 한다.'고 판시하였다.960) 인식적 요소에 근거하여 고의를 인정한 다른 사례에서도 행위의 성공가능성을 인식한 것만으로는 부족하며 적어도 결과발생의 '실질적 가능성(substantial

Jeßberger, Florian, 전게서, p. 176; M.E. Badar, 전게서, p. 313.

952) Werle, Gerhard; Jeßberger, Florian, 전게서, p. 176.
953) ICTY 법령 제4조 제2항, ICTR 법령 제2조 제2항 등.
954) Blaškić, ICTY (AC), judgment of 29 July 2004, paras. 41 et seq; Kordić and Čerkez, ICTY (AC), judgment of 17 December 2004, paras. 30 et seq; R. Delić, ICTY (TC), judgment of 15 September 2008, para. 48; M.E. Badar, 전게논문, p. 346 et seq.
955) Werle, Gerhard; Jeßberger, Florian, 전게서, p. 177.
956) Strugar, ICTY (TC), judgment of 31 January 2005, para. 235에서는 '간접고의' 개념의 불명확성을 지적하면서 단순한 범죄 결과의 발생 가능성의 인식만으로는 부족하며 보다 높은 수준의 위험성 인식이 요구된다고 보고 있다.
957) Blaškić, ICTY (TC), judgment of 3 March 2000, para. 152.
958) Mucić et al. (Čelebići), ICTY (AC), judgment of 20 February 2001, para. 426.
959) Alekšovski, ICTY (TC), judgment of 25 June 1999, para. 56.
960) Blaškić, ICTY (AC), judgment of 29 July 2004, para. 41; 동일한 취지의 판례는 Martić, ICTY (AC), judgment of 8 October 2008, paras. 222 et seq.

likelihood)'을 인식하여야 한다고 보았다.[961] 한편 객관적으로 범죄 실현 가능성이 매우 낮아 인
식적 측면은 현저히 약화되어 있으나 범죄의 결과를 명시적으로 수용한 경우에도 고의 요건을
충족시키는 것으로 본 판결도 있다.[962] 이처럼 임시재판소의 판례는 일관되어 있지 않으며 제1
도의 고의부터 용어상으로는 recklessness를 수용한 것까지 매우 다양하다.[963]

제 3 절   로마규정에서의 주관적 요건

로마규정 제30조는 국제범죄에 적용될 수 있는 주관적 요건의 일반원칙을 최초로 명시하여
주관적 요건의 명확화에 기여하고 있다.

먼저 로마규정은 원칙적으로 고의범만이 처벌 대상임을 명확히 하고 있다.[964] 따라서 과실
범은 다른 특별한 규정이 있는 경우에만 예외적으로 처벌될 수 있다. 또한 집단살해죄 등 일부
국제범죄의 경우에는 일반적 고의의 범위를 넘어서는 특별한 목적이 요구되는 등 주관적 요건이
강화되어 있다. 영미법상의 엄격책임의 관념은 인정되지 않는다.[965]

로마규정은 고의범에서 요구되는 의지적 요소와 인식적 요소를 임시재판소의 판례보다는 높
은 수준으로 설정하고 있다. 로마규정의 명시적 문언에도 불구하고 로마규정의 주관적 요건을
낮추려는 시도가 국제형사재판소 내에서도 일부 있었으나[966] 다른 재판부들은 이를 받아들이지
않았으며 로마규정에 명시된 높은 수준의 주관적 요건은 현재에도 그대로 유지되고 있다.

1. 로마규정 제30조의 일반적 구조

로마규정 제30조는 로마규정의 대상이 되는 모든 국제범죄에 대하여 원칙적으로 적용되는
주관적 요건을 규정하고 있다. 여기에서는 다음과 같이 분석적 접근법을 취하여 행위, 결과, 상
황 등에 대응하는 주관적 요소가 각각 별도로 규정되어 있다.

---

961) Kordić and Čerkez, ICTY (AC), judgment of 17 December 2004, paras. 29 et seq; Galić, ICTY (AC), judgment of 30 November 2006, para. 152; Martić, ICTY (AC), judgment of 8 October 2008, paras. 222 et seq; Nahimana, ICTR (AC), judgment of 28 November 2007, para. 481.

962) Stakić, ICTY (TC), judgment of 31 July 2003, para. 587; 이러한 판결은 국제형사재판소의 전심재판부가 dolus eventualis를 고의의 범주에 포함시키려는 시도의 근거가 되었으나[Lubanga, ICC (PTC), decision of 29 January 2007] 많은 비판을 받았으며 이후 후속 판례에서는 받아들여지지 않았다.

963) Badar, Mohamed Elewa, 전게서, p. 379 et seq.

964) 로마규정 제30조 주관적 요소
　　1. 달리 규정되지 않는 한, 사람은 의욕과 인식을 가지고 범죄의 객관적 요소를 범한 경우에만 재판소 관할 범죄에 대하여 형사책임을 지며 처벌을 받는다.

965) Ilias Bantekas, 전게서, p. 35.

966) Lubanga, ICC (PTC), decision of 29 January 2007, paras. 350~355.

> 제30조 주관적 요소
>
>   1. 달리 규정되지 않는 한, 사람은 의욕과 인식을 가지고 범죄의 객관적 요소를 범한 경우에만 재판소 관할범죄에 대하여 형사책임을 지며 처벌을 받는다.
>   2. 이 조의 목적상 다음의 경우 고의를 가진 것이다.
>   (a) 행위와 관련하여, 사람이 그 행위에 관여하려고 의도한 경우
>   (b) 결과와 관련하여, 사람이 그 결과를 야기하려고 의도하였거나 또는 사건의 통상적인 경과에 따라 그러한 결과가 발생할 것을 알고 있는 경우
>   3. 이 조의 목적상 "인식"이라 함은 어떠한 상황이 존재한다는 것 또는 사건의 통상적인 경과에 따라 어떠한 결과가 발생할 것이라는 것을 알고 있음을 말한다. "인식하다" 및 "인식하고서"는 이에 따라 해석된다.

우선 로마규정 제30조 제1항은 원칙론적 입장에 따라 인식적 요소와 의지적 요소가 범행 시점에 함께 존재할 것을 요구하고 있다. 그러나 분석적 접근법을 취하는 로마규정 제30조의 해석상 모든 객관적 요소들에 대한 의욕과 인식이 요구되는 것은 아니다. 제1항은 인식과 의욕의 대상이 되는 범죄의 객관적 요소들을 구분하여 규정하고 있지 않으나 제2항, 제3항에서는 인식과 의욕이 요구되는 대상을 구체적으로 지정하여 규정하고 있다. 제2항과 제3항에 의하면 행위, 결과, 상황 중 의욕의 요건은 행위와 결과에 대하여 요구되며 인식의 요건은 상황과 결과에 대하여 요구된다.[967] 따라서 의욕은 범죄의 상황에 적용될 필요가 없으며 인식은 범죄행위에 적용될 필요가 없다. 결국 의욕과 인식 양자 모두 적용될 수 있는 유일한 요소는 범죄의 결과이다.[968] 로마규정 범죄구성요건 도입부 제2항 역시 범죄구성요건에 다른 특별한 규정이 없을 경우 제30조에 규정된 바에 따라 객관적 요소에 대하여는 의욕이나 인식 혹은 양자 모두가 적용되는 경우가 있다고 규정하고 있다.

한편 로마규정 제30조는 '달리 규정되지 않는 한'이라는 예외를 허용하는 문언을 두어 로마규정 제30조와 다르거나 이를 보충할 수 있는 주관적 요건에 대한 규칙을 허용하고 있다. 이처럼 로마규정 제30조는 범죄의 주관적 요건에 대하여 다른 규정이 존재하지 않을 경우 적용되는 원칙적 요건을 규정한 것이므로 로마규정에 별도의 규정이 존재할 경우에는 당해 조항이 우선적으로 적용된다.

---

967) 행위와 결과에 대한 의지적 요소를 규정하고 있으나 진정한 의지적 요소는 행위에 대한 것이며 결과에 대하여는 이를 인식하는 것으로 족한 것이므로 의지적 요소가 단순한 인식으로 약화된다는 주장은 Albin Eser, "Mental Elements - Mistake of Fact and Mistake of Law", p. 908.
968) Werle, Gerhard; Jeßberger, Florian, 전게서, p. 179.

2. 범죄 행위에 대한 의욕

로마규정 제30조 제1항과 제2항 (a)에 따라 범죄의 개념에 규정되어 있는 '행위를 실행하려한 경우'에만 형사책임을 부담한다. 행위는 반드시 범죄자의 의지적 행위의 결과이어야 하며 무의식적 반사작용은 여기에 해당하지 않는다.[969] 예들 들면 민간인 주민에 대한 공격으로 인한 전쟁범죄의 경우 범죄자는 반드시 이러한 행위를 실행하려고 의도하였어야만 한다.

3. 범죄 결과에 대한 의욕 또는 인식

대상 범죄가 결과의 발생을 요구하는 결과범일 경우 '그러한 결과를 야기하려고 의도하거나' 혹은 '사건의 통상적인 경과에 따라 결과가 발생할 것'이라는 점을 인식하였어야 한다.[970] 예를 들면 살인으로 인한 인도에 반한 죄의 경우 피해자의 사망이라는 결과를 야기하려고 의도하였거나 사건의 통상적인 경과에 비추어 볼 때 자신의 작위 또는 부작위로 인하여 결과가 발생할 것을 인식하고 있어야 한다. 이는 결과와 관련하여 직접 고의(direct intent) 혹은 제1도의 고의(dolus directus of first degree)와 간접고의(indirect intent) 혹은 제2도의 고의(dolus directus of second degree)를 함께 규정한 것이다.[971]

먼저 '결과를 야기하려고 의도'한 경우는 범죄자가 결과의 실현을 위하여 직접적이고 목적 지향적인 의지를 가지고 행위한 경우이다. 이는 이른바 직접 고의(direct intent)에 해당하는 것으로 미국 모범형법전에서 사용되는'purposely'[972], 독일법에서의 제1도의 고의(dolus directus of first degree)에 상응하는 것이다. 이러한 유형에서 나타나는 행위자의 의지는 결과의 종국적 실현을 지향하는 것으로[973] 사물의 인과적 진행에 비추어 판단할 때 범죄자가 직접적 의도를 가지고 행위의 결과를 지향하여 나아간 경우이다.[974] 이와 달리 특별한 목적(special intent) 혹은 dolus specialis는 의지적 요소가 강화되어 있기는 하지만 목적의 실현이 범죄의 요소가 아니며 직접적으로 대응되는 객관적 요소를 가지고 있지 않다는 점에서 구분되는 개념이다.[975]

두번째 범주는 인식 기준에 근거한 것으로 '사건의 통상적인 경과에 따라 결과가 발생할 것'을 인식하고 행위한 경우이다. 이 경우 행위자는 비록 결과의 발생을 의도하지 않았으나 이러한 결과발생을 인식하였다면 이를 의욕한 것으로 취급된다.[976] 사건의 통상적인 경과에 따른 판단을

---

969) Werle, Gerhard; Jeßberger, Florian, 전게서, p. 180.

970) 로마규정 제30조 제1항, 제2항 (b), 제3항.

971) Badar, Mohamed Elewa, 전게서, p. 390.

972) Section 2.02 of the Model Penal Code.

973) Badar, Mohamed Elewa, 전게서, p. 390.

974) Ambos, Kai, 전게서, p. 275.

975) Badar, Mohamed Elewa, 전게서, p. 401.

976) Badar, Mohamed Elewa, 전게서, p. 391.

제 3 장　일반적 주관적 요건　**193**

요구하는 것은 순전히 주관적일 수 있는 주관적 요건에 일정한 수준의 객관적 측면을 추가하는 것이다. 예를 들면 고의로 보험사고를 일으켜 보험금을 수령하려고 비행기를 폭파하는 경우 범죄자가 사건의 통상적 경과에 따라 판단할 때 자신의 행위에 의하여 승객들이 사망할 것이라는 점을 인식하였다면 이러한 결과가 발생할 것을 실질적 확실성을 가지고 수용함으로써 이를 의욕한 것이다.[977] 따라서 범죄자는 특별한 상황이 개입되지 않는 한 결과를 발생시킬 것이라는 점을 반드시 인식하였어야만 하며 자신의 행위가 그러한 결과를 가져올 수 있다는 가능성을 인식한 것에 그치는 경우는 여기에 해당하지 않는다. 왜냐하면 로마규정은 '발생할 수 있다(may occur)'가 아닌 '발생할 것(will occur)'이라는 문언을 채택하고 있기 때문이다.[978] 이러한 기준은 미국 모범형법전에서 결과가 발생할 것을 실질적으로 확신한 경우를 표현하는 'knowingly' 기준과 동일하며[979] 일정한 확실성을 가진 예측을 포괄하여 고의의 범주를 확장하는 영미법의 oblique intent[980]와 인식적 요소가 보다 지배적인 독일법에서의 제2도의 고의(dolus directus of the second degree)에 상응하는 것이다.[981]

　한편 이와 달리 결과에 대한 주관적 요건이 충족되기 위해서는 의지적 요소와 인식적 요소가 누적적으로 충족되어야 한다는 견해도 있다. 로마규정 제30조 제2항 (b)는 이러한 요소들을 선택적인 것으로 규정한 것처럼 보이기도 하나 제30조 제2항 (a)는 의욕과 인식을 함께 요구하고 있고 제30조 제3항이 결과에 대한 인식을 다시 규정하고 있다는 점을 근거로 하고 있다.[982] 이러한 논란은 로마규정의 문언 자체의 불명확성에서 기인한 것으로 생각되나 로마규정 제30조 제2항 (b)가 명백히 인식과 의욕을 선택적으로 규정하고 있으며[983] 인식적 요소가 의지적 요소에 영향을 미치고 이를 통하여 의지적 요소를 추단할 수 있다는 점에서 양자를 선택적 요건으로 파악하는 견해가 타당할 것으로 생각된다.

4. 범죄 상황에 대한 인식

　범죄의 요건으로 행위와 결과 이외에 객관적 요소인 상황이 규정되어 있을 경우 로마규정 제30조 제3항에 따라 '그러한 상황이 존재한다는 것을 인식'하여야 한다. 따라서 소년병의 사용으로 인한 전쟁범죄에 있어서는 피해자가 15세 이하라는 사실을 인식하였어야만 한다.[984] 이와

---

977) Ambos, Kai, 전게서, p. 276.
978) Werle, Gerhard; Jeßberger, Florian, 전게서, p. 180.
979) § 2.02(2)(b) (ii) of the Model Penal Code.
980) Badar, Mohamed Elewa, 전게서, p. 392.
981) Ambos, Kai, 전게서, p. 275; 독일연방대법원은 행위의 결과에 대하여 확신을 가지고 결과의 발생을 예상한 사람은 그러한 결과에 대하여 유감스럽게 생각한다 하더라도 고의를 가지고 행동한 것으로 간주된다고 판시하고 있다. BGHSt 21, 283 (vol 21, 283).
982) Ambos, Kai, 전게서, p. 275 등.
983) Werle, Gerhard; Jeßberger, Florian, 전게서, p. 180.
984) 로마규정 제8조 제2항 (b)(xxvi).

같은 상황에 대한 인식의 경우에는 의지적 요소는 필요하지 않으며 실제로 상황에 대한 의지적 요소는 사물 논리적으로도 존재하기 어려운 것으로 보인다. 여기에서의 인식은 실질적 인식을 의미하며 일정한 사실의 존재에 대한 높은 개연성의 인식만으로는 충분하지 않다.985) 다만 일부 범죄에 대한 로마규정 범죄구성요건은 주관적 요건을 완화하여 '알았어야 함'의 기준만으로도 주관적 요건이 충족된다고 규정하고 있다.986)

국제범죄에 있어서 요구되는 '민간인 주민에 대한 광범위하거나 체계적인 공격', '무력충돌' 등의 배경적 요소가 주관적 요소의 대상인가에 대하여는 논란이 있어 왔다. 민간인 주민들에 대한 공격 요건과 무력충돌 요건은 국제형사재판소의 재판권과 관련된 요소일 뿐 범죄자의 주관적 요건과는 무관하다는 주장이 있다.987) 그러나 우선 이러한 입장은 로마규정과 로마규정 범죄구성요건의 문언에 부합하지 않는다. 로마규정 제7조 제1항은 인도에 반한 죄에 있어서 범죄자의 행위가 '민간인 주민에 대한 광범위하거나 체계적인 공격의 일부로서 그 공격에 대한 인식을 가지고' 범하여져야 한다고 명시적으로 규정하고 있다.988) 전쟁범죄에 대하여는 로마규정 자체에는 별도의 명시적 규정이 없으나 로마규정 제30조에 의하여 무력충돌의 존재는 주관적 인식의 대상으로 인정될 뿐 아니라 로마규정 범죄구성요건에서도 '무력충돌의 존재를 구성하는 사실적 상황에 대하여 인식'할 것을 요구하고 있다.989) 따라서 이들 배경 요소들은 로마규정 제30조에서 규정하고 있는 '상황'에 해당하는 것으로 이를 주관적 요건의 대상으로 파악하는 것이 로마규정과 로마규정 범죄구성요건의 문언에 부합하는 해석이다. 나아가 이러한 배경적 요소 하에서 이루어지는 특정한 행위들만을 국제범죄로 포섭하고 심각한 범죄로 취급하고 있는 국제형사법 체계에 비추어 볼 때 국제범죄의 성립을 위해서는 이러한 배경적 요소가 주관적 요건에 반영되어 있어야 한다고 보는 것이 책임주의 원칙에 부합하는 해석으로 생각된다.990) 다만 로마규정 제8조 제1항은 별도의 정책요소를 규정하고 있으나991) 이는 국제형사재판소의 재판권과 관련된 것일 뿐 주관적 요건의 대상이 아니다. 이와 같은 정책 요건에 따라 국제형사재판소는 전쟁범죄 중 계획

---

985) Badar, Mohamed Elewa, 전게서, p. 399.
986) 소년병 징집으로 인한 전쟁범죄에 대한 로마규정 범죄구성요건 제8조 (2)(b)(xxvi) 3.과 (2)(e)(vii) 3.은 'The perpetrator knew or should have known that such person or persons were under the age of 15 years.'으로 규정하고 있다.
987) S. Kirsch, "Two Kinds of Wrong, On the Context Element of Crimes Against Humanity", 22 Leiden Journal of International Law (2009), p. 525 참조.
988) 로마규정 제7조에 대한 로마규정 범죄구성요건의 도입부 및 개별 인도에 반한 죄 부분 등에서도 이와 같은 인식이 필요함을 명확히 규정하고 있다.
989) 범죄자는 무력충돌의 존재를 구성하는 사실적 상황만을 인식하면 족하며 무력충돌의 존재나 특성에 대한 올바른 법적 평가까지 요구되는 것은 아니다. Werle, Gerhard; Jeßberger, Florian, 전게서, p. 190.
990) Werle, Gerhard; Jeßberger, Florian, 전게서, p. 190; Al Bashir, ICC (PTC), decision of 4 March 2009, para. 86.
991) 로마규정 제8조 전쟁범죄 1. 재판소는 특히 계획이나 정책의 일부로서 또는 그러한 범죄의 대규모 실행의 일부로서 범하여진 전쟁범죄에 대하여 관할권을 가진다.

이나 정책의 일부로 범하여지는 전쟁범죄에 대해서만 재판권을 갖는다.[992]

집단살해죄와 관련하여 로마규정 범죄구성요건는 집단살해죄의 개별적인 행동은 반드시 유사한 행위들의 명백한 패턴의 배경 하에서 발생하여야만 한다고 규정하고 있다. 이러한 요건을 국제형사재판소의 재판권에만 영향을 미치는 재판권 요건으로 보는 견해가 있으며[993] 로마규정 준비위원회는 이러한 요소의 법적 성격에 대하여 결론을 내리지 않고 이후에 있을 국제형사재판소의 판단에 미루어 두고 있었다.[994] 현재 국제형사재판소는 이를 재판권에 대한 요소가 아닌 배경적 요소로 보아 주관적 요건의 대상으로 인정하고 있다.[995]

5. 규범적 요소에 대한 인식

범죄의 기술적 요소에 대한 인식은 감각적 인식만으로 충족된다. 그러나 일정한 가치 판단을 전제로 하는 규범적 요소가 범죄 개념에 존재할 경우에는 기초가 되는 사실적 상황들을 인식함은 물론 그러한 규범적 요소에 의하여 설명되어지는 범죄적 행위의 중요성까지 이해하여야 인식 개념이 충족된다. 규범적 요소가 나타내는 이러한 의미를 이해였다면 법적 평가가 옳은 것이었는가 여부는 원칙적으로 중요하지 않다.[996]

로마규정 범죄구성요건 도입부 제4항은 가치 판단이 요구되는 비인도적(inhumane), 심각한(severe) 등과 같은 요건과 관련하여 원칙적으로 범죄자가 이에 대한 가치 평가를 완료할 필요가 없음을 규정하고 있다. 예를 들면 제네바협정에 따라 보호받는 지위에 있는 민간인 또는 상처 입은 전투원 등에 대한 살해는 로마규정 제8조 제2항 (a)(i)에 의한 전쟁범죄이다. 범죄자가 자신이 살해하는 상대방이 민간인이라거나 혹은 상처 입은 전투원이라는 사실 등 법적으로 보호받는 지위가 발생하는 사실적 상황에 대하여 인식하였으면 족하며 이러한 지위에 대하여 올바른 규범적 평가를 내렸음을 요하지 않는다. 또한 민간인 주민의 기아를 전쟁의 수단으로 사용하는 것[997], 자국 주민의 일부를 점령지역으로 이동시키는 것[998] 등과 같은 전쟁범죄들은 국제적 무력충돌에서만 처벌되며 비국제적 무력충돌에서는 동일한 행위라도 범죄가 성립하지 않는다. 이러한 범죄와 관련하여 범죄자가 무력충돌과 관련된 사실적 상황을 인식하였다면 국제적 무력충돌인가 아니면 비국제적 무력충돌인가 여부에 대한 법적 판단이 옳았었는가 여부는 범죄의 성립에 지장을

---

992) Werle, Gerhard; Jeßberger, Florian, 전게서, p. 191; 이러한 요소는 재판권에 해당하는 요소이나 '특히'라는 문언에서 나타나듯 재량적인 고려만으로 족하다는 것에는 Ambos, Kai, 전게서, p. 284.

993) Werle, Gerhard; Jeßberger, Florian, 전게서, p. 191.

994) Ambos, Kai, 전게서, p. 279.

995) Al Bashir, ICC (PTC), decision of 4 March 2009, paras. 117 et seq.

996) Werle, Gerhard; Jeßberger, Florian, 전게서, p. 183; A. Eser, 'Mental Elements— Mistake of Fact and Mistake of Law', p. 925.

997) 로마규정 제8조 제2항 (b)(xxv).

998) 로마규정 제8조 제2항 (b)(viii).

주지 않는다.

규범적 요소의 인식 여부를 판단함에 있어 중요한 것은 범죄의 개념이 가지는 경고적 기능이 수행될 수 있는가의 여부이다.[999] 관련된 일정한 사실들을 인식하는 것은 범죄자가 범죄의 규범적 요소에 대한 사회적 의미를 파악할 수 있도록 하는 필수 선세이며 이러한 사실의 인식을 기반으로 전제된 행위의 규범적 평가에 대한 초심자로서의 이해가 가능하다.[1000]

한편 로마규정 제8조 제2항 (b)(iv)의 경우 범죄자는 특정한 목표물을 공격할 것을 의도하는 것 이외에 민간인 또는 민간 목표물에 대하여 예상되는 군사적 이익과의 관계에서 현저히 과도한 피해를 가져온다는 점을 인식하였어야 함을 규정하고 있다.[1001]

6. 일반적 요건에 대한 예외의 허용

로마규정 제30조는 '달리 규정되지 않는 한'이라는 조건 하에 제30조의 원칙적 주관적 요건이 적용됨을 규정하고 있다. 이는 로마규정 제30조의 주관적 요건과 상이한 규칙의 적용가능성을 스스로 허용하고 있는 것으로 '달리 규정된' 다른 규정이 존재할 경우 당해 규정이 제30조의 일반적 주관적 요소에 우선하여 적용된다.

로마규정 제30조와 상이한 형태의 주관적 요건은 다양한 형태로 나타난다. 우선 로마규정 자체에 규정된 것으로 로마규정 제28조의 상급자책임 조항은 '알았어야 함'이라는 기준을 규정하여 주관적 요건을 완화하고 있으며 제6조의 집단살해죄의 경우에는 집단을 파괴할 목적을 추가적으로 요구하여 주관적 요건을 강화하고 있다. 그리고 로마규정 범죄구성요건에는 로마규정에 규정되지 않은 별개의 주관적 요건이 적지 않게 존재한다.[1002] 그리고 앞서 본 바와 같이 임시재판소들은 국제관습법에 근거하여 상이한 주관적 요건을 적용하고 있다.

이와 관련하여 로마규정 제30조의 '달리 규정'된 경우에 해당하여 로마규정 제30조의 적용을

---

999) Ambos, Kai, 전게서, p. 289.

1000) 예를 들면 무력충돌 요건의 경우 일정한 적대행위 등 사실적 요소의 인식에 근거하여 무력충돌이라는 규범적 요소의 존재도 인식될 수 있다. Ambos, Kai, 전게서, p. 290.

1001) Werle, Gerhard; Jeßberger, Florian, 전게서, p. 494; Galić, ICTY (TC), judgment of 5 December 2003, para. 59; 위 조항에 대한 로마규정 범죄구성요건 제8조 제2항 (b)(iv) 3. 각주 37은 일반적 경우와 달리 일정한 정보를 보유하고 있는 범죄자가 일정한 가치판단을 내리는 것을 요건으로 명시하고 있다. 각주 37. As opposed to the general rule set forth in paragraph 4 of the General Introduction, this knowledge element requires that the perpetrator make the value judgement as described therein. An evaluation of that value judgement must be based on the requisite information available to the perpetrator at the time.; 한편 로마규정 제7조 제1항 (e)과 제2항 (g)에서 근본적 국제법의 원칙을 언급하고 있는 것과 관련하여 적어도 자신의 행위가 일반적으로 허용되지 않는 불법임을 인식하여야 하는 것으로 이해하는 견해는 Ambos, Kai, 전게서, p. 290.

1002) 로마규정 범죄구성요건에 나타나는 상이한 주관적 요건으로 제6조 (e) 6, 제8조 제2항 (b)(vii)-1 3, 제8조 제2항 (b)(vii)-2 3, 제7조 제1항 (j) 5, 제8조 제2항 (a)(viii) 3, 제8조 제2항 (b)(vii)-1 등에서 'knew or should have known', 'intended', 'in order to' 등이 사용되고 있다.

배제할 수 있는 범위에 대하여는 논란이 있다. 우선 로마규정 자체에 규정된 주관적 요건이 로마규정 제30조의 '달리 규정'된 경우에 해당함은 명백하다. 그러나 로마규정 범죄구성요건이나 국제관습법 등에 제30조와 다른 내용이 존재할 경우 예외사유인 달리 규정된 경우에 해당하는가에 대하여는 견해가 일치되어 있지 않다.

단서의 적용범위를 확대하여 해석하는 입장에서는 제30조의 '달리 규정된 경우'에 로마규정 자체 조항과 로마규정 범죄구성요건, 국제관습법 등이 모두 포함되는 것으로 해석한다. 국제형사재판소는 로마규정 제21조 제1항에 의하여 로마규정과 범죄구성요건뿐만 아니라 국제관습법을 적용할 수 있으며 형사책임을 배제하는 근거에 대한 로마규정 제31조 제1항에서는 '이 규정에서 정한 여타의 형사책임 조각사유에 더하여(In addition to other grounds for excluding criminal responsibility provided for in this Statute)'라고 규정하고 있으므로 로마규정 이외의 규정도 포함되는 것으로 해석되어야 한다는 것이다.[1003] 이와 달리 로마규정에서 명시하고 있는 죄형법정주의 원칙에 따라 로마규정 제30조의 예외사유는 제한적으로 해석되어야 한다는 주장이 있다. 국제형사재판소는 오직 로마규정에 규정된 범죄만을 적용할 수 있으므로 주관적 요소를 인정함에 있어서도 로마규정 이외의 법원을 원용할 수 없다는 것이다.[1004]

이와 관련하여 국제형사재판소는 로마규정 제22조 제2항의 lex stricta 원칙에 따라 제한적 해석의 입장을 취하여 로마규정보다 완화된 주관적 요건인 dolus eventualis와 recklessness를 국제관습법에 근거하여 인정할 수는 없다고 판시하였다.[1005] 한편 로마규정 범죄구성요건에 규정된 것과 관련하여 Lubanga 사건 전심 재판부는 로마규정 범죄구성요건에 규정된 소년병의 불법 사용에 대한 완화된 주관적 요건[1006]도 로마규정 제30조에서의 달리 규정된 것에 해당한다고 판시하였다.[1007]

7. Dolus Eventualis와 Recklessness의 배제

앞서 본 바와 같이 Dolus Eventualis를 가지고 행위한 사람은 범죄의 결과를 희망하지는 않으나 결과발생에 대한 위험을 인식하고 만일 그것이 발생한다면 이를 받아들일 준비가 되어 있는 경우이다.[1008] 그리고 영미법상의 'recklessness'의 정확한 개념에 대하여 논란은 있으나 이는

1003) Werle, Gerhard; Jeßberger, Florian, 전게서, p. 186.
1004) Ambos, Kai, 전게서, p. 291.
1005) Bemba Gombo, ICC (PTC), decision of 15 June 2009, para. 369; 상세한 것은 다음의 7. Dolus Eventualis와 recklessness의 배제 부분 참조.
1006) 로마규정 범죄구성요건 제8조 제2항 (e)(vii) 3.
1007) Lubanga, ICC (PTC), decision of 29 January 2007, paras. 356-359; 그러나 이후 1심 재판부는 다른 절차적 이유를 들어 이에 대한 직접적 판단을 내리지 않았으며 다만 로마규정 범죄구성요건은 로마규정에 명시적으로 규정된 것과 상응하지 않을 경우 적용되어서는 안 된다는 점만을 명백히 하였다. Lubanga, ICC (TC), judgment of 14 March 2012 참조.
1008) Albin Eser, "Mental Elements - Mistake of Fact and Mistake of Law", p. 932.

의지적 요소가 결여된 경우로 인식 있는 과실의 영역에 해당하는 것으로 보인다.[1009]

로마규정 제30조 제2항은 '행위와 관련하여, 사람이 그 행위에 관여하려고 의도한 경우' 또
는 '결과와 관련하여, 사람이 그 결과를 야기하려고 의도하였거나 또는 사건의 통상적인 경과에
따라 그러한 결과가 발생할 것을 알고 있는 경우'로 규정하고 있는데 로마규정의 해석상 dolus
eventualis 혹은 recklessness가 주관적 요소에서 배제되어 있는가 여부에 대한 논란이 있었다.

우선 국제형사재판소의 전심 재판부 I 은 Lubanga 사건에서 로마규정 제30조에는 dolus
eventualis가 포함된다고 판시한 바 있다.[1010] 그러나 이러한 결정에 대하여는 적지 않은 비판과
함께 후속 판결에서는 전혀 지지되지 않았으며 위 사건의 1심 판결에서도 종국적으로 배척되었
다. 위 결정에 대한 비판은 우선 위 판결이 임시재판소와 국제형사재판소의 구조적 차이를 간과
하였다는 주장에서 나타난다. 임시재판소 법령들은 주관적 요건에 대한 일반적 정의규정을 두고
있지 않은 까닭에 법령의 문언에 의존하거나 법령 성립 과정에서의 논의에 구속될 필요가 없다.
그러나 로마규정은 주관적 요건에 대한 정의규정을 별도로 두고 있어 명문으로 규정된 조항이
적용되어야 함에도 이러한 차이점을 간과한 채 임시재판소 판례 등을 근거로 주관적 요건을 완
화시켜 판단한 것은 납득하기 어렵다는 것이다.[1011] 또한 이 결정이 근거로 제시한 임시재판소의
판례 역시 국제관습법상 합당한 근거를 찾아보기 어려운 것으로 결국 그 결정은 합리적이고 정
당한 근거를 제시함이 없이 로마규정에 dolus eventualis가 포함되는 것이라고 결정을 내렸다고
비판받고 있다.

이후 Bemba 사건 전심 재판부 II는 dolus eventualis는 로마규정 제30조의 범위에 포함되지
않는다는 정반대의 결정을 내렸다.[1012] 이 결정에서는 로마규정 제30조가 '사물의 통상적 경과에
따라 발생할 것(will occur in the ordinary course of events)'이라고 규정한 것은 명확성에 가까운 사
건만을 그 대상으로 규정한 것이라고 판단하였다.[1013] 그리고 dolus eventualis는 의도하지 않은
결과가 발생할 단순한 가능성 또는 개연성의 영역에 존재하는 것인데 만일 로마규정에 그와 같
은 낮은 수준의 주관적 요건을 포함시켜려 했다면 로마규정의 문언을 'will occur'이 아닌 'may
occur' 또는 'might occur in the ordinary course of events'라고 규정하였을 것이라고 보았다.[1014]

1009) 그러나 앞서 본 바와 같이 'recklessness'를 dolus eventualis와 동일한 유형으로 이해하는 입장도 존재한다.
Antonio Cassese, International Criminal Law, 전게서, p. 161.

1010) Lubanga, Lubanga, ICC (PTC), decision of 29 January 2007, para. 352, 354. 재판부는 행위자가 범죄의 객
관적 요소를 실현할 실질적 가능성을 인식한 경우임에도 이를 실행하기로 한 경우와 객관적 요소의 실현
위험성은 더욱 낮으나 행위자가 명백히 이러한 위험을 수용한 경우 모두 로마규정 제30조의 범주에 포함
되는 것으로 보았으며 임시재판소의 Stakić, ICTY (TC), judgment of 31 July 2003 판결을 명시적으로 언급
하였다.

1011) Werle, Gerhard; Jeßberger, Florian, 전게서, p. 182.

1012) Bemba Gombo, ICC (PTC), decision of 15 June 2009, paras. 357-359.

1013) Bemba Gombo, ICC (PTC), decision of 15 June 2009, para. 362.

1014) Bemba Gombo, ICC (PTC), decision of 15 June 2009, para. 363.

그리고 로마규정 협상 경과를 기록한 최초 자료에는 dolus eventualis가 존재하였다가 이후 삭제되었다는 점도 로마규정이 이러한 보다 낮은 수준의 주관적 요건을 포함시키지 않았다는 점을 뒷받침하는 것이라고 판단하고 있다.[1015] Lubanga 사건의 1심 재판부도 이러한 견해에 동의하여 로마규정 제30조 제2항 (b)의 범주에서 dolus eventualis는 배제되는 것이므로 결과 발생에 대한 완전한 인식이 요구된다고 판시하였다.[1016] dolus eventualis의 경우 행위자는 단지 결과 발생의 가능성만을 인식하였을 뿐 그러한 결과가 발생할 것이라는 점을 인식한 것으로 보기는 어려우므로 로마규정 제30조에는 dolus eventualis가 포함되지 않는다고 해석하는 것이 타당할 것이다.[1017]

이와 같은 로마규정의 해석을 둘러싼 논란과는 별도로 로마규정에서 dolus eventualis를 범주적으로 배제한 것이 타당한가 여부에 대한 형사 정책적 논란이 있을 수 있을 것이다. 또한 로마규정 제30조의 '달리 규정한 경우(unless otherwise provided)'의 예외조항을 통하여 로마규정 스스로 일부 전쟁범죄에 대하여 보다 낮은 수준의 주관적 요건을 규정하고 있으며 주관적 요건을 보다 완화하여 적용하여야 할 사실적 필요성을 전제로 로마규정 제30조가 규정한 '달리 규정한 경우'라는 예외 조항에 국제관습법도 포함되는 것으로 해석하여 보다 완화된 주관적 요건을 전면적으로 적용하여야 한다는 주장도 있다.[1018] 이에 반하여 앞서 본 국제형사재판소 판결과 같이 로마규정에 규정된 죄형법정주의 원칙에 비추어 국제관습법을 적용하는 것은 타당하지 않으며 국제형사재판소의 재판권은 심각한 범죄에 제한되어야 한다는 점에서 현재의 제한적 입장이 정책적으로 더욱 타당한 것이라는 입장이 대립하고 있다. 국제형사재판소는 핵심범죄에 대한 면책성을 막기 위한 최후의 보루로서 특별한 심각성을 수반하는 범죄만을 취급하며 이러한 심각성 요건은 개별 범죄행위에 대한 규정뿐만 아니라 보다 높은 수준의 주관적 요건을 통하여도 구현될 수 있기 때문이라는 것이다.[1019]

결론적으로 일부 반대 주장에도 불구하고 국제형사재판소 판결에서 'dolus eventualis' 혹은 보다 낮은 수준의 'recklessness'가 범주적으로 배제됨에 따라 미필적 고의에 의한 범죄의 성립이 인정되고 있는 국내법[1020]과는 일정 부분 중요한 괴리가 발생하는 상황으로 보인다.

1015) Bemba Gombo, ICC (PTC), decision of 15 June 2009, para. 366.
1016) Thomas Lubanga Dyilo, ICC (TC), judgment of 14 March 2012, paras. 1011~1012.
1017) Cryer, Robert; Friman, Håkan; Robinson, Darryl; Wilmshurst, Elizabeth, 전게서, p. 383.
1018) Werle, Gerhard; Jeßberger, Florian, 전게서, p. 182.
1019) Ambos, Kai, 전게서 I, p. 278.
1020) 신동운, 『형법총론』, 189면 이하 참조.

제4장	예외적으로 인정되는 주관적 요소

제1절 과실(Negligence)

앞서 본 바와 같이 로마규정 제30조는 단서 조항을 통하여 일반적 주관적 요건으로부터의 이탈을 허용하고 있으므로 특별 규정을 두어 국제범죄에 대한 과실범을 처벌하는 것이 가능하다. 그러나 국제범죄는 가장 심각한 유형의 범죄만을 대상으로 한다는 점에서 과실범을 원칙적 처벌대상으로 삼기는 어려울 것으로 보인다. 살인이 아닌 과실치사는 국제형사법의 영역에서는 생경한 것일 뿐만 아니라 이를 일반적으로 국제범죄로 인정하는 것은 국제범죄의 본질을 근본적으로 변화시키는 문제점을 안고 있다.[1021] 따라서 국제형사법에서는 국제범죄에 대한 과실 책임이 일반론적으로 인정되고 있지 않다.[1022]

다만 이처럼 일반적으로 국제범죄에 대한 과실책임이 인정되고 있지는 않으나 예외적으로 인정되는 경우가 있다. 가장 대표적인 것이 상급자책임으로 여기에서는 부하의 범죄에 대한 고의가 존재하지 않음에도 일정한 주의의무 위반을 전제로 형사책임이 인정되고 있다.[1023] 또한 로마규정 범죄구성요건은 과실적 요소를 포함하는 주관적 요건인 '알았거나 알았어야 함(knew or should have known)' 요건을 여러 곳에서 규정하고 있다.[1024] 국제형사재판소 전심 재판부 I 은 소년병 징집의 연령인식에 대하여 범죄자가 '당시 상황에서 취해야 할 적합한 주의의무에 따라 행위하지 않았기 때문에 그러한 인식을 결여하게 되었으며.....이는 적합한 주의의무에 따라 행동하여야 할 그의 의무를 이행하지 않은 것'이라며 이는 과실의 범주에 해당하며 이러한 과실 기준이 소년병 징집의 경우에 적용됨을 승인하고 있다.[1025]

1021) Ilias Bantekas, 전게서, p. 45.
1022) Badar, Mohamed Elewa, 전게서, p. 427; ICTY (TC), judgment of 30 June 2006, para. 348.
1023) Ilias Bantekas, 전게서, p. 46.
1024) 로마규정 제8조 제2항 (e)(vii) 3 등.
1025) Lubanga, ICC (PTC), decision of 29 January 2007, para. 358; Ambos, Kai, 전게서, p. 291.

제 2 절 특별한 목적(Special Intent, Dolus Specialis)

1. 특별한 목적의 의미와 기능

일부 국제범죄는 고의뿐만 아니라 특별한 목적이 존재하여야만 성립된다. 임시재판소 판례는 특별한 목적을 '범죄의 구성적 요소로 요구되는 특별한 의도로서 범죄자가 그와 같은 행위를 통하여 만들어 내고자 명백히 추구하는 바'라고 정의하고 있다.[1026]

특별한 목적 요건은 해당 범죄를 일반범죄나 다른 국제범죄와 구별되게 한다. 예를 들면 집단살해죄는 보호되는 집단의 파괴라는 특별한 목적이 존재하는 까닭에 범죄의 제왕으로 지칭된다.[1027] 인도에 반한 죄 중 박해죄는 정치적, 인종적, 민족적, 종교적 근거에서 심각한 고통이나 위해를 가하려는 차별적 목적이 존재할 경우 성립하는 범죄이다. 인종차별범죄의 경우에도 인종적 지배의 제도화된 체제를 지속시킬 특별한 목적이 필요하며 이러한 특별한 목적으로 인하여 다른 유형의 인도에 반한 죄와 구분된다.

2. 다수 범죄자들이 관여된 경우

다수인이 참여하는 상황이 흔히 발생하는 국제범죄의 실현 과정에서 어떠한 요건이 충족될 경우 개별 범죄자들에 대한 관계에서 특별한 목적이 구비된 것으로 인정할 수 있는가는 일률적으로 결정하기 어려운 매우 복잡한 문제이다.

집단살해죄를 저지른 사람들 중에는 집단살해를 계획하고 범죄조직을 통제하여 이를 실행에 옮기는 등 특별한 목적을 명백히 구비하고 있는 경우가 있다. 그러나 범죄에 여러 가지 형태로 참여한 사람들 중에는 집단살해죄에서 요구하는 목적을 스스로 구비하지는 못하였으나 집단살해의 계획이 존재함을 단순히 인식하고 계획의 실현에 동참한 경우도 있을 것이다. 예를 들면 집단살해죄가 대규모로 발생한 경우 중간급과 하위급 행위자들은 의지적 측면에서는 집단을 파괴하려는 목적을 직접 구비하고 있지 않으나 집단살해죄를 주도하는 주범의 집단파괴 목적을 인식하고 있었던 경우가 적지 않다. 따라서 이러한 인식이 존재할 경우 집단살해죄의 목적을 구비한 것으로 인정하여 집단살해죄의 죄책을 부담시킬 수 있는가 하는 문제가 발생한다. 유사한 상황이 교사나 방조 등 종속적 참여 형태로 가담한 사람들에 대하여도 동일하게 문제될 수 있다.

이른바 '인식 기반적 접근법'을 취하는 학자들은 다른 사람이 집단을 절멸시키려는 목적 등 특별한 목적을 가지고 있음을 알고서도 이에 가공하였다면 그에게도 집단살해죄에서 요구되는 특별한 목적은 존재하는 것이며 주범으로서의 책임도 인정된다고 이해한다. 집단살해죄와 같은

1026) Akayesu, ICTR (TC), judgment of 2 September 1998, para. 498.
1027) Ilias Bantekas, 전게서, p. 47.

조직적으로 이루어지는 범죄에서는 범죄의 목적, 전제 조건, 효과들이 명확히 구분될 수 없으며 주된 범죄자나 범행을 계획하는 사람들이 이러한 특별한 목적을 구비하고 있음을 인식하였다면 이에 가공한 사람 역시 주관적 요건이 충족된 것으로 보아야 한다는 것이다.[1028]

집단살해죄의 계획을 인식하고 그 실행에 참가할 것을 동의한 사람은 일정한 범위에서 집단살해죄를 기획한 사람의 특별한 목적을 자신의 것으로 수용한 것으로 볼 수 있다는 점에서 인식에 기반한 이러한 이론에 일부 합리적인 측면이 있는 것도 사실이다.[1029] 그러나 범죄의 전체적 의미와 역사적 맥락을 고찰할 때 이러한 입장은 수용하기 어렵다는 반론도 존재한다. 이러한 입장에서는 집단살해죄의 경우 당해 규범이 포섭대상으로 삼고 있는 것은 일정한 집단의 전부 또는 일부를 파괴하려고 의도한 사람이라는 점을 강조한다. 따라서 오직 특정한 집단을 파괴하려는 목적을 가지고 행동한 사람만이 집단살해죄의 범죄 개념에서 요구되는 특별한 목적을 가진 것이며 이들만이 로마규정 제25조 제3항 (a)에서 규정한 집단살해죄의 정범인 실행 범죄자로 처벌될 수 있다고 주장한다.[1030] 특별한 목적에 대한 인식만으로 특별한 목적 요건이 충족되는 것으로 보는 것은 입증의 용이성 측면에서 매력적이기는 하지만 집단살해죄가 가지고 있는 특별한 심각성과도 상응하지 않는 측면이 있다는 것이다.[1031]

우선 임시재판소의 판례는 공범책임은 주범의 책임에 종속적인 것이므로[1032] 집단살해죄의 공범의 경우에는 특별한 목적이 필수적으로 요구되지 않으며 주범이 특별한 목적을 가지고 행위 한다는 것을 알았거나 알 이유가 있으면 족하다고 보고 있다.[1033] 그러나 정범으로 처벌되는 경우에는 공범에서 적용되는 이와 같은 인식기반적 접근법을 그대로 일반화시키고 있지는 않다. Akayesu 사건에서 나타난 바와 같이 임시재판소 판례의 기본적 입장은 파괴할 목적을 범죄를 야기하려는 가장 강력한 형태의 의지적 요소로 이해하는 것으로[1034] 임시재판소 판례들은 특별한 목적에 대한 단순 인식론적 입장은 받아들이지 않고 있다.[1035] 국제사법재판소도 ICTY

1028) 또한 정책적 측면에서도 보호되는 집단을 파괴할 목적은 가지고 있으나 그러한 목적을 성취할 수 있는가 여부에 대하여 확신이 없는 사람보다 보호받는 집단을 절멸시킨다는 것에 대하여 명확한 인식을 가지고 구체적 행동을 취하는 경우가 보호받는 집단에 대하여 더욱 큰 위험성을 갖는다고 주장한다. 이러한 입장에 대한 상세한 설명은 Werle, Gerhard; Jeßberger, Florian, 전게서, p. 315; A.K.A. Greenawalt, "Rethinking Genocidal Intent, The Case for a Knowledge-Based Interpretation", 99 Columbia Law Review (1999), p. 2265 et seq, H. Vest, "Structure-Based Concept of Genocidal Intent", 5 JICJ (2007), p. 788 et seq.

1029) Ilias Bantekas, 전게서, p. 48.

1030) Werle, Gerhard; Jeßberger, Florian, 전게서, p. 315.

1031) Ilias Bantekas, 전게서, p. 48.

1032) Akayesu, ICTR (TC), judgment of 2 September 1998, para. 528.

1033) Akayesu, ICTR (TC), judgment of 2 September 1998, paras. 540 et seq; Brđanin, ICTY (TC), judgment of 1 September 2004, para. 730; Krnojelac, ICTY (AC), judgment of 17 September 2003, para. 52; Semanza, ICTR (TC), judgment of 15 May 2003, paras. 394-5; Seromba, ICTR (AC), judgment of 12 March 2008, para. 56.

1034) Akayesu, ICTR (TC), judgment of 2 September 1998, paras. 498, 518.

1035) Jelisić, ICTY (AC), judgment of 5 July 2001, para. 42 et seq; Krstić, ICTY (TC), judgment of 2 August 2001.

의 판례를 인용하면서 특별한 목적을 '일정한 집단 혹은 집단의 일부를 파괴하기 위하여 계획된 악의적이고 의도적 행위의 가장 심각한 유형'이라고 설시하고 있으며[1036] Bosnia-Herzegovina 법원도 Srebrenica에서 발생한 집단살해죄와 관련된 Kravica 사건에서 파괴할 목적은 '오직 의도적이고 의식적인 목적의 결과일 수밖에 없다'고 판시하였다.[1037] 국제형사재판소의 전심 재판부 I 역시 국제사법재판소의 견해 등을 따라 Al Bashir에 대한 체포영장에 대한 사건에서 최고위급 범죄자의 경우에는 '인식 기반적 접근'을 따르지 않았으며 결론적으로 당해 사건에서 혐의자에 대한 집단살해죄의 목적을 부정하였다.[1038]

한편 모든 경우에 있어 인식기반적 접근법을 취하지는 않더라도 보다 완화된 입장을 취하여 보호받는 집단에 대한 파괴적 공격에 대한 인식과 그와 같은 파괴의 결과가 발생하는 것에 대한 dolus eventualis가 존재할 경우 특별한 목적을 인정하는 입장이나[1039] 구분화 모델을 취하여 집단살해죄를 계획하고 조직하는 사람의 경우에는 이러한 집단파괴 목적을 스스로 구비하는 것이 필요하나 이들의 지휘를 받는 하급 범죄자들의 경우에는 인식만으로 충분하다는 주장이 있다.[1040]

이처럼 특별한 목적에 대한 보다 완화된 입장을 취하는 견해 중 고위급 범죄자와 중하위급 범죄자를 구분하여 취급하는 견해는 상당한 설득력을 가지고 있는 것으로 생각된다. 이러한 견해에서 제시하는 근거를 살펴보면 우선 현실적으로 진행되는 집단살해 작전의 구조에 비추어 독자적으로 집단을 파괴할 수단을 가지고 있지 않은 하위급 범죄자들에 대하여서까지 집단을 파괴할 목적을 가지고 행위할 것을 상정하는 것은 필요하지 않을 뿐 아니라 현실적이지도 않다는 것이다. 집단에 대한 파괴 목적을 가지지 않은 하위 범죄자는 비록 객관적으로는 집단살해 작전을 실제로 실행하는 직접 실행자이나 집단살해죄에 대한 사전적 계획이 이미 존재하고 있었고 이들은 이러한 계획을 만드는데 관여하지 않았으므로 집단살해 작전에 대한 전체적 기여라는 관점에서 볼 때에는 오직 이차적 참여자인 방조범에 유사한 지위를 가지며 규범적인 차원에서도 그러한 계획을 구현하기 위한 단순한 도구로 사용된 것이므로 방조 등과 같은 2차적 참여자에 준하여 판단하여야 한다는 것이다. 따라서 집단살해죄에 대한 방조의 경우와 같이 집단파괴 목적의 실현에 기여한다는 점을 알면서 집단살해 작전에 참여하였다면 형사책임을 묻기 위한 요건은 충

1036) ICJ, judgment of 26 February 2007 (Case Concerning the Application of the Convention on the Prevention and Punishment of the Crime of Genocide, Bosnia-Herzegovina v Serbia-Montenegro), in ICJ Reports 2007, 43, para. 188.

1037) Ambos, Kai, 전게서 II, p. 24.

1038) Al Bashir, ICC (PTC), decision of 4 March 2009, paras. 139-140.

1039) C. Kreß, "The Darfur Report and Genocidal Intent", 3 JICJ (2005), p. 577.

1040) Ambos, Kai, "What Does "Intent to Destroy" in Genocide Mean?", 91 International Review of the Red Cross (2009), p. 845 et seq; H.G. van der Wilt, "Genocide, Complicity in Genocide and International v. Domestic Jurisdiction", 4 JICJ (2006), p. 243 et seq.

족된 것으로 보아야 한다고 주장한다.[1041] 그러나 이러한 입장에서도 집단살해 작전의 두뇌로 활동하면서 작전의 진행을 전반적으로 촉진시킬 수 있는 최고위급 범죄자들의 경우에는 스스로 집단파괴 목적을 구비하여야 한다고 보고 있다.[1042]

집단살해죄에 대한 선동에 있어서도 Akayesu 재판부는 특별한 목적이 필요하다고 보았으며[1043] 이러한 판결은 다른 ICTR 판결에서도 받아들여지고 있다.[1044] 임시재판소 판례에서 인정되고 있는 공동범죄집단의 경우 모든 참여자는 반드시 범죄의 특별한 목적을 공유하여야만 하며[1045] 집단살해죄의 공모에 있어서도 집단살해죄의 목적을 구비하였을 것이 요구된다.[1046] 그러나 상급자책임에 있어서 상급자는 부하의 집단살해죄에 대한 목적을 공유할 필요가 없다.[1047] 임시재판소는 상급자책임의 경우 특별한 목적에 대하여도 상급자책임의 주관적 요건인 '알았거나 알 이유가 있음'의 기준을 적용하여 특별한 목적 범죄인 집단살해죄를 과실범으로 사실상 변환시키고 있다.[1048]

1041) 집단살해죄는 인도에 반한 죄에서 발전되어 나온 것이므로 본질적으로 인도에 반한 죄의 특별한 유형으로 이해될 수 있으며 이러한 구조적 일치성에 비추어 볼 때 하위급 범죄자에 대한 이와 같은 인식 요건을 인도에 반한 죄의 '공격에 대한 인식' 요건과 대비시켜 구조화시킬 수 있다는 주장은 Ambos, Kai, 전게서 II, p. 30.

1042) 이러한 입장에서는 중간급 범죄자들 역시 최고위급 범죄자들과 유사하게 전제되는 행위를 실제로 수행하지 않는 지능적 범죄자로서의 측면이 존재하므로 집단살해죄에서 요구되는 특별한 목적을 구비한 경우에만 집단살해죄의 실행 범죄자가 된다고 본다. Ambos, Kai, 전게서 II, p. 31.

1043) Akayesu, ICTR (TC), judgment of 2 September 1998, para. 560.

1044) Nchamihigo, ICTR (AC), judgment of 18 March 2010, para. 61; Ruggiu, ICTR (TC), judgment of 1 June 2000, para. 14.

1045) Ambos, Kai, 전게서 II, p. 34; 이와 다른 취지의 판례는 Tolimir, ICTY (TC), judgment of 12 December 2012, para. 898.

1046) Musema, ICTR (TC), judgment of 27 January 2000, para. 192.

1047) Brđanin, ICTY (TC), judgment of 1 September 2004, paras. 717 et seq; Akayesu, ICTR (AC), judgment of 1 June 2001, para. 865 등.

1048) Blagojević and Jokić, ICTY (TC), judgment of 17 January 2005, para. 686; Kayishema and Ruzindana, ICTR (TC), judgment of 21 May 1999, para. 92; Ntagerura et al., ICTR (TC), judgment of 25 February 2004, paras. 653-654; 이러한 결과가 부작위에 근거한 부수적 책임으로서의 상급자책임의 본질을 드러내는 것이며 로마규정 제28조가 범죄에 대한 인식을 요구하고 있지 않으므로 당연히 특별한 목적의 공유는 요구되지 않는 것으로 해석된다는 주장은 Werle, Gerhard; Jeßberger, Florian, 전게서, pp. 229, 230; 상급자책임에서의 주관적 요건을 이와 같이 파악하는 것이 상급자책임이 부하의 범죄에 대한 주범으로서의 책임을 부담하는 것이 아니라 별개의 부작위범으로서의 책임을 부담하는 것으로 파악할 수 있는 근거가 된다는 견해는 Ambos, Kai, 전게서 I, p. 221, 전게서 II, p. 34.

제 5 장

국제범죄에의 참여 형태 : 공범론

제 1 절 국제범죄에의 참여형태론

1. 국제범죄의 집합적 본질과 개인책임

국제범죄는 범죄의 실현에 여러 사람이 협력하는 집합범죄의 성격을 갖고 있다. 그리고 범죄와 관련된 이러한 협력은 즉흥적이거나 우발적인 상황에서 발생할 수도 있으나 많은 경우 국가 조직이나 군대와 같은 체계화된 조직 내에서 발생한다. 그러나 이와 같은 국제범죄의 집합적 본질에도 불구하고 개인책임의 원칙에 따라 개인의 형사책임은 개별적으로 규명되어야 하며 국제범죄에 기여한 개인의 행위를 어떻게 포섭하여 개인 책임의 비중을 적절히 저울질 할 것인가는 매우 어렵고도 중요한 과제이다.

국제범죄가 발생하게 되는 집합적 배경에 대하여는 주의가 필요하다. 국제범죄는 흔히 공통된 범죄계획에 따라 개별 행위들이 집적되는 형태로 수행되며 집단의 일부 구성원만이 살인 등 물리적 범죄행위를 직접 저지른다. 따라서 집합범죄적 성격을 갖는 국제범죄에 있어서는 직접 물리적 실행행위를 하지는 않으나 범죄의 야기에 핵심적 기여를 하는 집단 구성원들이 존재하는 경우가 흔하다.[1049] 일반범죄와 달리 국제범죄에서의 형사책임의 정도는 물리적 실행행위로부터의 거리가 멀어질수록 감소하지 않으며 많은 경우 오히려 증가한다. 이에 대한 전형적 사례가 '의자에 앉은 살인자(armchair killer)'라고 불린 아돌프 아이히만 사건이다. 그는 수천 명을 사망에 이르게 하였으나 자신의 손으로는 단 한 명의 피해자도 직접 살해하지는 않았다.[1050] 이러한 취지에서 로마규정 절차및증거규칙 제145조 제2항 (b)(ii)는 자신의 권한이나 공적 지위를 남용한 것을 범죄의 가중요건으로 규정하고 있다.[1051] 이와 같은 국제범죄의 집합적 본질은 국제범죄에

1049) Tadić, ICTY (AC), judgment of 15 July 1999, para. 191.

1050) Werle, Gerhard; Jeßberger, Florian, 전게서, p. 193.

1051) Rule 145 Determination of sentence 2. In addition to the factors mentioned above, the Court shall take into account, as appropriate (ii) Abuse of power or official capacity; 이에 부합하는 임시재판소 판례로는

대한 실현형태론의 전제를 이루며 개별 참여자들의 책임을 귀속시키는데 고려되어야 할 중요한 요소이다.

2. 다양한 참여 형태

국제범죄의 집합적 본질에도 불구하고 국제범죄 역시 한 사람의 개인에 의하여 범하여질 수 있다. 예를 들면 이미 발생한 무력충돌의 상황을 이용하여 다른 사람을 혼자서 살해하는 방법으로 전쟁범죄를 범하는 경우이다. 이처럼 개인이 스스로 국제범죄의 요건을 충족시키는 모든 행위를 하여 '단독으로 범죄를 범'하였다면 그는 국제범죄에 대한 형사책임을 부담한다. 다른 사람에게 의존하거나 다른 사람을 사용함이 없이 순수하게 혼자서 범죄를 실행하는 유형은 로마규정 제25조 제3항 (a)에 규정되어 있다.[1052]

그러나 국제범죄에는 다수인이 함께 참여하는 경우가 보다 일반적이다. 이처럼 여러 명이 관여하는 경우 관여자들 사이의 상호관계 등 관여 형태에 따라 다양한 유형이 존재할 수 있다. 여러 사람이 함께 범죄의 구성요소를 직접 실현하는 경우, 지휘자는 범죄계획의 공동계획에만 참여하고 범죄의 실행은 하급자가 맡는 경우, 다른 사람에 대한 의사지배를 통하여 다른 사람을 도구로 사용하는 방식으로 범죄를 실행하는 경우, 다른 사람에게 범죄를 결의하도록 권유하는 경우, 다른 사람이 범죄를 범하는 것을 알면서 이를 돕는 경우, 집단적 범죄가 이루어지는 것을 알면서도 이를 돕는 경우, 상급자로서 부하의 범죄를 방지하여야 함에도 이를 고의적으로 막지 않거나 혹은 부하가 범죄를 범하는 것에 대한 의도적 무관심이 존재하는 경우 등 매우 다양하다.

이와 같이 다양한 참여 형태별로 범죄의 성립요건을 규정하고 개인의 기여 정도를 가늠하여 정당한 형벌에 관한 이론을 정립하는 것은 용이하지 않은 과제이다. 실제 각국 국내법을 비교해 보면 범죄의 다양한 실현 형태를 규율하는 여러 가지 모델들이 존재한다.

3. 국제관습법에서의 범죄 참여 형태

범죄에의 참여 형태를 다루는 국제형사법의 조항들은 다른 일반원칙 조항들과 마찬가지로 국제형사법의 발전 초기 단계에는 초보적이고 단편적인 것이었다.

뉘른베르크 헌장 제6조 (c)는 범죄에의 참여 형태 일부를 범죄 개념에 직접 포함시켜 규정하는 형태를 취하여 평화에 반한 죄나 인도에 반한 죄를 실행하기 위한 공동계획이나 음모에 참여하거나 범죄를 실행하는데 참여한 지도자 등은 다른 사람에 의하여 실행된 행위에 대하여

Aleksovski, ICTY (AC), judgment of 24 March 2000, paras. 183 et seq; Blaškić, ICTY (AC), judgment of 29 July 2004, paras. 686, 727; Stakić, ICTY (AC), judgment of 22 March 2006, para. 411.

1052) 이러한 단독실행의 유형은 국제관습법에서도 인정되고 있다. Tadić, ICTY (AC), judgment of 15 July 1999, para. 188; Juvénal Kajelijeli, ICTR (TC), judgment of 1 December 2003, para. 764 등.

서도 책임을 부담하는 것으로 규정하고 있다.[1053] 나아가 뉘른베르크 헌장에 기반하여 만들어진 국제법위원회의 뉘른베르크 원칙에서는 국제범죄의 공모를 국제법에 반한 범죄라고 선언하였다.[1054] 이와 달리 통제위원회 법령 제10호 제2조 제2항은 정범과 종범을 구분하는 등 참여형태에 대한 보다 자세한 조항을 두고 있었다. 그러나 뉘른베르크 재판이나 제2차 세계대전 이후 있었던 군사법원의 재판에서는 이른바 단일정범 개념에 따라 참여의 형태를 구체적으로 구분하지 않았으며 범죄행위를 촉진하거나 지지하는 모든 행위를 형사처벌의 대상이 되는 참여로 간주하였다.[1055]

국제형사법 영역에서 국제범죄에 대한 참여 형태의 구분은 임시재판소 법령들에서 나타났다.[1056] Tadić 판결에서는 이러한 법령을 근거로 범죄의 실행, 계획, 명령, 교사, 방조 등을 구분하는 보다 체계적 이론이 전개되었으며 특히 공동범죄집단에 대한 참여를 국제관습법에 근거하여 인정하고 있다.[1057] 나아가 임시재판소는 주범으로서의 책임과 교사, 방조 등 종속적 책임을 구분하고 이를 양형 단계에서도 반영하게 되었다.[1058]

제 2 절 로마규정에서의 범죄 참여 형태

1. 구분화된 기여 모델

로마규정 제25조 제3항은 범죄의 실행과 이에 대한 부속적 책임을 명시적으로 구분하지 않

1053) Article 6. The following acts, or any of them, are crimes coming within the jurisdiction of the Tribunal for which there shall be individual responsibility
   (a) CRIMES AGAINST PEACE: -----namely, planning, preparation, initiation or waging of a war of aggression, or a war in violation of international treaties, agreements or assurances, or **participation in a common plan or conspiracy for the accomplishment of any of the foregoing;** ------
   (c) CRIMES AGAINST HUMANITY: -----
   Leaders, organizers, instigators and accomplices participating in the formulation or execution of a common plan or conspiracy to commit any of the foregoing crimes are responsible for all acts performed by any persons in execution of such plan.
1054) Nuremberg Principle VII. Complicity in the commission of a crime against peace, a war crime, or a crime against humanity as set forth in Principle VI is a crime under international law.
1055) Werle, Gerhard; Jeßberger, Florian, 전게서, p. 195.
1056) ICTY 법령 제7조 1. A person who planned, instigated, ordered, committed or otherwise aided and abetted in the planning, preparation or execution of a crime referred to in articles 2 to 5 of the present Statute, shall be individually responsible for the crime.; ICTR 법령 제6조도 동일한 내용을 담고 있다.
1057) Tadić, ICTY (AC), judgment of 15 July 1999, paras. 185 et seq.
1058) Vasiljević, ICTY (AC), judgment of 25 February 2004, para. 182; Krstić, ICTY (AC), judgment of 19 April 2004, para. 268; Perišić, ICTY (TC), judgment of 6 September 2011, paras. 1838 et seq; Semanza, ICTR (AC), judgment of 20 May 2005, paras. 355 et seq, para. 364; Kamuhanda, ICTR (AC), judgment of 19 September 2005, para. 77.

고 있다. 따라서 이러한 측면에서는 이른바 단일정범 모델과 부분적 유사성이 존재하는 것은
사실이나 로마규정이 이른바 순수한 형태의 단일정범 개념을 받아들인 것으로는 평가되지는 않
는다. 왜냐하면 비록 형사책임의 등급에 있어서의 차별성을 명시적으로 규정하고 있지는 않으
나 로마규정 제25조 제3항은 다양한 참여형태를 서로 다른 네 개의 유형으로 나누어 규정하고
있고 이들 각 유형들은 상호 구분되는 책임의 단계적 모델을 형성한 것으로 평가되고 있기 때
문이다.[1059]

　　로마규정 제25조 제3항을 구체적으로 살펴보면 국제관습법에서 인정되는 범죄에 대한 참여
형태를 체계화하는 한편 일부 조항에서는 이를 보충하거나 수정하고 있다.

　　먼저 로마규정 제25조 제3항 (a)에서는 정범에 해당하는 단독실행, 공동실행, 다른 사람을
통한 실행 등 범죄의 실행을 규정하고 (b), (c)에서는 이차적 참여 유형으로 교사, 방조를 규정한
다. 그리고 (d), (e)는 집단살해죄에 대한 선동과 집단범죄에 대한 방조 등 일반적 참여 형태에
대한 확장 유형을 별도로 규정하고 있다.[1060] 특히 도구에 의한 범행(perpetration-by-means)의 개
념은 국제관습법에 직접적 근거가 존재하지 않음에도 로마규정 제25조 제3항 (a)에 포함되었으
며[1061] 집단범죄에 대한 방조 역시 '공모(conspiracy)' 범죄를 도입하지 않는 대안으로 제3항 (d)에
새로이 포함되었다. 나아가 지도자 범죄(leadership crime)인 침략범죄의 특성을 반영하여 새로운
로마규정 제25조 제2항의2에서는 침략범죄의 주체를 일정한 지도자 집단으로 제한하고 있다.

　　이러한 로마규정의 태도는 일반적으로 각 나라의 법제 역시 순수한 단일정범 개념을 그대로
따르고 있지 않다는 비교 형사법적 고찰의 결과와 상응하는 것이라는 평가이다. 범죄에 대한 기
여의 비중과 이에 수반되는 불법의 정도를 가늠하여 상이한 참여 형태를 취하는 체제가 범죄에
대한 모든 기여자들을 동일하게 취급하는 것보다 정의와 공정의 원칙에 더욱 부합하는 것이라는
강점이 있으며 참여의 정도를 구분하여 고려하는 것이 양형 단계에서도 반드시 필요하다는 실무
적 고려와도 부합하는 것이다.[1062] 로마규정 절차및증거규칙 제145조 제1항 (c)는 참여의 내용을
형량을 결정하는 고려 요소로 명시하고 있다.

　　국제형사재판소의 전심 재판부 I 은 Lubanga 사건에서 '로마규정 제25조 제3항 (a)의 --- 엄격
한 의미에서의 범죄 실행과 --- 주범(principal)과 구분되는 유형의 공범책임으로 (b)부터 (d)까지
규정되어 있는 것'을 서로 구분하여 설시하고 있다.[1063] 또한 위 사건의 공판 과정에서도 로마규
정 제25조 제3항의 실현 형태가 계층적 구조를 형성하고 있음을 인정하면서 (a)에서의 실행 유형

1059) 이와 달리 임시재판소 법령에서는 다양한 참여형태를 단순히 열거적으로 나열하고 있다. Werle, Gerhard;
　　　 Jeßberger, Florian, 전게서, p. 196.
1060) Ambos, Kai, 전게서 I, p. 145.
1061) Werle, Gerhard; Jeßberger, Florian, 전게서, p. 196.
1062) Ambos, Kai, 전게서 I, p. 146.
1063) Thomas Lubanga Dyilo, ICC (PTC), decision of 29 January 2007, para. 320.

은 형사책임과 비난의 정도에서 (b), (c), (d)에 규정된 다른 2차적 참여 형태보다 강하며 우선시 되는 것으로 주범책임의 관념은 가장 심각한 범죄에 대하여 가장 높은 수준의 책임을 부담하는 사람에 대한 비난가능성을 표현한 것이라고 판시하였다.[1064]

결론적으로 로마규정은 주된 범죄자로서 범행을 실행하는 것을 최상위의 가장 심각한 유형 의 형사책임으로 규정하고 그 밖에 교사, 방조, 집단범죄에 대한 방조 등 모두 4가지 계층의 실 현 형태를 서로 구분하여 규정하고 있다.[1065] 그러나 로마규정은 실현 형태에 따른 책임의 정도 를 암묵적으로 구분하고 있을 뿐 형벌이나 형사책임의 정도를 명시적으로 규정하고 있지는 않 다. 이와 같은 형태의 로마규정을 오스트리아와 스웨덴에서 도입하고 있는 기능적 단일정범 모 델을 취한 것이라고 평가하는 견해가 있다.[1066]

2. 공범의 종속성

로마규정은 범죄의 특정한 실현 형태가 형사책임을 귀속시킬 수 있는 독립적 근거로 기능 할 수 있는가 여부와 관련하여 독립적 책임 형태인 범죄의 실행과 종속적 책임으로서의 참여를 구분하고 있다. 이러한 구분은 국제관습법에도 부합하는 것으로 정범에 의한 범죄 실행이 아닌 공범에 의한 참여의 경우에는 정범의 범죄가 실제로 실행되었거나 혹은 적어도 실행에 착수되 었을 경우에만 형사책임을 부담하게 된다.[1067] 로마규정 제25조 제3항 (b), (c)는 적어도 본범의 범행이 착수될 것을 공범에 대한 형사책임의 조건으로 명시하고 있다. 이처럼 국제형사법의 영 역에서도 공범 혹은 2차적 참여 행위는 이른바 파생책임(derivative liability)으로 주된 범죄에 종 속된다.[1068]

제 3 절 정범의 범죄실행 유형과 단독실행

1. 범죄실행의 3가지 유형

범죄자는 스스로 또는 다른 사람을 통하여 범죄를 실행할 수 있으며 로마규정 제25조 제3항

1064) Thomas Lubanga Dyilo, ICC (TC), judgment of 14 March 2012, para. 999.
1065) Werle, Gerhard; Jeßberger, Florian, 전게서, p. 197.
1066) Ambos, Kai, 전게서 I, p. 146; 앞서 본 바와 같이 국제범죄의 집합적 본질을 고려할 때 개별 참여형태의 중대성을 평가하는 것은 불가피하면서도 중요한 것이다. 임시재판소는 참여형태에 따라 책임의 비중에 차 별을 두는 판결들을 선고하고 있다. Vasiljević, ICTY (AC), judgment of 25 February 2004, para. 182; Krstić, ICTY (AC), judgment of 19 April 2004, para. 268; Semanza, ICTR (AC), judgment of 20 May 2005, paras. 355 et seq; Kamuhanda, ICTR (AC), judgment of 19 September 2005, para. 77.
1067) Werle, Gerhard; Jeßberger, Florian, 전게서, p. 196. 다만 로마규정 제25조 제3항 (e)의 집단살해죄에 대한 선동은 예외에 해당한다.
1068) 로마규정에서는 시도된 교사나 방조는 처벌되지 않는다. Ambos, Kai, 전게서 I, p. 148.

(a)는 모두 3가지 범죄실행 유형을 규정하고 있다. 주범의 지위에서 범죄를 실행하는 사람은 가장 높은 수준의 형사책임을 부담하게 되는 까닭에 이와 같은 실행 개념에서 요구되는 필수적 요건은 엄격하게 해석되어야만 한다.[1069]

　범죄를 스스로 실행하는 것에는 한 사람이 범죄의 모든 요소를 혼자서 직접 실행하는 단독실행과 다수의 사람들이 함께 범죄를 실행하는 공동실행의 경우가 있다. 또한 자신이 직접 범죄를 실행하지 않고 다른 사람을 통하여 범죄를 실행할 수도 있다. 다른 사람을 통하여 범죄가 이루어진 경우에는 공범으로서 단지 2차적 책임만을 부담하는 경우도 있으나 다른 사람을 이용한 사람과 실제 범죄를 실행한 사람과의 관계에 따라 다른 사람을 이용한 사람이 범죄를 실행한 것으로 처벌될 수 있다. 이는 다른 사람을 이용하여 범죄를 야기한 행위가 직접 실행에 필적하는 것으로 평가되는 경우로 로마규정 제25조 제3항 (a)는 다른 사람을 통한 실행을 별도의 유형으로 규정하고 있다.

　주목해야 할 것은 국제형사재판소는 범죄를 실행한 주범과 종속적 입장에 있는 공범을 구분함에 있어 순수한 객관적 기준이나 순수한 주관적 기준을 모두 거부하고 객관적 요소와 주관적 요소를 함께 고려하고 있다는 점이다.[1070] 범죄의 객관적 요소에 해당하는 행위를 직접 실행하였는가 여부 등 순수 객관적 기준만을 적용할 경우 다른 사람을 통한 범죄의 관념이 성립하기 어려우며 범죄자의 의사만을 판단의 근거로 삼는 순수 주관적 기준은 주범으로서의 범죄의 실행에 해당하는가 여부를 결정하는데 너무 많은 재량의 여지를 주는 것이다.[1071] 특히 국제형사재판소는 모든 범죄의 실행 유형에 적용될 수 있는 공통된 개념 기준으로 독일 이론에 기원을 둔 '범죄실행에 대한 지배(control over the commission of the offence)' 개념을 채택하고 있다.[1072] 국제형사재판소가 제시하는 이러한 기준은 제25조 제3항 (a)에 규정된 3가지 실행 유형의 특질에 부합할 뿐 아니라 범죄실행에 있어서 보다 높은 수준의 책임을 전제하는 것이다. 위 이론은 실행에 미치지 못하는 다른 유형의 참여 형태와 실질적인 구분을 가져 올 수 있는 기준으로[1073] 대륙법계 국

1069) Werle, Gerhard; Jeßberger, Florian, 전게서, p. 198.
1070) Lubanga Dyilo, ICC (PTC), decision of 29 January 2007, paras. 333 et seq; Katanga and Ngudjolo Chui, ICC (PTC), decision of 30 September 2008, paras. 482 et seq.
1071) Werle, Gerhard; Jeßberger, Florian, 전게서, p. 198; 주관적 구분기준을 따른 임시재판소 판례로는 Lukić and Lukić, ICTY (TC), judgment of 20 July 2009, para. 899; Seromba, ICTR (AC), judgment of 12 March 2008, para. 161; Munyakazi, ICTR (TC), judgment of 5 July 2010, paras. 430, 491 등.
1072) Katanga, ICC (TC), judgment of 7 March 2014, paras. 1382, 1394 et seq; Lubanga Dyilo, ICC (TC), judgment of 14 March 2012, paras. 976 et seq, para. 1005; Lubanga Dyilo, ICC (PTC), decision of 29 January 2007, paras. 326 et seq; Katanga and Ngudjolo Chui, ICC (PTC), decision of 30 September 2008, paras. 480 et seq; Al Bashir, ICC (PTC), decision of 4 March 2009, para. 210; Bemba, ICC (PTC), decision of 15 June 2009, para. 348; Abu Garda, ICC (PTC), decision of 8 February 2010, paras. 152 et seq; Muthaura et al., ICC (PTC), decision of 23 January 2012, para. 296; Ruto et al., ICC (PTC), decision of 23 January 2012, para. 291.
1073) Werle, Gerhard; Jeßberger, Florian, 전게서, p. 198.

가인 우리나라의 형법에서도 활용되는 친숙한 이론이다.[1074]

2. 단독실행

한사람의 개인이 필요한 주관적 요건을 모두 갖춘 상태에서 국제범죄의 모든 객관적 요건을 스스로 직접 실행한 경우이다. 로마규정 제25조 제3항 (a)는 이를 '개인으로 범죄를 범한 경우'로 규정하고 있다. 다른 사람을 사용하거나 다른 사람에게 의존함이 없이 오롯이 스스로 범죄를 실행하는 경우로 가장 기본적인 범죄실행 유형이다.

이와 관련하여 로마규정의 문언이 단독실행의 의미를 명확하게 표현하고 있지 못하다는 비판이 존재한다. 로마규정이 '개인으로,...... 범죄를 범한 경우'라는 내용을 규정하고 있는 것은 개인책임의 원칙을 재차 명확히 한 것에 불과하며 다른 사람에 의존하지 않고 범죄를 범한다는 점이 정확하게 표현되지 않았다는 것이다.[1075] 범죄를 '범한다(committed)'는 용어는 특별히 의미를 따로 명확히 규정하지 않을 경우 로마규정 제25조 제3항 (a)에 규정된 다른 유형의 참여 형태가 포괄된 것으로 이해될 수도 있는 광범위한 것으로[1076] 실제 임시재판소는 ICTY 법령 제7조 제1항과 ICTR 법령 제6조 제1항에 규정된 'commit'의 개념을 광범위하게 해석한 바 있다.[1077]

제 4 절 공동실행(Joint Commission)

두 사람 이상이 국제범죄를 공동으로 범할 경우 각자 전체 범죄에 대한 형사책임을 부담한다. 공동실행은 공모(complicity)의 관념과 구분되는 범죄 실행의 자족적 형식으로 국제범죄와 관련된 기본적 형태는 ICTY 판례법에서 발전된 바 크다.[1078]

공동실행은 두 사람 이상의 범죄자가 함께 범죄를 범하는 것을 기본적 요소로 한다. 교사, 방조 등 종속성이 인정되는 2차적 참여책임과의 구분은 함께 범죄를 '범한다(commit)'는 실행의 개념을 어떻게 정의할 것인가하는 문제와 밀접히 관련되어 있다. 단독범행의 경우와 같이 각각의 범죄자가 범죄의 구성요건을 모두 충족시켜야 하는 것으로 이해한다면 스스로 총을 쏘아 다

1074) 신동운, 『형법총론』, 572면 이하; 이재상 · 장영민 · 강동범, 『형법총론』 서울 : 박영사, 2015. 472면 이하 참고.
1075) 위 조항의 영어표현은 'Commits such a crime, whether as an individual, ...'이다. 이와 관련하여 독일형법 제25조의 경우와 같이 '범죄행위를 스스로 또는 타인을 통해 실행한 자는 정범으로서 처벌된다'고 규정하는 것이 타당하다는 견해와 위 조항의 개방적 해석가능성에 대하여는 Albin Eser, "Individual Criminal Responsibility", p. 789.
1076) Ambos, Kai, 전게서 I, p. 149.
1077) Tadić, ICTY (AC), judgment of 15 July 1999, para. 188; Kordić and Čerkez, ICTY (TC), judgment of 26 February 2001, para. 376.
1078) Ambos, Kai, "Individual criminal responsibility", p. 749.

른 사람을 직접 죽인 사람만이 실행범으로 처벌되며 공동의 계획에 따라 그에게 총을 건넨 사람은 살인의 공동실행으로 인정될 수 없을 것이다. 그러나 범죄의 실행을 공범들의 기여를 결합하고 상호적으로 귀속시키는 완화된 의미로 이해한다면 스스로 범행을 계획하고 범행의 수단을 제공한 사람에 대하여도 범죄에 대한 기능적 행위분담(functional division of labour)과 범죄행위의 상호 귀속을 통하여 공동실행의 개념을 적용시킬 수 있을 것이다.[1079)

1. 임시재판소에서의 공동실행

(1) 일반이론

ICTY 판례는 공동실행으로 인정되기 위하여 범죄자에 의한 직접적인 물리적 실행이 요구되는 것은 아니며 범죄실행에의 간접적 기여에 해당하는 행위도 범죄실행의 객관적 요소를 충족시킬 수 있다고 보는 개방적 태도를 취하고 있다.[1080) 따라서 범죄실행을 위한 공동계획의 존재가 다른 유형의 범죄 실현 형태와 구분되게 하는 중요한 요소가 되며 공동실행자는 반드시 공동의 계획 혹은 목적을 가지고 행위하였어야 한다.[1081)

ICTY는 공동범죄집단에의 참여라는 관념에 기반하여 공동실행의 책임을 인정하여 왔으며[1082) 이러한 이론은 ICTR이나 혼합형 재판소에서도 채택된 바 있다.[1083)

공동범죄집단 이론은 다수 범죄자의 존재를 당연한 요건으로 전제하고 있으며[1084) 국제범죄의 실행을 지향하는 공동계획 내지 공동의 목적을 핵심적 요소로 삼고 있다.[1085) 공동계획은 대

1079) 한편 범죄를 범한다는 개념 자체는 직접적 실행으로 그 범위를 제한하면서도 '함께' 범행을 범한다는 요건을 통해 교사나 방조와의 본질적 구분을 도모하는 견해는 Albin Eser, "Individual Criminal Responsibility", p. 790.

1080) ICTY 법령 제7조 제1항은 단독실행, 공동실행, 다른 사람을 통한 실행 등 다양한 유형의 범죄 실행 형태를 범죄의 '실행(committing)'이라는 단일한 용어에 함께 포섭하고 있다.

1081) Albin Eser, "Individual Criminal Responsibility", p. 791.

1082) Tadić, ICTY (AC), judgment of 15 July 1999, paras. 194 et seq; Vasiljević, ICTY (AC), judgment of 25 February 2004, paras. 87 et seq; Kvočka et al., ICTY (AC), judgment of 28 February 2005, paras. 77 et seq; Tolimir, ICTY (TC), judgment of 12 December 2012, paras. 884 et seq 등; 상세한 것은 B. Goy, "Individual Criminal Responsibility before the International Criminal Court", 12 International Criminal Law Review (2012) 참조.

1083) Ntakirutimana and Ntakirutimana, ICTR (AC), judgment of 13 December 2004, paras. 462 et seq; Munyakazi, ICTR (AC), judgment of 28 September 2011, paras. 160 et seq; Taylor, SCSL (TC), judgment of 18 May 2012, paras. 457 et seq; Perreira, Special Panels for Serious Crimes in East Timor, judgment of 27 April 2005, 19 et seq; STL (AC), decision of 16 February 2011 (Interlocutory Decision on the applicable law), paras. 236 et seq.

1084) Tadić, ICTY (AC), judgment of 15 July 1999, para. 227; Vasiljević, ICTY (AC), judgment of 25 February 2004, para. 100; Tolimir, ICTY (TC), judgment of 12 December 2012, para. 889; Taylor, SCSL (TC), judgment of 18 May 2012, para. 459 등.

1085) Tadić, ICTY (AC), judgment of 15 July 1999, para. 188; Kupreškić et al., ICTY (AC), judgment of 14

규모 범죄집단이 벌이는 전국가적 범죄와 같은 광범위한 형태일 수 있으며[1086] 공동계획의 존재를 통하여 다수의 사람이 범죄를 실행하는데 상호 협력하였다는 사실이 추론될 수 있다.[1087] 공동계획의 존재는 공동실행을 방조와 구분짓게 해주는 요건이다. 방조는 주범의 범죄에 종속되며 주범과 방조범 사이에는 공동계획이 전제되어 있지 않으므로 주범은 방조범의 도움의 존재를 인식하지 못할 수 있다.[1088]

개별 참여자의 기여에 대하여 요구되는 특별한 조건은 없으며 국제범죄 실행에 대한 모든 종류의 도움이 기여에 해당할 수 있다. 따라서 범죄의 물리적 실행에 직접적으로 관여되어야 하는 것은 아니며[1089] 범죄계획을 실행하는데 필수적이어야 하는 것도 아니다.[1090] 경우에 따라서는 단순한 부작위만으로도 충분하며[1091] 기여 행위 자체가 금지된 행위이어야 하는 것도 아니다. 사회적으로 수용가능한 행위도 경우에 따라서는 형사책임을 귀속시키는 행위에 해당할 수 있다.[1092] 임시재판소의 판례에 의하면 제3자의 기여가 요구될 경우 이러한 제3자의 행위도 공동범죄집단에 귀속될 수 있다.[1093]

(2) 공동범죄집단의 유형

ICTY 판례는 적용되는 주관적 요건을 기준으로 기본 유형, 체제 유형, 확장 유형 등 서로 다른 3가지 범주의 공동범죄집단을 인정하고 있다.[1094]

January 2000, para. 772; Bizimungu et al., ICTR (TC), judgment of 30 September 2011, para. 1907; Taylor, SCSL (TC), judgment of 18 May 2012, para. 460.

1086) Brđanin, ICTY (AC), judgment of 3 April 2007, paras. 420 et seq, paras. 422, 425; Krajišnik, ICTY (TC), judgment of 27 September 2006, para. 876.
1087) Werle, Gerhard; Jeßberger, Florian, 전게서, p. 287; Tadić, ICTY (AC), judgment of 15 July 1999, para. 227; Vasiljević, ICTY (AC), judgment of 25 February 2004, para. 100; Simba, ICTR (AC), judgment of 27 November 2007, paras. 74, 90, 250 등.
1088) Albin Eser, "Individual Criminal Responsibility", p. 791; 방조범은 주범의 범죄 실행에 대한 인식으로 족하나 공동범죄집단의 경우에는 공동 계획을 실현시킬 의도가 존재하여야 한다. Tadić, ICTY (AC), judgment of 15 July 1999, para. 229; Werle, Gerhard; Jeßberger, Florian, 전게서, p. 287.
1089) Krajišnik, ICTY (AC), judgment of 17 March 2009, para. 663; Ndahimana, ICTR (TC), judgment of 30 December 2011, para. 721.
1090) Kvočka et al., ICTY (AC), judgment of 28 February 2005, paras. 97, 104, 187.
1091) Haradinaj et al., ICTY (TC), retrial judgment of 29 November 2012, para. 619.
1092) Werle, Gerhard; Jeßberger, Florian, 전게서, p. 287; Krajišnik, ICTY (AC), judgment of 17 March 2009, paras. 695 et seq.
1093) Krajišnik, ICTY (AC), judgment of 17 March 2009, paras. 225 et seq, paras. 598, 714; 국제형사재판소의 판례에 의하면 '간접공동실행(indirect co-perpetration)'의 요건을 충족시키는 것이 필요하다. Katanga and Ngudjolo Chui, ICC (PTC), decision of 30 September 2008, paras. 490 et seq; Al Bashir, ICC (PTC), decision of 4 March 2009, paras. 210 et seq.
1094) Werle, Gerhard; Jeßberger, Florian, 전게서, p. 287; Tadić, ICTY (AC), judgment of 15 July 1999, para. 195; Tolimir, ICTY (TC), judgment of 12 December 2012, para. 888; 유형들 사이의 구분 기준에 대한 것은

'기본 유형'은 공동계획에 대한 고의가 존재하는 경우로서 다수인이 범죄를 범할 것에 합의한 후 공동계획에 따라 범죄를 실행하는 형태이다.[1095] 개별 범죄자들은 각자 다양한 역할을 수행할 수 있으며 범죄자들의 범행 동기나 범행에 참가한 이유가 동일할 필요도 없다.

'체제 유형'은 군사 조직 또는 행정조직의 구성원들 다수가 국제범죄에 함께 참여하는 형태로서 군사 및 행정조직이 학대 시스템(systems of ill-treatment)으로 작동하는 경우이다. 국제범죄를 범하는데 활용되는 이러한 학대 시스템이 기본 유형에서의 공동계획에 상응하는 것으로 범죄자는 이러한 체제에 적극적으로 참여하여야 한다. 집단수용소 관련 사건이 대표적인 경우로서 범죄자는 학대 시스템의 특성을 인식하고 시스템의 기능을 실행해 나갈 고의를 가지고 행동하였어야 한다.[1096] 범죄자가 학대 시스템에 참여하였는가의 여부와 이에 대한 범죄자의 고의는 조직 내에서의 지위와 부여된 임무 등에서 추론될 수 있다.[1097]

'확장 유형'은 공동실행자들 중 일부가 당초 존재하였던 공동계획의 범위를 넘어선 행위를 하는 경우와 같이 공동계획과 실제로 실행된 범죄 사이에 간극이 존재하는 경우이다.[1098] 당초의 공동계획을 넘어서 발생한 결과라 하더라도 계획을 실현하는 과정에서 발생할 수 있는 자연스럽고 예견 가능한 것이며 공동행위자가 그러한 행위에 대한 위험성을 인식하면서도 그러한 위험을 부담하였다면 모든 참여자들이 이에 대한 책임을 함께 부담한다.[1099] 그러나 이와 같은 확장 유형은 공동실행의 관념을 지나치게 넓혀 주관적 요건이 충족되지 않았음에도 범죄의 책임을 귀속시키는 것으로[1100] 일종의 엄격책임(strict liability)나 집단책임(guilty association)에 해당하여 개인책임의 원칙에 반한다는 강력한 비판이 제기된다.[1101]

Vasiljević, ICTY (AC), judgment of 25 February 2004, paras. 97 et seq.

1095) Tadić, ICTY (AC), judgment of 15 July 1999, paras. 196, 220; Stanišić and Simatović, ICTY (TC), judgment of 30 May 2013, para. 1258.

1096) Werle, Gerhard; Jeßberger, Florian, 전게서, p. 203; Tadić, ICTY (AC), judgment of 15 July 1999, paras. 202, 220; Limaj et al., ICTY (AC), judgment of 27 September 2007, para. 109.

1097) Tadić, ICTY (AC), judgment of 15 July 1999, para. 203.

1098) Tadić, ICTY (AC), judgment of 15 July 1999, para. 204; Vasiljević, ICTY (AC), judgment of 25 February 2004, paras. 95 et seq.

1099) Werle, Gerhard; Jeßberger, Florian, 전게서, p. 203; Albin Eser, "Individual Criminal Responsibility", p. 792; Tadić, ICTY (AC), judgment of 15 July 1999, para. 228; Krnojelac, ICTY (AC), judgment of 17 September 2003, para. 32; Vasiljević, ICTY (AC), judgment of 25 February 2004, para. 101; Ntakirutimana and Ntakirutimana, ICTR (AC), judgment of 13 December 2004, para. 467; Ngirabatware, ICTR (TC), judgment of 20 December 2012, para. 1302; Taylor, SCSL (TC), judgment of 18 May 2012, para. 466; 집단살해죄 등과 같이 특별한 목적이 요구되는 범죄에 있어서 범죄를 실행하지 않은 다른 범죄자가 특별한 목적을 구비하는 것이 필요하지 않다는 것은 Tolimir, ICTY (TC), judgment of 12 December 2012, para. 898.

1100) M.E. Badar, ""Just Convict Everyone!"— Joint Perpetration : From Tadić to Stakić and Back Again", 6 International Criminal Law Review (2006), p. 301 et seq.

1101) J.S. Martinez and A.M. Danner, "Guilty Associations : Joint Criminal Enterprise, Command Responsibility, and the Development of International Criminal Law", 93 California Law Review (2005), p. 134 et seq; J.D. Ohlin,

2. 로마규정에서의 공동실행

로마규정 제25조 제3항 (a)는 공동실행을 '다른 사람과 공동으로 범행을 실행하는 것(commits such a crime… jointly with another)'으로 단순하게 규정하고 있다. 이와 관련하여 국제형사재판소는 공동실행의 객관적 요건으로 두 사람 이상 사이에서 공동계획 혹은 범죄에 대한 합의가 존재할 것과 범죄의 실현에 대한 공범 각자의 조화롭고 본질적 기여가 필요하다고 설시하고 있다.[1102] 이는 주관적 기준에 의존하는 임시재판소 판례와 달리 독일의 기능적 행위지배 이론(doctrine of functional domination of the act, funktionelle Tatherrschaft)을 채택한 것으로[1103] 공동실행의 개념적 기준은 '지배'의 관념이다. 조화롭게 행동하는 두 사람 이상이 범죄를 범하려는 목적으로 범죄의 실현에 필수적인 임무를 분배하며 범죄의 실행에 있어서 상호 의존하는 것으로 개별 범죄자가 범죄 전체를 통제하는 것은 아니지만 이와 같은 상호 의존을 통하여 통제를 공유한다. 각각의 범죄자는 그들의 임무를 수행하지 않는 방법으로 범죄의 실행을 좌절시킬 수 있다.[1104]

기여행위의 상호적 귀속에 대한 기반은 공동계획이다. 그러나 범행 실행 이전에 계획이 확정되어 있어야 한다거나 혹은 공동범행자들 사이에 이러한 계획이 명시적으로 합의될 것이 요구되지는 않는다.[1105] 국제형사재판소는 공동계획이 본질적으로 범죄적일 필요까지는 없으나 통상적 경과에 따라 계획이 실현될 경우 범죄가 발생할 충분한 위험성을 내포하고 있는 '최소한의 요소' 혹은 '범죄성의 중요한 요소(critical element of criminality)'를 포함해야 하는 것으로 보았다.[1106]

"Three Conceptual Problems with the Doctrine of Joint Criminal Enterprise", 5 JICJ (2007), pp. 81, 85 et seq; Werle, Gerhard; Jeßberger, Florian, 전게서, p. 204; 국제관습법에서 괴리된 것이라는 비판은 Ambos, Kai, "Joint Criminal Enterprise and Command Responsibility", 5 JICJ (2007), p. 173; 합리적 예견가능성이라는 기준 대신 고도의 개연성이 존재함에도 그러한 결과의 발생을 수용한 것으로 변경시켜 고의의 범주에 속할 수 있는 dolus eventualis에 부합하도록 하여야 한다는 주장은 Badar, Mohamed Elewa, 전게서, p. 432.

1102) Bemba, ICC (PTC), decision of 15 June 2009, para. 350.

1103) Lubanga Dyilo, ICC (PTC), decision of 29 January 2007, paras. 326 et seq; 독일의 기능적 행위지배 이론에 대한 간략한 설명은 Ambos, Kai, 전게서 I, p. 150; 공동실행에 대한 로마규정의 문언상으로는 ICTY의 판례와 동일한 해석이 불가능하지는 않으나 'dolus eventualis'를 범주적으로 배제하고 있는 로마규정의 해석상 공동범죄집단의 확장유형은 수용하기 어렵다는 것은 Albin Eser, "Individual Criminal Responsibility", p. 792.

1104) Ambos, Kai, 전게서 I, p. 150; Werle, Gerhard; Jeßberger, Florian, 전게서, p. 206; 독일의 기능적 행위지배 이론을 취한 판례로는 Lubanga Dyilo, ICC (PTC), decision of 29 January 2007, paras. 332, 342 et seq; Lubanga Dyilo, ICC (TC), judgment of 14 March 2012, paras. 999 et seq; Katanga and Ngudjolo Chui, ICC (PTC), decision of 30 September 2008, paras. 521 et seq; Al Bashir, ICC (PTC), decision of 4 March 2009, para. 212; Bemba, ICC (PTC), decision of 15 June 2009, para. 350.

1105) Lubanga Dyilo, ICC (TC), judgment of 14 March 2012, para. 988; Lubanga Dyilo, ICC (PTC), decision of 29 January 2007, para. 345.

1106) Lubanga, ICC (PTC), decision of 29 January 2007, paras. 984, 987; '범죄성의 중요한 요소'의 구체적 의미가 불분명하나 공동 계획이 지배적으로 非범죄적인 것일 수는 없으며 최소한으로나마 실행 대상 범죄의 구체적 요소를 포함하는 것이어야 한다는 견해는 Ambos, Kai, 전게서 I, p. 152.

공동실행의 책임은 공동실행에 대한 본질적 기여(essential contribution)가 있었을 경우에만 인정된다. 이는 로마규정의 계층 구조를 반영하여 정범으로 가장 높은 책임이 귀속되는 공동실행의 요건을 엄격하게 해석한 결과이다. 따라서 본질적 기여에 이르지 못하는 비중이 약한 행위나 단순한 간접적 격려 등 낮은 수준의 기여는 방조 혹은 집단 범죄에 대한 방조 등 종속적 책임에 해당할 수 있을 뿐이다.[1107] 그러나 본질적 기여가 반드시 범죄의 물리적인 직접 실행에 제한되는 것은 아니며 기여가 존재하지 않을 경우 공동계획의 실행이 불가능하다면 본질적인 것이다. 특히 국제범죄가 발생하는 거시적 범죄 체제 내에서는 범죄의 직접 실행과는 이격되어 있으나 전체적 범죄 계획 혹은 범죄 조직의 구성 등에 관여함으로써 직접 실행자보다 높은 수준의 책임을 부담하게 되는 경우가 적지 않다. 이러한 유형의 공동실행자는 직접 실행자 이상으로 범죄실행을 지배하는 것이다.[1108]

공동범죄자는 대상 범죄에 대한 모든 주관적 요건을 충족하여야만 하며 공동계획의 실현이 범죄의 객관적 요소를 완성시킬 것이라는 점을 인식하고 이를 상호 승인하여야 한다.[1109] 범죄 결과에 대한 예견가능성만으로는 부족하며 공동계획의 실행으로 발생하는 결과를 수용하는 것이 필수적이다.[1110] 공동계획을 기반으로 한 협력을 근거로 객관적 요소의 상호 귀속은 가능하나 개인책임의 원칙에 따라 주관적 요건에 대한 상호귀속은 불가능하다. 따라서 개별 범죄자는 스스로 범죄에 대한 주관적 요건을 구비하고 있어야만 한다.[1111]

구체적 사례에서는 공통계획의 암묵적 확장이 존재할 수 있으므로 공동실행자들의 고의의 범위에 대하여는 사안별로 살펴보아야 한다. 예를 들면 불법 구금을 목적으로 만들어진 캠프에서 포로들이 지속적으로 고문을 당하는 경우와 같이 공동실행자가 원래 있었던 공동계획을 실현하는 과정에서 반복적으로 발생하는 과잉상황들을 인식하는 경우가 있을 수 있다.[1112]

1107) Lubanga Dyilo, ICC (TC), judgment of 14 March 2012, paras. 996 et seq; Werle, Gerhard; Jeßberger, Florian, 전게서, p. 205.

1108) Werle, Gerhard; Jeßberger, Florian, 전게서, p. 206; 실질적 기여와 본질적 기여의 차이, 본질적 기여의 구체적 내용 등에 대한 논란에 대하여 상세한 것은 Ambos, Kai, 전게서 I, p. 151.

1109) 소년병 징집에 대한 Lubanga 사건 판결에서는 (i) 피고인과 다른 공범자가 적대행위에의 적극적 종사를 위하여 15세 미만의 자를 징집 또는 사용하거나 그들의 공동 계획 실행으로 인하여 사물의 통상적 경과에 따라 이러한 결과가 발생한다는 점 (ii) 피고인 스스로 이러한 공동 계획의 실행에 본질적 기여를 한다는 점 등을 인식하여야 한다고 판시하였다.(Lubanga, ICC (TC), judgment of 14 March 2012, para. 1013) Bemba PTC는 (a) 로마규정 제30조의 범죄에 대한 주관적 요소 (b) 공동계획의 실현이 범죄의 실질적 요소의 실현으로 이어질 것이라는 것에 대한 인식 (c) 다른 공범과 함께 범죄를 통제하도록 하는 사실적 상황에 대한 인식 등을 요구하였다. ICC (PTC), decision of 15 June 2009, para. 351.

1110) 따라서 로마규정의 경우 ICTY 판례법에서 인정되는 '자연적이고 예견 가능한 결과(natural and foreseeable consequence)'만으로는 형사책임이 발생하지 않는다. Werle, Gerhard; Jeßberger, Florian, 전게서, p. 206.

1111) Lubanga Dyilo, ICC (PTC), decision of 29 January 2007, para. 349; Katanga and Ngudjolo Chui, ICC (PTC), decision of 30 September 2008, para. 527; Bemba, ICC (PTC), decision of 15 June 2009, para. 351.

1112) Werle, Gerhard; Jeßberger, Florian, 전게서, p. 207.

제 5 절   다른 사람을 통한 범행

1. 다른 사람을 통한 범행 이론

로마규정 제25조 제3항 (a)는 범죄실행의 세 번째 유형으로 '다른 사람을 통한 범죄 − 수단 범죄(mittelbare Tdterschat)'를 규정하고 있다.[1113] 이러한 범죄 실행 유형을 따로 규정한 것은 물리적으로 범죄를 실현하는 사람의 의지를 지배하는 방법으로 범죄를 범하는 경우를 포섭하기 위해서이다.[1114] 이와 같은 수단범죄의 관념은 세계의 주요 법 체제에서 인정되고 있다.[1115] 다른 사람을 이용한 간접적 범죄 실행방식은 국제형사법 영역에 있어서는 로마규정에서 처음으로 명문화된 것으로 로마규정 이전에는 국제재판소 판례에서 다루어지지 않았다. 로마규정에서는 이와 같은 새로운 명문 규정을 둠으로써 타인을 수단으로 범죄를 저지르는 행위를 범죄 실행의 일종으로 평가하고 가장 높은 수준의 형사책임이 부여됨을 명백히 하고 있다.[1116]

타인을 통한 범행이 성립하기 위해서는 직접 범죄를 범하는 사람의 의지를 지배하는 방법으로 범죄의 실행을 지배하여야 한다. 직접 범죄자에 대한 충분하고 강력한 통제를 이유로 스스로의 행위와 같은 형사책임을 부담시키는 것이며 강력한 통제의 존재 여부가 교사 책임과의 구분 기준이 된다.[1117] 직접 범죄자에 대한 지배와 통제는 명령 복종 체계가 적용되는 조직화된 계층적 권력 장치를 통해 이루어질 수 있다. 조직 내의 명령 구조는 효율적으로 기능하여야 하며 범죄를 저지르라는 상급자의 명령이 자동적으로 실행될 수 있는 것이어야 한다.[1118] 상황에 따른 부하의 교체 가능성은 이와 같은 자동화된 규율체제를 나타내는 징표의 하나이며 교체가능성이 없을 경우에도 엄격한 규율과 불복종에 대한 심각한 처벌, 특별한 보상체제가 존재할 경우 이러한 체제가 존재하는 것으로 인정된다.[1119] 범죄를 지시하는 수단에는 특별한 제한이 존재하지 않

1113) 로마규정 제25조 제3항 (a) '--- 다른 사람이 형사책임이 있는지 여부와는 관계없이 다른 사람을 통하여 범죄를 범한 경우(Commits such a crime, ---- or through another person, regardless of whether that other person is criminally responsible)'.

1114) Lubanga Dyilo, ICC (PTC), decision of 29 January 2007, para. 332; Katanga and Ngudjolo Chui, ICC (PTC), decision of 30 September 2008, para. 497.

1115) 세계 각국의 다양한 입법례에 대한 것은 Albin Eser, "Individual Criminal Responsibility", p. 793.

1116) 과거에는 이러한 유형의 행위가 명령, 교사, 혹은 ICTY 판례에 의한 공동범죄집단에의 참여 등으로 기소되어 왔을 뿐 범죄자가 범죄 실행자로서 책임을 부담하지는 않았다. Werle, Gerhard; Jeßberger, Florian, 전게서, p. 208.

1117) Albin Eser, "Individual Criminal Responsibility", p. 795.

1118) Katanga and Ngudjolo Chui, ICC (PTC), decision of 30 September 2008, paras. 494 et seq; Muthaura et al., ICC (PTC), decision of 23 January 2012, para. 407; Ruto et al., ICC (PTC), decision of 23 January 2012, paras. 313, 317.

1119) Katanga and Ngudjolo Chui, ICC (PTC), decision of 30 September 2008, para. 518; Ruto et al., ICC (PTC), decision of 23 January 2012, paras. 317, 320 et seq.

는다. 따라서 무력, 강박, 착오나 장애의 이용 등 다른 사람을 도구화하고 통제적 우월성을 실현하는 것이면 족하다.

이처럼 직접 범죄자를 활용하는 형태를 취하지만 간접 범죄자는 우월적인 의지를 이용하여 법령에 규정된 모든 범죄 요소들을 스스로 완성하여 범죄를 '실행(commission)'하는 것이다. 따라서 형사책임을 배제하는 사유의 존재 여부는 간접 범죄자를 기준으로 판단되어야 하며 직접 범죄자에게 존재하는 항변사유는 간접범죄자에는 적용되지 않는다. 침략범죄에서의 지도자의 지위도 간접 범죄자가 구비하고 있어야만 한다.[1120] 특별한 목적을 포함하여 범죄의 주관적 요소가 간접 범죄자에게 존재하여야 하며[1121] 다른 사람을 통하여 범죄를 범하도록 하는 사실적 상황도 인식하고 있어야만 한다.[1122]

2. 범죄자 배후의 범죄자 관념의 채택

다른 사람을 통한 범행의 경우 직접 범죄자는 형사책임이 배제되어 형사처벌을 받지 않는 경우가 보다 일반적일 것이다. 그러나 로마규정은 범죄를 물리적으로 직접 실행한 사람이 형사책임을 부담하는가 여부와 관계없이 간접범죄자가 형사책임을 부담한다는 점을 명시하고 있다.[1123] 이는 직접 범죄자가 형사책임을 부담하는 경우에도 직접 행위자의 의지가 조종당할 수 있음을 인정하는 것으로 이른바 '범죄자 배후의 범죄자(perpetrator behind perpetrator, Täter hinter dem Täter)의 관념을 승인한 것이다.[1124] 공동범행의 경우 범죄자들이 어느 정도 동등한 지위에 있는 것과 달리 간접 범죄자는 다른 사람을 도구처럼 사용하여 범죄를 실행하는 것이다. 따라서 간접 범죄자는 직접 범죄자와의 관계에서 상급자의 지위에서 상대적으로 높은 의사력이나 지식을 보유하는 일종의 '주인관념(master-mind)'를 가지고 있으며 정신적 우월성의 상황이 존재한다.[1125]

다른 사람을 통한 범행 개념은 국제형사법의 영역에서 흔히 등장하는 계층화된 권력 조직을 통제하는 사람을 포섭할 수 있다는 점에서 특별한 중요성을 갖는다. 계층 구조의 최상층에 존재하는 상급자는 부하들의 행위를 통제할 수 있으며 그러한 통제 상황 하에서도 부하는 자신의 범

1120) Albin Eser, "Individual Criminal Responsibility", p. 794.
1121) Katanga and Ngudjolo Chui, ICC (PTC), decision of 30 September 2008, para. 527.
1122) Katanga and Ngudjolo Chui, ICC (PTC), decision of 30 September 2008, para. 538; Ruto et al., ICC (PTC), decision of 23 January 2012, para. 333.
1123) 로마규정 제25조 제3항 (a) '--- 다른 사람이 형사책임이 있는지 여부와는 관계없이 다른 사람을 통하여 범죄를 범한 경우(Commits such a crime, ---- or through another person, regardless of whether that other person is criminally responsible)'
1124) Werle, Gerhard; Jeßberger, Florian, 전게서, p. 208; 범죄자 배후의 범죄자 관념은 독일법 이론과 실무에서 특히 주목받는 것으로 관료적으로 조직화된 권력 구조 내에서 특징적으로 나타난다. Albin Eser, "Individual Criminal Responsibility", p. 795.
1125) Albin Eser, "Individual Criminal Responsibility", p. 793.

죄행위에 대한 형사책임을 부담할 수 있기 때문이다.[1126] 이러한 상황은 마피아와 같은 범죄조직 내에서 뿐만 아니라 군대 조직을 통한 전쟁범죄 등 국가의 지원 하에 이루어지는 범죄의 경우에도 발생할 수 있다. 예를 들면 직접 범죄자가 행위의 범죄성에 대하여 완전히 인식하고 있으나 권력에 복종하여 범죄를 실행하는 경우 혹은 간접범죄자는 직접범죄자를 도구로 완전히 이용한다고 생각하였으나 실제로는 직접 범죄자가 모든 상황을 인식하였음에도 감히 저항하지 못한 경우 등이 이에 해당할 수 있다.[1127]

국제형사재판소는 계층 조직을 통한 통제가 존재한다는 이유로 다른 사람을 통한 범죄 실행의 관념을 적용한 바 있다.[1128] 다수 국가들의 국내법에서도 국가에 의하여 범하여진 거시적 범죄와 관련하여 계층적 조직이 통제 수단으로 활용된 경우 다른 사람을 통한 범죄의 관념을 인정하여 왔다. 아르헨티나 법원은 조직에 대한 통제가 존재한다는 이유로 이전 군사정부 구성원들에 대한 형사책임을 인정하였으며 독일연방법원도 동서독 경계에서 발생한 살인 사건에서 다른 사람을 통한 범죄 이론을 적용한 바 있다.[1129] 최근에 있었던 후지모리 前 페루대통령에 대한 인도에 반한 죄의 유죄판결 역시 이러한 이론을 적용한 것이다.[1130] 우리나라에서는 정범 배후의 정범 관념을 인정할 것인가를 두고 논란이 있다.[1131]

3. 간접공동실행(Indirect Co-Perpetration)과 공동간접실행(Joint Indirect Perpetration)

공동실행과 간접실행의 관념이 함께 적용되는 영역이 존재할 수 있다. 간접공동실행은 로마규정 제25조 제3항 (a)의 두 번째 항목인 공동실행의 수정된 형태로서 수평적 구조를 갖는 공동실행자는 다른 공범이 수직적 형태의 간접실행으로 부담하는 범죄에 대하여도 책임을 부담한다는 것을 의미한다.[1132] 이처럼 공동실행에 기여하는 것이라면 그 방식이 자신이 통제하는 다른 사람을 통하여 이루어진 간접적인 것이라 하더라도 범죄 행위의 효과는 다른 모든 공동범죄자에게 귀속된다.[1133]

이러한 형태가 적용되는 매우 분명한 사례가 국제형사재판소의 Katanga and Ngudjolo Chui

1126) Werle, Gerhard; Jeßberger, Florian, 전게서, p. 209.

1127) Albin Eser, "Individual Criminal Responsibility", p. 795.

1128) Katanga and Ngudjolo Chui, ICC (PTC), decision of 30 September 2008, paras. 494 et seq; Muthaura et al., ICC (PTC), decision of 23 January 2012, paras. 407 et seq; Ruto et al., ICC (PTC), decision of 23 January 2012, paras. 313 et seq.

1129) Bundesgerichtshof, judgment of 26 July 1994, BGHSt 40, 218, at 237 et seq; Bundesgerichtshof, judgment of 4 March 1996, BGHSt 42, 65, at 68; Bundesgerichtshof, judgment of 8 November 2002, BGHSt 45, 270, at 296; Werle, Gerhard; Jeßberger, Florian, 전게서, p. 209.

1130) F. Muñoz Conde and H. Olásolo, "The Application of the Notion of Indirect Perpetration Through Organized Structures of Power in Latin America and Spain", 9 JICJ (2011), p. 113.

1131) 신동운, 『형법총론』, 676면 이하; 이재상·장영민·강동범, 『형법총론』, 444면 이하 참조.

1132) Cryer, Robert; Friman, Håkan; Robinson, Darryl; Wilmshurst, Elizabeth, 전게서, p. 368.

1133) Werle, Gerhard; Jeßberger, Florian, 전게서, p. 211.

사건에서 나타났다. 두 명의 피고인들은 각각의 별개 군사집단의 지도자로서 조직화된 계층 구조를 갖춘 자신의 군사집단에 대한 통제권을 행사할 수 있었으나 이들 군사집단의 명령체계는 엄격하게 분리되어 있었다. 이들 두 사람의 공동계획에 따라 이들 군대는 하나의 마을을 공격하였고 그 과정에서 인도에 반한 죄와 전쟁범죄가 자행되었다. 이들은 각각 자신의 군대만을 통제하고 있어 다른 사람을 통한 범죄의 관념만으로는 자행된 모든 범죄에 대한 책임을 귀속시킬 수는 없는 상황이었다. 그러나 두 사람은 공동계획에 따라 그들이 각각 통제하고 있는 조직화된 계층구조를 통하여 공동계획의 실행에 본질적 기여를 한 것으로 인정되었으며 범죄를 직접 실행하지는 않더라도 자신이 통제하고 있는 다른 사람을 통하여 범행을 실행하였다면 공동실행의 요건이 충족되는 것으로 보았다.[1134]

공동간접실행은 다수의 사람들이 공동으로 범죄를 직접 실행하는 사람을 통제하는 경우이다. 이러한 유형은 집단 권력의 최상층부가 합의제 형태로 운영되는 경우에 나타난다. 최상부에서의 집단적 결정이 있을 경우 범죄가 자동적으로 실행되는 권력구조가 작동함으로써 집단적 결정에 따른 통제가 구속력을 갖는 경우이다. 최상층 지도 체제의 개별 구성원들은 이러한 조직적 통제에 대한 공동의사결정에 협력하였으므로 이러한 결정의 실행에 관여하였는가의 여부에 관계없이 실행된 범죄에 대한 책임을 부담한다.[1135] 이러한 형태의 범죄실행 유형은 국제형사법의 영역에서 흔하게 발생하고 있다.[1136]

제 6 절   교사와 명령

다른 사람의 범행을 교사 또는 명령한 사람은 로마규정 제25조 제3항 (b)에 의하여 형사책임을 부담한다.[1137]

1134) Katanga and Ngudjolo Chui, ICC (PTC), decision of 30 September 2008, paras. 6, 9. 20 et seq; Katanga and Ngudjolo Chui, ICC PTC I, 30 September 2008, paras. 500-514, 527-539; 그 밖에 Ruto et al., ICC PTC II, 23 January 2012, para. 292; Al Bashir, ICC PTC I, 4 March 2009, paras. 209-213.

1135) Werle, Gerhard; Jeßberger, Florian, 전게서, p. 212.

1136) 수단 대통령과 다른 정치 및 군사 지도자들이 공동으로 범죄실행을 통제하였다는 것은 Al Bashir, ICC (PTC), decision of 4 March 2009, para. 216; 코트디브와르 사건에서 나타난 친Gbagbo 군대에 대한 공동 통제에 대하여는 L. Gbagbo, ICC (PTC), decision of 23 November 2011, para. 10 등; 독일 국가방위위원회 등이 관련된 사건에 대한 독일 판례(Bundesgerichtshof, judgment of 26 July 1994, BGHSt 40, 218, at 237 et seq.; Bundesgerichtshof, judgment of 4 March 1996, BGHSt 42, 65, at 68; Bundesgerichtshof, judgment of 8 November 2002, BGHSt 45, 270, at 296.)에 대한 것은 Werle, Gerhard; Jeßberger, Florian, 전게서, p. 213.

1137) 언어를 사용하여 다른 사람이 범죄를 저지르도록 하는 것을 지칭하는 영어 표현은 매우 다양하다. 로마규정에는 '명령(command)', '권유(solicit)', '유인(induce)' 등이 열거되어 있으며 그 밖에 'prompting', 'urging', 'encouraging', 'advising', 'inciting' 등 매우 다양한 표현들이 사용되고 있으나 명백한 의미상 차이를 발견하기 어렵다. 이 책에서는 로마규정에 명문으로 규정되어 있는 권유(solicit), 유인(induce) 등을 포괄하는 것으로 교사(instigation)라는 용어를 사용하기로 한다. 명령(command)이 실제로는 교사의 일부로 포섭될 수 있

1. 교사(Instigation)

다른 사람에 대하여 국제범죄를 범하도록 '권유(solicit)'하거나 '유인(induce)'한 사람은 국제법 하에서 형사책임을 부담한다.[1138) 이는 국제관습법을 반영한 것이다.[1139)

교사는 스스로는 범죄를 실행하지 않으면서 다른 사람이 범행을 실행하도록 하는 것으로 범죄를 직접 실행하는 사람은 이러한 교사자의 영향을 받아 범죄를 범하게 된다. 임시재판소의 판례에 의하면 교사는 명시적인 경우뿐만 아니라 묵시적일 수도 있으며[1140) 작위나 부작위에 의하여[1141) 다른 사람의 국제범죄를 촉발시키는 것이다.[1142)

교사는 피교사자를 설득하는 등 심리적 특성을 갖는 경우가 많으나 강압의 요소가 함께 존재할 수 있다. 그러나 일부 강압이 존재하더라도 의사의 자유를 완전히 배제하는 수준인 완전한 강제(vis absoluta)에 이르지 않아 피교사자에게 의사결정의 여지가 남겨져 있었다면(vis compulsiva) 여전히 교사에 해당할 수 있다. 다른 사람이 다른 제3자에게 범죄를 범하도록 교사하는 이른바 연쇄 교사도 가능하다.[1143)

교사와 피교사자의 범죄실행 사이에는 일정한 연계가 존재하여야 한다. 그러나 교사자의 교사가 없었을 경우 범죄가 범하여지지 않았어야 하는 것은 아니며 교사가 범죄자의 행위에 '실질적으로 기여'하였으면 족하다.[1144) 교사가 범죄의 유일한 원인일 필요도 없다.[1145)

는 경우도 존재하나 뒤에서 보는 바와 같이 범죄의 직접 실행의 영역과 교착되는 부분도 존재하므로 명령은 교사와 구분되는 별도의 용어로 분리하여 사용하기로 한다.

1138) 로마규정 Article 25 Individual criminal responsibility

    3. In accordance with this Statute, a person shall be criminally responsible and liable for punishment for a crime within the jurisdiction of the Court if that person :

      (b) Orders, **solicits or induces** the commission of such a crime which in fact occurs or is attempted;

1139) Werle, Gerhard; Jeßberger, Florian, 전게서, p. 213.

1140) Blaškić, ICTY (TC), judgment of 3 March 2000, para. 270.

1141) Blaškić, ICTY (TC), judgment of 3 March 2000, paras. 280, 339; Naletilić and Martinović, ICTY (TC), judgment of 31 March 2003, para. 60; Limaj et al., ICTY (TC), judgment of 30 November 2005, para. 514 등; 이와 같이 부작위에 의한 교사를 인정하는 것은 국내 형법에서의 일반적 견해와는 배치되는 것이다. 신동운, 『형법총론』, 637면, 이재상・장영민・강동범, 『형법총론』, 484면 참조.

1142) Kordić and Čerkez, ICTY (AC), judgment of 17 December 2004, para. 27; Boškoski and Tarčulovski, ICTY (AC), judgment of 19 May 2010, para. 157; Nzabonimana, ICTR (TC), judgment of 31 May 2012, para. 1694; Ngirabatware, ICTR (TC), judgment of 20 December 2012, para. 1291; Taylor, SCSL (TC), judgment of 18 May 2012, para. 471.

1143) Ambos, Kai, 전게서 I, p. 164.

1144) ICTY는 Blaskic 사건에서 "교사의 핵심은 다른 사람에게 범죄를 실행하도록 하는 것이다. 교사행위가 그러한 범죄를 실행하게 하는 명백한 기여요소임이 입증되어야 하지만 조건적 관계(conditio sine qua non)가 필요한 것은 아니다."라고 판시하였다. Blaškić, ICTY (TC), judgment of 3 March 2000, para. 270; Kordić and Čerkez, ICTY (AC), judgment of 17 December 2004, para. 27; Ndahimana, ICTR (TC), judgment of 30 December 2011, para. 718; Taylor, SCSL (TC), judgment of 18 May 2012, para. 473 등.

1145) Gacumbitsi, ICTR (AC), judgment of 7 July 2006, para. 129; Kordić and Čerkez, ICTY (AC), judgment of

교사자는 범죄를 촉발 또는 유도하려고 의도하거나 혹은 그의 행위를 통하여 실질적으로 범죄의 실행이 이루어질 것 같다는 점을 인식하고 있었어야 한다.[1146] ICTY는 '자신의 교사행위에 따라 특정한 범죄가 발생할 수 있다는 실질적 가능성을 인식하고 다른 사람에게 작위나 부작위를 교사한 사람은 교사 책임의 인정에 필요한 주관적 요소를 구비한 것이다. 이와 같은 인식을 동반한 교사는 당해 범죄를 수용한 것으로 보아야 한다.'고 판시하였다.[1147]

집단살해죄와 같이 특별한 목적이 요구되는 경우 교사자가 이러한 목적을 스스로 가지고 있어야 하는가 아니면 주범이 이러한 목적을 가지고 있는 것을 알고 있는 것으로 족한가에 대하여는 논란이 있을 수 있다. 로마규정에서의 교사는 본범보다 낮은 형태의 종속적 책임 유형이므로 본범의 특별한 목적을 인식하고 있었다면 교사자로서의 책임을 부담한다고 볼 것이다.[1148] 임시재판소는 공범책임은 주범의 책임에 종속적인 것이므로[1149] 집단살해죄에 대한 공범이 스스로 특별한 목적을 가질 것이 요구되는 것은 아니며 주범이 특별한 목적을 가지고 행위한다는 것을 알았거나 알 이유가 있으면 족하다고 보고 있다.[1150]

교사는 직접 실행과는 구분되는 종속적 참여형태이다. 따라서 교사자가 처벌되기 위해서는 범죄가 실행되었거나 적어도 실행에 착수되었어야 한다.[1151] 로마규정 제25조 제3항 (b)는 교사를 '실제로 일어났거나 착수된 범죄의 실행을 명령·권유 또는 유인한 경우'로 명시하여 교사가 종속 책임이라는 점을 명백히 하고 있다.[1152]

---

17 December 2004, para. 27; '교사는 주된 범죄자에게 일종의 영향을 미칠 것을 요구하는 것이다.... 그러나 반드시 범죄를 저지르려는 최초의 생각이나 계획이 교사자에 의하여 발생하였음을 요구하는 것은 아니다. 이미 주범이 범죄를 저지르는 것에 대하여 고민하고 있었다 하더라도 최종적인 결정은 교사자의 설득이나 강력한 북돋움에 의하여 일어날 수 있다. 그러나 주된 범죄자가....범죄를 최종적으로 범하기로 결정하였다면 그 이상의 북돋움이나 도덕적 지지는 단지 방조에 해당할 수 있을 뿐일 것이다.' Orić, ICTY (TC), judgment of 30 June 2006, para. 271.

1146) Kordić and Čerkez, ICTY (AC), judgment of 17 December 2004, para. 32; Boškoski and Tarčulovski, ICTY (AC), judgment of 19 May 2010, para. 68; Nahimana et al., ICTR (AC), judgment of 28 November 2007, para. 480; Ndahimana, ICTR (TC), judgment of 30 December 2011, para. 718; Taylor, SCSL (TC), judgment of 18 May 2012, para. 471.

1147) Kordić and Čerkez, ICTY (AC), judgment of 17 December 2004, para. 32.

1148) Werle, Gerhard; Jeßberger, Florian, 전게서, p. 214.

1149) Akayesu, ICTR (TC), judgment of 2 September 1998, para. 528.

1150) Akayesu, ICTR (TC), judgment of 2 September 1998, paras. 540 et seq; Blagojević and Jokić, ICTY (AC), judgment of 9 May 2007, para. 127; Krnojelac, ICTY (AC), judgment of 17 September 2003, para. 52; Vasiljević, ICTY (AC), judgment of 25 February 2004, para. 142. 등

1151) Galić, ICTY (TC), judgment of 3 December 2003, para. 168; Nahimana et al., ICTR (AC), judgment of 28 November 2007, para. 481.

1152) Albin Eser, "Individual Criminal Responsibility", p. 796.

2. 명령(Ordering)

많은 국제범죄들은 계층적 조직 내에서 상급자의 명령에 의하여 저질러진다. 실제로 많은 전쟁범죄 재판들에서 범죄자들 대부분이 자신들의 행위는 명령에 의한 것이라고 주장하여 왔으며 이처럼 명령을 통하여 범죄를 지시한 사람이 형사책임을 부담하여야 한다는 점은 의문의 여지가 없다. 19세기에는 명령에 따라 직접 범행을 실행한 사람보다 범죄를 명령한 상급자에게 형사책임이 부여되는 것이 적절하다는 판단에 따라 명령을 수행한 부하에 대하여는 상급자명령의 항변을 인정하였었다. 뉘른베르크 재판 이후부터 상급자명령의 항변은 배척되었으나 이와 무관하게 명령을 내린 사람은 모두 형사처벌을 받았다.[1153] 로마규정 제25조 제3항 (b)는 다른 사람에 대하여 범죄의 실행을 명령하는 행위를 권유, 유인 등 교사에 해당하는 행위와 함께 규정하고 있다.[1154]

명령이 교사의 하부 유형으로서 2차적 책임 유형인 간접책임(secondary liability)에 해당하는가 아니면 다른 사람을 통한 범행의 한 형태로 보아야 하는가에 대하여는 논란이 있다. 이러한 논란은 로마규정 제25조 제3항 (a)가 다른 사람을 이용한 범죄 실행방식을 처음으로 명문화한 것과 관련이 있다. 이처럼 간접적 범죄 실행방식이 새로이 규정됨으로써 이전까지는 명령, 교사 등 종속적 참여형태로 처벌되던 많은 행위들이 보다 높은 형사적 책임을 수반하는 타인을 통한 실행으로 처벌될 수 있기 때문이다.

먼저 명령을 통한 범죄의 실행은 수단에 의한 실행의 한 형태로 보아야 한다는 주장이 있다. 명령은 교사와 같은 종속적 책임이 아니며 국제형사법에 있어서 범죄를 명령한 사람은 그의 지위를 남용하여 부하로 하여금 범죄를 범하도록 강제한 것이므로 다른 사람을 통한 간접 범죄자로 보아야 한다는 것이다.[1155] 상급자와 부하 관계를 규율하는 로마규정 제28조의 상급자책임은 부하의 범죄에 대한 부작위 책임을 규정한 것이고 제25조 제2항 (b)는 부작위가 아닌 적극적 명령이 존재하는 작위 상황에 대한 것을 규정한 것이므로 구조적으로 다른 사람을 통한 범행의 일종인 실행 책임 유형에 속하는 것으로 보아야 한다고 주장한다.[1156]

이에 대하여 로마규정 제25조 제3항 (b)에서의 명령은 교사의 부분집합 또는 하위유형이라

1153) Cryer, Robert; Friman, Håkan; Robinson, Darryl; Wilmshurst, Elizabeth, 전게서, p. 375.
1154) 로마규정 제25조 제3항 (b) 'Orders, solicits or induces the commission of such a crime which in fact occurs or is attempted'
1155) Ambos, Kai, 전게서 I, p. 163.
1156) Albin Eser, "Individual Criminal Responsibility", p. 797; 이러한 입장에 의하면 명령을 내린 사람은 스스로 집단살해죄에서의 특별한 목적 등과 같은 주관적 요건들을 모두 구비하여야 한다. Ambos, Kai, 전게서 I, p. 163; 명령 범죄를 이와 같이 파악할 경우 명령이 발령되었으나 실행되지 않은 경우에도 미수 개념의 적용이 가능하여 실질적 차이가 존재한다는 견해는 Cryer, Robert; Friman, Håkan; Robinson, Darryl; Wilmshurst, Elizabeth, 전게서, p. 397.

는 견해도 있다. 로마규정 제25조 제3항 (b)에서의 명령은 2차적 간접책임을 규정한 것이며 따라서 적어도 명령의 대상이 된 범죄가 실행되거나 시도된 경우에만 형사책임이 인정되는 것으로 본다. ICTY와 ICTR 판례는 이러한 입장을 취하고 있다.[1157] 이처럼 명령을 교사의 일종으로 보는 근거는 일차적으로 법령의 규정 형태에 근거한 것이다. 로마규정 제25조 제3항 (b)뿐만 아니라 ICTY 법령 제7조 제1항, ICTR 법령 제6조 제1항, SCSL 법령 제6조 제1항 등에서도 명령을 실행과는 구분되는 유형으로 규정하고 있기 때문이다.[1158]

이와 같은 견해의 대립은 명령이 내려지는 구체적 상황과 사실관계에 대한 이해의 차이에서 비롯된 것으로 생각된다. 상급자와 부하의 관계에 기초하여 내려지는 명령의 강제성, 상급자책임과의 관계 등을 고려할 때 실제 명령이 내려지는 상황은 다른 사람에 의한 범행에 해당하거나 경우에 따라서는 공동범행에 해당하여 범죄 실행자로서 책임을 지게 되는 경우가 많을 것이다. 그러나 로마규정은 명령을 교사와 함께 종속적 책임의 형태로 규정하고 있고 실제 조직의 구성과 규율 체계, 명령이 이루어지는 지배 · 복종관계의 강제성의 정도 등에 따라 설득 작용으로 해석할 수 있는 느슨한 형태의 명령이 존재하는 상황도 완전히 배제할 수는 없을 것이다. 그리고 중간 관리자가 내리는 명령의 경우 국제범죄에서 요구되는 특별한 목적을 스스로 구비함이 없이 상급자의 명령을 그대로 전달함에 그치는 경우도 있을 수 있어 모든 명령 행위가 다른 사람을 통한 범죄에 해당하는 것으로 볼 필요는 없을 것으로 생각된다. 따라서 명령의 책임 형태를 일률적으로 정할 필요는 없으며 명령이 내려진 구체적 상황에 따라 실제 적용되는 책임의 형태를 결정하면 족할 것이다.

명령으로 인한 형사책임의 핵심은 명령 권한을 가지고 있는 사람이 그러한 명령 권한을 사용하여 다른 사람이 범죄를 범하도록 하는 것으로[1159] 명령을 내리는 사람과 명령을 받는 사람 사이의 복종관계를 전제로 하고 있다. 군사적 명령 복종관계가 전형적인 형태이나 상급자와 부하의 관계가 반드시 법률적인 것일 필요는 없으며[1160] 명령을 내리는 사람이 사실적으로 그러한 명령을 내릴 수 있는 권위를 가지고 있으면 족하다.[1161] 명령을 내린 사람이 명령의 내용을 최초로 작성한 사람이어야 하는 것은 아니며 명령체계에 따라 아래로 전달하는 것만으로도 충분하

1157) Blaškić, ICTY (TC), judgment of 3 March 2000, paras. 281 et seq; Kordić and Čerkez, ICTY (TC), judgment of 26 February 2001, para. 388; Akayesu, ICTR (TC), judgment of 2 September 1998, para. 483.

1158) Cryer, Robert; Friman, Håkan; Robinson, Darryl; Wilmshurst, Elizabeth, 전게서, p. 375.

1159) Akayesu, ICTR (TC), judgment of 2 September 1998, para. 483; Blaškić, ICTY (TC), judgment of 3 March 2000, para. 601; Kordić and Čerkez, ICTY (AC), judgment of 17 December 2004, para. 387.

1160) Cryer, Robert; Friman, Håkan; Robinson, Darryl; Wilmshurst, Elizabeth, 전게서, p. 375; 여기에서의 상급자와 부하의 관계는 상급자책임에서 필요한 유효한 통제(effective control) 요건과는 상이한 것으로 명령을 받아들이는 사람의 인식과 상황에 의존하는 보다 주관적인 것이라는 것은 Gacumbitsi, ICTR (AC), judgment of 7 July 2006, para. 182.

1161) Semanza, ICTR (AC), judgment of 20 May 2005, para. 361.

다.1162) 자신이 내린 명령이 범죄를 실행하는 사람에게 직접 전달될 필요가 없으며 중간단계를 거쳐도 무방하다.1163) 명령이 반드시 명시적인 것일 필요는 없으나 순수한 부작위에 의한 명령은 불가능하다.1164) 명령의 불법성이 명령을 발령하는 사람에게 있어서 외견상 명백한 것일 필요도 없다.1165) 명령의 전달 여부는 상황 증거에 의하여도 입증될 수 있다.1166)

명령에 있어서 주관적 요소는 명령을 내리거나 전달한 자와의 관계에서 판단되어야 하며1167) 명령을 내리는 사람은 그러한 명령의 실행을 통하여 당해 범죄가 범하여질 것을 의도하거나 적어도 그러한 범죄가 범하여질 것이라는 실질적 가능성을 인식하고 있어야 한다.1168) 다른 사람을 통한 실행 등으로 평가되지 않는 사례로서 종속책임으로서의 명령에 해당할 경우 범죄의 실행에 비하여 낮은 수준의 책임을 부담하게 되므로 타인을 수단으로 한 범죄자에 대하여 요구되는 주관적 요건에 비하여 낮은 수준의 주관적 요건을 구비하면 족하다. 따라서 범죄자는 범행을 직접 실행하는 범죄자의 특별한 목적을 인식하면 족하고 범죄에 있어서 요구되는 특별한 목적을 스스로 가지고 있을 필요가 없다.1169)

제 7 절 방조(Assistance)

국제범죄의 실행을 물질적·정신적으로 돕거나 기타 방식으로 국제범죄에 대하여 조력한 경우에는 방조로 인한 형사책임을 부담하게 된다. 로마규정 제25조 제3항 (c)는 범죄의 실행을 용이하게 할 목적으로 범행수단의 제공을 포함하여 범죄의 실행이나 실행의 착수를 물질적, 정신적으로 돕거나 기타 달리 조력한 경우 방조책임을 지는 것으로 규정하고 있다.1170)

1162) Kupreškić et al., ICTY (TC), judgment of 14 January 2000, para. 862; Cryer, Robert; Friman, Håkan; Robinson, Darryl; Wilmshurst, Elizabeth, 전게서, p. 375.
1163) Blaškić, ICTY (TC), judgment of 3 March 2000, para. 282.
1164) Cryer, Robert; Friman, Håkan; Robinson, Darryl; Wilmshurst, Elizabeth, 전게서, p. 376; Werle, Gerhard; Jeßberger, Florian, 전게서, p. 215; Galić, ICTY (AC), judgment of 30 November 2006, para. 176; D. Milošević, ICTY (AC), judgment of 12 November 2009, para. 267 'ordering, requires a positive action by the person in a position of authority'.
1165) Blaškić, ICTY (TC), judgment of 3 March 2000, para. 282; Boškoski and Tarčulovski, ICTY (AC), judgment of 19 May 2010, paras. 172, 174.
1166) Blaškić, ICTY (TC), judgment of 3 March 2000, para. 281.
1167) Blaškić, ICTY (TC), judgment of 3 March 2000, para. 282.
1168) 명령의 실행으로 어떠한 범죄가 저질러질 것이라는 실질적인 가능성을 인식하고.......그와 같은 인식하에 내려진 명령은 그러한 범죄를 수용한 것과 동일하게 간주되어야 한다. ICTY (AC), judgment of 29 July 2004, para. 42; Galić, ICTY (AC), judgment of 30 November 2006, paras. 152, 157 등.
1169) 이러한 방식으로 명령의 법적 성격을 파악할 경우 집단살해죄 등에 있어서 명령의 중간 단계에서 명령을 받기도 하고 스스로 명령을 내리기도 하는 참여자들을 포섭할 수 있게 된다. Werle, Gerhard; Jeßberger, Florian, 전게서, pp. 215, 216.
1170) 로마규정 제25조 3. (c) For the purpose of facilitating the commission of such a crime, **aids**, **abets** or

교사의 경우와 같이 방조는 종속 책임의 한 유형이므로 주범의 범죄가 적어도 미수 단계에 도달하여야 한다. 주범의 범죄가 일단 미수 단계에 이르렀다면 방조행위가 범죄의 준비 단계에서 이루어진 것인가 아니면 실행 단계에서 이루어진 것인가는 중요하지 않다. 방조행위가 주된 범죄가 발생하는 시간과 장소에서 이루어질 필요도 없으며 범죄 실행 이후에도 이루어질 수 있다.[1171] ICTY 판결은 이러한 점을 명확히 하여 '반드시 현장에 현존할 필요가 없을 뿐 아니라 범죄에 기여하는 행위와 범죄행위 그 자체는 지역적이나 시간적으로 떨어져 있을 수 있다'고 판시하였다.[1172]

로마규정에 예시되어 있는 것처럼 범행의 수단을 제공하는 것이 방조의 전형적인 사례이나 방조행위는 다양한 형태로 이루어질 수 있다. ICTY 재판부는 Furundžija 사건에서 '로마규정 제25조 제3항 (c)에는 물리적 도움이나 도덕적 지지가 포함되며--- 사주에는 단순한 부추김(exhortation)이나 격려(encouragement)도 포함된다'며 정신적 방조도 가능하다고 판시하고 있다.[1173] 방조자가 범죄 현장에 존재하는 것이 다른 사람의 범죄행위를 '공적으로 감내하는 것에 대한 신호'가 될 수 있을 정도로 방조자가 권위를 가지고 있는 상황이라면 이는 범죄자에 대한 고무나 도덕적 지지로 해석되어 방조의 요건은 충족된다.[1174] 부작위에 의한 방조 역시 임시재판소의 판례에 의하여 승인되고 있다.[1175]

일반적으로 방조는 교사의 경우보다 형사책임의 정도가 약한 것으로[1176] 구체적으로 어떠한

otherwise assists in its commission or its attempted commission, including providing the means for its commission; 우리 정부가 제공하는 공식 번역에서는 이를 '범죄의 실행을 용이하게 할 목적으로 범행수단의 제공을 포함하여 범죄의 실행이나 실행의 착수를 방조, 교사 또는 달리 조력한 경우'로 번역하고 있다. (www.mofa.go.kr 중 조약정보 참조. 2016. 7. 8. 접근) 그러나 언어적 지지로서의 방조에 해당하는 행위를 형법학에서 일정한 개념 영역을 갖고 있는 법률 용어인 교사로 번역하거나 물적 방조행위만을 방조로 번역하는 것은 적절하지 않은 것으로 보인다. 엄격한 의미에서는 'aiding'과 'abetting'은 구분되나(Mrkšić et al., ICTY (TC), judgment of 27 September 2007, para. 551 Strictly, "aiding" and "abetting" are not synonymous. "Aiding" involves the provision of assistance, while "abetting" need merely involve encouragement, or even sympathy, to the commission of a particular act) 그러나 이들의 구분이 법률적으로 중요한 의미를 갖는 것으로 보이지는 않는다.

1171) Albin Eser, "Individual Criminal Responsibility", p. 798.
1172) Tadić, ICTY (TC), judgment of 7 May 1997, para. 687; Tolimir, ICTY (TC), judgment of 12 December 2012, para. 908.
1173) Furundžija, ICTY (TC), judgment of 10 December 1998, para. 231; 이에 대한 상세한 논의는 B. Goy, 전게논문, p. 59 et seq.
1174) Ambos, Kai, "Individual criminal responsibility", p. 758; Werle, Gerhard; Jeßberger, Florian, 전게서, p. 217; Tolimir, ICTY (TC), judgment of 12 December 2012, para. 909; Lukić and Lukić, ICTY (AC), judgment of 4 December 2012, para. 425 등.
1175) 이에 대하여 상세한 것은 Mrkšić and Šljivančanin, ICTY (AC), judgment of 5 May 2009, paras. 134 et seq; Gotovina and Markač, ICTY (AC), judgment of 16 November 2012, para. 127; Perišić, ICTY (TC), judgment of 6 September 2011, paras. 133 et seq 등.
1176) Ambos, Kai, 전게서 I, p. 164.

상황에서 방조에 해당하는 것으로 보아 형사처벌의 대상으로 삼을 것인가 여부를 결정하는 것은 쉽지 않은 과제이다. 우선 방조의 최소기준 설정과 관련하여 방조행위가 없었다면 범죄가 범하여지지 않았을 필요는 없다.[1177] ICTY는 Tadić 사건에서 방조행위가 직접적이고 실질적으로 범죄의 실행에 기여하여야 한다고 보았으며[1178] 임시재판소의 판례에서는 일반적으로 방조가 범죄의 실행에 실질적 영향을 미쳐야 하는 것으로 보고 있다.[1179] 이와 같은 ICTY의 실질적 기여 요건은 로마규정에도 적용될 수 있을 것이며[1180] 실제 국제형사재판소의 Mbarushimana 사건에서도 승인된 바 있다.[1181]

  법적 명확성과 예견가능성의 관점에서 방조를 이유로 형사책임을 부담시키기 위해서는 방조행위가 범죄의 실행 위험을 조성하거나 증대시킴으로써 보호되는 법적 이익이 침해되어야 한다는 주장이 존재한다.[1182] 이러한 입장에서는 초국가 기업이 관여된 사안에서 흔히 제기되는 이른바 '중립적 행위(neutral acts)'를 이유로 형사책임을 부담시킬 수 있는가 여부와 관련하여 범죄집단에게 음식물, 석유, 화학물질 등 일반적으로 시장에서 거래되는 물품을 공급하는 행위가 방조에 해당할 수 있는가 여부는 실제로 범죄실행의 위험을 증가시키는 정도와 이와 관련된 주관적 요건이 충족되는가 여부를 함께 살펴서 결정되어야 한다고 주장한다.[1183]

  방조행위를 하는 자는 주범에 의하여 범하여지는 범죄의 본질적 요소[1184]와 자신의 행위가 범죄의 실행을 돕는다는 점을 인식하여야 한다.[1185] 그리고 로마규정 제25조 제3항 (c)에 규정된 바와 같이 방조행위는 '범죄의 실행을 용이하게 할 목적으로(for the purpose of facilitating the commission)'으로 이루어져야 한다.[1186] 이처럼 방조의 경우 범죄와 관련하여 상대적으로 낮은 객

1177) Tolimir, ICTY (TC), judgment of 12 December 2012, para. 908; Blaškić, ICTY (AC), judgment of 29 July 2004, para. 48 등.

1178) Tadić, ICTY (TC), judgment of 7 May 1997, paras. 688-692; 로마규정의 1996년 초안 제2조 제3항 (d)는 방조행위가 직접적이고 실질적인 것이어야 한다고 규정하고 있었다. ILC , 'Report of the International Law Commission on the Work of its 48th Session' (6 May-26 July 1996) UN Doc. A/ 51/ 10, p. 24 (para. 10).

1179) Aleksovski, ICTY (AC), judgment of 24 March 2000, para. 162; Blaškić, ICTY (AC), judgment of 29 July 2004, para. 46; Ntakirutimana and Ntakiturimana, ICTR (AC), judgment of 13 December 2004, para. 530 등.

1180) Ambos, Kai, 전게서 I, p. 164; Albin Eser, "Individual Criminal Responsibility", p. 801.

1181) Mbarushimana, ICC (PTC), decision of 16 December 2011, paras. 279 et seq.

1182) 이러한 위험은 주된 범죄의 실행을 통하여 실현되는 것으로 위험의 창조 혹은 증대가 범죄의 실행과 인과적으로 연결되어야 하며 여기에서의 위험은 법질서에 의하여 승인될 수 없는 금지된 것이어야 한다는 주장은 Ambos, Kai, 전게서 I, p. 164.

1183) Werle, Gerhard; Jeßberger, Florian, 전게서, p. 218; 이와 같은 최소 기준의 설정을 통하여 사회적으로 바람직하고 합법적 행위를 부당하게 범죄화하는 것을 막고 오직 사회적 기준이나 상업적 행위 기준에서 심각하게 일탈한 경우만을 범죄화하도록 한다는 것은 Ambos, Kai, 전게서 I, p. 165.

1184) Aleksovski, ICTY (AC), judgment of 24 March 2000, para. 162; Blaškić, ICTY (AC), judgment of 29 July 2004, para. 50; Tolimir, ICTY (TC), judgment of 12 December 2012, para. 911 등.

1185) Aleksovski, ICTY (AC), judgment of 24 March 2000, para. 162; Blaškić, ICTY (AC), judgment of 29 July 2004, paras. 45, 49; Kayishema and Ruzindana, ICTR (AC), judgment of 1 June 2001, para. 186 등.

1186) 이러한 요건은 미국의 모범형법전에서 유래한 것이다. MPC (1985), § 2.06. 그러나 국제관습법에서는 이러

관적 요건을 규정을 규정하고 있는 반면 주관적 요건에 있어서는 로마규정 30조의 경우보다 높은 수준을 요구하고 있다.[1187] 그러나 방조범이 주범에 대하여 요구되는 집단살해죄의 특별한 목적까지 스스로 구비하고 있어야 하는 것은 아니며 주범의 특별한 목적을 인식하는 것만으로도 족하다.[1188]

제 8 절   집단 범죄에 대한 방조

로마규정 제25조 제3항 (d)는 적용범위가 광범위하면서도 심각성은 가장 미약한 새로운 참여 형태인 집단 범죄에 대한 방조를 규정하고 있다.[1189] 이는 공모 범죄를 로마규정에 포함시킬 것인가를 둘러싼 복잡한 협상과정에서 타협으로 등장한 결과물이다.[1190] 협상과정에서 기존의 공모 관념을 더욱 제한하는 과정을 거치다가 결국 공모라는 용어 자체를 완전히 없애고 집단적으로 시도되는 범죄에 대한 기여를 새로이 규정하게 되었다.[1191] 본 조항의 규범 내용은 테러 관련 협약에 존재하던 것으로[1192] 국제관습법에는 이러한 유형에 정확히 부합하는 모델이 존재하지 않는다.

로마규정 제25조 제3항 (d)는 아래와 같이 집단범죄의 존재와 이에 대한 개인의 기여라는 이중의 객관적 요건과 대상 집단이 공동의 목적을 가질 것, 기여행위에 대한 일반적 고의, 집단의 범죄활동 또는 범죄적 목적을 촉진시키려 하거나 집단의 범죄 고의에 대한 인식 등 세 개의 주관적 요건을 규정하고 있다.

한 요건을 요구하고 있지 않다. Mrkšić and Šljivančanin, ICTY (AC), judgment of 5 May 2009, para. 159; Perišić, ICTY (TC), judgment of 6 September 2011, para. 131.

1187) Ambos, Kai, 전게서 I, p. 166.

1188) Aleksovski, ICTY (AC), judgment of 24 March 2000, para. 162; Krnojelac, ICTY (AC), judgment of 17 September 2003, para. 52; Krstić, ICTY (AC), judgment of 19 April 2004, para. 140; Seromba, ICTR (AC), judgment of 12 March 2008, paras. 56, 65, 173 등.

1189) Werle, Gerhard; Jeßberger, Florian, 전게서, p. 219.

1190) Ambos, Kai, 전게서 I, p. 166; Werle, Gerhard; Jeßberger, Florian, 전게서, p. 219; 국제범죄에 대한 공모 책임의 도입 여부에 대한 논란은 오랫동안 계속되어 왔으며 로마규정에 대한 1996년 초안에는 범죄 계획에 직접적으로 참여하거나 실제로 발생한 범죄의 실행을 공모한 사람에 대하여 형사책임을 인정하는 제한적 형태의 공모 조항이 존재하였다. Draft Code of Crimes against the Peace and Security of Mankind with commentaries(1996) 제2조 제3항 (e) Directly participates in planning or conspiring to commit such a crime which in fact occurs.

1191) Ambos, Kai, 전게서 I, p. 166.

1192) International Convention for the Suppression of Terrorist Bombings(General Assembly of the United Nations in resolution 54/109 of 9 December 1999) Article 2(5)(c); ICTY의 공동범죄집단 개념과의 유사성과 차이점에 대한 논의는 Werle, Gerhard; Jeßberger, Florian, 전게서, p. 219.

공동의 목적을 가지고 활동하는 집단에 의한 범죄의 실행 또는 실행의 착수에 기타 여하한 방식으로 기여한 경우. 그러한 기여는 고의적이어야 하며, 다음 중 어느 하나에 해당하여야 한다.
(ⅰ) 집단의 범죄활동 또는 범죄목적이 재판소 관할범죄의 실행과 관련되는 경우, 그러한 활동 또는 목적을 촉진시키기 위하여 이루어진 것
(ⅱ) 집단이 그 범죄를 범하려는 고의를 인식하고서 이루어진 것

본 조항의 방조가 성립하기 위해서는 집단에 의하여 범하여지는 국제범죄의 실행이나 실행의 착수에 대한 기여가 있어야 한다. 여기에서의 집단은 '공동의 목적'을 달성하기 위하여 행위하는 3명 이상의 연합을 의미한다.[1193]

기여의 방식과 관련하여 '기타 여하한 방식(in any other)'으로 기여할 것을 규정하여 일견 다른 실현 형태에 비하여 가장 낮은 수준의 객관적 요건을 규정한 것으로 보인다. 실제 국제형사재판소는 본 조항이 공동실행, 교사, 방조 등에 해당하지 않을 경우 적용되는 부수적 참여 형태이며[1194] 본 조항에서의 기여는 방조에서의 실질성 요건보다 낮은 것으로 판시하고 있다.[1195] 나아가 국제형사재판소의 전심 재판부 I은 Mbarushimana 사건에서 범죄가 성립한 이후 행하여지는 이른바 사후적 방조를 제25조 제3항 (d)의 범주에 포함시키고 있다.[1196] 그러나 국제범죄에 대한 자금지원을 포함하여 모든 유형의 간접적 지원이 규율대상에 포함되는 것으로 해석되는 것에 대한 비판이 제기되기도 하였다.[1197]

이처럼 본 조항이 일반 방조보다 낮은 기여 행위를 요건으로 하는 것은 사실이나 본 조항의 무분별한 확대 적용을 제한하기 위하여 본 조항에서의 기여행위 역시 중대성 요건의 제한을 받아야 한다는 판례도 존재한다. 국제형사재판소는 Mbarushimana 사건에서 본 조항의 보충적 성격은 인정하면서도 본 조항에서의 기여는 중대성 요건에 따라 제한되며 이를 형사책임 인정을 위한 최소 기준으로 보았다.[1198] 그리고 종국적으로 콩고민주공화국에서의 범죄와 관련하여 프

1193) Werle, Gerhard; Jeßberger, Florian, 전게서, p. 220; 2인 이상도 집단에 해당한다는 국제형사재판소 판례는 Mbarushimana, ICC (PTC), decision of 16 December 2011, para. 271.

1194) Lubanga, ICC (PTC), decision of 29 January 2007, para. 337.

1195) Ruto, Kosgey and Sang, ICC (PTC), decision of 23 January 2012. para. 354; 공동범죄집단 이론과의 비교 등을 통하여 본 조항에서의 기여 요건이 방조의 경우보다 완화된 것으로는 인정하면서도 자유주의적이고 책임에 기반한 접근법에 따라 기여 요건이 지나치게 광범위하게 해석되는 것을 피하고 뒤에서 보는 바와 같은 중대성 요건을 통하여 적용범위의 제한을 부가하는 것은 Mbarushimana, ICC (PTC), decision of 16 December 2011, para. 282, 283; 공동실행 등 기타 유형과 비교할 때 상대적으로 낮은 기여 요건이 규정되어 있어 국제형사재판소의 검찰이 입증이 용이한 본 조항을 선호하는 경향이 존재한다. Ambos, Kai, 전게서 I, p. 167; Harun에 대한 체포영장의 51개 범죄사실 모두가 본 조항에 기한 것이었다. Ahmad Muhammad Harun and Ali Muhammad Ali Abd-Al-Rahman, ICC (PTC), warrant of arrest, 268 7 April 2007.

1196) Mbarushimana, ICC (PTC), decision of 16 December 2011, paras. 286 et seq.

1197) Werle, Gerhard; Jeßberger, Florian, 전게서, p. 220.

1198) Mbarushimana, ICC (PTC), decision of 16 December 2011, para. 283.

랑스에서 언론 캠페인을 주도한 행위는 중대한 기여를 한 것으로 인정되지 않는다고 판단하였다.[1199] 이와 같이 국제형사재판소가 중대성 요건을 인정하여 기여행위를 제한하는 것은 책임주의 원칙과 로마규정의 심각성 기준에서 그 근거를 찾을 수 있는 것으로[1200] 타당한 판결로 생각된다. 그렇지 않을 경우 본 조항이 확정 불가능한 무제한의 책임 유형으로 운영될 우려가 있으며 처벌의 대상이 되는 기여행위의 기준을 정함에 있어서도 일반 방조를 규정한 로마규정 제25조 제3항 (c)와 특별한 차이를 둘 이유도 존재하지 않기 때문이다.[1201] 구체적 사안에서의 중대성 판단은 상황에 따른 사안별 분석에 기반하여 이루어질 것이다.[1202]

본 조항의 특수성은 공동의 목적을 가진 집단의 범죄가 전제된다는 점이다. 본 조항의 적용 범위를 집단의 내부자들만 포섭하는 것으로 제한적으로 해석하는 견해도 있으나 이는 본 조항의 의미를 지나치게 제한하여 본 조항의 존재를 무의미하게 만드는 것이므로 본 조항은 집단의 외부자에게도 적용된다고 보는 것이 타당할 것이다.[1203]

로마규정에 명시된 '고의적 기여'가 무엇을 의미하는가는 명확하지 않으나 제1도의 고의(first degree dolus directus)로 제한되는 것은 아니며 로마규정 제30조에 해당하는 의욕과 인식을 의미하는 것으로 해석된다. 그리고 고의적 기여는 행위에 대한 것으로만 제한적으로 해석되어서는 안 되며 기여와 범죄를 연결시키는 추가적 요소를 포함하여 범죄의 영역까지 확장되어야 할 것이다.[1204] 나아가 본 조항의 기여에 해당하기 위해서는 추가적으로 범죄실행과 관련된 집단의 범죄 활동이나 범죄 목적을 촉진시키기 위한 것이거나 혹은 집단이 범죄를 저지르려 한다는 것을 인식하고 있어야 한다. 기여자에게 특정한 범죄에 대한 적극적 인식이 요구되는가 아니면 어떠한 범죄가 발생할 것이라는 정도만 인식하면 족한 것인가는 불분명하다. 국제형사재판소는 특정한 범죄에 대한 적극적 고의가 요구되는 것은 아니라고 보고 있다.[1205] 교사나 일반 방조의 경우와 같이 본범에 대하여 요구되는 특별한 목적 등을 가지고 있을 필요는 없다.[1206]

1199) Mbarushimana, ICC (PTC), decision of 16 December 2011, paras. 303, 315, 320, 339.
1200) 로마규정 제17조 제1항 (d), 제53조 제1항 (b), (c), 제2항 (b), (c) 등.
1201) Ambos, Kai, 전게서 I, p. 167.
1202) Ruto, Kosgey and Sang, ICC (PTC), decision of 23 January 2012. para. 355 참조.
1203) Ambos, Kai, 전게서 I, p. 168; Mbarushimana, ICC (PTC), decision of 16 December 2011, para. 271.
1204) Ambos, Kai, 전게서 I, p. 169; Mbarushimana, ICC (PTC), decision of 16 December 2011, para. 288.
1205) Mbarushimana, ICC (PTC), decision of 16 December 2011, para. 289; 이러한 판례가 본 조항의 문언을 무효화시킨다는 비판은 Ambos, Kai, 전게서 I, p. 169.
1206) Werle, Gerhard; Jeßberger, Florian, 전게서, p. 220.

제6장 상급자책임(Superior Responsibility)

상급자책임은 국제형사법에서 인정되는 독특한 유책 유형으로 군지휘관 또는 민간인 상급자가 하급자의 범죄를 방지하기 위하여 필요한 합리적 조치를 취하지 않은 경우 직접 범죄를 범하지 않은 상급자로 하여금 하급자의 범죄에 대한 형사책임을 부담하도록 하는 것이다. 상급자책임 이론은 국제형사법의 창조물로 우리나라는 물론 다른 나라 국내법에도 이에 완전히 상응하는 책임 유형은 존재하지 않으며 국내법상 인정되는 기존의 공범 이론이나 부작위범 이론만으로는 명료하게 설명하기 어려운 복합적 성격을 갖고 있다.

상급자책임 이론은 제2차 대전 이후 일본 전범 야마시타에 대한 판결에서 법원의 법창조적 해석을 통하여 탄생하였다. 그러나 이에 대하여는 책임주의 위반이라는 강력한 비판이 있었으며 상급자책임은 ICTY 법령과 ICTR 법령에 도입되어 임시재판소 판례를 통한 발전과 정제의 과정을 거치게 되었다. 이후 로마규정 제28조에도 명시됨으로써 상급자책임의 국제관습법에서의 지위는 더욱 확고해진 상황이다. 그러나 이와 같은 발전에도 불구하고 상급자책임의 본질이 무엇인가에 대한 논란과 함께 책임주의 측면에서의 비판은 아직도 계속되고 있다. 우리 국제범죄법은 상급자책임과 관련하여 제5조(지휘관과 그 밖의 상급자의 책임)와 제15조(지휘관 등의 직무태만죄) 두 개의 조문을 두고 있다.

제1절 상급자책임의 인정 이유와 특이성

1. 상급자책임 이론의 인정 이유

상급자책임은 국제인도법의 실행에 있어 중대한 역할을 담당하는 상급자의 의무에 수반되어 인정되는 광범위한 책임이다.[1207] 상급자책임은 부하에 의하여 범하여지는 범죄를 전제로 한다.

1207) Ambos, Kai, 전게서 I, p. 198; Cryer, Robert; Friman, Håkan; Robinson, Darryl; Wilmshurst, Elizabeth, 전게서, p. 384.

상급자가 부하의 범죄를 명령하였다면 이러한 '명령'을 통하여 상급자의 책임도 손쉽게 인정될 수 있을 것이나 명령의 입증이 어렵거나 부하의 행위가 상급자에게 직접 귀속될 수 없는 상황에서 상급자책임 이론이 적용되게 된다.[1208] 국내법에 존재하지 않는 상급자책임 이론이 국제형사법의 영역에서 인정되게 된 것은 국제범죄가 발생하는 계층적 조직구조라는 환경적 특성이 주요한 원인으로 작용하였다. 국제범죄에 대한 책임은 범죄의 실행과 멀어질수록 오히려 증대하는 경향이 있으나 계층적 조직구조의 상부에 위치하는 상급자의 직접 관여를 입증하는 것은 상대적으로 매우 어렵다. 따라서 상급자책임은 상급자의 형사책임에 대한 직접 증거가 존재하지 않는 경우에 대한 안전망으로 작용한다.[1209]

상급자는 부하의 국제인도법 위반행위를 감독하고 통제하여야 할 의무를 부담하고 있다. 그러나 명령권한을 가지고 있는 상급자가 부하의 범죄를 외면하거나 범죄를 목도하였음에도 국제범죄를 저지른 부하를 처벌하거나 기소를 위하여 권한당국에 회부하지 않을 우려가 현실적으로 존재한다. 따라서 적극적으로 범죄를 지시하지는 않았다 하더라도 부하에 대한 통제와 감독 의무를 부담하고 있는 상급자가 부하의 범죄를 외면하고 방치하는 등 부하의 국제범죄에 관한 의무위반이 존재할 경우 이를 형사처벌의 대상으로 규율하게 된 것이다.[1210] 특히 과거에 발생한 국제범죄를 처벌하지 않는 것은 미래 범죄에 대한 방조나 교사에 해당할 수도 있다는 점에서 상급자책임 이론의 중요성은 더욱 강조되고 있다.[1211]

2. 규범 구조의 특이성

상급자책임은 군대 지휘관이나 민간인 상급자가 자신에게 부과되어 있는 감독과 통제 의무를 위반하여 부하의 범죄를 방지하는데 필요한 합리적 조치를 취하지 않은 경우 상급자가 직접 범죄를 범하지 않았음에도 부하가 저지른 국제범죄에 대하여 형사책임을 부담하도록 하는 것이다. 이러한 상급자책임 이론은 매우 독특한 책임귀속 방식을 가지고 있다. 객관적 요건으로는 범죄방지의무가 있는 상급자의 부작위가 존재하여야 하며 주관적 요건으로는 상급자가 부하의 범죄를 알았던 경우는 물론 부하의 범죄를 인식하지 못한 경우에도 일정한 요건 하에서 상급자에게 형사책임을 부과하고 있다. 즉 부하의 범죄에 대한 인식 자체가 입증되지 않았음에도 부하가 저지른 범죄에 대하여 책임을 부과하는 일종의 전가책임 형태를 띠고 있는 것이다. 이러한 규범

1208) Ambos, Kai, "Superior Reponsibility", in O. Triffterer (ed.), Commentary on the Rome Statute of the International Criminal Court. München 2nd. ed. 2008, p. 835.

1209) Werle, Gerhard; Jeßberger, Florian, 전게서, p. 222. 당초 군대 조직에 대하여만 인정되었던 상급자책임의 관념이 비군대 조직으로 확대됨으로써 '지휘관 책임'이라는 용어보다는 로마규정의 경우와 같이 '상급자책임'이라는 용어가 보다 선호되고 있다.

1210) Werle, Gerhard; Jeßberger, Florian, 전게서, p. 222.

1211) Blaškić, ICTY (TC), judgment of 3 March 2000, para. 337; 국제범죄법 도입 이전에도 우리 군형법은 부하범죄부진정죄를 두고 있었다. 군형법 제93조 참조.

구조를 가진 상급자책임은 다른 나라 국내법에도 완전히 상응하는 유형이 존재하지 않으며 우리 국내법의 부작위범 이론이나 공범 이론 어느 곳에도 정확히 부합하지 않는다. 현재 국제형사법 영역에서도 상급자책임의 본질을 둘러싸고 많은 논란이 진행되고 있으며 이러한 논란은 각국의 이행법률에도 그대로 반영되어 나타나고 있다. 이와 같은 상급자책임 이론은 국제형사법의 중심에 위치해 있으며 국제법이 집단적 잔학행위에 대응하는 과정에서 발생하는 근본적 딜레마를 잘 보여주고 있다.[1212]

제 2 절   상급자책임 이론의 발전

1. 근대적 상급자책임 이론의 탄생 – 야마시타 판결과 책임주의 논란

상급자책임 이론이 오랜 역사를 가진 것으로 언급되기도 하지만[1213] 이와 관련된 최초의 근대적 사건은 제2차 대전 후에 있었던 일본군 장군 야마시타(Yamashita)에 대한 재판이다.[1214] 사형 선고로 종결된 야마시타 사건은 책임주의와 절차적 공정성 측면에서 많은 논란을 불러일으켰다.[1215] 판결과 관련된 주요한 사실관계는 다음과 같다.

> 1944년 10월 9일부터 필리핀 지역의 일본 군대에서 지휘관 역할을 수행한 야마시타는 1944년 12월 지휘부를 마닐라에서 125마일 떨어진 Baguio 지역으로 이동시킨다. 당시 야마시타는 모든 부대의 철수를 지시하였으나 이러한 지시는 반대에 봉착하였으며 결국 야마시타와 그 직할부대 1,600명만이 1945년 1월 마닐라를 떠났고 2만명의 해군은 그곳에 남게 되었다.
>
> 마닐라에 남아 있던 일본군은 미군의 공격이 시작된 1945년 2월 4일부터 약 70만 명의 민간인들을 고문

[1212] Jenny S. Martinez, "Understanding Mens Rea in Command Responsibility From Yamashita to Blaškić and Beyond", Journal of International Criminal Justice Volume 5(2007), p. 639.

[1213] 견해에 따라서는 상급자책임을 2,500년 전 중국의 손무까지 소급시키기도 하나 현대의 지휘관 책임과 유사한 내용이 규정된 것은 1439년 찰스 7세(Charles VII)의 프랑스법이다. 위 법에는 부하가 저지른 각종 해악이나 범죄에 대하여 지휘관이나 상관이 책임질 것을 국왕이 명령하고 잘못된 행위에 대한 고소가 있는 경우에는 당사자를 칙령에 따라 처리함으로써 범죄에 상응하는 처벌을 받도록 하고 있다. 또한 이러한 임무를 수행하는데 실패하거나 악행을 숨기는 경우, 필요한 조치를 취하는 것을 지체하는 경우 혹은 부주의나 다른 이유로 범죄자가 도주하여 처벌을 피하게 된 경우에는 지휘관이 저질러진 범죄에 대하여 마치 자신이 그 범죄를 저지른 것과 같은 책임을 지게 되며 범죄자에게 가해졌을 것과 동일한 방식으로 처벌받게 된다는 내용이 포함되어 있다. Robert Cryer, Håkan Friman, Darryl Robinson, Elizabeth Wilmshurst, 전게서, p. 321. 기타 상급자책임의 초기 발전에 대하여 상세한 것은 Evan Wallach & I. Maxine Marcus, "Command Responsibility", International Criminal Law volume II.: Leiden : Martinus Niihoff Publishers(2008), p. 459 et seq 참조.

[1214] 위 사건의 범죄 발생장소가 미군의 식민지였던 필리핀 마닐라이었던 관계로 미국군사사위원회(US military commission)에 의하여 다루어졌다. 이태엽, "국제형사법상 전시 지휘관 책임의 법적 성격", 서울 : 법조 제56권 제11호 통권 제614호 (2007).

[1215] Robert Cryer, Håkan Friman, Darryl Robinson, Elizabeth Wilmshurst, 전게서, p. 321.

하거나 살해하는 등 대규모 살상행위를 저질렀으며 이러한 행위는 일본군이 모두 섬멸된 3월 3일까지 계속
되었다. 이후 지휘관이었던 야마시타는 1945년 9월 25일 미군에 의하여 체포되어 1945년 10월 29일 재판에
회부되었다. 기소된 혐의는 야마시타가 지휘관으로서 부하들에 대한 통제의무를 불법적으로 외면하고 이를
수행하지 않음으로 인하여 민간인들에 대한 범죄행위를 허용하였다는 내용이었다.

    야마시타의 변호인은 위와 같은 범죄행위가 벌어질 당시 야마시타는 Baguio 지역에 있었고 통신두절로
발생한 범죄에 대하여 아무것도 알지 못하였다고 주장하였다. 그러나 이러한 변호인의 주장에도 불구하고
1945년 12월 7일 야마시타에 대해 사형선고가 내려졌다. 당시 판결에서는 야마시타가 부하들의 범죄를 인식
하였는가 여부에 대하여 명확히 판단하지 않은 채 광범위한 잔학행위가 자행되고 있었던 상황에서 야마시타
는 '당시 상황에 의하여 요구되는 .... 유효한 통제를 하지 않았다'는 견해만이 표명되어 있었다. 위 판결에
대한 필리핀 대법원에의 항소가 재판권 문제로 기각되자 변호인은 이 사건을 다시 미국 연방대법원에 항소
하였다.

미국 연방대법원은 '상급자는 그의 통제 권한 내에서 자신의 군대가 특정한 행위를 하는 것
을 방지하도록 적절한 조치를 취할 의무를 부담하고 있다...... 상급자는 이러한 위반행위가 발생
할 경우 조치를 취하지 않은 것에 대해 책임을 질 수 있다.... 전쟁법은 부하에 대하여 일정한 범
위의 책임을 부담하고 있는 지휘관이 작전수행을 통제하는 방식으로 이러한 위반행위들을 회피
하여야 한다는 점을 전제하고 있다'고 설시한 후 야마시타에 대하여 '기소된 혐의에 있어서 전쟁
법을 위반한 것으로 합리적 기준에 따라 판단된다'며 야마시타의 부하들이 저지른 전쟁법 위반행
위들이 상급자책임 이론에 의하여 야마시타에게 귀속된다고 판시하였다.[1216]

    이 판결에서 Murphy 판사의 다음과 같은 강력한 반대의견이 있었다.

    ....그가 전쟁법을 위반했다는 점을 증명하려는 시도가 없었다. 그는 그러한 행위에 참여하거나 명령하거나
혹은 이를 허용하는 것으로 유죄판결을 받은 것이 아니다. 심지어 **그는 이러한 범죄에 대한 인식도 가지고
있지 않았으며 단지 그가 지휘관으로서 그의 부하들의 작전을 통제하지 않아 부하들이 잔학행위를 하도록
허용한 것으로 의심되었을 뿐이다.** 국제법은 이러한 기소에 대한 어떠한 선례도 가지고 있지 않다. 이는 판
결을 내린 군사위원회가 야마시타의 의무에 대한 편향된 시각에 의존하여 그들이 원하는 바대로 범죄를 만
드는 것을 허용하는 것이다.[1217]

    이 판결에 대해서는 학계에서도 많은 비판이 있었다. 책임이 밝혀지지 않은 상태에서 사형
선고가 내려진 것으로 책임주의 원칙에 반한 것이고 헌법적 보호가 완전히 배제된 것이며 인종

1216) U.S. Supreme Court Application of Yamashita, 327 U.S. 1 (1946) 327 U.S. 1.; Ambos, Kai, "Superior
    Reponsibility", p. 807; 기타 위 판결에 대한 상세한 내용과 다양한 측면의 비판 등은 Allan A. Ryan, 전게서
    참조.
1217) U.S. Supreme Court Application of Yamashita, 327 U.S. 1 (1946) 327 U.S. 1.

주의에 기반한 판결이라는 비판[1218], 정립된 형사법 이론에 근거하지 않은 것으로 승자의 정의를 실현시키기 위한 수단이었으며 정당한 응보가 아닌 사법적 복수의 사례라는 주장[1219] 등이 있다. 특히 책임에 있어서 요구되는 주관적 요건을 특정하거나 사실적으로 확정하지 않았다는 비판은 매우 강력한 것이었다.[1220]

2. 주관적 요건의 보강과 새로운 책임주의 논란

뉘른베르크 재판에서는 상급자책임 이론이 간접적 방식으로만 다루어졌으나[1221] 연합국 통제위원회 법령 제10호에 따른 미국 군사법원의 재판에서는 상급자책임이 실질적으로 다루어지게 되었다.

US v. Pohl et al. 사건에서 재판부는 명시적으로 야마시타 사건을 언급하면서 전쟁법은 지휘관에게 당시 상황에 비추어 부하의 전쟁법 위반행위를 막기 위하여 자신의 권한 범위 내에서 부하들을 통제하는 등 적절한 조치를 취할 적극적 의무를 부과하고 있다고 판시하고 특히 군대 지휘관에게 한정되던 상급자책임을 민간인 상급자에게까지 확대하였다.[1222]

1218) Ambos, Kai, "Superior Reponsibility", p. 807 et seq; 공정한 재판을 받을 권리의 측면에서의 비판은 Robert Cryer, Håkan Friman, Darryl Robinson, Elizabeth Wilmshurst, 전게서, p. 324.

1219) Arthur Thomas O'reilly, "Command Responsibility : A Call to Realign Doctrine with Principles", American University International Law Review Vol. 20(2004), p. 78; 위 판결이 일종의 전가책임 혹은 엄격책임이라는 비판 등에 대한 것은 Timothy Wu, Yong-Sung (Johnathan) Kang, "Criminal Liability for the Actions of Subordinates — The Doctrine of Commnad Responsibility and its Analogues in United States Law", Harvard International Law Journal(1997), p. 4; 위 판결이 엄격책임에 근거한 것이라고 볼 수 없으며 야마시타의 완전한 무지는 그의 부하와 관련한 장래의 범죄에 대한 허용될 수 없는 위험을 발생시켰고 그가 그러한 잔학행위를 인식하지 못하였다 하더라도 그러한 무지는 야마시타에게 귀속되는 위험을 만든 것이라는 취지의 위험지향적 접근방법에 의한 해석은 Ambos, Kai, "Superior Reponsibility", p. 807; 야마시타 판결에서도 정신적 요건으로 알았거나 알았어야 한다는 과실 요건을 적용하여 사형선고가 내려졌다는 주장은 김영석, "전쟁범죄에 있어서 군사지휘관 및 기타상급자의 책임에 관한 고찰", 인도법논총 제25호(2005), 205면.

1220) 당시 재판에서 야마시타가 범죄에 대한 정보를 접힐 수 있있다는 어떠한 증거도 제시된 바 없으며 오히려 통신두절로 인하여 범죄에 대하여 알거나 이를 방지할 수 없었다는 항변이 제기되었을 뿐이다. Jenny S. Martinez, 전게논문, p. 648; 야마시타 판결에서 나타난 매우 광범위한 책임이론이 이후의 판례들에서는 동일한 모습으로 받아들여지지는 않았으며 미군사법원 역시 My Lai massacre 사건에서 위와 같은 광범위한 책임이론을 적용하지 않았다. 위 사건에서는 직속상관인 상급자가 부하의 잔학행위을 인식하지 못하였다는 이유로 무죄판결이 내려졌다. 그러나 야마시타 사건에서는 야마시타가 범죄현장에서 멀리 떨어져 있었던 것과 달리 위 사건에서는 상급자가 범죄현장에 있었고 실제 범행을 저지른 부하와 밀접한 접촉을 유지하고 있었다는 점에서 위 판결의 결과는 놀라운 것이라는 주장은 Ambos, Kai, "Superior Reponsibility", p. 814 et seq. 위 사건에 대하여 상세한 설명은 Jeannine Davanzo, "An Absence of Accountability for the My Lai Massacre", Hofstra Law and Policy Symposium(1999) 참조.

1221) Ambos, Kai, "Superior Reponsibility", p. 828.

1222) Oswald Pohl et al., U.S. Military Tribunal Nuremberg, judgment of 3 November 1947, in Trials of War Criminals before the Nuremberg Military Tribunals under Control Council Law No. 10, Vol. V, p. 958 et seq. 특히 pp. 1011, 1054; 그리고 Brandt et al. 사건에서도 민간인 지휘관에 대한 책임이 인정되었다. Karl

보복 살해와 관련된 12명의 독일군 고위급 장성에 대한 Wilhelm List et al. (이른바 Hostage Trial) 사건은 상급자책임 이론의 발전에 있어 중요한 의미를 갖는다. 위 판결에서는 우선 지휘관 지위에는 권한 범위 내에서의 감독과 통제 의무가 수반되며 만일 범죄가 그의 권한 범위 내에서 이루어진다면 지휘관은 여기에 개입하여야 한다고 보았다. 그리고 부하의 범죄와 관련한 주관적 요건으로 '알아야 함(should-have-known) 기준'을 적용하였다. 이러한 기준에 의하면 상급자가 부하가 범죄를 저지르려고 한다는 믿을 만한 정보를 가지고 있었다면 이는 '알아야 함'이라는 주관적 요건을 충족시킨다고 보면서 부하의 범죄에 대한 실제적 인식까지는 요구하지 않았다.[1223] 이후 있었던 High Command 사건에서는 더욱 제한된 기준을 적용하여 상급자의 직무유기와 실제적 인식에 대한 증거를 요구하였다.[1224] 이러한 판결들은 야마시타 판결을 세련화 시키는 것이 아니라 상급자책임에 대한 새로운 기준을 처음으로 발전시킨 것으로 평가된다. Hostage 사건에서는 상급자에게 전달되는 정보를 기반으로 '알아야 함(should-have-known)'이라는 새로운 기준이 선택되었으며 High Command 사건에서는 명시적으로 야마시타 판결을 거부하고 적극적 인식 기준을 적용하였다.[1225]

동경재판에서도 전쟁포로의 취급에 대한 감독과 통제 의무가 군대 상급자와 민간인 상급자 모두에게 존재한다고 보았으며 특히 이러한 책임은 집단책임(collective responsibility)의 형태로 민간정부에까지 확대되었다.[1226] 주관적 요건과 관련하여 상급자가 부하의 범죄를 알았거나 혹은

Brandt et al. (so-called Medical Trial), U.S. Military Tribunal Nuremberg, judgment of 20 August 1947, in Trials of War Criminals before the Nuremberg Military Tribunals under Control Council Law No. 10, Vol. II, p. 171 et seq, pp. 212, 213.

1223) Wilhelm List et al. (so-called Hostage Trial), U.S. Military Tribunal Nuremberg, judgment of 19 February 1948, in Trials of War Criminals before the Nuremberg Military Tribunals under Control Council Law No. 10, Vol. XI, p. 1230 et seq; 위 판결은 야마시타 사건에서처럼 광범위한 잔학행위가 존재하였다는 객관적 사실이 존재한다 하더라도 지휘관이 그러한 잔학행위에 대한 구체적 정보를 갖지 못하였다면 주관적 요건이 구비되지 않았으므로 책임을 귀속시키기에는 부족한 것으로 판단한 것이다. Ambos, Kai, "Superior Reponsibility", p. 811.

1224) 위 판결에서는 명령계통상에 있었다는 사실만으로 거기에 속한 모든 개인에게 범죄성이 인정되는 것은 아니며 개인의 직무유기가 존재하여야 하고 행위가 직접적으로 상급자에게 추급될 수 있거나 혹은 부하를 적절히 감독하지 못한 것이 형사적 과실에 해당될 수 있는 경우에만 책임을 부담한다고 보았다. 특히 개인적 과실은 반드시 부하의 행위에 대한 의도적이거나 부도덕한 외면으로 그것이 묵인에 해당할 정도이어야만 하며 이러한 기준을 충족시키지 못하는 다른 모든 해석은 문명국가들에 알려진 기본적 원칙을 넘어서는 것이라고 판단하였다. Wilhelm von Leeb et al. (so-called High Command Trial), U.S. Military Tribunal Nuremberg, judgment of 28 October 1948, in Trials of War Criminals before the Nuremberg Military Tribunals under Control Council Law No. 10, Vol. XI, p. 462 et seq, 특히 p. 489.

1225) Ambos, Kai, "Superior Reponsibility", p. 830.

1226) 재판부는 '각료 구성원이 죄수에 대한 불법적인 처우에 대한 지식을 가지고 있었으나 잘못된 처우를 막을 힘이 없었다고 가정하더라도 그들은 사직할 수 있었고 그럼에도 불구하고 각료에 남아 있을 것을 선택하여 지속적으로 이러한 집단 책임에 참여하였다면 장래에 있을 모든 불법적 대우를 고의적으로 수용한 것'이라고 판시하였다. (International Military Tribunal for the Far East, judgment of 12 November 1948(48, 446))

부하의 범죄를 인식하는데 과실이 있었던 경우에는 부하의 범죄에 대한 방지의무를 이행하지 않은 부작위에 대하여 항변할 수 없다고 본 것이다.[1227]

이처럼 제2차 대전 이후의 재판에서는 대체적으로 부하의 범죄에 대한 인식이 존재하는 경우는 물론 실질적 인식에 대한 증거는 없으나 이에 대하여 과실이 있는 경우에도 상급자책임을 인정하였다. 그러나 부하의 범죄에 대한 정보를 얻어야 하는 의무의 범위와 상급자가 어느 정도의 정보를 인식하여야 조사의무가 인정되는가의 여부, 과실로 조사하지 않은 경우에 대한 취급 등은 여전히 불명확한 상태였다.[1228]

3. 조문화 작업과 임시재판소의 판례들

(1) 제네바협정 추가의정서 I

뉘른베르크 헌장이나 동경 헌장에는 상급자책임에 관한 조항이 포함되어 있지 않았으나 이후 상급자책임 이론에 대한 조문화 작업이 진행되어 제네바협정 추가의정서 I 제86조와 제87조에서 조문화된 상급자책임이 최초로 모습을 드러내게 되었다.[1229]

마모루 시게미츠 사건은 1943년 3월부터 1945년 3월까지의 외교장관이었던 마모루 시게미츠에 대한 것이었다. 그가 외교장관으로 재직하던 기간 동안 전쟁포로의 처우에 대한 연합국측의 강력히 항의가 있었으며 재판 과정에서 그가 포로수용소의 사정을 잘 알고 있었던 것으로 확인되었다. 재판부는 그가 정부의 구성원으로서 포로의 안전 등에 대해 특별한 책임을 부담하고 있었으며 따라서 문제되는 상황을 조사하여 적절한 조치를 취하거나 이를 촉구하기 위하여 사직하였어야 함에도 이러한 조치를 취하지 않은 것은 전쟁법을 심각하게 경시하는 태도를 보여준 것으로 이에 대한 형사적 책임을 지게 된다고 보았다.〔International Military Tribunal for the Far East, judgment of 12 November 1948(49, 773)〕 1933년부터 1936년 3월까지 외교장관이었던 코기 히로타에 대하여도 '그의 부작위는 형사적 과실에 상응하는 것이다'라고 판시하였다.〔International Military Tribunal for the Far East, judgment of 12 November 1948(49, 792)〕 이처럼 동경재판에서는 각료 구성원들의 의도적인 무시나 과실이 개입되어 일정한 조치를 취하지 않은 경우 실제로 발생한 범죄와의 인과적 연결을 각료의 구성원으로 있었다는 사실에 의하여 도출하는 한편 이러한 상황에서는 감시와 조사에 대한 임무도 보다 증대되는 것으로 본 것이다. 전장에서 벌어지는 군대의 행위에 대한 책임을 민간인 정부 관료들에게 묻는 것은 매우 신중하지 않으면 안 된다는 점을 지적하고 나아가 부작위에 의한 책임은 매우 제한된 범위 내에서만 인정되어야 한다는 롤링판사의 반대의견이 있었다. Ambos, Kai, "Superior Reponsibility", p. 813; 상급자책임 이론과 공동범죄집단 이론과의 관련성에 대한 일반적 분석 등에 대하여는 Ambos, Kai, "Joint Criminal Enterprise and Command Responsibility" 참조; 기타 일본군 장군 토요다 사건(United States v. Soemu Toyoda)에 대하여 상세한 것은 Jenny S. Martinez, 전게논문, p. 652.

1227) International Military Tribunal for the Far East, judgment of 12 November 1948(48, 445, 446).
1228) Jenny S. Martinez, 전게논문, p. 653.
1229) 제네바협정 추가의정서 I 제86조 부작위
  1. 체약당사국 및 충돌당사국은 작위의무가 있는 경우에 이를 행하지 않음으로써 발행하는 제협약 또는 본 의정서의 중대한 위반을 억제하며 기타 모든 위반을 억제하기 위하여 필요한 조치를 취하여야 한다.
  2. 제협약 및 본 의정서의 위반이 부하에 의하여 행하여졌다는 사실은 경우에 따라 부하가 그러한 위반을 행하고 있는 중이거나 행하리라는 것을 알았거나 또는 당시의 상황하에서 그렇게 결론 지을 수 있을 만한 정보를 갖고 있었을 경우, 그리고 권한 내에서 위반을 예방 또는 억제하기 위하여 실행 가능한 모든 조치를 취하지 아니하였을 경우에는 그 상관의 형사 또는 징계책임을 면제하지 아니한다.

추가의정서는 부하에 의하여 범죄가 저질러질 것, 상급자는 그러한 범죄에 대하여 알고 있거나 그렇게 결론을 내릴 수밖에 없게 하는 정보를 가지고 있었을 것, 상급자가 이러한 범죄를 방지하거나 억제하기 위한 조치를 취하지 않을 것 등 3가지 요건을 규정하고 있다.[1230] 특히 위 의정서는 주관적 요건에 있어서 Hostage 사건으로 추급될 수 있는 '그렇게 결론을 내릴 수밖에 없게 하는 정보'를 가지고 있었을 요구하고 있다.[1231] 당사자가 비록 부하의 범죄를 인식하지 못하였다 하더라도 이에 대한 의도적인 외면이라는 의미에서 이러한 정보에 대한 고의적 무시가 있었을 경우에는 형사책임을 배제하지 못한다고 본 것이다. 그러나 이 경우에도 단순한 과실이 아닌 고의에 필적하는 수준의 심각한 과실만이 여기에 해당하는 것으로 해석되고 있다.[1232] 그러나 민간인 상급자의 경우에는 군대지휘관에 상응하는 보증인 지위에 유사한 근거가 존재하지 않았으며 민간인 상급자와 군대 상급자 사이에 존재하는 근본적 차이점에 비추어 유추에 의한 적용도 가능하지 않은 것으로 받아들여지고 있었다.[1233]

(2) 임시재판소 법령과 판례들

ICTY와 ICTR의 법령은 '자신의 부하에 의하여 범죄가 범하여졌을 경우 상급자가 그러한 사실을 알았거나 알 이유가 존재함에도 상급자가 그러한 범죄를 방지하거나 혹은 그러한 범죄를

제87조 지휘관의 의무
　1. 체약당사국 및 충돌당사국은 군 지휘관들에게 그들의 지휘하에 있는 군대구성원 및 그들의 통제하에 있는 다른 자들의 제협약 및 본 의정서에 대한 위반을 예방하고 필요한 경우에는 이를 억제하며 권한 있는 당국에 이를 보고하도록 요구하여야 한다.
　2. 위반을 예방하고 억제하기 위하여 체약당사국 및 충돌당사국은 군지휘관들이 그들의 책임수준에 상응하게 그들의 지휘하에 있는 군대 구성원들이 제협약 및 본 의정서에 의거한 자신의 의무를 알고 있도록 보장할 것을 요구하여야 한다.
　3. 체약당사국 및 충돌당사국은 자신의 통제하에 있는 부하 또는 다른 자들이 제협약 또는 본 의정서의 위반을 행하려 하거나 행하였다는 것을 알고 있는 모든 지휘관에게 제협약 또는 본 의정서의 그러한 위반을 예방하기 위하여 필요한 조치를 솔선하여 취하도록 요구하여야 한다.

1230) 부속의정서 I 제86조 제2항은 제87조와의 관계에서 해석되어야 하는 것으로 제87조가 지휘관이 부하의 범죄를 방지할 의무를 규정하고 있어 위 조항은 지휘관의 지위 및 '보증인' 지위 인정에 매우 중요한 역할을 한다. Ambos, Kai, "Superior Reponsibility", p. 820.
1231) 위와 같은 주관적 요건을 규정하고 있음에도 불구하고 이는 상급자책임의 주관적 요건에 대한 혼란을 가져 왔다는 비판은 Jenny S. Martinez, 전게논문, p. 653; 이러한 혼란은 위 조항의 영어본과 프랑스어본 사이의 내용상 차이에도 일부 기인하고 있다. 위 의정서의 해당부분의 영어본은 'should have enabled'라는 표현을 사용하고 있는 반면 프랑스어본은 보다 엄격해 보이는 요건인 'des informations leur permettant de conclure' (information enabling them to conclude)을 사용하고 있기 때문이다. 두 가지 문언을 둘러싼 논란 및 이에 대한 상세한 논의는 Ambos, Kai, "Superior Reponsibility", p. 846; Jenny S. Martinez, 전게논문, p. 653 참조.
1232) Ambos, Kai, "Superior Reponsibility", p. 846; ICRC Commentary on Protocol I Additional to the Geneva Conventions of 1949, p. 1012; 기타 위 의정서 내용의 불명확성에 대한 비판은 Jenny S. Martinez, 전게논문, p. 654.
1233) Ambos, Kai, 전게서 I, p. 207.

이유로 범죄자를 처벌하는데 필요하고도 합리적인 조치를 취하지 않았다면 지휘관의 책임을 면하지 못한다'고 규정하고 있다.[1234] 이러한 명문 규정은 제네바협정 추가의정서 I 과 유사한 측면이 있으나 완전히 일치한다고 보기 어렵다.[1235]

ICTR에서의 상급자책임 이론은 Akayesu 사건에서 처음으로 다루어졌다. 위 사건에서 ICTR은 상급자책임은 엄격책임이 아니며 상급자에게 범죄적 고의가 있거나 적어도 이에 필적하는 과실이 있어야 한다고 판시하였다.[1236] 그리고 개별 사안에서 나타난 구체적 사실관계에 근거하여 민간인 상급자가 필요하고 합리적인 조치를 취할 권한을 가지고 있었는가 여부에 따라 상급자에의 해당 여부를 평가하여야 한다고 보았다.[1237]

위 판결로부터 몇 주 후 ICTY에서는 상급자책임 요건의 명확화에 중요한 기여를 한 Čelibići 사건에 대한 판결이 선고되었다.[1238] 위 사건에서 재판부는 상급자책임이 엄격책임의 범주에 속하지 않는 것임을 설명하면서[1239] 부하의 범죄에 대한 인식이 추정될 수는 없으며 직접증거 혹은 정황증거에 의하여 실질적 인식에 대한 인정이 가능하다고 보았다.[1240] 상급자가 부하의 행동에 대하여 의도적으로 맹목적인 태도를 취하여서는 안 된다는 점은 명확하지만[1241] 재판부는 부

1234) ICTY 법령 제7조(Individual criminal responsibility) 제3항 The fact that any of the acts referred to in articles 2 to 5 of the present Statute was committed by a subordinate does not relieve his superior of criminal responsibility if he knew or had reason to know that the subordinate was about to commit such acts or had done so and the superior failed to take the necessary and reasonable measures to prevent such acts or to punish the perpetrators thereof.; ICTR 법령 제6조 제3항 3도 거의 동일한 내용으로 규정되어 있다.

1235) ICTY 법령과 관련된 유엔 사무총장의 보고서에는 지휘관책임을 일종의 '전가 책임(imputed responsibility) 또는 형사적 과실(criminal negligence)'로 보는 등 책임의 근거에 대한 혼란이 있었다. Report of the Secretary-General Pursuant to Paragraph 2 of Security Council Resolution 808, UN Doc. S/ 25704, para. 56; Cryer, Robert; Friman, Håkan; Robinson, Darryl; Wilmshurst, Elizabeth, 전게서, p. 394.

1236) "...it is certainly proper to ensure that there has been malicious intent, or, at least, ensure that negligence was so serious as to be tantamount to acquiescence or even malicious intent..." Akayesu, ICTR (TC), judgment of 2 September 1998, paras. 489, 491.

1237) 실제로 준군사조직인 Interahamwe는 피고인의 부하로 간주될 수 없으며 이들에 대한 유효한 통제를 행사할 수 없었다는 이유에서 상급자책임에 기반한 일부 혐의에 대하여는 무죄판결이 내려졌다. Akayesu, ICTR (TC), judgment of 2 September 1998, paras. 491, 691.

1238) Mucić et al. (Čelebići), ICTY (TC), judgment of 16 November 1998, para. 346; 이후 선고된 Aleksovski 사건 [Aleksovski, ICTY (TC), judgment of 25 June 1999, para. 69]과 Blaskic 사건[Blaškić, ICTY (TC), judgment of 3 March 2000, para. 289]도 본질적으로는 위 사건에서 발전된 입장을 확인하거나 보충하는 것이었다. Ambos, Kai, "Superior Reponsibility", p. 820.

1239) Mucić et al. (Čelebići), ICTY (TC), judgment of 16 November 1998, paras. 226, 239.

1240) 이에 해당하는 증거로는 불법적인 행동의 숫자, 유형, 범위 등과 그러한 불법적인 행동이 발생한 시각, 관련된 군대의 숫자와 유형, 세부계획, 지역적 위치, 그러한 행위 발생의 광범위성, 작업의 전술적 속도, 유사한 불법적 행동의 수행방식, 관련된 공무원과 간부, 범죄 당시 지휘관의 위치 등이다. Mucić et al. (Čelebići), ICTY (TC), judgment of 16 November 1998, para. 386; Blaškić, ICTY (TC), judgment of 3 March 2000, para. 307.

1241) Mucić et al. (Čelebići), ICTY (TC), judgment of 16 November 1998, para. 387.

속의정서 I 을 근거로 ICTY 제7조 제3항의 '알 이유가 있음(had reason to know)'을 해석하여 범죄가 범하여질 당시 상급자가 부하의 범죄를 알려주는 특정한 정보를 가지고 있는 경우에만 형사책임을 부담할 수 있다고 판단하였다.[1242] 나아가 위 판결에서는 법률적 통제권한뿐만 아니라 사실적 통제에 기반한 상급자책임도 인정하였으며 군대 지휘관뿐만 아니라 민간인 지휘권의 경우에도 군대 지휘관과 필적하는 통제권한을 행사하는 경우에는 상급자책임이 인정된다고 보았다.[1243] 위 사건의 항소심 역시 상급자책임이 엄격책임이나 전가책임이 아님을 재차 확인하면서 상급자가 오직 부하의 범죄를 알려주는 정보를 가진 경우에만 책임을 부담하는 것으로 보았다. 특히 상급자가 이러한 정보를 취득하여야 하는 일반적 의무를 부담하고 있지는 않으며 비록 군대 규율체계 내에서 인정되는 의무위반이 존재한다 하더라도 이것만으로 형사책임을 필수적으로 부담하게 되는 것은 아니라고 보았다.[1244]

한편 위 사건 1심과 항소심 판결 사이의 기간 동안 선고된 Blaškić 사건에서는 '알 이유가 있음(had reason to know)'의 해석과 관련하여 새롭지만 많은 논란을 가져오는 주관적 요건이 제시되었다. 위 재판부는 Čelebići 사건과 달리 의심을 가지게 하는 특정한 정보를 가지고 있었는가 여부에 관계없이 부하의 범죄행위를 조사할 적극적 의무를 전제로 상급자책임을 인정하였다. 상급자가 부하의 범죄를 알기 위하여 활용 가능한 수단을 사용하지 않았고 당시 상황에서 상급자가 그러한 사실을 알았어야 하며 알지 못한 것이 의무위반에 해당하는 경우라면 형사책임을 부담한다고 보았다.[1245] 위 판례는 지휘관은 부하의 범죄를 방지하기 위하여 합리적이고 실제적

1242) 그러한 정보는 그 자체로 범죄의 존재를 결론짓도록 하는 것일 필요는 없으나 범죄가 범하여지고 있거나 범하여지려 하는가 여부를 확인하기 위하여 추가적인 조사가 필요하다는 것을 지시하는 정보를 의미한다. Mucić et al. (Čelebići), ICTY (TC), judgment of 16 November 1998, paras. 393 et seq.

1243) 상급자의 법률적 혹은 사실적 지위에 근거하여 개인의 형사책임이 발생하며 상급자 해당 여부는 단순하게 지위에 의해서만 결정되는 것이 아니라 부하의 행위에 대한 효과적인 통제 권한을 실제로 가지고 있었는가 여부에 의존한다고 보았다.〔Mucić et al. (Čelebići), ICTY (TC), judgment of 16 November 1998, para. 354, 198, Blaškić, ICTY (TC), judgment of 3 March 2000, para. 198〕 이처럼 상급자책임이 민간인 상급자로 확대되어 다양한 사람들이 부하들의 범죄로 처벌될 수 있으나 이는 오직 '그들의 부하에 대하여 군대 지휘관과 유사한 정도의 통제를 행사하고 있는 경우'로 한정된다.〔Mucić et al. (Čelebići), ICTY (TC), judgment of 16 November 1998, para. 354, 198, Blaškić, ICTY (TC), judgment of 3 March 2000, para. 378〕 범죄방지의무와 사후적 신고의무는 별개의 것으로 범죄방지의무가 사전적으로 행하여지지 않았을 경우 이는 사후적 신고의무의 이행으로 보충될 수 없으며 양자에 대한 책임을 모두 부담하고 있는 것이라고 판시한 것은 Blaškić, ICTY (TC), judgment of 3 March 2000, para. 336.

1244) Mucić et al. (Čelebići), ICTY (AC), judgment of 20 February 2001, paras. 239, 241, 226.

1245) 만일 지휘관이 자신의 의무를 완수하는 과정에서 당연히 기울여야 할 주의를 모두 기울였음에도 범죄가 발생하였거나 그러한 범죄 발생에 대한 인식을 갖지 못하였다면 그러한 인식의 결여는 그에게 불리하게 작용할 수 없다. 그러나 지휘관의 특별한 지위와 당시의 일반적인 상황을 고려할 때 그러한 인식의 결여가 그가 의무를 수행함에 있어서의 과실의 결과로 발생한 것이라면 이는 항변이 될 수 없다. 그러한 지휘관은 법령이 의미하는 알았을 것이라는 이유를 가지고 있다. Blaškić, ICTY (TC), judgment of 3 March 2000, para. 332. 재판부는 제네바협정 부속의정서 I의 주석서 등을 근거로 부속의정서의 조항은 넓게 해석되어야 하며 따라서 관련된 정보에는 '전략적 상황, 훈련의 정도, 부하들에 대한 지시, 성격적 특성' 등이 포함되는 것으로

인 행위를 하여야 할 의무를 부담하고 있으므로 부속의정서 제87조에 규정된 지휘관의 의무를 함께 고려하여 임시재판소 법령을 해석할 경우 상급자가 무조건적으로 정보의 부지를 주장할 수는 없다고 본 것이다.[1246] 결론적으로 상급자가 자신에게 부여된 의무를 모두 수행하였으나 부하의 범죄를 알지 못한 경우가 아니라 상급자의 지위와 당시 상황에 비추어 자신의 임무 태만의 결과로 부하의 범죄를 알지 못하는 상황이 발생한 것이라면 이는 항변으로 원용될 수 없으며 ICTY 법령에 규정되어 있는 '알 이유 있음(had reason to know)'에 해당한다고 본 것이다.

그러나 이러한 입장이 ICTY에서 일반적으로 받아들여지는 것은 아니다.[1247] 앞서 본 바와 같이 Čelebići 사건 항소심은 군대 상급자나 민간인 상급자에게 '알아야 할 의무'가 존재하지 않는다고 보고 있으며[1248] Blaškić 사건 항소심에서도 Blaškić 사건 1심의 입장은 받아들여지지 않았다. 위 사건 항소심에서는 원심과 달리 부하의 범죄를 알려주는 내용의 정보를 가진 경우에만 상급자는 책임을 부담한다고 판단하면서 ICTY 법령 제7조 제2항이 상급자의 의무위반 자체를 독립된 범죄로 규정한 것은 아니므로 상급자는 오직 부하의 범죄를 방지하거나 처벌하기 위한 조치를 취하지 않은 것으로만 처벌된다고 보았다.[1249]

ICTR의 Kayishema and Ruzindana 사건에서도 본질적으로 Čelebići 사건의 기준을 따랐으며 이러한 기준이 로마규정 제28조에 반영된 것으로 보았다.[1250] 또한 상급자책임 이론은 민간인 상급자에게도 적용되는 것으로[1251] 상급자책임은 부하에 대한 '권위의 정도'에 의존하고 부하에 대한 권위는 반대로 상급자의 부하에 대한 법률적 사실적 통제에 의존하는 것이라며 사실적 통제

보았다. (paras. 328 et seq)

1246) 제공된 정보의 구체성과 관련하여 위 판례가 제네바협정 부속의정서 I 제86조 제2항을 폭넓게 해석한 것이라는 주장은 Ambos, Kai, "Superior Responsibility", p. 817.

1247) Cryer, Robert; Friman, Håkan; Robinson, Darryl; Wilmshurst, Elizabeth, 전게서, p. 389.

1248) Mucić et al. (Čelebići), ICTY (AC), judgment of 20 February 2001, para. 241. 그러나 위 재판부는 상급자책임을 촉발시키는 정보에 대하여는 매우 낮은 기준을 적용하여 이를 폭넓게 인정하고 있다. 즉 부하들이 폭력적이고 안성적이지 못한 성격을 가지고 있거나 작전에 보내지기 이전에 음주를 한다는 등의 정보를 가지고 있었음에도 이에 대하여 일정한 조치를 취하지 않았다면 상급자책임을 발생시키기에 충분하며 이런 정보가 반드시 특정한 범행과 관련될 필요는 없다고 보았다. 또한 문서, 언어 등 정보의 형태에 관한 형식적 제한도 받지 않는 것으로 판단하였다. Mucić et al. (Čelebići), ICTY (AC), judgment of 20 February 2001, para. 238.

1249) Blaškić, ICTY (AC), judgment of 29 July 2004, para. 62. 또한 위 판례에서는 국제형사법에서 명확히 규정하고 있지 않은 책임의 유형을 인정하는 것은 불필요하고 불공정한 것이라며 상급자책임이 과실 책임이 아니라고 판단하고 있다.(Blaškić, ICTY (AC), judgment of 29 July 2004, para. 63) 국제형사법 영역에 있어서의 주관적 요소에 대한 전반적인 개념적 혼란을 지적하면서 국제형사법 이론의 특수성을 이유로 위 판결의 원심판결과 같이 정보를 취득할 의무가 범죄방지의무에 포함된다는 의무론적 접근을 지지하는 견해는 Jenny S. Martinez, 전게논문, p. 660 et seq.

1250) Clément Kayishema and Obed Ruzindana, ICTR (TC), judgment of 21 May 1999, para. 208 et seq 참조. 특히 ICTR 법령 제6조 제1항에서 규정하는 다른 유형의 책임이 인정되더라도 제3항의 상급자책임도 인정될 수 있다며 이들은 상호 배타적이지 않다고 판단하였다.

1251) Clément Kayishema and Obed Ruzindana, ICTR (TC), judgment of 21 May 1999, para. 213.

에 대한 중요성을 더욱 강조하였다.[1252] 특히 주관적 요건과 관련하여 로마규정이 민간인 상급자와 군대 상급자를 구분한 것을 지침적인 것으로 받아들여 민간인 상급자의 경우 '부하들이 범죄를 범하고 있거나 범하려 한다는 것을 알았거나 혹은 명백하게 이를 지시하거나 알리는 정보를 무시한 경우'에만 상급자책임이 인정된다고 보았다. 민간인 상급자의 경우 군대 상급자와 달리 부하의 모든 행동을 통제하고 감독할 의무가 존재하는 것은 아니라고 판단한 것이다.[1253]

4. 로마규정에서의 상급자책임

로마규정 제28조는 아래와 같이 상급자책임을 규정하고 있다.

> ### 제28조 지휘관 및 기타 상급자의 책임
> 재판소의 관할범죄에 대하여 이 규정에 따른 형사책임의 다른 근거에 추가하여,
> 1. 다음과 같은 경우, 군지휘관 또는 사실상 군지휘관으로서 행동하는 자는 자신의 실효적인 명령과 통제 하에 있거나 또는 경우에 따라서는 실효적인 권위와 통제 하에 있는 군대가 범한 재판소 관할범죄에 대하여 그 군대를 적절하게 통제하지 못한 결과로서의 형사책임을 진다.
> (a) 군지휘관 또는 사실상 군지휘관으로서 행동하는 자가 군대가 그러한 범죄를 범하고 있거나 또는 범하려 한다는 사실을 알았거나 또는 당시 정황상 알았어야 하고,
> (b) 군지휘관 또는 사실상 군지휘관으로서 역할을 하는 자가 그들의 범행을 방지하거나 억제하기 위하여 또는 그 사항을 수사 및 기소의 목적으로 권한 있는 당국에 회부하기 위하여 자신의 권한 내의 모든 필요하고 합리적인 조치를 취하지 아니한 경우
>
> 2. 가호에 기술되지 않은 상급자와 하급자의 관계와 관련하여 다음의 경우 상급자는 자신의 실효적인 권위와 통제하에 있는 하급자가 범한 재판소 관할범죄에 대하여 하급자를 적절하게 통제하지 못한 결과로서의 형사책임을 진다.
> (a) 하급자가 그러한 범죄를 범하고 있거나 또는 범하려 한다는 사실을 상급자가 알았거나 또는 이를 명백히 보여주는 정보를 의식적으로 무시하였고,
> (b) 범죄가 상급자의 실효적인 책임과 통제 범위 내의 활동과 관련된 것이었으며,
> (c) 상급자가 하급자의 범행을 방지하거나 억제하기 위하여 또는 그 문제를 수사 및 기소의 목적으로

1252) 부하의 행동을 통제할 수 있는 실질적 능력이 상급자책임 이론의 초석이라고 보면서 이는 구체적 사건에서의 현실적 상황과 내재적으로 관련되어 있다고 판시하였다. Clément Kayishema and Obed Ruzindana, ICTR (TC), judgment of 21 May 1999, paras. 217, 229, 231.

1253) Clément Kayishema and Obed Ruzindana, ICTR (TC), judgment of 21 May 1999, paras. 227, 228; Mucić et al. (Čelebići) 사건의 기준이 다른 판례[Bagilishema, ICTR (AC), judgment of 3 July 2002, paras. 26-37 등]에도 수용되어 임시재판부에서 군대지휘관과 민간인 상관 모두에 있어서 받아들여지는 기준이 되었다는 주장은 Robert Cryer, Håkan Friman, Darryl Robinson, Elizabeth Wilmshurst, 전게서, p. 325; 제네바협정 부속의정서 I 의 적용범위와 관련하여 비국제적 무력충돌에서의 전쟁범죄에 대한 상급자책임이 죄형법정주의에 부합하는가 여부에 대한 상세한 논의는 Ambos, Kai, 전게서 I, p. 232.

> 권한있는 당국에 회부하기 위하여 자신의 권한 내의 모든 필요하고 합리적인 조치를 취하지 아니한 경우

　로마규정에는 객관적 요건으로 상급자와 부하의 관계, 부하의 범죄에 대하여 필요하고 합리적인 조치를 취하지 않을 것, 통제의무 위반의 결과로서의 범죄의 실행 등을 규정하고 있다.

　주관적 요건에 대하여는 상급자가 부하의 범죄를 알았던 경우뿐만 아니라 '알았어야 하는' 경우를 함께 규정하여 로마규정 제30조의 일반적 주관적 요건을 완화시키고 있다. 특히 부하 범죄에 대한 적극적 인식이 존재하는 경우는 군대 상급자와 민간인 상급자에 대하여 동일하게 규정되어 있으나 적극적 인식이 없는 상황에 있어서는 군대 상급자와 민간인 상급자를 구분하여 군대 상급자에 대하여는 '범죄를 알았어야 할 것', 민간인 상급자에 대하여는 '하급자의 범죄에 대한 명백한 정보를 의도적으로 무시할 것' 등으로 나누어 규정하고 있다.

제 3 절   객관적 요건

1. 상급자와 부하의 관계

　상급자책임이 인정되기 위해서는 공식적 혹은 비공식적 계층조직 내에서 범죄를 직접 실행한 부하에 대한 상급자의 지위가 인정되어야만 하며 대상자에 대하여 유효한 통제를 행사할 수 있다는 사실만으로는 부족하다. 만일 이와 달리 유효한 통제만을 상급자의 인정 기준으로 적용한다면 범죄의 방지와 처벌의무를 수행하는 경찰관은 모든 사람에 대한 상급자로 간주되는 부당한 결과를 초래할 수 있다.[1254] 따라서 상급자의 지위는 통제의 관념을 내포하고 있는 조직 내의 계층적 지위라는 관점에서 파악되어야만 하며[1255] 범죄가 범하여지는 특정한 맥락 하에서만 다른 사람의 행위를 통제할 수 있는 경우에는 상급자-부하의 관계가 존재하는 것은 아니다.[1256] 국제형사재판소 역시 상급자책임에 해당하기 위해서는 군지휘관 또는 사실상 군지휘관으로서 행동하는 자임을 요건으로 한다고 판시하여 이러한 관점을 수용하고 있다.[1257]

　로마규정 제28조는 실효적인 명령(command)과 통제(control) 혹은 실효적인 권한(authority)과

1254) Cryer, Robert; Friman, Håkan; Robinson, Darryl; Wilmshurst, Elizabeth, 전게서, p. 386; Halilović, ICTY (AC), judgment of 16 October 2007, para. 59.
1255) Ambos, Kai, 전게서 I, p. 210.
1256) Werle, Gerhard; Jeßberger, Florian, 전게서, p. 226; 상급자는 그가 보유하고 있는 지위에 의거하여 범죄에 대한 관계에서 공식적 혹은 비공식적 유형의 상급자로서의 위치를 차지하고 있어야 한다. Cryer, Robert; Friman, Håkan; Robinson, Darryl; Wilmshurst, Elizabeth, 전게서, p. 397.
1257) 특히 사실상 상급자로 행동하는 자의 경우에는 유효한 통제의 요건과 사실상 상급자로 행동한다는 개념이 내적으로 상호 연계되어 있어 유효한 통제 요건의 판단이 더욱 중요한 핵심적 요소로 작용한다. Bemba Gombo, ICC (TC), judgment of 21 March 2016, para. 176 et seq; Ambos, Kai, 전게서 I, p. 210.

통제(control)라는 개념을 사용하고 있다.1258) 상급자가 통제권한을 행사였다는 것은 '범죄를 방지하고 처벌할 수 있는 실질적 능력'을 가지고 있었음을 의미한다.1259) 따라서 이보다 낮은 단계인 실질적 영향력을 미치는 정도로는 상급자책임이 성립할 수 없다.1260) 상급자의 부하에 대한 통제는 법적 권한에 의한 것일 수 있으나 사실상 통제권한을 행사하는 것으로도 족하다. 따라서 군대의 계급 등 공식적 권한은 유효한 통제의 표식으로서 역할을 할 뿐 중요한 것은 사실적 상황이다.1261) 법률적 측면에서 인정되는 상급자의 권한 범위는 사실적 통제 여부에 따라 확장 또는 제한될 수 있으며 통제나 감독 권한의 위임은 오직 사실적 통제권한에 영향을 미치는 경우에만 상급자의 책임을 경감시킬 수 있다.1262) 유효한 통제관계가 존재한다는 사실은 일반적으로 상급자와 부하 사이에 법적 혹은 사실상 계층구조가 존재한다는 사실의 명백한 표현이다.1263) 상급자의 통제권한은 유일하거나 배타적인 것일 필요가 없다. 따라서 한 사람의 유효한 통제관계가 인정된다고 하여 다른 사람에 의한 유효한 통제관계가 배제되는 것은 아니며 다수의 상급자가 상급자책임에 의한 책임을 부담할 수 있다. 또한 통제의 대상이 되는 부하가 특정되거나 혹은 반드시 다수이어야 하는 것도 아니다.1264) 상급자임을 나타내는 징표에는 공식적 지위와 임무, 명령을 내릴 수 있는 권한, 명령 준수 여부를 보장할 수 있는 권한, 부하의 교체 권한, 부하에 대한 승진 등 규제 권한, 부하의 파견 및 철수 권한, 통신장비 및 무기 등 전쟁수행 수단에 대한 접근 및 통제 권한, 조직의 대외적 대표 권한 등이 있으며 유효한 통제를 부정하는 요소로는 다른 상급자가 부하에 대하여 배타적 권한을 행사하는가 여부, 명령의 불준수, 명령 체계의 오작동 등이다.1265)

이러한 관계는 공식적 명령체계가 기능하는 군대 상급자에서 가장 전형적으로 나타나나 현대 사회에서 발생하는 충돌은 반드시 공식적 군대를 기반으로 하여서만 발생하지는 않는다.1266)

1258) 명령(command)이라는 용어는 특히 군대에 있어서의 권한(authority)을 의미하는 것이며 권한(authority)이라는 표현은 명령을 내리고 복종을 강제할 수 있는 힘을 의미한다. 명령이나 권한의 용어는 통제의 형식이나 방식을 설명하는 것일 뿐 용어에 따라 통제 수준의 차이가 존재하는 것은 아니다. Bemba Gombo, ICC (TC), judgment of 21 March 2016, paras. 180, 181.

1259) Bemba, ICC (PTC), decision of 15 June 2009, para. 415; Mucić et al., ICTY (AC), judgment of 20 February 2001, para. 256; Perišić, ICTY (TC), judgment of 6 September 2011, para. 144 등.

1260) Bemba Gombo, ICC (TC), judgment of 21 March 2016, para. 183.

1261) Mucić et al., ICTY (TC), judgment of 16 November 1998, para. 354; Halilović, ICTY (AC), judgment of 16 October 2007, para. 59; Orić, ICTY (AC), judgment of 3 July 2008, para. 91; Nahimana et al., ICTR (AC), judgment of 28 November 2007, para. 625 등.

1262) Werle, Gerhard; Jeßberger, Florian, 전게서, pp. 225, 226; 권한의 위임이 있을 경우 올바른 선택의 의무, 지도의 의무 등 후속 통제의무로 변환된다는 견해는 Ambos, Kai, 전게서 I, p. 213.

1263) Bemba Gombo, ICC (TC), judgment of 21 March 2016, para. 184.

1264) Bemba Gombo, ICC (TC), judgment of 21 March 2016, paras. 185, 186, 187.

1265) Bemba Gombo, ICC (TC), judgment of 21 March 2016, paras. 189, 190.

1266) Cryer, Robert; Friman, Håkan; Robinson, Darryl; Wilmshurst, Elizabeth, 전게서, p. 386.

로마규정 제28조의 범위에는 민병대, 비정규 특수부대, 민간 군사업자의 부대 등도 포함된다.[1267] 또한 유효한 통제는 정부 구성원[1268]을 포함하여 시장[1269], 경찰서장 등 지역에서 일정한 행정권한을 행사하는 사람의 경우에도 인정될 수 있으며[1270] 공공조직이 아닌 정당, 조합, 회사 등에서도 존재할 수 있다.[1271]

이처럼 상급자책임이 인정되는 상급자의 지위는 실효적 통제 권한을 행사하는 민간 상급자까지 그 범위가 확대되어 있으며 일반적으로 통제의 수준이 군대 등에 비하여 느슨한 민간 상급자의 경우 유효한 통제 요건은 더욱 중요한 의미를 갖는다.[1272] 따라서 민간인 상급자는 오직 군대 지휘관의 권한과 동일하게 실효적 감독권한을 가지고 유사한 통제를 행하는 경우에만 상급자책임의 적용을 받으며[1273] 군대와 필적하는 계층적 통합과 동일한 정도의 안정성이 구비된[1274] 군사적 지휘관에 상응하는 유효한 통제이어야만 한다.[1275]

특히 로마규정 제28조 (b)(ii)는 민간인 상급자의 책임요건으로 부하의 범죄는 반드시 상급자의 '실효적 책임과 통제 하에 있는' 행위이여야 함을 분명히 하고 있다. 위 조항은 군대 지휘관과는 달리 민간인 상급자의 통제권한은 공식적인 시간과 장소에 제한된다는 점을 명백히 하려는 것으로 만약 부하가 이러한 범주를 벗어나 범죄를 범하였다면 로마규정 제28조 의한 민간인 상급자의 책임은 인정되지 않음을 의미한다.[1276]

2. 부하 범죄에 대한 예방이나 처벌 조치를 취하지 않을 것

부하에 의하여 국제범죄가 실행되고 있거나 실행되려 한다면 상급자는 이를 방지하기 위하여 필요하고 적절한 조치를 취해야 하며 그렇지 않을 경우 상급자가 부담하고 있는 범죄방지의무를 위반한 것이다. 필요하고 적절한 조치는 국제범죄를 방지하기 위하여 명령을 내리는 등 범죄의 착수나 실현을 방지하기 위한 구체적 조치를 시행하는 것이다. 예방 조치는 범죄의 준비단계에서부터 범죄의 완성 이전단계까지 가능하며[1277] 범죄가 이미 발생한 경우에는 범죄자를 처

1267) Werle, Gerhard; Jeßberger, Florian, 전게서, p. 226.
1268) Kambanda, ICTR (TC), judgment of 4 September 1998, para. 39.
1269) Akayesu, ICTR (TC), judgment of 2 September 1998, paras. 58 et seq; Gacumbitsi, ICTR (TC), judgment of 17 June 2004, para. 242.
1270) Werle, Gerhard; Jeßberger, Florian, 전게서, p. 227.
1271) Musema, ICTR (TC), judgment of 27 January 2000, paras. 868 et seq(녹차 공장의 지배인); Nahimana et al., ICTR (TC), judgment of 3 December 2003, paras. 567, 970, 976 et seq(라디오 방송국의 지배적 관리자).
1272) Ambos, Kai, 전게서 I, p. 212.
1273) Aleksovski, ICTY (AC), judgment of 24 March 2000, para. 76; Mucić et al., ICTY (TC), judgment of 16 November 1998, paras. 356, 363 등.
1274) Werle, Gerhard; Jeßberger, Florian, 전게서, p. 227, 228; Ntakirutimana and Ntakirutimana, ICTR (TC), judgment of 21 February 2003, paras. 434 et seq, 821 et seq.
1275) Cryer, Robert; Friman, Håkan; Robinson, Darryl; Wilmshurst, Elizabeth, 전게서, p. 387.
1276) Werle, Gerhard; Jeßberger, Florian, 전게서, p. 228.

벌하는 조치만이 가능할 뿐이다. 이러한 조치는 사전적 객관적 관점에서 볼 때 부하의 범죄실행을 방지하는 것이거나 혹은 형사기소 절차를 시작하도록 하는데 도움이 되는 것이어야 한다. 국제인도법에 대한 교육, 보고 체제의 구성, 감독, 제재의 경고 등이 이에 포함될 수 있다.[1278]

로마규정 제28조는 상급자에게 국제범죄를 저지른 부하를 수사와 기소를 위한 권한낭국에 회부할 것을 규정하고 있으며 ICTY와 ICTR 법령의 처벌의무도 이러한 관점에서 해석될 수 있다.[1279] 처벌의무가 시작되는 시점은 부하가 범죄를 이미 실행하였음이 합리적으로 의심될 수 있는 시점이다.[1280]

무엇이 필요하고 합리적인 조치인가는 국제인도법 등을 고려하여 개별 상황에 따라 구체적으로 결정되어야 한다.[1281] 상급자의 대응조치는 구체적 상황에서 필요하고 합리적인 범위로 제한되며 상급자에게 불가능한 것을 요구할 수는 없으므로 실제로 범죄예방이나 처벌조치를 실행할 기회를 가졌어야 한다.[1282] 상급자의 통제와 영향력의 범위를 고려할 때 요구되는 조치는 상급자의 실질적 권한 범위 내에 있는 것이어야 하며[1283] 상급자가 어떠한 권한을 가졌는가에 대한 맥락적인 분석(contextual analysis)이 요구된다.[1284] 상급자가 범죄예방 혹은 처벌조치를 취하는 것이 불가능하였다거나 혹은 실제로 모든 필요한 조치를 취하였음에도 범죄가 발생한 경우라면 상급자는 어떠한 책임도 부담하시 않는다.[1285] 로마규정 제28조 (a)(ii)와 (b)(iii) 역시 상급자가 실

1277) Bemba, ICC (PTC), decision of 15 June 2009, para. 437; Blaškić, ICTY (AC), judgment of 29 July 2004, para. 83.

1278) 국제인도법에 대한 적절한 교육과 훈련, 국제법에 따라 수행되는 군사 행위에 대한 보고, 전쟁법의 준수를 위한 명령의 발령, 군대에 의한 잔학행위를 방지하기 위한 규율적 조치의 도입, 단순한 일상적 명령이 아닌 범죄를 방지하기 위한 특화된 명령을 내리는 것, 범죄적 행위를 거부하고 비판하는 것, 필요시 상급자 권한에 의거한 즉각적 조치의 요구, 폭력성 있는 군인의 배제, 군사작전의 연기, 특정한 범죄의 위험을 낮추거나 혹은 실행 기회 제거 등이 이에 해당할 수 있다. Bemba, ICC (TC), judgment of 21 March 2016, para. 203; Perišić, ICTY (TC), judgment of 6 September 2011, para. 157 등 참조.

1279) Hadžihasanović and Kubura, ICTY (AC), judgment of 22 April 2008, para. 154; Karemera and Ngirumpatse, ICTR (TC), judgment of 2 February 2012, para. 1501.

1280) Orić, ICTY (TC), judgment of 30 June 2006, para. 336; 자체적으로 이루어지는 행정적 제재를 통하여 처벌의무를 이행한 것으로 볼 수 있는가에 대한 논의는 Cryer, Robert; Friman, Håkan; Robinson, Darryl; Wilmshurst, Elizabeth, 전게서, p. 392.

1281) Bemba Gombo, ICC (TC), judgment of 21 March 2016, para. 197.

1282) Bemba, ICC (PTC), decision of 15 June 2009, para. 443; Aleksovski, ICTY (AC), judgment of 24 March 2000, para. 76; Mucić et al., ICTY (AC), judgment of 20 February 2001, paras. 197 et seq.

1283) 범죄의 예방 의무와 처벌 혹은 기소를 위한 회부 의무는 상급자가 유효한 권한을 보유하고 통제권을 행사할 수 있음에 기반하는 것이며 결정적인 것은 상급자가 명백한 법적 권한을 가지고 있는가 여부가 아니라 상급자의 사실적/법적 능력(de jure and/or de facto power)에 기반하여 평가되는 실질적인 능력이라는 내용은 Bemba Gombo, ICC (TC), judgment of 21 March 2016, paras. 198, 199; Blaškić, ICTY (AC), judgment of 29 July 2004, para. 72; Halilović, ICTY (AC), judgment of 16 October 2007, para. 63 등.

1284) Cryer, Robert; Friman, Håkan; Robinson, Darryl; Wilmshurst, Elizabeth, 전게서, p. 391.

1285) Werle, Gerhard; Jeßberger, Florian, 전게서, p. 231.

제적으로 범죄를 방지하거나 기소를 시작할 기회를 가지고 있었어야 한다는 의미에서 '그의 권한 범위 내에서' 조치를 취해야만 하는 것으로 규정하고 있다.

범죄의 예방과 처벌 혹은 기소를 위한 회부의무 중 하나라도 위반할 경우 형사책임을 부담하게 되고 사후적으로 처벌의무를 이행하였다 하더라도 이미 발생한 예방조치 위반으로 인한 책임을 면할 수는 없다.[1286] 의무의 이행과 관련하여 소속 조직의 규칙이 결정적인 역할을 하는 것은 아니며 내부 규칙상 필요한 조치권한을 가지고 있지 않다는 이유만으로 상급자책임이 일반적으로 배제되지는 않는다. 만일 이러한 내부적 규칙만으로 상급자책임을 배제할 수 있다면 상급자책임 이론이 쉽게 무력화될 수 있기 때문이다.[1287]

3. 통제 의무에 대한 위반의 결과로서의 범죄의 실행

부하의 범죄실행과 상급자의 조치불이행이 인과적으로 연결되어야 하는가에 대하여는 의견이 일치되지 않고 있다. 로마규정 제28조는 저질러진 범죄가 상급자가 부하에 대하여 '적절한 통제를 행사'하지 못한 결과일 것을 요구하고 있다. 그러나 이러한 문언은 국제관습법에서의 선례를 근거로 한 것이 아니며 이러한 문언의 중요성과 상급자책임 전체 구조에서 갖는 의미 등은 아직 불분명한 상황이다.[1288]

ICTY는 Oric 사건에서 상급자책임에 있어서 인과관계를 요구하는 것은 부작위책임인 상급자책임에 반하는 것으로 보아 어떤 유형이든 인과관계는 필요하지 않다고 판시한 바 있다.[1289] 그러나 부작위책임을 이유로 인과관계가 필요하지 않다고 판단하는 것은 이른바 소극적 인과관계에 대한 오해에서 비롯된 것으로 생각된다.[1290]

ICTY는 Celebici 사건에서 범죄예방 의무와 관련하여 인과관계의 존재에 대하여 다음과 같이 판단하였다.

> 상급자책임의 독립된 요소로서 인과관계의 입증이 요구된다는 점에 대한 지지는 발견되지 않는다. ...... 이것이 부하의 범죄를 방지하지 못한 상급자책임의 경우 인과관계의 법칙이 개념적으로 적용되지 않는다는 것을 의미하는 것은 아니다. 실제로 인과적 연계에 대한 승인은 부하직원에 의한 범죄의 실행과 자신의 권한범

1286) Bemba Gombo, ICC (TC), judgment of 21 March 2016, para. 201; Blaškić, ICTY (TC), judgment of 3 March 2000, para. 336; Perišić, ICTY (TC), judgment of 6 September 2011, para. 154.

1287) Mucić et al., ICTY (TC), judgment of 16 November 1998, para. 395; Werle, Gerhard; Jeßberger, Florian, 전게서, p. 232.

1288) Werle, Gerhard; Jeßberger, Florian, 전게서, p. 233.

1289) Orić, ICTY (TC), judgment of 30 June 2006, para. 338; Hadžihasanović et al. 항소심 역시 인과관계는 요건이 아니라고 판단하였다. ICTY (AC), judgment of 22 April 2008, para. 39.

1290) Cryer, Robert; Friman, Håkan; Robinson, Darryl; Wilmshurst, Elizabeth, 전게서, p. 393; 부작위의 경우 반전된 인과관계로 이해되어야 한다는 것은 Ambos, Kai, 전게서 I, p. 215.

1291) Mucić et al. (Čelebići), ICTY (TC), judgment of 16 November 1998, paras. 398-399.

> 위 내에 있음에도 이에 대한 방지조치를 실패하였다는 요건 속에 본질적으로 내재해 있다고 볼 수 있다. 이러한 상황 하에서 상급자는 범죄에 대하여 인과적으로 연결되는 것으로 이해할 수 있으며 만일 상급자가 그의 의무를 해태하지 않았다면 부하의 범죄행위는 발생하지 않았을 것이다.[1291]

앞서 본 바와 같이 로마규정은 부하를 감독하는 것에 대한 실패의 결과로서 범죄가 발생하여야 한다는 것을 일반적 요건으로 규정하고 있다. 이는 방지조치의 실패가 범죄를 야기하였을 것이라는 확장된 의미의 인과관계조차도 존재하지 않을 경우에는 형사책임이 배제됨을 의미한다.[1292] 국제형사재판소는 범죄의 실행과 감독의 실패 사이에 일정한 형태의 인과적 연계가 필요하다고 보고 있으나[1293] 인과관계에 대하여 비교적 낮은 기준을 설정하여 상급자의 부작위와 범죄 사이에 직접적 인과관계가 필요한 것은 아니며 상급자의 부작위로 인하여 부하가 범죄를 범할 위험성이 증대된 것만으로도 이러한 요건은 충족되는 것으로 판단하였다.[1294]

제 4 절 주관적 요건

상급자책임에서의 주관적 요건은 상급자책임 이론에서 가장 논쟁적인 부분 중 하나로서 특히 상급자가 부하의 범죄를 인식하지 못하였을 경우에 적용되는 주관적 요건에 대하여 신뢰할

1292) Cryer, Robert; Friman, Håkan; Robinson, Darryl; Wilmshurst, Elizabeth, 전게서, p. 393.

1293) 범죄의 처벌의무 위반이 장래의 국제범죄를 야기한다는 것에 대한 사실적 영향은 승인하면서도 범죄의 발생과 범죄의 처벌의무를 회고적으로 연계시키는 것은 비논리적인 것으로 인과관계의 요소는 오직 범죄 예방의무와의 관계에서만 적용된다는 것은 Bemba, ICC (PTC), decision of 15 June 2009, para. 424; 임시재판소 판례에서도 범죄예방 의무위반과 처벌의무위반은 완전히 독립된 것으로 후자의 경우 논리적으로 인과관계가 요구될 수 없으며 처벌의무의 불이행은 범죄와의 인과적 연결이 필요하지 않다고 보고 있다. Orić, ICTY (TC), judgment of 30 June 2006, para. 338; Blaškić, ICTY (AC), judgment of 29 July 2004, para. 77; Mucić et al., ICTY (TC), judgment of 16 November 1998, paras. 396 et seq; 상급자가 범죄 이후 상급자 지위를 취득하였을 경우에 있어서 책임을 부정하는 것(Bemba, ICC (PTC), decision of 15 June 2009, para. 419)과 이러한 결정이 국제관습법에 부합하는가에 대한 논란에 대하여는 Werle, Gerhard; Jeßberger, Florian, 전게서, p. 233; Hadžihasanović and Kubura, ICTY (AC), decision of 16 July 2003, paras. 45 et seq; Halilović, ICTY (AC), judgment of 16 October 2007, para. 67 등.

1294) Bemba, ICC (PTC), decision of 15 June 2009, paras. 425 et seq; 한편 인과관계라는 용어를 사용하지 않고 범죄와의 개인적 관련성(personal nexus)이 필요하다고 설시하면서 'but for test'의 반전된 형태를 통과할 경우 관련성 요건(nexus requirement)이 충족되는 것은 사실이나 'but for test'의 반전된 형태는 로마규정에서 요구하는 것보다 가중된 요건을 요구하는 것이라고 보고 있다. Bemba Gombo, ICC (TC), judgment of 21 March 2016, paras. 212, 212; 궁극적으로 위험증대 접근법과 엄격한 의미의 인과관계 접근법 사이의 선택은 정책적 문제로서 국제형사재판소의 판례는 'conditio sine qua non' 혹은 'but for test'의 반전된 형태를 적용하지 않고 인과관계 요건과는 구분되는 위험 이론을 채택하고 있으며(Bemba, ICC (PTC), decision of 15 June 2009, para. 425 (----no direct causal link that needs to be established)) 이러한 위험 증대 이론도 위험한 결과에 관련된 것이라는 점에서 인과관계 요건에 상응하는 것이며 사후적 입증이 어려운 가정적 인과관계에 비하여 입증의 용이성도 가지고 있다는 주장은 Ambos, Kai, 전게서 I, p. 216.

수 있는 기준을 정립하는 것은 매우 어렵고 논란이 있는 과제이다. 로마규정 제28조는 군대 지휘관과 민간인 상급자를 구분하여 군대 지휘관에 대하여는 '범죄를 알았거나 알았어야 할 것', 민간인 상급자에 대하여는 '범죄를 알았거나 명백한 정보를 의도적으로 무시할 것' 등으로 구분하여 규정하여 로마규정 제30조의 일반적 · 주관적 요인을 경감시키고 있다.

1. 적극적 인식 : 군대 지휘관과 민간인 지휘관

상급자책임에 있어서도 주관적 요건은 부하에 대한 유효한 통제를 포함하여 상급자책임에서 요구되는 모든 객관적 요건에 대응하여 존재하여야 한다.[1295] 그리고 로마규정 제28조에 규정된 바와 같이 부하의 범죄에 대하여는 상급자의 인식만으로 주관적 요건은 충족된다.[1296] 인식의 존재는 증거에 의하여 입증되는 사실에 기반하여 인정되어야 하며 상급자의 인식을 추정하는 것은 책임주의 원칙에 위반되는 것으로 허용되지 않는다.[1297] 상급자의 부하 범죄에 대한 인식을 추론할 수 있는 것으로는 부하의 범죄와 관련된 명령, 부하가 범죄에 관련되었다는 정보를 개인적으로 제공받은 사실[1298], 불법적 행위의 숫자, 본질, 범위, 장소, 범죄와 관련된 군대의 숫자와 군대의 형태, 당시 사용가능하였던 통신수단, 유사한 행위에서의 수행 방식, 상급자가 부담하고 있던 책임의 범위와 성격, 상급자도 접할 수 있는 대중 매체 등을 통하여 불법행위가 알려졌는가 여부 등이다.[1299] 피고인이 범죄를 범하는 부하의 신원을 알거나 범죄의 세부적 내용까지 알아야 하는 것은 아니나 인도에 반한 죄나 전쟁범죄에 필요한 배경적 요소는 인식하였어야 한다.[1300]

2. 알았어야 함 : 군대지휘관

ICTY와 ICTR 법령에서 사용된 '알 이유가 있음(had reason to know)' 기준이 로마규정에 규정되어 있는 '알았어야 함(should have known)' 기준과 차이가 있는 것인가 아니면 동일한 것인가 여부가 논란이 될 수 있다.

기본적으로 국제형사재판소와 임시재판소 모두 상급자가 부하가 범죄를 범하고 있다는 점을

1295) Orić, ICTY (TC), judgment of 30 June 2006, para. 316.

1296) Bemba, ICC (PTC), decision of 15 June 2009, para. 479에서는 로마규정 제30조의 인식 기준은 정범이나 공범으로 인정되는 경우에 적용되는 기준이나 상급자책임의 경우에는 발생한 범죄가 상급자의 직접적 행위의 결과가 아니므로 위 조항이 직접 적용될 수는 없다며 로마규정 제30조 제3항에서의 인식과 로마규정 제28조에서의 인식은 구분되는 것이라고 설시하고 있다.

1297) Ambos, Kai, "Superior Reponsibility", p. 817; 실제적 인식은 정황증거에 의하여 추론될 수 있으나 이러한 추론은 일반 대중이 가지고 있었던 인식이 아닌 피고인의 인식에 기반한 것이어야 한다. Bemba Gombo, ICC (TC), judgment of 21 March 2016, para. 191.

1298) Galić, ICTY (TC), judgment of 5 December 2003, paras. 700-705.

1299) Bemba Gombo, ICC (TC), judgment of 21 March 2016, para. 193; Mucić et al. (Čelebići), ICTY (TC), judgment of 16 November 1998, para. 386; Blaškić, ICTY (TC), judgment of 3 March 2000, para. 307; Kordić and Čerkez, ICTY (TC), judgment of 26 February 2001, para. 427 등.

1300) Bemba Gombo, ICC (TC), judgment of 21 March 2016, paras. 194, 195.

알려주는 정보를 가지고 있었다면 과실에 의한 인식의 결여를 인정하여 상급자책임을 인정하고 있다.[1301] 비록 상급자가 부하에 의하여 계획되거나 실행되는 불법적인 범행에 대하여 실제적 인식을 가지고 있지는 못하더라도 그러한 경우에 해당한다는 결론을 내릴 수 있도록 하는 충분하고 적절한 정보를 가지고 있었음에도 이를 무시하였다면 부하의 범죄를 예방하고 억제할 의무를 위반하는 심각한 과실에 해당하는 것이다.[1302]

이러한 판례 등을 근거로 판단할 때 임시재판소 법령과 로마규정은 용어상 차이가 있을 뿐 실체에 있어서는 일치하는 것으로 보는 견해가 있다.[1303] 그러나 국제형사재판소는 로마규정에서의 '알았어야 함(should have known)' 기준은 임시재판소 법령들과는 상이한 기준으로 사실상 일종의 과실책임에 해당하며 부하의 범죄에 대한 정보를 얻지 못함에 과실이 있을 경우에도 상급자의 형사책임으로 이어질 수 있다고 보았다. 그리고 상급자는 적극적으로 군대의 행동에 대한 정보를 얻기 위하여 필요한 조치를 취할 의무도 부담하고 있는 것으로 보고 있다.[1304]

이처럼 국제형사재판소는 로마규정의 문언과 임시재판소의 법령에는 일정한 차이가 존재하는 것으로 판단하고 있고 실제 로마규정은 민간인 상급자와 군대 지휘관을 구분하여 주관적 요건을 규정하고 있으므로 향후 상급자가 부하의 범죄에 대한 정보를 얻지 못한 것에 대하여 과실이 존재하는 것으로 판단되는 사건 등에서 어느 정도 확장된 입장을 보일 것인가를 면밀히 지켜볼 필요가 있을 것으로 생각된다.

3. 명백한 정보의 의도적 무시 : 민간인 상급자

민간인 상급자에 대하여는 로마규정 제28조 (b)가 보다 엄격한 기준을 규정함으로써 국제관습법에서 인정되는 주관적 요건을 강화하고 있다.[1305] 따라서 로마규정 하에서 민간인 상급자는 군대 상급자와 달리 '부하가 그러한 범죄를 범하고 있거나 범하려 한다는... 것을 명백히 나타내는 정보를 의도적으로 무시'할 경우에만 책임을 부담한다.

이러한 기준은 영미법과 과거 전쟁범죄 재판에서 나타났던 의도적 무시(wilfully blind)라는 기준에 근접하는 것으로 적극적 인식과 인식 있는 과실 혹은 recklessness 사이에 위치하고 있는

1301) Bemba, ICC (PTC), decision of 15 June 2009, para. 434; Mucić et al., ICTY (AC), judgment of 20 February 2001, para. 241; Strugar, ICTY (AC), judgment of 17 July 2008, para. 298.

1302) 비록 과실범을 처벌하는 경우에 해당하지만 그 정도가 매우 심각하여 악의적인 고의에 필적하는 '의도적 외면으로 해석될 수 있는 의식적 무시'의 경우만이 인식이 결여된 상황에서도 상급자에 대한 형사책임을 부담시킬 수 있다는 취지의 해석은 Ambos, Kai, "Superior Reponsibility", p. 847.

1303) Ambos, Kai, 전게서 I, p. 222.

1304) Bemba Gombo, ICC (PTC), decision of 15 June 2009, paras. 432, 433, 434. 국제형사재판소는 임시재판소의 기준과 로마규정의 기준이 상이한 것이기는 하나 로마규정에서의 기준을 적용함에 있어 임시재판소의 판례들을 활용할 수 있다는 입장이다.; 이러한 국제형사재판소의 판례는 임시재판소의 판례에서 이탈하고 있는 듯하다는 입장은 Werle, Gerhard; Jeßberger, Florian, 전게서, p. 229.

1305) Cryer, Robert; Friman, Håkan; Robinson, Darryl; Wilmshurst, Elizabeth, 전게서, p. 390.

것으로 이해된다. 따라서 상급자가 실제로 그러한 사실이 존재하지 않는다고 믿지 않은 이상 제공된 정보를 통하여 범죄의 존재에 대한 높은 수준의 가능성을 인식하였다면 주관적 요건은 충족된 것으로 볼 수 있다는 의미에서 적극적 인식 요건에 대한 예외에 해당한다.[1306]

로마규정에 명문화된 민간인에 대해 구분되는 주관적 요건이 임시재판소의 판례에서는 수용되거나[1307] 혹은 이와 반대로 묵시적으로 거부되는 복잡한 양상을 띠고 있다.[1308] 이처럼 로마규정에서의 기준은 명백히 군대 상급자에게 요구되는 기준보다는 엄격한 것으로 민간인 상급자가 부하의 국제범죄에 대한 명백한 정보를 취득할 수 있었고 그러한 정보가 존재함을 인식하고서도 이를 가치 있는 정보로 분류하여 취급하지 않은 채 필요한 조치를 취하지 않은 경우는 주관적 요건이 인정될 수 있을 것이나[1309] 구체적 사건에서 이러한 요건이 어떻게 적용될 것인지는 분명하지 않다.[1310]

4. 특별한 목적

특별한 목적이 필요한 집단살해죄 등에 있어서 상급자는 부하의 집단살해죄에 대한 목적을 공유할 필요는 없다.[1311] 임시재판소의 판례는 상급자책임의 경우 특별한 목적에 대하여도 상급자책임의 주관적 요건인 '알았거나 알 이유가 있음'의 기준을 적용하여 특별한 목적 범죄인 집단살해죄를 과실범으로 사실상 변환시키고 있다.[1312]

제 5 절 상급자책임 본질에 대한 논란과 다양한 이행법률

1. 학설의 대립

(1) 참여책임설(Mode of Participation approach)

상급자는 부하의 범죄와 동일한 범죄로 책임을 부담한다는 입장이다.[1313] 이 경우 상급자는

1306) Ambos, Kai, 전게서 I, p. 227.

1307) Clément Kayishema and Obed Ruzindana, ICTR (TC), judgment of 21 May 1999, paras. 227, 228.

1308) Bagilishema, ICTR (AC), judgment of 3 July 2002, paras. 26-37; 민간인 주민의 주관적 요건을 강화시켜 규정한 로마규정의 타당성 논란에 대하여는 Ambos, Kai, 전게서 I, p. 457.

1309) Ambos, Kai, "Superior Reponsibility", p. 852.

1310) 본 조항의 해석을 둘러싼 다양한 견해들에 대하여는 Werle, Gerhard; Jeßberger, Florian, 전게서, p. 229.

1311) Brđanin, ICTY (TC), judgment of 1 September 2004, paras. 717 et seq; Akayesu, ICTR (AC), judgment of 1 June 2001, para. 865 등.

1312) Blagojević and Jokić, ICTY (TC), judgment of 17 January 2005, para. 686; Kayishema and Ruzindana, ICTR (TC), judgment of 21 May 1999, para. 92; Ntagerura et al., ICTR (TC), judgment of 25 February 2004, paras. 653-654; Werle, Gerhard; Jeßberger, Florian, 전게서, pp. 229, 230; Ambos, Kai, 전게서 I, p. 221, 전게서 II, p. 34.

1313) Barrie Sander, "Unravelling the Confusion Concerning Successor Superior Responsibility in the ICTY Juris-

부하의 범죄에 대한 처벌조항에 근거하여 처벌된다.[1314] 앞서 본 야마시타 판결에서 야마시타는 부하가 저지른 범죄에 입각하여 처벌을 받았으며 이후 있었던 ICTY와 ICTR의 판례 대부분은 이러한 참여책임설에 입각하고 있다.[1315] 특히 로마규정 제28조가 상급자는 부하의 범죄에 대하여 책임을 부담한다고 명시하고 있다는 점이 이러한 주장의 강력한 근거로 작용하고 있다.[1316] 국제 형사재판소도 상급자책임은 국제인도법의 근본원칙을 효과적으로 강제하기 위하여 상급자에게 부여된 통제권한에 기반한 것으로 상급자책임은 로마규정의 문언에 따라 참여책임설의 입장에서 해석되어야 한다고 판시하면서[1317] 상급자책임을 '특수한 책임(sui generis liability)'이라고 선언하고 있으나 어떠한 특수성을 말하는 것인가에 대하여는 명확하게 언급하고 있지 않다.[1318] 이러한 참여책임설은 부하의 범죄를 알고서도 방기한 경우에 가장 잘 적용될 수 있는 것이다. 부하의 범죄를 방지할 의무가 있는 상급자가 의도적으로 이를 방기하였다면 그러한 범죄에 실질적으로 기여한 것으로 국내법의 공범책임의 영역에 접근하는 것이다.[1319]

참여책임설의 가장 큰 난점은 상급자가 부하의 범죄를 인식조차 하지 못하였음에도 부하가 저지른 범죄에 대하여 책임을 부담하는 이유를 설명하지 못하며 이는 전통적 참여형태와 부합하지 않는다는 점이다. 지금까지 국제재판소들이 부하의 범죄에 대한 인식이 없었던 경우에도 상급자를 부하가 저지른 범죄의 죄명과 내용에 따라 처벌하여 온 것은 사실이다. 그러나 부하의 범죄에 대하여 전혀 알지 못한 경우에도 부하가 저지른 범죄에 따라 처벌받도록 하는 것은 부하 범죄의 주관적 요건과 객관적 요건을 상급자에게 이전시키고 부하의 범죄성에 근거하여 상급자에게 높은 대가를 치르도록 하는 것이므로 타당하지 않다는 비판은 매우 설득력이 있다.[1320] 특

prudence", Leiden Journal of International Law, Volume 23(March 2010), p. 112.

1314) Chantal Meloni, "Command Responsibility Mode of Liability for the Crimes of Subordinates or Separate Offence of the Superior?", Journal of International Criminal Justice 5 (2007) p. 620.

1315) Chantal Meloni, 전게논문, pp. 623-625; E.van Sliedregt, "Command Responsibility at the ICTY – Three Generations of Case Law and Still Ambiguity", In The Legacy of the International Criminal Tribunal for the Former Yugoslavia, Oxford University Press(September 2011), p. 14.

1316) D. Robinson, "How Command Responsibility got so complicated : A Culpability Contradiction, its obfuscation, and a simple solution", Melbourne Journal of International Law(2012), p. 33; Cryer, Robert; Friman, Håkan; Robinson, Darryl; Wilmshurst, Elizabeth, 전게서, p. 395.

1317) Bemba Gombo, ICC (TC), judgment of 21 March 2016, paras. 171 et seq.

1318) Bemba Gombo, ICC (TC), judgment of 21 March 2016, para. 174.

1319) M. Damaška, 'The Shadow Side of Command Responsibility', American Journal of Comparative Law, Volume 49 (2001), p. 462; 부하의 범죄를 인식한 경우 공범이론에 매우 근접한다는 입장을 취하면서도 '다른 책임에 더하여' 상급자책임을 인정하고 있는 로마규정의 문언에 비추어 공범책임과는 구분되어야 하며 적극적 행위에 의한 공범책임과 상급자책임이 경합할 경우 공범책임이 우선한다는 견해는 Chantal Meloni, 전게논문, p. 637; 이와 달리 부작위범에 있어서의 주관적 요건과 공범책임에서의 주관적 요건은 구분되며 상급자책임을 공범책임으로 볼 수 없다는 입장은 Ambos, Kai, "Superior Reponsibility", p. 834; 기타 다양한 학설에 대한 소개는 Bing Bing Jia, "The Doctrine of Command Responsibility Revisited", Chinese JIL(2004), p. 30.

1320) 이에 대한 설명은 M. Damaška, 전게논문, p, 479.

히 이러한 이론을 관철할 경우 상급자는 부하의 범행에 대한 인식 자체가 없음에도 부하가 저지른 고의 범죄에 터잡아 처벌되고 결국 부하가 저지른 고의 범죄에 준하여 책임을 부담하게 되므로 책임주의 입장에서 타당한 것이 아니라는 비판이 제기될 수 있다.

(2) 독립부작위책임설(Dereliction of Duty approach)

앞서 본 참여책임설과 가장 대립적인 위치에 있는 이론으로 상급자책임의 본질을 상급자의 부작위로 인하여 야기된 부하의 범죄가 아닌 상급자 스스로의 부작위를 이유로 처벌되는 것으로 파악하는 입장이다. 상급자책임을 통하여 인정되는 범죄는 부하가 저지른 범죄와는 구분되는 것이며 상급자가 부하직원에 대한 감독의무를 위반하여 국제범죄를 저지르는 것을 방지하거나 제지하지 않음으로써 성립되는 독립부작위범으로 이해한다.[1321] 상급자는 부하의 범죄를 방지할 보증인으로서의 책임을 부담하며 상급자책임은 국제법에 따라 부과되는 부하 범죄에 대한 통제, 방지, 처벌 의무를 위반하는 직무유기를 본질적 내용으로 하는 범죄로 파악하는 입장이다.[1322] 완화된 주관적 요건을 적용하여 다른 사람의 심각한 범죄에 대하여 대위책임을 지우는 것은 형평에 어긋나는 것이라는 이론적 근거를 제시하면서 상급자책임은 직무유기죄의 심각한 유형에 해당하는 것이라고 주장한다.[1323] 특히 이러한 입장에서는 참여책임설을 관철할 경우 과실에 의한 고의 강간, 과실에 의한 고의적 살인을 인정하여 처벌하는 결과를 가져오게 되는데 고의 범죄에 대한 인식조차 없는 상황에서 당사자를 강간죄, 살인죄로 처벌하는 것을 받아들이기 어렵다는 것이다. 따라서 상급자책임은 다른 사람의 범죄에 대한 교정적 행위를 하지 않은 상급자에게 부과되는 책임으로 이러한 의무를 이행하지 않았다고 하여 부하의 범죄에 대한 고의가 없는 경우까지 다른 사람에 의한 범죄의 일부를 범한 것으로 만드는 것은 아니라고 보는 것이다.

ICTY는 Halilović 사건에서 '지휘관 책임은 부작위에 대한 책임으로 지휘관은 국제법에 의하여 요구되는 행위의 수행에 실패한 것에 대하여 책임을 부담한다. 이러한 부작위는 가별적인 것인데 왜냐하면 국제법은 부하들에 의한 범죄를 방지하고 처벌할 직극적 의무를 지휘관에게 부여하고 있기 때문이다. 따라서 판결에서 일반적으로 언급되는 "부하의 행위를 이유로(for the acts of the subordinates)"라는 문구는 지휘관이 범죄를 범한 부하와 동일한 책임을 나누어진다는 것을 의미하는 것은 아니다. 오히려 부하가 저지른 범죄 때문에 지휘관이 어떠한 행동을 하지 않은 것에 대한 책임을 부담하는 것이며 자신의 임무를 위반한 것에 대하여 지휘관에게 지워지는 책임은 자신의 부하가 저지른 범죄에 상응하여 평가되어야 한다. 지휘관은 자신이 그 범죄를 저지른 것처럼 책임을 지는 것은 아니지만 발생한 범죄의 심각성에 비례하여 책임이 있는 것으로 간주된

1321) Albin Eser, "Individual Criminal Responsibility", p. 832; 일본의 경우에도 상급자책임을 진정부작위범으로 파악하는 입장이 있다. 森下忠, 國際刑法學の課題. 東京, 成文堂(2006), p. 155.
1322) Ambos, Kai, 전게서 I, p. 126; Chantal Meloni, 전게논문, p. 620.; Barrie Sander, 전게논문, p. 112.
1323) Cryer, Robert; Friman, Håkan; Robinson, Darryl; Wilmshurst, Elizabeth, 전게서, pp. 393, 394.

다.'고 판시하였다.[1324]

특히 형량의 측면에서 볼 때 상급자책임의 본질을 참여책임설이 아닌 독립부작위책임으로 파악하는 입장에서는 부하 범죄의 중대성에서 벗어나 보다 가벼운 형량의 선고가 가능하다. 상급자는 부하의 범죄에 대하여 직접 책임을 부담하는 것이 아니므로 형벌에 있어서 부하의 범죄와 차별화를 기할 수 있기 때문이다.[1325] 실제로 상급자책임의 본질을 독립부작위책임으로 이해한 경우 보다 가벼운 형벌이 선고되는 등 본질에 관한 이론이 형량에 실질적 영향을 미치고 있다. 앞서 본 Orić 사건에서는 징역 18년을 구형한 검사의 의견과 달리 징역 2년형이 선고되었으며[1326] Hadžihasanović 등 사건에서는 상급자책임만을 적용할 경우에는 상대적으로 가벼운 형벌의 부과가 가능하다고 설시하고 있다.[1327]

한편 이러한 입장에 대하여는 상급자의 부작위와 부하에 의하여 저질러진 범죄가 상급자책임을 통하여 특수하게 연계되어 있으므로 상급자책임은 결코 기존에 로마규정에 존재하는 전쟁범죄, 인도에 반한 죄, 집단살해죄, 침략범죄 등과 구분되는 별도의 범죄를 규정한 것은 아니며[1328] 형량의 측면에서도 고의 있는 상급자에 대하여서까지 약한 형벌을 부과할 수 있도록 하는 것은 합리적이지 않다는 주장이 가능하다.[1329]

(3) 특수책임설(Sui generis Mode of liability)

앞서 본 바와 같이 참여책임설과 독립부작위책임설은 각각 상급자책임의 본질에 일부 부합하는 측면이 있으나 또한 각각의 문제점을 가지고 있는 것이 사실이다. 따라서 상급자책임을 앞

1324) Halilović, ICTY (TC), judgment of 16 November 2005, para. 54; 기타 유사한 판례로는 Orić, ICTY (TC), judgment of 30 June 2006, para. 293; Orić, ICTY (TC), judgment of 30 June 2006, para. 293; Hadžihasanović et al., ICTY (AC), decision of 16 July 2003, Judge Shahabuddeen, partial dissenting opinion. para. 33; 이러한 입장에 의하면 ICTY 법령은 상급자책임을 규정하는 제7조 제3항 이외에 별도로 공범책임을 포함하는 제7조 제1항을 두고 있으므로 이와 같이 상급자책임을 공범책임과 분리시켜 별도의 형사책임의 범주로 파악함으로써 동일한 사실에 입각한 반복적 유죄판결을 배제하는 역할도 수행한다는 것이다. Cryer, Robert; Friman, Håkan; Robinson, Darryl; Wilmshurst, Elizabeth, 전게서, p. 394; 임시재판소 법령 제7조 제3항과 제1항을 근거로 동시에 유죄판결을 선고할 수 없다는 것으로는 Blaškić, ICTY (AC), judgment of 29 July 2004, para. 91.

1325) Amy J. Sepinwall, "Failures To Punish: Command Responsibility in Domestic and International Law", Michigan Journal of International Law, Vol. 30(2009), p. 19; Guénaël Mettraux, The Law of Command Responsibility : Oxford University Press(2009), p. 38; 상급자책임 이론의 실무적 중요성을 강조하면서 독립부작위책임설의 유연성이 실질적 활용을 증대시킬 것이라는 전제하에 이를 긍정적으로 평가하는 견해는 Micaela Frulli, "Exploring the Applicability of Command Responsibility to Private Military Contractors", Journal of Conflict & Security Law (2010), p. 465.

1326) Orić, ICTY (TC), judgment of 30 June 2006, para. 724.

1327) Hadžihasanović and Kubura, ICTY (TC), judgment of 15 March 2006, para. 2076.

1328) Chantal Meloni, 전게논문, p. 633.

1329) Ntabakuze, ICTR (AC), judgment of 8 May 2012, para. 303.

서 본 어느 한 가지 유형에 속하지 않는 특수한 성격의 책임으로 이해하는 입장이 있다. 그러나 이러한 입장을 취하더라도 특수한 성격의 내용이 구체적으로 무엇이며 어떻게 규율되어야 하는가는 분명하지 않다. 실제 국제형사재판소는 상급자책임을 참여책임설의 입장에 따라 이해하면서도 특수한 책임(sui generis liability)이라고 선언하고 있으나 그 구체적 내용에 대하여는 명확히 언급하고 있지 않으며[1330] 특수책임설을 취하는 입장 내에서도 견해가 일치되어 있지 않다. 기본적으로는 참여책임설에 입각하여 특수한 형태의 참여책임이라는 견해, 부작위책임과 공범책임 어느 한 쪽에 속하는 것이 아닌 완전히 새로운 성격의 것으로 파악하는 입장, 부작위책임과 공범책임의 중간에 위치하는 것이라는 입장 등이 존재한다. 그러나 이들 각각의 주장은 상급자책임과 관련된 책임주의 논란에 대하여 실질적 해답을 주지는 못한다는 한계를 가지고 있으며[1331] 각국의 이행법률 제정에도 의미 있는 규범적 가이드라인을 제시하지 못하고 있다.

(4) 혼합책임설(Variegated approach)

상급자책임을 어느 하나의 법적 성격을 갖는 단일한 책임형태로 정의하는 것을 포기하고 상급자책임이라는 하나의 책임유형 아래에 서로 다른 성격의 책임 형태들이 포괄되어 있다고 이해하는 입장이다. 이러한 입장에서는 자신의 통제의무에도 불구하고 부하의 범죄를 고의적으로 방기한 전통적인 공모책임 내지 공범책임에 근접하는 것으로부터 직무유기 책임에 해당하는 것까지 다양한 유형이 상급자책임이라는 이름 아래 함께 포함되어 있는 것으로 이해한다.[1332] 상급자책임은 전통적 형사책임의 영역에 존재하는 요소들이 복합적으로 혼재되어 있는 혼합체의 성격을 갖고 있다는 주장도 동일한 범주이다. 이러한 입장에서는 다양한 영역에 존재하는 상급자의 책임들이 함께 묶어져 부작위에 대한 특수한 책임형태로 자리매김하였다고 주장한다.[1333] 따라서 상황에 따라 스스로의 부작위책임에 따라 처벌되거나 혹은 부하의 범죄에 근거하여 처벌되는 등 상이한 형태가 혼재하는 것으로 이해한다.

이와 같은 혼합책임설은 책임주의 원칙에 충실할 수 있을 뿐만 아니라 이러한 이론에 따라

1330) Bemba Gombo, ICC (TC), judgment of 21 March 2016, para. 174. 다만 구체적 상황에 따라 하나의 행위가 다양한 유형의 참여 형태를 함께 충족시킬 수 있다고 설시하고 있다.
1331) 다양한 형태의 특수책임설에 대한 소개와 상세한 논의는 D. Robinson, "How Command Responsibility got so complicated : A Culpability Contradiction, its obfuscation, and a simple solution", p. 53 et seq 참조.
1332) Cryer, Robert; Friman, Håkan; Robinson, Darryl; Wilmshurst, Elizabeth, 전게서, p. 395; Chantal Meloni, 전게논문, p. 631 et seq; Mirjan R. Damaska, "The Shadow Side of Command Responsibility", The American Journal of Comparative Law 49(2001), p. 460 et seq 참조; 한편 이러한 입장과 다소 유사하나 구분되는 것으로 부하의 범죄는 책임을 촉발시키는 준거점이자 형벌을 정하는 기반을 제공하는 것으로 이해하면서 과실 있는 상급자의 경우 부하의 범죄가 아닌 부하의 범죄로 인한 결과에 대하여 병존적 책임을 부담한다는 병존책임설의 입장도 존재한다. E.van Sliedregt, "Command Responsibility at the ICTY - Three Generations of Case Law and Still Ambiguity", p. 21.
1333) Guénaël Mettraux, 전게논문, p. 43.

상급자책임을 국내법에 도입할 경우 상급자책임을 유형별로 분리하여 입법함으로써 국내법 체계와의 불필요한 충돌이나 혼란을 피할 수 있다는 장점이 있다.[1334] 이러한 혼합책임설에 대하여는 로마규정 제28조를 불필요하게 복잡화시키는 것으로 로마규정 제28조는 하나의 조항일 뿐 그 내부에 서로 다른 범죄나 서로 다른 형벌을 함께 규정한 것으로 볼 수는 없다는 비판이 있다.[1335]

2. 다양한 이행법률

상급자책임과 관련된 로마규정 체약당사국들의 이행법률은 매우 다양한 형태로 존재하며 이는 상급자책임 이론의 본질에 대한 논란과 맞닿아 있는 것으로 보인다.

먼저 상급자책임에 대한 입법을 전혀 하지 않은 경우가 있다. 적지 않은 국가들이 자국에 존재하는 기존의 공범규정 등을 적용할 수 있다며 상급자책임에 대한 입법을 전혀 하지 않았다. 여기에 해당하는 국가로는 프랑스, 그리스, 이스라엘, 오스트리아, 슬로베니아 등이 있다. 이탈리아와 터어키는 군대 지휘관이 부하의 범죄행위를 방지할 수 있었고 그렇게 하여야 함에도 이를 허용한 경우 이들을 정범으로 처벌하고 있다.[1336]

이와 달리 로마규정과 완전히 동일한 유형으로 입법한 경우가 있다. 영국의 국제형사재판소법[1337], 호주의 2002년 국제형사재판소법 등은 로마규정의 규범내용에 본질적 변경을 가하지 않은 채 이를 국내법에 그대로 도입하고 있다. 이와 달리 캐나다는 상급자책임을 독립된 부작위범 형태로 규정하고 있으며[1338] 독일 국제범죄법은 혼합책임설의 입장을 취하여 직무유기로 인하여 범죄를 알지 못한 경우, 범죄를 신고하지 않은 경우 등을 독립부작위범으로 분리하여 취급하는 한편 부하의 범죄를 인식하고 있었던 경우에는 상급자를 부하의 범죄에 대한 정범으로 규정하고 있다.[1339]

제 6 절 국제범죄법에서의 상급자책임

1. 국제범죄법의 체제

우리 국제범죄법은 로마규정의 상급자책임을 혼합책임설의 입장에 따라 파악하고 아래와 같

1334) 혼합책임설의 이러한 장점은 전통적 참여책임설을 취하는 학자로부터도 받아들여지고 있다. D. Robinson, "How Command Responsibility got so complicated : A Culpability Contradiction, its obfuscation, and a simple solution", p. 39.
1335) Volker Nerlich, "Superior Responsibility under Article 28 ICC Statute ForWhat Exactly is the Superior Held Responsible?", Journal of International Criminal Justice 5 (2007); Chantal Meloni, 전게논문 등 참조.
1336) MüKoStGB/Weigend VStGB § 13 Rn. 6.
1337) International Criminal Court Act 2001.
1338) Crimes Against Humanity and War Crimes Act - S.C. 2000, c. 24 (Section 7).
1339) 독일 국제범죄법 제4조, 제13조, 제14조 참조.

이 상급자책임과 관련하여 두 개의 조문을 두고 있다.

> **제5조(지휘관과 그 밖의 상급자의 책임)**
>
> 군대의 지휘관(지휘관의 권한을 사실상 행사하는 사람을 포함한다. 이하 같다) 또는 단체·기관의 상급자(상급자의 권한을 사실상 행사하는 사람을 포함한다. 이하 같다)가 실효적인 지휘와 통제하에 있는 부하 또는 하급자가 집단살해죄등을 범하고 있거나 범하려는 것을 알고도 이를 방지하기 위하여 필요한 상당한 조치를 하지 아니하였을 때에는 그 집단살해죄등을 범한 사람을 처벌하는 외에 그 지휘관 또는 상급자도 각 해당 조문에서 정한 형으로 처벌한다.
>
> **제15조(지휘관 등의 직무태만죄)**
>
> ① 군대의 지휘관 또는 단체·기관의 상급자로서 직무를 게을리하거나 유기(遺棄)하여 실효적인 지휘와 통제하에 있는 부하가 집단살해죄등을 범하는 것을 방지하거나 제지하지 못한 사람은 7년 이하의 징역에 처한다.
> ② 과실로 제1항의 행위에 이른 사람은 5년 이하의 징역에 처한다.
> ③ 군대의 지휘관 또는 단체·기관의 상급자로서 집단살해죄등을 범한 실효적인 지휘와 통제하에 있는 부하 또는 하급자를 수사기관에 알리지 아니한 사람은 5년 이하의 징역에 처한다.

제5조는 상급자가 부하의 범죄를 인식하고 있었던 경우를 부하 범죄에 대한 정범으로 규정하고 있으며 이와 달리 부하범죄에 대한 인식은 없으나 상급자로서의 의무위반이 인정되는 경우를 제15조에서 독립된 직무유기죄의 형태로 규정하고 있다. 로마규정과 달리 민간인 상급자에 대한 주관적 요건을 분리하여 규정하고 있지 않다.

2. 고의 있는 상급자책임(제5조)

우리 국제범죄법 제5조는 실효적인 지휘와 통제 하에 있는 부하가 집단살해죄등을 범하고 있거나 범하려는 것을 상급자가 인식하고 있었음에도 범죄방지 조치를 취하지 않았을 경우 상급자도 각 해당 조문에서 정한 형으로 처벌한다고 규정하고 있다.[1340] 본 조항은 상급자가 부담하는 범죄방지의무에 기반하여 보증인적 지위에 있는 상급자가 부하의 범죄를 알고도 이를 방지하지 않았다면 부작위에 의한 공범이 성립함을 명문으로 인정하는 것이다. 나아가 '집단살해죄등을 범한 사람을 처벌하는 외에'라는 표현을 사용하여 부하의 범죄 발생이 상급자책임의 요건임을 분명히 하고 있다.

부하의 범죄에 대한 인식이 있었던 경우 상급자는 부하가 저지른 범죄에 정한 형으로 처벌

1340) 조문의 구성이 양벌규정과 다소 유사한 형태를 띠고 있으나 국제형사법에서의 상급자책임을 입법한 것이 명백할 뿐 아니라 양벌규정의 경우와 달리 부하 범죄에 대한 고의를 요건으로 규정하고 있다는 점에서 양벌규정과는 명백히 구분되는 조항이다.

된다. 이는 상급자의 행위가 본질적으로 방조책임에 필적하는 경우라 하더라도 상급자가 부담하는 범죄방지의무 위반의 중대성을 참작하여 상급자의 부작위에 의한 방조책임에 대하여는 형벌 감경을 배제하는 특칙이다. 따라서 일반 방조범에서 인정되는 형의 감경은 인정되지 않는다.[1341]

본 조항은 독일 국제범죄법 제4조와 내용적으로 유사한 것으로[1342] 독일에서는 독일법 제4조를 부작위범과 공범조항의 특별조항으로 파악하고 있다. 그리고 상급자책임은 상급자를 정범에 준하여 처벌하는 것일 뿐 정범으로서의 책임이 아닌 까닭에 집단살해죄 등에서 요구되는 특별한 목적 등을 상급자가 구비할 필요가 없는 것으로 해석하고 있다.[1343] 이러한 해석은 앞서 살펴본 로마규정과 관련된 일반적 입장과 일치하는 것으로 우리 국제범죄법의 해석에 있어서도 동일하게 적용될 수 있을 것으로 생각된다.

3. 고의 없는 상급자에 대한 부작위책임(제15조 제1항, 제2항)

(1) 독립부작위책임

국제범죄법 제15조는 상급자가 직무를 게을리 하거나 유기한 결과 실효적 통제 하에 있는

[1341] 교사범, 방조범을 정범에 준하여 처벌하고 형의 감경을 배제하는 특칙은 다른 법률에서도 발견된다. 관세법 제271조(미수범 등) 제1항 그 정황을 알면서 제269조 및 제270조에 따른 행위를 교사하거나 방조한 자는 정범(正犯)에 준하여 처벌한다.; 만일 상급자가 적극적 행위를 통하여 공동정범의 형태로 가담한 경우라면 작위범의 구성요건이 우선적으로 적용될 수 있을 것이다. 다만 적극적 행위로 공범을 방조하여 공범책임만을 부담하게 되는 경우에 있어서의 처벌에 대하여는 논란이 있을 수 있다. 임시재판소의 판례 중에는 방조 책임이 상급자책임에 우선하여 적용되는 것으로 판시한 사례가 있고 실제 임시재판소 법령과 같이 참여형 태에 따라 형량을 구분하여 규정하지 않은 경우에는 공범조항이 우선적으로 적용된다고 볼 수 있을 것이다. 그러나 우리 형법의 경우 방조범의 형벌을 정범에 비하여 감경하도록 하고 있어 이러한 해석이 그대로 타당하다고 볼 수 없다. 독일에서도 독일 형법 제27조 제2항에 따라 방조범 감경이 가능하여 형벌상 불균형이 발생하므로 상급자책임의 규정이 우선 적용되는 것이 형벌의 균형상 타당하다는 주장이 존재한다. (MüKoStGB/Weigend VStGB § 4 Rn. 66) 우리 법을 적용하는 경우에 있어서도 상급자가 부하의 범죄를 방지하기 위한 조치를 취하지 않았을 뿐 아니라 한 걸음 더 나아가 적극적인 방조행위를 한 경우 형벌의 감경이 가능하다고 보는 것은 타당하지 않으며 상급자책임이 부작위 책임에 관한 조항인 것은 사실이나 부작위 이후 작위가 존재하는 경우를 반드시 배제하는 것으로 해석할 필요는 없다는 점에서 작위에 의한 방조가 있었던 경우에도 독일법과 동일한 해석이 가능할 수 있을 것이다.

[1342] 독일 국제범죄법 제4조[군지휘관 및 기타 상급자의 책임]
(1) 자신의 하급자가 이 법에 정한 범죄로 나아가는 행위를 방지하지 아니한 군지휘관 또는 민간인 상급자는 하급자가 범한 범죄와 동일하게 처벌한다. 이 경우 형법 제13조 제2항은 적용되지 아니한다.
(2) 부대 내에서 사실상의 명령권 또는 지휘권과 통제를 행사하는 자는 군지휘관과 동일한 것으로 간주한다. 민간단체 또는 기업체에서 사실상의 지휘권과 통제를 행사하는 자도 민간인 상급자와 동일한 것으로 간주한다.

[1343] 독일형법 제13조 제2항은 부작위범에 대하여 형벌을 일반적으로 감경하고 있으나 독일 국제범죄법 제4조는 상급자책임의 경우에는 명시적으로 형벌의 감경을 배제하고 있다.(MüKoStGB/Weigend VStGB § 4 Rn. 64) 이처럼 독일에서 일반적인 경우와 달리 상급자책임에서의 형벌을 가중시키는 근거로는 상급자책임이 매우 위험한 무장 단체와 관련된 것이라는 점과 법적 규율을 가하지 않을 경우 상급자가 부하의 범죄를 방지할 가능성이 상대적으로 높지 않다는 점 등을 들고 있다.(MüKoStGB/Weigend VStGB § 4 Rn. 13)

부하가 집단살해죄 등을 범하는 것을 방지하지 못한 경우 스스로의 직무유기나 태만에 대한 고의가 있는 경우에는 7년 이하의 징역, 과실이 있는 경우에는 5년 이하의 징역에 처하도록 규정하고 있다. 본 조항은 상급자가 부하의 범죄에 대한 인식을 가지고 있지는 않았으나 상급자의 범죄방지의무 위반으로 부하의 범죄가 발생한 경우 상급자의 직무유기에 대하여 별도의 형벌을 부과하는 것이다. 본 조항은 부하의 범죄에 기초하여 처벌되지 않는다는 점에서 상급자책임의 본질에 관한 참여책임설에 의해서는 설명될 수 없으며 독립부작위책임설이나 혼합책임설에 근거한 것으로 생각된다.

(2) 참여책임설에 근거한 개정 주장과 비판

우리 국제범죄법이 부하의 범죄에 대한 상급자의 고의가 존재하지 않는 경우를 이와 같이 독립된 부작위책임 형태로 규정한 것에 대하여 참여책임설의 입장에 입각하여 개정이 필요하다는 주장이 있다. 상급자의 지위와 부하의 범죄 사이에 존재하는 긴밀한 관계 등에 비추어 볼 때 과실을 규정한 제15조 제2항에 해당하는 행위는 독립된 실체 범죄가 아닌 참여 형태의 일종으로 보아야 하므로 제5조로 이전하여 함께 규정하고 제15조 제1항에 규정된 고의범은 제5조와 동일한 내용으로 삭제되어야 한다는 것이다.[1344] 이는 기본적으로 참여책임설의 주장과 같이 부하의 범죄에 대한 인식이 존재하지 않은 경우에도 부하가 저지른 범죄에 터잡아 부하 범죄의 처벌조항에 따라 처벌되어야 한다고 보는 것이다.

그러나 부하의 범죄에 대한 인식 자체가 없는 상급자를 부하가 저지른 고의 범죄에 터잡아 고의범에 정한 형벌로 처단할 수 있는가는 의문이다. 우리 국제범죄법은 대다수의 국제범죄에 대하여 사형, 무기징역 혹은 7년 이상의 징역형이나 보다 가벼운 경우에도 무기징역 혹은 5년 이상의 징역형을 처단형으로 규정하고 있다.[1345] 따라서 만일 국제범죄법을 이러한 입장에 따라 개정할 경우 부하 범죄에 대한 인식 자체가 존재하지 않는 과실범에 불과한 상급자에게 사형까지 부과할 수 있어 책임주의와 비례의 원칙에 반하는 결과를 가져온다.

앞서 본 바와 같이 국제형사법 학계에서는 참여책임설이 상급자책임의 본질을 설명하는 이론의 하나로 주장되고 있는 것이 사실이다. 그러나 주의해야 할 점은 국제형사법의 영역에서는 상급자책임의 본질 논란이 직접 처단형의 범위를 결정하지는 않는다는 점이다. 국제형사법 영역에서의 형벌법정주의는 국내 법체제에 비하여 엄격하지 않아 모든 범죄에 대하여 법원이 선고할 수 있는 형벌의 종류만을 개괄적으로 규정하고 있을 뿐이다.[1346] 물론 상급자책임의 본질에 대한

1344) Tae Hyun Choi, Sangkul Kim, "Nationalized International Criminal Law : Genocial Intent, Command Responsibility and An Overview of the South Korean Implementing Legislation of the ICC Statute", Michigan State Journal of International Law(2011), p. 617.

1345) 국제범죄법 제8조 내지 제10조 등 참조.

1346) 따라서 개별 범죄 조항 등에서는 형사책임을 부담한다고만 선언하고 있을 뿐 구체적 처단형의 범위를 정하

이해가 양형 단계에서 반영될 수는 있으나 선고 형량을 절대적으로 좌우하지는 않으며 특히 부하범죄에 대한 고의가 존재하지 않을 경우 상급자에 대하여 매우 경한 형벌을 선고한 사례들이 나타나고 있다.[1347]

나아가 고의와 과실을 준별하는 국내형사법 체계에서 이러한 방식의 입법이 이론적으로 가능한 것인가도 의문이다. 참여책임설은 기본적으로 부하가 저지른 범죄에 대하여 고의가 없는 경우까지도 우리 형법에 규정되어 있는 교사, 방조 등과 같이 주범의 범죄에 근거하여 고의범의 형량과 죄명으로 처벌하자는 것이다. 그러나 부하가 인도에 반한 죄에 해당하는 강간 범죄를 저질렀다는 사실을 인식조차 하지 못한 상급자를 강간 범죄에 가공한 것으로 인정하여 강간죄에 정한 형벌과 전형적 고의 범죄인 강간이라는 죄명으로 처벌하는 것은 고의와 과실을 준별하는 우리 형사법 체계에 접목되기 어려운 이론으로 생각된다. 특히 우리나라와 독일이 채택하고 있는 다원론적 입법론은 국제형사법 학계에서도 훌륭한 해결책으로 긍정적 평가를 받고 있으며[1348] 로마규정의 상급자책임의 본질이 참여책임이라고 강력하게 주장하는 학자 역시 혼합책임설에 입각한 입법을 권장할만한 모델이라고 인정하고 있음도 주목할 필요가 있을 것이다.[1349]

(3) 국제범죄법의 미비점

우리 국제범죄법 제15조 제1항과 제2항은 혼합책임설에 입각하여 부하범죄에 대한 인식이 없을 경우의 상급자책임을 독일과 같이 독립된 직무유기범죄로 별도로 규정하고 있다. 그런데 로마규정은 부하의 범죄에 대한 '알았어야 함' 요건을 규정하고 있음에도 우리 국제범죄법은 부하 범죄와 관련된 주관적 요건을 전혀 규정하고 있지 않다.

앞서 살핀 바와 같이 야마시타 판결 이후 상급자책임과 관련된 논란은 부하의 범죄에 대해 어떠한 주관적 요건이 구비될 경우 상급자의 위법한 부작위에 대하여 형사책임을 지을 것인가에 집중되어 있었다. 따라서 범죄에 대한 의도적 외면을 방치하지 않겠다는 형사정책적 고려와 함께 책임주의의 관철을 위하여 앞서 살펴본 바와 같이 부하범죄에 대하여 '알 이유 있음', '알았어야 함' 등의 과실에 필적하는 기준을 발전시켜 온 것이다. 그리고 로마규정에서도 상급자가 부하 범죄를 인식하지 못한 경우를 무조건적으로 처벌하는 것이 아니라 군대 상급자의 '알았어야 함' 요건과 민간인 상급자의 '명백한 정보의 의도적 무시'라는 요건이 충족되는 경우에만 상급자책임

고 있지 않다. 로마규정 제6조, 제7조, 제8조, 제28조, 제77조 등 참조.

1347) Orić, ICTY (TC), judgment of 30 June 2006, para. 724; Hadžihasanović 등 사건에서는 상급자책임만을 적용할 경우에는 상대적으로 가벼운 형벌의 부과가 가능하다고 설시하고 있다. Hadžihasanović and Kubura, ICTY (TC), judgment of 15 March 2006, para. 2076.

1348) E.van Sliedregt, "Command Responsibility at the ICTY – Three Generations of Case Law and Still Ambiguity", p. 25.

1349) D. Robinson, "How Command Responsibility got so complicated : A Culpability Contradiction, its obfuscation, and a simple solution", p. 32.

을 부담하는 것으로 제한하고 있다. 그러나 우리 국제범죄법 제15조는 부하의 범죄와 관련된 주관적 요건을 전혀 규정하지 않아 로마규정이나 국제관습법과 괴리되어 있으며 이는 책임주의 원칙에 비추어 볼 때 타당하다고 보기 어렵다. 특히 처벌되는 부작위의 범위가 직무유기뿐만 아니라 직무를 게을리 한 경우로 대폭 확대되어 있으며 이에 대한 과실책임까지 인정하고 있어 책임의 무제한적 확장이 가능하여 사실상 결과책임에 접근할 수 있다는 우려를 일으키는 것이다.1350) 따라서 현재로서는 비록 우리 국제범죄법 제15조 제1항, 제2항에 부하범죄에 대한 주관적 요건이 명시되어 있지는 않으나 로마규정의 이행입법이라는 취지를 살려 모든 상급자의 부작위를 처벌하는 것이 아니라 부하의 범죄를 알았어야 하는 경우에만 적용되는 것으로 제한적으로 해석할 필요가 있다.1351)

4. 처벌의무 위반(제15조 제3항)

국제범죄법 제15조 제3항은 '군대의 지휘관 또는 단체·기관의 상급자로서 집단살해죄등을 범한 실효적인 지휘와 통제하에 있는 부하 또는 하급자를 수사기관에 알리지 아니한' 경우 5년 이하의 징역에 처하도록 규정하고 있다. 이는 로마규정 제28조에서 상급자가 부하의 범죄를 수사와 기소의 목적으로 권한 당국에 회부하기 위한 조치를 취하지 아니한 경우를 처벌하도록 한 것에 대응하는 조항이다.1352)

1350) 국제범죄법은 로마규정에 규정된 민간인 상급자에 대한 강화된 주관적 요건 역시 도입하고 있지 않다.
1351) 독일 국제범죄법 제13조 제1항은 군지휘관의 경우 '충분한 주의를 기울일 경우 부하가 국제범죄를 범할 것이라는 점에 대하여 인식이 가능'할 것을 요건으로 규정하고 있으며, 제2항에서는 민간인 상급자가 부하의 범죄를 '명확하게 인식 가능한 경우'로 더욱 제한적으로 규정하고 있다. 이와 같은 위험에 대한 상급자의 무시가 '중과실'에 해당하여야 한다는 해석은 MüKoStGB/Weigend VStGB § 4 Rn. 31 참조.
1352) 상급자책임에 대한 상세한 연구는 이윤재, "국제범죄에 대한 지휘관책임의 연구", 서울대학교 박사논문(2016) 참조.

제 7 장 미완성 범죄(Inchoate Crime)

'미완성 범죄(Inchoate Crime)'는 국내형사법에서는 친숙하지 않은 용어이다. 그러나 국제형사법 영역에서는 범죄의 개념에 규정된 모든 요소가 완성되지 않은 경우를 모두 미완성 범죄의 범주에 포함시켜 함께 고찰하고 있다. 따라서 미완성 범죄는 국내형사법에서 미수에 해당하는 부분뿐만 아니라 예비, 음모 등 실행의 착수 이전 단계에서의 행위 등을 모두 포괄하는 개념이다.[1353]

각국의 국내형사법에서도 범죄의 모든 요소가 실현되지 않아 아직 기수에 이르지 않은 행위라 하더라도 실행에 착수된 일정한 범죄나 특정한 범죄에 대한 예비, 음모 등을 형사처벌의 대상으로 삼는 것이 일반적이다. 국제형사법의 영역에 있어서도 국제범죄의 요소가 모두 실현되지 않은 기수 이전의 일정한 행위가 형사처벌의 대상이 될 수 있다. 로마규정 제25조 제3항 (f)는 국제관습법에 따라 미수를 형사처벌의 대상으로 규정하고 있으며 제3항 (e)에서는 집단살해죄에 대한 선동을 독립된 범죄로 규정하고 있다. 특히 국제범죄의 공모책임 인정 여부는 오랜 논란의 대상이 되어 왔다.

제 1 절 공모(Conspiracy)

국제범죄에 대한 공모는 두 사람 이상이 특정한 국제범죄를 범할 것을 합의하는 것을 의미한다. 범죄에 대한 합의를 범죄화하는 것은 범죄성립 시기를 멀리까지 소급시키는 것으로 공모책임은 영미법을 비롯한 적지 않은 국내 입법 체계에서 발견된다. 공모는 그 자체로 하나의 범죄로 간주되므로 공모의 대상 범죄가 현실적으로 실현될 필요는 없다. 공모에 가담한 사람은 공모

1353) 미완성 범죄라는 용어에는 한 사람의 개인이 범죄를 단계적으로 실행해 나가는 과정에서 범죄가 완성에 이르지 않은 경우뿐만 아니라 공동실행이나 교사와 방조 등 처벌의 전제가 되는 다른 사람의 범죄행위가 실현되지 않은 경우 등도 함께 포섭될 수 있다. 이처럼 미완성 범죄의 관념은 범죄의 기수에 이르지 않은 모든 범죄적 행위 영역을 합리적으로 지칭할 수 있는 장점을 가지고 있다. Werle, Gerhard; Jeßberger, Florian, 전게서, p. 261.

합의에 대한 인식과 공모의 대상인 미래의 범죄에 대한 고의를 함께 가지고 있어야 한다.[1354]

뉘른베르크 헌장 제6조 (a)와 동경 헌장 제5조 (a)는 모든 국제범죄에 대한 공모를 형사처벌의 대상으로 규정하고 있었으나 재판과정에서는 전쟁범죄나 인도에 반한 죄를 제외한 평화에 반한 죄에 대한 공모만이 국제관습법상의 범죄에 해당하는 것으로 받아들여졌다.[1355] 뉘른베르크 재판 과정에서 독일 측 변호사는 공모 책임에 대한 강력한 반대 의견을 개진하였으며 그 결과 공모의 개념은 독립적인 중요성을 갖지 않을 정도로 매우 협소하게 해석되었다.[1356] 동경재판에서도 공모의 개념은 오직 평화에 반한 죄에 대하여만 적용되었으나[1357] 공모의 개념은 매우 폭넓게 해석되었다.[1358] 이후 ICTY 법령 제4조 제3항 (b), ICTR 법령 제2조 제3항 (b), 집단살해방지협약 제3조 (b) 등에 집단살해죄에 대한 공모가 국제범죄로 규정되어 재판과정에서 적용되었다.[1359]

로마규정에는 공모가 별도로 규정되어 있지 않다. 로마규정 제정과정에서 공모의 포함여부를 둘러싸고 격렬한 토의가 있었으나 최종적으로는 별개의 독립된 범죄로 채택하지 않기로 결정되었으며 그 대안으로 로마규정 제25조 제3항 (d)에 집단범죄에 대한 방조가 새로이 규정되었다.[1360]

공모의 대상이 되었던 범죄가 실제로 실행되었을 경우 실행된 범죄와 별도로 공모범죄가 성립하는가 여부에 대하여는 논란이 있다. ICTR은 집단살해죄를 규정한 ICTR 법령 제2조 제3항 (a)와 집단살해죄의 공모를 규정한 제2조 제3항 (b)는 서로 다른 객관적 요건에 따른 서로 다른 행위들을 규정한 것이므로 별도로 적용되어야 한다는 입장을 취하였다.[1361] ICTY은 Popović et al. 사건에서 공모의 대상 범죄가 성립하였음에도 미완성 범죄인 공모로 다시 처벌하는 것은 피고인

1354) Werle, Gerhard; Jeßberger, Florian, 전게서, p. 261.

1355) IMT, judgment of 1 October 1946, in The Trial of German Major War Criminals, Proceedings of the International Military Tribunal Sitting at Nuremberg, Germany, Pt 22 (1950), 447 et seq.

1356) 이처럼 공모 범죄의 범위가 제한된 것은 판사들 사이에서 공모 범죄의 처벌에 대한 국제법의 원칙이 존재하는가 여부에 대하여 의견 대립이 있었기 때문이다. 재판부는 공모가 범죄의 목적 측면에서 명백하게 윤곽이 그려져야 하며 범죄 실행의 시각으로부터 너무 멀리까지 소급될 수 없다고 판시하면서 좁은 범위의 공모 관념을 채택하였다. 또한 실제 재판에서는 사후적으로 범죄가 발생하여 공모 그 자체가 명확화된 경우만을 다루었기 때문에 엄격한 의미에서 미완성 범죄를 다룬 것이라고 볼 수 없다는 입장도 존재한다. Cryer, Robert; Friman, Håkan; Robinson, Darryl; Wilmshurst, Elizabeth, 전게서, p. 381; Ambos, Kai, 전게서 I, p. 110; Werle, Gerhard; Jeßberger, Florian, 전게서, p. 543; 뉘른베르크 판례의 이러한 입장은 통제위원회 법령 제10조를 기반으로 한 후속 재판에서도 확인되었다. Karl Brandt et al. (so-called Medical Trial), U.S. Military Tribunal Nuremberg, judgment of 20 August 1947, in Trials of War Criminals before the Nuremberg Military Tribunals under Control Council Law No. 10, Vol. II, 171 at 173 등.

1357) Ambos, Kai, 전게서 I, p. 111.

1358) Cryer, Robert; Friman, Håkan; Robinson, Darryl; Wilmshurst, Elizabeth, 전게서, p. 381.

1359) Tolimir, ICTY (TC), judgment of 12 December 2012, paras. 785 et seq; Ntagerura et al., ICTR (AC), judgment of 7 July 2006, para. 92 등.

1360) Werle, Gerhard; Jeßberger, Florian, 전게서, p. 263.

1361) Gatete, ICTR (AC), judgment of 9 October 2012, paras. 259 et seq; Kambanda, ICTR (TC), judgment of 4 September 1998, paras. 40, 60 et seq 등.

에 대하여 공정하지 않은 중복으로 공모죄는 별도로 성립하지 않는다고 보았으나1362) Tolimir 사건에서는 별도의 유죄판결이 허용된다고 보았다.1363)

집단살해죄에 대한 공모는 두 사람 이상이 집단살해죄를 범할 것에 대하여 합의하는 것으로1364) 이러한 합의는 반드시 명시적일 필요는 없으며 묵시적 합의로도 족하다.1365) 집단살해죄의 공모가 성립하기 위해서는 집단살해죄에 있어서 요구되는 집단을 파괴하려는 목적이 존재하여야 한다.1366)

제 2 절 계획과 준비(Planning and Preparation)

국제범죄의 계획은 범죄를 설계하는 것이며1367) 준비는 설계된 범죄를 촉진시키기 위하여 이루어지는 모든 위험한 행위이다.1368)

뉘른베르크 헌장 제6조 (a)와 동경 헌장 제5조 (a)는 침략전쟁의 '실행'뿐만 아니라 침략전쟁의 '계획, 준비, 시작'을 형사처벌의 대상으로 규정하고 있었다. 또한 뉘른베르크 헌장과 동경 헌장 모두 (b), (c)항에서 전쟁범죄와 인도에 반한 죄를 각 규정한 후 조문 말미에 '지도자, 조직자, 교사자, 공범으로 앞서 언급한 범죄의 실행을 위한......공통의 계획의 형성에 참여한 사람은 그러한 계획의 실행에서 다른 사람이 수행한 모든 행위에 대하여 책임을 부담한다.'라고 규정하고 있었다. 따라서 조문의 문언이나 체제상으로는 인도에 반한 죄나 전쟁범죄의 계획에 참여한 사람에 대하여도 형사책임을 물을 수 있는 것으로 해석될 수 있었으나 재판부들은 이러한 말미 조항은 평화에 대한 범죄에만 제한적으로 적용되는 것으로 해석하였다.1369) ICTY 법령 제7조 제1항, ICTR 법령 제6조 제1항, SCSL 법령 제6조 제1항 등은 국제범죄를 '계획하거나' 혹은 '계획이나 준비'를 도운 경우를 처벌의 대상으로 규정하고 있다.

계획이나 준비로 인한 형사책임이 인정되기 위하여 계획되거나 준비된 범죄가 실제 실행되었어야 하는가의 문제는 추상적 차원에서 답변되기 어려운 측면이 있다. 먼저 각국 국내법에서는 대체적으로 계획이나 준비 등은 미완성 범죄의 자족적 형태로 규정되어 있다. 따라서 목적이 된 범죄가 실제로 실행되었는가 여부와 무관하게 처벌될 수 있다. 국제형사법의 영역에서도 침

1362) Popović et al., ICTY (TC), judgment of 10 June 2010, paras. 2117 et seq, para. 2127.
1363) Tolimir, ICTY (TC), judgment of 12 December 2012, para. 1207.
1364) Musema, ICTR (TC), judgment of 27 January 2000, para. 189; Kajelijeli, ICTR (TC), judgment of 1 December 2003, para. 787; Ntagerura et al., ICTR (AC), judgment of 7 July 2006, para. 92.
1365) Nahimana et al. ICTR (AC), judgment of 28 November 2007, paras. 896-898.
1366) Musema, ICTR (TC), judgment of 27 January 2000, para. 192.
1367) Krstić, ICTY (TC), judgment of 2 August 2001, para. 601; Stakić, ICTY (TC), judgment of 31 July 2003, para. 443 등.
1368) Werle, Gerhard; Jeßberger, Florian, 전게서, p. 263.
1369) Cryer, Robert; Friman, Håkan; Robinson, Darryl; Wilmshurst, Elizabeth, 전게서, p. 379.

략범죄의 경우에는 침략범죄가 실제로 실행되었는가 여부에 관계없이 계획이나 준비는 일정한 조건 하에서 형사처벌의 대상이 되었다.[1370] 침략범죄뿐만 아니라 집단살해죄, 인도에 반한 죄, 전쟁범죄에 대한 계획이나 준비 역시 대상이 된 범죄의 발생 여부와 관계없이 처벌의 대상이 된다는 주장도 여전히 존재하며 임시재판소의 법령들이 이러한 주장에 대한 해석적 근거로 제시되기도 한다.[1371] 그러나 ICTY 항소심 재판부는 계획으로 인한 범죄에 있어서 '계획의 객관적 요건은 한 사람 이상이 사후적으로 실행된 하나 이상의 범죄에 대한 범죄적 행위를 설계하는 것이다'라고 판시하여 계획이나 준비의 독립성을 부정하고 있으며[1372] 다른 임시재판소 판례들에서도 계획과 준비가 처벌되기 위해서는 목적이 된 범죄가 실제로 발생하였어야 한다고 판시하고 있다.[1373] 나아가 일부 판례에서는 범죄가 실제적으로 발생하였어야 할 뿐 아니라 처벌의 대상이 되는 계획이 범죄의 실행에 대하여 실질적으로 기여하였을 것을 요구하고 있다.[1374]

임시재판소는 주관적 요건과 관련하여 '계획의 실행을 통하여 범죄가 발생할 것이라는 실질적인 가능성을 인식하고 작위 또는 부작위를 계획한 사람은...그와 같은 인식하에 있었던 계획의 대상 범죄를 수용한 것으로 보아야 한다'고 판시하고 있다.[1375] 따라서 범죄자는 범죄의 실행을 야기하려 하였거나 혹은 이러한 계획을 실행한 결과 범죄가 범하여 질 것이라는 실질적 가능성을 인식하고 있어야 한다.[1376]

로마규정에 대한 1998년 초안 제23조 제7항 (e)에는 계획되거나 준비된 범죄가 실제로 범하여진 경우에 계획이나 준비를 처벌하는 내용의 조항이 존재하였으나 종국적으로는 계획과 준비에 대한 일반조항이 로마규정에서 채택되지 않았다. 다만 새로운 로마규정 제8조의2는 침략범죄의 계획과 준비에 대하여만 명시적으로 규정하고 있다.[1377]

1370) Werle, Gerhard; Jeßberger, Florian, 전게서, p. 263.
1371) 이러한 법령들이 국제범죄의 계획이나 준비에 대한 처벌을 별도로 규정하는 동시에 대상 범죄가 실행되거나 실행에 착수될 것이 명백히 요구되는 방조를 종속적 책임 형태로 또다시 규정하고 있으므로 계획이나 준비는 계획되거나 준비된 범죄가 실제로 실행되었는가 여부에 관계없이 처벌될 수 있는 것으로 보인다는 주장은 Cryer, Robert; Friman, Håkan; Robinson, Darryl; Wilmshurst, Elizabeth, 전게서, p. 379.
1372) Kordić and Čerkez, ICTY (AC), judgment of 17 December 2004, para. 26.
1373) Nahimana et al., ICTR (AC), judgment of 28 November 2007, para. 479; Galić, ICTY (TC), judgment of 3 December 2003, para. 168 등.
1374) Kordić and Čerkez, ICTY (AC), judgment of 17 December 2004, para. 26; Nahimana et al., ICTR (AC), judgment of 28 November 2007, para. 479; Galić, ICTY (TC), judgment of 3 December 2003, para. 168 등; 계획 그 자체가 범죄의 실현을 통하여 달성하려는 목적이 될 수 있으며 계획이 특정한 범죄의 실행에 필연적으로 관련되어 있을 필요는 없다는 것은 Boškoški and Tarčulovski, ICTY (AC), judgment of 19 May 2010, paras. 171-172.
1375) Kordić and Čerkez, ICTY (AC), judgment of 17 December 2004, para. 31.
1376) Kordić and Čerkez, ICTY (AC), judgment of 17 December 2004, para. 29; Haradinaj et al., ICTY (TC), retrial judgment of 29 November 2012, para. 622; Tolimir, ICTY (TC), judgment of 12 December 2012, para. 899 등.
1377) 로마규정이 계획과 준비에 대한 일반조항을 두고 있지 않더라도 계획과 준비에 해당하는 일정한 행위는 공동실행, 타인을 통한 실행, 간접범행, 교사, 방조 등을 통하여 실제 실행되거나 실행에 착수된 범죄에 대한 기여

제 3 절 미수(Attempt)

1. 일반적 미수책임

국제범죄에 대한 미수책임은 국제관습법의 일부로 승인되고 있으며[1378] 로마규정 제21조 제 1항 (c)에 의한 법의 일반원칙으로 받아들여지고 있다.[1379] 그러나 지금까지는 집단살해죄에 대한 미수만이 임시재판소의 법령에 규정되어 있었을 뿐 미수에 대한 일반 규칙이 명문화되지는 않았다. 또한 국제형사법 실무에서도 살인미수에 해당할 수 있는 행위는 살인미수가 아닌 '생명과 인간에 대한 폭력', '비인도적 행위' 등으로 기소되는 등 미수는 실질적으로 독립된 역할을 수행하지 못한 것으로 평가된다.[1380] 로마규정 제25조 제3항 (f)는 국제관습법의 핵심적 영역을 반영하여 미수와 중지미수에 대하여 포괄적 규정을 최초로 두고 있다.[1381]

국제형사법의 영역에서도 국내형사법의 경우와 같이 미수와 중지미수를 둘러싸고 이론적으로 복잡한 질문들이 제기되고 있다. 그러나 뒤에서 보는 바와 같이 로마규정 역시 각국 국내법에서 일반적으로 인정되는 것과 유사한 규칙을 그대로 규정하고 있을 뿐이며 향후 미수와 중지미수에 대한 불명확한 요건들이 더욱 명확히 규명될 필요성이 있는 상황이다.[1382]

2. (장애)미수[1383]

로마규정 제25조 제3항 (f)는 국제범죄에 대한 미수책임을 다음과 같이 규정하고 있다.

> 실질적인 조치에 의하여 범죄의 실행에 착수하는 행위를 함으로써 범죄의 실행을 기도하였으나 본인의 의도와는 무관한 사정으로 범죄가 발생하지 아니한 경우. 그러나 범행의 실시를 포기하거나 또는 달리 범죄의 완성을 방지한 자가 범죄 목적을 완전히 그리고 자발적으로 포기하였다면 범죄미수에 대하여 이 규정에 따른 처벌을 받지 아니한다.

행위로 평가되어 형사처벌의 대상으로 포섭될 수 있다. Werle, Gerhard; Jeßberger, Florian, 전게서, p. 264.

1378) Cryer, Robert; Friman, Håkan; Robinson, Darryl; Wilmshurst, Elizabeth, 전게서, p. 380; Werle, Gerhard; Jeßberger, Florian, 전게서, p. 264.

1379) Ambos, Kai, 전게서 I, p. 236.

1380) Cryer, Robert; Friman, Håkan; Robinson, Darryl; Wilmshurst, Elizabeth, 전게서, p. 380.

1381) Ambos, Kai, 전게서 I, p. 236.

1382) 국제재판소들은 국제사회 전체에 가장 심각한 영향을 미치는 범죄만을 집중적으로 다루는 까닭에 완성된 범죄만이 국제재판소에서 기소되는 상황이 어느 정도 지속될 것으로 보이므로 미수와 중지미수 요건의 명확화에 국제형사재판소 등 국제재판소가 중대한 역할을 수행하기 어려울 것이라는 견해가 있다. Werle, Gerhard; Jeßberger, Florian, 전게서, p. 266.

1383) 국제형사법에서는 우리 국내법의 장애미수에 해당하는 용어로는 'attempt'를, 중지미수에 해당하는 용어로 'abandonment'를 각 사용하고 있다.

위 조항의 첫 번째 문장은 국내 형사법에서 흔히 장애미수에 해당하는 부분을 규정하고 있으며 두 번째 문장은 중지미수에 해당하는 부분을 규정하고 있다. 로마규정은 미수에 있어 범죄에 따른 구분을 두지 않고 집단살해죄, 인도에 반한 죄, 전쟁범죄, 침략범죄 등 모든 국제범죄에 대하여 일반적 미수책임을 인정하고 있으며 이를 통하여 계획과 준비를 범죄화하지 않은 규범 상황을 어느 정도 보완하고 있다.

로마규정은 범죄자가 범죄와 관련된 실질적 조치를 취하여 범죄의 실행에 착수한 경우에 미수책임이 인정되는 것으로 규정하고 있다. 그러나 로마규정에 규정된 이러한 문언은 일종의 타협으로 '실질적인 조치에 의하여 범죄의 실행에 착수하는 행위'에 대한 정확한 해석은 여전히 어려운 상황이다.[1384]

로마규정의 장애미수 개념은 1991년 초안 제3조 제3항과 1996년 초안 제2조 제3항 (g)에 규정되었던 내용을 기반으로 프랑스법과 미국법을 결합시킨 것으로 평가되고 있다. 국제법위원회는 위 초안에 대한 주석에서 범죄의 실행을 향한 중요한 조치를 취하는 행위를 실행하는 것이 실행의 착수에 해당하는 것으로 정의하고 있다. 이러한 해석을 따른다면 로마규정 문언에서 암시되는 것과는 달리 반드시 대상 범죄의 요소를 부분적으로나마 실행하였을 필요는 없다.[1385] 따라서 실행의 착수 문제를 범죄의 개념 중 무엇이 실행되었고 무엇이 남았는가의 형태로 환원하여 고찰할 수는 없으며 결국 실행의 착수에 관한 이론이 범죄의 일부 실행 이전단계로 확장됨에 따라[1386] 범죄에 규정된 요소에 대한 직접 실행행위 이전의 행위를 근거로 미수책임을 인정할 수 있을 것으로 보인다.[1387] 그러나 이러한 원론적 입장에도 불구하고 단순 준비행위가 미수행위의 개념에서 제외되는 것이 명백할 뿐 단순한 준비행위와 미수를 구분지을 수 있는 실제적 실행행위에 충분히 근접한 행위에 대한 추상적 이론 정립은 매우 난해한 것이다.[1388] 현재로서는 이러한 구분기준에 관해 합의된 이론이 국제형사법 영역에는 존재하지 않는 것으로 보인다. 이와 관련하여 범죄자의 목적이 더욱 강화되거나 확인되는 상황이라면 실질적 조치가 존재하는 것으로 해석하거나[1389] 여러 나라의 국내법을 비교법적으로 분석한 후 실행의 착수시기에 관한 보편타당한 이론은 존재하지 않으므로 법익에 대한 위험을 초래하였는가라는 입장에서 실행의 착수시기를 분석하려는 근접성이론 등이 이론적 차원에서 제시되고 있을 뿐이다.[1390] 결국 로마규정은 미수죄의 성립 요건을 실질적 조치에 의하여 범죄의 실행에 착수하는 행위로 규정하고는 있으나 이러한 불명확한 문언은 준비적 행위에 해당되어 형사처벌의 대상이 되지 못하는 행위와

1384) Cryer, Robert; Friman, Håkan; Robinson, Darryl; Wilmshurst, Elizabeth, 전게서, p. 380.

1385) Ambos, Kai, 전게서 I, p. 236.

1386) Ambos, Kai, 전게서 I, p. 237.

1387) Werle, Gerhard; Jeßberger, Florian, 전게서, p. 265.

1388) Ambos, Kai, 전게서 I, p. 237.

1389) Werle, Gerhard; Jeßberger, Florian, 전게서, p. 265.

1390) Ambos, Kai, 전게서 I, p. 252 이하 참조.

형사처벌이 가능한 미수의 경계를 추상적으로만 이야기하고 있을 뿐 구체적 해결책을 제시하지 못하고 있다.

로마규정은 '본인의 의도와는 무관한 사정으로 범죄가 발생하지 아니한 경우'를 장애미수의 요건으로 규정하고 있다. '본인의 의도와는 무관한 사정'이란 범죄자가 범죄행위의 사실적 배경이나 법률적 배경에 대하여 착오를 일으킨 것을 의미한다.[1391]

불능미수(impossible attempt, untauglicher Versuch) 역시 위 조항에 따라 규율될 수밖에 없으나 로마규정은 불능미수의 가벌성 여부와 한계에 대한 어떠한 지침도 제공하고 있지 않다. 나아가 형벌과 관련하여서도 로마규정은 미수의 형벌을 감경할 것인가 여부에 대하여도 아무런 규정을 두고 있지 않다. 이처럼 로마규정에서의 조문화에도 불구하고 미수와 관련된 많은 문제들이 미해결의 상태로 남겨져 있는 상황이다.

한편 주관적 요건과 관련하여 국제형사재판소는 기수와 동일한 고의 요건이 미수에도 요구되며 고의는 실행에 착수하는 행위가 있었을 당시 존재하여야 한다고 보고 있다.[1392]

3. 중지미수

로마규정 제25조 제3항 (f) 후단은 국내법의 중지미수에 해당하는 상황을 규정하고 있다. 중지미수는 법정책적 측면에서 범죄를 중단시키거나 혹은 범죄완성을 방지시키려는 것으로 대부분 국가들의 국내형사법에 규정되어 있다. 중지미수는 로마규정 제21조 제1항 (c)에서의 국제법의 일반원칙에 해당하는 것으로 이해된다.[1393]

중지미수로 인하여 형사책임이 배제되기 위해서는 범죄자가 범죄실행을 포기하거나 범죄의 결과발생을 방지하는 등 범죄자가 가지고 있던 범죄의사를 완전히 자발적으로 포기한 경우이어야 하며 중지 당시 이러한 범죄 시도가 완성될 수 있었던 경우이어야 한다.[1394] 우리 형법은 중지미수를 형의 필요적 감경 또는 면제 사유로 규정하고 있으나[1395] 로마규정에서의 중지미수는 이른바 완전한 항변에 해당하여 중지미수에 해당할 경우 형사처벌 자체가 배제된다.[1396]

로마규정은 중지미수의 성립요건을 범죄 진행의 정도에 따라 달리 규정하고 있다. 우선 범죄의 완성을 위한 노력을 단순히 중단한 경우를 '범행의 실시를 포기'한 경우라는 형태로 규정하

1391) 효과 없는 범죄 수단을 사용하는 등 방법이 부적절하거나 민간인으로 알고 공격하였으나 사실은 군인에 대한 적법한 공격에 해당하는 경우, 범죄에서 요구되는 지휘관의 지위가 인정되지 않는 경우 등이 여기에 해당할 수 있다는 견해는 Ambos, Kai, 전게서 I, p. 242.
1392) Katanga et al., ICC (PTC), decision of 30 September 2008, paras. 459, 460.
1393) Ambos, Kai, 전게서 I, p. 264.
1394) Ambos, Kai, 전게서 I, p. 264.
1395) 형법 제26조(중지범).
1396) 로마규정 제25조 제3항 (f); 다만 중지의 결과가 범죄 자체를 부정하게 되는 것인지 아니면 단순히 형사책임을 배제하는 근거로 기능하는 것인가의 여부는 분명하지 않다는 견해는 Werle, Gerhard; Jeßberger, Florian, 전게서, p. 266.

고 있다. 당시까지 진행된 행위들만으로는 금지된 결과를 완성시키기에 충분하지 않은 경우로
범죄실현을 위한 노력의 중단만으로 범죄의 완성은 회피될 수 있다. 다음으로 '달리 범죄의 완성
을 방지'한 경우는 이미 상황에 따른 사물의 정상적 진행 경과에 비추어 금지된 결과에 이를 수
있으므로 범죄자가 단순히 자신의 행위를 중단하는 것만으로는 부족하며 범죄의 완성을 방지하
기 위한 보다 적극적 조치를 취하여야 한다. 범죄의 중단이나 결과방지 행위는 자발적 동기에 따
라 이루어져야 하며 범죄적 목적을 완전히 포기하여야 한다. 따라서 당시 상황을 고려하여 일시
적으로 구체적 행위를 중단한 것만으로는 부족하며 동일한 범의에 기반한 범죄의 실행을 완전히
포기하여야만 한다.

　　범죄자가 범죄를 방지하기 위한 적극적 노력을 하였음에도 불구하고 그러한 시도가 성공하
지 못한 경우나[1397] 다수인이 관여하는 범죄에서 모든 범죄자가 함께 범죄에서 이탈하지 않았던
경우를 어떻게 취급할 것인가는 로마규정에 명시적으로 규율되어 있지 않으나 로마규정 제21조
제1조 (c)에 따른 법의 일반원칙에 따라 해결되어야 할 것이다.

[1397] 범죄자는 객관적으로 범죄 방지를 위해 노력을 다한 것이므로 그러한 노력이 성공한 것과 같이 보상을 받아
야 한다는 주장이 있다. Ambos, Kai, 전게서 I, p. 264.

제 8 장   형사책임을 배제하는 근거

로마규정은 원칙적으로 항변(defence)이라는 용어 대신 형사책임을 배제하는 근거(grounds for excluding criminal responsibility)라는 용어를 의도적으로 사용하고 있다. 이러한 용어는 영미법이나 대륙법 어느 일방에 치우치거나 어느 일방의 국내법에 귀속될 수 없는 보편적 체계를 나타내기 위한 것이다.[1398]

제 1 절   항변 일반론

1. 항변 체제의 발전

국제형사법 체계가 처음 출발할 당시에는 형사책임을 배제하는 근거 혹은 항변은 실무나 이론의 영역에서 큰 비중을 차지하지 못했다. 이에 대한 학문적 관심이 부족하였을 뿐 아니라 극악한 범죄를 저지른 범죄자를 처벌에서 벗어나도록 할 수 없다는 심리적 거부감이 존재하여 대부분의 관심은 형사책임을 부과하는 근거에 대하여 집중되었다.[1399] 실제로 뉘른베르크 헌장에는 형사책임을 배제하는 근거에 관한 규정이 전혀 없었으며 오히려 공적 지위의 항변과 상급자명령의 항변이 인정되지 않는다는 항변에 대한 '배제규칙'만이 있었을 뿐이다.[1400] 국제형사법에 근거한 재판을 처음으로 받게 된 피고인과 변호인들 역시 국내법에서 인정되는 항변 사유를 국제법정에서 주장하기 보다는 피고인들을 처벌할 수 있는 국제사회의 권한이 존재하는가 여부 등 국제화된 사법체계의 정통성을 주된 공격 목표로 삼았을 뿐이다.[1401]

1398) Ambos, Kai, 전게서 I, p. 302. 다만 이 책에서는 편의상 항변이라는 용어와 형사책임을 배제하는 근거라는 용어를 동일한 의미로 병행하여 사용하기로 한다.
1399) Werle, Gerhard; Jeßberger, Florian, 전게서, p. 235; 이러한 심리적 거부감은 비교적 최근까지 존재하고 있다. 이에 대한 상세한 논의는 Kai Ambos, 전게서 I, p. 311.
1400) 뉘른베르크 헌장 제7조, 제8조. 동경 헌장 제6조.
1401) Werle, Gerhard; Jeßberger, Florian, 전게서, p. 235.

　　그러나 시간이 지남에 따라 형사책임을 배제하는 원칙들의 중요성이 국제형사법 체계에서도 새로이 부각되게 되었으며 이에 대한 논의도 점차 핵심적 영역으로 자리잡기 시작하였다. 실제 ICTY와 ICTR의 재판에서는 항변이 보다 큰 비중을 차지하게 되었으며 임시재판소의 법령에 검찰 측에 대한 항변의 통보절차가 규정됨으로써 제도적 측면에서도 항변의 존재가 간접적으로 승인되게 되었다.1402) 그러나 여전히 항변의 실질적 요건 등 구체적 내용은 전혀 규정되어 있지 않았으며 항변의 구체적 개념과 요건을 정의하는 것은 재판부의 역할로 남겨져 있었다.

　　로마규정은 정당방위, 강박과 긴급피난, 착오, 상급자의 명령 등 다양한 유형의 항변을 포괄적이고 명시적으로 규정함으로써 의미 있는 진전을 이루었다. 국제형사법 영역에서는 동일행위 항변(plea of tu quoque)이나 보복(reprisals) 등 국내법에 존재하지 않는 특이한 항변이 주장되기도 하나 가장 중요한 항변으로 취급되는 것은 명령에 의한 행위 또는 강박의 항변이라고 할 수 있다. 범죄별로 살펴보면 전쟁범죄의 영역에서 각종 항변들이 가장 많이 주장되어 실질적 역할을 담당하고 있으며 이와 대조적으로 집단살해죄와 인도에 반한 죄의 경우에는 예외적인 경우에만 형사책임의 배제가 인정되는 경향이 있다.1403)

2. 정당화사유와 면책사유

　　영미법에서는 처벌과 기소를 방해하는 절차적·실체적 요건들을 모두 포괄하는 폭넓은 개념으로서 '항변(defence)'이라는 용어가 사용되고 있다.1404) 그러나 우리나라와 같이 3단계 범죄론 체계를 취하는 대륙법계 국가의 경우에는 실체적 항변이 위법성과 관련된 정당화사유와 행위자에 대한 비난가능성에 관한 면책사유로 구분될 수 있다. 현재 국제형사법 영역에서는 이러한 구분이 뚜렷하게 이루어지고 있지 않으나 대륙법계 학자들에 의하여 정당화사유와 면책사유의 구분 필요성이 꾸준히 제기되고 있다.

　　정당화사유가 존재하는 상황에서는 범죄개념을 충족시키는 행위라 하더라도 정당방위와 같은 허용규범의 요건이 다시 충족되어 위법하지 않은 행위로 평가됨으로써 형사책임이 배제된다.1405) 정당화사유가 존재하는 행위는 법질서에 의하여 승인되어 정당한 것으로 평가받는 행위이므로 이러한 행위가 감내하고 승인될 뿐만 아니라 때로는 사회적으로 장려되기도 한다. 정당

1402) ICTY의 절차증거규칙의 제67조 (B)(i)(b) 등.

1403) Werle, Gerhard; Jeßberger, Florian, 전게서, p. 235.

1404) E.van Sliedregt, "Deffences in International Criminal Law", Convergence of Criminal Justice Systems : Building Bridges Bridging the Gap, The International Society For The Reform Of Criminal Law. 17th International Conference(25 August 2003), p. 2.

1405) 다양한 위법성조각사유의 구체적 내용은 세부적으로 차이가 있으나 대체적으로 충돌하는 이해관계들간의 균형과 우월적 이익의 원칙이 근거로 작용한다. 정당화사유가 존재할 경우에는 적용되는 규범의 당위적 영역에 변화를 가져오는 것이 일반적이다. Ambos, Kai, 전게서 I, pp. 304, 306.

방위의 경우 개인의 자기방어뿐만 아니라 법질서 수호의 의미가 존재한다는 것은 이러한 의미에서 설명될 수 있다. 그러나 이와 달리 면책사유는 행위 그 자체를 합법적인 것으로 만드는 것은 아니므로 범죄개념을 충족시킨 행위는 면책사유의 존재 여부와 관계없이 여전히 위법한 행위이다. 이는 합법적 행동을 기대할 수 없는 경우 등 행위에 대한 비난가능성이 없는 경우에 대한 것으로 행위자의 측면을 넘어선 의미를 갖지 않아 정당화사유와는 사회적 의미에서부터 구분된다. 이처럼 면책사유는 구체적 사건의 범위에 제한되는 까닭에 다른 사람이 동일한 행위를 하는 것이 일반적으로 허용되지 않는다. 이와 같이 정당화사유와 면책사유를 구분하는 것은 해당 행위에 대한 정당방위 가능성, 배상책임의 존재 가능성 등 다양한 법적 판단에 직접적 영향을 미치는 것으로 이론적 측면뿐만 아니라 실질적 중요성도 함께 가지는 것이다.

로마규정에서는 정당화사유와 면책사유의 명시적 구분이 채택되지는 않았다. 그러나 로마규정은 대륙법계나 영미법계 어느 한 쪽에 치우치지 않은 중립적 체계이며 복잡한 이론적 문제들에 대하여 직접적으로 결론을 내리지 않고 있음을 고려할 때 정당화사유와 면책사유를 구분할 필요성과 이러한 구분을 통하여 도출되는 적용상의 차이점 등은 국제형사법에서의 항변을 해석함에 있어서도 고려될 수 있을 것이다.[1406]

3. 로마규정에서의 항변사유의 개방성

국제형사법 영역에서 형사책임이 배제될 수 있는 가장 중요한 근거들은 로마규정 제3장 제31조 등에 명시적으로 규정되어 있다. 이러한 명문화는 항변과 관련하여 존재하는 불명확성을 해소시킴은 물론 완성된 체제를 지향하는 국제형사법 체계의 의미 있는 발전으로 평가될 수 있다.

로마규정에서의 항변 규정은 명확성과 개방성을 동시에 지향하고 있다. 로마규정 제31조 제1항은 정신장애, 중독, 정당방위, 강박과 긴급피난, 제32조는 착오, 제33조는 상급자명령 등의 항변에 대하여 구체적으로 규정하고 있을 뿐 아니라 제31조 제3항에서는 로마규정 제21조에 의하여 적용가능한 법에 근거한 형사책임 조각사유도 고려할 수 있다고 명시하고 있다. 따라서 로마규정 자체에 규정된 항변들뿐만 아니라 국제관습법 또는 법의 일반원칙에 의하여 인정되는 항변도 모두 포괄하는 체제를 갖추고 있다.[1407]

4. 항변사유의 존재시기와 입증책임

로마규정 제31조 제1항은 이른바 '행위시 이론(act theory)'에 따라 항변사유는 행위 시에 존

1406) Ambos, Kai, 전게서 I, p. 307.
1407) 실제 국제형사법에서는 군사적 필요성, 보복 항변 등이 주장되기도 한다. Werle, Gerhard; Jeßberger, Florian, 전게서, p. 236.

재하여야 한다고 명시하고 있다.[1408) ICTY 판례도 동일한 입장이다.[1409)

무죄추정의 원칙에 따라[1410) 범죄혐의에 대한 일반적 입증책임은 검사에게 있으며 이는 보편적 정의기준에 부합하는 것이다.[1411) 그러나 이와 같은 일반적인 입증책임 원칙 이외에 항변의 입증책임에 대하여는 로마규정에 규정되어 있지 않다. ICTY는 항변의 입증책임과 관련하여 피고인 측이 입증의 부담을 진다고 판시한 바 있다. 검찰 측이 부담하는 유죄입증의 부담과 비교하여 볼 때 이를 피고인 측에 부담하게 하는 것이 과중한 것은 아니며 고유한 지식에 관련된 입증은 그러한 지식을 가지고 있거나 이를 제기한 쪽에서 해야 한다는 일반적 원칙에 비추어 볼 때 개연성의 균형(balance of probabilities)이라는 측면에서 타당하다는 것이다.[1412) 그러나 국제형사재판소의 경우 항변에 대한 입증책임 역시 검사가 부담하여야 한다고 해석하는 견해가 유력하게 주장되고 있다. 국제형사재판소의 검사는 일방 당사자가 아니라 불편부당한 정의의 대리인으로 행동하여야 한다는 점을 근거로 검사는 피고인 측에 의하여 주장된 항변과 관련하여서도 진실을 찾아낼 의무를 부담하고 있다는 것이다.[1413) 따라서 검사는 유죄의 증거뿐만 아니라 무죄를 입증할 증거도 동일하게 조사해야 하며 피고인 측이 스스로 제기한 항변뿐만 아니라 제기 가능한 항변들까지 스스로 고려하여야 한다고 주장한다. 입증책임 전환을 금지한 로마규정 제67조 제1항이 범죄의 성립 요소뿐만 아니라 항변에 대하여도 동일하게 적용되어야 하므로 검사는 항변이 존재하지 않는다는 점을 합리적 의심이 없는 수준까지 입증하여야 한다는 것이다.[1414)

1408) Ambos, Kai, "Defences in International Criminal Law" in Brown, B. S., ed., Research Handbook on International Criminal Law. Cheltenham, Northampton: Edward Elgar Publishing, 2011, p. 301; 행위시 이론은 행위의 결과까지 동일하게 고려하는 '편재성 원칙(biquity principle)'과 대립되는 것이다. 금지규범이 범죄행위와 직접 연계되어 있듯이 항변에 해당하는 요소 역시 행위와 연계된 것이며 행위의 결과는 우연적인 것이거나 행위자의 통제 범위를 벗어난 것일 수 있다는 점에서 행위시 이론을 채택한 로마규정의 입장이 타당하다는 주장은 Albin Eser, "Article 31 – Grounds for excluding criminal responsibility", in Otto Triffterer (Hrsg.): Commentary on the Rome Statute of the International Criminal Court: observers' notes, article by article. Baden-Baden: Nomos, 1999. p. 545 참조.

1409) Mucić et al. (Čelebići), ICTY (TC), judgment of 16 November 1998, para. 1181에서는 정신장애 항변은 범죄행위가 이루어진 시기인 피고인이 간수로 종사하던 시점을 기준으로 판단하여야 한다고 판시하고 있다.

1410) 로마규정 제66조 무죄의 추정.

1411) Ilias Bantekas, 전게서, p. 100; Ambos, Kai, 전게서 I, p. 312; 나아가 로마규정 제67조는 입증책임의 전환이나 피고인에 대한 반증책임 부과가 인정되지 않음을 별도로 명시하고 있다.

1412) 따라서 피고인 측의 정신적 결함에 대하여는 피고인 측이 입증하여야 한다고 판시하였다. Mucić et al. (Čelebići), ICTY (TC), judgment of 16 November 1998, para. 1172; Mucić et al. (Čelebići), ICTY (AC), judgment of 20 February 2001, paras. 582, 590; 이러한 임시재판소의 판례가 일부 국가의 국내법에서도 지지되고 있으며 정신장애뿐만 아니라 다른 항변에도 준용될 수 있다는 입장은 Ambos, Kai, 전게서 I, p. 312.

1413) 로마규정 제54조 참조.

1414) 적어도 이론적 측면에서는 독일, 오스트리아, 스웨덴 등이 이러한 입장을 취하고 있으며 이처럼 검사에게 입증책임이 있다는 입장을 취하더라도 피의자 측에 대하여 항변의 존재를 나타내는 최초의 증거를 제출하도록 요구할 수 있고 항변을 뒷받침하는 최초의 증거가 존재하지 않거나 혹은 최초의 증거가 나타나는 시점까지는 항변에 대한 반증도 요구되지 않는다며 피의자 측이 입증책임은 아니나 최초 단계의 입증부담과 스스로

제 2 절 정당방위(Self Defence)

위법한 공격에 대하여 스스로를 방어하는 것은 누구에게나 인정되는 기본적 권리이다. 사람이 스스로 자신을 방어할 권리를 가진다는 것에 대하여는 의문이 제기된 바 없으며 항변사유로서의 정당방위는 대부분의 국내법 체계에서도 인정되고 있다.[1415] 정당방위는 방위자 자신의 권리일 뿐만 아니라 법질서 전체를 방위한다는 의미도 함께 가지고 있으며 정당방위에 해당하는 행위는 정당한 것으로 평가되어 형사처벌의 대상이 되지 않을 뿐 아니라 위법하지 않은 행위이다. 국제관습법에서도 정당방위가 오랫동안 승인되어 온 것은 사실이나 지금까지 국제형사법의 실무에서는 부차적 역할만을 수행하여 왔다. 로마규정은 제31조 제1항 (c)에 정당방위에 대한 명시적 규정을 두고 있다.

1. 항변 사유에 대한 주관주의와 객관주의

정당방위는 각국 국내법에서 일반적으로 받아들여지고 있는 항변이다. 그러나 정당방위 사유가 객관적으로 존재하여야 하는가 아니면 정당방위의 항변을 제기하는 사람이 주관적으로 인식한 것에 근거하여 판단할 수 있는가에 대하여는 영미법과 대륙법계의 태도가 확연하게 대비되고 있다.

미국의 경우 정당방위에 있어서 불법적 공격이 객관적으로 존재할 것이 요구되지 않으며 방위자의 믿음이 합리적인 것이라면 방위자의 주관적 인식에 근거하여 정당방위의 요건을 인정할수 있다고 보고 있다.[1416] 이에 반하여 대륙법계 국가들에서는 일반적으로 객관적 접근법을 취하여 정당방위의 대상이 되는 공격 등 정당방위의 상황이 객관적으로 존재하여야 한다고 보고 있다. 따라서 정당방위에 해당하는 상황이 객관적으로 존재하지 않음에도 착오로 방위행위에 나간 경우에는 정당방위가 인정되지 않으며[1417] 우리 형법에서 논의되는 위법성조각사유의 전제사실에 관한 착오 이론이 적용될 수 있을 뿐이다. 뒤에서 보는 바와 같이 로마규정은 정당방위의 요건과 관련하여 대륙법계의 객관주의 입장을 취하고 있다.

주장하는 항변에 대한 설득 책임(burden of persuasion)을 지고 있다는 주장은 Ambos, Kai, 전게서 I, p. 313.

[1415] Kai Ambos, 전게서, p. 330; Robert Cryer, Håkan Friman, Darryl Robinson, Elizabeth Wilmshurst, 전게서, p. 337.

[1416] 미국 모범형법전에서 요구하는 정당방위의 핵심적 요소는 '합리적 믿음(reasonalble belief)'이다.(미국 모범형법전 § 3.04에서 § 3.08까지 참조) 호주(호주 형법전 10.4(2)), 캐나다(캐나다 형법 34조), 영국도 동일하게 이와 같은 주관주의 입장을 취하고 있다. Ambos, Kai, 전게서 I, p. 331.

[1417] Ambos, Kai, 전게서 I, 332면

2. 국제관습법에서의 정당방위

제2차 대전 이후의 재판에서 침략범죄와 관련하여 정당방위 주장이 제기되었다. US v. Weiz-säcker et al. 사건(Ministries case)에서 피고인 측은 러시아가 이미 침략을 준비하고 있었던 것으로 보였으므로 정당방위가 인정되는 상황이었다고 주장하였다. 이에 대하여 재판부는 정당방위는 불법적인 공격을 전제로 하는 것인데 침략전쟁을 시작한 것은 독일이므로 '정당방위에 대한 정당방위'는 인정될 수 없다며 정당방위 항변을 받아들이지 않았다.[1418] US v. Ohlendorf et al. 사건에서도 침략전쟁을 시작한 당사자를 독일로 판단하고 정당방위 주장을 받아들이지 않았다.[1419]

ICTY의 Kordic-Cerkez 사건은 보스니아에 있었던 무슬림에 대한 전쟁범죄 혐의와 관련된 사건이었다. 피고인은 당시 보스니아-헤르체코비나의 군대가 중앙보스니아를 공격한 것은 보스니아의 크로아티아인이 무슬림 침략의 피해자였기 때문이라며 정당방위에 해당한다고 주장하였다. 재판부는 로마규정의 정당방위 조항과 다수 국내법의 정당방위에 대한 판단을 인용하면서 정당방위 항변이 국제관습법상 인정되는 것은 사실이나 국가간 정당방위와 개인의 정당방위는 구분되는 것으로 '정당방위에 의하여 진행되는 군사작전이라는 점이 국제인도법의 심각한 위반에 대한 정당화 사유가 될 수 없다'고 판시하면서 정당방위 항변을 기각하였다.[1420] 이러한 판결 이외에 정당방위의 일반적 요건에 관련된 다수 사건들이 존재한다.[1421]

1418) U.S. Military Tribunal Nuremberg, judgment of 11 April 1949, in Trials of War Criminals before the Nuremberg Military Tribunals under Control Council Law No. 10, Vol. XIV, 308.

1419) U.S. Military Tribunal Nuremberg, judgment of 10 April 1948, in Trials of War Criminals before the Nuremberg Military Tribunals under Control Council Law No. 10, Vol. IV, 411; 기타 침략자에 대한 살해가 최후의 수단으로 허용된다고 주장한 Tessmann et al. 사건(UNWCC, LRTWC, xiii, 1949, p.177) 등에 대한 것은 Ambos, Kai, 전게서 I, p. 338.

1420) Kordić and Čerkez, ICTY (TC), judgment of 26 February 2001, paras. 448 et seq; Kordić and Čerkez, ICTY (AC), judgment of 17 December 2004, para. 837.

1421) 로마규정 제31조 제1항 (c) 단서 참조; Martič 사건에서도 동일한 취지로 정당방위 항변을 기각하였다. Martič, ICTY (AC), judgment of 8 October 2008, paras. 239, 268; 전쟁포로를 살해한 것과 관련하여 정당방위의 항변이 받아들여진 사례가 있다. 독일 상공을 비행하던 미군 2명이 낙하산으로 독일에 착륙한 후 체포되어 독일 경찰에 인계되었다. 그런데 이후 미공군의 공습이 계속되자 군중들이 이들을 둘러싸고 포로가 된 이들을 사살하라고 요구하기 시작하였으며 이 때 미군이 갑자기 오른손을 주머니에 넣는 움직임을 보였다. 이러한 상황에서 경찰은 총을 발사하여 그들을 사살하였다. 피고인은 법정에서 포로들이 주머니에 손을 넣는 움직임에 따라 정당방위로 총을 발사한 것이라고 항변하였고 법정에서는 이러한 항변을 받아들였다. 위와 같은 상황에서 정당방위를 인정한 것은 항변에 대하여 주관주의 입장을 취하고 있는 영미법 이론에 의한 것으로 보인다. Erich Weiss와 Wilhelm Mundo 사건 in UNWCC, LRTWC, xiii(1949), pp. 149-150(9-10 November 1945). Chusaburo 사건은 생명에 대한 위협으로 구금 중인 피해자를 살해한 사건으로 당시의 위협이 군중들로부터 발생한 것이고 피해자에 의한 것이 아니었다는 이유로 정당방위를 기각하였다. UNWCC, LRTWC, xiv(1949), p.129(4 May 1948).

3. 로마규정에서의 정당방위

로마규정은 다음과 같이 개인이나 특히 중요한 재산에 대한 위험을 초래하는 급박하고 불법적인 무력사용에 대하여 비례성의 원칙에 따라 합리적으로 행동한 경우 정당방위를 인정하고 있다.

> 〔로마규정 제31조 형사책임 조각사유 1. (c)〕
> 사람이 급박하고 불법적인 무력사용으로부터 자신이나 다른 사람을 방어하기 위하여 또는 전쟁범죄의 경우 자신이나 다른 사람의 생존을 위하여 필수적인 재산이나 군사적 임무를 달성하는데 필수적인 재산을 방어하기 위하여 자신이나 다른 사람 또는 보호되는 재산에 대한 위험의 정도에 비례하는 방식으로 합리적으로 행동한 경우. 군대가 수행하는 방어작전에 그 자가 관여되었다는 사실 자체만으로는 이 호에 따른 형사책임 조각사유를 구성하지 아니한다.

(1) 급박하고 불법적인 무력사용

정당방위는 오직 급박하고 불법적인 무력사용에 대한 대응 행위로 제한된다. 정당방위를 촉발시킨 무력사용은 객관적으로 존재하여야 한다.[1422] 로마규정은 '무력(force)'의 개념에 대하여 추가적 요건을 규정하거나 일정한 제한을 두고 있지 않다.[1423] 따라서 물리적인 것뿐만 아니라 급박하고 강제적인 상황을 만드는 협박과 같이 심리적인 것도 포함된다.[1424] 무력사용은 '급박한 (imminent)' 것이어야 한다.[1425] 무력이 즉각적으로 실행될 상황에 있거나 현재 착수되어 실행되기 시작한 경우, 무력이 현재 사용 중인 경우 등이 여기에 해당한다.[1426] 상대편이 먼저 공격을 할 때까지 기다릴 필요가 있는 것은 아니나[1427] 우려되는 공격에 대한 선제적 공격(pre-emptive strike)

[1422] 이른바 객관주의 입장을 취한 것으로 주관주의 입장을 취하는 영미법계의 주장은 채택되지 않았다. 따라서 방위자가 착오로 무력이나 위협이 존재한다고 믿은 경우는 제31조 제1항 (c)에 해당할 수 없으며 착오이론이 적용될 수 있을 뿐이다. 주관주의 입장은 존재론적으로 회피될 수 없는 실재와 관념 간의 차이를 임의로 제거한 것으로 객관주의 입장이 타당하다는 주장은 Ambos, Kai, 전게서 I, p. 339.

[1423] '무력'의 개념에 대하여는 다양한 정의가 가능하며 상이한 강도의 무력이 포괄될 수 있을 것이다. 비록 최종적으로 채택되지는 않았으나 로마규정 초안에는 '살해나 심각한 상해의 위협' 혹은 '폭력 형태의 무력'이라는 용어가 존재하였다는 점에서 무력의 개념이 광범위하게 해석되어야 한다는 견해는 Albin Eser, "Article 31 - Grounds for excluding criminal responsibility", p. 549.

[1424] Ambos, Kai, 전게서 I, p. 339; Werle, Gerhard; Jeßberger, Florian, 전게서, p. 237; 이와 달리 심리적 위협에 대한 정당방위에 대하여 의문을 표시하는 견해는 Cryer, Robert; Friman, Håkan; Robinson, Darryl; Wilmshurst, Elizabeth, 전게서, p. 405.

[1425] Kordić and Čerkez, ICTY (TC), judgment of 26 February 2001, para. 451.

[1426] Albin Eser, "Article 31 - Grounds for excluding criminal responsibility", p. 549; Ambos, Kai, 전게서 I, p. 339.

[1427] Cryer, Robert; Friman, Håkan; Robinson, Darryl; Wilmshurst, Elizabeth, 전게서, p. 405.

은 정당방위의 범주에서 제외된다.[1428)

　무력의 사용은 반드시 '불법적(unlawful)'인 것이어야 한다. 따라서 공격행위 자체에 정당화사유가 존재한다면 이는 합법적 행위이므로 이에 대항하여 방어할 권리는 존재하지 않는다.[1429) 그러나 정신적 장애로 인하여 책임이 배제되는 경우에는 공격자의 공격은 여전히 불법적인 것이므로 정당방위의 대상이 된다.[1430) 정당화 사유에 해당하지 않는 중독 상태에서의 행위도 여전히 위법한 행위이므로 이에 대항할 수 있다.[1431)

(2) 보호이익의 제한

　로마규정은 자신이나 다른 사람을 방어하기 위한 경우 또는 전쟁범죄의 경우에는 자신이나 다른 사람의 생존에 필수적인 재산 또는 군사임무를 달성하는데 필수적인 재산을 방어하기 위하여 정당방위가 가능하다고 규정하고 있다. 이처럼 '자신이나 다른 사람을 방어하기 위한 경우'로 다소 불분명하게 규정되어 있기는 하나 집단살해죄나 인도에 반한 죄, 침략범죄에 대하여는 방위자나 제3자의 생명, 신체적 완전성, 이동의 자유에 대한 무력의 사용에 대하여만 정당방위가 허용된다. 정당방위 조항이 적용될 경우 심각한 국제범죄의 형사책임이 배제되는 중요한 결과를 가져올 뿐만 아니라 앞서 본 바와 같이 방어 대상이 되는 무력이 광범위하게 규정되어 있으므로 정당방위의 보호이익을 일정한 범위로 제한하는 것이다.

　정당방위의 보호 대상에 재산권을 포함시킬 것인가를 두고 로마규정 협상 과정에서 많은 논란이 있었다. 미국과 이스라엘은 재산권에 대하여도 정당방위를 광범위하게 도입할 것을 주장하였으나 많은 지지를 얻지는 못하였다. 오히려 재산권에 대한 정당방위 조항을 둘 경우 모든 종류의 군사적 충돌에 적용 가능한 만병통치약이 될 수 있다는 우려가 제기되었다. 결국 최종적으로는 '자신이나 다른 사람의 생존을 위하여 필수적인 재산이나 군사적 임무를 달성하는데 필수적인 재산'에 대하여만 전쟁범죄에서의 정당방위가 제한적으로 인정되게 되었다.[1432) 그러나 이러한 제한적 규정에 대하여도 남용가능성에 대한 우려가 여진히 제기되고 있다.[1433) 정당방위의 이와 같은 확장은 현존하는 법(lex lata)의 범위를 명백하게 벗어나는 것으로 적지 않은 불안을 야기한

1428) Ambos, Kai, 전게서 I, p. 339.

1429) 반드시 형사적(criminally)인 불법으로 해석될 필요는 없다. Cryer, Robert; Friman, Håkan; Robinson, Darryl; Wilmshurst, Elizabeth, 전게서, p. 405; 우리 형법에서도 위법한 공격행위가 형벌법규의 구성요건에 해당하는 행위일 필요는 없다고 보고 있다. 기타 우리 형법에 있어서의 정당방위에 대한 상세한 것은 신동운, 『형법총론』, 274면 이하 참조.

1430) Ambos, Kai, 전게서 I, p. 339.

1431) Ambos, Kai, 전게서 I, p. 340; 정당방위의 요건과 관련하여 범행을 막거나 정지시킬 다른 방법이 없을 것 등의 요건을 부가하는 견해는 Antonio Cassese, International Criminal Law, p. 222.

1432) Ambos, Kai, 전게서 I, p. 341; Werle, Gerhard; Jeßberger, Florian, 전게서, p. 237.

1433) 이에 대하여 상세한 것은 Cryer, Robert; Friman, Håkan; Robinson, Darryl; Wilmshurst, Elizabeth, 전게서, p. 405; Werle, Gerhard; Jeßberger, Florian, 전게서, p. 237.

다는 주장이 있으며1434) 벨기에는 위 조항이 강행법규(jus cogens)에 반하는 것이라며 로마규정 비준 당시 이러한 점을 선언하기도 하였다.1435)

특히 본 조항을 해석함에 있어 군대가 수행하는 방어작전에 관여되었다는 사실 자체만으로는 형사책임이 배제되지 않는다는 로마규정 제31조 제1항 (c) 제2문은 반드시 고려되어야만 하며 따라서 단순히 방어적 군사작전기간 동안 재산이 파괴되었다는 사실만을 근거로 정당방위를 주장할 수는 없다.1436) 나아가 정당방위의 대상이 되는 무력의 사용은 위법한 것이어야 하므로 재산에 대한 공격이 국제인도법에 따라 이루어졌다면 대상이 된 재산의 중요성과 관계없이 정당방위 상황은 존재하지 않는다.1437)

(3) 비례성에 입각한 합리적 행위

정당방위 상황이 존재하는 경우일지라도 방어를 위한 무력사용은 '합리적이고 위험의 정도에 비례'하는 것이어야 한다.1438) 방어행위는 반드시 공격이나 위험을 방지하거나 피하는데 필수적이면서도 적절한 것이어야 하며 효과가 없거나 필요 이상으로 공격자에게 과도한 해악을 가하는 것은 정당방위에 해당하지 않는다.1439)

비례성의 기준으로 위험의 정도만이 제시되어 있고 상황에 따른 후퇴 의무나 필요한 대응조치에 대하여는 규정되어 있지 않다. 비례성의 충족 여부에 대하여 구체적으로 판단하기 위해서는 공격자와 방어자가 가지고 있었던 무기의 종류와 성질 등이 함께 고려되어야 할 것이다. 또한 급박한 공격이 진행되고 있는 상황에서 모든 것을 세밀하게 비교형량할 충분한 시간이 없다는 점에서 비례성 판단이 사전적으로 엄밀하게 이루어질 수는 없다. 따라서 사후적으로 지나치게 엄격한 잣대를 적용하는 것은 문제가 있을 수 있을 것이나 한편으로는 정당방위를 실행한 행위자의 관점만이 결정적인 것으로는 볼 수도 없으므로 결국 개별 사건의 상황을 고려하여 법원에

1434) Antonio Cassese, "The Rome Statute of the International Criminal Court : Some Preliminary Reflections", European Journal of International Law (1999), pp. 154, 155.

1435) 전쟁범죄에 대하여만 재산권에 대한 정당방위를 제한적으로 인정한 것은 전쟁범죄의 일부 사례들은 집단살해죄나 혹은 인도에 반한 죄에 비하여 덜 심각하다는 전제에 기초한 것으로 많은 국가들에서 핵시설 등을 보호하기 위하여는 무력사용의 제한된 권리가 인정되고 있으며 유엔 교전 규칙(UN Rules of Engagement) 역시 작전에 필수적인 재산의 보호를 여러 곳에서 규정하고 있으므로 이러한 비판은 약간은 가혹한 측면이 있다는 점을 지적하면서 결국 위 조항은 '군사적 필요성' 항변의 맥락에서 고찰되고 제한되어야 한다는 주장은 Cryer, Robert; Friman, Håkan; Robinson, Darryl; Wilmshurst, Elizabeth, 전게서, p. 405.

1436) Werle, Gerhard; Jeßberger, Florian, 전게서, p. 238.

1437) 또한 작전의 성공에 위험을 가져오지 않고 대체될 수 있는 재산에 관하여는 정당방위 조항은 적용될 수 없다. Ambos, Kai, 전게서 I, p. 341.

1438) Cryer, Robert; Friman, Håkan; Robinson, Darryl; Wilmshurst, Elizabeth, 전게서, p. 406.

1439) Albin Eser, "Article 31 - Grounds for excluding criminal responsibility", p. 549; 비례성 요건은 방어자와 공격자 사이에서 침해되는 이익의 균형을 잡아주는 요소로서 이러한 점에서 긴급피난에 접근하는 측면이 있다는 견해는 Ambos, Kai, 전게서 I, p. 341.

의해 비례성 충족 여부가 결정될 것이다.[1440]

로마규정은 정당방위로 사람을 살해하는 것을 배제하고 있지는 않다. 그러나 이는 최후의 수단이어야 하며 살해나 혹은 심각한 신체의 위협을 받았을 경우에만 허용된다.[1441] ICTY는 민간인 살해와 관련된 사안에서 비록 불법적 공격이 임박하였음을 인정할 수 있다 하더라도 위험을 배제할 다른 방법이 존재하였으므로 민간인 살해행위는 비례성을 상실한 것으로 판단하였다.[1442]

집단살해죄와 인도에 반한 죄가 정당방위의 범주에서 본질적으로 배제되어 있는 것은 아니지만 이들 범죄의 심각성에 비추어 볼 때 거의 대부분의 사례에서 이들 범죄는 비례성을 상실한 것으로 적용대상에서 배제될 것이다.[1443]

(4) 주관적 요건

정당방위가 인정되기 위해서는 방위의사가 요구된다. 로마규정 제31조 제1항 (c)는 '방어하기 위하여(to defend)'라는 용어를 사용하고 있어 방위의사가 필요함을 추단할 수 있다. 또한 방위의사는 로마규정 제21조 제1항 (c)에 의하여 로마규정 제31조 제3항과 관련된 법의 일반원칙으로도 요구될 수 있다.[1444] 따라서 전쟁범죄 이외의 범죄에 대하여는 '자신이나 다른 사람을 방어'하기 위한 의사가 필요하며 전쟁범죄의 경우에는 그 밖에 '자신이나 다른 사람의 생존을 위하여 필수적인 재산이나 군사적 임무를 달성하는데 필수적인 재산을 방어하기 위한' 것이어야 한다.[1445]

방위의사와 관련하여 임박한 불법적 공격에 대한 인식이 필요하다는 점에 대하여는 논란이 없다. 그러나 방위의사를 인식론적 차원으로 완화시켜 해석하면서 인식에 의하여 방위행위가 촉발되었으면 족할 뿐 스스로를 방위하려는 궁극적 의지에 기한 것일 필요는 없다는 견해가 있다.[1446] 그러나 정당방위가 인정될 경우 심각한 국제범죄를 형사적 책임에서 배제시켜 주는 것일 뿐 아니라 로마규정 문언의 해석에 의하더라도 방위 의사는 요구된다고 보는 것이 타당할 것이다.

4. 국가 방위권과의 구분

국제범죄는 흔히 국가간 군사적 충돌의 상황에서 범하여지며 전쟁범죄의 경우 무력충돌의

1440) Cryer, Robert; Friman, Håkan; Robinson, Darryl; Wilmshurst, Elizabeth, 전게서, p. 406.

1441) Werle, Gerhard; Jeßberger, Florian, 전게서, p. 238.

1442) Gotovina, ICTY (TC), judgment of 15 April 2011, para. 1730.

1443) Ambos, Kai, 전게서 I, p. 342.

1444) Ambos, Kai, 전게서 I, p. 342.

1445) Werle, Gerhard; Jeßberger, Florian, 전게서, p. 238.

1446) 의지적 요소를 요구하는 것은 지나치게 과도한 것으로 방위자는 스스로 공격을 받고 있다는 점과 그가 정당방위를 행사할 권한을 가지고 있었다는 점을 알고 이를 신뢰하였으면 족하다는 것이다. Ambos, Kai, 전게서 I, p. 342.

존재가 범죄의 배경적 요소이다. 따라서 국가 사이에서 발생한 총체적 무력사용의 합법성 여부와 이러한 과정에서 발생한 국제범죄에 대한 형사책임 사이에 일정한 관련성이 존재하는가의 문제가 제기된다.

국제법에 위반한 공격에 대하여 스스로를 방어할 수 있는 국가의 권리는 국제관습법에서 인정되고 있으며 유엔헌장 제51조는 무력공격에 대한 개별적 자위권뿐만 아니라 공격받는 국가를 지지하는 다른 유엔국가들에 의하여 이루어지는 집단적 자위권까지 인정하고 있다. 그러나 이와 같은 군사작전의 전반적 합법성은 국가에 대하여 정당방위 권한을 허용할 것인가라는 국가정향적 측면에서 규율되는 것인 반면 개인의 정당방위는 개인과 개인 사이의 관계에서 적용되는 것이다.[1447] 따라서 침략범죄의 경우를 제외하면 국가간 관계를 규율하는 국가의 정당방위와 개인의 정당방위는 본질적 차이를 가진 것으로 엄격하게 구분되어 판단된다.[1448] 뉘른베르크 재판과 그 후속 재판에서 자위권 행사에 따른 적법한 전쟁에 참가하였다는 것을 항변사유로 주장하려는 시도가 있었으나 받아들여지지 않았으며 ICTY에서도 자위권을 행사하는 전쟁에 참여하였으므로 정당방위에 해당한다는 취지의 주장은 모두 받아들여지지 않았다.[1449] 로마규정 제31조 제1항 (c) 제2문 역시 군대가 수행하는 방어작전에 관여되었다는 사실 자체만으로는 형사책임 조각사유를 구성하지 아니한다고 규정하고 있다.[1450]

다만 침략범죄의 경우에는 국가의 자위권과 개인의 형사책임이 상호 교착된다. 새로운 로마규정 제8조의2 제2항은 침략범죄를 '국가의 정치적 활동 또는 군사활동을 실효적으로 지배하거나 지시하는 지위에 있는 사람에 의하여 그 성격, 중요도 및 규모에 있어 국제연합 헌장의 명백한 위반을 구성하는 침략행위를 계획, 준비, 개시 또는 실행하는 것을 말한다'라고 규정하고 있다. 이러한 침략범죄 개념은 국가에 의한 침략행위 개념에 터잡고 있으므로 국가간 무력사용이 유엔헌장 제51조에 해당되어 합법적으로 허용되는 경우에는 침략범죄와 관련한 개인의 형사책임도 발생하지 않는다. 그러나 이는 이미 성립한 범죄에 대한 항변이 아닌 침략범죄의 성립요건으로 작용하는 경우이다.[1451]

제 3 절   강박과 긴급피난(Duress and Necessity)

1. 일반이론

로마규정 제31조 제1항 (d)는 자신이나 다른 사람에 대한 급박한 사망 또는 계속적이거나 급

1447) Antonio Cassese, International Criminal Law, p. 223.
1448) Ambos, Kai, 전게서 I, p. 334; Werle, Gerhard; Jeßberger, Florian, 전게서, p. 239.
1449) Kordić & Čerkez, ICTY (TC), judgment of 26 February 2001, para. 452 등.
1450) 불법적 군사작전에 대한 참여와 관련된 사적 정당방위 관련 논의는 Ambos, Kai, 전게서 I, p. 335.
1451) Ambos, Kai, 전게서 I, p. 336.

박하며 중대한 신체적 위해의 위협을 피하기 위한 행위를 형사책임을 배제하는 사유의 하나로 규정하고 있다. 이러한 항변은 국제관습법을 반영한 것으로 국제적 차원에서는 처음으로 명문화되었으며 법의 일반원칙의 표현이기도 하다.[1452]

강박과 긴급피난의 항변은 외부에서 가해지는 위협을 전제로 하고 있다. 외부의 위협에는 화재, 자연재해 등 외부적 상황에서 유래한 것(긴급피난)뿐만 아니라 타인에 의한 피해자나 제3자에 대한 생명이나 신체의 위협(강박)일 수 있다. 강박과 긴급피난은 대륙법계 국가들 뿐 아니라 보통법 국가들에서도 분리된 항변으로 인정되고 있으나[1453] 로마규정에서는 강박과 긴급피난을 하나의 조문에서 함께 규율하고 있다.

긴급피난은 불가피하게 이루어지는 악행의 선택에 기초한 것으로 상대적으로 작은 해악이 범하여져야 한다는 사고에 기반한 것이다. 그러나 강박은 다른 사람으로부터 생명이나 신체의 위협을 받아 범죄가 강요된 경우로 현존하는 위협에 직면하여 의사의 자유나 선택의 자유가 박탈된 상황을 전제로 한 것이다.[1454]

강박의 항변은 국제형사법에서 가장 많이 논의되는 중요한 항변이다. 집단범죄의 특성을 갖는 국제범죄가 발생하는 상황에서는 범죄를 범하라는 상관 또는 동료의 강요에 따라 매우 어려운 선택의 상황에 직면하는 경우가 흔히 발생하기 때문이다. 실제로 나치 범죄자들의 재판 과정에서 긴급피난과 강박의 항변이 수시로 제기되었으며 ICTY의 Erdemovic 사건에서는 다음과 같이 강박이 행해지는 비극적 상황을 선명하게 보여 주고 있다.

Erdemović은 보스니아 세르비아 군대의 일원으로 1995년 7월 무슬림 남자 죄수 등 70명을 총으로 살해하여 인도에 반한 죄의 혐의로 기소되었다. 그의 상관은 살해 지시를 거부하는 그에게 살해를 거부할 경우 총살당할 것이라고 위협하였다. 다음은 피고인의 재판 진술 내용의 일부이다.

"재판장님, 저는 이것을 해야만 했습니다. 만일 이를 거부하였다면 저는 다른 피해자들과 함께 살해당하였을 것입니다. 제기 실제로 그들의 명령을 거부를 하였을 때 그들은 다음과 같이 내게 말했습니다. '만일 네가 그들을 불쌍히 여긴다면 그들과 함께 그들 대열에 합류하라. 그러면 우리가 너도 함께 죽일 것이다.' 당시 저는 저 자신에 대하여는 안쓰러운 마음이 없었으나 저의 가족과 아내 그리고 당시 9개월이 되었던 아이에게는 미안한 마음이 있었습니다. 제가 이를 거부할 경우 결국 그들이 저를 죽이려 할 것이므로 저는 거부할 수 없었습니다."

) Werle, Gerhard; Jeßberger, Florian, 전게서, p. 240.

1453) Werle, Gerhard; Jeßberger, Florian, 전게서, p. 239; 보통법 및 대륙법계 국가들의 입법내용에 대한 것은 Ambos, Kai, 전게서 I, p. 343 et seq 참조.

1454) 일반적으로 긴급피난의 행위는 보다 큰 이익의 보호를 위하여 보다 작은 해악에 가하여지는 것으로 정당화 사유에 속한다. 그러나 강박은 인간의 나약함에 대한 고려에 입각하여 위협에 저항할 것을 기대하기 어려운 경우를 상정한 것으로 그 인정근거는 법적 이익의 균형이 아닌 귀책성이며 행위자 지향적 특성을 가진 면책사유에 해당할 수 있다. Ambos, Kai, 전게서 I, p. 347.

2. 국제관습법

강박은 상급자명령이 있었던 상황에서 특별한 중요성을 가지고 있다. 제2차 대전 이후 있었던 다수 사건에서 강박 항변의 존재 자체는 이론적 차원에서 승인되었으나 항변을 성립시키는 요건들이 존재하는 것으로는 인정되지 않았다.[1455] 특히 뒤에서 보는 바와 같이 ICTY 항소심에서는 강박의 항변을 이유로 무고한 사람을 살해하는 행위까지 책임이 배제될 수는 없다고 판시하였다.

(1) 뉘른베르크 재판과 후속 재판 등

뉘른베르크 재판과 후속 재판에서도 긴급피난과 강박은 모두 의사결정의 자유와 관련된 것이라는 측면이 강조되어 명백히 구분되지 않았다. 강박과 긴급피난 모두 의사의 자유나 선택의 자유가 극도로 제한되어 행위자에게 책임을 귀속시키는 것이 정당하지 못하다고 판단될 경우 적용될 수 있는 항변으로 보았으며 두 가지 개념이 서로 융합되어 사실상 강박의 항변에 기초하여 판결이 내려졌다.[1456]

재판 과정에서 피고인 측은 나치의 영향 혹은 보안기관에 의한 강박이나 정치적 압력 때문에 범죄를 저지를 수밖에 없었다며 상급자명령, 강박, 긴급피난 등에 의하여 정당화되거나 혹은 면책되어야 한다고 주장하였다. 이러한 주장에 대하여 재판부는 강제나 강압이 자발적 의사를 배제할 정도에 이르렀는가를 결정할 수 있는 일반적 기준을 정립하고 구체적 사건에서 강박의 정도 등을 분석하여 실제 그러한 강박에 노출되었는가 여부를 판단하려 하였다. 그리고 이러한 과정에서 결국 강박과 긴급피난의 항변은 완전한 정당화사유로 인정되어 규범적 효력을 가질 수 있는 상황에 이르게 되었다.[1457] High Command 사건에서는 합리적 인간에 대하여 선택의 자유를 빼앗는 강박의 상황에 대한 기준이 제시되었으며[1458] Farben 사건에서는 상급자명령의 항변과 관련하여 뉘른베르크 판결에서 제시된 '도덕적 선택'이라는 의미에서 당해 명령이 도덕적 선택이 불가능하도록 하여야 한다는 기준이 제시되었다.[1459] Euthanasia doctors 사건에서는 진정한

1455) Werle, Gerhard; Jeßberger, Florian, 전게서, p. 240.

1456) Ambos, Kai, 전게서 I, p. 348.

1457) Ambos, Kai, 전게서 I, p. 349.

1458) 강박이나 긴급피난의 항변을 인정하기 위해서는 급박한 물리적 위험에 처함으로써 합리적인 사람이라 할지라도 옳은 것을 선택하고 악행을 피할 수 있는 선택의 자유를 빼앗기는 상황이어야 한다고 판시하였다. Wilhelm von Leeb et al. (High Command Trial), U.S. Military Tribunal Nuremberg, judgment of 28 October 1948, in Trials of War Criminals before the Nuremberg Military Tribunals under Control Council Law No. 10, Vol. XI, 462, p. 509.

1459) 재판부는 이러한 항변을 주장하는 사람이 당해 명령을 내리거나 집행함에 있어 책임이 있거나 이를 주도한 경우에는 항변의 주장이 불가능한 것으로 판단하였으며 반드시 심각하고 되돌릴 수 없는 해악을 방지하기 위한 것이어야 하고 비례성의 원칙도 충족하여야 한다고 보았다. Carl Krauch et al. (IG Farben Trial), U.S. Military Tribunal Nuremberg, judgment of 30 July 1948, in Trials of War Criminals before the Nuremberg

이해관계의 충돌에 직면하여 보다 높은 이익의 보호를 위하여 낮은 이익을 침해하는 행위가 의무의 충돌 또는 초법규적 긴급피난(supra-legal necessity, übergesetzlicher Notstand)에 해당할 수 있는가에 대하여 논의되었으나 당해 사건에 있어서 현실적으로 그러한 충돌이 존재하는 것으로 인정되지 않았다.[1460] 한편 아이히만 사건에서 이스라엘 대법원은 도덕적 선택의 기준을 일반적으로 적용될 수 있는 기준으로 판단하였으며[1461] 그 밖에 강박의 항변과 관련된 사건으로 프랑스의 Paul Touvier 사건[1462], 캐나다의 Finta 사건[1463], 이탈리아의 Priebke 사건[1464] 등이 있다.

(2) Erdemovic 사건

Erdemovic 사건은 강박과 긴급피난 항변을 다룬 가장 중요한 사건 중 하나이다. 위 사건에서 피고인은 유죄답변을 하면서도 자신의 살해행위는 명령을 수행하지 않을 경우 자신을 죽이겠

Military Tribunals under Control Council Law No. 10, Vol. VIII, 1081, pp. 1179, 1443, 1444.

1460) 피고인은 위 사건에서 다른 많은 사람들의 생명을 구하기 위해서 몇몇 환자들의 생명을 희생시켜야 했다고 주장했다. 그러나 독일 대법원은 나치의 범죄에 가담하기 보다는 모든 환자들을 동등하게 돕는 것이 시민이자 의사로서의 의무라고 판단하면서 생명을 다른 생명에 비교하여 저울질하는 것은 받아들일 수 없으며 나아가 국가 자체가 범죄자가 되는 것과 같은 경우에는 초법규적 항변의 필요성 주장이 사전적으로 배제되어야 한다고 판단하였다. 재판부는 인도에 반한 죄의 심각성에 비추어 일반론적으로 긴급피난이나 강박 항변의 허용성에 있어 더욱 엄격한 기준을 적용하면서 이러한 항변을 쉽게 인정하는 것에 내포된 위험성을 표명하였다. OGHBrZ, No. StS 19/ 49, Judgment, in OGHSt, i, pp. 331 이하 참조(5 March 1949). Ambos, Kai, 전게서, p. 350에서 재인용.

1461) 이스라엘 대법원은 명령에 복종하지 않을 경우 생명에 대한 급박한 위험이 존재하였는가 여부와 명령에 복종하는 것 이외에 자신의 생명을 보호하기 위한 다른 방법이 존재하지 않았는가를 항변 인정의 요건으로 보면서 아이히만은 자신의 야심과 개인적 이익을 위하여 이러한 행위를 한 것으로 판단하고 아이히만이 제기한 항변을 기각하였다. A-G of Israel v Eichmann, Supreme Court Judgment, IsLR, 36 (1968), 277, para. 15 (29 May 1962) p. 318; Ambos, Kai, 전게서 I, p. 350.

1462) Paul Touvier은 자신은 7명의 유대인을 살해하는데 중요하지 않은 역할만을 담당하였을 뿐 아니라 '피할 수 없는 것'에 복종한 것으로 자신의 관여로 피해자들의 숫자가 30명에서 7명으로 줄어들었으며 당시 독일 점령당국의 압력을 받고 있었다며 강박의 항변을 주장하였다. 프랑스 법원은 모든 생명은 동등한 가치를 가지며 한 생명이 다른 생명에 비해 우월하다고 할 수 없고 그는 자발적으로 군대 구성원이 되었을 뿐 아니라 이러한 범죄를 저지르는데 적극적 역할을 담당하였으며 실제로 어떠한 외부적 압력도 없는 상태에서 행동하였다고 판단하면서 그의 항변을 배척하였다. Touvier, Cour de Cassation, Bull. crim. (1993), 773-774 (21 October 1993) Ambos, Kai, 전게서 I, p. 351에서 재인용.

1463) 캐나다 대법원은 급박하고 실제적이며 불가피한 위험이 강박의 요소가 될 수 있으며 비록 명백하게 불법적인 명령이라 하더라도 당사자가 이를 따르는 것 이외에는 다른 선택의 방법이 없을 경우 범죄의 성립에 있어서 요구되는 '범죄적 고의(culpable intent)'가 결여되어 형사책임에서 배제될 수 있다고 보았다. R v Finta (3d) 88 CCC 417, 470 (1994) Ambos, Kai, 전게서 I, p. 351에서 재인용.

1464) 독일인으로 이탈리아에서 재판을 받은 Priebke는 상급자명령의 존재를 이유로 강박의 항변을 주장하였으나 이탈리아 군사법원은 이러한 명령을 따르지 않았다 하더라도 전방으로 전출되는 등의 조치만 있었을 것으로 보일 뿐 사형을 당하는 등 생명의 위협에 이르지는 않았을 것이라고 판단하면서 항변을 배척하였으며 이러한 판결은 이탈리아 대법원에 의하여도 지지되었다. Tribunale militare di Roma, sentence, pp. 79-81 (1 August 1996, laid down 10 September 1996) 및 Corte suprema di cassazione, sentence, pp. 30-1 (16 November 1998) Ambos, Kai, 전게서 I, p. 351.에서 재인용.

다는 상관의 강박 때문이라고 항변하였다.[1465]

    1심 재판부는 이론적 차원에서는 엄격한 요건이 충족될 경우 강박은 유효한 항변에 해당할 수 있음을 승인하였다. 그러나 피고인을 책임에서 벗어나게 할 수 있는 상황들이 완전히 입증되지는 않았다고 판단하여 피고인의 유죄답변을 유효한 것으로 간주하고 유죄판결을 선고하였다.[1466]

    항소심은 강박의 항변이 상급자명령과는 구분되는 유효한 항변이라는 점에 동의하면서 상급자명령이 강박의 사실적 환경을 구성할 수 있고 비록 국제형사법이 상급자명령의 항변에 대한 유효성을 인정하지 않으나 강박 항변까지 인정되지 않는 것은 아니라고 보았다. 그러나 상급자명령의 항변과 구분되는 강박 항변을 인정하는 이러한 판단에도 불구하고 피고인이 제기한 강박의 항변은 많은 논란 끝에 3:2로 기각되었다. 항소심에서의 주요 쟁점은 강박이 무고한 제3자를 살해한 경우에도 적용되는 완전한 항변에 해당하는가 여부였다. 재판 과정에서 관련된 많은 이론들이 상세히 조사되었으나 종국적으로 다수의견은 무고한 민간인을 살해한 행위에 대하여 강박은 완전한 항변으로 인정될 수 없다고 판단하면서[1467] 강박의 상황은 형벌의 감경으로 이어질 뿐이라는 보통법의 입장에 따르게 되었다.[1468]

    이와 같은 다수의견은 보다 광범위한 규범의 목적을 고려하여 정책적인 판단을 내린 것으로 평가된다. 국제인도법은 지휘관과 전투원의 행위를 지도하여야 하는 것이며 지휘관과 전투원의 행위에는 법적 한계가 존재하여야 한다는 점에서 무고한 사람을 살해하는 것은 항변으로 받아들여질 수 없으며 그렇지 않을 경우 국제인도법이 훼손될 것이라고 판단한 것이다.[1469] 이에 대하여 소수의견은 이와 같은 정책적 고려는 재판부의 권한을 넘어서는 것이자 죄형법정주의에 반하는 것이며 이와 같은 상황에 대한 국제형사법에서의 규칙이 존재하지 않으므로 일반적 원칙에 따라 엄격한 조건 하에 항변으로 인정되어야 한다고 주장하였다.[1470] 소수의견에서는 무고한 사람에 대한 살해가 비례성의 요건 등을 충족시키기 어려운 것은 사실이나 살해 행위가 집단적 맥

1465) ICTY 법령, 7조 제4항은 상급자명령의 항변은 인정되지 않음을 명시하고 있었으나 강박에 대하여는 침묵하고 있었다.

1466) Erdemović, ICTY (TC), sentencing judgment of 29 November 1996, paras. 16-20.

1467) Erdemović, ICTY (AC), judgment of 7 October 1997, para. 19.

1468) Werle, Gerhard; Jeßberger, Florian, 전게서, p. 242; 위 재판 과정에서는 우선 강박으로 무고한 사람을 살해한 경우에 대한 현대 국제형사법의 규칙이 존재하지 않는다는 점에 대하여는 의견이 일치하였다. 각국 국내법 이론을 고찰한 결과 대륙법계 국가는 일정한 조건 하에서 이를 완전한 항변으로 인정하는 입장이었으나 전통적 영미법은 이에 반대되는 입장으로 양자의 입장은 조화되기 어려운 상황이었다. 강박의 결과 타인의 생명을 빼앗게 되는 상황에서 강박의 항변을 부정한 영국의 Mignonette 판례는 국제형사법 영역에서도 타인의 생명이 침해된 사건에서 긴급피난이나 강박의 항변을 주장함에 있어 커다란 장애로 작용하였다. Queen v. Dudley and Stephens 14 QBD 273, 286-7(1884-1885)) Ambos, Kai, 전게서 I, p. 350.에서 재인용.

1469) Erdemović, ICTY (AC), judgment of 7 October 1997, Separate Opinions of Judges McDonald and Vohrah, paras. 75, 78.

1470) Erdemović, ICTY (AC), judgment of 7 October 1997, Dissenting Opinion of Judge Cassese, paras. 11, 16-17, 41, 44, 49, 50.

락에서 이루어질 경우 피고인이 명령을 거부하였다 하더라도 다른 사람에 의하여 그러한 살해는 실현되었을 것이라는 점에 주목하였다. 이러한 상황에서는 피고인에 의하여 보다 큰 해악이 발생하였다고 보기 어려운 측면이 존재하는 까닭에 비례성 판단이 가능할 수 있으며 결국 하나의 생명과 다른 생명 사이의 선택이 아니라 하나의 생명인가 아니면 모두의 생명에 대한 희생인가의 문제이므로 피고인의 거부 여부에 관계없이 해악이 발생하였을 것이라는 특수성이 존재한다는 것이다.[1471] 나아가 형벌의 목적 측면에서도 처벌되어야 하는 대상은 도덕적으로 비난 가능하여 '범죄적' 성격을 갖거나 혹은 사회에 해악을 끼치는 행위이어야 하는데 완전히 저항 불가능한 강박에 의한 행위는 처벌되지 말아야 한다고 주장하였다.[1472]

이러한 ICTY의 판결은 많은 논란을 불러일으켰으며 뒤에서 보는 바와 같이 로마규정은 Erdemović 판결의 다수의견을 따르지 않고 있다.

3. 로마규정

로마규정 제31조 제1항 (d)는 국제형사법에서의 일반적 경향에 따라 강박과 긴급피난을 함께 규정하면서 이들을 아래와 같은 단일한 규칙으로 결합하고 있다.

재판소의 관할범죄를 구성하는 것으로 주장된 행위가 자신 또는 다른 사람에 대한 급박한 사망 또는 계속적이거나 급박한 중대한 신체적 위해의 위협으로부터 비롯된 강박에 의하여 야기되었고, 그러한 위협을 피하기 위하여 합리적으로 행동한 경우. 다만, 피하고자 하는 것보다 더 큰 위해를 초래하려고 의도하지 않아야 한다. 그러한 위협은,
(i) 다른 사람에 의한 것이거나, 또는
(ii) 그 사람의 통제범위를 넘어서는 기타 상황에 의하여 형성된 것일 수도 있다.

(1) 생명 혹은 신체에 대한 중대한 위협

항변의 대상이 되는 행위는 '자신 또는 다른 사람에 대한 급박한 사망' 또는 '지속적이거나 급박한 중대한 신체적 위해의 위협'을 내용으로 하는 '강박에 의하여 야기' 되었어야 한다. 따라서 이러한 수준을 충족시키지 못하는 협박 등은 항변의 대상이 될 수 없으며 오직 압도적인 압력만이 이러한 요건을 충족시킬 수 있다.

위협은 행위자 자신뿐만 아니라 다른 사람에 대한 것일 수 있으며 행위자와 위협을 받는 다른 사람 사이에 반드시 일정한 관계가 존재하여야 하는 것은 아니다.[1473] 그러나 관계없는 사람

1471) Erdemović, No. IT-96-22-A, Dissenting Opinion of Judge Cassese, paras. 33, 52, 57, 62, 64.
1472) Erdemović, No. IT-96-22-A, Dissenting Opinion of Judge Cassese, paras. 47-48.
1473) Cryer, Robert; Friman, Håkan; Robinson, Darryl; Wilmshurst, Elizabeth, 전게서, p. 408; 독일 형법 제35조

에 대한 위협의 경우에는 합리적인 사람으로 하여금 국제범죄를 범하도록 할 정도로 위협의 정도가 매우 심각한 것이어야 한다. 위법한 공격을 전제로 규정되어 있는 정당방위의 경우와 달리 오직 생명이나 신체에 대한 급박한 위협만이 요건으로 인정되며 심리적 위협이나 자유나 재산 등에 대한 위협은 요건으로 인정될 수 없다.[1474]

위협은 현존하는 것이어야 하며 위험의 실현이 너무 멀리 이격되어 있는 경우 역시 대안적 방법을 취할 수 있어 요건으로 인정될 수 없다. 또한 다른 대응수단이 없거나 매우 증대된 위험이 예상되는 경우에만 급박성이 인정되며 보다 덜 침해적인 대응수단이 존재하는 경우도 제외된다.[1475] 지속적 위협의 상황도 사망이나 심각한 해악을 초래하는 것일 수 있으나 단지 높은 수준의 일반적 개연성만으로는 위협의 요건을 충족시키기에 부족하다. 따라서 나치 독일에서 게쉬타포 조직이 만들어졌다는 사실은 독재국가 혹은 전쟁에 휩쓸린 국가에서 전형적으로 발생하는 것이므로 이러한 추상적 위험 혹은 단순히 위해 가능성의 증가는 급박한 위협에 해당하지 않는다.[1476]

정당방위의 경우와 같이 로마규정은 항변의 주관화를 배제하고 있으므로 위협은 현실적으로 존재하는 것이어야 한다.[1477] 따라서 현실적으로 존재하지 않는 위협을 존재한다고 믿는 것만으로는 부족하며 구체적인 사건의 내용에 따라 착오가 주장될 수 있을 뿐이다.

(2) 필수적이고 합리적 조치

대상 행위는 필수적이고 합리적인 것이어야 한다. 위협을 제거하기 위한 유일한 방법을 선택하였다면 필수적인 것이며 위험을 피하는데 일반적으로 인정되는 적절한 방법을 선택하고 비례성에 어긋나는 결과를 가져오지 않는다면 합리적인 것이다.[1478] 정당방위의 경우와는 달리 비례성 요건이 명시되어 있지는 않으나 용어상의 차이에 불과한 것으로 '합리성' 요건 속에 필요성

(면책적 긴급피난)는 친척 또는 가까운 관계가 존재할 것을 요구하고 있다.

1474) 재산권 포함 여부에 대하여 로마규정 성립 과정에서 논의되었으나 종국적으로 거부되었다. Ambos, Kai, 전게서 I, p. 357.

1475) Ambos, Kai, 전게서 I, p. 358.

1476) Werle, Gerhard; Jeßberger, Florian, 전게서, p. 241; 높은 수준의 위험을 스스로 승인해야만 하는 상황이 항변의 제한사유로 작용할 수 있다. 군대구성원의 경우 보다 높은 수준의 위협을 수용할 것이 요구되며 특히 전투에 종사하는 병사들은 생명을 위협하는 상황에서 활동하는 것이 기대된다. 그러나 병사들이 높은 수준의 위험을 부담한다고 하여 항상 사망이나 신체의 심각한 상해를 수동적으로 받아들여야 한다거나 혹은 국제범죄를 범하라는 불법적 명령을 수행할 것이 요구되는 것은 아니다. 왜냐하면 이러한 범죄의 실행은 병사들의 기능과 전형적으로 연관되어 있지 않으며 병사라는 특별한 지위가 무고한 사람을 살해하는 경우에 제기되는 강박 항변을 일반적으로 배척하는 것으로 작용하는 것은 아니기 때문이다. 이는 결국 강박 하에서 행동하는 사람에 대하여 어떤 행위를 합리적으로 기대할 수 있는가의 문제로 환원되어 추상적 차원이 아닌 구체적 사건의 상황과 행위자의 개인적 특성에 따라 판단되어야 한다. Ambos, Kai, 전게서 I, p. 359.

1477) Ambos, Kai, 전게서 I, p. 357.

1478) Werle, Gerhard; Jeßberger, Florian, 전게서, p. 241.

(necessary)과 비례성(proportionate)이 포괄되어 있는 것으로 이해된다.[1479) 따라서 사용된 방법은 반드시 적절하고 효과적인 것이어야 하며 회피하려는 해악보다 더 큰 해악을 발생시켜서는 안 된다.[1480)

ICTY의 Erdemovic 사건에서 보았듯이 제3자에 대한 살인의 경우에도 강박을 이유로 형사책임이 배제될 수 있는가 여부는 국제형사법 영역에서 오랜 논쟁거리였다. 로마규정은 원칙론적으로는 대륙법계 형사법의 입장에 따라 명시된 조건이 충족된다면 살인의 경우에도 책임을 배제하는 근거로 인정될 수 있다는 입장을 취하고 있다.[1481)

(3) 위협을 피하려는 목적

대상 행위는 야기된 위협으로 인한 것으로 이를 피하기 위한 것이어야 한다. 따라서 위협 여부와 관계없이 범죄를 저질렀을 것으로 인정되는 경우에는 유효한 항변으로 인정되지 않는다.[1482) 그러나 위협을 피하는 것이 유일한 목적일 필요는 없으며 행위자의 의도가 궁극적으로 위협을 피하려는 것에 있었다면 다른 동기의 존재 여부는 문제되지 않는다.[1483)

(4) 이해관계의 균형

로마규정 제31조 제1항 (d)는 피하고자 하는 것보다 더 큰 위해를 초래하려고 '의도하지 않아야 한다'고 규정하여 이해관계의 균형이라는 관점에서 합리적이어야 함을 주관적 요인으로 포섭하고 있다. 이는 항변의 주관화 입장을 취하는 영미법의 태도와 유사한 것으로 로마규정 제정 과정에서 이루어진 타협의 산물이다. 따라서 로마규정에 따르면 이해관계 균형은 범죄자의 의식에 반영되어 있어야 하며 행위자는 보다 큰 해악을 피하기 위하여 행위 하여야 한다.[1484) 그러나 국제관습법에서는 범하여진 행위가 위협되는 해악에 비하여 불균형적이지 않아야 한다는 객관적 균형 요건만이 인정되어 왔을 뿐 이해관계 균형 요건의 주관화는 국제관습법에서 근거를 찾을

1479) Ambos, Kai, 전게서 I, p. 359; 이와 달리 양자의 요건은 내용상 유사하나 반드시 동일할 수 없다는 주장은 Cryer, Robert; Friman, Håkan; Robinson, Darryl; Wilmshurst, Elizabeth, 전게서, p. 408.

1480) 그러나 강박의 경우에는 이러한 요건 이외에 합리적인 사람이라면 그러한 위협에 굴복을 하였을 것인가라는 다른 행위에 대한 기대 가능 여부에 대한 문제가 함께 제기된다는 것은 Ambos, Kai, 전게서 I, p. 359.

1481) Werle, Gerhard; Jeßberger, Florian, 전게서, p. 242.

1482) Cryer, Robert; Friman, Håkan; Robinson, Darryl; Wilmshurst, Elizabeth, 전게서, p. 409; Krupp 사건에서는 '만일 불법적인 행위의 실행에 있어서 피고인의 의지가 압도당한 것이 아니라 강제하려는 자의 의지와 우연히 일치한 경우라면 행위를 정당화할 필요가 존재하지 않는다'고 설시하고 있다. Alfried Krupp et al. (Krupp Trial), U.S. Military Tribunal Nuremberg, judgment of 31 July 1948, in Trials of War Criminals before the Nuremberg Military Tribunals under Control Council Law No. 10, Vol. IX, 1327.

1483) Cryer, Robert; Friman, Håkan; Robinson, Darryl; Wilmshurst, Elizabeth, 전게서, p. 409; Werle, Gerhard; Jeßberger, Florian, 전게서, p. 243.

1484) Ambos, Kai, 전게서 I, p. 360.

수 없다는 비판이 존재한다.[1485]

(5) 스스로 야기한 위협

로마규정 제31조 세1항 (d)(ii)는 위협 혹은 긴급피난의 상황이 '행위자의 통제범위 바깥에서 유래된 것'이어야 함을 규정하고 있다. 따라서 자신의 통제범위 내에 있는 위험이나 스스로 야기한 위험을 이유로는 본 항변을 원용할 수 없다.[1486] 그러나 위협과 이격되어 인과적으로 근소한 기여만이 인정되는 경우까지 항변의 적용이 배제되는 것은 아니다.[1487]

스스로를 이러한 위험에 노출시킨 경우에 대한 논란은 특히 전쟁범죄의 영역에서 자주 발생한다. 로마규정의 1998년 초안 제31조 제1항 (d)에는 위험에 이르게 할 것 같은 상황에 스스로를 노출시킨 경우 항변을 배제하는 내용이 규정되어 있었으나 협상과정에서 이에 대한 결정을 법원에 맡긴다는 합의하에 해당 내용이 삭제되었다. 따라서 현재로서는 이러한 상황에 대한 결론이 불분명한 상황이다.[1488] 이와 관련하여 긴급피난의 경우에는 스스로를 위험에 노출시켰다고 하여 보호되는 이익의 가치가 감소되는 것은 아니므로 법익 간 균형을 기준으로 한 판단에 반드시 영향을 미친다고는 볼 수는 없을 것이나 강박의 경우에는 폭력적 군사집단에의 자발적 가입결정에 대한 책임도 함께 고려하여 행위자가 이러한 위협에 대항하는 것을 기대할 수 있는가 여부를 평가하여야 한다는 입장이 존재한다.[1489]

1485) Werle, Gerhard; Jeßberger, Florian, 전게서, p. 243; 정당방위와의 유사성에도 불구하고 로마규정에 사용된 용어들이 적절하지 못하다는 비판이 있다. 양자의 조항에서 사용된 용어의 유사성으로 말미암아 정당방위와 강박/긴급피난의 경계가 흐려지며 이러한 문제 상황은 강박과 긴급피난이 함께 규정됨으로써 더욱 악화되었다는 것이다. 또한 구조적 측면에서 볼 때 정당방위는 공격이 존재하는 상황을 요건으로 하는 반면 강박/긴급피난에는 위험이 존재하는 상황을 요건으로 하는 것이므로 긴급피난의 경우 보다 큰 이익을 보호한다는 이해관계의 엄격한 균형이 요구됨에 반하여 정당방위는 공격자에 대하여 보다 강한 반격권을 부여한다는데 차이점이 있음에도 본 조항에서 이해관계의 균형 요건을 주관화함으로써 보호되는 이익이 '상당히' 우월하여야 한다는 점을 요구하기 어렵게 만들고 있다는 것이다. Ambos, Kai, 전게서 I, p. 360; 이에 대하여 이러한 요건은 객관적으로 중대한 위험을 피하기 위하여 보다 작은 이익을 희생시킬 것을 요구하는 전통적 긴급피난과 해악의 크고 작음에 관계없이 당사자가 그러한 위협을 감내하지 못할 경우 인정되는 강박에서의 요건을 함께 고려하여 규정된 것으로 객관적 측면과 무관하게 주관적으로 보다 큰 위험을 피하려는 의사를 가진 경우만을 요건으로 하는 중간적인 것이며 그 구체적 적용은 국제형사재판소의 판단에 달린 것이라는 주장은 Albin Eser, "Article 31 – Grounds for excluding criminal responsibility", p. 552.

1486) Ambos, Kai, 전게서 I, p. 357; 이러한 요건이 각국 국내법의 관행과 부합한다는 의견은 Cryer, Robert; Friman, Håkan; Robinson, Darryl; Wilmshurst, Elizabeth, 전게서, p. 408; 이를 국제관습법으로 본 것은 Erdemović, ICTY (AC), judgment of 7 October 1997, Opinion of Judge Cassese, para. 16; Opinion of Judge Stephen, para. 68.

1487) Werle, Gerhard; Jeßberger, Florian, 전게서, p. 244.

1488) Werle, Gerhard; Jeßberger, Florian, 전게서, p. 244.

1489) Ambos, Kai, 전게서 I, p. 358.

제 4 절   착오(Mistake)

1. 일반이론

대륙법계 국가와 보통법계 국가는 사실의 착오와 법률의 착오를 서로 다른 방식으로 취급하고 있다. 대륙법계 국가에서는 법률의 착오에 대하여도 보다 관대한 태도를 취하는 경향이 있으며 범죄의 성립요건과 항변의 요소에 대하여 합리적 착오가 존재할 경우 착오의 항변을 허용한다. 그러나 보통법계 국가의 경우에는 착오가 주관적 요건을 조각시켜 입증의 실패에 해당할 수 있을 경우에만 항변으로 허용하고 있다.

국제형사법에서 인정되는 착오이론은 영미법계의 착오이론에 근접한 것이다. 로마규정은 국제형사법 영역에서는 최초로 항변으로서의 착오를 다음과 같이 규정하고 있다.

> **로마규정 제32조 사실의 착오 또는 법률의 착오**
>   1. 사실의 착오는 그것이 범죄성립에 요구되는 주관적 요소를 흠결시키는 경우에만 형사책임 조각사유가 된다.
>   2. 특정 유형의 행위가 재판소의 관할범죄인지 여부에 관한 법률의 착오는 형사책임 조각사유가 되지 아니한다. 그러나 법률의 착오가 범죄성립에 요구되는 주관적 요소를 흠결시키는 경우나 제33조에 규정된 바와 같은 경우에는 형사책임 조각사유가 될 수 있다.

로마규정의 착오규정은 핵심적 부분에서는 국제관습법을 반영한 것으로 평가된다.[1490] 법률의 착오와 사실의 착오가 구분되고 있으나 착오의 유형에 관계없이 착오로 인하여 범죄의 주관적 요건이 충족되지 않을 경우에만 형사책임이 배제된다. 이처럼 착오와 주관적 요건이 밀접하게 연계됨으로써 착오 이론 자체가 로마규정 제30조가 규정한 주관적 요건의 한 부분으로 다루어질 수 있으며 착오를 별도로 규정한 로마규정 제32조의 독자적 의미가 크지 않다고 평가되기도 한다.[1491] 그러나 로마규정 제32조가 형사책임을 배제하는 근거로서 착오를 별도로 명시한 것은 국제형사법의 영역에서 독자적 착오이론의 발전을 위한 중요한 기초를 형성한 것으로 생각된다.

로마규정의 착오 조항은 형사책임에 관한 다양한 규정들 중 가장 내용을 파악하기 어려운 것들 중 하나이다.[1492] 우선 로마규정은 앞서 본 바와 같이 착오가 주관적 요소를 상각시키는 경

1490) Werle, Gerhard; Jeßberger, Florian, 전게서, p. 245.

1491) Albin Eser, "Mental Elements - Mistake of Fact and Mistake of Law", p. 934.

1492) 착오를 항변으로 승인하는 것에 대한 거부감이 이러한 불명확성의 원인이라는 분석은 Albin Eser, "Mental Elements - Mistake of Fact and Mistake of Law", p. 934.

우에만 유효한 착오로 인정되는 것으로 보고 있으나 착오가 발생한 경우 언제 어떻게 주관적 요소를 무효화시키는가에 대하여 아무런 지침을 제공하고 있지 않다. 또한 규범의 존재 자체를 인식하지 못한 법의 무지의 경우에도 주관적 요건을 무효화시킬 것을 요구하여 법률의 착오를 인정할 여지를 거의 봉쇄하는 등 현대의 착오이론을 제대로 반영하지 못하고 있다. 위법성의 인식이라는 요소도 무시되어 착오의 대상을 적극적 객관적 요소로 제한함으로써 형사책임을 배제하는 이른바 소극적 사실들에 대한 착오 가능성도 봉쇄하고 있다.[1493] 우리 형법 제16조는 법률의 착오에 대하여 자기의 행위가 법령에 의하여 죄가 되지 아니하는 것으로 오인한 행위는 그 오인에 정당한 이유가 있는 때에 한하여 벌하지 아니한다고 규정하고 있다. 그러나 로마규정은 착오가 인정되는 경우에도 착오가 합리적이야 함을 전제로 하지 않는다.[1494]

2. 국제관습법

국제관습법에서도 착오는 사실의 착오와 법률의 착오로 구분되며 형사책임을 근거지우는 사실적 요건에 대한 착오가 있을 경우 형사책임이 원칙적으로 배제된다. 그러나 법률의 착오가 국제관습법에서 어떻게 취급되는가 여부는 분명하지 않다.[1495]

법률의 착오에 대하여 제2차 대전 이후의 재판에서는 보통법의 전통적 원칙인 '법의 부지는 변명되지 않는다'는 입장을 채택되었다. Flick et al. 사건에서는 법률의 부지는 형사책임을 배제하는 사유가 아니며 형벌을 감경시키는 요소에 해당한다고 판단하였다.[1496] Milch 사건에서는 연륜이 높고 유경험자인 피고인은 제네바협정과 헤이그 협정의 관련 조항들을 잘 알고 있었을 것이므로 전쟁포로들을 전쟁기업에 고용하는 것의 불법성을 인식하지 못하였다는 항변의 사실관계 자체를 받아들이지 않았다.[1497]

1493) Albin Eser, "Mental Elements - Mistake of Fact and Mistake of Law", p. 935.

1494) E. van Sliedregt, The Criminal Responsibility of Individuals for Violations of International Humanitarian Law. Hague : TMC Asser Press(2003), p. 316; Ambos, Kai, 전게서 I, p. 370; 그러나 실제적으로 착오 조항의 적용을 받고자 하는 자는 그가 진실로 착오에 빠졌음을 입증하여야 한다. Cryer, Robert; Friman, Håkan; Robinson, Darryl; Wilmshurst, Elizabeth, 전게서, p. 410.

1495) 법률의 착오를 원칙적으로 배제하고 있는 로마규정 제32조 제2항이 국제관습법을 반영한 것으로 보아야 한다는 것은 Werle, Gerhard; Jeßberger, Florian, 전게서, p. 245.

1496) Friedrich Flick et al., U.S. Military Tribunal Nuremberg, judgment of 22 December 1947, in Trials of War Criminals before the Nuremberg Military Tribunals under Control Council Law No. 10, Vol. VI, 1187. p. 1208; 이러한 원칙은 Krupp 사건에서도 재차 확인되었다. 모든 사람이 법을 알고 있다고 가정하는 규칙은 그 당연한 귀결로서 '어떤 사람은 자신이 알지 못하는 법에 의한 범죄에 따라 유죄판결을 받을 것이며 그 결과 유해한 결과를 실현하려 하였거나 혹은 범죄를 범하려는 의도가 없었음에도 그들에게 범죄적 의도를 귀책시킨다'는 명제에 필연적으로 도달한다. Alfried Krupp et al. (Krupp Trial), U.S. Military Tribunal Nuremberg, judgment of 31 July 1948, in Trials of War Criminals before the Nuremberg Military Tribunals under Control Council Law No. 10, Vol. IX, 1327. p. 1378.

1497) 따라서 여기에서는 법률의 착오의 일반적 거부 여부에 관한 문제는 제기되지 않았다. Erhard Milch, U.S.

사실의 착오에 대하여는 항변이 받아들여져 무죄판결이 선고된 사례가 있다. List et al. 사건에서는 항변과 관련된 사실에 착오가 있었던 경우에도 형사책임이 배제될 수 있다는 점을 인정하였다.[1498] 특히 영국군사법원은 Alemlo 사건에서 합리적인 사람의 기준에서 평가적 요소를 판단할 때 정당한 사법집행 업무를 수행하는 것이라고 믿었다면 완전한 항변으로 주장될 수 있다며 전쟁범죄 혐의를 인정하지 않았다.[1499]

3. 사실의 착오

(1) 주관적 요건이 조각되는 경우

범죄의 사실적 요소에 대하여 착오가 있었다면 주관적 요소는 조각되어 처벌되지 않는다. 착오에 의한 잘못된 인식이 범죄의 객관적 요소에 대한 것이라면 주관적 요건이 무효화되어 로마규정 제32조 제1항에 의하여 형사책임이 배제되는 것이다.[1500] 민간인을 군인으로 오인하여 총격을 가한 경우, 민간인 벙커를 군사지휘소로 오인하여 폭파한 경우, 시계(視界) 불량으로 인하여 적십자 선박을 적선으로 잘못 생각하고 공격하는 경우 등은 범죄자가 범죄의 객관적 요소를 인식하지 못한 경우이다.

(2) 착오에도 불구하고 주관적 요건이 조각되지 않는 경우

로마규정은 사실의 착오가 '범죄성립에 요구되는 주관적 요소를 흠결시키는 경우에만' 형사책임 조각사유가 되는 것으로 규정하고 있다. 이러한 문언은 사실의 착오가 존재함에도 고의를 조각시키지 않는 착오의 유형이 있음을 나타내는 것이다.

국내 형법에서 객체의 착오나 방법의 착오로 다루어지는 상황이 국제형사법의 영역에서도 발생할 수 있다. 객체의 착오가 존재한다 하더라도 피해자의 실제 정체성과 범죄자에 의하여 상

Military Tribunal Nuremberg, judgment of 17 April 1947, in Trials of War Criminals before the Nuremberg Military Tribunals under Control Council Law No. 10, Vol. II, 773. p. 788.

[1498] 이는 보통법에서 인정되는 항변의 주관화와 관련된 것으로 당시 나타난 모든 요소들을 및 존재하는 모든 가능성들을 고려하여 실제로 존재한다고 믿었던 사실에 기반하여 항변 사유가 존재한다고 판단하였을 경우 형사책임을 질 수 없는 것으로 보았다. Wilhelm List et al. (Hostage Trial), U.S. Military Tribunal Nuremberg, judgment of 19 February 1948, in Trials of War Criminals before the Nuremberg Military Tribunals under Control Council Law No. 10, Vol. XI, 1230. p. 1296; Erich Weiss와 Wilhelm Mundo 사건에서도 미군 전쟁 포로가 총을 발사하려는 것으로 오인하여 이들을 살해한 피고인에 대하여 착오 항변을 받아들여 무죄를 선고하였다. UNWCC, LRTWC, xiii(1949), p. 149-150(9-10 November 1945); Lieutenant Grumpelt 사건에서도 독일이 항복한 것을 알지 못한 상태에서 당초 명령에 따라 적군 잠수함을 침몰 시킨 것에 대하여 사실의 착오가 인정되어 무죄 판결이 선고되었다. Trial of Grumpelt, UNWCC, LRTWC, i (1947), p. 70(12-13 February 1946); 기타 객관적으로 위법한 행위에 참여하였으나 불법성을 알지 못하였다는 이유로 무죄판결이 선고된 것으로는 General Tankaka et al., UNWCC, LRTWC, v (1948), pp. 79-81 (13 August-3 September 1946).

[1499] Trial of Sandrock et al., UNWCC, LRTWC, i (1947), p. 41 (24-26 November 1945).

[1500] Werle, Gerhard; Jeßberger, Florian, 전게서, p. 246.

정된 정체성이 동일한 범죄의 개념 범주에 속할 경우 주관적 요건은 이러한 정체성의 착오에 의하여 영향을 받지 않는다(Transferred malice, Transferred Fault and Mistaken Object).[1501] 예를 들면 범죄자가 자신의 원수 A라고 생각하고 사람을 살해하였으나 사실은 관계없는 B인 경우 대상자의 신원에 관계없이 살인으로 처벌된다. 행위자는 민간인을 살해하려 한 것은 분명하며 착오가 있었던 것은 피해자의 신원에 대한 것에 불과하므로[1502] 이러한 착오는 행위자의 주관적 요소에 영향을 주지 않기 때문이다.[1503] 또한 군중 앞에 서 있는 A를 살해하기 위해 총을 발사했으나 빗나가서 B가 사망한 경우에 있어서도 비록 살해 대상에는 착오가 존재하나 행위자의 의도와 같이 살인 행위가 범하여진 것으로 인정된다. 그러나 만일 다트를 던져 A에게 가벼운 상해를 가하려 하였으나 그것이 빗나가서 B의 눈에 맞아 사망한 경우라면 B에 대한 살인죄의 죄책을 물을 수 없다. 왜냐하면 그는 결코 B의 사망을 의도한 사실이 없기 때문이다.[1504] 또한 사람을 동물로 오인하고 사격을 가하는 경우와 같이 현실적인 효과가 가하여지는 대상이 당초 의도한 범죄의 객관적 요소에 상응하지 않을 경우에는 착오로 인한 주관적 요소의 흠결이 인정되어 살인죄로 처벌되지 않는다.[1505] 이처럼 실제 범죄행위에 있어서 실행된 대상과 행위자가 당초 표상하였던 대상 사이에 착오가 존재할 경우 양자가 동일한 법적 범주 내에 있을 경우에만 실제 행위의 대상이 된 목표물에 대한 주관적 요소가 충족된 섯으로 간주된다.[1506]

4. 법률의 착오

(1) 법률의 착오의 원칙적 배제

로마규정 제32조 제2항은 '특정 유형의 행위가 재판소의 관할범죄인지 여부에 관한 법률의 착오는 형사책임 조각사유가 되지 아니한다. 그러나 법률의 착오가 범죄성립에 요구되는 주관적 요소를 흠결시키는 경우나 제33조에 규정된 바와 같은 경우에는 형사책임 조각사유가 될 수 있다.'고 규정하고 있다.

이러한 로마규정은 원칙적으로 로마법의 전통적 원칙인 '법의 무지는 변명되지 않는다(error iuris nocet, ignorantia iuris neminem excusat)'는 error iuris 규칙을 따른 것으로 법률의 착오는 착오로 인정되지 않는다는 전통적인 보통법의 입장에 상응하는 것이다. 한편 로마규정 제32조는 법률의 착오가 '주관적 요소를 상각'시킬 경우에만 착오로 인정될 수 있다고 규정한다. 따라서 법

1501) Albin Eser, "Mental Elements - Mistake of Fact and Mistake of Law", p. 938; Ilias Bantekas, 전게서, p. 49.
1502) Ambos, Kai, 전게서 I, p. 371.
1503) Ilias Bantekas, 전게서, p. 116.
1504) Ilias Bantekas, 전게서, p. 49.
1505) Ambos, Kai, 전게서 I, p. 371.
1506) Ilias Bantekas, 전게서, p. 49; 우리 형사법에서의 착오 이론에 대하여 상세한 것은 신동운, 『형법총론』, 198 면 이하, 416면 이하 참조.

률의 착오에 의하여 상각될 수 있는 '주관적 요소'는 어떤 것이고 언제 상각될 수 있는가 여부가 법률의 착오 이론에 대한 이해의 근간을 이룰 것이다. 그런데 로마규정에서의 주관적 요소는 로마규정 제30조에 따라 행위자와 행위 및 행위에 대한 결과 사이에 존재하는 심리적 관계이므로 기본적으로 주관적 요소는 법의 부지로부터 영향을 받지는 않을 것으로 보인다.[1507] 따라서 범죄의 객관적 요소에 상응하는 주관적 요소에 태생적으로 아무런 영향을 미치지 못하는 단순한 법의 무지나 잘못된 법의 해석은 원칙적으로 유효한 법률의 착오를 구성하지 못한다.[1508] 공격 대상인 피해자가 민간인임은 인식하였으나 국제인도법이나 국제형사법에 대한 잘못된 이해로 인하여 전쟁 중에는 민간인에 대한 살해가 허용된다고 생각하여 피해자를 살해하였다고 하더라도 이는 자신의 행위가 법령상 죄가 되지 않는다고 잘못 인식한 것에 불과하다. 그리고 이러한 착오는 고의적으로 총을 발사하여 피해자를 살해한다는 주관적 요건에는 어떠한 영향도 미치지 못하는 까닭에 행위자의 형사책임의 배제로 이어지지 않는다.[1509] 이처럼 오직 주관적 요건을 상각시킬 경우에만 법률의 착오를 인정하는 로마규정은 법률의 착오를 매우 협소하게 만든 것으로[1510] 위법성의 인식이나 책임의 규범적 관념에 근접하는 요소들을 포섭하는 것이 어려운 상황이다.[1511]

국제형사재판소는 Lubanga 사건에서 금지규범의 존재를 알지 못하였다는 피고인의 주장은 전형적으로 배제될 수밖에 없는 법률의 부지의 항변이라는 이유로 이를 받아들이지 않았다.[1512] 또한 전제되는 사실관계를 인식하고 있어 사실의 착오가 존재하지 않으며 범죄에서 사용되는 개념을 이해한 상태에서 법적 평가에 잘못이 있었다 하더라도 법률의 착오로 인정되지 않는다.[1513] 따라서 대상 선박이 적십자 선박임을 인식하였으나 해당 지역을 통과하기 이전에 공식적으로 등록을 하지 않았다면 이에 대한 공격이 허용된다고 잘못 판단하였다 하더라도 정당한 항변으로 인정될 수 없으며[1514] 전쟁포로에 대한 고문이 '군사적 필요성'의 항변에 근거하여 허용되는 것으로 믿었거나 혹은 정당방위 권한 범위를 착오로 확장하여 이해한 경우에도 법률의 착오를 주장할 수 없다.[1515] 다만 뒤에서 보는 바와 같이 범죄자의 잘못된 인식이 법적 판단을 요하는 범

1507) Ambos, Kai, 전게서 I, p. 370.
1508) Albin Eser, "Mental Elements - Mistake of Fact and Mistake of Law", p. 943.
1509) Ambos, Kai, 전게서 I, p. 371.
1510) Werle, Gerhard; Jeßberger, Florian, 전게서, p. 247.
1511) Ambos, Kai, 전게서 I, p. 370.
1512) Lubanga Dyilo, ICC (PTC), decision of 29 January 2007, paras. 294 et seq.
1513) Werle, Gerhard; Jeßberger, Florian, 전게서, p. 248.
1514) Werle, Gerhard; Jeßberger, Florian, 전게서, p. 246.
1515) 또한 자신의 행위가 국제형사재판소의 관할에 속하지 않는다고 잘못 인식한 경우도 착오로 인정되지 않는다. Werle, Gerhard; Jeßberger, Florian, 전게서, p. 247; 국가 수반이 로마규정 제27조에 따른 공적지위의 무관련성에 대하여 알지 못한 경우와 같이 면책규범이나 면제규범에 대한 잘못된 인식에 대하여도 동일하다. 로마규정 제30조 제2항 제1문이 국제형사재판소의 재판권에 대한 착오와 법률의 착오를 함께 규정하는 이중적 구조를 가지고 있다는 주장은 Albin Eser, "Mental Elements - Mistake of Fact and Mistake of Law", p. 944.

죄개념의 규범적 요소와 관련된 경우에는 법률의 착오 조항이 적용될 수 있을 것이다.[1516]

결국 범죄자의 착오가 법적 요건에 관련된 경우에는 이러한 착오가 범죄자의 주관적 요건을 무효화시키는 경우이거나 로마규정 제33조에 규정된 상급자명령에 따른 일정한 범주의 행위만이 형사책임의 배제로 이어질 수 있다. 그러나 비록 법률의 착오로 인하여 형사책임이 전면적으로 배제되지는 않더라도 로마규정 제78조 제1항에 따라 형벌의 감경은 가능할 것이다.[1517]

(2) 회피할 수 없는 금지의 착오

로마규정은 법을 인식할 수 없었던 것이 불가피한 사정에 의한 경우까지도 법률의 착오 항변을 허용하지 않는다. 그러나 이처럼 회피할 수 없는 금지의 착오도 법률의 착오로 인정하지 않는 것은 법률의 착오는 변명될 수 없다는 고전적 원칙에만 천착하고 있는 것으로 이러한 유형의 금지의 착오를 법률의 착오의 특수한 형태로 인정하여 허용하고 있는 최근의 다수 국내법의 입장과도 부합하지 않는 것이다.[1518]

통상적인 경우 국제범죄의 불법성은 널리 알려져 있어 국제범죄는 일반범죄에 비하여 심각한 비난가능성의 대상이 되는 것으로 인식되어 온 것이 사실이다. 그러나 국제범죄의 경우에도 행위자가 아무런 잘못 없이 일정한 행위의 범죄적 특성을 인식하지 못하는 경우를 완전히 배제할 수는 없을 것이다. 따라서 법률의 착오를 무조건적으로 배제하는 것은 개인책임의 원칙에 반할 수 있으며 특히 매우 복잡하고 다양한 규칙들이 존재하는 전쟁범죄의 영역까지 획일적으로 취급하는 것은 더욱 큰 문제로 부각될 수 있다.[1519]

(3) 규범적 요소에 대한 착오

일정한 행동이 로마규정에 의하여 금지되는가 여부 혹은 항변의 존부와 범위에 대한 것은 법률의 착오 항변에 포함되지 않는다.[1520] 그러나 로마규정의 법률의 착오 조항은 범죄의 규범적

1516) Werle, Gerhard; Jeßberger, Florian, 전게서, p. 246.

1517) Albin Eser, "Mental Elements - Mistake of Fact and Mistake of Law", p. 946; Werle, Gerhard; Jeßberger, Florian, 전게서, p. 247.

1518) Albin Eser, "Mental Elements - Mistake of Fact and Mistake of Law", p. 944; 실제 영미법의 경우에도 error iuris 규칙에 대한 예외가 형성되어 가고 있다. 최근 영미법에서도 법규를 명확히 규정하고 공적으로 알릴 책무를 국가에 부담시킴으로써 법은 당사자가 알아야 한다는 고전적 의무 범위를 점차 제한하려는 경향이 있으며 만일 국가가 이러한 의무를 이행하지 않음으로 인하여 법적 상황을 알 수 있는 기회를 박탈당하였을 경우 등 일정한 상황 하에서는 법의 부지로 인한 형사책임의 배제를 허용하는 사례가 증가하고 있다. 이에 대하여 상세한 것은 Ambos, Kai, 전게서 I, p. 367.

1519) Werle, Gerhard; Jeßberger, Florian, 전게서, p. 247; 이와 관련하여 로마규정에서 형사책임을 배제하는 근거를 추가로 인정하는 것은 범죄자에게 유리하게 작용하는 것이므로 로마규정 제22조의 죄형법정주의 원칙에 위배됨이 없이 도입되어 적용될 수 있다는 주장은 Albin Eser, "Mental Elements - Mistake of Fact and Mistake of Law", p. 946.

1520) Cryer, Robert; Friman, Håkan; Robinson, Darryl; Wilmshurst, Elizabeth, 전게서, p. 410.

요소에 대한 평가에 착오가 존재하는 경우에 있어서는 적용가능성을 열어두고 있으며 이에 따라 주관적 요건이 규범적 판단의 잘못에 대하여 개방되어 있는 범위 내에서는 법률의 착오 항변이 주장될 수 있다.[1521] 법적 판단을 요하는 범죄의 규범적 요소와 관련된 잘못된 인식은 사실의 착오가 아닌 법률의 착오에 해당되며 범죄자가 반드시 인식하여야 할 이러한 객관적 요소를 인식하지 못한 범위에서는 이러한 인식의 흠결이 주관적 요건을 상각시키게 된다. 따라서 범죄자의 잘못된 인식이 법적 판단을 요하는 범죄개념의 규범적 요소와 관련된 경우에는 법률의 착오 조항이 적용될 수 있을 것이다.[1522]

그러나 법률의 착오에 대한 이와 같은 개방성이 일정 부분 인정된다 하더라도 주관적 요건과 관련하여 어떠한 경우에 법률의 착오가 인정될 수 있는가에 대하여는 논란의 대상이다. 로마규정 범죄구성요건의 일반조항 부분에서는 평가적 판단이 필요한 요소들에 대하여 범죄자가 특정한 가치판단을 완성할 필요가 없다고 규정하고 있다.[1523] 또한 로마규정이 도입된 이후 개최된 준비위원회에서도 피고인이 올바른 규범적 평가를 하였음을 입증할 의무가 검사에게 존재하지 않음이 명백하다는 의견이 제시되었으며[1524] 이러한 입장은 법적 평가의 착오 유무에 관계없이 당사자가 대상 사실의 사회적 타당성 여부에 대한 인식이 있었다면 그에 대한 책임을 부담하여야 함을 주장하는 것이다. 비록 이러한 제한성을 일정 범위에서 인정한다 하더라도 로마규정 제32조 제2항이 주관적 요건의 상실을 가져오는 법률의 착오는 형사책임을 배제할 수 있도록 규정하고 있으므로 행위자가 범죄의 개념요소가 갖는 사회적 중요성에 대한 기본적 인식조차 갖지 못하였을 경우에는 법률의 착오에 해당하는 것이 명백한 것으로 보인다. 국제인도법에 따라 보호되는 차량에 대한 공격이 있었으나 행위자는 차량에 표시된 문구가 보호받는 지위를 의미한다는 것을 알지 못하고 공격을 가한 경우[1525] 혹은 법령의 무지로 인하여 흰색의 휴전 깃발이 갖는 의미에 대하여 알지 못한 경우 등이 그 사례가 될 수 있을 것이다.[1526] 그러나 이와 같은 규범적 요소에 대한 법률의 착오와 관련하여서는 이러한 개념요소가 갖는 사회적 중요성만을 인식하면 족하며 행위자에게 이를 초과하는 인식이 존재할 것이 요구되는 것은 아니

1521) Albin Eser, "Mental Elements - Mistake of Fact and Mistake of Law", p. 941.
1522) Cryer, Robert; Friman, Håkan; Robinson, Darryl; Wilmshurst, Elizabeth, 전게서, p. 410; Werle, Gerhard; Jeßberger, Florian, 전게서, p. 246.
1523) Elements of Crime, General Introduction 4. With respect to mental elements associated with elements involving value judgement, such as those using the terms "inhumane" or "severe", it is not necessary that the perpetrator personally completed a particular value judgement, unless otherwise indicated.
1524) Ambos, Kai, 전게서 I, pp. 372-373.
1525) Albin Eser, "Mental Elements - Mistake of Fact and Mistake of Law", p. 941.
1526) Robert Cryer, Håkan Friman, Darryl Robinson, Elizabeth Wilmshurst, 전게서, p. 342; 법률의 착오가 적용될 수 있는 경우로 억류되어 있는 전쟁포로에게 객관적으로는 불충분한 절차적 보장이 이루어졌으나 이를 충분하다고 생각한 경우를 사례로 드는 경우가 있으나 의문이다. Werle, Gerhard; Jeßberger, Florian, 전게서, p. 248.

라는 입장이 일반적이다. 따라서 대상 조항에 대한 적극적 지식 혹은 법적 해석은 필요하지 않으며 범죄에 규정된 규범적 의미의 사회적 중요성이나 일상적 의미조차 인식하지 못한 경우로 착오의 범위는 제한된다.[1527]

(4) 상급자명령과 관련된 법률의 착오

법률의 착오를 원칙적으로 인정하지 않는 것에 대한 두 번째 예외로서 로마규정 제32조 제2항은 '법률의 착오가 -- 제33조에 규정된 바와 같은 경우에는 형사책임 조각사유가 될 수 있다'고 규정하고 있다. 이러한 특별 조항은 명령 수행의 의무를 부담하고 있으나 그 합법성에 대하여 검토할 기회를 충분히 갖지 못한 상태에서 명령을 수행하도록 명령받은 부하가 흔히 처하게 되는 상황적 특수성을 인정한 것이다.[1528] 따라서 상급자의 명령에 복종하여 범죄를 저지른 경우 당해 명령이 불법임을 착오로 알지 못하였으며 그러한 명령이 명백히 불법적인 것이 아니라면 형사책임을 부담하지 않을 수 있다. 그러나 이러한 예외는 오직 전쟁범죄의 경우에만 적용되며 집단살해죄 또는 인도에 반한 죄를 범하도록 지시하는 명령은 언제나 명백히 불법인 것으로 간주된다.[1529]

(5) 법률의 착오의 효과

법률의 착오가 인정되더라도 형사책임 배제 여부에 대한 재량이 존재한다는 주장이 있다. 왜냐하면 로마규정이 법률의 착오가 인정될 경우의 효과에 대하여 '형사책임 조각사유가 될 수 있다(A mistake of law **may**, however, be a ground for excluding criminal responsibility)'라고 규정하여 국제형사재판소에서 법률의 착오 항변을 받아들이거나 받아들이지 않을 재량을 부여한 것으로 해석될 수 있기 때문이다.[1530] 그러나 로마규정에서 법률의 착오가 인정되는 것은 주관적 요건이 상각되는 경우이므로 주관적 요건 흠결로 무죄 판결의 대상이 될 수밖에 없다.[1531] 따라서

1527) Albin Eser, "Mental Elements - Mistake of Fact and Mistake of Law", p. 943; Werle, Gerhard; Jeßberger, Florian, 전게서, p. 248; 이에 대하여 이러한 견해의 지나친 제한성을 지적하면서 사회적 중요성이나 타당성의 인식만을 중요시 하는 것은 순전한 사실적 인식에서 정당한 법적 평가를 이끌어 낼 수 있다고 추론하는 것으로 설득력이 없으며 평화봉사단도 정당한 전투행위의 대상이라고 생각하고 이들을 살해하는 경우처럼 법의 무지는 자신의 행동이 가지는 사회적 중요성을 올바르게 인식하는 것을 불가능하게 하는 것이므로 법의 무지로 인하여 자신의 행동이 갖는 사회적 중요성을 제대로 인식하지 못하였다면 범죄에서 요구되는 주관적 요소는 결여된 것이라는 주장은 Ambos, Kai, 전게서 I, p. 373.

1528) Albin Eser, "Mental Elements - Mistake of Fact and Mistake of Law", p. 942.

1529) 침략범죄에 있어서 유엔헌장에 대한 명백한 위반 요건과의 관련성 등에 대한 상세한 논의는 Cryer, Robert; Friman, Håkan; Robinson, Darryl; Wilmshurst, Elizabeth, 전게서, p. 410.

1530) 이러한 입장에서는 로마규정이 착오의 회피가능성을 전혀 고려하지 않은 문제점을 재량권 부여를 통하여 보완하려는 것이라고 주장한다. Albin Eser, "Mental Elements - Mistake of Fact and Mistake of Law", p. 942.

1531) Cryer, Robert; Friman, Håkan; Robinson, Darryl; Wilmshurst, Elizabeth, 전게서, p. 411.

로마규정의 위와 같은 문언은 법률의 착오의 효과에 대하여 재량을 부여하는 것이 아니라 모든 착오가 아닌 오직 주관적 요소를 상각시키는 것만이 법률의 착오의 대상일 수 있음을 명백히 하는 것으로 해석하여야 할 것이다.[1532]

5. 위법성조각사유의 전제사실에 대한 착오

형사책임을 배제하는 항변의 전제가 되는 요건사실에 대한 착오 문제는 형사법의 일반이론 영역 중에서 로마규정이 제대로 규율하지 못하고 있는 대표적인 사례이다. 예를 들면 범죄자가 자신이 실제로 공격을 받는 것으로 착오하여 정당방위 의사를 가지고 공격을 가한 경우 이러한 유형의 착오는 범죄의 성립요건에 대한 것이 아닌 까닭에 행위자의 주관적 요소와 연계되지 않는다. 로마규정 제30조 제1항에 의하면 주관적 요건은 오직 범죄의 '객관적 요소'에만 관련되어 있으며 범죄의 적극적 구성요소가 아닌 정당화사유와 같은 소극적으로 형사책임을 배제시키는 요건은 행위자의 주관적 요소에 영향을 미치지 못하기 때문이다.[1533] 따라서 로마규정 제32조 제1항이 규정하고 있는 사실의 착오 조항에 기하여 형사책임이 배제될 수 없다.

그러나 이러한 항변의 전제사실에 대한 착오 문제는 로마규정에서 명백히 간과된 부분이다. 이와 같은 상황에 대하여 영미법에서도 항변 사유에 대한 주관주의 입장에 따라 처벌되지 않을 수 있으며 대륙법의 경우에도 형사처벌의 대상으로 삼고 있지 않다.[1534] 실제 이러한 범주에 해당하는 사실적 요소들을 범죄의 개념 요소로 적극적 방법으로 규율할 것인가 아니면 소극적 방법으로 규율할 것인가의 여부는 다소 우연적 성격을 가지고 있는 경우가 적지 않다. 따라서 국제형사법의 영역에서도 민간인이 자신을 먼저 공격하는 것으로 잘못 알고 상대방을 공격하였다면 국내법에서와 동일한 항변을 제기할 수 있어야 할 것이며 결국 이러한 문제는 로마규정 제21조 제1항 (c)에 따라 국내법 체제들로부터 도출되는 법의 일반원칙을 적용하여 해결할 수 있을 것이다.[1535]

제 5 절   상급자명령(Superior Orders)

국제형사법 영역에서 상급자명령의 항변은 오랜 역사를 가지고 있다. 범죄자는 군대, 준군사조직, 경찰 등과 같은 관료적 계층조직에 편입되어 상급자의 명령에 따라 국제범죄를 저지르는 경우가 흔히 발생한다. 상급자명령 항변의 이론에는 국제법 원칙과 군대 규율 사이에 존재하는

1532) Ambos, Kai, 전게서 I, p. 373.
1533) Albin Eser, "Mental Elements - Mistake of Fact and Mistake of Law", p. 939.
1534) Werle, Gerhard; Jeßberger, Florian, 전게서, p. 246.
1535) 정당화 사유의 사실적 요소에 대한 착오는 제32조 제1항을 유추 적용하는 것이 적절하다는 견해는 Albin Eser, "Mental Elements - Mistake of Fact and Mistake of Law", 945면.

긴장관계가 반영되어 있다.[1536] 명령복종 체계가 필수적인 군대와 같은 조직에서는 명령에 대한 복종의무를 부과하고 있으며[1537] 명령의 수명자는 명령에 대한 신뢰에 기반하여 구속력 있는 명령을 수행한 경우 이에 따른 개인 책임으로부터 어느 정도 보호되는 것을 경험하게 된다.[1538] 국제형사법에서의 주된 문제는 이와 같은 보호 논리가 국제범죄에 있어서 형사책임을 배제할 수 있는 근거로 작용할 수 있는가 여부이다.

1. 일반이론

제2차 대전 이전까지는 상급자명령은 부하의 책임을 배제하는 완전한 항변으로 인정되어 발생한 범죄에 대한 책임은 명령을 내린 상급자에게만 부과되었다.(상급자책임의 원칙, respondeat superior principle)[1539] 이러한 원칙은 부하의 무제한적인 복종을 보장하기 위하여 주로 군사명령의 맥락에서 발전된 것이었으나 이러한 이론은 시대에 뒤떨어진 것일 뿐만 아니라 수명자를 무조건적으로 면책하는 받아들이기 어려운 결과를 가져온다. 만일 이러한 원칙을 극단적으로 적용한다면 모든 국제범죄의 형사책임은 명령체계의 최상급자 한 사람에게만 존재하며 제2차 대전에서의 독일과 관련된 책임도 히틀러 한 사람의 책임이라고 주장될 수 있을 것이다. 이와 완전히 대립된 반대편 극단에 위치한 것이 '완전한 책임의 원칙(absolute liability principle)'이다. 명령에 의하여 범죄를 저질렀다는 사실은 범죄를 실제로 저지른 사람의 형사책임에 아무런 영향을 미치지 않는다는 입장이다. 중간적 입장으로 '명백한 불법 원칙(manifest illegality principle)'이 존재한다. 명령은 원칙적으로는 형사책임을 배제하는 효력을 가지고 있으나 범죄자가 자신에게 내려진 명령이 불법임을 알고 있었거나 혹은 그러한 명령이 명백하게 불법적인 경우에는 형사책임을 배제하는 효력이 없다는 것이다. 집단살해죄, 인도에 반한 죄, 전쟁범죄 등의 심각성에 비추어 이러한 국제범죄들은 범하라는 명령은 항상 명백하게 불법적인 것이라는 주장이 제기될 수 있다.[1540] 명백한 불법원칙에 따라 일정한 조건 하에 부하의 형사책임을 인정하는 것은 각국의 형사법 체제에서도 폭넓게 인정되고 있으며 각국 법원들은 국제범죄를 범하라는 명령의 명백한 불법성을 추정하는 경향이 있다.[1541]

1536) Cryer, Robert; Friman, Håkan; Robinson, Darryl; Wilmshurst, Elizabeth, 전게서, p. 411.
1537) 이는 우리나라의 군대도 예외가 아니다. 우리 군형법은 명령불복종을 형사처벌의 대상으로 규정하고 있다. 군형법 제44조(항명) 참조.
1538) Werle, Gerhard; Jeßberger, Florian, 전게서, p. 248.
1539) Werle, Gerhard; Jeßberger, Florian, 전게서, p. 249; 이러한 주장과는 달리 19세기 후반 이후 respondeat superior 원칙이 명백하게 불법이 아닌 명령의 경우에만 부하를 보호한다는 원칙으로 대체되었다는 주장은 Cryer, Robert; Friman, Håkan; Robinson, Darryl; Wilmshurst, Elizabeth, 전게서, p. 411.
1540) Werle, Gerhard; Jeßberger, Florian, 전게서, p. 249.
1541) Werle, Gerhard; Jeßberger, Florian, 전게서, p. 251.

2. 국제관습법

뉘른베르크 헌장, 동경 헌장, 통제위원회 법령 등에는 상급자의 명령에 의한 행위라는 이유로 형사책임이 배제되지 않음이 명시되어 있었으며[1542] 실제 뉘른베르크 재판에서 제기된 상급자명령의 항변은 받아들여지지 않았다. 뉘른베르크 재판부는 상급자명령 항변의 배제를 규정한 조항에 대한 판결에서 다음과 같이 설시하고 있다.

> 위 조항은 모든 국가들의 법에 부합하는 것이다. 병사가 국제인도법에 반하는 살인이나 고문 등을 명령받았다는 사실은 ----그와 같은 잔인한 행위에 대한 항변으로는 전혀 인정되지 않아 왔다. 실질적으로 중요한 판단기준은 명령의 존재 여부가 아니라 대부분의 국가 형사법에 다양한 형태로 규정되어 있는 것과 같이 도덕적 선택이 실제로 가능하였는가 여부이다.[1543]

뉘른베르크 재판에서의 이러한 입장은 후속 재판들에서도 지속적으로 재확인 되었다.[1544] 또한 뉘른베르크 헌장은 상급자명령이 있었던 경우 형이 감경될 수 있음을 명시적으로 규정하고 있었으나 범죄의 흉폭성으로 인하여 실제 감경이 이루어지지도 않았다.[1545] 이후 ICTY 법령과 ICTR 법령에서도 뉘른베르크 헌장의 규칙들이 약간의 수정만을 거쳐 그대로 받아들여지고 있다.[1546] ICTY 재판부 역시 상급자의 명령이 있다 하더라도 그러한 명령이 국제인도법을 준수하여야 할 부하의 의무를 해소시키는 것은 아니며 상급자명령 자체만으로는 형사책임을 배제할 수 있는 근거에 해당하지 않는다고 판시하고 있다.[1547] 이처럼 국제관습법 하에서는 원칙적으로 명

1542) 뉘른베르크 헌장 제8조, 동경 헌장 제6조, 통제위원회 법령 제10조 제2조 제4항 (b) 등.
1543) IMT, judgment of 1 October 1946, in The Trial of German Major War Criminals, Proceedings of the International Military Tribunal Sitting at Nuremberg, Germany, Pt 22 (1950), 447.
1544) Wilhelm List et al. (Hostage Trial), U.S. Military Tribunal Nuremberg, judgment of 19 February 1948, in Trials of War Criminals before the Nuremberg Military Tribunals under Control Council Law No. 10, Vol. XI, 1230. p. 1236 et seq; Otto Ohlendorf et al. (Einsatzgruppen Trial), U.S. Military Tribunal Nuremberg, judgment of 10 April 1948, in Trials of War Criminals before the Nuremberg Military Tribunals under Control Council Law No. 10, Vol. IV, 411. p. 470 et seq; Wilhelm von Leeb et al. (High Command Trial), U.S. Military Tribunal Nuremberg, judgment of 28 October 1948, in Trials of War Criminals before the Nuremberg Military Tribunals under Control Council Law No. 10, Vol. XI, 462, p. 507 et seq.
1545) 이후 이러한 뉘른베르크 헌장과 판결들은 유엔총회 결의 95(1)에 의하여 재확인되는 등 상급자명령은 더 이상 국제형사법 영역에서 항변으로 전혀 인정되지 않는 것으로 보이는 상황에 이르게 되었다. 이러한 상황은 완전한 책임의 원칙이나 혹은 평화에 반한 죄나 인도에 반한 죄를 범하라는 명령은 항상 명백하게 불법이라는 의미에서 명백한 불법의 원칙에 따라 이해될 수 있을 것이다. Werle, Gerhard; Jeßberger, Florian, 전게서, p. 250.
1546) ICTY 법령 제7조 제4항, ICTR 법령 제6조 제4항.
1547) Bralo, ICTY (AC), judgment of 2 April 2007, para. 24; Bralo, ICTY (TC), sentencing judgment of 7 December 2005, para. 54 등.

령에 의한 행위라는 이유로 형사책임이 배제되는 것은 아니며 형량 결정에 있어 감경요소가 될 뿐이다. 다만, 명령의 존재는 명령을 수행하게 되는 억압적 상황이나 범죄자의 인식 등에 기초하여 강박, 법률의 착오 등 일반적으로 인정되는 다른 항변의 근거로 적용될 수 있다.

3. 로마규정

로마규정 제33조는 '상급자의 명령과 법률의 규정'이라는 제목 아래에서 다음과 같이 상급자 명령이 항변으로 인정되는 조건을 규정하고 있다.

제33조 상급자의 명령들과 법률의 규정

1. 어떠한 사람이 정부의 명령이나 군대 또는 민간인 상급자의 명령에 따라 재판소 관할범죄를 범하였다는 사실은, 다음의 경우를 제외하고는 형사책임을 면제시켜 주지 아니한다.

(a) 그 사람이 정부 또는 관련 상급자의 명령에 따라야 할 법적 의무 하에 있었고,

(b) 그 사람이 명령이 불법임을 알지 못하였으며,

(c) 명령이 명백하게 불법적이지는 않았던 경우

2. 이 조의 목적상, 집단살해죄 또는 인도에 반한 죄를 범하도록 하는 명령은 명백하게 불법이다.

로마규정은 원칙적으로 명령의 존재가 범죄자의 형사책임을 면제시켜 주는 것은 아니라고 규정하면서도 예외적으로 상급자명령이 형사책임을 면제시킬 수 있는 상황을 함께 규정하고 있다. 이러한 로마규정은 명백한 불법의 원칙을 기반으로 하고 있으나 완전한 책임의 원칙에도 일부 상응하는 내용이 가미되어 있다. 이는 로마회의에서 나타난 서로 상반되는 입장들 사이의 타협의 산물이다.[1548]

항변이 적용되기 위해서는 대상자가 명령에 복종하여야 하는 법적 의무 하에 있어야 한다.[1549] 법적 의무는 객관적으로 존재하여야 하며 행위자가 착오로 법적 의무가 존재한다고 믿은 것만으로는 부족하다.[1550] 정부나 군대의 명령인가 혹은 민간인 상급자에 의하여 내려진 명령인가에 관계없이 적용된다.[1551] 이러한 확장은 상급자책임을 민간인 상급자까지 확대시킨 것에 대응되는 것으로 민간인 상급자의 명령은 군대 지휘관의 명령에 필적하는 강제적 요소를 가진 것이어야 한다.[1552] 로마규정 제33조의 제목과 제1항 (a)에서는 '명령들(orders)'이라고 복수 형태의 용어가

1548) Werle, Gerhard; Jeßberger, Florian, 전게서, p. 252; 로마규정 협상과정에서의 논란에 대하여 상세한 것은 Ambos, Kai, 전게서 I, p. 379.

1549) Cryer, Robert; Friman, Håkan; Robinson, Darryl; Wilmshurst, Elizabeth, 전게서, p. 413.

1550) Ambos, Kai, 전게서 I, p. 381; Cryer, Robert; Friman, Håkan; Robinson, Darryl; Wilmshurst, Elizabeth, 전게서, p. 413.

1551) Werle, Gerhard; Jeßberger, Florian, 전게서, p. 251.

1552) Ambos, Kai, 전게서 I, p. 382.

사용되고 있다. 이는 합법적 명령뿐만 아니라 객관적으로 불법적 명령까지 포괄하려는 의미를 가진 것이다.[1553] 그러나 이러한 로마규정이 불법적 명령에 복종할 법적 의무가 있음을 나타내는 것은 아니며 오히려 (b)에서 불법임을 알지 못하였음을 요건으로 규정하고 있어 불법적인 명령을 거부할 권리를 갖는다는 점을 인정한 것으로 해석된다. 로마규정이 법적 의무의 존재를 요구하는 까닭에 계층적 조직을 가진 범죄집단 내에서의 명령은 원칙적으로 상급자명령에 해당되지 않는다.[1554] 그러나 반군 지휘관의 명령과 관련하여서는 법적 규범력이 존재하지 않으므로 상급자명령의 항변이 적용되지 않는다는 주장[1555]과 국제인도법의 적용을 받는 단체의 명령은 포함되어야 한다는 견해가 대립되고 있다.[1556]

이처럼 로마규정은 범죄자가 명령을 준수하여야 할 법적 의무를 부담하고 있을 뿐만 아니라 명령의 불법성을 알지 못하였으며 내려진 명령이 객관적으로 명백히 불법적인 것이 아닌 경우일 것을 항변의 요건으로 규정하고 있다. 그리고 로마규정 제32조 제2항은 객관적으로 명백히 불법이 아닌 명령의 불법성에 대하여 착오를 일으킨 경우를 법률의 착오에 대한 예외로 규정하여 상급자명령에 따른 법률의 착오를 간접적으로 승인하고 있다. 이러한 조항들은 국제관습법의 관점에서 볼 때 새로운 것으로 제32조 제2항이 임시하듯 로마규정의 상급자명령 항변은 법률의 착오 항변의 확장된 유형으로 이해된다.[1557] 따라서 명령의 불법성을 인식하였다면 당해 명령을 항변의 근거로 삼을 수는 없으나 명령의 불법성을 인식한다는 것의 의미가 무엇인가를 결정하는 것은 용이하지 않다. 특히 주의할 점은 '어떠한 군인도 국제법 법전을 들고 다니거나 그러한 문제에 대하여 현장에서 교수에게 질문을 던질 수는 없다'는 점이다.[1558]

Eichmann 사건에서 이스라엘 법원은 명백한 불법에 대하여 다음과 같이 언급하였다.

1553) 영국 등 일부 국가에서는 오직 합법적 명령에 대하여만 복종의무를 부담한다. United Kingdom, Armed Forces Act 2006, s. 12(1) Cryer, Robert; Friman, Håkan; Robinson, Darryl; Wilmshurst, Elizabeth, 전게서, p. 413.
1554) Ambos, Kai, 전게서 I, p. 381.
1555) Cryer, Robert; Friman, Håkan; Robinson, Darryl; Wilmshurst, Elizabeth, 전게서, p. 413.
1556) Ambos, Kai, 전게서 I, p. 381.
1557) 왜냐하면 로마규정 제32조 제2항과 제33조는 주관적 요소를 상각시키지 않는 경우에도 법률의 착오 항변을 인정하고 있기 때문이다. 한편 로마규정 제32조 제2항과 제33조 제1항을 함께 고려할 때 상급자명령의 불법성을 착오로 인식하지 못한 경우라 할지라도 그러한 불법성을 인식하지 못한 것을 비난할 수 없을 경우에만 그러한 착오를 승인할 수 있다는 것은 Ambos, Kai, 전게서 I, p. 382; 이처럼 어떤 명령이 명백한 불법이라면 부하가 그 불법성을 알았는가 여부에 관계없이 이러한 항변을 원용할 수 없도록 규정한 로마규정의 요건은 명령의 불법성을 무시한 상황에 흠이 존재하는 경우에 대한 평가를 돕는 것이다. Cryer, Robert; Friman, Håkan; Robinson, Darryl; Wilmshurst, Elizabeth, 전게서, p. 413; 우리 국제범죄법 제4조는 상급자명령에 따른 행위에 대하여 행위의 불법성을 오인(誤認)함에 있어 정당한 이유가 있을 때에만 처벌하지 아니한다고 규정하고 있다.
1558) Cryer, Robert; Friman, Håkan; Robinson, Darryl; Wilmshurst, Elizabeth, 전게서, p. 414.

> '명백하게 불법적인 명령'을 분별할 수 있는 지표는 주어진 명령 위에 휘날리는 검은 깃발과 같은 것이어야 한다.....감추어진 혹은 반쯤 감추어진 형식적인 불법성도 아니고 법률전문가의 시각에 있어서만 분별될 수 있는 불법성도 아니다. 이는 명백하고 분명한 불법성을 의미한다.[1559]

High Command 사건에서는 명령의 명백한 불법성을 외견상 범죄적인가에 의해 판단하였으나[1560] 캐나다의 Finta 사건에서는 당해 명령이 '지나치게 부당하여 명백히 불법적일 경우' 이러한 명령을 근거로 항변을 주장할 수 없다고 보았다.[1561] 나아가 누구에게 명백하여야 하는가의 문제도 존재한다. 잘 훈련된 군대 변호사나 막 임무를 부여받은 젊은 하위직 군인에 대하여는 서로 다른 기준이 적용될 수 있을 것이며 상호 공유하고 있는 문화와 상식 등이 이러한 판단에 활용될 수 있을 것이다.[1562]

로마규정 제33조 제2항은 집단살해죄나 인도에 반한 죄를 범하라는 명령은 항상 명백히 불법적인 것이라고 선언하고 있다. 객관적 관찰자에 입장에서 볼 때 이들 범죄를 지시하는 명령의 불법성은 명백한 것이라는 판단에 따라 이와 같은 사전적(事前的) 판단을 규정한 것이다. 그러나 전쟁범죄의 경우에는 심각성의 수준이 상이한 다양한 범죄 유형이 존재한다는 점 등을 고려하여 전쟁범죄를 명백히 불법인 범죄의 대상에서 제외한 것으로 보인다.[1563] 따라서 로마규정의 경우 전쟁범죄 혹은 침략범죄의 경우에만 상급자명령의 항변이 적용될 가능성이 남아 있다.[1564] 비록 상급자명령의 항변이 받아들여지지 않더라도 상급자명령이 존재하는 상황은 로마규정 제78조에 의하여 양형에서 고려될 수 있을 것이다.

1559) A-G of Israel v Eichmann, District Court Judgment, IsLR, 36 (1968), 18 para. 218 (12 December 1961) referring to the jurisprudence of the District Military Court for the Central District.
1560) Wilhelm von Leeb et al. (High Command Trial), U.S. Military Tribunal Nuremberg, judgment of 28 October 1948, in Trials of War Criminals before the Nuremberg Military Tribunals under Control Council Law No. 10, Vol. XI, 462.
1561) R v. Finta, 104 ILR 285, 322. Cryer, Robert; Friman, Håkan; Robinson, Darryl; Wilmshurst, Elizabeth, 전게서, p. 414에서 재인용.
1562) Cryer, Robert; Friman, Håkan; Robinson, Darryl; Wilmshurst, Elizabeth, 전게서, p. 414; 캐나다의 전쟁범죄와 인도에 반한 범죄에 대한 법률(The Canadian War Crimes and Crimes against Humanity Act) 제14조 제3항은 '일정한 주민이나 집단에 대하여 비인도적 행위의 실행을 조장하였거나 조장할 것으로 보이는 정보에 기반한 경우 --피고인은-- 상급자명령)이 적법하다고 믿었다며 항변을 주장할 수 없다'라고 규정하여 이러한 판단에 대한 기준을 규정하려고 시도하고 있다.
1563) Werle, Gerhard; Jeßberger, Florian, 전게서, p. 252; 이러한 조항은 전쟁범죄의 모든 사례들이 인도에 반한 죄나 집단살해죄의 사례에 비하여 덜 심각한 것이라는 잘못된 가정에 입각하고 있다는 비판은 Cryer, Robert; Friman, Håkan; Robinson, Darryl; Wilmshurst, Elizabeth, 전게서, p. 415.
1564) 캄팔라 회의에서 합의된 침략범죄와 관련하여 상급자명령 항변의 적용 가능성이 명시적으로 배제되어 있는 것은 아니지만 침략범죄의 지도자 범죄성과 침략범죄에 해당하기 위해서는 유엔헌장의 명백한 위반 등의 조건이 부과되어 있다는 점에서 항변의 실제적 적용가능성에 대해 부정적인 의견은 Cryer, Robert; Friman, Håkan; Robinson, Darryl; Wilmshurst, Elizabeth, 전게서, p. 415.

4. 국제범죄법 제4조

국제범죄법 제4조는 상급자명령에 따른 행위에 대해 다음과 같은 특별 규정을 두고 있다.

> **제4조(상급자의 명령에 따른 행위)**
> ① 정부 또는 상급자의 명령에 복종할 법적 의무가 있는 사람이 그 명령에 따른 자기의 행위가 불법임을 알지 못하고 집단살해죄등을 범한 경우에는 명령이 명백한 불법이 아니고 그 오인(誤認)에 정당한 이유가 있을 때에만 처벌하지 아니한다.
> ② 제1항의 경우에 제8조 또는 제9조의 죄를 범하도록 하는 명령은 명백히 불법인 것으로 본다.

로마규정의 상급자명령 규정을 그대로 채택한 것은 호주, 캐나다 등 일부 국가에 불과하며 영국, 프랑스는 명령에 따른 행위를 항변으로 인정하지 않는 전통적 입장에 따라 특별한 규정을 두고 있지 않다. 반면 러시아는 명령에 따른 행위는 불법성을 인식한 경우에만 처벌되도록 규정하여 명백한 불법원칙을 반영하고 있지 않다.[1565] 독일의 국제범죄법은 부하가 명령의 불법성을 인식하지 못하였고 그것이 명백한 불법이 아니라면 상급자의 명령을 근거로 항변으로 인정하는 태도를 취하고 있다.[1566]

우리 국제범죄법은 명백한 불법원칙에 따라 집단살해죄와 인도에 반한 죄를 범하도록 하는 명령은 명백한 불법에 해당하여 상급자명령 항변의 대상이 되지 못함을 명시하고 있다. 그리고 명백한 불법이 아닌 전쟁범죄 등에 대한 명령의 경우에는 명령에 따른 행위의 불법성을 오인(誤認)함에 정당한 이유가 있을 때에만 항변으로 인정될 수 있다고 규정하여 형법 제16조와 유사하나 보다 유연한 해석이 가능한 문언을 채택하고 있다.[1567]

법무부에서 발간한 국제범죄법에 대한 해설서에서는 입증상의 이유 등을 들어 상급자의 명령에 따른 행위의 형사책임이 배제되지 않음이 원칙이라고 설명하고 있다.[1568] 그러나 종국적으

1565) MüKoStGB/Weigend VStGB § 3 Rn. 11.
1566) 독일 국제범죄법 제3조 참조 : 독일 국제범죄법은 독일 형법의 일반 조항보다 더욱 유리한 것으로 형법의 특별법으로 이해되고 있다. MüKoStGB/Weigend VStGB § 3 Rn. 17, 29 등.
1567) 우리 국제범죄법 제4조와 형법 제16조(법률의 착오)와의 관계가 문제될 수 있을 것이다. 우리 국제범죄법이 형법 제16조와 동일하게 '오인에 대한 정당한 이유'를 요건으로 규정하였다는 점에서 양자는 유사한 측면이 있으나 형법의 경우 오인의 대상이 '자기의 행위가 법령에 의하여 죄가 되지 아니하는 것'인 반면 국제범죄법은 '명령에 따른 자기의 행위'의 불법성으로 차별성 있는 해석의 여지를 남기고 있다. 이처럼 우리 국제범죄법이 보다 특정적 대상을 지정하여 정당한 이유를 요구하고 있다는 점에서 형법의 특별법으로 해석할 수 있을 것이다.
1568) 집단살해죄나 인도에 반한 죄의 경우에는 법문상 배제되고 있으며 전쟁범죄의 경우에도 상급자의 명령이 불법이 아니라고 오인하는 것에 정당한 이유를 입증하여야 하는데 군대의 구성원은 오직 합법적인 명령에만 따를 의무가 있기 때문에 오인에 정당한 이유가 있음을 입증하기가 매우 어렵다는 점을 내세우고 있다. 김영석, 『국제형사재판소 관할 범죄의 처벌 등에 관한 법률 해설서』, 서울 : 법무부, 2008. 32면

로는 상급자명령의 불법성에 대한 착오가 존재하는 경우 어떠한 상황에서 유효한 항변으로 인정될 것인가는 '정당한 이유'의 해석 문제로 귀결될 것이나 우리 법의 문언에 비추어 볼 때 독일의 경우보다는 다소 제한적이기는 하지만 명령으로 인한 행위에 대한 형사책임이 배제되지 않음을 원칙론적으로 선언한 것으로는 보기 어려울 것이나. 실제적 측면에서도 명령을 수령하는 사람은 전장의 급박한 상황 하에 있어 명령 내용의 합법성에 대한 모든 정보를 수집하고 이를 완벽하게 검토할 여유를 갖지 못한 채 즉각적인 결정을 내려야 한다는 점[1569] 등은 명령의 불법성을 오인하게 된 정당한 사유 여부를 판단하는데 반드시 고려되어야 할 것이다. 결국 로마규정에서의 법률의 착오에 대한 특칙 규정을 국내법에 도입한 입법취지는 명령이 발령되는 이와 같은 특별한 상황을 보다 섬세하고 호의적으로 고려하려는 것으로 생각된다.

제 6 절   정신장애(Mental Disease or Defect)

1. 국제관습법

정신질환이나 정신장애는 대부분의 법 체제에서 형사책임을 배제하는 사유로 규정되어 있다. 로마규정 제31조 제1항도 정신질환과 정신장애를 형사책임을 배제하는 사유로 규정하고 있다.

정신장애 항변은 비정상적 정신상태가 범죄의 실행행위 당시 존재하였음을 전제로 하고 있다.[1570] 정신적 결함으로 인하여 진정한 선택이 불가능한 상황이었다면 그러한 상황에서 이루어진 행위는 범죄자의 자유롭고 자발적인 의지의 표현으로 보기 어렵다. 정신장애로 인하여 법질서에 부합하는 결정을 내릴 수 없음에도 행위자를 처벌하는 것은 불공정하고 비인간적인 것이다. 형벌 이론의 관점에서도 비정상적인 사람을 처벌하는 것은 정당화될 수 없다. 선과 악을 구분하지 못하는 사람은 억제나 교화의 대상이 아닌 정신 치료의 대상으로 보아야 하기 때문이다. 정신적 장애는 개인이 자신의 행동을 정상적으로 통제할 수 있는가의 범주에 속하는 문제로서 면책사유에 해당하는 것이다. 따라서 정신적 장애가 존재하는 행위는 행위자가 형사처벌을 받는가 여부에 관계없이 여전히 위법한 것으로 평가받는다.[1571]

제1차 대전 이후 독일제국대법원은 Major Benno Crusius 사건에서 전문가 증언에 근거하여 정신장애를 이유로 일부 무죄를 선고한 바 있다.[1572] 제2차 대전 이후 뉘른베르크 재판에서도 정신장애가 형사책임에 영향을 미칠 수 있음을 이론적 차원에서는 인정하는 것으로 보이기도 하였으나 실제 재판에서 항변으로 받아들여진 경우는 없었으며 이후에도 정신장애 항변에 대한 부정

1569) 군형법 제44조(항명), 제47조(명령 위반) 등 참조.
1570) 만일 비정상적 정신장애가 재판이나 형사절차 진행 중에 일어났다면 재판을 받을 수 있는 능력의 존부라는 절차적 항변의 영역에 해당할 것이다. Ambos, Kai, 전게서 I, p. 314.
1571) Ambos, Kai, 전게서 I, p. 315.
1572) Supreme Court of the German Reich, Judgment of 6 July 1921. Ambos, Kai, 전게서 I, p. 319.

적 입장은 계속 이어지게 된다.[1573] 이처럼 제2차 대전 이후의 국제범죄에 대한 재판 실무는 대상자의 정신상태가 비정상임이 입증되기 전까지는 정상이라는 가정에 입각해 있었던 것으로 보인다. 이후 임시재판소의 절차증거규칙에서 이에 대한 조항을 둠으로써 정신장애 항변이 간접적으로 승인되었으며 이후 국제범죄에 대한 재판에서 새로운 중요성을 갖게 되었다.[1574] 그러나 정신상태의 입증은 의학적 증거에 의해 지지되어야 하는데 범행 시와 재판 시 사이에 상당한 시차가 있는 경우 입증이 용이하지 않은 측면이 있다.

ICTY는 정신장애를 '피의자가 범죄를 저지를 당시 그가 무엇을 하고 있는가를 알지 못하는 것 혹은 그러한 행위의 선악을 구분할 수 있는 이성적 판단능력을 구비하지 못한 것'이라고 정의한 바 있다.[1575] 이러한 판결은 영미법 이론 중 이른바 저항할 수 없는 충동 이론을 배제하고 이른바 M'Naghten 규칙을 채택한 것이다.[1576] 따라서 인지적 측면에서의 장애가 아닌 의지적 측면에 존재하는 행동 통제 능력의 약화는 양형 단계에서만 고려되는 부분적이고 불완전한 항변으로 취급되었다.[1577]

2. 로마규정

국제법 영역에서는 처음으로 정신장애 항변이 로마규정 제31조 제1항 (a)에 다음과 같이 명문화됨으로써 항변의 지위를 명시적으로 인정받게 되었다.[1578]

> 사람이 자신의 행위의 불법성이나 성격을 평가할 수 있는 능력이나 자신의 행위를 법의 요건에 따르도록 통제할 수 있는 능력을 훼손시키는 정신적 질환 또는 결함을 겪고 있는 경우

정신장애의 항변이 인정되기 위해서는 범죄 행위 당시 정신질환이나 정신적 결함의 상태에

1573) E. van Sliedregt, "Deffences in International Criminal Law", p. 7; 2차 대전 이후 재판에 대한 상세한 내용은 Ambos, Kai, 전게서 I, p. 319; 뉘른베르크 재판에서 재판부는 Hess 피고인이 정신 장애를 겪고 있는 것으로 보이나 재판을 감당할 능력이나 공소사실을 이해할 능력이 있는 것으로 보일 뿐 아니라 변호사에 의하여 변호되고 있으며 재판 대상 범죄를 범할 당시에 완전한 정신적 능력을 가지고 있지 않았음을 나타내는 증거는 존재하지 않는다고 보았다. (http://avalon.law.yale.edu/imt/judhess.asp 2014. 3. 25. 접근)

1574) ICTY의 절차증거규칙 제67조 (B)(i)(b), ICTR 절차증거규칙 제67조 (A)(i)(b)에서는 이러한 항변의 제출 의도를 공개하도록 규정하고 있다.

1575) 그러나 구체적 사실관계 인정에 있어서는 피고인이 범행 당시 정신적 질환을 앓고 있었던 것으로 판단하지 않았다. Mucić et al. (Čelebići), ICTY (TC), judgment of 16 November 1998, paras. 1156, 1184.

1576) 위 판결의 항소심에서는 명시적으로 M'Naghten 판결(M'Naghten's Case (1843) 10 Cl & Fin 200 at 210-211; 4 St Tr (NS) 847 at 930-931)을 언급하고 있다. Mucić et al. (Čelebići), ICTY (AC), judgment of 20 February 2001, para. 582; 저항할 수 없는 충동의 원칙에 대한 미국에서의 상황과 심신상실에 이르지 않은 심신장애의 취급, 대륙법계 국가의 입법상황에 대하여 상세한 것은 Ambos, Kai, 전게서 I, p. 317 et seq.

1577) Mucić et al. (Čelebići), ICTY (AC), judgment of 20 February 2001, 585, 590; 정신적 능력의 감소를 형벌감경사유로 설시하는 것은 Blaškić, ICTY (AC), judgment of 29 July 2004, para. 696.

1578) Cryer, Robert; Friman, Håkan; Robinson, Darryl; Wilmshurst, Elizabeth, 전게서, p. 401.

있었어야 한다.[1579] 로마규정은 형사책임의 배제로 이어질 수 있는 정신장애의 유형을 행위의 불법성을 평가할 수 있는 능력의 파괴, 행위의 성질을 평가할 수 있는 능력의 파괴 그리고 자신의 행위를 통제하여 법의 요구에 순응할 수 있는 능력의 파괴 등 3가지로 구분하여 규정하고 있다.

행위자가 자신의 행위가 갖는 본질을 이해하시 못하는 것은 가장 전통직인 정신징애 항변에 해당한다. 행위자의 인지적 결함이 너무나 심각하여 자신이 무엇을 하고 있는가를 알지 못한다면 주관적 요건 자체가 인정되지 않으며 형사법상 비난의 대상이 될 수도 없다. 예를 들면 망상에 빠져 빵을 자른다고 생각하고 타인의 목을 베는 범행을 저지르는 경우로 이러한 사람에 대하여는 치료가 필요할 뿐 형벌을 부과해야 할 이유가 존재하지 않는다.[1580] 다음으로 자신의 행위의 본질은 인식하고 있으나 불법성을 인식하지 못하는 경우가 존재한다. 행위의 합법성을 이해할 수 있는 능력이 결핍되어 자신이 잘못을 저지르고 있다는 사실을 알지 못하는 경우이다. 이러한 경우 역시 형사책임으로부터 면제되는 것이 당연하나 보다 섬세한 분석이 필요하다. 마지막 세 번째는 행위자가 자신의 행위가 잘못된 것임을 알고 있으나 법의 요구에 따라 자신의 행위를 통제하지 못하는 경우이다. 행위자는 행동의 본질과 그것이 잘못된 것임을 이해하고 있으면서도 정신적 장애로 인하여 자신의 행위를 중단할 수 없는 경우로 저항할 수 없는 충동이 여기에 해당된다. 이러한 비정상적 상태가 영구적일 필요는 없으며 범죄 행위 당시 이러한 능력이 파괴되어 있었으면 족하다.[1581]

행위자의 정신적 능력을 파괴시키는 정신질환이나 정신적 결함은 모두 본 조항의 적용범위에 포함되나 일정 수준 이상의 심각성과 영속성을 갖는 것이어야 한다.[1582] 따라서 일시적 피로나 흥분, 분노, 깊은 슬픔 등과 같은 심리적 상태는 여기에 포함되지 않는다.[1583] 나아가 정신적 질환 또는 결함으로 말미암아 행위의 본질 또는 불법성을 판단하는 능력이나 행위를 통제할 능력이 파괴되어야 한다.[1584] 따라서 이와 같은 능력이 일부 훼손되기는 하였으나 완전히 파괴되지는 않았다면 본 조항의 항변에 해당하지 않는다.[1585] 정신적 질병이나 결함을 입증하기 위해 전

1579) Werle, Gerhard; Jeßberger, Florian, 전게서, p. 253.

1580) 이러한 항변이 인정될 경우 주관적 요건이 인정되지 않는다는 점에서 입증의 실패에 필적하는 것이다. Cryer, Robert; Friman, Håkan; Robinson, Darryl; Wilmshurst, Elizabeth, 전게서, p. 401; Ilias Bantekas, 전게서, p. 101.

1581) Cryer, Robert; Friman, Håkan; Robinson, Darryl; Wilmshurst, Elizabeth, 전게서, p. 401.

1582) 로마규정이 '겪고(suffers)'라는 문언을 사용하는 것을 근거로 정신적 장애가 일정기간 동안 계속되어야 한다고 해석하는 견해는 Albin Eser, "Article 31 - Grounds for excluding criminal responsibility", p. 546; Ambos, Kai, 전게서 I, p. 321.

1583) 다만 예외적으로 격노의 상태(heat of passion)가 이러한 범주에 포함될 수 있다고 보는 것은 Werle, Gerhard; Jeßberger, Florian, 전게서, p. 254.

1584) Albin Eser, "Article 31 - Grounds for excluding criminal responsibility", p. 546; Mucić et al., ICTY (AC), judgment of 20 February 2001, para. 582; 이러한 기준은 대다수 국내법의 입장에 대체로 상응하는 것이나 다소 높은 기준이라는 견해는 Cryer, Robert; Friman, Håkan; Robinson, Darryl; Wilmshurst, Elizabeth, 전게서, p. 401.

1585) 로마규정 제78조와 국제형사재판소의 절차증거규칙에 따라 형의 감경이 가능할 뿐이다. Werle, Gerhard;

문가의 의견을 청취할 수 있다.[1586]

　국내형사법 체계에서는 정신장애로 인하여 형사책임이 인정되지 않을 경우 정신치료 등 사회보호 조치를 필수적으로 취하도록 하는 것이 일반적이다.[1587] 국제형사재판소에서 이러한 조치를 취하기 위해서는 별도의 법적 근거가 필요 하나[1588] 로마규정은 이에 대한 아무런 규정을 두고 있지 않다.[1589]

제 7 절　중독(Intoxication)

1. 국제관습법

　중독의 항변은 지금까지 국제형사법에서 중요한 위치를 차지하지 못하였다.[1590] 그러나 적지 않은 국제범죄는 주취상태에서 범하여져 온 것이 사실이다. 제2차 대전 중 유대인 수용소 업무를 담당하는 사람에게는 중독성 물질인 술이 공급되었으며 르완다의 집단살해 행위에 가담한 사람들도 술에 취한 상태에서 범행을 저질렀다. 소년병에게도 억제심을 느슨하게 하고 난폭성을 증가시키기 위하여 마약이나 술이 지급되었다.[1591] ICTY 판례는 비자발적 중독이 형벌의 감경사유가 된다고 보기도 하였으나[1592] 일부 사건에서는 폭력행사가 강제되는 상황에서 무기를 휴대한 범죄자가 술이나 마약을 자발적으로 섭취한 것을 형벌의 가중사유로 보기도 하였다.[1593]

2. 로마규정

　로마규정 제31조 제1항 (b)는 중독상태에서 국제범죄를 저지른 경우에 대하여 아래와 같은 요건 하에 형사책임의 배제를 규정하고 있다.

Jeßberger, Florian, 전게서, p. 255.

1586) 로마규정에는 전문가 증언에 대한 명시적 규칙이 존재하지 않으나 로마규정 제48조 제4항과 제100조 제1항 (d) 등에 의하여 전문가 증언이 허용되는 것으로 추정된다는 견해는 Werle, Gerhard; Jeßberger, Florian, 전게서, p. 254.

1587) 이에 대한 다양한 입법례에 대하여는 Ambos, Kai, 전게서 I, p. 322.

1588) 유럽인권협약 제5조 제1항은 정신적 장애를 이유로 대상자를 구금하려면 충분한 법적 근거가 존재하여야 한다고 요구하고 있다.

1589) 정신장애를 이유로 무죄판결을 선고할 경우 취할 수 있는 대안적 조치가 존재하지 않는 상황이 정신장애 항변을 받아들이는 것을 꺼리게 하는 요인으로 작용할 것이라는 주장은 Ambos, Kai, 전게서 I, p. 323.

1590) Ambos, Kai, 전게서 I, p. 327; E.van Sliedregt, 전게서, p. 248.

1591) Cryer, Robert; Friman, Håkan; Robinson, Darryl; Wilmshurst, Elizabeth, 전게서, p. 402.

1592) Todorović, ICTY (TC), sentencing judgment of 31 July 2001, para. 90; Vasiljević, ICTY (TC), judgment of 29 November 2002, para. 284 등.

1593) Kvočka, ICTY (TC), judgment of 2 November 2001, para. 706; 이러한 판례는 음주를 감경 요소가 아닌 가중 요소로 파악하는 국가들의 입장과 동일한 것이다. 아랍권 국가들뿐만 아니라 이탈리아와 프랑스 등 일부 서방국가들도 음주를 형벌의 가중 요소로 보고 있다. 가중사유가 되는 대상 범죄 등에 대하여 상세한 것은 Ambos, Kai, 전게서 I, p. 327.

> 사람이 자신의 행위의 불법성이나 성격을 평가할 수 있는 능력이나 자신의 행위를 법의 요건에 따르도록 통제할 수 있는 능력을 훼손시키는 중독상태에 있는 경우. 다만, 중독의 결과로서 자신이 재판소 관할범죄를 구성하는 행위에 관여하게 될 것임을 인식하였거나 또는 그 위험을 무시하고 자발적으로 중독된 경우는 그러하지 아니하다.

중독 항변의 본질은 중독상태로 인하여 범죄에 대한 주관적 요소가 제대로 형성되어 있지 않았다는 것으로 정신장애 항변과 같이 입증실패 항변에 상응하는 것이다.[1594] 로마규정 협상과정에서 일부 국가들은 중독상태를 형벌의 가중요소로 삼아야 한다고 주장하며 중독 항변을 로마규정에 포함시키는 것에 반대하였으며 가장 심각한 범죄를 다루는 국제형사법의 특성에 비추어 중독 항변의 적용 여부는 많은 논란을 가져왔다. 특히 자발적 중독은 적어도 집단살해죄나 인도에 반한 죄에 대하여는 적용되지 않도록 하여야 한다는 견해가 제시되기도 하였다.[1595] 결국 이러한 영향으로 로마규정에서의 중독 항변의 범위는 상대적으로 협소하게 규정되었다는 평가이다.[1596]

로마규정은 원칙적으로 '자신의 행위의 불법성이나 성격을 평가할 수 있는 능력이나 자신의 행위를 법의 요건에 따르도록 통제할 수 있는 능력을 훼손시키는 중독상태'에 있을 경우 형사책임을 배제한다. 이 경우 중독상태는 중독효과를 가지는 물질의 섭취에 의하여 야기되었어야 한다.[1597] 알콜과 마약이 가장 중요한 대상 물질이나 로마규정은 중독의 원인에 대하여 특별히 규정하고 있지 않으므로 약품 등 다른 물질도 본 조항의 적용대상이 될 수 있다. 그러나 이러한 중독성 물질은 외부에서 섭취되어야 하므로 외부상황에 의하여 야기된 감정적 격정상태는 본 조항의 적용대상이 아니다.[1598] 중독상태로 인하여 행동의 본질이나 합법성을 이해할 능력 또는 법에 순응할 능력이 파괴되었어야 한다. 따라서 파괴의 정도에 이르지 못한 능력의 감소나 훼손은 그것이 비록 실질적인 수준에 이른 것이라 하더라도 형사책임을 배제할 수 있는 항변에 해당하지 않는다.[1599] 정신장애 항변과 동일하게 중독상황에 대한 입증 문제가 제기될 수 있으나 결국 개별 사건에서의 상황에 따라 평가되어야 할 것이다.[1600]

비자발적으로 중독상태에 이른 경우 형사책임이 배제되는 것은 법의 일반원칙의 반영이라고 주장되기도 한다. 예를 들면 중독물질을 흡입하는 것을 인식하지 못하였거나 혹은 강제로 흡입

1594) Cryer, Robert; Friman, Håkan; Robinson, Darryl; Wilmshurst, Elizabeth, 전게서, p. 402.
1595) 그러나 국제범죄의 성립에 주관적 요소가 요구되고 있으므로 죄형법정주의 원칙에 비추어 일정한 범죄를 항변의 범위에서 제외하는 것이 불가능하다는 견해는 Ambos, Kai, 전게서 I, p. 328.
1596) Cryer, Robert; Friman, Håkan; Robinson, Darryl; Wilmshurst, Elizabeth, 전게서, p. 403.
1597) Werle, Gerhard; Jeßberger, Florian, 전게서, p. 256.
1598) Ambos, Kai, 전게서 I, p. 328.
1599) Cryer, Robert; Friman, Håkan; Robinson, Darryl; Wilmshurst, Elizabeth, 전게서, p. 403.
1600) 범죄자의 혈액 속에 일정 수치 이상의 중독 물질이 존재하여야 한다는 형태의 기준을 만드는 것이 불가능하다는 견해는 Werle, Gerhard; Jeßberger, Florian, 전게서, p. 256.

하게 된 경우이다.[1601]

로마규정 제정과정에서는 비자발적 중독을 항변으로 포함시키는 것에 대하여는 상대적으로 쉽게 합의가 이루어졌으나 자발적 중독의 경우 범죄자의 형사책임을 배제할 것인가 여부와 형사책임을 배제한다면 어느 범위에서 배제할 것인가를 둘러싸고 많은 논란이 있었다.[1602] 적지 않은 국제범죄가 중독상태에서 범하여지고 있으므로 자발적 중독으로 인한 능력결핍 상황을 취급하는 것은 실무적으로도 매우 중요한 것이며 법정책적으로도 민감한 부분이다. 또한 자발적 중독의 경우를 다루는 각국 국내법 역시 매우 다양한 형태를 띠고 있어 법의 일반원칙을 도출해 내기 어려우며 이러한 영역에 대한 국제관습법이 존재한다는 증거도 없는 상황이었다. 자발적 중독에 대하여는 원칙적으로 형사책임을 배제하지 않는 경우[1603], 범죄실행 이전 알코올을 섭취하는 것을 형벌의 가중사유로 삼는 경우[1604], 비자발적 중독도 형사책임을 배제하도록 하거나 혹은 형벌 감경사유로 규정하는 경우 등 매우 다양하다.[1605]

로마규정 제31조 제1항 (b) 제2문은 중간적 입장을 취하여 자발적 중독의 경우 일률적으로 형사책임을 배제하거나 혹은 일률적으로 형사책임을 부담시키지는 않고 오직 '중독의 결과로서 자신이 재판소 관할범죄를 구성하는 행위에 관여하게 될 것임을 인식하였거나 또는 그 위험을 무시하고 자발적으로 중독된 경우'에만 형사책임이 배제되지 않도록 규정하고 있다.[1606] 이러한 제한을 둔 것은 이미 범죄를 범할 의도를 가지고 자유로운 행위(free act, actio libera)로 중독을 야기하고 그 결과 발생한 책임이 없는 상태를 이용하여 형사책임의 배제를 주장하는 악의적 형태의 중독을 방지하기 위한 것이다. 따라서 이와 같은 악의적 중독의 경우에는 발생한 범죄에 대하여 마치 그가 완전한 책임을 가진 상태에서 범죄를 저지른 것처럼 처벌받게 된다. 이는 완전히 책임있는 상태에서 범죄의 원인을 형성하고 책임이 인정되지 않는 상태를 야기하는 의도적이고 귀책 가능한 자유로운 행위가 비난의 대상이 됨을 의미한다.[1607]

다음으로 당사자가 범죄를 범할 생각을 가지고 중독에 이른 것이 아니라 중독 이후에 범죄를 범할 것이라는 위험을 인식하는데 과실이 있는 경우에도 형사책임이 인정될 것인가의 문제가 남아 있다. 로마규정 제31조 제1항 (b)에 의하면 범죄에 대한 위험을 '무시하고(disregard)' 중독에

1601) Werle, Gerhard; Jeßberger, Florian, 전게서, p. 255; 그러나 앞서 본 바와 같이 ICTY는 비자발적 중독의 경우에도 형벌의 감경요소가 될 뿐이라고 판시한 바 있다. Kvočka, ICTY (TC), judgment of 2 November 2001, para. 706 등.

1602) Werle, Gerhard; Jeßberger, Florian, 전게서, p. 256.

1603) 미국군사법원법 제916조 (l)(2), 스페인 형법 제20조 제2항 등.

1604) 아랍권 국가들과 이탈리아와 프랑스 등; Kvočka et al., ICTY (TC), judgment of 2 November 2001, para. 706.

1605) Werle, Gerhard; Jeßberger, Florian, 전게서, p. 257.

1606) 우리 형법 제10조 제3항은 위험의 발생을 예견하고 자의로 심신장애를 야기한 경우 형의 감면을 인정하지 않고 있다.

1607) Ambos, Kai, 전게서 I, p. 329.

이른 경우라면 중독 항변의 주장은 불가능하다. 여기에서 무시라는 용어는 고의의 경우보다는 명백히 정도가 약한 것이다.[1608] 또한 자발적 중독 당시 살인과 같은 범죄를 범할 의도를 가지고 있었다는 점을 입증하는 것은 어려우며 더구나 국제형사재판소의 관할에 속하는 특정한 범죄를 범하기 위하여 중독에 이르렀음을 입증하기는 거의 불가능하다.[1609] 따라서 자발적 중독의 경우에는 당사자가 법령에 의하여 금지된 행위를 할 수 있다는 점을 인식하지 못하였으며 그러한 위험을 무시하는데 잘못이 없는 경우에만 중독 항변을 주장할 수 있을 것이다. 이와 관련하여 과실[1610] 혹은 가중된 형태의 과실이 존재하는 경우[1611], 중독으로 말미암아 범죄를 범하게 될 것임을 인식하거나 부주의하게 그러한 위험을 그대로 받아들인 경우 등에 있어서는 중독 항변은 주장될 수 없다고 해석되고 있다.[1612]

이처럼 로마규정은 모든 자발적 중독을 일반적으로 배제하지 않으면서도 중독 당시 비난가능한 주관적 요건이 존재할 경우 항변의 적용을 배제하도록 하여 책임주의 원칙에도 부합하는 섬세한 해결책을 제공하고 있다. 또한 자발적 중독이 항변으로 인정되는 범위를 상당 부분 제한함으로써 국제범죄를 저지르는 많은 범죄자들이 중독 항변을 빌미로 법망을 빠져나갈 것이라는 우려를 상당 부분 해소시키고 있다.[1613]

제 8 절 기타 항변들

지금까지의 논의는 로마규정에 명시되어 있는 항변에 대한 것이었다. 그러나 로마규정에 명시된 것 이외에도 국제형사법 영역에서 형사책임을 배제할 수 있는 사유들이 존재할 수 있으며[1614] 특히 전쟁범죄는 국제인도법과 내적으로 연계되어 있어[1615] 국제인도법의 규칙을 통하여 형사책임이 배제되는 경우가 존재할 수 있다.[1616] 국제형사법의 영역에서는 국내 형사법에서는 주장되지 않는 동일행위 항변(plea of tu quoque) 등이 주장되기도 하며 전쟁법과 관련하여 보복(reprisal) 또는 군사적 필요성의 항변도 논의 대상이 되고 있다.

1608) Ambos, Kai, 전게서 I, p. 329; 미국 표준형법전 § 2.02(2)(c) 참조.

1609) Albin Eser, "Article 31 - Grounds for excluding criminal responsibility", p. 547.

1610) Cryer, Robert; Friman, Håkan; Robinson, Darryl; Wilmshurst, Elizabeth, 전게서, p. 403.

1611) Werle, Gerhard; Jeßberger, Florian, 전게서, p. 257.

1612) Ambos, Kai, 전게서 I, p. 330.; 객기를 부리기 위하여 술을 마시거나 마약을 투약하는 상황 역시 적어도 범죄자가 범죄를 범할 위험성을 알고 있었을 것이므로 책임이 배제될 수 없다는 견해는 Cryer, Robert; Friman, Håkan; Robinson, Darryl; Wilmshurst, Elizabeth, 전게서, p. 403.

1613) Werle, Gerhard; Jeßberger, Florian, 전게서, p. 258.

1614) 로마규정 제31조 제3항 역시 로마규정 제31조 제1항에 규정되어 있는 사유 이외의 다른 형사책임 조각사유라도 제21조에 규정된 적용 가능한 법에 의하여 도출된 경우 고려할 수 있음을 규정하고 있다.

1615) Al Bashir, ICC (PTC), decision of 4 March 2009, para. 92.

1616) 다만 일정한 집단에 대한 파괴의 목적을 갖는 집단살해죄는 항상 국제인도법의 원칙에 부합하지 않는 것으로 국제인도법에 의한 형사책임 배제는 상정하기 어렵다. Werle, Gerhard; Jeßberger, Florian, 전게서, p. 260.

1. 동일행위 항변(Plea of Tu Quoque)

동일행위 항변은 상대방도 동일한 범죄를 저질렀으므로 자신의 범죄에 대한 형사책임도 배제되어야 한다고 주장하는 것으로 주로 전쟁범죄에 대한 형사책임과 관련하여 제기된다.[1617] 그러나 국제관습법이나 조약법 어디에도 이러한 항변의 근거는 발견되지 않으며 따라서 국제형사법에서 인정될 수 있는 유효한 항변이 아니다.[1618] 뉘른베르크 재판에서 이러한 항변이 여러 차례 주장되었으나 모두 받아들여지지 않았으며 제2차 대전 이후부터 지금까지 이러한 항변의 적용은 일관되게 거부되어 왔다.[1619]

상대 당사자 역시 국제법을 위반하였다는 이유만으로 국제법을 위반한 범죄자의 행위가 정당화될 수는 없을 것이다.[1620] ICTY는 Kupreškić 사건에서 이러한 항변은 국제인도법에서 부여하고 있는 의무의 절대적 본질에 부합하지 않는 것이라고 판단하고 있다.[1621] 실제로 심각한 국제범죄에 대하여 이러한 항변을 인정하는 것은 국제형사법의 유효성에 영향을 줄 뿐 아니라 규범의 구속적 특성을 무용지물로 만드는 것일 수 있다. 또한 범죄의 전제가 되는 규범에 절대적 특성이 존재하고 있어 그 적용상의 상호성을 주장하는 방법으로는 규범의 적용을 상대화시킬 수 없을 것이므로 동일행위 항변은 유효한 항변의 범주에 들어가기 어려운 것으로 판단된다.[1622] 그러나 이와 같은 동일행위 항변이 비록 그 자체로 유효한 항변이 될 수는 없다 하더라도 공정성과 절차적 정당성에 영향을 미치거나 실제 재판과정에 현실적인 영향을 가져올 수는 있을 것이다.[1623]

1617) Kupreškić et al., ICTY (TC), judgment of 14 January 2000, para. 515.

1618) 이러한 항변의 근저에는 '눈에는 눈, 이에는 이(an eye for an eye, and a tooth for a tooth)'라는 동해보복 사상이 깔려 있다고 한다. Ambos, Kai, 전게서 I, p. 393.

1619) Ministry 사건에서는 상대방인 러시아도 동일한 행위를 하였다고 피고인 측이 항변함에 대하여 '항변에 대한 논의를 위한 목적에서 러시아의 행위가 전혀 옹호될 수 없는 것이고 행위의 책임이 제3제국의 것과 동일하게 중대한 것이라고 가정하더라도 법상으로 이러한 사실이 활용되거나 이러한 사실을 근거로 범죄를 범한 제3제국 피고인들의 책임을 경감시켜 줄 수 없다'고 판시하였다. U.S. Military Tribunal Nuremberg, judgment of 11 April 1949, in Trials of War Criminals before the Nuremberg Military Tribunals under Control Council Law No. 10, Vol. XIV, 308. p. 322; 동일한 취지의 판결로는 Wilhelm von Leeb et al. (High Command Trial), U.S. Military Tribunal Nuremberg, judgment of 28 October 1948, in Trials of War Criminals before the Nuremberg Military Tribunals under Control Council Law No. 10, Vol. XI, 462. p. 482; Otto Ohlendorf et al. (Einsatzgruppen Trial), U.S. Military Tribunal Nuremberg, judgment of 10 April 1948, in Trials of War Criminals before the Nuremberg Military Tribunals under Control Council Law No. 10, Vol. IV, 411. pp. 457, 467; Kupreškić et al., ICTY (TC), judgment of 14 February 2000, para. 516.

1620) Werle, Gerhard; Jeßberger, Florian, 전게서, p. 260.

1621) 국제인도법 위반으로서의 인도에 반한 죄, 전쟁범죄, 집단살해죄를 금지하는 규범은 강행규범으로 훼손될 수 없고 최우선시 되어야 하는 것이므로[Kupreškić et al., ICTY (TC), judgment of 14 February 2000, para. 518] 상대방의 동일한 행위가 범죄자의 행위를 정당화하는 것은 아니라며 상호성을 부정하고 있다. Kunarac et al., ICTY (AC), judgment of 12 June 2002, para. 87.

1622) Ambos, Kai, 전게서 I, p. 393.

1623) 제1부 제1편 제2절 뉘른베르크 국제군사 재판소에 대한 공정성 평가 부분 참조.

2. 군사적 필요성(Military Necessity)

군사적 위협에 대항하여 스스로를 지키기 위하여 다른 나라에 대하여 국제법 위반행위를 범하는 것과 관련하여 '군사적 필요성'이 항변으로 언급되고 있다. 그러나 군사적 필요성 그 자체는 국제인도법의 위반을 정당화하는 항변으로 인정되지 않는다.[1624] 다만 이러한 군사적 필요성에 대한 고려가 국제인도법 규범의 일부가 되었을 경우에만 사실상 항변과 유사한 형태로 기능할 수 있다.[1625] 로마규정 제8조 제2항 (a)(iv), (e)(xii)과 제31조 제1항 (c), 뉘른베르크 헌장 제6조 (b)와 ICTY 헌장 제3조 (b) 등 군사적 필요성의 개념을 명시적으로 도입한 경우가 여기에 해당한다.[1626]

3. 보복(Reprisals)

보복이란 국제법을 위반한 국제법 주체의 행위에 대응하기 위한 목적에서 다른 국제법 주체에 의하여 활용되는 국제법에 위반되는 강제조치이다. 예를 들면 상대방이 저지른 국제인도법의 심각한 위반에 대응하여 금지되는 무기를 사용하는 것 등을 말한다.[1627]

보복은 상대방의 국제인도법 위반행위를 중단시키려는 목적을 가진 것으로 무력충돌과의 관련성 하에서만 고려될 수 있다. 따라서 평화 시에 범하여지는 집단살해죄나 인도에 반한 죄의 정당화사유로는 전혀 활용될 수 없다.[1628]

비록 상대방의 국제인도법 위반행위에 대응하여 이루어진다고는 하나 보복행위 역시 국제법에 위반되는 행위이며 특히 민간인에 대한 보복은 야만적인 관행으로 원칙적으로 금지되어야 마땅하다.[1629] 그러나 현재 시점에서 보복에 대한 국제형사법에서의 판단은 유보적인 것으로 볼 수

1624) Cryer, Robert; Friman, Håkan; Robinson, Darryl; Wilmshurst, Elizabeth, 전게서, p. 418.

1625) Katanga and Chui, ICC (PTC), decision of 30 September 2008, para. 318; Kordić & Čerkez, ICTY (TC), judgment of 26 February 2001, para. 328에서는 군사적 필요성에 근거한 국제인도법 위반의 정당화는 인정되지 않는다고 판시하고 있다.; 군사적 필요성에 의하여 정당화되지 않는 민간인에 대한 공격만이 처벌대상이 되는 것으로 설시한 Blaškić 판결[Blaškić, ICTY (TC), judgment of 3 March 2000, para. 180]에 대한 비판은 Ambos, Kai, 전게서 I, p. 389; Hostage 사건에서는 '군사적 필요성이나 급박성은 당해 규정이 스스로 그와 반대되는 예외를 규정한 경우가 아니라면 가장 급박한 사정에서 인정되는 군사적 필요성 보다 우월한 ----실정법의 규칙에 대한 위반을 정당화하지 않는다.'고 판단하였다. Wilhelm List et al. (Hostage Trial), U.S. Military Tribunal Nuremberg, judgment of 19 February 1948, in Trials of War Criminals before the Nuremberg Military Tribunals under Control Council Law No. 10, Vol. XI, 1230.

1626) Werle, Gerhard; Jeßberger, Florian, 전게서, p. 259; 무엇이 군사적 필요성의 범주에 속하는가 여부를 결정하는 추상적 기준을 정의하기는 어려우나 단순한 급박성이나 정치적 이유는 군사적 필요성에 해당하지 않는다는 것은 Cryer, Robert; Friman, Håkan; Robinson, Darryl; Wilmshurst, Elizabeth, 전게서, p. 418.

1627) Werle, Gerhard; Jeßberger, Florian, 전게서, p. 258.

1628) Ambos, Kai, 전게서 I, p. 390; Cryer, Robert; Friman, Håkan; Robinson, Darryl; Wilmshurst, Elizabeth, 전게서, p. 417; Werle, Gerhard; Jeßberger, Florian, 전게서, p. 259.

1629) 적대 당사자의 수중에 있는 민간인에 대한 보복 금지에 대한 것은 Kupreškić et al., ICTY (TC), judgment

있다. 보복의 전면적 금지에 대하여 미온적인 이유 중 하나로 국제인도법에 대한 강제 체계가 완비되어 있지 않으며 국제형사법 체계 역시 발전의 초기단계에 있다는 법정책적 문제점이 제시되고 있다.[1630] 아울러 보복금지를 규정하고 있는 규범이 국제관습법으로서의 지위를 획득하였는가의 여부도 명확하지 않은 상황이다.[1631] 따라서 국제인도법의 최근 발전상에 비추어 볼 때 궁극적으로는 보복의 완전한 금지로 변화될 것임이 예상되나 현재로서는 보복의 항변이 엄격한 요건 하에 매우 좁은 범위에서 인정되는 것으로 주장되고 있다.[1632]

ICTY 판례에 나타난 보복 항변의 첫번째 요건은 상대방에 대한 범죄 중단의 경고에도 불구하고 이러한 경고가 상대방의 범죄를 중단시키지 못하였을 경우에만 활용 가능한 최후 수단이라는 것이다. 그리고 두 번째 요건으로 실제 보복행위가 이루어지기 이전에 특별한 사전적 주의를 기울여야 할 의무가 존재하므로 보복행위의 실행 여부는 지역 지휘관에 의하여 결정될 수는 없으며 정부 혹은 군대의 최고위급 인사에 의하여 결정되어야만 한다는 것이다. 세 번째 요건은 비례성의 원칙에 기초한 것으로 보복은 앞서 자행된 상대방의 불법적 수단의 정도를 초과해서는 안 되며 상대방이 불법적 행위를 중단할 경우 보복행위 역시 즉각적으로 중단되어야 한다. 마지막 네 번째 요건은 인도에 대한 기초적 고려가 반드시 이루어져야 한다는 것이다.[1633] 이처럼 보복은 만일 그것이 인정되다 하더라도 매우 예외적이고 제한적인 조건 하에서만 인정될 수 있을 것이다.[1634]

4. 동의(Consent)

피해자의 동의는 일반적으로 국제범죄에 대한 범죄자의 책임을 면제하여 주지 않는다. 국제법 하에서의 범죄는 개인들의 이해를 넘어서는 이해관계를 대상으로 하고 있으며 이러한 부분에 대하여서까지 개인이 포기할 수 있는 권한을 가지고 있는 것이 아니기 때문이다.[1635] 국제형사재판소는 소년병 사용과 관련하여 제기된 동의의 항변을 기각하였다.[1636] 소년병 사용의 범죄화는 소년에 대한 보호주의 입장에 기반한 것으로 개인의 자유가 억압되는 상황만을 전제로 한 것이 아니기 때문이다.[1637]

---

of 14 January 2000, paras. 527 et seq.
1630) Ambos, Kai, 전게서 I, p. 392.
1631) 보복 금지를 규정하고 있는 제네바협정 부속의정서 I은 주요 군사강대국인 미국, 인디아, 이스라엘, 터키 등이 비준하지 않았으며 대응조치와 무력보복이 아직도 국가 관행으로 수용되고 있다는 주장은 Ambos, Kai, 전게서 I, p. 391.
1632) Werle, Gerhard; Jeßberger, Florian, 전게서, p. 259.
1633) Kupreškić et al., ICTY (TC), judgment of 14 January 2000, para. 535.
1634) Ambos, Kai, 전게서 I, p. 392.
1635) Werle, Gerhard; Jeßberger, Florian, 전게서, p. 260.
1636) Lubanga, ICC (PTC), decision of 29 January 2007, para. 247.
1637) Cryer, Robert; Friman, Håkan; Robinson, Darryl; Wilmshurst, Elizabeth, 전게서, p. 417.

범죄의 개념이 피해자의 반대를 전제요건으로 할 경우 피해자의 동의 여부가 고려되어야만 한다. 특히 성범죄의 경우 동의의 부존재는 범죄의 개념적 구성요소를 이루고 있어[1638] 동의가 존재한다는 사실은 항변사유가 아닌 입증의 실패에 해당하는 것이다.[1639] 그러나 외견상 동의가 존재하는 것으로 보이는 경우에도 피해자의 자발적 동의 여부는 주의 깊게 검토되어야만 한다. 국제범죄가 발생하는 대다수의 상황들은 강압적인 것이며 특히 피해자가 감금되어 있었던 경우와 같이 동의의 자발성이 의심되는 경우가 흔히 존재한다. 따라서 동의가 이루어지는 실제 상황이 면밀히 조사되어야 하며 국내법에서 인정되는 자율성의 추정이 국제형사법의 영역에서는 그대로 적용될 수 없다.[1640] 로마규정 범죄구성요건은 강압적 환경을 이용하거나 진정한 동의를 할 수 없는 사람에 대하여 이루어진 경우 등 동의의 진정성 판단에 대한 특별한 내용을 규정하고 있다.[1641]

1638) Cryer, Robert; Friman, Håkan; Robinson, Darryl; Wilmshurst, Elizabeth, 전게서, p. 416.

1639) Ambos, Kai, 전게서 I, p. 388.

1640) Cryer, Robert; Friman, Håkan; Robinson, Darryl; Wilmshurst, Elizabeth, 전게서, p. 416; Naletilić and Martinović, ICTY (TC), judgment of 31 March 2003, para. 519.

1641) 로마규정 범죄구성요건 제8조 제2항 (b)(xxii)-1, (b)(xxii)-5 등; 또한 동의와 관련된 증거의 민감성 때문에 언제 어떻게 이러한 사실을 조사를 할 것인가에 대한 특별한 체제를 마련해 두고 있다. 로마규정 절차및증거규칙 제70조 내지 제72조.

제 9 장　죄수론

제 1 절　국제관습법에서의 범죄의 다수성

일반적으로 다수의 행위가 여러 범죄의 요건을 충족시킨다면 요건이 충족된 범죄는 모두 성립하며 이들을 어떻게 처벌할 것인가의 문제만 남는다. 그러나 이와 달리 하나의 행위가 외견상 여러 개의 형벌 규범의 요건을 모두 충족시키는 것으로 보일 경우 형사법의 관점에서 다수 범죄가 성립하는 것으로 볼 것인가 아니면 하나의 범죄만이 성립하는 것으로 볼 것인가의 문제가 국내형사법에서와 동일하게 발생한다. 나아가 범죄의 다수성이 인정되는 경우에도 이에 대한 형벌을 어떻게 정할 것인가의 문제도 함께 해결되어야 할 과제이다.

국제범죄 개념들은 상호 교착하는 경우가 적지 않은 관계로 범죄의 다수성과 관련된 문제는 국제형사법의 영역에서 흔히 발생할 수 있다. 예를 들면 살인은 집단살해죄, 인도에 반한 죄, 전쟁범죄에 모두 규정되어 있다. 또한 집단살해죄와 인도에 반한 죄는 다양한 범죄행위의 복합체 형태로 규정되어 있으며 실제 발생하는 범죄 역시 장기간에 걸쳐 다수 범죄자들이 관여하는 다수 행위들로 이루어지는 경우가 흔하다. 따라서 이러한 상황에서 범죄자의 개별 행위들을 각각 독립된 별개의 범죄로 취급하여야 하는 것인지 아니면 단일 범죄로 보아야 하는 것인지 그리고 만일 단일 범죄로 분류한다면 어떤 기준에 의하여 그 범위를 구분하는 것이 타당한가의 문제 등이 발생한다.[1642]

유감스럽게도 뒤에서 살피는 바와 같이 국제형사법 영역에서는 아직까지 국내법상 죄수론에 해당하는 범죄의 다수성 문제와 이에 대한 형벌의 체계적 부과에 대한 이론과 법령이 완전하게 발전되어 있지는 못한 것으로 보인다. 뉘른베르크 헌장이나 동경 헌장, 임시재판소 법령 등은 이러한 문제에 대하여 전혀 규정하지 않았으며[1643] 로마규정 제78조 제3항은 둘 이상의 범죄로 하

1642) Werle, Gerhard; Jeßberger, Florian, 전게서, p. 280.
1643) 다만 관련된 규칙으로 볼 수 있는 일부 조항으로 ICTY 절차 증거규칙 제87조와 101조가 있을 뿐이다.

나의 유죄판결을 선고할 경우 선고할 수 있는 형의 범위에 대한 포괄적 규정을 두어 범죄의 경합 가능성을 암묵적으로 전제하고 있을 뿐이다. 이와 같은 규범 상황 하에서 이루어진 뉘른베르크 재판의 경우 이러한 문제들에 대한 깊은 논의 없이 동일한 행위를 근거로 전쟁범죄와 인도에 반한 죄에 대하여 각각 유죄판결을 선고하였다. 이후 ICTY 재판부가 이러한 문제와 관련된 법적 규칙들을 발전시키려는 노력을 경주하여 국제범죄의 다수성과 관련된 원칙 정립에 크게 기여한 바 있다.[1644]

제 2 절   행위의 다수성 판단과 범죄의 다수성

임시재판소의 판례에 의하면 동일한 행위(same conduct)[1645]는 동일한 사실 관계(same set of facts)가 관계된 경우에 존재하는 것으로 이해되고 있다.[1646] 따라서 동일한 일련의 사실들에 기초한 것이 아닌 수개의 행위가 수개의 범죄 개념을 충족시키거나 혹은 수개의 행위가 하나의 범죄 개념을 여러 번 충족시킬 경우 이러한 수개의 행위를 전제로 한 중복 기소의 문제는 발생하지 않는다.[1647]

외견상 수개의 행위가 존재하는 것처럼 보이는 경우에도 이러한 행위들을 수개의 행위로 보아 다수의 범죄가 성립하는 것으로 볼 것인가 여부는 적용되는 범죄의 법적 성격에 따라 재검토되어야 한다.[1648] 대표적인 사례가 다양한 개별적 행위들이 단일한 단위로 연계되어 하나의 범죄로 평가되는 경우이다. 예를 들면 집단살해죄의 경우 집단살해죄를 범하려는 동일한 목적 아래에서 실행되는 행위들은 그러한 목적을 위한 하나의 행위로 결합될 수 있다.[1649]

제 3 절   단일 행위와 범죄의 다수성 : Čelebići 기준 등

행위에 대한 평가 결과 법적 관점에서도 다수의 별개 행위들이 존재하는 것으로 인정된다면 이들 행위들에 대하여는 각각 적용될 수 있는 범죄의 개념에 따라 개별적인 기소와 유죄판결이

1644) 또한 학계에서도 국내법 체제에서의 법적 원칙들을 근거로 이러한 문제들을 본격적으로 다루기 시작하여 이 분야의 발전에 기여하고 있다. Werle, Gerhard; Jeßberger, Florian, 전게서, p. 281.

1645) '동일한 행위(same conduct)'라는 용어 대신 'same act or transaction'이라는 용어가 사용되기도 한다. Kunarac et al., ICTY (AC), judgment of 12 June 2002, para. 173.

1646) Musema, ICTR (AC), judgment of 16 November 2001, para. 358; Vasiljević, ICTY (TC), judgment of 29 November 2002, para. 266.

1647) Galić, ICTY (AC), judgment of 30 November 2006, paras. 167 et seq.

1648) 우리나라 형법학에서 일죄와 수죄를 결정하는 기준에 대하여 행위표준설, 법익표준설, 의사표준설, 구성요건표준설 등 다양한 이론들이 대립되고 있다. 신동운, 『형법총론』, 735면 이하 참조.

1649) 그러나 전쟁범죄의 배경요소인 무력충돌의 존재를 이유로 전쟁범죄에 속하는 다양한 행위들이 하나의 범죄로 결합되는 것으로는 평가되지 않는다. Werle, Gerhard; Jeßberger, Florian, 전게서, p. 281.

이루어진다.[1650] 그러나 독립된 다수 행위가 아닌 하나의 행위가 다수의 범죄 개념을 충족시키는 것으로 보일 경우 범죄의 다수성과 관련된 복잡한 문제가 발생한다.

먼저 국제형사법의 영역에서도 하나의 행위가 외관상 수개의 형벌법규에 해당하는 것처럼 보이나 형벌법규의 성질상 하나의 형벌법규만이 적용되고 다른 법규의 적용이 배제되어 일죄만이 성립하는 법조경합에 해당하는 경우가 존재할 수 있다.[1651]

국제형사법 영역에서의 이러한 문제에 대한 판단은 ICTY 항소심 재판부가 Mucic et al 사건에서 발전시킨 다음과 같은 Čelebići 기준에 의하여 이루어진다.[1652]

동일한 행위에 기반하고 있으나 서로 다른 법조항들에 근거하여 내려지는 다수의 유죄판결은 관련된 각각의 법조항들이 다른 조항에는 포함되어 있지 않은 실질적으로 구분되는 상이한 요소를 가지고 있는 경우에만 허용된다. 만약 하나의 조항이 다른 조항에 의하여 요구되지 않는 사실의 증명을 요구한다면 위 조항은 다른 조항과 실질적으로 구분되는 별개의 것이다. 그리고 만일 모든 조항들이 이러한 요건을 충족시키지 못한다면 재판부는 유죄판결의 대상으로 삼을 범죄 조항을 결정하여야만 하는데 이러한 결정은 보다 더 특정적인 조항이 적용되어야 한다는 원칙에 입각한 것이어야 한다. 따라서 서로 다른 두 개의 조항이 동일한 일련의 사실들에 대하여 적용될 수 있는 상황에서 어느 한 조항이 실질적으로 구분될 수 있는 추가적 요소를 포함하고 있다면 유죄판결은 그러한 조항 아래에서 이루어져야 한다.[1653]

이처럼 하나의 행위가 수개의 범죄 조항들을 충족시키는 것으로 보일 경우 이들 조항들을 서로 비교하여 그들이 각각 다른 조항이 요구하지 않는 요건을 요구하고 있는가 여부를 우선적으로 결정하여야 하며 이 경우 범죄 개념의 직접적 요소뿐만 아니라 배경적 요소도 함께 비교대상으로 고려하여야 한다.[1654] 만일 두 개의 범죄가 각각 서로 다른 범죄가 규정하고 있는 요소가 아닌 다른 요소를 추가적으로 규정하고 있다면 각각의 범죄 개념을 모두 적용하여 처벌할 수 있으나 이와 달리 경합하는 범죄의 요건들이 상호 동일하거나 혹은 하나의 규칙이 완전히 다른 하나를 포함하는 경우에는 보다 특별한 범죄 조항이 어떤 것인가를 판단하여 처벌하게 된다.[1655]

1650) Vasiljević, ICTY (TC), judgment of 29 November 2002, para. 266.
1651) 국내법에서는 법조경합에 해당하는 경우로 특별관계, 흡수관계, 보충관계, 택일관계 등이 논해지고 있다. 신동운, 『형법총론』, 748면 이하 참조.
1652) Čelebići 기준이라는 용어는 Mucić et al 사건에서 피고인들이 범죄를 범한 캠프 이름에서 유래하였다.
1653) Mucić et al., ICTY (AC), judgment of 20 February 2001, paras. 412 et seq; 기타 유사한 판결로는 Jelisić, ICTY (AC), judgment of 5 July 2001, paras. 78 et seq; Ntakirutimana and Ntakirutimana, ICTR (AC), judgment of 13 December 2004, para. 542 등.
1654) Kunarac et al., ICTY (AC), judgment of 12 June 2002, para. 177; Stakić, ICTY (AC), judgment of 22 March 2006, para. 356.
1655) 이러한 판단 방식은 대부분의 국내법 체제에서 광범위하게 받아들여지는 원리를 국제형사법의 영역에서도 받아들인 것이다. Werle, Gerhard; Jeßberger, Florian, 전게서, p. 283; 이러한 판단방식이 대륙법과 영미법 모두에서 확립된 원칙이라는 것은 Kunarac et al., ICTY (AC), judgment of 12 June 2002, para. 170; Kamuhanda,

범죄 상호간의 관계에 관하여 가장 오랜 논란이 있었던 것은 집단살해죄가 인도에 반한 죄의 특별법(lex specialis)인가의 문제였으나 현재 양자는 서로 구분되는 별개의 범죄로 인정되고 있다. 집단살해죄는 인도에 반한 죄에는 존재하지 않는 특정한 집단을 파괴하려는 특별한 목적을 요구하고 있으며 인도에 반한 죄는 반대로 민간인 주민에 대한 광범위하거나 체계적인 공격이라는 배경적 요소를 요구하고 있기 때문이다. 이처럼 각각의 범죄가 다른 범죄에 규정되어 있지 않은 추가적 요건을 요구하고 있는 까닭에 비록 이들 범죄가 실질적으로 교착하는 경우가 많다 하더라도 중첩적으로 적용될 수 있다.1656) 동일한 판단 기준에 따라 집단살해죄와 전쟁범죄 역시 별개의 범죄로 인정되어 별도로 적용된다.1657)

하나의 범죄 내에 다수의 범죄행위의 태양들이 규정되어 있는 경우에도 동일한 기준에 의하여 판단할 수 있다. 고문과 강간은 인도에 반한 죄로 각각 성립할 수 있으나 인도에 반한 죄에 있어서의 절멸은 살인에 우선하여 적용된다.1658)

그러나 이러한 Čelebići 기준이 항상 기계적으로만 적용되는 것은 아니다. 국제형사재판소는 고문으로 인한 인도에 반한 죄는 강간으로 인한 인도에 반한 죄에 부속되는 것이라고 보았으며1659) 임시재판소의 판례에 있어서도 Čelebići 기준을 넘어서는 다른 추가적 고려요소에 따라 범죄들 사이의 부속관계나 흡수관계를 인정하고 있다.1660) 범죄에의 참여형태에 있어서도 계층적 구조에 입각하여 가장 심각한 유형의 참여형태가 우선적으로 적용되어야 할 것이다.1661)

제4절 다수 범죄의 취급

1. 기소 단계

검찰 측은 범죄의 다수성에 대한 문제를 형사절차의 어느 단계에서 규명하여야 하며 어떤 범위에서 이에 대한 판단을 법원에 맡길 수 있는가의 문제가 존재한다.1662) 임시재판소는 모든

ICTR (TC), judgment of 22 January 2004, paras. 577 et seq.
1656) Tolimir, ICTY (TC), judgment of 12 December 2012, para. 1205; Musema, ICTR (AC), judgment of 16 November 2001, paras. 366 et seq.
1657) Jelisić, ICTY (AC), judgment of 5 July 2001, para. 82; Galić, ICTY (AC), judgment of 30 November 2006, paras. 164 et seq.
1658) Stakić, ICTY (AC), judgment of 22 March 2006, para. 366.
1659) Bemba, ICC (PTC), decision of 15 June 2009, paras. 204 et seq.
1660) 문화재에 대한 공격이 도시에 대한 의도적 파괴에 우선하여 적용된다는 것은 Strugar, ICTY (TC), judgment of 31 January 2005, paras. 447 et seq, para. 454; Čelebići 기준이 기계적이나 맹목적으로 적용되어 피고인에게 불이익한 결과를 가져오지 않도록 주의하여야 한다는 내용은 Bisengimana, ICTR (TC), judgment of 13 April 2006, para. 98.
1661) Werle, Gerhard; Jeßberger, Florian, 전게서, p. 284.
1662) 이러한 문제는 실체법과 절차법 양자에 걸쳐져 있는 주제이다. Susanne Walther, "Cumulation of Offences", The Rome Statute of The International Criminal Court : A Commentary volume I. New York : Oxford University

증거가 제출되기 전까지는 어떤 범죄가 입증될 것인가를 명확히 알기 어렵다는 이유에서 동일한 행위에 근거한 다수 범죄의 기소는 항상 허용된다는 입장이었다.[1663] 그러나 국제형사재판소는 Bemba 사건에서 공소사실 확인 단계에서 특정성의 원칙에 따라 일부 범죄는 취하되어야 하는 것으로 판단하였다.[1664]

2. 판결 선고 단계

다수의 범죄들에 대한 유죄판결이 허용될 경우 어떤 방식으로 형벌을 선고하여야 하는가의 문제가 남는다. 우리 형법에는 경합범의 경우와 상상적 경합의 경우 적용되는 형벌의 산정방식이 규정되어 있으나[1665] 이에 대한 국제형사법의 규정은 미비한 상황이다.

형벌 선고의 범위를 규정하고 있는 로마규정 제78조 제3항은 각각의 범죄에 대한 형과 이를 합산하여 정하는 형을 각각 선고하되 합산된 형은 선고되는 개별 형 중 가장 중한 형보다 짧을 수는 없도록 제한하면서 선고되는 형은 30년 또는 범죄에 극도의 중대성 등이 존재하는 제77조 제1항 나호의 경우에는 무기징역을 초과할 수 없다고 규정하고 있다. 그러나 이는 지나치게 개괄적 규정으로 로마규정이 형량의 결정에 있어 너무 많은 재량을 부여하고 있다는 비판이 존재한다.[1666]

임시재판소 법령은 형벌의 선고에 대한 명시적 규정을 두고 있지 않으며 형벌을 선고하는 재판 관행도 통일되어 있지 않다.[1667] 일반적으로는 모든 유죄판결에 대하여 하나의 형벌이 선고되나[1668] 각각의 범죄에 대하여 개별적 선고가 이루어지기도 한다.[1669] ICTY 항소심은 재판부의 판단에 따라 이러한 방식들을 선택적 혹은 혼합적으로 사용할 수 있으나 최종적으로 부과되는 형벌은 범죄행위의 총체성에 기반하여 범죄의 중대성과 범죄자의 범죄성을 반영한 정당하고 적절한 것이어야 한다는 입장이다.[1670]

Press(2002), p. 477.

1663) Mucić et al., ICTY (AC), judgment of 20 February 2001, para. 400; Kupreškić et al., ICTY (AC), judgment of 23 October 2001, para. 385 등; Werle, Gerhard; Jeßberger, Florian, 전게서, p. 282.

1664) Bemba, ICC (PTC), decision of 15 June 2009, para. 204.

1665) 형법 제38조, 제39조, 제40조 참조.

1666) Werle, Gerhard; Jeßberger, Florian, 전게서, p. 286.

1667) Werle, Gerhard; Jeßberger, Florian, 전게서, p. 287.

1668) D. Milošević, ICTY (TC), judgment of 12 December 2007, para. 1008; R. Delić, ICTY (TC), judgment of 15 September 2008, para. 597 등; 이처럼 단일한 형을 부과할 경우 피고인이 어떠한 범죄로 어느 정도의 형벌을 받았는가를 알 수 없어 투명성이 상실된다는 비판은 Werle, Gerhard; Jeßberger, Florian, 전게서, p. 285.

1669) 양자의 선고 방식에 실질적 차이가 없음을 설명하면서 개별 선고방식을 취한 것은 Kupreškić et al., ICTY (TC), judgment of 14 January 2000, paras. 864 et seq.

1670) Mucić et al., ICTY (AC), judgment of 20 February 2001, para. 429; ICTY가 이와 같은 재량을 허용하는 입장을 취한 것은 다수 유죄판결과 관련한 각국 국내법의 모델이 다양하다는 점에 기인한 것으로 보인다는 분석

이 있다. 그 밖에 국제형사법원들은 우리 형법의 상상적 경합에 해당하는 하나의 행위로 수개의 범죄를 범한 경우를 다수의 독립된 행위로 다수의 범죄를 범한 경우에 비하여 더욱 경하게 처벌하는 것이 정당화되는가에 대하여 결론을 내리지 않고 있다. Werle, Gerhard; Jeßberger, Florian, 전게서, p. 285.

제 4 편

형벌론

제1장 부과 가능한 형벌

제1절 국제관습법

뉘른베르크 재판과 동경재판에서는 다수의 피고인들이 사형과 종신형, 유기징역형 등에 처하여졌으나 형벌의 부과와 관련된 규범은 극히 미비한 상황이었다. 뉘른베르그 헌장과 동경 헌장은 '정의의 요청에 따라 재판부에 의하여 결정되는 사형 혹은 그와 같은 다른 형벌'을 부과할 수 있도록 하는 규정을 두고 있었을 뿐이었다.[1671] 이처럼 부과 가능한 형벌의 종류만 일부 규정되어 있었을 뿐 형벌의 범위나 내용, 양형 관련 사항 등에 관한 규정은 전혀 없었다. 또한 국제인도법과 다른 형사법 관련 조약들 역시 범죄에 대한 형사책임만을 규정하고 있을 뿐 어떤 형벌을 어떻게 부과할 것인가에 대한 지침을 전혀 제공하지 않았다.[1672] ICTY와 ICTR 법령 역시 적용 가능한 형벌로 유기징역과 무기징역을 규정하고 범죄행위로 취득한 재산의 반환을 규정하고 있을 뿐이었다.[1673] 다만 죄형법정주의에 대한 우려로 형벌의 선고와 관련하여 임시재판소들이 해당 지역인 유고슬라비아와 르완다 지역 법원의 일반적 관행에 의거하도록 규정하고 있었다. 그러나 재판부는 이러한 조항은 재판부가 필요하다고 생각할 경우 이를 고려할 수 있는 것일 뿐 해당 국가의 국내관행에 따라야 할 의무를 부담하는 것은 아니라고 판단하였다.[1674]

[1671] 뉘른베르크 헌장 제27조, 동경 헌장 제16조 참조. 그 밖에 뉘른베르크 헌장 제28조는 절취품을 피고인으로부터 박탈할 수 있다고 규정하고 있었다.; 통제위원회 법령 제10조에 의한 재판에서도 동일한 선고 권한이 부여되어 있었다. Cryer, Robert; Friman, Håkan; Robinson, Darryl; Wilmshurst, Elizabeth, 전게서, p. 500.

[1672] 1948년 집단살해방지협약은 단순히 형벌이 '효율적'이어야 한다'고 규정하였을 뿐이며(집단살해방지협약 제5조) 1984년 고문방지협약 역시 '형벌은 적절하고 범죄의 심각한 본질이 고려되어야 한다'고 규정하고 있을 뿐이다.(고문방지협약 제4조 제2항)

[1673] ICTY 법령 제24조, ICTR 법령 제23조, ICTY 절차증거규칙 제101조, ICTR 절차증거규칙 제101조.

[1674] Kunarac et al., ICTY (TC), judgment of 22 February 2001, para. 829; Krstić, ICTY (AC), judgment of 19 April 2004, para. 260.

제 2 절   로마규정

국제범죄에 대하여 어떤 형벌이 선고될 수 있도록 할 것인가는 로마규정 협상과정에서도 중요한 쟁점 중의 하나였다. 결론적으로 30년을 넘지 않는 징역형을 부과하도록 하되 범죄가 갖는 특별한 심각성과 유죄판결을 받는 피고인의 개별적 상황을 등을 고려하여 정당화될 수 있을 경우 종신형의 선고도 인정하고 있다.[1675] 또한 벌금도 부과할 수 있으며 범죄로부터 직접 혹은 간접적으로 유래한 수익이나 재산에 대한 몰수를 명할 수도 있다.[1676] 다만 사법운영을 침해하는 범죄의 경우에는 5년 이하의 징역 또는 벌금만을 부과하도록 하였다.[1677]

논란이 되었던 사형제도는 채택되지 않았다. 국제형사재판소 설립을 강력히 지지한 일부 국가들은 사형이 갖는 억제기능을 주장하면서 사형제도가 국제형사재판소의 신뢰를 위하여 반드시 갖추어야 할 전제조건이라고 주장하였으나 다수 국가들은 사형을 부과할 수 없는 조약상 의무 등을 주장하며 사형을 형벌로 규정하는 것에 대하여 반대하였다.[1678] 타협책으로 제시된 무기징역형에 대하여도 인권침해 우려가 있다는 주장이 제기되었다. 일부 국가들이 기한이 정하여 있지 않은 징역형은 자국 헌법에 따라 금지된다고 반대의견을 표명하여 결국 30년을 넘지 않는 징역형을 부과하되 범죄의 특별한 심각성과 개별적 상황 등을 고려하여 정당화될 수 있을 경우에만 종신형을 인정하는 것으로 타협이 이루어졌다.[1679]

주목할 것은 로마규정의 이러한 조항이 국제형사재판소에서 부과할 수 있는 형벌보다 가볍거나 무거운 형벌을 부과할 수 있는 체약당사국의 권한에 대하여 아무런 영향을 미치지 않음을 로마규정 제80조가 명확히 규정하고 있다는 점이다. 이에 따라 우리나라의 국제범죄법은 국내형사법에서의 형량체계를 고려하여 심각한 유형의 국제범죄에 대하여는 사형과 무기징역형을 규정하고 있다.[1680]

1675) 로마규정 제77조 제1항.
1676) 로마규정 제77조 제2항; 몰수는 유죄판결에 부속되는 조치로서 국제형사재판소는 관련 국가에 대하여 몰수를 위한 임시적 조치를 요구할 수 있다. 로마규정 제57조 참조; 군사장비의 몰수는 매우 민감한 문제인 점을 고려하여 몰수 대상에 범죄의 수단은 포함시키지 않고 있다. Cryer, Robert; Friman, Håkan; Robinson, Darryl; Wilmshurst, Elizabeth, 전게서, p. 502.
1677) 로마규정 제70조.
1678) 국제적 차원에서 점진적으로 나타나던 사형에 대한 거부 움직임 등 국제인권 기준의 발전이 ICTY와 ICTR 설립 당시 영향을 미치게 되었다. 사형 존치 여부는 매우 논란이 있는 주제로서 사형을 광범위하게 활용하는 국가로부터 이를 완전히 금지한 국가까지 매우 다양한 스펙트럼이 존재하며 이러한 상황이 반영된 국제인권 조약 역시 일관되어 있지 않은 상황이다. 이에 대하여 상세한 것은 Cryer, Robert; Friman, Håkan; Robinson, Darryl; Wilmshurst, Elizabeth, 전게서, p. 501.
1679) Cryer, Robert; Friman, Håkan; Robinson, Darryl; Wilmshurst, Elizabeth, 전게서, p. 502.
1680) 국제범죄법 제8조에서 제14조 참조.

제 1 절　양형규정의 미비

우리 형법에는 각 범죄별로 법정형이 규정되어 있으며 다양한 법률상 가중·감경 사유를 두고 있다. 범죄별로 규정되어 있는 법정형은 구체적 사안에 따라 적용되는 가중·감경의 절차를 거쳐 형이 선고될 수 있는 처단형으로 구체화되며 법률상 가중·감경 사유 이외에도 일반적으로 고려하여야 할 양형조건들이 형법에 명시되어 있다.[1681] 그러나 로마규정을 포함한 국제형사규범에는 개별 범죄에 따라 구분되는 법정형 자체가 규정되어 있지 않으며 구체적 양형사유도 명시되어 있지 않은 상황이다.[1682] 이러한 상황에서 이루어져 온 ICTY와 ICTR에서의 형벌의 양정에 대하여는 불명확하며 일관되어 있지 않다는 비판이 있어 왔다.[1683]

제 2 절　국제재판소 실무의 일반적 경향

양형과 관련하여 ICTY 항소심 재판부는 선고 가이드라인을 만드는 것을 지속적으로 반대해 왔다.[1684] 또한 임시재판소 재판부들 사이에서도 서로의 양형 관행에 대한 관심 역시 제한적인 것이어서 다른 사건에서 부과된 형벌과의 비교를 통한 일관된 양형 역시 충분히 이루어지지 않

[1681]　형법 제51조.

[1682]　다만 로마규정 절차증거규칙 제145조 제2항 참조.

[1683]　이에 반하여 이러한 비판은 양형 현실에 대한 완전된 분석에 의존한 것이라고 주장하면서 국내 형사법의 경우에도 광범위한 재량과 형량의 비일관성이 문제로 지적되듯이 국제적 양형에서도 명확성과 예측가능성의 문제가 어느 정도 존재할 수 있으나 국제형사법원에서의 상황이 반드시 더 나쁘지는 않다는 주장도 존재한다. 양형에 대한 비판과 이러한 비판이 경험적 토대가 결여된 것이라는 반론에 대하여 상세한 것은 Ambos, Kai, 전게서 II, p. 268.

[1684]　검찰 측의 선고가이드 라인 필요성을 배척하는 것으로는 Furundžija, ICTY A. Ch., 21 July 2000, para. 238 등.

는 것으로 보인다.[1685] 일반적으로 국제재판소에서 심리되어 선고되는 판결은 매우 심각한 범죄들임에도 ICTY와 ICTR에 의하여 최종적으로 부과되는 형벌은 3년에 종신형까지 그 범위가 매우 넓다. 뉘른베르크로부터 2012년 3월 국제형사재판소의 Lubanga 판결에 이르는 8개의 국제재판소 또는 혼합형 재판소의 형량을 분석한 결과에 따르면 사형을 제외한 형량은 최단 11개월에서 최장 52년에 이르며 평균 형량 기간은 15.3년이라고 한다. 종신형은 집단살해죄와 관련된 ICTR의 사건들에서 많이 선고되었으며 드물게는 ICTY의 인도에 반한 죄에 대한 사건에서 선고되기도 하였다.[1686]

ICTY와 ICTR의 양형에 있어서 중요한 목표는 최종 형량이 범죄 행위의 총체성과 범죄자의 전반적 책임을 반영하여야 한다는 것이다.[1687] 형을 선고하는데 가장 중요한 것은 범죄의 중대성으로 여기에는 피고인의 범죄가담 정도와 기여 방식, 사건의 상황 등이 포함된다.[1688] 국제형사재판소는 동일한 유형의 범죄에 대하여 시에라리온 특별재판소가 선고한 사례를 고려하기도 하였으나 다른 국제재판소의 판례가 직접적으로 적용될 수 있는 양형 관련 기준이 되는 것은 아니다.[1689]

제3절 범죄의 유형 등에 따른 범주적 판단

집단파괴라는 특별한 목적을 요구하는 집단살해죄는 일반적으로 인도에 반한 죄나 전쟁범죄보다 더욱 심각한 범죄로 여겨져 왔다.[1690] 박해 역시 '본질적으로 매우 심각한' 범죄로 간주되어 보다 강력한 형벌이 정당화되는 것으로 보았다.[1691] 또한 논란이 없는 것은 아니나 임시재판소는 인도에 반한 죄와 전쟁범죄를 원칙적으로 동등한 수준의 심각성을 갖는 것으로 판단하고 있다.[1692] 양형과 관련된 이와 같은 범주적 구분은 서로 다른 범죄에 내재해 있는 심각성에

1685) 과거의 선고형량과의 관계에서 일관성을 내용으로 하는 공평취급의 원칙(principle of equal treatment)이 강조되기도 하였으나 재판부가 이전의 판결은 동일한 범죄에 대한 것이어야 하고 관련 상황들도 실질적으로 동일하여야 한다는 입장을 유지하고 있었던 관계로 과거 선례의 중요성은 제한적인 것으로 보인다. Cryer, Robert; Friman, Håkan; Robinson, Darryl; Wilmshurst, Elizabeth, 전게서, p. 504; 과거의 선례가 큰 도움을 주지 않는다는 설시는 Mucić et al. (Čelebići), ICTY (AC), judgment of 20 February 2001, paras. 719, 720.
1686) ICTR과 ICTY의 관대한 양형에 대한 비판은 Ambos, Kai, 전게서 II, p. 268.
1687) Martić, ICTR (AC), decision of 8 October 2008, para. 350.
1688) ICTY 법령 제24조 제2항, ICTR 법령 제23조 제2항; Mucić et al. (Čelebići), ICTY (AC), judgment of 20 February 2001, paras. 731, 741; Blaškić, ICTY (AC), judgment of 29 July 2004, para. 683.
1689) Lubanga, ICC (TC), sentencing judgment of 10 July 2012, paras. 12-15.
1690) Kambanda, ICTR (TC), judgment of 4 September 1998, paras. 16, 42; Krštić, ICTY (TC), judgment of 2 August 2001, para. 700; Krstić, ICTY (AC), judgment of 19 April 2004, paras. 36, 37, 275.
1691) Blaškić, ICTY (TC), judgment of 3 March 2000, para. 785.
1692) Tadić, ICTY (AC), judgment 26 January 2000, para. 69; Kayishema and Ruzindana, ICTR (AC), judgment of 1 June 2001, para. 367; 그러나 초기 판례들은 인도에 반한 죄가 전쟁범죄에 비하여 더욱 높은 심각성을

근거하여 범죄들 사이에 일정한 계층구조가 존재한다는 것을 전제로 한 것이다. 그러나 이러한 계층구조보다는 가해진 해악의 정도 등 다른 상황들이 범죄의 심각성을 특징짓는데 더욱 중요하다는 주장이 제기되기도 하였다.[1693)

범죄에의 참여형태와 관련하여 임시재판소는 일반적으로 방조가 공동실행에 비하여 낮은 형벌이 선고될 수 있다고 보았으나[1694) 추상적인 순위 매김이 결정적인 것은 아니며 당해 사건의 구체적 사실들에 입각하여 판단되었다. 그리고 피고인의 개인적 상황과 이미 구금되어 있었던 기간 등도 함께 고려되었다.[1695)

제 4 절 가중요소와 감경요소

ICTY와 ICTR 재판부는 선고형을 결정함에 있어 일정한 가중요소나 감경요소들을 고려하여 왔다. 그러나 임시재판소 법령이나 절차증거규칙 어디에도 이와 같은 고려 요소들을 열거적으로 명시하고 있지 않으며 무엇이 이러한 요소에 해당할 것인가 여부와 이들의 상대적 비중에 대한 평가는 재량에 맡겨져 있다. 예들 들면 ICTR은 감경요소가 존재한다는 사실이 자동적으로 형벌을 감경시킨다거나 혹은 종신형을 배제하는 것은 아니라고 판시하였다.[1696) 임시재판소와 국제형사재판소 모두 가중요소에 대하여는 검사가 합리적 의심을 넘을 정도로 입증하여야 한다고 보았다.[1697)

ICTY와 ICTR 판례법에 의하여 발전된 가중요소로는 범죄의 규모, 범죄가 지속된 시간, 나이, 피해자의 숫자와 피해자들의 고통, 범죄 참여의 본질적 성격, 사전 계획 여부, 차별적 의도, 상급자 권한과 지위의 남용 여부 등이다.[1698) 이미 범죄의 구성요소로 포함되어 있거나 범죄의 심각성을 판단하기 위하여 고려되었던 사유가 재차 가중요소로 활용되지는 않는다.[1699) 로마규정 절

갖는 것으로 보았다. Tadić, ICTY (TC), judgment of 14 July 1997, para. 73; Erdemović, ICTY (AC), judgment of 7 October 1997, paras. 20-26; Kambanda, ICTR (TC), judgment of 4 September 1998, para. 4.

1693) 임시재판소의 유죄판결 관행이 이러한 계층구조의 중요성을 감소시키고 있다는 평가가 존재한다. 이에 대한 찬반 주장에 대한 것은 Cryer, Robert; Friman, Håkan; Robinson, Darryl; Wilmshurst, Elizabeth, 전게서, p. 505.

1694) Vasiljević, ICTY (AC), judgment of 25 February 2004, para. 182; Kajelijeli, ICTR (TC), judgment of 1 December 2003, para. 963.

1695) Cryer, Robert; Friman, Håkan; Robinson, Darryl; Wilmshurst, Elizabeth, 전게서, p. 505.

1696) Ntabakuze, ICTR (AC), judgment of 8 May 2012, para. 280.

1697) Mucić et al. (Čelebići), ICTY (AC), judgment of 20 February 2001, para. 763; Lubanga, ICC (TC), sentencing judgment of 10 July 2012, paras. 32-33.

1698) Blaškić, ICTY (AC), judgment of 29 July 2004, para. 686; Stakić, ICTY (TC), judgment of 31 July 2003, para. 911 등; 재판에서 반성하는 빛을 보이지 않는 태도에 대한 것은 Mucić et al. (Čelebići), ICTY (AC), judgment of 20 February 2001, paras. 780-789.

1699) Blaškić, ICTY (AC), judgment of 29 July 2004, para. 693; Simba, ICTR (AC), judgment of 27 November 2007, para. 320; Lubanga, ICC (TC), sentencing judgment of 10 July 2012, para. 35.

차및증거규칙은 이전의 유죄판결, 공적 지위의 남용 여부, 방어할 수 없는 피해자에 대한 범죄인가 여부, 피해자의 다수성, 범행 방법의 특별한 잔인성, 차별 등을 양형인자로 규정하고 있다.[1700]

감경요소는 원칙적으로 피고인이 입증하여야 하지만 민사절차에서처럼 대상 요소가 존재할 개연성이 더욱 높다는 의미의 개연성의 균형기준을 충족시키면 족하다.[1701] ICTY와 ICTR 절차증거규칙과 잔여이행절차를 위한 규칙에서는 검사와의 실질적인 협력이 이루어진 경우를 유일한 감경요소로 규정하고 있다.[1702] 국제형사재판소의 경우에도 절차및증거규칙 제145조 제2항(a)(ii)에 따라 재판절차에 적극적으로 협력하는 것도 감경요소가 될 수 있을 것이다.[1703]

유죄답변을 감경요소로 볼 것인가 여부와 만일 감경요소로 취급한다면 어느 정도 이를 반영할 것인가 여부는 논란의 대상이다. 일반적으로 유죄답변은 피고인과 검찰 측의 합의에 연계되어 있으며 이러한 합의에는 법원에 대한 비구속적 양형 권고가 포함될 수 있다. 사법경제적 사유, 피해자를 위한 고려 등을 이유로 일반적으로는 유죄답변이 감경요소로 받아들여지고 있으나 재판부는 감경이 보장된다고 선언하는 것을 피하면서 유죄답변의 감경효과에 대하여 개별화된 접근방식을 취하고 있다.[1704] 따라서 재판부가 유죄답변으로 인한 감경효과를 넘어서는 가중요소를 발견하는 경우도 있으며[1705] 검찰측 권고 형량으로부터 이탈하는 현상이 발생하기도 한다.[1706]

다른 감경요소로 언급되는 것은 반성, 자수, 피구금자나 피해자에 대하여 도움을 주었는가 여부, 좋은 인성과 같은 개인적 성향, 나이, 구금 태도, 가족 환경 등이며 예외적으로 나쁜 건강이 고려되기도 한다.[1707] 범죄와 직접적으로 관련된 요소로는 범죄에 간접적으로만 참여하였거나 혹은 참여 정도가 제한적이었는지 여부, 형사책임을 배제하기에는 부족하지만 강박이나 정신적 능력의 약화가 있었는가 여부 등도 고려된다.[1708] 피고인이 보유하고 있던 지위의 중요성이

1700) 로마규정 절차증거규칙 제145조 제2항.

1701) Cryer, Robert; Friman, Håkan; Robinson, Darryl; Wilmshurst, Elizabeth, 전게서, p. 507; Lubanga, ICC (TC), sentencing judgment of 10 July 2012, para. 34.; Mucić et al. (Čelebići), ICTY (AC), judgment of 20 February 2001, para. 590.

1702) ICTY 절차증거규칙 제101조 (B)(ii), ICTR 절차증거규칙 제101조 (B)(ii).

1703) Lubanga, ICC (TC), sentencing judgment of 10 July 2012, para. 91.

1704) Cryer, Robert; Friman, Håkan; Robinson, Darryl; Wilmshurst, Elizabeth, 전게서, p. 508.

1705) Kambanda, ICTR (TC), judgment of 4 September 1998, paras. 60-62; Kambanda, ICTR (AC), judgment of 19 October 2000, paras. 125, 126.

1706) 검찰의 15년 구형에 대하여 23년이 선고된 사례는 Dragan Nikolić, ICTY (TC), judgment of 18 December 2003.

1707) Cryer, Robert; Friman, Håkan; Robinson, Darryl; Wilmshurst, Elizabeth, 전게서, p. 508; Blaškić, ICTY (AC), judgment of 29 July 2004, para. 696; Semanza, ICTR (AC), judgment of 20 May 2005, para. 398; 좋은 성격을 가졌다는 평소의 평판이 오히려 가중 요소로 작용한 것은 Tadić, ICTY (TC), judgment of 14 July 1997, para. 59; 형사절차가 진행되는 과정에서 피고인에 대한 기본적 권리의 침해가 있었던 경우 이에 대한 구제책의 일환으로 형벌이 감경될 수 있다는 것은 Semanza, ICTR (AC), judgment of 20 May 2005, para. 389.

1708) Cryer, Robert; Friman, Håkan; Robinson, Darryl; Wilmshurst, Elizabeth, 전게서, p. 508; 유사한 요소들이 로마규정 절차증거규칙에도 규정되어 있다. 로마규정 절차증거규칙 제145조 제2항 및 Lubanga, ICC (TC),

형벌에 영향을 미칠 수 있으나 고위직이라고 하여 자동적으로 가중되고 하위직이나 보조적 기능만을 담당하였다고 하여 자동적으로 형이 감경되는 것은 아니다.[1709]

제 5 절 형벌의 선고방식

ICTY와 ICTR은 동일한 행위에 근거한 중첩적 기소와 중첩적 유죄판결을 허용하고 있으며 이와 관련하여 임시재판소는 형의 선고 형태에 대한 재량을 가지고 있다고 판시하고 있다.[1710] 이러한 상황 하에서 임시재판소에서의 형의 선고 관행은 일관되지 않으나 선고 방법에 관계없이 최종적인 형량이나 혹은 합쳐진 형량은 범죄행위의 총체성을 반영하는 정당하고 적절한 것이어야 한다는 원칙의 적용을 받는다.[1711]

한편 로마규정의 적용을 받는 국제형사재판소에서는 각각 범죄별로 분리된 형이 선고되어야 하며 이와 함께 총 형기를 특정한 통합형이 함께 선고되어야 한다. 이 경우 총 형기는 가장 높은 개별 형기보다 적거나 30년의 징역 또는 제77조 제1항 나호에 따른 무기징역을 넘어설 수 없다.[1712]

제 6 절 선고 절차

초기단계에서 임시재판소는 유죄판결을 먼저 선고한 후 양형에 관한 판결을 분리하여 선고하였다.[1713] 그러나 2000년 12월 하나의 판결로 선고할 수 있도록 절차증거규칙이 개정된 이후부터

---

sentencing judgment of 10 July 2012, paras. 83-87 등 참조.

1709) Mucić et al. (Čelebići), ICTY (AC), judgment of 20 February 2001, para. 847; Krštić, ICTY (TC), judgment of 2 August 2001, para. 709; 그러나 상급자가 지위를 남용한 경우는 가중 요소가 될 수 있다. Kayishema and Ruzindana, ICTR (AC), judgment of 1 June 2001, paras. 358 et seq; 피고인이 높은 지위를 가지고 있었거나 성직자와 같이 많이 알려지고 존경을 받는 상황에 있었던 경우를 가중 요소로 본 경우는 Seromba, ICTR (AC), judgment of 12 March 2008, para. 230; 피고인의 범죄 동기가 양형에 영향을 미치는가 여부와 관련하여 민주적으로 선출된 정권을 지지하려는 정치적 동기를 중요한 감경요소로 보아 상대적으로 낮은 징역형을 선고한 시에라리온 특별재판소의 1심 판결(Fofana and Kondewa, SCSL (TC), sentencing judgment of 9 October 2007, paras. 80, 86)과 동기의 정당성을 근거로 감경을 허용하는 것은 적극적 예방에 모순되는 것이며 ius ad bellum과 ius in bello에 대한 법의 융합은 회피되어야 한다고 본 항소심 판결(Fofana and Kondewa, SCSL (AC), judgment of 28 May 2008, paras. 533, 534)에 대한 것은 Cryer, Robert; Friman, Håkan; Robinson, Darryl; Wilmshurst, Elizabeth, 전게서, p. 509.

1710) Mucić et al. (Čelebići), ICTY (AC), judgment of 20 February 2001, para. 429; Kambanda, ICTR (AC), judgment of 19 October 2000, paras. 102-112; 이는 후속적으로 ICTY와 ICTR의 절차증거규칙에 명시되었다. ICTY 절차증거규칙 제87조 (C), ICTR 절차증거규칙 제104조 (C).

1711) Cryer, Robert; Friman, Håkan; Robinson, Darryl; Wilmshurst, Elizabeth, 전게서, p. 509.

1712) 로마규정 제78조 제3항.

1713) Erdemović, ICTY (TC), sentencing judgment of 29 November 1996; Tadić, ICTY (TC), judgment of 14 July

는 하나의 판결 선고가 임시재판소의 관행으로 자리잡게 되었다.[1714] 로마규정도 단일화된 재판을 규정하고 있으나 양 당사자가 요구할 경우 분리된 재판이 가능하다.[1715] 임시재판소나 국제형사재판소에서 피고인에 의한 유죄답변이 있을 경우 당해 사건은 양형을 심리하는 단계로 넘어가게 된다.[1716]

제 7 절 양형에 대한 항소

ICTY와 ICTR, 국제형사재판소 모두 양형에 대한 독립적 항소를 허용하고 있다.

ICTY와 ICTR의 항소심 절차는 사후심적 성격을 가지는 것으로 형의 양정에 대한 재량 행사에 '인식가능한 오류(discernible error)'가 존재하는가 여부를 판단하며 항소를 한 측에서 이러한 요건을 입증하여야 한다.[1717] 유죄 혹은 무죄 판결에 대한 항소 결과 원심판결이 파기될 경우에는 형량에 대한 수정으로 이어질 수 있는데 항소심은 새로운 양형판결을 위해 사건을 1심으로 환송하거나 스스로 새로운 형을 선고할 수 있다.[1718]

국제형사재판소의 경우 사실 오인이나 법령 위반 또는 절차상 하자로 인하여 양형에 실질적인 영향이 있었다고 판단하는 경우 판결을 파기 또는 변경하거나 다른 1심 재판부에서의 새로운 재판을 명령할 수 있다. 피고인만 항소하였거나 피고인을 대신하여 검찰 항소만이 있었던 경우에는 원심보다 불리한 판결을 선고하지 못하는 불이익변경금지의 원칙이 적용된다.[1719]

1997.

1714) ICTY 절차증거규칙 제87조, ICTR 절차증거규칙 제85조; Cryer, Robert; Friman, Håkan; Robinson, Darryl; Wilmshurst, Elizabeth, 전게서, p. 509.

1715) 로마규정 제76조, 로마규정 절차증거규칙 제143조.

1716) ICTY 절차증거규칙 제62조의2, 제100조, ICTR 절차증거규칙 제62조 (B), 제100조, 로마규정 제76조 제2항.

1717) Cryer, Robert; Friman, Håkan; Robinson, Darryl; Wilmshurst, Elizabeth, 전게서, p. 510; Mucić et al. (Čelebići), ICTY (AC), judgment of 20 February 2001, para. 725; Semanza, ICTR (AC), judgment of 20 May 2005, para. 374.

1718) Cryer, Robert; Friman, Håkan; Robinson, Darryl; Wilmshurst, Elizabeth, 전게서, p. 510.

1719) 로마규정 제83조 상소심 절차.

제 3 장　집행(Enforcement)

제 1 절　형벌 집행의 위탁

임시재판소나 국제형사재판소에 의하여 부과된 형벌은 형벌 집행의사를 자발적으로 표명한 명단에 기재된 국가들 중 집행국가를 지정하는 절차를 거쳐 당해 국가에서 집행된다.[1720] 국제형사재판소는 형벌의 집행을 위한 집행협정을 개별국가들과 맺어 왔으며[1721] 집행국가는 범죄자의 국적, 수형 인원, 특정한 수형자에 대한 거부권한 유보 등 재판소가 동의하는 일정한 조건을 부가할 수 있다.[1722] 국제형사재판소의 경우에는 피고인의 의견을 집행국 결정에 고려할 수 있으나 임시재판소의 경우에는 그러한 절차가 규정되어 있지 않다.[1723] ICTY와 ICTR에서의 형벌의 집행 임무는 잔여이행 절차(Residual Mechanism)로 이관된 상태이다.

제 2 절　집행국의 권한과 재판소의 이송 결정

형벌을 집행하는 국가는 형벌의 집행만을 담당할 뿐 형량을 임의로 변경할 수 없고 임시재판소나 국제형사재판소의 승인 없이 사면, 감형, 조기 석방 등을 결정할 수 없다.[1724] 구금의 조

1720) ICTY 법령 제27조, ICTR 법령 제26조, 로마규정 제103조; 임시재판소의 장이나 국제형사재판소 소장이 구체적 사건에 대한 형벌 집행 국가를 지정한다. ICTY 절차증거규칙 제103조, ICTR 절차증거규칙 제103조, 로마규정 절차증거규칙 제198조 내지 제206조.

1721) 오스트리아, 벨기에, 콜롬비아, 덴마크, 핀란드, 말리, 노르웨이, 세르비아, 영국 등과 일반집행협정이 맺어져 있으며 분쟁당사국인 콩고민주공화국과는 임시집행협정이 맺어져 있다.

1722) 로마규정 103조 제1항 (b).

1723) 로마규정 절차증거규칙 제203조 등; Cryer, Robert; Friman, Håkan; Robinson, Darryl; Wilmshurst, Elizabeth, 전게서, p. 511.

1724) ICTY 법령 제28조, ICTR 법령 제27조, 로마규정 제105조 제1항, 제110조 제1항. 집행국의 통지의무에 대하여는 제103조 제2항 참조.

건은 각국 국내법에 의할 것이나 임시재판부나 국제형사재판소가 이를 감독한다.[1725] 로마규정은 '죄수의 처우를 규율하는 광범위하게 받아들여지고 있는 국제조약의 기준'을 준수할 것과 유사한 범죄들에 대하여 유죄판결을 받은 다른 범죄인들보다 더 좋거나 나쁜 대우를 하지 말 것을 규정하고 있다.[1726] 국제형사재판소는 언제든지 수형자를 다른 국가의 교도소로 이송하도록 결정할 수 있고 수형자 역시 이송을 신청할 수 있다.[1727]

국제형사재판소의 요청이 있을 경우 각국 권한 당국은 벌금, 몰수, 배상 명령에 대한 집행의 의무를 부담한다.[1728]

1725) ICTY 법령 제27조, ICTR 법령 제26조, 로마규정 제106조.

1726) 로마규정 제106조.

1727) 로마규정 제104조.

1728) 로마규정 제75조, 제109조 등; 이 경우 집행 국가는 벌금 액수나 명령 내용을 수정할 수 없다. Cryer, Robert; Friman, Håkan; Robinson, Darryl; Wilmshurst, Elizabeth, 전게서, p. 512.

제 5 편

국내 법원에서의 국제범죄 처벌

제 1 장

국제형사규범의 수용

제 1 절   국내 입법의 필요성

국제형사재판소나 임시재판소 등이 국제범죄의 처벌에 있어서 일정한 역할을 담당한다고 하더라도 실제로 국제형사법원에서 다룰 수 있는 사건은 매우 제한적이며 많은 비용과 시간이 소요된다. 따라서 국제형사법원에 의한 직접강제체제 뿐 아니라 각국 국내 법원에 의한 간접강제 체제가 국제형사법의 실현에 매우 중요한 역할을 담당하고 있다.[1729]

어느 국가에서 국제법에 의하여 인정되는 국제범죄를 자국 법원에서 처벌하기 위해서는 국제범죄를 처벌할 수 있는 국내 실체법이 정비되어야 하며 이러한 범죄들에 대한 형사재판권이 존재하여야 한다. 물론 국제범죄를 규율할 수 있는 특별한 형벌규범이 국내에 입법되어 있지 않다 하더라도 국제범죄에 대한 처벌이 완전히 불가능한 것은 아니다. 살인, 강간 등 집단살해죄나 인도에 반한 죄 등을 구성하는 행위의 상당 부분은 일반 국내형법으로도 처벌이 가능하며 실제로 국제범죄는 오랜 기간 동안 일반범죄 형태로 국내법원에서 기소되어 왔다.[1730] 그러나 침략범죄나 다수 전쟁범죄들은 국내법 체계에 일반적으로 존재하여 온 범죄 유형이 아니므로 처벌규범의 전면적 공백상태가 발생할 수 있다. 그리고 국제범죄에 해당하는 행위를 국제범죄가 아닌 '일반범죄'로 기소하는 것은 국제법에서 대상 행위를 범죄화 시키고 있는 범죄성의 수준을 제대로 반영하지 못하는 것으로 국제범죄 관련 국제규범에 의하여 부담하고 있는 국내 입법 이행의무를 해태하는 것일 수 있다.[1731]

1729) F. Jeßberger and C. Powell, "Prosecuting Pinochets in South Africa, Implementing the Rome Statute of the International Criminal Court", 14 South African Journal of Criminal Justice (2001), p. 347; 로마규정 제1조는 국제형사재판소가 국내재판권에 대하여 보조적인 것임을 규정하여 국제형사법에 있어 분산화된 사법체제의 관념을 승인하고 있다. Werle, Gerhard; Jeßberger, Florian, 전게서, p. 145.

1730) Cryer, Robert; Friman, Håkan; Robinson, Darryl; Wilmshurst, Elizabeth, 전게서, p. 79.

1731) 호주에서는 집단살해방지협약에 따른 의무를 충족시키기 위하여 일반범죄에 의존하는 처벌 방식이 채택된 바 있으나 호주 법원은 일반범죄로 대상 행위를 처벌한다고 하여 호주 내에서 집단살해죄가 승인되어 기소

국제범죄에 대한 국내규범이 존재하지 않을 경우 국내법원이 조약법이나 국제관습법을 직접 적용하여 이러한 행위들을 국제범죄로 처벌하는 것을 상정하여 볼 수 있을 것이다. 그러나 죄형 법정주의 원칙과 형사법 영역에서의 국제법과 국내법의 일반적 관계에 비추어 볼 때 이러한 직접 적용 방식은 대륙법계 국가 뿐 아니라 관습법을 일반적 규범으로 승인하고 있는 영미법계 국가에서도 통상적으로는 가능하지 않은 방식이다.

우선 조약에 직접 근거한 처벌은 규범의 본질과 내용면에 있어서 각국 국내형사법의 원칙인 죄형법정주의와 상응하기 어려울 것이다. 국제범죄의 처벌을 규정하는 조약의 문언은 일정한 범죄의 국내처벌 의무만을 부과하고 있을 뿐 구체적 범죄행위의 유형이나 형량에 대하여는 규정하고 있지 않은 경우가 대부분이므로 국내법원에서 이를 직접적 처벌근거로 삼기는 어렵다.[1732]

국제범죄에 대한 국내 입법의 미비는 특히 국제관습법의 형태로 존재하는 국제형사규범을 적용하는데 큰 장애가 된다. 우리나라와 독일과 같이 엄격한 죄형법정주의 원칙을 채택한 국가의 경우 성문법이 아닌 불문법 형태의 형사규범은 인정되지 않기 때문이다. 그동안 국제형사법의 영역에서는 이러한 엄격한 형태의 죄형법정주의가 국제형사법 체계와 부합하지 않는다는 주장이 있어 왔으며 실제로 제2차 대전 이후의 사건들에서 죄형법정주의 원칙이 보다 완화되어 적용된 것도 사실이다.[1733] 그러나 현재 시점에서 이러한 유연한 입장을 취하는 국가는 찾아보기

된 것이라고 볼 수 없다고 판시하여 일반범죄 형태의 기소는 국제범죄에 대한 처벌로 보기 어렵다고 선언한 바 있다. Nulyarimma v. Thompson [1999] FCA 1192; 국제범죄에 대한 국내입법이 미비한 상황은 임시 재판소가 국내법원으로 사건을 이관하는데 장애사유로 작용하기도 하였다. Cryer, Robert; Friman, Håkan; Robinson, Darryl; Wilmshurst, Elizabeth, 전게서, p. 80; 다만 일반범죄가 아닌 국제범죄인 전쟁범죄로 기소할 의무가 조약법이나 국제관습법에 존재하지 않는다는 것은 Hadžihasanović et al., ICTY (TC), judgment of 15 March 2006, paras. 253-260.

1732) 조약을 내국 법원에서 적용할 수 있도록 하기 위해서는 적어도 당해 규범을 직접 지정하는 국내 규범이 필요할 것이다. 호주에서는 조약에 근거한 국제범죄에 대한 국내 이행법률이 없을 경우 조약이 국내에서 직접 적용될 수 없다는 것을 자명한 것으로 받아들여지고 있다. Dietrich v The Queen [1992] HCA 57; (1992) 177 CLR 292; Kruger v Commonwealth [1997] HCA 27; (1997) 190 CLR 1. 호주 법원은 Teoh 사건에서 국제법에 근거한 조약상 의무는 국내법 체제 내에서도 고려되어야 할 대상이나 직접 구속되지는 않는 것으로 보았으며(Minister for Immigration and Ethnic Affairs v Teoh [1995] HCA 20; (1995) 183 CLR 273 (hereinafter Teoh's Case)) 더욱 최근의 Lam 사건에서는 위의 입장을 더욱 강화하여 호주 국내법에 입법화되지 않은 조약의 역할에 대하여 보다 더 조심스런 입장을 취하였다고 한다.(Minister for Immigration and Multicultural Affairs v Ex Parte Hieu Trung Lam [2003] HCA 6; (2003) 195 ALR 502) 호주연방은 호주가 체약당사국인 인권조약의 직접 적용을 허용하는 법령을 도입하지 않았으며 따라서 인종차별금지협약, 성차별금지협약 등의 일부 예외를 제외한 대다수 인권협약들은 인권 및 균등위원회법(Human Rights and Equal Opportunity Commission Act 1986 (Cth))에 기반하여 인권위원회가 업무를 수행함에 있어 적용될 수 있는 인권에 대한 판단 기준으로만 삼고 있다. Gillian Triggs, "Implementation of the Rome Statute for the International Criminal Court: A Quiet Revolution in Australian Law", Sydney Law Review(2003).

1733) Ward N. Ferdinandusse, Direct Application of International Criminal Law in National Courts. Hague : TMC Asser Press(2006), p. 224.

어렵다. 독일에서도 과거 국경 경비원 사건[1734]에서 취하였던 입장과 달리 독일 헌법 제103조 제2항에 의하여 죄형법정주의의 엄격한 적용이 요구되는 것으로 보는 등 국제법의 직접 적용을 배제하는 광범위한 합의가 존재하는 것으로 이해된다.[1735] 불문법을 법원으로 인정하여 국내 관습법의 적용을 승인하는 영국과 같은 보통법 국가들에서도 국제관습법이 국내법에서의 범죄를 창설할 수 있는 것으로는 인정하지 않으며 새로운 범죄를 창설할 수 있는 권한은 민주적 절차에 따라 선출된 의회에 유보되어 있는 것으로 보고 있다.[1736] 따라서 국제관습법만을 근거로 각국 국내에서 국제범죄를 처벌하는 것은 가능하지 않은 것으로 보인다.[1737]

국제형사법제의 발전에도 불구하고 집단살해죄, 인도에 반한 죄, 전쟁범죄, 침략범죄 등 국제범죄에 관하여 각국이 부담하고 있는 입법 의무의 범위는 서로 상이하다. 집단살해방지협약과 제네바협정은 명시적으로 체약당사국들이 필요한 입법을 하도록 요구하고 있으며[1738] 이에 따라 일부 국가들은 별도의 이행입법을 통하여 이들 국제규범을 도입하거나 일반 형법 또는 군형법에 전쟁범죄, 집단살해죄에 대한 특별조항을 두고 있다. 한편 집단살해죄와 전쟁범죄와는 달리 로마규정 이전에는 인도에 반한 죄를 규율하는 일반 조약이 존재하지 않았다. 따라서 인도에 반한 죄

1734) 독일 통일 이전 서독으로 탈출하려는 동독인들을 살해한 사건이 독일 통일 이후 통일된 독일에서 기소되자 당사자는 이를 유럽인권법원에 제소하면서 기소 대상이 된 자신들의 행위가 행위 당시에는 동독법이나 국제법에 의한 범죄를 구성하지 않는 것이었다고 주장하였다. 그러나 유럽인권법원은 명문의 국제법만이 죄형법정주의 요건을 충족시키는 것이라고 볼 수 없으며 인류에 대한 범죄로서 중요성을 가진 규범은 규범에 대한 접근성과 예측가능성이 충분히 인정되므로 비록 당시 이러한 행위의 금지가 어떠한 조약에도 명문화되어 있지 않았다 하더라도 국제적 죄형법정주의 원칙에 부합하는 것으로 판단하였다. ECHR, judgment of 22 March 2001, case no. 3044/96 : 35532/97 : 44801/98(Strelez, Kesstler, and Krenz v. Germany).

1735) Ward N. Ferdinandusse, 전게서, p. 40, 재판권의 측면에서도 조약에 규정된 보편적 관할권을 승인하는 내용을 형법에 명시하여 죄형법정주의의 엄격한 적용을 꾀하고 있다. 독일 형법 제6조 제9호 참조(일본형법 제4조의2도 동일한 내용을 규정하고 있다) 그리고 문명국가들에 의하여 인정되는 일반 원칙에 의한 제재의 예외를 인정하는 유럽인권협약 제7조 제2항이 법치주의를 약화시킨다는 이유로 협약 가입 시 이를 유보하였다. p. 226.

1736) 국제관습법이 영국법 체제 내에서 새로운 범죄를 창설할 수 없다는 것은 R v. Jones [2006] UKHL 16; Patrick Capps, "The Court as Gatekeeper: Customary International Law in English Courts", 70 Modern Law Review (2007), p. 459 et seq. 다만 전쟁범죄에 대하여는 일부 사소한 예외가 인정 된다.

1737) Cryer, Robert; Friman, Håkan; Robinson, Darryl; Wilmshurst, Elizabeth, 전게서, p. 80; 캐나다의 경우 국제범죄에 대한 별도 입법을 하면서 국제관습법의 내용을 일부 수용하고 있다. Canadian Crimes against Humanity and War Crimes Act 2000 제4조 제4항 참조; 프랑스의 경우 Barbie 사건에서 인도에 반한 죄로 대상자를 처벌함에 있어 이에 대한 국내 규범이 존재하지 않는다는 문제점이 발생하였다. 결국 프랑스 대법원(Court of Cassation)은 뉘른베르크 헌장에 구현되어 있었던 인도에 반한 죄는 프랑스 내에서 직접적으로 적용될 수 있다고 판단하였으며(Court of Cassation, 26 January 1984) 이는 제2차 대전 당시 범죄에 대한 추가적인 기소와 집단살해죄 및 인도에 반한 죄에 대한 후속 입법의 계기로 작용하였다. 이러한 프랑스의 사례를 근거로 조약상 의무를 충족시키는 방법으로 반드시 국내입법이 이루어져야 하는 것은 아니라는 입장이 있으나(Cryer, Robert; Friman, Håkan; Robinson, Darryl; Wilmshurst, Elizabeth, 전게서, p. 79) 프랑스에서의 위 사례는 예외적인 것으로 보인다.

1738) 집단살해방지협정 제5조, 제네바협약 I 제49조, 제네바협약 II 제50조, 제네바협약 III 제129조, 제네바협약 IV 제146조.

가 국내법에 독립된 범죄로 규정되어 있는 경우는 매우 드물었으며 침략범죄 역시 소수의 국가에서만 범죄로 규정되어 있었다.[1739]

　　국제형사재판소를 설립한 중요한 목적 중 하나는 각국이 스스로 국제범죄를 효율적으로 처벌할 수 있는 기반을 갖추도록 하기 위하여 국제범죄 관련 규범의 법원(法源)과 법적 기준을 로마규정을 통하여 제공하는 것이다.[1740] 그러나 로마규정은 국내법 도입 의무를 부과하고 있지는 않으며[1741] 국내 사법체계가 국제범죄를 저지른 범죄자의 처벌에 실패하지 않는다면 국제형사재판소는 직접 개입하지 않는다는 보충성의 원칙만을 규정하고 있다. 이러한 로마규정의 태도는 국내 입법의무를 부여하는 다른 조약과는 대비되는 것으로 로마규정 체약당사국들은 로마규정 가입 이후에도 자국 형사법에 대한 자주권을 보유하게 되는 것이다.[1742] 그러나 로마규정은 협약 도입의무를 직접 부과하고 있지 않을 뿐 국내 입법을 장려하고 있으며 당해 국가가 진정으로 수사 또는 기소할 의사나 능력이 없는 경우를 보충성 원칙의 예외로 규정하여 국내 입법에 대한 강력한 유인책을 마련해 두고 있다. 체약당사국들이 자신들의 국내 사건에 대한 국제형사재판소의 관여를 방지하기 위하여 보충성 원칙의 예외에 해당하지 않도록 일정한 기준을 충족시킬 것을 원하게 되며 동시에 국내입법을 통하여 가장 혐오스런 국제범죄를 적극적으로 처벌하겠다는 의지를 표현하게 된다는 것이다.[1743]

　　보충성 원칙의 예외와 관련하여 국내법이 국제법에서의 범죄 개념으로부터 어느 정도 벗어난 것만으로는 국제범죄를 기소할 의사나 능력이 없는 것으로 간주되지는 않으므로 로마규정은 체약당사국이 범죄개념을 그들 국내법에 도입하는 정도에 있어서 탄력성을 허용하고 있다.[1744] 그러나 형사처벌의 공백이 존재하여 국내법에 의한 처벌이 불가능하거나 형벌의 내용이 부적절할 경우 그에 대한 제재로 국제형사재판소가 당해 사건에 대한 재판권을 행사할 수 있다.[1745] 이처럼 로마규정은 국내법의 품질에 관하여 체약당사국들이 국제형사재판소와 유사한 능력과 의사를 가지고 국제범죄들을 처벌할 수 있어야 하다는 메시지를 전달하고 있는 것이다.[1746] 그리고 이러한 로마규정의 체계는 실제적으로 상당한 효과를 발휘하여 오랜 기간 동안 국제형사법 관련

1739) Cryer, Robert; Friman, Håkan; Robinson, Darryl; Wilmshurst, Elizabeth, 전게서, p. 79.

1740) 로마규정은 각국 국내법을 로마규정의 관점에서 조망할 강력한 유인책을 제공하는 것이다. 국제형사재판소의 설립에 의하여 국제범죄에 대한 국내기소가 증가할 것이라는 주장은 Werle, Gerhard, Jeßberger, Florian, "International Criminal Justice is Comming Home : The New German Code of Crimes against International Law", Criminal Law Forum 13(2002), pp. 194, 195.

1741) 다만 로마규정 제70조의 사법운영을 침해하는 범죄는 그 예외이다. 제70조 제4항 참조.

1742) Werle, Gerhard; Jeßberger, Florian, 전게서, p. 145.

1743) Cryer, Robert; Friman, Håkan; Robinson, Darryl; Wilmshurst, Elizabeth, 전게서, p. 81.

1744) ICTY 법령 제10조 제2항 (a)와 ICTR 법령 제9조 제2항 (a)는 국내법원에서 일반범죄로 심리된 경우를 일사부재리 원칙의 예외로 규정하고 있다. 그러나 로마규정 제20조는 이러한 일반범죄 예외를 규정하고 있지는 않다. 이에 대한 Gaddafi and Al-Senussi, ICC (PTC), decision of 31 May 2013, paras. 85, 88 참조.

1745) 로마규정 제17조.

1746) Werle, Gerhard, Jeßberger, Florian, 전게논문, p. 195.

협약의 체약당사국이었으나 국내법 제정을 미루어 왔던 다수 국가들이 로마규정 가입을 계기로 국내법에 국제범죄 관련 조항을 성공적으로 도입하는 결과를 가져왔다.[1747]

제 2 절 국내 수용 방식

국제형사법의 국내 수용은 매우 조심스런 법적 · 정치적 고려가 요구되는 쉽지 않은 작업이다. 국제형사 규범이나 로마규정의 수용방식에는 대체로 아래 3가지 유형이 있으며 경우에 따라서는 이러한 방식들이 혼합되어 사용될 수도 있고 유형적 구분이 명확하지 않은 경우도 있다. 예를 들면 범죄의 개념 부분에서는 국제법을 직접 인용하는 방식을 채택하고 재판권과 범죄의 참여형태는 국내법에 의하여 규율되기도 한다. 또한 여러 개의 범죄가 기소되는 경우 집단살해죄는 수정된 국내법에 근거하고 전쟁범죄는 국제법의 내용을 받아들이기도 하는 등 복합적 성격을 띠기도 한다.[1748]

1. 동일 입법 방식

로마규정의 범죄 개념을 국내법에서 동일하게 채택하고 형사책임의 유형 등에 대하여도 완전히 동일하게 그대로 도입하는 유형이다. 가장 국제법 친화적 방식으로 이러한 입법이 존재할 경우 국내 형사절차에서도 국제법에서 인정되는 구성요건과 동일한 내용으로 기소가 가능하다. 이러한 입법은 국제범죄의 완전한 범죄화라는 정치적 의미를 가지고 있을 뿐 아니라 국내 문제에 대하여 국제형사재판소의 개입을 막을 수 있는 가장 안전한 선택이기도 하다. 이러한 접근방법은 호주, 캐나다, 뉴질랜드, 남아프리카공화국, 영국 등에서 채택되었다.[1749] 그러나 이러한 방식은 국제형사법에 규정되어 있는 범죄 개념 등이 국내 헌법에서 요구되는 법적 명확성의 요청을 충족시키지 못할 경우에는 도입하기 어렵다는 한계를 가지고 있다.[1750]

이와 약간 차이가 있는 방식으로 국제법을 준거법으로 지정하는 방식이 있다. 국내법에서 로마규정의 개념조항을 직접 인용하거나 국제관습법에서 인정되는 규범내용을 인용하는 것으로 구체적 지정방식과 일반적 지정방식으로 나뉠 수 있다.[1751] 그러나 국내헌법이 개인의 형사책임

1747) 우리나라를 포함하여 많은 국가들에서 국제범죄에 대한 새로운 법령을 제정한 바 있다. 상세한 것은 Olympia Bekou, "Crimes at Crossroads : Incorporating International Crimes at the National Level" (2012) 10 Journal of International Criminal Justice 참조.

1748) Ward N. Ferdinandusse, 전게서, p. 18.

1749) Cryer, Robert; Friman, Håkan; Robinson, Darryl; Wilmshurst, Elizabeth, 전게서, p. 81.

1750) 국제범죄 개념에 대하여 내용적 수정을 가하지 않고는 국내 수용이 궁극적으로 불가능한 경우가 존재한다. 수용입법을 기존 법전의 개정 방식으로 하는 경우와 별도의 특별법을 입법하는 방식의 장단점에 대하여는 Werle, Gerhard; Jeßberger, Florian, 전게서, pp. 147, 149 et seq.

1751) Ward N. Ferdinandusse, 전게서, p. 17.

을 근거지우는 규범에 대하여 성문의 국내입법을 요구하는 경우에는 이러한 지정방식을 취하기 어렵다는 한계가 있다.[1752]

2. 수정 입법 방식

로마규정의 조항들을 그대로 복제하는 것이 아니라 국내법의 체계에 맞게 변형시켜 도입하는 방식이다. 국제범죄의 내용을 분석하여 이를 국내법 체계에서 통상적으로 사용되는 법적 용어로 변형시키고 죄형법정주의의 가치를 관철시키기 위하여 개념적 명확성도 도모하게 된다.[1753] 우리나라와 독일 등에서 채택한 방식으로 이와 같은 방식을 채택하는 경우에는 로마규정뿐만 아니라 당해 국가가 국제범죄와 관련하여 부담하고 있는 다른 국제적 의무들도 동시에 고려하게 되며 국제관습법상의 범죄에도 일정한 비중을 부여하게 된다.[1754]

3. 일반범죄 방식

국내법에 존재하는 기존의 일반범죄 개념을 통하여 로마규정에 규정되어 있는 모든 범죄행위들이 포섭되도록 하는 가장 소극적인 접근 방식이다. 로마규정은 로마규정에 규정된 국제범죄와 동일한 법적 요건을 국내법에 규정할 것을 요구하고 있지 않으므로[1755] 이처럼 불수용에 가까운 유형을 취하는 것도 이론적으로 가능하다. 실제로 로마규정에 규정된 국제범죄를 구성하는 대다수 행위들은 살인, 강간 등 국내법의 일반범죄에 해당할 수 있기 때문이다. 따라서 국제범죄에 대한 새로운 국내입법을 할 것인가 여부는 원칙적으로 각 주권국의 의사에 달려 있으며 국내법에서 국제형사사범을 어떻게 처벌할 것인가의 문제는 각국이 국제범죄에 대하여 어떤 윤곽을 그려두었는가에 의존하는 것이다. 실제 그동안 국제범죄에 대한 국내 처벌의 대다수는 일반범죄 형태로 이루어졌다.[1756]

1752) Werle, Gerhard; Jeßberger, Florian, 전게서, p. 147.

1753) Cryer, Robert; Friman, Håkan; Robinson, Darryl; Wilmshurst, Elizabeth, 전게서, p. 81.

1754) 이러한 방식을 취한 독일 사례에 대한 분석은 Helmut Satzger, "German Criminal Law and the Rome Statute : A Critical Analysis of the New German Code of Crimes against International Law" (2002) 2 International Criminal Law Review 261; 이러한 방식을 취할 경우 로마규정에 따른 충분한 입법이 이루어지지 않아 보충성 기준을 충족시키지 못하게 될 위험성이 있다는 주장도 존재한다. Cryer, Robert; Friman, Håkan; Robinson, Darryl; Wilmshurst, Elizabeth, 전게서, p. 82; 국내 입법시 이루어지는 약간의 변형은 외견상 사소해 보이는 것일지라도 실질적으로는 상당한 차이를 가져올 수 있다. 대표적 사례가 프랑스 국내법이 인도에 반한 죄의 배경적 요소를 정의함에 있어 '광범위'와 '체계적' 요소를 로마규정과 달리 중첩적인 것으로 규정하여 인도에 반한 죄의 성립 범위를 좁힌 것이다. 상세한 것은 Ward N. Ferdinandusse, 전게서, p. 21.

1755) Cryer, Robert; Friman, Håkan; Robinson, Darryl; Wilmshurst, Elizabeth, 전게서, p. 82.

1756) 예를 들면 1967년부터 1974년까지 이어진 그리스의 군사정권 시절 자행된 광범위한 고문은 인도에 반한 죄에 해당할 수 있는 것이었으나 그리스 국내법에는 이에 대한 특별구성요건이 없어 관련자들은 직권남용, 불법 구금과 중상해 등으로 기소되었다. 베트남에서의 대량학살 혐의로 미국에서 재판을 받은 윌리암 캘리의 행위 역시 전쟁범죄에 해당할 수 있는 것이었으나 일반 살인 혐의 등으로 재판을 받았다. 또한 러시아

만일 일반범죄 형태로 이루어지는 국내법에 근거한 처벌이 국제범죄에 대하여 요구되는 적절한 처벌 수준에 미달하는 것이라면 경우에 따라서는 국제범죄에 대한 진정한 처벌 능력의 부족을 이유로 국제형사재판소의 개입을 초래할 수 있다.[1757] 그리고 로마규정이 국제범죄의 개념에 관한 국내 입법의무를 부과하지 않은 것이 로마규정의 비준을 촉진시키는 효과를 가져올 수는 있었으나 국내법에 국제범죄의 개념을 전혀 도입하지 않는 것은 국제범죄를 처벌하려는 정신과 로마규정의 전체적 계획을 완전히 반영한 것으로 보기 어렵다. 따라서 장기적으로는 이러한 일반범죄 방식은 바람직한 해결책이 되기 어려우므로 로마규정 체제 하에서도 결국 각국의 실체법 개정이 요구된다는 주장은 상당한 설득력을 가진 것으로 생각된다.[1758]

4. 국내 도입 규범의 불완전성

국내법에 국제범죄에 대한 특별 입법이 존재하는 경우에도 그 내용이 만족스럽지 못하다는 평가도 있다. 이와 관련한 가장 큰 비판은 국제범죄에 대한 국내입법이 각 국가들의 입장에 따라 선택적 적용을 위하여 만들어지고 해석되어 왔다는 것이다.

프랑스 대법원(Court of Cassation)은 Barbie 사건 판결에서 인도에 반한 죄는 '지배적인 정치적 이데올로기를 실행하는 국가의 이름으로' 범하여져야 한다는 추가적 요건을 부과하였다.[1759] 이후의 프랑스 판결들에도 영향을 미친 위 판결은 탈식민지화 과정에서 발생한 충돌로서 프랑스가 관여한 인도네시아와 알제리에서의 문제를 범죄의 적용범주에서 배제하는 결과를 가져왔다.[1760] 또한 호주법원이 Polyukhovic 사건에서 판결한 것과 같이 전쟁범죄와 관련된 호주의 국내법은 동티모르에서의 잔학행위를 범주적으로 배제하는 것이었다.[1761] 그리고 이스라엘의 1950년 나치와 나치협력자 처벌법은 인도에 반한 죄, 전쟁범죄, 유대인에 대한 범죄 등을 규정한 것으로 전면적인 소급입법으로 비판받고 있다. 영국의 1991년 전쟁범죄법 역시 1939년부터 1945년 사이에 있었던 독일이나 독일 점령지에서 범하여진 전쟁법 위반행위로 적용대상을 제한하고 있어 소급성과 선택성을 이유로 입법과정에서 많은 논란이 있었다고 한다.[1762] 그 밖에 도입된 범죄 개념 자체는 국제법에 부합되는 것으로 평가되는 경우에도 국제형사법에서의 다양한 책임 유

체첸공화국의 민간인 살인 사건 관련자들은 단순 살인과 강간혐의로 기소되어 10년형만을 선고받음으로써 국제형사법이 사실상 무시되었다는 평가를 받기도 하였다. 미군이 이라크 수용자들에게 행한 광범위한 고문 역시 전쟁범죄나 인도에 반한 죄에 해당할 수 있었으나 제한된 소수의 사람들만이 군사법원에서 국제범죄가 아닌 일반범죄로 재판을 받았을 뿐이다. Ward N. Ferdinandusse, 전게서, p. 19.

1757) 로마규정 제17조 제1항 (a); Werle, Gerhard; Jeßberger, Florian, 전게서, p. 148.
1758) Werle, Gerhard; Jeßberger, Florian, 전게서, p. 148.
1759) French Court of Cassation, 20 December 1985.
1760) Cryer, Robert; Friman, Håkan; Robinson, Darryl; Wilmshurst, Elizabeth, 전게서, p. 80.
1761) High Court of Australia, 14 August 1991.
1762) Cryer, Robert; Friman, Håkan; Robinson, Darryl; Wilmshurst, Elizabeth, 전게서, pp. 80, 89; A.T. Richardson, "War Crimes Act 1991" 55 Modern Law Review (1992), pp. 73, 77.

형이 무시되거나 특수한 측면들이 간과되어 부적절하게 규율되기도 하였다는 비판도 있다.1763) 실제적인 적용상의 문제로서 국제법에 정통하지 못한 판사가 국제법상의 요건을 잘못 이해하여 오류 있는 판결을 내릴 가능성을 제기하거나1764) 국제범죄와 관련하여 국내 범죄에서 사용되는 개념을 활용하는 것은 국제법의 기준에 비추어 너무 협소하거나 혹은 지나치게 광범위한 적용 결과를 낳을 수 있다는 비판도 있다.1765)

제 3 절   국제형사법과 국내형사법의 상호작용

국제형사법이 국내에 수용될 경우 국제형사규범은 내국법원에서 실질적 중요성을 갖게 될 뿐 아니라 새롭고도 매우 복잡한 법적 과제들을 제기하게 된다. 국제법에서 적용되는 규칙과 원칙의 상이성, 다양한 법 체계와 법문화의 교착, 국제재판권과 국내재판권의 병존 등 다양한 사유들이 이러한 현상의 원인이 될 수 있다.

조약법인 로마규정의 효력이 발생하고 이에 대한 국내 도입법이 제정될 경우 국제법 체계가 국내 형사법 체계를 변화시키는 수직적 상호작용(vertical interaction)이 발생하며 이러한 과정에서 로마규정을 도입한 국가들 간의 수평적 상호작용(horizontal interaction)이 강화되기도 한다.1766) 로마규정의 이행입법을 제정하는 것은 로마규정의 규범 내용을 국내형사법 체제에 수용한다는 의미를 가질 뿐 아니라 수용형태에 따라 로마규정 바깥에서 국제관습법의 형태로 존재하는 범죄까지 국내법에 포함시키는 보다 포괄적 교류로서의 의미를 함께 가지게 된다.1767) 또한 국제형사법에 존재하는 다양한 개념을 해석하고 이를 국내에 정착시키는 과정에서 국내 법문화가 보유하고 있는 특징적인 부분이 새롭게 조명되고 평가되는 계기가 되기도 한다.

국내에 입법된 국제범죄 조항의 해석과 적용 과정에서 국내법원은 국제재판소나 외국법원의 판례를 어느 정도 고려하게 된다. 판례가 법원(法源)으로 인정되는 보통법 국가에서 뿐만 아니라 대륙법계 국가에서도 판례의 설득적 효과가 유사한 기능을 담당하고 있으며 특히 상급법원이 갖는 설득적 효과는 중요한 지위를 차지한다. 실제 국제재판소의 판례는 국제법을 결정하는 보조 수단으로 국제형사법의 발전에 매우 중요한 기여를 하여 왔다. 국내법원에서 국제법원의 판례를

1763) Cryer, Robert; Friman, Håkan; Robinson, Darryl; Wilmshurst, Elizabeth, 전게서, p. 80.
1764) Antonio Cassese, "The Italian Court of Cassation Misapprehends the Notion of War Crimes : The Lozano Case" 6 Journal of International Criminal Justice(2008).
1765) Cryer, Robert; Friman, Håkan; Robinson, Darryl; Wilmshurst, Elizabeth, 전게서, p. 81.
1766) Werle, Gerhard; Jeßberger, Florian, 전게서, p. 150; 국제범죄에 대한 개념뿐만 아니라 국내법에서는 인정되지 않는 사법방해죄를 규정한 것이 이러한 사례에 해당할 수 있을 것이다. 국제범죄법 제16조 제1항 참조.
1767) 실제 우리 국제범죄법은 로마규정과 국제관습법 사이에 간극이 존재할 경우 로마규정이 아닌 국제관습법의 입장에 반영하여 범죄 개념을 입법하기도 하였다. 비국제적무력충돌에 있어서 금지된 무기 사용금지를 규정한 국제범죄법 제14조(금지된 무기를 사용한 전쟁범죄) 참조.

어느 범위에서 고려할 것인가는 국내법 질서에 국제법이 어떻게 통합되고 적용되는가 여부에 일반적으로 좌우된다.[1768] 영국 등 일부 국가에서는 국내법원이 국제형사재판소의 판결과 관련된 국제 판례들을 고려할 것을 명시적으로 요구하고 있으며[1769] 국내법에 국제범죄를 도입한 국가들의 경우 관련 조항을 해석함에 있어 국제재판소에 의하여 이루어지고 있는 해석에 상응하도록 할 실질적 의무를 부담할 수 있을 것이다.[1770] 한편 ICTY와 ICTR의 실무에서는 국내 판례들을 참조하여 왔으며 국내 법원의 판례는 국제재판소에 대한 법원(法源)으로 간접적 효과를 가질 뿐만 아니라 조약을 해석하고 국제관습법의 규칙들을 확인하고 해석하는 수단으로 사용된다. 또한 법의 일반원칙을 인정하는 근거로 독립적으로 활용될 수 있을 것이다.[1771]

1768) Cryer, Robert; Friman, Håkan; Robinson, Darryl; Wilmshurst, Elizabeth, 전게서, p. 82.

1769) International Criminal Court Act 2001 제66조 제4항 등 참조.

1770) Cryer, Robert; Friman, Håkan; Robinson, Darryl; Wilmshurst, Elizabeth, 전게서, p. 83; 국제법에서 통용되고 있는 개념들을 전제로 하급심 판결의 적절성을 판단하는 독일 헌법재판소 판결은 Jorgić case, German Federal Constitutional Court, 12 December 2000.

1771) 상세한 것은 제1부 제2편 제2장 제1절 국제형사법의 법원(法源) 부분 참조.

국내 법원의 국제범죄 재판권

제 1 절   국내 법원의 일반적 재판권

국제범죄에 대하여 각국 법원은 통상적으로 적용되는 일반적인 국가 관할권의 규정에 근거하여 재판권을 행사할 수 있다. 국제사회에서 상호 수평적 협력관계에 있는 개별 국가들의 형사 관할권 범위는 국제법의 승인 하에 성립될 수 있으며[1772] 개별 국가들은 주권 행사의 일환으로 국제법이 허용하는 범위 내에서 자국의 형사관할권을 규정할 권한을 보유한다.[1773] 국제법상의 불간섭 원칙에 따라 개별 국가가 보유하는 형사관할권은 보편적 관할권의 경우를 제외하면 일반적으로 당해 국가와 일정한 연결점을 갖는 경우로 제한된다.[1774] 따라서 어떤 행위자나 특정한 상황에 대하여 특정 국가의 형사법을 적용할 수 있도록 하는 특정 국가의 형사관할권은 당해 범죄에 대하여 개별 국가가 가지고 있는 형사법적 측면에서의 이해가 국제법적으로 승인되었다는 것을 의미한다.[1775] 그리고 이러한 국제법적 정합성을 전제로 승인되는 특정 국가의 형사관할권

[1772] Leila Nadya Sadat, "Competing and Overlapping Jurisdictions", International Criminal Law volume Ⅱ.,: Leiden : Martinus Niihoff Publishers(2008), p. 207.

[1773] Permanent Court of International Justice, judgment of 7 September 1927 (The Case of the S.S. 'Lotus', France v Turkey), in PCIJ Series A, No. 10 (1927).

[1774] Werle, Gerhard; Jeßberger, Florian, 전게서, p. 75.

[1775] Werle, Gerhard; Jeßberger, Florian, 전게서, p. 75; 국가의 관할권은 형사법 관련 사항에 대하여 입법을 할 수 있는 권한(Legislative jurisdiction), 사법적 판단을 할 수 있는 권한(Adjudicative jurisdiction), 가장 침해 적인 영역으로 체포와 압수수색을 실행하는 등 관련 절차를 강제로 진행할 수 있는 강제할 수 있는 권한 (Executive jurisdiction) 등으로 이루어져 있다. Susan W. Brenner, "Cybercrime jurisdiction", Crime Law Soc Change(2006), p. 190; Michael Geist, "Is There a There There? Toward Greater Certainty for Internet Jurisdiction", Berkeley Technology Law Journal(2001), p. 11; 아이히만 사건에서 이스라엘 당국이 아르헨 티나에 있던 아이히만을 아르헨티나의 동의 없이 강제로 이스라엘로 데리고 간 것은 도덕적 당부를 떠나 집행관할권과 관련하여 아르헨티나의 주권을 침해한 것이다. Cryer, Robert; Friman, Håkan; Robinson, Darryl; Wilmshurst, Elizabeth, 전게서, p. 50; Helen Silving, "In Re Eichmann : A Dilemma of Law and Morality", 55 American Journal of International Law (1961); 이와 같은 구금 당시의 불법이 사후적 사법절차에

은 국내적으로는 구체적 사건에 대하여 심리와 재판을 행할 수 있는 일반적·추상적 권한인 재판권의 형태로 발현된다.[1776]

　　형사문제에 대한 국가 관할권은 지역적 영토 관념을 기본으로 하고 있다.[1777] 주권은 한 국가가 합법적으로 다른 국가를 배제한 후 자신의 영토를 직접 지배하며 법을 적용시키는 권능으로 이러한 주권에 근거하여 어떠한 행위가 영토 내에서 받아들여질 수 있는가를 정하고, 정해진 규정을 위반하였는가 여부를 판단하며 발생한 위반행위를 처벌할 수 있다.[1778] 그러나 이러한 영토주의에 근거한 재판권 이외에도 범죄자의 국적에 기초하여 인정되는 능동적 인적 재판권(active personality jurisdiction), 피해자의 국적에 기한 수동적 인적 재판권(passive personality jurisdiction)[1779], 역외적 행위가 자국의 안전이나 정부기능에 영향을 미칠 경우 인정되는 보호적 재판권(protective jurisdiction) 등 자국 영토 내에서 발생하지 않은 범죄에 대한 형사재판권도 예외적으로 인정되고 있다.[1780]

　　이와 같은 국제법에 입각하여 우리나라를 비롯하여 많은 국가들이 영토주의에 입각한 재판권 조항을 기본으로 하면서도 일부 역외 형사관할권 조항들을 두고 있다.[1781] 우리 형법 제2조는

영향을 미치는가의 문제와 관련하여 'male captus bene detentus(bad capture, good detention)'의 입장에서 원칙적으로 후속 절차에 대한 영향을 부정하는 듯한 국제재판소의 판결들에 대하여 상세한 것은 Cryer, Robert; Friman, Håkan; Robinson, Darryl; Wilmshurst, Elizabeth, 전게서, p. 51; 기타 재판권과 주권의 관련성에 대한 일반적 논의는 Jayant Kumar, "Determining Jurisdiction in Cyberspace", National Law University Working Paper Series(2006), p. 1; Kenneth C. Randall, "Universal Jurisdiction Under International Law", 66 Tex. L. Rev. 785, 786 (Mar. 1988) 등.

1776) 재판권이란 소송계속 중인 사건에 대하여 심판을 행할 수 있는 일반적 권리를 의미한다. 신동운, 『신형사소송법』, 755면.
1777) 영토와 재판권에 대한 일반적인 내용과 영토주권과 관련된 베스트팔렌 체제 및 그 이후의 변화에 대하여는 Joan Fitzpatrick, "Sovereignty, Territoriality, and the Rule of Law", Hastings International and Comparative Law Review 303 (2002), p. 307 et seq 참조.
1778) Susan W. Brenner, "Cybercrime jurisdiction", p. 191; Cryer, Robert; Friman, Håkan; Robinson, Darryl; Wilmshurst, Elizabeth, 전게서, p. 49 et seq; 영토주권에 대한 존중과 관련하여서는 유엔초국경조직범죄에 대한 협약(United Nations Convention Against Transnational Organized Crime) 제4조 참조.
1779) 이러한 역외 재판권이 적용될 경우 행위자는 자신에게 적용되는 법을 인식하지 못하는 상황에서 재판권의 대상이 될 수 있다는 비판 등과 일반적 적용범위에 대하여 상세한 것은 Cryer, Robert; Friman, Håkan; Robinson, Darryl; Wilmshurst, Elizabeth, 전게서, p. 55.
1780) Adam Abelson, "Tthe Prosecut/Extradite Dilemma : Concurrent Criminal Jurisdiction and Global Governance", UC Davis Journal of International Law and Policy, Vol. 16(2010), p. 114 et seq 참조; 재판권에 대한 상세한 논의는 Antonio Cassese, International Criminal Law, New York, p. 278 et seq.
1781) 독일 형법 제5조(국내법익에 대한 국외범), 제6조(국제적으로 보호되는 법익에 대한 국외범), 제7조(기타의 국외범에 대한 적용범위); 일본형법 제3조(국민의 국외범), 제3조의2(국민 이외의 자의 국외범), 제4조(공무원의 국외범), 제4조의2(조약에 의한 국외범) 등; 독일에서의 재판권이론, 재판권의 경합문제 등에 대한 논의는 Ambos, Kai, Internationales Strafrecht. Münich : Verlag C. H. Beck(2006), p. 25 et seq 참조; 기타 프랑스, 스페인, 네덜란드, 이태리 등의 역외 관할권 조항에 대하여 상세한 것은 Josè Luis De La Cuesta, 전게논문, p. 715 et seq 참조.

대한민국 영역 내에서 죄를 범한 국내범에 대한 형사관할권을 인정하고 있으며 형법 제3조는 내국인의 국외범에 대한 관할권, 제4조는 대한민국 영역 외에 있는 대한민국의 선박 또는 항공기 내에서 죄를 범한 외국인에 대한 관할권, 제5조는 내란, 외환의 죄 등 특정범죄에 대한 외국인의 국외범에 대한 관할권을 규정하고 있다. 또한 형법 제6조는 쌍방가벌성을 전제로 대한민국과 대한민국 국민에 대한 범죄에 대한 역외 관할권을 규정하는 등 전체적으로는 대륙법계 국가들의 일반적 경향을 따르고 있다.

역외 형사관할권 조항의 합법성은 1927년 국제상설재판소(PCIJ)의 로투스 판결에서 승인된 바 있으나[1782] 위 판결 이후에는 역외 관할권 행사의 적법성을 정면으로 다룬 다른 국제재판소의 판결은 발견되지 않는다.[1783]

제 2 절   보편적 관할권

1. 의의와 필요성

보편적 관할권이란 기소국가와 범죄 사이에 어떠한 직접적 접점도 인정되지 않는 상황에서 범행의 장소나 범죄자 혹은 피해자의 국적 등과 관계없이 특정국가에 대하여 인정[1784]되는 세계

1782) 위 사건은 프랑스 선박 로투스 호와 터키 선박이 공해상에서 충돌하여 8명의 터키인이 사망한 사건과 관련된 것이다. 위 사건에 대하여 터키가 역외 관할권을 규정한 자국 형법 제6조를 적용하여 프랑스인에 대하여 형사재판권을 행사하자 프랑스가 이의를 제기하였으며 위 사건은 국제상설재판소에 회부되었다. 위 사건에서 국제상설재판소는 특별히 역외관할권을 허용하는 규칙이 존재하지 않는다면 국제법 원칙상 한 국가는 다른 국가의 영토 내에서 주권을 행사할 수는 없다고 하면서도 이러한 원칙이 어느 국가가 자국 영토 내에서 외국에서 발생한 행위에 대하여 재판권을 행사하는 것까지 금지시키는 것을 의미하는 것으로는 보지 않았다. 국제상설재판소는 자국 영토 바깥에서 발생한 사건에 대하여 자국 내에서 재판권을 행사하는 것을 금지하거나 제한하는 국제법은 발견되지 않으며 국가들은 이에 대한 광범위한 재량권을 갖고 있다고 판단하면서 터키의 역외 관할권 행사의 적법성을 인정한 것이다. Permanent Court of International Justice, judgment of 7 September 1927. 위 판결문은 http://www.worldcourts.com/pcij/eng/decisions/1927.09.07_lotus/ 2010. 4. 10. 방문; 위 판결에 대하여 상세한 것은 Neil Boister, "'TRANSNATIONAL CRIMINAL LAW'?", European Journal of International Law(November, 2003), p. 964; Beth Van Schaack, Ronald C. Slye, International Criminal Law and Its Enforcement, New York : Foundation Press(2007), p. 101 et seq 등 참조.

1783) 재판권의 국제적 경합에서 발생되는 다양한 문제들에 대하여 민사법 영역에서는 많은 논의가 있어온 것과 달리 형사법의 역외재판권 행사에서 초래되는 형사재판권의 국제적 경합 문제는 그 중요성에 비하여 큰 관심이나 논의가 이루어 지지 않았다. 이러한 괴리현상의 원인으로는 형사법 영역의 경우 사법(私法) 영역에 비하여 전통적인 영토 관념이 더욱 뿌리 깊게 남아 있어 다수 국가들이 공유하는 공통점이 상대적으로 적으며 사법(私法) 영역에서는 원고 등이 직접적으로 민사법의 역외적용에 이해관계를 가지는 까닭에 법원이나 학자들로 하여금 법의 충돌 문제에 대한 해결방안을 요구하여 왔으나 형사법의 경우 이러한 요인이 작용하지 않는 점 등이 거론되고 있다. Adam Abelson, "The Prosecut/Extradite Dilemma : Concurrent Criminal Jurisdiction and Global Governance", UC Davis Journal of International Law and Policy, Vol. 16(2010), p. 106.

1784) Cryer, Robert; Friman, Håkan; Robinson, Darryl; Wilmshurst, Elizabeth, 전게서, p. 57.

주의적 재판권을 의미한다.[1785] 특정 국가와의 연결점이 인정되지 않는 범죄에 대하여 보편적 관할권을 인정하는 법 이론적 근거는 국제형사법의 필요성에서 전제된 이념과 유사하다. 일정한 범주에 속하는 중대한 범죄들은 국제적 우려의 대상이 되는 비난받을 만한 행위들로서 전체 국제사회의 도덕, 평화와 안정이라는 이해관계에 영향을 미치는 까닭에[1786] 각 국가들은 범죄의 발생장소나 범죄인의 국적 등과 무관하게 범죄자를 처벌할 권한을 가지거나 때로는 처벌할 의무까지 부담하게 된다는 것이다.[1787]

국제사회가 공유하고 있는 기본적 가치에 대한 공격인 국제범죄 특히 집단살해죄와 같은 가장 흉악한 범죄를 저지른 범죄자는 인류에 대한 적(hostes humani gene)으로 간주되며 이들 범죄자들이 처벌받지 않고 방치된다면 국제법 질서는 종국적으로 신뢰를 상실하게 될 것이다. 따라서 개별 국가에 대하여 보편적 관할을 부여하고 이들에 대한 처벌을 강화하는 것은 이러한 행위를 범죄화한 국제사회의 이상에 부합하며 국제법의 피조물로서 국제법에 의하여 권리와 의무가 규율되는 개별 국가들이 국제사회의 대리인으로서 정의를 실현하는 역할을 담당하는 것이 적절하다는 것이다.[1788] 이처럼 국제사회는 인류의 기본적 가치에 대한 공격에 대하여 형사적 제재를 가하는 방법으로 스스로를 보호하며 보편적 관할권은 이와 같은 국제범죄의 본질과 국제사회에 대한 보호적 기능에 따라 인정될 수 있는 것이다.[1789] 그리고 보편적 관할권이 인정될 경우 전통적 재판권을 보유하고 있는 국가는 당해 범죄에 대한 직접적 관련성을 가지고 있지 않은 다른 국가가 당해 범죄를 수사하여 기소할 수 있다는 것을 승인해야 한다.[1790]

이와 같은 보편적 관할권이 현실적으로 인정되고 기능하게 된 것은 면책성을 배제할 필요성 때문이었다. 기존의 전통적 관할권이나 제한된 범위의 국제형사법원 만으로는 심각한 국제범죄에 대한 면책성을 배제하기는 부족하므로 국내법과 국제법의 유기적 협력을 통하여 심각한 국제범죄를 저지른 사람들에 대한 피난처를 제공하지 않는 것이 필요하다.[1791] 실제로 많은 국제범죄들이 국가의 비호 아래 저질러짐에 따라 해당 국가에서 제대로 처벌되지 않거나 이후 새로운 세

1785) 森下忠, 刑法適用法の理論, 東京, 成文堂(2005), p. 213.
1786) Bruce Broomhall, 전게서, p. 107.
1787) Eva Brems, 전게논문, p. 917.
1788) 나아가 국제범죄를 저지른 사람이 자국영토 내에 있음에도 이들에 대한 처벌이 이루어지지 않는다면 국제 관계에 있어서 문제를 야기할 수 있으며 자국민의 법 존중 의식도 저하시킨다는 점에서 반드시 국제법에 국한된 문제로만 볼 수 없는 측면도 존재한다. Eva Brems, 전게논문, p. 917.
1789) Werle, Gerhard; Jeßberger, Florian, 전게서, p. 73; The Princeton Principles on Universal Jurisdiction (2001), Principle 1(1) 참조.
1790) 이와 같은 보편적 관할권의 존재는 국가의 의사에 의하여 형사재판권의 이전이 가능하다는 법이론적 사고를 전제로 하고 있다. Bruce Broomhall, 전게서, p. 108; 예를 들면 조약법에서 체약당사국에 대하여 보편적 관할권을 부여하는 것은 체약당사국들 사이에서는 다른 국가가 자국을 대신하여 재판권을 행사하는 것에 대하여 동의한다는 양보가 있었던 것으로 이해된다. Cryer, Robert; Friman, Håkan; Robinson, Darryl; Wilmshurst, Elizabeth, 전게서, p. 52.
1791) Eva Brems, 전게논문, p. 917.

력이 집권하였음에도 舊세력과의 갈등으로 인한 혼란을 우려하여 과거의 국제범죄자들을 기소하는 것을 꺼리는 경향이 있다. 또한 다수의 범죄자들은 범죄를 저지른 후 외국으로 도주하여 전통적 형사관할권 규정에만 따를 경우 범죄자가 거주하는 곳에서는 재판권이 제대로 행사될 수 없는 현실적 제약이 발생하기도 한다.[1792] 이러한 사실은 지금까지 수많은 집단학살, 전쟁범죄, 고문 등이 행하여져 왔음에도 극소수의 범죄만이 영토주권을 행사하는 국가의 법원에서 기소되고 처벌되었다는 점에서 실증적으로 드러난다.[1793] 면책성의 문제를 해결하기 위하여 국제범죄를 처벌할 수 있는 상설 국제형사법원인 국제형사재판소가 오랜 논의과정을 거쳐 출범하였다. 그러나 국제형사재판소는 인적·물적 자원의 한계로 인하여 관할에 해당하는 모든 사건을 처리할 수 있는 충분한 자원을 구비하고 있지 못하며 국제형사재판소 자체에도 보편적 관할권이 부여되어 있지 않아 체약당사국과의 관련성이 없을 경우 유엔 안전보장이사회가 당해 범죄를 국제형사재판소에 직접 회부하지 않는다면 원칙적으로 재판권의 행사가 제한된다.[1794] 또한 시간적 범위에 있어서도 국제형사재판소의 재판권은 국제형사재판소가 성립된 2002년 7월 이후 범죄로 제한되어 기존 범죄의 면책성 문제 해결에는 본질적 한계를 가지고 있다. 따라서 국제형사재판소의 설립에도 불구하고 국제범죄의 처벌면탈 가능성에 적절히 대응하기 위해 보편적 관할을 가진 국내 법원의 역할이 여전히 요구되는 것이다.[1795]

이처럼 일정한 국제범죄에 대하여 인정되는 보편적 관할권은 국제형사법 체계의 강제력 확보를 위한 필수요소로서[1796] 보편적 관할권을 둘러싼 적지 않은 논란에도 불구하고 국제형사법의 실효성 강화와 정의 실현에 커다란 기여를 하고 있다.

2. 국제관습법에 근거한 보편적 관할권

국제법의 주요 법원(法源)의 하나인 국제관습법에 의하여도 보편적 관할권이 인정될 수 있다. 그러나 명문의 조약과 비교할 때 그 내용이 불명확하여 보편적 관할권의 존부와 범위, 내용

1792) Bruce Broomhall, 전게서, p. 108.

1793) Amnesty International, Universal Jurisdiction: the duty of states to enact and implement legislation (London, 2001, AI Index: IOR 53/004/2001), p. 16.

1794) 로마규정 제12조.

1795) Eva Brems, 전게논문, p. 920; 보편적 관할권의 인정 근거로 인도에 반한 죄, 전쟁범죄 등은 모든 인류의 공통적 이해관계를 침해하고 인류 문명 자체를 위협하는 극악한 강행법규 위반 범죄이므로 규범적인 측면에서 모든 국가들이 보편적 관할권을 행사하여야 한다는 주장이 보다 강하게 나타나며(Leila Nadya Sadat, 전게논문, p. 207), 해적행위, 테러 등과 같이 개별 국가의 사법절차로부터 도피가 용이한 범죄에 대하여는 범죄자들이 손쉽게 피난처를 찾을 수 없도록 한다는 실용적 측면에 대한 고려가 더욱 두드러진다. 경우에 따라서는 보편적 관할을 인정하는 사유로 두 가지 요소가 모두 주장되기도 한다. Bruce Broomhall, 전게서, p. 108.

1796) Bruce Broomhall, 전게서, p. 105; 보편적 관할권이 전통적 관할 국가의 관할권 행사에 촉매제 역할을 한다는 주장은 Amnesty International, 전게 보고서 참조.

등을 일의적으로 확정하기 어려운 문제점이 존재한다.[1797]

　실제로 국제관습법에 기한 보편적 관할권에 대하여는 다음과 같이 다양한 의견이 있다. 공해에서의 해적행위, 노예매매, 전쟁범죄, 집단살해죄 등을 국제관습법에 의하여 인정되는 보편적 관할권 대상 범죄의 사례들로 제시하면서 이들 범죄에 대하여는 보편적 관할권에 대한 조약의 유무와 관계없이 보편적 관할권을 행사할 수 있다고 보는 견해[1798], 해적행위, 노예매매 등이 국제관습법상 보편적 관할권을 인정하는 출발점이 되었으며 이들 범죄와 전쟁범죄에 대하여 국제관습법상 보편적 관할권이 인정된다는 견해[1799], 집단살해죄, 인도에 반한 죄, 일정한 유형의 전쟁범죄에 대하여는 국제관습법상 보편적 관할권의 행사가 허용되며 이러한 범죄에 대한 관할권의 행사는 재량적인 것에서 의무적인 것으로 나아가고 있다는 견해[1800], 국제관습법에 의하여 인정되는 보편적 관할권이 핵심적인 국제범죄를 넘어서 해적행위 등에 대하여 인정될 수 있을 것이나 고문이나 테러까지는 확대될 수는 없다는 견해[1801] 등이 있어 다소 혼란스러운 상황이다.[1802]

　현재 국제관습법에 기한 보편적 관할권의 인정 여부에 논란이 있는 범죄들 중 대다수는 이미 조약법상 근거를 동시에 가지고 있다. 로마규정 협상과정에서 국제형사재판소에 대하여 보편

[1797] 보편적 관할이 인정되기 위해서는 대다수 국가가 당해 범죄에 대하여 지속적으로 관할권을 행사하는 관행의 존재가 국제관습법의 일반 요건에 따라 요구된다. Jon B. Jordan, "Universal Jurisdiction In a Dangerous World : A Weapon for All Nations against International Crime", Michigan State University-DCL Journal of International Law(2000), p. 7.

[1798] Jon B. Jordan, 전게논문, p. 7.

[1799] M. Cherif Bassiouni, "Universal Jurisdiction for International Crimes : Historical Perspectives and Contemporary Practice", International Criminal Law volume II : Leiden : Martinus Niihoff Publishers(2008), p. 153 et seq.

[1800] 국제관습법에 근거한 보편적 관할권의 경우에 있어서도 관할권을 행사할 의무가 존재한다는 주장은 아직까지 각국의 관행이나 대표적 견해들에 의해 뒷받침되는 것으로 보이지 않는다는 것은 Bruce Broomhall, 전게서, p. 111.

[1801] Werle, Gerhard; Jeßberger, Florian, 전게서, p. 75.

[1802] 보편적 관할권과 관련된 집단살해죄, 전쟁범죄, 인도에 반한 죄 등에 대한 상세한 논의는 Kallon and Kamara, SCSL A. Ch., 13 March 2004, paras. 67-71.; M.M. Vajda, "The 2009 AIDP's Resolution on Universal Jurisdiction― An Epitaph or a Revival Call?!", 10 International Criminal Law Review (2010), p. 335; Roger O'Keefe, "Universal Jurisdiction: Clarifying the Basic Concept", 2 JICJ (2004); A. Abass, "The International Criminal Court and Universal Jurisdiction", 6 International Criminal Law Review (2006); 집단살해방지협약이 체약당사국에 대하여 보편적 관할권을 부여하고 있지는 않으나 동협약 제1조가 규정한 보편적 처벌의무에 기하여 보편적 관할권이 인정된다는 것은 ECHR, judgment of 12 July 2007, case no. 74613/ 01 (Jorgić v Germany), para. 68; 인도에 반한 죄의 경우 미국, 중국, 러시아 등의 강대국이 로마규정에 가입하지 않았을 뿐 아니라 지속적으로 이들 범죄의 해외 기소에 반대하고 있어 국제관습법의 전제가 되는 국가관행이 존재하는가에 의문을 표시하는 견해와 이러한 국가들의 태도는 인도에 반한 죄에 대한 보편적 관할권 자체를 거부하는 것이 아니라 이러한 범죄를 저지른 사람들을 스스로 기소하여 처벌하는 것을 선호하여 자신들의 권한을 국제형사재판소에 양도하는 것에 대한 거부로 해석하는 입장이 아울러 존재한다. 그리고 침략범죄에 대하여는 국가관행이 결여되어 있다는 의문이 제기되고 있는 상황이다. Werle, Gerhard; Jeßberger, Florian, 전게서, p. 76 et seq.

적 관할권을 부여하려는 시도는 정치적 이유로 이루어지지 않았다.[1803]

3. 보편적 관할 관련 조약의 발전

많은 국제 조약들에서 보편적 관할권에 관한 규정을 두고 있으나 국제관습법과 달리 조약은 국제사회의 모든 국가들이 아닌 체약당사국만을 구속한다. 따라서 조약에 의하여 인정되는 보편적 관할권은 순수한 의미에서 보편적이라기 보다는 체약당사국들 사이에서 한정적으로 나타나는 관할에 관한 권리와 의무의 체제이다.[1804]

보편적 관할권을 인정하고 있는 조약들은 일반적으로 당해 범죄의 개념을 먼저 정의한 후 모든 체약당사국에 대하여 대상 범죄를 수사하여 기소하거나 혹은 이들의 처벌을 위하여 다른 국가로의 범죄인인도의무를 부과하는 '범죄인인도 혹은 기소 의무(aut dedere, aut judicare)'의 체계를 취하고 있다. 국제사회에서 효율적으로 작용하고 있는 보편적 관할 관련 조약의 대부분은 제2차 대전 이후에 성립되었으며[1805] 1949년 제네바협정 I 등이 이와 관련된 대표적 조약이다. 제네바협정에서는 모든 체약당사국에 대하여 제네바협정의 중대한 위반행위를 처벌할 수 있는 형벌규정을 둘 것과 범죄자의 국적에 관계없이 중대한 위반에 해당하는 범죄를 저지른 자를 법정에 세우거나 다른 체약국으로의 범죄인인도의무를 규정하고 있다.[1806] 그 밖에 보편적 관할권을 규정한 조약들이 이미 존재하는 국제관습법을 명문화한 경우도 있으나[1807] 테러, 고문, 선박 또는 항공기 납치, 인종차별 등은 국제조약에 의하여 비로소 보편적 관할권의 행사가 가능하여진 것들이다.[1808] 그 밖에 보편적 관할 관련 규정은 아메리카 대륙 고문방지협약[1809]을 비롯하여

1803) Werle, Gerhard; Jeßberger, Florian, 전게서, p. 76.

1804) Bruce Broomhall, 전게서, p. 105.

1805) 제2차 대전 이전의 시기에도 통화위조(International Convention for the Suppression of Counterfeiting Currency, 20 April 1929, 112 L.N.T.S. 371, 22 Feb 1931, 제9조)와 테러리즘(Convention for the prevention and suppression of terrorism, 16 Nov 1937, 제10조) 등에 대한 보편적 관할권이 국제연맹에 의하여 인정된 바 있었다. 전쟁범죄에 대한 보편적 관할권의 행사가능성은 제2차 대전 시기로 소급된다는 것은 Cryer, Robert; Friman, Håkan; Robinson, Darryl; Wilmshurst, Elizabeth, 전게서, p. 58.

1806) 1949년 제네바 협약 I 제49조 참조. 제2조에 따라 위 협정은 원칙적으로 체약당사국에 대하여만 적용되나 실질적으로 전 세계 모든 국가들이 위 협약을 비준하였음에 비추어 조약의 적용범위에 대한 구분은 형식적인 것에 불과한 것으로 보인다. '기소 또는 범죄인인도'의 의무 체제는 1977년 제네바협약 부속의정서와 1960년대의 테러관련 협정에도 이어졌다. Cryer, Robert; Friman, Håkan; Robinson, Darryl; Wilmshurst, Elizabeth, 전게서, p. 59.

1807) 공해상 해적행위에 대하여는 공해에 관한 1958년 제네바협약 19조에서 처음으로 조문화되었으며 1982년 몬테고 베이 해양협약 105조에 다시 규정되었다.

1808) Jon B. Jordan, 전게논문, p. 8; 보편적 관할권과 관련하여 조약법상 인정되는 의무가 국제법적 의무이기는 하나 범죄인인도 혹은 기소 원칙(aut dedere aut judicare)의 적용결과 부과되는 보충적 의무이다. Amnesty International, 전게 보고서 참조.

1809) Inter-American Convention to Prevent and Punish Torture, 9 Dec 1985, OAS Treaty Series No 67 (1987. 2. 18. 발효) 제12조.

국제 테러를 규율하는 협약 등에 포함되었다.[1810] 비행기[1811]와 배[1812]에 대한 납치, 국제적으로 보호되는 인물[1813], UN 인물[1814]들에 대한 범죄, 포로(hostage taking)에 관한 협약[1815], 폭탄테러 (terrorist bombing) 관련 협약[1816] 그리고 테러에 대한 자금지원금지 관련 협약[1817] 등이 그 예이다. 또한 용병에 관한 협약[1818]에서도 유사한 조항이 발견되며 핵물질의 물리적 보호에 대한 협약[1819], 강제실종자에 대한 아메리카 대륙협약[1820] 등에도 동일한 조항이 있다. 재량적 보편적 관할의 예로는 1973년의 인종차별 관련 협약[1821]과 마약거래에 관한 협약[1822] 등이 있다.

보편적 관할권을 행사할 것인가 여부는 기본적으로 각국 법집행 당국의 의사에 의존하는 것이다. 따라서 법적으로는 보편적 관할권이 인정됨에도 불구하고 개별 국가들이 보편적 관할권을 행사하는 것을 꺼림으로써 실제 적용에 있어 어려움이 있었던 것이 사실이다. 특히 제2차 대전 이후 발전을 거듭하던 국제형사법 체계가 냉전체제로 인해 동면기에 접어들면서 이러한 현상은 더욱 현저하게 나타났다.[1823] 보편적 관할권과 관련된 각국의 관행에 대한 국제사면위원회의 조

1810) European Convention on the suppression of terrorism, 27 Jan 1977, E.T.S. 90 (1978. 8. 4. 발효) 제7조.

1811) Convention for the Suppression of Unlawful Seizure of Aircraft (Hague Hijacking Convention)(1970. 12. 16. 발효); Convention for the Suppression of Unlawful Acts Against the Safety of Civil Aviation (Montreal Hijacking Convention) 974 U.N.T.S. 177, 10 I.L.M. 1151 (1973. 1. 26. 발효), 제5조 제2항, 제7조.

1812) Convention for the Suppression of Unlawful Acts Against the Safety of Maritime Navigation, 10 March 1988, 27 I.L.M. 668 (1992. 3. 1. 발효), 제10조 제1항.

1813) Convention on the Prevention and Punishment of Crimes Against Internationally Protected Persons Including Diplomatic Agents, 14 December 1973, 1035 U.N.T.S. 167 (1977. 2. 20. 발효), 제3조 제2항, 제7조.

1814) Convention on the Safety of United Nations and Associated Personnel, 15 December 1994, A/49/742 (1999. 1. 15. 발효), 제9조 제4항, 제14조.

1815) International Convention Against the Taking of Hostages, 17 December 1979, 18 I.L.M. 1456 (1983. 6. 3. 발효), 제5조 제2항, 제8조 제1항.

1816) International Convention for the Suppression of Terrorist Bombings, 15 December 1997, A/RES/52/164 (2001. 5. 23. 발효), 제6조 제4항, 제8조.

1817) International Convention for the Suppression of the Financing of Terrorism, 9 December 1999, A/RES/54/109 (2002. 3. 10. 발효), 제7조 제4항, 제10조.

1818) International Convention Against the Recruitment, Use, Financing and Training of Mercenaries, 4 December 1989, 29 I.L.M. 89, 제9조 제2항, 제12조.

1819) Convention on the Physical Protection of Nuclear Material, 3 March 1980, International Atomic Energy Agency (1987. 2. 8. 발효) 제8조 제2항, 제10조.

1820) Inter-American Convention on Forced Disappearance of Persons, 9 June 1994, OAS Doc. OEA/Ser.P/AG/doc. 3114/94, 33 I.L.M. 1529 (1996. 3. 28. 발효), 제4조. Draft International Convention on the Protection of All Persons from Forced Disappearance, E/CN.4/Sub.2/1998/19, Annex (1998. 8. 19. 발효) 제6조 제1항, 제13조.

1821) International Convention on the Suppression and Punishment of the Crime of Apartheid, 30 Nov 1973, A/RES/3068 (XXVIII) (1976. 7. 18. 발효) 제4조, 제5조.

1822) Single Convention on Narcotic Drugs, 30 March 1961, 14 I.L.M. 302 (1964. 12. 13. 발효) 제36조 제2항, 제36조 제2항. 동일한 조항은 Convention on Psychotropic Substances, 21 Feb 1971, 1019 U.N.T.S. 175 (1976. 8. 16. 발효) 제22조 제2항, 제4항. Convention Against Illicit Traffic in Narcotic Drugs and Psychotropic Substances, 20 December 1988, E/CONF.82/15, Corr. 1 and Corr. 2 (1990. 11. 11. 발효) 제4조 제2항, 제3항.

1823) Alexander Zahar, Göran Sluiter, International Criminal Law, New York : Oxford University Press(2008), p. 499.

사결과에 따르면 1949년 제네바협정의 영향 등으로 약 120개의 국가에서 전쟁범죄에 대한 보편적 관할권을 허용하는 입법을 가지고 있었으나 제2차 대전 이후 호주, 오스트리아, 벨기에 등 12개국만이 보편적 관할권을 행사하였다고 한다.[1824] 또한 100여 개가 넘는 국가에서 무력충돌 상황이 아닌 평화의 시기에 인도에 반한 죄에 대한 보편적 관할권 행사를 허용하는 조항을 가지고 있었으나 오스트리아, 벨기에, 캐나다, 독일 등 12개국만이 재판권을 행사하였다. 집단살해죄에 대한 보편적 관할권 관련 법률을 가지고 있던 국가들도 70개국 이상에 이르렀으나 독일, 이스라엘, 멕시코, 스페인 등에서만 집단살해죄에 대한 보편적 관할권이 행사되었다고 한다.[1825]

　　보편적 관할권의 동면상태를 해소하는데 중대한 영향을 미친 것은 1961년 발생한 아이히만 사건이다. 이스라엘 정보기관 모사드는 1960년 아이히만을 아르헨티나에서 납치한 후 이스라엘로 데리고 가 이스라엘 법정에 세웠다. 이 사건에서 이스라엘 법원은 인류와 전체 국가들의 양심에 충격을 주는 국제범죄는 단지 이스라엘 법에만 규정되어 있는 것은 아니며 이러한 범죄를 다룰 별도의 국제형사법정이 없는 상황임을 고려할 때 각국의 사법, 행정기관들은 이러한 범죄자들을 법정에 세우는데 노력하여야 하므로 국제법 하에서의 범죄를 심리하여 처벌하는 재판권은 보편적인 것이라고 판시하여 아이히만에 대한 이스라엘 법원의 관할권을 스스로 인정하였다.[1826] 위 사건은 제2차 대전 기간 동안 있었던 전쟁범죄에 대하여 책임을 묻는 노력에 활기를 불어넣어 1980년대와 1990년대의 다양한 입법들을 성립시키고 관련 재판을 진행시키는 계기로도 작용하였다.[1827] 자국 내에 있는 제2차 대전 주축국 범죄자들을 처벌하는 법률로는 영국의 1991년 전쟁범죄법[1828]과 호주의 1988년 전쟁범죄법[1829] 등이 있다.

　　또한 유고슬라비아와 르완다에서 자행된 잔학행위와 그에 따른 공분은 이 분야의 발전에 또 다른 촉매제가 되었다. 유엔 안전보장이사회가 ICTY와 ICTR을 설립한 것과 별도로 피난민들에 섞여서 독일과 스위스 등으로 넘어간 범죄자들에 대한 기소가 이어졌으며 이러한 움직임은 제2차 대전 기간 동안 자행된 범죄들에 대한 국내적 기소가 이루어지는 계기로도 작용하였다.[1830]

1824) Eva Brems, 전게논문, p. 921.
1825) 이러한 조사 결과는 법률과 실질적 재판권 행사의 괴리 현상을 뚜렷이 보여주는 것이다. 각국의 많은 법률들이 보편적 관할권을 허용하고 있으나 대부분 동면상태에 머물러 있어 결국 보편적 관할권의 행사를 통하여 전쟁범죄의 면책성을 배제하려는 제네바협약은 실패한 것으로 평가된다는 분석은 Eva Brems 전게논문, p. 922.
1826) Attorney-General of Israel v. Eichmann, 36 ILR 5, para. 12 (District Court).
1827) 상세한 것은 Cryer, Robert; Friman, Håkan; Robinson, Darryl; Wilmshurst, Elizabeth, 전게서, p. 59 참조.
1828) War Crimes Act 1991, s. 1(a).
1829) War Crimes Amendment Act 1988, s. 5.; 이에 대한 일반적 설명은 Gillian Triggs, "Australia's War Crimes Trials: A Moral Necessity or Legal Minefield?", 16 Melbourne University Law Review (1987).
1830) Cryer, Robert; Friman, Håkan; Robinson, Darryl; Wilmshurst, Elizabeth, 전게서, p. 60; 이들 국가들은 피난민들 사이에 끼어 들어와 자국 영토 내에 있는 범죄 혐의자들을 보편적 관할권에 의하여 기소하였으며 이들이 저지른 범죄가 국제평화와 안전을 위협한다는 안전보장이사회의 선언은 이들 정부의 활동 의욕을 강화시키는 것이었다. 비록 이러한 기소는 일시적 경향이었으며 절차의 완성도 및 숫자 면에서 볼 때 제한적인 성공에 불과한 것이었지만 이러한 움직임은 보편적 관할권의 근원을 이루는 사상의 승인을 반영한 것으

특히 영국에서 있었던 피노체트 사건은 국제범죄의 면책성에 대한 경각심을 불러 일으키는 한편 보편적 관할권의 행사에 대한 지지를 촉발시켰으며[1831] 인권침해범죄의 면책성에 대해 보다 적극적 대응이 필요하다는 국제사회의 공감대를 형성하여 각국의 검사와 판사들에 대하여 자국의 법령을 보다 적극적으로 활용하도록 북돋우는 계기가 되었다.[1832]

4. 보편적 관할권을 규정한 각국 국내법

국제형사재판소의 등장은 보편적 관할권을 보편화 시키는데 큰 역할을 담당하였다. 로마규정 체약당사국들은 국제법에 부합하는 방식으로 국내 법령을 정립할 필요성을 광범위하게 인식하기에 이르렀으며 비록 로마규정이 국제형사재판소에 대하여는 보편적 관할권을 부여하지 않았으나 면책성 배제의 필요성에 공감한 많은 국가들이 이행법률을 만드는 과정에서 국제범죄에 대한 보편적 관할권을 부여하는 입법을 하였다.[1833]

조약에 의하여 재판권 행사가 허용되거나 자국이 재판권 행사의무를 부담하는 국제범죄에 대하여 국내 재판권을 확대하는 조항을 두고 있는 국가로는 독일, 일본, 중국, 프랑스, 그리스, 스페인, 스위스 예멘 등이 있다.[1834] 독일 형법은 세계주의 입장에서 국제적으로 보호되는 법익

로 국내법원의 역할의 발전에 큰 의미를 가진다는 평가는 Bruce Broomhall, 전게서, p. 113.

1831) Eva Brems, 전게논문, p. 922; Cryer, Robert; Friman, Håkan; Robinson, Darryl; Wilmshurst, Elizabeth, 전게서, p. 60.

1832) 1997년부터 1999년까지 기간 동안 독일, 덴마크, 오스트리아, 스위스 등에서 보편적 관할권에 기한 재판이 있었으며 1999년 영국에서는 2차 대전 중 현재의 벨라루스에 해당하는 장소에서 유태인을 살해한 범죄자에 대한 유죄 판결이 내려졌다. Eva Brems, 전게논문, p. 923.

1833) 로마협정이 체약당사국에 대하여 로마규정에 규정된 국제범죄에 대한 처벌의무를 부과하지 않고 있어 로마규정이 보편적 관할의 국내적 도입을 촉진시킬 것이라고는 예상되지 않았다. 그러나 로마협정이 규정한 보충성의 원칙 요건을 충족시킬 수 있도록 자국의 국내 법제를 재검토하고 필요한 수정을 해 나가는 과정에서 보편적 관할권을 부여할 것인가의 문제가 동시에 제기되어 결과적으로 보편적 관할에 대한 국내 입법의 물결이 발생하였다. 실제 로마협정은 협정의 서문 등에서 가장 악명 높은 범죄에 대한 면책성을 최소화하려는 것을 목적으로 선언하고 있으면서도 위 협정이 규정한 보충성의 원칙을 통하여 이러한 범죄의 책임을 물음에 있어 국내법원에 보다 큰 역할을 담당시키고 국제형사법원은 국내법원이 이러한 역할을 담당할 의사가 없거나 이를 행할 수 없는 경우에만 필요한 역할을 수행할 것을 예정하는 것이었다. 그러나 국제형사법원은 아주 제한된 숫자의 사건들만을 처리할 수 있는 자원을 보유하고 있어 많은 사건의 처리는 사실상 불가능하며 이처럼 국제형사법원이 보충적 체제로만 작용하는 상황에서 취할 수 있는 대안은 범죄에 대하여 면책을 부여하는 것이거나 아니면 보편적 관할을 채택하는 것이라는 점이 보다 명백해 졌다. 결국 이러한 논리에 따라 전쟁범죄, 집단살해죄 등 중대한 범죄에 대한 면책성을 타파하기 위하여 각국이 보편적 관할에 대한 국내 조항을 가져야 한다는 주장으로 이어진 것이다. 만일 많은 국가들에 의한 보편적 관할권 도입 결정이 없었다면 핵심범죄에 대한 면책성을 없애자는 국제형사재판소의 목적은 심각하게 훼손되었을 것이라는 주장은 Bruce Broomhall, 전게서, p. 116; Bruce Broomhall, "Symposium : Universal Jurisdiction : Myths, Realities, and Prospects Panel Five : Expanding United States Codification of Universal Jurisdiction towards the Development of an Effective System of Universal Jurisdiction for Crimes under International Law", New England Law Review(Winter, 2001), p. 407; Cryer, Robert; Friman, Håkan; Robinson, Darryl; Wilmshurst, Elizabeth, 전게서, p. 64.

1834) Ward N. Ferdinandusse, 전게서, p. 34; 상세한 내용은 박찬운, 전게서, 155면 이하 및 하태영, 전게논문

에 대한 국외범의 처벌을 비교적 광범위하게 규정하고 있으며 독일형법 제6조 제9호는 이른바 조약범죄에 대한 일반적 관할권을 규정하고 있다.[1835] 일본 형법 제4조의2 역시 "제2조 내지 전조에 규정하는 것 외에 이 법률은 일본 국외에서 제2편 [각칙]의 죄로서 조약에 의하여 일본 국외에서 범한 때에 벌하여야 할 것으로 되어 있는 죄를 범한 모든 자에게 적용한다"고 규정하여 조약상 의무를 근거로 한 재판권 확장을 일반적으로 인정하고 있다.[1836] 위와 같은 내용의 일본

참조; 보편적 관할권을 범죄자가 자국 내에 존재하는가 여부에 관계없이 인정되는 절대적 보편적 관할권 (absolute universal jurisdiction, pure universal jurisdiction, universal jurisdiction in absentia)과 조건적 보편적 관할권(conditional universal jurisdiction, universal jurisdiction with presence)으로 구분하여 논하는 견해 는 Antonio Cassese, International Criminal Law, p. 285 et seq 참조.

[1835] 독일 형법 제6조 국외에서 범하여진 다음과 같은 행위에 대해 행위지법에 독립하여 독일 형법이 적용된다. 제9호 범죄가 국외에서 범해진 경우에 독일연방공화국에 대하여 구속력이 있는 국가 간의 조약에 근거하여 형사 소추되는 범죄.

그러나 독일 실무에서는 외국에서 발생한 외국인에 대한 외국인의 범죄행위를 기소하기 위해서는 세계주의를 규정한 독일 형법 제6조만으로는 충분하지 않으며 국내와의 일정한 연결점이 필요하다고 보고 있다. 또한 보편적 관할권의 행사에 대하여 독일형사소송법 제153조(f)가 제한요건으로 작용하고 있다. 독일은 기소강제주의를 취하고 있음에도 위 조항은 피의자나 피해자가 독일인이 아닐 경우 피의자가 국내에 존재하지 않거나 혹은 장래에 독일 내에 존재할 것이 합리적으로 기대되지 않을 경우에는 기소 의무는 배제될 수 있도록 규정하고 있다. Alexander Zahar, Göran Sluiter, 전게서, p. 501; Cryer, Robert; Friman, Håkan; Robinson, Darryl; Wilmshurst, Elizabeth, 전게서, p. 64; 실제 독일 검찰은 자국에서 신병치료를 받고 있던 우즈베키스탄의 전 내무장관 조키르존 알마토프에 대하여 8명의 우즈베키스탄 피해자들이 제기한 독일 국제형사법상의 고문 등의 범죄에 대한 고소를 기각한 바 있다. 상세한 것은 Salvatore Zappalà, "Symposium The Twists and Turns of Universal Jurisdiction Edited by A. Cassese The German Federal Prosecutor's Decision not to Prosecute a Former Uzbek Minister Missed Opportunity or Prosecutorial Wisdom?", Journal of International Criminal Justice(2006) 참조.

[1836] 위 조항은 1987년 일본 형법 개정으로 신설된 것으로 범인의 국적이나 범죄지에 관계없이 반인류적 범죄에 대하여는 자국의 형법을 적용할 수 있도록 하는 등 세계주의를 표방한 것이다. 浅田和茂, 刑法總論, 東京, 成文堂(2007), p. 73; 위와 같은 형태의 세계주의는 이미 일본의 '항공기의 강취에 관한 법률' 제5조에 규정되어 있었으며〔航空機の強取等の処罰に関する法律 国外犯 第五条 前四条の罪は、刑法(明治四十年法律第四十五号)第二条の例に従う。〕위 조항 신설의 계기가 된 것은 '국가대표등보호조약(1987년 7월 8일 발효)' 및 '인질행위방지조약'이었다고 한다. 국가대표등보호조약은 국제적으로 보호되는 인물, 공적 시설 등을 보호하기 위하여 그 신체 또는 자유를 침해하는 행위를 처벌하는 것으로 이를 위한 재판권 설정 의무를 규정하고 있었다. 위 조항에 해당하는 행위는 살해, 폭행, 협박, 유괴 등 광범위한 것으로 종래 방식에 의할 경우 일본 형법 제2조에 이를 추가하는 열거주의를 취하거나 특별법으로 규정하는 방식을 취할 수 있었다. 그러나 일본 형법 제2조는 피해자가 누구인가를 묻지 않고 적용되는 것이며 특별법에 규정하는 방식은 너무 번잡하고 특히 가중형을 마련하는 것도 아니라는 점에서 별도의 포괄적인 규정을 두게 된 것이라고 한다. 위 조항의 신설에 따라 일본의 '폭력행위등처벌에관한법률' 제1조의2 제3항 및 '인질에 의한 강요행위의 처벌에 관한 법률' 제5조도 그 취지에 따라서 개정되었다. 나아가 위 조항이 일정한 범죄를 국외범으로 규정할 것인가 여부를 조약에 위임하였다는 점에서 죄형법정주의에 위반되는 것이 아닌가라는 논의가 일본에서 있었다고 한다. 그러나 위 조항은 범죄를 신설하는 조항이 아닌 기존의 범죄에 대하여 국외범의 처벌범위를 정하는 것으로 범죄로 되는 행위의 범위는 조약에 명료하게 규정되어 있어 범죄에 해당하는 행위들이 용이하게 인식될 수 있는 점, 조약 역시 국회의 심의를 거쳐 체결되어 관보에 공고되는 점, 일본 헌법 제98조 제2항에 의하여 조약의 법규범성도 인정되는 점 등을 근거로 죄형법정주의에 위반되지 않는다는 견해가

식 보편적 관할권은 그에 적용될 법령이 국제법이나 국제형사법에서 규정하고 있는 특별구성요건이 아닌 일반형법이라는 특색을 가지고 있다.[1837] 당초 벨기에는 보편적 관할권을 인정할 뿐 아니라 관할권 행사를 위하여 범죄인이 벨기에 영토에 존재할 것을 요건으로 삼지 않는 광범위한 보편적 관할권 조항을 가지고 있었다. 이러한 벨기에의 법제는 국제형사사범을 처벌하는 형사절차에서 사적 당사자의 역할을 강화한 것과 맞물려 벨기에를 국제범죄의 피해자들과 인권단체들이 다른 나라의 고위직 공무원들을 고소할 수 있는 장소로 만듦으로써 많은 분쟁들이 야기되었다.[1838] 관련 분쟁으로 대표적인 것이 콩고민주공화국의 외무장관에 대한 체포영장 발부에 관한 Yerodia 사건으로 종국적으로는 국제사법재판소의 판단에 의해 부적법한 것으로 결론 내려졌으며[1839] 결국 광범위한 재판권의 부작용에 대한 비판에 따라 2003년 3월 보편적 관할권의 행사를 제한하는 새로운 법률이 통과되어 범죄자가 사후적으로 벨기에에 거주하는 경우에만 벨기에 법원이 관할권을 행사할 수 있도록 수정되었다.[1840]

5. 보편적 관할권에 대한 논란과 제한

보편적 관할권은 국제형사법의 강제 시스템에서 중요한 부분을 차지하고 있으나 형사재판권의 국제적 경합가능성을 증대시켜 국제적 이중처벌의 가능성을 높인다는 비판이 있다.[1841] 그러나 재판권의 경합을 이유로 한 이중처벌의 위험은 전통적인 형사관할권 구조 하에서도 발생할

있다. 이에 반하여 당해 조약의 내용이 불명확한 경우는 본조의 적용여부가 불명확하게 되어 명확성의 원칙에 반하여 무효라는 견해, 위 조항이 백지형법적인 것이라는 점은 부정할 수 없으며 조약의 내용에 따라 명확성의 원칙에 비추어 문제점이 발생할 수 있으므로 이에 대한 신중한 검토가 필요하다는 견해 등도 존재한다. 浅田和茂, 전게서, 74면.

1837) Ward N. Ferdinandusse, 전게서, p. 19.

1838) 'Butare Four' 사건의 경우에는 피의자들이 벨기에 내에 존재하였으나 Yerodia 사건과 이스라엘의 총리 아리엘 샤론(Ariel Sharon) 사건의 경우에는 피의자가 벨기에 내에 존재하지 않았다. 특히 이스라엘 총리 사건은 이스라엘과 벨기에 사이의 긴장을 촉발시켰으며 광범위한 형사관할을 규정한 관련법이 벨기에의 정상적인 국제관계를 파괴한다는 논란을 불러일으켰다. 또한 부시 전 미국 대통령(H. W. Bush), 부통령이었던 딕 체니(Dick Cheney)와 국무장관이었던 콜린 파월(Colin Powell)을 1991년 걸프 전쟁에서의 전쟁범죄로 기소하려는 움직임과 관련하여 벨기에의 입법을 변경할 것을 요구하는 미국으로부터의 엄청난 압력을 초래하였다. Alexander Zahar, Göran Sluiter, 전게서, p. 499; Cryer, Robert; Friman, Håkan; Robinson, Darryl; Wilmshurst, Elizabeth, 전게서, p. 62; Werle, Gerhard; Jeßberger, Florian, 전게서, pp. 61, 78; Steven R. Ratner, "Belgium's War Crimes Statute: A Postmortem" 97 American Journal of International Law(2003), p. 890.

1839) ICJ는 위 사건에서 보편적 관할권의 문제는 건드리지 않은 채 국가면책을 근거로 벨기에의 체포영장 발부의 적법성을 부정하였다. 위 판결에서는 보편적 관할권의 문제를 상세히 다룬 소수의견이 있었다. 상세한 것은 Robert Cryer, Håkan Friman, Darryl Robinson, Elizabeth Wilmshurst, 전게서, p. 48.

1840) 유사한 입법례로는 영국의 International Criminal Court Act 2001 제68조 제1항과 캐나다의 War Crimes and Crimes against Humanity Act 제8조 등. 트리니타드-토바고, 네덜란드, 세네갈, 페루 등의 국내입법과 아프리카 연합에 대한 설명은 Cryer, Robert; Friman, Håkan; Robinson, Darryl; Wilmshurst, Elizabeth, 전게서, p. 64 이하.

1841) George P. Fletcher, "Against Universal Jurisdiciton", The Journal of Criminal Justice(2003) 참조.

수 있는 것으로 보편적 관할에만 국한되는 문제가 아니며[1842] 이러한 비판은 보편적 관할권을 인정하는 국제사회 전체의 이해관계를 충분히 고려하지 못한 것이라는 반론도 있다.[1843] 그 밖에 보편적 관할에 대하여는 신제국주의적이라는 비판[1844]이 있을 뿐 아니라 법정지의 자의적 선택 (forum shopping), 제3국의 국민에 대한 재판권 문제 등 이론적으로 많은 논쟁점을 내포하고 있다. 또한 보편적 관할권에 근거한 역외 관할권 행사는 범죄인의 본국에 대한 정치적 문제를 일으킬 가능성을 내포하고 있으며 특히 민주화 진행 과정에 있는 국가의 경우 자국의 과거 행위에 대한 조사를 외국에서 진행하는 것에 대하여 우려를 표명할 가능성이 있다. 따라서 부적절한 시기에 진행되는 역외의 사법절차는 평화에 대한 협상을 혼란에 빠뜨릴 우려가 있어 주의가 필요하다거나[1845] 새로이 부각되는 민주주의 체제 하에서 국내적으로 진행되는 기소와 사면의 균형을 깨뜨릴 수 있다는 우려도 제기된다.[1846]

이중처벌의 위험에 대한 합리적 해결을 위한 방안으로는 보편적 관할권의 인정요건을 강화하거나[1847] 수평적 보충성을 승인하는 방안[1848], 소추재량을 활용하는 방안[1849] 등이 있다. 특히

1842) Albin Eser, "For Universal Jurisdiction : Against Fletcher's Antagonism", The University of Tulsa law review 39 (2004), p. 957.

1843) Georges Abi-Saab, "The Proper Role of Universal Jurisdiction", The Journal of Criminal Justice(2003), p. 597.

1844) 이러한 논란에 대한 구체적 소개는 Cryer, Robert; Friman, Håkan; Robinson, Darryl; Wilmshurst, Elizabeth, 전게서, p. 67.

1845) Eva Brems, 전게논문, p. 945.

1846) 그 밖에 선택적 기소의 문제도 함께 제기되고 있으며 이러한 문제들이 보편적 관할권의 행사와 관련된 국제조약의 채택으로 해결될 수 있을 것이라는 주장은 Cryer, Robert; Friman, Håkan; Robinson, Darryl; Wilmshurst, Elizabeth, 전게서, pp. 67, 68.

1847) 스페인 법원조직법 제23.4는 '피의자가 외국에서 사면되거나 혹은 형을 선고받지 않은 경우'로 보편적 관할권의 행사를 제한하고 있다. 스페인 대법원은 페루에서의 집단살해 사건과 관련된 알베르토 후지모리 전 페루 대통령 사건에서 '영토관할국이 자국 내에서 국제적인 성격을 가진 범죄를 효율적으로 기소하였다면 보편적 관할의 원칙에 따른 사법적 간섭의 필요성은 소멸된다'고 판시하였다.(Peruvian Genocide, 42 I.L.M. 1200, 1205.) Anthony J. Colangelo, 전게논문, p. 828; 이후 스페인 의회는 보편적 관할권의 보조적인 성격을 확인하는 내용의 법령을 통과시켰다. Cryer, Robert; Friman, Håkan; Robinson, Darryl; Wilmshurst, Elizabeth, 전게서, p. 63.

1848) 보편적 관할권에 대하여 전통적 재판권 국가 관할의 우월성을 인정하는 계층구조는 오스트리아 등에서 인정되고 있다. 오스트리아 대법원은 형사법의 역외 적용을 허용하는 오스트리아 형법 제65조 제1항을 해석함에 있어 영토 주권에 기한 재판권을 갖는 국가의 법체제가 제대로 기능하지 못하여 범죄인인도가 불가능한 경우를 조건으로 형사법의 역외 적용에 따른 재판권 행사가 가능한 것으로 판시하고 있다. 네덜란드 역시 영토주권에 기한 재판권 보유국의 보편적 관할권에 대한 우선성을 인정하여 재판권 사이의 계층구조를 승인하고 있다. 보편적 관할권의 행사 여부를 결정함에 있어 독일, 벨기에 법원 등도 전통적 재판권 보유국이 기소를 할 의사나 능력이 없는가를 먼저 판단한 후 그 행사 여부를 결정하고 있다고 한다. 조약법에 기한 보편적 관할권과 흔히 병존하는 범죄인인도 혹은 기소(aut dedere aut judicare) 원칙에서 전통적 재판권 국가에 대한 부분을 먼저 기재하고 다음 항에서 보편적 관할을 규정하는 체제를 가지고 있다는 사실에서 전통적 재판권의 보편적 관할권에 대한 우선성과 보편적 관할권의 종속적 위치가 추론된다고 판단하고 있다. 또한 보편적 관할권과 관련하여 전통적 재판권 보유국에 대한 사전 통보 조항 등도 보편적 관할권의 보충성과 관련된 내용으로 이해하고 있다. Anthony J. Colangelo, 전게논문, pp. 830, 834.

1849) 소추재량은 사건이 재판에 회부되기 이전 단계에서 전통적 재판권 보유국의 우선성을 인정함으로써 불필

보편적 관할권의 인정요건의 강화와 관련하여 범죄자가 자국 영토 내에 존재할 것을 요건으로 규정하는 것은 많은 국가에 의해 받아들여지고 있다. 오스트리아, 프랑스, 스위스 등은 국내의 형사실체법이 무조건적으로 역외범죄에 적용되는 것이 아니라 자국 영토 내에 피의자가 존재하거나 피의자가 자국에 의하여 체포된 경우 등으로 제한하고 있으며[1850] 앞서 본 바와 같이 독일은 실체법의 역외 적용에는 제한을 두지 않으나 보편적 관할권에 기하여 범죄인을 기소하기 위해서는 자국 영토 내에 피의자가 존재하는 경우 혹은 피의자가 체포된 경우를 요건으로 규정하여 절차적 측면에서 제한을 가하고 있다.[1851]

6. 우리나라에서의 보편적 관할권

국제범죄법 제3조 제5항은 핵심적 국제범죄에 대한 보편적 관할권을 명문화하고 있다. 위 조항은 대한민국 영역 밖에서 집단살해죄 등을 범하고 대한민국영역 안에 있는 외국인에 대하여 우리 국제범죄법이 적용된다는 내용의 이른바 조건적 보편적 관할권을 규정하고 있다. 그러나 이와 달리 우리 형법 제296조의 2는 인신매매죄 등에 대하여 완전한 형태의 세계주의 관할권을 규정하고 있으며 테러방지법 제19조 역시 대한민국 영역 밖에서 범죄를 범한 외국인에 대하여도 테러방지법 제17조의 테러단체 구성죄 등을 적용하도록 규정하고 있다. 그 밖에 항공안전 및 보안에 관한 법률은 항공기의 불법납치 억제를 위한 협약과 항공기내에서 범한 범죄 및 기타 행위에 관한 협약 등과 관련하여 보편적 관할권을 규정하고 있다.[1852]

요한 보편적 관할권의 행사를 막는 유용한 수단이 되고 있다. 매우 광범위한 보편적 관할 조항을 가지고 있었던 벨기에는 2003년의 법률 개정을 통하여 보편적 관할의 행사와 관련한 절대적 소추재량(absolute prosecutorial discretion)을 검사에게 부여하였다. 개정법에서는 범죄지, 피의자의 국적국 등의 권한 있고 독립적이며 편파적이지 않은 공정한 법원에 의한 재판이 있을 경우 검사는 절차의 진행을 거부하도록 규정하고 있다. 이러한 벨기에의 법개정은 독일이 검사에게 보편적 관할권과 관련된 광범위한 재량을 부여하면서 전 미국 법무장관 도날드 럼스펠드와 다른 유력 인사 등에 대한 독일에서의 심리를 거부한 것과 유사한 현상으로 보여진다. Anthony J. Colangelo, 전게논문, pp. 831, 832; 독일국제형법전과 독일형사소송법 제153조(f)와 관련된 상세한 논의는 Cedric Ryngaert, "Horizontal Complementarity : The Complementarity Jusrisdiction of Bystander States in the Prosecution of International Crimes under the Universality Principle", Working Paper No. 44 - March Katholieke Universiteit Leuven(2010); 이진국, "독일 국제형법전의 실효성과 정책적 시사점", 형사정책연구 제19권 제3호 통권 제75호(2008) 등 참조.

1850) Albin Eser, "For Universal Jurisdiction : Against Fletcher's Antagonism", p. 977.
1851) 위 두가지 형태의 보편적 관할과 각국의 입법례에 대한 상세한 것은 Antonio Cassese, International Criminal Law, p. 285 et seq 참조; 이중처벌의 위험성을 줄이기 위하여 근본적으로는 Freiburg Proposal on Concurrent Jurisdictions과 같은 국가간 형사관할권 획정 규칙 등이 정립될 필요가 있다는 견해는 Albin Eser, "For Universal Jurisdiction : Against Fletcher's Antagonism", p. 978 참조.
1852) 현행 항공안전 및 보안에 관한 법률의 전신인 항공기운항안전법(1974.12.26 공포, 법률 제2742호)을 적용한 중국 민항기 사건(대법원 1984.5.22. 선고 84도39 판결)에 대한 상세한 설명과 분석은 졸저 김기준, 『일사부재리 원칙의 국제적 전개 - 국제적 이중처벌 방지를 위한 새로운 모색』, 서울 : 경인문화사, 2013. 74면 이하 참조.

로마규정에 새로이 도입되는 침략범죄와 관련된 것으로 형법의 외환유치죄[1853)와 여적죄[1854)
에 대하여는 외국인의 국외범을 처벌하는 역외재판권이 인정되고 있다.[1855)

1853) 형법 제92조 외국과 통모하여 대한민국에 대하여 전단을 열게 하거나 외국인과 통모하여 대한민국에 항적
      한 자는 사형 또는 무기징역에 처한다.
1854) 형법 제93조 적국과 합세하여 대한민국에 항적한 자는 사형에 처한다.
1855) 형법 제5조(외국인의 국외범) 본법은 대한민국영역외에서 다음에 기재한 죄를 범한 외국인에게 적용한다.
      2. 외환의 죄

제3장 국내 법원에서의 처벌 현황

제1절 국내 처벌의 일반적 흐름

국제범죄에 대한 국내에서의 처벌 상황은 국제범죄의 종류, 발생 지역과 규모 등에 따라 매우 다양한 스펙트럼을 가지고 있다.

국내법에 의해 가장 많이 기소되어 처벌된 국제범죄는 전쟁범죄이다.[1856] 전쟁범죄는 제2차 대전 이전 시기인 1860년대 미국 남북전쟁과 18세기 후반과 19세기 초반의 보어(Anglo-Boer) 전쟁과 관련하여 기소된 사례가 이미 있었으며 제1차 대전 이후에도 독일과 터키에서 각국 국내법에 근거하여 전쟁범죄에 대한 재판이 이루어졌다. 제2차 세계대전 과정에서 발생한 국제범죄들은 뉘른베르크 재판과 동경재판 등 국제재판소뿐만 아니라 여러 국가의 법원들에서 국제범죄 또는 일반범죄 형태로 기소와 처벌이 이루어졌다.[1857]

그러나 제2차 대전 이후에 발생한 각종 무력충돌 상황에서의 국제범죄에 대하여는 적절한 기소가 이루어지지 않았다는 평가가 일반적이다. 이러한 기간 중에도 비록 국제범죄로서의 처벌은 아니었지만 베트남 전쟁에서의 My Lai massacre 사건에 대한 미국 군사법원의 재판이 있었으며[1858] 루마니아와 에디오피아에서의 집단살해 사건[1859], 1979년 폴 포트와 크메르 루즈에 대한 재판[1860], 많은 논란을 가져온 1971년 파키스탄-방글라데시 전쟁 동안의 범죄에 대한 기소 사례

1856) 국내 법원의 판례에 대한 것은 ICRC webpage, www.icrc.org/ ihl-nat 참조.

1857) Cryer, Robert; Friman, Håkan; Robinson, Darryl; Wilmshurst, Elizabeth, 전게서, pp. 71, 72.

1858) United States v. Calley, conviction of 29 March 1971 (sentence, 31 March 1971); US Military Court of Appeals decision, 21 December 1973.

1859) William Schabas, "National Courts Finally Begin to Prosecute Genocide, the Crime of Crimes", 1 Journal of International Criminal Justice(2003); Firew Kebede Tiba, "The Mengistu Genocide Trial in Ethiopia" 5 Journal of International Criminal Justice(2007) 등.

1860) 1979년 9월 20일 폴포트 등에 대하여 인민혁명재판부가 궐석재판을 개시하였다. UN Doc. A/ 34/ 491 (20 September 1979).

등이 있다.[1861)

1990년대에 이르러 임시재판소의 설립과 함께 국내적 기소 사례도 증가하였다. 특히 임시재판소 설립의 원인이 된 분쟁 지역인 르완다와 전유고슬라비아 지역에서는 국제범죄에 대한 대량 기소가 이루어졌다. 르완다의 경우 1996년 집단살해죄를 범죄의 심각성에 기반하여 3개의 범주로 나누는 내용의 새로운 입법을 하고 형사사법 체계의 개혁과 전통법원인 가차차(gacaca) 법원의 도입 등을 통하여 이들 범죄의 처벌을 위한 제도적 기반을 마련하였으며 이후 실제로 르완다 국내에서 많은 기소와 처벌이 이루어지게 되었다.[1862) 국내법원에서의 국제범죄에 대한 처벌 흐름은 계속 이어져 유럽[1863), 남아메리카[1864), 캐나다[1865) 등 많은 지역으로 확대되었다.[1866)

아직까지는 국제범죄를 국제재판소가 아닌 국내법원에 기소하여 처벌하는 것이 예외적인 것으로 보이나 최근에는 일반 재판권 혹은 보편적 관할권에 기해 국내법원에 국제범죄들이 기소되는 사례가 감지될 수 있을 정도로 증가하고 있다는 평가이다.[1867) 또한 국내 기소의 경우에도 오랜 기간 동안 국제범죄가 살인, 상해 등 일반범죄로 처벌되어 온 것과 달리 최근에는 국제범죄로 기소되는 사례가 늘어나고 있다.[1868)

국제범죄의 국내 기소 사례에서 나타나는 가장 두드러진 특징은 기소가 선택적으로 이루어진다는 점과 자국민에 대한 기소를 꺼리는 일반적 경향이 있다는 점이다. 국내 기소 사례에서 나타나는 선택성은 그 자체로 정의의 관념에 부합하지 않을 뿐 아니라 동일한 충돌 내에서 발생한 범죄들임에도 일부의 범죄만이 기소될 경우 다른 모든 행위들은 합법이라거나 기소되지 않은 당

1861) M. Cherif Bassiouni, Crimes against Humanity in International Criminal Law. Hague : Kluwer Law International(1999), p. 549 et seq.

1862) Gacaca 법원은 2001년 르완다에서 설립된 것으로 전통에 근거한 공동체 사법체제의 일종이다. 르완다 내에서의 대량 재판으로 인하여 한 때 10만명 상당이 구금되는 상황으로까지 이어졌으며 ICTY와 ICTR의 업무 종결전략의 일환으로 일부 사건들이 르완다 국내법원으로 이관되기도 하였다. 상세한 것은 Cryer, Robert; Friman, Håkan; Robinson, Darryl; Wilmshurst, Elizabeth, 전게서, p. 72; William Schabas, "Genocide Trials and Gacaca Courts", 3 Journal of International Criminal Justice(2005).

1863) Human Rights Watch, "Universal Jurisdiction in Europe : The State of the Art" Volume 18, No. 5(D) (2006).

1864) 2010년 International Criminal Law Review(pp. 491-618)에는 아르헨티나, 브라질, 칠레, 콜롬보, 멕시코, 페루, 우루과이 등의 사례를 분석하는 다수의 논문이 게재되어 있다.

1865) 2009년 캐나다에서는 최초로 르완다에서 있었던 집단살해죄와 인도에 반한 죄에 대한 유죄판결이 선고되었다. Robert Currie, Ion Stancu, "R v. Munyaneza : Pondering Canada's First Core Crimes Conviction", 10 International Criminal Law Review (2010).

1866) 대다수 사건들은 개인의 고발에 근거한 것이었으며 기본적으로 이러한 국내기소 과정은 내국 법원이 담당하였으나 국제적 지원에 힘입어 국제 판사 등이 존재하는 '국제화된 법원(internationalized courts)' 내지 혼합형 재판소가 몇몇 국가에 설립되기도 하였다. Cryer, Robert; Friman, Håkan; Robinson, Darryl; Wilmshurst, Elizabeth, 전게서, pp. 73, 129.

1867) H. van der Wilt, "Domestic Courts' Contributions to the Development of International Criminal Law: Some Reflections", 46 Israel Law Review (2013).

1868) Werle, Gerhard; Jeßberger, Florian, 전게서, p. 129; W. Ferdinandusse, "The Prosecution of Grave Breaches in National Courts", 7 JICJ (2009).

사자들은 비난받지 않는 방식으로 행위 하였다는 잘못된 메시지를 줄 수 있다.[1869] 그러나 이와 달리 자국민 기소를 꺼리는 경향에 대한 예외도 있다. 제2차 대전 이후 서독과 동독에서는 수많은 자국민들을 기소하였으며 이전 유고슬라비아와 르완다에서도 자국민을 적극적으로 기소하였다. 최근에는 미국과 영국에서 이라크에서의 수용자들에 대한 학대나 혹은 살인으로 수많은 병사들이 군사법원에 기소되었다.[1870]

국제범죄의 국내 기소에 있어서는 기소 정책과 관련된 정치적 의지가 결정적 요소로 작용하는 경향이 있다. 기소 국가 내에서 범하여진 국제범죄에 대한 기소는 국가책임 문제로 연결될 수 있어[1871] 모든 국내 기소를 봉쇄하거나 혹은 고도로 선택적 기소를 하려는 정치적 고려가 있을 수 있다. 또한 법의 소급성, 범죄와 기소 사이의 오랜 시간의 경과 등 다양한 문제들이 발생할 수 있으며 기소를 위한 진정한 의지가 존재하는 경우에도 관련 비용의 문제가 장애로 작용할 수 있다. 자국 내 기소에 따른 심리가 이루어지는 경우에도 국내법원의 국제관습법에 대한 입증 시도가 미흡하다거나 일부 판결들에서의 법적 추론이 ICTY와 ICTR의 판결에 비교하면 '가볍고 피상적인' 것이라는 비판도 있다.[1872]

제 2 절 제2차 대전 기간 중 범죄에 대한 처벌

1945년 이후 각국 국내법정에서 나치 범죄자들에 대한 대규모 기소와 처벌이 이어졌다. 특히 독일 내에서는 수천 건의 기소가 이루어졌으며 다른 유럽국가에서도 나치 범죄에 가담한 사람들에 대한 재판이 진행되었다. 그러나 일본의 범죄자들에 대한 국내적 처벌 사례에 대하여는 제대로 조사되거나 기록되지 않은 상황이다.

1869) Cryer, Robert; Friman, Håkan; Robinson, Darryl; Wilmshurst, Elizabeth, 전게서, pp. 73, 74.

1870) Roberta Arnold, "The Abu-Ghraib Misdeeds : Will there Be Justice in the Name of the Geneva Conventions?", 2 Journal of International Criminal Justice (2004); Nathan Rasiah, "The Court-Martial of Corporal Payne and Others and the Future Landscape of International Criminal Justice", 7 Journal of International Criminal Justice(2009).

1871) 예를 들면 Barbie 재판에서는 프랑스가 나치와 협력한 것이 아닌가 여부와 알제리에서의 최근 분쟁에서 국제범죄를 저지른 것이 아닌가라는 매우 당혹스런 질문으로 이어졌다. Guyora Binder, "Representing Nazism : Advocacy and Identity in the Trial of Klaus Barbie", 98 Yale Law Journal(1989).

1872) Cryer, Robert; Friman, Håkan; Robinson, Darryl; Wilmshurst, Elizabeth, 전게서, p. 74; Yaël Ronen, "Silent Enim Leges Inter Arma – But Beware the Background Noise : Domestic Courts as Agents of Development of the Law on the Conduct of Hostilities", 26 Leiden Journal of International Law (2013); Eyal Benvenisti, "Judicial Misgivings regarding the Application of International Norms : An Analysis of Attitudes of National Courts", 4 European Journal of International Law (1993).

1. 독일의 국제범죄 관련 사례

(1) 독일

독일 연방공화국은 처음에는 독일 전쟁범죄자들에 대한 기소를 꺼리는 입장이었으나 1950년대 이후부터는 유대인들에 대한 집단살해죄를 포함하여 많은 나치 범죄자들을 기소하였다.[1873]
초기단계의 주목할 만한 재판으로는 유대인에 대한 대량 학살에 관한 1958년의 '울름특수부대 재판(Ulm Einsatzgruppen trial)'이 있다. 나치 친위대(Schutzstaffel, SS)와 비밀경찰 특수부대(Gestapo commando) 출신 피고인들 10명이 여성과 어린이가 포함된 5천 명 상당의 유대인을 살해한 혐의로 유죄판결을 받았다. 이 사건이 언론과 대중들로부터 매우 큰 관심을 받음으로써 나치 범죄 기소에 대한 서유럽의 태도를 바꾸는 매우 중요한 전환점이 되었으며 루트비히스부르크에 국가사회주의 범죄의 조사를 위한 중앙사무소를 설립하는 것으로 이어졌다. 중앙사무소 개소로 나치 범죄를 체계적으로 조사하고 이를 기소하려는 노력이 조직화되었으며 1958년 12월 개소 이후 현재까지 업무를 계속하고 있다. 독일에서 열린 가장 중요하고도 유명한 재판은 아우슈비츠 재판이다. 아우쉬비츠 수용소의 중간 또는 하위직 관료 22명 중 16명이 홀로코스트 관련 행위로 독일 형법에 따라 유죄판결을 받았다.[1874]
나치 범죄자들의 고령화에도 불구하고 독일에서의 나치 범죄자들에 대한 기소는 계속 이어져 최근에도 많은 재판들이 진행되었다. 2001년 게쉬타포 감옥의 간수 역할을 한 Anton Malloth는 살인 혐의로 뮌헨 지방법원에서 종신형을 선고받았으며[1875] Josef Scheungraber는 1944년 이탈리아 마을에서 주민 10명을 살해하라고 지시한 혐의로 2009년 8월 종신형을 선고받았다.[1876] 그리고 2010년 3월에는 아헨지방법원이 이전 나치 친위대 대원인 Heinrich Boere에 대하여 3개의 살인죄로 종신형을 선고하였다.[1877] 특히 최후의 주요 나치 전범 재판이라고 불리는 John Ivan Demjanjuk에 대한 재판은 언론의 관심을 집중시켰다. 2011년 5월 뮌헨지방법원은 Demjanjuk에 대하여 소비브르(Sobibór) 절멸캠프에서의 27,900건의 살인방조죄로 5년형을 선고하였다.[1878] 그

1873) Werle, Gerhard; Jeßberger, Florian, 전게서, p. 130.

1874) 위 재판은 Fritz Bauer 검사의 집요함으로 실현된 것으로 프랑크프루트에서 1963년 12월부터 부터 1965년 9월까지 이루어졌다. Werle, Gerhard; Jeßberger, Florian, 전게서, p. 131.

1875) Landgericht München, judgment of 30 May 2001 (1 Ks 320 Js 30118/ 00). 위 판결은 독일연방대법원에서 승인되었다. German Federal Court of Justice [Bundesgerichtshof] judgment of 21 February 2002, Strafverteidiger (2002), 598.

1876) Landgericht München, judgment of 11 August 2009 (1 Ks 115 Js 10394/ 07).

1877) 그는 특수부대 구성원으로 점령지 네덜란드에서 독일에 적대적인 것으로 간주되는 민간인들을 살해하였다. Landgericht Aachen, judgment of 23 March 2010 (52 Ks 45 Js 18/ 8310/ 09).; 위 판결에 대한 논의는 S. Swoboda, "Paying the Debts— Late Nazi Trials before German Courts: The Case of Heinrich Boere", 9 JICJ (2011).

1878) Landgericht München, judgment of 12 May 2011 (1 Ks 115 Js 12496/ 08); 독일 법원은 Demjanjuk 가 1943년

러나 이러한 성공적인 처벌 사례와는 달리 유효한 기소가 불가능한 경우도 있었으며 형사절차가
성공적으로 진행되지 않은 경우도 있었다.[1879]

(2) 이스라엘

제2차 대전 중 발생한 범죄에 대한 국내적 처벌사례로 가장 유명한 것은 1961년 예루살렘
지방법원에서 진행된 Adolf Eichmann에 대한 재판이다.[1880] 이 재판에서는 피고인을 국외에서
납치한 경우 적법한 재판권을 행사할 수 있는가의 문제를 포함하여 상급자명령과 국가행위 이론
에 대한 논쟁, 소급금지원칙 위반 여부 등 매우 중요한 쟁점들이 제기되고 논의되었다. 아이히만
은 유대인에 대한 인도에 반한 죄, 전쟁범죄 등으로 사형을 선고받고 1962년 3월 31일 Ramleh
감옥에서 사형이 집행되었다.[1881] 이 사건은 특히 국제범죄의 재판권과 관련하여 범죄 당시 이스
라엘이라는 국가 자체가 존재하지 않았다는 점에서 매우 흥미로운 선례를 남긴 것이다.[1882]

Demjanjuk 사건은 범죄인인도 절차를 통하여 미국으로부터 신병을 인수받아 이스라엘에서
재판이 진행된 사건이다.[1883] 그러나 범죄행위를 저지른 수용소 간수(Ivan the Terrible of Treblinka)
와 동일성이 인정되지 않는다는 이유로 무죄판결이 선고되었다.[1884]

3월 초순부터 1944년 8월 중순까지 Sobibór에서 간수로 근무하였으므로 그가 그곳에서 근무하던 기간 동안
캠프에서 자행된 살인 행위에 대한 공범이라고 판시하였다. 그의 구체적 범죄 행위가 세부적으로 증명되지
않았음에도 임시재판소의 공동범죄집단 이론과 매우 유사한 이론이 적용되어 유죄판결이 내려졌다. 한편
독일 당국은 2013년 Auschwitz-Birkenau death camp의 다른 간수 여러 명에 대한 수사를 시작하면서도
Demjanjuk 사건에서 발전된 참여 유형을 계속 활용할 것임을 선언하였다. Demjanjuk는 이스라엘에서 트레
브리카나 절멸캠프의 'Ivan the Terrible'과 동일 인물로 잘못 기소되어 8년간 구금상태로 있다가 독일로 인
도되어 재차 유죄판결을 선고받은 것으로 재판부는 과거 피고인에 대한 이러한 잘못된 구금을 형량을 정하
는데 고려하였을 뿐 아니라 유죄판결을 선고하면서도 판결의 최종 확정시까지는 구금의 필요성이 존재하지
않는다며 그를 석방하였다. 그는 자신에 대한 판결이 확정되어 집행되기 이전인 2012년 3월 요양원에서 사
망하였다. Werle, Gerhard; Jeßberger, Florian, 전게서, p. 133.

1879) 이전 나치 친위대 조직원 Friedrich Engel은 이탈리아 게릴라의 폭탄 공격에 대한 보복으로 1944년 59명의
죄수들에 대한 집단살해를 명령하여 1급 살인죄 혐의로 2004년 함부르크 지방법원(Hamburg Regional Court
[Landgericht])에서 징역 7년을 선고받았으나 독일연방법원은 피고인의 주관적 요건 구비 여부에 의문을 제
기하면서 원심판결을 파기하였으며(Bundesgerichtshof, decision of 17 June 2004, BGHSt 49, 189) 결국 위
사건에 대한 형사절차는 95세에 달한 피고인의 고령과 범행 당시에 존재하였을 실제 상황 조사에 대한 어
려움을 이유로 중단되었다. Werle, Gerhard; Jeßberger, Florian, 전게서, p. 133.

1880) District Court of Jerusalem, judgment of 12 December 1961, 36 ILR (1968), 1; Supreme Court of Israel,
judgment of 29 May 1962, 36 ILR (1968).

1881) Werle, Gerhard; Jeßberger, Florian, 전게서, p. 132.

1882) Ambos, Kai, 전게서 I, p. 8.

1883) 미국 법원은 이스라엘로의 범죄인인도 결정을 하면서 재판권에 대한 다양한 문제를 검토하였다. Demjanjuk,
US District Court (ND Ohio), 15 April 1985; Demjanjuk v. Petrovsky et al., US Court of Appeals (Sixth
Circuit), 31 October 1985; Cryer, Robert; Friman, Håkan; Robinson, Darryl; Wilmshurst, Elizabeth, 전게서, p.
89.

1884) Israel Supreme Court, 29 July 1993; 그러나 앞서 본 바와 같이 그는 독일로 범죄인인도되어 다른 혐의로

(3) 프랑스

프랑스에서 재판이 진행된 사건 중 특히 관심을 끈 것은 Gestapo 대장으로 활동했던 Klaus Barbie,[1885] 친 나치 무장단체를 이끈 Paul Touvier,[1886] 프랑스 비시 체제의 고위 공무원이었던 Maurice Papon[1887] 등에 대한 사건이다. 이들은 모두 인도에 반한 죄로 각각 1987년, 1994년, 1998년에 유죄판결을 선고받았다.[1888] 그러나 이러한 판결은 매우 어려운 오랜 재판과정을 거쳐 이루어진 것이었다.[1889] 특히 체포되었다가 도주한 Klaus Barbie의 경우 오랜 외교적 노력으로 범죄인인도 절차를 통해 볼리비아로부터 신병을 인도받았으며 1987년 7월 4일 종신형이 선고되었다.[1890]

(4) 이탈리아

이탈리아에서는 1990년대 말부터 독일 전쟁범죄자들에 대한 기소와 재판이 지속적으로 이루어졌다. 이탈리아에서 가장 관심을 끈 것은 Priebke 사건으로[1891] 이탈리아 검찰은 1994년 수사 과정에서 이전까지 알려지지 않았던 이탈리아 내에서의 독일의 전쟁범죄 정보를 기록한 수백 개의 문서(치욕의 보관함, armoire of shame, armadio della vergogna)를 발견하였다. 이후 민간인을 고의적으로 살해한 혐의로 나치 친위대 조직원 등에 대한 수많은 재판이 시작되었으나 독일이 이들에 대한 범죄인인도를 거부함에 따라 대부분의 재판은 궐석재판으로 이루어졌으며 선고된 형벌은 오직 몇 개의 사건에서만 집행될 수 있었다.[1892]

2011년 유죄판결을 선고받았다.

1885) French Cour de Cassation, judgment of 6 October 1983, judgment of 26 January 1984, judgment of 20 December 1985, 78 ILR (1988), 125; French Cour de Cassation, judgment of 3 June 1988, 100 ILR (1995), 330.

1886) Cour d'Appel de Paris, judgment of 13 April 1992, 100 ILR (1995), 338; French Cour de Cassation, judgment of 27 November 1992, 100 ILR (1995), 357.

1887) French Cour de Cassation, judgment of 23 January 1997, Bulletin des arrêts de la Cour de cassation no 327, and Cour d'assises de la Gironde, judgment of 2 April 1998.

1888) Werle, Gerhard; Jeßberger, Florian, 전게서, p. 132.

1889) Cryer, Robert; Friman, Håkan; Robinson, Darryl; Wilmshurst, Elizabeth, 전게서, p. 71; Leila Sadat Wexler, "The French Experience", International Criminal Law, 3rd ed. (Leiden, 2008) Vol. III, p. 329.

1890) Ambos, Kai, 전게서 I, p. 9.

1891) Convictions for war crimes and crimes against humanity : Rome Military Tribunal, 22 July 1997; Military Court of Appeal, 7 March 1998; and Supreme Court of Cassation, 16 November 1998; Erich Priebke은 당초 무기징역형을 선고받았으나 이후 가택연금으로 대체되었다. 그는 2013년 가택연금 상태에서 100세의 나이로 로마에서 사망하였다. Werle, Gerhard; Jeßberger, Florian, 전게서, p. 133; Cryer, Robert; Friman, Håkan; Robinson, Darryl; Wilmshurst, Elizabeth, 전게서, p. 71; Priebke v Italy, European Court of Human Rights, decision of 5 April 2001; Pier Paolo Rivello, "The Prosecution of War Crimes Committed by Nazi Forces in Italy", 3 Journal of International Criminal Justice(2005).

1892) Werle, Gerhard; Jeßberger, Florian, 전게서, p. 134.

(5) 기타 국가들

영국에서는 R v. Anthony Sawoniuk에 대한 1개의 사건에서 전쟁범죄에 대한 유죄판결이 선고되었을 뿐이다.[1893] 앞서 본 국가 이외에 오스트리아, 네덜란드, 이전 동유럽 국가 등에서도 기소가 이루어졌다.[1894] 캐나다의 Finta 사건에서는 인도에 반한 죄와 전쟁범죄에 대하여 상대적으로 엄격한 정신적 요건 등이 선언되기도 하였다.[1895] 호주의 Polyukhovic 사건에서는 소급입법 여부와 관련하여 전쟁범죄를 처벌하는 입법의 합헌성 여부가 논의되었다.[1896]

2. 일본의 국제범죄 관련 사례

나치 독일의 국제범죄에 대한 관심에 비하여 일본이 저지른 범죄 중 특히 일본 점령 지역에서 연합군이 아닌 현지인들을 상대로 저질러진 범죄에 대한 관심은 상대적으로 미흡한 것이었다. 피해자 국가들 역시 일본의 국제범죄를 자국 법원에서 지속적이고 체계적으로 처벌해 나가려는 노력을 제대로 경주하지 못하였던 것으로 보인다. 여기에는 제2차 세계 대전 이후 냉전체제로 돌입한 국제정세와 상대적으로 저개발 상태였던 아시아 지역의 피해 국가들의 상황이 큰 영향을 미친 것으로 생각된다. 결국 이들 범죄에 대한 처벌은 물론 체계적인 조사와 연구도 제대로 이루어지지 않았다.

다만 중국은 모두 13개의 재판소를 설치하여 심각한 범죄를 저지른 일본인 504명에 대한 유죄판결을 선고하고 149명을 처형한 바 있으며[1897] 일부 아시아 국가 등에서도 관련 사건에 대한 재판이 이루어졌다.[1898]

1893) Cryer, Robert; Friman, Håkan; Robinson, Darryl; Wilmshurst, Elizabeth, 전게서, p. 89.

1894) Cryer, Robert; Friman, Håkan; Robinson, Darryl; Wilmshurst, Elizabeth, 전게서, p. 71.

1895) Regina v Finta, Ontario Court of Appeal, judgment of 29 April 1992, 98 ILR (1994), 520; Supreme Court of Canada, judgment of 24 March 1994, 104 ILR (1997), 284; Irwin Cotler, "Bringing Nazi War Criminals in Canada to Justice : A Case Study", ASIL Proceedings (1997).

1896) Cryer, Robert; Friman, Håkan; Robinson, Darryl; Wilmshurst, Elizabeth, 전게서, p. 72; Polyukhovich v Commonwealth of Australia and Another, High Court of Australia, judgment of 14 August 1991, 91 ILR (1993); 캐나다의 Finta 사건과 호주의 Polyukhovic 사건은 범행 시점으로부터 장기간이 경과된 시점에 진행된 재판으로 두 사건 모두 증거불충분으로 무죄판결이 선고되었다.

1897) Farhad Malekian, 전게서, p. 134 참조.

1898) 소련을 포함하여 버마, 베트남, 호주 등에서의 재판에 대한 비교적 상세한 논의는 Kerstin von Lingen, War Crimes Trials in the Wake of Decolonization and Cold War in Asia, 1945-1956: Justice in Time of Turmoil (World Histories of Crime, Culture and Violence). Helsinki :Springer International Publishing. Kindle Edition. (2016) 참조.

제 3 절   르완다와 이전 유고슬라비아 지역 범죄에 대한 처벌

르완다와 이전 유고슬라비아에서 자행된 인도에 반한 죄와 전쟁범죄에 대한 재판은 ICTY와 ICTR 등 국제법원뿐만 아니라 사건이 발생한 관련 국가와 독일, 오스트리아, 벨기에 등 제3국 국내법원에서도 진행되었다.

1. 르완다에서의 처벌

르완다에서 집단살해죄의 범죄자들을 기소하려는 노력은 너무나 많은 범죄 혐의자들로 인하여 장애에 부딪혔다. 르완다의 통계에 따르면 약 100만 명이 범죄 혐의자였는데 그 중 절반은 집단살해죄 중 심각한 유형인 공격적 범죄에 해당하여 기소되었으며[1899] 10만 명 상당이 구금되는 상황으로까지 이어졌다.[1900] 2001년에는 일반 사법시스템의 부담을 덜어주기 위하여 도입된 전통법원 가차차(gacaca)로 많은 사건들이 이관되어 처리되었으며 일반법원에서는 집단살해죄를 조직하고 계획한 사람들에 대한 약 2천 건의 재판이 진행되었다.[1901]

2. 舊유고연방 관련 국가에서의 처벌

(1) 보스니아-헤르체고비나

보스니아-헤르체고비나에서는 2004년 ICTY가 새로운 기소를 중단할 때까지 ICTY 검사가 전쟁범죄에 대한 국내 사건들을 미리 상세히 조사하는 특별한 체제가 만들어져 시행되었다. 1993년 이미 국제범죄에 대한 재판이 보스니아 법원에서 열린 바 있으나 법의 지배 원칙을 충족시키지 못하였다는 논란이 제기되었다.[1902] 이에 따라 1996년 2월 자의적 구금과 적법절차 침해 방지

1899) 1996년 집단살해죄를 범죄의 심각성에 기반하여 3개의 범주로 나누는 새로운 입법이 시행되었다. Werle, Gerhard; Jeßberger, Florian, 전게서, p. 134.

1900) Cryer, Robert; Friman, Håkan; Robinson, Darryl; Wilmshurst, Elizabeth, 전게서, p. 72; William Schabas, "Genocide Trials and Gacaca Courts", p. 879.

1901) 가차차 법원은 전통적 분쟁해결방식을 모델로 한 법원체제로서 대중의 참여에 의존하는 것이었다. 2006년부터 2012년까지 사이에 12,000개 이상의 가차차 법원들이 활동하였으며 2012년 6월에 활동이 종료되었다. 가차차 법원을 매우 진보적 해결책으로 평가하는 입장이 있으며 실제로 위 법원은 매우 많은 숫자의 사건들을 처리하였을 뿐 아니라 수만 명의 무고한 피구금자들에 대하여 무죄판결을 선고하였다. 또한 대중들이 관여함으로써 일반 정규법원에서는 불가능한 집단살해죄에 대한 공적 담론이 이루어지는 성과도 있었다고 한다. 그러나 가차차 법원은 제대로 훈련받지 못한 판사와 공정성의 결여로 비판을 받기도 하였다. 특히 일방에 의하여 저질러진 집단살해죄만을 강조하여 르완다에서의 민족간 긴장이 더욱 악화될 위험을 초래하기도 하였다는 평가도 존재한다. Werle, Gerhard; Jeßberger, Florian, 전게서, p. 135; L. Waldorf, "Mass Justice for Mass Atrocity: Rethinking Local Justice as Transitional Justice", 79 Temple Law Review (2006), 59 et seq, 79 et seq.

1902) U. Garms and K. Peschke, "War Crimes Prosecution in Bosnia and Herzegovina (1992-2002)", 4 JICJ (2006),

를 위한 새로운 절차 규칙(Rules of the Road)이 도입되었다. 이러한 절차 규칙은 ICTY 검사가 보스니아 당국이 수집한 증거의 신빙성 여부를 검토하여 이를 승인한 이후 보스니아 법원에 대한 형사절차를 개시하거나 체포영장 발부가 가능하도록 하는 것으로 ICTY 검사가 충분한 증거가 있다고 판단한 사건은 Bosnia-Herzegovina 법원 내에 있는 전쟁범죄 특별재판부(Special Panels for War Crimes)로 이첩되었다. 그리고 고도로 민감한 사건은 특별재판부가 스스로 판결하고 덜 민감한 사건들은 일반 보스니아 법원으로 재차 이첩시키는 체제를 갖추었다. 2004년 10월 ICTY는 이러한 검토 절차의 권한을 보스니아 법원으로 넘겼으며 ICTY의 절차증거규칙 제11의 2에 의하여 6개의 사건이 ICTY로부터 Bosnia-Herzegovina에 이첩되어 국제 판사들이 참여하는 전쟁범죄 위원회에서 심리되었다.[1903]

보스니아 법원에서 심리된 사건 중 특히 중요한 것은 스레브레니차 집단학살(Srebrenica massacre) 과정에서 이루어진 보스니아 무슬림 1천 명을 총살한 사건(이른바 Kravica trial)으로 5명이 집단살해죄로 유죄판결을 받아 38년에서 42년형이 선고되었으며 4명이 무죄판결을 받았다.[1904]

(2) 세르비아

세르비아 법원은 1990년대 중반 이후부터 국내법에 근거하여 전쟁범죄 재판을 진행하여 왔으며 2003년 7월에는 전쟁범죄 특별재판소가 Belgrade 지방법원에 만들어졌다. 보스니아-헤르체고비나의 경우와 달리 세르비아 재판소는 국제 판사와 국제 검사의 도움을 받지 않았으며 2007년 3월 10일 스레브레니차 집단학살과 관련하여 4명에 대하여 5년에서 20년 형을 선고하였다.[1905] ICTY의 종결전략의 일부로 Vladimir Kovačević 사건이 세르비아 재판소로 이관되었으나 피고인이 재판을 감당할 능력이 없다는 이유로 절차가 종결되었다.[1906]

(3) 크로아티아

크로아티아에서는 1991년부터 2005년까지 약 1700명이 기소되어 800명 정도가 유죄판결을 받았다.[1907] 2003년 로마규정에 대한 비준절차의 일부로서 크로아티아는 4개 지역 법원에 전쟁

---

p. 258.

1903) Werle, Gerhard; Jeßberger, Florian, 전게서, p. 136.

1904) Werle, Gerhard; Jeßberger, Florian, 전게서, p. 136; A. Strippoli, "National Courts and Genocide − The Kravica Case at the Court of Bosnia and Herzegovina", 7 JICJ (2009).

1905) Werle, Gerhard; Jeßberger, Florian, 전게서, p. 136; D. Raab, "Evaluating the ICTY and its Completion Strategy", 3 JICJ (2005), p. 93 et seq.

1906) Kovačević, ICTY (Referral Bench), decision of 17 November 2006; Kovačević, ICTY (AC), decision of 28 March 2007; Werle, Gerhard; Jeßberger, Florian, 전게서, p. 136.

1907) 대다수 유죄판결은 크로아티아 당국의 독립적 수사에 기반한 것이었으며 많은 재판이 궐석으로 이루어진 것에 대하여 비판이 존재하였다. Werle, Gerhard; Jeßberger, Florian, 전게서, p. 136; Organization for Security and Co-operation in Europe, Mission to Croatia, Background Report : Domestic War Crimes Trials

범죄 특별법원(Special War Crimes Courts)을 설치하였으며 국내 형사법을 적용하여 국제범죄를 처벌하였다. 전쟁범죄 특별법원에는 국제 판사나 국제 검사가 근무하지는 않았으나 크로아티아 당국과 ICTY는 크로아티아 판사와 검사의 훈련에 있어 밀접하게 협력하였다.[1908] ICTY의 종결전략에 따라 2005년 9월 크로아티아로 2개의 사건이 이첩되어 2008년 3월 자그레브 지방법원에서 판결이 선고되었다.[1909]

3. 제3국에서의 처벌

이전 유고슬라비아와 르완다에서 범하여진 국제범죄에 대한 재판이 스위스, 캐나다, 네덜란드, 핀란드, 노르웨이, 스웨덴, 오스트리아, 덴마크 등에서 진행되었으며 특히 독일에서 다수의 재판이 진행되었다.[1910] 벨기에에서의 'Butare Four' 재판 등이 특별한 관심을 끄는 것이었으며 프랑스에서는 이전 정보기관장에 대하여 2014년 3월 집단살해죄와 인도에 반한 죄로 25년형을 선고하기도 하였다. 특히 프랑스와 스페인 권한당국은 현 정권 쪽에 속한 고위급 공직자에 대한 형사절차도 진행하였다.[1911]

제 4 절   중앙아메리카와 남아메리카 국제범죄에 대한 처벌

중앙아메리카와 남아메리카의 군사독재 기간 동안 범하여진 심각한 국제범죄는 지금까지 제대로 처벌되지 않은 것으로 평가되고 있다. 정권이 교체될 때마다 사면법이 채택되는 등 면책성을 부여하는 정책이 시행되어 이들에 대한 처벌 노력이 좌절되었기 때문이다. 그러나 국제인권기구와 피해자 가족들의 노력으로 제3국인 스페인과 독일 등에서 범죄자들에 대한 사법절차가 진행되었다.[1912]

대표적인 사례로 스페인에서는 전 칠레 대통령인 Augusto Pinochet[1913], 전 아르헨티나 장교 Adolfo Scilingo[1914]와 Ricardo Cavallo, 이전 과테말라 대통령인 Efraín Ríos Montt 등에 대한 사

2005(2006), p. 13 et seq; I. Josipović, "Responsibility for War Crimes Before National Courts in Croatia", 88 International Review of the Red Cross (2006), p. 152 et seq.

1908) Werle, Gerhard; Jeßberger, Florian, 전게서, p. 137; I. Josipović, 전게논문, p. 155 et seq.

1909) Rahim Ademi과 Mirko Norac 사건이 이첩되었으며(Ademi and Norac, ICTY (Referral Bench), decision of 14 September 2005) 유죄판결과 무죄판결이 각각 선고되었다. Werle, Gerhard; Jeßberger, Florian, 전게서, p. 137.

1910) 독일에서의 수사와 기소에 대하여 상세한 것은 Werle, Gerhard; Jeßberger, Florian, 전게서, p. 153.

1911) Werle, Gerhard; Jeßberger, Florian, 전게서, p. 138.

1912) Werle, Gerhard; Jeßberger, Florian, 전게서, p. 139.

1913) Audiencia Nacional, judgment of 5 November 1998 (Augusto Pinochet); see 119 ILR (2002), 331.

1914) Audiencia Nacional, judgment of 19 April 2005 (Adolfo Scilingo); Tribunal Supremo, judgment of 3 July 2007 (Adolfo Scilingo); A. Gil Gil, "The Flaws of the Scilingo Judgment", 3 JICJ (2005), p. 1082.

법절차가 진행되었으며1915) 독일에서도 아르헨티나 독재기간에서 발생한 범죄와 관련된 수사가 진행되었다.1916) 이러한 유럽 국가에 의한 기소는 범죄 발생 국가의 사법체계에 대한 압력으로 작용하는 이른바 피노체트 효과(Pinochet effect)를 가져왔으며1917) 국제 인권단체가 국제범죄 발생국에서 국제범죄에 대한 민·형사적 제재와 과거의 잘못에 대한 인정과 보상을 요구하는 상황이 지속되었다. 그리고 범아메리카 인권법원(Inter-American Court of Human Rights)은 국제범죄와 관련된 진실 추구, 심각한 인권 침해행위에 대한 기소의무 등을 강조하면서 사면은 국제법에 반하는 것이라고 선언하여 만연했던 면책성 정책을 극복할 수 있는 단초를 제공하였다.1918) 그리고 이러한 상황 속에서 2003년경부터 라틴아메리카 국가들에서 새로이 정권을 잡은 새로운 정치권력들은 인권 강화를 그들 체제의 사회 정치적 목적으로 선언하면서 잘못된 과거에 적극적으로 맞서는 경향을 보여 줌으로써 면책성 배제 움직임이 성공해 가는 모습이 나타나고 있다.1919)

아르헨티나에서는 1983년 군사독재가 종료되자 이전 정권의 범죄행위의 처벌을 위한 기초자료인 군사정권 범죄보고서 초안이 만들어졌으며 이후 약 500명의 군인들을 상대로 형사절차가 개시되어 가장 중요한 9명의 군대 지휘관 관련 재판이 1983년 종결되었다.(Juntas Trial) 이후 아르헨티나에서 진행되었던 형사절차는 많은 부침을 겪기도 하였으나1920) 종국적으로는 납치, 고문, 살해 등으로 아르헨티나 군대와 경찰 구성원 중 다수가 재판에 회부되어 장기 징역형을 선고받았다.1921)

1915) Tribunal Supremo, judgment of 25 February 2003 (Efraín Ríos Montt); H. Ascensio, "Are Spanish Courts Backing Down on Universality?", 1 JICJ (2003), p. 690; A. Cassese, "Is the Bell Tolling for Universality?", 1 JICJ (2003), p. 589; H. Ascensio, "The Spanish Constitutional Tribunal's Decision in Guatemalan Generals", 4 JICJ (2006), p. 586.
1916) Werle, Gerhard; Jeßberger, Florian, 전게서, p. 139.
1917) Werle, Gerhard; Jeßberger, Florian, 전게서, p. 140.
1918) Velásquez Rodriguez v Honduras, Inter-American Court of Human Rights, judgment of 29 July 1988, Series C No. 4, para. 162 et seq; La Cantuta v Peru, Inter-American Court of Human Rights, judgment of 29 November 2006, Series C No. 162, para. 52; Barrios Altos v Peru, Inter-American Court of Human Rights, judgment of 14 March 2001, Series C No. 75, paras. 41 et seq.
1919) Werle, Gerhard; Jeßberger, Florian, 전게서, p. 140.
1920) 추가적인 재판이 1986년 12월 24일 사면법을 통하여 배제되었으며 1990년 전 아르헨티나 대통령 Carlos Menem은 유죄판결을 받은 장군을 사면하였다. 이후 다른 국가에 의한 범죄인인도와 사법공조 요청이 사면을 이유로 거부되자 인권단체와 피해자 가족들의 항의가 이어졌다. 네스토르 키르츠너(Néstor Kirchner) 대통령 선출 이후 아르헨티나 의회는 사면법을 무효화시켰으며 2005년 7월 14일 대법원이 사면법의 무효화를 종국적으로 재확인하였다. 이러한 대법원 판례는 특히 범아메리카 인권법원(Inter-American Court of Human Rights)의 판례에 의거한 것이었다. Werle, Gerhard; Jeßberger, Florian, 전게서, p. 140; C.A.E. Bakker, "Full Stop to Amnesty in Argentina", 3 JICJ (2005), p. 1106.
1921) 여기에는 Videla 전 사령관과 최후의 군사정부의 사실상 수반이었던 레이날도 비그노네(Reynaldo Bignone)가 포함되어 있다. http://www.internationalcrimesdatabase.org/Case/1204 참조; 판결에 대하여 상세한 내용 등은 Werle, Gerhard; Jeßberger, Florian, 전게서, p. 141; P.F. Parenti, "The Prosecution of International Crimes in Argentina", 10 International Criminal Law Review (2010), p. 491.

다른 라틴아메리카 국가의 상황도 유사하게 전개되었다. 칠레에서는 피노체트(Pinochet) 독재 정권의 심복들과 일부 공무원들이 기소되었으며[1922] 특히 전 대통령 후지모리(Alberto Fujimori)가 인도에 반한 죄로 유죄판결을 받은 것은 많은 관심을 끌었다.[1923] 이전 우루과이의 사실상 대통 령이었던 Juan María Bordaberry와 Gregorio Álvarez Armelino 역시 장기 징역형을 선고받았으 며[1924] 과테말라에서는 이전 독재자인 Efraín Ríos Montt가 내전 기간 동안의 집단살해죄와 인도 에 반한 죄로 80년형을 선고받았다.[1925] 브라질[1926], 콜롬비아[1927], 멕시코[1928] 등에서도 집단살 해죄와 인도에 반한 죄에 대한 수사와 기소가 이루어졌다.[1929]

제 5 절   이라크에서의 국제범죄 처벌

35년간 지속된 사담 후세인(Saddam Hussein)의 독재기간 동안 국내 반대 집단들과 공동체들 은 폭력으로 억압되었으며 걸프전 등 인접국가인 이란과 쿠웨이트를 상대로 한 전쟁도 발생하였 다. 2003년 사담 후세인이 연합국에 의하여 권력에서 축출된 이후 이라크에는 이전 후세인 정 권이 자행한 집단살해죄, 인도에 반한 죄, 전쟁범죄 등을 심리하는 특별법원이 설립되었다. 이 라크 고위재판소(Iraqi High Tribunal, Supreme Iraqi Criminal Court)는 2003년 12월 10일 과도정부 위원회(Interim Governing Council, IGC)에 의하여 설립된 이라크 특별재판부(Iraqi Special Tribunal) 에 기원을 둔 것이다.[1930] 처음에는 재판소의 정통성과 법적 근거에 대한 우려가 제기되기도 하

1922) F. Lafontaine, "No Amnesty or Statute of Limitation for Enforced Disappearances : The Sandoval Case before the Supreme Court of Chile", 3 JICJ (2005), p. 469; J.L. Guzmán Dalbora, "The Treatment of International Crimes in Chilean Jurisprudence : A Janus Face", 10 International Criminal Law Review (2010), p. 535.

1923) Ambos, Kai, "The Fujimori Judgment", 9 JICJ (2011), p. 137; Juan E. Mendez, "Significance of The Fujimori Trial", 25 American University International Law Review(2010); 페루에 대한 전반적인 것은 D.C. Caro Coria, "Prosecuting International Crimes in Peru", 10 International Criminal Law Review (2010), p. 583; Werle, Gerhard; Jeßberger, Florian, 전게서, pp. 141, 163.

1924) P. Galain Palermo, "The Prosecution of International Crimes in Uruguay", 10 International Criminal Law Review (2010), p. 601.

1925) 그러나 불과 10년 후 과테말라 헌법재판소는 적법절차 위반을 이유로 유죄판결을 뒤집고 일부 재심을 명령 하였다. Corte de Constitucionalidad de Guatemala, judgment of 20 May 2013 (Efraín Ríos Montt); 과테말라 에서의 재판에 대하여 상세한 내용은 Werle, Gerhard; Jeßberger, Florian, 전게서, p. 141.

1926) F.G. Monteconrado, M. Zilli, M.E. Rocha de Assis Moura, "International Criminal Law and Transitional Justice in Brazil", 10 International Criminal Law Review (2010), p. 509.

1927) A. Aponte Cardona, "Criminal Prosecution of International Crimes : The Colombian Case", 10 International Criminal Law Review (2010), p. 549.

1928) J. Dondé Matute, "International Criminal Law Before the Supreme Court of Mexico", 10 International Criminal Law Review (2010), p. 571.

1929) Werle, Gerhard; Jeßberger, Florian, 전게서, p. 142.

1930) 과도정부위원회는 점령군 대표 기구인 연합군 임시행정처(Coalition Provisional Authority, CPA)의 승인을 받은 기구였으며 이라크 특별 재판부(Iraqi Special Tribunal)를 설립하는 법령은 연합군임시행정처(Coalition

였으나1931) 이러한 우려는 2005년 이라크 과도국가의회(Iraqi Transitional National Assembly)에서 재판소를 위한 새로운 법령을 채택함으로서 어느 정도 잦아들게 되었다.1932)

이라크 고위재판소(Iraqi High Tribunal)는 이라크에서 쿠테타가 있었던 1968년 7월 16일부터 후세인 정권을 무너뜨리는 주요 군사작전이 종료된 2003년 3월 1일 사이에 이라크 국민이나 이라크 거주자에 의하여 범하여진 범죄에 대하여 재판권을 갖는다.1933) 대상범죄는 집단살해죄, 인도에 반한 죄, 전쟁범죄 등으로 범죄의 개념은 로마규정과 거의 동일하게 정의되었으며1934) 권력남용과 관련된 일부 국내법상의 범죄도 대상으로 포함되었다.1935) 재판소의 재판권과 다른 이라크 법원들의 재판권이 경합할 수 있지만 이라크 고위재판소가 우월성을 가지고 있었다. 따라서 다른 법원에서 심리중인 사건의 이관을 요청할 수 있었으며 경우에 따라서는 다른 이라크 법원에 의하여 이미 심리된 사안에 대한 재심리도 가능하였다.1936) 다른 혼합형 재판소와 달리 이라크 고위재판소의 판사와 검사는 모두 이라크 사람이었다.1937)

궁극적으로 이라크 고위재판소는 점령권력의 입법에 의하여 세워졌다는 의미에서 이를 혼합형 재판소로 분류하는 견해1938)와 이와 달리 유엔 안전보장이사회에 의하여 설립된 것이 아닐 뿐 아니라 설립근거도 조약이 아니며 제2차 대전 이후의 경우처럼 점령 권력에 의하여 직접 세워진 것으로 볼 수 없어 국내법원으로 보는 견해가 있다.1939) 그러나 판사나 검사는 아니라 할지라도 국제적 조언자, 참관인 등이 재판소에서 활동할 수 있었으며 특히 초기 단계에는 이들이 많은 활동을 하였다.1940)

Provisional Authority, CPA) 명령 48호에 첨부되어 있었던 것으로 국제적 요소를 상당히 내포한 것이었다. Cryer, Robert; Friman, Håkan; Robinson, Darryl; Wilmshurst, Elizabeth, 전게서, p. 196.
1931) Ilias Bantekas, "The Iraqi Special Tribunal for Crimes against Humanity", 54 International and Comparative Law Quarterly (2004), p. 237; Cherif Bassiouni, "Post-Conflict Justice in Iraq : An Appraisal of the Iraq Special Tribunal", 38 Cornell International Law Journal(2005), p. 327.
1932) 위 법령은 이라크 임시의회에 의하여 2005년 개정되어 2005년 10월 18일 효력이 발생하였다. http://www.trial-ch.org 참조; G. Mettraux, "The 2005 Revision of the Statute of the Iraqi Special Tribunal", 5 JICJ (2007), p. 287.
1933) The Statute of the Iraqi Special Tribunal 제1조.
1934) 그러나 이러한 범죄들은 이전 이라크 법에는 존재하지 않았었다. Yuval Shany, "Does One Size Fit All?", 2 Journal of International Criminal Justice (2004), p. 338.
1935) The Statute of the Iraqi Special Tribunal 제11조 내지 제14조. 특히 처벌대상이 되는 국내범죄에 '전쟁의 위협을 야기할 수 있는 정책을 추진하거나 아랍 국가들에 대하여 이라크 군대를 사용'한 것이 침략범죄의 일종으로 재판권의 대상에 포함되었다. C. Kreß, "The Iraqi Special Tribunal and the Crime of Aggression", 2 Journal of International Criminal Justice (2004), p. 347.
1936) The Statute of the Iraqi Special Tribunal 제29조, 제30조.
1937) Cryer, Robert; Friman, Håkan; Robinson, Darryl; Wilmshurst, Elizabeth, 전게서, p. 196.
1938) Ambos, Kai, 전게서 I, p. 41.
1939) Cryer, Robert; Friman, Håkan; Robinson, Darryl; Wilmshurst, Elizabeth, 전게서, p. 196.
1940) The Statute of the Iraqi Special Tribunal 제7조, 제8조, 제9조, 제18조 등 참조; 연합군에 속하였던 국가들은 자금을 지원하고, 인력을 훈련시키는 등 실질적 지원 활동을 전개하였다. 그러나 재판소가 사형을 선고할

첫 번째 재판의 피고인들은 사담 후세인과 이전 최고위급 지도자 7명이었다. 재판의 대상이 된 1982년의 'Dujail case' 사건은 이라크 도시 Dujail에서 있었던 사담 후세인에 대한 살해 시도에 대한 보복으로 148명의 남자들을 살해하고 다수의 고문을 자행한 사건이다. 재판은 2005년 10월 19일 시작되어 사담 후세인에게 2006년 11월 5일 인도에 반한 죄로 사형이 선고되었으며 사담 후세인의 항소가 2006년 12월 26일 기각되어 2006년 12월 30일 교수형에 처해졌다.[1941]

2006년 9월 21일에는 이라크 전 내무장관인 Ali Hassan al-Majid al Tikriti가 포함된 6명의 피고인들에 대한 'Anfal case' 관련 재판이 시작되었다. 위 재판은 이라크 정권이 이라크 북부 거주 쿠르드 족에 대하여 감행한 1988년의 대규모 공격(Anfal 작전)에 대한 것이다. 이 작전 과정에서 민간인에 대한 직접 공격, 독가스 사용, 고문 등이 자행되었으며 집중수용소 등이 설립 운영되어 약 18만 명이 사망에 이르렀다. Ali Hassan al-Majid al Tikriti를 포함한 3명은 전쟁범죄, 인도에 반한 죄, 집단살해죄로 사형을 선고받았고 다른 두 명은 종신형을 선고받았으며 한 사람에 대하여는 무죄판결이 선고되었다.[1942]

이라크에서의 재판은 여러 측면에서 국제적 비판의 대상이 되었는데 Saddam Hussein에 대한 사형집행이 그 중에서도 가장 중요한 비판의 대상이 되었다.[1943] 또한 사법의 독립성이 결여되어 있었을 뿐 아니라 공정한 재판에 대한 보장도 미약하였으며 이라크 대중에 의한 접근성이 부족하였던 점 등이 주된 국제적 비난의 대상이 되었다.[1944] 이라크 국내법원에서 이라크 범죄자들을 재판하려는 의도는 이해할 수 있는 것이었으나 충돌 이후 긴장상황이 지속되는 가운데 국

수 있었던 점이 많은 국가들과 국제 인권 단체들이 재판소에 대한 지원이나 협력을 하지 않도록 하는 결과를 초래했다. Cryer, Robert; Friman, Håkan; Robinson, Darryl; Wilmshurst, Elizabeth, 전게서, p. 196; Tom Parker, "Prosecuting Saddam: The Coalition Provisional Authority and the Evolution of the Iraqi Special Tribunal", 38 Cornell International Law Journal (2005), p. 899.

1941) Supreme Iraqi Criminal Tribunal (TC), judgment of 5 November 2006, http://www.internationalcrimes database.org/Case/187/Al-Dujail/; Cryer, Robert; Friman, Håkan; Robinson, Darryl; Wilmshurst, Elizabeth, 전게서, p. 197; 재판 상황에 대하여 상세한 것은 N. Bhuta, "Fatal Errors: The Trial and Appeal Judgments in the Dujail Case", 6 JICJ (2008), p. 40.

1942) 2010년 1월 25일 사형 집행시까지 Ali Hassan al-Majid al Tikriti는 별도의 다른 재판에서 3번의 사형을 선고받았다. Werle, Gerhard; Jeßberger, Florian, 전게서, p. 143; http://www.internationalcrimesdatabase.org/Case/1233 참조; 위 사건과 관련된 범죄자의 네덜란드에서의 재판 상황에 대하여는 H.G. van der Wilt, 전게논문, p. 239.

1943) 이러한 사형집행은 이전 독재자의 다른 범죄들이 법원에서 심판되는 것을 막는 것이었다. Werle, Gerhard; Jeßberger, Florian, 전게서, p. 143; M.P. Scharf, "Is It International Enough?: A Critique of the Iraqi Special Tribunal in Light of the Goals of International Justice", 2 JICJ (2004), p. 330.

1944) Cryer, Robert; Friman, Håkan; Robinson, Darryl; Wilmshurst, Elizabeth, 전게서, p. 197; Miranda Sissons, Ari Bassin, "Was the Dujail Trial Fair?", 5 Journal of International Criminal Justice(2007), p. 272; Nehal Bhuta, "Fatal Errors: The Trial and Appeal Judgments in the Dujail Case", 6 Journal of International Criminal Justice (2008), p. 39; 이와 관련하여 국제형사법의 정통성은 이를 구체적으로 도입하는 방식에 크게 의존하고 있으며 따라서 인권과 법의 지배 원칙에 부응하는 것이어야만 한다는 것을 다시 한 번 명확히 하고 있다는 견해는 Werle, Gerhard; Jeßberger, Florian, 전게서, p. 143.

제범죄를 취급한 경험이 없는 국내법원에서 광범위하고 복잡한 국제범죄를 취급함으로써 많은 어려움에 직면하였다.[1945]

1945) Cryer, Robert; Friman, Håkan; Robinson, Darryl; Wilmshurst, Elizabeth, 전게서, p. 197; 한편 이라크 사태와 관련하여 미군사법원에서는 미군 군대 구성원에 대한 재판이 있었다. 이는 바그다드의 Abu Ghraib 감옥에서 이루어진 고문 등에 대한 것으로 11명이 벌금형에서 최고 10년형까지 선고받았다. Werle, Gerhard; Jeßberger, Florian, 전게서, p. 143; 영국군의 이라크에서의 전쟁범죄에 대한 재판에 대한 것은 Nathan Rasiah, 전게논문, p. 177; Abu Ghraib에서의 고문 혐의와 관련하여 독일, 아르헨티나, 스웨덴, 프랑스 등 많은 국가에서 미국의 정치, 군사 지도자들을 상대로 한 문제 제기가 이루어졌으나 실제 재판까지 진행된 사례는 없다. 독일에서 이루어진 럼스펠드 미국 전 국무장관에 대한 기소 시도에 대하여 상세한 것은 Werle, Gerhard; Jeßberger, Florian, 전게서, p. 162; Guantánamo Bay에서의 고문혐의를 둘러싼 부시 행정부 공무원에 대한 스페인에서의 사례는 http:// ccrjustice.org 참조.

제 6 편

우리나라와 국제형사법

제1장   국제형사규범의 국내적 수용

　　우리나라는 일본에 의한 참혹한 식민지배, 6·25 전쟁, 북한의 군사적 도발 등 국제형사법의 규범영역에서 직·간접적 당사자의 위치에 있어 왔다. 우리나라 국민이 일본에 의한 성노예 범죄 등 인도에 반한 죄의 피해자가 되는 비극적인 상황에 처하기도 하였으며 최근 국제형사재판소가 천안함 사건 등과 관련하여 우리나라와 북한이 국제형사법상 무력충돌의 상황에 있는 것으로 해석하는 등 현재도 우리나라를 둘러싸고 수많은 국제형사법 관련 문제들이 발생하고 있거나 앞으로 발생할 가능성이 적지 않은 상황이다. 또한 우리나라는 해외의 분쟁과 관련하여 유엔평화유지군, 다국적군 등으로 1,108명을 해외에 파병하고 있고[1946] 국제범죄법 등에서 보편적 관할권을 승인하는 등 우리에게 국제형사법 관련 문제는 단순히 이론적 차원이 아닌 현실적 중요성을 가진 문제로 다가올 가능성이 적지 않다. 또한 국제형사법 체제가 현재와 같이 지속적으로 발전해 나가고 국제사회에서 우리의 위상이 더욱 높아 갈수록 국제형사법의 중요성은 더욱 강조될 것으로 생각된다.

제1절   국제적 의무의 이행기로의 전환

　　우리나라는 집단살해죄를 규율하는 집단살해방지협약에 가입하여 1951년 1월 12일 조약 제1382호로 그 효력이 발효되었다. 또한 전쟁범죄와 관련된 대표적 조약인 네 개의 제네바협정 역시 1966년 8월 16일 발효되었으며[1947] 1977년 제정된 2개의 추가의정서 역시 국회 동의를 거쳐

1946) 국가지표 체계 2016. 12. 방문(http://www.index.go.kr/potal/main/EachDtlPageDetail.do?idx_cd=1715).

	2007	2008	2009	2010	2011	2012	2013	2014	2015
해외파병총계	2,729	1,823	1,667	2,621	1,448	904	1,692	1,094	1,108
UN PKO	389	728	741	1,227	631	379	630	634	649
다국적군	2,340	1,095	926	1,394	667	375	383	307	309
국방교류협력	0	0	0	0	150	150	679	153	150

1947) 조약 제211호, 제216호, 제217호, 제218호.

1982년 7월 15일 각각 발효되는 등[1948] 우리나라는 국제범죄와 관련된 다수의 조약에 가입한 바 있다. 특히 2002년 7월 1일 국제적으로 발효된 국제형사재판소에 관한 로마규정(Rome Statute of the International Criminal Court)에 2000년 3월 8일 서명하고 국회 동의 절차를 거쳐 2003년 2월 1일 조약 제1619호로 우리나라에 대하여 발효되었다. 이와 같이 우리나라는 대표적인 국제형사법 관련 조약들에 모두 가입하고 있었음에도 해당 조약에서 부과하고 있는 조약법상의 이행 의무는 국내적으로 제대로 이행되지 않고 있었으며[1949] 특히 우리나라가 로마규정 가입한 2003년으로부터 국제범죄법이 제정되기까지도 상당한 시간이 소요되었다.

이러한 상황에서 2007년 제정된 국제범죄법은 핵심적인 국제형사규범의 전면적 도입이라는 매우 큰 의미를 가지고 있다. 국제범죄법은 집단살해죄, 인도에 반한 죄, 전쟁범죄 등 국제형사법 영역에서의 핵심 범죄에 대한 국내법상 처벌근거를 마련하는 것일 뿐 아니라 국제범죄자에 대한 시효배제 등 국제형사법 분야에 존재하는 특수한 일반 이론들도 함께 도입하고 있다. 또한 국제범죄법 제정 이후 우리나라가 부담하는 조약상 의무를 반영하여 형법 제289조에 인신매매죄가 새로이 규정되는 등 국제형사규범의 도입 작업이 보다 활발히 진행되고 있다.

로마규정과 같은 국제형사규범 관련 협약에 가입하는 것은 국내법을 국제규범에 일치시키겠다는 선언이며 협약의 내용에 따라 국내법을 정비하는 것은 국제범죄를 처벌하라는 체약당사국에 대한 요구에 부응하는 것이다. 이러한 국제법상 의무에 따라 국제형사규범을 국내로 도입하는 것은 국제범죄에 내포되어 있는 특별한 불법성을 정확히 포착하면서도 국내적 실행가능성과 법적 명확성을 함께 구비하여야 하는 쉽지 않은 작업이다. 또한 이러한 수용절차를 통하여 국제형사규범과 국제인도법의 촉진과 확산에 기여하는 계기가 마련되기도 한다. 특히 국제형사재판소의 보충성 원칙과 관련하여 국제형사법과 우리 국내법 사이에 존재할 수 있는 불필요한 간극이 메워질 수 있도록 함으로써 중요 국제범죄가 국내사법절차에서 충분히 취급될 수 있는 기반을 마련하는 것은 우리의 의사와 무관하게 국제형사재판소의 개입이 발생하는 상황을 막을 수 있다는 국제적 차원의 함의도 함께 가지고 있는 것이다. 따라서 국제형사법의 원활한 국내 적용이 이루어질 수 있도록 가급적 국제규범을 완전하고 정확하게 도입하는 것이 가장 바람직할 것이며 헌법과 형사법 체계가 허용하는 한도 내에서라면 법치주의나 죄형법정주의 원칙 사이에서 발생할 수 있는 긴장관계를 국제법 친화적으로 해소시킬 수 있는 방법을 찾는 것도 필요할 수 있다.[1950]

1948) 조약 제778호, 제779호.

1949) 제네바협약 I 제49조 등 제네바협정에서는 제네바협정에 대한 '중대한 위반 행위를 범하였거나 또는 범할 것을 명령한 자에 대한 유효한 형벌을 규정하기 위하여 필요한 입법 조치를 취할' 의무를 규정하고 있다. 그 밖에 집단살해방지협약 제5조 등 참조.

1950) 독일헌법의 국제법친화성 원칙(Grundsatz der Völkerrechtsfreundlichkeit des Grundgesetzes) 등 독일의 국제범죄법 도입 과정에 대한 설명과 국제규범을 국내법으로 도입하는 과정에서 명확성의 원칙이 지나치게 강조되어서는 안 된다는 주장에 대한 것은 MüKo StGB Bd. 8, Einleitung Rn. 36, 37, 39.

뒤에서 보는 바와 같이 우리 입법자는 국제형사규범을 문언 그대로 도입하는 동일입법 방식이나 국내법에 존재하는 기존의 일반범죄를 활용하는 일반범죄 방식이 아닌 수정 입법 방식을 채택하여 가급적 도입대상이 된 국제규범의 내용에는 실질적 손상이나 변화를 가져오지 않도록 하면서도 우리 법체계의 원칙들과 충돌되지 않도록 고려하고 있다.[1951]

제 2 절   국제범죄법의 성격과 구조

1. 독립적 규범체계로서의 국제형사법

우리나라는 2007년 12월 21일 로마규정에 대한 이행법률의 형태로 국제형사재판소 관할 범죄의 처벌 등에 관한 법률(법률 제8719호)을 제정하였다. 2003년 2월 1일 이미 로마규정이 우리나라에 대하여 효력을 발생하였다는 점에서 국제범죄법의 제정이 다소 지연된 측면이 있기는 하나 국제범죄법은 핵심적 국제범죄들을 국내법상의 범죄로 직접 규정하고 국제형사법의 다양한 원칙들을 국내 규범에 편입시킴으로써 다양한 국제형사규범이 국내법에 성공적으로 자리 잡게 하였으며 이를 통하여 우리나라가 부담하고 있는 국제법상 의무를 충실히 이행하는 커다란 진전을 이루게 되었다.

이와 같은 입법 조치는 국제형사규범이 우리 국내형사법에 직접적 영향을 미쳤을 뿐만 아니라 별개의 독립된 체계로 자리 잡게 되었음을 의미한다. 우리나라는 단일법 형태의 국제범죄법 이외에도 우리가 가입한 국제조약에 따라 이른바 조약범죄에 해당할 수 있는 인신매매죄 등을 새로이 형법에 규정하고 위 범죄에 대한 세계주의 재판권도 도입한 바 있다.[1952] 따라서 이처럼 국제범죄법을 중심으로 국내법 체계에 굳건히 자리 잡은 국제형사법은 형법, 군형법, 형사소송법 등과 같이 국내법 체계 내에서 포괄적이고 독립적인 별도의 체계를 이루게 된 것으로 평가될 수 있을 것이다.[1953]

이처럼 우리나라는 국제범죄법의 제정을 통하여 심각한 국제범죄에 대한 처벌의지를 대내외에 표명하였으며 국제범죄와 관련하여 존재하였던 규범적 공백 상황을 보완할 수 있게 되었다. 로마규정에 규정된 개별 범죄행위들의 대다수는 국제범죄법 제정 이전에도 살인, 감금, 성폭행 등 국내법의 일반범죄로 포섭되어 처벌될 수 있었으나 일부 국제범죄에 대하여는 적용될 수 있는 국내법 처벌규정에 전혀 존재하지 않아 형사처벌의 공백이 존재하였을 뿐 아니라 국내법상의 일반범죄는 국제범죄의 특별한 불법성을 반영하지 못하는 문제점을 가지고 있었다. 예를 들면

1951) 이러한 수정입법 방식의 경우 국제형사규범을 수정하여 도입하는 과정에서 국내법 문화의 특징적 요소들이 관련 규범에 더해지게 된다. MüKo StGB Bd. 8, Einleitung Rn. 38 참조.

1952) 형법 제289조, 제296조의2; 그 밖에 테러방지법, 항공안전 및 보안에 관한 법률 등 참조.

1953) 독일에서의 국제형사규범 도입과 관련된 독일 국제범죄법에 대한 평가는 Werle, Gerhard, Jeßberger, Florian, 전게논문, p. 200.

집단살해죄에 해당하는 집단 자체를 말살시키려는 목적을 가진 형태의 범죄는 국내법에 규정된 바 없었다. 또한 인도에 반한 죄에 있어서 민간인에 대한 광범위하거나 체계적인 공격을 배경으로 이루어지는 범죄행위의 특별한 불법성은 국제범죄법 제정으로 인하여 새로이 국내법에 포섭되게 된 것이며 인종차별범죄 역시 국내법에 규정된 바 없는 것이었다. 전쟁범죄 영역에 있어서도 개별 행위와 무력충돌과의 관련성은 국내법의 어떠한 구성요건에 의하여도 고려되지 않았던 것으로 전쟁범죄의 전제가 되는 국제인도법 위반에 내포되어 있는 특별한 불법성은 일반 범죄에 의해서는 포섭되기 어려운 것들이었다. 15세 이하 소년의 군대 징집 또는 모집, 사법절차의 배제, 복무의 강제 등을 기존 국내법에 의하여 규율하려 할 경우 강요나 감금 등 매우 조악한 방식으로 규율될 수밖에 없으며 자국 주민의 이전이나 공정한 재판을 보장하지 않는 것 등은 기존 국내법에서는 처벌되지 않는 행위들이었다.

국제범죄법은 핵심적 국제범죄를 국내법상 범죄로 규정하였을 뿐 아니라 로마규정의 범죄 개념을 보완하거나 수정함으로써 법적 명확성과 실행가능성을 높이고 있다. 또한 국제범죄법의 효력이 발생함에 따라 우리나라는 국제형사재판소의 관할에 속하는 범죄를 스스로 기소할 수 있는 독자적 국제형사법 체계를 구축하게 되었으며 이는 국제형사재판소의 보충성의 원칙과 관련하여 우리 국민이 우리의 의사와 무관하게 국제형사재판소에 의하여 수사를 받거나 기소되는 것을 예방할 수 있게 되었다는 것을 의미한다. 특히 우리나라가 국제범죄법이라는 별도의 단행법 형태로 국제범죄법을 제정한 것은 그 자체로 상징적 가치를 가지고 있을 뿐 아니라 광범위하고 복잡한 국제형사규범을 더욱 명확하게 하고 규범에의 접근가능성을 증대시키는 것으로 평가될 수 있다.[1954]

2. 국제범죄법의 목적

국제범죄법 제1조는 '인간의 존엄과 가치를 존중하고 국제사회의 정의를 실현'함을 목적으로 규정하고 있으며 이를 위하여 로마규정에 따른 국제형사재판소의 관할 범죄를 처벌하고 국제형사재판소와의 협력에 관한 절차를 규정하고 있음을 선언하고 있다.

국제범죄법은 헌법의 핵심 가치이자 문명사회의 보편적 가치인 인간의 존엄과 가치 존중을 첫 번째 목적으로 규정하는 한편 법의 목적 가운데 하나인 '정의(正義)'를 '국제사회에서의 정의 실현'으로 폭넓게 포섭하고 있다. 이처럼 국제범죄법이 인류의 보편적 가치인 '인간의 존엄과 가치'의 존중과 국제사회에서의 정의 실현에 기여함을 목적으로 선언함으로써 국제사회의 평화와 안전 나아가 국제인도법의 이상(理想) 촉진을 함께 도모하고 보편적 관할 등 세계주의(世界主義) 입장을 취할 수 있는 체계적 토대를 마련하고 있는 것이다.

1954) 단일한 별도 단행법 형식을 취하는 국제범죄법 제정 방식의 장점에 대한 것은 MüKo StGB Bd. 8, Einleitung Rn. 42.

3. 수정 입법 방식의 채택

로마규정의 국제형사법 체계는 대륙법계나 영미법계 어느 한 쪽에 속하는 것으로 보기 어려운 독자적이고 독특한 형사법의 모델이다.[1955] 국제범죄법을 제정함에 있어 로마규정의 모든 내용을 완전히 국내법에 옮겨 담으면서도 국내 형사법 체계와 충돌을 일으키지 않고 우리 헌법의 요청도 함께 충족시키는 것이 가장 이상적일 것이다. 그러나 고유의 가치를 지니고 있는 우리 법체계와 국제법의 요구 사이에서 적절한 균형점을 찾기 위해서는 로마규정에 구현되어 있는 규범과 개념에 대한 일부 수정이 불가피한 상황이었다.

우선 우리 법체계의 최상에 위치해 있는 헌법은 국제형사법의 국내수용 방식에 있어서 선택권을 제한하고 있다. 우리 법체계에 굳건히 자리 잡고 있는 죄형법정주의 원칙은 로마규정 혹은 국제관습법의 규범을 직접 지정하는 방식으로 국내로 포섭하는 것을 제한하고 있으며 로마규정의 문언을 그대로 국내법에 이식하는 것 역시 비교적 엄격한 죄형법정주의 원칙이 적용되는 헌법 체계와 부합하지 않는 문제점이 있었다. 따라서 국제범죄법 제정 과정에서 로마규정의 범죄개념들이 우리 법 체계에 상응하는 것인가 여부를 재검토하고 필요한 경우 수정을 가하여 국내법에 도입하는 '수정 입법' 방식이 채택될 수밖에 없었으며 이에 따라 국제범죄법에 도입된 국제형사법의 규범내용은 우리 법체계에 맞도록 변형되고 수정되었다.

우선 우리 형법총론에 해당되는 로마규정의 일반이론 부분은 법정책적 고려에 따라 전면적 도입이 이루어지지는 않았다. 따라서 국제범죄에 대하여도 원칙적으로 우리 형법의 총칙 규정이 적용되며 다만 국제형사법의 특수성에 따라 반드시 반영되어야 할 시효배제, 상급자책임 등 일부 조항들만이 선택적으로 도입되었다. 집단살해죄 등 개별 범죄의 구성요건은 로마규정의 범죄개념을 기본적으로 따르면서도 우리 헌법의 죄형법정주의 요청에 부합할 수 있도록 수정과 재정비가 이루어졌으며 전쟁범죄의 경우에는 범죄의 분류 체계 자체를 로마규정과 완전히 다르게 규정하고 있다.[1956]

1955) Werle, Gerhard, Jeßberger, Florian, 전게논문, p. 209.
1956) 로마규정 제8조는 전쟁범죄를 국제적 무력충돌과 비국제적 무력충돌로 구분한 후 국제적 무력충돌에 적용되는 1949년 제네바협정의 중대한 위반, 제네바협정의 중대한 위반이 아닌 다른 국제인도법 위반과 비국제적 무력충돌에 적용되는 1949년 제네바협정의 공통 3조 위반과 공통 3조 위반은 아닌 다른 국제인도법 위반의 네 가지 유형의 전쟁범죄를 규정하고 있다. 그러나 우리 국제범죄법은 전쟁범죄를 사람에 대한 전쟁범죄, 재산 및 권리에 대한 전쟁범죄, 인도적 활동이나 식별표장 등에 관한 전쟁범죄, 금지된 방법에 의한 전쟁범죄, 금지된 무기를 사용한 전쟁범죄로 나누어 규정하고 있으며 이는 독일의 국제범죄법이 취하고 있는 체제와 유사한 것이다. 전쟁범죄 영역에서는 복잡한 국제인도법의 규범을 인용하는 것이 일정 부분 불가피한 것이 사실이며 국제인도법을 인용하는 형태를 취하는 것에 대하여는 독일에서도 큰 문제 제기가 존재하지 않는 상황이다. 명확성의 원칙은 수명자에 대한 예측가능성을 보장하려는 것이라는 점에서 이러한 방식을 취하더라도 규범의 체계적 맥락에 따라 처벌의 위험성이 인식 가능하며 전쟁범죄에 관한 국제형사법은 어느 정도 이러한 규범영역에 익숙한 집단을 대상으로 하기 때문이다. MüKo StGB Bd. 8, Einleitung Rn. 40, 41.

4. 국제법 위반 범죄에 대한 일반법

특히 주목할 것은 로마규정이 현존하는 국제관습법을 충분히 반영하지 못한 것으로 판단되는 부분에 있어서는 국제관습법에 근거하여 로마규정과 다른 내용이 도입되기도 하였다는 점이다.

우선 로마규정에는 전혀 규정되지 않은 규범내용이 우리 국제범죄법에만 포함되어 있는 경우가 있다. 국제범죄법 제14조 제1항 제2호는 국제관습법에 따라 생물무기 또는 화학무기의 사용을 금지하고 있으나 로마규정에는 이러한 무기의 금지에 관한 규정이 없다. 또한 국제범죄법 제13조 제1항 제2호는 위험한 물리력을 포함하고 있는 댐 등 시설물을 공격하는 행위를 처벌대상으로 규정하고 있으나 로마규정에서 이러한 시설이 공격금지 대상으로 규정되어 있지 않다. 우리 국제범죄법은 부속의정서 I 제56조와 부속의정서 II 제15조 제1항에 근거하여 이러한 대상물에 대한 공격금지를 규정한 것이다.

나아가 로마규정에서는 국제적 무력충돌의 경우에만 처벌규정을 두고 있음에도 국제관습법에 근거하여 그 규율범위를 비국제적 무력충돌의 영역으로 확장시키고 있는 사례가 다수 존재한다. 로마규정에서는 과도한 부수적 피해를 야기하는 공격을 비국제적 무력충돌의 경우에는 처벌하지 않으나 국제범죄법 제13조 제1항 제3호는 비국제적 무력충돌로 처벌영역을 확장하고 있으며 제13조 제3항의 환경에 대한 과도한 피해를 입히는 범죄도 동일하다. 또한 무방호 지역에 대한 공격 금지도 로마규정에서는 국제적 무력충돌의 경우에만 규정되어 있으나 국제범죄법 제13조 제1항 제2호는 비국제적 무력충돌의 경우에도 이러한 금지가 적용되는 것으로 규정하고 있다. 국제범죄법 제13조 제1항 제4호는 인간방패의 금지를 비국제적 무력충돌의 상황에도 적용되는 것으로 확장하고 있으며 제13조 제1항 제5호의 민간인 주민의 기아, 제12조 제2항의 표장의 부적절한 사용 등도 동일하다. 또한 독물(毒物) 또는 유독무기(有毒武器), 인체 내에서 쉽게 팽창하거나 펼쳐지는 총탄을 사용하는 경우는 캄팔라 회의에서 개정되기 이전에는 로마규정의 규율대상에 포함되지 않았으나 우리 국제범죄법 제14조 제1항 제1호와 제3호는 이미 전쟁범죄로 규정하고 있었다.

나아가 우리나라의 재판권과 관련하여서도 국제범죄법 제3조 제5항은 로마규정에 규정되어 있지 않은 국제범죄에 대한 보편적 관할권을 규정하고 있다.

이처럼 우리 국제범죄법은 경우에 따라서는 로마규정이 아닌 국제관습법을 직접 반영하고 있으며 로마규정에서 의무화하고 있지 않은 보편적 관할권 등도 함께 규정하고 있다는 점에서 단순히 로마규정의 이행법률이라기 보다는 '국제법에 반한 범죄에 대한 일반법'으로서의 성격을 함께 가지고 있는 것으로 생각된다.

이처럼 쉽지 않은 과정을 거쳐 제정된 국제범죄법은 국제규범과 우리 법체계 사이의 조화로운 균형을 지향하는 합리적 입법으로 판단된다.

5. 국제범죄법의 구조

국제범죄법은 제1장 총칙, 제2장 국제형사재판소 관할 범죄의 처벌, 제3장 국제형사재판소와의 협력 등 3부분으로 나뉘어져 있으며 모두 20개의 조문으로 구성되어 있다.

제1장 총칙에는 제1조에서 제7조까지 모두 7개의 조항이 있으며[1957] 이는 국제범죄법 전체에 적용되는 일반조항이다. 비록 국제범죄법이 로마규정의 일반이론 분야에 있는 총칙 규정을 전면적으로 도입하지는 않았으나 국제범죄에 대한 시효배제, 상급자명령 항변의 배제 등 국제형사법 영역에서 승인되고 있는 다양한 특례 규범들과 국제형사법에서의 특별한 유책유형인 상급자의 책임 등 많은 의미 있는 규정들을 포함하고 있다.

제2장 국제형사재판소 관할 범죄의 처벌에는 제6조에서 제18조까지 모두 13개의 조문을 두고 있다. 핵심적 국제범죄인 집단살해죄(제8조)와 인도에 반한 죄(제9조)는 각 한 개의 조문에서 규정하고 있음에 반하여 전쟁범죄는 사람에 대한 전쟁범죄(제10조), 재산 및 권리에 대한 전쟁범죄(제11조), 인도적 활동이나 식별표장 등에 관한 전쟁범죄(제12조), 금지된 방법에 의한 전쟁범죄(제13조), 금지된 무기를 사용한 전쟁범죄(제14조) 등 모두 5개의 조문으로 나뉘어 규정되어 있다. 그 밖에 상급자의 감독의무와 범죄 신고에 대한 부작위 책임을 규정한 지휘관 등의 직무태만죄(제15조)와 조약범죄적 성격을 갖는 국제형사재판소의 업무에 관한 사법방해죄(제16조)를 함께 규정하고 있다.

그 밖에 제18조에서는 개별 국제범죄의 구성요건을 규정한 제8조부터 제14조까지의 적용과 관련하여 필요한 경우에는 로마규정 범죄구성요건을 고려할 수 있도록 규정하고 있으나 이는 일종의 해석규정으로 총칙 부분에 위치시키는 것이 더욱 타당할 것이다.

마지막으로 제3장 국제형사재판소와의 협력 부분에서는 국제형사재판소와의 관계에서 범죄인인도법과 국제형사사법 공조법을 각각 준용하도록 하고 있다.(제19조, 제20조)

제 3 절 국제범죄법 총칙

1. 형법 총칙 규정의 원칙적 적용

로마규정의 도입과정에서 우리 입법자들은 로마규정의 규범들을 국내 형사사법 체계 속에 도입해야 하는 매우 어려운 과제를 안게 되었다. 로마규정은 개별 국제범죄의 요건에 대하여 규

1957) 국제범죄법의 목적(제1조), 법률에서 사용되는 각종 용어의 정의(제2조), 법률의 적용범위(제3조), 상급자의 명령에 따른 행위의 규율(제4조), 로마규정에서의 상급자책임 조항 중 고의가 있는 경우에 대한 지휘관과 그 밖의 상급자의 책임(제5조), 국제범죄에 대한 시효의 배제(제6조), 국제형사재판소의 판결이 있었던 경우 국내법원에 대한 일사부재리 효력(제7조) 등.

정하고 있을 뿐 아니라 제3부에서는 형사법의 일반원칙에 관한 매우 상세한 조항들이 있어[1958] 개별 범죄에 대한 부분뿐만 아니라 총칙부분을 함께 도입해야 하는 과제를 안고 있었다.

이러한 문제에 대하여 우리나라는 이른바 '분리접근방식(split-approach)'을 채택하고 있다. 범죄의 개념은 우리 헌법의 법적 명확성의 요구를 충족시키는 범위에서 가능한 한 국제형사법의 규범에 가깝게 규정하되 총론 부분은 원칙적으로 우리나라 형법의 총론 부분을 적용하도록 하는 입장을 선택한 것이다.[1959] 이와 같은 분리접근방식을 채택한 것은 로마규정의 일반이론 부분을 전면적으로 반영하여 국제범죄에 대하여만 적용되는 총칙 규정을 별도로 둔다면 일반범죄에 대한 총칙과 국제범죄에 대한 총칙이 병존하게 되어 법 적용에 있어서 예상할 수 없는 어려움에 이를 수 있다는 고려가 작용한 것으로 보인다. 또한 로마규정의 총칙 부분은 아직까지 안정화되어 있지 않으며 이질적 요소를 가지고 있다는 점과 개별 범죄의 구성요건보다는 국내 도입의 실질적 필요성이 크지 않다는 점도 이러한 판단의 배경으로 작용한 것으로 보인다. 따라서 명확성의 원칙과 보다 용이한 실무상 적용을 위하여 로마규정의 총칙 규정을 도입하기 보다는 우리나라에서 오랜 기간 적용되어 검증된 바 있는 우리나라의 일반 형법 체계 내에 개별 국제범죄들을 편입시키겠다는 입법자들의 결단이 내려져 공소시효 적용 배제나 형법 적용법 등 제한된 영역에 있어서만 일반이론 부분에 별도 규정을 두게 된 것이다.[1960]

1958) 죄형법정주의(제22조부터 제24조), 형사적 참여와 미수(제25조), 형사책임의 최소 연령(제26조), 공적 지위의 부적절성(제27조), 주관적 요소(제30조), 정신장애, 강박, 정당방위 항변(제31조), 착오(제32조), 상급자의 명령과 법률의 규정(제33조) 등.

1959) 따라서 로마규정 총칙 규정 중 국내 도입이 반드시 필요한 일부 조항만을 총칙 부분에 규정하고 있을 뿐 로마규정의 총칙 조항 대부분을 도입하고 있지 않다. 이처럼 형사법의 일반원칙에 대한 특별규정이 국제범죄법에 존재하지 않을 경우 형법 제8조에 따라 형법의 총칙 부분이 적용된다. 독일의 경우에도 총칙 규정의 적용은 꼭 필요한 경우로 제한되었으며 독일의 국제범죄법에 다른 조항이 없을 경우 독일법이 적용되는 것으로 규정하고 있다. 독일 국제범죄법 제2조 참조.

1960) 로마규정의 일반이론 부분은 우리나라가 속한 대륙법계나 영미법계 어느 한쪽에 속하지 않는 독특한 형태의 범죄론 체계를 이룬 것이나 로마규정에서 처음으로 일관성 있게 규율된 까닭에 여러 가지 측면에서 추가적인 형성과 발전 과정을 거치고 있다.(Werle, Gerhard, Jeßberger, Florian, 전게논문, p. 210) 이처럼 아직까지 형성 중에 있고 판결을 통하여 강화될 필요가 있을 뿐 아니라 로마규정의 규칙들은 완전하지 않거나 때로는 모순적이기도 하다는 평가도 존재하는 까닭에 법적 안정성 원칙에 대한 고려 역시 총론 부분의 변화를 꺼리는 원인으로 작용한 것으로 보인다. 총론 부분에 국제범죄에 대하여 적용되는 특별한 조항을 도입할 경우 새로운 조항이 가져올 수 있는 통제되지 않는 영향력에 대한 우려가 독일의 국제범죄법 제정 당시에도 존재하였다.(MüKo StGB Bd. 8, Einleitung Rn. 45) 나아가 실질적 측면에서도 로마규정의 일반 이론 부분을 적용한 결과와 우리 형법 총론을 적용한 결과 사이에 구체적으로 큰 차이가 발생하지 않는 경우가 대다수로서 로마규정의 일반조항 중 반드시 필요한 일부 조항만을 도입하더라도 로마규정 체제에서 요구하는 기준은 충족된 것으로 볼 수 있다는 판단이 전제된 것으로 생각된다. 다만 로마규정 제26조는 18세 미만자에 대한 재판권을 배제하고 있으나 이는 미성년자의 유책성에 대한 제한이 아닌 국제형사재판소의 재판권에 대한 제약 요인일 뿐이다. 따라서 이러한 로마규정은 국내법에 의한 처벌에 아무런 영향을 주지 않으며 미성년자의 국제범죄에만 적용되는 별도의 체제를 마련하는 것은 절차적 영역이나 실체적 영역에 큰 부담이 주는 것일 뿐 아니라 미성년자들이 실제 발생하는 국제범죄에서 중심적 역할을 담당하지 않는다는 점에서

2. 예외적으로 도입된 총칙 규정

앞서 본 바와 같이 일반이론 부분에 있어서 원칙적으로 우리 형법을 적용하도록 하였으나 로마규정의 내용이 우리 형법과 큰 차이가 있을 경우에는 로마규정의 특별한 조항들을 반영하기 위해 다음과 같은 내용들이 도입되었다. 이처럼 국제범죄법에 예외적으로 도입된 아래의 조항들은 우리 형법 제8조에 따라 형법의 일반조항에 우선하여 적용될 것이다.

우선 국제범죄법 제3조 제5항은 집단살해죄, 인도에 반한 죄, 전쟁범죄의 경우 이러한 범죄가 외국인에 의하여 외국에서 범하여진 경우에도 우리 국제범죄법이 적용되고 우리 법원의 재판권 대상이 되도록 하는 보편적 관할권을 규정하고 있다. 여기에서 주의할 점은 이러한 재판권의 확장은 국제범죄법의 '집단살해죄등'의 개념에 해당하는 제8조에서 제14조까지의 범죄에 대하여만 적용된다는 점이다. 따라서 제15조의 지휘관의 직무태만죄와 제16조의 사법방해죄에 대하여는 적용되지 않는다.

국제범죄법 제4조는 상급자명령 항변의 효력에 대하여 규정하고 있다. 위 조항은 국제형사법 분야에서 논의되어 온 가장 고전적 주제 중의 하나로서 부하가 상관의 불법적인 명령에 따라 범행을 실행한 경우 내려진 명령이 불법적인 것임을 알지 못하였고 명령의 불법성이 명백하지 않으며 그러한 오인에 정당한 이유가 있을 때에는 처벌하지 않도록 규정하고 있다.[1961] 다만 제2항에서는 집단살해죄와 인도에 반한 죄를 범하라는 명령은 명백히 불법적인 것으로 명시하여 위 조항의 적용범위는 전쟁범죄로 제한된다.

국제범죄법 제5조는 상급자가 실효적인 지휘와 통제 하에 있는 부하 또는 하급자가 집단살해죄 등을 범하고 있거나 범하려는 것을 알고도 이를 방지하기 위하여 필요한 상당한 조치를 하지 아니하였을 때에는 상급자를 각 해당 조문에서 정한 형으로 처벌하도록 규정하고 있다. 위 조항은 로마규정 제28조가 규정하는 상급자책임의 3가지 유형 중 부하의 범죄에 대한 고의가 있는 경우만을 규정한 특별규정이다. 나머지 2개의 유형인 부하의 범죄에 대한 과실이 있는 경우와 부하에 의하여 저질러진 국제법에 위반한 범죄에 대한 처벌의무 등을 이행하지 않은 경우는 우리 국제범죄법 제15조에서 지휘관 등의 직무태만죄로 규정하고 있다.[1962]

국제범죄법 제6조는 집단살해죄등에 대하여는 공소시효와 형의 시효가 적용되지 않는다고 규정하고 있다. 이는 로마규정 제29조가 재판소의 관할범죄에 대하여는 어떠한 시효도 적용되지 않는다고 규정한 것에 대응한 것이다.[1963] 그러나 이러한 시효배제는 집단살해죄등에만 적용될 뿐 지휘관 등의 직무태만죄(제15조)와 사법방해죄(제16조)에는 적용되지 않는다.

우리 국제범죄법은 미성년자의 국제범죄에 대한 특별조항을 두고 있지 않다.
[1961] 상세한 것은 제3편 제8장 제5절 참조.
[1962] 상세한 것은 제3편 제5장 참조.
[1963] 상세한 것은 제2편 1장 제4절 참조.

국제범죄법 제7조는 집단살해죄등의 피고사건에 관하여 이미 국제형사재판소에서 유죄 또는 무죄의 확정판결이 있는 경우를 면소판결의 대상으로 규정하고 있다. 국제적 일사부재리 원칙 중 국제형사재판소와의 관계에서 아래로의 일사부재리 원칙을 선언한 것으로 면소 대상 사건의 구체적 범위와 관련하여 복잡한 문제가 발생할 수 있다.[1964]

나아가 국제범죄법 제17조는 '집단살해죄등은 고소가 없거나 피해자의 명시한 의사에 반하여도 공소를 제기할 수 있다.'라고 규정하여 집단살해죄 등은 친고죄와 반의사불벌죄에 해당하지 않음을 명시하고 있다. 국제범죄법 제18조는 제8조부터 제14조까지의 적용과 관련하여 필요할 때에는 국제형사재판소규정 제9조에 따라 2002년 9월 9일 국제형사재판소규정 당사국 총회에서 채택된 범죄구성요건을 고려할 수 있다고 규정하고 있다.

3. 로마규정과 형법 총칙 규정의 정합성

로마규정의 총칙 규정을 반드시 필요한 경우에만 도입하는 이른바 '분리접근방식(split-approach)'을 채택함에 따라 로마규정의 총칙 규정을 적용하는 경우와 우리 형법을 적용하는 경우 사이에는 일정한 범위의 괴리가 필연적으로 발생하게 되었다.

가장 대표적인 것이 고의범의 주관적 요건 부분 중 범죄로 성립될 수 있는 고의의 구체적 개념 범위에 관한 문제이다. 우리 형법이 고의범만을 원칙적 처벌대상으로 규정하고 있는 것은 로마규정과 동일하나 로마규정의 경우에는 '미필적 고의'의 영역이 원칙적으로 배제되어 있음에도[1965] 우리 형법에서의 고의는 미필적 고의를 포함하기 때문이다. 그러나 로마규정이 국제범죄의 주관적 요건에서 미필적 고의를 범주적으로 배제한 것의 타당성에 대하여 논란이 있을 수 있을 뿐만 아니라 미필적 고의를 포함하고 있는 우리 형법을 적용한다고 하더라도 국제범죄법을 실제로 적용함에 있어 커다란 불합리를 가져 올 것으로 보이지 않는다. 국제범죄의 경우에도 결과발생에 대한 확신이 존재하는 경우뿐만 아니라 결과발생의 위험성을 인식하고 이를 의지적으로 수용하였다면 일반 범죄의 경우와 같이 형사처벌의 대상으로 삼는 것이 타당한 경우가 적지 않기 때문이다.[1966] 다만 우리 형법 총칙을 적용할 경우에도 국제범죄법의 체계적 해석에 비추어 개별 구성요건이 명백히 의도적이고 목표 지향적 행위를 요구하는 경우에는 미필적 고의만으로는 부족한 경우가 존재한다.[1967]

국제범죄법이 상급자책임에 대한 조항을 도입하고 있어 그 밖에 공범론 부분에 대한 특별

[1964] 상세한 것은 제2편 1장 제3절 참조.

[1965] 상세한 것은 제3편 제3장 제3절 로마규정에서의 주관적 요건 참조.

[1966] 예를 들면 피해자를 실제로 고문한 사람뿐만 아니라 자신의 지휘를 받는 사람이 그러한 고문행위를 통하여 신체적·정신적 위해를 가할 것이라는 위험성을 인식하고 이를 승인한 경우에도 고의범으로 처벌할 수 있을 것이다.: 독일 국제범죄법의 입법 과정에 대한 것은 BT-Drucks. 14/8524, S. 15.

[1967] 국제범죄법 제13조 제1항 제1호, 제2호 등 참조.

조항을 둘 필요성은 쉽게 발견되지 않는다. 또한 앞서 본 바와 같이 국제형사법 영역에서 미수론 부분의 실질적 중요성이 크지 않고 아직까지는 이에 대한 구체적이고 자세한 이론 또한 충분히 발전되지 않은 상황이므로 현재로서는 이와 관련한 국제형사법의 규범을 국내에 도입할 필요성도 크지 않다.

로마규정 일반이론 부분과 관련하여 논란이 있을 수 있는 것은 국내법에서 인정하고 있지 않은 항변 또는 책임을 배제하는 근거를 인정하거나 그 요건을 달리하여 규정하고 있는 경우이다. 실제 로마규정의 정당방위 요건에는 우리 형법과 상이한 점이 존재한다. 그러나 이러한 차이점은 우리 형법의 상당한 이유 조항 등을 통하여 해소될 수 있을 것으로 생각되며 따라서 로마규정의 정당방위 조항을 국내법에 그대로 도입하는 것이 필수적인 것으로는 보이지 않는다.[1968] 그러나 점차 그 인정범위가 좁아지고 있기는 하나 국내법에 명시되어 있지 않은 보복(Reprisals)의 항변은 국제법상 예외적인 경우에는 유효한 항변으로 인정될 여지가 있다.[1969] 우리 형법 제20조는 법령에 의한 행위를 위법성 조각사유로 규정하고 있고 여기에서의 법령에는 성문법뿐만 아니라 국제법이나 관습법도 포함되는 것으로 해석되므로 국제관습법에서 인정될 수 있는 보복의 항변은 정당행위 조항을 통하여 우리 법체계 내에 포섭될 수 있을 것으로 보인다.

제4절 국제범죄법 각칙

1. 형법 각칙 조항과의 관계 등

국제범죄법은 총칙 부분과 달리 매우 광범위하고 상세한 개별 국제범죄에 대한 각칙 조항들을 두고 있다. 이러한 국제범죄의 구성요건은 로마규정뿐만 아니라 국제관습법 등도 함께 고려된 것이다. 주의할 점은 국제범죄법의 대상이 되는 행위의 매우 많은 부분들이 이미 일반범죄로 우리 형법의 규율대상이 되고 있으며 국제형사법의 제정이 이와 같은 형법 조항에 직접적 영향을 주지는 않는다는 점이다. 무력충돌이나 민간인 주민에 대한 체계적 공격 등의 상황에서 벌어지는 범죄행위에 대한 국제범죄법이 이러한 행위에 대한 배타적 규율을 하고 있는 것은 아니며 따라서 원칙적으로 국제범죄법의 조항이 적용되지 않을 경우에는 우리 형법 조항에 의하여 처벌될 수 있다.[1970]

1968) 국제범죄에만 적용되는 정당방위에 관한 특별한 조항을 둘 경우 법 적용상 매우 복잡한 문제를 야기할 수 있고 국제범죄에 있어서도 정당방위가 쉽게 인정될 수 있다는 잘못된 인상을 줄 우려가 있다는 것은 BT-Drucks. 14/8524, S. 15.

1969) 보복 항변에 대하여 상세한 것은 제3편 제8절 3. 참조; 보복 항변을 독일 국내법에 도입하지 않는 것에 대한 상세한 논의는 BT-Drucks. 14/8524, S. 15, 16.

1970) 전투행위 중 벌어지는 살상 행위를 국제법의 입장과 달리 형법상 살인죄를 적용하여 처벌할 수는 없다. 그러나 이는 당사자가 관련 국제규범에 부합하는 방식으로 행위하였을 경우이며 만일 국제규범을 위반하여 국제법에 의하여 금지되는 행위를 하였다면 국제법이 이에 대한 별도의 형벌규범을 두지 않았다 하더라도

국제형사법의 개별 구성요건과 관련하여 국제범죄법이 형법 등 국내법에서 사용되는 것과 유사한 용어를 사용하고 있다 하더라도 이에 대한 해석은 국제형사법 영역에서의 해석례를 따라야만 한다. 따라서 국제범죄법은 로마규정 등 관련 국제형사규범과 국제형사법원의 판례 등을 참고하여 해석되고 적용되는 독립된 규율 체계에 속한다고 볼 수 있다.[1971)]

2. 집단살해죄

국제범죄법 제8조는 국내법에서 최초로 집단살해죄를 규정하고 있다. 우리 국제범죄법은 대부분 로마규정 제6조를 따르고 있으나 일부 변화된 부분도 존재한다. 로마규정 제6조는 집단살해죄의 대상을 복수 형태로 규정하고 있으나 한 사람의 집단 구성원을 살해한 행위도 집단살해죄의 요건을 충족시키는 것으로 해석되고 있으며 우리 법 제8조 역시 집단살해죄의 객체를 단수 형태로 규정하고 있다.[1972)]

3. 인도에 반한 죄

인도에 반한 죄는 국제범죄법 제9조에 규정되어 있다. 기본적으로는 로마규정 제7조에 규정된 인도에 반한 죄의 내용과 매우 유사하나 일부 차이점들도 발견된다.[1973)]

로마규정은 인도에 반한 죄의 범죄 유형을 제7조 제1항에서 규정하고 제2항에서는 제1항에 사용된 법적 개념을 따로 정의하고 있다. 그러나 우리 법은 총칙 제2조(정의) 부분에서 '노예화', '강제임신'의 개념만을 규정하고 로마규정 제7조 제2항이 별도로 규정하는 '민간인 주민에 대한 공격', '절멸', '주민의 추방 또는 강제이주', '박해', '인종차별범죄', '사람들의 강제실종', '성별' 등의 개념은 국제범죄법 제9조 제2항의 각 범죄의 개념에 포함시켜 규정하고 있다. 그리고 로마규정 제7조 제1항 (h)가 박해죄의 성립요건으로 다른 인도에 반한 죄 등과의 관련성을 요구하고 있음에 반하여 국제범죄법은 국제관습법에 따라 이러한 연계요건을 두고 있지 않다. 또한 로마규정은 '신체 또는 정신적·육체적 건강에 대하여 중대한 고통이나 심각한 피해를 고의적으로 야기하는 유사한 성격의 다른 비인도적 행위'를 인도에 반한 죄의 범죄유형으로 규정하고 있으나 우

형법에 의하여 처벌될 수 있다. 하나의 행위가 일반 형법과 국제범죄법을 동시에 충족시킬 경우 특별법 우선의 원칙에 따라 국제범죄법이 적용될 수 있을 것이나 상황에 따라서는 형법 제40조의 상상적 경합 조항이 적용되는 경우도 존재할 것이다. 왜냐하면 국제범죄법은 로마규정이나 국제관습법에 규정된 경우만을 다루나 형법은 보다 광범위한 범죄의 영역을 다루고 있다는 점에서 처벌의 공백을 없애기 위해 특별법 우선의 원칙 적용을 배제할 필요가 있는 경우도 존재할 수 있기 때문이다. 독일 형법의 해석과 관련하여 부속의정서 I 제57조 제2항에 규정된 주의 조치를 다하지 않고 공중공격을 감행하여 민간인을 살상한 경우 재판권이 존재하는 한 자국 형법을 적용하여 처벌할 수 있다는 견해는 BT-Drucks. 14/8524, S. 13.

1971) BT-Drucks. 14/8524, S. 13.
1972) 기타 상세한 내용은 제2부 제1편 집단살해죄 부분 참조.
1973) 기타 상세한 내용은 제2부 제2편 인도에 반한 죄 부분 참조.

리 국제범죄법 제9조 제2항 제9호는 제1호부터 제8호까지의 행위 외의 방법으로 '사람의 신체와 정신에 중대한 고통이나 손상을 주는 행위'를 처벌하도록 규정하여 우리 법체계에 맞도록 일정한 수정을 가하고 있다.[1974] 나아가 국제범죄법은 법적 명확성 원칙을 충족시킬 수 있도록 강제실종의 행위 요건을 보다 명확히 구분하여 규정하고 있다.[1975]

4. 전쟁범죄

국제범죄법은 로마규정 제8조에서 규정하는 전쟁범죄의 분류 체계를 완전히 변화시켜 규정하고 있을 뿐 아니라 구체적 규율 범위, 개념 규정 방식 등에 있어서도 로마규정과는 적지 않은 차이점을 가지고 있다.[1976]

우선 국제범죄법 제2조 제7호는 '인도(人道)에 관한 국제법규에 따라 보호되는 사람'의 개념을 도입하여 국제적 무력충돌의 경우와 비국제적 무력충돌의 경우 보호되는 사람의 개념을 명확히 규정하고 있다.

로마규정은 전쟁범죄를 전통적 분류방식에 따라 국제적 무력충돌에서의 전쟁범죄와 비국제적 무력충돌에서의 전쟁범죄를 나누어 규정하고 있다. 그러나 우리 법은 무력충돌의 유형에 관계없이 공격 대상의 본질에 따라 전쟁범죄의 구조와 체계를 완전히 재구성하여 제10조(사람에 대한 전쟁범죄), 제11조(재산 및 권리에 대한 전쟁범죄), 제12조(인도적 활동이나 식별표장 등에 관한 전쟁범죄), 제13조(금지된 방법에 의한 전쟁범죄), 제14조(금지된 무기를 사용한 전쟁범죄) 등으로 규정하고 있으며 무력충돌의 유형에 따라 차이가 존재하는 부분만을 별도로 규정하는 형식을 취하고 있다. 나아가 로마규정이 국제적 무력충돌의 경우에만 적용되는 것으로 규정하고 있는 일부 전쟁범죄에 대하여도 앞서 살핀 바와 같이 국제관습법에 따라 비국제적 무력충돌로 처벌범위를 확장하고 있다.[1977]

5. 침략범죄

국제범죄법은 아직까지 침략범죄를 규정하고 있지 않다. 이는 로마규정 제정 당시 침략범죄가 국제형사재판소의 관할범죄로 포함되어 있기는 하였으나 침략행위의 개념 정의 등 일정한 조건이 충족될 때까지 적용이 보류되는 대기 중 범죄로 규정되었기 때문이다.

우리 형법은 우리나라가 침략범죄의 피해국가가 될 수 있는 상황과 관련하여 외환유치죄와

1974) 이는 죄형법정주의 원칙을 고려한 결과로서 법적 명확성의 측면에서 타당한 것으로 생각된다. 국제범죄법의 문언에 의하더라도 신체와 정신에 중대한 고통이나 손상을 주는 중대한 행위들은 충분히 포섭될 수 있을 것이다. 독일의 국제범죄법 제7조 제1항 8목 참조.
1975) 우리 국제범죄법 제9조 제2항 제8호.
1976) 상세한 것은 제2부 제3편 전쟁범죄 부분 참조.
1977) 국제범죄법 제14조(금지된 무기를 사용한 전쟁범죄) 등.

여적죄를 규정하고 있다.[1978] 특히 형법 제5조 제2호는 이러한 외환의 죄에 대하여는 외국인의 국외범에 대한 역외재판권을 규정하고 있다.[1979]

2010년 7월 캄팔라 합의에 따라 향후 로마규정의 침략범죄 조항이 진정한 규범력을 갖게 될 경우 국제형사법 영역에서의 침략범죄에 대한 국내 입법 관련 논의기 보다 활발하게 진행될 것으로 생각된다.[1980]

6. 사법방해죄 등

국제범죄법 제16조는 로마규정 제70조에 대응하여 국제형사재판소의 절차와 관련하여 거짓 증거를 제출하는 등 사법방해행위를 한 자를 처벌하도록 규정하고 있다. 따라서 국제형사재판소의 처벌 절차와 관련하여 위증, 모해위증, 허위의 감정, 통역, 번역, 증거의 인멸, 은닉, 위조 또는 변조, 위조 또는 변조한 증거 사용, 증인의 은닉 또는 도피, 특정범죄 가중처벌 등에 관한 법률 제5조의 9에 따른 보복범죄 행위를 한 사람은 각각 형법과 특정범죄 가중처벌 등에 관한 법률 제5조의 9에 정한 형으로 처벌된다.[1981] 특히 거짓 증거 제출, 참고인 또는 증인에 대한 폭행·협박, 참고인 또는 증인에 대한 금품 공여 또는 공여의사표시와 참고인 또는 증인의 금품 수수행위 등 전형적인 사법방해행위 역시 5년 이하의 징역 또는 1천 5백만 원 이하의 벌금에 처하도록 규정하고 있다.

국제형사재판소에서 수사 또는 재판 중인 사건과 관련하여 국제형사재판소 직원은 형법상 공무원으로 의제되어 국제형사재판소 직원에 대하여 공무집행방해, 위계공무집행방해, 특수공무집행방해 행위를 한 사람은 형법 제136조, 제137조 또는 제144조에 정한 형으로 처벌되며 뇌물공여 행위를 한 사람은 형법의 제133조에서 정한 뇌물공여죄에 정한 형으로 처벌된다.[1982]

1978) 형법 제92조(외환유치) 외국과 통모하여 대한민국에 대하여 전단을 열게 하거나 외국인과 통모하여 대한민국에 항적한 자는 사형 또는 무기징역에 처한다.
제93조(여적) 적국과 합세하여 대한민국에 항적한 자는 사형에 처한다.
1979) 형법 제5조(외국인의 국외범) 본법은 대한민국영역외에서 다음에 기재한 죄를 범한 외국인에게 적용한다.
2. 외환의 죄
1980) 독일의 경우 로마규정 발효 이전부터 독일 형법 제80조(침략전쟁 예비), 제80조a(침략전쟁 선동) 등의 조항을 가지고 있었으며 침략범죄를 도입하는 캄팔라 합의 이후 독일 연방법무부는 침략범죄에 대한 초안 작업을 위한 전문가 그룹을 조직하여 활동하고 있다. Werle, Gerhard; Jeßberger, Florian, 전게서, p. 159; 로마규정의 침략범죄 조항에 대한 비준과 국내 도입 가능성에 대한 논의는 최태현(CHOI Tae-hyun), "Ratification and Implementation of the Amendments on the Crime of Aggression under the ICC Statute in Korea", 서울국제법연구 제22권(2015) 참조.
1981) 국제범죄법 제16조 제3항 단서에 따라 형법 제155조 제4항의 친족간 특례도 배제된다.
1982) 국제범죄법 제16조 제4항, 제5항, 제6항.

제 5 절 형벌규범 등

1. 일반적 형벌규범

로마규정은 구체적 범죄에 부과되는 형벌의 범주를 명확히 규정하고 있지 않으며 형벌의 선고를 위한 양형에 대하여도 일반적이고 추상적 조항만을 두고 있을 뿐이다.[1983] 그러나 우리 법체계 내에서는 형벌법정주의 원칙과 법적 명확성의 요청에 따라 각각의 범죄행위에 부과될 수 있는 형벌의 범주를 법률에 명시하는 것은 필수적이다. 따라서 국제범죄법은 로마규정과 달리 각 범죄행위별로 구체적 형벌 범주를 규정하고 있다.

국제범죄의 심각성을 반영하여 국제범죄법의 형벌은 매우 중하게 규정되어 있다. 많은 범죄에 사형, 무기징역, 유기징역이 모두 규정되어 있을 뿐만 아니라 형량의 하한이 징역 7년, 징역 5년, 징역 3년 등으로 매우 무겁다. 다만 지휘관의 직무태만죄는 7년 또는 5년 이하의 징역으로 형벌이 상대적으로 가벼우며 제16조의 사법방해죄는 5년 이하의 징역과 1,500만 원 이하의 벌금을 선택 또는 병과하도록 규정하고 있다.

2. 범죄수익은닉의 규제 및 처벌 등에 관한 법률의 적용

국제범죄법 부칙 제2조 제1항은 제8조부터 제16조까지의 범죄를 범죄수익은닉의 규제 및 처벌 등에 관한 법률의 대상범죄로 규정하고 있다. 여기에는 제15조의 지휘관의 직무태만죄와 제16조의 사법방해죄까지 포함되어 있다.

3. 특정범죄신고자 등 보호법의 적용

국제범죄법 부칙 제2조 제2항은 제8조부터 제16조까지의 범죄를 특정범죄신고자 등 보호법의 적용대상으로 규정하고 있다. 여기에도 제15조의 지휘관의 직무태만죄와 제16조의 사법방해죄가 적용 대상에 포함되어 있다.

제 6 절 국제형사재판소와의 협력

국제범죄법은 국제형사재판소와의 사이에서 범죄인인도와 형사사법공조를 규정하고 있으며 국제형사재판소의 특권과 면제에 관한 협정(Agreement on the Privileges and Immunities of the International Criminal Court)을 별도로 체결하여 재판소 구성원뿐만 아니라 증인 등에 대한 특권과 면제를 인정하고 있다.[1984]

1983) 로마규정 제77조와 78조 참조.

1984) 우리나라에 대하여는 2006년 11월 17일 조약 제1818호로 발효되었다.

1. 범죄인인도(Extradition)

(1) 일반 이론

범죄인인도란 어떤 국가의 형사법을 위반한 범죄인이 자국 영토 내에 소재하고 있는 '현재지 국가'가 대상 범죄인을 형사처벌하려는 국가의 청구에 따라 청구국에게 대상 범죄인을 인도하는 것을 말한다. 이러한 범죄인인도 제도는 개인의 자유에 대한 커다란 제약일 수 있으나 범죄를 저지르고 형사처벌을 피하기 위하여 외국으로 도피하는 도망자의 도피처를 없애고 각종 범죄에 보다 적극적으로 대응한다는 목적에 비추어 정당화될 수 있다.[1985]

범죄인인도는 원칙적으로 국가간 조약에 의하여 이루어지며 범죄인인도 의무의 국내적 이행 등을 위해 국내법상의 절차를 별도로 규정하는 개별 입법이 존재하는 경우가 일반적이다. 우리나라는 2017년 4월 현재 33개국과 범죄인인도에 관한 양자조약을 체결하였으며 그와 별도로 2011년에는 50개국이 가입한 유럽평의회와의 범죄인인도협약도 발효되었다. 우리나라는 범죄인인도 사건을 서울고등법원의 전속관할로 규정하는 등 범죄인인도의 요건과 절차를 규정한 범죄인인도법을 1988년 법률 제4015호로 제정하여 시행 중에 있다.

범죄인인도에 있어서는 쌍방가벌성의 원칙(principle of double criminality)[1986], 특정성의 원칙 (principle of speciality) 등이 적용되며 인도대상범죄가 대한민국 법원에 재판계속 중이거나 재판이 확정된 경우 등은 절대적 인도거절사유이며[1987] 정치적 성격을 지닌 범죄의 인도거절[1988], 자국

1985) Cryer, Robert; Friman, Håkan; Robinson, Darryl; Wilmshurst, Elizabeth, 전게서, p. 98; 범죄인인도는 범죄인의 신병을 넘겨준다는 점에서 형사사건에 관한 증거수집을 주목적으로 하는 협의의 형사사법공조(mutual assistance in criminal matters)와 구분되며 형사절차 자체를 외국으로 이관하는 형사절차이관(transfer of proceedings in criminal matters), 외국으로부터 수형자를 이송 받아 외국에서 선고된 형을 대신 집행하는 수형자이송(transfer of foreign prisoners) 등과도 구분되는 제도이다.

1986) 범죄인인도법 제6조(인도범죄) 대한민국과 청구국의 법률에 의하여 인도범죄가 사형·무기·장기 1년 이상의 징역 또는 금고에 해당하는 경우에 한하여 범죄인을 인도할 수 있다.

1987) 범죄인인도법 제7조(절대적 인도거절사유).

1988) 범죄인인도법 제8조(정치적 성격을 지닌 범죄등의 인도거절); 우리나라 법원에서 정치범 불인도 원칙을 적용하여 인도를 거절한 사례는 서울고등법원 2006. 7. 27. 2006토1 결정 참조. 위 결정에서는 "범죄인인도절차에서의 정치범죄는 해당 국가의 정치질서에 반대하는 행위와 그와 같은 목적을 위하여 저지른 일반범죄, 즉 강학상 절대적 정치범죄와 상대적 정치범죄를 의미하고, 그 해당 여부를 판단함에 있어서는 범죄자의 동기, 목적 등의 주관적 심리요소와 피해법익이 국가적 내지 정치적 조직질서의 파괴에 해당하는지 여부 등 객관적 요소를 고려하여야 한다."고 설시하면서, 베트남이 공산화된 후 미국에서 자유베트남 혁명정부의 주요 직책을 역임하면서 베트남 지역의 공산정권 타도 등을 목적으로 베트남 지역 내에서 테러행위를 감행하기 위하여 폭약이나 뇌관을 구입, 제조, 운반하도록 지시하였다는 등의 범죄사실로 베트남사회주의공화국으로부터 범죄인인도 청구를 받은 범죄인에 대한 인도청구를 허가하지 아니하였다.; 일본 정부의 역사 인식에 항의하고 그와 관련된 대내외 정책에 영향을 줄 목적으로 일본 소재 야스쿠니 신사(靖國神社) 신문(神門)에 방화하여 일부를 소훼함으로써 공공의 위험을 발생하게 하였다는 범죄사실로 국내에 구금중이던 중국 국적의 범죄인에 대한 일본 측 범죄인인도 청구를 대상범죄가 상대적 정치범죄에 해당한다는 이유로 거

민 불인도의 원칙[1989] 등은 범죄인인도법에 임의적 인도거부 사유로 규정되어 있다.[1990]

(2) 로마규정에서의 '인도(Surrender)'의 특수성

국제범죄법 제19조는 대한민국과 국제형사재판소 간의 범죄인인도에 관하여는 범죄인인도법을 준용하되 로마규정에 범죄인인도법과 다른 규정이 있는 경우에는 로마규정을 따르도록 규정하고 있다.[1991] 로마규정은 국가들 사이에 적용되는 '범죄인인도(extradition)'라는 용어가 아닌 '인도(surrender)'라는 용어를 사용하고 있는데[1992] 단순한 용어상 차이점뿐만 아니라 국제형사재판소와의 관계에서는 국가들 사이의 범죄인인도와는 구분되는 특수성이 존재한다.

먼저 일반적으로 요구되는 쌍방가벌성 요건은 국제형사재판소의 재판권 대상인 국제범죄와 관련하여서는 범죄인인도의 장애사유가 되지 않는 것으로 보인다. 국제범죄법은 로마규정에서 규정하고 있는 범죄를 모두 범죄화하고 있을 뿐 아니라 이론적 측면에서도 로마규정 체약당사국은 조약가입을 통하여 국제형사재판소의 재판권 대상이 되는 범죄의 개념에 동의한 것이므로 죄형법정주의 원칙에 입각한 쌍방가벌성 흠결 주장을 인도거절 사유로 내세울 수 없다. 또한 로마규정에서 규정하고 있는 대부분의 국제범죄는 국제관습법상 범죄로 인정되고 있으므로 쌍방가벌성 원칙의 제한 대상에 해당하지 않는다.[1993]

로마규정 성립과정에서 정치범 불인도의 원칙에 대한 예외를 규정하려는 시도가 있었으나 성공하지 못하였다. 집단살해방지협약과 범죄인인도에 관한 유럽협약 부속의정서가 집단살해죄를 정치적 범죄로 간주하지 못하도록 규정하는 등 정치범 불인도 원칙이 국제범죄에 대하여는 적용되지 않도록 하려는 노력이 일부 있었을 뿐 현재로서는 정치범 불인도의 원칙이 범죄인인도

부한 사례는 서울고등법원 2013. 1. 3. 자 2012토1 결정 참조.

1989) 범죄인인도법 제9조(임의적 인도거절사유) 다음 각 호의 어느 하나에 해당하는 경우에는 범죄인을 인도하지 아니할 수 있다. 1. 범죄인이 대한민국 국민인 경우

1990) 일반적으로 인정되는 범죄인인도의 종류, 요건 등에 대한 상세한 것은 Cryer, Robert; Friman, Håkan; Robinson, Darryl; Wilmshurst, Elizabeth, 전게서, p. 98 et seq 참조.

1991) 로마규정 제101조에 따라 특정성의 원칙은 그대로 적용된다.; 청구 경합의 경우 우선 순위 등에 대한 특칙은 로마규정 제90조 참조.

1992) 로마규정에서 이러한 용어가 채택되는 과정에 대하여 상세한 것은 Valerie Oosterveld, Mike Perry, John McManus, "The Cooperation of States With the International Criminal Court", Fordham International Law Journal, Volume 25(2001); 로마규정 제91조 제2항 (c)는 국제형사재판소와 체약당사국과의 관계에서 적용되는 절차가 국가들 사이에 적용되는 범죄인인도에 비하여 부담스러운 것이 되어서는 안 된다는 점을 명시하고 있다.

1993) 국제범죄에 대한 보편적 범죄성을 이유로 한 특수성과 국제관습법에서의 범죄의 성립 범위 논란 및 이에 따른 쌍방가벌성 문제에 대한 상세한 논의는 Sunil Kumar Gupta, "Sanctum for the War Crimnal : Extradition Law and the International Criminal Court", California Criminal Law Review(2000), p. 9 et seq 참조; 유럽체포영장의 경우에도 국제형사재판소의 재판권에 속하는 범죄에 대하여는 쌍방가벌성 원칙을 적용하지 않도록 하고 있다. Cryer, Robert; Friman, Håkan; Robinson, Darryl; Wilmshurst, Elizabeth, 전게서, p. 94.

를 거절하는 가장 손쉬운 방법으로 여겨지고 있다.[1994] 그러나 우리나라의 범죄인인도법 제8조는 정치범불인도의 원칙을 선언하면서도 제8조 제1항 단서 제2호에서 "다자간조약에 의하여 대한민국이 범죄인에 대한 재판권을 가지거나 범죄인의 인도의무를 부담하고 있는 범죄"를 예외로 규정하고 있다.[1995]

자국민 불인도 원칙과 관련하여 로마규정 협상과정에서 이에 대한 예외를 규정하려는 시도가 있었으나 일부 국가들이 자국민에 대한 인도는 자국 헌법상 엄격히 금지되고 있음을 주장하여 도입되지 못하였다.[1996]

2. 형사사법공조(Mutual Legal Assistance in Criminal Matters)

(1) 일반 이론

형사사법공조란 이른바 증인조사의뢰(letters rogatory)에서 유래한 제도로서 국제예양에 근거하여 증거수집 요구에 대하여 도움을 주는 제도를 말한다. 형사사법공조에는 수사, 기소, 공판 등의 전 과정에 있어서 필요한 증인의 증언청취, 압수·수색, 서류의 송달, 신병에 대한 추적 등 다양한 활동이 관련되어 있다.[1997] 국제적으로는 고문방지협약과 다수 양자협정에 형사사법 공조 의무가 도입되고 있으며 과거에는 공조거부 사유로 인정되었던 것들이 현재는 재량조항으로

1994) Sunil Kumar Gupta, 전게논문, p. 16; 정치범죄의 개념에 관하여 객관적으로 특정국가의 정치적 질서 침해 행위라는 견해, 주관적으로 특정국가의 정치 형태의 변경을 목적으로 하는 행위라는 견해, 일국의 정치체제의 변혁을 목적으로 하거나 그 국가의 내외정책에 영향을 줄 것을 목적으로 하는 행위로 당해 국가의 형벌법규에 저촉되는 행위라는 견해 등이 있다. 이에 대하여 상세한 것은 이훈규, 신의기, "범죄인인도 제도", 한국형사정책연구원(1995), 71 이하 참조.
1995) 법무부의 범죄인도법에 대한 해설서에서는 국제법 위반 범죄는 성질상 세계 공동체 전체에 영향을 미치게 되는 까닭에 비록 그러한 범죄가 정치적인 관련성을 가지고 있다고 하더라도 정치범죄에 해당되지 않는다며 집단살해죄, 인도에 반한 죄, 전쟁범죄, 침략범죄, 해적행위, 항공납치, 노예, 고문 행위 등을 위 원칙의 예외에 해당하는 것으로 설명하고 있다. 법무부, 『범죄인인도실무』, 서울 : 법무부, 2008. 31면.
1996) 이탈리아를 제외한 대륙법계 국가들과 콜롬비아를 제외한 라틴 아메리카 국가들은 자국민에 대한 범죄인인도를 허용하지 않는 경향을 가지고 있다. 대륙법계와 영미법계 국가에서 인정되는 역외재판권과 자국민불인도 원칙의 관계 등 상세한 내용은 Sunil Kumar Gupta, 전게논문, p. 13 et seq 참조; 독일은 독일 기본법을 개정하여 국제형사재판소 등에 대한 자국민 인도 원칙을 도입한 바 있다. 독일 기본법 제16조 참조.
1997) 이 분야에 대한 유럽에서의 발전 상황 등에 대한 것은 Cryer, Robert; Friman, Håkan; Robinson, Darryl; Wilmshurst, Elizabeth, 전게서, p. 107. 전통적으로 형사사법공조에 대한 태도는 영미법계와 대륙법계 사이에 차이가 있었다. 당사자주의를 채택하여 법정에서의 반대신문을 중시하는 영미법계에서는 외국에서 수집된 증거에 대하여 탐탁지 않게 생각하는 경향이 있었던 반면 서면 증거에 보다 더 의존하는 직권주의 소송구조를 가진 대륙법계에서는 대상 증거가 법령에서 요구하는 방식에 따라 수집된 것인가에 대하여만 주로 주의를 기울여 왔다. 그러나 최근에는 형사사법공조가 범죄에 대처하는 중요한 수단으로 공통적으로 인식되면서 형사사법공조가 실행되는 절차로 관심의 초점이 변화되고 있다. 형사사법공조를 '외국 형사사건의 수사, 재판 등에 필요한 증언, 진술, 물건 등 증거가 자국에 있는 경우 외국의 요청에 따라 외국 사법당국을 대신하여 이들 증거를 취득하여 해당 외국에 제공하는 형사 분야에서의 국가 간 협력'으로 정의하는 견해는 법무부, 『형사사법공조실무』, 3면.

바뀌어 규정되어 해당 사유가 존재하는 경우에도 제도의 적용 대상이 된다는 사실 자체는 인정하되 사안에 따른 거절의 근거로만 활용되는 경향이 강해지고 있다.[1998]

우리나라는 2017년 4월 현재 모두 30개국과 형사사법 공조조약을 체결하고 있으며 그와 별도로 2011월에는 50개국이 가입한 유럽평의회와의 형사사법 공조협약도 발효되었다. 우리나라의 '국제형사사법 공조법'은 1991년 법률 제4343호로 제정되어 시행 중에 있다. 우리나라와 상대방 국가 사이에 형사사법 공조조약이 존재하는 경우에는 조약이 우선적으로 적용되며 조약이 맺어져 있지 않은 국가의 경우에도 상호주의 원칙에 따라 사법공조 요청이 가능하다.[1999] 형사사법공조는 외교경로를 거치는 것이 원칙이나 조약에 따라서는 당사국 법무부 사이에서 직접 청구가 가능한 경우도 있다. 조약이나 법률에 의하여 쌍방가벌성이 요구되는 경우가 있으며 국제형사사법 공조법 제5조는 사람 또는 물건의 소재수사, 서류·기록의 제공 등 공조의 범위를 구체적으로 규정하고 있다.[2000] 공조요건에 해당하는 경우에도 국가안전보장 등 공조제한 사유가 존재할 경우 공조를 거절할 수 있다.[2001]

(2) 국제범죄법의 특례

로마규정은 형사사법공조에 관하여 별도의 조항을 두어 규율하고 있는데[2002] 체약당사국은 공조 요청이 당사국의 국가안보와 관련된 문서의 제출 또는 증거의 공개와 관련되는 경우에만 로마규정 제72조에 따라 요청의 전부 또는 일부를 거절할 수 있다.[2003]

국제범죄법은 국제형사재판소의 수사 또는 재판과 관련하여 국제형사재판소의 요청에 따라 실시하는 공조와 국제형사재판소에 대하여 요청하는 공조에 관하여는 국제형사사법 공조법을 준용하도록 하고 있다.[2004]

1998) 형사사법공조 분야의 일반적 발전에도 불구하고 피고인에 대한 증인신문 가능여부 등 국가들 사이에 존재하는 상이한 절차규정은 여전히 문제점으로 지적되고 있으며 또한 피고인측이 독자적으로 형사사법공조를 요청할 수 없다는 한계를 가지고 있는 것도 사실이다. Cryer, Robert; Friman, Håkan; Robinson, Darryl; Wilmshurst, Elizabeth, 전게서, p. 109.
1999) 국제형사사법공조법 제3조, 제4조 참조.
2000) 국제형사사법공조법 제5조 (공조의 범위).
2001) 국제형사사법공조법 제6조(공조의 제한).
2002) 로마규정 제93조 기타 형태의 협력.
2003) 로마규정 제93조 제4항.
2004) 다만 국제형사사법 공조법과 로마규정 사이에 충돌이 있는 경우에는 로마규정이 우선하는 것으로 규정하고 있다. 국제범죄법 제20조 제1항.

제 2 장	천안함 사건과 연평도 포격 사건
	- 국제형사재판소의 예비조사 결과 -

2010년 12월 6일 국제형사재판소의 소추부(The Office of the Prosecutor, OTP)는 천안함 사건과 연평도 포격사건의 전쟁범죄 혐의에 대한 수사개시 여부를 판단하기 위하여 예비조사를 개시한다는 사실을 발표하고[2005] 장기간의 예비조사를 진행한 바 있다. 그러나 2014년 6월에는 천안함 사건과 연평도 포격 사건 모두 국제형사재판소의 재판권 대상에는 해당하나 당시까지 수집된 증거만으로는 두 사건 모두 국제범죄 혐의로 정식 수사를 개시하기에 부족하다는 내용의 조사결과를 발표하였다.[2006]

제 1 절 재판권과 배경적 요건

1. 판단 대상 사건

2010년 11월 23일 북한이 연평도를 포격하여 우리 민간인과 군인이 다수 사상한 사건(연평도 포격 사건)과 2010년 3월 26일 북한이 우리 전함인 천안함에 어뢰공격을 가하여 천안함이 침몰하고 우리 장병 46명이 사망한 사건(천안함 사건)이다.

2005) ICC-CPI-20101206-PR608 참조.

2006) 위 발표에서는 이러한 조사가 강제수사권을 가지고 행하여진 것이 아니므로 새로운 사실이나 증거에 따라 재고될 수 있으며 이러한 결정이 북한의 무력사용을 허용하는 것으로 해석되어서는 안 된다는 점, 지속되는 북한의 무력 위협을 고려할 때 향후 국제형사재판소의 재판권에 속하는 범죄에 해당하는 것으로 보이는 사건이 발생하면 다시 예비조사를 개시하여 범죄를 저지른 사람을 기소할 준비가 되어 있다고 사실 등을 부기하고 있다. Situation in the Republic of Korea Article 5 Report(SAS-KOR-Article-5-Public-Report-ENG-05 Jun 2014), p. 3 (이하 Republic of Korea Article 5 Report로 약칭한다). 국제형사재판소 검찰은 조사를 위하여 로마규정 제15조 제2항에 따라 우리나라 정부와 북한 등에 자료를 요청하였으나 북한은 자료제출을 거부하였다.

2. 재판권

천안함 사건과 연평도 포격사건 모두 국제형사재판소의 일반적 재판권 요건을 충족시키고 있다.

우리나라는 2002년 11월 13일부터 로마규정의 체약당사국 지위를 가지고 있으므로 국제형사재판소는 우리나라의 영토, 우리나라에 등록된 선박, 항공기 내에서 발생한 범죄에 대한 재판권을 행사할 수 있다. 따라서 천안함 사건이나 연평도 포격사건 모두 우리 영토 내에서 발생한 것이므로 영토주의 요건에 따라 국제형사재판소는 이들 사건에 대한 재판권을 행사할 수 있다. 두 사건 모두 범죄자는 우리 국적자가 아닌 것으로 보이나 영토주의 요건이 충족된다면 그러한 범죄가 비체약당사국 국민에 의하여 범하여졌다 하더라도 로마규정 제13조에 따라 국제형사재판소의 재판권 행사가 가능하다.[2007]

3. 무력충돌 요건

전쟁범죄는 무력충돌의 배경 하에 이루어져야 한다. 국제형사재판소 검찰은 북한과 우리나라 사이에 전쟁범죄의 배경적 요건으로서의 무력충돌이 존재한다고 인정할 수 있는 근거를 두 가지 측면에서 제시하고 있다.

무력충돌에 대한 첫 번째 설명은 우리나라와 북한이 기술적으로는 아직 전쟁상태라고 판단할 수 있다는 것이다. 1953년의 정전협정(Armistice Agreement of 1953)은 단순히 전투를 중지한다는 것에 불과하며 따라서 당사국들 사이에서는 1950년부터 1953년까지의 무력충돌을 공식적으로 종료시키기 위한 평화협정이 아직까지도 교섭 중에 있는 것으로 볼 수 있다는 설명이다.

두 번째로 천안함에 대한 어뢰의 발사 혹은 연평도에 대한 포탄 공격으로 국제적 무력충돌이 새롭게 발생하게 되었다는 것이다. 국가 간에 발생하는 국제적 무력충돌의 경우에는 그 위험성 등에 비추어 무력충돌의 규모가 일정한 규모에 이를 것이 요구되지 않으므로 이러한 도발 상황은 그 자체로 국제적 무력충돌에 해당할 수 있다는 것이다.[2008]

국제형사재판소는 이러한 두 가지 이론 중 어느 하나에 의하여 전쟁범죄에서 요구되는 배경적 요소가 충족된다고 보았으며 더 이상의 추가적 분석은 진행하지 않았다.[2009]

2007) Republic of Korea Article 5 Report, pp. 11, 12; 로마규정 제13조 참조.
2008) Republic of Korea Article 5 Report, p. 5.
2009) 위 보고서에서는 판단의 대상이 jus in bello (law in war; international humanitarian law)일 뿐 jus ad bellum (law on the use of force)에 대한 것이 아님을 명백히 하고 있다.

제 2 절　천안함 사건에 대한 판단

국제형사재판소는 천안함이 군함이며 탑승사는 모두 군인이라는 사실에 일차적으로 주목하였다. 일반적으로 군함을 포함하여 군사 목표물을 공격하거나 해군 함정에 승선한 선원 등 적군을 살해하는 것은 전쟁범죄가 아니다. 따라서 천안함과 이에 승선한 인원에 대한 피해가 적군에 대한 군사공격의 결과라면 일반적인 전쟁범죄에는 해당하지 않는 것으로 판단하였다.[2010]

다음 단계로 이러한 공격행위가 배신적 살해 혹은 상해에 해당할 수 있는가에 대하여는 좀 더 심도 깊은 검토를 진행하였다. 로마규정 제8조 제2항 (b)(xi)은 비록 적군에 대한 살해행위라 하더라도 배신적 방법을 사용한 배신적 살상행위를 전쟁범죄의 하나로 규정하고 있다.[2011] 따라서 북한이 우리나라로 하여금 정전협정의 보호를 받을 수 있는 것으로 믿게 하고 의도적으로 우리나라가 가지고 있는 이러한 정전협정에 대한 신뢰를 배신한 것이라면 배신적 살해에 해당한다고 할 수 있기 때문이다.[2012]

국제형사재판소 검찰은 배신적 살상행위에서의 배신행위는 일반적으로 항복을 가장하거나 휴전 깃발을 내세워 협상 의도를 가장하는 것과 같이 국제인도법에 의하여 보호되는 지위를 가장하는 것이 전형적인 사례인데 상대방을 불의에 공격할 의도로 전투를 종결하는 협정상태를 조성한 후 이를 이용하여 공격하는 것이 국제관습법상 배신행위로 간주되는가 여부는 불분명하다고 보았다. 그리고 이와 같은 이론적 측면뿐만 아니라 범죄의 전제로서 배신행위의 기초가 될 수 있는 정전협정이 1953년도에 이루어졌다는 점에서 천안함 사건은 배신적 살상행위에 해당하기 어려운 것으로 보았다. 왜냐하면 배신적 살상행위로 처벌되기 위해서는 보호받는 지위를 가장하는 것과 이를 이용한 공격이 서로 연계되어 있어야만 하는 것인데 2010년의 천안함 공격을 위하여 1953년의 정전협정을 의도적으로 체결하였다고 보기는 어려우므로 로마규정의 전쟁범죄 개념은 충족되지 않는다고 판단한 것이다.[2013]

2010) Republic of Korea Article 5 Report, p. 5.
2011) 우리 국제범죄법 제13조 제1항 제7호도 배신적 살해나 상해를 처벌대상으로 규정하고 있다.
2012) 배신적 살상행위로 인한 전쟁범죄 조항은 군사작전과 전술에서 당연한 것으로 인정되는 기망과 책략까지 금지하는 것은 아니다. 따라서 공격에 있어 기망적 요소가 존재한다 하더라도 무조건적으로 배신적 행위로 형사처벌의 대상이 되는 것은 아니며 상대의 신뢰를 배신할 목적 하에 국제인도법에 의하여 보호받을 권한이 존재하며 상대방으로 하여금 이들을 보호를 하여야 할 의무가 있는 것으로 믿게 하는 행위만이 대상이 된다. Cryer, Robert; Friman, Håkan; Robinson, Darryl; Wilmshurst, Elizabeth, 전게서, p. 301; 상세한 것은 제2부 제3편 제5장 전쟁범죄 제7절 2. 배신적 살해나 상해 부분 참조.
2013) Republic of Korea Article 5 Report, p. 6.

제 3 절   연평도 포격 사건에 대한 판단

연평도 포격은 군사목표물과 민간대상물을 모두 타격한 사건이다. 앞서 본 바와 같이 군사
시설물, 군인 등은 합법적 공격의 대상이므로 이들에 대한 파괴나 살상행위는 전쟁범죄에 해당
하지 않는다. 그러나 민간인과 민간물자의 피해와 관련해서는 민간인이나 민간시설물에 대한 의
도적 공격이 존재 하였는가 혹은 민간인에게 과도한 피해를 입히는 공격인가 여부가 검토되어야
한다.[2014]

민간인 등에 대한 의도적 공격이 존재하였는가 여부와 관련하여 국제형사재판소는 비록 민
간인과 민간목적물에 대한 피해가 발생하였지만 이들에 대한 의도적 공격이 아닐 수 있으며 민
간인 등이 당해 공격의 목표였는가 여부는 불분명하다고 보았다. 우선 국제형사재판소는 연평도
남서쪽에 위치한 군사기지를 포함한 군사목표물이 공격받았다는 사실에 비추어 민간인 혹은 민
간 목표물만을 공격 대상으로 삼았다고는 볼 수 없는 것으로 판단하였다. 그리고 다음으로 주목
한 것은 조준 타격에 있어서의 명중의 어려움이 존재한다는 사실이었다. 유엔 지휘관의 보고서
에 의하면 170회의 사격 중 80회만이 연평도에 명중하고 나머지 90회는 인근의 바다에 떨어졌으
며 연평도에 떨어진 것들은 직접적으로 군사 목표물을 타격하거나 군사 목표물 주위에 떨어진
것으로 나타난다.[2015] 따라서 민간목표물이 훼손되었다는 사실에서 공격자가 민간목표물을 훼손
시키려는 의도를 가진 것으로 어느 정도 의심할 수는 있으나 관련 자료를 객관적으로 분석할 때
대다수의 공격이 군사목표물을 지향한 것으로 보이고 발생한 민간인 피해 등은 발사체의 정확성
문제 등 다른 설명이 가능한 상황이라는 것이다. 결론적으로 더 이상의 증거가 존재하지 않는 상
황에서 북한이 의도적으로 민간인이나 민간대상물을 목표로 공격하였다고 합리적으로 판단하기
는 어려우며 이와 달리 북한이 직접적으로 민간인이나 민간목표물을 공격하였다고 주장하는 것
은 합리적 근거에 의한 것이라기보다는 추측이나 의혹에 기반한 것으로 판단하고 있다.[2016]

다음으로 민간인 등에 대하여 과도한 부수적 피해를 가하는 공격을 처벌하는 전쟁범죄 조항
을 적용하려면 예상되는 민간 피해와 예상되는 군사적 이익 그리고 그러한 상황에서 민간 피해
가 군사적 이익에 비하여 과도한 것이었는가 여부에 대한 평가가 필요하다. 그러나 예상되는 민
간인 등에 대한 피해와 공격으로 인한 군사적 이익의 수준을 산정하는 것이 어렵고 양자를 비교

2014) 로마규정 제8조 제2항 (b)(i), (ii), (iv) 등 참조.
2015) Special investigation into the Korean People's Army attack on Yeonpyeong-Do and the Republic of Korea
    Marine Corps response on 23 November 2010 (U.N. Doc. S/2010/648; 19 December 2010), pp. 6-7; 우리나
    라 정부가 제출한 자료에 의하면 약 230회가 발사되어 약 180회가 연평도에 떨어졌는데 그 중 약 150회가
    다양한 장소에 위치한 8개의 서로 다른 군사기지에 떨어졌으며 30회가 바로 인접한 민간인 지역에 떨어졌
    다는 것이다.
2016) Republic of Korea Article 5 Report, p. 7.

측정하는 것에 관한 통일된 방법 역시 존재하지 않아 이에 대한 명확한 평가는 군사적 결정을 내릴 당시는 물론 행위의 합법성을 사후적으로 평가함에 있어서도 용이하지 않은 측면이 있다고 보았다.[2017]

　　예상되는 민간 피해의 평가와 관련하여서는 다양한 요소가 적용된다. 북한은 연평도에 대한 지도를 가지고 있었을 것이므로 민간인 지역이 군사목표물과 인접하여 있음을 알았을 것이며 이전의 훈련으로 인하여 자신들의 무기가 낮은 수준의 적중률을 갖는다는 점도 인식하였을 수 있다. 그리고 연평도는 면적이 7.3㎢이고 공격 당시 1,361명의 민간인이 있었으므로 북한은 이러한 공격으로 어느 정도 민간인 피해 등이 발생할 것이라는 사실을 예상할 수도 있었을 것이다. 그러나 국제형사재판소는 이러한 사실만으로는 민간인 피해가 매우 높은 수준일 것이라는 점을 예상할 수 있었다고 판단하지 않았다. 섬의 민간인 1,361명은 주로 항구 근처에 집중되어 있었는데 섬의 크기와 민간인 지역 등을 고려할 때 목표를 벗어나는 폭탄들 중 다수는 섬의 비민간인 거주 지역이나 혹은 주위의 바다로 떨어질 것으로 예상될 수 있었고 실제 230발 중 50발은 주변의 바다에 떨어졌으며 약 30발만이 인접한 민간인 지역에 떨어졌다는 것이다. 한편 이러한 공격이 군사적 이익을 위한 것이 아니라 북한 내부의 정치 상황에 의하여 촉발된 것이라는 주장이 있으나 그러한 정치적 상황이 존재한다고 가정하더라도 군사적 이익이 인정될 수 없음을 의미하는 것은 아니며 북한이 특정한 해역에 대한 통제권을 다시 주장하고 군사력을 과시하는 형태의 군사적 이익을 가진다고 보았다.[2018]

　　결론적으로 국제형사재판소 검찰은 민간목표물과 군사시설의 상대적 인접성에 비추어 그러한 공격으로 말미암아 일정 수준의 민간인 피해가 발생할 것으로 예상할 수는 있었을 것이나 합리적이고 충분한 정보를 가진 사람이 범죄자가 처하였던 입장에 있었을 경우를 가정할 때 섬의 크기와 인구, 군사목표물이 공격의 주된 목표로 보이는 점 등에 비추어 당시까지 주어진 정보만으로는 예상되는 민간 피해가 예상되는 군사적 이익에 비하여 명백하게 과도한 것이었다는 점에 대한 합리적 근거를 발견하기 어렵다는 결론에 도달하였다.[2019]

2017) Republic of Korea Article 5 Report, p. 7.

2018) Republic of Korea Article 5 Report, pp. 7-9.

2019) 다만 만일 장래에 이러한 결론을 다시 검토할 수 있는 새로운 사실이나 증거가 주어진다면 연평도 포격 사건이나 천안함 사건 모두에 대한 예비조사는 다시 개시될 수 있음을 부기하고 있다. Republic of Korea Article 5 Report, p. 24.

제3장 일본의 성노예 범죄에 대한 국제적 승인

일본에 의한 성노예 범죄는 우리나라 국민을 상대로 일본이 저지른 대표적인 국제범죄의 하나이다. 성적 노예화는 노예화의 심각한 유형으로[2020] 로마규정에 인도에 반한 죄의 하나로 규정되어 있으며 이에 대한 독립된 명문 규정이 없더라도 인도에 반한 죄의 포괄조항인 '다른 비인도적 대우'로 포섭될 수 있는 행위이다. 성적 노예화도 노예화의 일종으로 노예화에서 요구되는 소유권 관련 요소와 자유박탈 요건이 필요하다.[2021] 성적 노예화는 피해자를 성적 본질을 갖는 행위에 종사하게 하는 것으로[2022] 이처럼 복합적 요소를 가진 성적 노예화는 피해자의 자율성을 더욱 심하게 침해하는 결과를 가져온다.[2023]

유엔에 의한 공식적 조사 결과 일본이 군대위안소(comfort stations)를 운영하면서 우리나라 여성들과 네덜란드, 대만 여성 등을 상대로 저지른 성적 노예화 행위는 특히 극악한 형태의 성적 노예화 사례로 선언되었다.[2024] 일본에 의한 군대위안소에 대한 실태에 대한 수많은 연구를 통하여[2025] 제2차 대전 기간 동안 일본에 의하여 운영되었던 군대위안소가 성적 노예화 범죄의 사례

2020) Cryer, Robert; Friman, Håkan; Robinson, Darryl; Wilmshurst, Elizabeth, 전게서, p. 253; Special Rapporteur, Final Report on Systematic Rape, Sexual Slavery and Slavery-Like Practices during Armed Conflict, UN Doc. E/ CN. 4/ Sub. 2/ 1998/ 13, 22 June 1998, para. 30.

2021) Ambos, Kai, 전게서 II, p. 99; 성적 노예화에는 과거 '강제 매춘(enforced prostitution)'으로 분류 되었을 행위도 포함되어 있다. 강제 매춘의 관념에는 폭력의 요소를 불분명하게 만들고 피해자의 지위를 격하시키는 측면이 존재한다. 따라서 범죄의 본질과 심각성을 보다 잘 반영하는 성적 노예화라는 용어가 일반적으로 선호되고 있다. Cryer, Robert; Friman, Håkan; Robinson, Darryl; Wilmshurst, Elizabeth, 전게서, p. 254.

2022) 로마규정 범죄구성요건 제7조 (1)(g)-2.

2023) Ambos, Kai, 전게서 II, p. 99.

2024) Report of the Special Rapporteur on systematic rape, sexual slavery and slavery-like practices during armed conflict,(E/CN.4/Sub.2/1998/13, 22 June 1998) para. 30; 기타 유엔차원의 다양한 선언과 언론 보도 등에 대하여는 http://www.mofa.go.kr/trade/military_prostitution_issue/government_position/index3.jsp.

2025) 일본의 위안부 여성에 대한 기망, 강압 등 다양한 사례 등에 대한 논의는 Carmen M. Argibay, "Sexual Slavery and the "Comfort Women" of World War II", Berkeley Journal of International Law, volume 21(2003); 난징 사건 이후 위안소 증가 상황과 아시아 각국에서 이루어진 위안소에 대한 여성 공급에 관한 것은 Tanaka,

에 해당함은 국제형사법 학계에서도 보편적으로 승인되고 있다.[2026]

일본이 군대위안소를 통하여 저지른 성노예 범죄의 범죄성은 국제형사법원의 판결에서도 확인되고 있다. 국제형사재판소는 Katanga and Ngudjolo Chui 사건 결정에서 일본의 위안소를 성적 노예화의 사례로 명시하고 있으며[2027] 시에라리온 특별재판소의 판례에서도 일본의 위안소가 동일한 내용으로 설시되어 있다.[2028]

Yuki, Japan's Comfort Women (Asia's Transformations). Taylor and Francis. Kindle Edition(2003); Edwards, Wallace. Comfort Women : A History of Japanese Forced Prostitution During the Second World War, Kindle Edition(2013-06-23); 위안부 여성의 증언을 국제적으로 소개한 것으로는 Rudick, Roger. Story of a Comfort Girl. Roger Rudick, Kindle Edition(2012); 기타 일본의 성노예 행위에 대한 상세한 논의는 Hicks, George. The Comfort Women : Japan's Brutal Regime of Enforced Prostitution in the Second World War : W. W. Norton & Company. Kindle Edition(1995).

2026) Ambos, Kai, 전게서 II, p. 99; Cryer, Robert; Friman, Håkan; Robinson, Darryl; Wilmshurst, Elizabeth, 전게서, p. 254; Werle, Gerhard; Jeßberger, Florian, 전게서, p. 370; The Prosecutors and the Peoples of Asia-Pacific Region v Emperor Hirohito et al. and the Government of Japan, Women's International War Crimes Tribunal 2000 for the Trial of Japanese Military Sexual Slavery, judgment of 12 December 2000에 대한 것은 C. Chinkin, "Women's International Tribunal on Japanese Military Sexual Slavery", 95 AJIL (2001); 정진성, "군위안부 강제연행에 관한 연구", 정신문화연구 21권 4호(1998); 보다 포괄적인 측면에서 관련된 법의 존재를 확인하고 이에 대한 법적용의 의미와 가치 등을 논하는 것은 조시현, "일본군 '위안부' 문제에 있어서 역사와 법", 법사학연구 제49호(2014). 군대위안소를 조직하고 운영한 범죄자들에 대한 미군당국에 의한 조사가 가능하였음을 지적하는 내용은 Kerstin von Lingen, 전게서, 3840 참조.

2027) Katanga and Ngudjolo Chui, ICC (PTC), decision of 30 September 2008, para. 431.

2028) Brima et al., SCSL (TC), judgment of 20 June 2007, paras. 705 et seq.

제 4 장 일본의 생체실험과 인도에 반한 죄

일본이 제2차 대전 중 우리나라 사람과 중국인 등을 상대로 저지른 생체실험 범죄에 대한 자료는 다양하고 광범위하게 존재하고 있다.[2029]

일본 731부대는 중국 흑룡강성 하얼빈 남동쪽 약 70킬로미터 지점에 설립되어 1933년부터 제2차 대전 종결 시까지 약 3천명을 대상으로 각종 세균실험과 약물실험 등 참혹한 인체실험을 자행하였다.[2030] 실험 대상자가 된 사람들은 우리나라 사람들을 비롯하여 중국인, 소련인, 몽골인 등이며 스파이 활동이나 저항군 활동을 하였다는 이유로 정당한 재판 없이 사형 집행 예정이었던 사람들이 주된 대상이었으나 여성과 어린아이, 유아 등도 포함되어 있었다. 실험대상이 된 사람들은 실험자들의 죄의식을 없앨 수 있는 표현인 마루타(まるた, 丸太, 껍질을 벗긴 통나무를 의미하는 일본어)로 불리며 이름이 아닌 숫자로만 특정되어 관리되었다. 1949년 당시 소련의 하바로브스크에서 열린 731부대 연구부장 키요시 카와시마에 대한 재판에서 731부대는 여성과 어린아이들을 포함한 다수의 피해자들을 수용하고 있었으며 일본 헌병이 특별 이송 절차(Tokui Atsukai)를 통하여 생체실험 대상자들을 체계적으로 공급하였다는 증언이 이루어지기도 하였다. 일본 헌병은 매년 약 400명에서 600명을 731부대로 이송하였는데 독일에서의 유사한 이송체계가 유대인에 대한 집단살해를 주된 목적으로 이루어진 것이라면 일본의 경우에는 생체실험을 위하여 피해자

2029) 이에 대한 매우 상세한 자료로는 Edward Drea, Greg Bradsher, Robert Hanyok, James Lide, Michael Petersen, Daqing Yang, Researching Japanese War Crimes Records. Washington, DC, the National Archives and Records Administration for the Nazi War Crimes and Japanese Imperial Government Records Interagency Working Group(2006); Ezekiel J. Emanuel, Christine Grady, Robert A. Crouch, Reidar K. Lie, Franklin G. Miller, David Wendler, The Oxford Textbook of Clinical Research Ethics. New York, Oxford University Press(2008); 기타 우리나라의 자료로는 서이종, "만주의 '벌거벗은 생명'과 731부대 特設監獄의 생체실험 희생자－1938~1945년 관동군의 特殊移送자료를 중심으로－", 만주연구 제18집(2014).

2030) 이는 1940년 이전에 이루어진 실험의 피해자나 다른 유사한 시설에서 이루어진 생체실험 피해자의 숫자를 제외한 것이다. 731부대뿐만 아니라 1644부대, 1855부대 등에서도 유사한 실험이 이루어졌다고 한다. 이에 대하여 상세한 것은 Edward Drea, Greg Bradsher, Robert Hanyok, James Lide, Michael Petersen, Daqing Yang, 전게서, 33면.

들을 의도적으로 선발한 후 이송하였다는 특징을 가지고 있다.[2031]

731부대는 이들 피해자들을 대상으로 참혹한 인체실험을 저질렀다. 인체에 대한 연구 목적으로 고의적으로 박테리아를 주입하는 세균학 연구(Bacteriological studies), 저온이나 고온 상태에 노출시키는 생리학 연구(Physiological studies), 다양한 형태의 해부학 연구(Anthropological-anatomical studies) 등이 자행되었다. 치료 요법의 개발을 위하여 백신 주입 실험(Vaccine experiments), 외과적 실험(Surgical innovation), 혈류 실험(Hemostasis experiments), 수혈 실험(Transfusion experiments) 등이 이루어졌으며 특히 생화학 무기 개발을 목적으로 생물무기 실험(Biological weapon experiments)과 화학무기 실험(Chemical weapon experiments) 등도 자행되었다.

이와 같이 제2차 대전 중 일본이 저지른 생체실험 범죄는 동경헌장 제5조 (c)에 근거하여 인도에 반한 죄로 처벌받을 수 있는 것이었으며 실제로 이를 위하여 동경재판 과정에서 731부대를 관장했던 이시이 시로(石井四郎)에 대한 조사까지 이루어졌음은 1947년 6월 31일자 이시이 시로에 대한 선서증언서 등에 의하여 명백하다.[2032] 그러나 뉘른베르크 재판의 경우와는 너무나 대조적으로 동경재판에서는 생체실험을 저지른 사람 중 어느 누구도 인도에 반한 죄로 처벌되지 않았다.[2033] 이러한 결과가 발생한 이유는 미국이 생체실험의 결과를 넘겨받는 대가로 731부대 구성원들의 사면을 약속하고 731부대의 생체실험 등에 대한 증거를 동경재판에서 배제시켰기 때문이라고 한다.[2034]

동경재판의 경우와 달리 소련의 하바로브스크에서는 1949년 731부대 연구부장 키요시 카와시마 등 12명에 대한 재판이 이루어지기도 하였다.[2035] 그러나 해방 이후 우리나라를 둘러싼 국제정치 상황이 한반도에서의 일본의 범죄를 다룰 정치적 필요성을 감소시키는 방향으로 전개됨으로써 한반도나 한반도 바깥에서 우리나라 국민에 대하여 범하여진 일본의 잔학행위가 이후 시기에도 인도에 반한 죄로 다루어지지 않게 되는 주요한 요인이 되었다.[2036]

2031) Edward Drea, Greg Bradsher, Robert Hanyok, James Lide, Michael Petersen, Daqing Yang, 전게서, 31면 이하.
2032) http://imtfe.law.virginia.edu/collections/tavenner/5/2/affidavit-interrogation-ishii-shiro-16-june-1947 접근.
2033) Werle, Gerhard; Jeßberger, Florian, 전게서, p. 329.
2034) Cryer, Robert; Friman, Håkan; Robinson, Darryl; Wilmshurst, Elizabeth, 전게서, p. 124.
2035) Kerstin von Lingen, 전게서, 478, 6832.
2036) 이러한 면책성의 상황을 서구 열강들의 과거 식민정책과의 관계 속에서 분석하는 견해는 Kerstin von Lingen, 전게서, 317.

제 2 부

국제형사법 각론

제 1 편

집단살해죄(Genocide)

'범죄 중의 범죄(crime of all crimes)'라고 일컬어지는 집단살해죄는 오랜 과거부터 존재하여 왔으나 이에 대한 형사처벌은 비교적 최근에 이르러 본격화되었다. 제1차 대전 당시 터키에 거주하던 약 50만 명의 아르메니아인들이 절멸작전으로 사망하였으며[1], 제2차 대전 기간 중 약 600만 명 이상의 유대인들이 나치의 절멸작전으로 사망하였다.[2] 그러나 제2차 대전 이후 뉘른베르크 재판에서 다루어진 주요 범죄는 전쟁범죄였으며 집단살해죄는 당시까지 인도에 반한 죄의 범주 내에 존재하면서 독자적 범죄유형으로의 발전 과정에 있었던 까닭에 직접적으로 적용될 수 없는 상황이었다.[3]

제2차 대전 이후인 1948년 12월 9일 나치의 집단살해에 대한 대응으로 「집단살해죄의 방지와 처벌에 관한 협약」이 체결되었으나 충분한 예방효과를 거두지 못하였다. 이후 1994년부터 발생한 르완다 내전에서 후투족에 의한 투치족 등에 대한 집단학살이 발생하여 약 3개월 동안 50만 명에서 100만 명 정도가 살해되었다. 집단살해 현상은 유럽에서도 발생하여 1995년 7월 보스니아계 세르비아 부대는 스레브레니차의 소수민족 거주지에서 무슬림 남성들을 집단으로 처형하고 여성과 아동, 노인들을 추방하였다. 이와 같은 집단살해 현상에 대응하여 유엔 안전보장이사회는 임시재판소들을 설립하였으나 집단살해죄에 대한 이러한 적극적 대응은 예외적인 것이었다. 집단살해 현상은 나이지리아 내전 과정에서 독립을 추진하던 이보 족에 대한 절멸작전 등 방글라데시, 브룬디, 에티오피아, 과테말라 등에서도 발생하였으나 이에 대한 국제형사법에서의 대응은 제대로 이루어지지 않았다.[4]

이러한 상황 속에서 2002년 설립된 국제형사재판소는 일정한 조건이 충족될 경우 세계의 어떤 지역에서 발생한 집단살해죄도 처벌할 수 있다는 점에서 집단살해죄의 처벌과 예방에 매우 큰 의미를 갖게 되었다.

---

1) Werle, Gerhard; Jeßberger, Florian, 전게서, p. 326.
2) 히틀러 집권 이후인 1933년경 시작된 유대인 박해 정책이 제2차 대전 기간 동안 유럽 거주 유대인들에 대한 절멸작전으로 확장되었다. 유대인의 권리는 박탈되었으며 자의적으로 체포되어 유대인 거주 지역에 수용되거나 집단수용소나 절멸캠프로 보내졌다. 많은 사람들은 열악한 조건 하에서 이루어진 장기 이송, 유대인 캠프에서의 비인도적 생활조건과 강제노역으로 사망하였으며 홀로코스트(Holocaust)로 알려진 유대인에 대한 집단살해가 자행되었다. 절멸작전의 많은 부분은 SS특별임무부대(SS Einsatzgruppen)에 의하여 수행되었으며 관료주의적으로 계획된 산업적 절멸이라는 특징을 가지고 있었다. Werle, Gerhard; Jeßberger, Florian, 전게서, p. 289.
3) 뉘른베르크 재판에서는 인도에 반한 죄 역시 처음으로 개념이 형성되어 적용되기 시작하였던 관계로 부차적 역할만을 담당하였다.
4) Werle, Gerhard; Jeßberger, Florian, 전게서, p. 290.

제1장 총 설

제1절 의 의

'집단살해죄(Genocide)'는 특정 집단을 파괴할 목적으로 행하여지는 집단 구성원에 대한 살해와 신체적 위해 등 다양한 유형의 범죄행위를 말한다. 살인이 개인의 생명권을 박탈하는 범죄인 것과 같이 집단살해죄는 인간 집단의 존재의 권리에 대한 부인이며[5] 피해자 개인에 대한 범죄이자 인류의 다양성을 침해하는 범죄이기도 하다.[6]

ICTY 항소심은 집단살해죄를 다음과 같이 정의내리고 있다.

> 집단살해죄는 어떠한 인간 집단 전체를 절멸 대상으로 삼는 것으로 그 범위부터 끔찍한 것이다. 집단살해죄를 계획하고 실행하는 사람들은 국적, 인종, 민족, 종교의 다양성을 박탈하려 하는 것으로 이는 모든 인류에 대한 범죄이며 범죄의 대상이 된 집단뿐만 아니라 인류 전체에 해악을 끼치는 것이다.[7]

집단살해죄가 성립하기 위해서는 '특정한 집단을 파괴하려는 목적'이 필요하다. 하나의 집단 전체를 절멸시키려는 목적은 집단살해죄가 범죄 중의 범죄로 명명되게 하는 심각성을 압축적으로 표현하고 있다. 대규모로 범하여지는 일반적 잔학행위나 대량 살상행위도 일상적 표현에서는 집단살해로 지칭되기도 하나 법적 개념으로서의 집단살해죄는 일정한 집단을 파괴할 특별한 목적을 가지고 이루어진 경우만을 의미한다.[8] 집단살해죄에 대한 표준적 개념은 집단

---

5) 1946. 12. 11. 유엔 총회 결의 96(1) 참조; UN Doc. A/ RES/ 1/ 96 (1946); Ambos, Kai, 전게서 II, p. 339.
6) Werle, Gerhard; Jeßberger, Florian, 전게서, p. 319.
7) Krstić, ICTY (AC), judgment of 19 April 2004, para. 36.
8) 따라서 1975년에서 1978년까지 캄보디아 폴포트 정권 하에서의 범죄 대부분과 1990년대의 이전 유고슬라비아에서 이루어진 인종청소(ethnic cleansing)의 사례들은 극심한 고통을 안겨준 끔찍한 잔학행위이기는 하나 집단살해죄의 개념에 부합하는 것은 아니었다. 그러나 이러한 행위들은 집단살해죄가 아닌 인도에 반한 죄 등 다른 국제범죄에 해당하는 경우가 적지 않다.

살해방지협약 제2조와 로마규정 제6조에 규정되어 있으며 ICTY와 ICTR 법령에도 포함되어
있다. 우리 국제범죄법 제8조는 국제형사법에서의 집단살해죄를 국내법에서 최초로 규율하고
있다.

집단살해죄에서는 '살해'라는 용어가 사용되고 있으나 이는 집단을 말살시키려는 집단 자체
에 대한 살해행위를 의미하는 것이다. 따라서 집단 구성원에 대한 살해행위뿐만 아니라 특정 집
단의 전부 또는 일부를 그 자체로서 파괴할 목적으로 행하여지는 다양한 유형의 행위들을 포함
하고 있다.

제 2 절 연 혁

집단살해죄(Genocide)라는 용어는 '인종(race)'을 의미하는 그리스어 'genos'와 살해(killing)를
의미하는 라틴어 'caedere'의 합성어이다. 이 용어는 1944년 폴란드 법률가 Raphael Lemkin에 의
하여 처음으로 만들어졌다.[9]

집단살해죄는 독일의 홀로코스트(Holocaust) 참상에 대한 대응으로 발전된 범죄로서 대체로
인도에 반한 죄의 범주 내에 존재하였다가 독자적 범죄유형으로 발전되었다. 뉘른베르크 헌장에
는 집단살해죄가 독립된 범죄로 조문화되어 있지 않았으며 따라서 재판소의 재판권에 속하는 범
죄는 아니었다. 뉘른베르크 재판에서 기소된 피고인들의 행위 중 집단살해죄에 해당할 수 있는
부분은 전쟁범죄와 인도에 반한 죄로 처벌되었다.[10] 집단살해죄는 1946년 11월 유엔총회결의 96
(1)을 통하여 독립된 국제범죄로서의 지위를 명시적으로 인정받았으며[11] 1951년에는 집단살해방
지협약이 채택되어 효력을 발생하게 되었다.

집단살해방지협약 제6조는 국제재판소에서 집단살해죄 사건들이 심리될 가능성을 언급하고
있었으나 집단살해죄에 대한 국제재판소에서의 처벌은 1990년대 초반에 설립된 ICTY와 ICTR에
서 처음으로 이루어졌다. 집단살해죄에 대한 최초의 유죄판결은 1998년 9월 2일 ICTR에서 선고
된 르완다 시장 Jean-Paul Akayesu에 대한 판결이며 연이어 Jean Kambanda 르완다 전 총리가
인도에 반한 죄와 집단살해죄, 집단살해죄의 모의, 선동, 공모 혐의 등으로 종신형을 선고받았다.
또한 ICTY도 2001년 8월 2일 세르비아 대량학살에 책임이 있는 Radislav Krstić 전 장군의 집단
살해죄 혐의에 대해 유죄판결을 선고하였다. 이러한 판결들과 함께 로마규정 제6조에 집단살해죄
가 규정됨으로써 집단살해죄의 범죄성은 국제사회에서 광범위하게 승인되었으며 많은 국가들의

---

9) Ambos, Kai, 전게서 II, p. 1.
10) Cryer, Robert; Friman, Håkan; Robinson, Darryl; Wilmshurst, Elizabeth, 전게서, p. 207; 미국 군사법원에
　　의한 특별작전부대(Einsatzgruppen) 사건에서는 독일군이 폴란드와 소련에서 저지른 행위들을 특징 짓기
　　위하여 'genocide'라는 용어가 사용되었다. Ambos, Kai, 전게서 II, p. 2.
11) 1946년 11월 유엔총회결의 96(1)(The Crime of Genocide).

국내법에서도 집단살해죄를 규정하게 되었다.[12] 집단살해죄의 규범은 국제관습법의 일부이며[13] 국제사법재판소는 집단살해의 금지가 국제법상 강행규범에 해당하고 대세적 효력을 갖는다고 선언하였다.[14]

로마규정 제6조와 제25조는 다음과 같이 집단살해죄를 규정하고 있으며 우리 국제범죄법은 제8조에서 이를 규율하고 있다.[15]

〔로마규정〕

제6조 집단살해죄(Genocide)

이 규정의 목적상 "집단살해죄"라 함은 국가, 민족, 인종 또는 종교 집단의 전부 또는 일부를 그 자체로서 파괴할 의도를 가지고 범하여진 다음의 행위를 말한다.

(For the purpose of this Statute, "genocide" means any of the following acts committed with intent to destroy, in whole or in part, a national, ethnical, racial or religious group, as such)

a. 집단 구성원의 살해(Killing members of the group)

b. 집단 구성원에 대한 중대한 신체적 또는 정신적 위해의 야기
   (Causing serious bodily or mental harm to members of the group)

c. 전부 또는 부분적인 육체적 파괴를 초래할 목적으로 계산된 생활조건을 집단에게 고의적으로 부과
   (Deliberately inflicting on the group conditions of life calculated to bring about its physical destruction in whole or in part)

d. 집단 내의 출생을 방지하기 위하여 의도된 조치의 부과
   (Imposing measures intended to prevent births within the group)

e. 집단의 아동을 타집단으로 강제 이주
   (Forcibly transferring children of the group to another group)

제25조 개인의 형사책임(Individual criminal responsibility)

③ 다음의 경우에 해당하는 자는 재판소의 관할범죄에 대하여 이 규정에 따른 형사책임을 지며 처벌을 받는다.(In accordance with this Statute, a person shall be criminally responsible and liable for punishment for a crime within the jurisdiction of the Court if that person)

---

12) 집단살해죄에 대한 다양한 국가의 국내입법은 http://preventgenocide.org/law/domestic/ 참조(2016. 6. 22. 접근).

13) Alexander Zahar, Göran Sluiter, 전게서, p. 156.

14) ICJ, judgment of 26 February 2007 (Case Concerning the Application of the Convention on the Prevention and Punishment of the Crime of Genocide, Bosnia-Herzegovina v Serbia-Montenegro); ICJ, judgment of 3 February 2006 (Case Concerning Armed Activities on the Territory of the Congo, Jurisdiction and Admissibility, Democratic Republic of the Congo v Rwanda); Brđanin, ICTY (TC), judgment of 1 September 2004, para. 680; Kupreškić et al., ICTY (TC), judgment of 14 January 2000, para. 520 등.

15) 헌정질서 파괴범죄의 공소시효 등에 관한 특례법 제3조는 형법 제250조의 죄로서 「집단살해죄의 방지와 처벌에 관한 협약」에 규정된 집단살해에 해당하는 범죄에 대해서는 공소시효가 배제됨을 규정하고 있었다. 헌정질서 파괴범죄의 공소시효 등에 관한 특례법 제3조(공소시효의 적용 배제) 참조.

e. 집단살해죄와 관련하여 집단살해죄를 범하도록 직접적으로 그리고 공공연하게 타인을 선동한 경우
(In respect of the crime of genocide, directly and publicly incites others to commit genocide)

〔국제범죄법 제8조(집단살해죄)〕

① 국민적·인종적·민족적 또는 종교적 집단 자체를 전부 또는 일부 파괴할 목적으로 그 집단의 구성원을 살해한 사람은 사형, 무기 또는 7년 이상의 징역에 처한다.

② 제1항과 같은 목적으로 다음 각 호의 어느 하나에 해당하는 행위를 한 사람은

1. 제1항의 집단의 구성원에 대하여 중대한 신체적 또는 정신적 위해(危害)를 끼치는 행위
2. 신체의 파괴를 불러일으키기 위하여 계획된 생활조건을 제1항의 집단에 고의적으로 부과하는 행위
3. 제1항의 집단 내 출생을 방지하기 위한 조치를 부과하는 행위
4. 제1항의 집단의 아동을 강제로 다른 집단으로 이주하도록 하는 행위

③ 제2항 각 호의 어느 하나에 해당하는 행위를 하여 사람을 사망에 이르게 한 사람은 제1항에서 정한 형에 처한다.

④ 제1항 또는 제2항의 죄를 선동한 사람은 5년 이상의 유기징역에 처한다.

⑤ 제1항 또는 제2항에 규정된 죄의 미수범은 처벌한다.

제 3 절   보호 이익

집단살해죄는 일차적으로 특정 집단 자체가 존립할 권리를 보호한다. 집단살해죄는 다원론적 세계관에 기여하는 것으로 집단 자체가 향유하고 있는 집합적 형태의 법적 이익을 보호하는 것이다.[16] 집단살해죄의 이러한 특성은 유엔총회 결의에서 집단살해죄를 인간 집단이 존재할 권리의 부인이라고 선언한 점에서 명확히 드러난다.[17]

집단살해죄는 대상 집단의 생물학적 존립을 넘어서 사회적 존립까지 보호한다.[18] 집단을 '그 자체(as such)'로 파괴하는 것은 집단 소속감의 체계적 파괴, 집단의 정신적 지도자나 정치 지도자의 제거 등을 통하여 이루어지는 집단 정체성의 파괴로도 가능하다.[19] 왜냐하면 집단은 독립적 사회적 실체로 인정되며 집단을 구성하는 구성원들의 단순한 집합체가 아니기 때문이다.[20] 이와 같은 형태의 집단 파괴는 집단 구성원에 대한 신체적 절멸과 동일하게 집단의 종말과 인류

---

16) Ambos, Kai, 전게서 II, p. 2.
17) 1946년 11월 유엔총회결의 96(1)(The Crime of Genocide) 1문단.
18) Ambos, Kai, 전게서 II, p. 4.
19) Werle, Gerhard; Jeßberger, Florian, 전게서, p. 294.
20) 집단은 개인 구성원뿐만 아니라 집단의 역사와 전통 그리고 집단과 구성원에 대한 관계로 이루어지는 것이다. 집단에 대한 물리적·생물학적 파괴는 집단 구성원에 대한 살해 뿐 아니라 집단 구성원들이 더 이상 스스로를 재건하지 못할 정도로 집단 구성원을 강제로 이주시키는 경우에도 발생할 수 있다. Blagojević and Jokić, ICTY (TC), judgment of 17 January 2005, para. 666.

에 대한 손실로 이어질 수 있으므로 집단 구성원에 대한 물리적, 생물학적 존재뿐만 아니라 사회적 실체로 현존하는 특정 집단의 사회적 존재를 파괴하려는 목적을 가졌다면 집단살해죄의 특별한 목적 요건은 충족된다.[21]

이러한 측면에서 집단살해죄가 집단의 물리적 존재만을 보호한나는 ICTY 판결[22]은 집단실해죄의 보호법익을 지나치게 협소하게 파악한 것이다.[23] 집단살해죄가 집단의 사회적 존립까지 보호하는 것으로 해석하는 것은 죄형법정주의 원칙에 반한다는 주장도 있으나[24] 범죄의 개념 자체에 이미 집단에 대한 일정한 유형의 공격만을 범죄로 규정하고 있으므로 죄형법정주의의 요청은 충족되는 것으로 보인다.[25]

집단살해죄가 집단의 존립 뿐 아니라 개별 구성원들의 권리도 보호하는가에 대하여는 논란이 있을 수 있다. 집단의 구성원인 개인은 특정 집단의 구성원이라는 이유로 공격받는 것이며 개인에 대한 공격행위 중에서도 집단 파괴라는 목적을 가진 경우에만 국제범죄로 인정되기 때문이다. 실제 ICTR은 Akayesu 사건 등에서 집단살해죄의 피해자는 집단 그 자체이고 개인은 개인의 정체성 때문에 피해자가 된 것이 아니라 집단의 구성원이기 때문에 피해자가 된 것이므로 개인은 집단살해죄의 피해자가 아니라고 판시한 바 있다.[26] 그러나 비록 집단을 공격할 목적으로 개인에 대한 개별적 공격이 이루어지는 것이 사실이라고 하더라도 집단살해죄는 살인, 강간 등 개인의 인권을 침해하는 개별 행위를 통하여 이루어진다. 이러한 공격은 특정 집단의 구성원이라는 이유로 공격받게 되는 개인 피해자들의 기본적 인권을 심각하게 훼손하는 것이며 집단구성원들에 대한 공격은 최종목표인 집단 파괴의 중간단계로서 그 자체로 중요한 의미를 갖는다. 또한 집단살해죄가 인도에 반한 죄 중 박해죄에서 유래하였다는 점도 개인에 대한 보호가 집단보호의 근저를 형성하고 있음을 보여주는 것이다. 따라서 집단살해죄는 일차적으로 보호대상 집단의 존립을 보호하지만 동시에 집단에 속한 개인의 기본권 역시 보호대상으로 삼는 것이라고 보아야 할 것이다.[27]

---

21) Ambos, Kai, 전게서 II, p. 4.
22) Krstić, ICTY (AC), judgment of 19 April 2004, para. 25.
23) Werle, Gerhard; Jeßberger, Florian, 전게서, p. 294.
24) Krstić, ICTY (TC), judgment of 2 August 2001, paras. 574-580.
25) 한편 특정한 집단의 문화적 정체성만을 말살시키는 소위 문화적 집단살해에 해당하는 행위는 원칙적으로 집단살해죄의 행위 범주에서 의도적으로 배제되었다. Werle, Gerhard; Jeßberger, Florian, 전게서, p. 294.
26) Akayesu, ICTR (TC), judgment of 2 September 1998, para. 521; Stakić, ICTY (TC), judgment of 31 July 2003, para. 520 등.
27) Ambos, Kai, 전게서 II, p. 4; Werle, Gerhard; Jeßberger, Florian, 전게서, p. 295.

제 4 절 범죄의 구조

집단살해죄는 객관적 요건으로 집단살해죄에 해당하는 개별 행위와 일반적 주관적 요건인 고의, 초과 주관적 요건인 특정한 집단을 파괴하려는 목적 등으로 구성된다.

집단살해죄의 객관적 요소를 이루는 구체적 범죄행위에는 로마규정 제6조의 각 항에 규정된 바와 같이 집단 구성원에 대한 살해, 중대한 신체적 · 정신적 위해의 야기 등 집단 구성원의 물리적 · 심리적 완전성을 손상시키거나 생물학적 연속성을 파괴하는 행위들이 포함되어 있다. 특히 로마규정 제6조 (e)는 문화적 집단살해죄에 해당하는 아동의 강제이주를 행위유형의 하나로 규정하고 있다.

집단살해죄가 발생하는 실제 상황은 인도에 반한 죄의 경우와 같이 일정한 집단에 대한 체계적이거나 광범위한 공격의 일부로 이루어지는 경우가 많을 것이나 이러한 공격의 존재가 집단살해죄 성립 요건은 아니다.[28]

로마규정에 의한 집단살해죄가 성립하기 위해서는 로마규정 제30조에 따라 객관적 요건에 대한 인식과 의욕이 존재하여야 하며 초과 주관적 요소로서 집단의 전부 또는 일부를 그 자체로 파괴할 목적이 존재하여야 한다. 특별한 목적은 집단살해죄에 대하여 국제적 차원을 부여하는 국제적 요소이다.[29] 집단살해죄의 목적은 행위 당시 존재하면 족하며 그러한 목적에 따라 집단의 전부 또는 일부가 실제로 파괴되어야 하는 것은 아니다.

---

28) Werle, Gerhard; Jeßberger, Florian, 전게서, p. 293.
29) Werle, Gerhard; Jeßberger, Florian, 전게서, p. 294.

제 2 장 범죄의 주체와 대상

제 1 절   범죄의 주체

집단살해죄의 주체에는 아무런 제한이 없다. 경우에 따라서는 공격 대상이 되는 집단의 구성원도 집단살해죄를 범할 수 있다.[30]

제 2 절   보호받는 집단

1. 보호 집단의 제한

집단살해죄에 의하여 보호되는 집단은 '국민, 인종, 민족, 종교' 집단이다. 이는 제한적 열거 규정이므로 정치, 경제, 문화집단 등은 보호대상이 아니다.[31] 로마규정 협상 과정에서 사회집단과 정치집단을 보호집단에 포함시키려는 시도가 있었으나 받아들여지지 않았다.[32]

이처럼 존재하는 모든 집단이 아닌 4개의 집단으로 보호대상을 제한한 것은 집단이 안정적이고 영속적인 특성을 가지고 있는가를 고려했기 때문이다. ICTR은 Akayesu 사건에서 보호되는 집단의 일반적 기준으로 '안정성'을 제시하였다. 안정성은 출생에 의하여 집단의 구성원성이 결정되며 지속성과 불가역적인 영속성을 가지는 것을 의미하므로 정치, 경제 집단과 같이 개인의 자발적 참여를 통하여 가입될 수 있어 이러한 특성을 보유하지 않은 유동적 집단은 집단살해죄의 보호대상에 포함되지 않는 것으로 보았다.[33] 이와 같이 집단살해죄의 보호대상을 안정적 집

---

30) MüKoStGB/Kreß VStGB § 6 Rn. 30.

31) Ambos, Kai, 전게서 II, p. 6; Werle, Gerhard; Jeßberger, Florian, 전게서, p. 295 : Krstić, ICTY (TC), judgment of 2 August 2001, para. 554.

32) Cryer, Robert; Friman, Håkan; Robinson, Darryl; Wilmshurst, Elizabeth, 전게서, p. 210.

33) Akayesu, ICTR (TC), judgment of 2 September, para. 511; Rutaganda, ICTR (TC), judgment of 6 December 1999, para. 56; ICTY 역시 Jelisić 사건에서 안정적 집단의 의미를 집단 구성원의 의지와 무관하게 집단에의 소속성이 객관적으로 결정되는 것으로 보면서 정치집단을 보호받는 집단 범위에서 제외하였다. Jelisić,

단만으로 제한적으로 해석하는 것은 집단살해죄가 보호대상을 '집단 그 자체(group, as such)'로 규정하였다는 점에서도 추론될 수 있다.[34]

주의할 점은 집단살해죄의 보호대상 집단이 안정적 속성을 갖는다고 하여 모든 안정적 집단이 집단살해죄의 보호대상이 되는 것은 아니라는 점이다. 출생에 의하여 구성원성이 결정되는 모든 영속적 집단을 보호집단에 포함시키려는 시도가 ICTR의 Akayesu 사건에서 있었으나[35] 이는 보호집단을 열거적으로 명시하고 있는 법령의 문언에 비추어 볼 때 죄형법정주의 원칙에 반하는 것이다. 그리고 이러한 확대해석은 집단살해죄의 대상을 의도적으로 제한하여 오직 법령에 구체적으로 열거되어 있는 안정적 집단만을 보호대상으로 규정한 집단살해방지협약의 역사에도 부합하지 않는 것으로 보인다.[36]

2. 국민 · 민족 · 인종 · 종교 집단

국민집단은 동일한 국적을 공유하고 있는 집단으로[37] 집단의 구성원성은 국적을 기준으로 판단된다.[38]

민족집단은 문화적 전통과 공통된 역사에 의하여 특징 지어진다. 민족집단 구성원들은 동일한 언어를 사용하며 동일한 관습과 전통, 생활방식 등을 공유한다.[39] 이러한 집단은 동일 지역을 기반으로 존재하는 경우가 많으나 반드시 인종적 특성까지 동일해야 하는 것은 아니다.[40]

인종집단은 피부색, 신체골격 등과 같이 가시적인 유전적 신체 특징을 공유하는 집단이다.[41] 이러한 집단은 흔히 지리적으로 동일한 지역을 기반으로 존재한다.[42]

종교집단은 민족집단이나 인종집단과 달리 집단의 구성원이 될 것인가 여부를 스스로의 의사에 따라 결정할 수 있어 상대적으로 자발성이 강하다. 그러나 종교집단은 국가집단, 민족집단

ICTY (TC), judgment of 14 December 1999, para. 69.

34) Ambos, Kai, 전게서 II, p. 6.

35) Akayesu, ICTR (TC), judgment of 2 September 1998, paras. 511, 516, 701 et seq.

36) 집단살해방지협약 제정 당시부터 의도적으로 보호대상 집단이 협약에 열거된 4개 집단으로 제한되었다. 과거 협약에 열거된 이러한 집단들이 적대행위의 주된 목표가 되어 왔으며 이러한 집단은 구성원들의 동질성, 구성원 지위의 획득에 있어서의 비자발성, 항구성 등에 의하여 특정될 수 있는 것이었다. Werle, Gerhard; Jeßberger, Florian, 전게서, p. 295, 302.

37) Akayesu, ICTR (TC), judgment of 2 September 1998, para. 512.

38) 따라서 이러한 국민집단에는 정치집단이나 사회집단 등은 포함되지 않는다. 그러나 스페인 법원은 '국민(national)'집단의 개념에 한 국가 내에 존재하는 모든 정치집단, 노인집단, 에이즈환자집단 등이 포함되는 것으로 해석하고 있다.(Spanish Audiencia Nacional, judgment of 5 November 1998)

39) 특히 공통된 언어나 문화는 민족집단 여부 판단에 있어 중요한 요소이다. Akayesu, ICTR (TC), judgment of 2 September 1998, para. 513; Kayishema and Ruzindana, ICTR (TC), judgment of 21 May 1999, para. 98.

40) Werle, Gerhard; Jeßberger, Florian, 전게서, p. 299.

41) Kayishema and Ruzindana, ICTR (TC), judgment of 21 May 1999, para. 98.

42) Akayesu, ICTR (TC), judgment of 2 September 1998, para. 514.

과 같은 방식으로 역사적 진화과정을 거쳐 왔으며 지속성과 안정성을 보유하고 있다. 종교집단 은 1946년 유엔총회 결의 96(1)에서 피해자 집단에 포함되어 있었으며 집단살해죄를 규정하는 법령의 모든 초안에도 포함되어 있었다.[43] 종교공동체 구성원들은 동일한 믿음과 동일한 정신적 패러다임에 대한 가치를 공유하며 공통된 영적 관념을 가지고 있거나 유사한 형태의 종교의식을 함께 한다.[44] 소규모 종교집단이나 종파 역시 영속적 특성과 응집력이 인정될 경우 종교집단에 해당된다. 그러나 종교를 실행하지 않을 자유를 보호하는 것은 아니므로 무신론자 집단(Atheistic group)은 종교집단에 포함되지 않는다. 또한 정치집단의 구성원들이 종교적 신념에 상응하는 강한 정치적 신념을 가졌다 하더라도 종교집단에 포함되는 것은 아니다.[45]

3. 집단의 분류 기준

앞서 본 바와 같은 국민집단, 민족집단, 인종집단, 종교집단의 개별 개념들에 의하여 특정인이 어떠한 집단에 속해 있는가에 대한 기본지침이 제공된 것은 사실이다. 그러나 구체적 사례에서 보호대상 집단의 범주를 구획 짓고 특정하는 것은 용이한 작업이 아니다.

집단의 특정과 분류에는 다양한 방법이 채택될 수 있으나 가장 쉽게 생각할 수 있는 것은 피부색, 골격 등 외부적으로 식별 가능한 객관적 특성을 기준으로 하는 것이다. 이러한 객관적 특성에는 관습, 언어, 종교 등 비가시적인 것도 포함될 수 있다. 실제 ICTR은 Akayesu 사건에서 순수 객관적 접근방법을 적용하여 판결을 내린 바 있으나 이러한 결론은 보호집단의 범주를 무리하게 확장함으로써만 정당화될 수 있는 문제점이 있었다. Akayesu 사건은 르완다의 후투족이 투치족을 상대로 저지른 집단살해행위를 대상으로 한 것으로 르완다 국민들 사이에서 투치족과 후투족이 분리된 민족집단으로 인식되고 있었던 것은 사실이다.[46] 그러나 투치족과 후투족은 동일한 언어와 종교, 동일한 문화적 정체성을 가지고 있었으며 특히 후투족이었으나 많은 재산을 가지게 된 사람은 투치족에 합류하고 가난해진 투치족은 후투족으로 간주되는 등 사회적 이동도 가능한 상황이었다. 결국 재판부는 객관적 기준만으로는 투치족과 후투족의 구분이 정당화될 수 없다고 판단하면서도 객관적 기준이 아닌 사회적 귀속절차는 집단의 판단 기준으로 적용될 수 없다며 주관적 접근 방식을 채택하지 않았다. 그리고 결론적으로 투치족과 후투족이 서로 구분되는 민족집단이나 인종집단에 해당하는 것은 아니나 집단살해죄에 명시적으로 규정되어 있지 않은 모든 '안정적' 집단들도 집단살해죄의 보호대상 집단에 포함된다는 논리를 구성하여 투치족을 집단살해죄의 보호대상에 포함시켰다.[47] 그러나 이러한 확장해석은 형사법의 기본원칙인 죄

---

43) Werle, Gerhard; Jeßberger, Florian, 전게서, p. 299.
44) Akayesu, ICTR (TC), judgment of 2 September 1998, para. 515.
45) Werle, Gerhard; Jeßberger, Florian, 전게서, p. 300.
46) Akayesu, ICTR (TC), judgment of 2 September 1998, para. 702.
47) Akayesu, ICTR (TC), judgment of 2 September 1998, paras. 511, 516, 701 이하.

형법정주의에 반하는 것이었다.[48]

　이와 대조적으로 집단의 특징을 주관적 관점에서도 함께 파악하여 동일한 국민적, 민족적, 인종적, 종교적 집단이라는 집단 스스로의 자각이나 대상 집단에 대한 제3자의 인식에 기반한 사회적 귀속절차를 동시에 고려한 판결이 있다. ICTR은 Kayishema and Ruzindana 사건에서 집단의 객관적 특징뿐만 아니라 사회적 귀속절차도 민족집단의 해당 여부를 결정하는데 중요한 요소로 보았다. 공통된 언어와 문화를 갖는 민족집단은 스스로 자신들을 다른 집단과 구분 짓는 자기 특정성(self identification)이나 범죄자를 포함한 제3자의 시각에 따른 제3자 특정성(identification by others)을 가질 수 있으며 이러한 주관적 요소 역시 집단의 구분 기준이 될 수 있는 것으로 판단하였다.[49]

　위 판결 이후부터 ICTR은 주관적 요소도 판단 기준으로 삼게 되었으나 집단살해죄의 보호대상을 안정적 집단으로 제한한 취지에 따라 사회적 귀속절차에만 근거하는 순수 주관적 접근 방법이 아닌 개별 사건의 정치·사회·역사·문화적 맥락 하에서 객관적 기준과 주관적 기준을 함께 고려하여 집단의 개념을 해석하게 되었다.[50] ICTY 역시 사회적 구성체인 집단의 특성은 각각의 집단이 보유하는 역사적·사회적 맥락에 따라 결정되어야 하며 집단 개념이 순수 객관적·과학적 개념으로 수용될 수는 없다고 보았다. 따라서 다수의 사람들이 가지고 있는 특정한 집단이라는 인식이 집단 여부를 판단하는데 결정적 요소이므로 일정한 집단을 국민, 민족, 인종, 종교집단으로 분류함에 있어 가장 중요한 요소는 범죄자나 제3자의 인식에 기반한 특성이라고 판단하였다.[51] ICTY에서 최초로 선고된 집단살해죄 사건에서 범죄자에 의한 낙인(烙印)을 기준으로 대상 집단이 특정되었으며[52] Jelisić 판결에서도 국가집단, 민족집단을 정의함에 있어 주관적 기준을 적용하였다.[53] 이러한 임시재판소 판례의 입장은 보호받는 집단의 범위나 개념을 순전히 객관적이고 유연성 없는 과학적 기준에 따라 결정하는 것은 위험한 시도일 수 있으며 '일정한 집단을 나머지 공동체에서 배제시키고자 원하는 범죄자의 관점'에서 평가하는 것이 더욱 합리적이라는 판단에 근거한 것이다.[54]

　이처럼 주관적 접근법을 가미하는 방식이 법적 확실성을 다소 약화시키는 측면이 있다는 점은 부인할 수 없을 것이다. 그러나 보호대상 집단의 특정에 주관적 요소를 고려하는 것은 특별한

48) Werle, Gerhard; Jeßberger, Florian, 전게서, p. 297.
49) Clément Kayishema and Obed Ruzindana, ICTR (TC), judgment of 21 May 1999, para. 98.
50) Nahimana et al., ICTR (AC), judgment of 28 November 2007, para. 496; Rutaganda, ICTR (TC), judgment of 6 December 1999, paras. 56 et seq; Musema, ICTR (TC), judgment of 27 January 2000, paras. 161 et seq 등.
51) Jelisić, ICTY (TC), judgment of 14 December 1999, para. 70.
52) 과학적 객관적 기준은 집단살해죄를 규정한 목적에 상응하지 않는 것으로 판단하고 있다. Krstić, ICTY (TC), judgment of 2 August 2001, para. 557.
53) Jelisić, ICTY (TC), judgment of 14 December 1999, para. 70.
54) Ambos, Kai, 전게서 II, p. 8.

목적 범죄인 집단살해죄의 구조에서 유래하는 결과라는 주장은 상당한 설득력을 가진 것으로 생각된다. 집단살해죄의 지배적 요소는 특정한 집단을 파괴하려는 범죄자의 특별한 목적이며 따라서 대상 집단을 결정함에 있어서도 범죄자의 마음 상태를 도외시할 수 없다. 따라서 주관적 기준과 함께 이러한 주관성을 어느 정도 제한할 수 있는 객관적 기준도 함께 고려하여 결정하여야 한다는 것이 지배적인 견해이다.55) ICTY와 ICTR 모두 대상 집단을 순전히 주관적 요소에만 의하여 정의할 수 있는 것으로는 보지 않았으며56) 이러한 주관적-객관적 접근법이 국제관습법의 일부가 되었다는 의견도 있다.57)

집단의 구성원들은 집단의 특징을 공유하며 이들 구성원들은 이러한 특징에 의하여 다른 집단 구성원들과 구별된다. 그러나 앞서 본 바와 같이 보호대상 집단의 구체적 범위는 결국 판례에 의하여 결정될 수밖에 없으며 사회적 인식이 이러한 과정에 결정적인 영향을 미치는 까닭에 다양한 집단들을 뚜렷하고 명백하게 구분 짓는 것은 가능하지 않은 것으로 보인다. 실제 보호대상 집단들의 개념들이 서로 교착하는 경우가 흔히 발생하며 공격대상 집단은 여러 개 집단의 특징들을 동시에 가질 수 있다. 또한 보호대상 집단들은 모두 동등한 보호를 받으므로 피해자들에게 특정 집단의 특징만을 확정적으로 부여하거나 동일한 특징을 기반으로 어느 하나의 집단에만 속하는 것으로 판단하여야 하는 것도 아니다.58) 다만 집단살해죄의 보호대상 집단은 집단이 갖는 특징에 따라 적극적으로 정의되어야 하며 일정한 특징이 존재하지 않음을 기준으로 하는 네거티브 방식에 의하여 정의될 수는 없다.59)

---

55) 이에 대한 상세한 논의 상황은 Ambos, Kai, 전게서 II, p. 8; Cryer, Robert; Friman, Håkan; Robinson, Darryl; Wilmshurst, Elizabeth, 전게서, p. 214.

56) Stakić, ICTY (AC), judgment of 22 March 2006, para. 25; Tolimir, ICTY (TC), judgment of 12 December 2012, para. 735.

57) Report of the International Commission of Inquiry on Darfur to the United Nations Secretary-General of 25 January 2005, UN Doc. S/ 2005/ 60, para. 501.

58) Werle, Gerhard; Jeßberger, Florian, 전게서, p. 296; ICTY는 Krstić 사건에서 보호되는 집단들이 항상 명백히 서로 구분되는 것은 아니며 서로 교착하는 경우가 흔하다는 점에서 집단살해죄에 규정된 4개의 집단 개념이 서로 구분되는 여러 개의 인간 집단의 원형을 말하려 한 것이라기보다는 하나의 단일한 현상을 설명하려는 것이라는 취지로 판시한 바 있다.(Krstić, ICTY (TC), judgment of 2 August 2001, paras. 555-556) 이러한 이론은 Schabas에 의하여 강력히 주장된 것으로 네 개의 집단이 제한적 열거규정임은 인정하되 4개의 집단에 구분되는 서로 다른 의미가 주어져 있는 것이 아니라 네 개 집단의 특성이 서로 교착하면서 상호간 명확화의 기능을 수행하는 것이며 궁극적으로는 규범이 보호하고 있는 영역을 지지하는 네 개의 기둥을 이룬다는 것이다. 상세한 것은 Cryer, Robert; Friman, Håkan; Robinson, Darryl; Wilmshurst, Elizabeth, 전게서, p. 212; 피해자 개인별로 복합적 특징을 가질 수 있다. 실제 Ndindabahizi 사건에서 절반은 벨기에인이고 절반은 르완다인이었던 피해자를 르완다의 투치족 피해자에 해당하는 것으로 판단한 바 있다. Ndindabahizi, ICTR (TC), judgment of 15 July 2004, paras. 467-469.

59) Al Bashir, ICC (PTC), decision of 4 March 2009, para. 135; Stakić, ICTY (AC), judgment of 22 March 2006, paras. 20 et seq; 한편 집단살해죄에서 보호되지 않는 정치, 경제, 사회 집단에 대한 보호는 박해로 인한 인도에 반한 죄에 의하여 어느 정도 보충될 수 있을 것으로 보인다.

4. 집단의 구성원성과 피해자의 다수성 여부

집단살해죄의 피해자는 보호받는 집단에 객관적으로 속해 있어야 한다. 따라서 착오로 집단의 구성원이 아닌 사람을 구성원으로 생각하고 범죄를 범하였더라도 집단살해죄는 성립하지 않는다.[60] 종교나 국적을 변경하는 등 개인의 결정에 의하여 집단의 구성원성이 변경될 수 있는 경우에는 이러한 사유가 발생한 때로부터 구성원성이 인정되거나 소멸된다.[61]

집단살해죄가 성립하기 위하여 보호되는 집단에 속한 복수의 구성원들을 공격하여야 하는가에 대하여는 논란이 있다. 특별한 목적 범죄로서의 집단살해죄의 특성에 비추어 범죄자가 궁극적으로 집단 전체의 파괴를 목적으로 하였다면 범행 당시 피해자가 반드시 복수일 필요는 없으며 한 사람에 대한 공격으로도 충분하다는 견해가 있다.[62] 로마규정 범죄구성요건 역시 피해자를 '한 사람 또는 그 이상의 사람'으로 명시하여 이러한 해석을 뒷받침하고 있다.[63] 그러나 이에 대하여는 로마규정 제6조 (a), (b), (e)가 피해자를 복수 형태로 규정하고 있고 로마규정 범죄구성요건의 규율범위는 로마규정의 문언을 벗어날 수 없으므로 죄형법정주의 원칙에 따라 적어도 두 사람 이상의 피해자를 대상으로 한 공격이 존재하여야 한다는 반론이 있다.[64] 우리 국제범죄법 제8조는 집단살해죄의 공격 대상을 단수로 규정하고 있다.

5. 국제범죄법에서의 보호대상 집단

보호되는 집단의 대상을 로마규정의 해석을 통하여 확대하는 것은 죄형법정주의 원칙에 비추어 수용하기 어렵다. 그러나 법정책적 입장에서 집단살해죄의 보호대상을 4개 집단으로 제한한 것에 대하여 비판하는 견해가 있다.[65] 이러한 맥락에서 실제 일부 국가들의 국내법에서는 사회집단과 정치집단을 집단살해죄의 보호대상에 포함시키고 있다.[66] 개별 국가는 주권에 기반하여 국내법상의 개념 범위를 확장할 수 있으나 이와 같이 일부 국가들이 채택하고 있는 확장된

---

60) MüKoStGB/Kreß VStGB § 6 Rn. 46.

61) MüKoStGB/Kreß VStGB § 6 Rn. 47.

62) Werle, Gerhard; Jeßberger, Florian, 전게서, p. 302; Akayesu, ICTR (TC), judgment of 2 September 1998, para. 521.

63) 로마규정 범죄구성요건 제6조 (a) Genocide by killing Elements 1.

64) Ambos, Kai, 전게서 II, p. 10.

65) 이와 관련된 상세한 논의에 대한 소개는 Ambos, Kai, 전게서 II, p. 6.

66) 사회집단을 포함시킨 사례로는 에스토니아 형법 제90조, 라트비아 형법 제71조, 파라과이 형법 제319조, 페루 형법 제319조 등이 있으며 정치집단을 포함시킨 사례로는 우루과이 형법 제16조, 에티오피아 형법 제269조, 코스타리카 형법 제375호, 콜롬비아 형법 101조 등이 있다. http://www.preventgenocide.org/law/domestic 참조; 스페인 법원은 집단살해죄의 대상에 정치집단과 사회집단이 포함되는 것으로 해석하고 있다. Spanish Audiencia Nacional, judgment of 5 November 1998, 119 ILR (2002), 331, at 340 et seq. Werle, Gerhard; Jeßberger, Florian, 전게서, p. 301.

개념이 다른 국가로 확대될 것인가는 좀 더 지켜볼 필요가 있을 것으로 생각된다. 우리 국제범죄법 제8조 제1항은 로마규정과 같이 보호대상 집단을 국민적·인종적·민족적 또는 종교적 집단으로 제한하고 있다.

제3장 주관적 요건

제1절 특별한 목적

1. 집단을 파괴할 특별한 목적

(1) 특별한 목적의 의의와 기능

집단살해죄가 성립하기 위해서는 보호받는 집단의 전부 또는 일부를 그 자체로 파괴하려는 특별한 목적이 존재하여야 한다. 임시재판소는 특별한 목적을 '범죄의 구성적 요소로 요구되는 특별한 의도로서 범죄자가 기소된 행위를 통하여 만들어내고자 명백히 추구하는 바'로 정의한다.[67] 특별한 목적은 집단살해죄를 인류 전체의 관심의 대상이 되는 국제범죄로 만들고 집단살해죄를 범죄 중의 범죄로 특징지우는 중요한 요소이다. 특별한 목적은 집단살해죄를 일반 범죄와 구분하게 하는 심리적 플랫폼을 제공하며[68] 일반적 주관적 요건만이 적용되는 범죄에 비하여 집단살해죄의 성립범위를 좁히는 역할도 수행하고 있다.[69] 이러한 목적은 범행 당시에 존재하였으면 족하고 반드시 사전적으로 계획되었을 필요는 없다.[70] 특별한 목적에서의 파괴적 결과가 현실적으로 실현되어야 하는 것은 아니다.[71]

특별한 목적은 범죄의 객관적 요소에 대한 대응관계를 넘어서서 존재하는 초과주관적 요소(超過主觀的要素)이다.[72] 이러한 목적은 실질적 관점에서 볼 때 범죄자가 행위 당시 현실적으로

---

67) Akayesu, ICTR (TC), judgment of 2 September 1998, para. 498.

68) Ilias Bantekas, 전게서, p. 47.

69) Werle, Gerhard; Jeßberger, Florian, 전게서, p. 313.

70) Werle, Gerhard; Jeßberger, Florian, 전게서, p. 314; Krstić, ICTY (TC), judgment of 2 August 2001, para. 572; Nzabonimana, ICTR (TC), judgment of 31 May 2012, para. 1704.

71) Ambos, Kai, 전게서 II, p. 38; Ilias Bantekas, 전게서, p. 47.

72) 이를 'ulterior intent', 'surplus of intent'로 표현한 것은 Stakić, ICTY (TC), judgment of 31 July 2003, para. 520; 'special intent', 'specific intent', 'dolus specialis'라는 표현은 Brđanin, ICTY (TC), judgment of 1 September 2004, para. 695; 독일에서의 목적 개념에 대한 설명으로는 MüKoStGB/Kreß VStGB § 6 Rn. 78-88.

실현할 수 있는 것 이상을 추구하는 것이다. 예를 들면 어떤 도시에 존재하는 특정 인종집단을 모두 살해하려는 경우를 가정할 때 범죄자가 홀로 활동하며 특별히 심각한 범죄수단을 가지고 있지 않는 경우라면 우선적으로 몇몇 피해자만을 살해할 수 있을 것이다. 그러나 범죄자가 집단 살해의 목적을 가지고 있다면 집단살해죄에 명시된 단지 하나의 행위만을 실행하더라도 집단살 해죄의 목적 요건은 충족된다.[73] 또한 집단살해죄에 해당하는 행위는 집단 구성원을 살해하는 것으로부터 출산방해 행위까지 다양하나 이러한 개별적 범죄행위의 수준을 넘어서는 집단파괴의 목적이 요구되는 것이다.

(2) 파괴할 목적의 대상

집단살해죄에 있어서 파괴할 목적의 대상은 국민집단, 민족집단, 인종집단 혹은 종교집단 '그 자체'이다. 이는 범죄자가 대상자를 살해하는 등 집단살해죄에 규정된 행위를 하려는 이유가 특정 집단의 구성원성에 있음을 명확히 하는 것이다.[74]

범죄자의 의도는 집단 전체의 파괴에 있어야 하며 집단 구성원 개인에 대한 차별적 의도만을 가진 경우는 집단살해죄의 목적을 가진 것으로 볼 수 없다. 따라서 범죄자가 동일한 국적, 동일 인종에 속하는 인물을 지속적으로 공격하였지만 그러한 공격이 피해자가 된 사람이 보유하고 있던 다른 특성을 이유로 한 것이었다면 집단살해죄의 목적을 가진 것이라고는 보기 어렵다. 예를 들면 캄보디아의 크메르루즈 사태에서 발생한 살상행위는 특정 민족집단의 구성원임을 이유로 한 것이 아니라 피해자들의 사회적 지위나 교육수준 혹은 단순한 자의성에 의한 것이었기 때문에 집단살해죄에서 요구하는 특별한 목적을 갖춘 것으로 보기 어려운 것이었다.[75] 일단 특별한 목적이 인정된다면 범죄자가 다른 동기를 가지고 있었다 하더라도 이러한 사실이 특별한 목적을 인정함에 장애가 되는 것은 아니다.[76]

범죄자는 특정 집단의 '전체 혹은 일부'를 파괴할 목적을 가지고 있어야 한다. 전체 집단의 범위와 범죄의 실질적 대상은 범죄자의 인식에 근거하여 정하여지는 것으로 대상 집단은 보다 큰 전체 집단의 일부일 수 있다. 예를 들면 집단살해죄는 보다 큰 집단의 구성원들 중 특정한 지역에 거주하는 사람들을 상대로 범하여질 수 있다.[77] 범죄자가 특정한 집단의 실질적인 일부분을 절멸시키려는 목적을 가지고 있으면 족하며 '실질적'이라는 기준은 양적 의미와 질적 의미 두

---

73) Ambos, Kai, 전게서 I, p. 292.

74) Blagojević and Jokić, ICTY (TC), judgment of 17 January 2005, para. 669; Tolimir, ICTY (TC), judgment of 12 December 2012, para. 747; Akayesu, ICTR (TC), judgment of 2 September 1998, paras. 521 et seq 등.

75) Werle, Gerhard; Jeßberger, Florian, 전게서, p. 316.

76) Niyitegeka, ICTR (AC), judgment of 9 July 2004, para. 53 : Jelisić, ICTY (AC), judgment of 5 July 2001, para. 49; P. Behrens, "Genocide and the Question of Motives", 10 JICJ (2012), p. 503 et seq.

77) Jelisić, ICTY (TC), judgment of 14 December 1999, para. 83; Krstić, ICTY (TC), judgment of 2 August 2001, para. 590.

가지 측면에서 이해될 수 있다.[78] 따라서 일정 집단에 속하는 상당한 숫자의 사람들을 말살시키려 하거나 집단의 지도자들과 같은 대표자 집단을 절멸시키려는 것 역시 집단살해죄의 목적 요건을 충족시킨다.[79]

(3) 파괴의 의미

대상 집단을 파괴하려는 목적에서의 '파괴'의 의미에 대하여 논란이 있다. 범죄자가 특정 집단을 물리적, 생물학적으로 파괴시키려는 목적을 가졌다면 파괴의 목적은 인정되나 문제가 되는 것은 범죄자가 당해 집단의 사회적 존재만을 파괴하려 한 경우이다.

다른 집단으로의 동화정책이나 집단 정체성의 핵심을 이루는 문화적 특성들에 대한 공격 등을 목적으로 하는 경우와 같이 물리적, 생물학적 파괴와 관련되어 있지 않은 경우를 집단살해죄의 목적의 범주에서 배제하려는 견해가 있다. 이러한 입장에서는 비록 로마규정에 문화적 집단살해에 해당할 수 있는 소년의 강제이주가 규정되어 있으나 이는 예외적인 것이며 원칙적으로 문화적 집단살해는 규율대상에서 제외되는 것으로 이해한다.[80] ICTY는 죄형법정주의 원칙에 의거하여 문화적 집단살해를 인정하지 않았다. Krštić 사건 재판부는 이에 대하여 다음과 같이 설시하였다.

> 최근의 발전에도 불구하고 국제관습법은 여전히 집단살해죄의 개념을 일정한 집단의 전부 또는 일부를 물리적 혹은 생물학적으로 파괴하려는 행동으로 제한한다. 다른 공동체와 구분시키는 정체성을 제거하려는 목적에서 집단의 문화적 혹은 사회적 특성만을 공격하는 것은 집단살해죄의 개념에 포함되지 않는다.[81]

---

78) ICJ, judgment of 26 February 2007 (Case Concerning the Application of the Convention on the Prevention and Punishment of the Crime of Genocide, Bosnia-Herzegovina v Serbia-Montenegro), in ICJ Reports 2007, 43, para. 198; Krštić, ICTY (AC), judgment of 19 April 2004, paras. 8 et seq; Tolimir, ICTY (TC), judgment of 12 December 2012, para. 749; Kayishema and Ruzindana, ICTR (TC), judgment of 21 May 1999, paras. 96 et seq.

79) 부분적 절멸의 효과를 통하여 전체 집단의 존재에 영향을 미치려고 의도하였는가 여부가 핵심적 문제라는 것은 Werle, Gerhard; Jeßberger, Florian, 전게서, p. 317.

80) 유엔총회 결의 96(1)의 서문에는 집단살해죄가 '인간집단들에 의해 대표되는 문화적 혹은 다른 형태의 인류의 기여에 커다란 손실을 초래하는 것'이라고 규정되어 있으나 이러한 표현이 문화적 손실 자체가 집단살해죄에 해당함을 말하려는 것은 아니며 오히려 협상 과정을 기록한 문서에 의하면 문화적 집단살해죄의 도입여부에 대하여 매우 뜨거운 논쟁이 있었으나 종국적으로 도입되지 않았다는 것이다. 협상 과정에서 일부 국가들은 원주민이나 이민자들에 대한 정책과 관련하여 문화적 집단살해죄를 인정할 경우 주권이 침해될수 있다고 우려하였다. Ambos, Kai, 전게서 II, p. 38; 파괴 개념에 대한 확대 해석을 통하여 제한적 열거규정인 집단살해죄의 행위유형이 회피될 수 있다는 우려를 제시하는 견해는 C. Kreß, "The International Court of Justice and the Elements of the Crime of Genocide", 18 EJIL (2007), p. 627.

81) Krštić, ICTY (TC), judgment of 2 August 2001, para. 580. 이러한 입장은 위 사건의 항소심에서도 지지되었다. Krštić, ICTY (AC), judgment of 19 April 2004, para. 25; Stakić 사건에서도 물리적 파괴와 단순한 집단의 해체는 명백히 구분되고 있다. Stakić, ICTY (TC), judgment of 31 July 2003, para. 519.

특히 국제사법재판소도 보스니아 사건에서 집단살해죄는 집단에 대한 물리적, 생물학적 파괴에 국한되며 집단을 분리하여 다른 곳으로 이주시킨 행위가 집단을 물리적으로 파괴하려고 의도한 것이 아니라면 집단살해죄에 해당하지 않는다고 판시하였다.[82]

이러한 입상과 달리 집단파괴의 개념을 보다 넓게 파악하려는 입장에서는 우선 집단살해죄의 어원이 만들어진 상황과 당시 제시된 구체적 내용을 근거로 삼는다. 집단살해죄의 개념이 Lemkin에 의하여 처음 만들어질 당시 집단에 대한 물리적 파괴가 집단살해죄의 가장 심각한 형태이기는 하나 유일한 방법은 아니라는 이해를 바탕으로 집단의 사회적 실체로서의 존재를 포함한 모든 유형의 집단살해를 포함하는 것으로 집단살해죄의 개념이 창조되었다는 것이다. 나아가 로마규정이나 집단살해방지협약에서 공격대상을 집단 '그 자체'로 규정하고 있어 집단에 대한 물리적 보호뿐만 아니라 집단의 사회적 측면도 함께 보호한다고 해석하는 것이 더욱 타당하다는 주장이다. 또한 로마규정에 대한 체계적 해석에 의하더라도 집단의 사회적 존립까지 보호하는 것으로 해석하는 것이 더욱 합리적이라고 주장한다. 로마규정에 명시되어 있는 아동의 강제적 이주행위는 집단구성원들의 물리적 존재는 그대로 둔 채 이루어지는 것이며 출산방지 조치 역시 현존하는 집단구성원들에 대한 절멸과 반드시 관련되어 있다고 볼 수 없음을 그 근거로 제시한다.[83] 나아가 집단살해죄를 규정한 객관적 목적이 국제 공동체를 위하여 국가, 민족, 인종, 종교 집단을 보호한다는 점에 있다면 집단의 물리적 존재에 대한 보호만으로는 이러한 목적을 충족시키는 데 미흡하다는 것이다.[84]

일부 국가에서는 집단에 대한 생물학적 파괴나 물리적 파괴뿐만 아니라 다른 유형의 파괴도 포함되는 것으로 해석하고 있다. 독일 연방대법원과 독일 헌법재판소는 파괴의 목적을 '물리적·생물학적 해석을 초월하는 것'이라고 선언하였으며[85] 집단살해죄의 파괴할 목적의 범주에 문화

---

82) ICJ, judgment of 26 February 2007 (Case Concerning the Application of the Convention on the Prevention and Punishment of the Crime of Genocide, Bosnia-Herzegovina v Serbia-Montenegro), in ICJ Reports 2007, 43, para. 344.

83) 로마규정 제6조 (c)는 집단의 '물리적 파괴'를 위하여 계산된 조건을 부과할 것을 범죄요건으로 규정하고 있는데 만일 집단살해죄의 개념 자체에서 집단의 물리적 존재만을 보호하는 것이라면 이러한 제한 요건은 불필요한 것이라는 근거도 제시하고 있다. Werle, Gerhard; Jeßberger, Florian, 전게서, p. 318.

84) Werle, Gerhard; Jeßberger, Florian, 전게서, p. 319; ICTY는 Blagojević and Jokić 사건에서 파괴의 개념과 사망의 개념을 구분하여 '집단에 대한 물리적·생물적 파괴가 반드시 집단 구성원의 사망은 아니'며 집단구성원을 분리시키는 방법으로 집단이 더 이상 스스로를 재건할 수 없게 되었다면 강제적 이주는 집단의 실질적 파괴로 이어진다고 판단하기도 하였다. Blagojević and Jokić, ICTY (TC), judgment of 17 January 2005, para. 666. 그러나 이러한 판결이 둥근 원을 사각형으로 만들려는 무리한 시도라는 비판적 견해는 Cryer, Robert; Friman, Håkan; Robinson, Darryl; Wilmshurst, Elizabeth, 전게서, p. 225.

85) Bundesverfassungsgericht, decision of 12 December 2000, Neue Juristische Wochenschrift (2001), 1848, at 1850; Bundesgerichtshof, judgment of 30 April 1999, BGHSt 45, 64, at 81 et seq; 이에 대한 논의는 C. Tournaye, "Genocidal Intent Before the ICTY", 52 International and Comparative Law Quarterly (2003), p. 454 et seq 참조.

적 파괴를 포함시키는 것이 독일에서의 지배적인 견해로 보인다.[86]

집단살해죄의 행위유형이 로마규정에 제한적으로 명시되어 있는 상황에서 파괴의 목적에 대한 논란이 실질적으로 어떤 의미를 가질 수 있는가에 대한 의문이 제기될 수 있다. 왜냐하면 대다수의 집단살해죄에 해당하는 행위가 집단의 물리적 파괴를 객관적 요건으로 삼고 있음은 명백하기 때문이다. 그러나 집단살해죄의 객관적 요건과 초과 주관적 요건을 구분하여 생각한다면 초과 주관적 요건의 내용은 집단의 물리적 파괴의 영역으로 제한되지 않을 수 있어 실제 발생하는 범죄의 해석 적용에 적지 않은 영향을 미칠 수 있다. 집단살해죄에서의 범죄행위와 파괴할 목적 사이의 단절을 반대하는 입장도 존재하나[87] 로마규정의 문언에 의하더라도 집단살해죄에서의 파괴의 목적을 반드시 행위유형에서 나타나는 대상 집단에 대한 물리적 파괴행위와 관련시켜 제한적으로 해석할 필요는 없는 것으로 생각된다.[88] 또한 실제로 발생하는 집단살해죄가 문화, 언어, 종교, 문화적 유산 등에 대한 악의적인 공격을 통하여 시작되는 경우가 적지 않으며 그러한 행위들은 결국 집단살해죄에서 요구되는 집단 그 자체에 대한 파괴의 목적이 존재함을 나타내는 것으로 볼 수 있다. 그리고 이러한 상황에서 집단살해죄에서 요구되는 물리적 파괴행위들을 실행하였다면 집단살해죄의 적용을 받는 것으로 해석하는 것이 더욱 타당할 것으로 생각된다.[89]

2. 특별한 목적의 입증

집단살해죄를 다루는 재판에서 범죄자가 집단을 파괴하려는 목적을 가지고 있었음을 입증하는 것이 용이한 것은 아니다.[90] 집단살해죄의 목적을 입증할 수 있는 가장 중요한 요소는 집단살해죄를 범하려는 전반적 계획이나 정책의 체계 속에서 행위하였는가의 여부로서[91] 집단살해죄의 계획과의 관련성이 입증되지 않을 경우 집단살해죄를 범하려는 목적의 입증도 인정되지 않아왔다.[92]

집단살해죄의 목적을 판단하기 위하여 임시재판소가 고려하는 자료에는 피해자의 숫자, 일

---

86) MüKoStGB/Kreß VStGB § 6 Rn. 71-72.

87) C. Kreß, "The International Court of Justice and the Elements of the Crime of Genocide", p. 627.

88) Bundesverfassungsgericht, decision of 12 December 2000, Neue Juristische Wochenschrift (2001), 1848, at 1851-1851.

89) 로마규정 체약당사국들의 합의에 따라 문화적 집단살해에 해당하는 행위들이 범죄의 행위유형으로는 규정되지 않았고 따라서 논란의 여지는 있으나 집단살해죄의 본질이 집단의 물리적 파괴임을 인정한다 하더라도 특별한 목적 요건은 보다 폭넓게 해석될 수 있으며 로마규정에 규정된 객관적 행위유형에 반드시 제약되지는 않는다는 것이다. Ambos, Kai, 전게서 II, p. 39.

90) 이에 대한 구체적 논의는 P. Behrens, 전게논문, p. 661 참조.

91) Jelisić, ICTY (AC), judgment of 5 July 2001, para. 48; Krstić, ICTY (TC), judgment of 2 August 2001, para. 572; Popović et al., ICTY (TC), judgment of 10 June 2010, paras. 1175 et seq, 1401 et seq; Tolimir, ICTY (TC), judgment of 12 December 2012, para. 745.

92) Werle, Gerhard; Jeßberger, Florian, 전게서, p. 320.

정한 집단의 구성원성에 근거하여 피해자를 선택하였는가 여부, 동일한 집단을 대상으로 체계적으로 수행된 다른 범죄적 행위 등이 있으며 문화적 기념물, 종교 건물의 파괴 등 집단살해죄의 개념에 직접 포함되어 있지 않은 행위들도 활용된다.[93] 집단살해죄의 배경이 존재하는 싱황만으로 집단살해죄의 목적이 입증되는 것은 아니며 범죄에 대한 범죄자의 전반적 인식, 범죄를 범할 당시의 태도, 목표가 된 집단에 대한 발언 등도 함께 고려되어야 한다.[94]

제2절 일반적 주관적 요건

집단살해죄에 있어서도 로마규정 제30조에 따른 일반적 주관적 요건이 존재하여야 한다. 집단살해죄의 금지행위의 대상은 보호집단에 대한 것이므로 범죄자는 공격 대상이 로마규정 제6조에 규정된 집단들 중 하나라는 점과 공격의 대상이 되는 사람이 그러한 집단의 구성원임을 인식하고 있어야 한다. 임시재판소 판례도 범죄자는 공격 대상인 피해자가 보호받는 집단의 구성원임을 알고 있어야 한다고 판시하고 있다.[95]

집단살해죄의 일부 행위유형에 있어서는 로마규정 제30조와 비교하여 상대적으로 낮은 수준의 주관적 요소가 요구된다.[96] 이와 같은 주관적 요건의 완화는 로마규정 범죄구성요건과 국제

---

93) 이전 판례에 대한 상세한 요약은 Nizeyimana, ICTR (TC), judgment of 19 June 2012, para. 1492, n. 3841; Jelisić, ICTY (AC), judgment of 5 July 2001, paras. 47 et seq; Tolimir, ICTY (TC), judgment of 12 December 2012, para. 745; Kayishema and Ruzindana, ICTR (AC), judgment of 1 June 2001, paras. 93, 159; Krstić, ICTY (AC), judgment of 19 April 2004, para. 33; Karadžić and Mladić, ICTY (TC), decision of 11 July 1996, para. 94; Brđanin, ICTY (TC), judgment of 1 September 2004, paras. 969 et seq 등; 인종청소, 문화적 종교적 재산에 대한 공격이 파괴에 대한 목적을 입증하는 중요한 증거가 될 수 있다는 주장은 Cryer, Robert; Friman, Håkan; Robinson, Darryl; Wilmshurst, Elizabeth, 전게서, p. 225.

94) Werle, Gerhard; Jeßberger, Florian, 전게서, p. 321; Krstić, ICTY (TC), judgment of 2 August 2001, para. 549; Karemera et al., ICTR (AC), decision of 12 April 2006, para. 36; Popović et al., ICTY (TC), judgment of 10 June 2010, paras. 1311 et seq, 1398 et seq, 2080 et seq; Kayishema and Ruzindana, ICTR (AC), judgment of 1 June 2001, paras. 159 et seq; Gacumbitsi, ICTR (AC), judgment of 7 July 2006, paras. 40 et seq; 보호 집단에 소속되지 않은 사람들이 피해자들 사이에서 발견되었다는 사실 자체만으로 집단살해죄에서의 파괴 목적이 배제되지 않는다는 것은 Ntabakuze, ICTR (AC), judgment of 8 May 2012, para. 237.

95) Rutaganda, ICTR (TC), judgment of 6 December 1999, para. 59; Musema, ICTR (TC), judgment of 27 January 2000, para. 165; 로마규정 제6조 (a)부터 (e)에 대한 로마규정 범죄구성요건은 각각의 금지된 행위와 관련하여 '당해 행위가 대상 집단에 대하여 행해진 유사한 행위의 명백한 패턴의 배경에서 발생한 것이거나 그 자체로 그와 같은 파괴에 효과를 미치는 행위'라고 규정한다. 뒤에서 살필 바와 같이 집단살해죄에서 배경적 요소를 인정할 것인가 여부와 그 법적 성격에 대하여는 논란이 있다. 만일 국제형사재판소의 판례와 같이 이를 범죄자의 주관에 반영되어야 하는 실체적 요소로 본다면 범죄자는 자신의 행위가 고립된 개별 행위가 아닌 집단살해적 파괴의 맥락에서 이루어지는 것임을 인식하여야 할 것이다. 로마규정 준비위원회는 이와 관련된 주관적 요소를 정의하지 않고 국제형사재판소의 판단에 맡기기로 하였다고 한다. 이러한 주관적 요건을 승인한다 하더라도 구체적 계획이나 정책의 세밀한 부분까지 알아야 하는 것은 아니다. Ambos, Kai, 전게서 I, p. 280; 로마규정 범죄구성요건 제6조 Introduction (c) 참조.

96) 로마규정 범죄구성요건 제6조 (e) 6 등.

관습법에 근거를 둔 것이다.[97]

97) Werle, Gerhard; Jeßberger, Florian, 전게서, p. 313.

제 4 장 객관적 요건

제 1 절 배경적 요소에 대한 논란

국제범죄의 하나인 집단살해죄도 거시적 범죄성의 특질을 가지고 있으나 로마규정에는 집단살해죄의 행위와 관련된 객관적 배경적 요소가 규정되어 있지 않다. 이러한 집단살해죄의 구조는 인도에 반한 죄가 성립하기 위해서는 민간인 주민에 대한 광범위하거나 체계적 공격이라는 배경적 요소 하에 범죄행위가 이루어져야 하는 것과 대비되는 것으로[98] 기본적으로 집단살해죄에 대하여 국제적 차원을 부여하는 요소는 특정 집단의 파괴 목적이라는 주관적 영역으로 이전되어 있음을 의미한다. 따라서 적용상의 중요성이 크다고 볼 수는 없으나 집단살해죄의 경우 특별한 목적을 가진 고립된 개인의 행위도 집단살해죄에 해당하는 것으로 볼 수 있다.[99] 임시재판소 판례 역시 집단살해죄와 관련된 고위급 정책 혹은 계획 등은 집단살해죄의 목적을 입증할 중요한 요소는 될 수 있으나 그 자체로 집단살해죄의 성립 요건은 아니라고 보아 왔다.[100]

이와 같이 지금까지 존재하여 왔던 집단살해죄에 대한 일반적 이해에도 불구하고 로마규정 범죄구성요건은 집단살해죄에 규정된 금지행위가 '대상 집단에 대하여 행해진 유사한 행위의 명

---

98) 로마규정 집단살해죄(제6조)는 '이 규정의 목적상 "집단살해죄"라 함은 국민, 민족, 인종 또는 종교 집단의 전부 또는 일부를 그 자체로서 파괴할 의도를 가지고 범하여진 다음의 행위를 말한다'고 규정함에 반하여 인도에 반한 죄(제7조)는 '이 규정의 목적상 "인도에 반한 죄"라 함은 민간인 주민에 대한 광범위하거나 체계적인 공격의 일부로서 그 공격에 대한 인식을 가지고 범하여진 다음의 행위를 말한다'고 상이한 체제로 규정하고 있다.

99) Werle, Gerhard; Jeßberger, Florian, 전게서, p. 309; Jelisić, ICTY (TC), judgment of 14 December 1999, paras. 100 et seq; Kayishema and Ruzindana, ICTR (TC), judgment of 21 May 1999, para. 94.

100) Jelisić, ICTY (AC), judgment of 5 July 2001, para. 48; Krstić, ICTY (AC), judgment of 19 April 2004, paras. 223 et seq; Popović et al., ICTR (TC), judgment of 10 June 2010, paras. 826 et seq; Semanza, ICTR (AC), judgment of 20 May 2005, para. 260; Simba, ICTR (AC), judgment of 27 November 2007, para. 260; 집단살해죄가 한 사람에 의하여 범하여질 수 있다는 취지는 Jelisić, ICTY (TC), judgment of 14 December 1999, para. 100; Werle, Gerhard; Jeßberger, Florian, 전게서, p. 309.

백한 패턴의 배경에서 발생한 것이거나 그 자체로 그와 같은 파괴에 효과를 미치는 행위'이어야 한다고 규정하고 있다.[101] 따라서 인도에 반한 죄가 성립하려면 민간인 주민에 대한 광범위하거나 체계적인 공격이 필수적으로 요구되는 것과 같이 집단살해죄의 경우에도 집단의 전부 혹은 일부의 파괴를 가져오는 일정한 규모의 공격이나 적어도 보호되는 집단에 대한 체계적인 집단살해적 공격이라는 배경이 범죄의 성립요건으로 요구되는 것이 아닌가라는 의문이 제기되는 상황이다. 그리고 로마규정 범죄구성요건이 규정하는 배경적 요소가 범죄자의 주관적 의식에 반영되어야 하는 범죄의 실질적 요소인가 아니면 범죄자의 인식이 요구되지 않는 재판권에 대한 요건인가의 논란으로도 이어지고 있다.[102]

이러한 논란과 관련하여 ICTY의 Krstić 사건 1심에서는 집단살해죄의 목적은 집단을 파괴시키려는 목적이며 고립된 개인의 행위나 간헐적인 행위는 배제되어야 하는 것이므로 유사한 행동들의 명백한 패턴의 배경 혹은 그 자체로 대상 집단의 전부 또는 일부의 파괴에 영향을 미칠 수 있는 행위로 구성되어야 한다고 판시하였으나[103] 위 사건의 항소심은 다음과 같은 이유로 반대되는 결론을 내린다.

> 1심 재판부는 로마규정에서 채택된 범죄구성요건에서의 집단살해죄의 개념에 의존하고 있다. 1심 재판부는 이러한 개념에 따라 집단살해죄가 '당해 행위는 유사한 행위의 명백한 패턴의 배경 하에서 발생한 것'임이 요구되는 것으로 판단하고 있다. 로마규정 범죄구성요건의 집단살해죄 개념에 의존한 1심 판결은 적절하지 않은 것이다.....금지된 행위가 광범위하거나 혹은 체계적인 공격의 일부이어야 한다는 것은 집단살해방지협약에 등장하지 않으며 국제관습법에서도 이러한 요건이 승인된 바 없다. 로마규정 범죄구성요건에서 채택한 개념은 Krstić이 당해 범죄를 범할 당시의 국제관습법을 반영한 것이 아닌 까닭에 재판의 결론을 뒷받침하는 근거로 삼을 수 없다.[104]

그러나 이와 달리 Al Bashir 사건에 대한 국제형사재판소의 전심재판부는 로마규정 범죄구성요건에 규정된 이러한 요건이 범죄의 실질적 요건에 해당하는 것으로 판단하였다. 재판부는

---

101) 로마규정 범죄구성요건 제6조 (a), (b)의 4., (c), (d)의 5. (e)의 7; '명백한(manifest)' 패턴의 '배경 하에서(in the context of)'의 의미에는 '새로이 등장하는 패턴에서의 초기 행위(the initial acts in an emerging pattern)' 도 포함되는 것이며 '명백한(manifest)'은 이에 대한 객관적 수준 요건을 규정한 것이므로 수년의 기간을 두고 발생한 몇몇의 고립된 범죄는 여기에 해당하지 않는다는 것은 Cryer, Robert; Friman, Håkan; Robinson, Darryl; Wilmshurst, Elizabeth, 전게서, p. 219; 한편 로마규정 범죄구성요건 제6조 Introduction (c)는 이러한 요소에 대한 주관적 요건과 관련하여 '제30조에서 규정하는 주관적 요건에 대한 일반적 요구에도 불구하고 또한 그러한 상황들에 대한 인식은 통상적으로 집단살해죄의 목적의 입증에서 언급된다는 점을 인식하면서 이러한 상황에 대한 적절한 주관적 요건은, 어떠한 것이 존재한다 하더라도, 재판소에 의하여 사안별로 결정될 필요가 있다'라는 애매모호한 태도로 규정하고 있다.

102) Werle, Gerhard; Jeßberger, Florian, 전게서, p. 310.

103) Krstić, ICTY (TC), judgment of 2 August 2001, para. 682.

104) Krstić, ICTY (AC), judgment of 19 April 2004, para. 224.

이러한 요건이 '집단살해죄에 대한 전통적 고려와 완전히 일치하는 것'으로 집단살해죄가 성립하기 위해서는 '당해 행위가 대상이 된 집단이나 그 일부의 존립에 대하여 구체적 위협이 될 경우'이어야 한다고 판시하였다.[105] 나아가 재판부는 로마규정 범죄구성요건과 로마규정 사이에 해소될 수 없는 불일치가 발견되지 않는 한 로마규정 범죄구성요건은 적용되어야 하며[106] 로마규정 제22조 제2항에 따라 불분명할 경우 피고인에게 유리하게 관련 조항이 해석되어야 한다고 판단하고 있다.[107]

이와 같은 국제형사재판소의 입장은 그동안 존재하여 왔던 대부분의 임시재판소의 판례들이나 집단살해죄에 관한 국제사법재판소의 해석과도 상충되는 것이다.[108] 학계에서도 이처럼 집단살해죄에 새로운 요건을 부가하여 범죄의 성립 범위를 제한하는 해석은 로마규정을 포함한 집단살해죄에 대한 명문의 국제법규에 반하는 것이며[109] 집단살해죄의 목적을 입증하는 데 활용되는 요소를 법적 요건으로 변화시킨 것이라고 비판하는 견해가 있다.[110]

이러한 논란은 기본적으로 로마규정 자체에는 배경적 요소가 규정되어 있지 않음에도 로마규정 범죄구성요건에 규정되어 있는 추가적 내용을 어떻게 해석하고 받아들이느냐의 문제일 것이다. 우선 국제형사재판소의 결정에 대한 법이론적 차원에서의 비판은 경청할 만한 측면이 있다. 로마규정 제6조의 문언은 로마규정 제22조가 적용될 수 있는 모호성을 갖고 있지 않으며 따라서 위 조항을 적용하여 제한적으로 해석할 기반이 존재하지 않는다는 것이다. 이는 로마규정 범죄구성요건의 규범적 효력을 과대평가하였다는 입장과 맞닿아 있다. 로마규정에 대한 해석에 도움을 주는 로마규정 범죄구성요건은 로마규정 제9조 제1항과 제3항에 따라 반드시 로마규정과 상응하여야 하므로 로마규정 범죄구성요건에 규정되어 있는 내용을 범죄 개념의 부가적 요건으로 해석해서는 안 된다는 것이다.[111] 따라서 로마규정 범죄구성요건의 내용이 집단살해죄의 실

---

105) Al Bashir, ICC (PTC), decision of 4 March 2009, paras. 124, 133.

106) Al Bashir, ICC (PTC), decision of 4 March 2009, para. 128.

107) Al Bashir, ICC (PTC), decision of 4 March 2009, paras. 131, 133; 독일의 뒤셀도르프 항소법원 역시 Jorgić 사건에서 집단살해죄의 성립을 위해서는 '구조적으로 조직화된 중앙집권적 지시'가 필요하다고 판시하였으며 독일 헌법재판소도 동일한 견해를 채택하고 있다. Ambos, Kai, 전게서 II, p. 16.

108) ICJ, judgment of 26 February 2007 (Case Concerning the Application of the Convention on the Prevention and Punishment of the Crime of Genocide, Bosnia-Herzegovina v Serbia-Montenegro), in ICJ Reports 2007, 43, paras. 373, 376.

109) Werle, Gerhard; Jeßberger, Florian, 전게서, p. 311.

110) Ambos, Kai, 전게서 II, p. 16.

111) 이러한 입장에서는 로마규정 범죄구성요건의 적용을 위해서는 로마규정의 문언 자체에서 로마규정 범죄구성요건이 제공할 '해석적 도움(interpretive assistance)'에 대한 근거를 어느 정도 찾을 수 있는 경우이어야 한다고 주장한다. Werle, Gerhard; Jeßberger, Florian, 전게서, p. 311; 그러나 국제형사재판소의 Al Bashir 전심재판부는 목표가 된 집단의 존재에 대한 위협이 구체적이고 실질적인 경우에만 이러한 배경적 요소가 필요함을 확인한 것이므로 로마규정과 로마규정 범죄구성요건 사이에 어떠한 불일치도 존재하지 않는 것으로 판단하고 있다. Al Bashir, ICC (PTC), decision of 4 March 2009, para. 128 et seq.

체적 성립요건을 규정한 것이 아니라 체계적 공격이 실제로 행하여진 사건만으로 국제형사재판소의 재판권을 제한하는 재판권에 대한 절차적 요건으로 이해하고 있다. 집단살해죄에서 특정한 집단을 파괴하려는 목적을 추구하는 것은 항상 보호받는 집단의 존재 지속성에 대한 위협이며 따라서 집단살해죄의 준비적 행위까지 처벌 범위를 확장하는 것은 법익 보호 차원에서 의미가 있다고 주장한다. 실제로도 살인 등 파괴할 목적을 가지고 행하여지는 처벌 대상 행위는 타인에 의하여 모방되는 등 다른 사람에 의한 집단살해죄를 더욱 부추길 위험성이 존재하므로 이러한 확장된 해석이 필요하다는 것이다.[112] 한편 로마규정의 문언에는 존재하지 않는 배경적 요소를 주관적 요건의 측면에서 목적론적 관점에 따라 해석하여 배경적 요소의 실질적 내용을 주관적 요소에 추가하는 듯한 입장도 존재한다.[113]

한편 이와 달리 로마규정 범죄구성요건을 내용적으로 분석하여 그 실질적 유효성을 주장하는 견해가 있다.

로마규정 범죄구성요건의 첫 번째 유형은 '당해 행위가 대상 집단에 대하여 행해진 유사한 행위의 명백한 패턴의 배경에서 발생'한 경우이다. 이는 다른 사람들 역시 대상 집단을 향하여 범행을 저지르는 보다 넓은 배경 하에서 범죄가 이루어진 경우로 통상적으로 발생할 가능성이 높은 상황을 반영한 것이다.

상대적으로는 발생가능성이 높지 않을 것으로 보이는 두 번째 유형은 '문제된 행위 그 자체가 대상 집단의 파괴에 영향을 미칠 수 있는 경우'이다. 피해 대상 집단이 매우 작거나 범죄자가 집단살해죄의 목적을 가지고 핵폭탄이나 생화학 무기 등 강력한 파괴수단을 활용하는 경우가 이에 해당할 수 있다. 이러한 경우에는 한 사람의 범죄자가 보호받는 집단에 대한 실질적인 위협을 가할 수 있는 위치에 있기 때문에 유사한 행위의 패턴이 반드시 존재할 필요는 없다. 이러한 분석적 입장에서는 이러한 유형이 범죄의 주모자(ringleader) 등의 기소에 적절히 활용될 수 있으며 일정한 집단을 파괴할 수 있는 수단을 가지고 있었으나 단지 몇 사람만이 사망하는 결과가 초래된 경우 등 객관적 패턴이 존재하지 않는 경우를 포섭할 수 있다고 주장한다. 그리고 로마규정 범죄구성요건 역시 국제사회의 합의에 의하여 채택된 것으로 그 규범적 가치를 무시할 수 없으

---

112) 따라서 집단살해죄의 국제적 요소를 범죄의 객관적 요건이 아닌 추가적으로 요구되는 주관적 요건의 범주에 위치시켜 적어도 범죄의 객관적 요건의 단계에서는 개별 행위가 보호되는 집단의 존속에 대한 잠재적 위험에 해당하는 것인가라는 복잡한 질문으로부터 법적용자의 부담을 덜어 주는 것이라고 설명하고 있다. 이러한 입장에서는 이와 같은 해석이 로마규정 범죄구성요건의 효력을 부정하는 극단적 입장이 아닌 체약당사국의 의도가 표현된 로마규정 범죄구성요건을 정당하게 고려하면서도 로마규정의 문언과 임시재판소의 확립된 판례에 상응하는 해석이라고 주장한다. Werle, Gerhard; Jeßberger, Florian, 전게서, p. 311.

113) 집단살해죄에서 요구되는 파괴할 목적은 조직적이고 체계적 방식으로 수행될 경우에만 요구되는 심각성의 수준에 도달하는 것이므로 이러한 배경적 요소가 내용적으로는 필요하다는 점을 인정하고 배경적 요소를 주관적 범죄 개념의 일부로 해석하여 '파괴하려는 목적'이 이러한 배경적 요소를 담아 내는 담지자(擔持者)의 기능을 한다고 보는 것은 Ambos, Kai, 전게서 II, p. 18.

며 앞서 본 바와 같이 경우에 따라서는 고립된 개별 행위까지 처벌될 수 있는 상황에서 특별히 심각한 범죄유형인 집단살해죄의 '규모와 중대성'에 대한 객관적 수준을 유지시킨다는 측면에서 앞서 본 국제형사재판소의 입장을 이해할 수 있다는 것이다.[114]

이처럼 로마규정 범죄구성요건에 규정된 이러한 내용들을 로마규정의 체계 내에서 합리적으로 해석하는 것은 쉽지 않은 과제이다. 그러나 로마규정 범죄구성요건의 내용을 둘러싼 이러한 논란은 이론적 차원에서는 큰 의미를 갖는 것으로 보이지만 집단살해죄의 현실적 적용에 있어서도 의미 있는 차이를 가져올 것인가의 여부는 분명하지 않다. 집단살해죄가 발생하는 대부분의 상황에서 로마규정 범죄구성요건에 규정된 것과 같은 배경적 요소에 대한 입증이나 이에 대한 범죄자의 인식이 집단살해죄의 목적의 입증에 중요한 요소로 작용할 것으로 보이며 로마규정 범죄구성요건에 의하더라도 고립된 개별 행위가 집단살해죄의 대상에서 완전히 배제되는 것은 아니기 때문이다. 앞서 본 국제형사재판소의 판단이 집단살해죄의 목적 요건을 통하여 보호받는 집단의 존재에 대한 위협을 가져오는 것인가를 판단하여야 하는 법적용자의 어려운 문제를 회피하게 한다거나[115] '파괴하려는 목적'이 이러한 배경적 요소를 담는 담지자로서의 기능을 하여야 한다고 보는 입장[116]도 집단살해죄 규범의 실질적 적용이라는 측면에서는 사실상 유사한 지향점을 갖는 것으로 생각된다.

이러한 논란은 우리 국제범죄법의 해석과 적용에 직접 영향을 미칠 수 있을 것이며 특히 국제범죄법이 로마규정 범죄구성요건을 고려할 수 있도록 규정하고 있어 로마규정 범죄구성요건의 국내법에 대한 영향은 더욱 직접적인 것으로 보인다.[117] 국제범죄법의 해석에 있어 앞서 살핀 국제형사법 영역에서의 논의 상황이 고려되어야 함은 분명할 것이나 우리 국제범죄법이 특히 로마규정 범죄구성요건을 고려하도록 규정한 취지에 비추어 볼 때 국제형사재판소의 판례와 같이 로마규정 범죄구성요건에 규정된 배경적 요건이 집단살해죄의 실질적 요건에 해당하는 것으로 보는 것이 타당할 것이다. 그러나 앞서 본 바와 같이 이에 대하여 어떠한 입장을 취하는가 여부가 실제 적용에 있어서 큰 차이를 가져올 것으로는 보이지 않으며 다만 고립된 개별 행위까지 집단살해죄로 처벌될 수 있는 상황에서 집단살해죄의 심각성 수준을 유지시킨다는 점에서 로마규정 범죄구성요건의 의미를 찾을 수 있을 것이다.[118]

---

114) Cryer, Robert; Friman, Håkan; Robinson, Darryl; Wilmshurst, Elizabeth, 전게서, p. 220.

115) Werle, Gerhard; Jeßberger, Florian, 전게서, p. 311.

116) Ambos, Kai, 전게서 II, p. 18.

117) 국제범죄법 제18조 참조.

118) 이에 대한 매우 상세하고 창의적인 논의는 Sangkul Kim, A Collective Theory of Genocidal Intent, Hague : TMC Asser Press(2016) 참조.

제 2 절 범죄행위

1. 범죄행위의 유형과 대상

로마규정 제6조는 (a) 집단 구성원의 살해, (b) 집단 구성원에 대한 중대한 신체적 또는 정신적 위해의 야기 (c) 전부 또는 부분적인 육체적 파괴를 초래할 목적으로 계산된 생활조건을 집단에게 고의적으로 부과 (d) 집단 내의 출생을 방지하기 위하여 의도된 조치의 부과 (e) 집단 아동의 타 집단으로의 강제 이주 등 모두 5가지의 행위유형을 규정하고 있다. 이러한 5가지 행위유형은 제한적·열거적인 것이다. 집단 내의 출생 방지조치는 생물학적 집단살해죄의 일종에 해당하며 아동의 강제이주는 문화적 집단살해죄의 특별한 유형이다.[119]

집단살해죄의 대상은 집단의 개별 구성원이다. 로마규정 제6조 (a)(b)(e)의 경우에는 문언 자체가 집단의 구성원을 향한 공격임을 명백히 하고 있으며 (c), (d)의 경우에는 범죄행위가 집단 자체를 향하여진 것으로 규정되어 있기는 하나 집단에 대한 행위가 종국적으로 개별 구성원에 대한 공격으로 전이되어 동일한 결과에 이르게 된다. 집단 구성원들에 대한 이와 같은 집단살해적 공격은 집단 구성원의 신체적 완결성이나 사회적 존재를 파괴시키거나 위험에 처하게 하는 것들이다.[120]

2. 살인

> 〔로마규정 제6조 (a)〕
> 집단 구성원의 살해(Killing members of the group)

살인(Killing, Tötung)은 피해자의 자연적 생존 기간을 임의로 단축시키는 행위로서[121] 보호대상 집단의 구성원을 사망에 이르게 하는 것이다.[122] 로마규정 범죄구성요건은 한 사람 또는 그 이상의 사람들을 살해하는 것이라고 규정하고 있으며[123] 이에 대한 주석에서는 '살해'와 '사망의

---

119) Ambos, Kai, 전게서 II, p. 10; 스페인, 볼리비아, 과테말라, 엘살바도르, 이탈리아, 우루과이 등의 국내법에서는 집단살해죄의 범죄행위로 강제추방을 규정하고 있으며, 스페인, 우루과이 등의 국내법에서는 성폭력을 추가로 규정하고 있다. 각국의 주권에 의거하여 국내법에서 이러한 행위를 추가하는 것은 무방하나 이러한 범죄에 대하여는 면책성의 배제와 같은 국제범죄에 대하여만 적용되는 특성은 인정될 수 없을 것이라는 주장은 Werle, Gerhard; Jeßberger, Florian, 전게서, p. 303.

120) Werle, Gerhard; Jeßberger, Florian, 전게서, p. 302.

121) MüKoStGB/Kreß VStGB § 6 Rn. 48.

122) Al Bashir, ICC (PTC), decision of 12 July 2010, para. 20; Bagilishema, ICTR (TC), judgment of 7 June 2001, paras. 55, 57 et seq; Semanza, ICTR (TC), judgment of 15 May 2003, para. 319 등; Werle, Gerhard; Jeßberger, Florian, 전게서, p. 303.

123) 로마규정 범죄구성요건 제6조 (a).

야기'가 교환적으로 사용될 수 있다고 규정하고 있다.[124] 국제재판소들의 판례도 동일한 입장이다.[125] 집단살해죄의 살해에 사용되는 영어 단어는 'killing'이나 이에 대응하는 프랑스 번역본의 단어는 'meurtre'이다. 위 단어들의 용례를 둘러싼 논란이 한 때 있었으나 현재는 본 조항의 살인이 성립하기 위해서 사전적 계획이 필요한 것은 아니며 로마규정 제30조에 따른 고의가 요구된다고 해석함에 이론이 없는 상황이다.[126]

대량살상행위, 가옥에 대한 방화, 주민 생명을 유지시키는 시스템 파괴, 집단수용소에의 감금 후 행하여지는 대학살 등이 흔히 발생하는 행위유형이다.[127]

> 〔국제범죄법 제8조 제1항 등〕
> ① 국민적·인종적·민족적 또는 종교적 집단 자체를 전부 또는 일부 파괴할 목적으로 그 집단의 구성원을 살해한 사람은 사형, 무기 또는 7년 이상의 징역에 처한다.
> ④ 제1항 또는 제2항의 죄를 선동한 사람은 5년 이상의 유기징역에 처한다.
> ⑤ 제1항 또는 제2항에 규정된 죄의 미수범은 처벌한다.

---

124) 로마규정 범죄구성요건 제6조 (a) 1.에 대한 주석 2.The term "killed" is interchangeable with the term "caused death".

125) Al Bashir, ICC (PTC), decision of 12 July 2010, para. 20; Bagilishema, ICTR (TC), judgment of 7 June 2001, paras. 55, 57 et seq; Semanza, ICTR (TC), judgment of 15 May 2003, para. 319.

126) Ambos, Kai, 전게서 II, p. 19; Cryer, Robert; Friman, Håkan; Robinson, Darryl; Wilmshurst, Elizabeth, 전게서, p. 215; 살인에 사용되는 영어 단어 'killing'과 이에 대응하는 프랑스 번역본의 단어는 'meurtre'와 관련하여 일부 국가 국내법에 의하면 'murder'는 계획된 살인을 의미하는 한편 'killing'은 과실에 의한 사망의 야기도 포함될 수 있어 로마규정 제6조 (a)에 규정된 살인의 개념을 둘러싸고 논란이 존재하였다. ICTR은 Kayishema & Ruzindana 사건에서 'meurtre'에는 고의라는 추가적 정신적 요건(additional mental element of intent)'이 요구되는 고의적 살해(intentional homicide)만이 포함되는 것이지만 'killing'에는 '단순히 사망을 야기하는 행위(merely the act of causing the death)'도 포함되는 것으로 과실에 의한 살해가 포함될 수 있다고 설시한 바 있다. 그러나 최종적 판단에서는 집단살해죄에서 요구되는 특별한 목적을 고려할 때 "killing"과 "meurtre" 사이에 실질적 차이는 존재하지 않는다고 판시하면서 양 개념 모두 고의적 살해(intentional homicide)만을 의미하는 것이라고 판시하였다. Kayishema and Ruzindana, ICTR (TC), judgment of 21 May 1999, paras. 100 et seq 및 para. 151. 그러나 이러한 결론의 타당성에도 불구하고 여기에서의 추론 방식은 집단살해죄의 일반적 고의 요건과 특별한 목적 요건 사이에 존재하는 차이점을 간과한 것이라는 비판이 있다. 집단파괴의 목적을 가지고 있으면서도 과실에 기한 행위로 보호받는 집단 구성원의 사망을 야기할 수도 있기 때문이다. David Nersessian, "The Contours of Genocidal Intent : Troubling Jurisprudence from the International Criminal Tribunals", 37 Texas International Law Journal (2002), p. 231 참조; ICTR의 Bagilishema 사건에서도 'killing'의 개념에는 고의적인 것뿐만 아니라 고의가 인정되지 않는 사망의 야기도 포함되는 것이나 meurtre는 오직 사망을 야기하려는 의도 하에 범하여진 살해만을 지칭하는 것이라고 보았다. 그러나 위 재판부 역시 불분명할 경우 피고인에게 유리한 해석을 해야 한다는 일반원칙에 따라 고의에 의한 살해일 것이 요구된다는 입장을 취하였다. Bagilishema, ICTR (TC), judgment of 7 June 2001, paras. 57, 58.

127) Ambos, Kai, 전게서 II, p. 11.

국제범죄법 제8조 제1항은 국민적·인종적·민족적 또는 종교적 집단 자체를 전부 또는 일부 파괴할 목적으로 그 집단의 구성원을 살해하는 행위를 규정하고 있다. 본 조항에 규정된 살해의 의미는 앞서 본 로마규정과 우리 형법의 일반 원칙에 따라 해석할 수 있을 것이다. 우리 법은 살해의 대상에 대하여 '구성원'이라는 표현을 사용하고 있으므로 한 사람의 피해자를 살해하는 행위도 본 조항에 포함됨이 명백하다. 이는 로마규정 범죄구성요건에서 단수의 사람을 살해하는 행위를 포함하도록 한 것에 따른 것이다.[128]

행위자에게 집단파괴라는 특별한 목적이 요구되며 일반적 주관적 요건에 대하여는 형법 규정이 적용될 것이다. 본 조항에 대한 미수와 선동 역시 제8조 제4항과 제5항에 따라 처벌된다.

3. 심각한 신체적·정신적 위해(危害)의 야기

〔로마규정 제6조 (b)〕
집단 구성원에 대한 중대한 신체적 또는 정신적 위해의 야기
(Causing serious bodily or mental harm to members of the group)

집단살해죄의 두 번째 행위유형은 집단 구성원에 대하여 심각한 신체적 혹은 정신적 위해를 야기하는 것이다.

'심각한 신체적 위해'를 야기하는 것은 생명에는 직접적인 영향을 미치지 않지만 물리적 폭력을 통하여 신체 외관을 손상시키거나 내부 장기나 외부 기관, 내외부 감각기관 등에 심각한 상해를 가하는 것을 말한다.[129]

'심각한 정신적 위해'를 가하는 행위는 신체적 위해 행위와 병렬적인 것으로 이러한 행위가 신체적 공격과 연계되어 있거나 일정한 신체적 효과를 가져야 하는 것은 아니다.[130] ICTR은 정신적 위해가 신체적 위해와는 독립된 별도의 범주를 가지는 것으로 판시하고 있다.[131] 제2차

---

128) 로마규정 범죄구성요건이 집단살해죄에 대한 국제사회에서의 합의를 표현하는 것이라는 것은 MüKoStGB/ Kreß VStGB § 6 Rn. 49.

129) Werle, Gerhard; Jeßberger, Florian, 전게서, p. 303; Seromba, ICTR (AC), judgment of 12 March 2008, para. 46; Akayesu, ICTR (TC), judgment of 2 September 1998, paras. 504, 711, 720 et seq; Kayishema and Ruzindana, ICTR (TC), judgment of 21 May 1999, para. 109; Krstić, ICTY (TC), judgment of 2 August 2001, para. 543.

130) 정신적 위해 야기 행위를 포함시키는 것과 관련한 집단살해방지협약 체결 당시의 논란에 대하여는 S. Gorove, "The Problem of "Mental Harm" in the Genocide Convention", 28 Washington University Law Quarterly (1951) 참조.

131) 예를 들면 보호받는 집단 구성원의 강제적 이주는 심각한 정신적 위해를 가져올 수 있다고 보고 있다. Blagojević and Jokić, ICTY (TC), judgment of 17 January 2005, paras. 647 et seq; Seromba, ICTR (AC), judgment of 12 March 2008, paras. 45 et seq; Tolimir, ICTY (TC), judgment of 12 December 2012, para. 739 등.

대전 기간 동안 일본이 중국인들을 상대로 실시한 고의적 마약 중독 정책은 집단 구성원들의 정신을 약화시킬 목적으로 이루어진 것으로 심각한 정신적 위해를 가하는 특별한 사례에 해당한다.[132] 이러한 맥락 하에서 로마규정도 심각한 정신적 위해를 가히는 행위가 집단의 사회적 존립에 중대한 효과를 미칠 수 있음을 고려하여 신체적 위해와 대등하게 병렬적으로 규정한 것이다. 개인의 정신상태에 대한 심각한 훼손을 가져오는 여러 가지 유형의 행위들이 여기에 포함될 수 있을 것이다.[133]

이스라엘의 Eichmann 판결에서는 노예화, 기아, 추방, 박해, 수용자를 억압하고 비인도적 고통과 고문을 가하는 등 인간으로서의 권리를 박탈하고 수모를 주기 위하여 고안된 집단수용소 또는 강제수용소에의 구금 등이 심각한 신체적 · 정신적 위해를 가하는 행위에 해당한다고 보았으며[134] ICTR은 Akayesu 사건에서 신체적 · 정신적 고문행위, 비인도적이거나 품위를 떨어뜨리는 처우, 박해, 강간 등 성폭력, 신체 절단, 폭력 혹은 사망의 위협이 수반된 심문 등이 심각한 신체적 혹은 정신적 위해를 가하는 행위에 해당한다고 보았다.[135] ICTY는 Krstić 사건에서 비인도적 처우, 고문, 강간, 성적 학대, 추방 등이 심각한 신체적 · 정신적 해악을 가할 수 있는 행위들 중 일부라고 판시하였다.[136] 로마규정 범죄구성요건도 강간이나 성폭행을 심각한 신체적 혹은 정신적 위해를 가하는 행위의 사례로 제시하고 있다.[137]

가해진 해악이 반드시 영구적이거나 치료 불가능한 것일 필요는 없으며[138] 생명과 직결되지 않는 행위들도 포함된다. 그러나 단순히 일시적인 정신적, 육체적 훼손은 해당하지 않는다.[139] Krstić 판결에서는 심각한 해악이 영구적이거나 치료 불가능한 것일 필요는 없으나 일시적 불행

132) 우리나라를 아편 생산 기지로 활용하여 아편을 중국으로 수출한 일본의 마약수출정책에 대한 것은 Kerstin von Lingen, 전게서, 761; 집단살해죄의 지나친 확장 우려로 미국은 집단살해방지협약 비준 당시 정신적 위해가 의미하는 바를 '마약, 고문 혹은 유사한 방법으로 항구적인 정신적 능력의 훼손을 가져오는 것'임을 선언한 바 있다. Cryer, Robert; Friman, Håkan; Robinson, Darryl; Wilmshurst, Elizabeth, 전게서, p. 215.

133) Ambos, Kai, 전게서 II, p. 12; Muhimana, ICTR (TC), judgment of 28 April 2005, para. 502에서는 피해자의 정신적 능력을 훼손하거나 혹은 피해자의 정신상태에 심각한 손상을 가져오는 훼손행위로 설명하고 있다.

134) The Israeli Government Prosecutor General v Adolph Eichmann, Jerusalem District Court, 12 December 1961, ILR, 36 (1968), p. 340; Ambos, Kai, 전게서 II, p. 11; Cryer, Robert; Friman, Håkan; Robinson, Darryl; Wilmshurst, Elizabeth, 전게서, p. 228.

135) 특히 ICTR이 심각한 성폭행은 신체적 상해뿐만 아니라 심각한 정신적 장애를 함께 야기하는 행위로서 집단살해죄를 구성할 수 있다고 본 것은 집단살해죄에 있어 새로운 지평을 여는 판결이었다. 성폭력 범죄가 갖는 파괴적인 심리적 효과에 대하여 신체적 효과와 유사한 중요성을 부여한 것이다. Akayesu, ICTR (TC), judgment of 2 September 1998, para. 731; Werle, Gerhard; Jeßberger, Florian, 전게서, p. 304.

136) Krstić, ICTY (TC), judgment of 2 August 2001, para. 513.

137) 로마규정 범죄구성요건 제6조 (b).

138) Krstić, ICTY (TC), judgment of 2 August 2001, para. 513; Akayesu, ICTR (TC), judgment of 2 September 1998, para. 502; Kamuhanda, ICTR (TC), judgment of 22 January 2004, para. 634; Muvunyi, ICTR (TC), judgment of 12 September 2006, para. 487 등.

139) Werle, Gerhard; Jeßberger, Florian, 전게서, p. 304; Seromba, ICTR (AC), judgment of 12 March 2008, para. 46; Kayishema and Ruzindana, ICTR (TC), judgment of 21 May 1999, para. 110.

감, 당혹, 굴욕 등을 넘어서는 해악에 해당하여야 하며 정상적이고 건설적인 삶을 영위하는데 필요한 능력에 대한 심각하고 장기간의 손실을 가져오는 피해일 것이 요구된다고 보았다.[140]

심각성 요건과 관련하여 무엇이 '심각한' 위해에 해당하는가는 평가적 판단 영역에 속하는 것으로 개별 사건에서의 전체적 상황들을 고려하여 구체적으로 판단되어야 할 것이다.[141] 심각성의 수준과 관련하여 Kamuhanda 재판부는 집단 구성원에 대하여 가해진 해악은 집단의 전체 혹은 일부의 파괴에 대한 위협이 될 정도로 심각한 것이어야 한다고 판시하였다.[142] 그러나 로마규정의 문언에 의하더라도 이와 같이 제한적으로 해석할 필요는 없으며 이러한 해석은 객관적 요건의 범주를 초과하여 주관적 요건을 요구하는 특별한 목적 범죄의 구조를 간과한 것으로 생각된다.[143] 따라서 위해의 수준은 집단의 전부 또는 일부를 파괴하는데 객관적으로 기여하기에 충분한 것이면 족할 것이다.[144]

〔국제범죄법 제8조 제2항 제1호 등〕

② 제1항과 같은 목적으로 다음 각 호의 어느 하나에 해당하는 행위를 한 사람은 무기 또는 5년 이상의 징역에 처한다.

　1. 제1항의 집단의 구성원에 대하여 중대한 신체적 또는 정신적 위해(危害)를 끼치는 행위

③ 제2항 각 호의 어느 하나에 해당하는 행위를 하여 사람을 사망에 이르게 한 사람은 제1항에서 정한 형에 처한다.

④ 제1항 또는 제2항의 죄를 선동한 사람은 5년 이상의 유기징역에 처한다.

⑤ 제1항 또는 제2항에 규정된 죄의 미수범은 처벌한다.

국제범죄법은 로마규정에 따라 심각한 신체적·정신적 '위해(危害)를 끼치는 행위'를 규정하고 있다.[145] 로마규정의 내용 등을 고려할 때 위해(危害)의 사전적 의미에 따라 정신적·신체적인 위협을 가하는 행위도 포함되는 것으로 해석될 수는 없으며 실제로 신체적·정신적 훼손의 결과가 발생할 것을 규정한 결과범으로 보아야 할 것이다. 우리 법은 피해자를 단수 형태로 규정

---

140) Krstić, ICTY (TC), judgment of 2 August 2001, para. 513.

141) Krstić, ICTY (TC), judgment of 2 August 2001, para. 513; Akayesu, ICTR (TC), judgment of 2 September 1998, para. 110; Kayishema and Ruzindana, ICTR (TC), judgment of 21 May 1999, para. 113; Werle, Gerhard; Jeßberger, Florian, 전게서, p. 305.

142) Kamuhanda, ICTR (TC), judgment of 22 January 2004, paras. 633, 634.

143) Ambos, Kai, 전게서 II, p. 13.

144) Krstić, ICTY (TC), judgment of 2 August 2001, para. 513; Krajišnik, ICTY (TC), judgment of 27 September 2006, para. 862; Tolimir, ICTY (TC), judgment of 12 December 2012, para. 738; Werle, Gerhard; Jeßberger, Florian, 전게서, p. 305.

145) 우리 형법에서는 '위해(危害)'라는 용어가 보편적으로 사용되고 있지 않다. 강요된 행위를 규정한 형법 제12조에서 강요의 내용과 관련하여 저항할 수 없는 폭력 혹은 '자기 또는 친족의 생명, 신체에 대한 위해를 방어할 방법이 없는 협박'이라는 형태로 규정되어 있을 뿐이다.

하고 있어 한 사람에 대한 침해행위도 본 조항의 요건을 충족시킨다.

본 조항 이외에 우리 형사법의 영역에서 정신적 손상에 대한 처벌을 직접적으로 규정한 사례는 발견되지 않는다. 따라서 국제범죄법이 정신적 침해행위를 직접적 처벌대상으로 명시한 것은 적지 않은 의미를 가진 것으로 생각된다. 우리 대법원은 성폭력행위의처벌및피해자보호등에관한법률 제9조 제1항 관련 사건에서 정신과적 증상인 외상 후 스트레스 장애가 상해에 해당할 수 있다고 판시한 바 있다.146) 독일 형법 제226조는 정신병 또는 정신장애를 일으키는 행위를 중상해의 유형 중 하나로 규정하고 있으며 독일 국제범죄법은 독일 형법의 중상해 개념을 본 범죄 해당 조항에 인용하고 있다.147) 우리 국제범죄법의 해석에 있어서도 정신병 또는 정신장애가 본 조항의 심각한 정신적 위해에 해당할 수 있을 것이나 중대하고 장기적 영향을 미치는 훼손행위로 제한되어야 하며 단순히 일시적인 정신적 균형상태의 교란은 포함되지 않는 것으로 해석되어야 할 것이다.

심각성의 수준과 관련하여 오스트리아법에서는 자국 형법의 일반적 입장에 따라 24일 이상 상해가 지속되어야 하는 것으로 규정하고 있으며 독일의 경우에도 신체적 장애의 경우 대체적으로 독일 형법 제226조의 중상해의 개념을 충족시켜야 하는 것으로 보고 있으나 기본적으로는 국제법의 개념을 따라야 한다는 입장이다.148) 우리 법의 경우에도 정상적이고 건설적인 삶을 영위하는데 필요한 능력에 대한 심각하고 장기간의 손실을 가져오는 행위가 본 조항에 해당할 수 있을 것이다.149) 형법 제258조의 중상해에 해당하는 행위가 본 조항의 행위에 해당할 수 있을 것이나 구체적인 해석과 적용은 국제형사법에서 인정되는 범주에 따라야 할 것이다.150)

본 조항에 대한 미수와 선동 역시 제8조 제4항과 제5항에 따라 처벌된다.

---

146) '성폭력범죄의처벌및피해자보호등에관한법률 제9조 제1항의 상해는 피해자의 신체의 완전성을 훼손하거나 생리적 기능에 장애를 초래하는 것으로, 반드시 외부적인 상처가 있어야만 하는 것이 아니고, 여기서의 생리적 기능에는 육체적 기능뿐만 아니라 정신적 기능도 포함된다고 전제한 후, 제1심이 조사·채택한 증거들과 신경외과의원에 대한 사실조회 회신의 기재를 종합하여 피고인들의 강간행위로 인하여 피해자가 불안, 불면, 악몽, 자책감, 우울감정, 대인관계 회피, 일상생활에 대한 무관심, 흥미상실 등의 증상을 보였고, 이와 같은 증세는 의학적으로는 통상적인 상황에서는 겪을 수 없는 극심한 위협적 사건에서 심리적인 충격을 경험한 후 일으키는 특수한 정신과적 증상인 외상 후 스트레스 장애에 해당하고, 피해자가 그와 같은 증세로 인하여 2일 간 치료약을 복용하였고, 6개월 간의 치료를 요하는 사실을 인정하고, 피해자가 겪은 위와 같은 증상은 강간을 당한 모든 피해자가 필연적으로 겪는 증상이라고 할 수도 없으므로 결국 피해자는 피고인들의 강간행위로 말미암아 위 법률 제9조 제1항이 정하는 상해를 입은 것이라고 판단하였는바, 원심의 위와 같은 사실인정 및 판단은 모두 수긍할 수 있고---' (대법원 1999.01.26. 선고 98도3732 판결).

147) 독일에서도 독일 형법 제226조의 개념이 로마규정에서 규정하고 있는 심각한 정신적 위해의 개념을 모두 포섭할 수 있는가를 둘러싸고 논란이 있었으며 이를 고려하여 독일 국제범죄법은 독일 형법 제226조를 예시적 형태로 인용하고 있다. 독일 국제범죄법 제6조 제1항 제2호 참조. MüKoStGB/Kreß VStGB § 6 Rn. 50.

148) MüKoStGB/Kreß VStGB § 6 Rn. 50.

149) Krstić, ICTY (TC), judgment of 2 August 2001, paras. 510, 513.

150) 범죄의 구조 면에서도 형법의 중상해는 결과적 가중범의 형태로 규정되어 있으나 본 범죄는 고의범이라는 차이가 존재한다.

4. 신체 파괴 목적의 생활조건 부과

〔로마규정 제6조 (c)〕
전부 또는 부분적인 육체적 파괴를 초래할 목적으로 계산된 생활조건을 집단에게 고의적으로 부과
(Deliberately inflicting on the group conditions of life calculated to bring about its physical destruction in whole or in part)

로마규정 제6조 (c)는 보호되는 집단 구성원들의 신체를 파괴하는 생활조건을 부과하는 것을 행위유형으로 규정하고 있다. 집단 구성원을 즉각적으로 사망에 이르게 하는 것은 아니지만 오랜 시간에 걸쳐 죽음에 이르게 하는 이른바 '완만한 살인(slow death measures)'을 금지하는 것이다.[151]

이러한 행위유형은 나치가 유대인에 대하여 저지른 강제 노동, 빽빽이 밀폐된 공간에서 선 채로 수일간 이동하는 방식의 추방, 필수적 생활조건조차 충족되지 않은 열악한 집단수용소에의 수용 등을 반영한 것으로[152] 집단살해방지협약에도 포함되어 있었다. 로마규정 범죄구성요건은 음식과 의약품의 박탈, 자택으로부터의 추방 등과 같은 필수적 생존자원의 의도적 박탈을 생활조건의 박탈사례로 규정하고 있다. 이는 예시적인 것으로[153] 강제노동을 통한 노예화, 과도한 육체노동, 음식·의복·의약품 등 생활필수품을 생존에 필요한 수준 이하로 줄이거나 주거 환경을 필수적 조건 이하로 열악하게 하는 것 등도 포함된다.[154]

이른바 '인종청소(ethnic cleansing)'는 일정 지역으로부터의 추방을 주된 목적으로 하는 것이므로 그 자체로는 이러한 요건에 해당하지 않는다. 그러나 이러한 과정 속에서 흔히 발생하는 것처럼 당해 집단을 물리적으로 절멸시키기 위하여 음식, 의료, 주거 등이 제공되지 않는 상태에서 이루어지는 계산된 추방행위는 본 조항에 포함된다.[155] 국제형사재판소의 Al Bashir 사건의 집단살해죄 혐의에는 보호되는 집단이 주로 거주하는 마을의 우물과 양수시설을 오염시킨 행위가 포함되어 있다.[156]

---

151) Stakić, ICTY (TC), judgment of 31 July 2003, para. 517; Brđanin, ICTY (TC), judgment of 1 September 2004, para. 691; Akayesu, ICTR (TC), judgment of 2 September 1998, para. 505.

152) Werle, Gerhard; Jeßberger, Florian, 전게서, p. 305.

153) 로마규정 범죄구성요건 제6조 (c) 4.의 주석 4.

154) Al Bashir, ICC (PTC), decision of 12 July 2010, para. 38; Brđanin, ICTY (TC), judgment of 1 September 2004, para. 691; Tolimir, ICTY (TC), judgment of 12 December 2012, para. 740.

155) Stakić, ICTY (TC), judgment of 31 July 2003, para. 519; Blagojević and Jokić, ICTY (TC), judgment of 17 January 2005, para. 650; 집단 강간 행위 자체는 '생활조건'에 해당하지 않으나 집단 강간이 다른 조치들과 결합하여 이루어지거나 체계적, 반복적으로 행하여지는 경우에는 이러한 개념에 해당될 수 있다. Kayishema and Ruzindana, ICTR (TC), judgment of 21 May 1999, para. 116; Werle, Gerhard; Jeßberger, Florian, 전게서, pp. 305, 306.

156) Al Bashir, second arrest warrant decision, ICC PTC, 12 July 2010, paras. 32-39.

이와 같은 생활조건의 부과로 인하여 집단 구성원들이 사망에 이르는 것이 범죄의 필수 요소로 요구되는 것은 아니다. 그러나 본 조항에서의 행위는 객관적 측면에서 대상 집단의 일부를 물리적으로 절멸시킬 수 있는 수준에 이르는 것이어야 한다.[157) 집단 일부에 대한 파괴도 본 조항의 요건을 충족시킬 수 있으므로 집단의 일부만이 파괴적 생활조건의 대상이 된 것으로도 충분하다.[158)

이러한 생활조건의 부과가 사전에 계획된 것이어야 한다고 해석하는 견해가 있다.[159) 본 조항에서 이러한 생활조건의 부과가 '의도적(deliberately)'인 것일 뿐 아니라 부과되는 생활조건은 '계산된(calculated)' 것이어야 한다고 규정하고 있기 때문이다. 생활조건의 부과 행위가 '의도적(deliberately)'이어야 한다는 문언은 집단을 물리적으로 절멸시키기 위한 수단인 본 조항에서의 행위가 고의적인 것이어야 한다는 일반적 고의 요건을 명확히 한 것일 뿐이라고 해석할 수 있을 것이다.[160) 그러나 '계산된(calculated)' 생활조건이라는 문언을 의도적 부과와 함께 해석할 경우 생활조건의 부과행위는 적어도 어느 정도 사전적으로 계획된 것이어야 함을 의미하는 것으로 해석하는 것이 타당할 것이다. 따라서 본 조항에서의 생활조건의 부과는 다른 범죄에 부속되어 이루어지는 잘못된 처우 등 부수적 성격의 것이 아닌 당해 조치를 통하여 집단을 파괴시키려는 주된 체계이어야 함을 의미한다.[161)

〔국제범죄법 제8조 제2항 제2호 등〕
② 제1항과 같은 목적으로 다음 각 호의 어느 하나에 해당하는 행위를 한 사람은 무기 또는 5년 이상의 징역에 처한다.
  2. 신체의 파괴를 불러일으키기 위하여 계획된 생활조건을 제1항의 집단에 고의적으로 부과하는 행위
③ 제2항 각 호의 어느 하나에 해당하는 행위를 하여 사람을 사망에 이르게 한 사람은 제1항에서 정한 형에 처한다.
④ 제1항 또는 제2항의 죄를 선동한 사람은 5년 이상의 유기징역에 처한다.
⑤ 제1항 또는 제2항에 규정된 죄의 미수범은 처벌한다.

신체 파괴를 불러일으키는 생활조건을 부과하는 행위의 의미에 대하여는 논란이 있을 수 있을 것이나 이를 집단의 해체를 가져올 수 있는 행위로만 제한적으로 해석할 이유는 없을 것이다.[162) 우리 국제범죄법은 신체의 파괴를 불러일으키는 생활조건의 부과를 요건으로 규정하고

157) Akayesu, ICTR (TC), judgment of 2 September 1998, para. 505; Kayishema and Ruzindana, ICTR (TC), judgment of 21 May 1999, para. 116.
158) Werle, Gerhard; Jeßberger, Florian, 전게서, p. 306.
159) Ambos, Kai, 전게서 I, p. 295.
160) Werle, Gerhard; Jeßberger, Florian, 전게서, p. 306.
161) Ambos, Kai, 전게서 II, p. 20.
162) MüKoStGB/Kreß VStGB § 6 Rn. 55 참조.

있을 뿐 집단의 해체를 가져올 수 있는 행위일 것을 요구하고 있지 않기 때문이다. 또한 오스트리아 법에서는 여기에서의 범죄행위를 사망을 야기하는 것으로 명시하고 있으나[163] 우리 법은 신체의 파괴를 목적 요건으로 규정하고 있을 뿐 신체의 완전한 파괴 내지 사망의 결과가 발생할 것을 요건으로 규정하고 있지 않다. 또한 전제되는 로마규정 범죄구성요건 역시 신체 파괴를 목적으로 하는 것임을 명시하고 있으므로[164] 우리 국제범죄법을 사망을 야기하는 행위로 제한적으로 해석할 필요는 없을 것이다.[165]

이러한 행위에는 앞서 본 로마규정에서의 해석과 같이 극단적으로 비위생적인 환경 혹은 비인도적 환경 하에서 이루어지는 구금이나 집단수용소에서의 수용, 극단적 형태의 강제노동, 음식공급의 심각한 결핍, 의학적 조치의 단절 등이 포함될 수 있을 것이다.[166]

본 조항에 대한 미수와 선동 역시 제8조 제4항과 제5항에 따라 처벌된다.

5. 출생 방지 조치

> 〔로마규정 제6조 (d)〕
> 집단 내의 출생을 방지하기 위하여 의도된 조치의 부과
> (Imposing measures intended to prevent births within the group)

로마규정 제6조 (d)는 집단 내에서의 출생을 방지하기 위한 조치를 부과하는 행위를 규정하고 있다. 이는 집단의 재생산능력을 제거함으로써 집단을 파괴시키는 이른바 '생물학적 집단살해(biological genocide)'로서 독일 나치의 강제불임 조치에서 영향을 받은 것이다.[167] 출생의 금지는 집단의 자기증식 수단을 부정하는 것으로[168] 집단의 생물학적 지속성을 대상으로 한 범죄이다.[169] 따라서 이러한 조치의 목적이 집단 내에서의 출생을 방지하려는 것이어야 한다.[170]

본 조항에서는 출생금지 조치의 '부과(imposing)'라는 문언을 사용하고 있어 이러한 조치 수단이 반드시 강제적인 것이어야 함을 나타내고 있다.[171] 성기훼손, 불임조치, 출산의 강제통제,

---

163) StGB, Völkermord § 321. (1).

164) 로마규정 범죄구성요건 제6조 (c) 3.

165) 특히 국제범죄법의 조문 체계를 살펴보더라도 제8조 제1항에서 집단 구성원을 살해하는 경우를 규정하고 있음에도 제2항 제1호에서 중대한 신체적, 정신적 위해를 가하는 행위를 별도로 규정하고 있으며 제3항에서는 사망의 결과가 발생하는 상황을 또다시 별도로 규율하고 있다.

166) MüKoStGB/Kreß VStGB § 6 Rn. 55; ÖStGB, Völkermord § 321.

167) Cryer, Robert; Friman, Håkan; Robinson, Darryl; Wilmshurst, Elizabeth, 전게서, p. 217.

168) Ambos, Kai, 전게서 II, p. 14.

169) Werle, Gerhard; Jeßberger, Florian, 전게서, p. 306.

170) 다만 전면적이 아닌 부분적 출생 방지를 목적으로 하였어도 충분하다. Ambos, Kai, 전게서 II, p. 20.

171) 로마규정에 대한 1996년 초안 제17조에 대한 주석 para. 16 참조; Ambos, Kai, 전게서 II, p. 14; Werle, Gerhard; Jeßberger, Florian, 전게서, p. 306.

성 집단의 분리, 결혼의 금지, 강제낙태 등이 이러한 행위에 포함된다.[172] 출생 방지 조치는 일반적이고 추상적인 방식으로도 이루어질 수 있으며[173] 정신적인 수단으로도 가능하다.[174] 따라서 집단의 구성원성이 부계(父系)로 결정되는 가부장제 집단의 인종적 구성을 변경시킬 목적으로 이루어진 강간도 정신적 충격을 받은 여성이 출산을 하지 않도록 결정하게 한다는 점에서 본 조항에 포함될 수 있다.[175] 단순히 낙태를 허용하는 것은 이러한 조치의 부과에 해당하지 않으며[176] 공식적으로 이루어지는 출산통제 프로그램에 대한 참여가 자발적인 경우 역시 본 조항의 규율 대상이 아니다.[177] 이러한 조치와 관련하여 집단살해죄의 목적이 반드시 충족되어야 하므로 과거 중국과 같이 인구밀도가 매우 높은 국가에서 경제·사회적인 이유로 취하여진 강제적인 출산율 저감정책은 집단살해죄의 목적이 존재하지 않아 집단살해죄에 해당하지 않는다.[178]

　　로마규정 제6조 (d)는 이러한 조치가 집단 내의 출생을 방지하기 위한 의도된 조치(measures intended to prevent births)일 것을 규정하고 있다. 이러한 요건이 단순히 일반적 주관적 요건을 확인한 것에 불과한 것이라는 견해[179]와 일반적으로 인정되는 주관적 요건을 보다 강화한 것으로 집단 내에서의 출생을 방지하려는 보다 강력한 의지적 요소를 포함하고 있다는 견해가 있다.[180]

〔국제범죄법 제8조 제2항 제3호 등〕

② 제1항과 같은 목적으로 다음 각 호의 어느 하나에 해당하는 행위를 한 사람은 무기 또는 5년 이상의 징역에 처한다.

　3. 제1항의 집단 내 출생을 방지하기 위한 조치를 부과하는 행위

③ 제2항 각 호의 어느 하나에 해당하는 행위를 하여 사람을 사망에 이르게 한 사람은 제1항에서 정한 형에 처한다.

④ 제1항 또는 제2항의 죄를 선동한 사람은 5년 이상의 유기징역에 처한다.

⑤ 제1항 또는 제2항에 규정된 죄의 미수범은 처벌한다.

172) Tolimir, ICTY (TC), judgment of 12 December 2012, para. 743; Akayesu, ICTR (TC), judgment of 2 September 1998, para. 507.
173) MüKoStGB/Kreß VStGB § 6 Rn. 59.
174) Rutaganda, ICTR (TC), judgment of 6 December 1999, para. 53; Popović et al., ICTY (TC), judgment of 10 June 2010, para. 818.
175) Karadžić and Mladić, ICTY (TC), decision of 11 July 1996, para. 94; Akayesu, ICTR (TC), judgment of 2 September 1998, para. 507.
176) Werle, Gerhard; Jeßberger, Florian, 전게서, p. 307.
177) Ambos, Kai, 전게서 II, p. 20.
178) Werle, Gerhard; Jeßberger, Florian, 전게서, p. 307; 같은 취지에서 페루 후지모리 체제에서 있었던 여성에 대한 강제 불임조치 역시 집단살해죄에 해당하지 않는다. Ambos, Kai, 전게서 II, p. 20.
179) Werle, Gerhard; Jeßberger, Florian, 전게서, p. 313.
180) Ambos, Kai, 전게서 I, p. 295.

국제범죄법 역시 집단 내 출생을 방지하기 위한 조치 부과를 집단살해죄의 행위유형으로 규정하고 있다. 국제범죄법 제8조 제1항이나 제2항 제1호, 제4호의 경우와 달리 집단의 구성원을 대상으로 하는 범죄임을 명시하고 있지는 않으나 본 범죄 역시 집단의 구성원에 대한 범죄이다.[181]

우리 국제범죄법에서의 '조치'의 내용은 로마규정의 경우와 동일하게 해석될 수 있다. 따라서 이러한 행위에는 성기훼손, 불임조치, 출산의 강제통제, 성 집단의 분리, 결혼의 금지, 강제낙태 등이 포함된다. 본 범죄에 해당하기 위해서는 대상 행위가 출생을 방지하기 위한 것이어야 하므로 단순히 낙태를 허용하는 것만으로는 본 조항에 해당하지 않는다.[182]

이러한 조치는 '부과'되어야 하므로 이러한 조치들을 계획하는 것만으로는 부족하며 적어도 이와 관련된 유효한 지시 등이 이루어져야 한다.[183] 그러나 본 범죄는 결과범이 아니므로 조치 부과만으로 기수에 이르며 부과된 조치가 객관적으로 효과를 발생하였어야 하는 것은 아니다.[184]

6. 아동의 강제이주

〔로마규정 제6조 (e)〕
집단의 아동을 타 집단으로 강제 이주
(Forcibly transferring children of the group to another group)

로마규정 제6조 (e)는 한 집단에서 다른 집단으로 아동을 강제로 이주시키는 행위를 규정하고 있다. 집단살해방지협약의 초안에는 언어나 문화적 전통과 같은 집단의 특수성을 파괴하는 문화적 집단살해죄를 규정하고 있었으며 아동을 다른 집단으로 강제로 이주시키는 것은 문화적 집단살해죄의 5가지 하부유형 중 첫 번째로 규정된 것이었다. 그러나 문화적 집단살해죄는 본 협약에서 채택되지 못하였으며 다만 문화적 집단살해죄의 특별한 유형인 아동의 강제이주만이 집단살해죄 개념에 포함되게 되었다.[185] 따라서 아동의 강제이주를 제외한 다른 유형의 문화적

---

181) MüKoStGB/Kreß VStGB § 6 Rn. 64 참조.
182) 구체적으로 어떤 범주의 행위가 이러한 출생방지 조치에 해당할 것인가는 논란이 있을 수 있다. 직접적으로 출생을 방지할 수 있는 조치가 아닌 비교적 이격되어 있는 조치로 볼 수 있는 결혼이나 출산 금지 조치에 대한 논의는 MüKoStGB/Kreß VStGB § 6 Rn. 61 참조.
183) '부과'라는 용어의 구체적 의미가 다소 불분명한 측면이 있어 강제적 조치가 부과된 이후 이를 실행하는 행위는 이러한 부과행위를 보조하는 행위로 해석될 여지가 있다. 그러나 이러한 해석은 본 범죄의 체계적 위치와 강제불임조치 등을 전제로 규정된 본 범죄의 역사적 개념에 상응하지 않는 것이므로 '부과'라는 의미는 실행행위까지 포함하는 것으로 해석되어야 할 것이다. MüKoStGB/Kreß VStGB § 6 Rn. 63 참조.
184) 따라서 이러한 조치 부과를 통하여 실제로 출생 숫자의 감소가 이루어져야 하는 것은 아니며 집단의 일부라도 이러한 조치에 영향을 받았음이 입증되어야 하는 것도 아니다. MüKoStGB/Kreß VStGB § 6 Rn. 62 참조.
185) Werle, Gerhard; Jeßberger, Florian, 전게서, p. 307; 1997년 호주 인권위원회는 호주 원주민 아이들을 비원주민 기관이나 가정으로 강제로 옮긴 행위가 집단살해죄에 해당하는 것으로 결정한 바 있다. 이러한 결정

집단살해죄는 국제관습법 하에서의 범죄로도 인정되지 않는다.[186]

아동들이 한 집단에서 다른 집단으로 영구적으로 이전될 경우 본래 속하였던 집단의 일부로 성장할 수 없으며 이러한 물리적 이주는 당초 속하였던 집단의 문화적 정체성으로부터 멀어지게 하는 것이다. 따라서 이전 집단의 언어, 전통, 문화 등은 이주 아동들에게 생경한 것이 되어 집단의 사회적 존재가 위험에 처하게 된다. 그리고 일반적으로 이러한 상황 하에서는 집단 내에서의 출산행위 등 집단의 자기 재생산도 이루어지지 않아 집단의 생물학적 존재도 위험에 처하게 된다.[187] 이처럼 아동의 분리행위는 집단의 장래를 대표할 수 있는 아동들을 무력화시키는 것이므로 집단으로부터의 분리행위 자체를 범죄행위의 본질적 요소로 삼은 것이다.[188]

아동의 강제적 이주는 사법적 검토를 가장 적게 받은 집단살해죄의 유형으로 현재로서는 로마규정 범죄구성요건이 본 범죄의 해석에 있어 가장 중요한 근거가 되고 있다.[189] 로마규정 범죄구성요건도 로마규정과 같이 아동의 이주는 강제적인 것이어야 하며 물리적 폭력뿐만 아니라 폭력의 위협, 강박, 심리적 억압 혹은 억압적인 환경을 이용하는 것 등 심리적인 것도 포함될 수 있다고 규정하고 있다.[190] 로마규정 범죄구성요건은 대상 아동의 연령을 18세 이하로 규정하고 있다. 이는 유엔아동협약의 기준을 따른 것이나 거의 성년에 가까운 연령까지 포함되어 지나치게 높게 설정된 것이라는 비판이 있다.[191]

ICTR은 강제적으로 이루어지는 아동의 물리적 이동 자체에 대한 제재뿐만 아니라 강제이동을 위하여 활용된 위협 행위나 정신적 고통을 가하는 행위에 대한 제재도 본 조항의 목적이라고 판시하였다.[192] 나아가 아동 이동의 목적이 이들을 노예화하려는 것이거나 혹은 신체 파괴 목적의 계산된 생활목적을 부과하려는 것이라면 다른 유형의 집단살해죄에도 해당될 수 있다.[193]

로마규정 범죄구성요건은 아동의 연령 인식과 관련하여 범죄자가 아동임을 '알았거나 알았어야 한다(knew, or should have known)'고 규정하여 주관적 요건을 완화하고 있다.[194]

이 국제관습법 등에 상응하지 않는 것이라는 비판은 Cryer, Robert; Friman, Håkan; Robinson, Darryl; Wilmshurst, Elizabeth, 전게서, p. 218.

186) 문화적 집단살해죄가 규율하는 집단의 존재와 관련된 비물리적 측면은 일차적으로 국제인권법이나 소수자법의 보호대상이라는 견해는 Ambos, Kai, 전게서 II, p. 14; Krstić, ICTY (TC), judgment of 2 August 2001, para. 580.

187) Werle, Gerhard; Jeßberger, Florian, 전게서, p. 307; 집단의 재생산 능력의 박탈이라는 측면을 강조할 경우 생물학적 집단살해죄의 일종으로도 이해될 수 있다는 견해는 MüKoStGB/Kreß VStGB § 6 Rn. 65.

188) MüKoStGB/Kreß VStGB § 6 Rn. 67.

189) Cryer, Robert; Friman, Håkan; Robinson, Darryl; Wilmshurst, Elizabeth, 전게서, p. 218.

190) 로마규정 범죄구성요건 제6조 (e) 5.

191) Werle, Gerhard; Jeßberger, Florian, 전게서, p. 308.

192) Akayesu, ICTR (TC), judgment of 2 September 1998, para. 509; Musema, ICTR (TC), judgment of 27 January 2000, para. 159.

193) Ambos, Kai, 전게서 II, p. 15.

194) 로마규정 범죄구성요건 제6조 (e) 6.

〔국제범죄법 제8조 제2항 제4호 등〕

② 제1항과 같은 목적으로 다음 각 호의 어느 하나에 해당하는 행위를 한 사람은 무기 또는 5년 이상의 징역에 처한다.

4. 제1항의 집단의 아동을 강제로 다른 집단으로 이주하도록 하는 행위

③ 제2항 각 호의 어느 하나에 해당하는 행위를 하여 사람을 사망에 이르게 한 사람은 제1항에서 정한 형에 처한다.

④ 제1항 또는 제2항의 죄를 선동한 사람은 5년 이상의 유기징역에 처한다.

⑤ 제1항 또는 제2항에 규정된 죄의 미수범은 처벌한다.

국제범죄법은 아동의 강제이주를 범죄로 규정하면서도 아동의 연령에 대하여 명확히 규정하고 있지 않다. 죄형법정주의 원칙에 비추어 바람직하지 않은 것으로 생각되나 로마규정 범죄구성요건에 따라 18세 미만의 자로 해석할 수 있을 것이다.[195]

본 범죄는 결과범으로 적어도 한 사람의 아동을 다른 집단으로 이주시켜 원래의 집단에서 고립시켰을 경우에 기수에 이른다. 본 조항의 입법취지에 비추어 대상 아동이 원래의 집단에서 배제된 이상 반드시 다른 집단에 넘겨져야 할 필요는 없으며 고립된 가옥 등에 유기된 경우에도 범죄는 기수에 이르는 것으로 해석된다.[196] 본 조항에서의 강제는 직접적 폭력뿐만 아니라 폭력의 위협을 포함하는 광범위한 개념으로 해석된다.[197]

7. 인종청소(Ethnic Cleansing)

'인종청소(ethnic cleansing)'는 법령에 규정되어 사용되는 법률용어가 아니다. 일반적으로는 특정한 지역의 민족적 구성을 변경시키기 위하여 일정 지역에서 특정 민족집단을 강제로 몰아내는 정책의 실행에 수반되어 발생하는 심각한 인권침해에 관한 복잡한 형사법적 현상을 지칭한다. 인종청소라는 용어의 정확한 기원을 확인하기는 어려우나 구 유고슬라비아에서의 전쟁과 관련하여 세르비아 군대가 보스니아-헤르체고비나 지역에 거주하던 무슬림들과 크로아티아인들을 강제로 몰아내는 행위를 지칭하는 것으로 사용되었으며[198] 1981년 유고슬라비아 언론에서

---

195) 국제범죄법 제18조 참조. 우리나라의 아동·청소년의 성보호에 관한 법률 제2조 제1호는 "아동·청소년"을 19세 미만의 자로 규정하고 있고 헤이그 국제아동탈취협약 이행에 관한 법률 제2조 제1항 제1호는 16세 미만으로 규정하고 있다.; 독일의 국제범죄법에서도 아동의 연령을 규정하고 있지 않다. 아동에 대한 성범죄를 규정한 독일 형법 제176조 제1항은 아동을 14세 미만으로 규정하고 있으나 소년병 징집에 의한 전쟁범죄를 규정한 독일 국제범죄법 제8조 제1항 제5호는 '15세 미만의 아동'이라는 별도 개념을 독일 국제범죄법 내에서 사용하고 있다. 따라서 독일에서는 독일 형법에서 통용되는 아동의 개념이 독일 국제범죄법에 직접 적용되지 않게 되었다고 보고 있다. MüKoStGB/Kreß VStGB § 6 Rn. 66.

196) MüKoStGB/Kreß VStGB § 6 Rn. 67 참조.

197) 오스트리아 법은 직접적 폭력뿐만 아니라 폭력의 위협이 포함됨을 명시하고 있다. 오스트리아 형법 제321조 제1항.

198) 이러한 추방정책의 목적은 당해 지역을 세르비아인에 의하여만 점거되는 지역으로 만들려는 목적에서 이루

'ethnically clean territories'라는 표현을 사용하였다. 그리고 1992년의 국제기구들의 문서들에서도 인종청소라는 표현이 나타나기 시작하였다.[199]

인종청소가 집단살해죄에 해당하는가의 여부에 대하여 논란이 있어 왔으나 결론적으로 인종청소 행위에 해당한다는 이유만으로는 집단살해죄에 해당한다고 볼 수는 없을 것이다. 인종청소 과정에서 함께 발생하는 범죄행위들이 집단살해죄와 유사한 경우가 적지 않은 것은 사실이나 인종청소는 일정한 지역을 단일한 인종으로 구성하기 위하여 그곳에 있는 사람들을 다른 곳으로 이전시키는 행위이다. 이처럼 인종청소 자체의 목적이 추방에 있으며 집단 그 자체의 파괴를 목적으로 하지 않는 까닭에 목적의 측면에서 집단살해죄와는 본질적으로 구분되는 것이다.[200] 따라서 범죄자가 보호되는 집단을 파괴하려는 목적을 가지고 일정한 지역을 인종적으로 단일화시키는 작업을 진행한 경우에만 인종청소가 집단살해죄에 해당할 수 있다. 결국 인종청소가 집단살해죄에 해당하는가 여부와 어떤 범위에서 집단살해죄에 해당할 수 있는가 등은 당해 사건의 개별 상황에 따라 결정되어야 할 것이다.[201] Eichmann 사건에서 예루살렘 지방법원은 유대인에 대한 박해행위와 관련하여 1941년 이전 시기의 박해는 유대인을 독일에서 떠나도록 하는 것이 목적이었을 뿐 집단파괴의 목적이 없었다는 이유로 무죄를 선고하였다.[202]

실제로 발생하는 인종청소 사례 중 적지 않은 경우가 집단살해죄의 특성을 동시에 가지고 있으며 이러한 인종청소 행위가 집단살해죄의 요건을 충족시킬 경우 집단살해죄로 처벌될 수 있다는 점에는 의문이 없다. 특정 인종집단을 단순한 추방시킴에 그치지 않고 대상 집단을 파괴하려는 목적을 가지고 집단살해죄의 법령에 규정된 조치들을 취하였다면 집단살해죄에 해당할 수 있으며 특히 인종청소 과정에서 이루어진 행위가 그 자체로는 집단살해죄의 범죄에 포섭되지 않는다 하더라도 집단살해의 목적을 입증하는 중요한 증거가 될 수 있다.[203]

어진 것이었으나 그 과정에서 민간인들에 대한 대량 학살과 학대, 성폭행과 종교적 장소의 파괴, 재산의 몰수 등 국제범죄가 다수 발생하였다. Werle, Gerhard; Jeßberger, Florian, 전게서, p. 308.

199) 인종청소의 개념을 정의하기 위한 다양한 노력에 대하여 상세한 것은 Ambos, Kai, 전게서 II, p. 15.

200) Ambos, Kai, 전게서 II, p. 16.

201) Werle, Gerhard; Jeßberger, Florian, 전게서, p. 308; Al Bashir, ICC (PTC), decision of 4 March 2009, paras. 141 et seq; Bosnia and Herzegovina v Serbia and Montenegro, ICJ, judgment of 26 February 2007 (Case Concerning the Application of the Convention on the Prevention and Punishment of the Crime of Genocide), ICJ Rep. 2007, 43, para. 190.

202) The Israeli Government Prosecutor General v Adolph Eichmann, Jerusalem District Court, 12 December 1961, ILR, 36 (1968).

203) Werle, Gerhard; Jeßberger, Florian, 전게서, p. 309; ICTY는 1995년 7월 세르비카나에서 있었던 대량살해와 대상 집단의 이전은 집단살해죄를 구성한다고 보았다. Krstić, ICTY (TC), judgment of 2 August 2001, paras. 560, 594 et seq; Krstić, ICTY (AC), judgment of 19 April 2004, para. 37; S. Milošević, ICTY (TC), decision of 16 June 2004, para. 246; Blagojević and Jokić, ICTY (TC), judgment of 17 January 2005, paras. 671 et seq; Bosnia and Herzegovina v Serbia and Montenegro, ICJ, judgment of 26 February 2007 (Case Concerning the Application of the Convention on the Prevention and Punishment of the Crime of Genocide), ICJ Rep. 2007, 43, para. 297; 한편 집단살해죄의 목적이 존재하지 않아 집단살해죄로 처벌하지 못하는 경

제 5 장 집단살해죄의 처벌

제 1 절 죄 수

집단살해죄에 해당하는 행위는 전쟁범죄나 인도에 반한 죄의 요건을 동시에 충족시킬 수 있으며 실제로 인도에 반한 죄의 요건을 충족시키는 상황은 흔히 발생한다. 그러나 인도에 반한 죄는 민간인 주민에 대한 광범위하거나 체계적인 공격을 요건으로 하고 있으나 집단살해죄의 성립을 위해서는 이러한 요건이 필요하지 않다. 반대로 집단살해죄에서의 집단 파괴 목적은 인도에 반한 죄에 있어서는 요구되지 않으므로 집단살해죄가 인도에 반한 죄의 특별법의 지위에 있는 것은 아니다. 따라서 범죄자가 저지른 행위의 악성을 포섭 가능한 최대한의 범위까지 반영하기 위해서는 두 개의 죄 모두에 대한 유죄판결이 내려져야 한다.[204] 나아가 국제형사법의 영역에서는 집단살해죄와 집단살해죄의 선동 역시 동시에 처벌될 수 있는 것으로 판단하고 있다.[205]

한편 집단살해죄에 규정된 요건을 충족시키는 다양한 행위들은 각각 그 자체로 집단살해죄에 해당할 것이나 이러한 범죄행위가 다수 범하여진 경우 이러한 범행들을 각각 독립된 범죄로 볼 것인가 아니면 하나의 단일한 범죄로 볼 것인가의 문제가 있다. 가장 간명한 방법은 각각의 행위들을 각각 별개 범죄로 파악하는 것이나 이와 반대로 특정한 집단을 파괴시킬 목적에서 유래한 모든 집단살해적 행위들을 하나의 단일한 범죄로 결합시키려는 입장이 있을 수 있다. 그러나 주관적 목적 요건을 매개로 하여 다수의 집단살해 행위들을 포괄적으로 파악하는 입장을 극단적으로 관철할 경우 범행의 발생 시각이 서로 다를 뿐 아니라 심지어 서로 다른 국가에서 저질러진 집단살해 행위들을 모두 하나의 범죄로 포괄시키는 일종의 '세계범죄(world crime)'로 구성될 수도

우에도 상황에 따라서는 인도에 반한 죄의 추방 또는 강제이주, 전쟁범죄의 자국 주민의 추방이나 이주에 해당하여 처벌될 수 있을 것이다. Ambos, Kai, 전게서 II, p. 16.

204) Nahimana et al., ICTR (TC), judgment of 3 December 2003, para. 1090.

205) 이는 이른바 Čelebići Test의 적용에 의한 것이다. Werle, Gerhard; Jeßberger, Florian, 전게서, p. 326; Čelebići Test에 대한 것은 제1부 제3편 제9장 제3절 참조.

있다.[206] 따라서 절충적 방법으로 제한적 형태의 누적적 접근방식(limited cumulative approach)이 주장되고 있다. 이러한 입장에서는 집단살해죄가 개인보호의 가치를 초월하는 집단의 존립 보호를 중요한 가치로 내세우고 있다는 점을 고려하여 원칙적으로 동일한 집단을 파괴하려는 목적에서 살인, 심각한 신체적·정신적 위해의 야기 등 나수의 개별 행위들이 실행된 것이라면 하나의 단일한 집단살해죄를 구성하는 것으로 간주한다.[207] 그러나 이와 동시에 '지나치게 광범위하거나 시간적으로 한계 지워지지 않는 행위의 조합들'을 하나의 범죄로 파악하는 것을 피하기 위하여 대상 행위들이 동일한 시간적·공간적 배경 하에서 이루어진 경우에만 하나의 범죄를 구성하는 것으로 파악하고 있다.[208]

이와 같은 논의는 원칙적으로 우리 국제범죄법의 해석에도 상당 부분 활용될 수 있을 것이다. 그러나 우리 국제범죄법의 집단살해죄의 문언은 로마규정이나 다른 국가들의 법령과 달리 피해자에 대한 사망의 결과가 발생하였는가의 여부에 따라 구성요건이 구분되어 있고 형량도 달리 규정되어 있어 이러한 차이점이 죄수 판단에 어떠한 영향을 미칠 것인가에 대하여는 보다 신중한 검토가 필요할 것으로 보인다.

제 2 절 형 벌

국제범죄법 제8조 제1항은 집단살해죄의 살인에 대하여는 사형, 무기 또는 7년 이상의 징역에 처하도록 규정하여 일반 살인죄의 경우보다 형을 가중시키고 있다. 그리고 제8조 제2항은 신체 파괴 목적의 생활조건 부과 등 살인을 제외한 그 밖의 행위에 대하여 모두 무기 또는 5년 이상의 징역에 처하도록 규정하고 있으며 다만 이러한 범죄로 인하여 피해자가 사망에 이른 경우에는 살인의 경우와 같이 사형, 무기 또는 7년 이상의 징역에 처하도록 규정하고 있다. 그리고 이와 별도로 집단살해죄의 선동에 대하여는 5년 이상의 유기징역에 처하도록 규정하고 있다.

이러한 우리 국제범죄법의 규정은 비교법적으로 특이한 입법유형에 속하는 것으로 보인다. 국제범죄법은 제8조 제2항 각 호의 범죄를 기본범죄 유형으로 규정한 후 이러한 행위로 인하여 사람이 사망에 이른 경우를 가중 요건으로 제3항에서 별도로 규정하는 등 구성요건을 인도에 반한 죄와 동일하게 세분화시켜 규정하고 있다. 그러나 이러한 입법 형태는 집단에 대한 파괴 자체를 목적으로 하는 집단살해죄의 본질과는 다소 거리가 있는 것으로 다수의 입법례에서는 집단살

---

206) Werle, Gerhard; Jeßberger, Florian, 전게서, p. 324.

207) Kayishema and Ruzindana, ICTR (TC), judgment of 21 May 1999, paras. 517 et seq; Bundesgerichtshof, judgment of 30 April 1999, BGHSt 45, 64, at 88.

208) 이러한 원칙은 동일 유형의 행위를 여러 번 실행하는 경우뿐만 아니라 로마규정 제6조에 규정되어 있는 다양한 유형의 범죄 행위가 다수 범하여진 경우에도 적용된다. Werle, Gerhard; Jeßberger, Florian, 전게서, p. 325.

해죄의 대상인 집단 그 자체에 초점을 맞추어 개별 구성원의 사망 여부에 따라 구성요건을 세분화하고 있지는 않다.[209] 다만 스페인의 경우 구체적 행위유형에 따라 형벌을 분리하여 규정하고 있으나 살인과 심각한 상해, 성범죄를 동일한 형으로 처벌하고 있다.[210] 우리 국제범죄법의 형벌규정은 인도에 반한 죄와 유사한 것으로 집단살해죄가 집단의 존립을 침해하는 집단파괴 범죄라는 특성을 형벌의 측면에도 구체적으로 반영시킬 필요가 있을 것이다.[211]

---

209) 독일 국제범죄법과 오스트리아 법은 집단살해죄의 본질이 보호되는 특정한 집단에 대한 파괴에 있다는 점을 반영하여 집단살해죄에 해당되는 행위는 원칙적으로 모두 무기징역형에 처하되 가벼운 사안의 경우에는 1년 이하의 징역형에 처할 수 있도록 규정하고 있다. 독일 국제범죄법 제6조, 오스트리아 형법 제321조 등 참조; 대다수의 국가들이 집단살해죄에 대하여 모살에 준하는 강력한 형벌을 규정하고 있다. 스위스 형법 제264조, 프랑스 형법 211-1.

210) Código Penal. 제607조 참조.

211) 독일 국제범죄법이 보다 경미한 사안에 대하여 약화된 처벌을 규정하고 있는 것은 조직적 범죄 집단 내에서 명령에 따라 범죄를 저지른 사람까지 무기징역이라는 단일형으로 처벌하는 것이 공정하지 않다는 고려에 의한 것이라고 한다. MüKoStGB/Kreß VStGB § 6 Rn. 114.

제 6 장

집단살해죄의 선동(煽動)

제 1 절   선동(煽動)의 처벌과 법적 성격

1. 선동의 처벌 필요성과 사례들

로마규정 제25조 (e)는 미수 이전 단계의 미완성 범죄로서는 유일하게 집단살해죄의 선동을 형사처벌의 대상으로 규정하고 있다. 로마규정이 집단살해죄에 대한 공개적 선동을 처벌의 대상으로 규정한 것은 선동행위가 공격대상이 되는 집단 구성원들에 대하여 통제될 수 없는 위험을 조성하거나 증대시키기 때문이다. 특히 불특정 다수의 잠재적 범죄자들에 대한 선동이 있었을 경우 선동자 스스로도 사태의 진행에 대한 통제권을 가지지 못하게 된다.212) 피해자 집단에 대한 명예훼손 행위가 집단살해를 유발시키는 전제조건일 수 있다는 연구 결과에 비추어 볼 때에 선동은 집단살해 현상을 야기할 수 있는 심각한 범죄행위이다.213)

뉘른베르크 재판이나 동경 재판에서는 집단살해죄 자체가 규정되어 있지 않았으므로 당연히 집단살해죄의 선동도 처벌될 수 없었으며 선동에 해당할 수 있는 행위는 요건이 충족될 경우 인도에 반한 죄로 처벌되었다.214) 이후 집단살해방지협약 제3조 (c)에 집단살해죄의 선동이 명문화되었으며 ICTY 법령 제4조 제3항 (c), ICTR 법령 제2조 제3항 (c)에도 집단살해죄의 선동이 규정되었다.

ICTR은 집단살해죄의 선동 혐의로 다수의 피고인들에 대하여 유죄판결을 선고하였다. 르완

---

212) Akayesu, ICTR (TC), judgment of 2 September 1998, para. 562.

213) Werle, Gerhard; Jeßberger, Florian, 전게서, p. 322.

214) 나치 신문 편집장 Julius Streicher가 자신의 논문을 통하여 수년에 걸쳐 '유대종족의 절멸'을 주장한 것과 관련하여 인도에 반한 죄의 박해 행위로 사형을 선고받았다. IMT, judgment of 1 October 1946, in The Trial of German Major War Criminals, Proceedings of the International Military Tribunal Sitting at Nuremberg, Germany, Pt 22 (1950), 501 et seq; G.S. Gordon, ""A War of Media, Words, Newspapers, and Radio Stations" : The ICTR Media Trial Verdict and a New Chapter in the International Law of Hate Speech", 45 Virginia Journal of International Law (2004), p. 143 et seq.

다에서의 충돌이 발발하기 이전부터 가해자인 후투족 극단주의자들은 라디오 방송국을 장악하고 피해자 집단인 투치족에 대한 극단적 증오작전을 전개하였으며[215] 라디오 방송국 프로그램 진행 자였던 Georges Ruggiu가 라디오 프로그램 방송 중의 발언을 이유로 유죄판결을 선고받는 등[216] 르완다 사태는 집단살해죄에 있어서 다양한 형태로 전개되는 선동의 심각성을 드러내는 계기가 되었다.

2. 법적 성격

집단살해죄의 선동은 미완성 범죄를 별도의 독립된 범죄로 규정한 것이다. 자유주의적 관점에서 볼 때 미완성 범죄에 대한 형사책임은 제한되는 것이 원칙이나 집단살해죄에 대한 선동은 앞서 본 바와 같이 충분한 비난가능성과 파괴력을 가지고 있어 별도의 형사처벌 대상으로 규정되었다.[217] 로마규정은 집단살해죄에 대한 선동만을 처벌하고 있으며 인도에 반한 죄 등 다른 국제범죄의 선동은 형사처벌의 대상으로 규정하고 있지 않다.

집단살해죄에 대한 선동은 집단살해죄가 실제로 실행되거나 실행에 착수될 것을 요건으로 하지 않는다.[218] 집단살해죄에 대한 선동은 즉시범으로 문제된 선동행위가 외부로 발설되어 공표되는 즉시 범죄가 완성된다.[219]

---

215) 소위 'Media Trial'에서는 언론사의 편집장 등에 대하여 무기징역과 27년형이 선고되었으며〔Nahimana et al., ICTR (TC), judgment of 3 December 2003; Nahimana et al., ICTR (AC), judgment of 28 November 2007〕 가수 Simon Bikindi는 그의 노래 가사가 집단살해죄에 대한 선동에 해당한다는 이유로 유죄를 선고받았다. Bikindi, ICTR (TC), judgment of 2 December 2008, paras. 417 et seq.

216) Ruggiu, ICTR (TC), judgment of 1 June 2000.

217) Ambos, Kai, 전게서 I, p. 170.

218) Cryer, Robert; Friman, Håkan; Robinson, Darryl; Wilmshurst, Elizabeth, 전게서, p. 377; Werle, Gerhard; Jeßberger, Florian, 전게서, p. 321; Nahimana et al., ICTR (AC), judgment of 28 November 2007, para. 678; 집단살해죄에 대한 선동은 그 자체로 처벌되어야 하며 선동을 한 사람이 기대한 결과가 발생되지 않더라도 동일하게 처벌되어야 한다는 것은 Akayesu, ICTR (TC), judgment of 2 September 1998, paras. 561 et seq; Nzabonimana, ICTR (TC), judgment of 31 May 2012, para. 1752; 선동과 교사의 관계에 대한 논의는 A.A. Agbor, "The Problematic Jurisprudence on Instigation under the Statute of the ICTR : The Consistencies, Inconsistencies and Misgivings of the Trial and Appeals Chambers of the ICTR", 13 International Criminal Law Review (2013), p. 458 et seq.

219) Werle, Gerhard; Jeßberger, Florian, 전게서, p. 323; Nahimana et al., ICTR (AC), judgment of 28 November 2007, para. 723.

제2절 선동의 요건

〔로마규정 제25조 제3항 (e)〕
집단살해죄와 관련하여 집단살해죄를 범하도록 직접적으로 그리고 공공연하게 타인을 선동한 경우
(In respect of the crime of genocide, directly and publicly incites others to commit genocide)

1. 객관적 요건

집단살해죄의 선동은 다른 사람들에 대하여 집단살해죄를 범하도록 직접적이고(direct), 공공연하게(public) 요청하는 행위이다.[220] '직접적' 선동은 로마규정 제6조의 집단살해죄에 해당하는 범죄를 저지를 것을 직접적으로 호소하는 것으로[221] 다른 사람이 집단살해 범행을 저지르도록 권고하거나 범죄행위를 즉각적으로 감행하도록 촉발하는 것이다. 단순히 도발적 표현만을 사용하거나 일반적 형태의 증오 연설, 차별적 대우나 폭력의 선동만으로는 집단살해죄에 대한 선동에 해당하지 않으며 막연한 범죄에의 암시도 직접적 선동으로 취급되지 않는다.[222] 그러나 반드시 명시적인 표현이 사용되어야 하는 것은 아니며 다소 암묵적인 언어가 사용될 수 있다.[223] 실제로 발생하는 집단살해죄의 선동 사례에서는 완곡하거나 은유적 표현이 흔히 사용되며 때로는 완벽하게 분명하다고는 보기 어려운 코드화된 언어가 사용되기도 한다. 따라서 집단살해죄의 실행 자체를 분명하게 명시적으로 요청하지 않더라도 선동자의 의사가 피선동자에게 오해 없이 전

---

220) Werle, Gerhard; Jeßberger, Florian, 전게서, p. 323; Akayesu, ICTR (TC), judgment of 2 September 1998, para. 555에서는 다음과 같이 선동에 대한 비교법적 분석을 행하고 있다. 영미법 체제에서는 선동을 다른 사람이 범죄를 범하도록 고무하거나 설득하는 것으로 설명하고 있으며 영미법 일부에서는 위협이나 다른 유형의 압력이 존재하는 경우도 선동의 일종으로 보기도 한다. 대륙법 체제에서는 연설이나 외침, 위협 혹은 기타 시청각적 통신 수단을 통하여 다른 사람에 대하여 범죄 혹은 경범죄를 범하도록 직접적으로 촉발하는 의도된 행위로 선동을 정의하면서 일정한 범죄에 대한 직접적이고 공적인 선동을 형사처벌의 대상으로 규정하고 있다. 임시재판소 법령의 직접적, 공적 선동은 대륙법에서 정의된 것과 동일한 요소로 구성되어 있다.

221) Nahimana et al., ICTR (AC), judgment of 28 November 2007, paras. 692 et seq; Bikindi, ICTR (TC), judgment of 2 December 2008, paras. 417 et seq; Bizimungu et al., ICTR (TC), judgment of 30 September 2011, para. 1974; G.S. Gordon, "" A War of Media, Words, Newspapers, and Radio Stations" : The ICTR Media Trial Verdict and a New Chapter in the International Law of Hate Speech", p. 172 et seq; 2005년 6월 28일 캐나다 대법원 판결에 대한 분석은 J. Rikhof, "Hate Speech and International Criminal Law", 3 JICJ (2005), p. 1126.

222) Akayesu, ICTR (TC), judgment of 2 September 1998, para. 557에서 인과적 관련성을 요구하고 있다는 분석은 Ambos, Kai, 전게서 I, p. 133.

223) Akayesu, ICTR (TC), judgment of 2 September 1998, para. 557; Muvunyi, ICTR (TC), judgment of 12 September 2006, para. 25.

달될 수 있다면 직접적 선동에 해당한다.[224] 다만 이와 같이 직접성 요건을 강조하는 것은 통제되지 않는 비가역적 위험을 예방하겠다는 집단살해죄 선동 범죄의 취지를 약화시키는 것이라는 비판이 있다.[225]

'공공연한(Public)' 선동은 범죄자가 공개된 공적 장소에서 일반 대중들을 상대로 연설하거나 일반 대중을 향한 미디어를 통하여 집단살해죄를 범하라고 호소하는 경우 등에 있어서 인정되어 왔다. ICTR은 Kalimanzira 사건에서 공공연한 선동에 대하여 다음과 같이 설시하고 있다.

> 공공연한 선동은 공공장소나 공공 집회 장소에서의 연설, 함성 또는 위협 등의 방식으로 이루어지거나 이러한 장소에서 문구가 기재된 자료나 인쇄물을 판매, 배포, 제공하는 경우, 공공장소에 포스터나 현수막 또는 시청각적 자료를 활용하여 내용을 게시하는 형태로 나타난다.[226]

실제 지금까지 선동이 문제된 사건에서는 다수 대중들을 상대로 연설하거나 대중매체를 활용하였던 관계로 이러한 요건의 인정 여부를 둘러싸고 특별히 어려운 문제가 제기되지는 않았으며 선동의 장소나 범위가 중요한 판단 요소로 작용하였다.[227]

---

224) Werle, Gerhard; Jeßberger, Florian, 전게서, p. 323; A. Zahar, "The ICTR's "Media" Judgment and the Reinvention of Direct and Public Incitement to Commit Genocide", 16 Criminal Law Forum (2005), p. 34 et seq; 직접적인 선동의 요소들은 문화적 · 언어적 관점에서 고찰되어야 한다는 것은 Akayesu, ICTR (TC), judgment of 2 September 1998, paras. 557 et seq; Nahimana et al., ICTR (AC), judgment of 28 November 2007, paras. 697 et seq; Ruggiu, ICTR (TC), judgment of 1 June 2000, para. 17.

225) Ambos, Kai, 전게서 I, p. 133.

226) Kalimanzira, ICTR (TC), judgment of 22 June 2009, para. 515.

227) 임시재판소 판례에서는 확성기를 이용한 차량 방송, 신문의 논설 등이 공적 선동에 해당한다고 보았다. Kalimanzira, ICTR (TC), judgment of 22 June 2009, para. 159, Nahimana et al, ICTR (TC), judgment of 3 December 2003, paras. 1023 et seq, para. 1039. 그러나 도로에 장애물을 설치하는 행위를 감독한 것은 '공적' 연설에 관련이 없다는 이유로 공적 선동에 해당하지 않는다고 보았다. Kalimanzira, ICTR (AC), judgment of 28 October 2010, para. 159; 인터넷과 이메일이 활용될 경우에는 공적 선동 요건을 둘러싸고 어려운 문제가 제기될 수 있을 것이다. 이에 대한 논의는 Cryer, Robert; Friman, Håkan; Robinson, Darryl; Wilmshurst, Elizabeth, 전게서, p. 378; 선동의 요건과 표현의 자유 등 선동과 관련된 다양한 주제에 대한 상세한 논의는 G.S. Gordon, "From Incitement to Indictment - Prosecuting Iran's President for Advocating Israel's Destruction and Piecing Together Incitement Law's Emerging Analytical Framework", Journal of Criminal Law and Criminology, Vol. 98, Issue 3 (2008); Wibke Kristin Timmermann, "The Relationship between Hate Propaganda and Incitement to Genocide: A New Trend in International Law Towards Criminalization of Hate Propaganda?", Leiden Journal of International Law, 18 (2005); Albin Eser, "The Law of Incitement and the Use of Speech to Incite Others to Commit Criminal Acts: German Law in Comparative Perspective", in D. Kretzmer and F. K. Hazan (eds.), Freedom of Speech and Incitement Against Democracy (2000) 참조.

2. 주관적 요건

집단살해죄의 선동이 성립하기 위해서는 로마규정 제30주에 따라 선동의 객관직 요건들을 인식하고 의도적으로 당해 범행을 저질렀어야 한다. 선동의 주관적 요건에 대하여 ICTR은 다음과 같이 판시한 바 있다.

> 직접적으로 다른 사람에게 집단살해죄를 범할 것은 부추기거나 야기하려는 의도이다. 자신의 행동을 통하여 그가 관여하는 다른 사람의 마음 속에 그러한 범죄를 범하는데 필수적인 특정한 마음 상태를 만들려는 범죄자 측의 욕구를 의미한다. 따라서 집단살해죄를 범할 것은 선동한 자는 스스로도 국적, 인종, 종교 집단 등을 파괴하려는 집단살해 범죄에 대한 특별한 목적을 가지고 있어야 한다.[228]

위 판례에서 나타나는 바와 같이 집단살해죄의 선동은 보호받는 집단에 대한 특정적이고 자족적인 위험을 조성하는 것으로 집단살해죄에 있어서 요구되는 특별한 목적도 스스로 구비하고 있어야 한다.[229]

제 3 절 국제범죄법

〔국제범죄법 제8조 제4항〕
④ 제1항 또는 제2항의 죄를 선동한 사람은 5년 이상의 유기징역에 처한다.

우리 국제범죄법 제8조 제4항은 제1항과 제2항에 규정된 집단살해죄의 선동 행위에 대하여 5년 이상의 유기징역에 처하도록 규정하고 있다. 선동의 구체적 내용이나 요건 등은 앞서 본 로마규정의 내용에 준하여 해석할 수 있을 것이다.[230]

---

228) Nahimana et al., ICTR (TC), judgment of 3 December 2003, para. 1012.
229) Ambos, Kai, 전게서 I, pp. 134, 170; Werle, Gerhard; Jeßberger, Florian, 전게서, p. 324; Mugenzi and Mugiraneza, ICTR (AC), judgment of 4 February 2013, para. 135; Akayesu, ICTR (TC), judgment of 2 September 1998, para. 560; Ruggiu, ICTR (TC), judgment of 1 June 2000, para. 14.
230) 독일 국제범죄법은 집단살해죄 선동에 대한 별도 조항을 두지 않고 독일 형법 제111조와 제130조a에 근거하여 처벌할 수 있도록 하고 있다.

제 2 편

인도에 반한 죄
(Crime against Humanity)

인도에 반한 죄는 민간인 주민들을 대상으로 한 비인도적 범죄행위를 규율한다. 이러한 행위에는 살인, 고문, 강간 등 우리에게 익숙한 행위유형뿐만 아니라 박해, 성적 노예화 등 국내법에서는 다소 생경한 유형도 함께 포함되어 있다. 인도에 반한 죄의 가장 심각한 유형은 일정한 범위의 주민집단 전체를 살해하는 것으로 이러한 행위는 집단살해죄의 특성을 동시에 갖고 있다. 인도에 반한 죄 역시 인류 역사의 슬픈 경험에서 유래한 것이다. 살인, 노예화, 추방, 고문, 집단강간, 실종 등 역사적으로 수많은 반인도적 범죄들이 자행되어 왔다. 그러나 인도에 반한 죄의 이론이나 체계는 비교적 최근에야 발전된 까닭에 짧은 역사를 가지고 있을 뿐이다.

인도에 반한 죄는 민간인에 대한 광범위하거나 체계적인 공격의 일환으로 행해져야 하며 이는 인도에 반한 죄를 국제사회 전체에 영향을 미치는 국제범죄로 고양시키는 요소이다. 인도에 반한 죄는 자국 국민에 대한 범죄를 처벌할 수 없는 전쟁범죄의 공백을 메우며 제한된 범위의 집단에 대한 파괴 행위만을 규율하는 집단살해죄에 비하여 적용범위가 넓다.

우리 국제범죄법 제9조도 인도에 반한 죄에 대한 포괄적인 규정을 두고 있다. 그러나 우리 국제범죄법은 국제법의 규범 내용을 문언 그대로 도입하지 않고 필요한 경우 죄형법정주의나 명확성의 원칙에 따라 일부 조항들을 수정하여 도입하였으며 범죄의 심각성에 근거한 조문의 재배치와 개별 행위유형에 상응하는 형벌의 개별화 작업도 이루어졌다. 이러한 변형 작업으로 인하여 국제형사법 영역에서 인정되는 모든 행위들이 완전히 포섭되지 못하는 경우도 있을 것이나 이는 명확성의 원칙 등에 따른 불가피한 결과이다. 그러나 이러한 부분에 대하여도 일반 형법의 적용이 원칙적으로 가능하므로 형사처벌의 공백이 발생하는 경우는 거의 없을 것으로 생각된다.

제1장 총 설

제 1 절 의의와 연혁

인도에 반한 죄(Crime against Humanity)는 민간인 주민에 대한 광범위하거나 체계적인 공격의 일부로서 그러한 공격에 대한 인식을 가지고 범하여진 살해, 절멸, 노예화, 고문 등의 비인도적 행위를 말한다.

집단살해죄와 전쟁범죄의 경우 보편적 범죄개념이 조약법을 통하여 모습을 드러낸 것과 달리 인도에 반한 죄는 다소 명확성이 결여된 형태로 나타나기 시작하여 최근에야 비로소 일관성 있는 체계로 형성되었다. 특히 로마규정 제7조에는 인도에 반한 죄에 대한 비교적 정치한 개념이 도입되었으며 강제이주, 성적 노예화 등 새로운 행위유형들도 규정되어 있다.

법적 관념의 측면에서 인도에 반한 죄를 언급한 가장 중요한 초기 자료는 1915년에 있었던 프랑스, 영국, 러시아의 공동선언이었다.[231] 이 선언에서 인도에 반한 죄라는 용어가 처음으로 만들어졌으며 터키에서의 아르메니아인에 대한 대학살을 인도와 문명에 반한 죄로 비난하고 이러한 행위에 대한 개인 책임을 경고하고 나선 것이다.[232] 제1차 대전 이후 국제전쟁범죄위원회에 의하여 전쟁범죄와 함께 '인도에 관한 법의 위반(violation of the laws of humanity)'을 함께 심리할 국제재판소의 설립이 제안되기도 하였으나 종국적으로 '인도에 반한 범죄'에 대한 처벌 논의는 실현되지 않았다.[233]

---

231) Declaration of 28 May 1915.

232) Cryer, Robert; Friman, Håkan; Robinson, Darryl; Wilmshurst, Elizabeth, 전게서, p. 229; 이른바 '인도법(law of humanity)'에 대한 복종 의무는 1899년과 1907년 헤이그 육전규범의 서문에 언급되고 있으나 이를 위반하는 행위를 형사처벌 대상으로 규정하고 있지는 않았으며 인도법의 적용시기 또한 전쟁의 시기로 제한되었다. Werle, Gerhard; Jeßberger, Florian, 전게서, p. 329; 인도에 반한 죄라는 용어의 기원에 대한 상세한 논의는 D. Luban, "A Theory of Crimes Against Humanity", 29 Yale Journal of International Law (2004), p. 86 et seq.

233) Werle, Gerhard; Jeßberger, Florian, 전게서, p. 389; 당시 미국 대표단은 인도법이 형사법에서 활용될 수

인도에 반한 죄가 최초로 범죄로 규율된 것은 뉘른베르크 헌장 제6조 (c)에서 였다. 제2차 대전 이후 뉘른베르크 헌장의 입안자들은 나치 정권에 의해 저질러진 집단학살과 대량의 인권침해 범죄에 대한 대응 방법을 찾아야 하는 과제를 안고 있었다. 그러나 고전적 전쟁범죄 개념은 자국 국민들을 상대로 한 범죄를 포괄하지 못한다는 문제점을 가지고 있던 상황이었다. 따라서 다음과 같은 형태로 뉘른베르크 헌장에 인도에 반한 죄가 포함되게 되었다.

> 그러한 범죄가 저질러진 국가의 법에 위반되었는가 여부 등에 관계 없이 전쟁 이전 혹은 전쟁 중 민간인 주민들을 상대로 저질러진 살인, 절멸, 노예화, 추방 그리고 기타 비인도적인 행위 혹은 재판부의 관할권 내에 있는 어떠한 범죄의 실행 혹은 이와 관련하여 저질러진 정치적, 인종적, 종교적 근거에 의한 박해[234]

뉘른베르크 헌장이 인도에 반한 죄에 대한 새로운 법을 만든 것인가 아니면 존재하는 법을 확인한 것에 불과한 것인가에 대하여는 논란이 있다. 새로운 범죄를 만든 것이라는 입장들 중 다수 견해는 모든 국가의 국내법에 의해서 형사처벌의 대상이 되고 있는 대규모 살해와 잔학행위에 대하여 최우선적으로 책임을 추궁할 필요성이 있으므로 이러한 필요성에 불소급의 원칙이 자리를 양보할 수밖에 없었다고 주장한다.[235] 동경 헌장 제5조 (c)에도 뉘른베르크 헌장의 내용에 약간의 수정만을 가한 형태로 인도에 반한 죄가 포함되어 있었다.[236] 그러나 뉘른베르크 재판의 경우와는 대조적으로 동경 재판에서는 아무도 인도에 반한 죄로 유죄판결을 받지 않았다.[237] 통제위원회 법령 제10호에서는 뉘른베르크 헌장이나 동경 헌장에 규정되어 있었던 전쟁범죄나 침

있을 정도로 충분히 정치하지 않을 뿐만 아니라 개념 역시 규명되어 있지 않다고 주장하며 인도법의 적용을 반대하였다. Cryer, Robert; Friman, Håkan; Robinson, Darryl; Wilmshurst, Elizabeth, 전게서, p. 230.

234) 이러한 개념에 있어서는 3가지 중요한 측면이 존재한다. 첫째는 모든 민간인 주민에 대한 범죄라는 것으로 자국 국민을 대상으로 하는 범죄도 포함되게 되었다는 점이다. 일반적으로 당시의 국제법은 국가 사이의 행위를 규율할 뿐 개별 국가가 자신의 국민들을 어떻게 취급하는가에 대하여는 거의 논하지 않았다. 당시에는 인권운동 역시 아직 출현하지 않았다는 점에서 이는 중요한 진보의 하나로서 특히 의미 있는 부분으로 평가되었다. 두 번째는 뉘른베르크 헌장의 경우 전쟁범죄 혹은 침략범죄와의 연결성을 명시하여 인도에 반한 죄가 무력 충돌과의 관계 하에서만 성립되는 것으로 규정되었다는 점이다. 세 번째로 주민(population)이라는 문언을 통하여 피해자 규모에 대한 일정한 조건을 부여한 것이다. 그러나 이에 대한 정확한 기준은 뉘른베르크 헌장이나 판결 어디에도 명확히 나타나 있지 않았다. Cryer, Robert; Friman, Håkan; Robinson, Darryl; Wilmshurst, Elizabeth, 전게서, p. 230.

235) 이에 대한 논의로 대표적인 것은 Hans Kelsen, "Will the Judgment in the Nuremberg Trial Constitute a Precedent in International Law?", 1 International Law Quarterly (1947), p. 165; 인도에 반한 죄의 지위에 존재하는 불명확성 때문에 뉘른베르크 재판부는 인도에 반한 죄와 전쟁범죄에 사이에서 명백히 구분지어지는 논의를 흐리려고 의도한 것으로 보이며 실제 뉘른베르크 재판은 인도에 반한 죄의 요소들에 대하여 매우 근소한 지침만을 제공할 뿐이라는 견해는 Cryer, Robert; Friman, Håkan; Robinson, Darryl; Wilmshurst, Elizabeth, 전게서, p. 231.

236) 동경 헌장에서 민간인 주민이라는 용어가 삭제된 경위와 이후 진행상황에 대하여는 Cryer, Robert; Friman, Håkan; Robinson, Darryl; Wilmshurst, Elizabeth, 전게서, p. 263.

237) Werle, Gerhard; Jeßberger, Florian, 전게서, p. 329.

략범죄와의 관련성 요건이 삭제되었으며[238] 강간, 구금, 고문 등의 행위가 추가되었다. 제2차 대전 이후 인도에 반한 죄의 관습법적 지위는 더욱 공고해졌다. 인도에 반한 죄의 개념은 유엔 총회에서 승인되었으며[239] 국제법위원회가 작성한 국제범죄에 관한 모든 초안에도 인도에 반한 죄는 포함되었다.

비록 뉘른베르크 재판 이후 1990년대까지 인도에 반한 죄에 대한 재판이 국제형사법원에서 이루어지지 않았으나 인도에 반한 죄에 대한 처벌이 완전히 교착상태에 있었다고는 볼 수 없다. 이스라엘에서의 아이히만 재판과 프랑스에서의 Klaus Barbie에 대한 재판 등에서 인도에 반한 죄가 심리되었으며 네덜란드, 동독, 캐나다 등에서도 인도에 반한 죄에 대한 재판이 이루어졌다.[240] 그러나 전세계적으로 수많은 인도에 반한 죄가 새로이 발생하고 있었음에도 불구하고 당시 심리되어 처벌된 사건은 이미 상당히 오래 전에 발생한 나치 범죄자들에 대한 것이라는 한계가 있었다. 그러나 이와 같이 규범의 적용이 제한되는 상황은 ICTY 법령 제5조와 ICTR 법령 제3조에 인도에 반한 죄가 또다시 명문화되고 다수의 피고인들이 처벌됨으로써 새로운 변화를 맞이하게 되었으며 국제관습법에 있어서의 인도에 반한 죄의 지위는 재차 더욱 공고해지게 되었다.[241] 이후 국제법위원회가 만든 인류의 평화와 안전에 대한 범죄 초안에도 인도에 반한

---

238) 인도에 반한 죄는 무력충돌의 맥락이 아닌 인권침해의 강도에 의존한다는 점에서 이러한 요건을 삭제한 것은 논리적 타당성을 가진 것임에도[G. Werle and B. Burghardt, "Do Crimes Against Humanity Require the Participation of a State or a "State-Like" Organization?", 10 JICJ (2012), p. 1160 et seq] 관련성 요건을 포기한 것에 대하여 오랫동안 의문이 제기되어 왔으며[1975년과 1979년 사이의 국제관습법은 인도에 반한 죄가 무력충돌의 배경 하에서 발생할 것을 요건으로 한다는 것으로는 Ieng Sary et al., ECCC (PTC), decision of 15 February 2011, para. 144] 통제위원회 법령 제10호의 문언에도 불구하고 이후의 판결들 역시 관련 법령을 뉘른베르크 판결의 관점에서 해석하여 제2차 대전 발발 이전에 범하여진 인도에 반한 죄는 처벌하지 않았다.[US Military Tribunal, Nuremberg, judgment of 22 December 1947 (Flick et al., so-called 'Flick Trial'), in Trials of War Criminals VI, 1187, at 1213 등. 이와 다른 입장을 취한 영국점령지 법원의 판결 등에 대하여 상세한 것은 Werle, Gerhard; Jeßberger, Florian, 전게서, p. 389]

239) 유엔총회 결의 95(I).

240) 동독 지역에서의 재판 과정에서 발생한 인권 관련 문제점에 대하여 상세한 것은 Werle, Gerhard; Jeßberger, Florian, 전게서, p. 330.

241) Werle, Gerhard; Jeßberger, Florian, 전게서, p. 331; 임시재판소 법령들도 기본적으로는 통제위원회 법령 제10호의 행위유형들에 기초한 것이었다. ICTY 법령 제5조는 인도에 반한 죄의 배경적 요소로 '그것이 국제적이건 혹은 국내적이건 민간인 주민들을 상대로 행하여진 무력충돌에서 범하여진 경우'임을 규정하고 있다. 그러나 이는 대상 법령이 적용되는 상황적 특성에 따라 단순히 이전 유고슬라비아에서의 충돌에 대한 시간적·장소적 관련성을 당해 재판과 관련하여 요구하는 재판권 요소에 불과하며 오랫동안 포기되어 왔던 뉘른베르크 헌장에서의 무력충돌과의 관련성 요건을 재도입한 것은 아닌 것으로 받아들여지고 있다. [Tadić, ICTY (AC), decision of 2 October 1995, para. 140; Tadić, ICTY (AC), judgment of 15 July 1999, paras. 249, 251; Kunarac et al., ICTY (AC), judgment of 12 June 2002, para. 83] 한편 ICTR 법령 제3조는 무력충돌과의 관련성은 요구하지 않으면서도 국가적, 정치적, 인종적, 민족적, 종교적 이유에 따라 범행이 이루어질 것을 규정하고 있다. 그러나 이러한 요건 역시 범죄의 개념을 제한하는 요건이 아닌 르완다 사태에 있어서의 재판권 제한 요건으로 해석되고 있다. Akayesu, ICTR (AC), judgment of 1 June 2001, paras. 464 et seq; Cryer, Robert; Friman, Håkan; Robinson, Darryl; Wilmshurst, Elizabeth, 전게서, p. 231 참조.

죄에 대한 보다 진보된 개념이 포함되었으며 로마규정 협상과정에서는 인도에 반한 죄가 핵심적인 국제범죄에 포함되어야 한다는 광범위한 공감대가 형성되어 제7조에 인도에 반한 죄의 상세한 개념이 도입되게 되었다.[242] 로마규정 제7조 역시 기본적으로는 과거의 법령들에 기초해 있으나 강제이주, 성적 노예화, 강제매춘, 강제임신, 강제불임, 성폭력, 강제실종, 인종차별범죄 등이 새로운 행위유형으로 포함되었으며 무력충돌과의 관련성 요건이나 차별성 요건은 규정되지 않았다.

제 2 절 보호 이익

어떠한 행위를 형사처벌의 대상으로 삼아 형벌을 부과하는 것은 대상 행위가 법익(Legal interests, Rechtsgüter)에 대한 실질적 위해를 야기하는 경우로 제한되어야 하며 보호되는 법적 이익은 형벌을 통하여 보호되어야 할 정도로 중요한 것이어야 한다.[243] 인도에 반한 죄에 규정된 행위는 개인의 생명, 건강, 자유, 존엄성과 같은 기본적 인권을 침해하는 행위이다. 이러한 행위는 개별 피해자에게 심각한 영향을 끼치는 것으로 이러한 침해행위가 민간인 주민들에 대하여 광범위하거나 체계적인 공격의 일부로 행하여질 경우 국제적 차원의 범죄성을 구비하는 국제범죄로 변환된다. 이러한 범죄는 반드시 준수되어야 하는 인간 공존을 위한 최소한의 기준을 근본적으로 부정하는 행위들로서 세계의 안전과 안녕을 포괄하는 보다 넓은 의미에서의 세계평화에 대한 위협이다.[244]

국제범죄로서 인도에 반한 죄는 세계의 평화와 안전이라는 집합적 이익뿐만 아니라 생명, 신체, 자유, 자율성 그리고 궁극적으로는 인간의 존엄성과 같은 개인의 이익에도 영향을 미치는 것이다. 인도에 반한 죄는 이와 같은 집합적 이익과 개인의 이익을 함께 보호한다.[245]

제 3 절 범죄의 구조

로마규정 제7조에 규정되어 있는 인도에 반한 죄는 관련 법령의 공통적 특징들을 종합한 것으로 인도에 반한 죄에 대한 국제법에서의 점진적 발전을 조문화시킨 결과물이다. 로마규정 제7조의 모두 부분에 표현되어 있는 바와 같이 인도에 반한 죄의 대상이 되는 행위는 개별적이고

---

242) 이에 대한 상세한 논의는 D. Robinson, "Defining Crimes Against Humanity at the Rome Conference", 93 AJIL (1999); P. Hwang, "Defining Crimes Against Humanity in the Rome Statute of the International Criminal Court", 22 Fordham International Law Journal (1998) 등; 로마규정 도입 이후의 상황에 대한 것은 L.N. Sadat, "Crimes Against Humanity in the Modern Age", 107 AJIL (2013).

243) Ambos, Kai, 전게서 II, p. 48.

244) Werle, Gerhard; Jeßberger, Florian, 전게서, p. 333.

245) Ambos, Kai, 전게서 II, p. 48.

고립된 것이 아닌 민간인 주민에 대한 광범위하거나 체계적인 공격의 일부로 범하여져야 하며 이는 인도에 반한 죄의 배경적 요소를 이룬다.

인도에 반한 죄가 성립하기 위해서는 객관적 요소로서 로마규정 제7조 제1항에 규정되어 있는 개별 행위 중 하나 이상의 행위가 실행되어야 하며 로마규정 제7조 제2항은 제1항에서 사용된 개념에 대한 상세한 정의규정을 두고 있다.

〔로마규정 제7조 인도에 반한 죄〕

1. 이 규정의 목적상 "인도에 반한 죄"라 함은 민간인 주민에 대한 광범위하거나 체계적인 공격의 일부로서 그 공격에 대한 인식을 가지고 범하여진 다음의 행위를 말한다.
   (a) 살해
   (b) 절멸
   (c) 노예화
   (d) 주민의 추방 또는 강제이주
   (e) 국제법의 근본원칙을 위반한 구금 또는 신체적 자유의 다른 심각한 박탈
   (f) 고문
   (g) 강간, 성적 노예화, 강제매춘, 강제임신, 강제불임, 또는 이에 상당하는 기타 중대한 성폭력
   (h) 이 항에 규정된 어떠한 행위나 재판소 관할범죄와 관련하여, 정치적·인종적·국민적·민족적·문화적 및 종교적 사유, 제3항에 정의된 성별 또는 국제법상 허용되지 않는 것으로 보편적으로 인정되는 다른 사유에 근거하여 어떠한 동일시될 수 있는 집단이나 집합체에 대한 박해
   (i) 사람들의 강제실종
   (g) 인종차별범죄
   (k) 신체 또는 정신적·육체적 건강에 대하여 중대한 고통이나 심각한 피해를 고의적으로 야기하는 유사한 성격의 다른 비인도적 행위
2. 제1항의 목적상,
   (a) "민간인 주민에 대한 공격"이라 함은 그러한 공격을 행하려는 국가나 조직의 정책에 따르거나 이를 조장하기 위하여 민간인 주민에 대하여 제1항에 규정된 행위를 다수 범하는 것에 관련된 일련의 행위를 말한다.
   (b) "절멸"이라 함은 주민의 일부를 말살하기 위하여 계산된, 식량과 의약품에 대한 접근 박탈과 같이 생활조건에 대한 고의적 타격을 말한다.
   (c) "노예화"라 함은 사람에 대한 소유권에 부속된 어떠한 또는 모든 권한의 행사를 말하며, 사람 특히 여성과 아동을 거래하는 과정에서 그러한 권한을 행사하는 것을 포함한다.
   (d) "주민의 추방 또는 강제이주"라 함은 국제법상 허용되는 근거없이 주민을 추방하거나 또는 다른 강요적 행위에 의하여 그들이 합법적으로 거주하는 지역으로부터 강제적으로 퇴거시키는 것을 말한다.

(e) "고문"이라 함은 자신의 구금 하에 있거나 통제 하에 있는 자에게 고의적으로 신체적 또는 정신적으로 고통이나 괴로움을 가하는 것을 말한다. 다만, 오로지 합법적 제재로부터 발생하거나, 이에 내재되어 있거나 또는 이에 부수하는 고통이나 괴로움은 포함되지 아니한다.

(f) "강제임신"이라 함은 주민의 민족적 구성에 영향을 미치거나 또는 국제법의 다른 중대한 위반을 실행할 의도로 강제적으로 임신시킨 여성의 불법적 감금을 말한다. 이러한 정의는 임신과 관련된 각 국의 국내법에 어떠한 영향을 미치는 것으로 해석되지 아니한다.

(g) "박해"라 함은 집단 또는 집합체와의 동일성을 이유로 국제법에 반하는 기본권의 의도적이고 심각한 박탈을 말한다.

(h) "인종차별범죄"라 함은 한 인종집단의 다른 인종집단에 대한 조직적 억압과 지배의 제도화된 체제의 맥락에서 그러한 체제를 유지시킬 의도로 범하여진, 제1항에서 언급된 행위들과 유사한 성격의 비인도적인 행위를 말한다.

(i) "사람들의 강제실종"이라 함은 국가 또는 정치조직에 의하여 또는 이들의 허가·지원 또는 묵인을 받아 사람들을 체포·구금 또는 유괴한 후, 그들을 법의 보호로부터 장기간 배제시키려는 의도하에 그러한 자유의 박탈을 인정하기를 거절하거나 또는 그들의 운명이나 행방에 대한 정보의 제공을 거절하는 것을 말한다.

3. 이 규정의 목적상, "성별"이라는 용어는 사회적 상황에서 남성과 여성의 양성을 지칭하는 것으로 이해된다. "성별"이라는 용어는 위와 다른 어떠한 의미도 표시하지 아니한다.

제 2 장 범죄의 주체와 대상

제 1 절 범죄의 주체

인도에 반한 죄의 주체에는 어떠한 제약도 없다. 따라서 범죄자가 범죄와 관련된 작전의 주동자이거나 설계자일 필요는 없으며[246] 민간인 주민에 대한 공격의 배경 하에서 법령에 규정된 비인도적인 행위를 저질렀다면 인도에 반한 죄의 형사책임을 부담한다. 범죄와 관련된 국가나 조직의 구성원이어야 하는 것도 아니며 국가나 조직의 정책을 이행하거나 지원하는 사람이라면 누구나 인도에 반한 죄의 주체가 될 수 있다.[247] 따라서 유대인을 게쉬타포에 고발하는 경우와 같이 게쉬타포 조직의 구성원이 아닌 사람의 고발로 피해자의 자유가 박탈되고 죽음으로까지 이어지는 상황이라면 이러한 고발을 한 사람 역시 인도에 반한 죄의 범죄자로 처벌될 수 있다.[248]

제 2 절 범죄의 대상

인도에 반한 죄의 보호대상에는 범죄자와 같은 국가의 주민도 포함된다.[249]

로마규정 제7조는 공격의 대상인 민간인 주민을 모든 민간인 주민(any civilian population)으로 규정하여 자국 국민도 보호대상에 포함됨을 명백히 하고 있다. 따라서 전쟁범죄와 달리 인도에 반한 죄에 있어서는 피해자나 범죄자의 국적은 범죄의 성립에 있어 특별한 의미를 갖지 못한다.[250]

---

246) Cryer, Robert; Friman, Håkan; Robinson, Darryl; Wilmshurst, Elizabeth, 전게서, p. 229.

247) Werle, Gerhard; Jeßberger, Florian, 전게서, p. 346; Muthaura et al., ICC (PTC), decision of 23 January 2012, para. 223.

248) Werle, Gerhard; Jeßberger, Florian, 전게서, p. 338.

249) Katanga and Ngudjolo Chui, ICC (PTC), decision of 30 September 2008, para. 399; ICC (PTC), decision of 3 October 2011 (Situation in the Republic of Côte d'Ivoire), para. 32; Tadić, ICTY (TC), judgment of 7 May 1997, para. 635; Gotovina et al., ICTY (TC), decision of 19 March 2007, paras. 54 et seq.

250) Ambos, Kai, 전게서 II, p. 64; Akayesu, ICTR (TC), judgment of 2 September 1998, para. 582; Rutaganda,

제 3 장 주관적 요건

　　로마규정 제7조의 모두 부분에서는 국제관습법에 따라 범죄자가 '민간인 주민에 대한 광범위하거나 체계적인 공격의 일부로서 그 공격에 대한 인식'을 가지고 인도에 반한 죄에 해당하는 범행을 실행하여야 한다고 규정하고 있다.[251] 따라서 범죄자는 배경적 요소가 되는 보다 광범위한 공격의 존재에 대한 인식과 더불어 자신의 개별적 행위가 이러한 공격의 일부를 형성한다는 사실도 인식하고 있어야 한다.[252]

　　민간인 주민에 대한 공격은 범죄의 배경적 요소로서 범죄의 '상황'에 해당하여 로마규정 제30조 제3항에서 규정하는 주관적 요소의 대상이다.[253] 그러나 범죄자가 국가나 조직의 정책에 대한 상세한 내용까지 알고 있어야 하는 것은 아니다.[254]

　　이러한 주관적 요건이 존재할 경우에만 범죄자의 개인적 행위와 전체적 공격 사이에 필수적

　　ICTR (TC), judgment of 6 December 1999, para. 72; 상세한 것은 제4장 제1절의 민간인 주민의 개념 부분 참조.

251) 동일한 취지의 임시재판소 판례는 Tadić, ICTY (TC), judgment of 7 May 1997, para. 659; Tadić, ICTY (AC), judgment of 15 July 1999, para. 248; Kunarac et al., ICTY (AC), judgment of 12 June 2002, para. 102.

252) Ambos, Kai, 전게서 II, p. 77; Katanga and Ngudjolo Chui, ICC (PTC), decision of 30 September 2008, para. 401; Al Bashir, ICC (PTC), decision of 4 March 2009, paras. 86 et seq; Bemba, ICC (PTC), decision of 15 June 2009, para. 87; Kunarac et al., ICTY (TC), judgment of 22 February 2001, para. 434; Kunarac et al., ICTY (AC), judgment of 12 June 2002, para. 102; Blaškić, ICTY (AC), judgment of 29 July 2004, paras. 124 et seq; Kordić and Čerkez, ICTY (TC), judgment of 26 February 2001, para. 187 등.

253) Bemba, ICC (PTC), decision of 15 June 2009, para. 87; D. Robinson, "Defining Crimes Against Humanity at the Rome Conference", p. 51 et seq; 따라서 로마규정 제7조의 모두 부분은 로마규정 제30조에서 요구되는 일반적 주관적 요건을 선언적으로 설명한 것으로 보아야 할 것이나(Werle, Gerhard; Jeßberger, Florian, p. 346; Al Bashir, ICC (PTC), decision of 4 March 2009, paras. 86 et seq) 이와 달리 부가적인 주관적 요건을 요구하는 것으로 보아야 한다는 견해도 있다. Ambos, Kai, 전게서 II, p. 77.

254) 로마규정 범죄구성요건 제7조 Introduction 2. 참조; Al Bashir, ICC (PTC), decision of 4 March 2009, para. 88; Kunarac et al., ICTY (AC), judgment of 12 June 2002, para. 102; Werle, Gerhard; Jeßberger, Florian, 전게서, p. 347.

인 연계가 형성될 수 있다. 따라서 이러한 주관적 요건은 우연히 전체적 공격과 동시에 수행되는 것에 불과한 단일하고 고립된 행위를 인도에 반한 죄의 범주에서 배제하는 기능을 수행한다.[255] 그러나 이러한 인식의 내용이 구체적으로 무엇이며 어떤 대상을 지향하고 있는가는 논란의 대상이다. 특히 범죄자가 배경 요소인 공격이 임박하거나 막 시작하였을 때 사신의 범죄를 실행하는 경우에는 배경 요소인 공격 자체가 아직 존재하지 않아 이에 대한 적극적 인식도 존재할 수 없는 상황이다. 이와 관련하여 로마규정 범죄구성요건은 범죄자가 그러한 공격을 촉진하기를 의도하였다면 족한 것으로 규정하고 있다.[256] 이러한 범죄구성요건의 문언은 원래 인지적 인식요건에 해당하는 사안을 범죄자가 연관된 사실들을 야기하려 하였다는 의지적 요건으로 대체하려는 것이며 따라서 이를 위험성 기반 접근법(risk-based approach)으로 취급할 수 있다는 견해가 있다.[257] ICTY는 범죄자가 적어도 그의 행위가 이러한 공격의 일부라는 위험성을 인식하고 있었어야 한다고 판시한 바 있다.[258]

국제관습법이나 로마규정 모두 인도에 반한 죄에 있어서 일반적인 차별적 목적을 요구하고 있지는 않다. 오직 인도에 반한 죄의 개별 행위 중 박해의 경우에만 차별적 목적이 요구된다.[259]

---

255) Ambos, Kai, 전게서 II, p. 77.

256) 로마규정 범죄구성요건 제7조 Introduction 2. '---perpetrator intended to further such an attack.'

257) 이러한 입장에 따르면 막 시작되는 공격이 전면적인 것으로 발전하는 것과 같은 장래의 사실은 의욕의 대상일 뿐 인식의 대상일 수는 없으나 일정한 행위가 일정한 결과를 가져올 것이라는 위험성에 대한 인식은 가능하며 따라서 일반론적으로 범죄자가 자신의 행위가 보다 광범위한 공격의 일부로 해석될 수 있는 위험성을 인식하고 있었다면 범죄자는 그러한 공격에 대하여 인식을 가지고 있었던 것으로 취급한다. Ambos, Kai, 전게서 II, p. 78.

258) Kunarac et al., ICTY (AC), judgment of 12 June 2002, para. 102; 인식의 범주를 적극적 인식에서 recklessness 의 범위로 확대시키는 이러한 접근에 대한 상세한 논의는 Ambos, Kai, 전게서 II, p. 77.

259) Tadić 사건 1심에서는 인도에 반한 죄에 있어서 차별적 목적이 요구된다고 판시하였지만 학계로부터의 비판과 함께 항소심에서는 1심 판결이 번복되었으며 이후의 판례에서는 일관되게 박해 이외의 범죄에 대하여는 차별적 목적이 요구되지 않고 있다. Tadić, ICTY (AC), judgment of 15 July 1999, paras. 273 et seq; Akayesu, ICTR (AC), judgment of 1 June 2001, paras. 464 et seq; Kupreškić et al., ICTY (TC), judgment of 14 January 2000, para. 558; Blaškić, ICTY (TC), judgment of 3 March 2000, para. 260 등; 이에 대하여는 S. Chesterman, "An Altogether Different Order, Defining the Elements of Crimes Against Humanity", 10 Duke Journal of Comparative and International Law (2002) 참조.

제 4 장　객관적 요건

제 1 절　배경적 요소

1. 민간인 주민에 대한 공격

인도에 반한 죄는 한 사람의 개인을 대상으로 범하여지는 고립된 범죄가 아니다. 인도에 반한 죄를 범하는 개별 범죄자는 한 사람의 피해자만을 대상으로 범죄를 저지를 수 있으나 국제범죄에 해당하기 위해서는 이러한 범죄가 민간인 주민 자체를 향한 공격이라는 배경적 요소 하에 이루어져야 한다. 이와 같은 배경적 요소는 인도에 반한 죄를 일반범죄와 구분되게 하는 국제적 요소이며 대상 행위는 이러한 배경적 요소를 통해 국제적 관심사로 고양된다. 인도에 반한 죄가 국제적 차원에서 다루어지는 이유는 범죄 자체에 극단적 심각성이 내포되어 있음에도 그대로 이에 대한 효율적인 국내 기소를 기대하기 어렵다는 점이다. 인도에 반한 죄의 배경적 요소와 이를 통하여 표출되는 국제적 이해관계의 본질은 인도에 반한 죄의 해석에 있어 중요한 요소로 작용한다.[260]

로마규정 제7조 제1항 모두 부분에는 인도에 반한 죄는 '민간인 주민에 대한 광범위하거나 체계적인 공격'의 일부로 이루어질 것을 규정하고 있으며 제7조 제2항 (a)는 '민간인 주민에 대한 공격'은 '그러한 공격을 행하려는 국가나 조직의 정책에 따르거나 이를 조장하기 위하여 민간인 주민에 대하여 제1항에 규정된 행위를 다수 범하는 것에 관련된 일련의 행위를 말한다'고 정의하고 있다. 따라서 '민간인 주민', '광범위하거나 체계적', '정책 요소'의 의미와 내용에 대한 분석이 필요하다.

이와 관련하여 우리 국제범죄법 제9조는 민간인 주민에 대한 '광범위하거나 체계적인 공격으로 사람을 살해한 사람'이라는 표현을 사용하고 있으나 이는 행위자의 공격 그 자체가 광범위하거나 체계적인 공격을 구성하여야 한다는 것으로 해석될 소지가 있어 뒤에서 살피는 바와 같

---

260) Ambos, Kai, 전게서 II, p. 55, 56.

이 재검토가 필요한 조항으로 생각된다.

(1) 주민

인도에 반한 죄의 배경적 요소인 광범위하거나 체계적인 공격의 대상은 모든 형태의 민간인 주민(any civilian population)이다. 여기에서의 주민(population)은 '비교적 규모가 큰 피해자 집단이 형상화된 것'으로 일정한 특징을 공유하여 공격의 대상이 된 다수를 의미한다.[261] 예를 들면 어떠한 무력집단이 일정 지역을 점령한 경우 그곳에 존재하는 주민들은 그러한 상황적 특징을 공유하게 되며 따라서 공격 대상이 되는 주민집단이 될 수 있다. 반드시 한 국가나 일정한 영토의 전체 주민들이 공격의 영향을 받아야 하는 것은 아니다.[262]

주민의 개념은 광범위하거나 체계적인 공격 개념과 함께 인도에 반한 죄의 집단적 본질을 표현하는 것이다. 따라서 주민 전체가 아닌 개인 한 사람에 대한 공격이나 고립된 폭력행위 등은 인도에 반한 죄의 범주에서 배제된다.[263] 그러나 피해자가 일정한 집단의 구성원임을 이유로 공격의 대상이 되었어야 하는 것은 아니며 차별적 의도가 요구되는 것도 아니다.[264]

(2) 민간인 주민

국제형사법의 영역에서 '민간인'은 구체적으로 정의하기 어려운 모호함을 가진 개념 중의 하나이다. 로마규정에서 민간인의 개념은 인도에 반한 죄를 규정한 제7조뿐만 아니라 로마규정 제8조 제2항의 전쟁범죄에도 등장한다.[265] 우리 국제범죄법의 경우에도 제9조의 인도에 반한 죄와 제13조의 금지된 방법에 의한 전쟁범죄 등에서 민간인 개념이 사용되고 있다.

우선적으로 유의하여야 할 것은 전쟁범죄에서의 민간인 개념과 인도에 반한 죄에서의 민간인 개념은 서로 구분되는 것으로 동일한 개념 범주를 가지고 있지 않다는 점이다. 이러한 구분 필요성은 인도에 반한 죄와 전쟁범죄의 적용 영역 자체에 차이가 있다는 점에서 우선적으로 드러난다. 전쟁범죄는 전쟁법이나 국제인도법과 연계되는 무력충돌과의 관계 속에서 성립되는 반면 인도에 반한 죄에 있어서는 이러한 연계요건이 요구되지 않는다. 인도에 반한 죄는 적용범위가 상대적으로 좁다고 할 수 있는 집단살해죄를 제외하면 무력충돌이 없는 평화의 시기에 피해자의 인권을 보호할 수 있는 거의 유일한 규범영역이다. 따라서 무력충돌을 전제로 정의된 전쟁

---

261) Ambos, Kai, 전게서 II, p. 63.
262) Kunarac et al., ICTY (TC), judgment of 22 February 2001, para. 424.
263) Bemba, ICC (PTC), decision of 15 June 2009, para. 77; ICC (PTC), decision of 31 March 2010 (Situation in the Republic of Kenya), paras. 81 et seq; Tadić, ICTY (TC), judgment of 7 May 1997, para. 644; Kunarac et al., ICTY (AC), judgment of 12 June 2002, paras. 90, 100.
264) Ambos, Kai, 전게서 II, p. 63.
265) 그 밖에 로마규정 제33조의 상급자책임에서도 등장하나 범죄의 객체로서의 민간인을 논하는 것이 아니므로 이곳에서는 따로 살피지 않는다.

범죄에서의 민간인 개념을 인도에 반한 죄에 그대로 적용할 수는 없으며 국제인도법이 적용되는 경우와는 달리 민간인이 자기편 통제 하에 있는 사람인가 아니면 상대편 통제 하에 있는 사람인가 여부도 중요하지 않다. 경우에 따라서는 국제인도법의 보호를 받지 못하는 현재 혹은 과거의 자국 군대 구성원들도 인도에 반한 죄의 직접적인 보호대상이 될 수 있는 것이다. 이처럼 인도에 반한 죄에 있어서는 평화의 시기에도 범죄의 대상이 될 수 있는 민간인들과 여러 가지 이유로 국제인도법의 보호대상에서 제외되는 사람들을 민간인 개념에 포함시켜 보호하는 것이 필요하다.266)

논리적 측면에서 볼 때에도 민간인의 인권뿐만 아니라 군인의 인권 또한 침해될 수 있으므로 무력충돌과의 연관성이 인정되지 않는 인도에 반한 죄에 있어서 민간인에 대립되는 개념으로 군인을 상정하고 군인 신분을 갖는 사람들을 보호대상에서 범주적으로 배제시키는 것은 타당하지 않다. 그럼에도 불구하고 이처럼 군인 신분을 갖는 사람들을 배제하는 것으로 오인할 수 있는 '민간인' 주민의 개념을 사용한 것은 전쟁법과의 관련성을 인정하던 과거의 유물이라는 주장은 설득력 있는 것으로 생각된다.267)

이처럼 민간인 주민이 인도에 반한 죄의 공격대상으로 규정되어 있는 것은 사실이나 구체적으로 어떠한 사람들이 민간인 개념에 포함되는가에 대하여는 논란이 있을 수 있다.268) ICTY는 Blaškić 사건에서 민간인 개념에 대하여 다음과 같이 설시하고 있다.

> 인도에 반한 죄는 엄밀한 의미에서 민간인에 대하여 범하여지는 범죄만을 의미하는 것이 아니며 여기에는 레지스탕스 운동의 구성원이었거나 이전의 전투원 – 그들이 제복을 입었건 아니건 – 이었으나 범죄가 실행될 당시에는 군대를 떠났거나 혹은 상해나 구금 등으로 더 이상 적대행위에 종사하지 않는 사람이 포함된다. 대상자의 지위가 아니라 범죄가 실행될 당시 피해자의 구체적 상황이 민간인으로서의 지위를 결정하는데 반드시 고려되어야 한다.269)

이러한 판례는 제네바협정 공통 제3조에서의 비전투원이라는 광범위한 관념을 인도에 반한 죄의 민간인 요건과 사실상 동일시하는 것이다. 개인의 형식적 지위가 아니라 인도주의적 목적에 따라 범행 당시 범행의 대상이 된 개인의 실제적 역할을 기준으로 판단하여 적대적 군사행동

---

266) Werle, Gerhard; Jeßberger, Florian, 전게서, p. 337.
267) 이처럼 전쟁범죄와 달리 평화 시에도 발생할 수 있는 인도에 반한 죄에 있어서는 무력충돌을 전제로 적대행위에 참가하지 않는 사람들을 보호한다는 국제인도법의 개념이 그대로 활용할 수는 없음에도 이와 같이 민간인 개념을 둔 것은 인도에 반한 죄와 제네바협정 공통 제3조 사이의 혼동에 근거한 것으로 보인다는 주장은 Ambos, Kai, 전게서 II, p. 64.
268) 공격받는 민간인 주민들 사이에 군인들이 일부 존재한다는 사실이 전체 집단의 민간인으로서의 성격을 무효화시키지 않는다는 점은 명확히 확립되어 있다. Mrkšić et al., ICTY (AC), judgment of 5 May 2009, para. 31; Akayesu, ICTR (TC), judgment of 2 September 1998, para. 582 등.
269) Blaškić, ICTY (TC), judgment of 3 March 2000, para. 214.

에 적극적으로 참여하는 전투원을 제외한 모든 사람들이 인도에 반한 죄에 의한 보호가 요구되는 특별한 상황에 처한 것으로 파악하는 것이다.[270] 이러한 입장은 이후의 판례에서도 지속적으로 확인되고 있다.[271] 그러나 구체적 결론에서는 이처럼 광범위한 대상자를 보호대상으로 포섭하면서도 이론적 측면에서는 이러한 접근법을 따르지 않은 판례도 있다.[272]

결국 인도에 반한 죄와 관련된 '민간인'이라는 용어는 모든 형태의 체계적 폭력에 대응하여 인간의 기본적 권리를 보호한다는 목적에 따라 고찰되어야만 하며[273] 과거 인도에 반한 죄의 보

---

270) Ambos, Kai, 전게서 II, p. 65.

271) 인도에 반한 죄의 규칙들은 전쟁범죄에서의 금지보다 더욱 광범위한 인도주의적 범주와 목적을 가지고 있으므로 전투원을 배제한 민간인만 보호되는 것으로 보아야 할 이유는 찾아보기 어렵다고 판단하면서 비록 민간인 요건이 규정된 법령 자체를 완전히 무시하기는 어렵다 하더라도 보다 광범위한 해석이 요구된다고 판단한 것은 Kupreškić et al., ICTY (TC), judgment of 14 January 2000, para. 547 등; 초기 판례로 Tadić 사건에서는 적극적으로 레지스탕스 활동에 종사하였던 사람도 인도에 반한 죄의 피해자가 될 수 있다고 보았으며〔Tadić, ICTY (TC), decision of 10 August 1995, paras. 614, 643〕 Akayesu 사건에서는 보다 광범위한 개념을 적용하여 '민간인 주민의 구성원들은 적대행위에 적극적으로 종사하지 않는 사람들이며 여기에는 그들의 무기를 내려놓거나 질병, 상해, 구금 등 다른 이유로 전투력을 상실한 사람을 포함한다'고 설시하고 있다. Akayesu, ICTR (TC), judgment of 2 September 1998, para. 582; 이와 유사한 것으로는 Galić, ICTY (TC), judgment of 5 December 2003, para. 143; Mrkšić et al., ICTY (TC), judgment of 27 September 2007, para. 450 등; 민간인 개념에 대하여 보다 광범위한 해석을 지지하는 임시재판소의 판결에서는 프랑스 법원 (French Cour de Cassation)이 취한 Barbie case 사건에서의 입장이 참조되었다. 프랑스 법원은 위 사건에서 레지스탕스 구성원도 인도에 반한 죄의 대상이 될 수 있다고 결론을 내린 바 있다. Cour de Cassation, ILR, 78 (1984), 140. Ambos, Kai, 전게서 II, p. 64.

272) 이러한 입장에서는 전투력을 잃은 사람들에게 민간인의 지위를 부여하기 보다는 이들을 비민간인으로 남겨두면서도 인도에 반한 죄의 피해자로 자격짓는 것이다. ICTY 법령 제5조에 의하여 민간인 주민이 인도에 반한 죄의 피해자가 됨은 분명하나 이러한 조항이 민간인 주민으로만 보호대상을 제한하려 한 것이 아니라 주로 민간인 주민을 대상으로 한 것이라는 점을 나타내려 하였다고 보고 있다. 제네바협정 제4조 (a)와 부속의정서 I 제50조에 비추어 볼 때 피해자가 처한 특정한 상황에만 의거하여 군대구성원이나 조직화된 저항 집단의 구성원에게 민간인 지위를 부여할 수는 없으나 이들은 국제관습법 하에서 보호대상에 해당할 수 있으므로 종국적으로 전투력을 잃은 군인 등을 보호대상에 포함시켜 해석하는 것이 죄형법정주의 위반에 해당하지는 않는다고 보고 있다. Blaškić, ICTY (AC), judgment of 29 July 2004, para. 114; Galić, ICTY (AC), judgment of 30 November 2006, para. 144; Martić, ICTY (TC), judgment of 12 June 2007, paras. 55 et seq 등; 이러한 관점은 제2차 대전 후 영국 점령지역에서 통제위원회 법령 제10호에 의하여 진행된 독일 연방대법원의 판결과 일치하는 것이다. 전쟁 마지막 날 탈영한 두 명의 독일군 병사들에게 사형을 선고하고 사형집행을 명령한 것과 관련하여 독일 법원은 그러한 병사들에 대한 범죄는 민간인 주민에 대한 것은 아니나 과거의 병사들에 대하여도 인도에 반한 죄는 범하여질 수 있다는 점에서 민간인 주민의 요건이 인도에 반한 죄에 있어 필수적인 것이 아니라고 판시하였다. OGHBrZ, No. StS 111/ 48 , Judgment, in OGHSt, i, p. 228 (7 December 1948). 또한 군대의 사기를 떨어뜨린 행위에 대하여 사형을 선고한 것과 관련된 유사한 판결은 OGHBrZ, No. StS 309/ 49, Judgment, in OGHSt, ii, p. 231 (18 October 1949). 그러나 ICTY의 Martić case 사건 항소심 재판부는 또다시 피해자에 대한 보호의 필요성 기준으로 회귀하였다. 따라서 군대의 구성원이나 전투력을 상실한 사람(hors de combat)에 대한 공격이 민간인 주민에 대한 광범위하고 체계적인 공격의 맥락에서 발생한 것이라면 이들도 인도에 반한 죄의 피해자가 될 수 있다고 판시하였다. Martić, ICTY (AC), judgment of 8 October 2008, paras. 311, 313.

273) Werle, Gerhard; Jeßberger, Florian, 전게서, p. 335; Tadić, ICTY (TC), judgment of 7 May 1997, para. 639;

호 범위가 민간인 전쟁 피해자로 제한된 적이 있다 하더라도 더 이상 그러한 제한이 유지되어야 하는 것은 아니다.[274]

이처럼 인도에 반한 죄의 민간인 개념은 일차적으로 국제인도법의 민간인과 더 이상 전투에 종사하지 않는 모든 사람을 포함하며 나아가 무력충돌이 없는 평화시기에도 적용되므로 국제인도법에 의하여 보호되지 않는 모든 사람을 보호하는 역할을 하는 것이다. 따라서 군인 신분 등 형식적 지위에 관계없이 더 이상 적대행위를 하지 않고 무기를 내려놓는 등 전투력을 상실한 자 (hors de combat) 등에 해당한다면 민간인으로 간주된다.[275] 그리고 국제인도법과 달리 민간인에 대한 보호지위 여부를 결정함에 있어 대상자들이 자기편 통제 하에 있는 사람인가 아니면 상대편 통제 하에 있는 사람인가 여부도 중요하지 않다. 국제인도법의 보호를 받지 못하는 현재 혹은 과거의 자국 군대 구성원들도 인도에 반한 죄의 보호대상이 될 수 있으며 이러한 방식으로 인도에 반한 죄의 규범은 국제인도법이 제공하지 못하는 별개의 보호 범위를 확보하게 되는 것이다. 다만 주의할 점은 국제인도법은 당해 규범을 준수한 행위자들을 형사적 책임에서 자유롭게 하는 것이므로 무력충돌 과정에서 국제인도법을 위반하지 않은 행위들은 인도에 반한 죄로 처벌되지 않는다.[276]

(3) 공격(Attack)

로마규정 제7조 제2항 (a)는 민간인 주민에 대한 공격을 '그러한 공격을 행하려는 국가나 조직의 정책에 따르거나 이를 조장하기 위하여 민간인 주민에 대하여 제1항에 규정된 행위를 다수 범하는 것에 관련된 일련의 행위'로 규정한다.

인도에 반한 죄에서의 공격은 반드시 군사적 공격이어야 하는 것은 아니며[277] 따라서 공격

Limaj et al., ICTY (TC), judgment of 30 November 2005, para. 706.

274) Ambos, Kai, 전게서 II, p. 64.

275) ICTR의 Kayishema 사건에서는 경찰을 인도에 반한 죄의 피해자의 대상에서 제외하고 있다.〔Kayishema and Ruzindana, ICTR (TC), judgment of 21 May 1999, para. 127〕 그러나 경찰 구성원들은 단지 질서 유지 책임만을 부담하고 있다는 점에서 전투원이 아니며 이들이 무기를 잡고 적국의 군대에 가담하지 않는 이상 인도에 반한 죄의 의미에서도 민간인이 아닌 것으로 보아야 한다는 주장이 있다. 이러한 입장에서는 아울러 인도에 반한 죄에는 집단살해죄와 달리 '집단적 요소'가 존재하지 않으므로 피해자는 특정적으로 목표가 된 집단의 구성원일 필요가 없으며 단지 민간인 주민에 대한 공격의 과정에서 목표가 되었으면 족한 것이므로 범죄자 자신이 목표가 된 집단의 구성원일 수도 있다고 이해한다. 예를 들면 유대인이 아님에도 유대인을 숨겨주었다는 이유로 범죄의 피해자가 될 수 있다는 것이다. Ambos, Kai, 전게서 II, pp. 66, 67, 76; 무력충돌이 적용되지 않는 상황에서의 인도에 반한 죄는 일반적으로 국가나 다른 조직화된 무장단체의 민간인 주민에 대한 일방적인 행위로 특징지어지며 국가나 다른 무장집단의 권력을 갖는 사람처럼 민간인 주민에 대하여 그들의 권력을 행사하는 사람은 민간인 주민의 개념에 포함되지 않는다고 보면서 국가경찰조직의 구성원이나 비정부조직의 구성원으로서 실질적 권한을 부여받은 경우와 같이 무력을 사용하는 조직화된 권력집단의 일부에 속하는 사람이 아니어야 한다는 입장은 Werle, Gerhard; Jeßberger, Florian, 전게서, p. 335.

276) Werle, Gerhard; Jeßberger, Florian, 전게서, p. 337.

277) Werle, Gerhard; Jeßberger, Florian, 전게서, p. 338; Ambos, Kai, 전게서 II, p. 59.

의 개념이 전쟁범죄의 경우와 동일하지 않다.[278] 로마규정 범죄구성요건도 군사적 공격일 필요가 없음을 명시하고 있다.[279] 국제형사재판소 역시 공격의 개념을 민간인 주민을 대상으로 행하여지는 작전으로 정의하면서 군사작전으로 제한되지 않는다고 판시하였다.[280]

공격은 인도에 반한 죄에 해당하는 살해, 절멸, 고문, 강간 등과 같은 범죄행위의 다중적 실행으로 이루어진다.[281] 인종차별 범죄의 사례에서 볼 수 있듯이 공격에 있어서 무력의 사용이 필수적인 것은 아니며 폭력적 특징을 갖지 않을 수도 있다.[282] 공격을 이루는 행위들은 서로 다른 유형의 행위들로 구성될 수 있으며 민간인 주민에 대한 모든 학대행위가 포함된다.[283] 이처럼 공격 개념은 인도에 반한 죄에 규정되어 있는 행위유형에 의존하는 것으로 인도에 반한 죄에 범죄로 규정되어 있는 다른 비인도적 행위들도 공격 여부를 판단함에 근거가 되는 범주에 포함된다.[284]

공격 개념은 다중적 실행의 의미를 포함하고 있다. 따라서 고립되고 간헐적으로 이루어지는 비인도적 행위는 인도에 반한 죄의 범주에서 배제된다.[285] 다중적 실행은 '광범위'라는 요건보다는 그 정도가 약한 것으로[286] 동일한 행위가 여러 번 범하여지거나 서로 다른 행위들이 다수 범하여질 경우 존재한다. 그러나 관련자가 다수이어야 한다거나 서로 다른 시기에 동일한 행위들이 행해져야 한다는 것은 아니다.[287] 범죄자 스스로 그러한 행위들을 반복적으로 범할 필요도 없으며 하나의 고의적 살해행위도 전체적 맥락에 맞는 것이라면 인도에 반한 죄를 구성할 수 있다.[288]

많은 사람을 사상에 이르게 하는 단 하나의 행위가 이러한 공격에 포함되는가 여부가 문제될 수 있다. 예를 들면 많은 사람들이 음용하는 물에 독약을 살포하는 경우, 핵폭탄을 떨어뜨리거나 비행기로 핵발전소나 고층건물을 공격하는 것 등이다. 이러한 행위는 단 한 번의 실행만으로도 국제공동체에 영향을 미칠 수 있는 것이며 개인들이 각자 보유하고 있는 개별적 권리들을 다수 침해하는 것이므로 다중적 실행에 해당한다고 보아야 한다. 따라서 9·11테러 공격은 이러

278) Cryer, Robert; Friman, Håkan; Robinson, Darryl; Wilmshurst, Elizabeth, 전게서, p. 235.
279) 로마규정 범죄구성요건 제7조 3.
280) Bemba, ICC (PTC), decision of 31 March 2010, para. 80.
281) Ambos, Kai, 전게서 II, p. 58.
282) Cryer, Robert; Friman, Håkan; Robinson, Darryl; Wilmshurst, Elizabeth, 전게서, p. 235.
283) Kayishema and Ruzindana, ICTR (TC), judgment of 21 May 1999, para. 122; Kunarac et al., ICTY (AC), judgment of 12 June 2002, para. 86; Kordić and Čerkez, ICTY (AC), judgment of 17 December 2004, para. 666; Tolimir, ICTY (TC), judgment of 12 December 2012, para. 693.
284) 이와 관련하여 다른 비인도적 행위의 정확한 개념이 존재하지 않는 까닭에 공격 개념이 지나치게 부정확해진다는 비판은 Ambos, Kai, 전게서 II, p. 59.
285) Ambos, Kai, 전게서 II, p. 59.
286) Werle, Gerhard; Jeßberger, Florian, 전게서, p. 338.
287) Ambos, Kai, 전게서 II, p. 59.
288) Tadić, ICTY (TC), judgment of 7 May 1997, para. 649.

한 개념에 포함된다.[289]

2. 광범위하거나 체계적인 공격

(1) 선택적 요건

민간인 주민에 대한 공격은 광범위하거나 체계적인 것이어야 한다. 로마규정 협상 과정에서 광범위 요건과 체계적 요건을 포함시키는 것에 대하여는 쉽게 합의되었음에도 이러한 요건들이 선택적인 것인지 아니면 누적적으로 충족되어야 하는 것인지에 대하여는 견해가 일치하지 않았다. 종국적으로는 민간인 주민에 대한 공격 개념에 정책요소를 포함시키는 것을 조건으로 선택적 요건으로 규정하게 되었다.[290] 이와 같은 선택적 접근방식은 임시재판소 판례에서도 지속적으로 채택되어 왔으며[291] 시에라리온 특별재판소 법령에도 동일한 방식이 채택되어 있다.[292] 학계 역시 대체적으로 이러한 입장을 따르고 있으나 로마규정 제7조 제2항 (a)가 정책에 근거한 행위의 다수 실행을 규정함으로써 누적적 접근방식을 선택한 것으로 보인다는 주장도 있다.[293] 실제로 인도에 반한 죄가 발생하는 상황에서는 양자가 동시에 충족되는 것이 일반적일 것이다.[294] 이러한 요건은 오직 배경적 요소로서 규정되어 있는 공격에 대한 것일 뿐 인도에 반한 죄에 해당하는 개별 행위에 대하여 적용되는 기준은 아니다.[295]

(2) 광범위한 공격(Widespread Attack)

공격의 광범위성은 일반적으로 공격의 대규모성과 피해자의 숫자에 의하여 확인될 수 있다.[296] 임시재판소 역시 공격의 규모나 피해자의 숫자에 초점을 맞추어 광범위 요소 해당 여부를 판단하였는데 이는 국제법위원회의 1996년 초안에 규정된 주석의 표현을 따른 것이다.[297]

289) Kupreškić et al., ICTY (TC), judgment of 14 January 2000, para. 712; Werle, Gerhard; Jeßberger, Florian, 전게서, p. 339; 로마규정 범죄구성요건 General Introduction, para. 9.은 특정한 행위는 하나 혹은 그 이상의 범죄를 구성할 수 있다고 규정하고 있다. Ambos, Kai, 전게서 II, p. 59.

290) Werle, Gerhard; Jeßberger, Florian, 전게서, p. 339; Cryer, Robert; Friman, Håkan; Robinson, Darryl; Wilmshurst, Elizabeth, 전게서, p. 234.

291) Akayesu, ICTR (TC), judgment of 2 September 1998, para. 579; Kayishema and Ruzindana, ICTR (TC), judgment of 21 May 1999, para. 123 등.

292) Statute of The Special Court for Sierra Leone 제2조.

293) Ambos, Kai, 전게서 II, p. 62.

294) Blaškić, ICTY (TC), judgment of 3 March 2000, para. 207; Bagilishema, ICTR (TC), judgment of 7 June 2001, para. 77.

295) Werle, Gerhard; Jeßberger, Florian, 전게서, p. 340; Kunarac et al., ICTY (AC), judgment of 12 June 2002, para. 96; Kordić and Čerkez, ICTY (AC), judgment of 17 December 2004, para. 94; Brđanin, ICTY (TC), judgment of 1 September 2004, para. 135.

296) Cryer, Robert; Friman, Håkan; Robinson, Darryl; Wilmshurst, Elizabeth, 전게서, p. 235.

297) Tadić, ICTY (TC), judgment of 7 May 1997, para. 206; Kunarac et al., ICTY (TC), judgment of 22 February

공격이 넓은 지역으로 확장되어 있을 경우 광범위한 공격에 해당하나 지역적 확장성이 필수 요건은 아니다.[298] 피해자의 다수성이 중요한 요소이기는 하나 숫자적 한계가 정하여져 있지는 않으며 구체적 사실관계에 입각하여 판단되어야 한다.[299] 광범위 요건은 공격의 양적 요소를 표현한 것이나 때로는 공격의 질적 요소로부터도 추론될 수도 있다. 따라서 다수 행위의 집적된 효과가 존재할 경우 광범위 요건이 인정되는 것이 전형적인 사례이나 특별한 강도를 가지는 한 번의 대규모 공격도 이러한 요건을 충족시킬 수 있다.[300] 국제재판소의 판례들도 대체로 동일한 입장을 취하고 있다.[301]

(3) 체계적 공격(Systematic Attack)

체계적 공격의 기준은 폭력적 행위의 조직화된 본질에 의존하는 질적(質的)인 것으로 대상 공격이 무작위적으로는 발생할 것 같지 않다는 비개연성을 표현하는 것이다.[302] 개인에 대한 공격은 일정한 패턴을 따르는 것이어야 하며 즉흥적이고 고립된 행위들은 배제된다.[303] 공격의 체계성은 유사한 범죄적 행위가 정기적으로 반복되어 우연적인 것으로는 볼 수 없는 범죄의 일정한 패턴이 존재한다는 사실에서 나타날 수 있으며 따라서 체계적 공격에 해당하기 위해서는 '패턴이나 체계적 계획'의 존재가 요구된다.[304] 민간인 주민에 대한 공격을 실행하는 개별 범죄자들에 대하여 지시를 내리거나 이들의 범행을 지도하는 정책이나 계획이 존재하며 이에 기반하여 실제 이러한 공격이 수행되었다면 이러한 공격은 체계적인 것이다.[305] 이러한 해석은 체계적 공

2001, para. 428; Draft Code of Crimes against the Peace and Security of Mankind with commentaries 1996 제18조 부분 para. 4 'The⋯ alternative requires the inhumane acts be committed on a large scale meaning that the acts are directed against a multiplicity of victims.'

298) Werle, Gerhard; Jeßberger, Florian, 전게서, p. 339.

299) Cryer, Robert; Friman, Håkan; Robinson, Darryl; Wilmshurst, Elizabeth, 전게서, p. 235.

300) Ambos, Kai, 전게서 II, p. 62.

301) ICTY는 Tadić 사건에서 1996년 국제법위원회 초안에 따라 피해자의 다수성을 의미하는 것으로 보았으며 〔Tadić, ICTY (TC), judgment of 7 May 1997, para. 648〕 Kayishema 사건에서도 피해자의 다수성을 근거로 판단하였다.〔Kayishema and Ruzindana, ICTR (TC), judgment of 21 May 1999, para. 123〕 Blaškić 사건에서는 일련의 비인도적 행위의 누적적 효과가 있거나 혹은 특별한 강도를 가지는 단일한 비인도적 행위가 있을 경우 광범위한 공격에 해당할 수 있는 것으로 보았다.〔Blaškić, ICTY (TC), judgment of 3 March 2000, para. 206〕 한편 Akayesu 사건에서는 보다 복잡한 개념을 도입하여 빈번한 대규모의 대량 행동이 다수의 피해자를 향하여 이루어지는 것으로 상당한 심각성과 집합성을 요구하였다.〔Akayesu, ICTR (TC), judgment of 2 September 1998, para. 580〕; 국제형사재판소는 광범위 요건을 완전히 양적인 것이나 지역적인 것으로 평가해서는 안 되며 개별 사안에 기초하여 판단하여야 한다고 보았다. Situation in the Republic of Kenya, ICC (PTC), decision of 31 March 2010, para. 95.

302) Situation in the Republic of Kenya, ICC (PTC), decision of 31 March 2010, para. 95.

303) Werle, Gerhard; Jeßberger, Florian, 전게서, p. 340.

304) Katanga and Chui, ICC (PTC), decision of 30 September 2008, para. 397; Kordić and Čerkez, ICTY (AC), judgment of 17 December 2004, para. 94.

305) Ambos, Kai, 전게서 II, p. 59.

격을 사전적으로 형성된 계획이나 정책에 의하여 실행되는 것이라고 정의한 1996년 국제형사법위원회 초안에 부합하는 것으로 후속 판결에서도 체계적 요건의 핵심적 의미 영역으로 인정되고 있다.[306] 이처럼 체계적 공격 개념이 갖는 공통분모는 당해 공격이 사전적 정책 또는 계획에 의존한다는 점과 이를 통한 공격행위가 일정 수준 이상으로 조직화되어 있다는 것이다.[307]

3. 정책 요소

로마규정 제7조 제2항 (a)는 민간인 주민에 대한 공격은 '그러한 공격을 행하려는 국가나 조직의 정책에 따르거나 이를 조장하기 위하여' 범하여져야 한다고 규정하고 있다.[308] 앞서 본 바와 같이 로마규정 협상에서 '광범위' 요건과 '체계적' 요건을 선택적인 것으로 규정하게 된 것은 민간인 주민에 대한 공격 개념 속에 '광범위' 요건과 '체계적' 요건에 모두 적용될 수 있는 '정책 요소'를 포함시켰기 때문이다.

뉘른베르크 헌장 제6조 (c)와 동경 헌장 제5조 (c)를 포함하여 통제위원회 법령 제2조 제1항 (c), ICTY 법령 제5조, ICTR 법령 제3조 등 지금까지 인도에 반한 죄를 규정한 법령에는 이와 같은 정책요소가 전혀 규정되어 있지 않았다. 그러나 인도에 반한 죄로 처벌된 실제 사례들은 국가 정책의 결과로 인한 것이었으며[309] 계획이나 정책의 존재는 체계적이거나 혹은 광범위한 공격이 발생하였다는 점을 입증하는데 유용한 자료로 활용될 수 있었다.

---

306) 공격의 체계적 본질과 정책과의 관계를 강조하여 사전에 형성된 정책이나 계획에 따라 공격이 수행되는 것을 의미한다는 것은 Kayishema and Ruzindana, ICTR (TC), judgment of 21 May 1999, para. 123; 체계적이라는 용어의 일반적인 의미에 따라 완전한 조직화된 계획일 것을 요구하면서 상당한 공적·사적 자원이 연계된 공통된 계획 등 강화된 요건을 부가하는 임시재판소 판례로는 Akayesu, ICTR (TC), judgment of 2 September 1998, para. 580; (1) 계획이나 목적 (2) 대규모 혹은 연계된 범죄의 지속적 실행 (3) 중요한 자원 (4) 고위 당국자의 연루 등을 요건으로 들고 있는 판결은 Blaškić, ICTY (TC), judgment of 3 March 2000, para. 203; Kordić and Čerkez, ICTY (TC), judgment of 26 February 2001, para. 179; 이러한 요건을 요구하는 것은 엄격한 의미에서 체계적 공격의 요건이라기보다는 체계적 공격의 사례 중 하나이거나 원시적 공격수단을 활용히는 매우 조악한 형태의 공격을 배제하는 것으로 해석하는 견해는 Ambos, Kai, 전게서 II, p. 60.

307) Werle, Gerhard; Jeßberger, Florian, 전게서, p. 340.

308) 이는 특히 1996년 국제법위원회의 초안의 영향을 받은 것이다. 개인의 고립된 범죄를 인도에 반한 죄의 범주에서 명확히 배제하기 위하여 정부, 조직 혹은 집단에 의한 범죄의 선동이나 지지를 요건으로 규정하고 있었다. 1996 Draft Code, Commentary on Art. 18, para. 5.

309) 임시재판소들은 처음에는 1996년 국제법위원회 초안과 그 주석과 같이 사전에 준비된 계획이나 정책을 따른 것이어야 한다고 판시하였다.〔Akayesu, ICTR (TC), judgment of 2 September 1998, para. 580; Kayishema and Ruzindana, ICTR (TC), judgment of 21 May 1999, para. 123; Kunarac et al., ICTY (TC), judgment of 22 February 2001, para. 429; Blaškić, ICTY (TC), judgment of 3 March 2000, para. 203〕 그러나 ICTY 항소심의 Kunarac et al. 판결 이후부터는 정책 요건을 요구하는 것은 국제관습법에서 근거를 찾을 수 없다며 이를 요건으로 요구하지 않았다.〔Kunarac et al., ICTY (AC), judgment of 12 June 2002, paras. 94, 98, 104; Krstić, ICTY (AC), judgment of 19 April 2004, para. 225; Blaškić, ICTY (AC), judgment of 29 July 2004, paras. 100, 120; Perišić, ICTY (TC), judgment of 6 September 2011, para. 86; Tolimir, ICTY (TC), judgment of 12 December 2012, para. 698〕

로마규정에 이러한 정책요건이 도입된 것은 국제범죄의 요소가 전쟁과의 관련성 요건이 아닌 국가나 조직의 권한과 관련된 부분으로 이동하고 있는 것을 의미한다.[310] 로마규정에서의 정책 요건은 광범위한 공격이나 체계적인 공격 양자 모두에 필요한 것이므로 공격 개념에 내재하는 요소로 이해될 수 있다.[311] 만일 인도에 반한 죄의 성립에 있어 정책 요소를 도외시한다면 연쇄살인범이 다수의 피해자를 살해하여 광범위 요건을 충족시키는 경우라면 인도에 반한 죄에 해당할 수 있다는 결론에 이를 수 있다. 그러나 이러한 결과는 인도에 반한 죄의 인정이유에 부합하지 않는 것으로 생각된다.

결론적으로 체계적 공격뿐만 아니라 광범위한 공격의 경우에도 일정한 정책을 추구하는 국가나 실질적 권한을 행사하는 실체와의 관련성이 요구되는 것이다.[312] 그러나 정책의 주체가 반드시 국제공법상의 국가일 필요는 없으며 일정한 지역을 사실상 통제하면서 정부로서의 기능을 행사하는 안정적 독립체들도 포함된다.[313]

---

310) 이에 대하여 상세한 설명은 Ambos, Kai, 전게서 II, p. 50.

311) 임시재판소 판례에서 정책 요소를 범죄의 요건으로 요구하지 않았다는 사실이 공격 개념으로부터 정책 요건이 추출될 수 없음을 의미하는 것은 아니며 지금까지도 적어도 체계적 공격의 경우에는 정책 요소가 필연적으로 내포되어 있었던 것으로 이해될 수 있을 것이다. 광범위 공격의 경우에는 이론적인 측면에서 일정 부분 차이점이 존재할 수 있을 것으로 보이나 지금까지 체계적 요건이 함께 인정되지 않은 채 광범위한 공격에만 의존하여 처벌하였던 사례는 거의 없었던 것으로 보인다. Ambos, Kai, 전게서 II, pp. 68, 69; 정책 요건이 인도에 반한 죄가 발생할 수 있는 전형적인 경우를 표현한 것에 불과한 것인지 아니면 형사처벌을 위한 실질적 요건인가 여부가 불분명한 상태라는 주장은 Werle, Gerhard; Jeßberger, Florian, 전게서, p. 341.

312) 인도에 반한 죄를 국제범죄로 인정하는 가장 중요한 이유 중의 하나는 기본적 인권의 보호이며 이와 같은 인권보호 문제는 개인 피해자와 국가 혹은 사실상 권한을 행사하는 국가 유사조직과의 관계에서 나타날 수 있다. 국가 등 권리를 침해하는 주체는 일정한 정책에 따라 행위하게 되며 개인들 사이의 인권 문제에는 오직 국가가 국민들을 보호하는데 실패한 경우에만 개입하게 된다. Ambos, Kai, 전게서 II, p. 69; Kunarac et al., ICTY (TC), judgment of 22 February 2001, para. 470.

313) 국제법위원회의 1996년 초안은 정책의 주체를 '정부 혹은 다른 조직이나 집단'으로 규정하고 있었으며 ICTY 역시 정책은 국가의 정책일 필요가 없다고 판시하고 있다. Tadić, ICTY (TC), judgment of 14 July 1997, para. 655; Kayishema and Ruzindana, ICTR (TC), judgment of 21 May 1999, para. 126; Kupreškić et al., ICTY (TC), judgment of 14 January 2000, para. 551 등; 인도에 반한 죄의 역사적 기원 분석을 통해 국가와 같은 특성을 갖는 집단에 의하여 범죄가 범하여졌어야 한다고 주장하는 견해(Situation in the Republic of Kenya, ICC (PTC), decision of 31 March 2010, Dissenting Opinion of Judge Kaul, paras. 21 et seq), 국가주권에 대한 침해 위험성을 방지한다는 목적에서 더욱 제한적 입장을 취하여 엄격해석의 원칙에 따라 적어도 국가 유사 단체일 것이 요구된다는 견해가 존재한다.〔Kreß, C, "On the Outer Limits of Crimes Against Humanity - The Concept of Organization within the Policy Requirement - Some Reflections on the March 2010 ICC Kenya Decision", LJIL, 23 (2010)〕 그러나 이에 대하여 이러한 제한적 해석은 민간인 주민을 보호한다는 목적을 가진 인도에 반한 죄의 목적과 로마규정 제7조의 성립 경위 및 문언과도 부합하지 않으므로 타당하지 않다는 비판적 견해가 합리적인 것으로 생각된다. 집단살해죄의 경우에도 보호되는 집단을 파괴하려는 목적이 국가 혹은 국가 유사 조직에 의한 것이어야 한다는 요건은 존재하지 않으며 인권에 대한 집단적 침해를 가져오는 인도에 반한 죄는 평화에 대한 위협으로 세계 평화에 대한 위협이 되는 공격인가 여부를 판단함에 있어 공격자가 누구인가는 결정적이지 않을 것이다. 보호받는 인권에 대한 대량의 침해는 비국가 당사자에 의하여 범하여질 수 있으며 이러한 침해행위 역시 세계 평화에 대한 위협이 되는 것이다.

로마규정 제7조는 이러한 측면에서 '국가 혹은 조직의 정책(State or organizational policy)'이라고 명시하고 있다. 그러나 '조직'이라는 용어의 의미와 구체적 적용 범위는 명확하지 않은 상태이다. 특정 지역을 지배하거나 혹은 지배할 수 있는 집단은 당연히 포함될 것이나[314] 이와 같은 지역적 지배가 필수적인 것은 아니다.[315] 중요한 판단 요소는 집단의 내적 구조가 아니라 민간인 주민에 대하여 광범위하거나 체계적인 공격을 감행할 수 있는 인적·물적 잠재력을 갖추고 있는가 여부로서[316] 여기에는 준군사조직과 테러리스트 조직도 포함될 수 있다.[317] 정책의 배후집단이 이러한 요건을 충족하는가 여부는 개별 사건별로 결정되어야 하며 정책요소를 규정한 로마규정에 비추어 개인이 아무리 광범위하고 체계적인 공격을 감행하였다 하더라도 이는 정책요소를 충족시키지 못하는 까닭에 인도에 반한 죄로 처벌되지 않는다.[318]

정책은 로마규정 제7조 제1항에 규정되어 있는 개별적 범죄행위들을 체계적이거나 광범위한 방식으로 범하려는 것을 의미한다.[319] 따라서 정책의 실질적 목적은 민간인 주민에 대한 공격이어야 하며 다른 정치적 목적 등이 존재하는 것만으로는 정책요건을 인정하는데 충분하지 않다.[320] 정책이 국가정책으로 공식적으로 채택되어야 하는 것은 아니며[321] 암묵적이거나 사실상

이에 대한 상세한 설명은 Werle, Gerhard; Jeßberger, Florian, 전게서, pp. 343, 344.

314) 각 국가나 집단이 일정한 영역 내에서 사실상 권한을 행사하는 경우 그의 영역 내에서 인도에 반한 죄에 대한 명시적 묵시적 정책을 발전시킬 수 있다. Ambos, Kai, 전게서 II, p. 72; Werle, Gerhard; Jeßberger, Florian, 전게서, p. 343; Katanga and Ngudjolo Chui, ICC (PTC), decision of 30 September 2008, para. 396; Bemba, ICC (PTC), decision of 15 June 2009, para. 81; Kupreškić et al., ICTY (TC), judgment of 14 January 2000, para. 552; Blaškić, ICTY (TC), judgment of 3 March 2000, para. 205.

315) Werle, Gerhard; Jeßberger, Florian, 전게서, p. 343.

316) 2007년 선거 이후의 폭력과 관련된 케냐 사건에서 로마규정에서의 '조직'이라는 용어와 관련된 국제형사재판소 재판부의 다수의견은 집단의 형식적 본질과 조직의 수준이 결정적인 것은 아니며 일정한 집단이 인간의 기본적 가치를 침해할 수 있는 행위를 수행할 수 있는 능력을 가졌는가 여부에 따라 판단되어야 한다고 보았다. 재판부는 지휘체제 혹은 관료체제를 갖추었는가, 민간인 주민에 대한 광범위하거나 체계적인 공격을 가할 수 있는 수단을 가지고 있는가, 국가의 일정한 영역에 대한 통제권한을 행사하고 있는가, 일차적 목적으로 민간인 주민에 대한 범죄적 행위를 하였는가, 민간인 주민을 공격하려는 의도를 명시적 혹은 묵시적으로 표명하였는가, 이러한 집단이 위 기준의 전부 또는 일부를 충족시키는 보다 큰 집단의 일부인가 등의 구체적 기준을 제시하였다. Situation in the Republic of Kenya, ICC (PTC), decision of 31 March 2010, para. 90 et seq; Kupreškić et al., ICTY (TC), judgment of 14 January 2000, para. 552; Muthaura et al., ICC (PTC), decision of 23 January 2012, para. 112; Ruto et al., ICC (PTC), decision of 23 January 2012, para. 184; Katanga, ICC (TC), judgment of 7 March 2014, paras. 1118 et seq; Blaškić, ICTY (TC), judgment of 3 March 2000, para. 205.

317) Werle, Gerhard; Jeßberger, Florian, 전게서, p. 343.

318) Werle, Gerhard; Jeßberger, Florian, 전게서, p. 345.

319) Ambos, Kai, 전게서 II, p. 70.

320) Ruto et al., ICC (PTC), decision of 23 January 2012, paras. 211, 213.

321) Tadić 사건 판결에서 재판부는 '그러한 정책은 형식화되어 있을 필요가 없으며 그러한 행위들이 발생한 방식으로부터 추론될 수 있다. 특히 발생한 행위들이 광범위하거나 체계적인 기초 위에서 이루어진 것이라면 그러한 정책이 형식화되어 있는가 여부에 관계없이 그러한 행위들을 범하는 정책들을 나타내는 것'이라고 판시하였다. Tadić, ICTY (TC), judgment of 7 May 1997, para. 653; Akayesu, ICTR (TC), judgment of 2

의 정책만으로도 충분하다.[322] 정책이 반드시 최고위층에 의하여 결정되어야 하는 것도 아니다.[323] 정책이 프로그램에 입각한 계획적 결정일 필요는 없으며 즉흥적이며 고립되어 있는 폭력행위에 반대되는 것으로 계획 혹은 지시되거나 조직화된 범죄라는 의미로 광범위하게 해석된다. 정책적 요소가 존재하는가 여부는 실제로 발생한 사건들, 정치 연설이나 정치적 저술, 공적으로 발표되는 성명이나 선전프로그램 그리고 관련된 정치기구 혹은 행정기구의 창설 등 범죄 당시의 전체적 상황에서 확인될 수 있다.[324]

적극적 행위가 아닌 묵인과 같은 부작위에 의한 정책이 가능한가 여부에 대한 논란이 있을 수 있으나 부작위에 의하여도 가능하다고 해석될 수 있을 것이다.[325] 이에 대하여 국제형사재판소는 Katanga and Ngudjolo 사건에서 규칙적 패턴을 따르는 완전히 조직화된 공격일 것을 요구하여 부작위에 의한 정책의 가능성을 배제하는 듯한 판결을 내린 바 있고[326] 부작위 책임을 인정하는 것은 로마규정 범죄구성요건 도입 부분의 3번째 단락과 모순되는 것으로 보이기도 한다.[327] 그러나 한편으로는 로마규정 범죄구성요건 도입 부분의 3번째 단락의 주석은 부작위를 허용하는 내용을 명시하고 있어 본문과 서로 모순된다.[328] 이러한 모순은 로마규정 준비위원회의 마지막 회의에서 이루어진 타협의 결과이나 본문과 주석을 함께 해석할 경우 부작위에 의한 정책도 예

September 1998, para. 580; Kupreškić et al., ICTY (TC), judgment of 14 January 2000, para. 551.

322) Katanga and Ngudjolo Chui, ICC (PTC), decision of 30 September 2008, para. 396; Bemba, ICC (PTC), decision of 15 June 2009, para. 81.

323) Blaškić, ICTY (TC), judgment of 3 March 2000, paras. 204 et seq; Situation in the Republic of Kenya, ICC (PTC), decision of 31 March 2010, paras. 87, 89; Situation in the Republic of Côte d'Ivoire, ICC (PTC), decision of 3 October 2011, para. 45.

324) Werle, Gerhard; Jeßberger, Florian, 전게서, p. 342; 정책의 내용은 광범위하거나 혹은 체계적인 공격의 본질에 의존하며 중요한 것은 이러한 행위가 범죄 행위를 촉발시키고 지도하는가 여부이다. 따라서 권한당국이 피해자의 피해를 인식하였음에도 이러한 집단을 기소하고 처벌하는 것에 대하여 면책성을 명시적 혹은 암묵적으로 선언하는 것만으로도 충분하다. Ambos, Kai, 전게서 II, p. 72.

325) 부작위에 의한 정책에 해당하기 위해서는 보호를 제공할 법적 의무와 효율적 통제를 통하여 범죄를 방지하는 것이 가능한 상황이 존재하여야 한다. 왜냐하면 어느 누구도 불가능한 것에 대한 의무를 부담할 수는 없기 때문이다. 조직의 적극적 정책이 없을 경우 행위들의 계획 및 조직화가 어려우며 따라서 체계적 성격을 갖지 않은 행위들과 관련하여 정책이 존재할 수 있는가 여부의 불명확성을 지적하면서도 피해자에 대한 보호를 의도적으로 거부하여 광범위 요건은 충족되나 체계적이지 않은 범죄를 용인하는 것, 사적 집단이 일정지역 거주자를 대규모로 살해하는 상황에서 공무원이 이를 저지하지 않는 것 등을 이에 해당할 수 있는 사례로 제시하는 것은 Ambos, Kai, 전게서 II, p. 70, 71; 묵인에 대한 임시재판소 판례로는 Kupreškić et al., ICTY (TC), judgment of 14 January 2000, para. 552, 555.

326) Katanga and Ngudjolo Chui, ICC (PTC), decision of 30 September 2008, para. 396.

327) 로마규정 범죄구성요건 제7조 Introduction 3.은 민간인 주민에 대한 공격을 적극적으로 촉진하거나 조장하여야 한다고 규정하고 있다.' ---- It is understood that "policy to commit such attack" requires that the State or organization actively promote or encourage such an attack against a civilian population.'

328) 로마규정 범죄구성요건 제7조 Introduction 3.의 주석 6.은 예외적 상황에서는 의도적으로 그러한 공격을 조장하려는 목적 하에서 '행동을 취할 것을 고의적으로 하지 않는 것'에 의할 수 있다고 규정하면서 그러한 정책의 존재가 오로지 '정부나 혹은 조직적 행위의 부재라는 사실만으로부터 추론될 수는 없다'고 규정한다.

외적 상황에서는 인도에 반한 죄의 요건을 충족시키는 것이 명백한 것으로 보인다.[329] 특히 광범위한 공격의 경우까지 적극적 정책을 요구하는 것은 로마규정 제7조의 광범위 요건을 삭제하는 것과 유사한 해석으로 로마규정 범죄구성요건이 로마규정의 문언이나 의미를 수정할 수 없다는 점에서 부작위를 포함해서 해석하는 것이 타당하다고 생각된다.[330]

4. 배경적 요소와 범죄행위와의 관계

인도에 반한 죄를 구성하는 범죄자의 행위가 그 자체로 공격을 구성할 필요는 없으며 다만 민간인 주민에 대한 공격의 일부를 구성하는 것으로 족하다. 로마규정은 '광범위하거나 체계적 공격의 일부로서'라는 내용으로 이러한 연계성을 규정하고 있다.[331]

이러한 연계 요건은 권한당국의 지지나 묵인 하에 발생하는 다수 범죄들의 특별한 위험으로부터 피해자를 보호하고자 하는 인도에 반한 죄의 정신에 기반한 것이다. 인도에 반한 죄의 개별 범죄행위는 일반 범죄의 경우와 달리 민간인 주민에 대한 광범위하거나 체계적인 공격이라는 배경 하에서 발생하기 때문에 이에 의하여 조성되는 특별히 고양된 위험에 노출되며 범죄자의 개별 범죄행위 역시 이러한 공격의 일부로 간주된다.[332] 결국 범죄자의 개별 행위는 그 본질이나 심각성의 측면에서 매우 다양할 수 있지만 그러한 행위가 폭력행위의 집적이라는 배경에서 발생한 것이면 충분하며[333] 이처럼 개별 범죄행위와 광범위하거나 혹은 체계적인 공격 사이에 연계가 존재한다면 단일한 하나의 행위도 인도에 반한 죄에 해당될 수 있는 것이다.[334]

이와 관련하여 우리 국제범죄법 제9조는 민간인 주민에 대한 '광범위하거나 체계적인 공격으로 사람을 살해한 사람'이라는 표현을 사용하고 있으나 이는 민간인 주민에 대한 공격과 개별 범죄행위 사이의 연계 요건을 제대로 반영하지 못한 것으로 생각된다. 우리 국제범죄법의 문언에 의하면 개별 범죄자의 공격 자체가 광범위하거나 체계적인 공격에 해당하여야 하는 것으로 해석되어 인도에 반한 죄의 성립범위가 지나치게 좁아질 수 있을 것으로 우려된다. 따라서 로마규정이나 다른 나라 입법례에서 나타나는 바와 같이 연계 요건만을 명확히 규정하는 방식으로 법령의 재정비가 필요할 것으로 생각된다.[335]

---

329) Ambos, Kai, 전게서 II, p. 71.
330) Ambos, Kai, 전게서 II, p. 72.
331) 로마규정 제7조 제1항, ICTR 법령 제3조 등 참조.
332) 따라서 일정한 행위가 공격의 일부에 해당하거나 그러한 배경 하에서 발생하였는가 여부를 판단하기 위해서는 전제되는 공격이 존재하지 않았다면 피해자에 대한 위험의 정도가 낮았을 것인가를 분석하는 것이 필요하다. Ambos, Kai, 전게서 II, p. 76.
333) Kunarac et al., Kunarac et al., ICTY (TC), judgment of 22 February 2001, para. 417, 419.
334) Kayishema and Ruzindana, ICTR (TC), judgment of 21 May 1999, para. 135; Kupreškić et al., ICTY (TC), judgment of 14 January 2000, para. 550.
335) 독일 국제범죄법 제7조는 'wer im Rahmen eines ausgedehnten oder systematischen Angriffs gegen eine Zivilbevölkerung'이라는 표현을 사용하고 있다.

제 2 절   범죄행위

인도에 반한 죄에는 살인, 절멸, 노예화, 추방과 강제이주, 구금, 고문, 성폭력, 박해, 강제적 실종, 인종차별 등의 행위가 포함되어 있으며 포괄조항으로 이와 유사한 성격의 다른 비인도적 행위도 규정되어 있다. 앞서 본 바와 같이 이러한 행위들은 반드시 광범위하거나 체계적인 공격의 일부로서 행해져야 하며 절멸의 경우를 제외하고는 복수의 피해자를 상대로 한 범행일 필요는 없다.

인도에 반한 죄를 최초로 규정한 뉘른베르크 헌장 제6조 (c)는 인도에 반한 죄를 살인, 절멸 등 살해 유형의 비인도적 행위와 차별 목적이 요구되는 박해 유형의 비인도적 행위로 구분하여 규정하였다. 그러나 국제법위원회의 1991년 초안과 1996년 초안은 이러한 구분을 두지 않았으며 ICTY와 ICTR 법령뿐만 아니라 로마규정도 이러한 구분을 하지 않고 있다. 박해의 경우에도 특별한 목적이 요구된다는 주관적 요건 측면에서의 차이점 이외에는 이러한 구분을 둘 특별한 이유가 존재하지 않는다.

1. 살인(Murder)

> 〔로마규정 제7조 제1항 (a)〕
> 살해(Murder)

인도에 반한 죄로서의 살인은 로마규정 제7조 제1항 (a)에 규정되어 있으며 뉘른베르크 헌장 제6조 (c), 동경 헌장 제5조 (c), 통제위원회 법령 제10호 제II(1)(c), ICTY 법령 제5조 (a), ICTR 법령 제3조 (a) 등에도 규정되어 있었다. 살인은 모든 국내법 체계에서도 처벌되는 보편적 행위 유형이다.[336]

살인은 다른 사람을 사망에 이르게 하는 것으로[337] 로마규정 범죄구성요건 제7조 제1항 (a)는 살인이라는 용어가 사망의 야기와 교환적으로 사용될 수 있다고 규정하고 있다. 다른 사람의 생명을 불법적으로 빼앗는 행위는 인도에 반한 죄뿐만 아니라 모든 핵심적 국제범죄에서 처벌되는 행위이다. 인도에 반한 죄에서의 살인은 집단살해죄의 살해(killing)[338]와 전쟁범죄 중 국제적

---

336) 이러한 보편성이 인정됨에 따라 살인죄의 처벌은 법의 일반원칙에 해당하는 것이다. Ambos, Kai, 전게서 II, p. 79.

337) Katanga and Ngudjolo Chui, ICC (PTC), decision of 30 September 2008, para. 421; Bemba, ICC (PTC), decision of 15 June 2009, para. 132; Mucić et al., ICTY (AC), judgment of 20 February 2001, para. 423; Kordić and Čerkez, ICTY (AC), judgment of 17 December 2004, para. 37.

338) 로마규정 제6조 (a).

무력충돌에 있어서의 의도적 살해(wilful killing)[339], 비국제적 무력충돌에서의 살해(murder)[340]에 상응하는 개념이다.[341] 살인은 상급자책임의 경우와 같이 부작위에 의해서도 범해질 수 있다.[342]

임시재판소의 판례에서는 범죄자가 자신의 행위로 인하여 피해자가 사망에 이를 것이라는 점에 대한 실질적 가능성을 인식하였다면 주관적 요소가 충족되는 것으로 보는 경우가 있다.[343] 그러나 거의 대부분의 국제형사재판소 판례에서는 로마규정 제30조에 따라 범죄자는 '그러한 결과 발생을 의도하거나(meant to cause death)' 혹은 사망이라는 결과가 '사건의 통상적인 경과에 따라 그러한 결과가 발생할 것(will occur in the ordinary course of events)'이라는 점을 인식하였어야 한다고 판시하고 있다.[344]

인도에 반한 죄의 살인에는 모살(謀殺)만이 해당할 수 있는가 여부가 논의되었으나 현재는 사전적 계획은 필요하지 않다고 보고 있다.[345]

〔국제범죄법 제9조 제1항 등〕

① 민간인 주민을 공격하려는 국가 또는 단체·기관의 정책과 관련하여 민간인 주민에 대한 광범위하거나 체계적인 공격으로 사람을 살해한 사람은 사형, 무기 또는 7년 이상의 징역에 처한다.

③ 인종집단의 구성원으로서 다른 인종집단을 조직적으로 억압하고 지배하는 체제를 유지할 목적으로 제1항 또는 제2항에 따른 행위를 한 사람은 각 항에서 정한 형으로 처벌한다.

⑤ 제1항부터 제3항까지에 규정된 죄의 미수범은 처벌한다.

살인의 개념은 형법상의 살인과 동일하게 해석하면 족하다. 로마규정의 경우 미필적 고의의 범주가 배제되고 있으나 우리 국제범죄법에서는 로마규정의 일반이론 부분 중 주관적 요건 부분을 도입하고 있지 않다. 따라서 우리 형법의 일반원칙에 따라 미필적 고의도 고의의 범주에 포함되는 것으로 해석할 수 있을 것이다. 포로에게 음식물을 공급하지 않아 아사(餓死)시키는 경우와 같이 보증인 지위에 있는 사람의 경우에는 부작위에 의한 살인도 가능하다.[346]

---

339) 로마규정 제8조 제2항 (a)(i).

340) 로마규정 제8조 제2항 (c)(i).

341) Jelisić, ICTY (TC), judgment of 14 December 1999, para. 51; Kordić and Čerkez, ICTY (TC), judgment of 26 February 2001, para. 236.

342) Werle, Gerhard; Jeßberger, Florian, 전게서, p. 349; Bemba, ICC (PTC), decision of 15 June 2009, para. 132.

343) Kvočka et al., ICTY (AC), judgment of 28 February 2005, para. 261; D. Milošević, ICTY (AC), decision of 12 November 2009, para. 108 등; 국제형사재판소에 있어서는 Lubanga, ICC (PTC), decision of 29 January 2007, paras. 352, 354.

344) Bemba, ICC (PTC), decision of 15 June 2009, paras. 135, 138; Lubanga Dyilo, ICC (TC), judgment of 14 March 2012, para. 1011. 이러한 논의에 대하여 상세한 것은 제3편 제3장 제3절 일반적 주관적 요건 참조.

345) Akayesu, ICTR (TC), judgment of 2 September 1998, para. 588; Jelisić, ICTY (TC), judgment of 14 December 1999, para. 51; Blaškić, ICTY (TC), judgment of 3 March 2000, para. 216.

346) 형법 제18조(부작위범).

국제범죄법 제9조 제1항은 '민간인 주민에 대한 광범위하거나 체계적인 공격으로 사람을 살해'한 것으로 규정하고 있으나 이는 민간인 주민에 대한 공격을 배경적 요소로 규정하고 있는 로마규정과 부합하지 않는 것으로 인도에 반한 죄의 성립범위를 지나치게 제한하는 결과를 가져올 수 있다. 광범위하거나 체계적인 공격이라는 배경적 요소와의 연계성 요건을 명확히 하는 방식으로 법령의 개정이 필요한 부분으로 생각된다.

2. 절멸(Extermination)

〔로마규정 제7조 제1항 (b), 제2항 (b)〕

1. (b) 절멸(Extermination)
2. (b) "절멸"이라 함은 주민의 일부를 말살하기 위하여 계산된, 식량과 의약품에 대한 접근 박탈과 같이 생활조건에 대한 고의적 타격을 말한다.

   ("Extermination" includes the intentional infliction of conditions of life, inter alia the deprivation of access to food and medicine, calculated to bring about the destruction of part of a population)

절멸은 대규모로 범하여지는 살인으로[347] 이러한 피해자의 다수성이 일반 살인과 구분 짓게 하는 요소이다.[348] 뉘른베르크 헌장 제6조 (c), 통제위원회 법령 제10호 II(1)(c), 동경 헌장 제5조 (c), ICTY 제5조 (b), ICTR 제3조 (b)에도 절멸이 인도에 반한 죄의 유형으로 규정되어 있었다. 특히 뉘른베르크 재판에서는 유대인들을 대상으로 범하여진 집단살해가 절멸로 인한 인도에 반한 죄로 취급되었다.

로마규정 제7조 제2항 (b)는 절멸의 개념을 '주민의 일부를 말살하기 위한 계산된 생활조건의 고의적 부과, 특히 식량과 의약품에 대한 접근 박탈'로 규정하고 있다. 절멸은 광범위한 대량 살인이 발생할 수 있는 치명적 생활조건을 특정 집단의 구성원을 대상으로 조성하는 것으로[349] 이러한 개념은 집단살해죄로부터 차용하여 온 것이다.[350] 식량과 의약품의 박탈이 하나의 사례가 될 수 있으며 직접적 방법으로 사람을 사망에 이르게 하는 것뿐만 아니라 '간접적' 방식의 사망 야기도 포함된다.[351] 필수품이 박탈된 상태에서 사람들을 대규모로 투옥하거나[352] 의학적 처치를

---

347) Stakić, ICTY (AC), judgment of 22 March 2006, paras. 259 et seq; Perišić, ICTY (TC), judgment of 6 September 2011, para. 106; Ndindabahizi, ICTR (AC), judgment of 16 January 2007, para. 135.

348) Werle, Gerhard; Jeßberger, Florian, 전게서, p. 350.

349) Ambos, Kai, 전게서 II, p. 84.

350) 로마규정 제6조 (c) 참조.

351) Brđanin, ICTY (TC), judgment of 1 September 2004, para. 389; Blagojević and Jokić, ICTY (TC), judgment of 17 January 2005, para. 573; Seromba, ICTR (AC), judgment of 12 March 2008, para. 189; Rutaganda, ICTR (TC), judgment of 6 December 1999, para. 84.

352) Werle, Gerhard; Jeßberger, Florian, 전게서, p. 352.

배제한 채 치명적 바이러스를 집단 구성원에게 감염시키는 것 등이 이에 해당할 수 있다.[353]

인도에 반한 죄에서의 절멸은 집단살해죄와 달리 특정한 집단을 파괴할 목적으로 범하여질 필요가 없으며 민간인 주민이 공격대상이 되면 족하다. 따라서 공격대상이 되는 집단이 종교나 국적과 같은 공통된 특징을 공유하여야 하는 것은 아니다.[354] 정치적 반대자들을 집단적으로 살해하거나 문화적·사회적·경제적 집단에 대한 절멸적 공격은 집단살해죄에는 해당하지는 않으나 절멸에 의한 인도에 반한 죄에 해당할 수 있다.[355] 특정 집단의 일부는 그대로 둔 채 다른 일부에 대하여만 살인을 저지르는 선택적 살인도 절멸행위에 해당할 수 있다.[356]

로마규정 제7조 제2항 (b)는 절멸의 개념을 '주민의 일부를 말살하기 위하여 ---'라고 규정하여 다수 피해자를 전제하는 표현을 사용하는 한편 사망의 결과를 야기하는 것에 대하여는 명시하고 있지 않다. 그러나 로마규정 범죄구성요건은 '한 사람 또는 그 이상의 사람에 대한 사망을 야기하는 것으로 이러한 살해는 대량 살해의 일부분이어야 한다'고 규정하고 있다.[357] 이러한 규정과 부합하는 임시재판소 판례도 있으나[358] 임시재판소 판례의 주류적 견해는 범죄자가 다수 주민의 사망에 직·간접적 책임이 있어야 한다고 보는 것이다.[359]

절멸범죄가 성립하기 위해서는 로마규정 제30조에 따른 일반적 주관적 요건이 필요하다. 로마규정 제7조 제2항 (b)는 파괴적 생활조건의 부여가 '고의적(intentional)'일 것을 별도로 명시하고 있으나 이는 일반적 주관적 요건을 확인한 것에 불과하다.[360] 범죄자는 자신의 행위가 집단적으로 저질러지는 절멸적 대량 살해행위의 일부에 해당하는 것을 인식하고 있어야 한다.[361] 로마규

---

353) Kayishema and Ruzindana, ICTR (TC), judgment of 21 May 1999, para. 146.

354) Ambos, Kai, 전게서 II, p. 84.

355) 1996 국제법위원회 초안 제18조 및 주석; Vasiljević, ICTY (TC), judgment of 29 November 2002, para. 227.

356) Ambos, Kai, 전게서 II, p. 85.

357) 로마규정 범죄구성요건 제7조 (1)(b) 1; 절멸은 단순한 일회성 살인과 달리 광범위한 규모의 살해 시도들의 존재와 이에 가담하는 범죄자의 행위를 결합시키는 특질을 가지고 있으므로 한 사람에 대한 살해의 경우에도 범죄자가 대량 살상의 배경 등 그것이 발생하는 보다 광범위한 맥락을 인식하고 있었다면 절멸에 해당할 수 있다는 것은 Ambos, Kai, 전게서 II, p. 85; 이러한 로마규정 범죄구성요건을 둘러싼 초기 단계의 논란에 대하여는 Werle, Gerhard; Jeßberger, Florian, 전게서, p. 351; 사망의 야기가 절멸의 요건이 아니라는 입장은 K. Ambos, Internationales Strafrecht, 3rd edn (2011), § 7, para. 201.

358) Akayesu, ICTR (TC), judgment of 2 September 1998, para. 591; Ntakirutimana and Ntakirutimana, ICTR (AC), judgment of 13 December 2004, para. 522; Kayishema and Ruzindana, ICTR (TC), judgment of 21 May 1999, para. 147.

359) Werle, Gerhard; Jeßberger, Florian, 전게서, p. 352; 범죄의 개념을 충족시킬 수 있는 최소한의 숫자가 정하여져 있지는 않으며 구체적 사건에 따라 결정된다는 입장이다. Krajišnik 사건에서 ICTY는 17명을 살해한 경우에도 이러한 요건이 충족된다고 보았다. Krajišnik, ICTY (TC), judgment of 27 September 2006, para. 720; 30에서 40명을 살해한 것으로는 Setako, ICTR (TC), judgment of 25 February 2010, paras. 481 et seq; 8명을 살해한 것만으로는 이러한 요건을 충족시키지 못한다는 것은 Stanišić and Župljanin, ICTY (TC), judgment of 27 March 2013, Vol. I, para. 219. 등.

360) Ambos, Kai, 전게서 I, p. 296.

361) Werle, Gerhard; Jeßberger, Florian, 전게서, p. 352; Stakić, ICTY (AC), judgment of 22 March 2006, para.

정은 이러한 절멸적 행위는 주민들의 일부에 대한 파괴를 가져오기 위하여 '계산된(calculated)'것
이어야 한다고 규정하고 있다. 이와 같이 '계산된'이라는 문언을 둘러싸고 집단살해죄에서의 신
체파괴 목적의 생활조건 부과의 경우와 같이 사전적으로 계획된 것이어야 한다는 입장362)과 로
마규정의 일반적 주관적 요건을 확인한 것에 불과하다는 입장이 대립되고 있다.363)

〔국제범죄법 제9조 제2항 등〕
② 민간인 주민을 공격하려는 국가 또는 단체·기관의 정책과 관련하여 민간인 주민에 대한 광범위하거나
　 체계적인 공격으로 다음 각 호의 어느 하나에 해당하는 행위를 한 사람은 무기 또는 5년 이상의 징역
　 에 처한다.
　　1. 식량과 의약품에 대한 주민의 접근을 박탈하는 등 일부 주민의 말살을 불러올 생활조건을 고의적으
　　　로 부과하는 행위
③ 인종집단의 구성원으로서 다른 인종집단을 조직적으로 억압하고 지배하는 체제를 유지할 목적으로
　 제1항 또는 제2항에 따른 행위를 한 사람은 각 항에서 정한 형으로 처벌한다.
④ 제2항 각 호의 어느 하나에 해당하는 행위 또는 제3항의 행위(제2항 각 호의 어느 하나에 해당하는
　 행위로 한정한다)를 하여 사람을 사망에 이르게 한 사람은 제1항에서 정한 형에 처한다.
⑤ 제1항부터 제3항까지에 규정된 죄의 미수범은 처벌한다.

국제범죄법은 절멸이라는 용어를 직접 사용하지 않고 절멸의 내용이 되는 행위로서 '식량과
의약품에 대한 주민의 접근을 박탈하는 등 일부 주민의 말살을 불러올 생활조건을 고의적으로
부과하는 행위'를 구성요건으로 규정하고 있다. 앞서 본 바와 같이 본 조항은 집단살해죄 제8조
제2항 제2호와 밀접히 관련되어 있는 것으로 다만 피해자 집단이 집단살해죄의 경우와 같이 제
한적이지 않으며 민간인 주민이면 족하다. 따라서 일정한 지역에 위치한 주민 집단 혹은 일정한
집단에 속하지 않은 주민 등 반전된 형태의 개념도 본 범죄의 피해자 주민을 지칭하는데 사용될
수 있다.364)

본 조항의 대상행위는 주민의 전부 또는 일부를 말살(抹殺)시킬 수 있는 파괴적인 생활조건
을 직접적 혹은 간접적으로 부과하는 행위이다. 그러나 이러한 행위를 통하여 주민 일부가 사망
하였어야 하는 것은 아니다. 로마규정 범죄구성요건은 절멸을 대량 살해의 일부분으로 한 사람

260; Brđanin, ICTY (AC), judgment of 3 April 2007, para. 477; Lukić and Lukić, ICTY (AC), judgment of
　 4 December 2012, para. 536.

362) Ambos, Kai, 전게서 I, p. 296.

363) 사전적 계획을 요구하는 입장이 임시재판소 판례에서 받아들여지지 않았을 뿐 아니라 로마규정에서도 그
　 근거를 찾을 수 없는 것이라는 주장은 Werle, Gerhard; Jeßberger, Florian, 전게서, p. 353; Krstić, ICTY
　 (TC), judgment of 2 August 2001, para. 500; Vasiljević, ICTY (TC), judgment of 29 November 2002, para.
　 227; 매우 완화된 입장을 취한 것은 Kayishema and Ruzindana, ICTR (TC), judgment of 21 May 1999, para.
　 146; Bagilishema, ICTR (TC), judgment of 7 June 2001, para. 89.

364) MüKoStGB/Werle/Burchards VStGB § 7 Rn. 50 참조.

또는 그 이상의 사람에 대한 사망을 야기하는 행위로 규정하고 있다.[365] 그러나 이와 달리 국제
범죄법은 사망의 결과에 대하여 규정하지 않은 채 순수 거동범 형태로 기본 구성요건을 규정하
고 사망의 결과가 발생한 경우를 제9조 제4항에서 별도로 규정하고 있어 로마규정에 비하여 처
벌범위가 확대되어 있다.[366]

국제범죄법은 생활조건을 '고의적'으로 부과할 것을 규정하고 있다. 다소 불분명한 점은 있
으나 별도로 고의적인 부과라는 요건을 명시한 것을 고려할 때 당해 범죄행위는 어느 정도 계획
적인 것이어야 한다고 해석되어야 할 것이다.

3. 노예화(Enslavement)

〔로마규정 제7조 제1항 (c), 제2항 (c)〕
1. (b) 노예화(Enslavement)
2. (b) "노예화"라 함은 사람에 대한 소유권에 부속된 어떠한 또는 모든 권한의 행사를 말하며, 사람 특히
여성과 아동을 거래하는 과정에서 그러한 권한을 행사하는 것을 포함한다.
("Enslavement" means the exercise of any or all of the powers attaching to the right of
ownership over a person and includes the exercise of such power in the course of trafficking
in persons, in particular women and children)

노예화(enslavement, Versklavung)는 소유권에 수반될 수 있는 권한을 사람에 대하여 행사하는
것이다.[367] 노예화는 인도에 반한 죄의 전통적 유형으로 뉘른베르크 헌장 제6조 (c), 통제위원회
법령 제10호 II(1)(c), 동경 헌장 제5조 (c), ICTY 법령 제5조 (c), ICTR 법령 제3조 (c) 등에 규정
되어 있었다.[368] 로마규정에서의 노예화 개념은 노예제도의 금지에 관한 1926년과 1956년 협약
에서의 개념과 국제재판소의 판례 등 국제관습법을 고려하여 명확화 시킨 것이다.[369] 전통적으

[365] 로마규정 범죄구성요건 제7조 (1)(b) 참조.
[366] 동일한 형식을 취하는 독일의 국제범죄법에 대하여는 MüKoStGB/Werle/Burchards VStGB § 7 Rn. 51.
[367] 로마규정 제7조 (2)(c)는 노예화를 '사람에 대한 소유권에 부속된 어떠한 또는 모든 권한의 행사를 말하며,
사람 특히 여성과 아동을 거래하는 과정에서 그러한 권한을 행사하는 것을 포함한다'라고 규정한다.
[368] 최초의 국제법정은 19세기에 있었던 노예무역 근절을 위한 노력의 결과 탄생하였다. 이른바 '반노예 법정
(anti-slavery courts)'은 국가 간 조약을 근거로 하여 시에라리온, 쿠바, 브라질 등에 만들어졌으며 체약당사
국에는 영국, 스페인, 포르투갈, 네덜란드 등이 포함되어 있었다. 조약에서는 체약당사국들에 대하여 의심
스런 선박을 수색하거나 필요한 경우 몰수할 수 있는 권한을 부여하고 있었으며 반노예법정에서는 선박의
몰수 및 노예의 자유석방 여부를 결정하였다. Werle, Gerhard; Jeßberger, Florian, 전게서, p. 354.
[369] Kunarac et al., ICTY (TC), judgment of 22 February 2001, para. 539; Krnojelac, ICTY (TC), judgment of
15 March 2002, para. 350; Werle, Gerhard; Jeßberger, Florian, 전게서, p. 354; Cryer, Robert; Friman,
Håkan; Robinson, Darryl; Wilmshurst, Elizabeth, 전게서, p. 246; 노예화의 개념에 대하여 상세한 논의는 J.
Allain and R. Hickey, "Property and the Definition of Slavery", 61 International and Comparative Law
Quarterly (2012), p. 917.

로 인정되어 온 노예화의 개념은 사람을 동산과 같이 취급하는 것이나 현재는 이러한 전통적 유형이 실질적 중요성을 갖지 못하며 현재 시점에서는 소유권에 수반되는 권한행사라는 보다 기능적 개념으로 확대되어 이해되고 있다.[370] 로마규정 범죄구성요건은 사람에 대한 매매, 교환 등과 이와 '유사한' 자유박탈을 노예화의 개념에 포함시킴으로써 전통적 노예제도나 노예무역의 틀을 벗어나 전통적이고 형식적 의미에서는 노예화의 범주에 들어가지 않는 제도와 관행을 포괄하고 있다.[371] 현 시점에 존재하는 모든 노예화의 형태들을 열거적으로 규정하는 것은 가능하지 않으며[372] 다만 이동 등 물리적 환경의 통제, 탈출방지 조치, 폭력의 행사나 폭력행사의 위협, 심리적 통제, 지속성, 잔인한 처우, 성적 통제, 강제노동 등의 요소와 함께 여성이나 아동 등을 포함하여 인간 자체 혹은 인간의 노동력을 거래하는 것 등이 노예화의 속성으로 제시되고 있다.[373]

로마규정에는 강제노동(forced labor)이 노예화의 독립된 유형으로 규정되어 있지는 않으나 국제관습법에 따라 사람에 대한 재산권의 행사가 수반되는 경우라면 노예화로 분류될 수 있다. 뉘른베르크 재판에서 강제노동은 인도에 반한 죄에 속하는 노예화의 가장 중요한 사례였으며[374] 이러한 유형의 노예화는 임시재판소 판례에서도 인정되고 있다.[375] 임시재판소는 일정한 기간 이상의 지속성이나 피해자 동의의 부존재 등은 노예화의 요건이 아님을 명확히 하고 있다.[376] 노예화는 사람에 대해 소유권을 주장하는 데서 유래하는 것이므로 피해자의 동의 여부를 중요하게 취급하지 않는 것이 타당할 것이다.[377]

---

370) MüKoStGB/Werle/Burchards VStGB § 7 Rn. 58.
371) 로마규정 범죄구성요건 제7조 (1)(c) 1; Werle, Gerhard; Jeßberger, Florian, 전게서, p. 354.
372) Kunarac et al., ICTY (AC), judgment of 12 June 2002, para. 119.
373) 이처럼 노예화의 징표로는 통제와 소유권 관련 요소들이 착취라는 측면과 함께 존재한다. 개인의 자율성, 이동의 자유 등을 제약하는 통제와 소유권적 요소를 통하여 범죄자가 부당한 이익을 취하기도 한다 이러한 상황에서는 피해자의 동의가 존재하지 않거나 폭력의 위협 또는 폭력의 사용, 기망, 권한 남용, 취약한 피해자의 지위를 악용하는 것 등의 사유로 피해자의 자유의지가 결여되어 있어 정당한 동의 자체가 불가능하다. 금전적 이득이나 다른 보상의 취득 등이 노예화의 직접적 요건은 아니나 이러한 요소는 사람에 대한 소유권 행사에 관한 주요 근거가 될 수 있으며 소유권에 부속된 권한이 지속적으로 행사되었는가 여부는 대상자가 노예화의 상태에 있었는가를 결정하는 또 다른 요소이다. Kunarac et al., ICTY (TC), judgment of 22 February 2001, para. 542; Kunarac et al., ICTY (AC), judgment of 12 June 2002, para. 119; Krnojelac, ICTY (TC), judgment of 15 March 2002, para. 359; Taylor, SCSL (TC), judgment of 18 May 2012, paras. 446 et seq; Duch, ECCC (AC), judgment of 3 February 2012, paras. 152 et seq; Ambos, Kai, 전게서 II, p. 85.
374) 나치 통치기간 등에 약 8백만 명의 노동자들이 독일공화국과 독일 점령지역에서 강제노동에 종사하였다. 노예화에 의한 인도에 반한 죄로만 유죄판결을 선고받은 사례도 존재하나 대부분의 사례에서는 전쟁범죄에서의 추방과 인도에 반한 죄의 노예화로 함께 유죄판결을 받았다. Werle, Gerhard; Jeßberger, Florian, 전게서, p. 356.
375) 강제노동에 관한 ICTY 판례로는 Kunarac et al., ICTY (TC), judgment of 22 February 2001, para. 542; Krnojelac, ICTY (TC), judgment of 15 March 2002, paras. 358 et seq 등.
376) Kunarac et al., ICTY (AC), judgment of 12 June 2002, paras. 120 et seq; Brima et al., SCSL (TC), judgment of 20 June 2007, paras. 739 et seq, 1279 et seq; MüKoStGB/Werle/Burchards VStGB § 7 Rn. 58.
377) Ambos, Kai, 전게서 II, p. 85.

〔국제범죄법 제9조 제2항 제2호 등〕

제2조 5. "노예화"란 사람에 대한 소유권에 부속되는 모든 권한의 행사를 말하며, 사람 특히 여성과 아동을 거래하는 과정에서 그러한 권한을 행사하는 것을 포함한다.

제9조

② 민간인 주민을 공격하려는 국가 또는 단체·기관의 정책과 관련하여 민간인 주민에 대한 광범위하거나 체계적인 공격으로 다음 각 호의 어느 하나에 해당하는 행위를 한 사람은 무기 또는 5년 이상의 징역에 처한다.

  2. 사람을 노예화하는 행위

③ 인종집단의 구성원으로서 다른 인종집단을 조직적으로 억압하고 지배하는 체제를 유지할 목적으로 제1항 또는 제2항에 따른 행위를 한 사람은 각 항에서 정한 형으로 처벌한다.

④ 제2항 각 호의 어느 하나에 해당하는 행위 또는 제3항의 행위(제2항 각 호의 어느 하나에 해당하는 행위로 한정한다)를 하여 사람을 사망에 이르게 한 사람은 제1항에서 정한 형에 처한다.

⑤ 제1항부터 제3항까지에 규정된 죄의 미수범은 처벌한다.

국제범죄법 제2조 제5호는 노예화를 로마규정에 따라 '사람에 대한 소유권에 부속되는 모든 권한의 행사를 말하며, 사람 특히 여성과 아동을 거래하는 과정에서 그러한 권한을 행사하는 것을 포함한다'고 정의하고 있다. 우리 국제범죄법의 해석에 있어서도 로마규정의 경우와 같이 노예화에는 사람에 대한 매매, 교환, 임대 등 전통적 형식의 노예화뿐만 아니라 이와 유사한 다른 형태의 자유박탈까지 포함되는 것으로 이해할 수 있을 것이다.[378]

4. 추방 또는 주민의 강제 이주(Deportation or Forcible Transfer of Population)

〔로마규정 제7조 제1항 (d), 제2항 (d)〕

1. (d) 주민의 추방 또는 강제이주(Deportation or forcible transfer of population)
2. (d) "주민의 추방 또는 강제이주"라 함은 국제법상 허용되는 근거없이 주민을 추방하거나 또는 다른 강요적 행위에 의하여 그들이 합법적으로 거주하는 지역으로부터 강제적으로 퇴거시키는 것을 말한다.

   ("Deportation or forcible transfer of population" means forced displacement of the persons concerned by expulsion or other coercive acts from the area in which they are lawfully present, without grounds permitted under international law)

'추방 혹은 강제 이주(Deportation or Forcible Transfer, Vertreibung und zwangsweise Überführung)'는 국제법상 허용 근거가 존재하지 않음에도 주민을 국경을 넘어 다른 나라로 강제로 추방하거

---

378) 노예화의 구체적 개념은 궁극적으로는 국제재판소의 판례 등을 참조하여 결정될 것이다. BT-Drucks. 14/8524, S. 20 참조.

나 또는 다른 강요적 행위를 통하여 합법적 거주지역으로부터 강제적으로 퇴거시키는 것이다.

　　주민의 추방(追放)은 지난 시절 강대국들의 식민지 정책의 중요한 일부였다.[379] 주민을 이전시키는 특정한 행위가 추방에 해당하는가 아니면 강제이주에 해당하는가 여부는 국경을 넘어선 이동이 존재하는가 여부에 따라 결정된다. 추방은 한 국가의 영토에서 다른 국가의 영토로 국경을 넘어서 이전하는 것이나 강제 이주는 동일한 국가의 영토 내에서의 이전을 의미한다.[380]

　　로마규정 제7조 제1항 (d)에는 추방뿐만 아니라 국경 내에서의 강제적 이주도 포함되어 있으나 뉘른베르크 헌장 제6조 (c), 통제위원회 법령 제10호 II 제1항 (c), 동경 헌장 제5조 (c), ICTY 법령 제5조 (d), ICTR 법령 제3조 (d) 등에는 추방만이 처벌대상으로 포함되어 있었다. 비록 로마규정 이전의 법령에서는 동일한 영토 내에서의 강제 이주가 독자적 범죄의 범주를 이루고 있지는 않았으나 유사한 성격의 다른 비인도적 행위에 포함되어 처벌되어 왔으며[381] 따라서 로마규정에서 강제 이주를 형사처벌의 대상으로 삼은 것이 국제관습법과의 관계에서는 새로운 것이 아니다.[382] 로마규정이 한 국가 내에서의 강제적 이주를 인도에 반한 죄의 별도 항목으로 분류하여 규정한 것은 국제관습법을 명확히 하고 강제 이주를 추방에 의한 인도에 반한 죄와 동일한 수준으로 위치시킨 것이라는 평가이다.[383]

　　로마규정 범죄구성요건은 피해자의 숫자를 한 사람 이상(one or more persons)로 규정하여 한 사람에 대한 강제 이동도 처벌대상이 될 수 있음을 나타내고 있다.[384] 강제로 이동된 사람은 원래 거주하던 곳에서 적법하게 거주하고 있었어야 하며 거주의 적법성 여부는 국제법에 따라 판단된다.[385] 그리고 강제적 이동 자체가 국제법상 허용되지 않는 것이어야 한다.[386] 비록 국내법에 근거를 두고 있더라도 자국민의 추방은 국제법에 반한 강제조치이므로 허용되지 않으며[387] 외국인에 대한 집단적 추방 역시 국제법에 따라 제한될 수 있다.[388] 국가안보, 공공질서, 공공의

---

379) Ambos, Kai, 전게서 II, p. 85.

380) 국제법위원회의 1996년 초안 제18조에 대한 주석 para. 13. 참조; J.M. Henckaerts, "Deportation and Transfer of Civilians in Time of War", 26 Vanderbilt Journal of Transnational Law (1993), p. 472; Werle, Gerhard; Jeßberger, Florian, 전게서, p. 358.

381) MüKoStGB/Werle/Burchards VStGB § 7 Rn. 65.

382) Krstić, ICTY (TC), judgment of 2 August 2001, para. 521 이하 : Krnojelac, ICTY (TC), judgment of 15 March 2002, para. 474; S. Milošević, ICTY (TC), decision of 16 June 2004, para. 68; Brđanin, ICTY (TC), judgment of 1 September 2004, para. 540 등; 법적으로 인정되는 국경이 아닌 사실상 국경을 넘어선 경우를 추방에 포함시킨 예외적 사례〔Stakić, ICTY (TC), judgment of 31 July 2003, para. 679〕와 이에 대한 비판은 Werle, Gerhard; Jeßberger, Florian, 전게서, p. 358.

383) Werle, Gerhard; Jeßberger, Florian, 전게서, p. 361.

384) 로마규정 범죄구성요건 제7조 (1)(d) 1.

385) 로마규정 범죄구성요건 제7조 (1)(d) 2.; Tolimir, ICTY (TC), judgment of 12 December 2012, para. 797.

386) Krajišnik, ICTY (AC), judgment of 17 March 2009, para. 308.

387) 시민적 및 정치적 권리에 관한 국제규약 제12조 제4항 참조.

388) 유럽인권보호조약 제4의정서 제4조 참조. 그러나 개별 외국인에 대한 추방은 일정한 요건 하에서 인정될 수 있다.(시민적 및 정치적 권리에 관한 국제규약 제13조)

건강 등을 보호하기 위하여 필수적인 추방이나 강제조치 등은 국제법에 따라 허용되므로 본 범죄의 대상에 포함되지 않는다.[389)]

　　본 조항에서 사용된 수단은 강제적인 것이어야 한다. 여기에서의 강제성은 강압적 상황의 이용 등을 모두 포함하는 광범위한 개념으로 비자발성을 특징적 요소로 갖는다.[390)] 따라서 직접적인 물리적 폭력뿐만 아니라 사망에 대한 공포 등으로 피해자가 도주한 경우도 여기에 해당할 수 있다.[391)] 그러나 일정한 지역을 점령한 군대 구성원들이 적군의 군사적 우위 때문에 당해 지역을 스스로 포기한 경우는 강제로 추방된 것으로 볼 수 없다. 이들은 적군과 싸우거나 항복하여 전쟁포로가 되기보다는 도주를 선택한 것일 뿐이다.[392)]

〔국제범죄법 제9조(인도에 반한 죄)〕

② 민간인 주민을 공격하려는 국가 또는 단체·기관의 정책과 관련하여 민간인 주민에 대한 광범위하거나 체계적인 공격으로 다음 각 호의 어느 하나에 해당하는 행위를 한 사람은 무기 또는 5년 이상의 징역에 처한다.

　3. 국제법규를 위반하여 강제로 주민을 그 적법한 주거지에서 추방하거나 이주하도록 하는 행위

③ 인종집단의 구성원으로서 다른 인종집단을 조직적으로 억압하고 지배하는 체제를 유지할 목적으로 제1항 또는 제2항에 따른 행위를 한 사람은 각 항에서 정한 형으로 처벌한다.

④ 제2항 각 호의 어느 하나에 해당하는 행위 또는 제3항의 행위(제2항 각 호의 어느 하나에 해당하는

---

389) 국가안보, 공공질서, 공중보건 또는 타인의 권리와 자유 보호를 위한 경우 법률에 의한 제한 가능성을 규정한 시민적 및 정치적 권리에 관한 국제규약 제12조 제3항 등 참조; 구체적으로 이러한 이전이 국제법상 정당화될 수 있는가는 관련 국제법의 규정과 특히 무력충돌의 상황에서 적용되는 국제인도법의 규범에 따라 해석될 수 있을 것이다. 국제적 무력충돌에 있어서 적용되는 제네바협정 IV 제49조 제2항과 비국제적 무력충돌에 있어서 적용되는 부속의정서 II 제17조 제1항에는 '주민에 대한 안전 혹은 급박한 군사적 이유' 등을 예외사유로 규정하고 있다.〔관련된 판례로는 Stakić, ICTY (AC), judgment of 22 March 2006, paras. 284 et seq; Krstić, ICTY (TC), judgment of 2 August 2001, para. 524 등〕 그러나 어떤 경우이든 민간인 주민은 반드시 적대행위가 종료된 후 즉각적으로 종전 거주지로 돌아갈 수 있어야 하며(Werle, Gerhard; Jeßberger, Florian, 전게서, p. 360) 이러한 정당화 사유가 존재한다 하더라도 실현가능한 최대한도에서 제네바협정 IV 제49조에 따른 적절한 주거 제공, 건강, 안전, 영양공급, 가족의 분리금지 등의 요건이 충족되어야 한다. 이와 같은 조건이 충족되지 않았을 경우 상황에 따라서는 이러한 행위가 인도에 반한 죄의 비인도적 행위에 해당할 수 있을 것이다. Krstić, ICTY (TC), judgment of 2 August 2001, para. 532; Kupreškić et al., ICTY (TC), judgment of 14 January 2000, para. 566; Ambos, Kai, 전게서 II, p. 87.

390) Ambos, Kai, 전게서 II, p. 87; 로마규정 범죄구성요건 제7조 제1항(d) 각주 12 참조; Stakić, ICTY (AC), judgment of 22 March 2006, paras. 279 et seq; Tolimir, ICTY (TC), judgment of 12 December 2012, paras. 795 et seq.

391) Ruto et al., ICC (PTC), decision of 23 January 2012, para. 244 (여기에서는 'open-conduct crime'이라는 표현이 사용되고 있다); Krstić, ICTY (TC), judgment of 2 August 2001, paras. 529 et seq; Krajišnik, ICTY (TC), judgment of 27 September 2006, para. 724.

392) Popović et al., ICTY (TC), judgment of 10 June 2010, para. 927; Werle, Gerhard; Jeßberger, Florian, 전게서, p. 359.

행위로 한정한다)를 하여 사람을 사망에 이르게 한 사람은 제1항에서 정한 형에 처한다.
⑤ 제1항부터 제3항까지에 규정된 죄의 미수범은 처벌한다.

우리 국제범죄법은 국제법규를 위반하여 주민을 강제로 적법한 주거지에서 추방하거나 이주하도록 하는 행위를 인도에 반한 죄로 규정하고 있다. 우리 법은 추방 또는 이주의 개념을 명시하고 있지 않으나 로마규정의 경우와 같이 추방은 국외로의 강제이전을 의미하며 이주는 국경을 넘지 않은 강제이주를 의미하는 것으로 해석할 수 있을 것이다.

본 범죄의 대상을 '주민'으로 표현하고 있어 피해자의 다수성을 요건으로 규정한 것인가 여부가 문제될 수 있으나 로마규정 범죄구성요건에 따라 한 사람에 대한 추방도 본 범죄에 해당된다고 볼 것이다.[393] 범죄의 수단은 강제적인 것이어야 하나 로마규정 범죄구성요건에 규정된 바와 같이 직접적으로 물리력을 사용하는 것뿐만 아니라 살해의 위협, 직업박탈 등 무력의 위협이나 강박 등도 범행의 수단에 포함된다.[394]

전쟁범죄의 경우와 달리 피해자는 거주지에서 적법하게 거주하고 있어야 하며 거주의 적법성과 추방행위의 적법성은 국제법의 기준에 따라 판단되어야 한다.[395] 로마규정은 추방행위의 적법성과 관련하여 '국제법상 허용되는 근거 없음'을 요건으로 규정하고 있으나 국제범죄법은 '국제법규를 위반하여'라는 내용으로 적극적인 국제법 위반 요건이 충족될 것을 명시하고 있다. 따라서 로마규정에 비하여 범죄의 성립범위가 좁아질 가능성도 있을 것으로 보이나[396] 이러한 간극은 납치, 감금, 강박 등 형법상의 범죄를 보충적으로 적용하여 어느 정도 해소될 수 있을 것이다. 또한 우리 법은 '국제법규'를 위반한 경우일 것으로만 규정하고 있어 구체적으로 어떠한 국제법규가 위반 대상인 국제법규에 포함되는가 여부는 명확하지 않은 상황이다. 다소 불분명한 점은 있으나 본 조항에서의 국제법규는 헌법 제6조 제1항에서 국내법과 같은 효력을 가지는 것으로 일반적으로 승인된 국제법규만을 의미하는 것으로 해석해야 할 것이다.[397]

본 범죄의 주관적 요건으로는 미필적 고의만으로 족하다[398]

---

393) 로마규정 범죄구성요건 제7조 (1)(d) 1. 및 국제범죄법 제18조 참조.
394) 로마규정 범죄구성요건 제7조 (1)(d) 1. 주석 12. 참조.
395) MüKoStGB/Werle/Burchards VStGB § 7 Rn. 70.
396) 우리와 유사한 법령을 규정한 독일 국제범죄법에 대한 것은 MüKoStGB/Werle/Burchards VStGB § 7 Rn. 68.
397) 독일 국제범죄법은 'gegen eine allgemeine Regel des Völkerrechts'라고 규정하고 있으며 이에 대하여 독일에서는 국제관습법, 법의 일반원칙을 포함하는 광범위한 것으로 해석하면서도 보편적으로 받아들여지는 국제법의 기준에 반하는 것이어야 하며 조약법이나 지역관습법에 위반하는 것만으로는 부족한 것으로 보고 있다. MüKoStGB/Werle/Burchards VStGB § 7 Rn. 68.
398) MüKoStGB/Werle/Burchards VStGB § 7 Rn. 71 참조.

5. 구금(Imprisonment)

> 〔로마규정 제7조 제1항 (e), 제2항 (d)〕
>
> 1. (e) 국제법의 근본원칙을 위반한 구금 또는 신체적 자유의 다른 심각한 박탈
>
>   (Imprisonment or other severe deprivation of physical liberty in violation of fundamental rules of international law)
>
> 2. (d) "주민의 추방 또는 강제이주"라 함은 국제법상 허용되는 근거없이 주민을 추방하거나 또는 다른 강요적 행위에 의하여 그들이 합법적으로 거주하는 지역으로부터 강제적으로 퇴거시키는 것을 말한다.
>
>   ("Deportation or forcible transfer of population" means forced displacement of the persons concerned by expulsion or other coercive acts from the area in which they are lawfully present, without grounds permitted under international law)

로마규정 제7조 제1항 (e)는 국제법의 근본원칙을 위반한 구금(imprisonment, Freiheitsentziehung) 또는 신체적 자유의 심각한 박탈을 인도에 반한 죄로 규정하고 있다. 동일한 조항이 통제위원회 법령 제10호 II(1)(c), ICTY 법령 제5조 (e), ICTR 법령 제3조 (e)에도 존재하였다.

'구금(imprisonment)'은 사방이 폐쇄된 장소에 사람을 감금하여 다른 장소로의 이동을 방해하는 것이다. 로마규정은 구금과 다른 심각한 신체적 자유의 박탈을 함께 규정하고 있다. 여기에는 소수자 거주지나 수용소에 머무르게 하는 것[399], 가택연금 등 어떤 사람을 지속적으로 한 장소에만 머무르게 하는 사례가 포함된다. 구금과 달리 자유의 박탈은 심각한 것이어야 하므로 단기간의 일시적인 신체의 자유 박탈은 심각성 요건을 충족시키지 못한다.[400] 따라서 일반적인 경우 매우 단기간의 가택연금은 심각성 요건을 충족시키지 못할 것이나 불충분한 음식, 열악한 위생, 좁은 공간 등 비인도적 처우가 수반된 경우에는 심각성 요건이 충족될 수 있다.[401]

국제법의 기본원칙을 위반한 구금만이 국제범죄에 해당한다. 이러한 요건 판단에 있어서는 자유박탈의 '자의성' 여부가 중요한 역할을 수행한다.[402] 아무런 법적 근거도 없이 이루어지거나 혹은 기본적 절차 규칙에 대한 고려 없이 행하여진 자유의 박탈, 국제적으로 승인되는 적법절차

---

399) 국제법위원회 1996년 초안 제18조 참고.

400) Werle, Gerhard; Jeßberger, Florian, 전게서, p. 361.

401) 구금의 경우에는 별도의 심각성 요건이 규정되어 있지 않다는 점에서 구금은 개념 그 자체로 심각한 것으로 간주된다. Ambos, Kai, 전게서 II, p. 88.

402) '구금이라는 용어는 .... 자의적 구금으로 이해되어야만 한다. 즉 적법절차가 존재하지 않는 상태에서 이루어진 개인에 대한 자유의 박탈이다.....이러한 관점에서 재판부는 문제되는 개인이나 개인 집단에 대한 구금의 합법성과 함께 뒤따르는 구금과 관련된 절차적 보장의 합법성 여부도 판단하여야만 한다.' Kordić and Čerkez, ICTY (TC), judgment of 26 February 2001, para. 302; Kordić and Čerkez, ICTY (AC), judgment of 17 December 2004, para. 116; Krnojelac, ICTY (TC), judgment of 15 March 2002, para. 110 등.

규범에 대한 고려 없이 이루어진 자유의 박탈 등은 자의적 구금으로 인정될 수 있다.[403] 또한 최초의 구금은 적법하였다 하더라도 더 이상 구금이 지속될 필요가 없음에도 구금상태가 계속되었다면 최초부터 구금이 불법적인 경우와 동일하게 자의적인 것으로 간주된다.[404]

무력충돌의 상황이 존재하는가 아니면 평화시인가의 여부에 따라 국제법과 관련된 상이한 체제가 적용될 수 있다.[405] 구금이나 다른 심각한 자유의 박탈에 의한 인도에 반한 죄는 전쟁범죄와 배경적 요소에서 차이점이 존재하므로 불법구금으로 인한 전쟁범죄와 독립적으로 성립할 수 있다.[406]

〔국제범죄법 제9조(인도에 반한 죄)〕

② 민간인 주민을 공격하려는 국가 또는 단체·기관의 정책과 관련하여 민간인 주민에 대한 광범위하거나 체계적인 공격으로 다음 각 호의 어느 하나에 해당하는 행위를 한 사람은 무기 또는 5년 이상의 징역에 처한다.

　　4. 국제법규를 위반하여 사람을 감금하거나 그 밖의 방법으로 신체적 자유를 박탈하는 행위

③ 인종집단의 구성원으로서 다른 인종집단을 조직적으로 억압하고 지배하는 체제를 유지할 목적으로 제1항 또는 제2항에 따른 행위를 한 사람은 각 항에서 정한 형으로 처벌한다.

④ 제2항 각 호의 어느 하나에 해당하는 행위 또는 제3항의 행위(제2항 각 호의 어느 하나에 해당하는 행위로 한정한다)를 하여 사람을 사망에 이르게 한 사람은 제1항에서 정한 형에 처한다.

⑤ 제1항부터 제3항까지에 규정된 죄의 미수범은 처벌한다.

국제범죄법 역시 감금 또는 그 밖의 방법에 의한 신체적 자유의 박탈을 인도에 반한 죄로 규정하고 있다. 감금의 경우 형법 제276조 제1항의 감금죄에 준하여 해석할 수 있을 것이다. 국제범죄법은 그 밖의 방법에 의한 신체적 자유의 박탈을 별도로 규정하고 있으므로 이동의 자유가 전면적으로 제한되지는 않으나 가택 연금 등과 같이 일정한 영역으로 이동 범위가 제한되는 경우도 본 조항의 규율대상이 된다.

국제범죄법은 그 밖의 방법으로 인한 신체적 자유 박탈의 경우에도 로마규정에 명시되어 있는 심각성 요건을 별도로 규정하고 있지 않다. 그러나 이는 이례적인 입법례로 보일 뿐만 아니라[407] 모든 신체적 자유의 박탈을 본 조항의 규율대상으로 삼는 것은 국제범죄에서 요구되는 심

---

403) Kordić and Čerkez, ICTY (AC), judgment of 17 December 2004, para. 114; Krnojelac, ICTY (TC), judgment of 15 March 2002, para. 112 et seq.

404) 구금된 사람들에게 구금과 관련된 절차적 보장책이 제공되었는가 여부가 자의성 판단의 기준이 될 수 있다는 것은 Krnojelac, ICTY (TC), judgment of 15 March 2002, para. 114.

405) 무력충돌의 상황에 있어서는 제네바협정 IV 제42조, 제43조, 제네바협정 부속의정서 II 제5조 등. 평화시에 있어서는 시민적 및 정치적 권리에 관한 국제규약(International Covenant on Civil and Political Rights) 제9조 제1항, 제14조 등 참조.

406) Kordić and Čerkez, ICTY (TC), judgment of 26 February 2001, para. 301.

각성 요건을 충족하지 못하는 것이다. 따라서 비록 법문에 명시되어 있지 않으나 로마규정 등에 따라 오직 심각한 신체적 자유의 박탈만이 본 조항에 해당한다고 해석하여야 할 것이다.

로마규정이 국제법의 근본원칙을 위반한 구금만을 처벌대상으로 규정하고 있음에 반하여 우리 국제범죄법은 국제법규에 위반된 것임을 요건으로 규정하고 있다. 민간인 주민의 추방과 강제 이주의 경우와 동일하게 본 조항에서 적용되는 국제법규의 범위 역시 우리 헌법 제6조 제1항에 의하여 국내법과 같은 효력을 갖는 것으로 인정되는 일반적으로 승인된 국제법규로 해석하여야 할 것이다.

6. 고문(Torture)

〔로마규정 제7조 제1항 (f), 제2항 (e)〕

1. (f) 고문(Torture)
2. (e) "고문"이라 함은 자신의 구금 하에 있거나 통제 하에 있는 자에게 고의적으로 신체적 또는 정신적으로 고통이나 괴로움을 가하는 것을 말한다. 다만, 오로지 합법적 제재로부터 발생하거나, 이에 내재되어 있거나 또는 이에 부수하는 고통이나 괴로움은 포함되지 아니한다.

("Torture" means the intentional infliction of severe pain or suffering, whether physical or mental, upon a person in the custody or under the control of the accused; except that torture shall not include pain or suffering arising only from, inherent in or incidental to, lawful sanctions)

고문(Torture, Folter)은 인도에 반한 죄에 있어서 매우 중요한 행위유형으로 로마규정 제7조 제1항 (f)가 이를 규정하고 있다. 고문행위는 로마규정 이전에도 통제위원회 법령 제10호 II(1)(c), ICTY 법령 제5조 (f), ICTR 법령 제3조 (f)에 인도에 반한 죄로 규정되어 있었으며 고문의 금지는 국제법상 강행규범으로 승인되고 있다.[408]

로마규정 제7조 (2)(e)에서의 고문 개념은 기본적으로는 1984년에 채택되어 1987년에 발효된 고문 및 그 밖의 잔혹하거나 비인도적인 또는 굴욕적인 대우나 처벌의 방지에 관한 협약(Convention against Torture and Other Cruel, Inhuman or Degrading Treatment or Punishment)에서 유래한 것으로[409] 피해자에게 심각한 신체적·정신적 고통이나 괴로움을 가하는 행위를 대상으로 하고 있다.

고문에 해당하는 행위를 완전히 열거적으로 규정하는 것은 불가능하다. 일반적으로 고문에

---

407) 독일 국제범죄법 제7조 제1항 제9호 등 참조.
408) Ambos, Kai, 전게서 II, p. 88; Furundžija, ICTY (TC), judgment of 10 December 1998, para. 153 et seq.
409) 그러나 로마규정은 위 조약에서 요구하는 목적과 수단 관계를 요구하고 있지 않을 뿐 아니라 공적 지위와의 관련성 요건도 규정하지 않은 차이점을 가지고 있다. Werle, Gerhard; Jeßberger, Florian, 전게서, p. 363.

해당하는 행위로 거론되는 것에는 이빨이나 손톱 혹은 발톱을 뽑는 것, 신체의 민감한 부위에 전기적 자극을 주는 것, 고막이 파열되도록 귀를 폭행하는 것, 뼈를 부러뜨리는 것, 신체의 일부에 화상을 입히는 것, 산성 물질을 눈이나 다른 신체의 민감한 부위에 뿌리는 것, 기둥에 매달거나 익사의 증상이 나타날 때까지 물속에 담그는 것, 질식을 유발하도록 코와 입을 막거나 강력한 송풍기로 저체온증을 유발하는 것, 향정신성 약물 등을 투여하거나 음식물을 박탈하는 것, 수면을 허용하지 않는 것, 강간 등이 있다.[410] 그 밖에 대상행위가 고문에 해당하는가 여부를 판단함에 있어서는 고문의 지속 기간, 신체적 정신적 효과의 지속성 여부를 개별 사건에서의 상황들과 함께 고려하여야 한다.[411] 정신적 고통을 가하는 것도 고문에 포함된다. 가족 구성원에 대한 고문 혹은 사형집행 현장을 참관하도록 강제하는 것, 가족 구성원에 대한 사형집행을 가장하거나 가족이나 친구의 사체를 직접 매장하도록 강제하는 것 등이 그 사례이다.[412]

심각성 요건을 통하여 고문과 다른 비인도적 행위는 구분된다. 따라서 고문으로 인한 고통이나 괴로움은 심각한 것이어야 하며 심각성 요건을 갖추지 못한 행위는 다른 비인도적 행위에는 해당할 수 있으나 고문에는 해당하지 않는다. 행위의 심각성을 판단하는 명백한 공식은 존재하지 않으며 구체적인 사건의 상황에 따라 개별적으로 판단되어야 할 것이다.[413] 그러나 육체적 고통이 가해져야만 고문의 심각성 요건이 충족되는 것은 아니며[414] 고문으로 인하여 건강에 영구적인 해악이 초래되어야 하는 것도 아니다.[415]

로마규정에 의하면 고문을 당하는 피해자는 범죄자의 구금 또는 통제 하에 있어야 한다.[416] 피해자가 범죄자에 의하여 구금되거나 통제된 상태에 있을 경우 범죄자에 대하여 특별한 취약성

---

410) Kvočka et al., ICTY (TC), judgment of 2 November 2001, para. 144; Kunarac et al., ICTY (AC), judgment of 12 June 2002, para. 150; Mucić et al., ICTY (TC), judgment of 16 November 1998, para. 496; Kvočka et al., ICTY (TC), judgment of 2 November 2001, para. 145; Brđanin, ICTY (TC), judgment of 1 September 2004, para. 483; Duch, ECCC (AC), judgment of 3 February 2012, para. 208.

411) Werle, Gerhard; Jeßberger, Florian, 전게서, p. 363; Naletilić and Martinović, ICTY (AC), judgment of 3 May 2006, para. 299; Brđanin, ICTY (TC), judgment of 1 September 2004, paras. 484 et seq; 국제형사법정에서는 유엔인권위원회의 보고서나 고문의 금지에 대한 다른 국제법원의 판례법들을 고려하는 등 인권 개념이 고문의 범주를 획정짓는데 핵심적 요소로 작용하고 있다. Mucić et al., ICTY (TC), judgment of 16 November 1998, paras. 461 et seq; Kvočka et al., ICTY (TC), judgment of 2 November 2001, paras. 142 et seq.

412) Furundžija, ICTY (TC), judgment of 10 December 1998, para. 267; Kvočka et al., ICTY (TC), judgment of 2 November 2001, para. 149; Brđanin, ICTY (TC), judgment of 1 September 2004, paras. 503 et seq, para. 511; Martić, ICTY (TC), judgment of 12 June 2007, para. 76.

413) Mucić et al. (Čelebići), ICTY (TC), judgment of 16 November 1998, paras. 461 et seq; Simić et al., ICTY (TC), judgment of 17 October 2003, para. 80; Martić, ICTY (TC), judgment of 12 June 2007, para. 75.

414) Ambos, Kai, 전게서 II, p. 91; Kvočka et al., ICTY (TC), judgment of 2 November 2001, para. 149.

415) Werle, Gerhard; Jeßberger, Florian, 전게서, p. 364; Kvočka et al., ICTY (TC), judgment of 2 November 2001, para. 148; Limaj et al., ICTY (TC), judgment of 30 November 2005, para. 236.

416) 로마규정의 이러한 규범내용은 각국 국내법에도 반영되고 있다. 우리나라의 국제범죄법 제9조 제2항 제5호, 독일 국제범죄법 제7조 제1항 5, 영국의 International Criminal Court Act 2001 제50조 제1항 등.

을 드러내게 되며 범죄자의 범행에 대한 회피 가능성도 존재하지 않게 된다. 통제는 구금보다는 정도가 약한 것으로 통제의 요건은 광범위하게 해석되어야 한다. 로마규정은 고문의 목적 요건을 폐기하면서도 다른 유형의 신체적·정신적 일체성에 대한 공격과 구분 짓기 위하여 이러한 요건을 두고 있다.[417]

고통이나 괴로움이 법적 제재의 과정에 본질적으로 내재된 것이거나 필요적으로 수반되는 것일 경우에는 고문의 고통이나 괴로움에 해당하지 않음이 원칙이다.[418] 그러나 국가의 법령에 의한 행위라는 사실만으로 합법성이 자동적으로 인정되지는 않으며 국제법의 최소기준을 충족시키는 공정한 재판에 따른 제재이어야 한다.[419] 로마규정의 경우에는 고문행위가 공무원이나 다른 공적 업무를 대리하여 수행하는 자에 의하여 행해질 필요가 없으며 그들의 지시 혹은 명시적·묵시적 동의 역시 요건이 아니다. 따라서 비국가기관이나 심지어 개인에 의한 고문도 본 조항의 범주에 포함된다.[420]

주관적 요소에 있어서는 로마규정 제30조가 적용된다. 로마규정 제7조 제2항 (e)에서 고통의 부과가 '의도적(intentional)'이어야 한다고 규정한 것과 관련하여 일반적 주관적 요건을 확인한 것에 불과하다는 입장[421]과 이러한 문언에 대하여 일정한 의미를 부여하려는 입장으로 나뉘어 있다.[422] 신체적·육체적 고통이나 괴로움을 부과하는 것을 넘어서는 일정한 목적이 필요한 것은 아니다.[423] 이는 고문방지협약의 해석에 있어 부가적인 주관적 요소를 요구하여 온 임시재판소들의 입장과는 상이한 것이나[424] 실제로 발생하는 고문 행위에서 목적이나 동기가 존재하지 않

---

417) Ambos, Kai, 전게서 II, p. 91.

418) 사형을 인정하고 있는 국가에서의 사형 역시 고문에 해당하지 않는다. Ambos, Kai, 전게서 II, p. 92.

419) 시민적 및 정치적 권리에 관한 국제규약 제14조, 제15조 등; Werle, Gerhard; Jeßberger, Florian, 전게서, p. 365; 제재는 구금된 사람에 대한 인도적 처우의 최소기준에 부합하는 것이어야 한다. Ambos, Kai, 전게서 II, p. 92.

420) Werle, Gerhard; Jeßberger, Florian, 전게서, p. 364; Kunarac et al., ICTY (TC), judgment of 22 February 2001, paras. 495, 496; Kunarac et al., ICTY (AC), judgment of 12 June 2002, para. 148; Kvočka et al., ICTY (AC), judgment of 28 February 2005, para. 284; Haradinaj et al., ICTY (TC), retrial judgment of 29 November 2012, para. 419; 이에 대하여 인도에 반한 죄에서 요구되는 배경적 요건을 고려할 때 국가 유사 기관과의 일정한 연계가 요구되며 순전히 개인적 행위는 배제된다는 주장은 Ambos, Kai, 전게서 II, p. 90.

421) Werle, Gerhard; Jeßberger, Florian, 전게서, p. 365.

422) 국제형사재판소는 Bemba 사건에서 이러한 문언이 로마규정의 주관적 요건 중 인지적 부분의 요건을 약화시키는 것으로 해석하였다. Bemba, ICC (PTC), decision of 15 June 2009, para. 194.

423) 로마규정 범죄구성요건 제7조 (1)(f); Bemba, ICC (PTC), decision of 15 June 2009, para. 195.

424) 임시재판소의 판례는 특정인을 처벌하기 위하여 본인이나 제3자로부터 진술을 얻어낼 목적이나 특정인이나 제3자를 위협 또는 강제할 목적 또는 모든 유형의 차별적 근거에 기반하여 고문이 행하여져야 한다고 보아왔다. Mucić et al., ICTY (TC), judgment of 16 November 1998, paras. 470 et seq; Kunarac et al., ICTY (TC), judgment of 22 February 2001, para. 497; Kvočka et al., ICTY (TC), judgment of 2 November 2001, para. 141; Krnojelac, ICTY (TC), judgment of 15 March 2002, para. 179; Akayesu, ICTR (TC), judgment of 2 September 1998, para. 594; 피해자에 대한 굴욕감을 주기 위한 목적도 고문의 목적에 포함된다는 것은 Furundžija, ICTY (TC), judgment of 10 December 1998, para. 162; Kvočka et al., ICTY (TC), judgment of

는 사건은 거의 상정할 수 없을 뿐만 아니라 임시재판소의 판례들은 고문의 목적이나 동기를 매우 광범위하게 인정하여 구체적 적용상의 차이는 크지 않을 것으로 보인다.[425]

로마규정 범죄구성요건은 한 사람에 대한 고문도 인도에 반한 죄에 해당한다고 규정하고 있다.[426]

〔국제범죄법 제9조(인도에 반한 죄)〕

② 민간인 주민을 공격하려는 국가 또는 단체·기관의 정책과 관련하여 민간인 주민에 대한 광범위하거나 체계적인 공격으로 다음 각 호의 어느 하나에 해당하는 행위를 한 사람은 무기 또는 5년 이상의 징역에 처한다.

  5. 자기의 구금 또는 통제 하에 있는 사람에게 정당한 이유 없이 중대한 신체적 또는 정신적 고통을 주어 고문하는 행위

③ 인종집단의 구성원으로서 다른 인종집단을 조직적으로 억압하고 지배하는 체제를 유지할 목적으로 제1항 또는 제2항에 따른 행위를 한 사람은 각 항에서 정한 형으로 처벌한다.

④ 제2항 각 호의 어느 하나에 해당하는 행위 또는 제3항의 행위(제2항 각 호의 어느 하나에 해당하는 행위로 한정한다)를 하여 사람을 사망에 이르게 한 사람은 제1항에서 정한 형에 처한다.

⑤ 제1항부터 제3항까지에 규정된 죄의 미수범은 처벌한다.

국제범죄법은 자신의 구금 또는 통제 하에 있는 사람에게 정당한 이유 없이 중대한 신체적 또는 정신적 고통을 주는 고문행위를 처벌하고 있다. 우리 국제범죄법 역시 로마규정과 같이 진술확보 등의 일정한 목적을 요구하거나 고문을 가하는 자의 일정한 지위를 요구하고 있지 않다. 따라서 고문은 비정부 조직 또는 사인에 의하여도 범하여질 수 있다.[427]

고문의 핵심적 요소는 심각한 정신적, 신체적 고통을 가하는 것이다. 따라서 본 조항의 고문에 해당하는가 여부를 판단함에 있어서는 앞서 본 국제형사법 영역에서의 논의 내용과 같이 가해행위의 기간, 육체적·정신적 영향 등 전체적 상황이 고려되어야 할 것이다.[428]

---

2 November 2001, para. 152; 고문에 수반된 이러한 목적 요건이 국제관습법의 지위를 획득하였다는 판례는 Kunarac et al., ICTY (TC), judgment of 22 February 2001, paras. 485, 497; Krnojelac, ICTY (TC), judgment of 15 March 2002, para. 185.

425) Werle, Gerhard; Jeßberger, Florian, 전게서, p. 366.

426) 로마규정 범죄구성요건 제7조 (1)(f) Elements 1.

427) 이러한 규범내용이 국제관습법에 상응하지 않는 것이라는 지적은 MüKoStGB/Werle/Burchards VStGB § 7 Rn. 73.

428) 국제인권법에서의 고문개념이 곧바로 국제형사법의 영역으로 이전될 수는 없으나 해석의 지침으로는 활용될 수 있을 것이다. 국제형사법 영역에서의 고문개념의 독자성에 입각하되 국제형사법으로 이전 가능한 일반 국제법의 요소들을 국제형사법의 고문개념 정립에 고려하여야 한다는 것은 MüKoStGB/Werle/Burchards VStGB § 7 Rn. 74.

7. 성폭력(Sexual Violence)

〔로마규정 제7조 제1항 (g), 제2항 (f)〕

1. (g) 강간, 성적 노예화, 강제매춘, 강제임신, 강제불임, 또는 이에 상당하는 기타 중대한 성폭력

   (Rape, sexual slavery, enforced prostitution, forced pregnancy, enforced sterilization, or any other form of sexual violence of comparable gravity)

2. (f) "강제임신"이라 함은 주민의 민족적 구성에 영향을 미치거나 또는 국제법의 다른 중대한 위반을 실행할 의도로 강제적으로 임신시킨 여성의 불법적 감금을 말한다. 이러한 정의는 임신과 관련된 각국의 국내법에 어떠한 영향을 미치는 것으로 해석되지 아니한다.

   ("Forced pregnancy" means the unlawful confinement of a woman forcibly made pregnant, with the intent of affecting the ethnic composition of any population or carrying out other grave violations of international law. This definition shall not in any way be interpreted as affecting national laws relating to pregnancy)

(1) 국제형사법에서의 성폭력 범죄

로마규정은 인도에 반한 죄로서의 성폭력(Sexual Violence, Sexuelle Gewalt)을 제7조 제1항 (g)에 규정하고 있다.[429] 인도에 반한 죄에서의 성폭력은 강간, 성적 노예화, 강제매춘, 강제임신, 강제불임 그리고 이에 상응하는 중대성을 가진 다른 유형의 성폭행을 포함하는 포괄적 체제를 갖추고 있다. 그러나 성폭행이 뉘른베르크 헌장에는 명시되어 있지 않아 포괄조항인 '다른 비인도적 대우' 조항이 대신 적용되어야 했다.[430] 통제위원회(Allied Control Council) 법령 10호와 ICTY, ICTR 법령에는 강간만이 독립된 범죄로 채택되어 있어 강간을 제외한 다른 유형의 성폭력은 여전히 인도에 반한 죄의 다른 행위유형이나 '다른 비인도적 대우'라는 포괄조항으로 포섭될 수밖에 없는 상황이었다.[431]

성폭력 범죄의 보호법익에 대한 인식과 성폭력을 범죄화하여 피해자를 보호하는 정도는 문화적 조건에 따라 서로 상이하며 이와 같은 문화적 조건의 변화에 따라 고대부터 현재까지 성폭력에 대한 이해는 지속적으로 발전해 나오고 있다.[432] 그동안 국제인도법은 성범죄를 피해자에

---

429) 전쟁범죄에서의 성폭력은 로마규정 제8조 (2)(b)(xxii)와 (e)(vi)에 규정되어 있다. 또한 집단살해죄에 대한 로마규정 범죄구성요건 제6조 (b)는 강간이나 성폭행을 심각한 신체적 혹은 정신적 위해를 가하는 행위의 사례로 규정하고 있다.

430) Werle, Gerhard; Jeßberger, Florian, 전게서, p. 367.

431) 현재의 로마규정의 경우와 달리 제2차 대전 이후 재판에서는 성폭력 문제가 거의 제기되지 않았으며 망각된 범죄로 불리기까지 하였다는 주장은 Ambos, Kai, 전게서 II, p. 92.

432) 성범죄가 이처럼 뒤늦게 국제형사법에서 자리 잡게 된 것은 형사적 금지와 관련된 문화적 조건이 반영된 결과이다. 성폭력은 고도로 발전된 산업사회보다는 저개발국 혹은 개발도상국에서의 충돌에서 상대적으로

대한 명예나 존엄성에 대한 공격으로 분류하고 이를 묵시적으로 범죄화하는 태도를 취하여 왔다.[433] 그러나 로마규정은 이러한 입장에서 벗어나 다양한 유형의 성폭행 범죄들을 포괄하여 독립된 유형으로 규정함으로써 성폭력 범죄의 명확화에 의미 있는 진전을 이루었다.[434] 이리힌 발전은 1996년 국제법위원회의 초안을 반영한 것으로 특히 이전과는 달리 성노예, 강제임신, 강제불임과 이에 필적하는 성범죄를 모두 포함하는 현대화된 개념을 취하고 있다.[435] 이와 같이 현대적 관점에서 규정된 성범죄는 일차적으로는 피해자의 신체적·정신적 완전성, 인간의 존엄성, 성적 자유 등을 보호하며[436] 이를 독립된 국제범죄로 처벌함으로써 국제적 평화와 안전에도 기여하고 있다.[437]

앞서 본 바와 같이 성범죄는 인도에 반한 죄뿐만 아니라 전쟁범죄에도 규정되어 있다. 그러나 이들이 서로 다른 배경적 요소를 범죄의 요건으로 삼고 있다는 점 이외에는 내용적으로 동일하다. 로마규정은 거의 대부분의 성범죄를 성 중립적 입장에서 남성과 여성에게 동등하게 적용될 수 있도록 규정하고 있다.[438]

(2) 강간(Rape)

로마규정 제7조 제1항 (g)는 성폭력 중 첫 번째로 강간을 규정하고 있다. 강간은 통제위원회 법령 제10호 II(1)(c), ICTY 법령 제5조 (g), ICTR 법령 제3조 (g)에도 규정되어 있었다.

로마규정에서의 강간 범죄를 내용적으로 살펴보면 우리 형법에서의 강간죄뿐만 아니라 유사강간까지 포함하는 보다 넓은 개념임을 알 수 있다.[439] 로마규정과 로마규정 범죄구성요건에서

빈발하여 왔는데 이와 관련하여 성범죄를 여성 피해자에 대한 범죄가 아닌 남자 배우자의 명예에 대한 침해로 간주하는 입장이 있어 왔다. 여성에 대한 강간은 보호적 기능을 완수하지 못한 남자 보호자의 무력화 또는 거세로 간주되며 남성의 살해를 막고자 하는 여성들이 강제된 동의 하에 스스로 강간을 당하고 남성은 강간 당한 여성을 떠나는 사례가 다수 보고되기도 하였다. 이처럼 왜곡된 성적 평등 상황과 여성의 권리에 대한 이해는 성폭력 피해자의 고통을 악화시켜 여성을 재차 희생자로 만들었으며 범죄자에 대한 적절한 형벌의 부과를 막는 것이었다. Ambos, Kai, 전게서 II, p. 92.

433) 제네바협약 IV 제27조, 부속의정서 I 제75조 (2) (b); 성범죄를 피해자나 배우자에 대한 명예에 대한 침해로 보는 각국 입법례에 대한 것은 Ambos, Kai, 전게서 II, p. 93.

434) Werle, Gerhard; Jeßberger, Florian, 전게서, p. 367.

435) Cryer, Robert; Friman, Håkan; Robinson, Darryl; Wilmshurst, Elizabeth, 전게서, p. 251.

436) Ambos, Kai, 전게서 II, p. 93.

437) 유엔 안전보장이사회 결의 1820(19 June 2008), 1880(30 September 2009), 1960(16 December 2010) 등에서는 성폭력이 국제 평화와 안전의 회복을 방해하는 것이라고 선언한 바 있다.

438) 성폭력 범죄가 발생하는 대부분 사례에서 피해자가 여성인 것이 사실이나 이러한 입법 형식을 취함으로써 여성뿐만 아니라 남성, 어린이 등도 성범죄의 피해자가 될 수 있다는 점을 나타내고 있다. Ambos, Kai, 전게서 II, p. 94.

439) 형법 제297조(강간) 폭행 또는 협박으로 사람을 강간한 자는 3년 이상의 유기징역에 처한다.
제297조의2(유사강간) 폭행 또는 협박으로 사람에 대하여 구강, 항문 등 신체(성기는 제외한다)의 내부에 성기를 넣거나 성기, 항문에 손가락 등 신체(성기는 제외한다)의 일부 또는 도구를 넣는 행위를 한 사람은

는 강간행위를 피해자의 신체에 침투 내지 삽입하는 것을 내용으로 하는 물리적 형태의 성적 침해행위로 규정하고 있다. 따라서 로마규정에서의 강간에는 남성의 성기를 여성의 성기에 삽입하는 행위뿐만 아니라 성기나 손가락 등 신체의 일부분 또는 도구 등의 물체를 구강 혹은 항문 등 피해자의 체내 공간에 집어넣는 행위가 모두 포함된다.[440] 이러한 로마규정 범죄구성요건의 강간 개념은 대체적으로 임시재판소의 판례법들을 반영한 것이다.[441]

로마규정 범죄구성요건은 강간행위의 수단으로 폭행이나 협박 등 범죄자에 의한 직접적 강압이나 강압적 환경의 이용과 동의의 부존재를 선택적으로 규정하고 있으며[442] 이러한 요건을 둘러싼 해석상의 논란이 아직까지 명확히 정리되어 있지 않은 상황이다.[443]

먼저 전통적으로 강간행위에는 신체적 침해 이외에 폭력의 사용 혹은 무력이나 폭력사용의 위협이라는 강압적 요소가 포함되어 있었다.[444] 로마규정에서 강압적 환경의 이용을 함께 규정한 것은 민간인 주민에 대한 공격의 상황이나 무력충돌의 상황 등 억압적 환경 속에서 이러한 범죄가 발생하게 됨을 나타내는 것이다. 국제형사재판소는 Bemba 사건에서 강압적 환경을 다음과 같이 매우 광범위하게 정의한 바 있다.

> '강압(coercion)'이라는 용어가 반드시 물리적 폭력을 요구하는 것은 아니다. 오히려 위협, 겁박, 강요, 다른 유형의 강박 등 공포나 절망을 야기하는 것이 강압을 구성할 수 있을 것이며, 이러한 강압은 무력충돌이나 혹은 군대의 존재 등 일정한 상황 자체에 내재하여 있을 수 있다.[445]

로마규정 범죄구성요건이 채택된 이후 임시재판소는 종래의 접근방법에서 벗어나 강간에 있어 강제나 폭력의 사용보다는 피해자의 의지에 반하여 강간이 이루어졌는가 여부가 더욱 중요한 것이라는 입장을 취하게 되었다.[446] 이와 같은 판례의 변화는 강간 개념의 핵심이 폭력 등 범죄

2년 이상의 유기징역에 처한다.

440) Ambos, Kai, 전게서 II, p. 95.

441) Werle, Gerhard; Jeßberger, Florian, 전게서, p. 368; ICTR은 강간을 강제가 수반되는 성적 본질을 가지는 신체적 침해행위라고 정의한 바 있으며〔Akayesu, ICTR (TC), judgment of 2 September 1998, paras. 598, 688〕 이러한 입장은 이후에도 거듭 확인되었다.〔Mucić et al., ICTY (TC), judgment of 16 November 1998, paras. 478 et seq; Musema, ICTR (TC), judgment of 27 January 2000, para. 229; Niyitegeka, ICTR (TC), judgment of 16 May 2003, para. 457〕한편 ICTY는 Frundzija 사건에서 강간을 1) 피해자의 신체적 공간에 대한 성적인 침임 2) 피해자나 제3자에 대한 강압이나 폭력 혹은 폭력의 위협 등으로 특징지은 바 있다.〔Furundžija, ICTY (TC), judgment of 10 December 1998, para. 185〕

442) 로마규정 범죄구성요건 제7조 (1)(g)-1.

443) Werle, Gerhard; Jeßberger, Florian, 전게서, p. 367; 로마규정 범죄구성요건 제7조 (1)(g)-1, 각주 15, 16.

444) Werle, Gerhard; Jeßberger, Florian, 전게서, p. 368.

445) Bemba Gombo, ICC (TC), judgment of 21 March 2016, para. 103; 유사한 임시재판소 판례로는 Akayesu, ICTR (TC), judgment of 2 September 1998, para. 688.

446) Kunarac et al 사건에서 ICTY 재판부는 세계 주요 국가들의 형사법들을 광범위하게 비교한 결과를 근거로 강간죄에 있어 강제나 폭력의 사용이라는 요소보다는 피해자의 의지에 반하여 행하여졌는가 여부가 더욱

자의 객관적 행위에서 피해자의 반대 의사로 이전되었음을 의미한다.[447] 그러나 이와 같이 피해자의 의사를 강조하는 흐름에 대하여는 전시 강간이나 대량의 성적 억압이 존재하는 상황에서 대상 행위에 대한 동의 여부를 질문하는 것은 비현실적일 뿐만 아니라 강압적 환경의 존재에도 불구하고 이를 별도로 조사하는 것이 불필요하다는 반론이 있다.[448] 국제형사재판소 역시 피해자의 반대 의사를 중심으로 판단하는 임시재판소 판례를 따르고 있지 않으며[449] 오히려 피해자의 동의의 부존재가 강간의 법적 요건이 아니므로 무력, 강압의 위협, 강압적 환경의 이용 등이 존재할 경우 피해자의 동의가 존재하지 않음을 입증할 필요가 없다고 판단하고 있다.[450]

강압의 요소가 거의 보편적으로 존재할 수 있는 국제범죄의 배경적 요소임을 고려할 때 이러한 두 가지 접근법의 실제적 차이는 크지 않으며 거의 동일한 결과를 가져올 것으로 생각된다. 다만 강압이나 폭력 혹은 폭력의 위협이라는 용어는 좁게 해석되어서는 안 되며 특히 강압의 개념이 동의를 조각시키는 행동 대부분을 포함할 수 있어야 한다.[451] 실제 임시재판소 판례가 무력충돌 상황에서의 강제나 폭력의 분위기가 진정한 동의를 불가능하게 한다고 판시하는 것과 같이 군대가 현존하는 무력충돌의 경우 강압 상황은 거의 보편적으로 존재하며 그러한 상황에서 피해자가 진정한 동의를 하였다고 가정할 수는 없을 것이다.[452] 따라서 강간이 피해자의 성적 자기결정권에 대한 침해이므로 '진정한' 동의가 중요한 것이 사실이나 실제적으로는 인도에 반한 죄나 전쟁범죄에서의 강간에서 동의는 매우 근소한 역할만을 수행할 뿐이다.[453]

중요한 것이며 강압적 요소를 강조하는 것은 너무 제한적인 것이라고 판단하였다.〔Kunarac et al., ICTY (TC), judgment of 22 February 2001, paras. 441 et seq, 특히 para. 460; Kunarac et al., ICTY (AC), judgment of 12 June 2002, para. 128〕 기타 유사한 취지의 판례는 Karemera and Ngirumpatse, ICTR (TC), judgment of 2 February 2012, para. 1676; Ngirabatware, ICTR (TC), judgment of 20 December 2012, para. 1381; Taylor, SCSL (TC), judgment of 18 May 2012, para. 416 등.

447) Werle, Gerhard; Jeßberger, Florian, 전게서, p. 368.
448) Catharine MacKinnon, "Defining Rape Internationally : A Comment on Akayesu", 44 Columbia Journal of International Law (2005); Cryer, Robert; Friman, Håkan; Robinson, Darryl; Wilmshurst, Elizabeth, 전게서, p. 253.
449) Katanga and Ngudjolo Chui, ICC (PTC), decision of 30 September 2008, paras. 438 et seq; Bemba, ICC (PTC), decision of 15 June 2009, paras. 161 et seq.
450) Bemba Gombo, ICC (TC), judgment of 21 March 2016, paras. 105, 106.
451) Kunarac et al., ICTY (AC), judgment of 12 June 2002, para. 129; Kunarac et al., ICTY (TC), judgment of 22 February 2001, para. 458; Muhimana, ICTR (TC), judgment of 28 April 2005, para. 546; Muvunyi, ICTR (TC), judgment of 12 September 2006, paras. 517 et seq; Bagosora et al., ICTR (TC), judgment of 18 December 2008, para. 2199.
452) Akayesu, ICTR (TC), judgment of 2 September 1998, para. 688; Katanga and Ngudjolo Chui, ICC (PTC), decision of 30 September 2008, para. 440; Bemba, ICC (PTC), decision of 15 June 2009, para. 162; Kunarac et al., ICTY (AC), judgment of 12 June 2002, para. 130; Gacumbitsi, ICTR (AC), judgment of 7 July 2006, paras. 151 et seq : 특히 피해자가 포로로 잡혀 있었다면 진정한 동의는 더욱 불가능할 것이다. Werle, Gerhard; Jeßberger, Florian, 전게서, p. 369.
453) 무능력 등 동의가 어려운 상황에 대하여 로마규정 범죄구성요건 제7조 (l)(g)-l 주석 16 참조; 형사책임을

로마규정에서의 강간은 성 중립적인 것으로 남성도 피해자가 될 수 있으며 동성 간의 범행도 본 조항에 해당한다.[454]

(3) 성적 노예화(Sexual Slavery)

성적 노예화는 노예화의 특수한 발현 형태로서[455] 노예화의 심각한 유형이다.[456] 따라서 성적 노예화의 경우에도 일반적 노예화와 동일하게 소유권 관련 요소와 자유 박탈 요건이 필요하다.[457] 로마규정 범죄구성요건은 노예화의 요건을 기본으로 성적 노예화의 특수성을 반영하는 상세한 개념을 규정하고 있으며 특히 성적 노예화에 해당할 수 있는 행위들을 예시적으로 열거하고 있다.[458]

성적 노예화에서의 자유의 박탈에는 노동력의 강제 착취 등 다양한 방법으로 대상자를 노예와 같은 지위로 격하시키는 것이 포함되며[459] 피해자들을 성적 본질을 갖는 행위에 종사하게 하여야 한다.[460] 여기에서의 성적 행위가 반드시 강간에 준하는 것일 필요는 없다.[461]

성적 노예화의 가장 악명 높은 사례는 제2차 대전 기간 일본에 의하여 운영되었던 위안소(comfort stations)와 구 유고슬라비아의 강간 캠프(rape camp)이다.[462] 일본의 위안소가 성적 노예

배제하는 근거로서 동의가 시대에 뒤떨어진 구식 관념이라는 의미는 아니며 국제형사법에서도 동의는 원칙적으로 형사책임을 배제하는 근거로 받아들여지고 있다. 그러나 강압이나 기망 등을 통하지 않고 얻어진 진정한 동의만이 형사책임을 배제할 수 있으며 무력충돌이라는 강압적 환경이 진정한 동의를 실질적으로 불가능하게 하는 것이라는 비동의의 추정(presumption of non-consent), 이와 관련된 사실의 착오 주장 등에 대하여 상세한 것은 Ambos, Kai, 전게서 II, p. 96; 진정한 동의의 인정 절차와 관련된 규정으로는 로마규정 절차증거규칙 제70조 참조; 어떤 입장을 취하던 피해자 조사 과정에서 증인에 대한 고통을 막고 불필요한 질문을 피하기 위하여 절차 및 증거규칙을 두는 것이 필요하다는 주장은 Cryer, Robert; Friman, Håkan; Robinson, Darryl; Wilmshurst, Elizabeth, 전게서, p. 253.

454) Bemba Gombo, ICC (TC), judgment of 21 March 2016, para. 100.
455) Katanga and Ngudjolo Chui, ICC (PTC), decision of 30 September 2008, para. 430; Sesay et al., SCSL (TC), judgment of 2 March 2009, para. 155.
456) Cryer, Robert; Friman, Håkan; Robinson, Darryl; Wilmshurst, Elizabeth, 전게서, p. 253.
457) Ambos, Kai, 전게서 II, p. 99; 성적 노예화에는 과거 '강제매춘(enforced prostitution)'으로 분류되었을 행위들도 포함되어 있다. 그러나 강제매춘의 관념은 폭력적 요소를 불분명하게 만들고 피해자의 지위를 격하시키는 것이므로 범죄의 본질과 심각성을 반영할 수 있는 성적 노예화라는 용어가 일반적으로 선호되고 있다. Cryer, Robert; Friman, Håkan; Robinson, Darryl; Wilmshurst, Elizabeth, 전게서, p. 254.
458) 로마규정 범죄구성요건 제7조 (1) (g)-2 '1. ----such as by purchasing, selling, lending or bartering such a person or persons, or by imposing on them a similar deprivation of liberty.'; 전쟁범죄 제8조 (2)(b)(xxii)-2, 제8조 (2)(e)(vi)-2 등의 규정과 동일한 내용이다.
459) 로마규정 범죄구성요건 제7조 (1) (g)-2 각주 18; Ambos, Kai, 전게서 II, p. 99.
460) 로마규정 범죄구성요건 제7조 (1) (g)-2 2; Sesay et al., SCSL (TC), judgment of 2 March 2009, paras. 158 et seq; Taylor, SCSL (TC), judgment of 18 May 2012, paras. 419, 421.
461) 강제 결혼이 성적 노예화에 해당하는가에 대한 논의와 국제재판소의 동향에 대한 것은 Ambos, Kai, 전게서 II, p. 99, 100.
462) ICTY 법령에는 성적 노예화에 대한 별개 조항이 없었던 관계로 강간과 노예화로 인한 인도에 반한 죄로

화 범죄에 해당함은 국제형사법 학계에서 명백히 인정되고 있으며[463] 국제형사재판소도 일본의 위안소를 성적 노예화의 사례로 명시하고 있다.[464]

성적 노예화에는 자유 박탈의 요소가 존재하는 까닭에 계속범으로 분류된다.[465]

(4) 강제매춘(Enforced Prostitution)

제네바협정 등 국제인도법 체제에서도 강제매춘을 명문으로 금지하여 왔으나 이는 여성의 명예에 대한 공격 혹은 개인 존엄에 대한 침해로 규정되어 있었다.[466] 처음으로 로마규정에서 강제매춘을 인도에 반한 죄의 독립 유형으로 규정하였으며 특히 여성의 명예에 대한 범죄라는 진부한 개념에서 벗어난 독자적 범죄 유형으로 자리잡게 되었다.[467]

로마규정 범죄구성요건은 강제매춘의 첫 번째 요소로 강압적 환경 조성을 포함하여 강박, 폭력, 폭력의 위협 등을 통해 피해자를 성적 본질을 갖는 행위에 종사하게 한다는 상당히 광범위한 개념을 규정하고 있다. 그리고 두 번째 요소로 이러한 행위를 통하여 금전적 이익이나 다른 이익을 얻거나 얻을 것을 기대할 것을 규정하고 있다.[468] 각국 국내법에서 규제하고 있는 일반적 성매매와 달리 강제매춘의 경우 대상자가 자발적으로 성적 행위를 시작하는 것이 아니라 범죄자에 의하여 강압적으로 촉발된다는 점에서 중요한 차이가 있다. 강제매춘의 경우 노예화에서 요구되는 기타 조건이 요구되지 않는다는 점에서 성적 노예화와 구분되며 성적 노예화가 인정되지 않을 경우에 적용되는 부수적 성격을 갖는다.[469] 강제매춘 역시 상당 기간 동안 강제가 지속되는 계속적 요소를 포함하고 있어 계속범으로 분류된다.[470]

유죄판결이 내려졌다. Kunarac et al., ICTY (TC), judgment of 22 February 2001, paras. 28 et seq 등.

463) C. Chinkin, 전게논문, p. 335; Ambos, Kai, 전게서 II, p. 99; Cryer, Robert; Friman, Håkan; Robinson, Darryl; Wilmshurst, Elizabeth, 전게서, p. 254; Werle, Gerhard; Jeßberger, Florian, 전게서, p. 370; MüKoStGB/Werle/Burchards VStGB § 7 Rn. 80-91.

464) Katanga and Ngudjolo Chui, ICC (PTC), decision of 30 September 2008, para. 431; 시에라리온 특별재판소의 판례에서도 일본의 위안소가 동일한 내용으로 설시되어 있다. Brima et al., SCSL (TC), judgment of 20 June 2007, paras. 705 et seq.

465) Ambos, Kai, 전게서 II, p. 99.

466) 제네바협정 IV 제27조 제2항, 부속의정서 I 제75조 제2항 (b), 제76조 제1항, 부속의정서 II 제4조 제2항 (e).

467) Cryer, Robert; Friman, Håkan; Robinson, Darryl; Wilmshurst, Elizabeth, 전게서, p. 254, 263; Werle, Gerhard; Jeßberger, Florian, 전게서, p. 370.

468) 로마규정 범죄구성요건 제7조 (1)(g)-3; 전쟁범죄에 대한 로마규정 범죄구성요건인 제8조 (2)(b)(xxii)-3, 제8조 (2)(e)(vi)-3에서도 동일한 취지의 내용이 규정되어 있다. 강제매춘을 통한 이익 취득의 요건은 미국 대표단의 요청에 의한 것으로 강제적으로 운영되는 매춘굴을 만드는 것은 금전적 이익뿐만 아니라 군대의 사기를 강화하기 위하여도 이루어져 왔다. Werle, Gerhard; Jeßberger, Florian, 전게서, p. 371; 유사한 형태로는 독일 형법 제181a 참조.

469) Ambos, Kai, 전게서 II, p. 101; 무력충돌 기간 중에 발생하는 강제매춘이 노예화의 관념에 전형적으로 부합한다는 주장은 Werle, Gerhard; Jeßberger, Florian, 전게서, p. 371.

470) Ambos, Kai, 전게서 II, p. 101.

(5) 강제임신 여성의 감금(Forced Pregnancy)

강제임신 여성에 대한 감금 행위는 로마규정에서만 인도에 반한 죄로 규정되어 있다.[471] 이러한 범죄는 주민의 민족적 구성에 영향을 미치거나 또는 국제법의 다른 중대한 위반을 실행할 목적으로 강제적으로 임신된 여성을 불법적으로 감금하는 행위를 규율한다.[472] 구 유고슬라비아에서의 충돌 과정에서 범죄자들이 여성을 강제로 임신시킨 후 낙태가 불가능한 시기까지 붙잡아 두는 행위가 발생하였는데 여성들에게 가해지는 이러한 특별한 유형의 해악을 별도의 범죄로 승인하여 성폭력의 특별한 유형으로 로마규정에 도입하게 된 것이다.[473]

여성에 대한 임신이 강간에 의한 것뿐만 아니라 불법적 의학 시술 등을 통하여 강제로 임신된 경우도 포함된다. 이러한 임신 과정에서 반드시 폭력이 사용되어야 하는 것은 아니며 모든 유형의 강박이 사용된 경우도 포함된다. 본 조항의 규율대상이 되는 구체적 행위는 강제적으로 임신된 여성에 대한 불법감금이므로 여성 피해자에 대한 임신을 야기하는 성적 행위는 감금 이전에 발생하였을 수 있다.[474] 또한 다른 사람에 의하여 임신된 부녀자를 감금하는 것도 본 조항에 해당된다.[475] 불법감금은 국제법과 국제기준에 반하는 모든 유형의 신체적 자유의 박탈을 의미한다.[476]

로마규정은 본 조항이 임신과 관련된 각국 국내법에 아무런 영향을 미치지 않는다는 점을 특별히 명시하고 있다.[477] 이러한 조항을 둔 것은 낙태를 금지하고 있는 국가들의 국내법이 이러한 범죄 개념에 포섭되지 않는다는 점을 명백히 하여 본 조항에 대한 협상의 어려움을 제거하기 위한 것이었다.[478]

---

471) 로마규정 제7조 (2)(f), 로마규정 범죄구성요건 제7조 (1)(g)-4; 전쟁범죄에 있어서는 제8조 (2)(b)(xxii)-4, 제8조 (2)(e)(vi)-4에 규정되어 있다.

472) 이전에도 이러한 유형의 행위가 일부 국제법 체제에 포함되어 있었으나 이를 로마규정에 포함시키는 것에 대하여 협상과정에서 많은 논란이 있었다. Vienna Declaration, World Conference on Human Rights, UN Doc. A/ CONF. 157/ 24 (1993) Part II, para. 38; Beijing Declaration and Platform for Action, Fourth World Conference on Women, 15 September 1995, UN Doc. A/ CONF. 177/ 20 (1995), UN Doc. A/ CONF. 177/ 20/ Add. 1 (1995) Chapter II, para. 115; 이전의 국제협약에 대한 논의는 Cryer, Robert; Friman, Håkan; Robinson, Darryl; Wilmshurst, Elizabeth, 전게서, p. 254.

473) Cryer, Robert; Friman, Håkan; Robinson, Darryl; Wilmshurst, Elizabeth, 전게서, p. 255.

474) Ambos, Kai, 전게서 II, p. 102.

475) Werle, Gerhard; Jeßberger, Florian, 전게서, p. 371.

476) Ambos, Kai, 전게서 II, p. 102.

477) 로마규정 제7조 제2항 (f) 제2문 '---이러한 정의는 임신과 관련된 각국의 국내법에 어떠한 영향을 미치는 것으로 해석되지 아니한다.'

478) Werle, Gerhard; Jeßberger, Florian, 전게서, p. 371; 낙태의 권리에 대한 논의는 인권의 입장에서 계속 전개해 나가도록 하되 이러한 논의를 인도에 반한 죄의 논의 범주에서는 배제하는 것이었다. Cryer, Robert; Friman, Håkan; Robinson, Darryl; Wilmshurst, Elizabeth, 전게서, p. 255; 이러한 조항을 둠으로써 강제 임신에 대응한다는 명목을 가장하여 낙태에 우호적인 국내정책이 촉진되는 상황을 방지할 수 있다는 것은

일반적으로 요구되는 주관적 요건 이외에 주민의 민족적 구성에 영향을 미치거나 또는 국제법의 다른 중대한 위반을 실행할 목적을 가지고 있어야 한다.[479] 국제법의 다른 중대한 위반에는 집단살해죄, 인도에 반한 죄, 전쟁범죄, 고문, 강제실종 등이 해당할 수 있으며[480] 생물학적 실험 등이 구체적 사례로 서론되고 있다.[481]

(6) 강제불임(Enforced Sterilization)

강제불임은 로마규정에서 처음으로 인도에 반한 죄의 행위유형으로 규정되었다. 로마규정 범죄구성요건은 강제불임을 대상자의 생물학적 재생산 능력을 영구히 박탈하는 행위로 규정하고 있다.[482] 과거 독일 제3제국은 이른바 '인종위생(racial hygiene)' 정책과 관련하여 강제불임과 수용자들을 대상으로 한 의학실험을 자행하였다.[483]

강제불임 행위에는 의학적 수술이나 실험뿐만 아니라 불임의 효과를 초래하는 화학물질의 사용 등도 포함되며[484] '강제(enforced)' 요건은 성폭력의 경우와 동일한 것으로 이해되고 있다. 대상자에게 필요한 필수적 의학 조치나 충분한 정보가 제공된 상태에서 기망의 요소 없이 이루어진 진정한 동의가 존재할 경우에는 본 조항이 적용되지 않는다.[485] 로마규정 범죄구성요건은 비영구적 효력을 갖는 출산통제 조치는 제외됨을 명시하고 있다.[486]

(7) 상응하는 중대성을 갖는 성폭력(Other Sexual Violence of Comparable Gravity)

'상응하는 중대성을 갖는 성폭력'은 성폭력과 관련된 포괄조항으로 로마규정에서의 성폭력 행위가 열거적이 아니라는 것을 의미한다.[487]

로마규정 범죄구성요건은 (1) 범죄자가 직접 성적 본질을 갖는 행위를 하거나 다른 사람으로 하여금 성적 본질을 갖는 행위를 하도록 할 것[488], (2) 직접적 폭력이나 폭력 또는 강압의 위

Ambos, Kai, 전게서 II, p. 102.
479) 로마규정 제7조 (2)(f).
480) Ambos, Kai, 전게서 II, p. 102.
481) Cryer, Robert; Friman, Håkan; Robinson, Darryl; Wilmshurst, Elizabeth, 전게서, p. 255.
482) 로마규정 범죄구성요건 제7조 (1)(g)-5.
483) Werle, Gerhard; Jeßberger, Florian, 전게서, p. 371; US Military Tribunal, Nuremberg, judgment of 20 August 1947 (Brandt et al., so-called 'Medical Trial'), in Trials of War Criminals II, 171 et seq.
484) Cryer, Robert; Friman, Håkan; Robinson, Darryl; Wilmshurst, Elizabeth, 전게서, p. 255.
485) Ambos, Kai, 전게서 II, p. 103.
486) 로마규정 범죄구성요건 제7조 (1)(g)-5 주석 19; 이와 같이 범죄성립의 범위를 제한하는 것은 국제법에 부합하지 않으며 이러한 조치 역시 개인의 자기결정권을 침해하는 것으로 특별한 목적이 존재할 경우 집단살해죄에도 해당할 수 있음을 들어 이러한 제한성을 비판하는 견해는 Ambos, Kai, 전게서 II, p. 103.
487) Werle, Gerhard; Jeßberger, Florian, 전게서, p. 372. 따라서 여기에는 ICTY 법령 제5조 (i)의 '다른 비인도적 행위'에 해당될 수 있었던 성폭력 행위들이 포함된다.
488) 국제형사재판소는 Muthaura et al. 사건에서 한 종족이 다른 종족에 대한 문화적 우월성을 나타내려는 인종

협에 의한 것일 것, (3) 로마규정 제7조 제1항 (g)에서 규정하는 다른 성범죄에 필적하는 중대성을 갖출 것 등을 요건으로 규정하고 있다.[489] 따라서 여기에서의 성적 행위는 범죄자에 의하여 강제적으로 직접 범하여지거나 폭력과 강압, 강압적 환경의 이용 등을 통하여 피해자로 하여금 그러한 행위에 종사하게 하는 것이어야 한다.[490]

이러한 포괄조항은 법적 명확성에 대한 우려와 함께 범죄화의 한계와 관련된 문제를 제기하게 한다. 따라서 본 조항은 반드시 로마규정 제7조 제1항 (g)에 열거되어 있는 다른 성적 행위와 동등한 심각성을 갖는 행위들로 제한적으로 해석되어야 하며[491] 이러한 객관적 요건을 통하여 경미한 형태의 성폭력은 배제될 수 있다.[492] 피해자를 나체 상태로 군중들 앞에서 춤추게 한 경우와 같이 신체에 대한 직접적 접촉이 없더라도 본 조항의 중대한 성폭력에 해당할 수 있다.[493]

(8) 국제범죄법

〔국제범죄법 제9조(인도에 반한 죄) 등〕

제2조 6. "강제임신"이란 주민의 민족적 구성에 영향을 미치거나 다른 중대한 국제법 위반을 실행할 의도로 강제로 임신시키거나 강제로 임신하게 된 여성을 정당한 사유 없이 불법적으로 감금하여 그 임신 상태를 유지하도록 하는 것을 말한다.

제9조

② 민간인 주민을 공격하려는 국가 또는 단체·기관의 정책과 관련하여 민간인 주민에 대한 광범위하거나 체계적인 공격으로 다음 각 호의 어느 하나에 해당하는 행위를 한 사람은 무기 또는 5년 이상의 징역에 처한다.

  6. 강간, 성적 노예화, 강제매춘, 강제임신, 강제불임 또는 이와 유사한 중대한 성적 폭력 행위

③ 인종집단의 구성원으로서 다른 인종집단을 조직적으로 억압하고 지배하는 체제를 유지할 목적으로 제1항 또는 제2항에 따른 행위를 한 사람은 각 항에서 정한 형으로 처벌한다.

적 편견에 기초하여 자행한 음경절단 행위를 '성적 본질'을 갖는 행위가 아니라고 판단하였다. Muthaura et al. ICC (PTC), decision of 23 January 2012, paras. 265 et seq.

489) 로마규정 범죄구성요건 제7조 (1)(g)-6; 이러한 로마규정 범죄구성요건은 ICTR의 Akayesu 사건 판결에 기초한 것이다. Akayesu, ICTR (TC), judgment of 2 September 1998, para. 598.

490) Ambos, Kai, 전게서 II, p. 104.

491) 로마규정 범죄구성요건 제7조 (1)(g)-6. 2.

492) Ambos, Kai, 전게서 II, p. 103.

493) Akayesu, ICTR (TC), judgment of 2 September 1998, para. 688; 사체에 대한 성행위를 동등한 심각성을 갖는 성폭력으로 판단한 것은 Niyitegeka, ICTR (TC), judgment of 16 May 2003, para. 465; Kajelijeli, ICTR (TC), judgment of 1 December 2003, para. 936; 이러한 판결에 대하여 본 조항에 있어서의 동등한 심각성은 성적 자기 결정권의 존재를 전제로 하는 것인데 피해자가 사망한 이후 성적 자기 결정권의 존재를 인정할 수 있는가 여부, 사체에 대한 모독이 폭력으로 인정될 수 있는가 여부 등이 불분명하므로 사체에 대한 모독이 가져오는 관찰자에 대한 충격적 효과를 감안하더라도 질적으로 동등한 수준의 침해를 인정하기 어렵다는 비판적 견해는 Werle, Gerhard; Jeßberger, Florian, 전게서, p. 372.

> ④ 제2항 각 호의 어느 하나에 해당하는 행위 또는 제3항의 행위(제2항 각 호의 어느 하나에 해당하는 행위로 한정한다)를 하여 사람을 사망에 이르게 한 사람은 제1항에서 정한 형에 처한다.
> ⑤ 제1항부터 제3항까지에 규정된 죄의 미수범은 처벌한다.

국제범죄법은 로마규정에 따라 강간, 성적 노예화, 강제매춘, 강제임신, 강제불임 또는 이와 유사한 중대한 성적 폭력행위 등 모두 6가지 유형의 성폭력을 규정하고 있다. 국제형사규범의 국내 도입과정에서 일부 수정이 가해지기는 하였으나 기본적으로는 로마규정을 따른 것으로 우리 형법에서 일반적으로 인정되는 성폭력 범죄뿐만 아니라 로마규정에 규정되어 있는 새로운 범죄유형이 함께 도입되어 있다.

이처럼 국제범죄법에 도입되어 명문화된 조항들이 국제형사법에 근원을 둔 것이라는 점을 감안하더라도 우리 법에 규정된 문언과 국제형사법에서 규율되는 범위를 구체적으로 비교할 때 혼란스러운 상황과 함께 처벌의 공백 우려가 제기된다.

국제범죄법 제9조 제2항 제6호는 로마규정에서의 강간을 인도에 반한 죄로 규정하면서 로마규정에서의 문언 그대로 '강간'만을 범죄행위로 규정하고 있다. 그러나 앞서 본 바와 같이 로마규정이나 국제형사법 영역에서의 강간은 우리 법에서의 강간과 유사강간을 모두 포함하는 개념이며 경우에 따라서는 우리 형법의 준강간에 해당하는 상황도 함께 규율하는 것으로 보인다. 따라서 우리 국제범죄법이 이러한 로마규정에 대응하여 강간이라는 법률용어만을 사용한 것은 로마규정의 실질적 규율내용과 부합하지 않는 것으로 국제규범과의 사이에서 상당한 괴리 현상을 야기하는 것으로 생각된다. 그러나 이러한 괴리를 국제범죄법에서의 강간 개념에 대한 확장해석을 통하여 메우려 할 경우에는 죄형법정주의 위반 문제가 제기될 수 있을 것이다.

성적 노예화, 강제매춘 등의 개념은 로마규정에 따라 해석하면 족할 것이다.[494] 성매매방지 및 피해자보호 등에 관한 법률 제18조는 폭행이나 협박에 의하여 성을 파는 행위를 하게 하는 것을 처벌 대상으로 삼고 있으나 이는 금품이나 재산적 대가가 존재하는 경우만을 대상으로 삼고 있으므로 국제범죄법과는 적용상의 차이가 발생할 수 있다.[495]

국제범죄법은 로마규정에서 처음으로 도입한 강제임신된 여성의 감금을 처벌 대상으로 명문화하고 있으나 로마규정을 그대로 도입한 것으로는 보기 어렵다. 국제범죄법 제2조 제6호는 '강제임신'에 해당하는 행위로 주민의 민족적 구성에 영향을 미치거나 다른 중대한 국제법 위반을 실행할 의도로 '강제로 임신시키'는 행위와 '강제로 임신하게 된 여성을 정당한 사유 없이 불법적으로 감금하여 그 임신 상태를 유지하도록 하는 것'을 병렬적으로 규정하고 있기 때문이다. 강제

---

494) 독일 국제범죄법은 성적 노예화와 기타 유사한 성폭력을 포괄하기 위하여 독립된 규정을 두고 있다. BT-Drs. 14/ 8524, s. 21. § 7 Abs. 1 Nr. 6(Sexuelle Gewalt)
495) 성매매방지 및 피해자보호 등에 관한 법률 제2조 제1항 제1호 참조.

임신 행위는 강간 또는 유사한 중대한 성폭력 행위에 해당할 수 있을 뿐 아니라 로마규정에서 도입한 불법성은 강제로 임신된 여성을 낙태가 불가능한 시점까지 감금하여 임신상태를 유지시키는 것에 있다. 따라서 우리 국제범죄법이 '강제로 임신시키는 행위'를 함께 규정한 것은 국제형사법에 근거가 없으며 강간이나 다른 중대한 성폭력과의 관계에서도 불필요한 내용이므로 삭제하는 것이 타당하다.

우리 국제범죄법에서도 강제임신 범죄가 성립하기 위해서는 범죄자가 주민의 민족적 구성에 영향을 미치거나 다른 중대한 국제법 위반을 실행할 목적을 가지고 있었어야 한다.

'유사한 중대한 성적 폭력'은 로마규정의 경우와 같이 폭행, 협박 등에 의하여 대상자를 성적 행위에 종사하도록 하는 것이다. 국제범죄법 제9조 제2항 제6호에 열거된 강간 등 구체적 행위유형과 '유사한' 중대성을 갖는 것이어야 하며 중대성 요건을 충족시키지 못하는 사소한 행위는 본 조항의 적용 범위에서 배제된다. 유사한 중대한 성적 폭력 행위를 처벌대상으로 규정한 것에 대하여는 명확성의 원칙에 반하는 것이 아닌가라는 논란이 있을 수 있을 것이다.[496] 독일 국제범죄법은 명확성의 원칙에 대한 우려로 로마규정의 규범내용을 그대로 도입하고 있지는 않다.[497]

8. 박해(Persecution)

〔로마규정 제7조 제1항 (f), 제2항 (e)〕

1. (h) 이 항에 규정된 어떠한 행위나 재판소 관할범죄와 관련하여, 정치적·인종적·국민적·민족적·문화적 및 종교적 사유, 제3항에 정의된 성별 또는 국제법상 허용되지 않는 것으로 보편적으로 인정되는 다른 사유에 근거하여 어떠한 동일시될 수 있는 집단이나 집합체에 대한 박해

   (Persecution against any identifiable group or collectivity on political, racial, national, ethnic, cultural, religious, gender as defined in paragraph 3, or other grounds that are universally recognized as impermissible under international law, in connection with any act referred to in this paragraph or any crime within the jurisdiction of the Court)

2. (g) "박해"라 함은 집단 또는 집합체와의 동일성을 이유로 국제법에 반하는 기본권의 의도적이고 심각한 박탈을 말한다.

   ("Persecution" means the intentional and severe deprivation of fundamental rights contrary to international law by reason of the identity of the group or collectivity)

3. 이 규정의 목적상, "성별"이라는 용어는 사회적 상황에서 남성과 여성의 양성을 지칭하는 것으로 이해된다. "성별"이라는 용어는 위와 다른 어떠한 의미도 표시하지 아니한다.

---

496) 헌법재판소 2011. 3. 31. 2008헌가21에서는 '계간 기타 추행한 자'를 처벌하는 군형법 조항에 대하여 죄형법정주의 명확성의 원칙에 반하지 않는다고 판시한 바 있다.

497) 이러한 유형과 성적 노예화를 성적 강요 행위 개념을 통하여 함께 포섭하려는 독일 형법 제177조 등에 대한 것은 MüKoStGB/Werle/Burchards VStGB § 7 Rn. 82.

(For the purpose of this Statute, it is understood that the term "gender" refers to the two sexes, male and female, within the context of society. The term "gender" does not indicate any meaning different from the above)

로마규정 제7조 제1항 (h)는 인도에 반한 죄의 행위유형으로 박해(Persecution, Verfolgung)를 규정하고 있다. 박해는 심각한 인권침해를 발생시키는 작위 또는 부작위로 이루어지는 '포괄조항' 이다.[498]

박해는 뉘른베르크 헌장 제6조 (c), 통제위원회 법령 제10호 II(1)(c), 동경 헌장 제5조 (c), ICTY 법령 제5조 (h), ICTR 법령 제3조 (h) 등에도 규정되어 있었다. 로마규정은 박해를 집단 또는 집합체와의 동일성을 이유로 행하여지는 국제법에 반하는 의도적이고 심각한 기본적 권리의 박탈로 정의하고 있다.[499]

로마규정은 차별의 근거를 임시재판소 법령에서 인정되던 정치, 민족, 종교적 근거 이외에 국가, 인종, 문화, 성별뿐만 아니라 국제법에서 허용되지 않는 것으로 보편적으로 인정되는 다른 근거들로 확장하고 있다. 그리고 박해의 대상 역시 식별 가능하고 동일시될 수 있는 집단 또는 집합체로 확대하고 있으며 박해행위와 다른 범죄의 연계성을 요구한다는 점에서 기존의 임시재판소 법령과 판례들과는 차이가 있다.[500]

(1) 객관적 요건

박해죄가 성립하기 위해서는 박해죄의 대상이 되는 특정한 집단이나 공동체가 존재하여야 한다. 법률이 특정한 집단에 대한 차별을 규정하는 경우와 같이 집단 자체가 박해의 대상이 될 수 있으며 경우에 따라서는 집단의 대표자 개인에 대한 행위도 박해죄에 포함될 수 있다. 집단살

---

498) Ambos, Kai, 전게서 II, p. 104.
499) 로마규정에서의 박해 개념은 ICTY의 Tadić 사건[Tadić, ICTY (TC), judgment of 7 May 1997, para. 697]과 국제법위원회 1996년 초안 제18조의 영향을 받은 것이다. 로마규정 이전의 임시재판소들은 난민법이나 인권법에서의 박해 개념을 유추하여 사용하는 방식을 명시적으로 거부하고 국제형사법에서의 박해 개념을 정립하려 하였으며 ICTY는 국제관습법하에서의 박해 범죄의 특징을 명확히 하는데 성공한 것으로 평가받고 있다. Werle, Gerhard; Jeßberger, Florian, 전게서, p. 373; 또한 로마규정 채택 이후 ICTY는 국제관습법상의 박해 개념을 더욱 명확화시키고 있다.〔Kupreškić et al., ICTY (TC), judgment of 14 January 2000, para. 621; Krnojelac, ICTY (AC), judgment of 17 September 2003, para. 185; Tolimir, ICTY (TC), judgment of 12 December 2012, para. 846; Stanišić and Simatović, ICTY (TC), judgment of 30 May 2013, para. 1238]; 로마규정은 제7조 (1)(h), 제7조 (2)(g), 제7조 (3) 등에서 박해 및 관련 개념들을 비교적 상세히 규정하고 있으며 특히 로마규정 범죄구성요건은 한 사람에 대한 권리의 박탈도 박해의 개념을 충족시킬 수 있다는 점을 명확히 하고 있다. 로마규정 범죄구성요건 제7조 (1)(h) elements 1. 참조. 임시재판소 판례 역시 소수의 사람에 대한 박해도 인도에 반한 죄에 해당할 수 있다고 판시하고 있다. Kupreškić et al., ICTY (TC), judgment of 14 January 2000, para. 624; Krnojelac, ICTY (TC), judgment of 15 March 2002, para. 433.
500) Ambos, Kai, 전게서 II, p. 105.

해죄의 경우와는 달리 박해의 대상 집단을 범죄자가 특정하는 것이 결정적이므로 대상 집단의 종류 또는 단체성은 범죄자의 행위에서 나타나는 목적 내지 동기에서 추론될 수 있다.501)

박해에 해당하기 위해서는 기본적 권리가 침해되어야 하며 침해의 정도 역시 심각한 것이어야 한다. 박해죄가 규율하는 박탈 대상 권리에 해당하는가의 여부를 판단함에 있어서는 「시민적 및 정치적 권리에 관한 국제규약」에서 규정하고 있는 권리인가 여부를 일응의 기준으로 삼을 수 있을 것이다.502) ICTY는 기본적 권리들 중 특히 생명, 신체, 정신의 불가침성에 대한 권리, 자유권 등을 강조하고 있다.503)

박해는 집단 또는 집합체와의 동일성을 이유로 이루어지는 기본권 박탈행위이다. 따라서 특정한 집단에의 소속을 이유로 권리를 폐기시키는 법적 조치 등과 같이 일정한 집단과 관련하여 이루어지는 공식적 권리의 박탈이 일차적으로 박해행위에 해당한다.504) 또한 기본적 권리를 침해하는 행위라면 물리적 특성을 갖는 것인가 아니면 경제적, 법적 특성을 가지는 것인가 여부와는 무관하며505) 중요한 것은 그러한 침해행위가 객관적으로 차별적이며 권리 침해적인 것인가 여부이다.506) 기본적 권리의 박탈이 존재한다 하더라도 그 정도가 심각한 경우에만 박해에 해당될 수 있으며507) 심각성 수준의 충족 여부는 인도에 반한 죄에 규정되어 있는 다른 개별 범죄의 심각성 수준에 비추어 판단할 수 있다.508) 차별정책의 표현이라 할 수 있는 권리의 박탈은 고립되어 고찰되어서는 안 되며 반드시 전체 맥락에서 평가되어야 한다.509)

임시재판소에서 승인되어 온 박해행위는 그 자체로 전쟁범죄, 집단살해죄 혹은 다른 유형의 인도에 반한 죄에 해당하여 국제형사법의 규율대상이 되는 행위인 경우510)와 그 자체로는 국제

---

501) Naletilić and Martinović, ICTY (TC), judgment of 31 March 2003, para. 636; Werle, Gerhard; Jeßberger, Florian, 전게서, p. 373.

502) Werle, Gerhard; Jeßberger, Florian, 전게서, p. 374.

503) Kupreškić 사건에서는 인간에 부여되어 있는 일련의 기본적 권리들에 대한 전면적 혹은 노골적 부인이 박해에 해당할 수 있다고 판시하였다. Kupreškić et al., ICTY (TC), judgment of 14 January 2000, para. 621; Kordić and Čerkez, ICTY (TC), judgment of 26 February 2001, para. 195.; Blaškić, ICTY (TC), judgment of 3 March 2000, para. 220.

504) Werle, Gerhard; Jeßberger, Florian, 전게서, p. 374.

505) Tadić, ICTY (TC), judgment of 7 May 1997, para. 710.

506) Werle, Gerhard; Jeßberger, Florian, 전게서, p. 374; Krnojelac, ICTY (TC), judgment of 15 March 2002, para. 431; Lukić and Lukić, ICTY (AC), judgment of 4 December 2012, para. 455.

507) 로마규정 제7조 (2)(g) 참조.

508) 이러한 제한요건을 둔 것은 피해자의 인권 보호를 위하여 박해를 규정하면서도 박해를 죄형법정주의 원칙에 부합하도록 만들려는 노력의 일환이다. 충분히 심각한 인권침해 행위라면 그것이 단일한 인권침해 행위라 하더라도 뒤에서 살필 연계 요건만 충족된다면 박해에 해당할 수 있다. Ambos, Kai, 전게서 II, p. 106, 107; Blaškić, ICTY (AC), judgment of 29 July 2004, paras. 135, 138 et seq, 160; Naletilić and Martinović, ICTY (AC), judgment of 3 May 2006, para. 574; Kupreškić et al., ICTY (TC), judgment of 14 January 2000, para. 621.

509) Werle, Gerhard; Jeßberger, Florian, 전게서, p. 375; Kupreškić et al., ICTY (TC), judgment of 14 January 2000, paras. 622, 615; Kvočka et al., ICTY (AC), judgment of 28 February 2005, para. 321.

510) Kupreškić et al., ICTY (TC), judgment of 14 January 2000, paras. 593 et seq, para. 617; Blaškić, ICTY

형사법에 규정되어 있는 범죄행위에 포함되지 않는 것511)으로 구분될 수 있다. 임시재판소의 판례에 나타난 구체적 행위유형을 보면 민간인을 분리하여 캠프에 강제로 이송하는 것, 폭행, 살해, 투옥, 강제 추방 또는 이주, 주민 생활을 파괴하는 수준의 재산에 대한 공격, 신체적·정신적 침해512), 심리적 학대, 모욕, 괴롭힘513) 등이다.

재산권 침해의 경우 어떤 범위의 행위가 박해로 분류될 수 있는가는 불분명하나 재산권에 대한 공격 유형과 심각성에 따라 결정되어야 할 것이다.514) 따라서 차별적 목적이 존재한다는 이유만으로 작은 규모의 재산을 파괴한 행위까지 박해에 해당한다고 보기는 어려울 것이며515) 주민 일부의 경제적 생활이 파괴될 정도의 심각한 공격으로 한정된다.516) ICTR의 이른바 'Media Trial'에서는 인종적 이유 등 차별적 근거에서 행하여진 증오 연설이 박해죄에 해당할 수 있는가 여부가 다루어지기도 하였다.517) 이와 같은 박해행위의 확장성과 체계성을 고려할 때 일정한 박해행위는 그 자체로 로마규정 제7조 제1항에서 규정하는 광범위하거나 체계적인 공격에 해당할

(AC), judgment of 29 July 2004, paras. 143, 150 et seq; Brđanin, ICTY (AC), judgment of 3 April 2007, para. 296; Perišić, ICTY (TC), judgment of 6 September 2011, para. 119.

511) 범죄에 직접 해당하지 않는 박해의 행위유형으로는 독일에서의 수많은 반유대 법령들을 들 수 있다. 당시의 제3제국 시민권법(Reich Citizenship Law, 15 September 1935)은 독일 혈통 혹은 독일 혈통과 관련된 사람만이 제국의 시민이 될 수 있고 완전한 정치적 권리의 보유자가 될 수 있도록 규정하였다. 그 밖에 유대인들의 공직 또는 전문직 접근을 막고 재산권 혹은 가족생활에까지 관여하였으며 이동의 자유를 제한하는 법적 조치들도 존재하였다. Werle, Gerhard; Jeßberger, Florian, 전게서, p. 375; 임시재판소의 판례로는 Tadić, ICTY (TC), judgment of 7 May 1997, paras. 703 et seq; Kvočka et al., ICTY (AC), judgment of 28 February 2005, para. 323; Brđanin, ICTY (AC), judgment of 3 April 2007, para. 296; Tolimir, ICTY (TC), judgment of 12 December 2012, para. 847.

512) Kordić and Čerkez, ICTY (TC), judgment of 26 February 2001, para. 198; Kvočka et al., ICTY (TC), judgment of 2 November 2001, para. 186.

513) Kvočka et al., ICTY (TC), judgment of 2 November 2001, para. 190.

514) Werle, Gerhard; Jeßberger, Florian, 전게서, p. 375.

515) 산업용 재산의 강제적 몰수만으로는 인도에 반한 죄에 해당하지 않는다는 것은 US Military Tribunal, Nuremberg, judgment of 22 December 1947 (Flick et al., so-called 'Flick Trial'), in Trials of War Criminals VI, 1187, at 1215 et seq; US Military Tribunal, Nuremberg, judgment of 30 July 1948 (Krauch et al., so-called 'IG Farben Trial'), in Trials of War Criminals VIII, 1081, at 1129 et seq.

516) 보상 없는 강제수용, 공정한 가격에 미치지 못하는 보상 하에 이루어지는 강제 매각 등도 여기에 해당할 수 있다. 실제 나치 정권에서는 유대인 재산에 대한 체계적 공격이 이루어졌다. Werle, Gerhard; Jeßberger, Florian, 전게서, pp. 375, 376; 다른 박해행위와 관련되어 있을 경우 재산권의 침해가 상대적으로 심각하지 않은 경우에도 박해죄에 해당할 수 있다고 본 사례는 Krajišnik, ICTY (TC), judgment of 27 September 2006, paras. 771 et seq; 종교나 문화적 유산에 대한 파괴의 경우 만일 그러한 행위가 종교적 성향이 강한 주민들에 대하여 심각한 영향을 끼치는 것이라면 박해죄가 될 수 있다고 본 사례는 Kordić and Čerkez, ICTY (TC), judgment of 26 February 2001, para. 207; Krajišnik, ICTY (TC), judgment of 27 September 2006, paras. 781 et seq.

517) Nahimana et al., ICTR (TC), judgment of 3 December 2003, paras. 1070 et seq; ICTR (AC), judgment of 28 November 2007, paras. 986 et seq. 증오 연설이 박해에 해당할 수 있다는 취지의 1심 판결과 더욱 조심스런 입장을 취한 항소심 판결 등에 대하여 상세한 것은 Werle, Gerhard; Jeßberger, Florian, 전게서, p. 376.

수 있을 것이다.[518]

로마규정에서의 박해는 그 자체로 홀로 성립할 수 있는 범죄가 아니다. 로마규정의 경우 박해행위가 로마규정 제7조 제1항에 열거된 다른 인도에 반한 죄와 관련되거나 국제형사재판소 관할에 속하는 다른 범죄와 관련하여 범하여진 경우로 제한되어 있다.[519] 로마규정에 이러한 연계 요건을 둔 것은 박해죄가 지나치게 광범위하게 적용될 수 있다는 우려 때문이었으나[520] 이러한 연계 요건이 국제관습법에서 인정되는 것인가에 대하여는 논란이 있다. 임시재판소의 판례는 일관되게 다른 범죄와의 연계 요건을 요구하고 있지 않으며 연계 요건을 규정한 로마규정이 국제관습법에 부합하지 않는 것으로 판단한 사례도 있기 때문이다.[521] 다만 로마규정에 새로이 도입된 연계 요건은 객관적으로 존재하면 족하며 범죄자의 주관적 요건에 반영되어야 하는 것은 아니다.[522] 연계 요건을 주관적 요건의 대상에서 배제한 것은 이러한 요건이 범죄자의 책임과 관련된 것이 아니며 국제형사재판소의 재판권을 높은 수준의 위험성을 구비한 박해 유형으로 제한하려 한 것임을 명확히 하는 것이다.[523]

(2) 주관적 요소

박해죄가 성립하기 위해서는 로마규정 제30조에 따른 일반적 주관적 요건이 요구된다. 로마규정 제7조 제2항 (g)는 권리의 박탈이 의도적(intentional)일 것을 규정하고 있으나 이는 일반적 주관적 요건을 확인한 것에 불과하다.[524]

박해행위는 정치적 · 인종적 · 국민적 · 민족적 · 문화적 및 종교적 사유, 로마규정 제7조 제3항에 정의된 성별 또는 국제법상 허용되지 않는 것으로 보편적으로 인정되는 다른 사유에 근거한 차별적 목적으로 이루어져야 한다.[525] 박해에는 이러한 추가적 주관적 요건이 필요하다는 점

---

518) Ambos, Kai, 전게서 II, p. 106.

519) 이러한 연계 요건은 뉘른베르크 헌장 제6조 (c)에도 규정되어 있었다.

520) MüKoStGB/Werle/Burchards VStGB § 7 Rn. 115.

521) Kupreškić et al., ICTY (TC), judgment of 14 January 2000, paras. 580, 581; Kordić and Čerkez, ICTY (TC), judgment of 26 February 2001, paras. 193, 194; 박해가 이미 독립된 범죄로 발전하였다는 점에서 로마규정은 국제관습법에 후행하는 것이라는 비판은 Werle, Gerhard; Jeßberger, Florian, 전게서, p. 377; 우리의 국제범죄법 제9조 제2항 7호나 독일의 국제범죄법 제7조 제1항 10호 역시 이러한 연계 요건을 규정하고 있지 않다.

522) 로마규정 범죄구성요건 제7조 (1)(h) elements 4. 각주 22는 추가적인 주관적 요건이 요구되지 않음을 명확히 하고 있다.

523) 이러한 연계 요건으로 말미암아 연계가 요구되는 범죄행위와 박해행위가 동시에 발생할 것이 요구되므로 박해죄의 성립에 상당한 제약으로 작용한다는 입장은 Ambos, Kai, 전게서 II, p. 105.

524) Werle, Gerhard; Jeßberger, Florian, 전게서, p. 377.

525) 로마규정 제7조 (1)(h); Muthaura et al., ICC (PTC), decision of 23 January 2012, para. 282; Ruto et al., ICC (PTC), decision of 23 January 2012, para. 269; Vasiljević, ICTY (TC), judgment of 29 November 2002, para. 245; Stakić, ICTY (TC), judgment of 31 July 2003, para. 733; Blagojević and Jokić, ICTY (TC), judgment of 17 January 2005, para. 583; Prlić et al., ICTY (TC), judgment of 29 May 2013, Vol. I, para. 76.

에서 다른 유형의 인도에 반한 죄와는 차이가 있다.526) 따라서 범죄자는 특정한 집단 혹은 공동체 그 자체를 목표로 삼아 공격하거나 어떤 개인이 어떠한 집단 혹은 공동체에 소속되어 있다는 이유로 공격을 가하여야 한다.527) 범죄자 스스로 이와 같은 차별적 목적에 따라 행동하였으면 충분하며 집단과 구성원을 연결하는 객관적인 구성적 요소가 존재하는 등 집단과 관련된 객관성이 요구되는 것은 아니다.528)

정치·인종·종교적 동기는 뉘른베르크 헌장 제6조 (c), 통제위원회 법령 제10호 II(1)(c), ICTY 법령 제5조 (h), ICTR 법령 제3조 (h) 등에도 포함되어 있었다.529) 피해자의 정치적 신념을 이유로 박해행위가 이루어진 것이라면 이는 정치적 근거에 기반한 것이며530) 피해자가 특정한 인종이라거나 혹은 특정한 종교적 신념을 가지고 있다는 이유로 행하여진 박해는 인종적 근거 혹은 종교적 근거에 의한 박해행위에 해당한다.531)

로마규정은 고전적으로 인정되던 정치·인종·종교적 동기 이외에 다른 차별적 근거를 포함시킴으로써 국제관습법의 규율 범위를 넘어선 최초의 국제체계이다. 따라서 로마규정의 박해죄는 다양한 동기에 의한 차별이 존재하는 경우를 광범위하게 포섭하고 있다. 문화적이라는 용어에 대하여는 모두가 합의할 수 있는 일의적 개념이 존재하지 않으나 본 조항에서는 특정한 집단의 언어, 관습, 예술, 건축 등을 포함하는 보다 넓은 의미로 해석될 수 있을 것이다.532) 로마규정은 성별에 의한 차별을 규정하면서 성별의 개념을 '사회적 상황에서 남성과 여성의 양성을 지칭'하는 것으로 정의하고 있다. 따라서 여기서의 '성별' 개념에는 생물학적 차이와 사회적 차이가 모두 포함되는 것으로 이해된다.533) '국제법상 허용되지 않는 것으로 보편적으로 인정되는 다른

---

526) Werle, Gerhard; Jeßberger, Florian, 전게서, p. 377; Kupreškić et al., ICTY (TC), judgment of 14 January 2000, para. 607; Stakić, ICTY (AC), judgment of 22 March 2006, para. 323; Simić, ICTY (AC), judgment of 28 November 2006, para. 86.
527) 로마규정 범죄구성요건 제7조 (1)(h); Blaškić, ICTY (TC), judgment of 3 March 2000, para. 235 역시 박해는 개인을 목표로 한 것이 아니라 일정한 집단의 구성원성을 이유로 한 것이라고 판시하고 있다. 어떠한 집단에 소속하였다는 이유로 공격받는 개인은 일종의 집단 대표의 지위에서 공격을 받는 것이다. 따라서 범죄자의 궁극적 목적은 개인이 아닌 집단이나 공동체 그 자체를 차별하려는 것이어야 한다. Werle, Gerhard; Jeßberger, Florian, 전게서, p. 377; Blaškić, ICTY (AC), judgment of 29 July 2004, para. 164; Kordić and Čerkez, ICTY (AC), judgment of 17 December 2004, para. 111.
528) MüKoStGB/Werle/Burchards VStGB § 7 Rn. 100.
529) 다만 동경 헌장 5(c)에는 종교적 근거가 포함되어 있지 않았다.
530) Akayesu, ICTR (TC), judgment of 2 September 1998, para. 583. 그러나 피해자가 특정한 정당이나 정치집단의 구성원일 필요까지는 없다.
531) Tadić, ICTY (TC), judgment of 7 May 1997, para. 711.
532) 특정한 고유 언어를 사용하는 집단에 대한 차별이 그 사례가 될 수 있을 것이다. 다만 민족적 정체성에 기한 차별은 인종적 근거에 기한 차별과의 관계에서 독자적으로 인정되는 범위가 크지 않은 것으로 보인다. Werle, Gerhard; Jeßberger, Florian, 전게서, pp. 378, 379.
533) 여성차별철폐협약(Convention on the Elimination of All Forms of Discrimination against Women)(18 December 1979)이 여성에 대한 차별이 존재하는가 여부에 대한 해석에 활용될 수 있을 것이다. 위 협약 제13조 등 참조.

사유'라는 기준은 국제관습법을 지칭하는 것으로 인권친화적인 방향으로 국제관습법이 발전할 수 있는 여지를 남겨둔 것이다.[534]

　　이러한 특별한 주관적 요건은 범죄자가 허용될 수 없는 특별한 근거에 따라 특정한 피해자를 박해의 대상으로 선택한 것임을 규정한 것이다. 따라서 복합적 목적이 있어도 무방하나 범죄자는 반드시 박해에 규정된 이러한 목적을 가지고 있어야 하며 이러한 차별적 목적을 구비하지 않은 범죄자의 행위는 박해의 범주에서 제외된다.[535]

(3) 국제범죄법

〔국제범죄법 제9조(인도에 반한 죄)〕

② 민간인 주민을 공격하려는 국가 또는 단체·기관의 정책과 관련하여 민간인 주민에 대한 광범위하거나 체계적인 공격으로 다음 각 호의 어느 하나에 해당하는 행위를 한 사람은 무기 또는 5년 이상의 징역에 처한다.

　7. 정치적·인종적·국민적·민족적·문화적·종교적 사유, 성별 또는 그 밖의 국제법규에 따라 인정되지 아니하는 사유로 집단 또는 집합체 구성원의 기본적 인권을 박탈하거나 제한하는 행위

③ 인종집단의 구성원으로서 다른 인종집단을 조직적으로 억압하고 지배하는 체제를 유지할 목적으로 제1항 또는 제2항에 따른 행위를 한 사람은 각 항에서 정한 형으로 처벌한다.

④ 제2항 각 호의 어느 하나에 해당하는 행위 또는 제3항의 행위(제2항 각 호의 어느 하나에 해당하는 행위로 한정한다)를 하여 사람을 사망에 이르게 한 사람은 제1항에서 정한 형에 처한다.

⑤ 제1항부터 제3항까지에 규정된 죄의 미수범은 처벌한다.

　　로마규정에서의 박해가 다른 범죄에 종속하여 성립하는 부속적 범죄인 것과 달리 우리 국제범죄법은 국제관습법에 따라 다른 범죄와의 관련성 요건을 규정하고 있지 않다. 따라서 우리 국제범죄법의 경우에는 박해죄만이 독립하여 성립할 수 있다. 그러나 '기본적 인권을 박탈하거나 제한'하는 구성요건적 행위는 심각한 행위로 제한되며 모든 인권침해행위를 포괄하는 것은 아니다.

　　권리침해의 심각성은 전체적 상황을 고려하여 판단될 수 있으며 개별적인 하나의 행위만으로는 심각한 행위에 해당하지 않는다 하더라도 다른 행위들과 함께 고려할 경우 본 조항에 해당하는 것으로 판단되는 경우도 있을 것이다.[536]

---

534) MüKoStGB/Werle/Burchards VStGB § 7 Rn. 123; 성적 취향(동성애)에 근거한 박해는 아직 국제관습법에서 인정된 바 없다. 사회적 혹은 경제적인 특성에 기한 차별이 로마규정에서 의도적으로 배제된 것이라는 것은 Werle, Gerhard; Jeßberger, Florian, 전게서, p. 379; MüKoStGB/Werle/Burchards VStGB § 7 Rn. 125.

535) 주관적 측면에서 차별적 목적이 존재하지 않을 경우 다른 인도에 반한 죄에 대한 박해의 특수성도 존재하지 않으므로 박해의 특수한 심각성도 소멸되나 이와 반대로 차별적 목적이 존재할 경우에는 단 하나의 박해 행위도 인도에 반한 죄에 해당되게 하는 등 객관적으로 보다 낮은 수준의 심각성을 특수한 주관적 요건이 상쇄함으로써 결국 객관적 요건의 완화로 이어진다는 견해는 Ambos, Kai, 전게서 II, p. 108.

536) MüKoStGB/Werle/Burchards VStGB § 7 Rn. 112.

집단 또는 집합체 구성원이 그 대상이므로 한 사람의 피해자에 대한 행위도 본 조항에 해당할 수 있다. 본 조항의 행위에는 법률적 행위와 사실적 행위가 모두 포함되며 중요한 것은 판단의 대상이 되는 침해행위가 객관적으로 차별적 본질을 갖는 것으로 권리를 객관적으로 훼손하는가 여부이다.[537]

본 범죄의 대상이 되는 기본적 인권은 시민적 및 정치적 권리에 관한 국제규약 등을 참고로 결정될 것이나 로마규정과 국제재판소의 판례에서 나타난 것과 같이 생명, 신체, 정신의 불가침성에 대한 권리, 자유권 등이 중요한 의미를 가질 것이다. 앞서 본 바와 같이 재산권 침해가 박해에 해당할 수 있는가에 대한 논란이 있을 수 있으나 민간 주민의 생존에 필수적인 경제생활의 기본을 파괴하는 것이라면 박해에 해당하는 것으로 볼 수 있을 것이다.[538]

박해죄가 성립하기 위해서는 '정치적·인종적·국민적·민족적·문화적·종교적 사유, 성별 또는 그 밖의 국제법규에 따라 인정되지 아니하는 사유'에 기반한 차별적 근거가 필요하다는 점에서 다른 인도에 반한 죄와 구분된다. 문화적 사유의 내용은 다소 불분명하나 앞서 본 바와 같이 언어, 관습 등이 그 중요한 판단 지표가 될 것이다.

로마규정에서와 같이 피해자가 특정한 집단에 속한다는 이유로 범죄자가 행위하였으면 족하며 피해자의 집단에의 소속성이 객관적으로 요구되는 것은 아니다.[539]

9. 강제실종(Enforced Disappearance of Persons)

〔로마규정 제7조 제1항 (g), 제2항 (e)〕

1. (g) 사람들의 강제실종(Enforced disappearance of persons)
2. (i) "사람들의 강제실종"이라 함은 국가 또는 정치조직에 의하여 또는 이들의 허가·지원 또는 묵인을 받아 사람들을 체포·구금 또는 유괴한 후, 그들을 법의 보호로부터 장기간 배제시키려는 의도하에 그러한 자유의 박탈을 인정하기를 거절하거나 또는 그들의 운명이나 행방에 대한 정보의 제공을 거절하는 것을 말한다.

   ("Enforced disappearance of persons" means the arrest, detention or abduction of persons by, or with the authorization, support or acquiescence of, a State or a political organization, followed by a refusal to acknowledge that deprivation of freedom or to give information on the fate or whereabouts of those persons, with the intention of removing them from the protection of the law for a prolonged period of time.)

---

537) MüKoStGB/Werle/Burchards VStGB § 7 Rn. 111.
538) 따라서 보상 없는 수용이나 적절한 가격을 지급하지 않은 강제 매각, 가옥의 완전한 파괴 등은 본 조항에 해당할 수 있으나 개인 소유의 자동차를 파괴하는 행위는 그것이 생활에 필수적인 것이 아닌 이상 박해에 해당하지 않을 것이다. 다만 보다 가벼운 재산의 침해라 하더라도 그것이 다른 박해 수단과 연계되어 이루어질 경우에는 박해에 해당할 수 있을 것이다.
539) MüKoStGB/Werle/Burchards VStGB § 7 Rn. 126.

로마규정 제7조 제1항 (i)는 강제실종(Enforced Disappearance of Persons, Zwangsweises Versch-windenlassen)을 인도에 반한 죄의 하나로 규정하고 있다. 강제실종은 로마규정 이전까지는 자유의 박탈이나 기타 비인도적 행위 혹은 박해의 하부 유형으로 취급되어 왔었으나[540] 로마규정에 명시됨으로써 법적 확실성의 측면에서 바람직한 발전을 이루게 되었다.[541]

강제실종 정책은 전체주의 정권에 의하여 반대자나 적군을 제거하기 위한 수단으로 사용되어 왔다. 나치의 '밤과 안개 법령(Night and Fog decree)'에서는 자신들이 체포하여 처형한 사람의 가족들에게 그러한 상황에 대한 정보를 제공하지 않도록 규정하고 있었으며, 1980년대 남미 군사정권에서 뿐만 아니라 아직도 세계의 적지 않은 지역에서 이러한 강제실종 상황이 계속되고 있다.[542] 특히 미국 CIA가 비밀감옥에 테러혐의자들을 감금한 사건과 관련하여 이러한 범죄의 중요성이 새로이 부각된 바 있다.[543]

강제실종은 살인, 고문, 불법구금 등과 같은 다른 범죄와 관련될 수 있으나, 강제실종의 특징은 직접 구금을 당하여 피해를 입은 사람의 사법 접근성을 제한한다는 점과 그 친지들이 피해자의 생사를 알지 못하게 된다는 점에 있다. 따라서 구금을 당한 직접적 피해자뿐만 아니라 피해자의 친지들 역시 이러한 범죄의 특별한 피해자로 볼 수 있다.[544]

국제형사법의 영역에서는 강제실종에 대한 판례가 아직 존재하지 않으며 인도에 반한 죄에서의 강제실종의 개념이 국제 인권 관련 판례로부터 발전된 것이 아닌 까닭에 아직까지 강제실종 범죄에는 불명확한 면이 있다.[545] 로마규정 제7조 제1항 (i)이 강제실종을 '국가 또는 정치조직에 의하여 또는 이들의 허가·지원 또는 묵인을 받아 사람들을 체포·구금 또는 유괴한 후, 그들을 법의 보호로부터 장기간 배제시키려는 의도 하에 그러한 자유의 박탈을 인정하기를 거절하거나 또는 그들의 운명이나 행방에 대한 정보의 제공을 거절하는 것'으로 규정하고[546] 로마규정

---

540) Kupreškić et al., ICTY (TC), judgment of 14 January 2000, para. 566; Gotovina et al., ICTY (TC), judgment of 15 April 2011, paras. 1831 et seq; 1992년 강제실종으로부터 인물의 보호에 관한 유엔선언(Declaration of the Protection of All Persons from Enforced Disappearances)(유엔총회결의. 47/ 133 of 18 December 1992), 1994년 강제실종된 사람들에 관한 범아메리카 협약(Inter-American Convention on the Forced Disappearance of Persons) 등에서 강제실종은 인도에 반한 죄로 분류되어 있었으며 1996년 국제법위원회의 초안에도 강제실종은 포함되어 있었다.(1996 Draft Code, Commentary on Art. 18(i), para. 15 등 참조) 그 밖에 2006년 강제실종으로부터 모든 사람을 보호하는 것에 대한 국제협약 등도 존재한다.(International Convention for the Protection of All Persons from Enforced Disappearances, 유엔총회결의 A/ Res/ 61/ 177, 20 December 2006)
541) Ambos, Kai, 전게서 II, p. 108.
542) Cryer, Robert; Friman, Håkan; Robinson, Darryl; Wilmshurst, Elizabeth, 전게서, p. 259.
543) Werle, Gerhard; Jeßberger, Florian, 전게서, p. 380.
544) Cryer, Robert; Friman, Håkan; Robinson, Darryl; Wilmshurst, Elizabeth, 전게서, p. 260.
545) Ambos, Kai, 전게서 II, p. 109.
546) 이러한 개념은 1992년 강제실종으로부터 인물의 보호에 관한 유엔선언의 서문에 기반한 것이다. Werle, Gerhard; Jeßberger, Florian, 전게서, p. 381.

범죄구성요건도 개인이 형사책임을 부담하게 되는 다양한 경우를 현실화시켜 명시함으로써 범죄요건의 명확화에 기여하고 있다.[547] 실제로 발생하는 강제실종 상황에서는 많은 사람들이 관여하게 되는 까닭에 특정 개인이 피해자의 체포와 납치의 단계부터 자유박탈이나 정보 제공 거부에 모두 관여하는 것은 사실상 어려운 것이 현실이다.[548] 따라서 로마규정은 강제실종과 관련하여 개인이 형사책임을 부담하게 되는 경우를 두 가지로 구분하여 자유박탈 사실의 인정 혹은 정보 제공의 거부가 발생하는 것을 알면서도 행하여지는 체포, 구금, 납치[549]와 자유박탈이 발생함을 인식하면서 이루어지는 자유박탈에 대한 승인 거부나 정보 제공 거부[550]를 별개의 유형으로 규정하고 있다.[551] 자유의 박탈이 반드시 불법적일 필요는 없으며 합법적 체포에 이어서 발생한 정보 제공의 거절 역시 본 조항에 해당할 수 있다.[552]

범죄가 성립하기 위해서는 피해자 친지의 요청에도 불구하고 피해자의 운명이나 그가 어디에 있는가에 대한 정보가 즉각적으로 제공되지 않아야 한다. 정보 제공의 거절은 이해관계자의 존재를 전제로 하는 것으로 가족 구성원이 피해자에 대한 소재 등을 문의하는 경우가 본 조항에 해당한다.[553] 고의적으로 거짓된 정보를 제공하는 것은 정보 제공의 거절로 간주되며 정보 제공의 요구가 있음에도 정보를 제공하지 않는 경우이어야 하므로 정보 제공의 요구가 없었다면 본 조항에 해당하지 않는다. 자유를 박탈한 사람과 정보를 제공하지 않은 사람이 동일인일 필요는 없다.[554]

자유의 박탈과 정보 제공의 거절은 반드시 국가나 정치조직에 의하거나 이들의 허가, 지원, 묵인 하에 발생한 것이어야 한다.[555] 로마규정은 인도에 반한 죄가 비국가 당사자에 의하여도 범하여질 수 있다는 점에서 정치조직까지 포섭하도록 확장하고 있다.[556] 정치조직의 구체적 개념

---

547) 로마규정 범죄구성요건 제7조 (1)(i).
548) Cryer, Robert; Friman, Håkan; Robinson, Darryl; Wilmshurst, Elizabeth, 전게서, p. 259.
549) 로마규정 범죄구성요건 제7조 (1)(i) Elements 1.(a), 3.(a) 각주 28.
550) 로마규정 범죄구성요건 제7조 (1)(i) Elements 1.(a), 3.(b).
551) 로마규정 범죄구성요건은 정보 제공의 거절이 체포 이후[로마규정 범죄구성요건 제7조 (1)(i) Elements 1.(a), 2.(a)], 체포 이전[로마규정 범죄구성요건 제7조 (1)(i) Elements 1.(b), 2.(b)] 혹은 동시적으로[로마규정 범죄구성요건 제7조 (1)(i) Elements 2.(a),(b)] 발생할 수 있음을 나타내고 있다. Ambos, Kai, 전게서 II, p. 111.
552) 로마규정 범죄구성요건 제7조 (1)(i) Elements 1.(a) 각주 26; 따라서 문제가 된 구금이 국제법의 기준에 부합하는 합법적 체포영장에 의한 것이라 하더라도 범죄의 개념을 충족시킬 수 있다. 이러한 해석은 불법적 자유의 박탈이 로마규정 제7조 제1항 (e)에 별도로 규정되어 있다는 점에서 체계적 해석 차원에서도 타당한 것이다. Werle, Gerhard; Jeßberger, Florian, 전게서, p. 381.
553) Ambos, Kai, 전게서 II, p. 111.
554) Werle, Gerhard; Jeßberger, Florian, 전게서, p. 382.
555) 로마규정 제7조 (2)(i); 두번째 유형에서도 첫 번째 유형과 같이 정보 제공의 요청이 먼저 이루어질 것이 요구되나 여기에서의 정보 제공 거절은 ① 국가나 정치적 조직체의 명령에 의한 것이거나 ② 범죄자가 자발적으로 실종정책에 참여하여 정보를 제공하여야 하는 현존하는 법적 의무를 위반하는 경우로 제한되며 단순히 국가나 정치적 조직체의 승인만으로는 불충분하다는 견해는 Werle, Gerhard; Jeßberger, Florian, 전게서, p. 382.
556) Cryer, Robert; Friman, Håkan; Robinson, Darryl; Wilmshurst, Elizabeth, 전게서, p. 260.

이 규정되어 있지는 않으나 로마규정 제7조 제2항 (a)에서의 조직보다는 좁은 것으로 이해되며 여기에서의 정치조직은 피해자 친지의 접근 여부를 허용할 것인가를 결정할 수 있는 것이어야 할 것이다. 왜냐하면 피해자의 친척이 해당 정치조직에 피해자의 상황에 대하여 문의하는 것을 범죄의 요소로 규정하고 있고 사법에 대한 효율적 접근 혹은 효과적 법적 구제가 강제실종에서 보호되는 법적 이익이기 때문이다.557) 또한 정보를 제공하지 않는 부작위를 처벌하는 것은 정보 제공 의무를 전제로 하는 것이므로 당해 인물의 소재에 대한 정보를 제공하여야 할 의무를 부담하는 조직일 것이 요구된다.558)

주관적 요소에 대하여는 로마규정 제30조가 적용된다. 피해자를 구금하는 형태의 첫 번째 유형의 경우 고의는 문제되는 정보 제공의 거절로 확대되어야 하며 두 번째 유형의 경우에는 정보 제공 거절뿐만 아니라 피해자에 대한 자유 박탈을 인식하고 있어야만 한다.559) 또한 이러한 행위들은 피해자를 법의 보호로부터 장기간 배제시키려는 목적으로 이루어져야 하며560) 이는 독립된 추가적인 주관적 요소이다. 어느 정도 기간이 위 조항에 규정된 '장기간'에 해당하는 것인가는 불명확한 점이 있으나 의도적인 자유박탈이 존재하는 상황이라면 최소한의 필수 기간을 부여하는 것이 특별한 중요성을 갖지는 않는 것으로 해석하는 견해가 있다.561)

강제실종 범죄가 정보 제공의 거절에 의하여 완성되는 것이기는 하지만 본 범죄는 개인의 구금에서 시작되어 피해자에 대한 정확한 정보가 제공되거나 피해자가 사망 혹은 생존 상태에서 발견된 경우 종료되는 계속적 성격을 갖고 있다. 따라서 범죄행위가 로마규정 발효 이전 혹은 특정 국가에 대한 로마규정의 효력 발생 이전에 시작되어 로마규정 발효 이후에 종료될 수 있어 상황에 따라서는 소급효가 부여되는 결과를 가져오므로 로마규정 제11조의 시간적 관할권의 규정과 제24조의 소급효 금지의 정신을 훼손시킬 수 있다는 우려가 제기되었다. 이러한 우려를 불식시키기 위하여 로마규정 범죄구성요건 제7조 제1항 (i) 주석 24에서는 광범위하거나 체계적인 공격이 로마규정 발효 이후 행하여진 경우에만 국제형사재판소의 재판권 대상이 되는 것으로 명시하고 있다.562)

---

557) Ambos, Kai, 전게서 II, p. 111.
558) Werle, Gerhard; Jeßberger, Florian, 전게서, p. 382.
559) Werle, Gerhard; Jeßberger, Florian, 전게서, p. 382.
560) 로마규정 제7조 (2)(i), 로마규정 범죄구성요건 제7조 (1)(i) Elements 6. 이러한 명시적인 추가적 요건에도 불구하고 로마규정 제30조에 따른 인식과 의욕의 요건이 충족될 경우 현실적으로는 이러한 목적 요건이 항상 충족되게 된다는 주장과 피해자가 체포 혹은 납치된 직후 살해당하는 경우와 같이 고전적 의미에서의 실종에 해당하는 사안이 이러한 개념에 포섭되지 않는 것에 대한 비판적 견해는 Werle, Gerhard; Jeßberger, Florian, 전게서, pp. 382, 383.
561) Werle, Gerhard; Jeßberger, Florian, 전게서, p. 383.
562) Ambos, Kai, 전게서 II, p. 112.

〔국제범죄법 제9조(인도에 반한 죄)〕

② 민간인 주민을 공격하려는 국가 또는 단체·기관의 정책과 관련하여 민간인 주민에 대한 광범위하거나 체계적인 공격으로 다음 각 호의 어느 하나에 해당하는 행위를 한 사람은 무기 또는 5년 이상의 징역에 처한다.

8. 사람을 장기간 법의 보호로부터 배제시킬 목적으로 국가 또는 정치단체의 허가·지원 또는 묵인하에 이루어지는 다음 각 목의 어느 하나에 해당하는 행위

(i) 사람을 체포·감금·약취 또는 유인(이하 "체포등"이라 한다)한 후 그 사람에 대한 체포 등의 사실, 인적 사항, 생존 여부 및 소재지 등에 대한 정보 제공을 거부하거나 거짓 정보를 제공하는 행위

(ii) 가목에 규정된 정보를 제공할 의무가 있는 사람이 정보 제공을 거부하거나 거짓 정보를 제공하는 행위

③ 인종집단의 구성원으로서 다른 인종집단을 조직적으로 억압하고 지배하는 체제를 유지할 목적으로 제1항 또는 제2항에 따른 행위를 한 사람은 각 항에서 정한 형으로 처벌한다.

④ 제2항 각 호의 어느 하나에 해당하는 행위 또는 제3항의 행위(제2항 각 호의 어느 하나에 해당하는 행위로 한정한다)를 하여 사람을 사망에 이르게 한 사람은 제1항에서 정한 형에 처한다.

⑤ 제1항부터 제3항까지에 규정된 죄의 미수범은 처벌한다.

국제범죄법은 본 범죄가 국가 또는 정치단체의 허가·지원 또는 묵인 하에 이루어질 것을 요건으로 규정하고 있다. 정치단체의 의미는 명확하지 않으나 로마규정의 '정치조직'에 준하여 해석할 수 있을 것이다.

국제범죄법 제9조 제2항 8호 가목은 체포 후 정보 제공의 거절을 규정하고 있으며 나목은 정보 제공의무 있는 자의 정보 제공 거절을 규정하고 있다. 나목의 경우 정보 제공을 거절한 사람이 직접 체포에 관여한 사람일 필요가 없다는 점에서 문제가 없으나 가목의 경우에는 체포와 정보 제공 거절을 요건으로 함께 규정하고 있어 로마규정과 부합하지 않는 입법이 아닌가 생각된다.[563]

체포 등 자유의 침해가 최초부터 불법적인 것일 필요는 없으나 국제범죄의 심각성 요건에 비추어 아주 단기간의 자유 침해는 본 조항에 해당하지 않을 것이다. 본 범죄가 성립되기 위해서는 정보를 제공할 의무가 존재하여야 한다.[564] 국제범죄법이 '거부'라는 용어를 사용하고 있고 로마규정의 경우에도 피해자의 친지 등의 요청이 있을 것을 요건으로 삼고 있으므로 우리 법의

---

563) 독일 국제범죄법은 로마규정의 범죄 개념이 명확성의 원칙을 충족시키기에 부족하다고 보아 보다 구체화된 범죄개념을 규정하고 있다.(BT-Drucks. 14/8524, S. 21) 독일 국제범죄법 제7조 제1항 7호 (a)(b) 참조. 로마규정과 독일의 국내 입법과의 차이점에 대하여는 Ambos, Kai, 전게서 II, p. 110.

564) 정보 제공 의무는 국내법뿐 아니라 국제법에 의하여도 직접 인정될 수 있으며 정보를 제공하지 않는 것을 정부 등이 승인하였다 하더라도 본 범죄가 성립할 수 있다는 것은 BT-Drucks. 14/8524, S. 22.

해석에 있어서도 친지 등의 요청이 있었음에도 정보 제공을 거절한 것만이 본 조항에 해당하는 것으로 보는 것이 타당할 것이다.[565]

강제실종 범죄는 사람을 장기간 법의 보호로부터 배제시킬 목적이 요구되는 목적범이며 요청에 따른 정보를 제공하지 않을 경우 성립되는 거동범으로 해석된다.[566]

10. 인종차별(Apartheid)

〔로마규정 제7조 제1항 (j), 제2항 (h)〕

1. (g) 인종차별범죄(The crime of apartheid)
2. (h) "인종차별범죄"라 함은 한 인종집단의 다른 인종집단에 대한 조직적 억압과 지배의 제도화된 체제의 맥락에서 그러한 체제를 유지시킬 의도로 범하여진, 제1항에서 언급된 행위들과 유사한 성격의 비인도적인 행위를 말한다.

   ("The crime of apartheid" means inhumane acts of a character similar to those referred to in paragraph 1, committed in the context of an institutionalized regime of systematic oppression and domination by one racial group over any other racial group or groups and committed with the intention of maintaining that regime)

로마규정 제7조 제1항 (j)는 인종차별(Apartheid)을 인도에 반한 죄의 하나로 규정하고 있다. 'apartheid'는 분리라는 뜻의 아프리카어로 1948년부터 1994년까지 남아프리카 공화국에서 있었던 인종의 분리와 차별정책을 지칭하는 것이다.[567]

로마규정에 이러한 범죄를 포함시키게 된 결정적 계기는 남아프리카 공화국의 제안에 의한 것이었으나[568] 인종차별은 로마규정 이전에도 국제법 체계 속에서 인도에 반한 죄로 어느 정도 인정받고 있었던 것으로 보인다. 1968년 전쟁범죄와 인도에 반한 죄의 시효 비적용에 관한 협약 제1조 (b)는 인도에 반한 죄의 범위를 '인종차별 정책에서 유래하는 비인도적 행위'까지 확대하였으며[569] 1973년 유엔 인종차별방지 협약 역시 인종차별을 인도에 반한 죄로 규정하고 있었다.[570]

---

565) 객관적으로 승인될 수 있는 정보 제공의 지연만으로는 본 범죄의 요건을 충족시키지 않을 것이다. MüKoStGB/Werle/Burchards VStGB § 7 Rn. 95 참조.

566) BT-Drucks. 14/8524, S. 21 f.; MüKoStGB/Werle/Burchards VStGB § 7 Rn. 95. 97.

567) Ambos, Kai, 전게서 II, p. 113; Werle, Gerhard; Jeßberger, Florian, 전게서, p. 383.

568) 남아프리카 공화국의 인종차별 정권의 붕괴 등으로 인종차별을 독립된 인도에 반한 죄로 규정하는 것은 상징적 중요성을 갖는 것이었다. Werle, Gerhard; Jeßberger, Florian, 전게서, p. 383.

569) 위 협약은 유엔총회 결의〔2391 (XXIII) of 26 November 1968〕로 채택되었다.

570) 유엔 인종차별방지 협약(The International Convention on the Suppression and Punishment of the Crime of Apartheid, UN Apartheid Convention)은 유엔총회 결의〔3068 (XXVIII) of 30 November 1973〕로 채택되었다. 위 협약 제1조 제1항 참조. 위 협약 서문에서는 유엔총회에서 인종차별을 인도에 반한 죄로 수차례에 걸쳐 규정한 바 있음을 언급하고 있다. 국제법위원회는 1991년 초안에서 인종차별을 독립된 범죄로 포함시켰으며 1996년 초안에서도 제도화된 차별에 의한 인도에 반한 죄를 규정하고 있었다.(1991년 초안 제20조, 1996년

제 2 편　인도에 반한 죄(Crime against Humanity)

로마규정 제7조 제2항 (h)는 인도에 반한 죄에 해당하는 인종차별을 '한 인종집단의 다른 인종집단에 대한 조직적 억압과 지배의 제도화된 체제의 맥락에서 그러한 체제를 유지시킬 의도로 범하여진 제7조 제1항에 규정된 행위들과 유사한 성격의 비인도적인 행위'로 규정하고 있다.[571] 따라서 일차적으로는 로마규정 제7조 제1항 (a)-(i)와 (k)에 규정된 행위들이 인종차별을 위하여 행하여진 경우 인종차별 범죄에 해당한다.[572] 나아가 앞서 규정된 행위들과 '유사한 성격의 비인도적 행위'도 포함되며 유사한 성격의 비인도적 행위는 앞서의 행위들과 본질 및 심각성이 유사한 행위를 의미한다.[573] 구체적으로 어떠한 행위들이 이에 해당할 수 있는가를 결정함에 있어서는 유엔의 인종차별금지 협약 제2조가 활용될 수 있을 것이다.[574]

인종차별 행위는 인종집단에 대한 체계적인 억압과 지배의 '제도화된 체제'의 맥락에서 발생한 것이어야 한다. 남아프리카 공화국의 인종차별 법령과 같이 억압과 지배의 요소가 국내법에 규정되어 있을 경우 이러한 체제가 존재하는 것으로 인정될 수 있으며[575] 이러한 체제는 사실상의 정책 형태로도 존재할 수 있다.[576] 일반적으로 정치지도자나 정부 지도자들이 범죄에 대한 책임을 부담하게 될 것이나 범죄자의 지위에 대한 특별한 요건이 법적으로 요구되는 것은 아니다.[577]

인종차별범죄가 성립하기 위해서는 일반적 주관적 요건 이외에 로마규정 제7조 제2항 (h)에 따라 다른 인종집단에 대한 조직적 억압과 지배의 제도화된 체제를 유지시킬 특별한 목적이 존재하여야 한다.[578]

초안 제18조 (f)); 이처럼 인종차별이 국제법 체제 내에 편입되었음에도 불구하고 인종차별 범죄가 국제관습법에서 인정되는 것인가 여부에 대하여는 논란이 있다는 것은 Ambos, Kai, 전게서 II, p. 113.

571) '인종집단'이라는 용어는 모든 형태의 인종차별 철폐에 관한 국제협약(International Convention on the Elimination of All Forms of Racial Discrimination)(1965년 12월 21일 뉴욕에서 채택되어 1969년 1월 4일 발효되었으며 우리나라에 대하여는 1979년 1월 4일 조약 제667호로 발효되었다)의 개념에 상응하도록 광범위하게 해석된다. 위 협약 제1조 참조. Werle, Gerhard; Jeßberger, Florian, 전게서, p. 385.

572) 보다 상세한 내용은 로마규정 범죄구성요건 제7조 (1)(j) Elements 1, 2 and 4.

573) 로마규정 범죄구성요건 제7조 (1)(j) 각주 29; 유사한 성격의 비인도적 행위를 규정한 것에 대한 법적 명확성 측면에서의 비판과 제한적 해석 필요성에 대한 소개는 Ambos, Kai, 전게서 II, p. 113; 이와 달리 이미 인도에 반한 죄에 다른 비인도적 행위를 처벌하는 조항이 존재〔로마규정 제7조 (1)(k)〕하고 있으므로 단지 인종차별로 인한 인도에 반한 죄를 명시적으로 승인한 것에 불과하다는 입장은 Cryer, Robert; Friman, Håkan; Robinson, Darryl; Wilmshurst, Elizabeth, 전게서, p. 260.

574) 유엔 인종차별금지 협약 제2조 (c), (d).

575) Werle, Gerhard; Jeßberger, Florian, 전게서, p. 384.

576) Ambos, Kai, 전게서 II, p. 114.

577) 인종차별은 박해와 밀접하게 관련되어 있으나 박해가 차별적 근거에 기반한 행위일 것을 요구하는 반면 인종차별범죄는 그러한 차별적 기반이 필수적이지 않다는 견해는 Werle, Gerhard; Jeßberger, Florian, 전게서, p. 385.

578) 로마규정 범죄구성요건 제7조 (1)(j) element 5.

〔국제범죄법 제9조(인도에 반한 죄)〕
③ 인종집단의 구성원으로서 다른 인종집단을 조직적으로 억압하고 지배하는 체제를 유지할 목적으로 제1항 또는 제2항에 따른 행위를 한 사람은 각 항에서 정한 형으로 처벌한다.
④ 제2항 각 호의 어느 하나에 해당하는 행위 또는 제3항의 행위(제2항 각 호의 어느 하나에 해당하는 행위로 한정한다)를 하여 사람을 사망에 이르게 한 사람은 제1항에서 정한 형에 처한다.
⑤ 제1항부터 제3항까지에 규정된 죄의 미수범은 처벌한다.

국제범죄법은 인종차별범죄에 대하여 별도의 행위유형을 규정하지 않고 다른 인도에 반한 죄의 행위유형을 차용하여 요건을 규정하는 형식을 취하고 있다. 앞서 본 바와 같이 로마규정은 로마규정 제7조 제1항에 규정된 행위들과 유사한 성격의 비인도적인 행위를 처벌대상으로 규정하고 있으나 이러한 형태의 구성요건은 명확성의 원칙에 비추어 국내법에는 수용하기 어려운 것이었다. 따라서 국제범죄법은 인종차별범죄에만 적용되는 별도의 행위유형을 따로 두지 않고 다른 인도에 반한 죄의 구성요건적 행위를 그대로 수용하면서 특별한 목적요건을 추가하는 형태로 규정하고 있다. 죄형법정주의의 관점에서 로마규정을 그대로 도입하지 않은 것은 타당한 것으로 생각되나[579] 특별한 목적 요건을 추가로 요구하면서도 이러한 목적이 존재하지 않는 경우와 동일한 형벌을 규정한 것은 법체계상 재검토가 필요한 부분이 아닌가 생각된다.

11. 다른 비인도적 행위(Other inhumane acts)

〔로마규정 제7조 제1항 (k)〕
1. (k) 신체 또는 정신적·육체적 건강에 대하여 중대한 고통이나 심각한 피해를 고의적으로 야기하는 유사한 성격의 다른 비인도적 행위
   (Other inhumane acts of a similar character intentionally causing great suffering, or serious injury to body or to mental or physical health)

로마규정 제7조 제1항 (k)는 유사한 성격의 다른 비인도적 행위를 인도에 반한 죄의 행위유형의 하나로 규정하고 있다. 이러한 포괄조항은 로마규정 이전의 법령들에도 이미 규정되어 있었다.[580]

이와 같은 포괄조항을 둔 것은 장래의 범죄자가 범할 모든 야만적 행위들을 모두 미리 예상하여 규정하기는 어려우며 이러한 행위에 대한 완벽한 목록을 만들려 할수록 인도에 반한 죄가

---

579) 독일 국제범죄법 역시 명확성의 원칙에 대한 우려로 로마규정을 그대로 수용하고 있지 않다. BT-Drucks. 14/8524, S. 23.
580) 뉘른베르크 헌장 제6조 (c), 동경 헌장 제5조 (c), 통제위원회 법령 No.10 제2조 (1)(c), ICTY 법령 제5조 (i), ICTR 법령 제3조 (i) 등.

더욱 제한적이 될 수 있다는 생각에 기초한 것이다.[581] 로마규정 협상 과정에서도 인도에 반한 죄로 처벌되어야 하는 모든 행위들을 미리 구체적으로 열거하는 것이 불가능하다는 점에는 의견이 일치되었다고 한다.[582]

실제로 그동안 국제형사법원의 판례에서는 이러한 포괄조항이 매우 큰 역할을 해 왔다. ICTY는 현재는 로마규정 제7조 제1항에 독립적으로 규정되어 있는 강제이주[583], 강제매춘, 강제실종[584] 등과 같은 행위들을 이러한 포괄조항을 통하여 포섭하여 왔다. 또한 심각한 신체적 상해를 가하는 행위에도 이러한 포괄조항이 적용될 수 있었으며[585] 평화 시에 자행되는 인체에 대한 생물학적 · 의학적 · 과학적 실험도 이러한 개념에 포함될 수 있었다.[586] 시에라리온 특별재판소는 강제결혼이 다른 비인도적 행위에 포섭될 수 있다고 판시한 바 있다.[587]

이와 같이 광범위하게 활용되어 온 포괄규정이 로마규정 이전에는 '다른 비인도적 행위'라는 매우 추상적 형태로만 규정되어 있어 법적 명확성 차원에서 문제가 제기되었다.[588] 따라서 로마규정과 로마규정 범죄구성요건은 이러한 포괄조항을 두면서도 '신체 또는 정신적 · 육체적 건강에 대하여 중대한 고통이나 심각한 피해를 고의적으로 야기하는 것으로 제7조 제1항에 규정되어 있는 다른 인도에 반한 죄에 해당하는 행위와 유사한 성격의 것'으로 요건을 보다 정확하게 규정하고 있다.[589] 결국 다른 인도에 반한 죄의 행위들과 동일한 수준의 심각성을 가지는 행위만이 본 조항에 해당할 수 있으며 로마규정 범죄구성요건은 여기에서의 유사성을 '본질과 심각성(nature and severity)'에 비추어 다른 제7조 제1항에 규정된 범죄들에 필적하는 것이라고 규정하여 실질적인 내용적 제한을 규정하고 있다.[590] 이처럼 로마규정 제7조 제1항에 규정되어 있는 다른

---

581) 개별적 범죄행위를 열거적으로 규정하는 것이 금지규범의 훼손 가능성을 야기한다는 점도 지적된다. Pictet et al., Commentary on the Geneva Conventions of 12 August 1949, i (2006), 제3조 부분 p. 54.

582) Werle, Gerhard; Jeßberger, Florian, 전게서, p. 385.

583) Stakić, ICTY (AC), judgment of 22 March 2006, para. 317; Perišić, ICTY (TC), judgment of 6 September 2011, para. 113; Tolimir, ICTY (TC), judgment of 12 December 2012, para. 803.

584) Kupreškić et al., ICTY (TC), judgment of 14 January 2000, para. 566.

585) Lukić and Lukić, ICTY (AC), judgment of 4 December 2012, para. 631; Blaškić, ICTY (TC), judgment of 3 March 2000, para. 239.

586) Lukić and Lukić, ICTY (TC), judgment of 20 July 2009, para. 961, n. 2885; 그 밖에 비인도적이고 모멸적인 처우(Kupreškić et al., ICTY (TC), judgment of 14 January 2000, para. 566). 강제탈의(Akayesu, ICTR (TC), judgment of 2 September 1998, para. 697), 구타나 다른 폭력행위(Kordić and Čerkez, ICTY (TC), judgment of 26 February 2001, para. 270.) 등에 대한 사례가 존재한다.

587) Brima et al., SCSL (AC), judgment of 22 February 2008, paras. 181 et seq. 195; Sesay et al., SCSL (TC), judgment of 2 March 2009, paras. 1296 et seq.

588) Kupreškić et al., ICTY (TC), judgment of 14 January 2000, para. 563 등; 이와 달리 위 조항은 종국적으로 국제관습법에 기초한 것이므로 죄형법정주의 원칙의 침해 가능성이 없다는 것은 Stakić, ICTY (AC), judgment of 22 March 2006, para. 315.

589) 로마규정 범죄구성요건 제7조 (1)(k) Element 1, 2; Ambos, Kai, 전게서 II, p. 114; Werle, Gerhard; Jeßberger, Florian, 전게서, p. 386.

590) 로마규정 범죄구성요건 제7조 (1)(k) Element 2. 각주 30.

특별한 행위들에서 나타나는 본질과 심각성 기준을 통하여 포괄조항의 지나친 확대 적용을 제한하려는 것이다. 국제형사재판소 역시 본 조항의 범죄행위를 '국제관습법과 국제인권법의 규범에서 도출되는 인간의 기본적 인권에 대한 심각한 위반 행위로서 제7조 제1항에 규정되어 있는 행위들과 유사한 성격과 심각성을 갖는 것'으로 정의하고 있으며 임시재판소들 역시 유사한 형태의 제한적 해석을 하고 있다.591) 여기에서 이루어지는 심각성의 비교는 도식적으로 이루어져서는 안 되며 반드시 항상 개별 사건의 환경들이 고려되어야만 할 것이다.592)

로마규정 제7조 제1항 (k)는 이러한 행위들이 '의도적(intentional)'으로 이루어져야 한다고 별도로 명시하고 있으며 로마규정 범죄구성요건은 행위의 성질을 이루는 사실적 상황을 인식하고 있어야 한다고 규정하고 있다.593) 이와 관련하여 국제형사재판소는 Katanga and Chui 사건에서 범죄의 주관적 요건으로 일부 인지적 요건만이 추가되었을 뿐 제7조 제1항 (k)의 의지적 요소는 로마규정 제30조의 기준과 다르지 않다고 판시하였다.594) 따라서 로마규정 제7조 제1항 (k)는 로마규정의 일반적 주관적 요건에서 벗어난 새로운 요건을 규정한 것은 아닌 것으로 해석된다.595)

〔국제범죄법 제9조(인도에 반한 죄)〕

② 민간인 주민을 공격하려는 국가 또는 단체·기관의 정책과 관련하여 민간인 주민에 대한 광범위하거나 체계적인 공격으로 다음 각 호의 어느 하나에 해당하는 행위를 한 사람은 무기 또는 5년 이상의 징역에 처한다.

   9. 제1호부터 제8호까지의 행위 외의 방법으로 사람의 신체와 정신에 중대한 고통이나 손상을 주는 행위

③ 인종집단의 구성원으로서 다른 인종집단을 조직적으로 억압하고 지배하는 체제를 유지할 목적으로 제1항 또는 제2항에 따른 행위를 한 사람은 각 항에서 정한 형으로 처벌한다.

④ 제2항 각 호의 어느 하나에 해당하는 행위 또는 제3항의 행위(제2항 각 호의 어느 하나에 해당하는 행위로 한정한다)를 하여 사람을 사망에 이르게 한 사람은 제1항에서 정한 형에 처한다.

⑤ 제1항부터 제3항까지에 규정된 죄의 미수범은 처벌한다.

---

591) Katanga and Ngudjolo Chui, ICC (PTC), decision of 30 September 2008, para. 448; 다른 임시재판소들의 판결로는 Kupreškić et al., ICTY (TC), judgment of 14 January 2000, paras. 562 et seq; Blaškić, ICTY (TC), judgment of 3 March 2000, paras. 239 et seq 등; 이러한 동등한 심각성 요건과 유사한 문제로 기본적 인권을 침해한 사안을 어느 정도 본 조항에 의하여 규율할 것인가의 논의가 제기될 수 있다. 인도에 반한 죄는 가장 심각한 인권침해로부터 피해자들을 보호하려는 것이므로 이러한 포괄조항을 통하여 모든 유형의 인권침해가 규율될 수 있는 것으로 해석되어서는 안 되며 일정한 제한을 부과하는 것이 필요하다는 것은 Ambos, Kai, 전게서 II, p. 116.

592) Werle, Gerhard; Jeßberger, Florian, 전게서, p. 386; Kordić and Čerkez, ICTY (AC), judgment of 17 December 2004, para. 117; Blaškić, ICTY (TC), judgment of 3 March 2000, para. 243 등.

593) 로마규정 범죄구성요건 제7조 (1)(k) Element 3.

594) Katanga and Ngudjolo Chui, ICC (PTC), decision of 30 September 2008, para. 455.

595) Werle, Gerhard; Jeßberger, Florian, 전게서, p. 387.

우리 국제범죄법은 이러한 포괄조항과 관련하여 사람의 신체와 정신에 중대한 고통이나 손상을 주는 행위를 규정하고 있을 뿐 다른 비인도적 행위와 같은 형태의 포괄조항은 두고 있지 않다. 이는 죄형법정주의 원칙을 고려한 결과로서 우리 법체계 내에서의 입법으로는 타당한 것으로 판단된다. 국제범죄법에 규정된 신체와 정신에 중대한 고통이나 손상을 주는 행위를 통하여 처벌이 필요한 심각한 행위유형을 상당 부분 포섭할 수 있을 것으로 생각된다.596)

사람의 신체와 정신에 중대한 고통이나 손상을 주는 행위가 피해자에게 반드시 영구적인 장애나 회복 불가능한 상해를 가하는 것일 필요는 없으나 일시적인 신체적 · 정신적 해악만으로는 충분하지 않다. 통상적인 생활능력을 상당 부분 훼손시키는 등 심각성 요건을 충족시킬 수 있는 것이어야 할 것이다.597)

---

596) 독일 국제범죄법에서도 독일 기본법 제103조의 명확성의 원칙을 고려하여 로마규정에서의 포괄적인 행위유형을 그대로 받아들이지 않고 있다. 이에 대한 독일 국제범죄법 제7조 제1항 제8호는 기본적으로 우리 국제범죄법과 유사한 형태를 취하고 있으나 독일 형법 제226조의 중상해와 연계시켜 규정하고 있다.

597) MüKoStGB/Werle/Burchards VStGB § 7 Rn. 98-102 참조.

제 5 장 　 인도에 반한 죄의 처벌

제 1 절 　 죄 　 수

　　인도에 반한 죄에 규정되어 있는 살인, 고문, 강간, 구금 등은 집단살해죄나 전쟁범죄의 요건을 동시에 충족시킬 수 있다. 집단살해죄는 인도에 반한 죄의 특별법이 아니며 전쟁범죄와의 관계에서도 특별법 관계는 존재하지 않으므로 인도에 반한 죄와 이러한 범죄들은 동시에 성립할 수 있다.[598]

　　집단살해죄의 경우와 같이 인도에 반한 죄에 해당하는 다수 범죄행위들이 범죄의 시간, 장소, 내용 등을 통하여 상호 연계되어 있을 경우 동일한 배경을 통한 기능적 연계성으로 말미암아 단일 범죄를 구성하는 것이 아닌가의 문제가 제기될 수 있다. 이와 관련하여 임시재판소들의 판례는 인도에 반한 죄를 구성하는 범죄들은 원칙적으로 동시에 적용될 수 있는 것으로 판단하고 있다.[599] 다만 임시재판소의 주류적인 판례는 절멸이 살인보다 더욱 특별한 것으로 보고 있으며[600] 차별의 근거를 오직 피해자의 인종에 두고 있는 인종차별이 박해보다는 더욱 특별한 것으

---

598) Werle, Gerhard; Jeßberger, Florian, 전게서, p. 388; 인도에 반한 죄에 대한 것은 Krstić, ICTY (AC), judgment of 19 April 2004, paras. 222 et seq; Tolimir, ICTY (TC), judgment of 12 December 2012, para. 1205; 전쟁범죄에 대한 것은 Jelisić, ICTY (AC), judgment of 5 July 2001, para. 82; Naletilić and Martinović, ICTY (AC), judgment of 3 May 2006, paras. 560 et seq; Galić, ICTY (AC), judgment of 30 November 2006, paras. 164 et seq.

599) Werle, Gerhard; Jeßberger, Florian, 전게서, p. 388; 초기의 임시재판소 판례와 달리 살인, 고문 등과 함께 자유의 박탈을 통한 박해죄가 별도로 적용된다고 본 것은 Kordić and Čerkez, ICTY (AC), judgment of 17 December 2004, paras. 1039 et seq; Stakić, ICTY (AC), judgment of 22 March 2006, paras. 350 et seq; Naletilić and Martinović, ICTY (AC), judgment of 3 May 2006, paras. 589 et seq 등; 고문과 강간에 대한 것은 Kunarac et al., ICTY (AC), judgment of 12 June 2002, para. 179; 강간을 통한 노예화에 대한 것은 Kunarac et al., ICTY (AC), judgment of 12 June 2002, para. 186; 강간과 성적 노예화에 대한 것은 Taylor, SCSL (AC), judgment of 26 September 2013, para. 577.

600) Stakić, ICTY (AC), judgment of 22 March 2006, para. 366; Blagojević and Jokić, ICTY (TC), judgment of 17 January 2005, paras. 802 et seq; Tolimir, ICTY (TC), judgment of 12 December 2012, para. 1204.

로 이해되고 있다.[601] 그리고 포괄조항인 다른 비인도적 행위유형의 부수적 본질에 따라 일반적으로 이러한 범죄는 개별범죄에 대한 관계에서 부수적인 것으로 취급된다.[602] 그러나 이러한 일반적인 내용이 항상 규칙적으로만 적용되는 것으로 보이지는 않으며 일정한 상황 하에서는 강간죄가 고문죄에 우선하는 것으로 판단한 사례도 있다.[603]

제 2 절 형 벌

앞서 살핀 바와 같이 인도에 반한 죄에 대하여도 로마규정은 개별 행위에 대한 구체적 형벌 범주를 구분하여 규정하고 있지 않다.

우리 국제범죄법 제9조 제1항은 살인의 경우 '사형, 무기 또는 7년 이상의 징역'에 처하도록 하여 형법상의 일반 살인죄에 비하여 형벌을 가중하고 있다. 그리고 제9조 제2항 각호에 있는 행위와 제3항의 인종차별의 경우를 동일하게 '무기 또는 5년 이상의 징역'에 처하도록 규정하고 있다. 또한 제9조 제4항은 제2항 각호와 제3항의 행위를 통하여 피해자가 사망에 이른 경우에는 고의적인 살인과 동일하게 제1항에서 정한 '사형, 무기 또는 7년 이상의 징역'에 처하도록 규정하고 있다.

인도에 반한 죄에 대한 국제범죄법의 형량이 기본적으로 높게 설정되어 있어 입법기술상 용이하지 않은 측면이 있을 것으로 생각되기는 하나 앞서 본 바와 같이 특별한 목적이 요구되는 제9조 제3항의 인종차별범죄를 특별한 목적이 요구되지 않는 다른 유형의 인도에 반한 죄와 동일한 형으로 처벌하는 것은 범행의 심각성이나 법령의 체계적 관점에 비추어 볼 때 재검토가 필요한 부분이 아닌가 생각된다.

---

601) Werle, Gerhard; Jeßberger, Florian, 전게서, p. 389.

602) Muthaura et al., ICC (PTC), decision of 23 January 2012, para. 269; Kvočka et al., ICTY (TC), judgment of 2 November 2001, para. 217 등; 다만 박해죄에 대한 관계에서는 예외가 적용된다. Kordić and Čerkez, ICTY (AC), judgment of 17 December 2004, para. 1042; Perišić, ICTY (TC), judgment of 6 September 2011, para. 1790.

603) Bemba, ICC (PTC), decision of 15 June 2009, paras. 204 et seq.

제 3 편

전쟁범죄(War Crime)

전쟁범죄는 전쟁 또는 무력충돌과 관련한 국제인도법 위반행위들로 이루어지는 매우 다양한 행위유형을 가진 범죄이다. 전쟁이나 무력충돌의 시기에는 살인의 금지 등과 같은 인간 공존을 위한 일반적 금지규범의 적용이 중단되며 따라서 합법적으로 전투에 참가하여 적군을 살해하였다 하더라도 원칙적으로 처벌되지 않는다. 그러나 이러한 기본적 규범상태의 변화에도 불구하고 전쟁의 시기가 완전한 법적 공백상태로 전이되는 것은 아니다. 전쟁에서 사용될 수 있는 수단과 방법도 무제한적인 것이 아니며 일정한 규범적 제약 하에 존재한다.

국제인도법은 이와 같은 전쟁과 무력충돌의 상황을 규율하는 것으로 이러한 비상 상황에서도 불필요한 피해를 최소화하고 무력충돌의 직접 당사자가 아닌 민간인을 보호한다. 무력충돌의 상황에서 적용되는 국제인도법은 국제법의 일부로서 반드시 준수되어야 하며 특히 국제인도법의 규칙에 대한 중대한 위반은 전쟁범죄로 인정되어 개인에 대한 직접적 형사책임으로 이어진다. 이처럼 전쟁범죄는 중대한 국제인도법 위반행위로 구성되며 이러한 규범영역은 '전쟁에서의 국제형사법(the international criminal law of war)' 혹은 '전쟁범죄법(the law of war crimes)'으로 지칭되기도 한다.

로마규정뿐만 아니라 우리 국제범죄법 제10조에서도 전쟁범죄라는 용어가 사용되고 있다. 그러나 전쟁범죄의 법은 국제적 무력충돌뿐만 아니라 일정한 강도와 지속성을 가지는 비국제적 무력충돌에까지 적용영역이 확장되어 있다. 그리고 개인의 형사책임이 인정되는 범위에 있어서도 국제적 무력충돌과 비국제적 무력충돌의 동조화 현상이 나타나고 있어 위반행위가 국제적 무력충돌 상황에서 발생하였는가 아니면 비국제적 무력충돌 상황에서 발생하였는가의 구분 필요성은 점차 약화되고 있다. 따라서 이러한 규범영역은 전쟁에 관한 형사법이라기보다는 무력충돌에 있어서의 국제형사법이며 전쟁범죄라기보다는 '무력충돌에서의 범죄(crimes of armed conflict)'라고 지칭하는 것이 보다 정확할 것이다.[604]

전쟁범죄는 전쟁에 있어서의 정당한 행위와 관련되어 있는 것으로(ius in bello) 다른 국가에 대하여 전쟁을 수행하는 권리의 위반 여부(ius ad bellum)를 문제 삼는 침략범죄와 구분된다. 따라서 무력충돌의 법을 위반하였다면 정의(正義)의 전쟁 혹은 정당화되는 전쟁을 수행하였다 하더라도 처벌이 배제되지 않는다.[605] 또한 무력충돌 과정에서 누가 먼저 무력충돌의 법을 위반하였는

---

604) 다만 본서에서는 편의상 종전의 용례에 따라 전쟁범죄라는 용어를 계속 사용하기로 한다.

605) 과거 수세기 동안 이른바 정당한 전쟁의 경우에는 국제인도법이 보다 완화되어 적용되어야 하며 보다 넓은 범위의 행위들이 허용되어야 한다고 주장되기도 하였다. 그러나 이러한 주장은 충돌의 당사자들 모두 자신들이 정당한 이유를 가지고 전쟁을 수행한다고 주장하는 상황에서 국제인도법의 적용에 혼란과 불명료화를 가져 오는 것이며 전쟁의 목적에 관계없이 무력충돌의 피해자는 보호되어야 한다는 점에서 타당하지 않다. 현재 시점에 있어서는 인도주의적 목적을 달성하기 위한 국제인도법은 충돌의 원인이나 이유에 관계없이 공평하게 일반적으로 적용된다는 점은 명확하게 확립된 원칙으로 받아들여지고 있다. 따라서 국제인도법의 해석이나 적용에 있어 Ius ad bellum에 대한 고려는 원칙적으로 이루어지지 않으며 특정한 전쟁이 정당화되

가 여부에 관계없이 모든 교전 당사자들에게 국제인도법은 동일하게 적용된다.

전쟁범죄는 국제인도법의 다양한 규범들과 밀접한 관련성을 가지고 있어 다른 국제범죄와는 구조적으로 구분되는 규범적 복잡성을 내포하고 있으며 범죄행위의 형태 역시 국제적 무력충돌 혹은 비국제적 무력충돌에서 적용되는 매우 다양하고 복합적인 행위유형들의 집합체를 이루고 있다. 전쟁범죄에 해당하는 행위가 동시에 인도에 반한 죄나 집단살해죄에 해당하는가 여부와 무관하게 전쟁범죄는 독립적으로 성립된다.

지 않으므로 전투원들에 대한 모든 살상행위가 전쟁범죄라거나 모든 공격이 비례성을 갖추지 못한 것이라는 주장 역시 정당화될 수 없는 것이다. 불법적 전쟁에서의 모든 살해행위는 그것이 전투원에 대한 살해일지라도 살인에 해당한다는 동경재판에서의 기소 내용은 평화에 반한 죄와 중복된다는 이유로 인정되지 않았다. Cryer, Robert; Friman, Håkan; Robinson, Darryl; Wilmshurst, Elizabeth, 전게서, p. 121.

제1장 총 설

제1절 의 의

전쟁범죄는 국제적 무력충돌이나 비국제적 무력충돌 상황에서의 살인, 상해, 성폭력, 민간인에 대한 공격, 민간인 재산에 대한 파괴나 수용, 금지된 무기의 사용 등 형사처벌의 대상이 되는 매우 다양한 유형의 국제인도법 위반행위를 말한다.

전쟁범죄는 전제되는 국제인도법과 내적으로 깊이 연계되어 있으며 규범의 보호 목적상 원칙적으로 상대방 국가의 국민만을 보호할 뿐 자국 국민은 보호대상에 포함되지 않는다. 뒤에서 살피는 바와 같이 국제적 무력충돌에서의 전쟁범죄와 비국제적 무력충돌에서의 전쟁범죄가 동조화되는 현상이 나타나고 있으며 금지무기 사용으로 인한 전쟁범죄 등 무력충돌 당사자의 행위를 직접 규율하는 매우 민감한 규범영역들을 포괄하고 있다.

제2절 국제인도법과 형사적 제재

1. 국제인도법

무력충돌이라는 예외적인 상황을 규범적 수단으로 규율하는 것은 용이하지 않다. 전쟁이나 무력충돌 상황은 법이나 규범에 대립되는 것이라는 시각은 '법은 전쟁에 있어서는 침묵한다(law is silent in war, silent enim leges inter arma)'라는 잘못된 격언을 낳기도 하였다. 살인과 파괴에 관한 기본적인 법적·도덕적 금지 규범의 대부분은 무력충돌 상황에서 그 효력을 상실하며 전투원들은 합법적인 전투행위를 이유로 처벌받을 수 없는 것이 사실이다. 그러나 무력충돌 상황이 법적인 진공상태를 만드는 것은 아니며 군대나 무력집단들은 여전히 일정한 규율에 종속되며 이러한 상황에 적용될 것을 예정하고 있는 국제인도법규를 준수할 것이 요구된다.

무장한 집단들이 서로 우세를 점하기 위하여 치열하게 투쟁하는 상황에서 국제규범을 준수할 것을 요구하는 것은 매우 도전적인 과제이다. 국제인도법과 전쟁범죄법의 발전과정뿐만 아니라 현존하는 규범의 해석과 적용에 있어서도 군사적 고려와 인도적 고려 사이에 긴장관계가 내재되어 있다. 전투에 종사하는 사람은 인도주의적 고려보다는 군사적 명령에 더 큰 비중을 둘 수 있을 것이며 이에 반하여 직접 전투에 관여하지 않는 사람들은 군사적 필요성에 대한 고려를 과소평가하거나 무시한 채 국제인도법과 전쟁범죄법에 대한 주장을 전개해 나갈 수 있다.[606] 국제인도법 체계는 이러한 기본적 긴장관계 속에서 적절한 균형을 유지하며 불필요한 피해를 방지하고 무고한 민간인을 보호한다는 궁극적 목적을 달성하기 위하여 그 규범력을 더욱 강화시켜 나가야 할 것이다.

실제로 인도주의법의 인도화(humanization of humanitarian law)라는 표현에서 나타나듯 최근에는 국제인도법을 강화하는 방향으로의 발전이 이루어지는 것으로 보인다. 이러한 발전의 배경에는 국제법의 중요성에 대한 강조, 개별 국가의 이익을 초월하여 인류를 보호하는 국제관계 확립, 대중매체 등을 통한 일반시민이 받는 고통에 대한 공감대 확산, 보다 섬세한 공격을 가능하게 하는 군사기술의 발전 등이 자리 잡고 있으며 그와 함께 국제형사재판소와 같은 국제형사사법 기구의 발전 역시 이를 뒷받침하고 있는 것으로 보인다. 그러나 한편으로는 국제인도법을 제대로 준수하지 않는 비국가 행위자(Non-State actor)의 등장은 이들에 대한 국제인도법의 적용 및 강제와 관련한 새로운 긴장점을 형성하고 있다.

(1) 국제인도법의 발전

전쟁 상황을 규율하는 법과 관습은 고대에도 존재하였으며 기원전 3천년까지 그 기원을 소급하여 고찰하는 입장도 있다. 그러나 우물에 독을 사용하는 행위의 금지나 포로의 살해 금지 등 오래전부터 존재하던 규범들은 순전히 전술적이거나 경제적인 목적을 가지는 것이었다.[607] 또한 그 규범들의 내용도 매우 기초적인 것이었으며 법령이 아닌 느슨한 형태의 합의, 종교적 칙령, 군사 지시 등의 형태를 띠고 있었다.[608] 중세에는 무력충돌에서의 행동기준이 발전되어 특정한

---

606) 전쟁범죄법에 있어서는 무력충돌이 발생하는 혼돈상황과 군사적 전략과 전술의 필요성이 함께 고려되어야 하며 매우 급박하고 정보가 제한되어 있는 상황에서 발생하는 모든 실수가 전쟁범죄로 반드시 이어지는 것은 아니다.

607) Marco Sassoli, Antoine A. Bouvier, Anne Quintin, "How Does Law Protect in War? Cases, Documents and Teaching Materials on Contemporary Practice in International Humanitarian Law", Volume I Outline of International Humanitarian Law. Chapter 3, p. 1.

608) Cryer, Robert; Friman, Håkan; Robinson, Darryl; Wilmshurst, Elizabeth, 전게서, p. 264; 구약성서에는 전쟁 포로의 살해 금지와 전쟁 이후 석방에 대하여 규정하고 있으며〔열왕기(列王記) 下 제4장 22절, 이국진, 『한영해설성경』, 서울 : 아가페, 1997〕 도시의 포위공격은 주민들에 대하여 항복할 기회를 부여한 이후에만 허용되며 여성들과 아이들은 도시의 함락 이후에도 살해되지 않는다고 규정되어 있다.〔신명기(申命記) 제20장, 제11절에서 제14절〕 또한 고대 그리스에서는 신전과 성직자들은 불가침이었으며 로마제국도 전쟁의 피해를 완화시키는 규칙을 가지고 있었다고 한다. Werle, Gerhard; Jeßberger, Florian, 전게서, p. 393.

무기나 전쟁의 방법이 금지되기도 하였으며[609] 아시아, 아프리카에서도 종교, 문화 등에 내재된 규범의 형태로 일부 발견되고 있다.[610]

　유럽에서는 30년 전쟁에서 나타난 참혹상에 대한 각성과 계몽시대의 진전이 전쟁법의 발전에 큰 영향을 끼치게 되었다. 특히 근대국가의 등장은 전쟁의 관점을 근본적으로 바꾸어 놓는 계기가 되었다. 근대국가의 등장으로 전쟁의 수행은 '공적' 문제로 탈바꿈하여 오직 국가만이 전쟁을 수행할 권리를 부여받았으며 이에 따라 전쟁에서 공격하는 주체와 공격을 받는 대상은 개인이 아닌 국가로 변화되었다. 국가가 수행하는 전쟁에서의 개인 보호도 새로운 의미를 갖게 되어 국가의 전쟁에 참여하는 개인이 적국의 병사를 죽일 권리는 오로지 전투를 지속하는 경우에만 인정되게 되었다. 따라서 전투 종료 이후에는 다시 원래의 인간으로 돌아가며 타인의 생명을 빼앗아갈 권리를 아무도 갖지 못하게 되었다.[611] 이와 같은 변화를 통하여 현대 국제인도법의 기초를 이루는 적대행위에 종사하지 않는 사람들을 보호할 의무가 형성된 것이다.

　전쟁과 관련된 법은 19세기 들어서 본격적인 조문화 과정을 거치는 등 중요한 발전을 이루었다. 미국의 남북전쟁 중에 포고된 리버코드(Lieber Code)는 이러한 발전에 있어 가장 중요한 결과물의 하나로 평가된다.[612]

　국제적십자위원회의 창설을 주도한 스위스인 앙리 뒤낭의 노력도 국제적 차원에서 전쟁에 관한 법을 조문화하고 발전시키는데 중요한 촉매제로 작용하였다. 제네바의 사업가였던 앙리 뒤낭은 오스트리아 군대와 프랑스-사르데냐 연합군 사이에서 발생한 1859년 솔페리노(Solferino)

---

609) 1139의 제2차 라테란 위원회에서는 쇠뇌(連弩)의 사용이 신의 뜻에 일치하지 않는다는 이유로 금지되었으며 적의 우물에 독을 타는 등 독을 사용하는 것은 마술과의 관련성을 이유로 교회에 의하여 비난받았다. 기사도에 의하면 상처 입은 자나 무장하지 않는 사람을 죽이는 것 등이 금지되었으나 이는 오직 기사들 사이에서의 전투에만 적용되었으며 기독교인이 아닌 경우에도 적용되지 않았다. 초기 형태의 전쟁의 법에 대한 사례는 동양이나 아프리카 등에서도 발견된다. Werle, Gerhard; Jeßberger, Florian, 전게서, p. 394.
610) 과거에 존재하던 규범의 제한성과 한계에 대한 상세한 내용은 Marco Sassoli, Antoine A. Bouvier, Anne Quintin, 선게논문, p. 1 et seq.
611) 1762년 장자크 루소는 '사회계약'에서 '전쟁은 인간 대 인간 관계가 아닌 국가와 국가의 문제이고 개인들은 인간 혹은 시민으로서가 아닌 군인으로서 우연히 적이 된 것이다'라고 하였다.(War then is a relation, not between man and man, but between State and State, and individuals are enemies only accidentally, not as men, nor even as citizens, but as soldiers; not as members of their country, but as its defenders. Finally, each State can have for enemies only other States, and not men; for between things disparate in nature there can be no real relation.)'라고 기술하고 있다.〔Jean Jacques Rousseau, The Social Contract & Discourses, 1762 : George Douglas Howard Cole 번역 e-book. www.gutenberg.org, p. 112〕
612) 리버코드는 1863년 독일계 미국인 법학교수 Franz Lieber(1800-1872)가 링컨 대통령의 지시에 따라 미국 군대에 적용되는 무력충돌에 대한 지침으로 만든 것이다. 모두 158개 조항으로 이루어져 있으며 포로에 대한 처우와 병원과 문화적 재산에 대한 공격금지 등을 포함하고 있다. 리버코드 제44조는 강간 행위 등에 대하여 사형에 처할 수 있도록 규정하고 있다. Instructions for The Government of Armies of The United States in the field; Jean-Marie Henckaerts, Louise Doswald-Beck, Customary International Humanitarian Law Volume I. Introduction. p. xxxi.

전투에서 부상당하고 방치되어 죽음에 직면한 병사들의 참상을 목격하고 큰 충격을 받는다. 그는 국제적십자위원회의 설립을 위한 노력을 경주하는 한편 전쟁에 있어서 불필요한 고통을 줄이는 수단을 강구할 것을 촉구하였다. 그의 이러한 호소가 결실을 맺어 1863년 국제적십자위원회(International Committee of the Red Cross)가 설립되고 '제네바법(law of Geneva)'의 초석을 이루는 제네바 제1협약인 전장 군대에서의 부상자의 상태 개선에 관한 조약(Geneva Convention for the Amelioration of the Condition of the Wounded in Armies in the Field in 1864)이 채결되었다.[613] 그리고 이러한 시기를 기점으로 국제인도법(International Humanitarian Law, IHL)을 발전시키는 많은 조약들이 생겨났다. 이러한 조약들은 뒤에서 살필 바와 같이 크게 제네바법과 헤이그법 두 가지로 구분될 수 있는데 최근 제네바법과 헤이그법의 실질적 유사성이 증대되고 교착하는 부분이 많아진 것은 사실이나 양자의 기본적인 구분은 오늘날에도 여전히 유지되고 있다.[614]

무력충돌 상황을 규율하는 국제인도법은 변화하는 상황에 적응해 나가야 할 과제를 안고 있으며 실제 테러 조직의 등장과 9·11 테러 등 새로운 형태의 충돌양상은 국제인도법 분야에서 새롭고 다양한 문제들을 제기하고 있다.[615]

(2) 국제인도법의 기본 원칙과 국제관습법

국제인도법은 무력충돌에 참가하지 않은 사람뿐만 아니라 무력충돌에 직접 참가한 사람 모두에 대하여 불필요한 해악을 가하는 것을 제한하고 있다. 특히 적대행위에 종사하지 않는 사람들을 보호할 의무는 국제인도법의 기초를 이루고 있다.

국제인도법의 기본 원칙들은 대체로 다음 몇 가지로 요약될 수 있다.

첫째, 원칙적으로 군대의 구성원 등 전투원만이 합법적으로 교전행위에 참가할 수 있고 이들이 국제인도법을 준수하며 진행한 합법적 교전행위는 이른바 전투원의 특권(combatant's privilege)에 따라 면책된다.[616] 그러나 민간인과 민간물자의 존중 및 보호를 위하여 민간인과 전투원, 민간목표물과 군사목표물은 구분되어야 한다는 준별의 원칙(principle of distinction)에 따라 민간인이 적대행위에 참가하지 않는 한 오직 군사목표물에 대해서만 공격이 행하여져야 한다.[617] 그리고

613) Cryer, Robert; Friman, Håkan; Robinson, Darryl; Wilmshurst, Elizabeth, 전게서, p. 265.
614) Werle, Gerhard; Jeßberger, Florian, 전게서, p. 397.
615) A. Cassese, "Terrorism is Also Disrupting Some Crucial Legal Categories of International Law", 12 EJIL (2001); R. Dolzer, "Clouds on the Horizon of Humanitarian Law?", 28 Yale Journal of International Law (2003); D. Jinks, "September 11 and the Laws of War", 28 Yale Journal of International Law (2003) 등.
616) 제네바협정 부속의정서 I 제43조 제2항 충돌당사국의 군대구성원(제3협약 제33조에 규정된 의무요원 및 종교요원 제외)은 전투원이다. 즉 그들은 직접 적대행위에 참여할 권리가 있다.; N. Berman, "Privileging Combat? Contemporary Conflict and the Legal Construction of War", 43 Columbia Journal of Transnational Law (2004); Samuel G. Walker, "Lawful Murder : Unnecessary Killing in the Law of War", Canadian Journal of Law & Jurisprudence, Vol. 25, Issue 2 (2012), pp. 417-446.
617) Fleck, Dieter, The Handbook of International Humanitarian Law, Oxford.; OUP Kindle Edition(2003), p. 257.

공격은 군사적 필요에 의하여 뒷받침되는 것이어야 한다.[618] 오직 전투원만이 공격의 대상이 될 수 있으며 전투원이었다 하더라도 더 이상 전투행위에 종사하지 않거나 상해, 질병, 난파당하거나 혹은 전쟁포로가 된 사람은 합법적 공격의 대상이 아닌 보호대상으로 변화된다.[619] 무력충돌 과정에서 민간인에 대한 공격은 허용될 수 없으며 전쟁포로에 대한 살해도 금지된다.

둘째, 군사 목표물에 대한 합법적 공격이라고 하더라도 그러한 공격으로 인하여 민간인 등 보호받는 사람에 대한 부수적 해악이 초래될 경우 그러한 공격은 가능한 한 제한되거나 부수적 피해를 회피하고 최소화하는 조치가 취해져야 한다. 비례성을 상실하여 민간인에 대하여 과도한 피해를 가하는 공격은 허용되지 않는다.(비례성의 원칙, principle of proportionality)

셋째, 합법적인 공격의 경우에도 공격의 방법에 관한 무제한적 선택권을 갖는 것은 아니며 전투원에게 불필요한 고통을 야기하는 전쟁의 수단과 방법은 회피되어야 한다.[620] 이처럼 불필요한 고통을 야기하는 전쟁수단을 방지하기 위한 조약들이 다수 존재하고 있다.

일정한 범위의 국제인도법규는 국제관습법의 특성을 갖는다. 1899년 헤이그협정 II와 1907년 헤이그협정 IV 서문에는 '보다 완비된 전쟁법에 관한 법전이 제정되기까지는 체약국은 그들이 채택한 규칙에 포함되지 아니한 경우에 있어서 주민 및 교전자가 문명국간에 수립된 관례, 인도의 법칙 및 공공양심의 요구로부터 유래하는 국제법 원칙의 보호 및 지배 하에 있음을 선언'한다는 내용의 마르텐스 조항(Martens clause)을 두어 조약에 명시되어 있지 않은 국제관습인도법의 존재를 승인하고 있으며[621] 뉘른베르크 재판에서도 헤이그법이 국제관습법에 해당됨을 확인한 바 있다.[622] 1949년의 네 개 제네바협약[623]은 지금까지 195개국에 의하여 비준되어 전쟁범죄의 상

---

618) International and Operational Law Department, "Operational Law Handbook 2015", Virginia, The Judge Advocate General's Legal Center and School(2015)(이하 Operational Law Handbook 2015로 약칭한다), p. 11 et seq. 위 책에서는 무력충돌법의 기본원칙을 군사적 필요성의 원칙(Principle of Military Necessity), 준별의 원칙(Principle of Distinction), 비례의 원칙(Principle of Proportionality), 불필요한 고통배제의 원칙(Principle of Unnecessary Suffering), 기사도 정신(Chivalry) 등으로 규정하고 있다.

619) Werle, Gerhard; Jeßberger, Florian, 전게서, p. 398.

620) Werle, Gerhard; Jeßberger, Florian, 전게서, p. 399.

621) 마르텐스 조항(Martens clause)은 1899년 제1차 헤이그 평화회의에서 러시아측 대표이며 당시 저명한 국제법학자였던 Friedrich von Martens 교수의 주장이 반영된 것으로 그의 이름에 따라 명명되었다.(Werle, Gerhard; Jeßberger, Florian, 전게서, p. 398) 제네바협정 부속의정서 I 제1조 제2항도 '의정서 또는 다른 국제협정의 적용을 받지 아니하는 경우에는 민간인 및 전투원은 확립된 관습, 인도원칙 및 공공양심의 명령으로부터 연원하는 국제법원칙의 보호와 권한하에 놓인다'는 내용으로 마르텐스 조항을 규정하고 있으며 국제사법재판소도 권고적 의견에서 마르텐스 조항을 언급한 바 있다. ICJ, advisory opinion of 8 July 1996 (Legality of the Threat or Use of Nuclear Weapons), ICJ Rep. 1996, para. 84 참조.

622) IMT, judgment of 1 October 1946, in The Trial of German Major War Criminals, Proceedings of the International Military Tribunal Sitting at Nuremberg, Germany, Pt 22 (1950), 449 et seq.

623) 「육전에 있어서의 군대의 부상자 및 병자의 상태 개선에 관한 1949년 8월 12일자 제네바협약」(제1협약), 「해상에 있어서의 군대의 부상자, 병자 및 조난자의 상태 개선에 관한 1949년 8월 12일자 제네바협약」(제2협약), 「포로의 대우에 관한 1949년 8월 12일자 제네바협약」(제3협약), 「전시에 있어서의 민간인의 보호에

황을 규율하는 국제관습법으로 승인되어 왔다.[624] 그러나 국제인도법의 모든 조항들이 국제관습
법으로 명확히 승인되고 있는 것은 아니며 1977년의 두 개의 제네바협정 의정서가 국제관습법의
지위를 갖는가에 대하여는 논란이 있다.[625] 국제관습법을 이루는 국제인도법의 가장 핵심적인
규범들은 무력충돌에 참가한 국가가 조약상 의무를 부담하고 있는가 여부에 관계없이 적용되므
로 당사국이 제네바협정에서 탈퇴하였다 하더라도 이들 규범을 준수하여야 할 의무를 부담하게
된다.[626]

(3) 제네바법

현재 적용되고 있는 제네바법의 가장 중요한 규범은 1949년의 네 개의 제네바협정과 두 개
의 부속의정서이다. 각각의 제네바협정은 다음에서 살필 바와 같이 그 규율대상을 달리하고 있
으나 다수의 공통된 조항들을 가지고 있다. 네 개의 협정은 모두 국제적 무력충돌에 적용될 뿐
아니라 '축소된 협정(convention in miniature)'으로 알려져 있는 비국제적 무력충돌에 적용되는 공
통 제3조를 함께 규정하고 있다. 이러한 제네바협정의 공통 제3조는 비국제적 무력충돌에 적용
될 수 있는 구속력 있는 최소한의 규칙을 최초로 규정한 것이다.[627]

제네바협정 I은 전쟁의 시기에 병들거나 부상당하고 군대 구성원에 대한 보호를 규정하고
있다.[628] 위 협정은 1864년 제네바협약이 1906년과 1929년의 개정 과정 등을 거쳐 더욱 발전된
것이다. 제네바협정 II도 전쟁의 시기에 병들거나 부상당한 사람에 대한 보호를 규정하는 것은
동일하나 해상에서의 상황을 규율하고 있다.[629] 제네바협정 III은 전쟁포로의 지위와 보호를 규

관한 1949년 8월 12일자 제네바협약」(제4협약).

624) Sunil Kumar Gupta, 전게논문, p. 9; Werle, Gerhard; Jeßberger, Florian, 전게서, p. 398.

625) 이러한 의정서들은 제네바협정과 같이 광범위하게 비준되지 못하였으며 미국 등 일부 국가들은 두 개의 부속
의정서의 내용 모두가 국제관습법에 해당하는 것은 아니며 오직 체약당사국만을 구속하는 조약법의 성격을
가지고 있다고 주장하였다. M. Cherif Bassiouni, "The Normative Framework of International Humanitarian
Law : Overlaps, Gaps and Ambiguities", International Law Studies(1998), p. 11.

626) 국제범죄의 국제관습법으로서의 지위에 대한 논의와 이에 근거한 로마규정 성안 과정에 대한 것은 Sunil
Kumar Gupta, 전게논문, p. 9 et seq.

627) Werle, Gerhard; Jeßberger, Florian, 전게서, p. 396.

628) 육전에 있어서의 군대의 부상자 및 병자의 상태 개선에 관한 1949년 8월 12일자 제네바협약 (제1협약) 〔영
문 조약명 Geneva Convention for the Amelioration of Condition of the Wounded and Sick in Armed Forces
in the Field of August 12, 1949, (Geneva Convention I)〕. 1949년 8월 12일 제네바에서 작성되어 1950년
10월 21일 발효되었으며 국회의 비준동의를 거쳐 우리나라에 대하여는 1966년 8월 16일 조약 제211호로 발
효되었다. 이하 '제네바협정 I'로 약칭한다.

629) 해상에 있어서의 군대의 부상자, 병자 및 조난자의 상태개선에 관한 1949년 8월 12일자 제네바협약 (제2협
약) 〔영문 조약명 Geneva Convention for the Amelioration of the Condition of the Sick, Wounded and
Shipwrecked Members of Armed Forces at Sea of August 12, 1949 (Geneva Convention II)〕. 제1협약과 동
일한 일시에 작성되어 동일한 날짜에 발효되었으며 국회의 비준동의를 거쳐 우리나라에 대하여는 1966년
8월 16일 조약 제216호로 발효되었다. 이하 '제네바협정 II'로 약칭한다.; 위 협정은 1907년의 헤이그 협정

율한다.630) 제네바협정 IV에서는 전쟁에서 민간인에 대한 보호를 규정하고 있다.631) 위 협정은 전시 민간인 보호를 포괄적으로 규정한 최초의 협정이다.632)

제네바법에는 이러한 4개의 협정 이외에 1977년 제정된 2개의 부속의정서와 2005년 발효된 1개의 부속의정서가 있다. 부속의정서는 변화하는 환경과 새로운 유형의 충돌에 국제인도법을 적응시키려는 것을 목적으로 제정된 것이다.

부속의정서 I은 국제적 무력충돌에 있어서 희생자에 대한 보호를 규정한다.633) 특히 위 의정서에서는 무력충돌의 범주에 인민의 자기결정권의 행사를 위한 국가독립전쟁을 포함시키고 있다.634) 이처럼 규범의 효력범위에 새로운 보호집단을 포함시킨 것은 전쟁의 새로운 발전 양상을 고려하여 국제법의 보호를 확대하기 위한 것으로635) 내용적으로도 헤이그법과 제네바법의 요소들을 결합시키고 있다.636) 부속의정서 II는 1949년 제네바협정 공통 제3조를 확장시키는 한편 비국제적 무력충돌에 대한 포괄적 규율체계를 형성하는 것이다.637) 2005년 발효된 부속의정서 III은 추가적 식별표장(emblem)을 도입하고 있다.638)

X〔Convention (X) for the Adaptation to Maritime Warfare of the Principles of the Geneva Convention of 18 October 1907〕을 발전시킨 것이다.

630) 포로의 대우에 관한 1949년 8월 12일자 제네바협약 (제3협약) 〔영문 조약명 Geneva Convention Relating to the Treatment of the Prisoners of War of August 12, 1949 (Geneva Convention III)〕. 제1협약과 동일한 일시에 작성되어 동일한 날짜에 발효되었으며 국회의 비준동의를 거쳐 우리나라에 대하여는 1966년 8월 16일 조약 제217호로 발효되었다. 이하 '제네바협정 III'으로 약칭한다.

631) 전시에 있어서의 민간인의 보호에 관한 1949년 8월 12일자 제네바협약 (제4협약) 〔영문 조약명 Convention Relative to the Protection of Civilian Persons in Time of War of August 12, 1949 (Geneva Convention IV)〕. 제1협약과 동일한 일시에 작성되어 동일한 날짜에 발효되었으며 국회의 비준동의를 거쳐 우리나라에 대하여는 1966년 8월 16일 조약 제218호로 발효되었다. 이하 '제네바협정 IV'로 약칭한다.

632) Werle, Gerhard; Jeßberger, Florian, 전게서, p. 395.

633) 1949년 8월 12일자 제네바협약에 대한 추가 및 국제적 무력충돌의 희생자 보호에 관한 의정서 (제1의정서) 〔영문 조약명 Protocol Additional to the Geneva Conventions of 12 August 1949, and Relating to the Protection of Victims of International Armed Conflicts of 8 June 1977 (Protocol I)〕이며 1978년 12월 7일 발효되어 1982년 7월 15일 조약 제778호로 우리나라에 대하여 발효되었다. 이하 '부속의정서 I'이라 한다.

634) 부속의정서 I 제1조 제4항.

635) Werle, Gerhard; Jeßberger, Florian, 전게서, p. 396.

636) Cryer, Robert; Friman, Håkan; Robinson, Darryl; Wilmshurst, Elizabeth, 전게서, p. 265.

637) 1949년 8월 12일자 제네바협약에 대한 추가 및 비국제적 무력충돌의 희생자 보호에 관한 의정서 (제2의정서) 〔영문 조약명 Protocol Additional to the Geneva Conventions of 12 August 1949, and Relating to the Protection of Victims of Non-International Armed Conflicts (Protocol II)〕이며 부속의정서 I과 같은 날짜에 발효되어 1982년 7월 15일 조약 제779호로 우리나라에 대하여 발효되었다. 이하 '부속의정서 II'라 한다.

638) 1949년 8월 12일자 제네바 제협약에 대한 추가 및 추가 식별표장 채택에 관한 추가의정서 (제3의정서) 〔영문 조약명 Protocol Additional to the Geneva Conventions of 12 August 1949, and Relating to the Adoption of an Additional Distinctive Emblem of 8 December 2005 (Protocol III)〕 2005년 제네바에서 채택되어 2007년 1월 14일 발효되었다. 이하 '부속의정서 III'이라 한다.

(4) 헤이그법

'헤이그법'은 전쟁의 수단과 방법을 제한함으로써 전투에 참여한 군인의 보호를 주된 목적으로 하고 있다. 헤이그법은 헤이그 육전규범을 비롯하여 유사한 형태의 다수 규범들을 함께 지칭하는 것으로 특별히 극악하거나 위험한 전쟁 수단과 방법을 금지하고 있다.[639]

병사들을 보호하기 위하여 전쟁의 수단과 방법을 제한하려는 움직임은 1868년의 성페테스부르크 선언에서 시작되었다. 선언의 서문은 '국가들이 전쟁 동안 달성하기 위하여 노력해야 할 유일한 합법적 목적은 적의 군사력 약화'라는 점을 확인하고 특히 파괴적 성능을 가진 탄약의 사용을 피할 것을 선언하고 있다.[640] 1874년 브뤼셀 회의에서는 전쟁의 법과 관습에 관한 초안이 논의되었으며 당시 구속력 있는 조약으로 채택되지는 않았으나 그 결과물이 1899년 및 1907년의 헤이그 회의에서 받아들여져 전쟁의 수단을 규율하는 광범위한 규칙들이 채택되었다.[641] 이처럼 승리에 기여하는 것이라면 무엇이든지 허용된다는 전통적 관념이 폐기되고 적군에게 상해를 가하는 방법을 채택하는 권리에도 제한이 존재한다는 새로운 관념이 발전되었으며 특히 육전의 법 및 관습에 관한 협약은 이 분야에 있어 가장 중요한 조약으로 평가되고 있다.[642]

이후 전쟁의 양상이 더욱 발전해 나감에 따라 국제인도법의 추가적 대응도 이어진다. 제1차 대전에서 사용된 독가스의 파괴적 효과에 대응하여 독가스의 사용에 대한 기존의 금지를 더욱 강화시킨 Gas의정서가 1925년 채택되는 등[643] 전쟁의 수단과 방법을 규율하는 내용들이 지속적으로 수정되고 보완되었으며 제2차 대전 이후에도 헤이그법은 더욱 확장되고 발전되어 나갔다. 관련 협약으로 세균무기(생물무기) 및 독소무기의 개발, 생산 및 비축의 금지와 그 폐기에 관한 협약(BWC)[644], 화학무기의 개발·생산·비축·사용금지 및 폐기에 관한 협약(CWC)[645] 등이 있

---

639) Werle, Gerhard; Jeßberger, Florian, 전게서, p. 396.

640) Declaration Renouncing the Use, in Times of War, of Explosive Projectiles Under 400 Grammes Weight of 29 November/ 11 December 1868.

641) Jean-Marie Henckaerts, Louise Doswald-Beck, 전게서, Introduction p. xxxi.

642) 영문 조약명 Convention with Respect to the Laws and Customs of War on Land (Hague II) 위 조약은 1899년 7월 29일 헤이그에서 작성되어 1900년 9월 4일 발효되었으며 우리나라에 대하여도 1986년 8월 8일 조약 제886호로 발효되었다.; Cryer, Robert; Friman, Håkan; Robinson, Darryl; Wilmshurst, Elizabeth, 전게서, p. 265.

643) 질식성, 독성 또는 기타 가스 및 세균학적 전쟁수단의 전시사용 금지에 관한 의정서(영문 조약명 Protocol for the Prohibition of the Use in War of Asphyxiating, Poisonous or Other Gases, and of Bacteriological Methods of Warfare of 17 June 1925) 1925년 6월 17일 제네바에서 작성되어 1928년 2월 8일 발효되었으며 우리나라에 대하여는 1989년 1월 4일 조약 제968호로 발효되었다.

644) 영문조약명 Convention on the Prohibition of the Development Production and Stockpiling of Bacteriological (Biological) and Toxin Weapons and on Their Destruction(BWC). 위 협약은 1972년 4월 10일 런던, 모스크바 및 워싱턴에서 작성되어 1975년 3월 26일 발효되었다. 우리나라에 대하여는 1987년 6월 25일 (조약 제925호)로 발효되었다.

645) 영문조약명 Convention on the Prohibition of the Development, Production, Stockpiling and Use of Chemical

으며 재래식 무기에 대하여는 과도한 상해 또는 무차별적 효과를 초래할 수 있는 특정 재래식 무기의 사용금지 및 제한에 관한 협약[646] 등이 있다. 위 협약에 대한 5개의 의정서가 존재하는데 신체 내에서 X레이에 의하여 감지될 수 없어 제거될 수 없는 파편을 만드는 무기를 규율하는 탐지 불능 파편에 관한 의정서(의정서 I)[647], 지뢰와 부비트랩에 관한 의정서(의정서 II)[648], 민간인 밀집지역에 위치하고 있는 민간인과 군사적 목표물에 대한 화염무기에 관한 의정서(의정서 III), 눈을 멀게 하는 레이저 무기에 관한 의정서(의정서 IV), 불발탄과 유기탄 등 전쟁잔류폭발물을 최소화하기 위한 전쟁잔류폭발물에 관한 의정서(의정서 V)[649] 등이 있다. 그 밖에 헤이그법에 해당하는 조약으로 무력충돌 시 문화재보호를 위한 협약[650], 대인지뢰의 사용·비축·생산·이전 및 폐기에 관한 협약[651], 집속탄에 관한 협약(Convention on Cluster Munitions) 등이 있다.[652]

우리나라는 이러한 협약들과 관련하여 지뢰 등 특정 재래식 무기 사용 및 이전의 규제에 관한 법률(재래식 무기법)[653], 화학무기·생물무기의 금지와 특정화학물질·생물작용제 등의 제조·수출입 규제 등에 관한 법률(생화학무기법)[654] 등을 시행 중에 있다.

Weapons and on Their Destruction(CWC) 위 협약은 1992년 9월 3일 제네바에서 채택되어 1997년 4월 29일 발효되었다. 우리나라에 대하여는 1997년 4월 29일 조약 제1377호로 발효되었다.

646) 영문조약명 Convention on Prohibitions or Restrictions on the Use of Certain Conventional Weapons which may be deemed to be Excessively Injurious or to have Indiscriminate Effects. 위 협약은 1980년 10월 10일 제네바에서 작성되어 1983년 12월 2일 발효되었으며 우리나라는 2000년 12월 8일 제215회 국회 제16차 본회의에서 위 조약 비준안이 통과되어 2001년 11월 9일 조약 제1578호로 발효되었다.

647) 영문 조약명 Protocol on Non-Detectable Fragments. 위 조약은 1980년 10월 10일 제네바에서 작성되어 1983년 12월 2일 발효되었으며 국회동의를 거쳐 우리나라에 대하여는 2001년 11월 9일 조약 제1579호로 발효되었다.

648) 지뢰, 부비트랩 및 기타장치의 사용금지 또는 제한에 관한 개정 의정서 (영문조약명 Protocol on Prohibitions or Restrictions on the Use of Mines, Booby-Traps and Other Devices as amended on 3 May 1996, Protocol II to the 1980 Convention as amended on 3 May 1996). 위 의정서는 2001년 11월 9일 조약 제1580호로 발효되었으며 우리나라는 지뢰를 소량으로 오로지 훈련 및 실험목적으로 사용할 권리를 유보하고 있다.

649) 영문조약명 Protocol on Explosive Remnants of War (Protocol V). 위 의정서는 2003년 11월 28일 제네바에서 채택되어 2006년 11월 12일 발효되었으며, 우리나라에 대하여는 2008년 7월 23일 조약 제1904호로 발효되었다.

650) 영문조약명 Convention for the Protection of Cultural Property in the Event of Armed Conflict(1954.5.15.)

651) 영문조약명 Convention on the Prohibition of the Use, Stockpiling, Production and Transfer of Anti-Personnel Mines and on Their Destruction)(1997.9.18.)

652) 2008년 3월 30일 채택되어 2010년 9월 1일 효력이 발생하였으며 2016년 6월 16일 현재 119개 국가가 가입하여 있다. http://www.clusterconvention.org/.

653) 법률 제12564호, 2014.8.10. 시행.

654) 법률 제11862호, 2013.6.4. 시행.

2. 국제인도법 위반과 형사적 제재

(1) 전쟁범죄의 국제적 처벌

국제인도법 위반행위 중 일정한 요건을 갖춘 중대한 위반행위는 각국 국내법으로 처벌될 수 있을 뿐 아니라 국제적 차원에서도 전쟁범죄로 처벌된다. 전쟁범죄에 대한 국제적 처벌 움직임은 제1차 세계대전 이후에도 존재하였으나 성공하지 못하였으며[655] 전쟁범죄가 실제로 국제적 처벌의 대상이 된 것은 제2차 대전 이후이다. 제2차 대전 이후 전승국들은 주축국의 주요 전쟁범죄자들을 국제법정에 세울 것을 결의하고 '전쟁의 법과 관습의 위반'에 대한 재판권을 뉘른베르크 재판소에 부여하는 뉘른베르크 헌장을 채택하였으며 실제로 많은 전쟁범죄자들을 국제법정에서 심판하였다. 그리고 극동 국제군사재판소 역시 전쟁범죄에 대한 재판권을 부여받아 다수의 전쟁범죄자들에 대하여 유죄판결을 선고하는 등 전쟁범죄가 국제법에 따라 국제형사법원에 의하여 직접 처벌되는 중대한 발전이 이루어졌다. 그러나 이후 이어진 냉전 체제 속에서 국제인도법 위반행위가 국제적으로 처벌되지 않는 중단기간을 거치게 되었다. 전쟁범죄 규범의 발전과 현실적 적용에 새로운 계기가 된 것은 ICTY와 ICTR의 설립이다. 임시재판소들은 전쟁범죄를 국제법에 근거하여 직접 처벌하였을 뿐 아니라 전쟁범죄법의 명확화와 발전에 중대한 기여를 하였다. 또한 로마규정은 상설국제재판소인 국제형사재판소에 전쟁범죄에 대한 재판권을 부여함으로써 국제인도법 위반행위가 각국의 국내법원뿐만 아니라 국제적으로 처벌될 수 있는 확고한 토대를 형성하였다.

이처럼 새롭게 발전되고 적용범위가 확대된 전쟁범죄법은 심각한 국제인도법 위반행위의 처벌과 이를 통해 기대되는 예방효과를 통하여 국제인도법의 효율성을 확보하고 강제해 나가는데 매우 중요한 역할을 수행하게 되었다.

(2) 전쟁범죄법의 이중적 구조

전쟁범죄는 국제인도법 위반을 예방하거나 사후적으로 이를 처벌하기 위한 것이라는 점에서 다른 국제범죄와는 구분되는 특성을 갖는다. 인도에 반한 죄나 집단살해죄는 다른 별도의 규범

---

655) 1919년 6월 28일 체결된 베르사이유 조약 제229조 제2항은 피해자가 단일 국가 국민이 아닌 여러 국가 국민일 경우 여러 국가에서 선임한 판사들로 구성된 국제 법원에서 독일 전쟁범죄자들을 재판할 것을 규정하고 있었다. 그러나 전쟁범죄를 국제적 차원에서 형사 처벌하려는 이러한 시도는 성공하지 못하였다. 위 조약의 원문은 다음과 같다. 'Article 229 Persons guilty of criminal acts against the nationals of one of the Allied and Associated Powers will be brought before the military tribunals of that Power. Persons guilty of criminal acts against the nationals of more than one of the Allied and Associated Powers will be brought before military tribunals composed of members of the military tribunals of the powers concerned. In every case the accused will be entitled to name his own counsel.'

체계에 근거하지 않고 국제법 체제 내에서 독립적 영역을 형성하고 있다. 그러나 전쟁범죄는 제네바법 혹은 헤이그법으로 대표되는 각종 조약이나 국제관습법의 형태로 존재하는 국제인도법의 위반행위에 근거하여 존재한다.[656]

전쟁범죄와 국제인도법 사이에 존재하는 이와 같은 연계성은 전쟁범죄법의 발전 과정에서도 명확히 나타난다. 뉘른베르크헌장 제6조 (b)는 전쟁범죄를 전쟁의 법과 관습에 대한 위반으로 규정하여 전쟁범죄가 국제인도법 위반에 의거하고 있음을 뚜렷이 하고 있다. 위 법령에서 전쟁범죄에 해당하는 위반행위를 일부 명시하였으나 명문화된 이러한 위반행위는 열거적인 것이 아닌 예시적 성격을 가지고 있음을 명백히 하고 있다.[657] 이와 같이 전쟁범죄를 국제인도법 위반에 연계하여 규정하는 규범형식은 ICTY 법령 제3조, ICTR 법령 제4조에 그대로 이어지고 있다. 특히 죄형법정주의 원칙을 보다 강화한 로마규정 제8조에서도 전쟁범죄를 '1949년 8월 12일자 제네바협약의 중대한 위반, 즉 관련 제네바협약의 규정 하에서 보호되는 사람 또는 재산에 대한 다음의 행위 중 어느 하나'로 규정하여 국제인도법과의 연계성을 명확히 하고 있다.

이처럼 전쟁범죄법에는 일차 규범인 국제인도법에 반하는 행위 여부를 먼저 확정하고 그러한 위반행위 중 일부를 범죄화하여 형사처벌의 대상으로 하는 이중구조가 존재한다. 이러한 구조를 국제인도법의 관점에서 살펴보면 국제인도법에 존재하는 금지규범이 전쟁범죄법에 규정된 형사적 제재에 의하여 보충되는 형태로서 이와 같이 전쟁범죄법과 국제인도법은 매우 밀접하게 연계되어 있다.[658]

(3) 국제인도법 위반행위에 대한 형사처벌의 기준

앞서 본 바와 같이 전쟁범죄법과 국제인도법이 밀접하게 연계되어 있으나 모든 국제인도법 위반행위가 전쟁범죄로 인정되어 형사처벌의 대상이 되는 것은 아니다. 전쟁범죄법은 국제인도법보다는 협소한 하부 영역을 이루고 있다.[659]

국제인도법에는 매우 많은 기술적 조항들이 존재하며 이와 같은 규범을 위반한 행위는 일반적으로 형사처벌의 대상이 아니다. 예를 들면 제네바협정 III은 전쟁포로에 대하여 식품이나 담배 등을 일반 시장가격으로 구입할 수 있도록 하는 구내매점을 제공하고 포로의 계급에 따라 일정한 금액을 지급하도록 규정하고 있으나 이를 준수하지 않았다고 하여 전쟁범죄가 성립하는 것은 아니다.[660] 따라서 국제인도법의 어떠한 규칙을 위반하였을 경우 전쟁범죄로서 형사처벌의

656) Werle, Gerhard; Jeßberger, Florian, 전게서, p. 403.
657) 동경 헌장 제5조 (b)는 구체적 행위유형도 열거하지 않은 채 전쟁범죄를 전쟁의 법과 관습에 대한 위반으로 규정하여 전쟁범죄법과 국제인도법의 연계성을 더욱 뚜렷이 하고 있다.
658) Werle, Gerhard; Jeßberger, Florian, 전게서, p. 403.
659) Cryer, Robert; Friman, Håkan; Robinson, Darryl; Wilmshurst, Elizabeth, 전게서, p. 268.
660) 포로의 대우에 관한 1949년 8월 12일자 제네바협약 (제3협약) 제28조 참조.

대상이 되는가 여부는 전쟁범죄법에 있어 규명되어야 할 매우 중요한 사항이나 현재로서는 국제인도법 위반행위 중 어떠한 행위가 전쟁범죄에 해당할 수 있는가를 망라적으로 조문화한 조약이나 법령은 존재하지 않는다.

앞서 본 바와 같이 뉘른베르크 헌장, ICTY 법령, ICTR 법령은 전쟁범죄에 해당하는 행위를 예시적으로 규정하고 있을 뿐 기본적으로는 전쟁의 법과 관습의 위반을 전쟁범죄로 규정하고 있으며 동경헌장에서는 형사처벌의 대상이 되는 예시적 행위도 규정하고 있지 않다. 죄형법정주의 원칙을 비교적 엄격하게 관철하고 있는 로마규정 제8조 제2항은 전쟁범죄에 해당하는 행위들을 열거적으로 규정하여 처벌대상이 되는 국제인도법 위반행위에 대한 불명확성을 현저히 감소시키고 있다. 그러나 로마규정의 전쟁범죄 규정 역시 국제관습법을 반영하여 만들어진 것으로 로마규정에 규정된 전쟁범죄가 국제관습법에 존재하는 모든 전쟁범죄들을 망라하여 열거한 것으로 보기는 어렵다. 국제관습법이나 다른 조약에 로마규정에 규정되지 않은 다른 유형의 전쟁범죄가 존재할 수 있으며[661] 실제 로마규정 체약당사국들은 2010년 캄팔라 회의에서 현재의 국제관습법을 반영하여 독성무기의 사용 등이 비국제적 무력충돌 상황에서도 처벌될 수 있도록 전쟁범죄 조항을 개정한 바 있다.

이처럼 국제인도법의 다양한 규범들 중 무엇이 형사처벌의 대상이 될 수 있는가의 문제는 법이론적 관점뿐만 아니라 국제형사 정책적 관점에서도 매우 중요한 의미를 가지고 있다. 네 개의 제네바협정에서 공통적으로 등장하는 심각한 위반조항과 같이 국제관습법으로서의 성격을 인정받는 조약에서 일정한 국제인도법 위반행위를 전쟁범죄로 규정하는 경우가 있다.[662] 그러나 국제인도법 위반행위의 전쟁범죄 해당 여부는 조약에 명시적 규정이 없더라도 국제관습법에 의하여도 인정될 수 있다.[663] 뉘른베르크 재판에서는 1907년 헤이그법의 핵심적 조항들은 국제관습법을 반영한 것이며 비록 헤이그법에 위반행위의 범죄성이 명시되어 있지 않다 하더라도 대상행위가 범죄에 해당하는 것으로 판단하였다.[664]

특정한 국제인도법 위반행위가 전쟁범죄로 인정될 것인가 여부를 판단하는 기준으로는 ICTY 항소심 재판부가 Tadić 사건에서 제시한 Tadić test가 활용될 수 있을 것이다. 재판부는 먼저 ICTY 법령 제3조에 규정되어 있는 '법 또는 전쟁의 관습 위반'이 전쟁범죄의 대상으로 규정되어 있기는 하나 이에 근거한 모든 국제인도법 위반이 전쟁범죄에 해당하는 것이 아니라고 판시

---

661) 로마규정 제10조 이 부의 어느 조항도 이 규정과 다른 목적을 위한 기존의 또는 발전중인 국제법 원칙을 결코 제한하거나 침해하는 것으로 해석되지 아니한다.

662) 제네바협정 I 제49조, 제50조, 제네바협정 II 제50조, 제51조, 제네바협정 III 제129조, 제130조, 제네바협정 IV 제146조, 제147조.

663) Cryer, Robert; Friman, Håkan; Robinson, Darryl; Wilmshurst, Elizabeth, 전게서, p. 268.

664) IMT, judgment of 1 October 1946, in The Trial of German Major War Criminals. Proceedings of the International Military Tribunal sitting at Nuremberg, Germany, Pt 22 (22 August 1946 to 1 October 1946) p. 445 등.

하여 형사처벌의 대상으로 삼기에 부적합한 국제인도법의 기술적 규정들까지 전쟁범죄로 포섭하는 것은 아님을 명확히 하였다. 그리고 국제인도법 위반에 대한 명시적 처벌규정이 국제인도법에 존재하지 않을 경우 국제관습법에 의하여 형사처벌이 가능한가 여부를 결정하는 다음과 같은 4가지 기준을 제시고 있다.[665]

> (1) 위반행위는 국제인도법의 규칙을 위반한 것이어야 한다.
> (2) 위반의 대상이 되는 국제인도법의 규칙은 국제관습법이나 적용 가능한 조약에 존재하여야 한다.
> (3) 위반행위는 반드시 심각한 것이어야 한다. 즉 중요한 가치를 보호하는 규칙을 위반한 것이어야 하며 그러한 위반이 피해자에 대하여 중대한 결과를 발생시키는 것이어야 한다.
> (4) 국제인도법 규칙을 위반하는 행위는 국제관습법이나 조약에 따라 개인의 형사책임을 수반하는 것이어야 한다.

재판부는 (1)요건을 통하여 전쟁범죄는 항상 국제인도법 위반에 근거를 두고 있는 것임을 명확히 하고 있다. 이처럼 전쟁범죄법은 국제인도법 체계에 기반을 둔 것이므로 국제인도법의 시각에 따라 해석되어야 한다. 또한 (2)요건은 (1)요건과 관련하여 국제인도법이 당해 사건에 적용될 수 있어야 한다는 점을 나타내고 있다. 따라서 보편적으로 적용 가능한 국제관습법과 달리 조약법의 경우에는 관련 조약이 해당 국가에 대하여 구속력을 가지고 있어야 함을 의미한다.[666]

다음으로 (3)요건에서는 오직 심각한 국제인도법의 위반만이 전쟁범죄가 될 수 있다고 선언하여 국제인도법 위반과 전쟁범죄법이 완전히 동조화되어 있지 않음을 보여주고 있다. ICTY는 국제인도법의 심각한 위반에 대하여만 재판할 수 있는 권한을 부여받았으며[667] 로마규정 제17조 제1항 (d)도 유사한 내용의 심각성 요건을 규정하고 있다. 따라서 점령지 마을에서 빵 한 조각을 훔치는 것은 국제인도법에 대한 위반이 될 수는 있으나 이러한 행위가 비록 무력충돌 상황에서 발생하였더라도 이와 같은 사소한 범죄는 국제사회에 영향을 미치는 국제인도법의 심각한 위반에 해당되지 않는다.[668] 구체적인 사건에서 행위의 심각성을 판단하는 것은 쉽지 않은 과제이나 제네바협정의 심각한 위반조항에 규정된 것과 유사한 신체적 완결성의 심각한 훼손, 생명에 대한 위험 야기 등이 존재한다면 국제인도법의 심각한 위반에 해당하는 것으로 볼 수 있을 것이다.[669] 국제인도법과 전쟁범죄법의 이러한 분리현상은 양자의 법체계가 유사한 목적을 가지고

665) Tadić, ICTY (AC), decision of 2 October 1995, para. 94. 위 판결은 국제인도법위반의 범죄성을 직접적으로 다루기보다는 일차적으로는 ICTY 재판권에 대한 것이었다. 그러나 범죄에 대한 재판권을 승인하는 것은 범죄의 존재를 전제하는 것이므로 이러한 기준은 국제인도법 위반행위의 범죄성을 판단하는데 활용될 수 있는 것이다.
666) Werle, Gerhard; Jeßberger, Florian, 전게서, p. 404.
667) ICTY 법령 서문 참조.
668) Tadić, ICTY (AC), decision of 2 October 1995, para. 94.
669) 재산권 침해의 경우에는 규범의 보호목적에 따라 사안별로 결정되어야 한다는 입장은 Werle, Gerhard;

있으나 서로 다른 규범영역에 존재하며 규범의 적용 결과 역시 상이하다는 점에서 수긍할 수 있는 것이다. 국제인도법은 무력충돌 상황에서 무력충돌 당사자들 사이에 적용되는 광범위한 기준을 설정하는 것으로 전쟁범죄법이 적용되는 부분을 제외하면 규칙 위반행위에 대한 일반적 제재는 보상 또는 적절한 구제조치 등이다. 그러나 전쟁범죄법은 국가 등 무력충돌의 당사자가 아닌 개인에 대하여 직접 적용되며 국제공동체 전체에 영향을 미치는 가장 심각한 범죄행위를 전쟁범죄로 규정하고 가장 강력한 제재수단인 형벌을 부과한다. 따라서 전쟁범죄법에 있어서는 엄격한 형사법의 원칙이 적용되며 보다 제한적인 규범의 해석이 요구된다. 예를 들면 국제인도법에서는 보호받는 사람에 대하여 공정한 재판을 보장하도록 규정하고 있으므로 이에 대한 사소한 위반도 적절한 구제조치를 통하여 시정될 필요가 있는 것이 사실이다. 그러나 공정한 재판과 관련된 모든 규범위반이 전쟁범죄에 해당하는 것은 아니며 전쟁범죄로 처벌할 수 있을 정도로 공정한 재판을 받을 권리를 심각하게 침해하였는가는 별도로 고찰되어야 한다.[670]

다음으로 (4)요건과 관련하여 이러한 요건은 심각한 위반행위가 형사처벌의 대상이 된다는 것을 의미하는 것에 불과하므로 실질적으로 불필요한 것이라는 주장이 있다.[671] 그러나 이러한 요건은 국제인도법의 위반 상황에서 적용되는 국제인도법의 규칙이 개인에 대한 행위규범으로 인정될 수 있는 경우에만 형사처벌의 대상이 될 수 있다는 의미로 해석하는 입장이 보다 타당한 것으로 생각된다.[672]

(4) 국내인도법과 국내형사법

전쟁법 위반행위자들에 대한 개별 국가 내에서의 처벌은 비교적 오래전부터 이루어져 왔다. 1863년 미국 남북전쟁 중에 포고된 리버코드(Lieber Code) 제44조는 살인, 강간, 상해, 강도, 약탈 등을 금지하고 있으며 위반자를 사형에 처할 수 있도록 규정하고 있었다.[673]

실제로 국제인도법에 따른 국가의 의무는 국가 스스로 국제인도법 위반을 회피하는 것만으로는 충족되지 않는다. 국제인도법은 개별 국가에 대하여 자국이 통제하는 개인들이 국제인도법을 준수하도록 보장하는 조치를 취할 의무를 규정하고 있다. 제네바협정 I 제49조, 제네바협정 II 제

Jeßberger, Florian, 전게서, p. 405.

670) Cryer, Robert; Friman, Håkan; Robinson, Darryl; Wilmshurst, Elizabeth, 전게서, p. 270.

671) Cryer, Robert; Friman, Håkan; Robinson, Darryl; Wilmshurst, Elizabeth, 전게서, p. 269.

672) 국제인도법과 관련하여 개인도 일정한 의무를 부담하고 있다는 관념은 뉘른베르크 재판 이후부터 받아들여지고 있으며 실제 제네바협정의 심각한 위반 조항에서는 개인에 대하여 부과되는 이러한 의무가 명백하게 드러나기도 한다. 그러나 기본적으로 국제인도법은 국제법의 일부로서 일차적으로는 국가를 수명자로 하는 까닭에 개별 사건에 존재하는 행위자의 지위와 기능을 고려하여 개인도 국제인도법의 의무를 부담한다는 점이 형사처벌을 위한 부가적 요건으로 요구된다는 것이다. Werle, Gerhard; Jeßberger, Florian, 전게서, p. 405.

673) Instructions for The Government of Armies of The United States in the field; Jean-Marie Henckaerts, Louise Doswald-Beck, 전게서, Introduction, p.xxxi.

51조, 제네바협정 III 제130조, 제네바협정 IV 제147조 등은 체약당사국에 대하여 협약의 중대한 위반행위를 처벌할 수 있도록 형벌 규범을 정비할 것과 이러한 규범을 위반한 사람을 수사하여 스스로 기소하거나 혹은 다른 국가에 범인을 인도할 범죄인인도 혹은 기소의무(aut dedere aut judicare) 등을 규정하고 있다. 이에 따라 다수의 전쟁범죄들이 국내법에 따라 군사법원 등에서 처벌되어 왔으며[674] 이러한 국내법 체계는 국제인도법 위반행위를 방지하고 처벌하는데 매우 중요한 역할을 담당하여 왔다.[675]

우리 국제범죄법 역시 다양한 유형의 전쟁범죄를 체계적으로 규정하고 있을 뿐 아니라 국제범죄법 제정 이전에도 군형법에서는 전투 또는 점령지역에서의 주민 또는 전상자 등에 대한 약탈과 살인[676], 전투 또는 점령지역에서의 강간[677] 등을 처벌대상으로 규정하고 있었다.

3. 국제인도법의 확장과 제네바협정 공통 제3조

전통적으로는 국제인도법이나 전쟁범죄법은 국제적 무력충돌에 대하여만 적용되었으며 비국제적 무력충돌에 대하여는 적용되지 않았다. 1864년의 제네바협정은 물론 1906년과 1929년의 제네바협정 등 1949년 이전의 국제인도법에 대한 조약들은 국제적 무력충돌에 대하여만 적용되었으며 1868년의 성 페테스부르크 선언 역시 문명국가들 사이에 적용되는 것들이었다. 또한 전쟁포로에 대한 처우 등을 규정한 1907년의 헤이그협정 역시 체약당사국들 사이의 전쟁에만 적용되는 것이었다. 이처럼 인권법이 본격적으로 발전하기 이전의 시기에는 개별 국가가 자국 국민들을 스스로의 의사에 따라 취급할 권한이 있는 것으로 간주되었으며 국가 내부에서 발생하는 반역 등은 외부의 간섭이 허용되지 않는 '내부 문제(internal affair)'로 취급되었다.[678] 이러한 문제점을 인식한 국제적십자위원회는 국내적 충돌에서의 국제인도법의 역할을 공식화하려 하였다.

---

674) Werle, Gerhard; Jeßberger, Florian, 전게서, p. 400.
675) 각국 국내법에 근거한 기소사례에 대하여 상세한 것은 Anthony D'Amato, "National Prosecution for International Crimes", International Criminal Law volume III. Leiden : Martinus Niihoff Publishers(2008), p. 283 et seq.
676) 군형법 제82조(약탈), 제83조(약탈로 인한 치사상).
677) 군형법 제84조(전지 강간).
678) 이러한 원칙에 대한 예외에 해당하는 경우가 이러한 국내적 충돌의 상대방이 교전자(belligerency)로 승인되는 경우였다. 실제 남북전쟁 직전인 1861년 영국은 미국의 남부연합(Confederate States)을 교전자로 승인하였으며 상호성의 원칙에 따라 반란군이 정부군을 인도적으로 대하고 전쟁포로로의 지위를 인정할 경우 상대방도 동일한 취급을 해 주는 방식으로 국제관습법의 준수가 암묵적으로 인정되었다. 그러나 이러한 승인을 받지 못하는 반란이나 소요 등에 대하여는 각국의 국내법에 따라 처리될 수 있었으므로 이른바 '교전자' 개념은 국내적 충돌에 대하여 국제관습법을 적용할 것인가 여부나 언제 적용될 것인가에 대하여 명확한 기준을 제시하지 못하는 것이었다. 교전자 개념의 발전과 교전자로 인정되기 위한 네 가지 요건에 대하여 상세한 설명은 Gerald Draper, "Humanitarian Law and Internal Armed Conflicts", 13 Georgia Journal of International and Comparative Law (1983), pp. 254, 257 et seq.; M. Loosteen, "The Concept of Belligerency in International Law", 166 Military Law Review (2000), p. 113 et seq.

1936년에서 1939년까지 진행된 스페인 내전에서는 교전자 지위 부여를 둘러싼 논란이 발생하였는데[679] 국제적십자위원회는 당사자들 사이에서 1864년과 1906년의 제네바협정을 준수하겠다는 협의를 이끌어 내었다.[680] 그리고 제2차 대전 이후 국제적십자위원회는 1949년의 제네바협정들은 비국제적 무력충돌에도 적용되어야 한다고 주장하기에 이르렀으나 자국 영토 내에서 발생하는 반란이나 폭동을 진압할 권리를 훼손당할 것을 우려하는 국가들의 반대에 부딪혔다. 결국 이에 대한 타협으로 체약당사국 내에서 발생하는 비국제적 무력충돌에 있어서도 반드시 준수되어야 할 국제인도법에 대한 최소한의 원칙들이 축소판 혹은 자족적인 소협약의 형태로 1949년의 제네바협정 공통 제3조에 도입된 것이다.[681] 공통 제3조는 적대행위에 적극적으로 참여하지 않는 사람들을 보호하며 군대 구성원이라 하더라도 무기를 내려놓거나 혹은 상해, 구금 등 다른 이유로 전투력을 상실한 사람(hors de combat)에 해당하는 경우를 보호대상에 포함시키고 이들에 대한 생명 침해, 폭행, 인질행위, 인간의 존엄성에 대한 침해, 사법적 보장의 부인 등을 금지하고 있다.[682]

이와 같은 어려운 과정을 거쳐 공통 제3조가 규정됨으로써 국제인도법의 중요한 규범이 비국제적 무력충돌에도 적용되게 되었으며 전쟁범죄 역시 이러한 국제인도법에 따라 국제적 무력충돌에서의 전쟁범죄와 비국제적 무력충돌에서의 전쟁범죄로 구분되게 되었다. 그러나 개별 국가의 주권과 관련된 민감성을 고려한 공통 제3조만으로는 비국제적 무력충돌 상황을 국제적 무력충돌과 동일하게 규율할 수는 없었다. 이후 비국제적 무력충돌에 대한 규율이 공통 제3조의 규칙을 발전시킨 1997년의 제네바협정 부속의정서 II에서 더욱 확장되었으나 국제적 무력충돌에 적용되는 규율과 비교할 때 여전히 미흡한 수준에 머물러 있었다.[683]

4. 국내적 충돌과 전쟁범죄

1990년대에 이르러 국제적 무력충돌과 비국제적 무력충돌 사이에 존재하는 차이점은 점차 심각한 문제로 부각되게 되었으며 이러한 문제상황은 국제인도법 분야의 새로운 발전을 가져왔다.

비국제적 무력충돌과 관련된 문제가 증가하게 된 원인은 국내적 충돌이 국제적 충돌보다 더욱 만연하게 되었으며 충돌의 강도가 강해짐은 물론 범위가 확장되고 기간도 더욱 길어져 더욱 많은 민간인 사망을 초래하게 되었다는 점이다. 또한 국가 상호간의 의존성 증대로 인하여 내부

---

679) M. Loosteen, 전게논문, p. 116.
680) Gerald Draper, 전게논문, p. 261.
681) Gerald Draper, 전게논문, p. 263 et seq.
682) 제네바협정 공통 제3조.
683) Cryer, Robert; Friman, Håkan; Robinson, Darryl; Wilmshurst, Elizabeth, 전게서, p. 272. 공통 제3조와 부속의 정서 II에 대하여는 심각한 위반조항이 적용되지 않았으며 국제관습법으로 인정되기에도 부족한 것이었다.

적 충돌이 해당 지역 전체에 보다 큰 파장을 미치게 되어 이러한 충돌을 국제적으로 규율할 필요성이 더욱 증가하였다. 그리고 무엇보다 인권과 인간의 안전을 더욱 우선시하는 관념을 기반으로 비록 이전에는 국가 내부 문제로 간주되던 것이라 하더라도 국제법에 의한 보호의 범위가 더욱 확대되어야 한다는 주장이 강하게 제기되었다.[684]

이러한 상황에서 국내적 무력충돌의 형태로 발생한 르완다 사태는 국내적 무력충돌에 대한 국제사회의 새로운 대응을 이끌어 내었다. 르완다에서의 충돌은 내부적인 것이었으므로 임시재판소를 설립하려는 안전보장이사회는 국내적 충돌에 있어서의 전쟁범죄를 형사처벌의 대상으로 할 것인가를 결정하여야 하는 문제에 봉착하였다. 이에 대하여 결국 ICTR 법령에 제네바협정 공통 제3조와 부속의정서 II의 핵심조항에 대한 심각한 위반을 임시재판소의 재판권 범위에 포함시키는 내용을 규정하여 이러한 유형의 위반행위들에 대한 범죄화를 국제적 차원에서 명시적으로 승인하게 되었다.[685] ICTY의 Tadić사건 항소심 판결은 이 분야 법의 발전에 심대한 영향을 끼쳤다. ICTY는 여러 국가의 관행들, 국제연맹, 유엔총회, 안전보장이사회, 유럽연합의 결의와 국제사법재판소 판결, 군사법령, 각종 협약과 양해각서 등을 광범위하게 검토한 후 과거 뚜렷하였던 국제적 충돌과 비국제적 충돌의 구분은 경계가 흐려졌으며 따라서 일부 전쟁범죄 조항들은 내부적 충돌의 경우에도 적용될 수 있다는 당시로서는 새로운 지평을 여는 판결을 선고하였다.[686] 그리고 이후 이러한 판결의 취지가 ICTR의 판결과 로마규정에도 반영되는 등 국제사회에서 급속도로 받아들여지게 되었다.[687]

제 3 절 보호 이익

전쟁범죄법은 일차적으로 무력충돌 상황에서 생명, 자유, 재산 등 개인의 기본적 권리를 보호하는 것을 목적으로 한다. 무력충돌 상황에서도 인간의 존엄, 생명과 신체의 완전성에 대한 권리는 침해되지 않아야 하며 제네바협정은 무력충돌 상황에서 특별한 위험에 노출되어 있는 사람

---

684) Theodor Meron, "International Criminalization of Internal Atrocities", 89 American Journal of International Law(1995), p. 554; Cryer, Robert; Friman, Håkan; Robinson, Darryl; Wilmshurst, Elizabeth, 전게서, p. 273.
685) Cryer, Robert; Friman, Håkan; Robinson, Darryl; Wilmshurst, Elizabeth, 전게서, p. 273.
686) 재판부는 전면적인 전환이나 완전한 수렴은 존재하지 않고 '오직 일부 규칙과 원칙들이...점차적으로 확장되어 국내적 충돌의 경우에도 적용되게 되었다.'라고 설시하면서 '이러한 확장은 그러한 규칙들이 완전하고 기계적으로 국내적 충돌에 적용되도록 이루어진 것이 아니며 이들 규칙에 포함되어 있는 세부적인 규율들이 아닌 이러한 규칙들의 일반적 본질(general essence)'이 국내적 충돌에 적용되게 된 것이라고 판단하고 있다. 나아가 또한 국내적 무력충돌에 어떠한 규범이 적용될 것인가를 결정하기 위해서는 명백하고 모호하지 않은 규범의 승인, 그러한 규범을 형사처벌의 대상으로 하려는 의도를 나타내는 국가의 관행, 행위의 중대성, 이러한 행위를 금지하는 것에 관련된 국제사회의 이해관계 등이 고려되어야 한다고 보았다. Tadić, ICTY (AC), decision of 2 October 1995, paras. 126, 128, 129.
687) Kanyabashi, ICTR (TC), decision of 18 June 1997, para. 8.

들의 권리를 보호하려는 목적을 가지고 있다. 전투력을 잃은 사람에 대한 살해금지 등을 규정한 제네바협정의 조항들은 인간의 기본적 권리를 보호하려는 전쟁범죄법의 성격을 분명히 드러내고 있으며 헤이그법 역시 일정한 유형의 전쟁 방법을 금지하여 개인에 대해 가해질 수 있는 불필요한 고통을 방지함으로써 개인의 법익을 보호한다.[688] 다만 국제인도법의 보호목적에 따라 전쟁범죄법은 원칙적으로 무력충돌의 상대방 당사자의 이익만을 보호하는 까닭에 자국 국민을 대상으로 하는 전쟁범죄는 예외적인 경우에만 인정될 수 있다.[689]

나아가 전쟁범죄법은 다른 국제범죄와 동일하게 개인적 권리를 초월하는 세계평화와 안전을 함께 보호한다.[690] 전쟁이나 무력충돌이 발생한 경우 세계평화와 안전은 이미 침해된 것으로 볼 수 있다. 그러나 전쟁범죄법은 세계평화와 안전이 파괴되는 범위를 제한하고 전쟁이나 무력충돌 이후 평화와 안전을 보다 원활하게 회복시키는 것을 목적으로 하고 있다.[691]

제 4 절   전쟁범죄법의 적용범위

전쟁범죄법의 시간적 · 장소적 적용범위는 국제인도법의 적용범위에 의존하는 것이므로 무력충돌과의 관련성 속에서 그 적용범위가 결정된다.

1. 시간적 적용범위

국제인도법은 무력충돌이 시작된 때로부터 종료될 때까지 준수되어야 한다. 이와 관련하여 ICTY는 다음과 같이 판시하고 있다.

> 국제인도법은 무력충돌이 개시된 때부터 적용되어 적대행위의 중단 시점을 넘어서 일반적 평화협정이 체결될 때까지 적용이 연장되며 국내적 충돌의 경우에는 평화로운 해결이 이루어지는 시점까지 적용된다. 위와 같은 시기에는 국제인도법이 전쟁이 발생한 국가의 전체 영토에 적용되며 국내적 충돌의 경우에는 실제로 전투가 발생한 장소가 아니라 하더라도 일방 당사자의 통제 하에 있는 전체 영토 내에서 적용된다.[692]

위와 같은 입장은 ICTY의 확립된 판례이며[693] 국제형사재판소와 시에라리온 특별재판소도

---

688) Werle, Gerhard; Jeßberger, Florian, 전게서, p. 409.

689) Ambos, Kai, 전게서 II, p. 118.

690) Ambos, Kai, 전게서 II, p. 118.

691) Werle, Gerhard; Jeßberger, Florian, 전게서, p. 409.

692) Tadić, ICTY (AC), decision of 2 October 1995, para. 70.

693) Kunarac et al., ICTY (AC), judgment of 12 June 2002, para. 57; Limaj et al., ICTY (TC), judgment of 30 November 2005, para. 84; Gotovina et al., ICTY (TC), judgment of 15 April 2011, para. 1676; Akayesu, ICTR (TC), judgment of 2 September 1998, paras. 635 et seq.

이러한 입장을 따르고 있다.[694]

무력충돌의 시작시점은 일반적으로 무력을 최초로 사용한 시점 혹은 외국 영토의 전부 또는 일부를 점령한 시점이며 국제적 무력충돌의 경우에는 무력이 실제로 사용되지 않았다 하더라도 선전포고가 있었다면 선전포고 시점이 무력충돌의 시작시점에 해당한다.[695] 무력충돌의 종료시점은 적대행위의 종료 혹은 점령이 있었던 경우에는 점령이 끝난 시점이다.[696] 평화조약의 체결이나 항복의 선언 등과 같은 형식을 요건으로 요구할 경우에는 국제인도법의 적용범위를 명확히 할 수 있어 법적 안정성 측면에서 장점이 있다. 그러나 무력충돌이 실제로 종결된 경우와 같은 현실 상황을 제대로 반영하지 못할 수 있으므로 무력충돌의 종료 여부는 형식적 기준보다는 개별 사건의 구체적 사실관계에 따라 현실적으로 무력충돌이 종결되었는가 여부에 따라 결정되어야 할 것이다.[697]

2. 장소적 적용범위

영토 일부 지역에서 무력충돌이 발생하였다면 국제인도법은 무력충돌이 실제로 발생한 당해 지역 뿐 아니라 전체 영토에 적용된다.[698] 따라서 범죄행위가 실제로 전투가 행하여지는 장소에서 발생하였는가의 여부는 중요하지 않으므로[699] 전쟁범죄 행위가 반드시 전투가 이루어지는 기간 동안 범하여지거나 실제 전투현장에서 이루어질 필요는 없다.[700]

이러한 이론이 미국과 같은 거대 연방국가에도 그대로 적용될 수 있는가에 대하여는 논란이 있다.[701] 초국가적 성격을 가진 테러와의 전쟁의 경우 비국가 무장단체가 전세계에 산재해 있다

---

694) Katanga and Ngudjolo Chui, ICC (PTC), decision of 30 September 2008, para. 381; Bemba, ICC (PTC), decision of 15 June 2009, para. 229; Brima et al., SCSL (TC), judgment of 20 June 2007, para. 245; Fofana and Kondewa, SCSL (TC), judgment of 2 August 2007, para. 128.
695) Ambos, Kai, 전게서 II, p. 129.
696) 제네바협징 부속의정서 I 제3조 (b) 첫 번째 문장 참조.
697) 다만 무력충돌이 중지되었다가 재발하는 등의 사정이 존재할 경우 형식적 요건을 배제한 채 판단할 경우에는 사실은 무력충돌이 계속되고 있었음에도 무력충돌이 종결된 것으로 보았다가 다시 새로운 무력충돌이 시작된 것으로 잘못 판단하는 결과를 가져올 수 있으므로 더욱 세밀한 구체적 기준이 필요하다는 견해는 Ambos, Kai, 전게서 II, p. 130.
698) Ambos, Kai, 전게서 II, p. 130; 이는 임시재판소의 전통적 입장이다. Blaskić, ICTY (TC), judgment of 3 March 2000, para. 64; Hadžihasanović and Kubura, ICTY (TC), judgment of 15 March 2006, para. 14; Limaj et al., ICTY (TC), judgment of 30 November 2005, para. 84.
699) Blaskić, ICTY (TC), judgment of 3 March 2000, para. 64; Haradinaj et al., ICTY (TC), retrial judgment of 29 November 2012, para. 396.
700) Blaskić, ICTY (TC), judgment of 3 March 2000, para. 69; 다른 장소에서 범하여진 범죄행위라 하더라도 적대행위와 기능적 관련성을 가지면 족하다. Kordić and Čerkez, ICTY (AC), judgment of 17 December 2004, para. 319. 그러나 일부 전쟁범죄는 적대행위와 직접적으로 관련된 시간과 장소에서만 범하여질 수 있다. Werle, Gerhard; Jeßberger, Florian, 전게서, p. 421.
701) 하나의 주에서 발생한 무력충돌이 전체 연방 차원에서 무력충돌로 인정될 것인가의 문제와 관련하여 형식적

는 이유로 전쟁범죄법이 전세계적으로 적용될 수 있는 것은 아니며 충돌 당사자가 되는 국가의 영토와 비국가 무장단체가 준군사적 기반시설을 보유하고 있는 영토국가에 대하여만 적용될 것이다.[702]

제 5 절 로마규정의 전쟁범죄 규율 체계

1. 열거적 방식

로마규정의 전쟁범죄 조항은 지금까지 존재하였던 다른 체계에서와는 달리 폐쇄적 열거 방식으로 전쟁범죄를 규정하고 있다. 로마규정의 전쟁범죄 조항 역시 거의 대부분 국제관습법에 근거한 것이기는 하나 ICTY 법령 제3조와 ICTR 법령 제4조가 국제관습법에 직접 근거할 수 있도록 포괄규정을 둔 것과 달리 국제형사재판소에서 처벌할 수 있는 전쟁범죄 행위들을 열거하여 제한적인 형태로 규정하고 있다. 이러한 열거적 규정 체계는 로마규정의 죄형법정주의 원칙에 충실한 것으로 법적 명확성을 기할 수 있다는 장점이 있다.[703] 그러나 국제관습법에서 인정되는 전쟁범죄가 로마규정에 명시되어 있지 않을 경우 처벌의 공백이 발생할 수 있으며 이러한 경우에도 국제형사재판소는 이러한 간극을 직접 보충할 수 있는 권한을 가지고 있지 않다. 국제관습법과의 사이에서 발생하는 괴리는 로마규정 제121조 내지 123조에 규정된 개정절차를 거쳐 새로운 범죄를 명시적으로 규정하는 형태로 개선되어야 한다.

현재 시점에서는 특히 비국제적 무력충돌의 영역에서 로마규정과 국제관습법 사이의 간극이 일부 존재하는 것으로 평가되고 있으며 고착화되어 있는 로마규정과 달리 국제관습법은 시간의 흐름에 따라 변할 수 있어 이러한 간극은 사후적으로도 발생할 수 있다.[704] 실제로 로마규정이 국제관습법에 후행하는 상황을 개선하기 위하여 2010년 6월 열렸던 캄팔라 회의에서는 기존의 로마규정에서는 국제적 무력충돌에만 적용되던 금지무기 사용에 관한 전쟁범죄[705]를 국제관습법에 따라 비국제적 무력충돌에도 적용할 수 있도록 제8조 제2항 (e) (xiii) 내지 (xv)를 새로이 규정하는 내용의 개정 결의가 이루어졌다.[706]

주의할 것은 로마규정과 국제관습법 사이에 간극이 존재할 경우 로마규정 체약당사국은 국제관습법에 따라 로마규정에 명시되어 있지 않은 전쟁범죄를 국내법에 규정할 수 있다는 점이

관점에서는 전체 국가에 걸친 무력충돌로 인정될 수 있을 것이나 적대행위가 영토의 매우 한정된 부분에 국한된 경우라면 이러한 이론은 현실적이지 않으며 해당 지역을 넘어서 무력충돌의 법이 적용되기 위해서는 적대행위와의 일정한 연계가 요구된다는 견해가 존재한다. 상세한 것은 Ambos, Kai, 전게서 II, p. 131.

702) Werle, Gerhard; Jeßberger, Florian, 전게서, p. 421.

703) Ambos, Kai, 전게서 II, p. 120.

704) 로마규정과 국제관습법과의 관계를 규정한 로마규정 제10조 참조.

705) 로마규정 제8조 제2항 (b) (xvii) 내지 (xix).

706) Resolution RC/ Res. 5, Amendments to Article 8 of the Rome Statute (16 June 2010).

다.707) 실제로 우리나라는 개정되는 로마규정의 해당부분을 국제관습법에 따라 이미 우리 국제범죄법에 반영하고 있었다.708)

2. 국제적 무력충돌과 비국제적 무력충돌의 준별

(1) 무력충돌의 종류에 따른 전쟁범죄의 구분

앞서 본 바와 같이 비록 국제적 무력충돌의 경우와 완전히 동일하지는 않으나 비국제적 무력충돌의 경우에 있어서도 국제인도법의 적용을 승인하고 전쟁범죄의 성립을 인정하게 되었으며 이러한 기본적 입장은 로마규정의 협상과정에서도 많은 국가들의 지지를 얻었다. 그러나 일부 국가들이 국내적 충돌에서 발생하는 문제들을 전쟁범죄로 규율하는 것에 대하여 매우 강력하게 반대함에 따라 결국 제네바협정 공통 제3조 등 비국제적 무력충돌에 관한 일부의 기본적 규율내용만을 로마규정에 명시하는 제한된 형태의 타협이 이루어졌다. 이러한 접근방법은 국제인도법의 가장 기본적인 금지의 규칙들은 국내적 무력충돌에도 적용되어야 한다는 Tadić 사건의 판단을 대체적으로 따른 것으로 국제적 무력충돌에서 적용되는 조항들 중 약 절반 가량이 로마규정의 비국제적 무력충돌의 영역에도 규정되게 되었다.709) 이와 같은 로마규정에서의 명문화는 비국제적 무력충돌 분야의 규범을 명확화 함에 있어 큰 발전으로 볼 수 있다. 그러나 국제적 무력충돌과 비국제적 무력충돌 사이에 존재하는 명백한 수렴화의 경향에도 불구하고 국가의 관행과 학계의 의견 역시 아직까지는 두 개의 체제가 완전히 동일한 것이라고 보지는 않으며 양자의 규범을 완전히 융합하여 규정하는 것을 찬성하는 것으로도 보이지 않는다.710)

이처럼 국제적 무력충돌과 비국제적 무력충돌의 구분이 여전히 존재하는 상황에서 전쟁범죄를 규율하는 로마규정 제8조에서도 전쟁범죄의 규정과 분류에 있어 이러한 기본적 구분에 의존하는 방식이 그대로 채택되었다.

---

707) Ambos, Kai, 전게서 II, p. 120.
708) 국제범죄법 제14조 참조.
709) 나머지 조항들의 경우 이들 조항을 국내적 충돌에 적용하는 것이 국제관습법에서 받아들여질 정도로 기본적인 조항에 해당하는가 여부에 대한 합의가 이루어지지 않아 수용되지 않았다. Cryer, Robert; Friman, Håkan; Robinson, Darryl; Wilmshurst, Elizabeth, 전게서, p. 273.
710) 앞서 본 Tadić 사건에서도 국제적 무력충돌의 규범이 비국제적 무력충돌의 영역으로 완전하고 기계적으로 이식되어야 한다고 판단하지는 않았다. Tadić, ICTY (AC), decision of 2 October 1995, para. 126 et seq; 국제적 무력충돌에 적용되는 영토의 점령 등 일부 조항들은 본질적으로 비국제적 무력충돌에 적용되기는 적절하지 않은 것이라는 분석(Sandesh Sivakumaran, "Re-Envisaging the International Law of Internal Armed Conflict", 22 European Journal of International Law (2011), p. 150)과 이에 대한 반론은 Gabriella Blum, "Re-envisaging the International Law of Internal Armed Conflict : A Reply to Sandesh Sivakumaran", 22 European Journal of International Law (2011), p. 265; 로마규정이 국제적-국내적 충돌의 구분을 완전히 철폐하지 않은 것에 대한 비판적인 입장은 Antonio Cassese, "The Statute of the International Criminal Court : Some Preliminary Reflections", 10 European Journal of International Law (1999), p. 150.

국제적 무력충돌의 경우 로마규정 제8조 제2항 (a)에서 네 개의 제네바협정의 심각한 위반에 해당하는 전쟁범죄 행위들을 규정하고 제8조 제2항 (b)에서는 제네바협정 이외의 다른 국제법의 법원(法源)에 근거한 '법과 관습에 대한 기타 중대한 위반'에 해당하는 전쟁범죄 행위들을 규정하고 있다.

비국제적 무력충돌에서의 전쟁범죄에 대해서는 로마규정 제8조 제2항 (c)에서 네 개의 제네바협정 공통 제3조 위반에 해당하는 전쟁범죄 행위들을 규정하고 제8조 제2항 (e)는 제네바협정 이외의 법원(法源)에 근거한 '비국제적 성격의 무력충돌에 적용되는 법과 관습에 대한 중대한 위반'에 해당하는 전쟁범죄 행위들을 규정하고 있다.

이와 같이 전쟁범죄에 적용되는 국제인도법의 규범 내용이 서로 다름에 따라 로마규정에도 이러한 점이 반영되어 동일한 행위유형을 규율함에 있어서도 법문에 사용된 법률용어가 서로 상이한 경우가 존재한다. 예를 들면 제8조 제2항(a)(i)에는 살해를 'wilful killing'으로 규정하고 있으나 비국제적 무력충돌에 적용되는 (c)(i)에서는 'murder'가 사용되고 있다. 또한 국제적 무력충돌에 대하여는 제8조 제2항 (a)(ii)에서 'biological experiments'라는 용어가 사용되고 있으나 (e)(xi)에서는 'medical or scientific experiments'라는 용어가 사용되고 있다. 또한 (a)(iii)에서는 'wilfully causing great suffering'이라는 용어가 사용되나 (c)(i)에서는 'cruel treatment'라는 용어가 사용되고 있다.[711]

(2) 비국제적 무력충돌에서의 제한성

앞서 살핀 바와 같이 국제적 무력충돌에서 성립하는 모든 전쟁범죄가 비국제적 무력충돌의 경우에도 그대로 성립하는 것은 아니다. 국제적 무력충돌의 경우에는 전쟁범죄로 규정되어 있으나 비국제적 무력충돌에 있어서는 전쟁범죄로 인정되지 않거나 인정 여부에 대하여 논란이 있는 것은 다음과 같다.

비록 민간인 또는 민간 목표물에 대한 공격을 직접 의도하지는 않았다 하더라도 군사작전에서 예상되는 구체적이고 직접적인 이익에 비하여 명백하게 과도한 민간인에 대한 위해나 민간 목적물에 대한 손해 혹은 자연환경에 대하여 광범위하고 장기간에 걸치는 중대한 피해를 야기하는 공격은 국제적 무력충돌에 있어서는 로마규정 제8조 제2항 (b)(iv)에 의하여 처벌대상이 된다. 그러나 로마규정은 비국제적 무력충돌의 경우에는 이에 상응하는 조항을 두고 있지 않아 국제관습법에 후행하고 있다.[712] 우리 국제범죄법 제13조 제1항 제3호와 제3항은 국제관습법에 따라

---

711) Deidre Willmott, "Removing the Distinction between International and Non-International Armed Conflict in the Conflict in the Rome Statute of the International Criminal Court", Melbourne Journal of International Law(2004), p. 9.

712) 다만 환경에 대한 불균형적인 피해를 야기하는 범죄는 국제관습법에 있어서도 국제적 무력충돌로 제한된다는 것은 Werle, Gerhard; Jeßberger, Florian, 전게서, p. 494.

비국제적 무력충돌의 경우에도 이러한 행위에 대한 처벌조항을 두고 있다.

다음으로 로마규정 제8조 제2항 (b)(v)는 국제적 무력충돌에 있어서 '어떤 수단에 의하든, 방어되지 않고 군사 목표물이 아닌 마을·촌락·거주지 또는 건물에 대한 공격이나 폭격'을 전쟁범죄로 규정하고 있으나 비국제적 무력충돌에 있어서는 이러한 조항을 두고 있지 않다. 그러나 무방호 지역에 대한 공격 금지를 국제적 무력충돌의 경우로 제한하는 것도 국제관습법에 후행하는 것으로 우리 국제범죄법 제13조 제1항 제2호는 로마규정과 달리 비국제적 무력충돌의 경우로 처벌을 확장하고 있다.

로마규정 제8조 제2항 (b)(vii)은 국제적 무력충돌에 있어서 제네바협정 상의 식별표장, 휴전깃발, 적이나 국제연합의 깃발 또는 군사표식 및 제복의 부적절한 사용으로 사망 또는 심각한 신체적 상해를 가져온 경우를 전쟁범죄로 규정하고 있다. 국제관습법상 이러한 행위는 비국제적 무력충돌의 경우에도 전쟁범죄로 인정되고 있음에도 로마규정은 비국제적 무력충돌의 경우에는 이에 대한 규정을 두고 있지 않다.[713] 인도주의 활동에 대한 보호 규범의 중요성을 국제적 무력충돌인가의 여부에 따라 구분할 필요가 없으므로 이 조항의 규율범위 역시 비국제적 무력충돌로 확대함이 타당할 것이다. 우리 국제범죄법 제12조 제2항은 비국제적 무력충돌의 경우에 대하여도 이러한 행위의 처벌범위를 확대하고 있다.

로마규정 제8조 제2항 (b)(xiv)는 국제적 무력충돌에 있어서 '적국 국민의 권리나 소송행위가 법정에서 폐지, 정지 또는 불허된다고 선언'하는 행위를 전쟁범죄로 규정하고 있으나 비국제적 무력충돌의 경우에는 유사한 조항이 존재하지 않는다. 우리 국제범죄법 제11조 제2항 역시 국제적 무력충돌에 한정하여 이를 전쟁범죄로 규정하고 있다.

로마규정 제8조 제2항 (b)(xv)는 국제적 무력충돌에 있어서 적국 국민을 자신의 국가에 대한 전쟁수행에 참여하도록 강요하는 행위를 전쟁범죄로 규정하고 있다. 본 조항은 헤이그육전규범 제23조 (h) 제2문에 근거하여 충돌 당사자에 의하여 통제되는 지역에 위치한 적국 국민을 보호하는 것으로 비국제적 무력충돌에 있어서는 유사한 조항이 존재하지 않는다. 우리 국제범죄법 제10조 제5항 제3호도 국제적 무력충돌과 관련하여서만 이러한 행위를 전쟁범죄로 규정하고 있다.

국제적 무력충돌과 관련하여 로마규정 제8조 제2항 (b)(xx)은 금지무기 사용에 대한 포괄 조항으로 '과도한 상해나 불필요한 괴로움을 야기하는 성질을 가지거나 또는 무력충돌에 관한 국제법에 위반되는 무차별적 성질의 무기, 발사체, 장비 및 전투방식의 사용'을 금지하고 있으나 비국제적 무력충돌의 경우에는 이에 상응하는 조항이 존재하지 않는다. 그러나 제8조 제2항 (b)(xx) 단서는 이는 포괄적 금지의 대상이어야 하며 제121조와 제123조의 개정 절차에 따라 로마규정 부속서에 포함되어야 함을 추가 요건으로 규정하고 있어 현 시점에서는 실질적 효력을 가진 조항이 아니다. 금지된 무기를 사용한 전쟁범죄를 규정한 국제범죄법 제14조에서는 비국제

---

713) Werle, Gerhard; Jeßberger, Florian, 전게서, p. 502.

적 무력충돌뿐만 아니라 국제적 무력충돌의 경우에도 이러한 포괄조항을 규정하고 있지 않다.

한편 금지된 무기 사용과 관련하여서는 당초 국제적 무력충돌의 경우에 있어서는 사망이나 건강에 심각한 해악을 가져오는 독이나 독성무기를 사용하는 행위는 로마규정 제8조 제2항 (b) (xvii), 질식성, 독성 가스 등의 사용 금지는 로마규정 제8조 제2항 (b)(xviii), 인체 내에서 쉽게 확장되거나 펼쳐지는 총탄의 사용 금지는 로마규정 제8조 제2항 (b)(xix) 등에 범죄로 규정되고 있었으며 비국제적 무력충돌의 경우에는 이에 상응하는 조항이 존재하지 않았다. 그러나 2010년 캄팔라 회의에서의 로마규정 개정 합의를 통하여 국제적 무력충돌과 동일한 내용을 제8조 제2항 (e)(xiii)에서 (xv)까지 새로이 삽입하도록 결의하게 되었다.714)

로마규정 제8조 제2항 (b)(xxiii)는 특정한 지점, 지역 또는 군대를 군사작전으로부터 면하도록 하기 위하여 민간인 또는 기타 보호받는 인물의 존재를 이용하는 인간방패 사용행위를 국제적 무력충돌에 있어서만 전쟁범죄로 규정하고 있다. 인간방패의 사용금지를 국제적 무력충돌로 제한하는 로마규정과 달리 ICTY 판례에서는 비국제적 무력충돌의 경우에도 적용되는 것으로 판시하고 있으며715) 민간인 등을 모든 유형의 충돌로부터 포괄적으로 보호하려는 최근의 국제형사법의 발전상에 비추어 로마규정에서의 이러한 제한은 비판의 대상이 되고 있다.716) 우리 국제범죄법 제13조 제1항 제4호는 인간방패의 사용금지를 비국제적 무력충돌에도 확장하여 적용하고 있다.

로마규정 제8조 제2항 (b)(xxv)는 국제적 무력충돌에 있어서 민간인 주민의 기아를 전투수단으로 사용하는 것을 전쟁범죄로 처벌하도록 규정하고 있다. 제네바협정 부속의정서 II 제14조 역시 민간인에 대한 기아작전을 금지하고 있음에도 로마규정은 비국제적 무력충돌의 과정에서 자행된 민간인 주민들에 대한 기아를 규율대상에 포함시키지 않고 있다.717) 그러나 이러한 로마규정은 국제관습법에 후행하는 것으로 그 조항의 적용을 국제적 무력충돌로 제한할 뚜렷한 이유가 없다는 점에서 비판의 대상이 되고 있다.718) 우리 국제범죄법 제13조 제1항 제5호는 두 가지 유형의 충돌 모두에서 민간인 주민의 기아를 전쟁범죄로 인정하고 있다.

로마규정 제8조 제2항 (b)(xxi)은 국제적 무력충돌에 있어서 모욕적이고 품위를 손상시키는 처우 등 인간의 존엄성을 침해하는 행위를 전쟁범죄로 규정하고 있다. 이러한 행위유형이 로마규정의 경우 국제적 무력충돌에 있어서만 전쟁범죄로 규정되어 있다는 견해도 있으나719) 비국제

---

714) 2010년 6월 10일 결정 Resolution RC/Res.5.

715) Blaškić, ICTY (TC), judgment of 3 March 2000, paras. 709 et seq.

716) Werle, Gerhard; Jeßberger, Florian, 전게서, p. 509.

717) 일부 국가들은 이러한 행위의 범죄화가 국제관습법에 의하여 인정되지 않는다고 주장하였으며 다른 일부 국가들 역시 이러한 분야에서의 제한을 그들의 주권에 대한 위협으로 받아들였기 때문이다. Ambos, Kai, 전게서 II, p. 163.

718) Werle, Gerhard; Jeßberger, Florian, 전게서, p. 507.

719) Ambos, Kai, 전게서 II, p. 162.

적 무력충돌의 경우는 제8조 제2항 (c)(ii)에 동일한 내용이 규정되어 있다. 국제범죄법 제10조 제4항은 국제적 무력충돌 또는 비국제적 무력충돌과 관련하여 인도에 관한 국제법규에 따라 보호되는 사람을 중대하게 모욕하거나 품위를 떨어뜨리는 처우를 하는 행위를 전쟁범죄로 규정하고 있다.

또한 로마규정 제8조 제2항 (b)(vi)이 무기를 내려놓았거나 더 이상 방어수단이 없이 무조건 항복한 전투원을 살해하는 행위를 국제적 무력충돌에서의 전쟁범죄로 규정하고 있으나 비국제적 무력충돌에 있어서는 이러한 유형에 대해 뚜렷한 독립 조항을 두고 있지 않으므로 비국제적 무력충돌의 경우에는 이러한 행위가 처벌되지 않는 것으로 이해하는 입장이 있다.[720] 그러나 무기를 내려놓은 사람들에 대한 살해나 상해 혹은 적대행위 참가를 중단한 사람에 대한 살해나 상해는 제네바협정 공통 제3조 위반으로 로마규정 제8조 제2항 (c)(i)에 의하여 처벌될 수 있을 것으로 보이며 결국 비국제적 무력충돌의 경우에도 동일한 보호가 존재하는 것으로 이해된다.[721] 우리 국제범죄법의 경우에도 국제범죄법 제10조 제1항과 제2조 제7호에 따라 이러한 행위는 비국제적 무력충돌의 경우에도 적용되는 전쟁범죄에 해당한다.[722]

국제적 무력충돌 상황에서 대상자의 동의 없이 국가 영토 바깥으로 추방하거나 같은 국가의 영토 내의 다른 지역으로 불법 이동시키는 강제이송 행위는 로마규정 제8조 제2항 (a)(vii)에 전쟁범죄로 규정되어 있으며 제2항 (b)(viii) 두 번째 항목에도 동일한 내용이 다시 규정되어 있다. 로마규정 제8조 제2항 (e)(viii)은 비국제적 무력충돌의 상황에서 '관련 민간인의 안전이나 긴요한 군사적 필요상 요구되지 않음에도 불구하고, 충돌과 관련된 이유로 민간인 주민의 퇴거를 명령하는 행위'를 범죄로 규정하고 있다. 주민들을 대상으로 한 이전명령 자체를 처벌한다는 점에서 주민들의 이동 자체를 처벌 대상으로 삼는 국제적 무력충돌의 경우와는 내용적으로 다소 차이가 있다.[723] 국제범죄법 제10조 제3항 제1호는 국제적 무력충돌과 비국제적 무력충돌의 경우 모두에서 동일하게 인도에 관한 국제법규에 따라 보호되는 사람을 국제법규를 위반하여 주거지로부터 추방하거나 이송하는 행위를 전쟁범죄로 규정하고 있다.

---

720) Ambos, Kai, 전게서 II, p. 162.

721) Werle, Gerhard; Jeßberger, Florian, 전게서, p. 434.

722) 국제범죄법 제10조 제1항은 인도에 관한 국제법규에 따라 보호되는 사람을 살해하는 행위를 규정하고 있고 제2조 제7호의 "인도(人道)에 관한 국제법규에 따라 보호되는 사람"에 대한 정의 가목은 '부상자, 병자, 조난자 또는 적대행위에 직접 참여하지 아니한 사람으로서 무력충돌 당사자의 지배 하에 있는 사람', 다목은 '국제적 무력충돌 또는 비국제적 무력충돌의 경우에 항복하거나 전투 능력을 잃은 적대 당사자 군대의 구성원이나 전투원'으로 규정하고 있어 이러한 경우를 전쟁범죄의 대상으로 포섭하고 있다.

723) 따라서 범죄자는 이러한 명령을 내릴 수 있는 지위에 있어야 한다. 로마규정 범죄구성요건 제8조 (2)(e)(viii) 1, 3.

3. 국제형사재판소 재판권의 제한

원칙적으로 로마규정에 규정된 전쟁범죄 행위들은 국제형사재판소의 재판권 대상이 될 수 있다. 그러나 로마규정 제8조 제1항은 '특히 계획이나 정책의 일부로서 또는 그러한 범죄의 대규모 실행의 일부로서 범하여진 전쟁범죄에 대하여 관할권을 가진다'고 규정하고 있다.[724] 이러한 조항은 전쟁범죄의 성립 여부를 좌우하는 실체적 요소를 규정한 것은 아니며 인도에 반한 죄와 달리 단 하나의 고립된 행위만으로도 전쟁범죄는 성립될 수 있다. 이러한 문언은 국제형사재판소의 재판권 행사에 대한 지표로서 고립된 전쟁범죄가 아닌 가장 심각한 상황에 재판소의 한정된 자원을 집중시키라는 것을 의미하며 따라서 국제형사재판소는 원칙적으로 사소한 전쟁범죄에 대하여는 재판권을 행사하지 않는다.[725] 다만 로마규정은 재판권 행사의 대상을 규정함에 있어 '특히(in particular)'라는 용어를 사용함으로써 제8조 제1항의 규정 내용이 국제형사재판소의 권한 행사에 관한 지침에 해당함을 나타내고 있다. 따라서 단일하거나 고립된 전쟁범죄라 하더라도 국제형사재판소의 재판권의 대상에서 완전히 배제되는 것은 아니며 국제형사재판소는 이러한 범죄에 대한 재판권 행사와 관련하여 재량권을 가지고 있는 것으로 해석된다.[726]

4. 로마규정 체계의 문제점과 개선 방향

비록 국제적 무력충돌과 비국제적 무력충돌 사이에 존재하는 일정한 차이점을 승인한다 하더라도 현재 로마규정에서 채택하고 있는 전쟁범죄에 대한 구성체계가 가장 합리적인 것인가에 대하여는 논란이 있으며 실제 개선의 여지가 있는 것으로 보인다.

현재 로마규정의 전쟁범죄 체계에서 취하고 있는 무력충돌의 성격에 따른 분류 구조는 불필요한 복잡성을 가져오는 것으로 비판받고 있다. 왜냐하면 국제적 무력충돌과 비국제적 무력충돌에서 동시에 전쟁범죄가 성립하고 범죄행위를 규정하는 조항 내용이 실질적으로 거의 동일하거나 유사한 상황에서도 전쟁범죄를 무력충돌의 성격에 따라 나누어 규정함으로써 무력충돌의 국제성 여부를 먼저 결정하는 것이 처벌조항을 결정하는 전제가 되고 있기 때문이다. 이러한 체계

---

724) 이러한 조항은 로마규정 협상과정에서 전쟁범죄에 관하여 대규모 요건 등을 규정하여 국제형사재판소의 재판권의 범위를 제한하려는 입장과 아무런 제한을 두지 않으려는 입장 사이에서 이루어진 타협의 결과이다. Ambos, Kai, 전게서 II, p. 119.

725) '대규모(large-scale)'라는 용어는 인도에 반한 죄의 광범위 요건과 동의어이거나 보다 덜 엄격한 요건이며 '계획이나 정책(plan or policy)'은 인도에 반한 죄의 체계적 요건보다 덜 엄격한 것으로 이해된다. Cryer, Robert; Friman, Håkan; Robinson, Darryl; Wilmshurst, Elizabeth, 전게서, p. 284.

726) Ambos, Kai, 전게서 II, p. 119; Cryer, Robert; Friman, Håkan; Robinson, Darryl; Wilmshurst, Elizabeth, 전게서, p. 284; 실무상 국제형사재판소는 '특히'라는 문언의 존재를 근거로 고립된 범죄이지만 심각한 유형의 전쟁범죄의 경우 이러한 조항이 형사책임이나 국제형사재판소의 재판권에 영향을 미치지 못하는 것으로 판단하고 있다. Lubanga Dyilo, ICC (TC), judgment of 14 March 2012, para. 9, n. 6; Bemba, ICC (PTC), decision of 15 June 2009, para. 211 참조.

는 무력충돌의 성격에 따라 전쟁범죄자의 역할과 책임에 대한 궁극적 차별성이 전혀 존재하지 않음에도 무력충돌의 국제성 여부를 판단하기 위하여 무력충돌과 관련된 제3국의 역할과 같은 복잡한 주제에 대하여 증거를 수집하고 판단하여야 한다는 실무상의 어려움으로 이어진다.

따라서 전쟁범죄를 국제적 무력충돌과 비국제적 무력충돌로 구분하고 여기에 각각 적용될 수 있는 범죄를 구성하는 방식보다는 국제적 무력충돌과 비국제적 무력충돌에 공통적으로 적용될 수 있는 전쟁범죄의 유형을 먼저 결정한 이후 국제적 무력충돌에만 적용될 수 있는 범죄를 특정하는 것이 더욱 효율적일 것이다.[727]

이러한 법적용 상의 문제점과 더불어 국제적 무력충돌 관련 규범과 비국제적 무력충돌 관련 규범 사이에 존재하는 수렴과 동조화 현상을 함께 고려할 때 무력충돌의 성격에 따라 전쟁범죄를 분류하는 것이 타당하지 않다는 주장이 제기되고 있으며[728] 우리나라와 독일 등 일부 국가는 전쟁범죄에 대한 국내법을 제정함에 있어 전쟁범죄의 분류체계를 로마규정과 다르게 규정하고 있다. 이들 국가에서는 범죄의 배경이 국제적 무력충돌인가 아니면 비국제적 무력충돌인가의 여부에 따라 전쟁범죄를 분류하지 않고 보호대상이나 이익 등 실질적 관점에 따라 이를 분류하여 사람에 대한 전쟁범죄, 재산 및 권리에 대한 전쟁범죄, 금지된 방법에 의한 전쟁범죄, 금지된 무기를 사용한 전쟁범죄, 인도적 활동에 대한 전쟁범죄 등으로 구분한 후 국제적 무력충돌과 비국제적 무력충돌이 달리 취급되는 영역만을 별도로 분리하여 규정하는 방식을 취하고 있다.[729]

---

727) 이러한 체제는 국제형사법 영역의 실질적인 규범 내용에 변화를 가져오지 않으면서도 현재 존재하는 법적 상황을 더욱 명료하게 표현하는 것일 수 있다.

728) Werle, Gerhard; Jeßberger, Florian, 전게서, p. 410.

729) 이러한 분류방식에서는 제네바법의 영역에 해당하는 사람과 재산에 대한 보호와 헤이그법의 영역에 해당하는 금지되는 전쟁의 수단과 방법을 구분하여 규정하고 있다. 유의할 점은 제네바법이 사람에 대한 보호라는 표제 하에 많은 조항들을 두고 있으나 동시에 헤이그법의 영역에서도 전쟁의 수단과 방법의 금지라는 측면에서 동일한 법익에 대한 보호를 규정하고 있다는 점이다. 동일한 보호법익에 대한 이와 같은 이원적 규율이 존재하게 된 것은 국제인도법의 조항들이 일정한 상황을 기준으로 대상을 규율함에 따라 동일한 보호법익이 다른 차원에서도 규율되게 되었기 때문이다. 예를 들면 생명과 신체의 완결성이라는 법익은 보호되는 사람에 대한 살해 금지 조항(국제범죄법 제10조 제1항)과 민간인 대상 공격금지 조항(국제범죄법 제13조 제1항 제1호)에서 동시에 보호되고 있다. Werle, Gerhard; Jeßberger, Florian, 전게서, p. 410; 기타 다른 국가들의 입법사례와 특히 로마규정의 입법형태를 따른 영미법계 국가들에 대하여 상세한 것은 Ambos, Kai, 전게서 II, p. 122.

제 2 장 　전쟁범죄의 주체와 대상

　　전쟁범죄의 범죄자가 될 수 있는 주체에는 특별한 제한이 없다. 그러나 전쟁범죄의 대상이 되는 사람이나 목적물은 비교적 상세히 제한적으로 규정되어 있다. 이러한 대상의 제한성은 전쟁 상황에서도 일정한 범위의 살상과 파괴만이 적법한 것으로 인정되는 것과 관련된 것이다. 무력충돌 상황이라 할지라도 허용되는 살해와 파괴는 무제한적인 것이 아닌 국제인도법에 부합하는 것이어야 하며 국제인도법에 위반한 공격행위는 전쟁범죄로 처벌될 수 있다. 따라서 무력충돌 상황에서 어떠한 행위가 합법적인 것인가 아니면 범죄에 해당하는가의 여부를 결정하기 위해서는 당해 행위의 피해자나 대상물이 국제인도법에 의하여 보호되는 범주 내에 있는가를 먼저 살펴보아야 한다.

제 1 절 　전쟁범죄의 주체

　　지도자 범죄의 성격을 갖는 침략범죄의 경우에는 범죄자의 지위가 일정한 범위의 지도자 집단으로 제한되나 전쟁범죄의 주체에는 아무런 제한이 없다.[730] 로마규정 제8조도 전쟁범죄를 저지를 수 있는 지위에 대하여 아무런 규정을 두고 있지 않으며 제네바협정에서도 심각한 위반행위의 주체에 대하여 아무런 제한을 두고 있지 않다.[731] 따라서 군인뿐만 아니라 민간인도 전쟁범죄의 주체가 될 수 있다.[732]

　　전쟁범죄의 주체가 될 수 있는가의 여부와 적대행위에 참여할 수 있는 권리가 전투원으로 제한되는가의 문제는 별개로 취급되어야 한다. 국제인도법에 따라 적대행위에 합법적으로 참여할 수 있는 사람의 범위가 제한된다 하더라도 민간인의 전쟁범죄 주체성이 배제되는 것은

---

730) Ambos, Kai, 전게서 II, p. 145.
731) 제네바협정 I 제49조, 제네바협정 II 제50조, 제네바협정 III 제129조, 제네바협정 IV 제146조.
732) Werle, Gerhard; Jeßberger, Florian, 전게서, p. 424.

아니다.[733]

제 2 절 전쟁범죄의 대상

준별의 원칙(the principle of distinction)에 따라 합법적 공격의 대상은 전투원과 군사목표물로 엄격히 제한되며 민간주민과 민간물자에 대하여는 공격이 이루어질 수 없다. 국제적 무력충돌의 경우에는 부속의정서 I 제48조에 준별의 원칙이 명시되어 있으며[734] 비국제적 무력충돌에 있어서는 국제관습법의 일부로 인정되고 있다.[735]

따라서 민간인이 적대행위에 참가하거나 민간시설물이 군사목적으로 전용되어 사용되고 있지 않는 한 오직 군사 목표물과 전투원에 대한 공격만이 군사적 필요성이 충족되는 상황에서 이루어질 수 있을 뿐이다.[736] 과거 전투원이었다 하더라도 더 이상 전투행위에 종사하지 않거나 상해, 질병, 난파당한 상태에 있거나 혹은 전쟁포로의 지위를 가지고 있는 사람은 합법적 공격의 대상이 될 수 없다. 무력충돌 과정에서 민간인을 지향한 공격은 절대 허용될 수 없으며 전쟁포로에 대한 살해도 금지된다.

로마규정 제8조는 전쟁범죄의 보호대상을 명확히 규정하고 있다. 먼저 로마규정 제8조 제2항 (a)는 국제적 무력충돌의 경우 제네바협정에서 보호되는 사람들이나 재산을 보호대상으로 규정하고 있으며, 비국제적 무력충돌의 경우에는 제8조 제2항 (c)에서 '무기를 버린 군대 구성원과 질병·부상·억류 또는 기타 사유로 전투능력을 상실한 자를 포함하여 적대행위에 적극적으로 가담하지 않은 자'를 보호대상으로 규정하고 있다. 또한 이와 별도로 각 개별 조항에서 보호되는 사람의 범위가 규정되어 있기도 하다. 제8조 제2항 (b)(i)와 (e)(i)는 민간인 주민에 대한 의도적 공격으로 인한 전쟁범죄를 규정하고 있고, 제8조 제2항 (b)(ii)와 (e)(ii)는 범죄행위의 대상을 민간 대상물로 규정하고 있다. 또한 로마규정 제8조 제2항 (b)(iii)와 (e)(iii)에서는 인도적 원조나 평화유지임무와 관련된 요원, 시설, 자재, 부대 또는 차량 등을 규정하고 있으며, 로마규정 제8조 제2항 (b)(ix)와 (e)(iv)에서의 종교·교육·예술·과학 또는 자선 목적의 건물, 역사적 기념물, 병원, 병자와 부상자를 수용하는 장소 등을 범죄의 대상으로 직접 규정하고 있다.

---

733) Ambos, Kai, 전게서 II, p. 146; 원칙적으로 군대의 구성원과 같은 전투원만이 합법적으로 교전행위에 참가할 수 있으며 이들이 국제인도법을 준수하면서 수행한 합법적 교전행위는 이른바 전투원의 특권(combatant's privilege)에 따라 면책된다. N. Berman, 전게논문, p. 1.

734) 제네바협정 부속의정서 I 제48조 민간주민과 민간물자의 존중 및 보호를 보장하기 위하여 충돌당사국은 항시 민간주민과 전투원, 민간물자와 군사목표물을 구별하며 따라서 그들의 작전은 군사목표물에 대해서만 행하여지도록 한다.

735) Jean-Marie Henckaerts, Louise Doswald-Beck, 전게서, pp. 25, 26 참조.

736) Operational Law Handbook 2015, p. 11 et seq 참조.

1. 보호대상자

국제인도법에서 보호대상이 되는 사람이 전쟁범죄의 보호대상자가 될 수 있다.

국제적 무력충돌에 있어 보호받는 사람은 제네바협정에 규정되어 있는 바와 같이 전쟁에서 부상당하거나 병든 사람 혹은 전쟁포로와 민간인 등이다.[737] 구체적 사건에서 누구를 보호받는 사람으로 취급할 것인가는 개별 협정의 목적에 따라 일률적이지 않으며 보호되는 사람에 해당하기 위해서는 각각의 협정에 규정된 별도의 요소가 입증되어야 한다. 구체적으로 살펴보면 제네바협정 I부터 III까지는 기본적으로 병들거나 부상당하거나 난파당한 군인과 전쟁포로들을 보호한다. 따라서 이러한 협정의 보호대상은 일차적으로 군대의 구성원이거나 혹은 군대의 구성원은 아니라 하더라도 군사작전에 참여할 수 있도록 허용된 사람들이다.[738] 그리고 이러한 신분을 가진 사람들 중 제네바협정 I과 II는 병들거나 부상당한 사람들을 보호하며[739] 조난당한 사람은 제네바협정 II[740], 적의 지배 하에 들어간 사람은 제네바협정 III[741]에 의하여 각각 보호된다.[742] 그리고 제네바협정 IV는 충돌의 적대당사자의 지배 하에 들어간 사람들을 보호한다.[743] 충돌의 적대당사자와 접촉을 한 사실이 전혀 없는 사람들의 경우에도 그들이 적대당사자가 통제하는 지역에 위치해 있다면 상대방의 지배 하에 있는 것으로 이해되어야 한다.[744] 전쟁법상

---

737) 제네바협정은 '보호되는 사람들(protected persons)'의 개념을 제네바협정의 '심각한 위반' 행위의 피해자가 될 수 있는 사람들을 지칭하는데 사용하고 있다. 제네바협정 I 제50조, 제네바협정 II 제51조, 제네바협정 III 제130조, 제네바협정 IV 제147조 등 참조; ICTY 법령 제2조 '----acts against persons or property protected under the provisions of the relevant Geneva Convention'; Kordić and Čerkez, ICTY (AC), judgment of 17 December 2004, para. 38 등.

738) 군대는 '법적 혹은 사실적 조직행위를 통하여 만들어져 제복, 완장 혹은 육안을 통하여 구분되는 기타 표식 등에 의하여 특징지어질 수 있는 군사적으로 구조화되고 무장을 갖춘 부대와 조직'이다. 급박하게 침공하는 적군에 대항하는 등 조직화를 위한 시간이 부족한 상황에서 민간인이 무기를 들고 무력충돌에 참가하는 형태의 민병대나 의용군 역시 통상의 군대와 필적하는 일정한 요건을 충족시키는 범위에서는 적대행위에의 참여가 허용될 수 있으며 따라서 이들 역시 협정의 내용에 따라 보호 범위에 포함될 수 있다. Werle, Gerhard; Jeßberger, Florian, 전게서, p. 428.

739) 제네바협정 I, II 제13조.

740) 제네바협정 II 제13조.

741) 제네바협정 III 제4조.

742) 제네바협정 부속의정서 I은 적대행위 가담자로서 적대 당사자의 지배 하에 들어간 경우(제11조, 제45조), 상처입거나 병들거나 난파된 자(제10조), 의료인 및 종교인(제12조, 제15조, 제16조), 피난민과 무국적자(부속의정서 I 제73조), 전의 상실자(hors de combat)(제41조) 등을 보호대상자로 규정하고 있다. 의료진, 사제, 구호조직의 구성원, 군대에 소속됨이 없이 군대에 동행하는 사람으로 적대행위에 참가하는 것이 허용되지 않는 사람[제네바협정 I, II 제13조 제4항, 제5항, 제24조 내지 26조, 제네바협정 III 제4조 (A)제4항, 제5항, 부속의정서 I 제43조 제2항] 등도 일정한 범위에서는 제네바협정의 보호받는 사람으로 간주된다.

743) 제네바협정 IV 제4조 제1항.

744) Tadić, ICTY (TC), judgment of 7 May 1997, para. 579; Mucić et al., ICTY (TC), judgment of 16 November 1998, para. 246; Naletilić and Martinović, ICTY (TC), judgment of 31 March 2003, para. 208; J.S. Pictet, Geneva Convention IV, Commentary. Geneva, International Committee of the Red Cross(1958), p. 47; 이미

허용되지 않는 이른바 '불법 전투원'도 제네바협정 IV에 의하여 보호받을 수 있으나[745] 이들에 대한 보호범위는 수정된다. 이들이 적대행위에 종사할 때에는 합법적 공격의 대상이 될 뿐 아니라 적대당사자의 지배 하에 들어간 경우에도 전쟁포로로 대우해 줄 것을 요구를 할 수 없고 무력충돌에 참가한 것에 대한 책임을 부담할 수 있다. 그러나 그들은 여전히 제네바협정 IV에서의 보호받는 사람의 지위를 가지는 까닭에 공정한 재판을 받을 권리 등을 보유한다.[746] 이처럼 제네바법에 근거한 전쟁범죄는 일반적으로 적대행위에 참여하지 않거나 더 이상 참여하지 않는 사람들에 대하여만 범하여질 수 있다.

　　로마규정 제8조 제2항 (a)를 적용함에 있어 주의가 요구된다. 위 조항은 네 개의 제네바협정에서 규정하고 있는 모든 심각한 위반에 대하여 열거하는 한편 보호받는 사람들을 대상으로 한 이러한 행위들이 전쟁범죄에 해당한다고 규정하고 있다. 그러나 로마규정 제8조 제2항 (a)(i)부터 (viii)까지 규정된 모든 행위가 네 개의 제네바협정 모두에 있어서 심각한 위반으로 규정되어 있지는 않다는 점에서 오해의 소지가 있다. 예를 들면 불법 감금이나 인질행위[747]는 오직 제네바협정 IV 아래에서의 심각한 위반일 뿐이다. 로마규정에서 전쟁범죄가 성립하기 위해서는 대상 피해자를 보호하는 협정이 당해 행위를 심각한 위반으로 분류하고 있어야 한다.[748]

　　제네바협정 I 부터 IV까지 동일하게 규정되어 있는 공통 제3조는 비국제적 무력충돌에 있어서 무기를 버린 전투원과 질병, 부상, 억류, 기타의 사유로 전투력을 상실한 사람뿐만 아니라 적대행위에 적극적으로 참여하지 않는 사람들로 보호범위를 확장하고 있다.[749] 따라서 군인 등 충돌 당사자의 구성원에 해당하지만 병들거나 부상 등의 이유로 전투에 참가하지 않고 전투행위의 외곽에 위치해 있는 사람뿐만 아니라 무기를 내려놓고 상대편의 수중에 들어가 있는 사람도 보호대상에 포함된다.[750] 로마규정 제8조 제2항 (c) 역시 이러한 개념을 채택하고 있으며 로마규정 범죄구성요건 제3조 제2항 (c)(i)에서 (vi)까지의 조항에서도 전투력을 상실한 자 혹은 적대행위에 적극적으로 참여하지 않은 민간인, 의료진 혹은 종교인 등을 보호대상으로 규정하고 있다.[751]

다른 3개의 제네바협정 중 하나에 의하여 보호를 부여받은 경우 제네바협정 IV에 의하여 보호대상이 되는 것은 아니다. Werle, Gerhard; Jeßberger, Florian, 전게서, p. 427, 429.

745) J.S. Pictet, Geneva Convention IV, p. 50 et seq; C. Pilloud and J.S. Pictet, in Y. Sandoz, C. Swinarski, and B. Zimmermann (eds), Commentary on the Additional Protocols (1987), para. 2909.

746) H.-P. Gasser and K. Dörmann, 'Protection of the Civilian Population', in D. Fleck (ed.), The Handbook of International Humanitarian Law, 3rd edn (2013), para. 517.

747) 로마규정 제8조 제2항 (a)(vii), (viii).

748) Werle, Gerhard; Jeßberger, Florian, 전게서, p. 429.

749) 제네바협정 부속의정서 II 제4조 제1항도 유사한 내용을 규정하고 있다. 제네바협정 공통 제3조는 '적대행위에 능동적으로 참가하지 아니하는 자'라는 표현을 사용하고 있으나 부속의정서 II 제4조 제1항은 '적대행위에 직접 가담하지 않거나 적대행위에 가담하기를 중지한 모든 사람'으로 규정하고 있다.

750) Ambos, Kai, 전게서 II, p. 147.

751) 로마규정 범죄구성요건 8(2)(c)(i)부터 (iv) Such person or persons were either hors de combat, or were civilians, medical personnel, or religious personnel taking no active part in the hostilities.

이와 같이 광범위하게 정의되고 있는 보호받는 사람의 핵심적 개념 요소는 문제가 된 범죄행위 당시 피해자가 적대행위에 직접적으로 참가하지 않았다는 것으로 이는 현대의 무력충돌에 있어 특히 적절한 것으로 평가되고 있다.[752] 그러나 비국제적 무력충돌의 경우 반란군과 같은 국가 조직에 속하지 않은 전투원은 적법한 전투원의 지위를 향유할 수 없고 이를 이유로 한 기소로부터 면제되지도 않는다.[753]

국제적 무력충돌과 비국제적 무력충돌 등 모든 유형의 충돌에서 민간인 주민은 보호대상이다. 제네바협정 부속의정서 I 제51조는 민간인 주민에 대한 무기사용 금지 등 일반적 보호를 규정하고 있다. 민간인에 대한 보호는 국제법의 일반원칙이며 국제관습법에서도 인정된다.[754] 국제적 무력충돌에 있어서 보호대상이 되는 민간인은 충돌 당사국 또는 점령국의 국민이 아닌 자이므로 원칙적으로 자국 국민은 포함되지 않는 것으로 보인다.[755]

그러나 국제인도법의 적용 여부를 결정함에 있어 국적이라는 형식적 기준을 탈피하여 국적이 아닌 충성(allegiance) 여부가 국제인도법의 적용 여부를 판단하는 실질적 기준으로 임시재판소 등에서 활용되고 있다. 국적 기준을 엄격히 적용할 경우 동일한 국적을 보유하고 있으나 범죄자 측과 서로 다른 민족 집단에 속한 피해자를 보호대상에서 배제하게 되는 결과를 가져오기 때문이다. 국적기준의 엄격한 적용이 불합리한 결과를 가져오게 되는 대표적 사례에 대한 판결이 ICTY에서 나타났다. 1992년부터 1994년까지 있었던 보스니아에서의 무력충돌은 이웃 국가들의 관여 등으로 인하여 명백히 국제적 특성을 가진 것인 동시에 민족충돌의 성격을 함께 가지고 있었다. 이러한 무력충돌 과정에서 피해자들은 분쟁의 상대 당사자인 다른 민족 집단에 의하여 구금되고 학대당하였으나 가해자 집단과 피해자는 모두 동일한 국적을 가지고 있었던 관계로 제네

---

752) Werle, Gerhard; Jeßberger, Florian, 전게서, p. 430; Tadić, ICTY (TC), judgment of 7 May 1997, para. 615; Boškoski and Tarčulovski, ICTY (TC), judgment of 10 July 2008, para. 301; Milutinović et al., ICTY (TC), judgment of 26 February 2009, para. 134; Brima et al., SCSL (TC), judgment of 20 June 2007, para. 248.

753) Gasser, "Protection of the Civilian Population", in Fleck, Handbook IHL (2008), para. 501; Ambos, Kai, 전게서 II, p. 147.

754) Ambos, Kai, 전게서 II, p. 147.

755) 제네바협정 IV 제4조 '본 협약에 의하여 보호되는 자는, 무력 충돌 또는 점령의 경우에 있어서 특정 시점에 그 형식의 여하에 관계없이 충돌 당사국 또는 점령국의 권력 내에 있는 자로서 동 충돌 당사국 또는 점령국의 국민이 아닌 자이다. 본 협약의 구속을 받지 않는 국가의 국민은 본 협약의 보호를 받지 못한다. 교전국 영역내에 있는 중립국 국민 또는 공동 교전국 국민은 그들의 본국이 그들을 권력하에 두고 있는 국가내에 통상적인 외교대표를 주재시키고 있는 기간 동안은 피보호자로 간주되지 아니한다.…'; 여기서 주의할 점은 제네바협정 부속의정서 I 제48조에 의한 보호는 이러한 요건에 따라 영향을 받지 않는다는 점이다. 실제 제네바협정 부속의정서 I 제51조는 피해자의 국적에 따라 적용대상을 구분하고 있지 않다. 따라서 민간인에 대한 보호는 적대당사자의 민간인 혹은 공격 당사자의 영토나 사실상 통제되는 영토에 머물러 있는 외국인에게도 적용된다. 예를 들면 당사자가 그들의 지배 하에 있지 않은 다른 민간인에 대한 공중 폭격을 감행한 경우 보호받는 사람들에 대한 규정이 아닌 적대행위와 관련한 규정으로부터 형사책임이 발생할 수 있다. Ambos, Kai, 전게서 II, p. 149.

바협정을 문언 그대로 적용하면 피해자들은 보호받는 사람에 해당할 수 없었다.[756] ICTY는 Tadić 사건 항소심 판결에서 제네바협정의 인도주의적 보호 목적에 기초하여 규범적이고 가치지향적 접근법을 취하여 무력충돌이 이루어지는 전선(戰線)에 위치하다 억류되어 적대당사자의 수중에 있었던 사람들은 국적과 같은 형식적 기준과 무관하게 충성(allegiance) 요건을 근거로 제네바협정 제4조의 보호대상이 되어야 한다고 보았다.[757] 이처럼 보호대상을 형식적이 아닌 실질적 관계를 근거로 판단하는 입장은 확립된 판례로 자리 잡았다.[758]

그 밖에 국제적 무력충돌에서 인도주의 혹은 유엔의 평화유지작전은 그들이 충돌의 일방당사자 측에 참가하여 전투원 지위를 갖는 것으로 인정되지 않는 한 보호대상이 된다. 스파이, 조직화되지 않은 반란집단 구성원, 테러리스트 등도 충돌의 일방당사자인 무력집단의 구성원이 아닌 이상 민간인으로 간주된다. 민간군사기업의 구성원들 역시 적대행위와 근접한 위치에 존재하기는 하나 무력집단에 통합되어 있지 않다면 동일한 원칙에 따라 보호의 대상이 되며 판사, 공무원, 육체노동자도 전투원이 아니므로 보호의 대상이 되는 민간인에 해당한다.[759]

이처럼 민간인은 국제인도법에서 매우 두텁게 보호되고 있으나 이러한 보호도 군사목표물에 대한 공격에 수반되는 부수적 피해는 허용될 수 있다는 제한 하에 존재한다. 따라서 군사목표물에 대한 공격의 결과 부수적으로 발생하는 민간인의 사망이나 상해, 민간 목표물에 대한 손상은 그것이 예상되는 구체적이고 직접적인 군사적 이익에 비하여 '과도한(excessive)' 것이 아닌 이상 허용된다. 이처럼 군사적 이익과 민간인에 대한 침해는 비례성의 원칙에 따른 것이어야 하고, 이

---

756) Cryer, Robert; Friman, Håkan; Robinson, Darryl; Wilmshurst, Elizabeth, 전게서, p. 284.

757) Tadić, ICTY (AC), judgment of 15 July 1999, para. 166 '이전의 전쟁들은 잘 정립된 국가들 사이의 것이었으나 이전 유고슬라비아의 경우와 같은 현대의 민족간 무력충돌에서는 새로운 국가가 충돌 과정에서 종종 생겨나며 국적보다는 민족이 충성의 근거이다. 이처럼 민족이 국가적 충성의 결정요인이므로 이러한 조건 하에서 국적 요건은 보호되는 사람들을 결정하는데 적합하지 못하다. 그러한 충돌에서는 조약의 문언과 조약의 문언이 만들어지게 된 역사뿐만 아니라 조약의 목표와 목적에 비추어 볼 때 분쟁 당사자에 대한 충성과 이에 대응하여 해당 지역에서 이루어지는 충돌 당사자에 의한 개인들에 대한 통제가 더욱 중요한 요인으로 간주될 수 있을 것이다.'

758) Aleksovski, ICTY (AC), judgment of 24 March 2000, paras. 150 et seq; Mucić et al., ICTY (AC), judgment of 20 February 2001, para. 84; Mucić et al., ICTY (TC), judgment of 16 November 1998, paras. 247 et seq; Brđanin, ICTY (TC), judgment of 1 September 2004, para. 125; 충성의 기준이 모호하다는 점에 대한 비판은 Kordić and Čerkez, ICTY (AC), judgment of 17 December 2004, paras. 322 et seq; 국제형사재판소 역시 Katanga and Ngudjolo Chui 사건에서 이러한 접근방법을 채택하고 있다. Katanga and Ngudjolo Chui, ICC (PTC), decision of 30 September 2008, paras. 289 et seq; Ambos, Kai, 전게서 II, p. 149; Cryer, Robert; Friman, Håkan; Robinson, Darryl; Wilmshurst, Elizabeth, 전게서, p. 284; Wolfgang Joecks, Klaus Miebach, Münchener Kommentar zum StGB, München : Verlag C.H. Beck(2013) Abschnitt 2. Kriegsverbrechen § 8 Kriegsverbrechen gegen Personen Rn. 85; 이러한 재판부의 판결을 국제인도법의 규칙을 새로운 현실에 적응시키는데 성공한 사례로 평가하면서 이러한 접근방법이 종교적 성향이 중요한 요소를 차지하는 충돌 등 다른 상황에서도 적용될 수 있을 것으로 보는 입장은 Werle, Gerhard; Jeßberger, Florian, 전게서, p. 430.

759) Ambos, Kai, 전게서 II, p. 148.

해관계 균형 요건은 '과도한(excessive)'이라는 용어에 포함되어 있는 것으로 이해된다.[760]

나아가 제네바협정에 기반하지 않는 전쟁범죄는 종종 특정한 집단의 사람들만을 보호한다. 이러한 경우에는 범죄의 개념에서 범죄의 대상이 될 수 있는 자에 대하여 직접 규정하고 있기 때문에 대상이 되는 피해자의 범위를 결정하는 것은 훨씬 용이하다.[761]

이처럼 국제인도법은 광범위한 보호체계를 구축하고 있으며 제네바협정 I, II, III에 의하여 보호되지 않는 사람도 제네바협정 IV에 의하여 보호될 수 있는 까닭에 적군의 수중에 들어가 있는 사람에 대하여 아무런 보호가 주어지지 않는 공백은 존재하지 않는 것으로 보인다.[762]

2. 비군사목표물

민간목적물은 국제인도법에 의하여 보호되며 이들을 공격하거나 파괴하는 행위는 전쟁범죄에 해당할 수 있다. 로마규정 제8조 제2항 (b)(ii)는 민간목적물의 개념을 적극적으로 규정하지 않고 '민간 대상물, 즉 군사목표물이 아닌 대상물'이라는 소극적 형태로 규정하고 있다.[763] 따라서 보호대상이 되는 민간목적물의 개념을 정의하기 위해서는 군사목표물(military objective)이 무엇인가 여부가 우선적으로 정의되어야 한다.[764]

부속의정서 I 제52조 제2항은 군사목표물로 인정될 수 있는 요건을 두 가지로 나누어 규정하고 있다.[765]

우선 대상물의 성질, 위치, 목적, 사용 등에 따라 군사적으로 유효한 기여를 하는 것이어야 한다. 군사적으로 유효한 기여를 하는 것인가 여부는 물자의 특성, 위치, 목적, 용도 등 전체적 맥락에 따라 평가되어야 한다.[766] 전투원이 대상물을 사용하고 있다면 일반적으로 이러한 요건이 충족되는 것으로 인정되며, 무기, 장비, 이동수단, 창고, 통신기지 혹은 군대 지휘소 등이 여기에 포함될 수 있다.[767] 군사작전에 대한 기여에는 직·간접적인 것이 모두 포함될 수 있으나

---

760) 이러한 요건은 국제적 무력충돌과 비국제적 무력충돌의 모든 경우에서 국제관습법의 일부로 인정되고 있다. Ambos, Kai, 전게서 II, p. 149.

761) 로마규정 제8조 제2항 (b)(x); Werle, Gerhard; Jeßberger, Florian, 전게서, p. 431.

762) Münchener Kommentar zum StGB, Abschnitt 2. Kriegsverbrechen § 8 Kriegsverbrechen gegen Personen Rn. 86.

763) 이는 제네바협정 부속의정서 I 제52조 제2항에 따른 것으로 제48조의 준별의 원칙(principle of distinction)에 기초한 것이다.; 수용 등의 금지 대상이 되는 재산에 공공재산이 포함되는가에 대하여는 제6장 제1절 참조.

764) 일반적 용례와는 달리 군사목표물(military objective)의 개념은 일반적으로 물건뿐만 아니라 합법적 공격의 대상이 되는 전투원(combatant)까지 포괄하는 개념으로 사용된다. 이는 민간인 주민(civilian population)과 민간목적물(civilian objects)에 대비되는 광범위한 개념이다. Y. Sandoz, C. Swinarski, and B. Zimmermann (eds), Commentary on the Additional Protocols., paras. 2015 et seq.

765) 이와 같은 군사목표물에 대한 제한적 해석이 제네바협정 부속의정서 I의 인도주의적 목적에 부합하는 것이라는 견해는 Ambos, Kai, 전게서 II, p. 150.

766) Fleck, Dieter, The Handbook of International Humanitarian Law, p. 169.

767) Werle, Gerhard; Jeßberger, Florian, 전게서, p. 487.

이에 대한 판단은 단순한 가정이나 가능성에만 기반할 수는 없다.[768) 대상물의 이러한 기여는 효과적인 것이어야 하며 경제적 지원 등과 같이 적대행위와의 연계가 멀고 단순히 전쟁을 유지하는 효과만을 갖는 경우는 제외되는 것으로 제한적으로 해석될 수 있다.[769) 교량, 도로, 비행장, 발전소와 같이 민간목적과 군사목적에 동시에 사용될 수 있는 이른바 '이중 사용 목적물(dual-use objects)'의 경우에는 개별 사건에서의 사용형태와 군사적 중요성을 함께 고려하여 판단하여야 한다.[770) 제네바협정 부속의정서 I 제52조 제3항은 통상적으로 민간목적에만 사용되는 물건이 군사행동에 유효한 기여를 하도록 사용되는가의 여부가 의심스럽다면 군사목적으로 사용되지 않는 것으로 추정하고 있다. 그러나 이러한 조항은 국제인도법의 관점에서 공격을 개시하려는 군대 구성원들에게 요구되는 행위규범일 뿐 형사절차의 입증책임을 전환한 것은 아니다. 따라서 형사절차에서는 일반적 입증책임 원칙에 따라 검찰 측에서 민간목적물임을 입증하여야 한다.[771) 군사용으로 전용된 민간목적물도 일시적이 아닌 군사적 사용의 절대적 중단이 있었던 경우라면 민간목적물의 지위가 회복된다.

군사목표물에 해당하기 위한 두 번째 요건은 이들 대상물에 대한 부분적·전체적 파괴나 포획, 무력화가 당시의 전반적 상황에 비추어 일정한 군사적 이익을 가져다주는 것이어야 한다는 것이다.[772) 기대되는 군사적 이익은 이러한 물자의 파괴, 노획, 무력화로부터 발생할 수 있는 구체적이고도 확정적인 것이어야 하나[773) 군사적 이익이 당시 진행되는 특정 군사작전으로만 제한되어 평가되는 것은 아니며 전반적 상황에 따라 판단될 수 있다. 따라서 교전당사자가 전체적 군사작전에 따라 전쟁을 수행하면서 추구하는 전반적 목적에 부합하는 이익도 함께 포함된다.[774) 그러나 상대방 주민들을 공포에 몰아넣어 전투 결정을 포기시키려 하는 것과 같은 잠재적이고 불확정적인 이익만으로는 충분하지 않다.[775)

768) Ambos, Kai, 전게서 II, p. 150.
769) Ambos, Kai, 전게서 II, p. 151; M.N. Schmitt (ed.), Tallinn Manual on the International Law Applicable to Cyber Warfare (2013), p. 131.
770) C. Pilloud and J. Pictet, in Y. Sandoz, C. Swinarski, and B. Zimmermann (eds), Commentary on the Additional Protocols (1987), para. 2022; Werle, Gerhard; Jeßberger, Florian, 전게서, p. 486; 민간목적과 군사목적으로 동시에 사용되는 경우의 논란에 대하여 상세한 것은 Ambos, Kai, 전게서 II, p. 150.
771) Blaškić, ICTY (AC), judgment of 29 July 2004, para. 145; Kordić and Čerkez, ICTY (AC), judgment of 17 December 2004, para. 53; Boškoski and Tarčulovski, ICTY (TC), judgment of 10 July 2008, para. 355.
772) S. Oeter, "Methods and Means of Combat", in D. Fleck (ed.), The Handbook of International Humanitarian Law, 3rd edn (2013), para. 445.
773) Sandoz, Swinarski, and Zimmermann, Commentary on the Additional Protocols (1987), para. 2209; Ambos, Kai, 전게서 II, p. 151.
774) S. Oeter, 전게논문, para. 445.
775) S. Oeter, 전게논문, para. 443; C. Pilloud and J.S. Pictet, in Y. Sandoz, C. Swinarski, and B. Zimmermann (eds), Commentary to the Additional Protocols (1987), para. 2024; Werle, Gerhard; Jeßberger, Florian, 전게서, p. 487.

국제인도법에 규정된 이러한 일반적인 경우에 더하여 로마규정은 보호대상 중 일부를 별도로 규정하고 있다. 군사목표물이 아닌 종교·교육·예술·과학 또는 자선 목적의 건물, 역사적 기념물, 병원, 병자와 부상자를 수용하는 장소는 국제적 무력충돌과 비국제적 무력충돌 모두에서 보호된다.[776] 또한 방어되지 않고 군사목표물이 아닌 마을·촌락·거주지 또는 건물 역시 국제적 무력충돌에서 보호된다.[777]

3. 국제범죄법

국제범죄법에서는 전쟁범죄에 있어서 사람에 대한 보호와 관련하여 보호대상자로 '인도(人道)에 관한 국제법규에 따라 보호되는 사람'과 '민간인'이라는 개념을 사용하고 있다. '인도(人道)에 관한 국제법규에 따라 보호되는 사람'의 개념은 국제범죄법 제2조 제7호에 3개의 항목으로 나뉘어 별도로 정의되어 있는데 가목에서는 국제적 무력충돌에서 보호되는 사람, 나목에서는 비국제적 무력충돌에서 보호되는 사람, 다목에서는 모든 무력충돌에서 보호되는 사람을 각각 규정하고 있다. 이러한 "인도(人道)에 관한 국제법규에 따라 보호되는 사람"의 개념은 국제범죄법 제10조가 규정하는 사람에 대한 전쟁범죄의 대상이 되는 동시에 제13조 제4호에서 규정하는 금지되는 방법에 의한 전쟁범죄에서도 일부 활용되고 있다.

'민간인'은 제2조 제7호 가목의 열거되어 있을 뿐만 아니라 국제범죄법 제13조 제1항 제1호에도 규정되어 있다. 그러나 양자의 개념 범위가 완전히 일치하는 것은 아니다. 제13조에서의 민간인은 준별의 원칙에 따른 공격 금지 대상으로서의 민간인을 의미하므로 민간인 주민이면 모두 보호대상이 되며 국제범죄법 제2조 제7호의 경우와 같이 상대편 당사자의 지배 하에 있을 필요가 없기 때문이다.[778]

앞서 본 바와 같이 로마규정은 공격 금지의 대상이 되는 민간목적물의 개념을 군사목표물이 아닌 것으로 소극적 형태로 정의하고 있다. 국제범죄법 제13조 제1항 제2호 역시 로마규정과 같이 민간목적물의 개념을 군사목표물이 아닌 민간 대상물로 정의하고 있다.

〔국제범죄법 제2조 제7호〕
7. "인도(人道)에 관한 국제법규에 따라 보호되는 사람"이란 다음 각 목의 어느 하나에 해당하는 사람을 말한다.
가. 국제적 무력충돌의 경우에 제네바협약 및 「1949년 8월 12일자 제네바협약에 대한 추가 및 국제

---

776) 로마규정 제8조 제2항 (b)(ix), (e)(iv).
777) 로마규정 제8조 제2항 (b)(v); 그 밖에 부속의정서 제54조 제2항이 로마규정의 범위를 넘어서는 보호를 규정하고 있다는 것은 Ambos, Kai, 전게서 II, p. 152.
778) 로마규정 제8조 제2항 (b)(i), (e)(i)과 국제범죄법 제13조 제1항 제1호에 따른 민간인 개념에 대하여 상세한 것은 제7장 제1절 등 참조.

> 적 무력충돌의 희생자 보호에 관한 의정서」(제1의정서)에 따라 보호되는 부상자, 병자, 조난자,
> 포로 또는 민간인
>
> 나. 비국제적 무력충돌의 경우에 부상자, 병자, 조난자 또는 적대행위에 직접 참여하지 아니한 사람
> 으로서 무력충돌 당사자의 지배 하에 있는 사람
>
> 다. 국제적 무력충돌 또는 비국제적 무력충돌의 경우에 항복하거나 전투 능력을 잃은 적대 당사자 군
> 대의 구성원이나 전투원

〔제2조 제7호 가목 : 국제적 무력충돌〕

여기에서는 부상자, 병자, 조난자, 포로 또는 민간인을 보호대상자로 규정하면서 제네바협정과 부속의정서에서 보호되는 사람이라는 전제를 부가함으로써 이들 규범을 우리 형사법의 구성요소로 편입시키고 있다.[779]

우리 국제범죄법도 로마규정과 같이 국제적 무력충돌에 있어서 보호되는 사람을 네 개의 제네바협정의 내용을 구분하지 않고 규정하고 있다. 그러나 앞서 본 바와 같이 보호되는 사람의 범위는 모든 제네바협정에 있어서 동일하지 않으므로 개별 구성요건에서 전제하고 있는 국제인도법의 조항들과 함께 살펴보아야 한다. 부상자, 병자, 조난자의 보호는 제네바협정 I 제12조, 제네바협정 II 제12조, 부속의정서 I 제10조에 근거한 것이다.[780] 부상자에 해당하는가 여부를 결정하는 기준은 의학적 도움이 필요한가 여부로서 특히 부속의정서 I 제8조는 임산부, 신생아, 허약자 등과 같이 즉각적인 의료적 지원을 필요로 하는 사람으로 보호대상을 확대하고 있다.

조난자는 그 신분이 군인인가 혹은 민간인인가 여부를 불문하고 선박 또는 항공기에 영향이 미치는 재난으로 인하여 해상 또는 기타 수역에서 조난을 당하여 더 이상 적대행위에 종사하지 않는 자를 말한다.[781]

포로는 적대 당사국의 권력 내에 들어간 전투원을 의미하는 것으로 제네바협정 III 제4조와 부속의정서 I 제44조에 규정되어 있다. 포로의 해당 여부를 판단하기 위해서는 우선 부속의정서 I 제43조 등에 규정된 바와 같이 적법하게 전투에 참가할 수 있는 전투원 신분을 보유하고 있는가 여부가 중요하다.[782] 전투원 신분 여부가 불분명할 경우 권한 있는 판결이 있을 때까지 포로

---

779) 독일 국제범죄법 제8조 제6항 제1호가 보호대상자를 예시적인 형태로 규정하여 제네바협정 부속의정서 I 제73조에 의하여 보호되는 피난민과 무국적자도 보호대상에 포함될 수 있도록 하고 있음에 반하여 우리 국제범죄법은 보호대상자를 부상자, 병자, 조난자, 포로 또는 민간인으로 열거적으로 규정하고 있다.

780) MüKoStGB/Zimmermann/Geiß VStGB § 8 Rn. 69.

781) 부속의정서 I 제8조 나.; 재난의 개념은 광범위하게 해석되어 경험 미숙 또는 과실로 이러한 상황에 빠진 경우도 포함된다. 그러나 특별한 작전을 수행하다가 위험에 빠진 경우와 같이 스스로 의도적으로 위험을 자초한 경우에는 이러한 적대행위나 작전 수행을 완전히 포기하지 않는 한 보호대상이 될 수 없다. Y. Sandoz, C. Swinarski, and B. Zimmermann (eds), Commentary on the Additional Protocols, para. 313, 314.

782) MüKoStGB/Zimmermann/Geiß VStGB § 8 Rn. 72; 그 밖에 실제로 군대의 구성원은 아니나 군용기의 민간인, 승무원, 종군기자, 납품업자, 노무대원, 또는 군대의 복지를 담당하는 부대의 구성원 등과 같이 군대에 수행

의 지위를 계속 보유한다.[783] 적의 영역 내에서 비밀리에 정보수집활동을 하는 스파이나 용병은 포로로서의 지위를 인정받지 못하며[784] 도주하였을 경우에도 포로의 지위를 상실한다.[785] 종교 요원, 의무부대 요원 등은 직접적으로 포로의 지위를 갖지는 않으나 포로에 부여되는 보호를 향 유함으로써 국제형사법의 보호대상이 된다.[786]

민간인은 이른바 군민병(levée en masse)에 해당하는 경우 이외에는 적대행위에 참가할 수 없 으며 민간인이 적대행위에 직접 참여하고 있지 않는 한 보호대상이 된다.[787] 이처럼 민간인을 보 호하는 것은 민간인은 스스로 합법적인 공격을 가할 수 없는 지위에 있으며 또한 그렇게 기대되 기 때문이다. 그러나 불법적으로 전투에 가담한 민간인도 민간인으로서의 보호 지위를 완전히 잃는 것은 아니며 다만 그로 인한 형사책임을 부담할 수 있다.[788] 본 조항에서의 민간인 개념 역 시 국제인도법의 제한을 따르게 되므로 제네바협정 IV 제4조 제1항에 규정된 바와 같이 무력충 돌 또는 점령의 경우에 있어서 충돌 당사국 또는 점령국의 권력 내에 있는 자로 제한되며 자국 국민은 보호대상이 아니다.

〔제2조 제7호 나목 : 비국제적 무력충돌〕

우리 국제범죄법은 비국제적 무력충돌의 경우에 부상자, 병자, 조난자 또는 적대행위에 직접 참여하지 아니한 사람으로서 무력충돌 당사자의 지배 하에 있는 사람을 보호대상으로 규정하고 있다. 이러한 열거적 규정은 전반적으로 국제적 무력충돌의 규정 범위에 부합하는 것으로[789] 국 제적 무력충돌과 보호범위에 있어서 동조화 현상을 나타내고 있다.

부상자, 병자, 조난자의 개념은 국제적 무력충돌에서 사용되는 개념이 활용될 수 있다. 다만 여기에서는 제네바협정 IV에서와 같이 상대방 당사자의 지배 하에 있을 것이 요건으로 규정되어

하는 자와 점령되지 않은 영토의 주민으로서 적이 접근하여 옴에 따라 정규군 부대에 편입될 시간이 없어 침입하는 군대에 대항하기 위하여 자발적으로 무기를 든 군민병(levée en masse)도 적의 수중에 들어간 경 우 포로로 취급된다. 부속의정서 I 제4조 제1항.

783) 부속의정서 I 제45조 제1항.
784) 부속의정서 I 제46조 제1항, 제47조 제1항; 전투원이 민간인과 스스로를 구분하도록 하는 의무를 이행하지 않는 등 민간인 보호를 위하여 요구되는 사항을 지키지 않은 경우의 취급은 부속의정서 I 제44조 제3항, 제4항.
785) MüKoStGB/Zimmermann/Geiß VStGB § 8 Rn. 78.
786) 제네바협정 I 제28조, 제30조, 제네바협정 II 제36조, 제37조, 제네바협정 III 제33조 등.
787) 민간인 개념은 부속의정서 I 제50조 제1항에 규정되어 있다. 이러한 조항에 따라 민간인은 제네바협정 III 제4조 A (1), (2), (3), (6) 및 의정서 I 제43조에 규정된 어떠한 부류에도 속하지 아니하는 모든 사람을 말하 며 어떤 사람이 민간인인가의 여부가 의심스러운 경우에는 민간인으로 간주된다. 민간인에는 인도주의 업 무나 평화유지 업무에 종사하는 사람들도 포함된다. MüKoStGB/Zimmermann/Geiß VStGB § 8 Rn. 82.
788) 부속의정서 I 제51조 참조; MüKoStGB/Zimmermann/Geiß VStGB § 8 Rn. 83.
789) 독일 국제범죄법 제8조 제6항 제2호에서도 비국제적 무력충돌에 있어서는 보호되는 사람의 범위를 예시적 형태로 규정하고 있지 않다. MüKoStGB/Zimmermann/Geiß VStGB § 8 Rn. 89.

있어 제네바협정 공통 제3조보다 보호범위가 축소되어 있다.[790]

적대행위에 직접 참여하지 아니한 사람에는 적의 전투원으로서 전의 상실자(hors de combat) 와 민간인, 인도주의 활동이나 평화유지 활동을 하는 사람 등도 포함된다.[791]

적대행위에 직접적으로 참여하여 보호자격을 상실하게 되는 요건과 관련하여서는 논란이 있다. 비국제적 무력충돌에 있어서 민간인과 전투원의 구분을 위한 적십자위원회의 원칙이 참조될 수 있을 것이다. 보호대상이 되기 위해서는 적대행위에 직접 참여하지 않음은 물론 지속적 전투 기능(continuous combat function)을 중단해야만 민간인 지위가 회복된다.[792]

〔제2조 제7호 다목 : 국제적 무력충돌과 비국제적 무력충돌〕

제2조 제7호 다목은 국제적 무력충돌 또는 비국제적 무력충돌의 경우에 항복하거나 전투 능력을 잃은 상대편 군대의 구성원이나 전투원 등에 대한 보호를 규정하고 있다. 위 조항은 부속의정서 I 제41조 제1항과 제2항, 제네바협정 공통 제3조와 부속의정서 II 제4조 제1항 제1호 등에 근거한 것으로 아직 적대 당사자의 수중에 들어가 있지 않아 가목과 나목의 보호를 받지 못하는 경우까지 적용될 수 있는 포괄 규정의 성격을 가지고 있다.[793]

본 조항의 보호대상 여부를 결정하는 가장 중요한 요소는 방어가능성이 없다는 점이다. 따라서 무기를 버린 경우를 포함하여 질병, 부상, 억류 등의 사유로 전의 상실자(hors de combat)에 해당하는 경우 등이 보호대상에 포함된다.[794]

---

790) 그러나 이처럼 상대 당사자의 지배 하에 있는 경우로 보호대상을 한정하더라도 상대 당사자의 지배 하에 있지 않는 경우는 금지된 방법에 의한 공격 조항에 따라 처벌될 수 있으므로 보호의 공백은 존재하지 않는다. MüKoStGB/Zimmermann/Geiß VStGB § 8 Rn. 91, 92.
791) MüKoStGB/Zimmermann/Geiß VStGB § 8 Rn. 90.
792) MüKoStGB/Zimmermann/Geiß VStGB § 8 Rn. 94; 적대행위 참여에는 전투 행위에의 직접참여뿐만 아니라 즉시 사용가능한 정보전달, 무기의 수송도 포함된다는 것은 Strugar, ICTY (AC), judgment of 17 July 2008, para. 177; 자위적 행위는 포함되지 않는다는 것은 Issa Hassan Sesay et al. (RUF Case), SCSL (AC), judgment of 26 October 2009, para. 530.
793) 본 조항의 적용범위에는 시간적 제한이 없어 가목과 나목의 보호와 중복되는 부분이 존재한다. MüKoStGB/Zimmermann/Geiß VStGB § 8 Rn. 95.
794) 따라서 의식이 없거나 상해를 입어 전투능력이 상실된 사람, 항복의사를 표명한 사람 등이 보호대상에 포함된다. 제네바협정 부속 의정서 II 제41조 참조; MüKoStGB/Zimmermann/Geiß VStGB § 8 Rn. 95.

제 3 장　주관적 요건

　　로마규정의 경우 전쟁범죄가 성립하기 위해서는 로마규정 제30조에 따른 일반적 주관적 요건이 구비되어야 한다. 일부 전쟁범죄에 대하여는 로마규정 제30조에 대한 예외로서 주관적 요건이 완화되거나 보다 엄격한 주관적 요건이 요구되기도 한다.

　　우리 국제범죄법은 전쟁범죄의 주관적 요건에 대하여 특별한 규정을 두고 있지 않으므로 형법 제8조가 적용된다. 따라서 우리 형법 제13조와 형법의 일반이론에 따라 범죄자에게는 고의나 적어도 미필적 고의가 존재하여야 한다. 국제범죄법은 로마규정에 존재하는 일부 과실적 요소의 규정에도 불구하고 전쟁범죄에 대한 과실범을 규정하고 있지 않다.

　　전쟁범죄가 성립하기 위해서는 범죄자가 전쟁범죄의 배경적 요소인 무력충돌을 구성하는 사실적 상황들을 인식하였을 것이 요구된다. 이러한 배경적 요소는 로마규정 제30조 제3항에 규정된 상황에 해당하는 것으로 이에 대한 인식을 요구하는 것은 책임주의 요청에 따른 것이다.[795] 무력충돌의 존재는 국제형사재판소의 재판권을 위한 요건이자 범죄자의 마음에 반영되어 있어야 하는 범죄성을 위한 요건이다.[796] 로마규정 범죄구성요건 역시 무력충돌의 존재를 추론할 수 있는 실제 상황들을 인식하여야 한다고 규정하고 있으며[797] 임시재판소 판례도 동일한 입장이다.[798]

　　무력충돌의 배경을 구성하는 사실적 상황을 인식하면 족하며 이에 대한 법적 평가까지 필요한 것은 아니다.[799] 또한 무력충돌이 국제적인 것인가 아니면 비국제적인 것인가를 결정짓는 사

---

795) Ambos, Kai, 전게서 II, p. 143.

796) Werle, Gerhard; Jeßberger, Florian, 전게서, p. 425.

797) 로마규정 범죄구성요건 제8조 Introduction (c), 제2항 (a)(i) 3, (a)(iv) 5.

798) 과거 임시재판소 판례에서는 무력충돌 요건을 재판권 요소로만 보기도 하였으나(Lukić, ICTY (TC), judgment of 20 July 2009, para. 871) 현재는 무력충돌의 존재에 대한 사실적 상황들을 인식하여야 한다고 보고 있다. Kordić and Čerkez, ICTY (AC), judgment of 17 December 2004, para. 311, Naletilić, ICTY (AC), judgment of 3 May 2006, paras. 116-120.

799) Werle, Gerhard; Jeßberger, Florian, 전게서, p. 425.; MüKoStGB/Zimmermann/Geiß VStGB § 8 Rn. 207.

실까지 인식하고 있어야 하는 것은 아니며[800] 충돌의 종류를 구분할 수 있는 올바른 법적 관점이 요구되는 것도 아니다.[801] 다만 당해 행위가 오직 국제적 무력충돌의 경우에만 전쟁범죄로 처벌되는 경우라면 책임주의 원칙에 따라 충돌의 국제적 특성을 이루는 상황들을 인식하고 있어야 한다.[802]

로마규정은 제8조 제2항 (a)(i), (iii), (vi) 등의 일부 전쟁범죄에서는 '의도성(wilfulness)'이라는 보다 낮은 수준의 주관적 요건을 규정하고 있다.[803] 이러한 로마규정의 문언은 국제인도법에서 규정하고 있는 의도성(wilfulness)이라는 용어에 상응하는 것이다.[804] 국제인도법에 규정된 의도성은 미필적 고의 혹은 dolus eventualis의 영역까지 포함하는 광범위한 것으로 해석되며[805] 임시재판소 역시 '의도성'에 대하여 이와 같은 완화된 해석을 승인하여 왔다.[806] 이러한 문언을 일부 전쟁범죄 조항에서 동일하게 채택한 로마규정의 경우에도 당해 범죄에 대하여는 일반적 주관적 요건을 완화시킨 것으로 보아 이러한 문언이 존재하는 전쟁범죄의 경우에는 미필적 고의의 영역까지 포함되는 것으로 해석되고 있다.[807]

여기에서 한 걸음 더 나아가 로마규정에서 직접 의도성이라는 용어를 사용하지 않더라도 전제되는 국제인도법의 규범에서 완화된 주관적 요건이 확인된다면 로마규정에서도 완화된 주관적 요건이 적용될 수 있다는 주장이 있다. 예를 들면 로마규정 제8조 제2항 (b)(vi)의 전제가 되는 부

---

800) 로마규정 범죄구성요건 제8조 Introduction (b).

801) 로마규정 범죄구성요건 제8조 Introduction (a); 무력충돌의 법적 성격에 대한 평가를 요구하지 않는 것은 제3국의 지원이 있는 경우와 같이 무력충돌의 성격이 국제적 무력충돌인가 아니면 비국제적 무력충돌인가 여부가 명확하지 않은 경우에 실제로 의미를 가질 수 있다. Werle, Gerhard; Jeßberger, Florian, 전게서, p. 425.

802) Naletilić and Martinović, ICTY (AC), judgment of 3 May 2006, para. 113 이하; 다만 상황증거에 의존한 판단을 허용하는 실무 관행에 비추어 실질적 차이는 존재하지 않는다는 입장은 Ambos, Kai, 전게서 I, p. 288.

803) 로마규정 제8조 제2항 (a)(i) Wilful killing (iii) Wilfully causing great suffering, or serious injury to body or health (vi) Wilfully depriving a prisoner of war or other protected person of the rights of fair and regular trial; 우리 법에서 사용되는 고의 개념과 관련하여 wilfulness의 용어를 번역하기는 용이하지 않다. 본서에서는 일응 의도성이라는 용어를 사용하기로 한다.

804) 제네바협정 III 제130조 'wilful killing', 'wilfully causing great suffering or serious injury to body or health', 'wilfully depriving a prisoner of war of the rights of fair and regular trial'; 부속의정서 I 제11조 제4항 'any wilful act or omission which seriously endangers the physical or mental health or integrity of any person'; 제85조 제3항, 제4항 'the following shall be regarded as grave breaches of this Protocol, when committed wilfully' 등.

805) Jean-Marie Henckaerts, Louise Doswald-Beck, Customary International Humanitarian Law, Vol. I (2005), p. 574에서는 wilfully를 dolus directus나 or recklessly (dolus eventualis)로 해석하고 있으며, B. Zimmermann, in Y. Sandoz, C. Swinarski, and B. Zimmermann (eds), Commentary on the Additional Protocols (1987), para. 3474에서는 과실과 구분되는 wrongful intent 혹은 recklessness으로 해석하고 있다.

806) Kvočka et al., ICTY (AC), judgment of 28 February 2005, para. 261; Mucić et al., ICTY (TC), judgment of 16 November 1998, para. 439; Krstić, ICTY (TC), judgment of 2 August 2001, para. 485 등.

807) Ambos, Kai, 전게서 I, pp. 276, 298; Werle, Gerhard; Jeßberger, Florian, 전게서, p. 426.

속의정서 Ⅰ 제85조 제3항의 해석상 의도성의 요건이 적용될 수 있으므로 로마규정에 있어서도 완화된 주관적 요건이 적용되어야 한다는 주장이다.[808] 그러나 이러한 형태의 완화된 해석은 로마규정이 채택하고 있는 죄형법정주의 원칙에 비추어 타당하지 않은 것으로 생각된다.[809]

비록 국제인도법에는 의도성(wilfulness)이라는 용어가 사용되었다 하더라도 로마규정의 체계적 해석에 따라 오히려 주관적 요건을 강화시켜 해석하여야 하는 경우가 있다. 민간인, 민간대상물 등 비군사 목적물에 대한 직접적 공격 관련 범죄의 경우가 여기에 해당한다.[810] 비록 이러한 범죄에 대응하는 국제인도법의 조항에서는 의도성(wilfulness)이라는 용어를 사용하고 있지만[811] 뒤에서 살필 바와 같이 전쟁범죄의 체계적 구조에 비추어 이러한 형태의 전쟁범죄가 성립하기 위해서는 목적적이고 의지적인 요소가 필요한 것으로 해석되기 때문이다.

---

808) Werle, Gerhard; Jeßberger, Florian, 전게서, p. 427.
809) Jean-Pierre Bemba Gombo, ICC (PTC), decision of 15 June 2009, para. 369 참조.
810) 로마규정 제8조 제2항 (b)(i), (ii), (e)(iv) 등.
811) 부속의정서 Ⅰ 제85조 제3항 서두 부분.

제 4 장 배경적 요소로서의 무력충돌

제 1 절 무력충돌(Armed Conflict)

1. 무력충돌의 인정 기준

전쟁범죄의 기초가 되는 국제인도법은 평화시가 아닌 무력충돌의 상황에서만 적용되며 이를 기초로 한 전쟁범죄법 역시 무력충돌의 상황에서만 적용될 수 있다.[812] 무력충돌의 존재는 전쟁범죄의 국제적 요소 혹은 배경적 요소를 이루는 것으로[813] 무력충돌과의 연계는 전쟁범죄의 필수적 성립 요건이다. 불안전하고 가변적 상황을 조성하는 무력충돌은 국제적 재판권을 인정시키는 국제적 이해관계를 조성한다.[814]

국제인도법 발전의 초기단계에서는 국제인도법 적용 여부를 개별 국가가 전쟁을 명시적으로 선언하였는가 여부에 의존함으로써 충돌 당사자들이 법령의 적용을 회피하기 위하여 전쟁 상태를 부정하는 형식적 논거를 제공할 수 있었다. 따라서 최근의 국제인도법과 전쟁범죄법은 충돌 당사자가 전쟁상태임을 인정하는가 보다는 객관적으로 무력충돌이 존재하는가 여부에 초점을 맞추고 있다.[815] 그러나 충돌 당사자 사이에 객관적으로 존재하는 모든 충돌이 국제인도법의 무력충돌 개념에 포함되는 것은 아니며 국제인도법에서 요구하는 일정한 강도(强度)의 기준을 충족시켜야 한다.[816]

주의할 것은 모든 형태의 무력충돌에 공통적으로 적용될 수 있는 무력충돌에 대한 통일적 개념이 존재하지 않으며 충돌의 형태에 따라 상이한 무력충돌의 개념이 적용된다는 점이다. 일

---

812) 다만 국가 간 선전포고가 있었던 경우와 같은 예외적 상황에서는 무력충돌이 현실적으로 발생하지 않은 경우에도 국제인도법이 적용될 수 있다.

813) Ambos, Kai, 전게서 II, p. 122.

814) Cryer, Robert; Friman, Håkan; Robinson, Darryl; Wilmshurst, Elizabeth, 전게서, p. 275.

815) 제네바협정 공통 제2조 참조.

816) 무력충돌의 개념이 충족된다면 이에 대한 규범적 평가에 따라 무력충돌의 성격을 국제적 무력충돌 혹은 비국제적 무력충돌로 구분함으로써 적용될 수 있는 국제인도법과 전쟁범죄법의 내용이 결정되는 것이다.

반적으로 무력충돌은 그 발현 양상에 따라 서로 다른 국가들 사이에 발행하는 '국가간 충돌(inter-state conflicts)', 한 국가 내에서 정부군과 무장단체 사이에서 발생하거나 혹은 무장 단체들 사이에서 발생하는 '국가 내 충돌(intra-state conflicts)', 주체의 측면에서는 국가 내 충돌과 동일하나 그 발생장소가 하나의 국가를 넘어서는 '초국가적 충돌(transnational conflicts)' 등으로 일응 구분될 수 있다.[817] 그리고 무력충돌의 존부를 결정하는 무력충돌의 강도(強度)에 관한 요건 기준은 무력충돌 그 자체가 국제적 이해관계를 발생시킬 수 있는 것인가 여부에 따라 국내적 충돌과 국가간 충돌에서 서로 다르게 결정된다.

기본적으로는 국가간 분쟁에서 군사력이 사용되거나 정부와 조직화된 무장단체간 혹은 조직화된 무장단체들 사이에 상당한 기간 동안 무력이 사용된 경우에는 무력충돌이 존재하는 것으로 인정된다.[818] 그리고 국제적 무력충돌의 가장 전형적인 경우인 국가간 충돌에서는 무력이나 폭력이 실제 사용되지 않은 선전포고나 최초의 작은 무력충돌만으로도 전쟁범죄의 무력충돌로 인정될 수 있다. 왜냐하면 조직적이고 체계적으로 운영되는 특정 국가의 군대가 선전포고를 하고 전쟁을 개시하는 단계에 이르거나 이들 사이에 발생하는 작은 무력충돌이 대규모의 물리적 충돌로 이어질 가능성이 매우 높기 때문이다. 그러나 국내적 무력충돌의 경우에는 조직화된 당사자 사이에 일정한 강도(強度) 이상의 무력충돌이 현실적으로 존재할 것이 요구된다. 조직화되지 않은 단기적 소요나 개별적 테러리스트의 행위 등 개별 국가에 의하여 규율되어야 하는 일반적 범죄 상황과 구분할 필요성이 있기 때문이다.[819]

이러한 판단 과정에서 무력충돌의 존재 여부는 실제로 발생한 상황에 따라 객관적으로 결정된다. 선전포고 유무나 교전상태의 선언 여부가 무력충돌의 존부를 결정하는 결정적 요소는 아니며[820] 충돌 당사자에게 귀속될 수 있는 무력의 전개가 존재하는가 여부가 중요한 판단 요소로 작용한다.[821] 무력충돌의 강도가 국제인도법의 적용을 충족시킬 수준에 이르렀는가의 판단은 객관적으로 결정된다.[822] 무력충돌의 강도를 판단하는 요소에는 '공격의 규모와 심각성 및 반복성,

817) 특히 초국가적 충돌은 소위 테러와의 전쟁과 관련하여 발생하고 있다. Werle, Gerhard; Jeßberger, Florian, 전게서, p. 411.

818) Lubanga Dyilo, ICC (TC), judgment of 14 March 2012, paras. 531 et seq, para. 533; Bemba, ICC (PTC), decision of 15 June 2009, paras. 229 et seq; Tadić, ICTY (AC), decision of 2 October 1995, para. 70; Boškoski and Tarčulovski, ICTY (AC), judgment of 19 May 2010, para. 21; 무력충돌의 개념은 탄력적인 것으로 군대 사이의 충돌에 적용됨은 물론 저항이 없는 침공(제네바협정 공통 제2조), 공중 폭격 혹은 허가받지 않은 상태에서 군대가 국경을 횡단하는 경우(Cryer, Robert; Friman, Håkan; Robinson, Darryl; Wilmshurst, Elizabeth, 전게서, p. 276), 드론 공격 등에서도 인정될 수 있다.(Ambos, Kai, 전게서 II, p. 124)

819) Ambos, Kai, 전게서 II, p. 127.

820) Ambos, Kai, 전게서 II, p. 123.

821) Mucić et al. (Čelebići), ICTY (TC), judgment of 16 November 1998, para. 183.

822) 무력충돌의 존재 여부를 당사자들의 재량적 판단에 의존시킬 경우 국제인도법이 적용되지 않도록 충돌의 강도를 최소화시켜 판단하려는 경향이 생길 수 있어 무력충돌에서의 피해자 보호라는 목적은 달성될 수 없을 것이다. Ambos, Kai, 전게서 II, p. 127.

공격의 증가 여부, 작전 유형, 무기의 이동성과 편재성, 전투 시간, 지역적 확장성, 이러한 충돌이 유엔 안전보장이사회의 주목을 끌고 있는가의 여부 및 관련 결의 통과 여부' 등이 포함된다.[823] 그리고 '적대행위의 집합적 특성, 정부 군대의 증가 여부, 지원자를 동원하였는가 여부 및 충돌 당사자들 사이에서 활용되는 무기의 종류, 충돌로 인한 주민의 대규모 이동 여부' 등도 함께 고려된다.[824]

이와 같이 무력충돌 여부를 결정하는데 적용되는 기준은 무력충돌의 존재를 전제로 이루어지는 국제성 여부에 대한 판단기준과 동일하지 않다. 무력충돌의 개념은 무력충돌 그 자체가 국제적 이해관계를 발생시킬 수 있는 것인가 여부에 따라 결정되며 자국 내에서 발생하는 문제에 대하여는 개별 국가가 배타적 권한을 행사할 수 있도록 할 수 있다는 주권에 대한 고려도 함께 이루어진다. 그러나 이와 달리 국제적 무력충돌과 비국제적 무력충돌의 구분은 일단 무력충돌이 존재함을 전제로 국제인도법의 적용이라는 규범적 측면을 중심으로 당해 사건에서 어떠한 국제인도법 체계가 적용될 것인가를 결정하는 것이다. 따라서 동일하게 국제적 무력충돌로 분류되는 사례들 중에도 무력충돌의 개념을 결정함에는 상이한 기준이 적용됨으로써 국가간 충돌과 국내적 충돌이 모두 포함될 수 있다.

2. 사이버 공격

사이버 전쟁이라는 새로운 현상은 전쟁에 관한 국제법 분야에 새로운 도전으로 나타나고 있다.[825] 사이버 공격은 일반적으로 '사람에 대한 상해나 사망 혹은 물체에 대한 손실이나 파괴를 야기할 것으로 합리적으로 기대되는 사이버 작전'으로 정의될 수 있다.[826]

사이버 전쟁과 관련하여 제기되는 첫 번째 질문은 고전적 무력충돌 기간 동안 수행된 사이버 작전에 대하여 국제인도법이 적용될 수 있는가 여부이다. 이와 관련하여 국제적 무력충돌뿐만 아니라 비국제적 무력충돌의 상황에 있어서도 국제인도법이 사이버 작전에 대하여도 적용되는 것으로 일반적으로 받아들여지고 있다.[827]

두 번째로 오직 사이버 충돌 또는 사이버 공격만으로 국제인도법의 무력충돌 요건을 충족시킬 수 있는가 여부이다. 일정한 강도와 효과 요건을 충족시키는 사이버 공격이 국가들 사이에서

---

823) Lubanga Dyilo, ICC (TC), judgment of 14 March 2012, para. 538.

824) Mile Mrkšić et al., ICTY (TC), judgment of 27 September 2007, para. 419; Mucić et al. (Čelebići), ICTY (TC), judgment of 16 November 1998, para. 187.

825) '사이버 전쟁(cyber warfare)에 대한 전반적인 것은 M.N. Schmitt (ed.), Tallinn Manual on the International Law Applicable to Cyber Warfare (2013). 이하 Tallinn Manual이라고 약칭한다. 위 메뉴얼은 NATO의 고위급 합동 사이버 방어센터의 요청에 따라 사이버 전쟁에서 jus ad bellum과 jus in bello가 어떻게 적용될 것인가에 대하여 Michael N. Schmitt가 인도한 20명의 전문가 그룹이 작성한 것이다.

826) Tallinn Manual, Rule 30.

827) Tallinn Manual, Rule 20.

발생한 경우라면 사이버 공격만으로도 국제적 무력충돌의 개념은 충족되는 것으로 보고 있다.828) 비국제적 무력충돌의 경우에도 사이버 공격만으로 무력충돌 요건의 충족이 가능하나829) 요구되는 강도(强度)와 지속성을 고려할 때 매우 드물게 인정될 수 있을 것으로 여겨지고 있다.830)

제 2 절   국제적 무력충돌

무력충돌의 개념을 국제적 무력충돌과 비국제적 무력충돌로 구분하는 것은 단순히 이론적 차원의 문제가 아니다. 앞서 본 바와 같이 최근의 동조화 현상에도 불구하고 무력충돌의 유형에 따라 적용되는 국제인도법의 내용에는 차이가 있으며 전쟁범죄에 해당하는가 여부도 무력충돌의 형태에 따라 상이하기 때문이다.831)

전통적 입장에서는 국제적 무력충돌은 두 개 이상의 국가 사이에서 발생하는 충돌이며 비국제적 무력충돌은 한 국가의 영토 내에서 당해 국가와 동일한 국적을 가진 무장단체 상호간의 충돌로 이해되어 왔다.832) 그러나 다음에서 보는 바와 같이 충돌의 주체와 지리적 영역 등의 단순한 기준만을 적용하여 국제적 무력충돌인가 아니면 비국제적 무력충돌인가를 구분할 수는 없는 상황이다.

실제 상황에서 충돌의 법적 성격을 구분 짓는 것의 어려움은 다음과 같은 ICTY 판결에서 나타난다. 구 유고슬라비아에서의 충돌은 상대 당사자의 구성에 급속한 변화가 발생하는 등 충돌의 성격을 특징짓는 것이 매우 어려운 상황이었다.

> 구 유고슬라비아에서의 충돌은 국내적인 것이자 국제적인 것 혹은 선택적인 것으로 특징지어질 수 있었다. 왜냐하면 국제적 충돌과 함께 국내적 충돌, 외부의 개입으로 국제화된 국내적 충돌, 후속적으로 국내적 충돌로 대체된 국제적 충돌 혹은 이들이 결합된 형태가 존재하는 것으로 볼 수 있었기 때문이다.833)

이와 같은 복합적 상황은 이전 유고슬라비아에서의 충돌에서만 특별히 발생한 것이 아니

---

828) Tallinn Manual, Rule 22. 다른 나라에 소재하는 무장단체에 대한 지원에 관한 것은 para. 6. 이하, 기타 일반적 기준에 대한 것은 para. 12 이하 참조.
829) Tallinn Manual, Rule 23.
830) Tallinn Manual, Rule 23, para. 2; Werle, Gerhard; Jeßberger, Florian, 전게서, p. 411; 사이버 공격의 경우에도 준별의 원칙이 적용될 것이나 군대 컴퓨터 체제와 민간 컴퓨터 체제 사이에 존재하는 상호 연계성과 이중적 사용의 현황에 비추어 준별의 원칙 적용이 거의 어려우며 비례성의 원칙도 충족시키기 어려워진다는 것은 Ambos, Kai, 전게서 II, p. 145.
831) Werle, Gerhard; Jeßberger, Florian, 전게서, p. 411.
832) Ambos, Kai, 전게서 II, p. 131; 로마규정 제8조 제2항 (f)에서도 비국제적 무력충돌에 관한 제2항 (e)의 규정은 한 국가의 영토 내에서 발생하는 정부당국과 조직화된 무장집단간 또는 무장집단들간의 무력충돌에 적용되는 것으로 규정하고 있다.
833) Tadić, ICTY (AC), decision of 2 October 1995, para. 72.

다.834) 외부적 간섭이 존재하는 경우 이외에도 국가와 무장집단 사이의 충돌이 한 국가의 영역을 넘어서 발생하는 경우 충돌의 법적 성격을 둘러싸고 논란이 존재할 수 있다.

1. 국가간 충돌

국제적 무력충돌의 전형적 형태는 두 개 이상의 국가들 사이에서 발생하는 국가간 충돌이다.835) 이러한 유형의 충돌은 어떤 한 국가가 국제적으로 보호받는 다른 국가의 영토에 대하여 직접적으로 무력을 사용하는 경우에 인정된다.836) 국가간 충돌은 본질적으로 국가가 양당사자가 되어 동등한 입장에서 싸우는 것이다. 따라서 국가가 반군에 대하여 국가 권력을 행사하는 권력적 성격이 함께 존재하는 비국제적 무력충돌의 경우와 구분된다.

국제적 무력충돌로 인정되기 위해서는 직접적인 무력의 사용이 존재하여야 하며 단순한 군사적 위협이나 군사력이 사용되지 않는 경제제재는 무력충돌로 간주되지 않는다.837) 앞서 본 바와 같이 당사자들이 대상 충돌을 전쟁으로 간주하는가 혹은 전쟁이라는 명칭을 사용하는가의 여부와 관계없이 무력 사용 여부를 기준으로 객관적으로 판단되므로838) 무력을 사용한 국가가 그러한 무력사용을 단순한 경찰행위라고 주장함으로써 국제인도법의 적용을 막을 수는 없다. 다만 선전포고가 있었던 경우에는 실제의 전쟁행위로 이어지지 않아 무력이 아직 사용되지 않았다 하더라도 국제인도법이 적용될 수 있다.839)

국가간 충돌에서 무력사용의 규모는 중요하지 않으며 사소한 작은 전투에도 국제인도법이 적용될 수 있다.840) 점령 그 자체가 무력충돌에 해당할 수 있는가 혹은 점령이 무력충돌에 해당하지는 않으나 국제인도법이 적용될 수 있는 경우인가 여부에 대하여는 논란이 있다. 제네바협정 공통 제2조는 점령이 무력충돌과 별개의 유형임을 암시하는 듯한 표현을 사용하고 있으나 로

---

834) 미국의 개입에 의하여 당초 비국제적 무력충돌이었던 에티오피아와 니카라구아에서의 충돌이 국제적 무력충돌로 변모되었다는 주장은 Deidre Willmott, 전게논문, p. 19.

835) Lubanga Dyilo, ICC (TC), judgment of 14 March 2012, para. 541; Bemba, ICC (PTC), decision of 15 June 2009, para. 223; Tadić, ICTY (AC), judgment of 15 July 1999, para. 84.

836) Werle, Gerhard; Jeßberger, Florian, 전게서, p. 412.

837) Werle, Gerhard; Jeßberger, Florian, 전게서, p. 413.

838) Kordić and Čerkez, ICTY (AC), judgment of 17 December 2004, para. 373; Milutinović et al., ICTY (TC), judgment of 26 February 2009, para. 125; 1949년 제네바협정 공통 제2조는 전쟁이 아닌 무력충돌이라는 용어를 사용함으로써 전쟁이라는 형식적 개념을 전제로 국제인도법을 적용하던 과거의 문제점을 해소하고 있다. J.S. Pictet, Geneva Convention I, Commentary, Geneva, International Committee of the Red Cross (1957), p. 28 et seq.

839) 제2차 대전 기간 동안 라틴아메리카 국가들은 주축국에 대하여 선전포고를 하였으나 실제 전투에는 참가하지 않았다. Werle, Gerhard; Jeßberger, Florian, 전게서, pp. 413, 416.

840) Werle, Gerhard; Jeßberger, Florian, 전게서, p. 412; 국제적 무력충돌과 달리 비국제적 무력충돌에 적용되는 부속의정서 II 제1조 제2항과 로마규정 제8조 제2항 (d)와 (f)에 규정된 '폭동이나 국지적이고 산발적인 폭력행위 또는 이와 유사한 성격의 다른 행위와 같은 국내적 소요나 긴장사태에는 적용되지 아니한다'는 내용의 반대해석에 의하여도 이러한 결론은 지지된다. Ambos, Kai, 전게서 II, p. 123.

마규정 범죄구성요건은 점령을 무력충돌의 항목에 포함시키고 있다.[841] 따라서 어떤 입장을 취하든지 적국의 전부 또는 일부의 점령이 있었다면 직접적 무력의 사용이 수반되지 않았더라도 국제인도법이 적용된다.[842]

2. 독립전쟁과 민족해방전쟁

두 개 이상의 국가가 관여되지는 않았으나 국제적 무력충돌의 범주에 포함되는 경우가 독립전쟁 혹은 민족해방전쟁이다. 제네바협정 부속의정서 I 제1조 4항은 '주민들이 식민지 지배와 외국의 점령에 대항하여 그리고 자기결정권의 행사에 있어서 인종차별주의 정권과 싸우는 경우'를 국제적 무력충돌의 개념에 명시적으로 포함시키고 있다. 따라서 독립전쟁의 경우에는 오직 한 국가만 관여되어 있는 경우라 할지라도 국제적 무력충돌로 인정된다. 그러나 이러한 유형의 충돌은 국제적 무력충돌이면서도 국가간 충돌이 아닌 국내적 충돌 혹은 초국가적 충돌의 성격을 가지고 있으므로 무력충돌의 개념 충족 여부는 국내적 충돌 혹은 초국가적 충돌에 입각하여 판단되어야 한다.[843]

이와 같이 국제인도법 영역에서 국제적 무력충돌의 관념이 확장되고 있음은 명확하나 이처럼 확장된 국제인도법에서의 관념이 전쟁범죄를 규정한 로마규정에 그대로 이전될 수 있는 것인지 아니면 전쟁범죄를 다루는 국제형사법의 영역에 있어서는 여전히 이러한 상황들이 비국제적 무력충돌로 다루어져야 하는 것인지 여부에 대하여는 논란이 있다. 그러나 전쟁범죄법은 국제인도법의 집행에 봉사한다는 점에서 국제형사법 상으로도 국제적 무력충돌로 간주되어야 할 것이다.[844]

---

841) 로마규정 범죄구성요건 제8조 (2)(a)(i) 주석 34 참조; 국제형사재판소는 위 조항이 제8조 (2)(a)에서의 범죄 뿐 아니라 제8조 (2)(b)의 범죄에도 동일하게 적용된다고 판시하고 있다. Lubanga Dyilo, ICC (TC), judgment of 14 March 2012, para. 542.

842) 점령당국의 실질적 통제 등 일정한 영역이 점령된 것으로 간주된 것으로 판단할 수 있는 상황에 대한 것은 Naletilić and Martinović, ICTY (TC), judgment of 31 March 2003, paras. 210 et seq.

843) Werle, Gerhard; Jeßberger, Florian, 전게서, p. 413; 전형적인 국제적 무력충돌에 해당하지 않는 상황에서 타국의 지원이 있었던 경우 무력충돌이 인정된 사례에 대한 비판적 고찰은 J.G. Stewart, "Towards a Single Definition of Armed Conflict in International Humanitarian Law : A Critique of Internationalized Armed Conflict", 85 International Review of the Red Cross (2003), p. 329 et seq.

844) Werle, Gerhard; Jeßberger, Florian, 전게서, p. 414; 국제인도법의 확장 문제는 부속의정서 I의 효력 문제와 관련이 있다. 국제적 무력충돌 개념의 확장이 전쟁범죄법에 적용되지 않는다고 본다면 동일한 상황을 두고 국제인도법에 있어서는 국제적 무력충돌로 취급되고 국제형사법에 있어서는 비국제적 무력충돌로 취급되는 문제점이 발생한다. 그러나 반대의 입장을 취할 경우에는 제네바협정 부속의정서 I이 위 의정서를 비준하지 않은 국가들에도 적용되어야 한다는 것이므로 이러한 구속성을 인정하려면 제네바협정 부속의정서 I의 국제관습법으로서의 성격을 승인하여야 하는 문제가 발생한다. 이와 관련하여 보다 조심스런 입장을 표명한 것으로는 Cryer, Robert; Friman, Håkan; Robinson, Darryl; Wilmshurst, Elizabeth, 전게서, p. 277; 부속의정서 I 제1조 제4항의 국제관습법으로서의 지위에 의문을 표시하는 견해는 D. Akande, "Classification of Armed Conflict; Relevant Legal Concepts", in Elizabeth Wilmshurst (ed.), International Law and the Classification of

3. 타국의 지원이 있는 경우

한 국가 내에서의 무력충돌이 국가와 다른 비국가단체 사이 혹은 비국가단체들 사이에서 발생한다면 독립전쟁 등의 예외에 해당하지 않는 한 원칙적으로 비국제적 무력충돌에 해당한다. 그러나 외견상으로는 하나의 국가와 그 국가 내에 존재하는 집단 사이의 무력충돌로 보이는 상황이라 하더라도 교전당사자의 행위를 다른 국가에 귀속시킬 수 있는 요건이 충족되는 경우라면 그 다른 국가 역시 충돌 당사자의 지위를 갖게 되어 국제적 무력충돌의 성격을 갖게 된다.

만일 제3국이 직접적 무력개입이 아닌 무력충돌을 벌이고 있는 비국가 무장단체에 대하여 무기공급 등의 방법으로 적극적인 지원행위를 하였다면 어떠한 요건 하에 이를 국제적 무력충돌로 취급할 수 있는가의 문제이다. 이러한 지원을 이유로 무장단체의 행위를 지원국에 귀속시킬 수 있는 경우라면 그러한 무장단체는 다른 국가의 대리인으로 기능한 것이며 따라서 국제적 무력충돌로 판단될 수 있을 것이다.[845] 그런데 다른 국가의 지원을 받아 무력충돌을 수행하는 사람이 그 지원국에 귀속될 수 있는 일정한 법적 지위를 보유하고 있는 경우가 아니라 사실적으로만 관련되어 있을 뿐이라면 어떤 상황에서 이들의 행위를 지원 국가의 행위로 귀속시킬 수 있는가는 판단하기가 용이하지 않은 과제이다.[846]

이러한 문제에 대하여 ICTY의 Tadić 사건 항소심은 1심의 결과를 뒤집고[847] 문제된 행위가 군사적으로 조직화된 집단의 행위인가 아니면 개인의 행위인가를 먼저 구분한 후 조직화된 집단의 행위에 대하여는 국제적 무력충돌의 인정에 대한 보다 완화된 기준을 제시한 바 있다. 위 판결에서는 개인이나 군사적으로 조직화되지 않은 집단에 의한 행위에 대하여는 전반적 통제권한

Conflict (2012), p. 25.

845) Werle, Gerhard; Jeßberger, Florian, 전게서, p. 414.

846) 이러한 상황에 대하여 국제인도법은 명확히 규정하고 있지 않다. 포로의 지위를 부여하는 범위에 대하여 제네바협정 III 제4조 (a)(2)는 일방 당사자의 군대구성원들뿐만 아니라 민병대, 지원군, 저항군의 구성원들이 그들 군대의 일부에 속할 경우 전쟁포로의 지위를 부여한다고 규정하고 있다. 그러나 이들이 언제 어떠한 조건 하에서 일방 당사자 군대의 일부를 구성하는가에 대하여는 구체적인 기준이 존재하지 않는다. Werle, Gerhard; Jeßberger, Florian, 전게서, p. 414.

847) 위 사건에서는 유고연방의 지원을 받았던 군대의 행위를 유고연방의 행위로 귀속시킬 수 있는가 여부가 쟁점이었다. 당시 유고연방은 그들의 군대를 보스니아에서 철수시킨 것처럼 행세하면서도 이전 유고연방 군대에 속하였던 보스니아 기원(起源)의 군대를 그대로 남겨 두었으며 이들 군대는 이전과 동일한 인원, 무기, 장비를 사용하면서 유고연방으로부터의 자금지원도 받고 있었다. 위 사건의 1심에서는 국제사법재판소의 판결에서 취하고 있는 상대적으로 엄격한 '유효한 통제(effective control)' 원칙을 취하여 유고연방이 직접 특정한 명령을 내렸다거나 혹은 그러한 작전을 사실상 지도하였음을 입증할 증거를 찾지 못하였다는 이유로 그러한 행위를 유고연방에 귀속시킬 수 없다고 보았다. Tadić, ICTY (TC), judgment of 7 May 1997, paras. 588-607; 그러나 이러한 판결에 대하여는 강력한 반대의견이 존재하였으며 분쟁의 실제적인 상황을 반영하지 못한 것이라는 비판도 제기되었다. Cryer, Robert; Friman, Håkan; Robinson, Darryl; Wilmshurst, Elizabeth, 전게서, p. 278.

을 넘어서 특정한 행동에 대한 지시가 있거나 사후적일지라도 이러한 행위에 대한 공개적 승인이 필요하다고 보았다.848) 그러나 이와 달리 군사적으로 조직화된 집단의 행위일 경우에는 지원국가가 당해 집단에 대하여 '전반적 통제권한(overall control)'을 갖는 경우에 이러한 귀속이 가능하다고 보았다.849) 전반적 통제권한이 인정되기 위해서는 무기를 공급하거나 자금을 지원하는 것만으로는 부족하며 당해 집단의 군사작전을 조정하거나 혹은 이러한 군사작전에 대한 일반적 계획을 지원하는 것이어야 한다. 그러나 당해 국가에서 군사집단 지휘관 등에 대하여 국제법에 위반하는 행위를 명령하였어야 할 필요까지는 없다. 조직화된 집단의 경우 이처럼 완화된 요건을 인정한 것은 지도자의 명령에 복종하는 집단 내의 관료주의적 구조에 근거한 것으로 이러한 조직을 지원한 국가가 이와 같은 군대 조직의 이점을 누리고 있다면 그 결과에 대하여도 책임을 부담하여야 한다는 것이다.850) 한편 일반 제3국의 개입과 달리 유엔의 군사작전 개입의 법적 효과에 대하여는 아직까지 명확한 결론이 내려져 있지 않은 것으로 보인다.851)

848) Tadić, ICTY (AC), judgment of 15 July 1999, para. 137; 이러한 입장을 따른 국제형사재판소의 판례는 Lubanga Dyilo, ICC (TC), judgment of 14 March 2012, para. 541; Lubanga Dyilo, ICC (PTC), decision of 29 January 2007, paras. 209 et seq; Katanga and Ngudjolo Chui, ICC (PTC), decision of 30 September 2008, paras. 238 et seq; 사후적 승인을 귀속의 요건으로 인정한 것은 국제적 무력충돌의 경우에만 성립할 수 있는 전쟁범죄의 경우에 있어서 행위 당시에는 국제적 성격을 갖지 않았던 경우를 사후적으로 소급 처벌하도록 하는 것이라는 비판은 Werle, Gerhard; Jeßberger, Florian, 전게서, p. 415.
849) Tadić, ICTY (AC), judgment of 15 July 1999, para. 137. 이와 동일한 취지의 판결들은 Aleksovski, ICTY (AC), judgment of 24 March 2000, paras. 129 et seq; Kordić and Čerkez, ICTY (AC), judgment of 17 December 2004, paras. 306 et seq; 이러한 입장은 국제사법재판소가 국가책임 여부를 결정함에 있어 취하고 있는 접근방법과는 상이한 것이다. 국제사법재판소는 이러한 상황에서 국가책임을 인정하기 위한 원칙으로 여전히 유효한 통제 원칙(effective control test)을 고수하고 있다. Nicaragua v USA, ICJ, judgment of 27 June 1986 (Case Concerning Military and Paramilitary Activities in and Against Nicaragua), ICJ Rep. 1986, 14, para. 115; Bosnia and Herzegovina v Serbia and Montenegro, ICJ, judgment of 26 February 2007 (Application of the Convention on the Prevention and Punishment of the Crime of Genocide), ICJ Rep. 2002, 43, para. 403. 그러나 국가책임과 관련하여 원칙론적으로는 이러한 입장을 고수하면서도 제3국의 개입에 따른 무력충돌의 성격을 판단함에 있어서는 보다 완화된 요건이 적용될 수도 있다는 것은 Bosnia and Herzegovina v Serbia and Montenegro, ICJ, judgment of 26 February 2007 (Application of the Convention on the Prevention and Punishment of the Crime of Genocide), ICJ Rep. 2002, 43, para. 404.
850) Tadić, ICTY (AC), judgment of 15 July 1999, paras. 120 et seq, para. 131.
851) 유엔 군대의 개입 상황에 있어서는 별도의 의문점들이 존재할 수 있다. 우선 국제인도법이 국제연합의 군대에도 적용되는가 여부와 관련하여 유엔은 국제기구이고 따라서 그 자체로 제네바협정이나 국제인도법의 당사국은 아니나 분쟁 참가자들은 국제인도법의 기본적인 원칙들에서 면제될 수 없으며 따라서 무력충돌에 관한 법은 유엔 군대의 작전에도 적용되는 것으로 인정되고 있다. 그러나 유엔군의 개입이 국내적 충돌을 국제적 충돌로 변화시키는가 여부에 대하여는 아직 명확한 결론이 내려져 있지 않은 것으로 보인다. 이에 대하여 당사국의 동의를 받은 경우에는 국가들 사이의 충돌이 없다는 점에서 비국제적 무력충돌의 성격을 유지하나 당사국의 의사에 반하여 개입한 경우에는 국제적 무력충돌로 변모되는 것으로 보인다는 견해가 있다. D. Akande, "Classification of Armed Conflict; Relevant Legal Concepts", pp. 64-70; 이와 유사한 것으로 국제기구가 국가 내에 존재하는 무장 단체가 아닌 충돌 당사자인 국가의 편에서 개입한 경우에는 이를 국제적 무력충돌로 보지 않는 입장도 존재한다. 독일 검찰은 2009년 4월 아프가니스탄에 대한 공습과

4. 국가의 분리 독립 또는 연방의 해체

국가가 분리 독립하거나 연방이 해체되어 해체된 국가에 대한 국제적 승인이 존재할 경우 기존의 비국제적 무력충돌은 국제적 무력충돌로 변화된다. 그러나 단순히 일방적인 독립선언만으로는 무력충돌의 성격이 국제적 무력충돌로 변모되는 것은 아니다. 구 유고슬라비아 연방으로부터 독립한 슬로베니아, 크로아티아, 보스니아-헤르제꼬비나 등이 EU에 의하여 승인되고 1992년 5월 22일 유엔에 가입함으로써 이전의 비국제적 무력충돌은 이러한 신생국가들과 분리 독립 이후 남아 있던 유고연방공화국(Federal Republic of Yugoslavia, Serbia and Montenegro, FRY) 사이의 국제적 무력충돌로 변화되었다.852)

제 3 절 비국제적 무력충돌

1. 국내적 무력충돌

한 국가의 영토 내에서 정부의 군대와 다른 군사집단 혹은 군사집단들 사이에 벌어지는 국내적 무력충돌은 원칙적으로 비국제적 무력충돌의 성격을 갖는다.

제네바협정 공통 제3조는 국제인도법의 적용범위를 국내적 충돌까지 확장하고 있으며 이러한 체계는 제네바협정 부속의정서 II에 의하여 더욱 세밀하게 보완되고 있다. 이처럼 국내적 무력충돌도 국제인도법의 적용대상이 될 수 있으며 전쟁범죄법 역시 일정한 범위에서 국내적 무력충돌에 적용될 수 있다. 그러나 국제적 충돌이 아닌 국내적 충돌에 대하여 국제법이 관여하는 것은 국가주권에 대한 심각한 침해가 될 수 있다. 따라서 국내적 충돌의 경우에는 그러한 충돌이 국제적 충돌에 필적하는 경우로서 국제공동체의 이해에 영향을 미치는 경우에만 국가주권에 대한 간섭이 정당화될 수 있다.853)

실제 상황에서 국내적 충돌이 국제공동체의 이해에 영향을 미치는 양상은 국가간 충돌의 경우와는 차이가 있다. 왜냐하면 국가간 충돌의 경우 대립하는 대규모의 군대가 상호 마주하고 있는 까닭에 상대적으로 소규모의 충돌도 심각한 결과로 확대될 위험성이 높은 것이 일반적이나 국내에서 산발적으로 발생하는 소규모 충돌이 직접 세계평화를 위협하는 것으로 보기는 어렵기 때문이다.

관련한 결정에서 이러한 유형의 충돌은 국제적 무력충돌이 아니라는 입장을 취하였다. German Federal Prosecutor General, decision of 16 April 2010, 42; Werle, Gerhard; Jeßberger, Florian, 전게서, p. 413; 평화유지군이 정당방위로서의 무력을 행사하였을 뿐 주된 무력행사를 하지 않은 경우 논란은 있으나 무력충돌에 관여한 것으로 볼 수 없다는 것은 Abu Garda, ICC (PTC), decision of 8 February 2010, para. 83.

852) Ambos, Kai, 전게서 II, p. 134.
853) Werle, Gerhard; Jeßberger, Florian, 전게서, p. 417.

단순한 국내적 소요나 폭동과 이러한 국제적 성격의 무력충돌을 구분하는 기준으로는 무력충돌의 강도와 충돌당사자의 조직화 수준을 함께 고려하는 방식이 가장 일반적으로 받아들여지고 있다.[854] 이러한 기준은 ICTY의 Tadić 사건에서 최초로 나타난 것으로 '정부 권한 당국과 조직화된 무장단체들 사이 혹은 한 국가 내에서의 그러한 단체들 사이에서 오랜 군사적 폭력이 존재하는 경우'에 비국제적 무력충돌이 인정된다고 판시하였다. 그리고 이러한 기준은 이후 ICTR, 시에라리온특별재판소, 국제형사재판소에서도 채택되는 등 일반적으로 적용될 수 있는 기준으로 광범위하게 받아들여지고 있다.[855]

로마규정 역시 동일한 취지에서 제8조 제2항 (d)에서는 제네바협정 공통 제3조 위반인 비국제적 무력충돌의 요건을 규정하고 제8조 제2항 (f)에서는 공통 제3조 위반이 아닌 비국제적 무력충돌의 경우에 대하여 적용되는 무력충돌의 요건을 별도로 둠으로써 국제인도법의 대상이 되지 않는 일반적 국내충돌과의 구분을 도모하고 있다. 위 조항들은 공통적으로 '폭동이나 국지적이고 산발적인 폭력행위 또는 이와 유사한 성격의 다른 행위와 같은 국내적 소요나 긴장사태' 등은 무력충돌이 아니라고 규정한다. 이러한 문언은 기본적으로는 제네바협정 부속의정서 II 제1조 제2항에 상응하는 것이다.[856]

그런데 공통 제3조 위반이 아닌 비국제적 무력충돌에 적용되는 로마규정 제8조 제2항 (f) 제2문은 ICTY의 Tadić 사건을 반영하여 제8조 제2항 (d)에는 명시되어 있지 않은 다음 2개 요건을 규정하고 있다.[857]

첫 번째 요건은 당해 충돌이 정부와 조직화된 무장집단 사이 혹은 조직화된 무장집단들 사이에서 발생할 것이 요구된다는 것이다. 이는 충돌에 참가한 당사자들에 대하여 일정한 수준 이상의 조직화를 요구하는 것이다. 국제형사재판소는 위 요건의 해석과 관련하여 무장집단이 충분히 조직화된 것으로 볼 수 있는 몇 가지 예시적 기준을 제시하고 있다. 이러한 기준에는 당해 집단의 내부적 관료조직화, 명령의 체계와 규율, 화력을 포함한 군사물자의 이용 정도, 군사작전을 계획하고 실행할 수 있는 집단의 무력이나 능력, 군사적 관여의 정도, 심각성, 강도 등이 포함된다.[858]

---

854) Cryer, Robert; Friman, Håkan; Robinson, Darryl; Wilmshurst, Elizabeth, 전게서, p. 279.

855) Tadić, ICTY (AC), decision of 2 October 1995, para. 70; 이와 같은 요건을 통하여 강도 행위, 비조직적이고 단기간에 그치는 반란사태 등은 국제인도법의 대상이 되는 무력충돌의 개념에서 배제되는 것이다. Tadić, ICTY (TC), judgment of 7 May 1997, para. 562; Akayesu, ICTR (TC), judgment of 2 September 1998, paras. 619, 620; Taylor, SCSL (TC), judgment of 18 May 2012, paras. 563, 564; Lubanga, ICC (TC), judgment of 14 March 2012, paras. 534-538.

856) 부속의정서 II 제1조에서는 분쟁의 일방 당사자가 정부이어야 한다거나 일정한 지역을 점령하여야 한다는 요건을 두고 있으나 이러한 제한적 요소들은 로마규정에 수용되지 않았다.

857) 로마규정 제8조 제2항 (f) ---------- It applies to armed conflicts that take place in the territory of a State when there is **protracted armed conflict between governmental authorities and organized armed groups or between such groups.**

로마규정은 부속의정서 II와 달리 무장집단이 일정한 영토를 점거하고 있을 것을 요구하고 있지는 않다. 현재 시점에서는 지역적 장악을 포기한 채 타격 후 도주 전술을 따르는 현대식 게릴라전이 존재할 뿐 아니라 지역적 장악 여부보다 장거리 무기 혹은 고도의 이동성을 갖춘 무기들이 더욱 중요한 요소로 부각되면서 지역적 통제 요건은 적절하지 않게 되었다는 평가이다.[859] 그러나 비록 현재는 이러한 요건이 직접적으로 요구되지는 않으나 이러한 요건은 여전히 지속적 군사작전을 수행할 능력과 조직화된 정책의 존재 여부를 판단하는 중요한 요소로 작용할 수는 있을 것이다. 국제형사재판소에서는 지역적 통제 요건을 당해 집단이 장기간 군사작전을 수행할 수 있는 능력을 가졌는가를 결정하는 중요 요소로 보고 있다.[860]

두 번째 요건은 그러한 충돌이 장기간 지속되는 것이어야 한다는 것이다. 그러나 이러한 요건은 단순히 시간적 요소라기보다는 충돌의 지속성을 근거로 인정되는 충돌강도의 표식으로도 이해된다.[861] 이처럼 충돌 당사자의 조직화 정도와 충돌의 강도 요건을 충족시킨 경우에만 국내적 충돌이 국제공동체의 이해관계에 영향을 미치고 국가주권에 대한 간섭을 정당화하는 것이다.

나아가 이러한 요건을 명시적으로 규정하고 있지 않은 제8조 제2항 (d)의 경우를 제8조 제2항 (f)의 경우와 관련하여 어떻게 해석할 것인가의 문제가 남는다. 로마규정의 문언 상으로는 일반적 비국제적 무력충돌과 상당 기간 지속된 비국제적 무력충돌이 개념적으로 구분되며 지속성

858) Lubanga Dyilo, ICC (TC), judgment of 14 March 2012, para. 537; Mbarushimana, ICC (PTC), decision of 16 December 2011, para. 103; Lubanga Dyilo, ICC (PTC), decision of 29 January 2007, para. 234; Al Bashir, ICC (PTC), decision of 4 March 2009, paras. 59 et seq; 장기간의 군사작전을 수행할 수 있을 정도의 조직화에 이르러야 하며 명령체계와 내적 규율체계를 가지고 있는 것이어야 한다. Katanga and Ngudjolo Chui, ICC (PTC), decision of 30 September 2008, para. 239; Bemba, ICC (PTC), decision of 15 June 2009, para. 234; 기타 조직화의 정도에 대한 다른 평가요소로서 임시재판소가 고려한 것들에 대한 것은 Limaj et al., ICTY (TC), judgment of 30 November 2005, para. 89; Boškoski and Tarčulovski, ICTY (TC), judgment of 10 July 2008, paras. 194 et seq 등.

859) Werle, Gerhard; Jeßberger, Florian, 전게서, p. 418; 과거에는 단순한 폭동, 산발적 폭력행위를 배제하려는 제네바협성 부속의정서 II 세1조 제2항의 규정에 따라 일정한 영토의 점거가 지속적이고 조화로운 군사작전을 전개함에 있어 반드시 필요하다는 입장이 존재하였다. Musema, ICTR (TC), judgment of 27 January 2000, para. 258; 여전히 지역적 통제요건을 요구하는 기타 판례로는 Akayesu, ICTR (TC), judgment of 2 September 1998, para. 619, Sesay et al., SCSL (TC), judgment of 2 March 2009, para. 97.

860) Al Bashir, ICC (PTC), decision of 4 March 2009, para. 60; Katanga and Ngudjolo Chui, ICC (PTC), decision of 30 September 2008, para. 239.

861) Werle, Gerhard; Jeßberger, Florian, 전게서, p. 418; Tadić, ICTY (TC), judgment of 7 May 1997, para. 562 참조; 충돌의 지속성 요건에 대하여는 Bemba, ICC (PTC), decision of 15 June 2009, para. 235; 공격의 심각성과 무력충돌의 잠재성 증가 여부, 영토에서의 확장이 존재하는가 여부 및 그 기간, 정부군대 숫자의 증가 여부, 충돌 당사자의 무기의 이동과 확산 정도, 그러한 충돌이 안전보장이사회의 주목을 받았는가 여부 및 그에 대한 결의가 있었는가 여부 등 충돌강도를 평가하는 기준들에 대하여는 Lubanga Dyilo, ICC (TC), judgment of 14 March 2012, para. 538 참조; 이러한 기준들에 대한 임시재판소 판결로는 Boškoski and Tarčulovski, ICTY (AC), judgment of 19 May 2010, para. 22; Haradinaj et al., ICTY (TC), retrial judgment of 29 November 2012, para. 394 등.

이 없을 경우 제8조 제2항 (d) 위반에는 해당하나 제8조 제2항 (f)에는 해당하지 않는다고 해석할 수 있을 것이다. 이와 관련하여 로마규정에 있어서의 비국제적 무력충돌에 대한 단일한 개념을 보장한다는 관점에서 이러한 상이한 문언에도 불구하고 제8조 제2항 (f)의 부가적인 문언을 중시하여 제8조 제2항 (f)의 요건이 제8조 제2항 (e)의 범죄뿐만 아니라 제8조 제2항 (c)의 범죄에도 적용되어야 한다는 주장이 존재한다.[862] 그러나 제한된 기간 동안 지속된 충돌일지라도 충돌의 강도가 심각한 것일 수 있고 상당 기간 계속되었는가 여부는 제8조 제2항 (d)에 규정되어 있는 위반의 중대성 등의 기준에 의해 해석상 보충될 수 있다는 점에서 제8조 제2항 (f)의 부가적 문언에 큰 의미를 부여하지 않는 해석도 가능하다. 이러한 입장에서는 기간 요건을 일정한 기간이라는 의미로 제한적으로 파악하여 이러한 요건이 충돌의 강도 등의 요건 속에 함께 존재하는 것으로 통일적으로 해석한다. 지속성이 없다는 이유로 심각한 전쟁범죄를 배제하는 것은 과거 비국제적 무력충돌이라는 이유로 이를 국제인도법의 적용대상에서 배제한 것처럼 합리성이 결여된 것일 수 있다. 또한 이러한 해석은 적대행위에 적극적으로 참여하지 않는 사람들을 보호하려는 국제인도법과 국제형사법의 존재 이유에도 모순되는 것이라는 점에서 위 조항의 부가적 의미를 제한적으로 해석하는 입장이 타당한 것으로 생각된다.[863]

우리 국제범죄법은 제네바협정 공통 제3조 위반과 공통 제3조 위반이 아닌 경우를 모두 포괄하는 비국제적 무력충돌의 개념으로 폭동이나 국지적이고 산발적인 폭력행위와 같은 국내적 소요나 긴장 상태만을 제외하는 형태로 일의적으로 규정하고 있다.[864]

2. 초국가적 충돌

초국가적 충돌은 무력충돌이 어느 한 국가의 군대와 비국가 무장단체 사이에 발생하거나 혹은 비국가 무장단체들 사이에서 발생하여 충돌 주체의 측면에서는 국내적 무력충돌에 대응되는 것이나 무력충돌이 한 국가의 영토 내에서만 이루어진 것이 아니라 특정 국가 영토의 범위를 넘어서 발생하는 경우이다.[865]

이러한 초국가적 충돌의 경우에는 충돌의 지역적 범위가 단일 국가에 제한되어 있지 않다는 점에서 전통적 의미에서의 비국제적 무력충돌로 볼 수 없는 측면이 있다. 특히 제네바협정

---

862) Werle, Gerhard; Jeßberger, Florian, 전게서, p. 419.

863) 이는 로마규정의 프랑스어, 스페인어 번역본의 태도에도 부합하는 것이다. 보다 급진적 입장에서는 이를 독립된 기준으로 인정할 근거가 존재하지 않으므로 충돌의 강도나 당사자의 조직성 등과 별개의 독자적 가치를 가지지 못한다는 주장도 존재한다. Ambos, Kai, 전게서 II, p. 133; 로마규정에서 'protracted violence'가 아닌 'protracted armed conflict'라는 용어를 사용한 것이 편집상 오류라는 것은 Cryer, Robert; Friman, Håkan; Robinson, Darryl; Wilmshurst, Elizabeth, 전게서, p. 281.

864) 국제범죄법 제10조 제1항 참조; 독일 국제범죄법에서도 모든 형태의 비국제적 무력충돌에 있어서 일정한 지속성이 필요한 것으로 해석되고 있다. Ambos, Kai, 전게서 II, p. 133.

865) Ambos, Kai, 전게서 II, p. 131, 132.

공통 제3조의 문언에서 규정하는 영토 요건을 중요시할 경우 이를 국제적 무력충돌로 생각할 수도 있을 것이다. 그러나 이에 대하여 공통 제3조에서 나타나는 하나의 체약당사국이라는 의미를 충돌 당사국의 의미가 아닌 제네바협정의 체약당사국 중 하나를 지칭하는 것으로 이해하면서 위 조항의 해석에 있어서 중요한 것은 영토적 요소가 아닌 충돌의 주체라고 해석하는 견해도 있다.866) 이와 관련하여서는 이러한 충돌이 충돌 주체의 측면에서는 기본적으로 국제적 성격을 가진 충돌이 아니며 충돌이 발생하는 지역적 범위는 충돌의 당사자만큼 결정적인 기준으로 작용할 수 없다고 평가하여 여전히 비국제적 무력충돌로 보아야 한다는 견해가 우월한 것으로 보인다.867)

초국가적 충돌이 비국제적 무력충돌로 인정되기 위해서는 지속성과 강도, 단체의 조직성 등 비국제적 무력충돌로 인정되기 위한 최소요건을 충족시켜야 한다.868)

제 4 절   복합적 성격의 무력충돌

국가들 사이에서 발생하는 국가간 충돌 상황과 어느 국가 영토 내에서의 당해 국가와 비국가 조직과의 충돌상황이 함께 존재하는 복합적 무력충돌 상황이 존재할 수 있다.

이러한 상황을 국제적 무력충돌 혹은 비국제적 무력충돌 중 어느 하나의 범주에 넣어 판단하는 것은 타당하지 않다. 왜냐하면 복합적 요소를 가지고 있는 이러한 무력충돌을 국제적 혹은 비국제적 충돌로 일의적으로 구분하는 것은 이론적 일관성에 문제를 가져올 뿐만 아니라 잘못된 일의적 분류로 인하여 형사규범의 적용에 있어 공백상태를 가져올 수도 있기 때문이다.869) 국제형사재판소 역시 이러한 관점에서 복합적 무력충돌의 존재를 인정하고 있다.870)

이러한 복합적 성격의 충돌 상황에서는 문제된 행위를 그것이 범하여진 배경과 함께 기능적으로 분석하여 당해 행위가 국제적 충돌의 일부인지 혹은 비국제적 충돌의 일부인지를 판단

---

866) Lubell, N., Derejko, N., "A Global Battlefield?: Drones and the Geographical Scope of Armed Conflict", Journal of International Criminal Justice(2013), p. 3 et seq; Ambos, Kai, 전게서 II, p. 132.

867) A. Paulus and M. Vashakmadze, "Asymmetrical War and the Notion of Armed Conflict A Tentative Conceptualization", 91 International Review of the Red Cross (2009), p. 112 et seq; M. Hlavkova, "Reconstructing the Civilian/ Combatant Divide: A Fresh Look at Targeting in Non-International Armed Conflict", 18 Journal of Conflict and Security Law (2013), p. 251 et seq; Lubanga Dyilo, ICC (TC), judgment of 14 March 2012, para. 541.

868) 따라서 미국과 알카에다의 충돌도 비국제적 무력충돌에 해당할 수 있을 것이나 초국가적 충돌이라는 이유로 무력충돌이 인정되는 것으로 쉽게 추정하여서는 안 되며 무력충돌의 요건 자체가 별도로 충족되지 않는다면 어떠한 무력충돌도 존재하지 않는 까닭에 국제인도법은 적용될 수 없다. Werle, Gerhard; Jeßberger, Florian, 전게서, pp. 419, 420.

869) ICTY는 서로 다른 본질을 가진 수개의 부분적 충돌이 단일한 영토 내에서 발생할 수 있다고 판시한 바 있다. Tadić, ICTY (AC), decision of 2 October 1995, paras. 76 et seq.

870) Lubanga Dyilo, ICC (TC), judgment of 14 March 2012, para. 540.

하여야 한다. 일차적으로는 범죄자가 어떠한 교전당사자에 속하였으며 어떠한 분쟁의 일부로 그러한 행위가 범하여졌는가를 판단하여 당해 행위가 국제적 충돌과 연계된 것인지 아니면 비국제적 충돌과 연계된 것인지를 살핀 후 그 결과에 따라 적용될 전쟁범죄법의 규율 체계가 결정될 것이다.[871]

제 5 절   범죄행위와의 기능적 관련성

전쟁범죄는 범죄행위와 무력충돌 사이의 기능적 관련성이 인정될 경우에만 성립한다. 예를 들면 농구경기 관람 후 경기결과에 불만을 품고 술에 취한 상태에서 경기장 주변의 차량을 파괴하였을 경우 그러한 행위가 객관적으로 무력충돌의 상황 하에서 발생하였다는 이유만으로 전쟁범죄로 인정되는 것은 아니다. 또한 일반형법의 적용 대상인 통상의 강간 범행 당시 전쟁이 발발하였다는 이유만으로 전쟁범죄로 처벌되지는 않으며 범죄행위와 무력충돌 사이에 요구되는 기능적 관련성이 있는 경우에만 전쟁범죄로 인정될 수 있다.[872]

ICTY는 '당해 행위가 충돌이 없는 상황에서도 충분히 범하여질 수 있는 것이지만 문제된 충돌 때문에 당해 피해자를 대상으로 범하여졌다고 결론내리는 것이 필수적'이라고 판시하는 등 범죄행위와 무력충돌의 기능적 관련성 요건을 인정하여 왔으며[873] 시에라리온 특별재판소와 국제형사재판소에 의해서도 이러한 기능적 관련성 요건은 받아들여지고 있다.[874] 또한 로마규정 범죄구성요건에는 기능적 관련성 요건이 명문으로 규정되어 있다.[875]

이러한 기능적 관련성 요건은 전쟁범죄를 다른 종류의 국제범죄와 구분되게 하며 특히 무력충돌과의 연계 없이 발생하는 국내법상의 범죄와도 구분 짓게 하는 요소이다. 기능적 관련성의 존재는 행위의 불법성을 강화시키며 범죄자의 책임을 증대시키는 것으로 기능적 관련성의 존재 여부는 개별 사건의 상황에 따라 객관적으로 결정되어야만 한다.[876] 국제재판소의 판례들은 이와 같은 관련성 요건을 매우 광범위하게 해석하고 있다.[877]

---

871) Werle, Gerhard; Jeßberger, Florian, 전게서, p. 421; Ambos, Kai, 전게서 II, p. 132.
872) Ambos, Kai, 전게서 II, p. 142.
873) Aleksovski, ICTY (TC), judgment of 25 June 1999; Mucić et al., ICTY (TC), judgment of 16 November 1998, para. 193; Stakić, ICTY (AC), judgment of 22 March 2006, para. 342; Blaškić, ICTY (TC), judgment of 3 March 2000, para. 69; Kayishema and Ruzindana, ICTR (TC), judgment of 21 May 1999, paras. 185 et seq.
874) Brima et al., SCSL (TC), judgment of 20 June 2007, para. 246; Sesay et al., SCSL (TC), judgment of 2 March 2009, para. 100; ICC (PTC), decision of 3 October 2011 (Situation in the Republic of Côte d'Ivoire), para. 150; Lubanga Dyilo, ICC (PTC), decision of 29 January 2007, para. 287; Katanga and Ngudjolo Chui, ICC (PTC), decision of 30 September 2008, para. 380.
875) 로마규정 범죄구성요건 제8조의 각 범죄에 대한 조항들은 'The conduct took place in the context of and was associated with an international armed conflict.'라는 내용을 공통적으로 규정하고 있다.
876) Werle, Gerhard; Jeßberger, Florian, 전게서, p. 423.
877) 이러한 광범위한 해석은 무력충돌의 법이 갖는 인도주의적 요소에 대한 이해와 궤적을 같이 하는 것이다.

범죄행위는 무력충돌과 밀접하게[878] 혹은 명백히[879] 연결되어 있어야 한다. 무력충돌의 존재가 범죄자의 범죄 실행능력, 범죄 실행 여부의 결정, 범죄 실행방식, 범죄동기 등에 있어 실질적 역할을 하여야 한다.[880] 그러나 무력충돌이 범죄의 실행을 용이하게 하는 것이지만 실행된 범죄가 전체로서의 무력충돌에 기여하고 가시적 효과를 가져와야 하는 것은 아니며[881] 무력충돌과 범죄 사이에 인과관계가 요구되지도 않는다.[882] 범죄행위가 전투 과정에서 발생하거나 지역을 장악하는 과정에서 범하여졌다면 이러한 관련성은 존재한다.[883] 나아가 전쟁범죄들 중 특히 전쟁의 수단과 방법에 대한 금지위반의 경우 이러한 범죄행위는 평화 시에는 범하여지기 어렵다는 점에서 기능적 관련성의 존재는 명백하다.[884] 또한 범죄행위가 무력충돌과 밀접하게 연결되어 있다면 전투가 벌어지는 지역에서 벗어난 장소에서도 기능적 관련성이 존재하는 범죄행위가 범하여질 수 있다.[885]

기능적 관련성 요건은 범죄행위가 무력충돌에 의하여 지지되거나 혹은 상당히 영향을 받는다는 것을 의미한다. 따라서 전투에 의하여 조성된 상황을 이용하는 등 전투의 여파를 이용하여 범죄가 범하여진 경우에 관련성이 존재하나[886] 반드시 무력충돌의 혼란 상황을 이용하여 범하여져야 하는 것은 아니다.[887] 충돌의 당사자가 범죄행위를 명령하였거나 혹은 이를 묵인하였을 필요도 없으며[888] 범죄자가 충돌 당사자의 목적을 성취하기 위하여 범죄행위를 하였어야 하는 것도 아니다.[889]

Ambos, Kai, 전게서 II, p. 141.
878) Tadić, ICTY (AC), decision of 2 October 1995, para. 70; Tadić, ICTY (TC), judgment of 7 May 1997, para. 573.
879) Mucić et al., ICTY (TC), judgment of 16 November 1998, para. 193.
880) 범죄자가 전투원이라는 사실, 피해자가 비전투원이라는 사실, 피해자가 상대편 당사자의 구성원이라는 사실, 그러한 행위가 군사작전의 궁극적 목적을 위한 것으로 판단된다는 사실, 그러한 범죄가 범죄자의 공적인 의무의 일부로 혹은 그 배경 하에서 범하여졌다는 사실 등이 관련성을 인정하는데 관계된 요소들로 간주된다. Kunarac et al., ICTY (AC), judgment of 12 June 2002, paras. 58, 59; Stakić, ICTY (AC), judgment of 22 March 2006, para. 342; Vasiljević, ICTY (TC), judgment of 29 November 2002, para. 25; Popović et al., ICTY (TC), judgment of 10 June 2010, para. 741; Stanišić and Župljanin, ICTY (TC), judgment of 27 March 2013, para. 34.
881) Ambos, Kai, 전게서 II, p. 143.
882) Limaj et al., ICTY (TC), judgment of 30 November 2005, para. 91; Tolimir, ICTY (TC), judgment of 12 December 2012, para. 683.
883) Mucić et al., ICTY (TC), judgment of 16 November 1998, para. 193.
884) Werle, Gerhard; Jeßberger, Florian, 전게서, p. 423.
885) Tadić, ICTY (AC), decision of 2 October 1995, para. 70; Kunarac et al., ICTY (AC), judgment of 12 June 2002, para. 64; Tadić, ICTY (TC), judgment of 7 May 1997, para. 573; Semanza, ICTR (TC), judgment of 15 May 2003, para. 517; Katanga and Ngudjolo Chui, ICC (PTC), decision of 30 September 2008, para. 380.
886) Kunarac et al., ICTY (TC), judgment of 22 February 2001, para. 568.
887) Ambos, Kai, 전게서 II, p. 141.
888) Tadić, ICTY (TC), judgment of 7 May 1997, para. 573.
889) Werle, Gerhard; Jeßberger, Florian, 전게서, p. 423.

범죄자가 충돌 당사자와의 관계에서 어떠한 지위를 갖고 있는가의 여부는 독립된 조건은 아니나 이러한 지위를 통하여 전쟁범죄와 무력충돌의 관련성이 드러날 수 있다.[890] 이러한 지위에는 국가의 군대 소속원으로서의 지위뿐만 아니라 민병대나 의용대의 구성원성도 포함된다.[891]

한편 충돌 당사자와의 관계에서 의미 있는 지위가 존재하지 않는 범죄자의 행위에 있어서도 무력충돌과의 기능적 관련성은 인정될 수 있다. 적어도 제2차 대전 이후부터는 민간인도 전쟁범죄를 범할 수 있다는 것이 승인되어 왔다.[892] 충돌 당사자가 민간인의 행위를 명령하거나 묵인하였다면 기능적 관련성은 존재한다. 왜냐하면 이를 통하여 충돌 당사자들이 민간인의 그러한 행동을 그들의 정책 일부로 만들었음을 나타내고 있기 때문이다.[893]

기능적 관련성 요건을 지나치게 광범위하게 해석할 경우 일반범죄와의 구분을 행하는 제한기능을 약화시킨다. 예를 들면 다른 요소가 존재함이 없이 범죄의 실행이 단순히 무력충돌을 이용한 경우나 무력충돌을 구실로 이루어진 경우도 연계요건이 충족된 것으로 본다면 특별한 군사적 요소가 없는 범죄로서 단지 무력충돌이라는 혼란상황 또는 기능장애가 발생한 상황에서 발생한 범죄라는 이유만으로 전쟁범죄로 취급되는 불합리한 결과를 가져오기 때문이다.[894] 따라서 개인이 단순히 무력충돌에 의하여 조성된 상황을 이용하였다는 것만으로는 기능적 관련성을 인정하기 부족하다.[895]

범죄자가 순수한 개인적 동기를 가지고 범죄를 범한 경우와 같이 범죄자의 행위와 무력충돌과의 관련성을 상각시키는 듯한 요인이 존재하는 상황을 어떻게 취급할 것인가는 쉽지 않은 문제이다. 예를 들면 전쟁포로를 관리하는 사람이 단순한 시기심에서 전쟁포로를 살해한 경우로서 이러한 상황의 취급에 대하여는 명확히 합의된 의견이 존재하지 않는 것으로 보인다.[896] 이와 관련하여 범죄자가 순수하게 개인적 이유만으로 전쟁포로에 대한 가해행위를 하였다 하더라도 무

890) Akayesu, ICTR (AC), judgment of 1 June 2001, para. 444.
891) 또한 군대나 군대유사조직뿐만 아니라 공무원, 판사 등 국가를 대신하여 행동하는 사람들이 중요한 임무를 부여받은 경우도 이에 해당할 수 있다. Werle, Gerhard; Jeßberger, Florian, 전게서, p. 424.
892) Werle, Gerhard; Jeßberger, Florian, 전게서, p. 424.
893) Tadić, ICTY (TC), judgment of 7 May 1997, paras. 574 et seq; 국제인도법의 일정한 조항들은 직접적으로 개인을 구속하기 때문에 제2차 대전 이후 시점부터 충돌 당사자로부터 명령받거나 묵인되지 않은 범죄도 유죄판결을 받아왔다. 이처럼 범죄행위가 충돌 당사자의 공적 정책을 반영한 것인가 여부 혹은 이러한 행위가 실제적인 전투의 시간과 장소에 직접적으로 연계되어 있는가 여부에 관계없이 범죄행위와 무력 충돌 사이의 기능적 관련성은 인정된다. 이는 인도에 반한 죄의 사례에서 나타난 범죄행위와 정책요소와의 관계와는 상이한 측면이다. 인도에 반한 죄와의 비교에 대하여 상세한 것은 Werle, Gerhard; Jeßberger, Florian, 전게서, pp. 424, 425; 범죄자의 행위는 개별 군사작전을 위한 것이거나 혹은 적어도 개별군사작전에 따라 이루어진 것이어야 한다는 견해는 Ambos, Kai, 전게서 II, pp. 142-143.
894) Ambos, Kai, 전게서 II, p. 142.
895) Werle, Gerhard; Jeßberger, Florian, 전게서, p. 425; Rutaganda, ICTR (AC), judgment of 26 May 2003, para. 570.
896) Werle, Gerhard; Jeßberger, Florian, 전게서, p. 425.

력충돌로 인하여 피해자인 전쟁포로는 평화 시보다 악화된 상황에 처하게 되어 특별한 위험에 노출되었으며 범죄자에게는 피해자에게 상해를 가할 수 있는 보다 높은 기회를 제공하였으므로 기능적 관련성이 인정된다는 주장이 있다. 무력충돌이라는 특별한 상황이 특별한 위험을 조성하였고 전쟁범죄법의 목적은 무력충돌의 상황에서 나타나는 특별한 위험으로부터 사람들을 보호하는 것이므로 전쟁범죄법이 적용되어야 한다는 것이다.[897] 그러나 어떤 경우에도 개별 범죄행위는 평화 시에는 동일한 방식으로 범하여질 수 없으며 무력충돌의 상황이 범행을 촉진시키거나 피해자에 대한 상황을 악화시켰어야 한다.[898]

---

897) Werle, Gerhard; Jeßberger, Florian, 전게서, p. 425; 범죄자나 피해자의 지위만을 근거로 고전적 형태의 기회범죄(opportunistic crime)까지 전쟁범죄에 포함시키는 해석에 대한 비판은 Ambos, Kai, 전게서 II, p. 142.

898) Ambos, Kai, 전게서 II, p. 143; Haradinaj et al., ICTY (TC), retrial judgment of 29 November 2012, para. 397; Antonio Cassese, "The Nexus Requirement for War Crimes", 10 JICJ(2012), p. 1414; 이러한 요건에 대한 상세한 논의는 M. Bothe, "War Crimes", in A. Cassese, P. Gaeta, and J.R.W.D. Jones (eds), The Rome Statute of the International Criminal Court, Vol. I (2002), p. 388 et seq; 기능적 관련성이 주관적 요건에 반영되어야 하는가 아니면 객관적으로 존재하면 족한 것인가에 대한 논란과 관련하여 기능적 관련성은 전쟁범죄의 특별한 불법성을 근거 지움에 있어 핵심적 역할을 담당할 뿐만 아니라 특히 이러한 요소를 국내법에 포섭하고 있을 경우 고의의 대상이 된다는 주장은 MüKoStGB/Zimmermann/Geiß VStGB § 8 Rn. 206.

제 5 장　사람에 대한 전쟁범죄

제 1 절　살인(Killing)

〔로마규정 제8조 제2항 (a)(i)〕 - 국제적 무력충돌
고의적 살해(Wilful killing)

〔로마규정 제8조 제2항 (b)(vi)〕 - 국제적 무력충돌
무기를 내려놓았거나 더 이상 방어수단이 없이 항복한 전투원을 살해－－－－행위
(Killing －－－combatant who, having laid down his arms or having no longer means of defence, has surrendered at discretion)

〔로마규정 제8조 제2항 (c)(i)〕 - 비국제적 무력충돌
생명 및 신체에 대한 폭행, 특히 모든 종류의 살인－－－－
(Violence to life and person, in particular murder of all kinds, －－－－－－)

사람을 살해함으로써 그 생명을 침해하는 범죄인 살인(Killing, Tötung)은 국제적 무력충돌과 비국제적 무력충돌 모두에서 인정되는 가장 중요하고 심각한 전쟁범죄 유형이다. 무력충돌 과정에서 범하여지는 보호받는 사람들에 대한 살인은 네 개의 제네바협정 모두에서 심각한 위반으로 규정되어 있으며[899] 로마규정 역시 이러한 행위를 전쟁범죄의 하나로 규정하고 있다.[900] ICTY

---

899) 제네바협정 I 제50조, 제네바협정 II 제51조, 제네바협정 III 제130조, 제네바협정 IV 제147조, 제네바협정 공통 제3조.

900) 로마규정 제8조 제2항 (a)(i), 제8조 제2항 (b)(vi), 제8조 제2항 (c)(i)에서 처벌대상으로 규정하고 있다. 제네바협정 공통 제3조는 '살해(murder)'라는 용어를 사용하고 있고 제네바협정의 심각한 위반 조항에서는 '의도적 살해(wilful killing)'이라는 용어를 사용하고 있으나 용어상 차이에 불과할 뿐 내용적으로는 동일하다. Mucić et al., ICTY (TC), judgment of 16 November 1998, paras. 420 이하; Blaškić, ICTY (TC), judgment of 3 March 2000, para. 181; Blagojević and Jokić, ICTY (TC), judgment of 17 January 2005, para. 556; Orić, ICTY (TC), judgment of 30 June 2006, para. 345; Brima et al., SCSL (TC), judgment of 20 June 2007, para.

법령 제2조 (a)와 ICTR 법령 제4조 (a)에도 살인은 전쟁범죄로 명시되어 있다.

살인은 국제인도법에 의하여 보호되는 사람을 사망에 이르게 함으로써 대상자의 생명을 침해하는 행위이다.[901] 살인의 요건은 인도에 반한 죄에서의 살인과 동일하다.[902]

무력충돌의 과정에서 전투원이 다른 전투원을 살해하는 것은 전쟁범죄로 처벌될 수 있는 살인에 해당하지 않는다. 왜냐하면 전투원은 제네바협정에서 보호되는 사람이 아니며 국제적 무력충돌이나 비국제적 무력충돌 어디에서도 보호되지 않기 때문이다. 그러나 전투원이라 하더라도 무기를 내려놓았거나 더 이상 방어수단이 없이 무조건 항복한 경우에는 보호대상에 포함된다.[903] 헤이그 육전규범(Hague Regulation) 제23조 (c)는 무기를 버리거나 또는 자위수단이 없이 무조건 투항하는 적의 살상을 금지하고 있으며 제네바협정 부속의정서 I 제41조도 전투력을 잃은 사람을 공격하여서는 안 된다고 규정하고 있다.[904] 전투력을 잃은 사람에 대한 살해와 상해의 금지에 대하여는 시간적 한계가 없으므로 전쟁포로도 여기에서의 보호범위에 포함된다.[905] 이러한 보호체계는 합법적 공격대상인 전투원의 지위와 전쟁포로라는 안전한 지위 사이에 존재하는 중간 단계에서 대상자를 보호하도록 하는 것으로 독립된 중요성을 갖고 있다.[906] 전쟁포로에게 음식을 공급하지 않아 아사(餓死)시키는 이른바 '간접 살인(indirect killing)'[907] 또는 부작위에 의한 살인도 여기에 포함된다.[908] 공정한 재판 없이 전쟁포로나 민간인을 살해하는 경우, 살해의 고의

688.

901) 로마규정 범죄구성요건 제8조 제2항 (a)(i) 1, 제8조 제2항 (c)(i) 1 참조. 동 조항 주석에서는 '살해(killed)'를 '사망의 야기(caused death)'와 교환적으로 사용할 수 있는 개념으로 명시하고 있다.

902) Kordić and Čerkez, ICTY (TC), judgment of 26 February 2001, para. 236; Milutinović et al., ICTY (TC), judgment of 26 February 2009, para. 136; Brima et al., SCSL (TC), judgment of 20 June 2007, para. 688; Sesay et al., SCSL (TC), judgment of 2 March 2009, para. 142; Ambos, Kai, 전게서 II, p. 164.; Werle, Gerhard; Jeßberger, Florian, 전게서, p. 431.

903) 전투원에 대하여 적용되는 이러한 규정들은 전쟁의 합법적 목적은 적국의 군사력을 약화시키는 것일 뿐이라는 원칙에 기초한 것이다. 이러한 규정은 궁극적으로 전투의 쌍방 당사자 모두에게 혜택을 주는 것이다. 왜냐하면 전투에서 항복하더라도 궁극적으로 해악을 입을 것으로 생각된다면 전투원들은 죽을 때까지 싸울 것이기 때문이다. Werle, Gerhard; Jeßberger, Florian, 전게서, p. 433.

904) 부속의정서 I 제85조 제3항 (e)는 이러한 공격이 의정서에 대한 심각한 위반에 해당한다고 규정하고 있다.; 자신의 무기를 통제할 수 없는 등 더 이상 무력 저항을 할 수 없는 위치에 있다면 방어수단이 없는 것에 해당하며 적대행위를 중단한 채 적군의 구금 하에 들어가는 것에 저항하지 않는다면 무조건 항복에 해당한다. 부속의정서 I이 전투력을 잃은 모든 사람(all persons hors de combat)을 그 대상으로 규정하고 있음에 반하여 로마규정 제8조 제2항 (b)(vi)는 전투원만을 그 대상으로 규정하고 있으므로 불법적 전투원과 같이 합법적인 전투원으로 간주되지 않는 사람은 죄형법정주의 원칙상 포함되기 어렵다는 견해는 Werle, Gerhard; Jeßberger, Florian, 전게서, pp. 433, 434.

905) J. de Preux, in Y. Sandoz, C. Swinarski, and B. Zimmermann (eds), Commentary on the Additional Protocols (1987), para. 1605.

906) Werle, Gerhard; Jeßberger, Florian, 전게서, p. 434.

907) Werle, Gerhard; Jeßberger, Florian, 전게서, p. 432.

908) Katanga and Ngudjolo Chui, ICC (PTC), decision of 30 September 2008, para. 287; Bemba, ICC (PTC), decision of 15 June 2009, paras. 132, 274; Mucić et al., ICTY (TC), judgment of 16 November 1998, para.

를 가지고 포로에 대한 학대행위를 저질러 사망에 이르게 한 경우, 점령지역에 있는 민간인이나 비국제적 무력충돌에 있어서 체포된 전투원들을 살해하는 것 등 다양한 유형의 살해행위가 본 조항에 해당할 수 있다.[909]

비국제적 무력충돌의 경우 적대행위에 적극적으로 참여하지 않는 모든 사람이 보호대상이 된다.[910] 충돌 상대방의 지배 하에 들어가 있지 않은 민간인도 포함되므로 마을을 폭격하여 민간인을 사망에 이르게 한 경우도 로마규정 제8조 제2항 (c)(i)의 살인 개념에 포함될 수 있다.[911]

살인으로 인한 전쟁범죄로 처벌하기 위해서 피해자의 사체가 반드시 발견되어야 하는 것은 아니다. 사망 사실은 관련 증거에 의하여 인정되는 정황으로부터 추론될 수 있다.[912] 피해자의 사망과 범죄자의 행위 사이에 인과관계가 존재해야 하나[913] 범죄자의 행위가 실질적으로 사망에 영향을 미쳤으면 족하며 유일한 원인일 필요는 없다.[914]

임시재판소의 판례는 기초가 되는 국제인도법 조항에서 '의도성(wilfulness)'을 요건으로 규정하고 있다는 점을 근거로 미필적 고의 내지 'dolus eventualis'의 영역까지 주관적 요건을 확장하고 있다.[915]

민간인 주민에 대한 살인의 경우 배경적 요소 등이 충족될 경우에는 인도에 반한 죄에도 해당할 수 있다.

〔국제범죄법 제10조 제1항 등〕

① 국제적 무력충돌 또는 비국제적 무력충돌(폭동이나 국지적이고 산발적인 폭력행위와 같은 국내적 소요나 긴장 상태는 제외한다. 이하 같다)과 관련하여 인도에 관한 국제법규에 따라 보호되는 사람을 살해한 사람은 사형, 무기 또는 7년 이상의 징역에 처한다.

⑦ 제1항부터 제5항까지에 규정된 죄의 미수범은 처벌한다.

국제범죄법 제10조 제1항은 인도에 관한 국제법규에 따라 보호되는 사람을 살해한 경우를

424; Kai Ambos, 전게서 II, p. 165.

909) Werle, Gerhard; Jeßberger, Florian, 전게서, p. 432.

910) Martić, ICTY (TC), judgment of 12 June 2007, para. 47.

911) 따라서 본 조항과 비군사 목표물에 대한 공격 조항이 서로 중복되는 부분이 발생할 수 있다. Werle, Gerhard; Jeßberger, Florian, 전게서, p. 432.

912) Lukić and Lukić, ICTY (TC), judgment of 20 July 2009, para. 904; Perišić, ICTY (TC), judgment of 6 September 2011, para. 103; Ambos, Kai, 전게서 II, p. 165.

913) Mucić et al. (Čelebići), ICTY (TC), judgment of 16 November 1998, para. 424.

914) Kordić and Čerkez, ICTY (TC), judgment of 26 February 2001, para. 229; Tolimir, ICTY (TC), judgment of 12 December 2012, para. 715; Ambos, Kai, 전게서 II, p. 165.

915) Kvočka et al., ICTY (AC), judgment of 28 February 2005, para. 261; Kordić and Čerkez, ICTY (AC), judgment of 17 December 2004, para. 36; D. Milošević, ICTY (AC), judgment of 12 November 2009, para. 108; Kai Ambos, 전게서 II, p. 165; Werle, Gerhard; Jeßberger, Florian, 전게서, p. 433.

전쟁범죄로 규정하고 있다. 이는 일반범죄인 형법 제250조에 구조적으로 대응되는 조항이다.[916)

본 범죄의 대상이 되는 '인도에 관한 국제법규에 따라 보호되는 사람'의 개념은 국제범죄법 제2조 제7호에 별도로 규정되어 있다. 따라서 제네바협정 I에서 IV까지의 보호대상자, 제네바협정 공통 제3조의 적용 대상자 등과 함께 항복하거나 전투능력을 잃은 적대당사자의 구성원이 그 대상이 된다.

살인은 일반형법의 경우와 같이 사람의 생명을 자연적 사망 시기에 앞서 단절시키는 것이다. 살인의 방법에는 제한이 없으므로 특정한 무기나 살해수단의 사용이 요구되는 것은 아니다.[917) 음식물을 공급하지 않아 포로를 아사(餓死)시키는 경우와 같이 부작위에 의하여도 범하여질 수 있다.[918) 전쟁포로를 살해하는 경우, 점령지역의 민간인 살해 등이 전형적으로 본 조항에 해당할 수 있는 사례들이다. 사망과 범죄자의 행위 사이에는 일반이론에 따라 인과관계가 요구된다.

제 2 절 무조건 항복한 전투원에 대한 상해
(Wounding Combatants Who Have Surrendered at Discretion)

〔로마규정 제8조 제2항 (b)(vi)〕 – 국제적 무력충돌
무기를 내려놓았거나 더 이상 방어수단이 없이 항복한 전투원을 살해하거나 **부상시키는 행위**
(Killing or **wounding** a combatant who, having laid down his arms or having no longer means of defence, has surrendered at discretion)

〔로마규정 제8조 제2항 (c)(i)〕 – 비국제적 무력충돌
생명 및 신체에 대한 **폭행**, 특히 모든 종류의 살인, 신체절단, 잔혹한 대우 및 고문
(**Violence** to life and person, in particular murder of all kinds, – – – – – –)

로마규정 제8조 제2항 (b)(vi)은 방어수단 없이 무조건 항복한 전투원에 대한 상해를 살인과 함께 규율하고 있다. 본 조항은 헤이그육전규범 제23조 (c)와 부속의정서 I 제41조에 기반한 것이다.[919) 본 조항 역시 전쟁의 적법한 목적은 오직 상대편의 군사력을 약화시키는데 있다는 원칙에 근거한 것으로 본 조항은 더 이상 전투행위에 종사하지 않는 사람에 대한 고양된 보호필요성에 따라 규정된 것이다.[920) 만일 이러한 조항이 없다면 전투원은 공격당하지 않는다고 기대할 수

---

916) 독일 국제범죄법 제8조 제1항 제1호도 동일한 내용을 담고 있으며 이는 독일 형법 제212조의 고살(Totschlag)에 대응하는 것으로 이해되고 있다. MüKoStGB/Zimmermann/Geiß VStGB § 8 Rn. 127.

917) MüKoStGB/Zimmermann/Geiß VStGB § 8 Rn. 128.

918) 형법 제18조 참조.

919) 부속의정서 I 제85조 제3항 (e)는 이를 의정서에 대한 심각한 위반으로 규정하고 있다.

920) Werle, Gerhard; Jeßberger, Florian, 전게서, p. 433; 특히 이들은 방어수단이 없는 까닭에 살상행위의 위험성에 더욱 크게 노출되며(MüKoStGB/Zimmermann/Geiß VStGB § 8 Rn. 221) 로마규정 제8조 제2항 (b)(xii)의

없어 죽을 때까지 싸우는 상황을 초래할 수 있어 이러한 금지는 양측 당사자 모두에게 도움이 된다.

본 조항의 적용대상은 무기를 내려놓고 항복한 전투원이며 이들 전투원은 부속의정서 I 제43조 제2항에 의하여 적대행위에 직접 참여할 수 있는 권한을 가진 자를 의미한다.[921] 본 조항의 대상을 전투원으로 규정하고 있어 합법적인 전투원의 자격이 없는 이른바 불법적 전투원이 규율 대상에 포함되는가 여부가 문제된다. 부속의정서 I은 전투원의 지위 여부와 무관하게 전투력을 잃은 모든 사람을 대상으로 규정하고 있고[922] 로마규정과 달리 로마규정 범죄구성요건 제8조 제2항 (b)(vi)는 피해자를 전투력을 상실한 사람(hors de combat)으로 규정하여 전투원의 지위를 명시하고 있지 않다. 그러나 로마규정의 문언에는 전투원임이 명시되어 있으므로 죄형법정주의 원칙상 모든 전투력을 잃은 자를 포함하는 것으로 해석할 수 없다는 견해가 유력하다.[923] 무기에 대한 통제를 잃어 더 이상 무력저항을 할 수 없다면 방어수단을 가지지 않은 것이며 무기를 내려놓고 전투행위를 중단하는 등 적대행위를 종료하고 적군의 수중에 들어가는 것을 저항하지 않는다면 무조건 항복한 것에 해당한다.[924] 전투력을 잃은 사람에 대한 살해와 상해의 금지에는 시간적 한계가 존재하지 않으므로 전쟁포로도 여기서의 보호범위에 포함된다는 점과 합법적 공격 대상인 전투원의 지위와 전쟁포로라는 안전한 지위 사이에 존재하는 중간 단계에서 대상자를 보호하는 것의 독립적 중요성은 앞서 본 살인의 경우와 동일하다.[925]

비국제적 무력충돌의 경우 비록 독립된 조항은 존재하지 않으나 로마규정 제8조 제2항 (c)(i)에 의하여 제네바협정 공통 제3조에 규정된 적대행위에 더 이상 적극적으로 참여하지 않는 사람에 대한 상해와 동일한 보호가 주어지는 것으로 보인다.[926]

〔국제범죄법 제10조 제3항 등〕

③ 국제적 무력충돌 또는 비국제적 무력충돌과 관련하여 다음 각 호의 어느 하나에 해당하는 행위를 한 사람은 3년 이상의 유기징역에 처한다.

    4. 조건 없이 항복하거나 전투능력을 잃은 군대의 구성원이나 전투원에게 상해(傷害)를 입히는 행위

구명을 허락하지 않는 것과 밀접하게 관련되어 있다.

921) 이와 같은 전투원의 지위는 헤이그육전규범 제1조와 제2조, 제네바협정 III 제4조, 부속의정서 I 제43조 등에 의하여 결정된다.

922) J. de Preux, in Y. Sandoz, C. Swinarski, and B. Zimmermann (eds), Commentary on the Additional Protocols (1987), para. 1606.

923) Werle, Gerhard; Jeßberger, Florian, 전게서, p. 433.

924) Werle, Gerhard; Jeßberger, Florian, 전게서, p. 434.

925) J. de Preux, in Y. Sandoz, C. Swinarski, and B. Zimmermann (eds), Commentary on the Additional Protocols (1987), para. 1605; 또한 경우에 따라서는 구명을 허락하지 않는 것에 대한 로마규정 제8조 제2항 (2)(b)(xii) (giving no quarter)와도 교착하는 경우가 존재한다.

926) Werle, Gerhard; Jeßberger, Florian, 전게서, p. 434.

⑥ 제2항·제3항 또는 제5항의 죄를 범하여 사람을 사망에 이르게 한 사람은 사형, 무기 또는 7년 이상의
  징역에 처한다.
⑦ 제1항부터 제5항까지에 규정된 죄의 미수범은 처벌한다.

로마규정과 달리 국제범죄법은 본 조항의 대상에 전투능력을 잃은 자를 포함시켜 규정함으로써 로마규정의 경우보다 보호범위를 확대하고 있다. 이처럼 보다 확대된 조항에 따라 상해로 인하여 스스로 항복할 수 없는 사람까지 보호대상에 포함될 수 있다.[927] 본 조항의 보호대상인 무조건 항복한 사람이나 전투능력을 잃은 사람의 개념은 앞서 살핀 국제인도법과 로마규정의 해석에 따라 이해될 수 있을 것이다. 따라서 상대편 당사자의 수중에 있거나 의식이 없는 경우, 혹은 상해나 질병으로 전투능력을 상실하여 스스로를 방어할 수 없고 전투행위에 참가하려 하지 않거나 도주하려 하지 않는 경우 등이 이에 포함된다.[928]

본 조항의 '조건 없이 항복하거나 전투능력을 잃은 군대의 구성원이나 전투원'에 전쟁포로가 포함되는가의 여부가 논란이 될 수 있다. 앞서 살핀 국제형사법 영역에서는 전투력을 잃은 사람에 대한 살해나 상해의 금지는 시간적 한계가 없는 것이므로 전쟁포로도 당연히 포함되는 것으로 해석되고 있으나 국제범죄법 제2조 제7호는 전쟁포로와 항복하거나 전투능력을 잃은 적대 당사자 군대의 구성원이나 전투원을 개념적으로 구분하고 있기 때문이다.[929] 그러나 전쟁포로를 본 조항의 적용에서 배제시킬 뚜렷한 이유가 없을 뿐만 아니라 본 조항의 문언에 의하더라도 전쟁포로를 포함시키는 것이 가능하므로 일반적으로 적용되는 국제형사법의 보호범위에 관한 해석에 따라 전쟁포로도 포함되는 것으로 해석하여야 할 것이다. 다만 우리 국제범죄법의 보호대상은 군대의 구성원이나 전투원으로 한정되므로 불법적 전투원까지 모두 포함되는 것으로 확대 해석하기는 어려울 것이다.[930]

본 조항의 행위는 '상해를 입히는' 행위이다. 외견상으로 본 조항의 상해가 형법 제257조의 상해와 유사한 것으로 보이나 국제형사법 영역에서는 본 조항에서의 '상해를 입히는 행위'의 개념이 아직까지는 명확히 규정된 바 없어 불분명한 상황이다. 본 조항에 대한 형량이 3년 이상의 징역형임을 고려할 때 일반 상해에 비하여 상당히 중한 상해행위만이 본 조항의 규율 대상에 포함된다고 해석할 수 있을 것이다.[931]

---

927) 유사한 문언을 두고 있는 독일법의 해석에 대한 것은 MüKoStGB/Zimmermann/Geiß VStGB § 8 Rn. 223 참조.
928) 적대행위와 도주를 중단하고 명백한 항복의사를 표시한 경우 본 조항의 보호대상이 되나 다시 적대행위를 개시하거나 도주를 시도한 경우 보호 지위는 상실된다. MüKoStGB/Zimmermann/Geiß VStGB § 8 Rn. 224, 225.
929) 국제범죄법 제2조 제7호 가, 다 참조.
930) 유사한 조항을 둔 독일법의 해석은 MüKoStGB/Zimmermann/Geiß VStGB § 8 Rn. 226 참조.
931) 독일 국제범죄법의 해석과 관련하여 독일에서는 본 조항의 행위는 독일형법 제226조의 중상해에 상당한 것이라고 해석하고 있다.(MüKoStGB/Zimmermann/Geiß VStGB § 8 Rn. 227) 우리 국제범죄법도 형법 제257조

본 조항에서의 주관적 요건은 우리 형법에 따라 미필적 고의로도 족하다.

제3절 중대한 고통이나 손상을 가하는 행위

살인 다음 단계로 심각한 전쟁범죄 유형에는 고문, 신체 절단, 생물학적·의학적·과학적 실험 등이 있다.[932] 로마규정 제8조 제2항 (a)(ii)과 (iii), (b)(x), (c)(i) 그리고 (e)(xi) 등에서 이러한 유형의 범죄행위를 규정하고 있다.

1. 고문(Torture)

〔로마규정 제8조 제2항 (a)(ii)〕 - 국제적 무력충돌
고문 또는 생물학적 실험을 포함한 비인도적인 대우
(**Torture** or inhuman treatment, including biological experiments)

〔로마규정 제8조 제2항 (c)(i)〕 - 비국제적 무력충돌
생명 및 신체에 대한 폭행, 특히 모든 종류의 살인, 신체절단, 잔혹한 대우 및 **고문**
(Violence to life and person, in particular murder of all kinds, mutilation, cruel treatment and **torture**)

전쟁범죄에서의 고문은 특정한 목적을 위하여 피해자를 상대로 심각한 육체적 혹은 정신적 고통이나 괴로움을 가하는 것이다.[933] 네 개의 제네바협정 모두 고문을 협정에 대한 심각한 위반으로 규정하고 있으며 공통 제3조에서도 금지하고 있다.[934] 로마규정은 제8조 제2항 (a)(ii)에서 첫 번째 항목과 (c)(i)의 네 번째 항목에서 이를 전쟁범죄로 규정하고 있다.[935]

전쟁범죄에서 고문은 고문방지협약과 달리 범죄자의 공적 지위나 자격을 범죄의 요건으로 요구하지 않으며[936] 고문으로 영구적인 피해를 가할 필요도 없다. 고문에 해당하는가 여부는 고

가 '사람의 신체를 상해한 자'라고 규정한 것과 달리 '상해를 입히는 행위'로 규정하고 있어 형법과 다른 해석 가능성을 열어둔 것으로도 볼 수 있지 않을까 생각된다.
932) ICTY는 고문, 신체의 완전성이나 건강에 대하여 심각한 해악을 의도적으로 가하는 행위, 신체에 대하여 심각한 손상을 가하는 행위, 잔인하거나 비인도적 대우 등을 학대라는 개념으로 결합시켜 다루기도 한다. Mucić et al., ICTY (TC), judgment of 16 November 1998, paras. 440 et seq.
933) 로마규정 범죄구성요건 제8조 (2)(a)(ii)-1, 제8조 (2)(c)(i)-4.
934) 개별 각 조항에 규정되어 있는 고문의 요건도 동일하다. Mucić et al., ICTY (TC), judgment of 16 November 1998, paras. 442 et seq, 452 et seq; Musema, ICTR (TC), judgment of 27 January 2000, para. 285; Werle, Gerhard; Jeßberger, Florian, 전게서, p. 435.
935) 로마규정 범죄구성요건 제8조 (2)(a)(ii)-1, 제8조 (2)(c)(i)-4은 이에 대한 보다 상세한 요건을 규정하고 있다.
936) 인도에 반한 죄에서의 고문과 유사한 형태이다. Werle, Gerhard; Jeßberger, Florian, 전게서, p. 435; Kunarac et al., ICTY (TC), judgment of 22 February 2001, para. 496; Kvočka et al., ICTY (AC), judgment of 28 February 2005, para. 283; Furundžija, ICTY (AC), judgment of 21 July 2000, para. 111; Mucić et al., ICTY (TC), judgment of 16 November 1998, para. 473.

통을 가하는 행위의 본질과 배경, 사전 준비 여부, 고문이 제도화된 것인가 여부, 피해자에게 미치는 신체적·정신적 효과, 가해행위의 지속성 등을 고려하여 구체적 사안에 따라 판단되어야 한다.[937] 다만 고문으로 인한 전쟁범죄는 정보의 수집, 자백의 획득, 처벌, 위협, 강제 혹은 차별적 동기 등 일정한 목적에 따라 이루어진 것이어야 하며[938] 이러한 점에서 인도에 반한 죄에서의 고문과는 구분된다. 로마규정에 규정된 고문의 목적에 해당될 수 있는 사례들은 고문방지협약에서 차용하여 온 것으로 로마규정 범죄구성요건은 고문의 목적을 예시적 형태로 규정하고 있다.[939] 로마규정 범죄구성요건에 규정된 고문의 목적들이 유일하거나 일차적 동기가 될 필요는 없으며 범죄인이 가지고 있는 여러 가지 동기들 중 하나이면 족하다.[940]

2. 신체절단(Mutilation)

〔로마규정 제8조 제2항 (b)(x)〕 - 국제적 무력충돌
적대 당사자의 지배 하에 있는 자를 당해인의 의학적·치과적 또는 병원적 치료로서 정당화되지 아니하며 그의 이익을 위하여 수행되지 않는 것으로서, 당해인의 사망을 초래하거나 건강을 심각하게 위태롭게 하는 **신체의 절단** 또는 여하한 종류의 의학적 또는 과학적 실험을 받게 하는 행위
(Subjecting persons who are in the power of an adverse party to **physical mutilation** or to medical or scientific experiments of any kind which are neither justified by the medical, dental or hospital treatment of the person concerned nor carried out in his or her interest, and which cause death to or seriously endanger the health of such person or persons)

〔로마규정 제8조 제2항 (c)(i)〕 - 비국제적 무력충돌
생명 및 신체에 대한 폭행, 특히 모든 종류의 살인, **신체절단**, 잔혹한 대우 및 고문
(Violence to life and person, in particular murder of all kinds, **mutilation**, cruel treatment and torture)

---

937) Ambos, Kai, 전게서 II, p. 165.
938) Bemba 사건에서 국제형사재판소는 범죄자의 행위에 일정한 목적이 존재하지 않는다는 이유로 고문의 존재를 부정하였다. Bemba, ICC (PTC), decision of 15 June 2009, paras. 291 et seq; 고문 및 그 밖의 잔혹한, 비인도적인 또는 굴욕적인 대우나 처벌의 방지에 관한 협약(Convention against Torture and Other Cruel, Inhuman or Degrading Treatment or Punishment) 제1조 (1) 역시 일정한 목적을 요구하고 있다.
939) 로마규정 범죄구성요건 제8조 (2)(a)(ii)-1 2, 로마규정 범죄구성요건 제8조 (2)(c)(i)-4 2에서는 고문방지협약의 목록을 그대로 가져오면서도 'such as' 등의 표현을 사용하고 있다.; 고문방지협약에서의 목적들이 열거적인 것인가의 여부에 대한 임시재판소의 판례는 일관되어 있지 않다. 열거적인 것으로 본 판결로는 Akayesu, ICTR (TC), judgment of 2 September 1998, para. 594. 이와 다른 취지의 판결은 Mucić et al., ICTY (TC), judgment of 16 November 1998, para. 470; Brđanin, ICTY (TC), judgment of 1 September 2004, para. 487 등.
940) Kunarac et al., ICTY (AC), judgment of 12 June 2002, para. 155; Mucić et al., ICTY (TC), judgment of 16 November 1998, para. 470; Haradinaj et al., ICTY (TC), judgment of 3 April 2008, para. 128; Ambos, Kai, 전게서 II, p. 165.

> 〔로마규정 제8조 제2항 (e)(xi)〕 – 비국제적 무력충돌
>
> 충돌의 타방 당사자의 지배 하에 있는 자를 당해인의 의학적·치과적 또는 병원적 치료로서 정당화되지 아니하며 그의 이익을 위하여 수행되지도 않는 것으로서, 당해인의 사망을 초래하거나 건강을 심각하게 위태롭게 하는 **신체의 절단**이나 또는 여하한 종류의 의학적 또는 과학적 실험을 받게 하는 행위
>
> (Subjecting persons who are in the power of another party to the conflict to **physical mutilation** or to medical or scientific experiments of any kind which are neither justified by the medical, dental or hospital treatment of the person concerned nor carried out in his or her interest, and which cause death to or seriously endanger the health of such person or persons)

신체절단이란 적대 당사자의 지배 하에 있는 사람에 대한 항구적인 신체 외관의 손상 혹은 신체기관 또는 그 부속기관의 제거, 신체에 영구적 장애를 가져오는 불구화 등의 신체손상을 가져오는 행위를 말한다.[941]

신체절단 범죄는 국제적 무력충돌의 경우에는 로마규정 제8조 제2항 (b)(x), 비국제적 무력충돌의 경우에는 제8조 제2항 (c)(i)와 제2항 (e)(xi)에 규정되어 있다.[942] 국제적 무력충돌의 경우 신체절단 범죄의 피해자는 적대 당사자의 지배 하에 있는 자이다. 따라서 전쟁포로와 점령된 지역 내에 있는 상대편 민간인이 그 대상이며 자국 주민은 포함되지 않는다.[943] 비국제적 무력충돌의 경우에도 로마규정 제8조 제2항 (e)(xi)는 충돌의 타방 당사자의 지배 하에 있는 자로 피해자의 범위를 제한하고 있다.

로마규정 제8조 제2항 (b)(x)와 (2)(e)(xi)는 사망을 초래하거나 건강을 심각하게 위태롭게 할 것을 요건으로 규정하고 있다. 피해자에게 위해를 실제로 초래한 행위 뿐 아니라 피해가 현실적으로 발생하지 않았다 하더라도 예견 가능한 결과에 비추어 피해자의 건강에 대하여 상당히 심각한 구체적 위험이 있으면 족하다.[944]

치료 목적의 의학적 조치까지 금지되는 것은 아니다. 그러나 예외적으로 허용되는 의학적 조치에 해당하는가의 여부는 대상조치가 일반적으로 승인되는 의학기준에 상응하는 것인가 여부

---

941) 로마규정 범죄구성요건 제8조 (2)(b)(x)-1; Brima et al., SCSL (TC), judgment of 20 June 2007, para. 724; Sesay et al., SCSL (TC), judgment of 2 March 2009, para. 180.

942) 로마규정 제8조 (2)(c)(i)의 'mutilation'은 다른 조항에서 사용되는 'physical mutilation'과 동일한 의미로 이해되고 있다. Werle, Gerhard; Jeßberger, Florian, 전게서, p. 437; 부속의정서 I 제11조 (2)(a), (b), 제11조 (4), 부속의정서 II 제4조 (2)(a), 제5조 (2)(e)는 적대당사자의 지배 하에 있는 사람에 대한 신체적·정신적 건강 또는 완전성을 심각하게 위태롭게 하는 행위를 중대한 위반으로 규정하고 있다. 로마규정은 기본적으로 부속의정서에 기초한 것이나 제네바협정 III 제13조 제1항과 제네바협정 IV 제32조, 제네바협정 공통 제3조에도 이러한 상황을 포괄할 수 있는 규범 내용이 포함되어 있다. 신체절단은 ICTR 법령 제4조 (a)에도 규정되어 있다.

943) 로마규정 제8조 (2)(b)(x); Werle, Gerhard; Jeßberger, Florian, 전게서, p. 438.

944) Y. Sandoz, in Y. Sandoz, C. Swinarski, and B. Zimmermann (eds), Commentary on the Additional Protocols (1987), para. 493.

와 유사한 의학적 환경 하에서 자유로운 상태에 있는 자국 국민에 대하여도 적용되는 조치인가 등을 고려하여 결정되어야 한다.[945] 이처럼 본 조항은 비정상적 상태에 처해 있지 않은 자국민에 대하여 적용되는 의학기준과 부합하지 않은 모든 의학적 조치를 금지하려는 취지이다. 따라서 당사자의 동의 여부는 범죄자의 형사책임에 영향을 미치지 못한다.[946]

3. 생물학적·의학적·과학적 실험(Biological, Medical, or Scientific Experiments)

〔로마규정 제8조 제2항 (a)(ii) – 국제적 무력충돌
고문 또는 **생물학적 실험**을 포함한 비인도적인 대우
(Torture or inhuman treatment, including **biological experiments**)

〔로마규정 제8조 제2항 (b)(x)〕 – 국제적 무력충돌
적대 당사자의 지배 하에 있는 자를 당해인의 의학적·치과적 또는 병원적 치료로서 정당화되지 아니하며 그의 이익을 위하여 수행되지 않는 것으로서, 당해인의 사망을 초래하거나 건강을 심각하게 위태롭게 하는 신체의 절단 또는 **여하한 종류의 의학적 또는 과학적 실험**을 받게 하는 행위
(Subjecting persons who are in the power of an adverse party to physical mutilation or to **medical or scientific experiments of any kind** which are neither justified by the medical, dental or hospital treatment of the person concerned nor carried out in his or her interest, and which cause death to or seriously endanger the health of such person or persons)

〔로마규정 제8조 제2항 (e)(xi)〕 – 비국제적 무력충돌
충돌의 타방 당사자의 지배 하에 있는 자를 당해인의 의학적·치과적 또는 병원적 치료로서 정당화되지 아니하며 그의 이익을 위하여 수행되지도 않는 것으로서, 당해인의 사망을 초래하거나 건강을 심각하게 위태롭게 하는 신체의 절단이나 또는 **여하한 종류의 의학적 또는 과학적 실험**을 받게 하는 행위
(Subjecting persons who are in the power of another party to the conflict to physical mutilation or to **medical or scientific experiments of any kind** which are neither justified by the medical, dental or hospital treatment of the person concerned nor carried out in his or her interest, and which cause death to or seriously endanger the health of such person or persons)

로마규정 제8조 제2항 (a)(ii)는 생물학적 실험을 비인도적 처우의 하나로 규정하고 있다. 로마규정 범죄구성요건은 생물학적 실험을 의학적 이유나 피해자의 이익이라는 측면에서 정당화되지 않는 것으로 치료적 목적이 아닌 것으로 규정하고 있다.[947] 따라서 피해자의 건강상태에 비추어 치료적 개입이 필요하지 않음에도 실험이 이루어지거나 동등한 상황에서 자신의 주민들에 대

---

945) 부속의정서 I 제11조 제1항 제2문.
946) 로마규정 범죄구성요건 제8조 (2)(e)(xi)-1 3, 각주 69.
947) 로마규정 범죄구성요건 제8조 (2)(a)(ii)-3 3; 위 조항은 제네바협정 I 제50조 등 제네바협정의 심각한 위반 조항에 기초한 것이나 제네바협정 등에도 생물학적 실험의 개념이 명확히 정의되어 있지는 않다.

하여 적용될 수 있는 의학적 기준에 부합하지 않는 실험 등이 이에 해당할 수 있다.[948] 생물학적 실험을 금지하는 이러한 취지에 비추어 피해자의 승낙 여부는 범죄의 성립과 무관하다.[949] 로마 규정 범죄구성요건은 이와 같은 실험이 피해자의 정신적·육체적 건강이나 완전성에 대하여 심각한 위험을 야기할 경우에만 형사처벌 대상에 해당하는 것으로 규정하고 있다.[950]

생물학적 실험과 유사한 것으로 적대 당사자의 지배 아래에 있는 사람에 대한 의학적·과학적 실험이다. 이러한 행위는 로마규정 제8조 제2항 (b)(x)와 제8조 제2항 (e)(xi)에 전쟁범죄로 규정되어 있다. 의학적 실험과 과학적 실험의 개념적 구분이나 이들 개념이 앞서 본 생물학적 실험과 구체적으로 어떻게 구분되는가는 불분명하다. 로마규정이나 로마규정 범죄구성요건은 이에 대해 명확한 설명을 하지 않고 있으나 기본적으로 치료적 목적 없이 의학적 지식 혹은 과학적 지식만을 얻기 위한 의학실험 또는 과학실험은 불법적인 것으로 간주된다.[951] 이러한 실험행위가 피해자의 사망을 초래하거나 육체적·정신적 건강을 심각하게 위협하는 것이어야 하나 실제로 상해의 결과 등이 발생해야 하는 것은 아니다.[952]

제2차 대전 이후의 판례에서는 난소 절제, 불임화, 낙태, 호르몬 처치, 말라리아균이나 독극물 또는 발진티푸스 병원체 투입, 고압이나 극한 온도에의 노출, 겨자가스 등을 이용한 실험 등의 사례들이 나타났다.[953]

4. 비인도적이거나 잔인한 처우(Inhuman or Cruel Treatment)

〔로마규정 제8조 제2항 (a)(ii)〕 – 국제적 무력충돌
고문 또는 생물학적 실험을 포함한 **비인도적인 대우**
(Torture or **inhuman treatment**, including biological experiments)

〔로마규정 제8조 제2항 (c)(i)〕 – 비국제적 무력충돌
생명 및 신체에 대한 폭행, 특히 모든 종류의 살인, 신체절단, **잔혹한 대우** 및 고문
(Violence to life and person,in particular murder of all kinds, mutilation, **cruel treatment** and torture)

---

948) 제네바협정 III 제13조, 부속의정서 I 제11조 제1항 제2문 참조.
949) Werle, Gerhard; Jeßberger, Florian, 전게서, p. 439.
950) 로마규정 범죄구성요건 제8조 (2)(a)(ii)-3 2.
951) US Military Tribunal, Nuremberg, judgment of 20 August 1947 (Brandt et al., so-called 'Medical Trial'), in Trials of War Criminals II, 171 et seq.
952) Werle, Gerhard; Jeßberger, Florian, 전게서, p. 439.
953) Hoess, Supreme National Tribunal of Poland, judgment of 2 April 1947, in United Nations War Crimes Commission, Law Reports of Trials of War Criminals VII, 11, at 14 et seq; US Military Tribunal, Nuremberg, judgment of 17 April 1947 (Milch, so-called 'Milch Trial'), in Trials of War Criminals VII, 355; US Military Tribunal, Nuremberg, judgment of 20 August 1947 (Brandt et al., so-called 'Medical Trial'), in Trials of War Criminals II, 171.

로마규정 제8조 제2항 (a)(ii)와 (c)(i)는 무력충돌 상황에서 범하여지는 비인도적이거나 잔인한 처우를 전쟁범죄로 규정하고 있다. 이는 네 개의 제네바협정의 심각한 위반 조항과 제네바협정 공통 제3조에 근거한 것이다. 로마규정 제8조 제2항 (a)(ii)는 비인도적 처우라는 표현을 사용하고 제8조 제2항 (c)(i)는 잔인한 처우라는 용어를 사용하고 있으나 양자는 실질적으로 동일한 개념으로 이해되고 있다.[954]

비인도적이거나 잔인한 처우의 행위유형은 다양한 유형의 심각한 상해를 규율할 수 있는 포괄범죄(catch-all crime)이다.[955] 특히 본 조항에는 고문보다 객관적으로 해악의 정도가 낮은 행위도 포함되며 고문과 달리 목적적 요소가 요구되지도 않는다.[956] 따라서 고문의 개념을 충족시키지 못하는 행위에 대하여 본 조항이 적용될 수 있다.

고문의 개념이 각종 인권규범에 잘 정의되어 있었음에 반하여 비인도적 처우에 대한 명확한 개념은 존재하지 않는다. 다만 비인도적 행위를 금지하는 제네바협정 조항들만이 있을 뿐이다.[957] 이에 따라 임시재판소에서는 '인도(humanity)' 개념을 기반으로 본 조항의 해석에 적용되는 논리를 구성하여 왔다. 이러한 입장에서는 정신적 혹은 육체적 고통을 야기하는 작위 혹은 부작위가 신체적 혹은 심리적 완전성에 대한 심각한 공격에 해당하거나 혹은 인도주의 원칙에 반한다면 이러한 행위는 인도주의 관념에 상응하지 않은 비인도적인 행위로 평가되어 왔다.[958] 또한 이러한 행위에는 인간의 존엄성을 파괴하는 행위도 포함되며 피해자를 비인도적인 조건으로 내몰았다면 이러한 행위 역시 비인도적 처우로 처벌받을 수 있다.[959]

그러나 임시재판소의 판례에서 나타난 고문과 비인도적 행위의 구분체계가 로마규정의 해석에서도 그대로 적용되기는 어려울 것으로 보인다. 왜냐하면 로마규정 범죄구성요건은 고문[960], 잔인한 처우[961], 비인도적 행위[962]를 모두 심각한 육체적 정신적 고통을 가하는 행위로 동일하게

954) Mucić et al., ICTY (TC), judgment of 16 November 1998, para. 551; Naletilić and Martinović, ICTY (TC), judgment of 31 March 2003, para. 246; ICTY 법령 제2조 (b)는 비인도적 처우(inhuman treatment)라는 표현을 사용하는 반면 ICTR 법령 제4조 (a)는 잔인한 처우라는 표현을 사용하고 있다.
955) Werle, Gerhard; Jeßberger, Florian, 전게서, p. 440.
956) Ambos, Kai, 전게서 II, p. 165.; Werle, Gerhard; Jeßberger, Florian, 전게서, p. 440; 고문은 비인도적 처우의 가장 심각한 형태로 인식되고 있다. Mucić et al., ICTY (TC), judgment of 16 November 1998, para. 542.
957) 제네바협정 II 제12조, 제네바협정 III 제13조, 제20조, 제46조, 제네바협정 IV 제27조, 제32조, 공통 제3조, 부속의정서 I 제75조, 부속의정서 II 제4조, 제7조.
958) Lukić and Lukić, ICTY (AC), judgment of 4 December 2012, para. 631; Aleksovski, ICTY (TC), judgment of 25 June 1999, paras. 56 et seq; Naletilić and Martinović, ICTY (TC), judgment of 31 March 2003, para. 246.
959) Blaškić, ICTY (TC), judgment of 3 March 2000, para. 155; Martić, ICTY (TC), judgment of 12 June 2007, para. 80; 그러나 어떠한 조건이 비인도적인가는 추상적 차원에서 정의될 수 없으며 개별사건의 상황에 비추어 결정되어야만 한다. Mucić et al., ICTY (TC), judgment of 16 November 1998, paras. 544, 558; Werle, Gerhard; Jeßberger, Florian, 전게서, p. 441.
960) 로마규정 범죄구성요건 제8조 (2)(a)(ii)-1 1, 로마규정 범죄구성요건 제8조 (2)(c)(i)-4 1(torture).
961) 로마규정 범죄구성요건 제8조 (2)(c)(i)-3 1(cruel treatment).
962) 로마규정 범죄구성요건 제8조 (2)(a)(ii)-2 1(inhuman treatment).

규정하고 있기 때문이다.963) 물론 로마규정 체계 하에서도 고문과 비인도적 행위 개념을 구분할 가능성을 배제할 수는 없으나 분명한 것은 모든 유형의 존엄성 침해행위를 잔인하거나 비인도적 처우로 분류하고 있는 임시재판소의 판례를 그대로 받아들일 수는 없다는 점이다. 왜냐하면 로마규정은 로마규정 제8조 제2항 (b)(xxi)에서 인간의 존엄에 반하는 행위를 별도의 행위유형으로 규정하고 있기 때문이다.964)

5. 커다란 괴로움이나 심각한 위해의 야기
(Causing Great Suffering or Serious Injury to Body or Health)

〔로마규정 제8조 제2항 (a)(iii)〕 – 국제적 무력충돌
고의로 신체 또는 건강에 커다란 괴로움이나 심각한 위해의 야기
(Wilfully causing great suffering, or serious injury to body or health)

신체에 대한 심각한 고통을 가하거나 건강에 심각한 해악을 끼치는 행위에 해당하지만 고문 혹은 비인도적이거나 잔인한 처우에서 요구되는 수준에 미치지 못하는 공격행위는 로마규정 제8조 제2항 (a)(iii)에 해당할 수 있다.965) 비국제적 무력충돌의 경우에도 제8조 제2항 (c)(i)이 이러한 행위유형을 규정하고 있다는 견해가 있으나 로마규정의 문언 내용에 비추어 이러한 행위유형은 비국제적 무력충돌에는 규정되어 있지 않는 것으로 보인다.966)

ICTY는 본 범죄를 심각한 정신적 혹은 육체적 고통이나 괴로움을 가하는 고의적인 작위 또는 부작위로 판시하였다.967) 정신적 또는 육체적 해악을 가하는 행위는 반드시 심각한 것이어야 하며 피해자의 품위나 존엄만을 손상시키는 행위는 여기에 포함되지 않는다.968) 가해지는 심각

963) 국제형사재판소는 시체로 가득찬 방에 민간인 포로를 수 시간 동안 감금한 행위를 비인도적 처우에 해당하는 것으로 판단하였다. Katanga and Ngudjolo Chui, ICC (PTC), decision of 30 September 2008, paras. 361 et seq.
964) 물론 특정 사건에서 인간 존엄에 대한 침해가 심각한 신체적 정신적 고통으로 이어진다면 잔인한 처우 혹은 비인도적 처우도 존재하는 것으로 인정될 수 있을 것이다. Werle, Gerhard; Jeßberger, Florian, 전게서, p. 441.
965) 로마규정 범죄구성요건 제8조 (2)(a)(iii) 1; Naletilić and Martinović, ICTY (TC), judgment of 31 March 2003, para. 339; Blaskić, ICTY (TC), judgment of 3 March 2000, para. 156; Kordić and Čerkez, ICTY (TC), judgment of 26 February 2001, para. 245.
966) 로마규정 제8조 제2항 (a)(iii)에는 '고의로 신체 또는 건강에 커다란 괴로움이나 심각한 위해의 야기'라는 내용으로 명확히 규정되어 있으나 제8조 제2항 (c)(i)의 경우에는 제네바협정 공통 제3조 제1항 (a)를 따라 신체에 대한 폭력이라는 형태로 매우 단순하게 표현되어 있다. 이러한 조항을 근거로 비국제적 무력충돌의 경우에도 이러한 행위유형이 인정된다고 해석하는 견해가 있으나〔Ambos, Kai, 전게서 II, p. 166〕 이는 문언의 범위를 넘어서는 해석으로 이러한 행위유형은 오직 국제적 무력충돌의 경우에만 규정된 것으로 보아야 할 것이다. 다만 비국제적 무력충돌의 경우 심각성 요건이 충족된다면 포괄범죄인 비인도적이거나 잔인한 처우에 해당하는 경우가 존재할 것이다.〔Werle, Gerhard; Jeßberger, Florian, 전게서, p. 437〕
967) Mucić et al., ICTY (TC), judgment of 16 November 1998, para. 511; Blaškić, ICTY (TC), judgment of 3 March 2000, para. 156; Kordić and Čerkez, ICTY (TC), judgment of 26 February 2001, para. 245.
968) Kordić and Čerkez, ICTY (TC), judgment of 26 February 2001, para. 245; Werle, Gerhard; Jeßberger,

한 해악이 반드시 영구적이거나 치료 혹은 회복이 불가능한 것일 필요는 없으나[969] 피해자는 커다란 고통을 겪었어야 하며[970] 일시적 불행, 당혹, 모욕감을 넘어서 개인의 정상적이고 건설적인 생활에 대하여 심각하면서도 장기적인 침해를 가져오는 것이어야 한다.[971] 육체적 고통을 가하는 것뿐만 아니라 정신적 고통을 가하는 행위도 포함되므로 용인할 수 없는 규율 수단을 부과하거나 경우에 따라서는 독방 감금도 커다란 고통을 가하는 행위에 해당할 수 있다.[972] 고문과 달리 특별한 목적이 요구되지 않으며[973] 객관적으로 고문에 해당하는 행위는 항상 본 범죄의 개념을 충족시킬 수 있을 것이다.[974]

6. 국제범죄법

〔국제범죄법 제10조 제2항 제2호 등〕

② 국제적 무력충돌 또는 비국제적 무력충돌과 관련하여 다음 각 호의 어느 하나에 해당하는 행위를 한 사람은 무기 또는 5년 이상의 징역에 처한다.

　2. 인도에 관한 국제법규에 따라 보호되는 사람에게 고문이나 신체의 절단 등으로 신체 또는 건강에 중대한 고통이나 손상을 주는 행위

⑥ 제2항·제3항 또는 제5항의 죄를 범하여 사람을 사망에 이르게 한 사람은 사형, 무기 또는 7년 이상의 징역에 처한다.

⑦ 제1항부터 제5항까지에 규정된 죄의 미수범은 처벌한다.

국제범죄법 제10조 제2항 제2호는 살인죄의 다음 단계에 해당할 수 있는 심각한 전쟁범죄의 유형으로 국제적 무력충돌 또는 비국제적 무력충돌과 관련하여 고문이나 신체의 절단 등으로 인도에 관한 국제법규에 따라 보호되는 사람에게 신체 또는 건강에 중대한 고통이나 손상을 주는 행위를 전쟁범죄로 규정하고 있다. 신체 또는 건강에 중대한 고통이나 손상을 가하는 것은 잔인하거나 비인도적인 처우가 갖는 주요한 특성으로 본 조항을 통하여 이러한 비인도적 행위가 처

　　Florian, 전게서, p. 437; 로마규정과 체제를 달리하는 임시재판소의 법령에서는 심각성의 수준이 보다 미약한 행위는 비인도적 처우에 해당할 수 있을 뿐이라는 것은 Kordić and Čerkez, ICTY (TC), judgment of 26 February 2001, para. 245; Ambos, Kai, 전게서 II, p. 166.

969) Akayesu, ICTR (TC), judgment of 2 September 1998, para. 502; Naletilić and Martinović, ICTY (TC), judgment of 31 March 2003, para. 341.

970) Mucić et al., ICTY (TC), judgment of 16 November 1998, para. 510.

971) Krstić, ICTY (TC), judgment of 2 August 2001, para. 513; Ambos, Kai, 전게서 II, p. 166.

972) 상처 입은 사람에 대한 신체절단이나 로마규정에 별도의 범죄로 규정되어 있는 강간도 여기에 포함될 수 있다는 견해는 Werle, Gerhard; Jeßberger, Florian, 전게서, p. 437.

973) Naletilić and Martinović, ICTY (TC), judgment of 31 March 2003, paras. 340-341.; Ambos, Kai, 전게서 II, p. 166.

974) Mucić et al., ICTY (TC), judgment of 16 November 1998, para. 442; Werle, Gerhard; Jeßberger, Florian, 전게서, p. 437.

벌대상으로 포섭된다.975)

   본 조항에서는 특히 고문과 신체절단이 예시적으로 규정되어 있다. 본 조항에서의 고문은 고문방지협약의 경우와 달리 공적 지위나 자격이 요건으로 요구되지는 않으나 로마규정에 따라 정보의 수집, 자백의 획득 등 일정한 목적에 따라 이루어져야 하는 것으로 해석된다.976)

   신체절단과 관련하여 로마규정 제8조 제2항 (b)(x)와 (2)(e)(xi)는 사망을 초래하거나 건강을 심각하게 위태롭게 할 것을 요건으로 규정하고 있으며 우리 국제범죄법은 고문과 신체절단 모두에 대하여 '신체 또는 건강에 중대한 고통이나 손상'을 가할 것을 요건으로 규정하고 있다.977)

   '신체 또는 건강에 중대한 고통이나 손상'을 가하는 행위에는 정신적 고통을 가하는 행위도 포함되는 것으로 보이나 그 범위에 대하여는 논란이 있을 수 있다. 국제범죄법에 규정된 중대성 요건에 따라 사소한 행위는 적용대상에서 제외되어야 하며 정상적이고 건설적인 생활을 영위할 수 있는 능력의 훼손 여부가 그 원칙적 판단 기준이 될 수 있을 것이다. 따라서 본 조항의 해당 여부는 행위의 본질, 피해자의 나이, 성별, 건강상태, 육체적 조건 등 전체적 상황을 구체적으로 고려하여 결정되어야 하며 장기적 영향이 개념적 요건은 아니나 장기적 효과가 존재할 경우 본 조항은 보다 용이하게 충족될 수 있을 것이다.978) 생물학적 · 의학적 · 과학적 실험은 제10조 제3항 제3호에 별도로 규정되어 있다.

〔국제범죄법 제10조(사람에 대한 전쟁범죄) 제3항 제3호 등〕
③ 국제적 무력충돌 또는 비국제적 무력충돌과 관련하여 다음 각 호의 어느 하나에 해당하는 행위를 한 사람은 3년 이상의 유기징역에 처한다.
  3. 치료의 목적 등 정당한 사유 없이 인도에 관한 국제법규에 따라 보호되는 사람을 그의 자발적이고 명시적인 사전 동의 없이 생명 · 신체에 중대한 위해를 끼칠 수 있는 의학적 · 과학적 실험의 대상으로 삼는 행위
⑥ 제2항 · 제3항 또는 제5항의 죄를 범하여 사람을 사망에 이르게 한 사람은 사형, 무기 또는 7년 이상의 징역에 처한다.

---

975) MüKoStGB/Zimmermann/Geiß VStGB § 8 Rn. 138.
976) 로마규정 범죄구성요건 제8조 (2)(a)(ii)-1 2, (2)(c)(i)-4 2. 로마규정 범죄구성요건에서의 목적은 예시적인 것이다.; Bemba, ICC (PTC), decision of 15 June 2009, paras. 291 et seq; 고문 및 그 밖의 잔혹한, 비인도적인 또는 굴욕적인 대우나 처벌의 방지에 관한 협약(Convention against Torture and Other Cruel, Inhuman or Degrading Treatment or Punishment) 제1조 제1항 참조.
977) 독일 국제범죄법 제8조 제1항 제3호는 잔인하거나 비인도적 처우라는 개념을 기본으로 본 범죄를 구성하고 있어 상해의 결과 발생이 반드시 요구되지는 않는 것으로 보다 용이하게 해석될 수 있을 것으로 보인다. 따라서 독일법의 경우 피해자에 대하여 현실적으로 위해를 초래한 행위 뿐 아니라 예견 가능한 결과에 비추어 피해자의 건강에 대하여 상당히 심각한 구체적 위험이 있으면 족한 것으로 해석될 수 있다. Werle, Gerhard; Jeßberger, Florian, 전게서, p. 438.
978) MüKoStGB/Zimmermann/Geiß VStGB § 8 Rn. 139, 140.

⑦ 제1항부터 제5항까지에 규정된 죄의 미수범은 처벌한다.

국제범죄법 제10조 제3항 제3호는 치료의 목적 등 정당한 사유 없이 인도에 관한 국제법규에 따라 보호되는 사람을 자발적이고 명시적인 사전 동의 없이 생명 · 신체에 중대한 위해를 끼칠 수 있는 의학적 · 과학적 실험의 대상으로 삼는 행위를 전쟁범죄로 규정하고 있다.

앞서 본 바와 같이 로마규정 제8조 제2항 (b)(x)와 (e)(xi)는 사망을 초래하거나 건강을 심각하게 위태롭게 할 것을 요건으로 규정하여 결과범과 위험범을 하나의 조항에서 동시에 규정하고 있다. 국제범죄법도 '생명 · 신체에 중대한 위해를 끼칠 수 있는' 실험일 것을 요건으로 규정하여 결과 발생이 아닌 생명 · 신체에 대한 위험성만으로도 본 조항의 요건이 충족될 수 있을 것으로 생각된다.[979] 생명 또는 신체에 대한 중대한 위해를 형법상 중상해에 해당하는 행위만으로 제한적으로 해석할 필요는 없으며 모규범인 부속의정서 I 제11조 등 국제기준에 따라 육체적 위해뿐만 아니라 정신적 위해도 포함되는 것으로 해석할 수 있을 것이다.[980]

국제범죄법은 '실험의 대상으로 삼는 것'을 처벌대상 행위로 규정하고 있으나 피해자를 상대로 구체적인 실험을 실행하는 행위를 의미하는 것으로 해석하여야 할 것이다.[981] 과학적 실험의 구체적 개념이 명시되어 있지는 않으나 조항의 목적 등에 비추어 피해자의 신체에 즉각적이고 직접적인 형향을 미치는 모든 실험이 여기에 해당할 수 있을 것이다.[982]

당사자의 자발적이고 명시적인 동의를 얻어 치료적 기준에 부합하는 방식으로 이루어지는 의학적 처치는 본 조항에 포함되지 않는다.

제 4 절 성폭력(Sexual Violence)

1. 전쟁범죄로서의 성폭력 행위

〔로마규정 제8조 제2항 (b)(xxii)〕 – 국제적 무력충돌

강간, 성적 노예화, 강제매춘, 제7조 제2항 바호에 정의된 강제임신, 강제불임 또는 제네바협약의 중대한 위반에 해당하는 여하한 다른 형태의 성폭력

(Committing rape, sexual slavery, enforced prostitution, forced pregnancy, as defined in article 7, paragraph 2 (f), enforced sterilization, or any other form of sexual violence also constituting a grave breach of the Geneva Conventions;)

---

979) 독일 국제범죄법 제8조 제1항 제8호 참조.
980) MüKoStGB/Zimmermann/Geiß VStGB § 8 Rn. 194, 195 참조.
981) MüKoStGB/Zimmermann/Geiß VStGB § 8 Rn. 193 참조.
982) MüKoStGB/Zimmermann/Geiß VStGB § 8 Rn. 197.

〔로마규정 제8조 제2항 (e)(vi)〕 – 비국제적 무력충돌

강간, 성적 노예화, 강제매춘, 제7조 제2항 바호에서 정의된 강제임신, 강제불임 또는 제네바 4개 협약 공통 제3조의 중대한 위반에 해당하는 여하한 다른 형태의 성폭력

(Committing rape, sexual slavery, enforced prostitution, forced pregnancy, as defined in article 7, paragraph 2(f), enforced sterilization, and any other form of sexual violence also constituting a serious violation of article 3 common to the four Geneva Conventions)

로마규정 제8조 제2항 (b)(xxii)는 국제적 무력충돌과 관련하여 강간, 성적 노예화, 강제매춘, 강제임신, 강제불임 또는 제네바협약의 중대한 위반에 해당하는 여하한 다른 형태의 성폭력 행위를 처벌대상으로 규정하고 있으며 비국제적 무력충돌에 있어서는 로마규정 제8조 제2항 (e)(vi)가 이에 상응하는 내용을 규정하고 있다.

역사적으로 성폭력은 적을 공포에 몰아넣고 사기를 꺾는 수단으로 활용되는 등 무력충돌의 상황에서 수많은 성폭력이 발생하여 왔다. 특히 다른 도시를 점령한 경우 강간을 허용하는 것이 군대에 대한 보상 차원에서 이루어지기도 하였다.[983] 그러나 이와 같은 성폭력에 대한 대응은 미온적인 것이었다. 로마규정 이전에는 성폭력이 독립된 범죄행위유형으로 규정되지 않은 상태에서 개인의 명예나 존엄을 침해하는 범죄로 취급됨으로써 성범죄를 통하여 여성 피해자에게 가해지는 신체적, 정신적 해악을 정당하게 취급하지 못하고 있었다.[984] 제네바협정 IV 제27조 제2항, 부속의정서 I 제75조 제2항, 제76조 제1항, 부속의정서 II 제4조 제2항 (e)는 강간, 강제매춘 등을 피해자의 명예에 대한 공격이자 인간존엄에 대한 유린의 형태로만 규정하고 있었으며 이러한 행위들은 제네바협정이나 부속의정서의 심각한 위반으로 규정되지도 않았다.[985] ICTY 법령에서도 성폭력이 독립된 전쟁범죄로 규정되지 않았으며[986] ICTR 법령 제4조 (e)에서 비로소 강간, 강제

---

983) 이러한 행태는 과거 대부분의 군사 문화 속에 존재하였으며 현재 시점에 있어서도 여전히 이러한 형태의 문화가 일부 남아 있는 것이 사실이다. Cryer, Robert; Friman, Håkan; Robinson, Darryl; Wilmshurst, Elizabeth, 전게서, p. 287.

984) Werle, Gerhard; Jeßberger, Florian, 전게서, p. 442.

985) 국제인도법 관련 협약들에 대한 협상이 남성에 의하여 진행되어 남성의 시각과 우려를 반영하려는 경향이 존재하였으며 이러한 점이 성폭행을 전쟁범죄의 하나로 명시적으로 규정하지 않는 것에 영향을 끼쳤다는 주장이 있다. 특히 주목할 것은 이러한 법제도상의 문제점 이외에 국제형사법 실무에서도 성폭행이 관련 법에 따라 범죄로 인정될 수 있는 상황임에도 검찰 측이 기소를 회피하려는 경향이 있었다는 비판이 존재한다는 점이다. 뉘른베르크 재판에서는 강간이 전쟁의 수단으로 광범위하게 자행되었다는 많은 증거들이 있었으나 기소되어 유죄판결을 받은 사례가 없으며 동경재판의 경우에도 거의 2만 명의 여성과 아동들이 강간당한 '난징의 강간(rape of nanking)'에 대해서만 지도자들과 군인들 중 일부만이 강간과 성폭행에 해당하는 행위로 유죄판결을 받음에 그쳤다. 또한 위안소 설치 등 일본군에 의한 여성의 성적 노예화는 전반적으로 무시되었다. Cryer, Robert; Friman, Håkan; Robinson, Darryl; Wilmshurst, Elizabeth, 전게서, p. 287, 288.

986) 이처럼 강간이 ICTY 법령 제5조 (g)에 인도에 반한 죄로는 규정되어 있었음에도 전쟁범죄로는 명시되지 않은 까닭에 결국 전쟁범죄의 다른 조항들을 적용하여 이러한 행위를 처벌할 수밖에 없었다. Werle, Gerhard;

매춘, 다른 유형의 성폭력이 독립된 전쟁범죄로 규정되게 되었다.[987] 그리고 시에라리온 특별재판소의 법령에서도 동일한 형태로 규정되었다.

이러한 역사적 배경 속에서 로마규정이 강간, 성적 노예화, 강제매춘, 강제임신, 강제불임 그리고 다른 성적 폭행행위를 독립된 전쟁범죄로 인정한 것은 뚜렷한 진보로 평가된다. 성폭력을 전쟁범죄의 독립된 조항으로 규정한 것은 조직화된 폭력의 배경 하에 범하여진 성폭력 행위들이 가장 심각한 범죄유형에 속한다는 점을 명시적으로 승인하는 것이며[988] 성폭력 범죄가 제네바협정의 심각한 위반에 상응하는 중대성을 가지고 있음을 명확히 확인하는 것이다.[989]

2. 성폭력 행위의 개념과 내용

전쟁범죄에서 규정하고 있는 강간, 강제매춘, 강제임신, 강제불임의 개념은 인도에 반한 죄의 경우와 동일하며 다만 그러한 행위가 범하여지는 배경적 요소에서 차이가 있을 뿐이다.[990] 로마규정 범죄구성요건 역시 배경적 요소 이외에는 범죄의 개념을 인도에 반한 죄와 동일하게 규정하고 있다.[991]

3. 다른 형태의 심각한 성폭력

로마규정 제8조 제2항 (b)(xxii)와 제8조 제2항 (e)(vi)는 명시적으로 규정된 성폭력 행위유형 이외에 포괄조항으로 '다른 형태의 성폭력'을 규정하고 있다.

전쟁범죄에서의 포괄조항 규정방식은 인도에 반한 죄에서 사용된 포괄조항 규정 방식과 차이가 있어 해석상 논란이 있을 수 있다. 인도에 반한 죄의 경우 '강간, 성적 노예화, 강제매춘, 강제임신, 강제불임, 또는 이에 상당하는 기타 중대한 성폭력'이라는 형태로 규정되어 있으나[992] 전쟁범죄의 경우에는 당해 행위가 '제네바협정의 심각한 위반'이나 '제네바협정 공통 제3조의 심각한 위반'에 해당할 수 있어야 한다는 내용으로 규정되어 있기 때문이다. 따라서 이를 문언에 따라 해석하면 이러한 포괄조항에 해당하기 위해서는 항상 '제네바협정의 심각한 위반'이나 '제네바협정 공통 제3조의 심각한 위반'에 해당하는 행위이어야 하며 이에 대한 분석이 선행되어야

Jeßberger, Florian, 전게서, p. 442; Furundžija, ICTY (TC), judgment of 10 December 1998, para. 172; Mucić et al., ICTY (TC), judgment of 16 November 1998, paras. 476 et seq; Furundžija, ICTY (TC), judgment of 10 December 1998, paras. 163 et seq.

987) 그러나 위 조항에서도 제네바협정 부속의정서의 규정 형태에 따라 강간을 '인간의 존엄성에 대한 침해 행위'의 예시적인 것으로 규정함으로써 강간의 본질적 중대성을 감소시키는 것이었다는 비판은 Cryer, Robert; Friman, Håkan; Robinson, Darryl; Wilmshurst, Elizabeth, 전게서, p. 288.

988) Werle, Gerhard; Jeßberger, Florian, 전게서, p. 442.

989) Cryer, Robert; Friman, Håkan; Robinson, Darryl; Wilmshurst, Elizabeth, 전게서, p. 288.

990) Bemba, ICC (PTC), decision of 15 June 2009, para. 286; Werle, Gerhard; Jeßberger, Florian, 전게서, p. 443.

991) 제2편 인도에 반한 죄 제4장 제2절 7. 성폭력 부분 참조.

992) 로마규정 제7조 제1항 (vii).

할 것으로 보인다.[993] 그러나 로마규정 범죄구성요건은 대상 행위를 제네바협정이나 공통 제3조 위반에 필적하는 중대성을 갖는 행위로 규정하고 있다.[994] 이와 관련하여 이러한 포괄범죄의 성립 여부를 제네바협정에 위반되는가 여부를 전제로 해석하는 것은 로마규정에 성폭력을 별도로 규정한 자족성과 상응하지 않는 것으로 로마규정 초안자들의 의사에도 반하는 것이라는 입장이 유력하다. 로마규정이 제네바협정을 언급한 것은 이와 동등하게 심각한 유형의 성폭력만이 전쟁범죄로 처벌된다는 점을 명확히 하기 위하여 이를 최소요건을 규정한 것이라는 주장으로 로마규정 범죄구성요건에 표현되어 있는 초안자들의 의사에 따라 제네바협정이나 공통 제3조 위반행위에 필적하는 중대성을 지닌 행위를 처벌하는 것으로 해석되어야 한다는 이러한 입장이 타당한 것으로 생각된다.[995]

4. 국제범죄법

〔국제범죄법 제10조 제2항 제3호 등〕
② 국제적 무력충돌 또는 비국제적 무력충돌과 관련하여 다음 각 호의 어느 하나에 해당하는 행위를 한 사람은 무기 또는 5년 이상의 징역에 처한다.
  3. 인도에 관한 국제법규에 따라 보호되는 사람을 강간, 강제매춘, 성적 노예화, 강제임신 또는 강제불임의 대상으로 삼는 행위
⑥ 제2항·제3항 또는 제5항의 죄를 범하여 사람을 사망에 이르게 한 사람은 사형, 무기 또는 7년 이상의 징역에 처한다.
⑦ 제1항부터 제5항까지에 규정된 죄의 미수범은 처벌한다.

강간, 강제매춘, 성적 노예화, 강제임신, 강제불임 등에 대한 개념과 이와 관련된 법체계상의 문제점 등은 인도에 반한 죄에서 설명한 것과 동일하게 이해하면 족할 것이다.[996] 특히 우리 법에서 인정되지 않던 성적 노예화를 별도로 규정한 것은 성적 노예화가 갖는 특별한 악성을 표현하는 것으로 생각된다.[997]

국제범죄법은 인도에 반한 죄와 달리 포괄조항을 규정하고 있지 않다. 죄형법정주의 원칙을 고려한 것으로 생각되나 로마규정에서의 강간은 우리법의 강간, 준강간, 유사강간 등을 모두 포괄하는 것으로 우리 국제범죄법에 규정된 강간 개념을 이처럼 폭넓게 해석할 수는 없을 것이다.

993) Ambos, Kai, 전게서 II, p. 168.
994) 로마규정 범죄구성요건 제8조 (2)(b)(xxii)-6 2와 제8조 (2)(e)(vi)-6. 2.
995) Ambos, Kai, 전게서 II, p. 168; Werle, Gerhard; Jeßberger, Florian, 전게서, p. 443.
996) 제2부 제2편 제4장 제1절 7. 성폭력(Sexual Violence) 부분 참조.
997) 독일 국제범죄법에서는 성적 노예화를 규정하지 않고 있으며 이러한 흠결로 말미암아 독일법은 로마규정에 명시되어 있는 불법성을 충분히 표현하지 못하고 있다는 주장은 MüKoStGB/Zimmermann/Geiß VStGB § 8 Rn. 148.

따라서 성범죄에 대한 포괄규정이 존재하지 않음에 따라 일정 부분 처벌의 법적 공백상태가 존재하게 된 것으로 이를 보완하기 위해 행위유형의 재정비가 필요할 것으로 생각된다.

일반 형법의 경우와 달리 무력충돌 상황에서 이루어지는 강간의 경우 피해자의 자발적 동의가 인정되는 것은 극히 제한적일 것이다.[998]

강제임신 여성의 감금과 관련하여서는 피해 여성이 단지 다른 민족 구성원에 속한다는 점을 인식한 것만으로는 부족하며 '주민의 민족적 구성에 영향을 미치거나 다른 중대한 국제법 위반을 실행'할 목적이 존재하여야 한다.[999] 행위자가 반드시 피해자와 다른 민족 공동체에 속해야 하는 것은 아니며 이러한 목적을 보유하고 있으면 족하다.[1000]

제 5 절　인질행위(Hostage – Taking)

〔로마규정 제8조 제2항 (a)(viii), (c)(iii)〕
인질행위(Taking of hostages)

인질행위는 적대 당사자가 어떠한 행위를 하거나 하지 않도록 강제하는 등 상대방으로부터 어떠한 양보를 얻어내거나 일정한 이득을 취할 목적으로 인질에 대한 살해, 상해, 감금의 지속 등을 위협하는 것이다. 일반적으로 인질은 불법적으로 자유를 박탈당한 사람을 지칭하는 것으로 이러한 사람들에 대한 자유박탈은 자의적으로 이루어지는 경우가 많으며 때로는 죽음의 위협으로 이어진다.[1001]

뉘른베르크 헌장에서는 인질에 대한 살해만을 전쟁범죄로 명시하고 있었으나[1002] 이후 인질행위 자체가 국제적 무력충돌과 관련하여 제네바협정 IV 제34조에서 금지되었다.[1003] 그리고 동

---

998) 무력충돌 상황에서의 강제매춘은 실질적으로 성적 노예화에 해당할 수 있다며 일본의 위안소를 사례로 제시하는 것은 MüKoStGB/Zimmermann/Geiß VStGB § 8 Rn. 152.

999) 국제범죄법 제2조 제6호 참조; 이와 같은 목적 조항은 로마규정 협상 과정에서 중립적 형태의 낙태 금지를 범죄의 범주에서 배제시키라는 바티칸 측의 요구 등을 수용한 것이라고 한다. MüKoStGB/Zimmermann/Geiß VStGB § 8 Rn. 214.

1000) 국제적으로 위 조항은 이전 유고슬라비아 사태의 진행 과정에서 세르비아계 폭도가 보스니아 무슬림 여성들을 강간한 후 세르비아 아이들이 세상에 나오도록 하기 위하여 여성들을 감금하고 있었던 경험에서 유래한 것이다. 이러한 배경 하에서 강간과 감금을 넘어서는 강제임신의 특별한 불법성이 노정되는 것으로 특히 이러한 행위는 일정한 공동체의 민족적 구성의 안정성을 훼손하려는 목적을 가진 것이었다. MüKoStGB/ Zimmermann/Geiß VStGB § 8 Rn. 215; Cryer, Robert; Friman, Håkan; Robinson, Darryl; Wilmshurst, Elizabeth, 전게서, p. 255.

1001) Ambos, Kai, 전게서 II, p. 167.

1002) 뉘른베르크 헌장 제6조 (b) '---namely, violations of the laws or customs of war. Such violations shall include, but not be limited to, murder, -----killing of hostages----'

1003) 제네바협정 IV 제147조는 이를 협정의 심각한 위반으로 규정하고 있다. 이처럼 국제적 무력충돌의 경우 제네바협정 IV에서만 인질행위를 심각한 위반으로 규정하고 있는 까닭에 국제적 무력충돌에 있어서 인질행위

일한 내용이 부속의정서 I 제75조 제2항 (c)에도 규정되게 되었다. 비국제적 무력충돌과 관련하여서도 제네바협정 공통 제3조와 부속의정서 II 제4조 제2항 (c)가 인질행위를 금지하고 있다. 공통 제3조의 보호대상은 이전의 전투원까지 포괄하는 매우 광범위한 것이다.[1004] ICTY 법령 제2조 (h)에도 민간인에 대한 인질행위 금지가 명시되었으며 ICTR 법령 제4조 (c)에서는 비국제적 무력충돌과 관련하여 민간인과 전투원을 보호대상으로 포괄하는 형태로 규정되었다. ICTY는 인질에 대한 살해가 아닌 인질행위 자체만으로 유죄판결을 선고한 바 있다.[1005] 시에라리온 특별재판소 법령 제3조 (c)에도 비국제적 무력충돌과 관련하여 인질행위가 규정되는 등[1006] 인질행위의 범죄성은 국제관습법에서 인정되고 있다.[1007]

로마규정 제8조 제2항 (a)(viii)는 국제적 무력충돌에 있어서의 인질행위를 규정하고 있으며 비국제적 무력충돌에 있어서의 인질행위는 제8조 제2항 (c)(iii)에 규정되어 있다. 그리고 인질행위에 대한 보다 상세한 요건은 로마규정 범죄구성요건에 명시되어 있다.[1008]

인질행위가 성립하기 위해서는 우선 인질에 대한 체포나 구금 또는 기타 방법으로 억류하는 상황이 존재하여야 한다. 인질에 대한 구금은 불법적인 경우가 많을 것이나 안보목적으로 정당화되는 구금 혹은 보호목적의 구금 등 상황에 따라서는 구금 자체는 합법적일 수 있다.[1009] 같은 맥락에서 인질행위가 반드시 인질의 의사에 반하여 이루어져야 할 필요도 없다. 인질이 일방의 통제 하에 있고 충돌의 일방 당사자가 인질행위를 통하여 적대 당사자의 양보를 강제하려 하였다면 인질행위의 요건은 충족된다.[1010]

인질행위에 있어서는 일정한 양보를 얻어내거나 일정한 이득을 취하려는 범죄자의 목적이 중요한 요소이다. 따라서 본 범죄가 성립하기 위해서는 로마규정 제30조에 규정된 일반적 요건 이외에 국가, 국제기구, 자연인 혹은 법인, 일정한 집단의 사람들에 대하여 피해자의 안전, 신체적 완전성의 유지, 석방 등을 명시적 혹은 묵시적 조건으로 어떠한 행위를 하거나 하지 않도록 강제할 특별한 목적이 존재하여야 한다. 범죄자는 이러한 목적을 위하여 인질에 대한 살해, 상해 혹은 투옥의 지속을 위협하여야만 하며 이러한 수단을 사용함으로써 상대방으로부터 어떠한 양

의 일차적 보호대상은 민간인이라는 주장은 Werle, Gerhard; Jeßberger, Florian, 전게서, p. 457.
1004) 제네바협정 공통 제3조는 협정의 적용대상으로 '무기를 버린 전투원, 및 질병, 부상, 억류 기타 사유로 전투력을 상실한 자를 포함하여, 적대행위에 능동적으로 참가하지 아니하는 자'로 광범위하게 규정하고 있으며 부속의정서 II 제4조 제1항은 '적대행위에 직접 가담하지 않거나 적대행위에 가담하기를 중지한 모든 사람들'을 보호대상으로 규정하고 있다.
1005) Blaškić, ICTY (TC), judgment of 3 March 2000, para. 701 et seq.
1006) 이에 대한 판결은 Sesay et al., SCSL (TC), judgment of 2 March 2009, paras. 236 et seq.
1007) Ambos, Kai, 전게서 II, p. 167.
1008) 로마규정 범죄구성요건 제8조 (2)(a)(viii), (c)(iii).
1009) 제네바협정 IV 제27조 및 제42조 참조; 예외적 상황에서의 구금의 합법성은 Blaškić, ICTY (TC), judgment of 3 March 2000, para. 158에서 승인된 바 있다.
1010) C. Pilloud and J.S. Pictet, in Y. Sandoz, C. Swinarski, and B. Zimmermann (eds), Commentary on the Additional Protocols (1987), paras. 3051 et seq.

보를 얻어내거나 일정한 이득을 취할 것을 의도하여야 한다.[1011]

> 〔국제범죄법 제10조(사람에 대한 전쟁범죄) 제2항 제1호 등〕
> ② 국제적 무력충돌 또는 비국제적 무력충돌과 관련하여 다음 각 호의 어느 하나에 해당하는 행위를 한 사람은 무기 또는 5년 이상의 징역에 처한다.
>   1. 인도에 관한 국제법규에 따라 보호되는 사람을 인질로 잡는 행위
> ⑥ 제2항·제3항 또는 제5항의 죄를 범하여 사람을 사망에 이르게 한 사람은 사형, 무기 또는 7년 이상의 징역에 처한다.
> ⑦ 제1항부터 제5항까지에 규정된 죄의 미수범은 처벌한다.

우리 국제범죄법은 인도에 관한 국제법규에 따라 보호되는 사람을 '인질로 잡는 행위'를 범죄행위로 규정하고 있다. 이를 문언에 따라 해석할 경우 인질행위를 위하여 피해자를 구금하는 등의 행위만으로도 구성요건이 충족되는 것으로 보인다. 그러나 본 조항의 모규범이라 할 수 있는 로마규정과 로마규정 범죄구성요건에 의하면 인질행위는 적대 당사자가 어떠한 행위를 하거나 하지 않도록 강제하는 등 상대방으로부터 어떠한 양보를 얻어내거나 일정한 이득을 취할 목적으로 인질에 대한 살해, 상해, 감금의 지속 등을 위협하는 것을 의미하여 이러한 범죄의 구조는 우리 형법의 인질강요죄와 유사한 것으로 보인다.[1012] 따라서 우리 국제범죄법의 해석상 본 조항이 인질로 잡는 행위만으로 처벌되는 것인지 아니면 이후의 협박행위가 필요한 것인가의 여부가 우선적으로 규명되어야 한다. 우리 국제범죄법의 문언에 비추어 논란이 있을 수는 있을 것이나 본 조항에 대한 국제규범과 본 조항을 규정한 목적 등에 비추어 '인질로 잡는 행위'를 탄력적으로 해석하여 인질을 이용한 위협행위가 존재하여야 한다고 해석하여야 할 것이다. 로마규정 범죄구성요건 제8조 제2항 (a)(viii)은 통제권의 범위에 들어온 상태에 있는 보호되는 사람에 대한 살해, 상해, 구금의 계속을 위협하는 것을 인질행위의 요건으로 규정하고 있으며 독일 국제범죄법의 인질행위에 있어서도 납치행위 뿐 아니라 이를 이용한 위협행위가 존재하여야 한다고 해석하고 있다.[1013] 구금 및 통제 상태는 무력충돌의 상황에서 다수 발생할 수 있음에도 본 범죄에

1011) 로마규정 범죄구성요건 제8조 (2) (a) (viii) 2, 3 및 (2)(c)(iii) 2, 3; Blaškić, ICTY (AC), judgment of 29 July 2004, para. 639; Blaškić, ICTY (TC), judgment of 3 March 2000, para. 158; Kordić and Čerkez, ICTY (TC), judgment of 26 February 2001, para. 314; Ambos, Kai, 전게서 II, p. 167; 이러한 특별한 주관적 요소를 명시한 인질억류방지에 관한 국제협약(International Convention against the Taking of Hostages, 우리나라에 대하여는 1983년 6월 3일 조약 제812호로 발효되었다) 제1조 제1항 참조. 그러나 위 협약은 국제인도법의 맥락에서 규정된 것이 아니므로 이 분야의 국제관습법의 일부를 형성하는 것이라고 볼 수 없다는 견해는 Werle, Gerhard; Jeßberger, Florian, 전게서, p. 458.

1012) 형법 제324조의2(인질강요) 사람을 체포·감금·약취 또는 유인하여 이를 인질로 삼아 제3자에 대하여 권리행사를 방해하거나 의무 없는 일을 하게 한 자는 3년 이상의 유기징역에 처한다.

1013) MüKoStGB/Zimmermann/Geiß VStGB § 8 Rn. 134.

대하여 무기징역까지 부과될 수 있다는 사실도 이러한 해석을 뒷받침하는 것으로 생각되며 같은 맥락에서 본 조항에서의 위협은 인질에 대한 살해, 상해, 감금의 지속 등을 위협하는 것으로 제한적으로 해석되어야 할 것이다.[1014)

다음으로 처음부터 납치 등 위법한 행위가 존재하여야 하는 것인가 아니면 체포영장 등 적법한 행위에 기하여 통제권을 획득한 경우와 같이 합법적으로 구금되어 있는 사람을 활용하는 것도 본 조항의 적용 범위에 포함되는가의 문제가 존재한다. 로마규정 범죄구성요건 제8조 (2)(a)(viii)은 일정한 목적 하에 '보호되는 사람을 납치, 구금하거나 기타 방법으로 통제권의 범위에 들어온 상태에 있는 사람을 이용'하여 이들에 대한 살해, 상해, 구금의 계속을 위협하는 것으로 규정하고 있다. 우리 법의 경우에도 반드시 불법적인 체포 등을 전제로 하는 것으로 볼 필요는 없으며 따라서 합법적으로 수용 중인 포로를 이러한 목적에 활용하는 것도 포함되는 것으로 해석되어야 할 것이다. 이러한 점에서 우리 법의 인질강요죄나 인질강도죄와 본 조항은 차이가 있으며 본 조항 고유의 규율범위가 존재하는 것으로 생각된다.[1015)

이러한 인질행위는 제네바협정 IV에서만 심각한 위반으로 규정되어 있다는 점에서 우리 국제범죄법의 해석에 있어서 인도에 관한 국제법규에 따라 보호되는 사람 모두를 본 범죄의 보호대상으로 보아야 하는가에 대하여 논란이 있을 수 있다.[1016) 그러나 국제규범과의 괴리가 일정 부분 존재한다 하더라도 본 범죄는 비국제적 무력충돌로 그 범위가 확대되어 있을 뿐 아니라 우리 국제범죄법에는 명문의 제한적 규정이 존재하지 않는다는 점에서 우리 입법자의 결단으로 보호범위가 확대된 것으로 이해될 수 있을 것이다.

본 범죄의 주관적 요소는 구금 내지 통제에 대한 부분과 강요행위에 대한 부분 모두에 존재하여야 하나 구금이나 통제권을 확보할 당시 협박에 대한 고의가 미리 존재하여야 하는 것은 아니다. 그리고 범죄자는 이러한 위협행위를 통하여 이루려는 목적을 가지고 있어야 한다.[1017)

1014) 로마규정 범죄구성요건 제8조 제2항 (a)(viii) 2; 독일에서는 독일형법의 인질강도죄가 중상해 등의 위협 및 1주일 이상의 구금 등을 요구하고 있다는 점과 본 범죄에 규정된 중한 법정형을 고려할 때 본 조항에서의 위협이나 구금 등에도 일정한 심각성 요건이 필요하다는 견해가 있다. MüKoStGB/Zimmermann/Geiß VStGB § 8 Rn. 212.
1015) 유사한 규정을 가진 독일 국제범죄법에 대한 것은 BT-Drucks. 14/8524, S. 26 참조.
1016) 유사한 규정을 가진 독일 국제범죄법에 대한 비판적 견해에 대한 소개는 MüKoStGB/Zimmermann/Geiß VStGB § 8 Rn. 131.
1017) MüKoStGB/Zimmermann/Geiß VStGB § 8 Rn. 211.

제 6 절   추방(Deportation)과 강제 이송(Forcible Transfer)

1. 국제적 무력충돌

〔로마규정 제8조 제2항 (a)(vii)〕
불법적인 추방이나 이송 ――(Unlawful deportation or transfer ―――)

〔로마규정 제8조 제2항 (b)(viii)〕
―――――피점령지 주민의 전부 또는 일부를 피점령지내 또는 밖으로 추방시키거나 이주시키는 행위
(――― the deportation or transfer of all or parts of the population of the occupied territory within or outside this territory)

대상자의 동의 없이 대상자들을 거주지역에서 당해 국가 영토 바깥으로 불법적으로 이동시키거나(추방) 같은 국가 영토 내의 다른 지역으로 불법 이동시키는 것이다.(강제 이동)[1018]

본 범죄는 제2차 대전 과정에서 발생하였던 추방행위에 대한 반향으로 채택된 것이다.[1019] 인도에 반한 죄에서도 추방 및 강제이주를 처벌하고 있으며[1020] ICTY 법령 제2조 (g)에도 유사한 규정이 존재한다.[1021] ICTY는 이러한 행위가 전쟁범죄에 해당하는 것으로 지속적으로 인정하여 왔다.[1022]

무력충돌 상황에서의 추방이나 강제이송은 제네바협정 IV에서만 협정의 심각한 위반으로 규정되어 있다.[1023] 그리고 부속의정서 I 제85조 제4항 (a)에도 제네바협정의 내용과 동일한 규정이 존재하나 보호의 대상이 피점령지역 주민으로 명시되어 있어 본 범죄의 보호대상은 피점령지의 민간인 주민으로 해석된다.[1024] 로마규정 제8조 제2항 (a)(vii)은 국제적 무력충돌 상황에서 이루

1018) 우리 국제범죄법은 로마규정에서는 'transfer'로 표기되는 주민의 국내적 이주 행위를 그 내용이 실질적으로 동일함에도 불구하고 인도에 반한 죄에 있어서는 '이주'로, 전쟁범죄에 있어서는 '이송'으로 표시하고 있다. 이는 전제되는 국제인도법의 국내 번역에서 영향을 받은 것으로 추측되며 용어의 차이에 따른 실질적인 내용상 차이가 존재하는 것으로는 보이지 않는다. 법 체계상 다소 혼란스러운 것은 사실이나 본서에서도 실정법의 규정에 따라 인도에 반한 죄에 있어서는 '이주'라는 용어를, 전쟁범죄의 경우에는 '이송'이라는 용어를 사용하기로 한다. 다만 하나의 법률 내에서 동일한 행위를 지칭하는 서로 다른 용어가 사용되는 것은 바람직하지 않을 것이므로 법률용어의 통일이 필요한 것으로 생각된다. 독일 국제범죄법에서도 'vertreibt'라는 용어를 공통적으로 사용하고 있다.

1019) J.S. Pictet, Geneva Convention IV, para. 599.

1020) 로마규정 제7조 제1항 (d) 참조.

1021) ICTY 법령 제2조 (g) unlawful deportation or transfer or unlawful confinement of a civilian.

1022) Krstić, ICTY (TC), judgment of 2 August 2001, para. 521; Naletilić and Martinović, ICTY (TC), judgment of 31 March 2003, paras. 519 et seq; Blagojević and Jokić, ICTY (TC), judgment of 17 January 2005, para. 595.

1023) 제네바협정 IV 제147조 '전조에서 말하는 중대한 위반행위란 본 협약이 보호하는 사람 또는 재산에 대하여 행하여지는 다음의 행위를 의미한다. -----피보호자를 불법으로 추방 이송 ----'

1024) B. Zimmermann, in Y. Sandoz, C. Swinarski, and B. Zimmermann (eds), Commentary on the Additional

어지는 추방과 강제이송에 대하여 규정하면서 보호의 대상에 대하여 아무런 제한을 두고 있지 않으나 위에서 살핀 제네바협정 IV와 부속의정서 I과의 관계에 비추어 볼 때 오직 민간인만이 보호대상에 포함된다고 볼 것이다. 로마규정 제8조 제2항 (b)(viii)의 두 번째 항목에 동일한 내용이 다시 규정되어 있으나 여기에서는 보호대상을 민간인 주민으로 제한하고 있다. 그리고 동일한 취지에서 이러한 범죄는 충돌 당사자가 해당 영토를 점령하고 있는 경우에만 발생할 수 있다고 해석된다.[1025]

이동 대상이 되는 사람이 반드시 다수이어야 하는 것은 아니며 한 사람에 대한 추방이나 이송도 본 범죄에 해당할 수 있다.[1026] 대상자가 이송에 동의한 경우에는 형사책임의 대상이 되지 않으나 진정한 동의가 존재하였는가의 여부는 무력충돌 상황을 고려하여 판단되어야 한다.[1027] 인도에 반한 죄에서의 추방과 달리 대상자의 합법적 거주가 범죄의 성립 요건은 아니다.[1028]

2. 비국제적 무력충돌

〔로마규정 제8조 제2항 (e)(viii)〕
관련 민간인의 안전이나 긴요한 군사적 이유상 요구되지 않음에도 불구하고, 충돌과 관련된 이유로 민간인 주민의 퇴거를 명령하는 행위
(Ordering the displacement of the civilian population for reasons related to the conflict, unless the security of the civilians involved or imperative military reasons so demand)

로마규정 제8조 제2항 (e)(viii)은 비국제적 무력충돌에 있어서도 '관련 민간인의 안전이나 긴요한 군사적 이유상 요구되지 않음에도 불구하고, 충돌과 관련된 이유로 민간인 주민의 퇴거를 명령하는 행위'를 범죄로 규정하고 있다. 이러한 형태의 포괄적 금지는 부속의정서 II 제17조에 기초한 것이다.

퇴거명령에 의한 이동은 사람들에 대한 강제적 재정주(再定住) 작업이다. 퇴거의 대상은 '민간인 주민(civilian population)'이므로 본 조항에 해당하기 위해서는 다수 민간인을 대상으로 이전명령이 내려져야 한다.[1029] 주민들을 대상으로 한 이전명령 자체를 처벌한다는 점에서 주민들의

Protocols (1987), paras. 3503 et seq.
1025) Werle, Gerhard; Jeßberger, Florian, 전게서, p. 459.
1026) 로마규정 범죄구성요건은 이러한 점을 명시하고 있다.; 로마규정 범죄구성요건 제8조 (2)(a)(vii)-1 1. The perpetrator deported or transferred **one or more persons** to another State or to another location.
1027) Krstić, ICTY (TC), judgment of 2 August 2001, paras. 528 et seq; Krnojelac, ICTY (TC), judgment of 15 March 2002, para. 475; 무력충돌 상황에서의 추방이나 이송이 불법적인 경우와 예외적으로 허용되는 경우에 대하여는 제네바협정 IV 제45조와 제49조 참조.
1028) Werle, Gerhard; Jeßberger, Florian, 전게서, p. 459; 그러나 독일 국제범죄 제8조 제1항 6호는 합법적 거주자일 것을 요구하고 있다.
1029) Werle, Gerhard; Jeßberger, Florian, 전게서, p. 460.

실제적 이동이 처벌대상이 되는 국제적 무력충돌의 경우와는 차이가 있다. 범죄자는 이러한 명령을 내릴 수 있는 지위에 있어야 한다.[1030]

민간인 주민에 대한 이전명령은 민간인 주민의 안전보호 혹은 긴급한 군사적 이유 등이 존재할 경우에만 예외적으로 정당화될 수 있다.[1031] 직접적으로 민간인 대중을 이동시키는 명령만이 그 대상이며 민간인 주민들이 지역을 떠나도록 만들기 위하여 기아 상태를 조장하는 등의 간접적 행위는 포함되지 않는다. 또한 재해나 유행병 등 무력충돌과 연관되지 않은 이유로 내려진 명령은 본 조항의 요건에 해당하지 않는다.[1032]

3. 국제범죄법

〔국제범죄법 제10조 제3항 제1호 등〕
③ 국제적 무력충돌 또는 비국제적 무력충돌과 관련하여 다음 각 호의 어느 하나에 해당하는 행위를 한 사람은 3년 이상의 유기징역에 처한다.
  1. 인도에 관한 국제법규에 따라 보호되는 사람을 국제법규를 위반하여 주거지로부터 추방하거나 이송하는 행위
⑥ 제2항·제3항 또는 제5항의 죄를 범하여 사람을 사망에 이르게 한 사람은 사형, 무기 또는 7년 이상의 징역에 처한다.
⑦ 제1항부터 제5항까지에 규정된 죄의 미수범은 처벌한다.

국제범죄법은 국제적 무력충돌의 상황과 비국제적 무력충돌의 상황을 통합하여 주민의 추방과 이송 행위를 전쟁범죄로 규정하고 있다. 전쟁 상황에서는 흔히 명확한 국경이 상실되어 국경선이 애매하거나 무의미해질 수 있으나 우리 국제범죄법은 추방과 이송을 동일한 조항에서 동일한 형으로 처벌하고 있어 국경선을 넘어선 것인가의 여부는 중요하지 않게 되었다.

국제범죄법은 본 조항의 보호대상을 '인도에 관한 국제법규에 따라 보호되는 사람'으로만 규정하고 있어 국제범죄법 제2조 제7호에 규정된 광범위한 보호대상자가 모두 포함되는 것으로 해석될 수 있다. 그러나 우리 법은 주거지로부터의 추방이나 이송이 국제법규를 위반한 것임을 요구하고 있고 앞서 살핀 바와 같이 전제되어 있는 국제인도법의 규범에 비추어 민간인만이 보호대상에 해당하는 것으로 해석하는 것이 타당할 것이다. 본 범죄는 다수 주민을 대상으로 범하여지는 것이 전형적인 경우일 것이나 우리 국제범죄법이 인도에 관한 국제법규에 따라 보호되는 사람을 그 대상으로 규정한 점에 비추어 민간인 주민 자체에 대한 범죄일 필요는 없으며 따라서

1030) 로마규정 범죄구성요건 제8조 (2)(e)(viii) 1, 3. The perpetrator was in a position to effect such displacement by giving such order.
1031) 부속의정서 II 제17조 제1항 참조.
1032) Werle, Gerhard; Jeßberger, Florian, 전게서, p. 460.

한 사람의 주민을 대상으로 한 범죄를 배제하는 것은 아닌 것으로 해석된다.[1033]

앞서 본 바와 같이 로마규정에서는 무력충돌 형태에 따라 금지되는 행위를 이송 혹은 이에 대한 명령으로 구분하여 서로 다르게 규정하고 있으나 우리 국제범죄법은 추방이나 이송행위가 요구되는 것으로 통일적으로 규정하고 있다. 국제범죄법도 대상자의 적법한 주거를 요건으로 규정하지 않은 로마규정의 입장을 따르고 있다.[1034]

우리 법은 본 범죄에 해당하는 행위로 '이송'이라는 용어를 사용하고 있어 강제성의 필요 여부가 논란이 될 수 있을 것이다. 그러나 강제적 재정주 작업을 처벌하려는 범죄의 본질에 비추어 강제적 행위만을 대상으로 한다고 보아야 하며 따라서 자발적 이주는 본 범죄의 처벌 대상에서 배제된다고 볼 것이다.[1035] 본 조항에서의 강제는 피해자의 진정한 선택을 허용하지 않는 것을 의미할 것이나 현실적으로 해악을 부과하는 것뿐만 아니라 재정주 작업을 위하여 해악의 부과를 위협하는 것을 포함하는 광범위한 개념으로 이해된다. 구체적 상황에서 자발적 이주와 강제된 이전에 대한 구분이 용이하지 않을 수 있으나 강제에 특정한 방식이 요구되는 것이 아니며 구체적 상황에서 일상적으로 수용 가능한 생활환경의 범위를 넘어선 실제적 강제가 존재하는가의 여부에 따라 판단될 것이다.[1036] 동의가 존재하는 경우에도 피해자가 현실적으로 유효하고 자발적 동의를 할 수 있었는가의 여부를 무력충돌의 전체 상황을 고려하여 평가하여야 한다.[1037]

인도에 반한 죄의 경우와는 달리 로마규정은 전쟁범죄에 대하여는 국제법 위반 요건을 두고 있지 않다. 그러나 우리 국제범죄법은 본 조항에서의 행위는 '국제법규를 위반하여' 이루어져야 한다고 규정함으로써 범죄의 성립요건을 보다 엄격하게 규정하고 있다. 따라서 국제법의 기준에 비추어 합법적인 행위는 본 조항의 적용범위에 포함되지 않으며 적극적인 형태로 국제법위반 요건이 인정되어야만 한다. 본 조항에서의 국제법규는 헌법 제6조 제1항에서 국내법과 같은 효력을 가지는 것으로 승인되는 일반적으로 승인된 국제법규만을 의미하는 것으로 해석하여야 할 것이다.[1038]

1033) MüKoStGB/Zimmermann/Geiß VStGB § 8 Rn. 170 참조.

1034) 로마규정 협상 과정에서 거주 적법성 요건은 제네바협정의 구성 요소로 인정되지 않는다는 이유로 로마규정에도 명시되지 않았다. 그러나 독일 국제범죄법 제8조 제1항 제6호는 로마규정과 달리 거주의 적법성을 요건으로 명시하고 있다.

1035) 독일 국제범죄법 제8조 제1항 제6호는 본 범죄에 해당하는 행위를 'vertreibt oder zwangsweise überführt'로 표현하여 강제적 행위만이 대상이 됨을 명확히 하고 있다.

1036) MüKoStGB/Zimmermann/Geiß VStGB § 8 Rn. 174, 175; 주민들을 몰아내기 위하여 이루어지는 특정한 도시에 대한 계속적인 군사 공격이 있었던 경우에 대한 것은 Brđanin, ICTY (TC), judgment of 1 September 2004, para. 549; 지속되는 공포와 안전하지 못한 환경에서 생활하도록 하는 것은 Stakić, ICTY (TC), judgment of 31 July 2003, para. 687, 688. 위 판결에서는 범죄자가 적어도 상당한 기간 동안 관련자들을 돌아오지 못하도록 할 목적을 가지고 있어야 하며 다만 이러한 목적이 있었다면 사후적으로 대상자가 돌아오게 되었는가의 여부는 범죄의 성립에 영향이 없다고 설시하고 있다.

1037) MüKoStGB/Zimmermann/Geiß VStGB § 8 Rn. 176, 177.

1038) 본 조항과 관련된 행위가 국제법에 위반된 것인가 여부와 관련하여 특히 중요한 조항으로는 국제관습법적

제 7 절   공정한 정식 재판에 의하지 않은 처벌(Punishment Without Regular Trial)

사법절차에 의하여 형벌을 선고하고 이를 집행한 행위를 형사처벌의 대상으로 삼는 것은 통상적으로는 쉽게 상정하기 어려울 것이다. 그러나 무력충돌 상황에서는 특정인이나 특정 집단을 처벌하기 위하여 사법절차가 남용될 수 있으며 따라서 비록 재판의 형식을 취하였다 하더라도 공정한 정식재판에 의하지 않은 형벌의 부과와 집행은 전쟁범죄로 처벌될 수 있다.

1. 국제적 무력충돌

〔로마규정 제8조 제2항 (a)(vi)〕
포로 또는 다른 보호 인물로부터 공정한 정식 재판을 받을 권리를 고의적으로 박탈
(Wilfully depriving a prisoner of war or other protected person of the rights of fair and regular trial)

로마규정 제8조 제2항 (a)(vi)는 국제적 무력충돌에 있어서 전쟁포로와 다른 보호받는 사람들에 대하여 공정한 정식재판을 받을 권리를 박탈하는 것을 처벌대상으로 규정하고 있다. 이는 제네바협정 III 제130조와 제네바협정 IV 제147조에 기초한 것으로[1039] 부속의정서 I 제85조 제4항

효력이 승인되는 제네바협정 IV 제49조 제2항 참조; 독일법의 경우 '국제법의 일반원칙에 반하는 것(unter Verstoß gegen eine allgemeine Regel des Völkerrechts)'으로 요건을 규정하고 있으며 독일 기본법 제25조에 따라 국제법의 일반 원칙에는 일반적으로 적용되는 국제관습법과 법의 일반원칙이 모두 포함된다. 그리고 이러한 구체적 문언에 따라 조약법 위반은 그러한 위반이 동시에 국제법의 일반원칙에 반하는 것일 경우에만 독일 국제범죄법에 반하는 것으로 해석하고 있다. 범죄의 성립을 국제관습법에 연동시키는 것에 대하여 명확성의 원칙 입장에서 비판적인 견해와 이와 관련하여 국내에 도입된 국제형사법의 해석 적용에 국제법의 규범을 고려하여야 한다는 독일 연방헌법재판소의 결정, 병행하는 국제형사법의 구성요건의 관점을 고려하여 법률의 문언에 대한 가능한 어의범위가 결정될 수 있다는 견해 등에 대한 소개는 MüKoStGB/Zimmermann/Geiß VStGB § 8 Rn. 177.

1039) 제네바협정 III과 IV의 다수 조항들에서 독립적이고 공정한 법원에 의한 재판을 받을 권리를 포함한 다양한 사법적 보장책에 대하여 규정하고 있다. 독립적이고 공정한 법원에 의한 재판을 받을 권리(제네바협정 III 제85조 제2항), 전쟁포로에 대한 재판계획에 대하여 적시에 통보받을 권리(제네바협정 III 제104조), 공소사실에 대하여 즉각적으로 정보를 제공받을 권리(제네바협정 III 제104조와 제네바협정 IV 재71조 제2항), 집단처벌의 금지(제네바협정 III 제87조 제3항과 제네바협정 IV 제33조), 죄형법정주의 원칙(제네바협정 III 제99조 제1항과 제네바협정 IV 제67조), 일사부재리의 원칙(제네바협정 III 제86조와 제네바협정 IV 제117조 제3항), 항소나 청원의 가능성에 대한 정보를 제공받을 권리(제네바협정 III 제106조와 제네바협정 IV 제73조), 항변을 제출할 가능성에 대한 권리와 자격 있는 변호인의 조력을 받을 권리(제네바협정 III 제99조 제3항), 공소장과 다른 재판서류들을 이해할 수 있는 언어로 제공받을 권리(제네바협정 III 105조 제4항), 전쟁포로인 피고인이 동료 포로 중 한 사람의 조력을 받을 권리(제네바협정 III 제105조 제1항), 자신이 스스로 선택한 변호인에 의하여 변호를 받을 권리(제네바협정 III 105조 제1항과 제네바협정 IV 제72조 제1항), 필요한 증거를 제출하고 특히 증인을 소환하여 신문할 권리(제네바협정 III 제105조 제1항과 제네바협정 IV 제72조 제1항), 통역을 제공받을 권리(제네바협정 III 제105조 제1항과 제네바협정 IV 제72조 제3항) 등이

(e)는 제네바협정 I부터 IV까지의 모든 제네바협정에서 보호받는 사람들로 보호대상을 확대하고 있다. ICTY 법령 제2조 (f)도 동일한 규정을 두고 있다.

로마규정 범죄구성요건 제8조 제2항 (a)(vi)는 제네바협정 III과 IV에 규정되어 있는 각종 보장책들이 공정한 재판을 받을 권리를 보장하는 주요한 규범에 해당하는 것으로 명시하면서도 이들 규범을 지칭하면서 '특히(in particular)'라는 용어를 사용하여 그 밖에 국제적으로 승인된 절차적 보장책들 역시 준수되어야 함을 나타내고 있다.[1040] 따라서 제네바협정에 규정된 것 이외에도 자신의 혐의에 대하여 즉각적으로 통지받을 권리, 각종 방어권, 개인책임에 입각한 유죄판결 원칙, 소급처벌의 금지, 무죄추정원칙, 재판 출석권 등 부속의정서 I 제75조 제3항과 제4항에 규정된 것과 그 밖에 관련 조약들의 규범 역시 준수되어야 한다.[1041]

규정되어 있다. 나아가 사형은 단지 특별한 상황 하에서만 부과되어야 하며(제네바협정 III 제100조, 제네바협정 IV 제68조), 전쟁포로는 반드시 구금국의 군대구성원들과 동일한 법원에서 동일한 절차에 따라 심리되어야 함을 규정하고 있다.(제네바협정 III 제102조)

1040) 로마규정 범죄구성요건 제8조 (2)(a)(vi) 1. The perpetrator deprived one or more persons of a fair and regular trial by denying judicial guarantees as defined, **in particular**, in the third and the fourth Geneva Conventions of 1949.

1041) 부속의정서 I 제75조 기본권보장

3. 무력충돌에 관계되는 행위로 인하여 체포 또는 구류되는 모든 자는 자기가 이해하는 언어로 이 조치가 취하여진 이유를 신속히 통지받는다. 형사범죄를 이유로 하는 체포 또는 구류의 경우를 제외하고, 그러한 자는 가능한 최소한의 지체 후 그리고 체포, 구류 또는 억류를 정당화하는 상황이 종식되는 즉시 모든 경우에 있어 석방된다.

4. 일반적으로 승인된 정식의 사법절차 원칙을 존중하는 공정하고 정식으로 구성된 법원에 의하여 선고되는 유죄판결에 따르는 경우를 제외하고는, 무력충돌에 관련되는 형사범죄의 유죄성이 인정된 자에 대하여 어떠한 판결도 선고될 수 없고 어떠한 형벌도 집행될 수 없으며, 전기의 원칙은 다음을 포함한다.

(a) 동 절차는 피고인이 자신의 혐의사실에 관하여 지체없이 통지받도록 규정하고 재판의 전과 그 기간 중에 피고인에게 모든 필요한 항변의 권리와 수단을 제공한다.

(b) 누구도 개인적인 형사책임에 근거한 것을 제외하고는 범행에 대하여 유죄판결을 받지 아니한다.

(c) 누구도 범행 당시에 자기가 복종하는 국내법 또는 국제법에 의하여 형사범죄가 구성되지 아니하는 어떠한 작위 또는 부작위를 이유로 하여 형사범죄로 기소되거나 또는 유죄판결을 받지 아니한다. 또한 형사범죄의 행위당시에 적용되는 것보다 더 중한형벌이 과하여져서는 아니된다. 만일 범행 후에, 보다 경한 형벌을 과하기 위한 규정이 제정되는 경우에는 그 범행자는 그것의 이익을 향수한다.

(d) 모든 피의자는 법에 의하여 유죄가 입증될 때까지 무죄로 추정된다.

(e) 모든 피의자는 출석재판을 받을 권리가 있다.

(f) 누구나 자신에게 불리한 증언을 하거나 또는 유죄를 자백하도록 강요되지 아니한다.

(g) 모든 피의자는 자기에게 불리한 증언을 심문할 권리와, 자기에게 불리한 증언과 동일한 조건 하에서 자기에게 유리한 입회 및 심문을 취득할 권리가 있다.

(h) 누구도 자기를 무죄 또는 유죄로 하는 최종판결이 전에 언도된 바있는 범행을 이유로, 동일한 당사국에 의하여 동일한 법률 및 사법절차에 따라 기소되거나 또는 처벌받지 아니한다.

(i) 범행을 이유로 기소된 자는 누구나 공개적인 판결선고를 받을 권리가 있다. 그리고

(j) 유죄판결을 받은 자는 선고 즉시 자기의 사법적 및 기타 구제책과 그것의 행사시한에 관하여 통지받는다.

재판과 관련된 이러한 기본적 권리들을 박탈하는 행위는 제2차 대전 이후의 재판들에서도 국제범죄로 인정되어 왔다. 특히 독일이 점령한 지역에서는 자의적 재판을 통한 민간인에 대한 사형 선고와 형의 집행을 위한 추방이 이루어졌다.[1042] 허위사실에 입각한 거짓된 기소와 조작된 증거에 의한 재판, 변호인의 조력을 받을 권리나 통역의 권리를 부정 당한 재판 등에 대하여 책임 있는 사람들에게도 유죄판결이 선고되었다.[1043]

이러한 유형의 전쟁범죄 역시 심각성 요건을 충족시켜야 한다. 따라서 공정한 정식재판을 받을 권리가 박탈되었다고 볼 수 있는 상황이라 하더라도 종국적으로 무죄판결이 선고되었다면 국제범죄의 성립에 필요한 심각성이 존재하지 않아 본 조항이 적용될 수 없다는 견해가 있다.[1044] 또한 심각성의 요청에 비추어 단지 한 가지 절차적 보장만을 위반하였다고 하더라도 본 범죄가 성립하는 것은 아니며 공정한 재판을 받을 권리가 박탈되었다고 볼 수 있는가의 여부는 개별 사건의 상황에 따라 구체적으로 판단되어야 한다.[1045] 범죄자의 행위가 처벌의 원인으로 작용하였어야 하는 것은 아니므로 유죄판결을 받은 피해자가 형의 집행 이전에 자살하였다 하더라도 범죄의 성립에는 영향이 없다.[1046]

2. 비국제적 무력충돌

〔로마규정 제8조 제2항 (c)(iv)〕
일반적으로 불가결하다고 인정되는 모든 사법적 보장을 부여하는 정규로 구성된 법원의 판결 없는 형의 선고 및 형의 집행
(The passing of sentences and the carrying out of executions without previous judgement pronounced

---

1042) 뉘른베르크 재판부는 이와 같은 재판의 문제점에 대하여 다음과 같이 상세히 논한 바 있다. '그러한 재판들은....공정한 재판이나 정의에 유사한 접근조차 하지 않았다. 피고인들은....체포되어 비밀리에 독일이나 다른 국가로 재판을 위하여 이송되었다. 그들은 증거를 제출할 권리, 그들에게 불리한 증인을 대면할 권리, 그들 자신을 위한 증언을 제출할 권리를 부정 당하였다. 그들은 비밀리에 재판을 받았고 그들의 선택에 따른 변호인을 고용할 권리를 부정 당하였으며 종종 어떠한 변호인의 조력도 거부 당하였다. 많은 경우 공소장이 제공되지 않았기 때문에 피고인은 자신이 재판을 받는 범죄 혐의의 본질에 대하여 재판 바로 직전에야 알게 되었다. 전체 절차는 처음부터 끝까지 비밀이었고 이에 대한 어떠한 공적인 기록도 허용되지 않았다.' US Military Tribunal, Nuremberg, judgment of 4 December 1947 (Altstötter et al., so-called 'Justice Trial'), in Trials of War Criminals III, 954.
1043) US Military Commission Shanghai, judgment of 15 April 1946 (Sawada), United Nations War Crimes Commission, in Law Reports of Trials of War Criminals V, 1, at 12 et seq.
1044) Werle, Gerhard; Jeßberger, Florian, 전게서, p. 451; 비국제적 무력충돌의 경우 로마규정 제8조 제2항 (c)(iv)는 유죄판결을 요건으로 명시하고 있다.
1045) 비국제적 무력충돌에 적용되는 로마규정 범죄구성요건 제8조 제2항 (c)(iv) 각주 59 참조. 여기에서는 제반 사정을 참작한 결과 각 요건들의 누적적 효과가 공정한 재판을 받을 권리를 박탈한 경우에 해당하는가를 재판부가 의무적으로 고려하도록 규정하고 있다.
1046) Werle, Gerhard; Jeßberger, Florian, 전게서, p. 452.

> by a regularly constituted court, affording all judicial guarantees which are generally recognized as indispensable.)

로마규정 제8조 제2항 (c)(iv)는 비국제적 무력충돌의 경우에 있어서 '일반적으로 불가결하다고 인정되는 모든 사법적 보장'을 부여받은 '정규 법원'의 판결이 아닌 형의 선고와 집행을 처벌 대상으로 규정하고 있다. 위 조항은 제네바협정 I부터 IV까지의 공통 제3조에 기초한 것이다. ICTR 법령 제4조 (g)와 SCSL 법령 제3조 (g)에도 동일한 내용이 규정되어 있다.

로마규정 범죄구성요건은 본 범죄를 법원의 재판에 근거하지 않은 형의 집행, 정규로 구성된 법원 판결에 의하지 않은 형의 선고, 중대한 사법적 보장의 위반 등 3개 유형으로 구분하여 규정하고 있다.[1047] 법원의 재판에 의하지 않은 형의 집행이 본 조항에 해당함은 의문의 여지가 없을 것이나 정규로 구성된 법원의 의미에 대하여는 논란이 있을 수 있다.[1048] 정규 법원에 의한 판결이 있어야 하므로 특별 임시법원에 의한 판결은 금지된다.[1049] 무장집단에 의한 임시 특별법원 역시 금지된다고 보는 것이 이론적으로는 타당할 것이나[1050] 무장집단 혹은 반군과 같이 충돌 당사자가 스스로 정규 법원을 구성할 수 없는 경우를 어떻게 취급할 것인가에 대하여는 의문이 제기될 수 있다.[1051]

중대한 사법적 보장의 위반과 관련하여 로마규정이나 로마규정 범죄구성요건은 어떠한 사법적 보장책이 재판에 필수적인 것으로 간주되는가에 대하여 규정하고 있지 않다. 그러나 이와 관련하여 부속의정서 II 제6조 제2항은 형벌의 부과나 집행 단계에서 준수되어야 하는 최소한의 보장책으로 자신의 혐의에 대하여 즉각적 통지를 받을 권리, 방어의 권리와 수단, 개인책임 원칙, 소급처벌금지, 무죄추정, 재판출석권 보장, 자기부죄금지 등을 예시적으로 규정하고 있다.[1052] 또

1047) 로마규정 범죄구성요건 제8조 제2항(c)(iv) 4.

1048) 본 조항에 규정되어 있는 '일반적으로 불가결하다고 인정되는 모든 사법적 보장'을 부여받은 '정규 법원'의 의미가 불명확하다는 비판은 Ambos, Kai, 전게서 II, p. 182.

1049) H.-P. Gasser and K. Dörmann, 'Protection of the Civilian Population', in D. Fleck (ed.), The Handbook of International Humanitarian Law, 3rd edn (2013), para. 571; Werle, Gerhard; Jeßberger, Florian, 전게서, p. 453.

1050) Ambos, Kai, 전게서 II, p. 183.

1051) Werle, Gerhard; Jeßberger, Florian, 전게서, p. 453; J.Somer, "Jungle Justice : Passing Sentence on the Equality of Belligerents in Non-International Armed Conflict", 89 International Review of the Red Cross (2007), p. 655; 엘살바도르, 네팔, 스리랑카 등의 사례에 대한 상세한 논의는 S. Sivakumaran, "Courts of Armed Opposition Groups", 7 JICJ (2009), p. 498 et seq.

1052) 부속의정서 II 제6조 제2항

　2. 독립성 및 공평성이라는 필수적 보장이 부여되는 법정에 의한 선고에 의하지 아니하고는 범죄를 범한 자에 대하여 어떠한 형벌도 집행될 수 없다. 특히,

　　(a) 동 절차는 혐의사실의 세목을 지체없이 피고인에게 알려주도록 하고 피고인에게 심리 이전 및 심리 중에 변호에 필요한 모든 권리 및 수단을 부여하여야 한다.

　　(b) 개인적 형사책임에 근거하지 아니하고는 어떠한 자도 유죄판결을 받지 아니한다.

한 핵심적 영역에 있어 법원의 독립성과 공정성이 보장될 것을 요구하고 있으므로 독립성과 공정성 보장 여부가 정규적으로 구성된 법원에 해당하는가 여부 판단에 중요한 요소로 작용할 것이다.[1053] 법원이 실제로 불편부당하며 판사가 외부 영향을 받음이 없이 오직 양심에 따라 객관적으로만 판결을 선고하는가 여부가 관건이며 따라서 편견이나 편향성이 존재하지 않아야 한다.[1054] 법원의 독립성은 법원 구성원의 선임 방식, 임기의 지속성, 외부 압력에 대한 독립성 보장 여부, 실제 운영에 있어 독립성을 갖는 모습을 보여주고 있는가 여부 등에 의하여 결정될 것이다.[1055] 비록 로마규정이 직접 부속의정서 Ⅱ 제6조 제2항을 언급하고 있지는 않으나 동 조항은 제네바협정 공통 제3조와 로마규정 제8조 제2항 (c)(iv)의 해석에 활용될 수 있을 것이다.[1056] 구체적 개별 사건의 상황이 본 조항에 해당할 수 있는가의 여부를 판단함에 있어서는 로마규정 범죄구성요건에 따라 모든 관련된 상황들을 함께 고려하여 박탈된 보장책들의 누적적 효과가 공정한 재판의 박탈에 이르는 불공정한 것인가의 여부에 의하여 판단되어야 할 것이다.[1057]

　　충돌 당사국은 무력충돌과 관련하여 범죄를 저지른 전투원이나 민간인을 형사처벌할 수 있는 권한을 보유하고 있다.[1058] 따라서 국내법상 사형의 부과가 허용되고 국제법이 사형을 금지하

　　　(c) 누구도 행위 시의 법률에 의하여 범죄를 구성하지 않는 작위 및 부작위로 인하여 유죄판결을 받지 아니한다. 또한 범행이 행해진 당시에 적용되는 것보다 더 중요한 형벌이 과하여져서는 아니된다. 범행 후에 보다 경한 형벌을 과하는 법률이 제정되는 경우에는 범행자도 그 혜택을 향유하도록 한다.
　　　(d) 법에 따라 유죄임이 밝혀질 때까지 피의자는 무죄로 추정된다.
　　　(e) 피의자는 누구나 본인의 출석하에 재판을 받을 권리를 가진다.
　　　(f) 누구도 자신에 불리한 증언을 하거나 범죄를 자백하도록 강요당하지 아니한다.
　3. 유죄판결을 받은 자는 선고 즉시 법적 및 기타 구제절차 및 동 절차가 행사될 수 있는 시한을 통지받아야 한다.
　4. 사형은 범죄 시 18세 이하의 자에게는 선고될 수 없으며 임산부 또는 영아의 모에게는 집행될 수 없다.
　5. 적대행위의 종료 시 권한있는 당국은 무력충돌에 참가했던 자들 및 무력충돌에 관련된 이유로 자유가 구속된 자들에게 그들이 억류되어 있건 구류되어 있건 가능한 최대의 사면을 부여하도록 노력하여야 한다.
1053) 부속의정서 Ⅱ 제6조 형사소추
　2. 독립성 및 공평성이라는 필수적 보장이 부여되는 법원에 의한 선고에 의하지 아니하고는 범죄를 범한 자에 대하여 어떠한 형벌도 집행될 수 없다.
1054) 이에 대한 유럽인권법원의 판결로는 ECHR, judgment of 19 December 1989, case no. 9783/ 82(Kamasinski v Austria), paras. 61, 96; ECHR, judgment of 21 September 1993, case no.(Kremzow v Austria), paras. 43, 44 등.
1055) Ambos, Kai, 전게서 Ⅱ, p. 183.
1056) Y. Sandoz, C. Swinarski, and B. Zimmermann (eds), Commentary on the Additional Protocols. Geneva, Martinus Nijhoff Publishers (1987), paras. 1397 et seq 참조. 여기에서는 부속의정서 Ⅱ 제6조가 모든 책임 있는 기관들이 반드시 존중해야만 하고 존중할 수 있는 보편적 원칙들을 규정하고 있으며 특히 공통 제3조를 보충하고 발전시킨 것으로 보면서 위 조항의 많은 부분들은 시민적ㆍ정치적 권리에 관한 국제 규약(International Covenant on Civil and Political Rights) 중에서도 특히 제15조에 근거하여 생명이나 국가를 위협하는 비상사태에서도 침해가 허용될 수 없는 것이라고 설명한다.
1057) 로마규정 범죄구성요건 제8조 제2항 (c)(iv) 주석 59.
1058) S.S. Junod, in Y. Sandoz, C. Swinarski, and B. Zimmermann (eds), Commentary on the Additional Protocols

지 않는 영역의 경우 국내재판에 의한 사형의 부과도 가능할 것이다.[1059] 또한 본 범죄는 로마규정의 다양한 참여형태에 기초하여 범하여질 수 있으므로 스스로 형벌을 직접 부과하지 않은 실행 범죄자가 아닌 사람도 본 조항의 적용을 받을 수 있다.[1060]

3. 집단처벌(Collective Punishments)

집단처벌은 특정 개인이 어떠한 범죄를 범하였는가 여부에 관계없이 집단적 처벌을 비차별적으로 부과하는 것이다.[1061] 집단처벌의 금지는 개인책임의 원칙의 당연한 귀결로서 형사절차에 있어서 요구되는 가장 근본적인 사법적 보장책의 하나이다. 구체적 사안에서 객관적으로 존재하는 개인의 개별적 책임을 고려하지 않고 부과되는 집단처벌은 적법절차의 외양을 갖추었다 하더라도 개인책임의 원칙에 반하는 자의적 형벌이다.[1062]

집단처벌의 금지는 제네바협정 III 제87조 제3항, 제네바협정 IV 제33조, 부속의정서 I 제75조 제2항 (d), 부속의정서 II 제4조 제2항 (b) 등에 규정되어 있으며 ICTR 법령과 SCSL 법령은 집단처벌을 전쟁범죄의 별도 유형으로 명시하고 있다. 그러나 로마규정에서는 집단처벌을 별도의 전쟁범죄 유형으로 규정하고 있지는 않다.

집단처벌이 반드시 사법절차를 통하여 이루어지거나 혹은 형벌 형태의 제재로만 부과되는 것은 아니다. 집단처벌은 처벌의 원인이 되는 행동을 특정한 개인이 저질렀는가의 여부와 무관하게 전체 집단 구성원들에게 가하여지는 모든 형태의 처벌이나 괴롭힘을 포함하는 광범위한 개념으로 여기에는 자의적인 재산권의 수용 등도 포함될 수 있다.[1063]

비록 로마규정에 이러한 집단처벌이 명시적으로 규정되어 있지는 않으나 이와 같은 집단 처벌이 사법절차를 통하여 부과된다면 공정한 정식재판에 의하지 아니한 처벌에 해당할 수 있을 것이며 사법절차를 통하지 않고 이루어질 경우에는 다른 일반 전쟁범죄 조항에 의하여 규율될 수 있을 것이다.[1064]

(1987), para. 4597.

1059) 부속의정서 II 제6조 제4항은 범죄 당시 18세 이하의 자에게는 사형이 선고될 수 없으며 임산부 또는 영아의 모(母)에 대한 사형은 집행될 수 없다고 규정하고 있다.; Werle, Gerhard; Jeßberger, Florian, 전게서, p. 453.

1060) Werle, Gerhard; Jeßberger, Florian, 전게서, p. 452.; 로마규정 범죄구성요건 제8조 제2항 (c)(iv) 1의 주석 58은 본 조항의 경우에도 로마규정에서의 일반적 참여형태가 적용됨을 확인하고 있다.

1061) Brima et al., SCSL (TC), judgment of 20 June 2007, para. 676; Fofana and Kondewa, SCSL (TC), judgment of 2 August 2007, para. 180.

1062) Werle, Gerhard; Jeßberger, Florian, 전게서, p. 454.

1063) S.S. Junod, in Y. Sandoz, C. Swinarski, and B. Zimmermann (eds), Commentary on the Additional Protocols (1987), para. 3055; Werle, Gerhard; Jeßberger, Florian, 전게서, p. 454; Brima et al., SCSL (TC), judgment of 20 June 2007, para. 681; Fofana and Kondewa, SCSL (TC), judgment of 2 August 2007, para. 179.

1064) Werle, Gerhard; Jeßberger, Florian, 전게서, p. 454.

4. 국제범죄법

> 〔국제범죄법 제10조(사람에 대한 전쟁범죄) 제3항 제2호 등〕
>
> ③ 국제적 무력충돌 또는 비국제적 무력충돌과 관련하여 다음 각 호의 어느 하나에 해당하는 행위를 한 사람은 3년 이상의 유기징역에 처한다.
>
> 　2. 공정한 정식재판에 의하지 아니하고 인도에 관한 국제법규에 따라 보호되는 사람에게 형을 부과하거나 집행하는 행위
>
> ⑥ 제2항·제3항 또는 제5항의 죄를 범하여 사람을 사망에 이르게 한 사람은 사형, 무기 또는 7년 이상의 징역에 처한다.
>
> ⑦ 제1항부터 제5항까지에 규정된 죄의 미수범은 처벌한다.

우리 국제범죄법 제10조 제3항 제2호는 국제적 무력충돌 또는 비국제적 무력충돌의 상황에서 공정한 정식재판에 의하지 아니하고 인도에 관한 국제법규에 따라 보호되는 사람에게 형을 부과하거나 집행하는 행위를 전쟁범죄로 규정하고 있다.[1065] 로마규정이 무력충돌의 상황에 따라 범죄의 요건을 다소 달리 규정한 것과 달리 우리 국제범죄법은 모든 무력충돌의 상황을 통일적으로 규정하고 있다.

'공정하지 않은 재판'의 개념과 관련하여 독일 국제범죄법은 국제법규에 따른 기준을 충족시킬 것을 요구하고 있다.[1066] 우리 국제범죄법은 이와 달리 국제법의 기준을 요건으로 규정하고 있지는 않으나 본 조항의 모법이라 할 수 있는 로마규정의 규범내용과 본 조항의 입법취지 등에 비추어 볼 때 본 조항의 해석과 적용에 있어서는 국제법 기준에 대한 부합 여부가 반드시 고려되어야 할 것이다. 우리나라의 입법 수준만을 고려할 경우 국제법 기준의 적용이 반드시 필요하지는 않다고 판단할 수도 있을 것이나 이러한 유형의 전쟁범죄는 다양한 국가에서 발생할 수 있고 우리 국민이 피해자인 경우나 보편적 관할권의 적용사례 등을 고려할 때 국제법의 기준을 고려하는 것은 불가피할 것이다. 재판부의 구성과 재판의 절차 등 모든 측면에서 국제법적 기준이 충족되어야 하며 따라서 정규 법원이 아닌 임시 법원을 설치하여 처벌할 수는 없다.[1067] 본 조항의 경우 독일 국제범죄법과 같이 국제법규에 따른 기준을 충족시켜야 함을 명시하는 것이 바람직할 것으로 보인다. 공정한 정식재판의 구체적인 내용은 앞서 본 로마규정에서의 해석을 적용할 수 있을 것이므로 제네바협정 III과 IV에 규정되어 있는 '공정한 재판을 받을 권리'를 보장하는 주요한 규범들과 개인책임원칙, 소급처벌 금지, 무죄추정, 재판 출석권 보장 등을 규정한 부

[1065] 비록 제네바협정 I, II에서는 이러한 범죄가 심각한 위반에 해당되는 것으로 명시되어 있지 않으나 이러한 행위에 대한 금지는 부속의정서 I 제85조 제4항 (e)에서 모든 보호되는 사람으로 확대되어 있으므로 보호 범위를 모든 보호되는 사람으로 확대하는 것이 타당하다는 입장은 MüKoStGB/Zimmermann/Geiß VStGB § 8 Rn. 181.

[1066] 독일 국제범죄법 제8조 제1항 제7호.

[1067] MüKoStGB/Zimmermann/Geiß VStGB § 8 Rn. 185, 186.

속의정서 I 제75조 제3항과 제4항, 부속의정서 II 제6조 제2항과 함께 국제법에서 일반적으로 승인되는 절차 규범들도 함께 고려되어야 할 것이다.

로마규정은 '포로 또는 다른 보호인물로부터 공정한 정식재판을 받을 권리를 고의적으로 박탈'하는 행위를 범죄로 규정하고 있음에 반하여 우리 국제범죄법은 이러한 권리의 박탈이 이루어지는 공정하지 않은 재판을 통한 형의 부과 또는 집행을 요건으로 규정하여 범죄의 성립시기를 로마규정에 비하여 늦추고 있다.[1068] 그리고 본 조항에서의 형벌은 일정한 사법절차를 통하여 부과되는 경우를 의미한다고 해석하는 것이 타당할 것이다. 따라서 상대방 전투원을 사로잡은 후 국제법에 위반되는 총격을 가하는 총살은 본 조항에 해당하지 않을 것이며 민간인으로부터의 위협을 우려하여 이들을 구금하는 것이 불법구금으로 인한 전쟁범죄에 해당하는 것은 별론으로 하더라도 본 조항에는 해당하지 않는다.[1069]

독일법에서 상당한 수준의 형벌이 부과되거나 집행된 경우만이 본 범죄에 해당하는 것으로 규정하고 있다.[1070] 비록 우리 국제범죄법이 이러한 요건을 명시적으로 규정하고 있지는 않으나 로마규정의 해석이나 국제범죄의 일반적 중대성 요건을 고려할 때 우리 국제범죄법의 해석에 있어서도 중대성 요건이 고려될 수밖에 없을 것이다.

절차적 하자와 판결의 선고와 집행 사이에 인과관계가 요구되는가의 문제가 있을 수 있으나 로마규정 범죄구성요건은 이러한 요건을 두고 있지 않다. 우리 법의 해석에 있어서도 절차적 보장의 유무와 관계없이 그러한 판결이나 집행이 있었을 것으로 보이는 경우라 하더라도 이는 범죄의 성립요건이 아닌 양형참작사유로만 보는 것이 타당할 것이다.[1071]

제 8 절 소년병의 사용(Conscription, Enlistment and Use of Child Soldiers)

1. 로마규정과 국제관습법

〔로마규정 제8조 제2항 (b)(xxvi)〕 – 국제적 무력충돌
15세 미만의 아동을 국가의 군대에 징집 또는 모병하거나 그들을 적대행위에 적극적으로 참여하도록 이용하는 행위

1068) 따라서 국제법적으로 미흡한 절차가 진행되는 과정 속에서 피해자가 자살한 경우에는 형사책임이 부과되지 않는다. 유사한 규정을 둔 독일법의 해석에 대한 것은 MüKoStGB/Zimmermann/Geiß VStGB § 8 Rn. 182.
1069) MüKoStGB/Zimmermann/Geiß VStGB § 8 Rn. 184.
1070) 독일 국제범죄법 제8조 제1항 제7호는 특히 사형과 징역형을 예시적으로 규정하고 있다. 징역형과 관련하여 단기 징역형이 중대성 요건을 충족시키는가 여부에 대하여는 논란이 있다. 이를 광범위하게 해석할 경우 판결의 부과 및 집행을 요건으로 규정하지 않은 로마규정의 규범내용에 근접하는 것이라는 분석은 MüKoStGB/Zimmermann/Geiß VStGB § 8 Rn. 183; 위 조항에 대한 독일법의 입법취지는 BT-Drucks. 14/8524, S. 27.
1071) 이러한 해석의 배경에는 이러한 유형의 인과관계는 거의 입증하기 어렵다는 점도 함께 고려되고 있다. MüKoStGB/Zimmermann/Geiß VStGB § 8 Rn. 192.

(Conscripting or enlisting children under the age of fifteen years into the national armed forces or using them to participate actively in hostilities)

〔로마규정 제8조 제2항 (e)(vii)〕 - 비국제적 무력충돌

15세 미만의 아동을 군대 또는 무장집단에 징집 또는 모병하거나 그들을 적대행위에 적극적으로 참여하도록 이용하는 행위

(Conscripting or enlisting children under the age of fifteen years into armed forces or groups or using them to participate actively in hostilities)

무력충돌 상황에서 15세 미만의 아동을 군대에 징집 또는 모병하거나 적대행위에 적극적으로 참여하도록 이용하는 행위는 전쟁범죄로 처벌된다.

군대 활동에 참가한 나이 어린 소년은 심각한 정신적 충격을 받을 수 있으며 폭력 성향이 증가할 뿐만 아니라 교육 기회도 심각하게 침해된다.[1072] 또한 소년의 행동은 성년에 비하여 예측 가능하지 않은 까닭에 다른 사람들을 심각한 위험에 빠뜨릴 수 있다.[1073] 소년병 사용의 금지는 소년에 대한 보호적 기능을 주요 근거로 삼고 있으므로 다른 전쟁범죄와 달리 자국 아동 역시 본 범죄의 보호대상에 포함된다.[1074] 우리 헌법재판소 역시 6·25 전쟁에 참전한 소년병들이 입은 피해의 특수성과 중대성을 인정할 필요가 있다는 견해를 표명한 바 있다.[1075]

소년병의 모집과 활용 금지는 부속의정서 I 제77조 제2항과 부속의정서 II 제4조 제3항 (c)에 명시되어 있으며 아동의 권리에 관한 협약(Convention on the Rights of the Child) 제38조 제3항에도 동일한 취지의 규정이 있다.[1076] 소년병 사용의 금지는 국제관습법의 지위를 획득한 것으로 평가받고 있다.[1077]

소년병의 사용금지는 국제적 무력충돌의 경우 로마규정 제8조 제2항 (b)(xxvi)에 규정되어

1072) Werle, Gerhard; Jeßberger, Florian, 전게서, p. 463.
1073) C. Pilloud and J.S. Pictet, in Y. Sandoz, C. Swinarski, and B. Zimmermann (eds), Commentary on the Additional Protocols (1987), para. 3183.
1074) Katanga and Ngudjolo Chui, ICC (PTC), decision of 30 September 2008, para. 247; C. Pilloud and J.S. Pictet, in Y. Sandoz, C. Swinarski, and B. Zimmermann (eds), Commentary on the Additional Protocols (1987), para. 3191.
1075) 헌법재판소 2015. 10. 21. 2014헌마456.
1076) 위 협약은 1989년 11월 20일 뉴욕에서 체결되어 1990년 9월 2일 발효되었으며 우리나라에 대하여는 1991년 12월 20일 조약 제1072호로 발효되었다.
1077) Jean-Marie Henckaerts, Louise Doswald-Beck, Customary International Humanitarian Law, Vol. I (2005), p. 508 et seq에서는 이에 대한 상세한 연혁과 국내 입법 상황들을 설명하고 있다.; 시에라리온 특별재판소는 소년병을 징집하여 적대행위에 적극적으로 참여시키는 것은 1996년 11월 이후부터 국제관습법의 지위를 획득하였다고 판시하였다. SCSL (AC), decision of 31 May 2004, para. 53; Fofana and Kondewa, SCSL (TC), judgment of 2 August 2007, paras. 183 et seq; Sesay et al., SCSL (TC), judgment of 2 March 2009, para. 184; Taylor, SCSL (TC), judgment of 18 May 2012, para. 438.

있고, 비국제적 무력충돌의 경우 제8조 제2항 (e)(vii)에 규정되어 있다.[1078] 대상 소년의 연령이 일부 협약에서는 18세로 상향되어 있으나 로마규정에서는 15세 미만의 아동으로 규정하고 있다.[1079]

2012년 국제형사재판소가 최초로 선고한 판결은 소년병의 징집으로 인한 전쟁범죄에 대한 것이었다.[1080] 시에라리온 내전 기간 동안 약 7천 명의 소년병이 동원되었으며 시에라리온 특별재판소도 소년병의 징집 또는 모병에 대한 다수의 유죄판결을 선고하였다.[1081]

국제적 무력충돌의 경우를 규정한 로마규정 제8조 제2항 (b)(xxvi)는 소년병 사용 주체를 '국가의 군대(the national armed forces)'로 규정하고 있어 국가의 정규 군대가 소년병을 활용한 상황이 본 조항의 대상임은 명백하다. 그런데 국가의 군대가 아닌 비정규군에 의한 징집행위도 규율 대상에 포함되는가에 대하여는 논란이 있다. 왜냐하면 로마규정의 문언에 의하면 오직 국가의 군대만이 규율 대상인 것으로 보이며 비국제적 무력충돌에 있어서 적용되는 로마규정 제8조 제2항 (e)(vii)은 징집의 주체를 '군대 또는 무장집단'으로 규정하여 국가의 정규 군대 이외의 경우로 그 대상을 명시적으로 확대하고 있으므로 반대해석상 국제적 무력충돌의 경우에는 국가의 군대만 본 조항에 해당하는 것으로 제한적으로 해석될 수 있기 때문이다. 그러나 이와 달리 국제적 무력충돌에 적용되는 부속의정서 I 제43조는 군대의 의미를 일방 당사자의 책임 있는 지휘관 하에 있는 모든 조직화된 무장병력, 집단, 부대 등을 의미하는 것으로 규정하고 있다. 국제형사재판소 전심재판부는 본 조항의 해석과 관련하여 전제되는 부속의정서 I 제43조의 규율범위, 이러한 판단의 전제가 될 수 있는 다수의 ICTY의 판결 등을 언급하면서 로마규정에서의 '국가의 군대(national armed forces)'에는 국제적 무력충돌의 당사자에 속하는 모든 무장집단이 포함되는 것이라고 판시하였다.[1082] 그러나 이러한 해석은 로마규정의 죄형법정주의 원칙에 부합하지 않는

1078) SCSL 법령 제4조 (c)에도 로마규정 제8조 (2)(e)(vii)와 동일한 내용의 규정이 존재한다.

1079) 가혹한 형태의 아동노동금지와 근절을 위한 즉각적인 조치에 관한 협약(Convention Concerning the Prohibition and Immediate Action for Elimination of the Worst Forms of Child Labour (ILO Convention No. 182) 및 위 협정에 대한 의정서, 위 협약에 대한 2000년 선택의정서는 보호연령을 18세로 규정하고 있다. 아동의 무력충돌 참여에 관한 아동권리협약 선택의정서(Optional Protocol to the Convention on the Rights of the Child on the Involvement of Children in Armed Conflict) 제1조는 '당사국은 18세 미만인 자가 자국 군대의 구성원으로서 적대행위에 직접 참여하지 아니하도록 보장하기 위하여 가능한 모든 조치를 취한다'고 규정하고 있다.〔위 협약은 2000년 5월 25일 뉴욕에서 채택되어 2002년 2월 12일 발효되었으며, 2004년 10월 24일 조약 제1687호로 우리나라에 대하여 발효되었다. 우리나라는 의정서 가입 당시 대한민국 군대에 자원입대할 수 있는 최소연령은 18세임을 선언하였다〕 규율 연령을 18세로 규정하고 있는 이러한 규범이 국제관습법으로서의 지위를 획득하였는가 여부는 불분명하다는 견해는 Werle, Gerhard; Jeßberger, Florian, 전게서, p. 464.

1080) Lubanga Dyilo, ICC (TC), judgment of 14 March 2012; Lubanga Dyilo, ICC (TC), sentencing judgment of 10 July 2012.

1081) Brima et al., SCSL (TC), judgment of 20 June 2007; Brima et al., SCSL (AC), judgment of 22 February 2008. : Taylor, SCSL (TC), judgment of 18 May 2012, para. 6994.

1082) Lubanga Dyilo, ICC (PTC), decision of 29 January 2007, paras. 268 et seq; Katanga and Ngudjolo Chui,

것이라는 강력한 비판이 있다.[1083)]

본 범죄의 대상 행위는 소년에 대한 모병(募兵), 징집(徵集), 소년이 적대행위에 적극적으로 참여하도록 이용하는 행위 등 서로 명확히 구분되는 3개의 범주로 나뉘어 있다. 특히 강제성이 요구되는 '징집(conscripting)'과 강제성이 필요하지 않은 '모병(enlisting)'이 별도로 규정된 것이 특징이다.

모병(募兵)은 15세 미만의 소년이 군대 구성원으로 참여하는 것을 수용하는 모든 행위를 의미한다. 반드시 공식 절차에 의한 것일 필요가 없으며[1084)] 징집과 달리 강제성이 요구되지 않으므로 자발적 의사로 지원한 사람을 받아들인 경우도 처벌 대상이 되고[1085)] 이러한 자발적 입대 요청을 거부하지 않은 부작위 역시 처벌된다. 국제형사재판소도 본 조항의 보호적 성격에 비추어 소년의 동의 여부는 범죄 성립에 아무런 영향을 미치지 않는다고 판시한 바 있다.[1086)] 그러나 모병은 군대의 일원으로 속하게 하는 행위만을 의미하는 것이므로 미성년자 대상 모병 캠페인이나 군대가 자금을 지원하거나 군대에 의하여 운영되는 미성년자 대상 군사학교를 허용하는 것 등 즉각적으로 군사훈련에 참여시키는 행위가 아닌 경우는 본 조항의 범죄에 해당하지 않는다.[1087)]

모병과 달리 징집(徵集)은 대상자의 의사에 반하는 강제적 요소를 포함하고 있다.[1088)] 이러한 강제적 모병행위는 납치나 강제적 군사훈련과 같이 직접적인 무력을 사용하거나 15세 미만 소년들을 군대에 종사하도록 하는 내용의 법령을 제정하는 방식에 의하여 이루어질 수 있다.[1089)]

ICC (PTC), decision of 30 September 2008, para. 249; 이후 정식재판 절차에서는 문제되는 무력충돌의 상황을 비국제적 무력충돌로 판단하여 국제적 무력충돌과 관련한 로마규정의 해석 문제가 쟁점이 되지 않았다. Lubanga, ICC (TC), sentencing judgment of 10 July 2012 참조.

1083) Werle, Gerhard; Jeßberger, Florian, 전게서, p. 465; 나아가 위 판결에서 완화된 해석의 근거로 인용한 ICTY 판결은 협약의 보호대상을 정하는 제네바협정 IV 제4조 제1항에 대한 것으로 이를 로마규정 해석에 그대로 적용할 수는 없으며 로마규정 제정 과정을 살펴보더라도 아랍국가들 특히 레바논이 국가의 군대 이외의 무력집단을 포함하는 것으로 규정할 경우 부족 단위까지 규율대상에 포함될 수 있다는 우려를 표시함에 따라 최초 초안상의 'armed forces'라는 문언에 'national'이라는 용어를 추가하였다는 점에서 체약당사국들은 로마규정의 규율 대상을 국가의 공식 군대로 제한하려던 것이 명백하다는 주장은 Ambos, Kai, 전게서 II, p. 180; 로마규정과 달리 우리 국제범죄법 제10조 제3항 제5호는 비국제적 무력충돌의 경우뿐만이 아니라 국제적 무력충돌의 경우에 있어서도 군대 또는 무장집단에의 참여를 처벌 대상으로 규정하고 있어 이러한 해석 문제가 발생하지 않는다.

1084) Werle, Gerhard; Jeßberger, Florian, 전게서, p. 464; Fofana and Kondewa, SCSL (AC), judgment of 28 May 2008, paras. 140 et seq; Taylor, SCSL (TC), judgment of 18 May 2012, para. 442.

1085) Ambos, Kai, 전게서 II, p. 181.

1086) Lubanga Dyilo, ICC (TC), judgment of 14 March 2012, para 610 et seq, para 617.

1087) Werle, Gerhard; Jeßberger, Florian, 전게서, p. 464.

1088) Lubanga Dyilo, ICC (TC), judgment of 14 March 2012, paras. 607, 608; Brima et al., SCSL (TC), judgment of 20 June 2007, para. 734; Sesay et al., SCSL (TC), judgment of 2 March 2009, para. 186; Taylor, SCSL (TC), judgment of 18 May 2012, para. 441.

1089) Werle, Gerhard; Jeßberger, Florian, 전게서, p. 465.

징집이나 모병의 경우 소년들을 적대행위에 적극적으로 참여시킬 목적이 존재하는 경우가 일반적이나 이러한 목적이 법적 요건은 아니다.[1090]

소년병 사용에 해당하는 세 번째 행위유형은 소년병이 '적대행위에 적극적으로 참여(participate actively in hostilities)'하도록 하는 것이다. '적대행위에 적극적으로 참여'한다는 의미에 대하여는 이를 전투 관련 행위로 제한하는 입장으로부터 군사활동과 관련된 보조행위까지 포함되는 것으로 해석하는 입장까지 다양하다.[1091] 로마규정의 해석과 관련하여 특히 문제가 되는 것은 '적극적 참여'에 적대행위에 대한 간접적(indirect) 참여행위가 포함되는가의 여부이다. 만일 적대행위에 대한 직접적 참여행위로 제한적으로 해석한다면 소년병을 전투 관련 행위에 이용하지 않는 경우는 제외되나 간접적 참여행위도 포함되는 것으로 해석한다면 무력행위에 직접적으로 기여하지는 않더라도 적대행위에 대한 간접적 지원행위도 포함될 수 있다. 이와 관련한 부속의정서 I 제77조 제2항은 '적대행위에 직접 가담'이라는 표현을 사용하고 있으나[1092] 로마규정이 이와 달리 '적대행위에 적극적으로 참여(participate actively in hostilities)'라는 표현을 사용한 것과 관련하여 국제형사재판소는 부속의정서 I 제77조 제2항과 다른 표현이 로마규정에 사용된 이유는 명백히 보다 넓은 범위의 행위를 포괄하기 위한 것이라고 보면서 비국제적 무력충돌에 적용되는 부속의정서 II 제4조 제3항 (c)는 '직접적(direct)'이라는 표현도 사용하고 있지 않다는 점 등을 고려하여[1093] 본 범죄는 전투행위에 직접 관련된 행위로 제한되지 않는다는 광범위한 해석의 입장을 취하고 있다.[1094]

국제형사재판소의 이러한 해석은 본 범죄가 15세 미만의 소년이라는 특히 취약한 집단을 무력충돌의 위험으로부터 보호하려는 목적을 가진 것임을 고려한 것으로 생각된다. 죄형법정주의 원칙이 존중되는 범위 내에서는 소년의 보호라는 입법 목적에 따라 무력을 직접 사용하는 전투행위뿐만 아니라 무력행위와의 연계 가능성이 높아 소년들을 무력충돌의 위험에 노출시키는 전투행위와 관련된 모든 직·간접적 활동들이 포함되는 것으로 해석하는 것이 타당할 것이

1090) Lubanga Dyilo, ICC (TC), judgment of 14 March 2012, para. 609; Taylor, SCSL (TC), judgment of 18 May 2012, para. 439 주석 1055. 위 판결에서는 목적을 요구하는 듯한 표현을 하고 있는 과거의 항소심 판결에서의 판단은 단순한 부가적 의견에 불과한 것이라고 설시하고 있다.; MüKoStGB/Zimmermann/Geiß VStGB § 8 Rn. 217.
1091) Lubanga 사건 1심 변호인은 이에 대한 제한적 해석 주장을 강력하게 제기하였다. Lubanga, ICC (TC), judgment of 14 March 2012, paras. 583-587.
1092) 부속의정서 I 제77조 아동의 보호 2. 충돌당사국은 15세 미만의 아동이 적대행위에 직접 가담하지 아니---(do not take a direct part in hostilities)--위하여 모든 실행 가능한 조치를 취한다.
1093) 부속의정서 II 제4조 기본적 보장 '15세 이하의 아동은 ---적대행위에 참가하도록 하여서는 아니 된다.' (children who have not attained the age of fifteen years shall neither be recruited in the armed forces or groups nor allowed to take part in hostilities)
1094) Lubanga Dyilo, ICC (TC), judgment of 14 March 2012, paras. 627, 628; Taylor, SCSL (TC), judgment of 18 May 2012, para. 444.

다.[1095] 따라서 적군을 속이는 수단으로 소년병을 활용하거나 군사검문소 안내원, 정보원 또는 스파이로 활동하게 하는 행위, 군대 숙소 등 군사목적물을 지키게 하는 행위나 군 지휘관의 신체적 안전에 대한 보호활동 등을 수행하게 하는 것이 본 조항에 해당될 수 있다.[1096] 그러나 무력행위와 연계가 인정되지 않는 음식물 배달, 장교숙소에서의 허드렛일 등은 포함되지 않는다.[1097] 국제형사재판소는 소년들이 공격의 잠재적 목표물이 될 수 있는 현실적 위험에 노출되었는가 여부를 '간접적(indirect)' 행위가 적극적 참여에 해당할 수 있는가를 결정하는 징표로 꼽았다.[1098]

소년들이 자발적으로 적대행위에 참여한 경우 이들을 '이용(used)'한 것으로 볼 수 있는가의 문제가 있다. 적대행위에 대한 소년의 참여는 제네바협정 부속의정서 II 제4조 제3항 (c)에서 절대적으로 금지되어 있고 제네바협정 부속의정서 I 제77조 제2항에 의하여 소년병의 자발적 참여를 방지할 의무가 부과되어 있으므로 이용의 개념을 지나치게 좁게 해석하는 것은 타당하지 않다. 따라서 소년들을 적대행위나 직접적 지원행위에 참여하지 않도록 방지할 의무를 부담하는 지휘관이 이러한 의무를 이행하지 않을 경우 부작위에 의한 책임을 부담하게 될 것이다.[1099]

대상자를 전쟁범죄로 처벌하기 위해서는 15세 미만이라는 점에 대한 인식이 필요하다. 로마규정 범죄구성요건은 이와 관련하여 '알았어야 함'의 기준만으로도 주관적 요건은 충족된다고 규정하고 있다.[1100] 따라서 외관에 비추어 15세보다 어릴 수 있다고 생각됨에도 소년의 나이에 대하여 적극적으로 확인하지 않은 경우와 같이 의도적으로 아동의 연령에 대하여 도외시한 경우에도 주관적 요건은 충족된 것으로 볼 수 있다.[1101]

본 범죄는 최초의 징집행위로 종료되는 것이 아니라 소년이 군대를 떠나거나 혹은 그들이 15세에 도달될 때까지 계속되는 '계속범'의 성격을 갖는다. 따라서 강제적 실종의 경우와 동일하게 로마규정 효력 발생 이전에 소년병의 모집행위가 있었더라도 2002년 7월 1일 이후까지 소년병을 이용하는 상황이 지속된 경우라면 국제형사재판소의 재판권이 인정된다.[1102]

1095) Ambos, Kai, 전게서 II, p. 182; Werle, Gerhard; Jeßberger, Florian, 전게서, p. 466.
1096) Lubanga Dyilo, ICC (PTC), decision of 29 January 2007, para 261, 263.
1097) Lubanga Dyilo, ICC (PTC), decision of 29 January 2007, para. 262; Ambos, Kai, 전게서 II, p. 181.
1098) Lubanga Dyilo, ICC (TC), judgment of 14 March 2012, paras. 619 et seq, para. 628; 다만 주의할 것은 이와 같은 소년병 이용에 대한 광범위한 해석이 타당한 것이라 하더라도 소년병이 공격의 대상이 되는가 여부를 판단하는 맥락에서는 이러한 광범위한 해석이 직접 적용될 수 없으며 소년병 보호의 취지에 비추어 좁게 해석되어야 한다는 점이다. Werle, Gerhard; Jeßberger, Florian, 전게서, p. 466; MüKoStGB/Zimmermann/ Geiß VStGB § 8 Rn. 166.
1099) Werle, Gerhard; Jeßberger, Florian, 전게서, p. 466.
1100) 로마규정 범죄구성요건 제8조 (2)(b)(xxvi) 3. 및 (e)(vii) 3. The perpetrator knew or should have known that such person or persons were under the age of 15 years.
1101) Werle, Gerhard; Jeßberger, Florian, 전게서, p. 467.
1102) Lubanga Dyilo, ICC (TC), judgment of 14 March 2012, para. 618; Lubanga Dyilo, ICC (PTC), decision of 29 January 2007, para. 248; Taylor, SCSL (TC), judgment of 18 May 2012, para. 443; 이러한 소급효는 로마

2. 국제범죄법

〔국제범죄법 제10조 제3항 제5호, 제6항 등〕

③ 국제적 무력충돌 또는 비국제적 무력충돌과 관련하여 다음 각 호의 어느 하나에 해당하는 행위를 한 사람은 3년 이상의 유기징역에 처한다.

    5. 15세 미만인 사람을 군대 또는 무장집단에 징집 또는 모병의 방법으로 참여하도록 하거나 적대행위에 참여하도록 하는 행위

⑥ 제2항·제3항 또는 제5항의 죄를 범하여 사람을 사망에 이르게 한 사람은 사형, 무기 또는 7년 이상의 징역에 처한다.

⑦ 제1항부터 제5항까지에 규정된 죄의 미수범은 처벌한다.

국제범죄법 제10조 제3항 제5호는 국제적 무력충돌 또는 비국제적 무력충돌과 관련하여 15세 미만의 사람을 군대 또는 무장집단에 징집 또는 모병의 방법으로 참여하도록 하거나 적대행위에 참여하도록 하는 행위를 전쟁범죄의 하나로 규정하고 있다. 본 조항의 행위는 소년병을 징집하거나 모병하여 군대나 무장집단에 참여하도록 하거나 이러한 과정 없이 적대행위에 참여시키는 것이다. 강제성이 있는 징집뿐만 아니라 자발적인 의사에 기한 모병도 처벌대상이므로 자발적 입대를 허용하는 것도 본 범죄의 대상이다.

무장집단의 개념은 다소 모호하나 본 범죄의 적용범위가 비국제적 무력충돌로 확대된 사실을 고려할 때 일정한 수준의 조직화가 요구되는 것으로 보아야 할 것이다. 그러나 부속의정서 II 제1항에 규정되어 있는 무력집단의 요건을 충족시키거나 특히 책임 있는 리더쉽의 존재를 전제로 할 필요는 없다. 왜냐하면 본 조항의 취지는 무력충돌 상황으로부터 나이 어린 소년을 이격시키려는 것이며 오히려 이러한 감독적 기능이 확립되지 않은 초보 단계 무장집단에의 참여가 소년을 더욱 큰 잠재적 위험에 노출시키는 것이기 때문이다.[1103] 적대행위에 참여하도록 하는 것은 징집이나 모병 단계를 전제로 하지 않은 독립된 범죄유형이므로 적대행위에 참여하도록 허용하는 것만으로도 본 범죄는 성립할 수 있다.[1104]

적대행위에의 참여에는 앞서 본 로마규정의 해석에 따라 전투행위에 직접 참여하는 것뿐만 아니라 이러한 전투행위와 밀접하게 관련된 행위도 포함된다.

범죄자는 대상자가 15세 미만이라는 점에 대한 고의나 미필적 고의를 가지고 있어야 한다.[1105]

규정 제11조와 제22조의 문언에 반하는 것은 아니지만 로마규정 초안자들의 의사에 반하는 것이라는 지적은 Ambos, Kai, 전게서 II, p. 180.

[1103] MüKoStGB/Zimmermann/Geiß VStGB § 8 Rn. 163.

[1104] MüKoStGB/Zimmermann/Geiß VStGB § 8 Rn. 164.

[1105] 고의의 입증이 어려운 상황이 존재할 수 있음에도 독일 국제범죄법이 로마규정 범죄구성요건에 규정되어

3. 6 · 25 참전 소년병 관련 헌법소원 사건

6 · 25 전쟁 당시의 소년병 활용과 관련한 헌법소원이 제기되었으나 제척기간 도과 등의 사유로 각하 결정이 내려졌다.[1106] 그러나 헌법재판소는 각하 결정 이전의 심리과정에서 소년병 활용과 관련한 일정한 범위의 사실관계를 확정하였으며 입법부작위와 관련된 부수적 의견도 밝히고 있다.

우선 헌법재판소는 6 · 25 전쟁 기간 동안 정규군으로 참전하고 제대한 소년병의 90% 이상이 1950년 8월의 낙동강 방어선 전투와 1 · 4 후퇴를 전후한 전투에 참여하였음을 확인하였다. 그리고 특히 이들은 정규군 신분이었던 관계로 1951년 2월 28일 학도의용군 해산명령과 1951년 3월 16일 학생들에 대한 귀가 복교령의 대상이 되지 못하였으며 1953년 7월 27일 휴전 이후에도 이들이 일시에 제대할 경우 군대 인력운영에 차질이 있다는 이유 등으로 짧게는 1954년부터 길게는 1956년까지 군에 남아 임무를 수행한 사실을 인정하였다.

본안 사건인 헌법소원 청구에 대하여는 징집행위로 인한 기본권 침해행위에 대한 헌법소원 청구기간이 도과하였다는 이유로 청구를 각하하였다.[1107] 또한 배상과 관련된 입법부작위에 대한 청구 역시 각하하면서도 소년병들이 입은 피해의 특수성과 중대성을 충분히 고려할 수 있는 입법이 필요하다는 부수적 의견을 다음과 같이 밝힌 바 있다.

> 6 · 25 참전 소년병의 대다수가 3년 1개월의 전쟁 중에서도 가장 위급하고 희생이 많았던 1950년 8월의 낙동강 방어선 전투와 1 · 4 후퇴를 전후한 5~6개월 사이에 법령상 명확한 근거 없이 징집되어 전투를 치렀으며, 이들의 희생과 공헌이 전란 극복의 밑거름이 된 것이 사실이다. 그럼에도 불구하고 소년병들은 학도의용군과 달리 학생복귀령의 대상이 되지 못하였을 뿐 아니라 휴전 뒤에도 군에 남아 임무를 수행하였다. 징집 당시 15~17세였던 소년병들은 건장한 청장년 군인들과 똑같은 상황에서 전쟁을 치렀고, 그 와중에 면학의 황금기를 놓쳐 신체적으로나 정신적으로 온전한 발전을 하기 어려웠다. 때문에 제대 뒤에도 사회 적응과 자립 기반 마련에 큰 어려움을 겪을 수밖에 없었다. 이와 같이 소년병들이 입은 피해가 매우 크고 남다름에도 불구하고, 그동안 국가배상청구를 통해 충분히 배상을 받을 수 있는 기회가 있었음을 이유로 적절한 시기에 그러한 절차를 밟지 못해 충분한 배상을 받지 못한 책임을 이들에게 전적으로 돌리는 것은, 강제징집행위와 관련한 행위의 실체나 불법성에 대한 진상 규명이 용이하지 않았고 실체가 어느 정도 밝혀졌을 당시에는 이미 시효가 지나 현실적으로 구제가 어려웠다는 점에서 그대로 수긍하기 어려운 측면이 있다. 그리고 현재 시

있는 과실 요소를 도입하지 않은 것에 대한 비판은 MüKoStGB/Zimmermann/Geiß VStGB § 8 Rn. 218.

1106) 헌법재판소 2015. 10. 21. 2014헌마456.

1107) 1950년경 있었던 기본권 침해행위는 헌법재판소가 발족하기 이전에 있었던 공권력에 의한 기본권침해에 해당하여 헌법소원심판 청구기간은 헌법재판소가 구성된 1988년 9월 19일부터 기산되나(헌법재판소 1991. 9. 16. 89헌마151) 헌법재판소 구성일인 1988. 9. 19.로부터 1년이 훨씬 지난 2014. 6. 11. 헌법소원심판을 청구하였으므로 부적법하다는 것이 그 이유이다.

행 중인 보상관련 법률 역시 성인으로서 참전한 사람과 소년병을 동일하게 취급하고 있어, 소년병들이 입은 피해의 특수성과 중대성을 충분히 고려하고 있다고 보기 어렵다. 따라서 비록 헌법상 또는 헌법해석상 소년병만 대상으로 하는 입법의무를 도출하기는 어렵다 하더라도, 입법자가 그 입법재량으로서 별도의 특별법을 제정하거나 기존 법률을 개정함으로써 소년병의 특수한 희생과 공헌에 따른 보상 내지 배상을 도모하는 것이 금지된 것은 아니다. 오히려 재정 여건이 허락된다면 소년병들의 희생을 기리고 피해를 보상 내지 배상하는 방법을 강구하는 것이 바람직하다.[1108]

제 9 절 모욕적이고 품위를 손상시키는 대우(Humiliating and Degrading Treatment)

〔로마규정 제8조 제2항 (b)(xxi)〕 – 국제적 무력충돌
인간의 존엄성에 대한 유린행위, 특히 모욕적이고 품위를 손상시키는 대우
(Committing outrages upon personal dignity, in particular humiliating and degrading treatment)
〔로마규정 제8조 제2항 (c)(ii)〕 – 비국제적 무력충돌
인간의 존엄성에 대한 유린행위, 특히 모욕적이고 품위를 손상키는 대우
(Committing outrages upon personal dignity, in particular humiliating and degrading treatment)

본 범죄는 모욕, 품위 손상 혹은 다른 방법으로 인간의 존엄성을 침해하는 행위를 처벌하는 것이다. 이러한 범죄는 제네바협정 I부터 IV까지의 공통 제3조와 부속의정서 I 제75조 제2항 (b), 부속의정서 II 제4조 제2항 (e) 등에 근거한 것으로 모욕적이고 품위를 손상시키는 행위는 국제관습법에서도 전쟁범죄로 승인되고 있다.[1109] 로마규정 제8조 제2항 (b)(xxi)은 국제적 무력충돌에 있어서 인간의 존엄성에 대한 유린행위로서 특히 모욕적이고 품위를 손상시키는 처우를 전쟁범죄로 규정하고 있으며 제8조 제2항 (c)(ii)는 비국제적 무력충돌의 경우에 있어서 유사한 처벌규정을 두고 있다.[1110]

인간은 그 존재로부터 분리될 수 없는 인격체로 존중받을 권리를 보유하고 있다. 이러한 권리는 육체적, 도덕적, 지적 영역의 완전성을 포괄하는 광범위한 것으로 인격, 명예, 가족에 대

1108) 헌법재판소 2015. 10. 21. 2014헌마456, 공보 제229호, 1695.

1109) Kunarac et al., ICTY (TC), judgment of 22 February 2001, para. 498; Sesay et al., SCSL (TC), judgment of 2 March 2009, para. 174; Jean-Marie Henckaerts, Louise Doswald-Beck, Customary International Humanitarian Law, Vol. I (2005), p. 315 et seq.

1110) 로마규정에 대한 보다 상세한 내용은 로마규정 범죄구성요건 제8조 (2)(b)(xxi) 1 및 (c)(ii) 1 참조; 이러한 범죄유형을 명시적으로 규정하지 않은 ICTY 법령에서의 취급은 Tadić, ICTY (AC), decision of 2 October 1995, paras. 65 et seq 참조; ICTR 법령 제4조 (e)는 제네바협정 부속의정서 문언에 따라 성폭력과 모욕적이고 품위를 손상시키는 처우 등을 인간 존엄에 대한 침해 사례로 규정하고 있다.; 관련된 사례로는 Katanga and Ngudjolo Chui, ICC (PTC), decision of 30 September 2008, para. 369; Kunarac et al., ICTY (AC), judgment of 12 June 2002, para. 161; Kunarac et al., ICTY (TC), judgment of 22 February 2001, para. 507.

한 권리, 종교적 신념에 대한 존중 요구 등을 포함하는 것이다.[1111] 본 범죄는 인간의 존엄성을 보호하려는 궁극적 목적을 가진 것으로 본 범죄에서의 침해 유형은 매우 다양한 형태로 나타날 수 있다.[1112] 따라서 직접적으로 신체적 완전성과 육체적·정신적 안위에 해악을 야기하지 않더라도 인간을 모욕 또는 조롱하거나 품위가 떨어지는 행위를 수행하도록 강제하는 것도 본 범죄에 해당할 수 있다.[1113]

인간의 존엄성에 대한 유린행위에 해당하기 위해서는 심각성 기준을 충족시켜야 하며[1114] 심각성 기준의 충족 여부는 객관적으로 결정된다.[1115] 피해자가 자신의 존엄성 침해 사실을 인식하였을 필요는 없으며 사망한 사람의 존엄성도 보호된다.[1116] 사체에 대한 모욕행위 역시 종교적 존엄이 훼손되도록 강제하는 것으로 품위를 손상시키는 의도적 행위이다.[1117] 고통이 반드시 장기간 지속되어야만 하는 것은 아니며 일단 모욕적이고 품위를 손상시키는 심각한 처우가 존재하였다면 피해자가 상대적으로 신속하게 이러한 상황을 극복하였다 하더라도 본 죄의 성립에 영향을 미치지 않는다.[1118] 피해자를 모욕하기 위한 목적에서 행하여진 부작위나 피해자를 조롱의 대상으로 노출시키는 행위도 본 조항에 해당할 수 있다.[1119] 임시재판소들은 현재 로마규정에 별도의 범죄로 규정되어 있는 노예화와 성폭력 등을 모욕적이고 품위를 손상시키는 처우에 포함된다고 보아 왔다.[1120] 그러나 국제형사재판소는 로마규정에 보다 구체적인 성폭력 규정이 별도로 존

1111) 제네바협정 IV 제27조.

1112) Werle, Gerhard; Jeßberger, Florian, 전게서, p. 444.

1113) Cryer, Robert; Friman, Håkan; Robinson, Darryl; Wilmshurst, Elizabeth, 전게서, p. 287.

1114) 로마규정 범죄구성요건 제8조 (2)(b)(xxi) 2; 로마규정 범죄구성요건 제8조 (2)(c)(ii) 2; Katanga and Ngudjolo Chui, ICC (PTC), decision of 30 September 2008, para. 369.

1115) Kunarac et al., ICTY (AC), judgment of 12 June 2002, para. 162; Aleksovski, ICTY (TC), judgment of 25 June 1999, paras. 56 et seq.

1116) 로마규정 범죄구성요건 제8조 (2)(b)(xxi) 1. 각주 49; 로마규정 범죄구성요건 제8조 (2)(c)(ii) 1. 각주 57.

1117) Cryer, Robert; Friman, Håkan; Robinson, Darryl; Wilmshurst, Elizabeth, 전게서, p. 287.

1118) Kunarac et al., ICTY (TC), judgment of 22 February 2001, paras. 501, 503; Sesay et al., SCSL (TC), judgment of 2 March 2009, para. 176; 이와 다른 취지의 판결은 Aleksovski, ICTY (TC), judgment of 25 June 1999, para. 56; Katanga and Ngudjolo Chui, ICC (PTC), decision of 30 September 2008, para. 369.

1119) Aleksovski, ICTY (TC), judgment of 25 June 1999, paras. 55 et seq; ICTR은 Musema 판결에서 모욕적이고 품위를 손상시키는 처우를 자존감을 손상시키는 행위로 정의하면서 이와 같은 개인 존엄의 침해 행위는 고문 실행의 사전 단계에 해당할 수 있는 것으로 보았다. Musema, ICTR (TC), judgment of 27 January 2000, para. 285.

1120) 부속의정서 II 제4조 제1항 제2항 (f), 제네바협정 공통 제3조, 제네바협정 III 제13조, 제네바협정 IV 제27조, 등은 적대행위에 직접적으로 종사하지 않거나 혹은 적대행위에의 참여를 중지한 사람들에 대한 노예화를 금지하고 있다. 노예화는 이와 같은 국제인도법의 인도적 처우에 대한 근본적 원칙을 위반한 '인간 존엄성에 대한 유린행위'에 해당하여 본 조항의 적용범위에 포함될 수 있다. [Werle, Gerhard; Jeßberger, Florian, 전게서, p. 449] 다만 국제인도법이 일정한 조건 하에서 전쟁포로들에 대하여 일정한 일을 하도록 요구하는 것을 허용하고 있으므로(제네바협정 III 제49조 내지 제57조) 금지 범위의 결정에는 관련 조항들이 고려되어야 한다. Cryer, Robert; Friman, Håkan; Robinson, Darryl; Wilmshurst, Elizabeth, 전게서, p. 290; 무력충돌의 배경에서 이루어진 노예화를 본 조항의 전쟁범죄로 인정한 것은 Krnojelac, ICTY (TC), judgment of 15

재하므로 성폭력이 모욕적이고 품위를 손상시키는 처우에 포함되지 않는 것으로 보고 있다.[1121] ICTY는 본 조항의 근거가 된 제네바협정 공통 제3조는 인간의 존엄성을 보호하고 인도적 처우를 보장하는 것을 목적으로 하고 있으므로 모욕적이고 품위를 손상시키는 대우는 특히 심각한 고통을 유발시키는 비인도적인 행위의 사례에도 적용될 수 있고 따라서 육체적 폭력이 수반되는 행위에 의하여도 범하여질 수 있는 것으로 보았다.[1122]

   모욕적이고 품위를 손상시키는 처우는 인간의 존엄에 대한 침해를 규율한다는 점에서 심각한 정신적·육체적 고통을 가하는 학대행위와는 구분되므로 침해행위의 대상과 강도가 상이한 두 개의 범죄는 별도로 적용될 수 있을 것이다.[1123] 본 범죄의 주관적 요건으로 모욕하려는 목적이 필요한 것은 아니다.[1124]

> 〔국제범죄법 제10조 제4항 등〕
> ④ 국제적 무력충돌 또는 비국제적 무력충돌과 관련하여 인도에 관한 국제법규에 따라 보호되는 사람을 중대하게 모욕하거나 품위를 떨어뜨리는 처우를 한 사람은 1년 이상의 유기징역에 처한다.
> ⑦ 제1항부터 제5항까지에 규정된 죄의 미수범은 처벌한다.

로마규정이 인간의 존엄성에 대한 유린행위 중 특히 모욕적이고 품위를 손상시키는 대우를 본 범죄의 처벌대상으로 규정하고 있음에 반하여 우리 국제범죄법은 '사람을 중대하게 모욕하거나 품위를 떨어뜨리는 처우'를 처벌대상으로 규정하고 있다.

   우선 국제범죄법이 '중대하게 모욕'하는 행위를 범죄행위의 유형으로 규정한 것은 로마규정에 부합하지 않을 뿐 아니라 법령의 해석과 적용 과정에서도 문제가 제기될 수 있을 것으로 보인다. 왜냐하면 '모욕'이라는 용어는 우리 형법에서 '사실을 적시하지 않고 사람에 대한 경멸의

March 2002, paras. 350-360; Naletilić, ICTY (TC), judgment of 31 March 2003, paras. 250-261; 성폭력이 본 조항에 해당할 수 있다는 판결은 Furundžija, ICTY (TC), judgment of 10 December 1998, para. 183; Akayesu, ICTR (TC), judgment of 2 September 1998, para. 688.

1121) Bemba, ICC (PTC), decision of 15 June 2009, paras. 310 et seq.

1122) Aleksovski, ICTY (TC), judgment of 25 June 1999, paras. 56 et seq. '본 범죄는 개인의 존엄을 침해하려는 것으로 피해자의 정신적 육체적 안녕에 직접적 해악을 가하려는 의도가 필요한 것은 아니며 모욕적 행위나 모멸을 통하여 피해자가 실제적이고 계속적인 고통을 겪으면 족한 것이다. 다만 범죄의 성립 여부를 가변적인 피해자의 주관적 심리적 상태에 의존시키지 않기 위해서 이러한 행위는 합리적 관찰자의 입장에서 침해적인 것으로 간주되어야 한다. 하나의 행위 그 자체로는 침해적이지 않은 행위도 반복될 경우 특별한 심각성을 가질 수 있으며, 폭력의 유형, 행위의 지속성, 야기된 고통의 정도 등이 범죄의 성립 여부를 가늠할 수 있는 기준의 하나가 된다. 육체적 폭력으로 특징지어질 수 있는 포로수용소라는 환경, 포로들을 인간방패로 사용하고 위험한 지역에서 참호를 파게 하는 행위 등은 인간존엄에 대한 심각한 침해에 해당한다.'

1123) 여기에 적용되는 Čelebići Test에 대한 상세한 내용과 고문범죄와 관계에서는 고문범죄가 우선적으로 적용되어야 한다는 것은 Werle, Gerhard; Jeßberger, Florian, 전게서, pp. 283, 446.

1124) Aleksovski, ICTY (AC), judgment of 24 March 2000, paras. 27 et seq; Kunarac et al., ICTY (AC), judgment of 12 June 2002, paras. 164 et seq.

의사를 표시'하는 것을 내용으로 하는 법률용어이므로 국제범죄법을 문언에 따라 해석하면 이러한 형법상의 모욕행위 중 중대한 행위가 본 범죄에 포함되는 것으로 해석될 수 있기 때문이다. 그러나 형법상의 모욕의 경우와 같이 본 범죄의 성립에 있어 공연성이 반드시 요구된다고 보기는 어렵다. 따라서 로마규정의 규범 내용에 비추어 본 조항의 '중대하게 모욕'하는 행위는 중대한 모욕적인 처우를 의미한다고 해석하여야 할 것이다.

우리 국제범죄법이 모욕과 품위를 떨어뜨리는 처우를 분리하여 '중대하게 모욕하거나 품위를 떨어뜨리는 처우를 한 사람'으로 구성요건을 규정한 것은 로마규정에 규정된 '모욕적이고 품위를 손상시키는 대우(humiliating and degrading treatment)'를 국내법에 도입하는 과정에서 발생한 오류로 보이며 법률의 개정을 통해 명확히 할 필요가 있다고 생각된다.[1125]

심각성 여부를 판단함에 있어서는 문화적, 종교적 배경이 반드시 고려되어야 한다.[1126] 독일에서는 과도하고 잔인한 조사, 강간, 성적 노예화, 위험한 조건 하에서의 강제노역, 인간방패 사용 등도 본 조항에 해당할 수 있다고 보고 있다.[1127] 로마규정 범죄구성요건에 따라 본 범죄는 의식이 없거나 사망한 사람에 대하여도 가능한 것으로 해석된다. 따라서 사자(死者)에 대한 명예훼손이나 피해자에 대한 사망 시점을 넘어서 이루어지는 행위도 포함될 수 있을 것이다.[1128]

본 범죄는 고의범이므로 자신의 행위에 대한 객관적 내용을 인식하고 있어야 한다. 그러나 행위의 결과를 실질적으로 예상하거나 대상자를 모욕하거나 품위를 떨어뜨리려는 목적을 가지고 있어야 하는 것은 아니다.[1129]

제 10 절 불법감금(Unlawful Confinement) - 국제적 무력충돌 -

> 〔로마규정 제8조 제2항 (a)(vii)〕
> − − −불법적인 감금(− − − −unlawful confinement)

로마규정 제8조 제2항 (a)(vii)는 국제적 무력충돌에 있어서 보호받는 사람에 대한 불법감금

1125) 독일 국제범죄법은 국제인도법에 따라 보호되는 사람에 대하여 심각하게 모욕적이거나 품위를 손상시키는 처우를 하는 것을 범죄행위로 규정하고 있다. 독일 국제범죄법 제8조 제1항 9호 참조.

1126) 종교에 반하는 행위를 강제하거나 제2차 대전 당시 있었던 것과 같이 시크 교도가 신성시하는 수염을 깎도록 하는 행위 등이 그 예로 제시될 수 있다. MüKoStGB/Zimmermann/Geiß VStGB § 8 Rn. 202; Australian Military Court v. 12.7.1946, Chichi and others, Law Reports of Trials of War Criminals, Vol. XI, S. 62 ff.13; 음료를 제공하는 조건으로 보스니아 무슬림에게 세르비아 노래를 부르게 한 사례는 Brđanin, ICTY (AC), decision of 19 March 2004, para. 1015 et seq.

1127) MüKoStGB/Zimmermann/Geiß VStGB § 8 Rn. 203.

1128) 예를 들면 사체(死體)를 절단한다거나 은폐를 목적으로 사체를 발굴하여 다시 파묻는 등의 행위가 본 조항에 포함될 수 있다. Brđanin, ICTY (AC), decision of 19 March 2004, para. 1019.

1129) MüKoStGB/Zimmermann/Geiß VStGB § 8 Rn. 220.

을 전쟁범죄로 규정하고 있다.[1130] 비국제적 무력충돌에서의 불법감금은 로마규정이나 국제관습법에서의 전쟁범죄가 아니다.

　　무력충돌 상황에서 벌어지는 불법감금의 문제는 특히 최근 관타나모 베이에서의 미국의 감금 행위와 관련하여 새로운 관심의 대상이 되고 있다.[1131] 전투원이 아닌 민간인의 자유는 무력충돌의 상황에서도 원칙적으로 보장되어야 하며 보호받는 사람들에 대한 구금은 원칙적으로 그 자체로 불법적인 것이다. 그러나 민간인이라 하더라도 스파이 활동을 하는 등 충돌 당사자에 대하여 직접적인 위협을 가하거나 위협을 가하려 한다는 점에 대한 합리적인 근거가 존재하는 등 일정한 조건이 충족될 경우에는 감금이 정당화될 수 있다. 따라서 민간인에 대한 감금의 불법성을 판단함에 있어서는 감금이 이루어진 구체적 상황과 제네바협정 IV의 다양한 조항들이 함께 고려되어야 한다.[1132] 그러나 이러한 상황에서도 민간인에 대한 감금은 최종 수단으로서만 허용되며 정치적 견해, 국적, 성별 등을 이유로 한 감금이나 집단처벌의 수단으로서의 감금은 허용될 수 없다.[1133]

　　불법감금에는 처음부터 감금이 불법적인 경우와 처음에는 합법적이었던 감금이 피감금자의 권리가 보장되지 않음으로써 사후적으로 불법이 되는 경우 두 가지 유형이 있다.[1134] 로마규정 범죄구성요건 역시 구금 상태의 불법적인 유지도 범죄의 개념을 충족시킬 수 있음을 명백히 하고 있다.[1135] 따라서 최초 단계에는 합법적 감금이었으나 개인의 절차적 권리가 사후적으로 침해된 경우[1136], 최초에 존재하였던 감금의 원인이 더 이상 존재하지 않게 된 경우임에도 감금이 지속된 경우 등도 본 조항이 적용된다.[1137]

1130) 국제적 무력충돌의 경우에도 민간인에 대한 불법감금만이 제네바협정 IV 제147조에서 협정에 대한 심각한 위반으로 규정되어 있다. 다른 세 개의 제네바협정에서는 감금의 조건과 피감금자의 권리 등이 규정되어 있을 뿐(제네바협정 I 제28조, 제32조, 제네바협정 II 제36조, 제37조, 제네바협정 III 제21조, 제22조, 제22조, 제118조 등) 보호받는 사람에 대한 감금이 협정의 심각한 위반으로 규정되어 있지 않다. 이와 관련하여 제네바협정 IV에 의하여 규율되는 민간인에 대한 불법감금만이 로마규정 제8조 제2항 (a)(vii)에서의 처벌대상이 된다고 해석하는 견해는 Werle, Gerhard; Jeßberger, Florian, 전게서, p. 455.
1131) 관타나모 베이에서의 미국에 의한 포로들의 감금에 대한 상세한 논의는 J.G. Stewart, "Rethinking Guantánamo: Unlawful Confinement as Applied in International Criminal Law", 4 JICJ (2006), p. 12.
1132) 제네바협정 IV 제5조, 제27조, 제41조, 제42조, 제43조, 제78조 등; Mucić et al., ICTY (TC), judgment of 16 November 1998, para. 576; Mucić et al., ICTY (AC), judgment of 20 February 2001, paras. 320 et seq; Kordić and Čerkez, ICTY (AC), judgment of 17 December 2004, paras. 69 et seq.
1133) Werle, Gerhard; Jeßberger, Florian, 전게서, p. 455; Mucić et al., ICTY (TC), judgment of 16 November 1998, paras. 567, 577.
1134) Mucić et al. (Čelebići), ICTY (TC), judgment of 16 November 1998, paras. 563 et seq; ; Kordić and Čerkez, ICTY (TC), judgment of 26 February 2001, paras. 279-291.
1135) 로마규정 범죄구성요건 Article 8 (2) (a) (vii)-2 '--confined or **continued to confine** --'
1136) 제네바협정 IV 제43조는 감금시 요구되는 정기 심사 체제를 규정하고 있다.; Mucić et al., ICTY (TC), judgment of 16 November 1998, paras. 583, 1135; Ambos, Kai, 전게서 II, p. 167.
1137) Werle, Gerhard; Jeßberger, Florian, 전게서, p. 456.

한편 부속의정서 I 제85조 제4항 (b)가 규정하는 바와 같이 국제적 무력충돌에 있어서 전쟁포로와 민간인 송환의 부당한 지체는 국제관습법에서의 전쟁범죄에 해당할 수 있을 것이다. 비록 로마규정은 민간인에 대한 송환 지체를 전쟁범죄의 하나로 명시하고 있지 않으나 민간인에 대한 부당한 송환지체는 상황에 따라 본 조항의 불법감금으로 간주될 수 있을 것이다.[1138]

〔국제범죄법 제10조(사람에 대한 전쟁범죄) 제5항 제1호 등〕 – 국제적 무력충돌
⑤ 국제적 무력충돌과 관련하여 다음 각 호의 어느 하나에 해당하는 행위를 한 사람은 3년 이상의 유기징역에 처한다.
  1. 정당한 사유 없이 인도에 관한 국제법규에 따라 보호되는 사람을 감금하는 행위
⑥ 제2항·제3항 또는 제5항의 죄를 범하여 사람을 사망에 이르게 한 사람은 사형, 무기 또는 7년 이상의 징역에 처한다.
⑦ 제1항부터 제5항까지에 규정된 죄의 미수범은 처벌한다.

국제범죄법 제10조 제5항 제1호는 국제적 무력충돌과 관련하여 정당한 사유 없이 인도에 관한 국제법규에 따라 보호되는 사람을 감금하는 행위를 전쟁범죄의 하나로 규정하고 있다.

로마규정과 동일하게 최초부터 불법적이었던 경우뿐만 아니라 감금의 원인이 소멸하였음에도 감금을 지속하는 경우 혹은 감금 이후 절차적 권리가 보장되지 않아 사후적으로 불법감금으로 변화된 경우 등도 포함된다.[1139] 정당한 사유 없는 감금만이 본 조항에 해당할 수 있으며 감금행위의 적법성은 국제인도법에 따라 판단될 것이다. 상당히 광범위한 재량이 존재하는 것으로 보이는 국제인도법의 규범내용에 비추어 불법감금에 대한 입증이 용이하지 않은 측면이 있으나 정치적 입장, 국적, 집단처벌을 이유로 한 구금은 항상 불법이다.[1140]

우리 국제범죄법은 독일과 달리 전쟁포로나 민간인의 지연 송환 등에 대하여는 별도의 규정을 두고 있지 않다.[1141]

1138) 전쟁포로의 지연송환이 로마규정의 어떠한 조항에도 포섭되어 있지 않아 국제관습법에 후행하는 것이라는 비판은 Werle, Gerhard; Jeßberger, Florian, 전게서, p. 456; 독일 국제범죄법 제8조 제3항 제1호는 제네바협정과 부속의정서 I에 의하여 보호되는 모든 사람에 대한 송환지연 등을 전쟁범죄로 규정하고 있다.
1139) 제네바협정 IV 제43조에 규정된 재심사에 대한 절차적 보장이 이루어지지 않을 경우에도 불법감금으로 전환될 수 있을 것이다.
1140) 제네바협정 IV 제5조, 제27조, 제41조, 제42조, 제78조 등에서 규정하는 민간인에 의한 위협이 존재하거나 스파이 행위 등이 의심되는 경우 등이 이에 해당하나 민간인에 대한 감금은 최후의 대안으로 고려되어야 한다. MüKoStGB/Zimmermann/Geiß VStGB § 8 Rn. 234, 235.
1141) 독일의 국제범죄법 제8조 제3항 제1호 참조.

제 11 절 자국 주민들의 점령지역으로의 이주 – 국제적 무력충돌 –
(Transferring a Party's Own Civilian Population into Occupied Territory)

> 〔로마규정 제8조 제2항 (b)(viii)〕 – 국제적 무력충돌
>
> 점령국이 자국의 민간인 주민의 일부를 직접적 또는 간접적으로 점령지역으로 이주시키는 ――――――
> 행위
>
> (The transfer, directly or indirectly, by the Occupying Power of parts of its own civilian population
> into the territory it occupies, ――――――)

본 범죄는 국제적 무력충돌의 상황에서 자국 주민들을 자국 영토 바깥의 점령지로 이전시키는 행위를 대상으로 하는 것이다. 본 범죄는 제2차 대전 기간 동안 제국주의 국가들이 점령지역을 식민지화하기 위하여 자국 국민을 점령지역으로 이주시킨 것에 대한 대응책으로 나타났다. 팔레스타인 점령지에 대한 이스라엘의 정착 정책 역시 본 범죄의 도입에 영향을 미쳤다고 한다.[1142]

자국 주민을 점령지역으로 이주시키는 이러한 조치는 이미 그 곳에 살고 있던 피점령지역 사람들의 생존기반에 대한 위협으로 작용한다.[1143] 이처럼 점령지에 자국민을 정착시키는 것은 점령지역에서의 인구 구조나 정치적 상황을 변화시켜 점령한 영토에 대한 정치적 요구를 용이하게 하는 기반을 조성하거나 이를 더욱 공고히 하려는 것으로 본 범죄는 이러한 행위의 방지를 목적으로 하고 있다.

이러한 이주행위는 점령지역에 대한 경제적 침탈의 중요한 수단으로 작용하기도 한다. 일본은 우리나라에 대한 식민지배와 경제적 수탈을 강화하기 위하여 조직적 이민정책을 전개하였으며 1929년 6월 실시된 더욱 강화된 적극적 이주정책이 기존의 경제적 수탈을 더욱 악화시킨다는 비판적 기사가 당시의 우리나라 언론에 보도된 바 있다.[1144] 이처럼 점령국이 자국 주민을 이주

1142) Werle, Gerhard; Jeßberger, Florian, 전게서, p. 461.

1143) J.S. Pictet, Geneva Convention IV, para. 283.

1144) '조선은 의식적 관세정책 이래 일본의 공업원료 생산지와 판매지로 매년 토지를 겸병(兼倂) 당하고 그러한 대토지(大土地)를 배경으로 수백수천의 이민이 조선에 유입되어 조선인 생활을 위협하얏나니 이것으로서도 오히려 만족치 목하고 오히려 적극적 이민정책을 이는 도저히 조선인의 감내할 바 못된다. 보라 병합이래 토지제도의 완비, 화폐제도의 개선은 막대한 공헌이 잇섯슬지는 모르나 자본의 팽대와 일본과 조선간의 무역의 자유는 물가의 등귀, 납세의 증대, 수공업의 위축, 연하여 토지의 겸병을 촉하지 안햇는가 그리하야 토지를 다수 점유한 자가 일본인이 되고 조선에 대상점을 벌인 자가 일본인이 되어 무역상 수자론 조선의 부의 증대를 말하나 조선인의 부는 도리어 위축치 안햇스며 조선내 생산 及 인구의 증대는 말하나 상대적 조선 생산 及 인구는 증대하지 못한 것이 아닌가 이런 것에도 불구하고 종래의 식민정책을 족음도 포기하랴키는 커녕 적극적 장려를 하랴하는 것은 여하한 심사에서 나온 것일가' 동아일보 1929년 6월 22일 자 일

시키는 조치는 '점령권력의 지속성은 제한된다'는 국제인도법의 기본원칙을 위반하는 것이며 피점령국 주권에 매우 중대한 제한으로 작용한다.[1145]

　　로마규정은 제8조 제2항 (b)(viii)에서 이러한 행위를 국제적 무력충돌에 있어서의 전쟁범죄로 규정하고 있다. 자국 주민들의 피점령지역으로의 이주 금지는 피점령지의 민간인 주민을 보호하는 제네바협정 IV 제49조 제6항에 규정되어 있었으나 협정에 대한 중대한 위반으로 규정되지는 않았다. 그러나 부속의정서 I 제85조 제4항 (a)는 지역 주민에 미치는 심각한 결과를 고려하여 이러한 행위를 의정서에 대한 심각한 침해로 규정하고 있다.[1146] 이처럼 국제적 무력충돌에 있어서는 이러한 행위가 국제관습법상의 범죄로 인정되고 있으나[1147] 비국제적 무력충돌의 경우에는 범죄로 인정되지 않고 있다.

　　로마규정 범죄구성요건은 본 범죄에서의 '이주(transferring)'의 개념이 국제인도법의 관점에서 해석되어야 한다고 규정하고 있다.[1148] 본 범죄가 당초 제네바협정 IV에 규정되어 있었던 사실에서 나타나듯이 본 범죄는 피점령지 주민 보호를 목적으로 하는 것이다. 따라서 점령국 주민은 보호대상에 포함되지 않으므로 이주민에 대한 이주의 강제성은 범죄의 성립 요건이 아니다. 이주 주민의 숫자가 적어도 무방하며 재정착의 동기가 무엇인가 역시 범죄의 성립과는 무관하다. 그러나 이러한 이주행위는 반드시 점령국의 행위로 귀속될 수 있어야 하며 개인이 자발적으로 이주한 것은 본 조항에 해당하지 않는다.[1149]

　　로마규정과 로마규정 범죄구성요건은 이러한 이주행위가 간접적 방법에 의할 수도 있음을 명시하고 있다.[1150] 따라서 점령국이 직접적으로 주민을 피점령지역에 정착하도록 하는 것이 직접적 이주라면 보조금 지급, 감세 등의 재정적 유인책을 제공하거나 행정 허가 등에 있어 기존 주민에 대하여 차별적 불이익을 주는 것 등과 같은 다양한 간접적 이주 방법도 본 조항의 적용 대상이 될 수 있다.[1151]

본의 日本人(일본인)의 積極的移住政策(적극적이주정책)에 대한 사설.

1145) H.-P. Gasser and K. Dörmann, 'Protection of the Civilian Population', in D. Fleck (ed.), The Handbook of International Humanitarian Law, 3rd edn (2013), para. 530.
1146) 부속의정서 I 제85조 제4항의 성립에는 이스라엘의 팔레스타인에 대한 이주 정책뿐만 아니라 터키의 사이프러스에 대한 점령 정책 역시 중요한 요소로 작용하였다는 견해는 MüKoStGB/Zimmermann/Geiß VStGB § 8 Rn. 239.
1147) 건강 또는 의학상의 이유로 엄격한 조건하에 외국이나 피점령지로 아동을 보내는 것과 같은 자국 주민의 이전 금지에 대한 예외는 부속의정서 I 제78조 참조.
1148) 로마규정 범죄구성요건 제8조 (2)(b)(viii) 1.(a) 각주 44.
1149) Werle, Gerhard; Jeßberger, Florian, 전게서, p. 462.
1150) 로마규정 제8조 제2항 (b)(viii), 로마규정 범죄구성요건 제8조 (2)(b)(viii)의 (a).
1151) Werle, Gerhard; Jeßberger, Florian, 전게서, p. 462.

> 〔국제범죄법 제10조 제5항 제2호 - 국제적 무력충돌〕
> ⑤ 국제적 무력충돌과 관련하여 다음 각 호의 어느 하나에 해당하는 행위를 한 사람은 3년 이상의 유기징
> 역에 처한다.
>   2. 자국의 주민 일부를 점령지역으로 이주시키는 행위
> ⑥ 제2항·제3항 또는 제5항의 죄를 범하여 사람을 사망에 이르게 한 사람은 사형, 무기 또는 7년 이상의
> 징역에 처한다.
> ⑦ 제1항부터 제5항까지에 규정된 죄의 미수범은 처벌한다.

국제범죄법 제10조 제5항 제2호는 국제적 무력충돌과 관련하여 자국의 주민 일부를 점령지역으로 이주시키는 행위를 전쟁범죄로 규정하고 있다. 본 범죄는 국제적 무력충돌의 경우에만 인정되며 비국제적 무력충돌에서는 범죄로 인정되지 않는다.

본 조항에서의 이주 개념 등은 로마규정과 동일하게 해석할 수 있을 것이다. 우리 법은 로마규정과 달리 이주의 방법이 간접적 방법에 의할 수 있음을 명시하고 있지 않으나 점령국의 행위로 귀속시킬 수 있는 것이라면 간접적 방법에 의한 이주행위도 본 조항의 적용대상이 된다고 볼 것이다. 이주행위를 실행할 수 있는 사람만이 본 조항에서의 범죄자가 될 수 있을 것이므로 점령권력에 속하는 사람과 이를 대신하여 행위 하는 사람 등이 전형적으로 범죄자에 해당할 것이다.[1152]

점령지역에 해당하는가 여부에 대한 판단은 이에 대한 통제권을 확보하였는가의 여부에 의하여 결정된다. 따라서 점령지역으로 인정되기 위해서는 점령군이 주둔하면서 통제권을 행사하는 등 실제적인 권한을 행사할 수 있어야 한다.[1153]

로마규정에서와 같이 본 조항은 피점령지역의 보호를 목적으로 하므로 이주의 강제성은 요건이 아니다. '자국의 주민 일부'가 이주하여야 하므로 어느 정도의 숫자에 이르러야 범죄가 성립되는지 불명확한 측면이 있다.[1154] 본 조항의 입법취지에 비추어 일정 규모에 달하는 주민의 이주가 필요할 것이며 따라서 한 사람의 주민을 이주시키는 행위는 본 조항의 대상이 아니다. 이주 범죄는 결과범이므로 실제로 주민이 점령지역으로 옮겨가 거주하게 되는 등 이주를 완료함으로써 범죄는 완성된다.[1155]

국제범죄법은 제10조 제6항이 본 범죄로 인하여 피해자를 사망에 이르게 한 경우 고의적 살해의 경우와 동일하게 사형, 무기 또는 7년 이상의 징역에 처하도록 규정하고 있는 점은 입법론

1152) MüKoStGB/Zimmermann/Geiß VStGB § 8 Rn. 241.
1153) 헤이그육전규범 제42조 참조; MüKoStGB/Zimmermann/Geiß VStGB § 8 Rn. 241.
1154) 이주 규모를 정하지 않은 것에 대한 독일에서의 비판적 견해는 MüKoStGB/Zimmermann/Geiß VStGB § 8 Rn. 244.
1155) MüKoStGB/Zimmermann/Geiß VStGB § 8 Rn. 243.; 독일 국제범죄법의 입법 제안서에서는 이러한 이주는 적어도 일정 기간 지속되어야 한다고 설명하고 있다. BT-Drucks. 14/8524, S. 29.

643 제 5 장 사람에 대한 전쟁범죄 **643**

상 의문이다. 왜냐하면 본 범죄는 이주하는 사람을 보호하는 것이 아니라 피이주지역의 기존 주민을 보호하는 것인데 이러한 이주행위로 말미암아 피점령지역의 주민이 사망에 이르는 상황을 상정하기 어렵고 예외적으로 그러한 상황이 발생한다 하더라도 기본적 행위와의 관련성을 인정하기 힘들기 때문이다. 나아가 이러한 행위에 대하여 사형까지 부과할 수 있도록 하고 있다는 점에서 입법론상 재검토가 필요할 것으로 생각된다.

제 12 절 적국 군대 강제복무와 자국 상대 군사작전의 참여 강제 – 국제적 무력충돌 – (Compelled Service in Military Forces and Operations of War)

1. 적국 군대에의 복무 강요

> 〔로마규정 제8조 제2항 (a)(v)〕 – 국제적 무력충돌
> 포로 또는 다른 보호인물을 적국의 군대에 복무하도록 강요하는 행위
> (Compelling a prisoner of war or other protected person to serve in the forces of a hostile Power)

로마규정 제8조 제2항 (a)(v)는 국제적 무력충돌에 있어서 포로 또는 보호받는 인물을 적국 군대에 복무하도록 강요하는 행위를 전쟁범죄로 규정하고 있다.

제네바협정 III 제130조와 제네바협정 IV 제147조는 각 협정에서 보호받는 사람을 강제로 군대에 복무하도록 하는 행위를 협정에 대한 심각한 위반으로 규정하고 있으며 ICTY 법령 제2조 (e)도 이러한 행위를 전쟁범죄의 하나로 규정하고 있다.[1156] 이와 같이 국제적 무력충돌에 있어서 적군 군대에의 강제복무를 금지하는 본 조항은 국제관습법을 반영한 것으로 자국 상대 군사작전에 대한 강제적 참여 금지와 일정 부분 교착하는 것이다.[1157] 그러나 비국제적 무력충돌의 경우에는 이러한 행위가 전쟁범죄로 인정되지 않는다.

강요행위의 금지 대상은 제네바협정에 의하여 보호되는 사람이다.[1158] 강요의 상대방이 군대에 통합되는 것이 본 조항의 적용 요건인가에 대하여는 논란이 있을 수 있다.[1159] 로마규정 범죄구성요건은 적국 군대에의 통합을 전제로 강제로 군대에 복무하도록 강요하는 경우 뿐 아니라 군대 조직에 통합됨이 없이 자국 대상 군사작전에 참여하도록 강제하는 행위까지 처벌 대상이 됨을 명시하고 있으며[1160] 제네바협정에 의하여도 이와 같은 군사적 목적에 봉사하는 강제노역

1156) 헤이그육전규범 제23조 (h)도 상대 당사자의 구성원을 자국에 대한 군사작전에 참여하도록 강제하는 행위를 금지하고 있다.
1157) Werle, Gerhard; Jeßberger, Florian, 전게서, p. 446; 군대의 개념에 대하여는 부속의정서 I 제43조 참조.
1158) 로마규정 범죄구성요건 제8조 제2항 (a)(v) 2.
1159) 독일 국제범죄법 제정 설명자료에서는 군대에 통합시킴이 없이 대상자가 군대물자 수송을 돕도록 강제하는 것 등과 같은 경우는 본 조항의 적용대상이 아니라고 설명하고 있다. BT-Drucks. 14/8524, S. 29.
1160) 로마규정 범죄구성요건 제8조 제2항 (a)(v) 1.

은 허용되지 않으므로 이러한 유형 역시 본 조항의 적용범위에 포함된다고 해석하는 것이 타당할 것이다.[1161]

본 조항은 상대편 지배 하에 있는 보호받는 사람들이 충성의 충돌상황에 처하지 않도록 하려는 것이다. 따라서 전쟁포로를 대상으로 한 신병모집 절차에서 대상자가 자발적으로 군대에 참여하는 경우까지를 금지하는 것은 아니다.[1162]

〔국제범죄법 제10조 제5항 제3호 등〕

⑤ 국제적 무력충돌과 관련하여 다음 각 호의 어느 하나에 해당하는 행위를 한 사람은 3년 이상의 유기징역에 처한다.

　　3. 인도에 관한 국제법규에 따라 보호되는 사람으로 하여금 강제로 적국의 군대에 복무하도록 하는 행위

⑥ 제2항·제3항 또는 제5항의 죄를 범하여 사람을 사망에 이르게 한 사람은 사형, 무기 또는 7년 이상의 징역에 처한다.

⑦ 제1항부터 제5항까지에 규정된 죄의 미수범은 처벌한다.

국제범죄법은 제2조 제7호에 규정된 인도에 관한 국제법규에 따라 보호되는 사람 모두를 본 조항의 적용 대상으로 규정하고 있다. 그러나 본 범죄의 규범 내용이나 국제적 무력충돌로 제한되는 상황 등을 고려할 때 제2조 제7호 나목과 다목은 본 범죄의 보호대상에서 제외하는 것이 타당하지 않을까 생각된다.[1163]

1161) Werle, Gerhard; Jeßberger, Florian, 전게서, p. 448; 헤이그육전규범 제52조는 본국에 대한 군사작전에 가담하지 못하도록 금지하고 있고, 제네바협정 III 제50조 (f)는 전쟁포로는 군사적 성격이 없는 복무에만 종사할 수 있도록 규정하고 있다. 또한 제네바협정 IV 제51조 역시 점령군은 보호받는 사람을 그들의 군대나 혹은 군사작전에 종사하도록 할 수 없다고 규정하고 있다.; 로마규정은 보호받는 사람에 대한 강제노동 자체를 전쟁범죄로 인정하고 있지는 않으나 임시재판소 판례는 제네바협정 III과 IV를 위반한 보호받는 사람들에 대한 군사적 도움을 주는 강제노동이 전쟁범죄에 해당한다고 판시하고 있다. 전선에 가까운 지역에서 참호를 파게 하거나 적의 화력에 노출된 창문 등에 종이로 바르게 하는 것, 폭발물을 전선에서 운반하도록 하는 것, 부상당하거나 사망한 병사들을 옮기도록 하는 것 등 극도로 위험한 조건 하에서 군사적 도움을 주는 작업을 전쟁포로에게 수행하도록 한 사례들이다. Naletilić and Martinović, ICTY (TC), judgment of 31 March 2003, para. 250; Simić et al., ICTY (TC), judgment of 17 October 2003, paras. 83 et seq; Prlić et al., ICTY (TC), judgment of 29 May 2013, Vol. I, paras. 151 et seq.

1162) Werle, Gerhard; Jeßberger, Florian, 전게서, p. 447.

1163) 국제범죄법 제2조 제7호 나목의 경우에는 비국제적 무력충돌을 전제로 한 조항으로 본 범죄의 적용 대상 자체가 아니다. 또한 다목은 국제적 무력충돌 또는 비국제적 무력충돌의 경우에 항복하거나 전투 능력을 잃은 적대 당사자 군대의 구성원이나 전투원 등이 아직 적대 당사자의 수중에 들어가 있지 않아 가목과 나목의 보호를 받지 못하는 경우 적용되는 포괄 규정으로서의 성격을 가지고 있다. 위 조항이 시간적 제한을 두고 있지 않아 가목과 동시에 충족되는 것으로 볼 수도 있으나 적대 당사자의 수중에 들어간 경우만을 규율하려는 목적이라면 별도로 다목을 보호대상으로 규정할 필요는 없을 것으로 보인다. 독일 국제범죄법 제8조 제3항 제3호 참조. 특히 상처입거나 병든 사람은 실질적으로 본 조항의 적용대상은 아닌 것으로 보이며

본 범죄는 보호대상자를 강제로 적국의 군대에 복무하도록 하는 행위를 대상으로 한다. 복무강요의 대상이 되는 군대가 적국의 군대라면 강요자의 군대인가 아니면 강요자의 동맹국 군대인가 여부는 중요하지 않다. 군대의 복무는 강제로 이루어진 것이어야 하므로 자발적 입대는 본 조항에 해당하지 않는다. 본 조항에서의 강제는 우리 형법의 강요죄에 준하여 판단할 수 있을 것이다.[1164]

2. 자국 상대 군사작전에의 참여 강제

〔로마규정 제8조 제2항 (b)(xv)〕- 국제적 무력충돌
비록 적대 당사국 국민이 전쟁개시 전 교전국에서 복무하였을지라도, 그를 자신의 국가에 대한 전쟁 수행에 참여하도록 강요하는 행위

(Compelling the nationals of the hostile party to take part in the operations of war directed against their own country, even if they were in the belligerent's service before the commencement of the war)

로마규정 제8조 제2항 (b)(xv)는 국제적 무력충돌에 있어서 적국 국민을 자신의 국가에 대한 전쟁 수행에 참여하도록 강요하는 행위를 전쟁범죄로 규정하고 있다. 본 조항은 헤이그육전규범 제23조 (h) 제2문에 근거한 것으로 충돌 당사자에 의하여 통제되는 지역에 위치한 적국 국민을 보호하려는 것이다.[1165] 앞서 본 로마규정 제8조 제2항 (a)(v)의 적국 군대에의 강제복무는 강제적으로 복무시키는 군대가 행사하려는 무력의 대상이 어디인가에 관계없이 포로 또는 보호대상 인물들을 적국 군대에서 활용하는 행위에 초점을 맞추고 있는 반면 본 범죄는 자신의 국가를 상대로 한 군사작전에 참여시키는 것을 규율하는 것이다.

본 조항의 목적도 충성의 충돌을 방지하려는 것이므로 대상자는 적국 국민이어야 하며[1166] 전쟁개시 전 교전국에서 이미 복무하였을 경우에도 자신의 국가를 상대로 한 군사작전에 강제로 참여시키는 것은 금지된다.[1167] 그리고 앞서 본 적국 군대에서의 강제복무의 경우 군대에의 통합 여부를 요건으로 볼 수 있는가에 대한 논란이 있으나 본 범죄의 경우에는 통합 여부와 무관하게 범죄가 성립함이 명백하다.[1168]

피해자는 반드시 자국을 대상으로 하는 군사작전에 참여하도록 강제되어야 한다. 로마규정

제네바협정 III, IV의 경우에만 본 조항이 심각한 위반으로 규정되어 있는 점 등에 비추어 민간인과 포로가 본 조항의 실질적 적용대상이다. MüKoStGB/Zimmermann/Geiß VStGB § 8 Rn. 95, 246.

1164) 형법 제324조 : BT-Drucks. 14/8524, S. 29 참조.

1165) Werle, Gerhard; Jeßberger, Florian, 전게서, p. 448.

1166) 로마규정 범죄구성요건 제8조 (2)(b)(xv) 2.Such person or persons were nationals of a hostile party.

1167) 로마규정 제8조 제2항 (b)(xv).

1168) Cryer, Robert; Friman, Håkan; Robinson, Darryl; Wilmshurst, Elizabeth, 전게서, p. 290.

범죄구성요건이 직접적 군사작전에의 참여만을 규정하고 있으므로 전쟁 수행과 연관되어 있으나 직접적인 군사적 적대행위가 아니라면 본 조항에 포함되지 않는다고 볼 것이다.[1169]

〔국제범죄법 제10조(사람에 대한 전쟁범죄) 제5항 제4호 등〕
⑤ 국제적 무력충돌과 관련하여 다음 각 호의 어느 하나에 해당하는 행위를 한 사람은 3년 이상의 유기징역에 처한다.
　　4. 적국의 국민을 강제로 자신의 국가에 대한 전쟁 수행에 참여하도록 하는 행위
⑥ 제2항·제3항 또는 제5항의 죄를 범하여 사람을 사망에 이르게 한 사람은 사형, 무기 또는 7년 이상의 징역에 처한다.
⑦ 제1항부터 제5항까지에 규정된 죄의 미수범은 처벌한다.

우리 국제범죄법도 적국 국민을 자신의 국가에 대한 전쟁수행에 참여하도록 하는 행위를 전쟁범죄로 규정하고 있다. 로마규정과 달리 전쟁개시 전 교전국에서 복무한 사실과 무관하게 본 범죄가 성립한다는 내용이 명시되어 있지는 않으나 본 조항은 군대에의 통합 여부와 무관하게 적국 국민의 자국 상대 전쟁 참여를 금지하는 것이므로 적대행위 개시 이전의 복무 여부는 본 범죄의 성립에 영향을 미치지 않는다.[1170] 본 범죄의 대상자는 대상 국가의 통제를 받는 지역에 있는 적국 국민이므로 전쟁포로뿐만 아니라 민간인도 그 대상이 된다.

'강제'로 참여하도록 하는 행위만을 대상으로 하므로 자발적 참여는 본 범죄의 적용 대상이 아니다. 본 조항에서의 강제는 형법 제324조의 강요죄에 준하여 해석할 수 있을 것이다.[1171] '전쟁수행'의 개념에 대하여 논란이 있을 수 있을 것이나 로마규정과 로마규정 범죄구성요건의 내용 등에 비추어 전쟁수행은 직접적 군사작전에의 참여만을 의미하는 것으로 해석되어야 할 것이다.[1172] 본 범죄는 실제로 적국 국민을 적대행위에 참여하도록 하였을 경우 완성된다.

제 13 절　사람에 대한 전쟁범죄의 처벌

국제적 무력충돌 또는 비국제적 무력충돌과 관련하여 인도에 관한 국제법규에 따라 보호되

1169) 로마규정 범죄구성요건 제8조 (2)(b)(xv) 1 참조; Werle, Gerhard; Jeßberger, Florian, 전게서, p. 448.
1170) 유사한 조항을 둔 독일에서의 논의 참조 BT-Drucks. 14/8524, S. 29; MüKoStGB/Zimmermann/Geiß VStGB § 8 Rn. 249.
1171) MüKoStGB/Zimmermann/Geiß VStGB § 8 Rn. 250.
1172) 전쟁 능력을 강화하는 데 도움을 주는 모든 행위가 포함된다고 보아 공장이나 농업에 종사하는 행위로 본 범죄의 범위를 확대한 것은 US Military Tribunal v. 17.4.1947, Milch, Law Reports of Trials of War Criminals, Vol. VII, S. 27; 제네바협정에서 보호받는 사람에 대하여도 일정한 범위의 노동은 합법적으로 허용된다는 점에서 독일 국제범죄법의 입법자들은 군대를 위하여 음식을 생산하기 위하여 농업에 종사하는 행위 등은 포함되지 않는 것으로 판단하고 있다. BT-Drucks. 14/8524, S. 29.

는 사람을 살해한 사람은 사형, 무기 또는 7년 이상의 징역에 처하도록 규정하고 있으며, 그 밖에 인질행위, 고문이나 신체의 절단 등으로 신체 또는 건강에 중대한 고통이나 손상을 주는 행위, 성폭력 등에 대하여는 무기 또는 5년 이상의 징역형을 법정형으로 규정하고 있다. 강제이송, 공정한 정식재판에 의하지 아니한 형의 부과 또는 집행, 의학적 · 과학적 실험, 무조건 항복하거나 전투능력을 잃은 군대 구성원 등에 대한 상해, 소년병의 사용 등은 보다 가벼운 3년 이상의 유기징역에 처할 수 있으며 모욕적이거나 품위를 떨어뜨리는 처우에 대하여는 가장 가벼운 1년 이상의 유기징역형이 규정되어 있다. 그 밖에 국제적 무력충돌에 대하여서만 규정되어 있는 불법감금, 자국 주민의 이주, 적국 군대에의 복무 등은 3년 이상의 유기징역에 처할 수 있도록 규정하고 있다. 나아가 이들 모든 범죄의 미수범도 처벌된다.

특히 국제범죄법 제10조 제6항은 앞서 본 각 범죄들 중 사람의 생명을 빼앗는 살인을 규정한 제1항과 모욕적이거나 품위를 떨어뜨리는 처우를 제외한 나머지 모든 범죄를 범하여 사람을 사망에 이르게 한 경우에는 고의적인 살인과 동일하게 사형, 무기 또는 7년 이상의 징역에 처하도록 규정하고 있다. 본 조항은 형법 제15조 제2항에서 규정하고 있는 결과적 가중범을 규정한 것으로 해석된다. 여기에서의 기본 범죄는 국제범죄법이 명시하듯이 '제2항 · 제3항 또는 제5항의 죄'이며 이러한 기본범죄로 인하여 사망의 결과가 발생할 경우 보다 중한 형벌의 부과가 가능하다. 로마규정에는 우리 국제범죄법과 유사한 조항이 없으나 생명침해의 위험이 더욱 증대되는 무력충돌 상황에 대응한 규정으로 생각된다.[1173] 본 조항이 규정하고 있는 특별한 불법의 내용을 충족시키기 위해서는 기본범죄에 내재하여 있는 전형적 위험이 현실화된 결과에 따라 사망의 결과가 발생하였어야 한다. 따라서 사망이라는 결과는 제2항, 제3항 또는 제5항의 기본범죄로부터 직접적으로 유래하는 것이어야 하며 기본범죄와 사망의 결과 사이에는 인과관계가 존재하여야 한다.[1174] 또한 결과적 가중범의 일반원리에 따라 사망이라는 중한 결과에 대하여 예견가능성이 존재하여야 한다.

주민의 강세이주, 인질행위, 고문 등이 사망의 결과를 발생시킬 수 있는 전형적 사례에 해당할 것이며 소년병이 전투과정에서 사망하는 경우도 본 조항에 해당할 수 있을 것이다. 그러나 우리 국제범죄법이 자국 주민들의 점령지역으로의 이주 등 결과적 가중범의 기본범죄로 적합하지 않은 범죄를 기본범죄로 규정한 것은 입법론상 재검토의 필요가 있는 것으로 생각된다.

1173) 우리 국제범죄법은 사망의 결과가 발생한 경우만을 규정하고 있으나 독일 국제범죄법 제8조 제4항은 인질행위의 경우 심각한 상해의 결과를 야기한 경우에도 3년 이상의 징역형에 처할 수 있도록 규정하고 있다.

1174) MüKoStGB/Zimmermann/Geiß VStGB § 8 Rn. 255.

　　재산과 다른 권리들에 대한 전쟁범죄

　　재산권 등의 보호와 관련하여 로마규정 제8조 제2항 (a)(iv), (b)(xiii), (e)(xii)은 재산의 수용과 파괴를 규정하고 있으며, 제2항 (b)(xvi)과 제2항 (e)(v)는 약탈범죄를 규정하고 있다.[1175] 그 밖에 로마규정 제8조 제2항 (b)(xiv)는 상대방 국민의 권리나 소송행위가 법정에서 폐지, 정지 또는 불허된다고 선언하는 행위를 전쟁범죄로 규정하여 점령상황에서 발생할 수 있는 전면적 혹은 부분적 사법중단을 방지하고 있다.

제 1 절　수용(Appropriation), 파괴(Destruction), 약탈(Pillaging)

> 【수용, 파괴】
> 〔로마규정 제8조 제2항 (a)(iv)〕 - 국제적 무력충돌
> 군사적 필요에 의하여 정당화되지 아니하며 불법적이고 무분별하게 수행된 재산의 광범위한 파괴 또는 수용
> (Extensive destruction and appropriation of property, not justified by military necessity and carried out unlawfully and wantonly)
>
> 〔로마규정 제8조 제2항 (b)(xiii)〕 - 국제적 무력충돌
> 전쟁의 필요에 의하여 반드시 요구되지 아니하는 적의 재산의 파괴 또는 몰수
> (Destroying or seizing the enemy's property unless such destruction or seizure be imperatively demanded by the necessities of war)
>
> 〔로마규정 제8조 제2항 (e)(xii)〕 - 비국제적 무력충돌
> 충돌의 필요에 의하여 반드시 요구되지 않는 적의 재산의 파괴 또는 몰수

[1175] 민간 목적물에 대한 공격 금지를 규율하는 금지된 방법에 의한 전쟁범죄 조항도 재산의 보호와 관련되어 있으나 금지된 방법에 의한 전쟁범죄 조항에서의 재산 보호는 보다 간접적인 것이다.

(Destroying or seizing the property of an adversary unless such destruction or seizure be imperatively demanded by the necessities of the conflict)

【약탈】

〔로마규정 제8조 제2항 (b)(xvi)〕 – 국제적 무력충돌

습격에 의하여 점령되었을 때라도, 도시 또는 지역의 약탈

(Pillaging a town or place, even when taken by assault)

〔로마규정 제8조 제2항 (e)(v)〕 – 비국제적 무력충돌

습격에 의하여 점령되었을 때라도, 도시 또는 지역의 약탈

(Pillaging a town or place, even when taken by assault)

1. 수용(Appropriation)

로마규정은 국제적 무력충돌에 있어서는 제8조 제2항 (a)(iv), 제2항 (b)(xiii), 비국제적 무력충돌의 경우에는 제8조 제2항 (e)(xii)에서 군사적 필요성이 인정되지 않는 상황에서의 수용 또는 몰수를 전쟁범죄로 규정하고 있다. 수용(appropriation) 또는 몰수(seizure)는 정당한 권한을 가진 사람의 의사에 반하거나 동의 없이 대상물을 상당 기간 동안 박탈하는 것을 의미한다. 이들 용어 사이에 내용상 차이점은 없으며[1176] 범죄자가 수용 대상물을 직접 취득하여야 하는 것은 아니다.[1177]

국제인도법의 영역에서 일반적으로 적용되는 보호되는 재산의 관념은 존재하지 않지만[1178] 국제인도법의 보호 목적에 비추어 수용범죄의 보호대상은 기본적으로 상대방의 재산이며 수용 조치를 취하는 국가나 제3국의 재산은 보호대상이 아니다.[1179] 구체적으로 본 범죄의 보호대상인 재산(property)에 해당되기 위해서는 제네바협정이나 무력충돌에 관한 국제법에 따라 보호되는 것이어야 한다.[1180] 로마규정 제8조 제2항 (a)(iv)은 제네바협정 I, II, IV의 심각한 위반조항에 기초한 것이므로 병원, 병원선, 의료적 처치에 필요한 다른 물자 등 제네바협정 I, II, IV에 정의된 재산이 보호대상이다.[1181] 제네바협정 III 제18조가 전쟁포로의 개인 소유물도 보호대상으로 규

1176) Werle, Gerhard; Jeßberger, Florian, 전게서, p. 468; J.S. Pictet, Geneva Convention II, Commentary, Geneva, International Committee of the Red Cross(1960), p. 269.

1177) Ambos, Kai, 전게서 II, p. 170.

1178) Ambos, Kai, 전게서 II, p. 169; MüKoStGB/Ambos VStGB § 9 Rn. 3.

1179) 로마규정 범죄구성요건 제8조 (2)(b)(xiii), (e)(xii)에서는 보호대상을 property of a hostile party 혹은 of an adversary로 규정하고 있다.; Katanga and Chui, ICC (PTC), decision of 30 September 2008, paras. 310, 329; Ambos, Kai, 전게서 II, p. 169; Werle, Gerhard; Jeßberger, Florian, 전게서, p. 469.

1180) 로마규정 범죄구성요건 제8조 제2항 (a)(iv) 4, (b)(xiii) 3, (e)(xii) 3.

1181) 제네바협정 I 제19조, 제20조, 제33조 내지 제36조; 제네바협정 II 제22조 내지 제28조, 제38조, 제39조; 제네

정하고 있으나 협정의 심각한 위반 대상을 규정하는 제네바협정 III 제130조는 포로의 개인 소유물에 대한 침해를 언급하고 있지 않으므로 전쟁포로의 소유물은 이러한 범죄의 보호대상에 포함되지 않는다고 볼 것이다.[1182] 구금된 민간인 소유물의 보호 여부에 대하여는 논란이 있다.[1183]

국제인도법은 전통적으로 자연인 혹은 법인의 사유재산 보호에 초점을 맞추어 왔다. 사유재산은 헤이그육전규범 제46조와 제47조에서도 보호되고 있었으며 제네바협정 IV 제33조는 사유재산에 대한 약탈과 보복을 금지하고 제네바협정 IV 제53조도 군사적 필요성에 기반하지 않은 재산의 파괴를 금지하고 있다.[1184] 그러나 로마규정은 사유재산과 공공재산을 구분하여 규정하고 있지 않으며 이러한 구분이 국제형사법의 영역에서 일반적으로 승인되고 있는 것도 아니다.[1185] 따라서 보호의 정도에는 차이가 있으나 공공재산인가 사유재산인가의 여부에 관계없이 상대방의 재산은 모두 보호대상에 포함된다.[1186]

로마규정 제8조 제2항 (a)(iv)는 수용이 '광범위(extensive)'하게 이루어져야 한다고 규정함에 반하여 제8조 제2항 (b)(xiii)와 (e)(xii)에는 이러한 요건을 두고 있지 않다. 그러나 로마규정의 체계적 구조에 비추어 명문의 규정이 없는 경우 경우에도 '광범위' 요건은 요구되며 단일한 개별적 침해행위는 로마규정의 수용에는 해당하지 않는 것으로 해석해야 할 것이다.[1187] 로마규정 제5조 제1항 제1문은 국제형사재판소의 재판권은 '국제공동체 전체의 관심사인 가장 중대한 범죄'에 한정된다고 명시하고 있다. 하나의 불법적 몰수행위도 국제인도법 위반이며 국내법에서의 형사처벌 대상이 될 수는 있으나 이러한 행위에 의하여 국제공동체의 이해관계는 영향을 받지 않으므로 국제범죄의 중대성 요건을 충족시키지 못한다. 따라서 전쟁범죄 조항이 적용되기 위해서는

바협정 IV 제18조, 제21조, 제22조; Naletilić and Martinović, ICTY (TC), judgment of 31 March 2003, para. 575; Brđanin, ICTY (TC), judgment of 1 September 2004, para. 586.

1182) Ambos, Kai, 전게서 II, p. 170; Werle, Gerhard; Jeßberger, Florian, 전게서, p. 469.

1183) 민간인 피억류자의 소유물이 제네바협정 IV 제147조의 심각한 위반 조항에 따라 보호된다는 견해는 Ambos, Kai, 전게서 II, p. 170; 제네바협정 IV 제97조가 구금된 민간인의 소유물과 관련한 규정을 두고 있기는 하나 제네바협정 III 제18조와의 관계에 비추어 궁극적 보호대상에는 포함되지 않는다는 견해는 Werle, Gerhard; Jeßberger, Florian, 전게서, p. 469.

1184) 군사목적으로 사용되는 공적 재산인 동산은 점령군의 전리품으로 간주되어 왔다. 헤이그육전규범 제53조는 점령군이 국가의 소유에 속하는 현금, 기금 및 징발 가능한 재산, 비축무기, 운송수단, 재고품 및 식량과 군사작전에 사용될 수 있는 모든 국유 동산을 압수할 수 있다고 규정하고 있다. 다만 건물과 같은 부동산은 관리될 수 있을 뿐 점령 이후 반환되어야 한다.(헤이그육전규범 제55조)

1185) Katanga and Chui, ICC (PTC), decision of 30 September 2008, para. 329; Kordić and Čerkez, ICTY (AC), judgment of 17 December 2004, para. 79 등; 약탈에 대한 것은 Mucić et al. (Čelebići), ICTY (TC), judgment of 16 November 1998, para. 591.

1186) 그러나 침공 당사자 국가의 영토 내에 있는 재산은 그것이 적국 소유라 하더라도 보호대상이 아니다. 왜냐하면 헤이그법이나 제네바법 어디에도 이러한 상황을 보호하는 조항이 존재하지 않기 때문이다. Werle, Gerhard; Jeßberger, Florian, 전게서, p. 469; 비국제적 무력충돌의 경우 제네바협정 부속의정서 II 제14조에 따라 민간인 주민의 생존에 필수적인 것들로 제한된다는 견해는 Ambos, Kai, 전게서 II, p. 170.

1187) Werle, Gerhard; Jeßberger, Florian, 전게서, p. 470.

중요한 가치를 가지는 재산권이 침해되고 이로 인하여 피해자에게 심각한 결과가 발생하여야 한다.[1188] ICTY는 피해자에게 미치는 결과가 심각성 판단에 반드시 고려되어야 한다고 보면서 보석, 금전, 귀중품 등에 대한 절도사건은 그 결과가 중대한 것이 아니라는 이유로 재판권을 인정하지 않았다.[1189] 그러나 재산에 대한 공격이 갖는 전반적 효과를 기준으로 판단하여 병원과 같은 특별히 중요한 민간시설의 경우에는 단일한 건물을 파괴한 경우일지라도 심각성 요건이 충족되는 것으로 판시한 사례가 있다.[1190]

로마규정 제8조 제2항 (a)(iv)에 규정된 '무분별(wontonly)'이라는 문언이 범죄자의 주관적 요건에 영향을 미치는가에 대하여는 논란이 있다. 국제적 무력충돌에서의 주관적 요건은 로마규정 제30조에 비하여 낮은 수준이어도 충분하다는 견해[1191]와 위 문언이 정당한 근거에 의하여 지지되지 않는 자의적 수용임을 표현하는 것으로 이해하여 수용 범죄의 경우에도 로마규정의 일반원칙이 적용되어야 한다는 견해가 대립하고 있다.[1192]

2. 파괴(Destruction)

로마규정 제8조 제2항 (a)(iv)의 첫 번째 항목은 국제적 무력충돌에 있어서 군사적 필요성에 의하여 정당화되지 않는 광범위한 재산의 파괴를 전쟁범죄로 규정하고 있다. 본 조항의 파괴 범죄 역시 제네바협정에서 보호되는 재산에 대한 파괴로 그 범위가 제한된다. 제네바협정 IV 제53조는 민간인 재산뿐만 아니라 국가재산 등에 대한 파괴도 금지하고 있다. 다만 제네바협정 IV 제53조에서의 파괴 금지는 충돌 당사자가 대상 지역을 점령하고 있는 경우에만 적용된다. 따라서 충돌 당사자가 공격받는 지역을 점령하고 있지 않은 상태에서 이루어지는 공중폭격은 여기에서의 형사처벌 대상은 아니다.[1193]

로마규정은 위 조항 이외에도 국제적 무력충돌의 경우 제8조 제2항 (b)(xiii) 첫 번째 항목과 비국제적 무력충돌의 경우 제8조 제2항 (e)(xii)의 첫 번째 항목에서 파괴로 인한 전쟁범죄를 각각 규정하고 있다. 위 조항은 헤이그육전규범 제23조 (g)에서 유래한 것으로 본 조항 역시 금지

1188) Ambos, Kai, 전게서 II, p. 172.
1189) Mucić et al., ICTY (TC), judgment of 16 November 1998, para. 1154; Kordić and Čerkez, ICTY (AC), judgment of 17 December 2004, para. 82; Tadić, ICTY (AC), decision of 2 October 1995, para. 94. 한 조각의 빵을 훔친 행위는 ICTY의 재판권에 속하지 않는다고 판단하고 있다.
1190) Katanga and Chui, ICC (PTC), decision of 30 September 2008, para. 314.
1191) 비국제적 무력충돌의 경우는 불분명한 상황이라고 판단하고 있다. Werle, Gerhard; Jeßberger, Florian, 전게서, p. 474.
1192) Ambos, Kai, 전게서 II, p. 174.
1193) J.S. Pictet, Geneva Convention IV, para. 601. 이러한 행위는 민간목표물에 대한 공격 금지를 규정한 로마규정 제8조 제2항 (b)(ii)의 적용대상이 될 수 있다.; 다만 제네바협정상 점령이 요건으로 규정되어 있지 않은 민간병원 등을 대상으로 한 행위의 경우에는 중첩이 발생할 수 있다. Naletilić and Martinović, ICTY (TC), judgment of 31 March 2003, para. 575; Brđanin, ICTY (TC), judgment of 1 September 2004, para. 586.

되는 전쟁 수단을 규정한 제8조 제2항 (b)(ii), (iv) 등과 중첩적으로 적용될 수 있다. 이러한 중복을 피하기 위하여 대상 재산이 범죄자가 속한 당사자 수중에 있는 경우로 제한되어야 한다는 주장이 있었으며 실제 독일 국제범죄법 제9조 제1항은 이러한 입장을 채택하고 있다. 그러나 로마규정이 비국제적 무력충돌에 있어서는 민간목적물에 대한 공격을 금지되는 전쟁수단으로 규정하고 있지 않으므로 로마규정 제8조 제2항 (e)(xii)를 이와 같이 제한적으로 해석하기는 어려울 것이다.[1194] ICTY는 당해 재산이 범죄자의 통제 하에 있었는가 여부에 관계없이 ICTY 법령 제3조 (b), (d)를 적용하고 있으며[1195] 국제형사재판소도 Katanga 사건에서 로마규정 제8조 제2항 (b)(xiii)를 적용함에 있어서 당해 재산이 반드시 적대 당사자의 수중에 들어가 있을 필요는 없다고 판시하였다.[1196]

본 조항이 적용되기 위해서는 재산에 대한 손상(damage)이 아닌 파괴에 이르러야 하며[1197] 그 규모 또한 일정 수준 이상의 광범위성을 가진 것이어야 한다.[1198]

보호대상물에 대한 일반요건은 수용범죄와 동일하게 해석될 수 있다. 따라서 오직 보호되는 재산에 대한 파괴만이 형사처벌의 대상이 되나 개인 소유인가 국가 소유인가를 불문하며 부동산뿐만 아니라 동산도 포함된다. 그리고 파괴된 재산은 범죄자가 속한 충돌 당사자와 대립되는 당사자의 개인 혹은 단체에 속한 것이어야 한다.[1199]

3. 약탈(Pillaging)

약탈 범죄는 국제적 무력충돌의 경우에 있어서는 로마규정 제8조 제2항 (b)(xvi), 비국제적 무력충돌의 경우에는 제8조 제2항 (e)(v)에서 규정되어 있다.[1200]

약탈(pillaging)은 대상 물건을 사적 용도로 사용하기 위한 행위라는 점에서 수용과 구분된다. 로마규정 범죄구성요건 제8조 제2항 (b)(xvi)가 약탈의 경우 사적 목적이 필요함을 명시하는 등 약탈의 주관적 요건은 로마규정 제30조에 비하여 강화되어 있다.[1201]

1194) Werle, Gerhard; Jeßberger, Florian, 전게서, p. 473.

1195) Kordić and Čerkez, ICTY (TC), judgment of 26 February 2001, paras. 346 et seq; Naletilić and Martinović, ICTY (TC), judgment of 31 March 2003, para. 580; Strugar, ICTY (TC), judgment of 31 January 2005, paras. 290 et seq; Hadžihasanović and Kubura, ICTY (TC), judgment of 15 March 2006, paras. 39 et seq.

1196) Katanga and Ngudjolo Chui, ICC (PTC), decision of 30 September 2008, para. 330.

1197) Werle, Gerhard; Jeßberger, Florian, 전게서, p. 473; Mbarushimana, ICC (PTC), decision of 16 December 2011, para. 171에서는 이러한 파괴는 대상물에 대한 방화 등을 통하여 실행될 수 있다고 판시하고 있다.

1198) Katanga and Ngudjolo Chui, ICC (PTC), decision of 30 September 2008, para. 314; Blaškić, ICTY (TC), judgment of 3 March 2000, para. 157; Naletilić and Martinović, ICTY (TC), judgment of 31 March 2003, para. 576.

1199) Mbarushimana, ICC (PTC), decision of 16 December 2011, para. 171; Katanga and Ngudjolo Chui, ICC (PTC), decision of 30 September 2008, para. 310.

1200) 약탈의 금지는 제네바협정 IV 제33조에 규정되어 있다.

1201) Werle, Gerhard; Jeßberger, Florian, 전게서, p. 469; Bemba, ICC (PTC), decision of 15 June 2009, para. 320;

약탈범죄의 대상에도 명시적 제한이 없으므로 사유재산과 공공재산 모두가 보호대상에 포함된다.[1202] 국제인도법은 원칙적으로 적대국을 보호하려는 목적을 가지고 있으므로 약탈범죄의 경우에도 범죄자 측 재산은 보호대상에 포함되지 않는다.[1203] ICTY는 강제력을 약탈의 요소로 판단하였으나[1204] 로마규정에서의 약탈범죄가 폭력적 요소를 요건으로 하고 있는가에 대하여는 논란이 있다.[1205]

로마규정 제8조 제2항 (a)(iv)는 수용이나 파괴가 '광범위(extensive)'하게 이루어질 것을 규정하고 있으나 약탈을 규정한 제8조 제2항 (b)(xiii)와 제2항 (e)(xii)에는 이러한 요건이 명시되어 있지 않다. 그러나 약탈의 대상을 하나의 마을이나 지역으로 규정하고 있으므로 로마규정의 문언 자체에서 일정한 규모가 요구되는 것으로 해석된다. 따라서 약탈의 경우에도 '광범위' 요건이 요구되는 것으로 이해되며 단일한 가옥의 약탈은 본 범죄에 해당하지 않는다.[1206]

4. 군사적 필요성의 예외

무력충돌이 벌어지는 모든 상황에서 재산에 대한 수용이나 파괴가 일률적으로 금지되는 것은 아니다. 점령 당사자가 점령 권한에 근거하여 상대방의 무기, 탄약, 군수품 등을 사용하는 것은 원칙적으로 허용된다.[1207] 로마규정 역시 제8조 제2항 (a)(iv), 제2항 (b)(xiii), 제2항 (e)(xii)에서 '군사적 필요에 의하여 정당화되거나' 혹은 '전쟁의 필요에 의하여 반드시 요구되는 경우' 등은 처벌대상이 되지 않는 것으로 규정하고 있다.[1208]

Katanga and Ngudjolo Chui, ICC (PTC), decision of 30 September 2008, para. 332.

[1202] Bemba, ICC (PTC), decision of 15 June 2009, para. 317; Kordić and Čerkez, ICTY (AC), judgment of 17 December 2004, para. 79; Martić, ICTY (TC), judgment of 12 June 2007, para. 101; Fofana and Kondewa, SCSL (TC), judgment of 2 August 2007, para. 159; 무력충돌 기간 동안 이루어진 불법적 자원약탈에 대해서는 L. van den Herik and D. Dam-De Jong, "Revitalizing the Antique War Crime of Pillage", 15 Criminal Law Forum (2011) 참조.

[1203] Katanga and Ngudjolo Chui, ICC (PTC), decision of 30 September 2008, para. 329; Werle, Gerhard; Jeßberger, Florian, 전게서, p. 470.

[1204] Mucić et al., ICTY (TC), judgment of 16 November 1998, para. 591.

[1205] Ambos, Kai, 전게서 II, p. 170; 국제형사재판소는 Katanga 사건에서 파괴 범죄와 달리 약탈범죄의 경우에는 대상물이 범죄자의 지배 하에 존재하는 경우에만 성립할 수 있다고 판시하고 있다. Katanga and Ngudjolo Chui, ICC (PTC), decision of 30 September 2008, para. 330.

[1206] Ambos, Kai, 전게서 II, p. 172; Werle, Gerhard; Jeßberger, Florian, 전게서, p. 470; Bemba, ICC (PTC), decision of 15 June 2009, para. 317에서는 로마규정 제5조 1항이 국제형사재판소의 재판권과 책무를 국제적 관심사인 가장 심각한 범죄로 제한하고 있으며 로마규정 제8조 제2항 (e) 역시 심각한 위반을 요건으로 규정하고 있음을 지적하고 있다.

[1207] 헤이그육전규범 제53조 참조; Martić, ICTY (TC), judgment of 12 June 2007, para. 102; Gotovina et al., ICTY (TC), judgment of 15 April 2011, para. 1779.

[1208] 이처럼 로마규정에서는 단순히 '군사적 필요성'이라는 용어와 '전쟁이나 충돌의 필요에 의하여 반드시 요구되는'이라는 표현이 함께 사용되고 있다. 이는 전제되는 국제인도법의 문언을 따른 결과일 뿐 실체적 차이는 존재하지 않는다는 견해(Werle, Gerhard; Jeßberger, Florian, 전게서, p. 472)와 문언에 따른 제한적 해석

군사적 필요성 원칙에 따라 재산의 파괴 등이 정당화되는 경우는 제네바협정 IV 제53조 등에 규정되어 있으며 이러한 예외로 인정받기 위해서는 공격을 통하여 적을 약화시킨다는 관점에서 군사적 효용성이 존재하여야 한다.[1209) 그러나 군대의 안전성을 증대시키는 등 군사적 효용성이 존재하는 경우라 하더라도 비례의 원칙의 제한을 받으며 군사적 수단은 반드시 최종 수단으로만 사용되어야 한다. 파괴할 군사적 필요성이 절대적으로 인정되는 경우에는 적국 혹은 상대방 민간인 재산에 대한 파괴가 허용되나[1210) 재산의 파괴보다 덜 침해적인 수단인 수용에 의하여 군사적 목적이 달성될 수 있음에도 전면적 파괴 행위로 나아갔다면 이러한 행위는 불법적인 것이다. 또한 재산에 대한 광범위하고 자의적 공격과 같이 필수적이지 않은 고통을 가하는 행위가 아니어야 한다.[1211)

약탈의 경우에는 군사적 필요성에 의한 예외가 인정되지 않는다. 약탈은 헤이그육전규범 제47조에 의하여 예외 없이 명백하게 금지되어 있어 허용대상이 될 수 없으므로 군사적 필요성에 기초한 정당화 가능성 자체가 존재하지 않는다. 약탈을 규정하고 있는 로마규정 제8조 제2항 (b)(xvi)과 (e)(v)는 군사적 필요성을 언급하고 있지 않으며 로마규정 범죄구성요건 제8조 제2항 (b)(xvi) 각주 47, 제2항 (e)(v) 각주 62에서도 사적 목적에 의한 약탈은 군사적 필요성에 의하여 정당화될 수 없다고 명시하고 있다.[1212)

5. 국제범죄법

〔국제범죄법 제11조 제1항 등〕
① 국제적 무력충돌 또는 비국제적 무력충돌과 관련하여 적국 또는 적대 당사자의 재산을 약탈하거나 무력충돌의 필요상 불가피하지 아니한데도 적국 또는 적대 당사자의 재산을 국제법규를 위반하여 광범위하게 파괴·징발하거나 압수한 사람은 무기 또는 3년 이상의 징역에 처한다.
③ 제1항 또는 제2항에 규정된 죄의 미수범은 처벌한다.

국제범죄법은 약탈, 파괴, 징발을 하나의 조항에서 규정하면서 절대적 금지행위인 약탈을 제

이 필요하다는 견해가 대립한다.(Ambos, Kai, 전게서 II, p. 172)

1209) Galić, ICTY (TC), judgment of 5 December 2003, para. 76; Strugar, ICTY (AC), judgment of 17 July 2008, para. 330 등.

1210) Katanga and Ngudjolo Chui, ICC (PTC), decision of 30 September 2008, para. 318.

1211) Ambos, Kai, 전게서 II, p. 173; 특히 의료시설과 같이 제네바협정 I 제19조 제1항에 의하여 상시 보호되는 시설물에 대한 파괴는 군사적 필요성에 의하여도 정당화될 수 없다는 것은 Brđanin, ICTY (TC), judgment of 1 September 2004, para. 586; 부속의정서 I 제53조 (a)와 부속의정서 II 제16조가 적용되는 경우에 있어서의 적대행위 제한에 대한 것은 Werle, Gerhard; Jeßberger, Florian, 전게서, p. 472.

1212) 로마규정 범죄구성요건의 본문도 아닌 로마규정 범죄구성요건의 주석에 의하여 이러한 요건을 규정하는 것이 타당한 것인가에 대하여는 방법론적으로 논란이 있다. 이에 대한 상세한 논의는 Ambos, Kai, 전게서 II, p. 172.

일 먼저 규정하고 있다. 국제범죄법에서는 약탈의 개념을 별도로 규정하고 있지 않으나[1213] 약탈은 일반적으로 적대 당사자의 동산을 절취하거나 다른 방법으로 압박을 가하여 얻어내는 것으로 무력충돌 상황에서 이루어지는 재산에 대한 모든 유형의 불법적 취득을 의미하는 것으로 일응 해석할 수 있을 것이다.[1214] 앞서 본 바와 같이 약탈에 강제적 요소가 요구되는가의 여부에 대하여는 논란이 있다.[1215]

약탈은 절대적으로 금지된다는 일반원칙에 따라 우리 국제범죄법도 약탈범죄에 대하여는 군사적 필요성의 예외를 규정하지 않았다. 약탈의 경우에만 '국제법규 위반' 요건이 규정되어 있지 않은 것 역시 약탈은 항상 위법한 행위라는 것을 의미한다. 약탈은 점령 지역이나 군사적으로 통제하는 지역에서 조직적으로 범하여질 수 있을 뿐 아니라 개인 병사의 단독 행위로도 가능하다. 약탈은 대상 물건을 범죄자가 사적 용도로 사용하기 위한 행위라는 점에서 수용 등과 구분되므로 우리 법의 해석에 있어서도 로마규정 범죄구성요건 등을 고려하여 사적 목적이 요구된다고 보아야 할 것이다.[1216]

무력충돌의 필요상 불가피하지 않음에도 국제법규를 위반하여 이루어진 광범위한 파괴, 징발, 압수 역시 처벌대상으로 규정되어 있다.

파괴는 형법 제143조의 공용물파괴죄에서의 파괴에 준하여 해석할 수 있을 것이다. 따라서 대상물을 심각하게 훼손하거나 실질을 해하여 본래의 용법에 따라 사용할 수 없게 하는 것을 의미하며[1217] 이러한 정도에 이르지 못한 경우는 본 범죄의 미수에 해당할 수 있을 뿐이다.

징발은 소유자의 의사에 반하거나 소유자의 동의 없이 상당 기간 동안 대상물을 취거하거나 빼앗는 것을 의미한다.[1218] 약탈과 달리 징발이나 압수는 광범위하게 이루어져야 한다. 이는 국제범죄에 있어서 일반적으로 요구되는 중대성 요건에 상응하는 것으로 광범위 여부를 판단함에 있어서는 관련된 사람의 숫자, 피해자에게 미치는 심각성, 재산의 가치 등 전반적 상황을 종합적으로 고려하여 판단하여야 할 것이다.[1219] 파괴나 징발 등은 국제법규를 위반한 것이어야 하므로 국제인도법이 점령 지역에서 허용하고 있는 행위는 본 조항에 해당하지 않는다.

'적국 또는 적대 당사자의 재산'이 본 범죄의 대상이다. 따라서 상대 당사자의 자연인이나

1213) 형법 제87조 내란죄에서 약탈 참조.
1214) 이는 모구범이라는 할 수 있는 로마규정 등 국제인도법의 관점에 따른 것이나 국내법인 국제범죄법의 영역에서도 일반적으로 적용될 수 있을 것이다. MüKoStGB/Ambos VStGB § 9 Rn. 6 참조.
1215) MüKoStGB/Ambos VStGB § 9 Rn. 6; 강제력을 약탈의 요소로 판단한 ICTY 판결은 Mucić et al., ICTY (TC), judgment of 16 November 1998, para. 591.
1216) 로마규정 범죄구성요건 제8조 제2항 (b)(xvi) 참조.
1217) 이재상, 『형법각론』, 서울 : 박영사, 2010, 766면; 손동권, 김재윤, 『형법각론』, 율암문화사, 2013, 824면; 로마규정의 해석에 있어서도 재산에 대한 손실(damage)이 아닌 파괴에 이르러야 하는 것으로 이해되고 있다. Werle, Gerhard; Jeßberger, Florian, 전게서, p. 473.
1218) 국제법 영역에서는 징발이나 압수가 흔히 교환적 의미로 사용된다. MüKoStGB/Ambos VStGB § 9 Rn. 9.
1219) MüKoStGB/Ambos VStGB § 9 Rn. 11.

법인의 재산 혹은 국가의 재산만이 보호되며 범죄를 범하는 측의 재산은 보호대상에 포함되지 않는다.[1220] 독일 국제범죄법과 달리 우리 국제범죄법은 범죄 당사자의 지배 하에 있는 재산으로 본 범죄의 대상을 한정하고 있지 않다.[1221]

제 2 절   사법적 구제권한의 침해 – 국제적 무력충돌 –

〔로마규정 제8조 제2항 (b)(xiv)〕 – 국제적 무력충돌
적대 당사국 국민의 권리나 소송행위가 법정에서 폐지, 정지 또는 불허된다는 선언
(Declaring abolished, suspended or inadmissible in a court of law the rights and actions of the nationals of the hostile party)

로마규정 제8조 제2항 (b)(xiv)는 상대방 국민의 권리나 소송행위가 법정에서 폐지, 정지 또는 불허된다고 선언하는 행위를 전쟁범죄로 규정하고 있다.

본 조항은 점령권력이 상대방의 일정 영역을 점령한 상황에서 발생할 수 있는 전면적 혹은 부분적 사법중단의 방지를 목적으로 하는 것으로[1222] 법원에 대한 접근권과 사법 구제를 위한 권리 및 이러한 권리의 실행을 보호한다. 본 조항은 헤이그육전규범 제23(h)에서 유래한 것으로 국제적 무력충돌의 경우에만 국제관습법으로 인정되고 있다.[1223]

일반적으로 점령권력은 점령지역에서 통치에 관한 광범위한 권한을 행사한다.[1224] 점령권력은 사법권뿐만 아니라 법령을 제정할 권한을 보유하고 있으므로 본 조항을 지나치게 광범위하게 해석할 경우 점령지역에 대한 점령당국의 권한과 충돌할 수 있다.[1225] 본 조항은 별다른 이견 없이 로마규정에 규정되었으나 이러한 범죄의 범위와 의미는 아직까지 불분명하다는 평가이다.[1226]

본 범죄는 오직 적국 국민에 대하여만 적용된다. 다만 대상이 되는 적국 국민이 점령지역인

1220) 제3국의 재산도 보호범위에 포함되지 않는다. MüKoStGB/Ambos VStGB § 9 Rn. 10.
1221) 따라서 본 조항과 국제범죄법 제13조 제1항 제2호, 제3호의 중첩적 적용이 가능한 경우가 있을 수 있다.
1222) Werle, Gerhard; Jeßberger, Florian, 전게서, p. 474.
1223) Ambos, Kai, 전게서 II, p. 173.
1224) H.-P. Gasser and K. Dörmann, 'Protection of the Civilian Population', in D. Fleck (ed.), The Handbook of International Humanitarian Law, 3rd edn (2013), paras. 544 et seq.
1225) 헤이그육전규범 제43조는 '정당한 권력이 사실상 점령군에게 이관되면 점령군은 절대적인 지장이 없는 한 점령지의 현행법을 존중하며 가능한 한 공공의 질서 및 안녕을 회복하고 확보하기 위하여 권한 내에 있는 모든 조치를 취하여야 한다'라고 규정하고 있으며 제네바협정 IV 제64조 이하에서는 점령의 상황에서 발생할 수 있는 종전의 형벌규범의 효력 문제와 점령권력의 권한 등에 대하여 규정하고 있다. 상세한 것은 Fleck, Dieter. 전게서, p. 284.
1226) Werle, Gerhard; Jeßberger, Florian, 전게서, p. 474.

적국 영토가 아닌 범죄자 국가 영토 내에 있는 경우에도 본 조항이 적용되는가 여부에 대하여는 논란이 있다. 로마규정이 국적 이외에 다른 요건을 규정하고 있지 않으며 법적 보호의 제한과 차별을 방지한다는 본 조항의 목적 등에 비추어 이러한 경우도 포함되는 것으로 해석되어야 할 것이다.[1227] 범죄의 특성상 범죄행위를 할 수 있는 일정한 권한을 가진 자만이 이러한 범죄를 범할 수 있을 것이며[1228] 재산권에 대한 사소한 간섭은 '국제공동체 전체의 관심사인 가장 중대한 범죄'에 해당할 수 없으므로 본 조항에 위반되는 행위는 광범위한 것이어야 한다.[1229] 로마규정 범죄구성요건은 상대편 국가의 국민들에 대하여 이러한 조치를 취할 것을 의도하였어야 한다고 규정하고 있다.[1230]

〔국제범죄법 제11조 제2항 등 - 국제적 무력충돌〕
② 국제적 무력충돌과 관련하여 국제법규를 위반하여 적국의 국민 전부 또는 다수의 권리나 소송행위가 법정에서 폐지·정지되거나 허용되지 아니한다고 선언한 사람은 3년 이상의 유기징역에 처한다.
③ 제1항 또는 제2항에 규정된 죄의 미수범은 처벌한다.

국제범죄법도 로마규정과 같이 본 조항의 적용 대상자를 적국 국민으로 명시하여 자국민이나 제3국의 국민은 보호대상에서 제외하고 있다.

본 조항의 대상이 되는 권리나 소송행위는 광범위한 것으로 민사소송뿐만 아니라 행정소송, 형사소송, 헌법소송 등 법원에 대한 일반적 접근권이 포함된다.[1231] 국제범죄법은 국제범죄의 심각성 요건을 반영하여 한 사람의 국민이 아닌 적국의 국민 전부 또는 다수를 대상으로 한 것이어야 함을 규정하고 있다. 다수의 개념이 명확하지는 않으나 적어도 국민의 상당한 부분을 대상으로 한 것이어야 할 것이다.

구성요건에 해당하는 행위는 권리나 소송행위가 법정에서 폐지·정지되거나 허용되지 아니한다고 선언하는 것이다. 이러한 선언은 선언에 따른 효과를 가져 올 수 있는 것이어야 하나[1232] 실제로 대상이 된 사람이 그의 권리를 행사할 수 없었어야 하는 것은 아니다. 이러한 선언행위와 그러한 선언에 내재하는 잠재적 효과에 따라 범죄는 기수에 이른다.[1233]

이러한 행위는 국제법에 위반되는 것이어야 하므로 유엔 안전보장이사회의 적법한 결의에

1227) MüKoStGB/Ambos VStGB § 9 Rn. 19; Werle, Gerhard; Jeßberger, Florian, 전게서, p. 475.
1228) 로마규정 범죄구성요건 제8조 제2항 (b)(xiv)는 'The perpetrator effected the abolition …'라고 규정하여 이러한 해석을 뒷받침하고 있다.; MüKoStGB/Ambos VStGB § 9 Rn. 19.
1229) Werle, Gerhard; Jeßberger, Florian, 전게서, p. 475.
1230) 로마규정 범죄구성요건 제8조 제2항 (b)(xiv) 3. 참조.
1231) 이는 공정한 재판을 받을 권리만을 규정하고 있는 국제인도법의 범위를 넘어서는 보다 포괄적인 것이다. 제네바협정 제147조, 부속의정서 I 제85조 제4항 등 참조; MüKoStGB/Ambos VStGB § 9 Rn. 20.
1232) 로마규정 범죄구성요건 제8조 제2항 (b)(xiv) 참조.
1233) MüKoStGB/Ambos VStGB § 9 Rn. 22.

따른 결정은 본 조항에 해당하지 않는다. 또한 국제인도법이 점령권력에 대하여 사법적 간섭을 허용하는 범위 내의 행위 역시 본 조항의 대상이 되지 않는다.[1234]

제 3 절 재산 및 다른 권리에 대한 전쟁범죄의 처벌

국제범죄법은 약탈, 수용, 파괴 행위를 저지른 경우 무기 또는 3년 이상의 징역에 처하도록 규정하고 있으며 제3항에 따라 본 조항의 미수범 역시 처벌된다. 본 조항의 실제 적용과정에서 군사적 필요성의 예외에 해당하는가 여부에 대한 다소 애매한 상황이 존재할 수 있고 생명, 신체에 대한 범죄가 아닌 재산에 대한 범죄라는 점에서 무기징역을 법정형으로 규정한 것은 다소 과중한 것이 아닌가 생각된다. 독일 국제범죄법의 경우 1년 이상 10년 이하의 징역형으로 처벌하도록 규정하고 있다.[1235]

또한 국제범죄법은 권리나 소송행위의 폐지 등에 대하여도 3년 이상의 유기징역에 처하도록 하는 중한 형벌을 규정하고 있다.[1236] 동조 제3항에 따라 본 조항의 미수범 역시 처벌된다.

1234) 제네바협정은 점령당국의 안전에 대한 위협 등 일정한 사유가 있을 경우에는 점령지역의 형사법에 대하여 일정한 조치를 취할 수 있도록 규정하고 있다.(제네바협정 IV 제64조 제1항 1문) 또한 일정한 위반행위에 대하여는 군사법원에 의한 재판이 가능하며(제네바협정 IV 제66조) 차별적이고 비인도적인 법을 폐지하고 점령국의 법령을 적용할 수도 있다. MüKoStGB/Ambos VStGB § 9 Rn. 23.
1235) 독일 국제범죄법 제9조 제1항 참조.
1236) 독일 국제범죄법은 제9조 제2항은 1년 이상 10년 이하의 징역형에 처하도록 규정하고 있다.

제7장 금지된 방법에 의한 전쟁범죄

금지된 방법에 의한 전쟁범죄는 보호대상이 되는 민간인 주민이나 비군사 목표물에 대한 공격이 있었던 경우와 전쟁수행 과정에서 금지되는 수단이 사용된 경우로 크게 대별될 수 있다.

민간인과 비군사 목표물에 대한 공격 금지를 의미하는 준별의 원칙(principle of distinction) 혹은 제한적 전쟁의 관념은 가장 오래되고 기본적인 전쟁규범이다.[1237] 이미 중세 시대 스콜라 학자들이 전투원과 민간인의 구분과 민간인에 대한 광범위한 보호를 주장하였으며[1238] 이와 같이 전쟁 대상을 구분하여야 한다는 점은 19세기 이후부터 국제관습법의 일부로 승인되어 왔다.[1239] 대표적으로 제네바협정 부속의정서 I 제48조는 민간인 주민과 민간물자의 보호를 위하여 충돌당사국은 민간인 주민과 전투원, 민간물자와 군사목표물을 구별하고 그들의 작전은 군사목표물에 대해서만 행하여지도록 규정하고 있다.[1240] 로마규정도 준별의 원칙에 기반하여 민간인 주민과 민간 목표물에 대한 공격금지를 규정하고 있다.[1241]

주의해야 할 점은 민간인 또는 민간목표물에 대한 보호가 절대적인 것은 아니며 군사목표물에 대한 공격과정에서 발생하는 부수적 피해까지 전면적으로 금지되는 것은 아니라는 점이다. 그러나 이러한 부수적 손해를 야기하는 공격도 비례의 원칙(principle of proportionality)의 제약을 받아 민간인 등에 대한 직접적 공격이 아니라 하더라도 과도한 손해를 가하는 공격은 회피되어

1237) Kordić and Čerkez, ICTY (AC), judgment of 17 December 2004, para. 54.

1238) C. Pilloud and J.S. Pictet, in Y. Sandoz, C. Swinarski, and B. Zimmermann (eds), Commentary on the Additional Protocols (1987), paras. 1822 et seq.

1239) S. Oeter, 전게논문, paras. 401, 404; A. Alexander, "The Genesis of the Civilian", 20 Leiden Journal of International Law (2007), p. 359.

1240) 그 밖에 준별의 원칙을 규정한 것으로는 제네바협정 부속의정서 I 제51조 제2항, 제85조 제3항 (a), 제네바협정 부속의정서 II 제13조 제2항 등.

1241) 국제적 무력충돌에 있어서는 로마규정 제8조 제2항 (b)(i), (ii), (ix), (xxiv)가 민간인 주민, 민간 대상물과 종교 · 교육 건물 및 의무부대 등에 대한 공격금지를 규정하고 있으며 비국제적 무력충돌에 있어서는 (e)(i), (ii), (iv)에 이에 상응하는 내용이 규정되어 있다.

야 하며 군사적 이익에 비하여 불합리하게 과도한 민간인 피해를 야기할 수 없다.[1242] 이러한 정신은 제네바협정 부속의정서 I 제51조 제5항 (b), 제57조 제2항과 제3항에 규정되어 있으며 로마규정 제8조 제2항 (b)(iv)는 국제적 무력충돌에서 민간인, 민간대상물 등에 대한 과도한 부수적 손해를 발생시키는 경우를 전쟁범죄로 규정하고 있다. 그러나 로마규정은 비국제적 무력 충돌의 경우에는 이에 상응하는 조항을 두고 있지 않아 국제관습법에 후행하고 있다는 비판을 받고 있다.[1243]

로마규정에 존재하는 그 밖의 비군사 목표물에 대한 공격 조항들이 일견 보기에는 다소 혼란스러울 수 있으나 준별의 원칙에 따른 기본 조항들을 보완하는 것으로 이해할 수 있다. 로마규정 제8조 제2항 (b)(v)에 규정되어 있는 방어되지 않는 장소에 대한 공격은 비군사 목표물에 대한 공격의 특수한 경우이며 인도주의적 도움이나 평화유지 활동에 대한 공격을 규정한 제8조 제2항 (b)(iii)과 (e)(iii) 역시 비군사 목표물에 대한 공격과 밀접히 관련되어 있다. 이러한 조항들은 크게는 민간목표물 공격 금지의 영역에 속하나 특별한 규율 대상을 별도로 규정한 것이다.

이와 달리 금지되는 전쟁 수단의 사용으로 인한 전쟁범죄는 보다 좁은 범위의 전쟁 수행 방법과 관련된 것이다. 전쟁 상황에서의 배신의 금지 원칙은 중세 기사도의 행위규범으로부터 유래한 것으로[1244] 로마규정은 배신적 살해, 표장의 부적절한 사용 등에 의한 전쟁범죄를 규정함으로써 군사적 이익을 얻기 위한 신뢰 위반행위를 금지하고 있다.

그 밖에 예외 없이 적군을 살해할 것을 협박하거나 지시하는 행위도 고전적 전쟁범죄이다. 이러한 명령이나 위협은 적을 공포에 빠뜨리고 부상당하거나 전투 능력이 없는 사람들에 대한 위험을 증대시키는 것으로[1245] 로마규정 제8조 제2항 (b)(xii)에 규정되어 있다. 인간방패 금지를 규정한 로마규정 제8조 제2항 (b)(xxiii)과 민간인을 기아 상태로 몰아넣는 행위를 금지하는 제8조 제2항 (b)(xxv)는 적대행위에 참가하지 않은 사람들에 대하여 영향을 미치는 행위를 제한하려는 것이다.

1242) Cryer, Robert; Friman, Håkan; Robinson, Darryl; Wilmshurst, Elizabeth, 전게서, p. 266.
1243) 우리 국제범죄법 제13조는 이와 관련하여 비국제적 무력충돌의 경우에도 국제관습법에 따른 처벌조항을 두고 있다. 다만 환경에 대한 불균형적인 피해를 야기하는 행위의 범죄성은 국제관습법에 있어서도 국제적 무력충돌로 제한된다. Werle, Gerhard; Jeßberger, Florian, 전게서, p. 494.
1244) J. de Preux, in Y. Sandoz, C. Swinarski, and B. Zimmermann (eds), Commentary on the Additional Protocols (1987), paras. 1485, 1498; S. Oeter, 전게논문, para. 481.
1245) Werle, Gerhard; Jeßberger, Florian, 전게서, p. 477.

제 1 절 민간인에 대한 의도적 공격

〔로마규정 제8조 제2항 (b)(i)〕 - 국제적 무력충돌

민간인 주민 자체 또는 적대행위에 직접 참여하지 아니하는 민간인 개인에 대한 고의적 공격

(Intentionally directing attacks against the civilian population as such or against individual civilians not taking direct part in hostilities)

〔로마규정 제8조 제2항 (e)(i)〕 - 비국제적 무력충돌

민간인 주민 자체 또는 적대행위에 직접 참여하지 않는 민간인 개인에 대한 고의적 공격

(Intentionally directing attacks against the civilian population as such or against individual civilians not taking direct part in hostilities)

국제관습법에 따라 로마규정 제8조 제2항 (b)(i)는 국제적 무력충돌에 있어서 민간인 주민이나 적대행위에 참여하지 않은 개별 민간인에 대한 공격을 전쟁범죄로 규정하고 있으며 비국제적 무력충돌에 있어서도 로마규정 제8조 제2항 (e)(i)에 동일한 내용을 규정하고 있다.[1246] 민간인 주민에 대한 공격 금지는 제네바협정 부속의정서 I 제51조 제2항과 제네바협정 부속의정서 II 제13조 제2항에 명시되어 있으며 민간인 주민이나 개별 민간인에 대한 공격으로 말미암아 피해자가 사망하거나 심각한 상해를 입었다면 부속의정서에 대한 심각한 위반에 해당한다.[1247]

1. 민간인에 대한 공격

민간인 주민 자체나 적대행위에 참가하지 않는 개별 민간인을 '공격(Attack)'하는 행위는 본 조항으로 처벌된다. 여기에서의 공격 개념은 기본적으로 군사작전을 지칭하는 것으로[1248] 민간인 주민에게 영향을 미칠 수 있는 공격과 방어의 전투행위를 포함하는 광범위한 개념이다.[1249] 부속의정서 I 제49조 제1항은 본 조항에서의 공격을 '적대 상대방에 대한 폭력행위(acts of violence)'로 정의하고 있으며 국제형사법원의 판례들도 이러한 입장을 따르고 있다.[1250]

이러한 공격은 적대행위에 직접적으로 참가하지 않은 개별 민간인이나 범죄자 측의 지배 하

1246) Werle, Gerhard; Jeßberger, Florian, 전게서, p. 477.

1247) 부속의정서 I 제85조 제3항 (a).

1248) Werle, Gerhard; Jeßberger, Florian, 전게서, p. 477.

1249) Y. Sandoz, C. Swinarski, and B. Zimmermann (eds), Commentary on the Additional Protocols. Geneva, Martinus Nijhoff Publishers (1987), p. 603 et seq.

1250) Katanga and Ngudjolo Chui, ICC (PTC), decision of 30 September 2008, para. 266; Kordić and Čerkez, ICTY (AC), judgment of 17 December 2004, para. 47; Galić, ICTY (TC), judgment of 5 December 2003, para. 52 등.

에 있지 않은 민간인 주민들에 대하여 가하여질 수 있다.[1251] 부속의정서 I 제85조 제3항 (a)는 피해자의 사망이나 심각한 상해를 심각한 위반의 요건으로 규정하고 있다. 그러나 로마규정은 피해자의 사상이라는 결과를 요건으로 규정하고 있지 않으므로 공격이 개시된 것만으로 범죄는 성립하며 민간인의 사망이나 심각한 상해 등의 결과가 발생해야 하는 것은 아니다.[1252] 따라서 본 조항의 전쟁범죄는 거동범에 해당한다.[1253]

2. 민간인 지위의 결정

보호대상이 되는 민간인 지위는 국제인도법에 따라 결정되므로 국제적 무력충돌과 비국제적 무력충돌에 있어서 서로 다른 규칙이 적용된다.

국제적 무력충돌의 경우에 적용되는 부속의정서 I 제50조 제1항은 이른바 소극적 규정방식을 취하여 민간인을 전투원(combatant)이 아닌 사람으로 정의하고 있다. '민간인 주민(civilian population)'은 민간인 모두를 포괄하는 집합 개념으로[1254] 본 조항에서의 민간인의 경우 적대 당사자의 지배 하에 있어야 하는 것은 아니다.[1255] 국가 군대의 구성원뿐만 아니라 정규군에 필적하는 민병대(militias)와 의용군(volunteer corps)의 구성원도 관련 요건이 충족될 경우 전투원에 포함되어 민간인으로 인정되지 않는다.[1256] 전투원 개념을 이처럼 일정 조직에 대한 소속 여부로 결정하는 것은 이들이 소속하여 있는 조직의 특성에 비추어 판단할 때 그 구성원에게는 전투원의 지위를 부여하는 것이 적절하다는 점에 있다.[1257]

전투원은 제네바협정에 규정된 전투력을 상실한 사람(hors de combat)에 해당하지 않는 한 언제든지 공격의 대상이 될 수 있다. 따라서 비번으로 군대 업무에 종사하지 않고 수면을 취하고 있거나 휴가 중인 군인이라 하더라도 합법적 공격의 대상이 된다.[1258] 제네바협정 부속의정서 I 제50조 제1항은 어떤 사람이 민간인가의 여부가 의심스러운 경우에는 민간인으로 간주하도록 규정하고 있다. 그러나 형사처벌의 전제로서 공격을 당한 사람이 민간인이라는 사실은 통상적인

1251) Katanga and Chui, ICC (PTC), decision of 30 September 2008, para. 267.
1252) Werle, Gerhard; Jeßberger, Florian, 전게서, p. 486.
1253) Ambos, Kai, 전게서 II, p. 175.; Katanga and Chui, ICC (PTC), decision of 30 September 2008, para. 270; 이와 달리 실제적 피해를 요구하는 임시재판소 판례로는 Kordić and Čerkez, ICTY (AC), judgment of 17 December 2004, paras. 40 et seq; Blaškić, ICTY (TC), judgment of 3 March 2000, para. 180 등.
1254) 부속의정서 I 제50조 민간인 및 민간인 주민의 정의
　1. 민간인이라 함은 제3협약 제4조A (1), (2), (3), (6) 및 본 의정서 제43조에 언급된 자들의 어느 분류에도 속하지 아니하는 모든 사람을 말한다. 어떤 사람이 민간인 인지의 여부가 의심스러운 경우에는 민간인으로 간주된다.
　2. 민간인 주민은 민간인인 모든 사람들로 구성된다.
1255) Ambos, Kai, 전게서 II, p. 149.
1256) Werle, Gerhard; Jeßberger, Florian, 전게서, p. 478.
1257) Ambos, Kai, 전게서 II, p. 153.
1258) Werle, Gerhard; Jeßberger, Florian, 전게서, p. 478.

절차에 따라 입증되어야 하며 위 조항이 입증책임을 번복시키는 것은 아니다.[1259] 민간인 집단 내에 전투원 일부가 존재한다는 사실만으로 민간인 집단의 지위에 변동이 발생하는 것은 아니다.[1260] 공격 대상이 되는가 여부는 민간인 지위의 인정 여부에 따라 결정되므로 민간인이 군사구역 내에 위치해 있는 경우와 같은 장소적 요소는 특별한 영향을 미치지 않는다.[1261]

비국제적 무력충돌의 경우에 적용되는 부속의정서 II 제4편과 로마규정 제8조 제2항 (e)(i)에서도 민간인과 민간인 주민의 개념이 사용되고 있다. 그러나 국제적 무력충돌의 경우와 달리 비국제적 무력충돌에 있어서는 전투원 개념이 별도로 규정되어 있지 않아 그 구분이 국제적 무력충돌의 경우에서처럼 명확하지 않은 측면이 있다.[1262] 그러나 비국제적 무력충돌에 있어서도 일정한 조직에의 소속 여부를 통하여 민간인 여부를 판단할 수 있을 것이다. 따라서 국제인도법의 체계에서 승인되는 일정한 무력집단의 구성원이라면 (민간)전투원(fighter)로서의 지위를 가진 것으로 볼 수 있다.[1263] 결국 비국제적 무력충돌의 경우에도 지속적으로 전투기능을 수행하는 정부 군대의 구성원과 비국가 무장조직 구성원들이 민간인이 아닌 '전투원(fighter)'으로 간주되어 합법적 공격의 대상이 된다.[1264]

민간인이 가입한 집단이 집단 자체로서 전투에 참가하기 위한 무력집단이 아니거나 혹은 덜 조직화되어 있는 경우 등 조직화된 무력집단의 지위를 부여받아 적대행위에 참가하는 경우가 아니라면 이러한 조직의 조직원이라는 이유만으로 전투원 지위가 결정되는 것은 아니며 구체적 상황이 고려되어야 한다. 우선 대상자가 가입한 집단은 일정한 수준의 집합성과 조직을 갖추는 등 충돌 당사자의 지위에 어느 정도 상응하는 것이어야 한다.[1265] 이러한 경우에 대한 판단 지침으로 제시된 국제적십자위원회(ICRC)의 기능적 구성원 결정이론(functional membership determination)에 의하면 조직화되지 않은 무장단체의 구성원이나 조직화된 무장단체의 구성원이지만 오로지 비전투 임무 혹은 지원 기능만을 담당하는 사람, 즉흥적 또는 간헐적으로 조직화되지 않은 상태에서 전투행위에 참가하는 사람은 민간인으로서의 지위를 갖는 것으로 보고 있

1259) Blaškić, ICTY (AC), judgment of 29 July 2004, para. 111; Kordić and Čerkez, ICTY (AC), judgment of 17 December 2004, para. 48; D. Milošević, ICTY (AC), judgment of 12 November 2009, para. 60.

1260) 부속의정서 I 제50조 제3항; Mbarushimana, ICC (PTC), decision of 16 December 2011, para. 148; Kordić and Čerkez, ICTY (AC), judgment of 17 December 2004, para. 50; 그러나 보다 많은 숫자의 군인이 존재하는 경우에는 일정한 영향을 미칠 수 있다. Blaškić, ICTY (AC), judgment of 29 July 2004, para. 115; Galić, ICTY (AC), judgment of 30 November 2006, paras. 135 et seq; Perišić, ICTY (TC), judgment of 6 September 2011, para. 94 등.

1261) D. Milošević, ICTY (AC), judgment of 12 November 2009, para. 54.

1262) Werle, Gerhard; Jeßberger, Florian, 전게서, p. 478; D. Kretzmer, "Targeted Killing of Suspected Terrorists : Extra-Judicial Executions or Legitimate Means of Defence?", 16 EJIL (2005), p. 197 et seq.

1263) Ambos, Kai, 전게서 II, p. 153.

1264) Werle, Gerhard; Jeßberger, Florian, 전게서, p. 479; D. Kretzmer, "Rethinking the Application of IHL in Non-International Armed Conflicts", 42 Israel Law Review (2009), p. 34.

1265) Ambos, Kai, 전게서 II, p. 154.

다.[1266] 독일 검찰은 파키스탄에서 독일인이 드론 공격으로 사망한 사건과 관련하여 민간인에 대한 공격을 전쟁범죄로 규정한 독일 국제범죄법 제11조 관련 혐의에 대한 조사중단 결정을 내린 바 있다. 독일 검찰은 위 결정에서 국제적십자위원회 지침을 언급하면서 비록 당해 사건 당시에는 피해자가 적대행위에 실제 참여하고 있지 않았으나 자살공격 계획에 관여되어 있었고 비국제적 무력충돌의 당사자인 조직화된 무장단체의 일원이므로 합법적 공격대상이라고 판단하고 있다.[1267] 아직까지 이러한 문제에 대하여는 적지 않은 논란이 있으나 결국 비국제적 무력충돌 상황에서 대상자가 지속적으로 전투기능을 수행하는가 여부가 중요한 기준이 될 것이다. 따라서 전투의 준비, 실행, 명령에 관여하는 행위나 혹은 적대행위에 대한 직접적 참여에 필적하는 행위를 하는가 여부 등을 기준으로 판단할 수 있을 것이며[1268] 국제적 무력충돌에서의 군인 등과 같이 비국제적 무력충돌의 경우에도 전투원이 영구적으로 무장집단에서 떠난 것이 아닌 이상 이들 전투원은 합법적 공격의 대상이 될 수 있을 것이다.[1269] 다만 민간인이 이러한 상황에서 민간인으로서의 지위를 잃게 되었다 하더라도 인도주의와 군사적 필요성의 원칙에 따라 심각한 무력사용 이전에 체포조치 등이 우선되어야 할 것이다.[1270]

비국제적 무력충돌의 경우에도 의문이 있을 경우에는 국제관습법에 따라 민간인으로 간주되나 전쟁범죄를 처벌함에 있어서는 통상의 입증책임 원칙에 따라 민간인임이 증명되어야 한다.[1271]

3. 적대행위에 참가하는 민간인에 대한 취급

전투원의 신분을 가지고 있지 않은 민간인이라 하더라도 적대행위에 직접 참여하는 경우에는 그러한 기간 동안에는 민간인으로 보호되는 지위를 상실한다. 이러한 원칙은 국제적 무력충돌의 경우에는 제네바협정 부속의정서 I 제51조 제3항에 규정되어 있으며 비국제적 무력충돌의 경우에도 제네바협정 공통 제3조와 제네바협정 부속의정서 II 제13조 제3항에 명시되어 있다.[1272]

일반적으로 제네바협정 부속의정서 I의 '직접적 참여(direct participation)'는 공통 제3조의 '적

1266) ICRC, Interpretative Guidance on the Notion of Direct Participation in Hostilities Under International Humanitarian Law (2009), 32 et seq; 이와 달리 집단에서 담당하고 있는 기능에 관계없이 무력집단의 구성원성이 인정될 경우 전투원의 지위가 인정될 수 있다는 입장도 존재한다. 국제적십자위원회의의 이러한 지침에 대한 상세한 분석은 D. Akande, "Clearing the Fog of War? The ICRC's Interpretive Guidance on Direct Participation in Hostilities", 59 International and Comparative Law Quarterly (2010), p. 180

1267) 이와 같은 내용의 독일 검찰의 2013년 6월 20일 결정에 대한 것은 Werle, Gerhard; Jeßberger, Florian, 전게서, p. 478.

1268) Ambos, Kai, 전게서 II, p. 154.

1269) Werle, Gerhard; Jeßberger, Florian, 전게서, p. 479.

1270) 이러한 입장에 대한 비교적 상세한 소개는 Ambos, Kai, 전게서 II, p. 155.

1271) Werle, Gerhard; Jeßberger, Florian, 전게서, p. 479.

1272) 이는 무력집단의 구성원성을 이유로 공격 대상이 되는 것과는 구분되는 논의영역이다.

극적 참여(active participation)'와 동의어로 받아들여지고 있다.[1273] 어떠한 행위가 '적대행위에의 직접적 참여(direct participation in hostilities)'에 해당하는가의 여부에 대하여는 많은 논의가 이루어지고 있으나 아직까지 적지 않은 모호성이 남아 있는 문제이다.[1274] 일반적으로 당사가가 참여하는 행위의 목적이나 본질에 비추어 적국의 군인이나 장비에 대하여 실질적 해악을 가하는 행위가 여기에 해당할 수 있을 것이다.[1275] ICTY는 명백히 전투행위에 참가한 경우뿐만 아니라 정보원으로 활동한 경우, 전령 또는 탐색대로서의 활동, 군사시설 감시요원 또는 무기 보관자로서의 활동도 이러한 개념 범주에 포함된다고 보았다.[1276] 그러나 전쟁노력을 지지하는 모든 행위들이 포함되는 것은 아니므로 군대의 공장에서 일하거나 충돌 당사자에게 상품을 판매하는 것, 단순히 일방 당사자의 주장에 공감을 표시하는 것 등만으로 민간인이 합법적 공격의 대상으로 전환될 수 없다.[1277] 자발적으로 인간방패를 자처한 경우는 상대방의 군사작전이나 군대의 군사력에 부정적 영향을 끼치는 것이므로 본 조항의 참여행위에 해당된다고 볼 것이다.[1278] 민간인의 전투행위 참가가 오직 정당방위의 실행으로 이루어진 경우에는 민간인으로서의 지위를 잃지 않는다.[1279]

더욱 중요하고 어려운 문제는 민간인이 보호의 지위를 상실하는 기간이다. 적대행위에 직접 참여하는 가간 동안 보호 지위를 상실하는 것은 명백하다. 또한 그러한 행위를 준비하는 기간, 행위 실행을 위해 해당 장소로 전개해 나가거나 그러한 장소로부터 돌아오는 기간도 포함된다.[1280]

1273) Katanga and Ngudjolo Chui, ICC (PTC), decision of 30 September 2008, para. 266, n. 367; Strugar, ICTY (AC), judgment of 17 July 2008, para. 173; Akayesu, ICTR (TC), judgment of 2 September 1998, para. 629; 직접적 참여에 해당하는 행위가 개별 사안별로 결정되어야 한다는 판례로는 Strugar, ICTY (AC), judgment of 17 July 2008, para. 178; Halilović, ICTY (TC), judgment of 16 November 2005, para. 34; Tadić, ICTY (TC), judgment of 7 May 1997, para. 616; Rutaganda, ICTR (TC), judgment of 6 December 1999, para. 100.

1274) D. Kretzmer, 'Targeted Killing of Suspected Terrorists : Extra-Judicial Executions or Legitimate Means of Defence?', p. 171; Antonio Cassese, "On Some Merits of the Israeli Judgment on Targeted Killings", 5 JICJ (2007), p. 339; W.J. Fenrick, "The Targeted Killings Judgment and the Scope of Direct Participation in Hostilities", 5 JICJ (2007), p. 332; D. Akande, "Clearing the Fog of War? The ICRC's Interpretive Guidance on Direct Participation in Hostilities", p. 180; K. Eichensehr, "On Target? The Israeli Supreme Court and the Expansion of Targeted Killings", 116 Yale Law Journal (2007), p. 1873.

1275) Rutaganda, ICTR (TC), judgment of 6 December 1999, para. 99; Semanza, ICTR (TC), judgment of 15 March 2003, para. 366; Sesay et al., SCSL (TC), judgment of 2 March 2009, para. 104; Ambos, Kai, 전게서 II, p. 157; D. Akande, "Clearing the Fog of War? The ICRC's Interpretive Guidance on Direct Participation in Hostilities", p. 187 et seq.; 적군이 아닌 민간인 주민 혹은 민간목표물에 대한 해악도 여기에 포함되는가에 대하여는 논란이 있다. Werle, Gerhard; Jeßberger, Florian, 전게서, p. 480.

1276) Strugar, ICTY (AC), judgment of 17 July 2008, para. 177.

1277) Mbarushimana, ICC (PTC), decision of 16 December 2011, para. 148; Strugar, ICTY (AC), judgment of 17 July 2008, paras. 176 et seq; D. Milošević, ICTY (TC), judgment of 12 December 2007, para. 947; Fofana and Kondewa, SCSL (TC), judgment of 2 August 2007, para. 135.

1278) 이러한 경우에도 비례의 원칙에 따른 제한을 받아야 한다는 주장은 Ambos, Kai, 전게서 II, p. 158.

1279) Mbarushimana, ICC (PTC), decision of 16 December 2011, para. 148.

1280) ICRC, Interpretative Guidance on the Notion of Direct Participation in Hostilities Under International

지속적으로 전투기능을 수행하지 않고 간헐적으로 적대행위에 참여하는 사람(이른바 회전문 현상, revolving door phenomenon)의 경우는 논란이 있다. 적대행위에의 불법적인 참여로 형사책임을 부담할 수 있는 것과는 별개로 준별의 원칙에 따라 오직 적대행위에 직접적으로 참여하는 기간 동안만 공격의 대상이 될 수 있다는 주장이 있다.[1281] 그러나 1회성으로 전투에 참여하는 경우가 아닌 야간에는 전투원으로 활동하다가 주간에는 민간인으로 생활하는 경우 등과 같이 비록 간헐적이기는 하나 지속적으로 전투에 참여하는 경우까지 민간인으로서의 지위를 인정하여 공격의 대상이 아니라고 보는 것은 이들에게 비대칭적 특권을 부여하는 것이라는 비판이 타당한 것으로 생각된다. 이러한 특별한 취급은 충돌 당사자에게 부여되어야 할 공정성과 상호성에 반하는 것이므로 이들의 간헐적 공격이 어느 정도 반복성을 가지고 계속된다면 합법적 공격대상이 되는 것으로 보아야 할 것이다. 따라서 장기간 적대행위에 참여하지 않거나 무기를 포기하는 것과 같은 행동이 없이 단지 일시적으로만 적대행위의 참여를 중단한 경우 이들은 (사실상) 전투원〔(de facto) combatant)〕으로 취급되며 전투가 없는 기간에도 민간인 지위는 회복되지 않는 것으로 보아야 할 것이다.[1282]

4. 민간인을 지향한 의도적 공격

본 조항의 민간인에 대한 직접 공격으로 처벌되기 위해서는 범죄자가 민간인을 목표로 공격할 것을 의도하였어야 한다. 로마규정과 로마규정 범죄구성요건은 민간인에 대한 공격은 의도적인 것이어야 한다고 규정하여 대상 공격행위가 민간인을 겨냥하여 이루어진 것이어야 함을 나타내고 있다.[1283] 따라서 범죄자는 반드시 'dolus directus in the first degree'(제1도의 고의)의 의미에서 의지적으로 민간인을 지향하였어야 한다.[1284]

이와 같은 엄격한 주관적 요건은 로마규정 등의 문언뿐만 아니라 기본적으로는 군사목표물에 대한 공격임에도 비군사 목적물에 대한 과도한 부수적 피해를 가하는 경우를 처벌대상으로 규정한 로마규정 제8조 제2항 (b)(iv)과의 관계에서도 명확하게 나타난다. 왜냐하면 민간인을 지향하지 않은 공격의 경우 공격에 따른 부수적 피해가 과도하지 않다면 로마규정 제8조 제2항 (b)(iv)가 적용되지 않아 위 조항에 따라 처벌될 수 없음에도 비군사 목표물을 직접 지향하지 않은 부수적 손해가 본 조항의 처벌 대상이 된다면 체계적 모순이 발생하기 때문이다.[1285] 결국

Humanitarian Law (2009), 69 et seq; Werle, Gerhard; Jeßberger, Florian, 전게서, p. 481.

1281) Werle, Gerhard; Jeßberger, Florian, 전게서, p. 481.

1282) 이러한 입장에서는 무력충돌에 있어서 배신적 살해를 금지하는 규범에도 이러한 취지가 반영되어 있는 것으로 보고 있다. Ambos, Kai, 전게서 II, pp. 158, 159.

1283) 로마규정 제8조 (2)(b)(i), 제8조 (2)(e)(i), 로마규정 범죄구성요건 제8조 (2)(b)(i) 3. (2)(e)(i) 3.

1284) Katanga and Chui, ICC (PTC), decision of 30 September 2008, para. 271 'This offence therefore, first and foremost, encompasses dolus directus of the first degree'; Ambos, Kai, 전게서 II, p. 339.

1285) Werle, Gerhard; Jeßberger, Florian, 전게서, p. 482.

민간인 또는 민간목표물을 직접 지향하지 않았을 뿐 아니라 그러한 공격이 비례성을 상실하는 결과도 초래하지 않는다면 이러한 공격은 민간인에 대한 의도적 공격과 비례성을 상실한 공격 외곽에 위치한 것으로 형사처벌의 대상이 되지 않는 것이다.[1286]

주의할 점은 군사목표물에 대한 공격과 민간인 피해 발생이 동시에 존재하는 모든 경우를 본 조항이 아닌 민간인에 대한 부수적 피해를 가하는 공격으로 판단할 수는 없다는 것이다. 국제 형사재판소는 민간인에 대한 직접적 공격에 해당할 수 있는 경우로 민간인이 유일한 공격 목표 가 되는 경우와 군사목표물과 민간인 주민이 동시에 공격 대상이 되는 경우 두 가지가 민간인에 대한 직접 공격에 해당할 수 있다고 판단하고 있다.[1287]

로마규정 범죄구성요건은 범죄자가 피해자의 보호 지위를 성립시키는 객관적 상황을 인지하 고 있어야 한다고 규정하고 있다.[1288]

5. 표적 살해(Targeted Killings) 공격

'표적 살해(targeted killings)'는 다양한 상황을 지칭하는 비법률용어로서 주로 무인비행기나 드론 등을 이용하여 전투지역 바깥에 존재하는 특별히 선택된 인물에 대하여 공중공격을 감행하 는 경우를 지칭하는데 사용되고 있다.

이와 같은 공격방식은 법적·정치적·도덕적 관점에서 많은 논란의 대상이 되어 왔으며 특 히 무력충돌 상황에서 적용되는 국제인도법의 일반원칙에 부합하는 것인가 여부에 대한 논의가 이루어지고 있다. 그러나 민간인과 전투원의 준별, 민간인 중에서도 적대행위에 직접적으로 참여 하는 사람과 그렇지 않은 사람의 구분 등 현재 시점에서 유효한 국제형사법의 일반원칙들이 적 용될 뿐 표적 살해 공격에 대한 특별한 법적 원칙이 별도로 존재하는 것은 아니다. 따라서 지속 적 전투기능을 수행하는 무장집단의 구성원은 합법적 공격의 대상이 되나 직접적으로 적대행위 에 참여하지 않은 민간인은 공격의 대상이 될 수 없다.[1289] 민간인들 사이에 위치한 합법적 목표 물을 공격하는 경우에도 비례적이지 않은 부수적 손해가 발생하지 않아야 한다.

드론 공격으로 이루어진 표적 살해 공격은 합법적인 교란 공격의 일종으로 로마규정 제8조 제2항 (b)(xi) 혹은 (e)(ix)에 규정되어 있는 배신적 살해에는 해당하지 않는 것으로 이해되고 있 다. 드론 공격의 경우에도 국제인도법에서 일반적으로 승인되는 금지된 무기 사용에 관한 규칙 이 준수되어야 하며 만일 드론에 의하여 다수 인명을 살상할 수 있는 무기가 사용되었다면 로마

1286) Ambos, Kai, 전게서 II, p. 175.

1287) Katanga and Ngudjolo Chui, ICC (PTC), decision of 30 September 2008, para. 273; Mbarushimana, ICC (PTC), decision of 16 December 2011, para. 142; Werle, Gerhard; Jeßberger, Florian, 전게서, p. 481.

1288) 로마규정 범죄구성요건 제8조 (2)(a)(i) 3. 각주 32.

1289) 이와 관련하여 테러행위와 관련한 미국의 접근법에 대한 법적 문제점에 대한 분석은 K.J. Heller, ""One Hell of a Killing Machine": Signature Strikes and International Law", 11 JICJ (2013), p. 89.

규정 제8조 제2항 (b)(xx)에 규정되어 있는 비차별적 효과를 가지는 무기의 사용금지라는 관념에 따라 고찰될 수 있을 것이다.[1290]

6. 국제범죄법

〔국제범죄법 제13조 제1항(금지된 방법에 의한 전쟁범죄) 등〕
① 국제적 무력충돌 또는 비국제적 무력충돌과 관련하여 다음 각 호의 어느 하나에 해당하는 행위를 한 사람은 무기 또는 3년 이상의 징역에 처한다.
  1. 민간인 주민을 공격의 대상으로 삼거나 적대행위에 직접 참여하지 아니한 민간인 주민을 공격의 대상으로 삼는 행위
② 제1항 제1호부터 제6호까지의 죄를 범하여 인도에 관한 국제법규에 따라 보호되는 사람을 사망 또는 상해에 이르게 한 사람은 다음의 구분에 따라 처벌한다.
  1. 사망에 이르게 한 사람은 사형, 무기 또는 7년 이상의 징역에 처한다.
  2. 중대한 상해에 이르게 한 사람은 무기 또는 5년 이상의 징역에 처한다.
④ 제1항 또는 제3항에 규정된 죄의 미수범은 처벌한다.

본 조항의 공격 대상은 민간인 주민이다. 민간인의 개념은 앞서 본 로마규정과 국제인도법의 원칙에 따라 해석하면 족할 것이다. 국제범죄법 제13조 제1항 제1호는 본 조항의 공격 대상을 '민간인 주민' 또는 '적대행위에 직접 참여하지 아니한 민간인 주민'으로 다소 모호하게 규정하고 있다. 로마규정 제8조 제2항 (b)(i)은 집단으로서의 민간인 주민과 개별 민간인을 구분하여 공격의 대상을 민간인 주민 자체 혹은 전투행위에 직접 참여하지 않는 민간인 개인(the civilian population as such or against individual civilians not taking direct part in hostilities)으로 규정하고 있다. 이러한 로마규정에 비추어 볼 때 우리 국제범죄법의 앞부분에 위치한 '민간인 주민'은 전체 민간인 주민을 의미하며 뒷부분에 규정된 '적대행위에 직접 참여하지 아니한 민간인 주민'은 개별 민간인들을 지칭하는 것으로 해석된다. 범죄자는 대상자가 민간인이며 그가 적대행위에 참가하고 있지 않은 상황을 인식하면 족하다. 민간인이라 하더라도 적대행위에 참여하는 동안은 합법적 공격의 대상이 되며 민간인과 전투원의 구분이나 민간인임에도 합법적 공격대상이 되는 경우는 앞서 본 로마규정의 해석에 상응하여 이해할 수 있을 것이다.

국제범죄법은 본 범죄의 범죄행위를 '공격의 대상으로 삼는' 것으로 규정하고 있다. 로마규정과 달리 '공격' 자체를 범죄행위로 규정하지 않아 다소 모호한 측면이 있으나 로마규정의 규범 내용과 제2항과의 관계에 비추어 볼 때 민간인을 의지적으로 직접 지향한 공격이 실제로 이루어지는 경우를 의미하는 것으로 해석된다. 따라서 본 조항의 경우 민간인을 직접 지향한 공격이 실제로 이루어져야 하며 민간인을 직접적 공격 대상으로 삼지 않은 상황에서 민간인에 대한 부수

1290) Werle, Gerhard; Jeßberger, Florian, 전게서, p. 482, 484.

적 손해가 발생한다는 점을 인식하고 있었다 하더라도 본 조항은 적용될 수 없고[1291] 실제로 민간인에 대한 과도한 피해가 발생하였다면 국제범죄법 제13조 제1항 제3호에 의하여 처벌될 수 있을 뿐이다. 본 조항의 공격에는 부속의정서 I 제49조 제1항과 국제관습법에 따라 공격적 무력행사와 방어적 무력행사가 모두 포함된다. 그러나 선전, 금수조치 혹은 심리적, 경제적, 정치적 전투수단은 제외된다.[1292]

부속의정서 I 제51조 제4항은 대상목표의 성격과 무관하게 이루어지는 무차별 공격을 금지하고 있다. 여기에는 군사목표물에 대한 것임을 확신하지 못한 경우, 무기 자체의 특성상 특정한 군사 목표물을 지향할 수 없는 경우[1293] 생화학 무기와 같이 그 효과가 일정한 시간과 장소로 제한될 수 없는 전투 방법을 사용하는 경우 등이 포함된다.[1294] ICTY는 민간인과 군사목표물을 구분하여 공격할 수 없는 무기를 사용하는 것을 민간인에 대한 공격에 필적하는 것으로 보아 이러한 비차별적 공격은 민간인을 공격대상으로 삼는다는 요건을 충족시키는 것으로 판단하고 있다.[1295] 국제범죄법의 적용에 있어서도 비차별적 무기 사용 등이 민간인에 대한 직접적 공격에 상응하는 것으로 본 조항의 주관적 요건을 충족시키는 것으로 판단할 수 있는 경우가 있을 것이다.[1296]

본 조항의 적용대상이 되는 공격에는 재래식 무기나 생화학무기, 핵무기 등을 활용한 공격뿐만 아니라 컴퓨터 바이러스나 컴퓨터 네트워크를 공격하는 정보통신 관련 전투수단도 포함된다. 이러한 공격 수단을 활용하여 댐의 수문을 열어 민간인을 살상시켰다면 실제적 측면에서 볼 때 이러한 행위는 재래식 무기를 활용하여 댐을 파괴시킨 경우와 차이가 없다.[1297]

본 조항은 공격이 이루어지면 성립하는 거동범이므로 민간인 주민을 살상시키는 결과가 발생하여야 하는 것은 아니다. 다만 사망이나 중대한 상해의 결과가 발생할 경우 제2항에 의하여 가중 처벌된다. 이와 같은 국제범죄법의 체계는 로마규정과 로마규정 범죄구성요건을 수용하면서도 중대한 결과의 발생을 요건으로 하는 국제인도법과 임시재판소의 판례 등을 반영한 것으로

1291) MüKoStGB/Dörmann VStGB § 11 Rn. 146.

1292) 공격 개념에 대한 광범위한 해석이 본 조항의 민간인 보호 목적에 부합한다는 것은 MüKoStGB/Dörmann VStGB § 11 Rn. 31, 33.

1293) 이른바 'blind weapon'을 사용한 경우로 제2차 대전 기간 동안 영국을 대상으로 이루어진 V2로켓의 사용이 사례로 제시되고 있다. M-87 Orkan의 비차별적 성격을 인식한 경우에 대한 판례는 Martić, ICTY (TC), judgment of 12 June 2007, para. 472 참조.

1294) MüKoStGB/Dörmann VStGB § 11 Rn. 148.

1295) 부속의정서 I 제51조 제4항의 무차별 공격이 민간인에 대한 공격에 해당할 수 있다는 것은 Galić, ICTY (TC), judgment of 5 December 2003, para. 57; Blaškić, ICTY (TC), judgment of 3 March 2000, paras. 501, 512; Milošević, ICTY (TC), judgment of 12 December 2007, para. 948; ICJ, advisory opinion of 8 July 1996 (Legality of the Threat or Use of Nuclear Weapons), in ICJ Reports 1996, para. 78.

1296) MüKoStGB/Dörmann VStGB § 11 Rn. 149 참조.

1297) MüKoStGB/Dörmann VStGB § 11 Rn. 30, 32.

볼 수 있다.1298)

제 2 절 민간 대상물에 대한 의도적 공격

1. 민간 대상물에 대한 일반적 공격 금지

〔로마규정 제8조 제2항 (b)(ii)〕
민간 대상물, 즉 군사 목표물이 아닌 대상물에 대한 의도적 공격1299)
(Intentionally directing attacks against civilian objects, that is, objects which are not military objectives)

로마규정은 민간 대상물에 대한 의도적 공격을 국제적 무력충돌의 경우에 있어서만 전쟁범죄로 규정하고 있으며 비국제적 무력충돌의 경우에는 이를 전쟁범죄로 규정하고 있지 않다. 그러나 ICTY는 민간 대상물에 대한 보호를 강조하면서 비국제적 무력충돌 상황에서도 민간 목표물에 대한 공격은 절대적으로 금지된다고 판시하고 있다.1300) 비국제적 무력충돌에 적용되는 부속의정서 II에는 부속의정서 I 제52조 제1항에 상응하는 조항이 존재하지 않아 비국제적 무력충돌의 경우 민간 목표물에 대한 공격 금지가 국제관습법에 해당할 수 있는가에 대한 의문이 로마규정 협상과정에서 제기되었으며 결국 비국제적 무력충돌에 있어서는 동일한 처벌조항이 포함되지 않게 되었다. 그러나 이러한 로마규정은 국제관습법에 반하는 것이라는 비판이 있다.1301)

로마규정 제8조 제2항 (b)(ii)1302)의 전제가 되는 제네바협정 부속의정서 I 제52조는 민간 대상물은 공격이나 보복의 대상이 되지 아니하며 공격의 대상은 군사목표물로 엄격히 한정된다고 규정하고 있다. 임시재판소는 공격으로 인한 침해의 결과가 실제적으로 발생할 것을 본 범죄의 요건으로 판단하고 있으나1303) 로마규정은 피해 발생을 요건으로 규정하고 있지 않다. 따라서 본 범죄는 거동범에 해당한다.1304)

본 범죄의 객체인 민간 대상물의 개념은 군사목표물의 개념에 대비되는 것으로 군사목표물

1298) Kordić and Čerkez, ICTY (AC), judgment of 17 December 2004, paras. 55 et seq; Blaškić, ICTY (TC), judgment of 3 March 2000, para. 180 등.
1299) 외교부에서 제공하는 본 조항에 대한 공식 번역에는 '고의적 공격'으로 기재되어 있으나 규범의 내용을 감안하여 의도적 공격이라고 번역한다.
1300) Strugar, ICTY (TC), judgment of 31 January 2005, para. 224 등.
1301) Werle, Gerhard; Jeßberger, Florian, 전게서, p. 487.
1302) 본 조항은 제8조 제2항 (b)(i)의 민간인에 대한 의도적 공격 조항과 상응하는 것으로 국제관습법을 반영한 것이다. Jean-Marie Henckaerts, Louise Doswald-Beck, Customary International Humanitarian Law, Vol. I (2005), p. 581.
1303) Kordić and Čerkez, ICTY (AC), judgment of 17 December 2004, paras. 40 et seq; Blaškić, ICTY (TC), judgment of 3 March 2000, para. 180; Kordić and Čerkez, ICTY (TC), judgment of 26 February 2001, para. 328; Strugar, ICTY (TC), judgment of 31 January 2005, para. 280.
1304) Werle, Gerhard; Jeßberger, Florian, 전게서, p. 486.

의 개념을 전제로 하고 있다. '군사목표물(military objective)'은 일반적 용례와는 달리 물건뿐만 아니라 합법적 공격의 대상이 되는 전투원까지 포괄하는 것으로 민간인 주민(civilian population)과 민간 목적물(civilian objects)에 대비되는 광범위한 개념이다.[1305]

본 조항의 공격 역시 민간인에 대한 공격과 같이 군사목표물을 직접 지향하는 목적적 행위이어야 하며 군사목표물에 대한 공격을 실시하면서 부수적 손해로 이를 수인하는 'dolus directus in the second degree'(제2도의 고의)만으로는 부족하다.

부속의정서 I 제52조 제3항은 군사목표물인가의 여부에 대하여 의문이 있을 경우 민간 목적물로 추정하도록 규정하고 있다. 이러한 조항은 국제인도법의 관점에서 공격을 개시하려는 군대 구성원들에게 요구되는 행위규범일 뿐 형사절차의 입증책임을 전환한 것은 아니다. 따라서 형사절차에서는 일반적 입증책임 원칙에 따라 검찰 측에서 민간 목적물임을 입증하여야 한다.[1306]

2. 국제범죄법의 흠결

우리 국제범죄법은 국제적 무력충돌과 비국제적 무력충돌의 모든 경우에 있어 민간 대상물에 대한 공격행위를 처벌하는 조항을 두지 않은 것으로 보여 입법론적 재검토가 요구된다.

국제범죄법 제13조 제1항 제2호는 '군사목표물이 아닌 민간 대상물로서 종교·교육·예술·과학 또는 자선 목적의 건물, 역사적 기념물, 병원, 병자 및 부상자를 수용하는 장소, 무방비 상태의 마을·거주지·건물 또는 위험한 물리력을 포함하고 있는 댐 등 시설물을 공격하는 행위'를 전쟁범죄로 규정하고 있다. 이는 우리 국제범죄법과 유사한 구조를 가지고 있는 독일 국제범죄법 제11조 제1항 제2호에 대응하는 조항으로 생각되나 독일법은 공격 금지의 원칙적 대상으로 민간 대상물을 규정하고 기타 특별히 보호되는 목적물을 민간 목적물의 예시적 행태로 규정하고 있다.[1307] 그러나 우리 국제범죄법은 일반적인 민간 대상물이 특별히 보호되는 민간 목적물을 수식하는 형태로 규정하고 있어 죄형법정주의 원칙상 일반적인 민간 대상물에 대한 공격행위가 처벌되는 것으로 해석할 수 없는 상황이다. 이러한 규정은 로마규정의 규범 내용과 일치하지 않는 것일 뿐 아니라 뒤에서 살피는 바와 같이 국제범죄법 제13조 제1항 제3호에서 민간 목적물에 대한 부수적 손해를 가하는 공격까지 처벌하고 있다는 점에서 우리 법 체계상으로도 민간 목표물

1305) 본 조항의 대상이 되는 비군사목표물에 대하여 상세한 것은 제2장 제2절 2.비군사목표물 참조.

1306) Blaškić, ICTY (AC), judgment of 29 July 2004, para. 145; Kordić and Čerkez, ICTY (AC), judgment of 17 December 2004, para. 53; Boškoski and Tarčulovski, ICTY (TC), judgment of 10 July 2008, para. 355.

1307) 독일 국제범죄법 제11조 제1항 제2호 '---mit militärischen Mitteln einen Angriff gegen zivile Objekte richtet, solange sie durch das humanitäre Völkerrecht als solche geschützt sind, namentlich Gebäude, die dem Gottesdienst, der Erziehung, der Kunst, der Wissenschaft oder der Wohltätigkeit gewidmet sind, geschichtliche Denkmäler, Krankenhäuser und Sammelplätze für Kranke und Verwundete, unverteidigte Städte, Dörfer, Wohnstätten oder Gebäude oder entmilitarisierte Zonen sowie Anlagen und Einrichtungen, die gefährliche Kräfte enthalten'

을 직접 지향한 공격을 처벌하지 않을 이유는 없는 것으로 생각된다. 입법 과정에서의 착오로 보이며 이에 대한 재검토가 필요할 것이다.[1308]

제 3 절 과도한 부수적 피해를 야기하는 공격

> 〔로마규정 제8조 제2항 (b)(iv)〕
> 예상되는 구체적이고 직접적인 제반 군사적 이익과의 관계에 있어서 명백히 과도하게 민간인에 대하여 부수적으로 인명의 살상이나 상해를, 민간 대상물에 대하여 손해를, 또는 자연환경에 대하여 광범위하고 장기간의 중대한 피해를 야기한다는 것을 인식하고서도 의도적인 공격의 개시
> (Intentionally launching an attack in the knowledge that such attack will cause incidental loss of life or injury to civilians or damage to civilian objects or widespread, long−term and severe damage to the natural environment which would be clearly excessive in relation to the concrete and direct overall military advantage anticipated)

로마규정은 과도한 부수적 피해를 야기하는 공격을 국제적 무력충돌의 경우에 있어서의 전쟁범죄로 규정하고 있다. 비국제적 무력충돌의 경우에는 이러한 공격을 전쟁범죄로 규정하고 있지 않으나 국제관습법상으로는 비국제적 무력충돌의 경우에도 비례성을 상실한 부수적 손해를 야기하는 행위는 범죄로 인정되어 왔다는 점에서 국제관습법에 역행하는 것으로 평가되고 있다.[1309]

앞서 본 바와 같이 군사목표물에 대한 공격이 주된 목적이었을 뿐 민간인 또는 민간 대상물을 공격하려는 의도가 아니었다면 민간인 또는 민간 목적물에 대한 의도적 공격 조항을 적용하여 처벌할 수 없다. 그러나 로마규정 제8조 제2항 (b)(iv)는 비록 민간인 또는 민간 대상물에 대한 공격을 의도하지 않았다 하더라도 군사작전에서 예상되는 구체적이고 직접적인 이익에 비하여 명백하게 과도한 민간인에 대한 위해나 민간 목적물에 대한 손해 혹은 자연환경에 대하여 광범위하고 장기간에 걸치는 중대한 피해를 야기하는 의도적 공격을 처벌대상으로 규정하고 있다.[1310] 이러한 비례성의 원칙(principle of proportionality)을 위반하는 공격은 많은 국가들의 국내법에서도 전쟁범죄로 인정되고 있다.[1311]

1308) 법무부에서 발간한 해설서에서도 본 조항은 로마규정 제8조 제2항 (b)(v)호, (b)(ix)호와 (e)(iv)호 등 특별한 보호의 대상이 되는 것만을 반영한 것으로 설명하여 이러한 해석을 뒷받침하고 있다. 김영석,『국제형사재판소 관할 범죄의 처벌 등에 관한 법률 해설서』, 서울 : 법무부, 2008. 제89면 참조.

1309) Jean-Marie Henckaerts, Louise Doswald-Beck, 전게서, p. 601; 다만 환경에 대한 불균형적인 피해를 야기하는 범죄는 국제적 무력충돌로 제한된다는 견해는 Werle, Gerhard; Jeßberger, Florian, 전게서, p. 494.

1310) 로마규정은 부속의정서 I 제35조 제3항, 제51조 제4항과 제5항, 제55조 제1항 등에 근거한 것이다. 특히 제85조 제3항 (b)는 이러한 공격으로 인하여 사망이나 신체 또는 건강에 대한 중대한 상해를 야기한 경우 제네바협정 부속의정서 I에 대한 심각한 위반에 해당된다고 규정하고 있다.

1311) Jean-Marie Henckaerts, Louise Doswald-Beck, 전게서, p. 577.

본 범죄의 경우 비군사목표물을 의도적인 공격 대상으로 삼았을 필요는 없다. 그러나 민간인 혹은 비군사목표물을 의도적으로 공격한 경우에는 그러한 공격으로 인하여 예상되는 피해의 정도는 범죄의 성립과 무관함에 반하여 본 범죄는 민간인이나 민간 목적물에 대한 과도한 손해가 예상되는 경우이어야 한다. 공격에 따른 손해가 실제로 발생하는 것이 일반적일 것이나 그러한 손해가 실제로 발생하여야 하는 것은 아니며 과도한 부수적 손해가 예상됨에도 공격하였으면 족하다.[1312]

군사작전을 이유로 환경에 대하여 과도한 손해를 가하는 것은 국제관습법에서도 금지되어 왔다.[1313] 로마규정 제8조 제2항 (b)(iv)은 자연환경과 관련하여 예상되는 결과가 광범위하고 장기적이며 중대한 것이어야 한다고 규정하고 있다. 이는 실제로 발생하는 전투의 여러 유형에 비추어 일정 부분 환경에 대한 부수적 손해가 발생될 수 있으므로 적용 요건을 강화하고 있는 것으로 생각된다.[1314]

'민간인 주민', '민간 목적물', '공격' 등의 개념은 로마규정 제8조 제2항 (b)(i), (ii)의 경우와 동일하다. 로마규정 제8조 제2항 (b)(iv)는 주민, 민간 목적물 혹은 환경에 대해 예상되는 피해가 반드시 '예상되는 구체적이고 직접적인 제반 군사적 이익과의 관계에 있어서 명백히 과도'한 것이어야 한다고 규정하고 있다. 이러한 요건은 부속의정서 I에 비하여 강화된 것으로 비례성의 원칙을 특별히 심하게 위반한 경우에만 로마규정이 적용되도록 한 것이다.[1315]

범죄자는 특정 목표물에 대한 공격을 의도하는 것 이외에 민간인 또는 민간 목표물에 대하여 예상되는 군사적 이익과의 관계에서 현저히 과도한 피해를 가져온다는 점을 인식하였어야 한다.[1316] 로마규정 범죄구성요건 제8조 제2항 (b)(iv) 3호 각주 37은 일반적 경우와 달리 주관적 측면에서 이러한 점에 대한 범죄자의 판단이 요구됨을 명시하고 있다.[1317] 또한 로마규정 범죄구성

1312) Werle, Gerhard; Jeßberger, Florian, 전게서, p. 491.

1313) 상세한 것은 Fleck, Dieter, 전게서, p. 126; 환경변경기술의 군사적 또는 기타 적대적 사용의 금지에 관한 협약(Convention on the Prohibition of Military or Any Other Hostile Use of Environmental Modification Techniques, ENMOD)은 광범위 또는 장기적이거나 격심한 효과를 미치는 환경변경기술을 전쟁수단으로 사용하는 것을 금지하고 있다. 위 협약은 1976년 12월 10일 뉴욕에서 작성되어 1978년 10월 5일 발효되었으며 우리나라에 대하여는 1986년 12월 2일 조약 제909호로 발효되었다.

1314) 본 조항의 요건이 적용될 수 있는 구체적 상황에 대한 논의는 Werle, Gerhard; Jeßberger, Florian, 전게서, p. 493.

1315) Werle, Gerhard; Jeßberger, Florian, 전게서, p. 494; 그러나 이와 달리 기존의 부속의정서 I 제85조 제3항 (b)과의 관계에서 이러한 추가적 문언이 적용범위에 있어 특별한 차이를 가져오지 않는다는 견해도 존재한다. Jean-Marie Henckaerts, Louise Doswald-Beck, 전게서, p. 577.

1316) Werle, Gerhard; Jeßberger, Florian, 전게서, p. 494; Galić, ICTY (TC), judgment of 5 December 2003, para. 59.

1317) 로마규정 범죄구성요건 제8조 (2)(b)(iv) 3. 각주 37 'As opposed to the general rule set forth in paragraph 4 of the General Introduction, this knowledge element requires that the perpetrator make the value judgement as described therein. An evaluation of that value judgement must be based on the requisite information

요건은 군사적 이익이 공격 대상과 시간적 또는 장소적으로 연관되어 있을 필요가 없다는 점을 명백히 하고 있다.[1318]

〔국제범죄법 제13조 제1항 제3호, 제3항 등〕

① 국제적 무력충돌 또는 비국제적 무력충돌과 관련하여 다음 각 호의 어느 하나에 해당하는 행위를 한 사람은 무기 또는 3년 이상의 징역에 처한다.

  3. 군사작전상 필요에 비하여 지나치게 민간인의 신체·생명 또는 민간 대상물에 중대한 위해를 끼치는 것이 명백한 공격 행위

② 제1항 제1호부터 제6호까지의 죄를 범하여 인도에 관한 국제법규에 따라 보호되는 사람을 사망 또는 상해에 이르게 한 사람은 다음의 구분에 따라 처벌한다.

  1. 사망에 이르게 한 사람은 사형, 무기 또는 7년 이상의 징역에 처한다.

  2. 중대한 상해에 이르게 한 사람은 무기 또는 5년 이상의 징역에 처한다.

③ 국제적 무력충돌 또는 비국제적 무력충돌과 관련하여 자연환경에 군사작전상 필요한 것보다 지나치게 광범위하고 장기간의 중대한 훼손을 가하는 것이 명백한 공격 행위를 한 사람은 3년 이상의 유기징역에 처한다.

④ 제1항 또는 제3항에 규정된 죄의 미수범은 처벌한다.

우리 국제범죄법 제13조 제1항 제3호는 국제적 무력충돌의 경우 뿐 아니라 비국제적 무력충돌과 관련하여서도 과도한 부수적 피해를 야기하는 공격을 전쟁범죄로 인정하고 있다. 그리고 환경에 대하여 과도한 피해를 입히는 공격도 조항을 구분하여 제13조 제3항에 별도로 규정하고 있으며 이에 대한 보호범위도 비국제적 무력충돌로 확장하고 있다.[1319]

민간인이나 민간목적물은 합법적 군사 공격의 대상이 될 수 없으나 군사기지 내에 민간인이 존재하거나 또는 군사시설 내에 직접 위치하지는 않더라도 군사시설 인근 주민은 적군의 무기 사용 위험에 노출될 수 있다. 또한 무기의 결함, 무기 사용의 잘못 등에 의하여도 민간인에 대한 사상이나 민간 목적물의 파괴라는 결과가 발생할 수 있다.[1320]

이처럼 본 조항의 대상 행위는 비록 민간인 등을 지향하여 이루어진 것은 아니나 예상되는 부수적 손해가 비례적이지 않을 경우를 상정한 것이다. 부속의정서 I의 규정과 달리 살상의 결과 등이 발생할 필요가 없이 '공격행위'만으로 본 범죄는 성립할 수 있다.[1321] 사람에 대한 살상의

---

available to the perpetrator at the time.'

1318) 로마규정 범죄구성요건 제8조 (2)(b)(iv) 2. 각주 36.

1319) 독일 국제범죄법은 자연환경에 대하여는 국제적 무력충돌에 있어서만 범죄로 규정하고 있다. 독일 국제범죄법 제13조 제3항 참조; 환경에 대한 불균형적인 피해를 야기하는 범죄는 국제적 무력충돌로 제한된다는 견해는 Werle, Gerhard; Jeßberger, Florian, 전게서, p. 494.

1320) MüKoStGB/Dörmann VStGB § 11 Rn. 79.

1321) 이처럼 결과의 발생이 요구되지는 않으나 실제로 결과가 발생하지 않은 경우에는 비례성과 관련된 주관적

결과가 발생한 경우 제13조 제2항에 따라 가중처벌된다.

'군사작전상 필요에 비하여 지나치게 민간인의 신체·생명 또는 민간 대상물에 중대한 위해를 끼치는 것이 명백'한 경우라는 요건은 비례성의 원칙을 선언한 것이다. 비례성 원칙 위반 여부를 판단하기 위한 비교 기준으로 로마규정에는 '예상되는 구체적이고 직접적인 제반 군사적 이익'이라는 개념이 사용됨에 반하여 우리 국제범죄법은 단순히 '군사작전상 필요'라는 다소 완화된 요건을 규정하고 있다. 그러나 모규범이라는 할 수 있는 로마규정의 내용과 본 조항의 입법취지, '군사적 필요성' 개념의 모호성 등을 고려할 때 우리 국제범죄법에 있어서도 로마규정의 경우와 같이 '예상되는 구체적이고 직접적인 제반 군사적 이익'을 비교 대상으로 하여 본 조항의 적용 여부를 판단하여야 할 것이다.[1322]

비례성 원칙 위반 여부에 대한 평가는 구체적 상황을 고려하여 이루어져야 하나 실제 사건에서 군사적 필요성과 보호되는 법익의 침해를 비교 교량하는 것은 쉽지 않은 과제이다. 국제형사재판소 검찰은 북한의 연평도 포격 사건과 관련하여 이러한 판단의 어려움을 명시적으로 표명한 바 있다. 본 조항을 적용하려면 예상되는 민간 피해와 예상되는 군사적 이익 그리고 그러한 상황에서 민간 피해가 군사적 이익에 비하여 과도한 것이었는가 여부에 대한 비교평가가 필요하나 예상되는 민간인 등에 대한 피해와 군사적 이익을 정확하게 계산해 내는 것이 어렵고 양자를 비교 측정하는 것에 관한 통일된 방법 역시 존재하지 않는다는 것이다.[1323] 공격을 가하는 사람은 군사적 이익과 구체적으로 예상되는 민간인 등에 대한 피해를 구체적으로 살펴 이를 저울질하여야 할 것이나 국제범죄법의 '명백한'이라는 요건에 따라 본 범죄의 성립 범위는 상당히 제한되는 것으로 보인다.[1324] 특히 행위자의 이러한 판단이 큰 긴장감 속에서 진행되는 매우 짧은 전투의 순간에 이루어진다는 사실도 참작되어야 할 것이다.[1325] 사후적으로 발생한 피해 상황은 비례성을 평가하는 중요한 자료일 것이나 비례성에 대한 평가가 사후적 상황을 전제로 하는 것이어서는 안 되며 행위 당시 당사자가 취득 가능하였던 정보가 제한되어 잘못된 평가에 이르게 되었다면 형사책임이 배제될 수 있다.[1326] 결국 사전적으로 이루어진 지휘관의 판단이 중요한 것으로 당시 예상된 민간인의 피해가 실제로 발생한 피해보다 적은 것이었다면 실제로 발생한 피해가 비례적인 것이 아니라 하더라도 본 범죄는 성립하지 않으며 예상되는 군사적 이익이 실제 언

요건을 입증하기가 용이하지 않을 것이다. MüKoStGB/Dörmann VStGB § 11 Rn. 81.

1322) 독일 국제범죄 제11조 제1항 제3호 등 참조; 공격의 직접적 피해뿐만 아니라 만일 그것이 충분히 예상되는 경우라면 물이나 전기의 단절로 병원이 막대한 피해를 입는 것과 같은 간접피해도 포함되는 것으로 해석할 수 있다는 것은 MüKoStGB/Dörmann VStGB § 11 Rn. 87.

1323) Republic of Korea Article 5 Report, p. 7.

1324) MüKoStGB/Dörmann VStGB § 11 Rn. 91.

1325) 왜냐하면 본 범죄는 명백히 고의 범죄로서 명문의 규정 없이 과실적 요소를 도입하기는 어렵기 때문이다. MüKoStGB/Dörmann VStGB § 11 Rn. 154.

1326) MüKoStGB/Dörmann VStGB § 11 Rn. 154.

어진 이익보다 적다 하더라도 동일하다.[1327] 이처럼 범죄자가 행위 당시 군사적 이익에 비하여 과도한 민간인 손해를 야기하는 비례성을 상실하는 공격이라는 점을 인식하는 것이 본 범죄의 중요한 요건이다.[1328]

자연환경에 대한 피해의 경우 자연환경의 구체적 개념이 국제인도법에 규정되어 있지 않으며 국제형사법 영역에서도 이에 대한 명확한 정의 규정이 없다.[1329] 본 조항은 일반적으로 전투에서 발생할 수 있는 범위를 넘어서는 광범위하고 장기간의 중대한 환경 훼손을 가하는 것이 명백한 행위만을 대상으로 하는 것으로 이러한 요건은 중첩적인 것이다.[1330] 자연환경에 가해지는 손해 역시 공격으로 인한 군사적 이익과 비교하여 비례성에 위반한 것이어야 한다는 사실이 별도의 요건으로 규정되어 있다.[1331]

제4절 비군사목표물 등에 대한 특별조항

1. 특별히 보호되는 목표물에 대한 공격

〔로마규정 제8조 제2항 (b)(ix) (e)(iv)〕

군사목표물이 아닌 것을 조건으로, 종교·교육·예술·과학 또는 자선 목적의 건물, 역사적 기념물, 병원, 병자와 부상자를 수용하는 장소에 대한 고의적 공격

(Intentionally directing attacks against buildings dedicated to religion, education, art, science or charitable purposes, historic monuments, hospitals and places where the sick and wounded are collected, provided they are not military objectives)

1327) MüKoStGB/Dörmann VStGB § 11 Rn. 95.

1328) 행위자는 이와 같이 비례성의 상실을 근거짓는 사실관계를 인식하면 족할 것이다. 이러한 관계를 잘못 인식한 경우는 일반적인 착오 규칙에 따를 것이나(BT-Drucks. 14/8524, S. 34) 전제된 사실관계를 모두 인식하였다면 합리적 지휘관의 기준에 따라 이에 대한 비중을 잘못 저울질하였다 하더라도 범죄의 성립은 조각되지 않는 것이 일반적이라는 것은 MüKoStGB/Dörmann VStGB § 11 Rn. 153; 판단의 주체를 합리적 지휘관을 기준으로 볼 것인가 아니면 실제 범죄자가 처한 상황에서 합리적으로 정보를 제공받은 사람으로 볼 것인가에 대한 논란 등에 대한 것은 Final Report to the Prosecutor by the Committee Established to Review the NATO Bombing Campaign Against the Federal Republic of Yugoslavia, para. 50.

1329) 인간이 생활을 영위하는 환경을 포괄하는 광범위한 것으로 이해되어야 하며 따라서 동식물환경 등 생물학적 요소와 기후적 요소를 포괄하는 것으로 이해하는 입장은 C. Pilloud and J.S. Pictet, in Y. Sandoz, C. Swinarski, and B. Zimmermann (eds), Commentary to the Additional Protocols (1987), para. 2126; 범죄자 국가의 자연환경도 보호대상이 된다는 주장은 MüKoStGB/Dörmann VStGB § 11 Rn. 168.

1330) 수백제곱 킬로미터에 달하는 피해가 10년을 넘어 지속될 경우 광범위 요건과 장기간 요건을 충족시키며 중대성 요건은 전체 생태환경에 미치는 영향을 고려하여 판단되어야 하므로 유전적 재생능력을 가진 생태계가 파괴되어 재생산이 이루어지지 않는 경우나 현재 혹은 장래에 있어서 수천 명의 사람에 대하여 건강악화나 사망을 야기하는 경우가 해당할 수 있다는 견해에 대한 소개는 MüKoStGB/Dörmann VStGB § 11 Rn. 172, 173.

1331) 자연에 대한 광범위하고 장기간의 심각한 피해를 가한다는 요건의 중대성에 비추어 비례성 요건이 별도의 독자적 의미를 가질 수 없다는 견해는 MüKoStGB/Dörmann VStGB § 11 Rn. 174.

로마규정 제8조 제2항 (b)(ix)는 특별히 중요한 가치를 갖는 종교, 예술 목적의 건물이나 역사적 기념물, 병원, 병자와 부상자를 수용하는 장소 등에 대한 공격을 전쟁범죄로 규정하고 있다.[1332] 이러한 목적물에 대한 공격은 일반적인 민간 목적물 공격을 규정한 로마규정 제8조 제2항 (b)(ii)의 특별한 경우로 ICTY는 이러한 특별규정은 민간 목적물 공격을 처벌하는 규정에 대한 특별법에 해당하는 것으로 판시하고 있다.[1333]

1863년의 Lieber Code 제35조에서도 병원과 예술품은 이미 보호되고 있었으며 헤이그육전규범은 종교, 예술, 학술 및 자선의 용도에 제공되는 건물, 병원 등에 대한 특별한 보호와 역사적 기념비, 예술 및 학술작품, 종교, 자선, 교육, 예술 및 학술에 사용되는 시설에 대한 압수, 파괴 또는 고의적 손상을 금지하고 있다.[1334] 또한 제네바협정은 병원과 아프거나 병든 사람들이 존재하는 장소에 대한 보호를 규정하고 있으며[1335] 부속의정서 I 제53조 (a)는 국민의 문화적 또는 정신적 유산을 형성하는 역사적 기념물, 예술작품 또는 예배장소를 목표로 한 적대행위를 금지하고 있다. 그리고 제85조 제4항 (d)에서는 군사적 목적으로 사용되지 않고 군사목표물에 바로 인접하여 소재하지 아니한 문화적, 정신적 유산인 역사적 기념물, 예술작품, 또는 예배장소에 대한 광범위한 파괴행위를 의정서에 대한 중대한 위반으로 규정하고 있다.[1336] 무력충돌 시 문화재보호를 위한 협약과 부속의정서에는 문화적 재산에 대한 보다 상세한 규칙이 있다.[1337]

본 조항에서의 범죄행위 역시 본 조항에 명시되어 있는 목적물을 공격하는 것이다. 로마규정은 군사목표물이 아닐 것을 요건으로 규정하고 있으므로 대상물이 군사목표물로 간주될 경우에는 본 조항이 적용되지 않는다.[1338] '공격(attack)'의 개념은 민간인 주민이나 민간 목적물에 대

1332) 본 조항은 국제관습법을 반영한 것이다. Brđanin, ICTY (TC), judgment of 1 September 2004, para. 595; Strugar, ICTY (TC), judgment of 31 January 2005, paras. 303 et seq; Jean-Marie Henckaerts, Louise Doswald-Beck, 전게서, p. 580.

1333) Strugar, ICTY (TC), judgment of 31 January 2005, para. 302; Martić, ICTY (TC), judgment of 12 June 2007, para. 97.

1334) 헤이그육전규범 제27조, 제56소.

1335) 제네바협정 I 제19조에서 제23조, 제네바협정 II 제22조에서 제24조, 제35조, 제네바협정 IV 제14조, 제18조, 제19조.

1336) 군사목표물에 대한 인접성 요건에 대하여는 임시재판소의 판례가 일관되어 있지 않다. 인접성을 승인한 것으로는 Blaškić, ICTY (TC), judgment of 3 March 2000, para. 185. 인접성을 부정하는 것으로는 Strugar, ICTY (TC), judgment of 31 January 2005, paras. 300 et seq, Naletilić and Martinović, ICTY (TC), judgment of 31 March 2003, para. 604, Martić, ICTY (TC), judgment of 12 June 2007, para. 98 등.

1337) 1954년 5월 14일 무력충돌시 문화재보호를 위한 협약(Convention for the Protection of Cultural Property in the Event of Armed Conflict) 제4조 참조; 1999년 3월 26일자 위 협정에 대한 두 번째 의정서(Second Protocol to the Hague Convention of 1954 for the Protection of Cultural Property in the Event of Armed Conflict The Hague, 26 March 1999) 제6조 (a)는 문화재가 군사적 목적으로 사용되고 있고 필요한 군사적 이익을 얻기 위한 다른 실행 가능한 대안이 존재하지 않을 경우에만 공격이 허용되는 것으로 예외의 적용범위를 더욱 제한하고 있으며 제15조 제1항은 이러한 문화재에 대한 공격을 형사처벌의 대상으로 규정하고 체약당사국에 대하여 기소 의무를 부과하고 있다.

1338) Strugar, ICTY (TC), judgment of 31 January 2005, para. 310; Brđanin, ICTY (TC), judgment of 1 September

한 공격 개념과 동일하게 부속의정서 I 제49조 제1항이 적용된다.

로마규정 제8조 제2항 (e)(iv)는 국제관습법을 반영하여 국제적 무력충돌의 경우와 동일한 내용을 비국제적 무력충돌의 경우에 있어서도 규정하고 있다. 비록 헤이그육전규범이 내전에는 적용되지 않으나 부속의정서 II 제11조는 의무부대 및 수송수단의 보호를 규정하고 있으며 제16조에서는 문화적·정신적 유산을 구성하는 역사적 기념물, 예술작품 또는 예배장소에 대한 적대행위나 군사적 노력지원에 이들을 사용하는 것을 금지하고 있다. 또한 무력충돌 시 문화재 보호를 위한 협약은 비국제적 무력충돌에도 적용되는 것이다. 로마규정은 비국제적 무력충돌의 경우에 이러한 행위를 전쟁범죄로 명시한 최초의 국제조약으로 전쟁범죄 영역에 있어 의미 있는 진보로 평가받고 있다.[1339]

2. 무방호(無防護) 지역에 대한 공격

〔로마규정 제8조 제2항 (b)(v) - 국제적 무력충돌〕
어떤 수단에 의하든, 방어되지 않고 군사목표물이 아닌 마을·촌락·거주지 또는 건물에 대한 공격이나 폭격
(Attacking or bombarding, by whatever means, towns, villages, dwellings or buildings which are undefended and which are not military objectives)

로마규정은 국제적 무력충돌의 경우 방어되지 않는 마을 등에 대한 공격이나 폭격을 제8조 제2항 (b)(v)에서 전쟁범죄로 규정하고 있으나 비국제적 무력충돌에 대하여는 이러한 조항을 두고 있지 않다. 그러나 무방호 지역에 대한 공격 금지를 국제적 무력충돌의 경우로 제한하는 것은 국제관습법에 역행하는 것으로 설득력이 없다는 비판이 있다.[1340] ICTY 판례 역시 비국제적 무력충돌의 경우에도 이러한 금지가 적용되어야 한다는 입장이다.[1341]

헤이그육전규범 제25조는 방어되지 않은 도시, 촌락, 주택 또는 건물에 대한 공격 또는 포격을 금지하고 있으며 부속의정서 I 제59조 제1항 역시 방어되지 않는 장소에 대한 공격을 금지하고 있다. ICTY 법령 제3조 (c)도 이와 유사한 조항을 두고 있다.

방어되지 않는 마을 등에 대한 공격을 금지하는 근거는 아무런 저항을 받지 않고 점령이 가능한 지역임에도 공격을 가하는 것은 비례성을 상실한 불균형적인 공격이라는 점에 있다.[1342] 따라서 공격 대상이 방어되지 않아 쉽게 점령이 가능함에도 군사력이 불필요하게 사용되어서는 안

2004, paras. 596 et seq; Martić, ICTY (TC), judgment of 12 June 2007, para. 98.
1339) Werle, Gerhard; Jeßberger, Florian, 전게서, p. 490.
1340) Werle, Gerhard; Jeßberger, Florian, 전게서, p. 496.
1341) Kupreškić et al., ICTY (TC), judgment of 14 January 2000, paras. 521 et seq; 우리나라와 독일의 국제범죄법은 본 범죄를 비국제적 무력충돌의 경우로 확대하고 있다. 우리나라 국제범죄법 제13조 제1항 제2호, 독일 국제범죄 제11조 제1항 제2호.
1342) Werle, Gerhard; Jeßberger, Florian, 전게서, p. 495.

된다.1343) 로마규정 범죄구성요건은 공격 금지 대상이 저항 없이 점령이 가능한 곳임을 명백히 하고 있다.1344)

무방호 지역의 요건은 부속의정서 I 제59조 제2항에 비교적 상세히 규정되어 있다. 당해 지역은 사람이 거주하는 곳으로 전쟁지역에 위치해야 하며 적군의 점령에 개방되어 있어야 한다. 또한 필요한 경우 다른 조치 없이 점령이 가능하도록 장벽 및 지뢰 제거 등 실제적 조치도 취해져야 한다. 일방 당사국은 일정한 지역이 적대국에 의한 점령을 위하여 개방되어 있음을 선언할 수도 있다.1345) 당해 지역 내에 제네바협정이나 부속의정서에 의하여 보호되는 사람 혹은 법질서 유지를 유일한 목적으로 하는 경찰력이 존재한다 하더라도 무방호 지역에 해당할 수 있다. 따라서 군대에 소속되어 있기는 하나 부상당하거나 아픈 사람들, 의료시설에 수용되어 있는 전쟁포로, 군대의료진과 군목 등의 존재는 무방호 지역으로 인정하는데 아무런 장애를 가져오지 않는다.1346)

무방호 지역은 전투지역이나 전투지역과 인접한 장소이어야 한다. 전투지역에 근접해 있지 않을 경우 추가적 행위 없이는 점령될 수 없기 때문이다.1347) 따라서 적군 전선 후방의 배후지를 공격하는 것은 여기에 해당하지 않는다.1348)

로마규정은 무방호 지역이 군사목표물이 아니어야 한다고 규정하고 있다. 그러나 대상 지역이 만일 군사목표물이라면 상대방이 이를 보호되지 않은 상태로 내버려 두지 않을 것이므로 다소 논란은 있으나 무방호 지역이 군사목표물일 수는 없을 것이다. 따라서 이러한 지역은 단순히 점령 등을 통하여 쉽게 군사적 목적을 이룰 수 있고 일반적으로는 상대편이 공격 자원을 투입하는 군사목표물이 아닐 것이므로 이러한 추가 요건은 독립적 중요성을 거의 갖지 못하는 것으로 평가된다.1349) 그러나 방어되지 않는 지역에 군사목표물이 실제로 존재한다면 무방호 지역이라는 이유로 이러한 지역을 군사목표물로 간주하는 것을 방해하는 것은 아니다.1350)

공격 개념은 부속의정서 I 제49조에 의하여 해석되며 로마규정 제8조 제2항 (b)(v)는 '폭격

1343) Ambos, Kai, 전게서 II, p. 175.
1344) 로마규정 범죄구성요건 제8조 제2항 (b)(v) 2. Such towns, villages, dwellings or buildings were open for unresisted occupation.
1345) 부속의정서 I 제59조.
1346) 로마규정 범죄구성요건 제8조 제2항 (b)(v) 각주 38; 부속의정서 I 제59조 제3항; 정복 경찰은 부속의정서 I 제43조 제1항에 의하여 무장병력에 해당할 수 있는 까닭에 명확화를 위하여 이러한 규정을 두게 되었다는 설명은 Werle, Gerhard; Jeßberger, Florian, 전게서, p. 495.
1347) Ambos, Kai, 전게서 II, p. 175.
1348) Fleck, Dieter, 전게서, p. 206; 이러한 공격이 경우에 따라서는 민간 목표물에 대한 공격에 해당될 수 있을 뿐이다.
1349) Werle, Gerhard; Jeßberger, Florian, 전게서, p. 495.
1350) Ambos, Kai, 전게서 II, p. 176; 무방호지역은 법률에 의하여 인정되는 것인 반면 부속의정서 I 제60조에 근거한 비무장지대(Demilitarized zones)는 충돌당사자간 합의에 의한 것이다. 그러나 이러한 차이점 이외에는 비무장지대 역시 무방호지역에 상응하는 것이다. MüKoStGB/Dörmann VStGB § 11 Rn. 70.

(bombarding)'을 함께 규정하고 있어 공중으로부터의 공격도 당연히 포함된다.

3. 국제범죄법

〔국제범죄법 제13조 제1항 제2호 등〕

① 국제적 무력충돌 또는 비국제적 무력충돌과 관련하여 다음 각 호의 어느 하나에 해당하는 행위를 한 사람은 무기 또는 3년 이상의 징역에 처한다.

    2. 군사목표물이 아닌 민간 대상물로서 종교·교육·예술·과학 또는 자선 목적의 건물, 역사적 기념물, 병원, 병자 및 부상자를 수용하는 장소, 무방비 상태의 마을·거주지·건물 또는 위험한 물리력을 포함하고 있는 댐 등 시설물을 공격하는 행위

② 제1항 제1호부터 제6호까지의 죄를 범하여 인도에 관한 국제법규에 따라 보호되는 사람을 사망 또는 상해에 이르게 한 사람은 다음의 구분에 따라 처벌한다.

    1. 사망에 이르게 한 사람은 사형, 무기 또는 7년 이상의 징역에 처한다.

    2. 중대한 상해에 이르게 한 사람은 무기 또는 5년 이상의 징역에 처한다.

④ 제1항 또는 제3항에 규정된 죄의 미수범은 처벌한다.

국제범죄법 제13조 1항 2호는 종교·교육·예술·과학 또는 자선 목적의 건물, 역사적 기념물, 병원, 무방비 상태의 마을, 또는 위험한 물리력을 포함하고 있는 댐 등 시설물을 공격하는 행위를 전쟁범죄로 규정하고 있다.[1351] 본 범죄의 대상이 되는 이러한 장소들은 국제인도법상 특별히 높은 수준의 보호대상이 되고 있다. 로마규정과 달리 국제범죄법은 이러한 범죄를 비국제적 무력충돌의 경우로 확대하고 있으며 군사목표물이 아닐 것을 요건으로 명시하고 있다.[1352] 특히 국제범죄법은 부속의정서 I 제56조와 부속의정서 II 제15조 제1항에 규정된 위험한 시설들도 함께 포함시켜 규정하고 있다.[1353]

1351) 본 조항은 기본적으로 로마규정 제8조 제2항 (b)(v), (ix), 부속의정서 I 제85조 제3항 (d) 제4항 (d), 로마규정 제8조 제2항 (e)(iv)(xii) 등과 국제관습법에 근거한 것이다.

1352) 이들은 모두 군사목표물이 아니라 민간 대상물의 성격을 가지고 있어야 하는 까닭에 일부 입법례에서는 민간 목적물에 대한 처벌조항과 본 조항을 통합하여 규정하고 있다. 우리도 이러한 입법례를 따르려 한 것으로 보이나 앞서 본 바와 같이 우리 국제범죄법에는 공격 금지의 원칙적 대상인 민간 대상물 자체가 범죄의 객체에서 누락되어 있는 흠결이 존재한다.; 본 조항의 대상이 군사목표물이 아닌 경우라면 당연히 조약법이나 국제관습법 모두에 의하여 보호되나 군사목표물에 해당할 경우에는 국제적 무력충돌과 비국제적 무력충돌 사이에 일정한 간극이 발생한다. 위험한 물리력을 포함하는 사업장 및 시설물의 보호와 관련하여 부속의정서 II 제15조는 '동 대상들이 군사적 목표물일지라도 그러한 공격이 위험한 물리력의 방출 및 그에 따른 중대한 손실을 민간인 주민에게 초래할 수 있는 경우에는 공격의 대상이 되어서는 아니 된다.' 규정하고 있으나 부속의정서 I 제56조는 원칙적 금지와 이에 대한 일정한 예외를 규정하고 있다. 국제관습법에 의하면 민간인에게 심각한 위해를 발생시킬 경우 고양된 의무가 인정될 수 있으며 이 경우 민간인에 대한 손실은 부속의정서 I 제51조 제5항에 따라 결정되어야 한다는 견해는 MüKoStGB/Dörmann VStGB § 11 Rn. 75.

1353) 전제되는 국제인도법의 내용은 열거적인 것이므로 댐, 수로, 원자력 발전소만이 보호된다는 것은 C. Pilloud and J.S. Pictet, in Y. Sandoz, C. Swinarski, and B. Zimmermann (eds), Commentary to the Additional

본 조항에서의 지향 공격의 내용은 민간인에 대한 공격에 대한 부분과 동일하다. 범죄자는 대상물이 본 조항에 규정된 민간 대상물임을 인식하게 하는 상황을 인식하였어야 한다.[1354]

본 범죄는 거동범으로 결과의 발생이 요구되지 않는다. 다만 중대한 결과를 발생한 경우에 대하여는 제2항에서 형을 가중하고 있다.

제 5 절 민간인 등의 보호를 위한 특별조항

1. 인간방패의 금지

〔로마규정 제8조 제2항 (b)(xxiii) – 국제적 무력충돌〕
특정한 지점, 지역 또는 군대를 군사작전으로부터 면하도록 하기 위하여 민간인 또는 기타 보호인물의 존재를 이용하는 행위
(Utilizing the presence of a civilian or other protected person to render certain points, areas or military forces immune from military operations)

로마규정 제8조 제2항 (b)(xxiii)는 국제적 무력충돌에 있어서 특정한 지역 등에 대한 군사작전을 면하도록 하기 위하여 민간인 또는 보호받는 인물의 존재를 이용하는 인간방패 사용 행위를 국제범죄로 규정하고 있다. 따라서 상대편의 공격을 방지하는 방어수단으로 민간인이나 보호받은 사람의 존재를 활용하는 것은 금지된다. 이와 같은 인간방패 이용의 금지는 부속의정서 I 제51조 제7항뿐만 아니라 제네바협정 III 제23조와 제네바협정 IV 제28조 등에 규정되어 있다.[1355]

로마규정은 인간방패의 금지를 국제적 무력충돌의 상황으로 제한하고 있으나 ICTY 판례는 비국제적 무력충돌에도 적용되는 것으로 판시하고 있다.[1356] 민간인 등을 모든 유형의 충돌 상황에서 포괄적으로 보호하려는 최근의 경향에 비추어 볼 때 로마규정에서의 이러한 제한성은 비판의 대상이 되고 있다.[1357] 우리나라와 독일의 국제범죄법은 모두 인간방패의 금지를 비국제적 무력충돌에도 적용하고 있다.[1358]

Protocols (1987), para. 2148; 우리 국제범죄법에 규정된 위험한 물리력을 포함하고 있는 시설물에는 원자력 발전소와 제방도 포함된다는 것은 김영석, 『국제형사재판소 관할 범죄의 처벌 등에 관한 법률 해설서』, 서울 : 법무부, 2008. 제89면; 우리나라는 불가피한 군사적 필요성이 없음에도 특별보호 문화재 등을 훼손하는 행위를 규제하는 무력충돌 시 문화재 보호에 관한 법률(안)에 대한 입법을 추진한 바 있다. 문화재청 홈페이지 http://www.cha.go.kr/lawBbz/selectLawBbzView.do?id=2750&mn=NS_03_03_01 참조; 6·25 당시 공중폭격과 관련하여 8만대장경을 지켜낸 고 김영환 장군(1921~1954)은 2010년 금관문화훈장(1등급)에 추서되었다. 2010년 8월 20일자 데일리안 참조.

1354) MüKoStGB/Dörmann VStGB § 11 Rn. 151.

1355) 다만 이러한 조항 위반이 제네바협정이나 부속의정서의 심각한 위반으로는 규정되어 있지 않다.

1356) Blaškić, ICTY (TC), judgment of 3 March 2000, paras. 709 et seq.

1357) Werle, Gerhard; Jeßberger, Florian, 전게서, p. 509.

1358) 우리 국제범죄법 제13조 제1항 제4호, 독일 국제범죄법 제11조 제1항 제4호.

민간인 등 보호받는 사람의 보호는 일차적으로는 공격을 가하는 당사자에 대하여 이들에 대한 공격을 금지함으로써 달성될 수 있다. 그러나 공격을 방어하는 당사자가 이들을 인간방패로 악용할 경우 국제인도법에 의하여 보호받는 사람이 공격받을 수 있는 상황이 조성된다. 왜냐하면 인간방패를 활용하는 상황이 민간인에 대한 공격금지 규범의 준수의무를 면제시키는 것은 아니지만[1359] 민간인에 대한 보호가 절대적인 것이 아니기 때문이다. 공격이 이루어지는 상황에 따라서는 민간인에 대한 의도적 공격 금지가 아닌 비례성의 원칙에 따른 민간인 공격의 제한만이 존재할 수 있어 인간방패의 사용이 민간인에 대한 피해를 유발하는 상황을 야기할 수 있다.[1360] 이처럼 인간방패의 금지는 보호받는 민간인 등을 군사적 방어수단으로 악용하여 민간인 등을 공격 대상이 되는 위험에 빠뜨리는 행위를 금지하는 것이다. 민간인을 인간방패로 사용한 사례는 제2차 대전뿐만 아니라 구 유고 내전에서도 발생하였다.[1361]

본 조항에서 금지되는 행위는 특정한 지점, 지역 또는 군대를 군사작전으로부터 면하도록 하기 위하여 민간인 또는 기타 보호받는 인물의 존재를 이용하는 것이다. 로마규정 범죄구성요건은 본 조항의 보호대상자를 민간인 또는 무력충돌에 관한 국제법에 의하여 보호받는 인물로 명시하고 있다.[1362]

'민간인 등의 존재를 이용하는 행위'는 민간인 등을 인간방패로 이용하기 위하여 이들을 필요한 장소로 이동시키거나 민간인 등이 현재 존재하는 위치를 활용하는 것이다. 따라서 여기에는 민간인에 대한 적극적 이동 지시를 통하여 이들을 인간방패로 활용하는 상황을 조성하거나 민간인 주변으로 보호하고자 하는 군사목표물을 이동시키는 방법 등이 모두 포함된다.[1363]

범죄자는 군사목적물이나 군사작전을 돕거나 방어하려는 목적을 가지고 있어야 한다.[1364]

1359) 부속의정서 I 제51조 제8호 참조.

1360) 그러나 인간방패에 둘러싸인 대상물을 공격함에 있어 당사자는 비례성의 원칙을 준수하여야 하며 과도한 숫자의 민간인이 살상된다면 이러한 공격은 비례성을 상실한 것으로 전쟁범죄에 해당할 수 있다. Werle, Gerhard; Jeßberger, Florian, 전게서, p. 508.

1361) J.S. Pictet, Geneva Convention IV, para. 208; Blaškić, ICTY (AC), judgment of 29 July 2004, para. 647; Blaškić, ICTY (TC), judgment of 3 March 2000, paras. 709 et seq; Kordić and Čerkez, ICTY (TC), judgment of 26 February 2001, para. 256; 1991년 걸프 전쟁에서 이라크 군이 인간방패를 사용하였다는 논란이 있으며 이러한 내용이 Gerhard Werle, Principles of International Criminal Law. Cambridge : Cambridge University Press(2005) 366면에는 명시되어 있었으나 신판에서는 삭제되었다.

1362) 로마규정 범죄구성요건 제8조 (2)(b)(xxiii) 1. The perpetrator moved or otherwise took advantage of the location of one or more civilians or other persons protected under the international law of armed conflict.

1363) Werle, Gerhard; Jeßberger, Florian, 전게서, p. 508; 따라서 자발적으로 이동하고 있는 민간인을 방어수단으로 활용하기 위하여 피난민 행렬의 주변으로 군사조직을 위치시키는 행위도 본 조항에 해당된다. 부속의정서 I 제51조 제7항 참조.

1364) 로마규정 범죄구성요건 제8조 (2)(b)(xxiii) 2. The perpetrator intended to shield a military objective from attack or shield, favour or impede military operations; 군대 지휘부나 군수 공장들이 민간인 지역의 중심에 위치하는 사례나 군대가 도시를 통과하여 이동하는 경우가 흔히 발생한다는 점에서 이와 같은 목적에 대한 입증이 용이하지 않음을 지적하는 견해는 Werle, Gerhard; Jeßberger, Florian, 전게서, p. 509.

〔국제범죄법 제13조 제1항 제4호〕

① 국제적 무력충돌 또는 비국제적 무력충돌과 관련하여 다음 각 호의 어느 하나에 해당하는 행위를 한 사람은 무기 또는 3년 이상의 징역에 처한다.

　4. 특정한 대상에 대한 군사작전을 막을 목적으로 인도에 관한 국제법규에 따라 보호되는 사람을 방어 수단으로 이용하는 행위

② 제1항 제1호부터 제6호까지의 죄를 범하여 인도에 관한 국제법규에 따라 보호되는 사람을 사망 또는 상해에 이르게 한 사람은 다음의 구분에 따라 처벌한다.

　1. 사망에 이르게 한 사람은 사형, 무기 또는 7년 이상의 징역에 처한다.

　2. 중대한 상해에 이르게 한 사람은 무기 또는 5년 이상의 징역에 처한다.

④ 제1항 또는 제3항에 규정된 죄의 미수범은 처벌한다.

국제범죄법은 로마규정과 달리 인간방패의 사용금지를 국제적 무력충돌뿐만 아니라 비국제적 무력충돌까지 확대하고 있다. 본 범죄는 군사작전을 막을 목적으로 보호대상자를 방어수단으로 이용하는 것이다. 인간방패의 금지는 민간인 보호 규범으로부터 유래하는 것으로 군사적 이익을 얻거나 혹은 상대방이 군사적 이익을 얻지 못하도록 하기 위하여 이러한 형태로 민간인이 사용되어서는 안 된다.

인간방패 사용 금지의 대상은 국제범죄법 제2조 제7호에서 규정하는 '인도(人道)에 관한 국제법규에 따라 보호되는 사람'이다. 방어수단으로 활용된 사람이 자신이 인간방패로 활용된다는 사실을 인식할 필요는 없다.

본 범죄는 민간인 등을 강제적으로 이동시켜 그 존재를 활용하는 경우뿐만 아니라 스스로 인간방패를 자처하는 사람을 활용하는 경우 등 다양한 형태로 실현될 수 있다. 앞서 본 바와 같이 민간인 등이 자발적으로 장소를 이동하는 경우를 활용하는 것도 포함된다.[1365]

국제범죄법은 본 범죄가 '특정한 대상에 대한 군사작전을 막을 목적으로' 이루어져야 함을 명시하고 있다. 민간인의 존재나 이동을 군사적 이익을 위하여 활용하였는가의 여부는 범죄의 성립 여부를 결정하는 중요한 요소이나 고정된 군사목표물이 인구 밀집지역에 위치하거나 혹은 자발적 인간방패가 활용되는 상황에서 이에 대한 판단이 항상 용이한 것은 아니다.

국제범죄법은 군사작전으로부터 보호되는 대상을 '특정한 대상'으로만 규정할 뿐 그 개념을 명확히 정의하고 있지는 않다. 그러나 민간인은 원칙적으로 공격의 대상이 되지 않으며 국제인도법에 의하여 이미 보호되는 민간인 보호를 위하여 민간인이 활용될 수는 없다는 점에서 본 조항의 특정한 대상은 군사목표물을 의미하는 것으로 보아야 할 것이다.[1366]

1365) MüKoStGB/Dörmann VStGB § 11 Rn. 104.

1366) 부속의정서 I 제51조 제7항 참조.

2. 기아(飢餓)의 조성 금지

〔로마규정 제8조 제2항 (b)(xxv) – 국제적 무력충돌〕
제네바협정에 규정된 구호품 공급의 고의적 방해를 포함하여, 민간인들의 생존에 불가결한 물건을 박탈함
으로써 기아를 전투수단으로 이용하는 행위
(Intentionally using starvation of civilians as a method of warfare by depriving them of objects
indispensable to their survival, including wilfully impeding relief supplies as provided for under the
Geneva Conventions)

로마규정 제8조 제2항 (b)(xxv)는 국제적 무력충돌에 있어서 민간인 주민의 기아를 전투 방
법으로 사용하는 것을 전쟁범죄로 규정하고 있다. 이는 부속의정서 I 제54조 등에 근거한 것으로
국제관습법을 반영한 것이다.[1367] 비국제적 무력충돌에 적용되는 부속의정서 II 제14조 역시 민
간인에 대한 기아작전을 금지하고 있다.[1368] 그러나 로마규정 협상과정에서 비국제적 무력충돌
에서의 '기아' 이용행위는 국제관습법상 형사처벌 대상이 아니라는 일부 국가들의 주장이 있었으
며 다른 일부 국가들은 이러한 규정을 주권에 대한 위협으로 받아들였던 관계로 비국제적 무력
충돌에 관하여는 규정되지 않게 되었다.[1369] 그러나 이와 같은 로마규정은 국제관습법에 역행하
는 것으로 본 조항을 국제적 무력충돌로 제한할 뚜렷한 이유가 존재하지 않는다는 비판이 있
다.[1370] 우리나라와 독일의 국제범죄법은 두 가지 유형의 충돌 모두에서 민간인 주민의 기아에
대한 형사책임을 인정하고 있다.[1371]

로마규정 제8조 제2항 (b)(xxv)에서 사용하고 있는 '기아(starvation)'라는 용어를 문언에 따라
서만 해석할 경우에는 오직 식량과 관련된 행위만이 금지되는 것으로 보인다. 그러나 로마규정
은 기아 조성에 이르는 구체적인 행위로서 음식, 물뿐만 아니라 구호품 공급의 고의적 방해 등
민간인의 생존에 불가결한 물건의 박탈행위를 함께 규정하고 있다. 따라서 본 범죄는 생존에 필
수불가결한 의복, 의약품, 기타 필수품과 농사에 긴요한 기계 등의 박탈행위뿐만 아니라 구호물

1367) 부속의정서 I 제54조 제1항 참조. 그 밖에 제네바협정 IV 제23조는 민간인에게 보급되는 물품의 자유통과
를 규정하고 있으며 제55조는 주민의 식량 및 의료품 공급 의무를 점령국에 대하여 부과하고 있다. 또한
헤이그육전규범 제23조 (g)와 제네바협정 IV 제53조는 군사적 필요성이 없는 부동산 또는 동산의 파괴를
금지하여 민간인 주민의 생존에 불가결한 시설, 장비, 물자 등이 유지될 수 있도록 규정하고 있다.; Werle,
Gerhard; Jeßberger, Florian, 전게서, p. 504; Jean-Marie Henckaerts, Louise Doswald-Beck, Customary
International Humanitarian Law, Vol. I (2005), p. 581.
1368) 부속의정서 II 제14조는 민간인 주민의 생존에 불가결한 식량 등 식량과 관련된 사항만을 규정함으로써 국
제적무력충돌의 경우보다 기아의 범위를 좁게 규정하고 있다.
1369) Ambos, Kai, 전게서 II, p. 163.
1370) Werle, Gerhard; Jeßberger, Florian, 전게서, p. 507.
1371) 우리나라 국제범죄법 제13조 제1항 제5호, 독일 국제범죄법 제11조 제1항 제5호.

품의 조달을 막는 것 등 다양한 행위들이 포섭될 수 있도록 광범위하게 해석되고 있다.[1372] 결국 급박한 군사적 필요성이 존재하지 않음에도 적군뿐만 아니라 민간인에 대한 긴요한 공급품을 박탈하여 민간인 주민의 생존을 위협하는 형태의 공격은 본 조항에 의하여 허용되지 않는다.[1373] 군대가 통과하는 지역에서 식량공급 기반을 파괴하기 위하여 실행되는 이른바 '소각작전(scorched earth)'으로 말미암아 농경지 등이 파괴되고 음식물 생산 장애 등으로 인하여 주민들이 위험에 빠질 경우에도 본 조항이 적용될 수 있다.[1374] 국제인도법을 적용함에 있어서 상황이 불분명할 경우 대상 공급품이 민간인에 의하여 사용된다고 보아야 할 것이나 형사절차에서는 당해 물품이 민간인에 의하여 사용될 것이라는 점을 검찰 측에서 입증하여야 한다.[1375]

기아 범죄는 부작위의 중요성이 가장 부각되는 영역 중 하나이다. 음식물의 공급 중단을 포함하여 국제법에 의하여 인정되는 공급품 제공 의무를 이행하지 않는 것도 기아를 발생시키는 행위에 해당할 수 있다. 부속의정서 I 제69조는 점령지역의 민간인 주민들에 대한 공급품 제공 보장 의무를 점령군에 대하여 부과하고 있으므로 외국 영토를 점령한 경우 이러한 의무를 이행하지 않는다면 부작위에 의하여 본 범죄가 성립할 수 있다.[1376]

'기아'를 전투 수단으로 사용하는 행위로서 공급품 박탈이나 공급 방해행위가 있을 경우 범죄는 완성되며 민간인이 실제로 피해를 입었거나 위험에 처하였을 필요는 없다.[1377]

범죄자는 '전쟁의 수단으로 민간인을 기아에 빠뜨릴 것을 의도'하였어야 한다.[1378] 따라서 적법한 군사 행동의 부수적 결과로 발생한 식량의 파괴는 본 조항의 적용대상이 아니다.[1379] '기아'에 해당하는 행위는 경우에 따라서는 로마규정 제8조 제2항 (b)(i)의 민간인 주민에 대한 공격, 로마규정 제8조 제2항 (a)(iii)의 커다란 고통이나 심각한 상해를 가하는 행위 등의 요건을 동시에 충족시킬 수 있을 것이나 본 조항이 보다 특정적인 행위유형을 규정한 것이다.[1380]

1372) Werle, Gerhard; Jeßberger, Florian, 전게서, p. 505.

1373) 부속의정서 I 제54조 제3항, 제5항 등 참조.

1374) 부속의정서 I 제54조 제2항 참조. 그러나 동조 제5항은 자국 영토 내에서 방어목적으로 이루어지는 소각작전에 대한 예외를 규정하고 있다.

1375) Werle, Gerhard; Jeßberger, Florian, 전게서, p. 505.

1376) Y. Sandoz, in Y. Sandoz, C. Swinarski, and B. Zimmermann (eds), Commentary on the Additional Protocols (1987), paras. 2779 et seq; 부속의정서 I 제69조 참조. 제네바협정 IV 제59조와 제62조는 민간인에 대하여 공급하는 구호품의 안전을 보장할 의무를 점령군에게 부과하고 있으며 부속의정서 I 제70조도 중립적 인도주의 구호를 허용해야 할 의무를 규정하고 있다. 제네바협정 IV 제23조는 의약품, 아동, 임산부에 대한 특별규정을 두고 있다.

1377) Werle, Gerhard; Jeßberger, Florian, 전게서, p. 505.

1378) 로마규정 범죄구성요건 제8조 (2)(b)(xxv) 2. The perpetrator intended to starve civilians as a method of warfare.

1379) Ilias Bantekas, 전게서, p. 172.

1380) Werle, Gerhard; Jeßberger, Florian, 전게서, p. 506.

〔국제범죄법 제13조 제1항 제5호 등〕

① 국제적 무력충돌 또는 비국제적 무력충돌과 관련하여 다음 각 호의 어느 하나에 해당하는 행위를 한 사람은 무기 또는 3년 이상의 징역에 처한다.

    5. 인도에 관한 국제법규를 위반하여 민간인들의 생존에 필수적인 물품을 박탈하거나 그 물품의 공급을 방해함으로써 기아(飢餓)를 전투수단으로 사용하는 행위

② 제1항 제1호부터 제6호까지의 죄를 범하여 인도에 관한 국제법규에 따라 보호되는 사람을 사망 또는 상해에 이르게 한 사람은 다음의 구분에 따라 처벌한다.

    1. 사망에 이르게 한 사람은 사형, 무기 또는 7년 이상의 징역에 처한다.

    2. 중대한 상해에 이르게 한 사람은 무기 또는 5년 이상의 징역에 처한다.

④ 제1항 또는 제3항에 규정된 죄의 미수범은 처벌한다.

국제범죄법 제13조 제1항 제5호는 국제적 무력충돌의 경우뿐만 아니라 비국제적 무력충돌에 있어서도 국제법규를 위반하여 민간인의 생존에 필수적인 물품을 박탈하거나 물품의 공급을 방해하여 기아를 전투수단으로 사용하는 행위를 전쟁범죄로 규정하고 있다.

'기아'를 전투수단으로 사용하는 행위의 대상 물품으로는 로마규정의 경우와 같이 음식물뿐만 아니라 의복, 의약품 등 생존에 필수적인 물품이 모두 포함된다. 국제법규에 위반되는 행위만이 본 조항의 적용대상이므로 대상 행위는 반드시 제네바협정과 부속의정서 등 국제법규에 위배되는 것이어야 한다.[1381]

주의할 점은 무력충돌 자체에 의하여 기아 상황이 발생할 수 있으므로 본 조항이 민간인은 어떠한 경우에도 항상 기아 상황에 처해서는 안 된다는 점을 규정한 것은 아니라는 것이다. 본 조항에 해당하기 위해서는 기아를 전투수단으로 사용하여야 하며 기아 상황이 충돌 당사자에 의하여 의도적으로 조장되어야 한다. 이처럼 전투수단으로 기아를 사용하는 것은 기아를 일종의 무기로 활용하는 것을 의미한다. 따라서 민간인 주민을 의도적으로 기아상태에 노출시키고 이를 통하여 이들을 파괴하거나 약화시키려는 것이어야 한다.[1382] 군사목표물에 대한 합법적 공격에 따라 발생하는 민간인에 대한 부수적 피해만으로는 본 조항에 원칙적으로 해당하지 않는다.[1383]

본 범죄는 식료품 저장소에 대한 접근 차단 혹은 음식물 공급 차단 행위 등으로 성립될 수 있다.[1384] 특히 민간인 주민의 생존에 필요 불가결한 물건들을 '공격·파괴·이동 또는 무용화'

1381) 본 조항의 대상은 '민간인'으로 국제적 무력충돌의 경우 자국 국민과 자국 영토내에 존재하는 모든 민간인이 포함되며 비국제적 무력충돌의 경우에도 국적 요건은 적용되지 않는다는 견해는 MüKoStGB/Dörmann VStGB § 11 Rn. 114.

1382) C. Pilloud and J.S. Pictet, in Y. Sandoz, C. Swinarski, and B. Zimmermann (eds), Commentary to the Additional Protocols (1987), para. 2090; 로마규정 범죄구성요건 제8조 (2)(b)(xxv) 2. The perpetrator intended to starve civilians as a method of warfare.

1383) MüKoStGB/Dörmann VStGB § 11 Rn. 121.

1384) MüKoStGB/Dörmann VStGB § 11 Rn. 116.

하는 것은 본 조항의 박탈행위에 해당할 수 있을 것이다.[1385] 무용화는 대상물을 의도된 용법으로 사용하지 못하게 하는 모든 행위를 포함하는 포괄적인 개념으로 음식물이나 음료수를 오염시키는 행위도 포함된다.[1386] 보증인적 지위가 인정될 경우 부작위에 의하여도 본 범죄는 성립할 수 있다.[1387]

본 범죄는 거동범으로 사망 등의 결과 발생을 요하지 않으며 사망이나 상해의 결과가 발생한 경우 제2항에 의하여 가중 처벌된다.[1388]

제 6 절 특별한 유형의 전쟁 방법의 금지

1. 포로포획 금지의 선언 또는 명령

〔로마규정 제8조 제2항 (b)(xii), (e)(x)〕
항복한 적에 대하여 구명을 허락하지 않겠다는 선언(Declaring that no quarter will be given)

로마규정 제8조 제2항 (b)(xii)와 (e)(x)는 항복한 적을 예외 없이 살해하며 이들에 대한 구명을 허락하지 않겠다고 선언하거나 이러한 행위를 명령하는 이른바 '포로포획 금지정책(take no prisoners)'을 실행하는 행위를 형사처벌의 대상으로 규정하고 있다.

본 범죄는 구명을 허용하지 않을 것을 선언하거나 부하들에게 전투력을 잃은 사람을 살해하라는 내용의 국제인도법 위반행위를 명령하는 것이다. 이러한 행위에 대한 공개적 위협도 본 조항의 대상 행위에 포함된다.[1389] 헤이그육전규범 제23조 (d)와 부속의정서 I 제40조에서는 포로포획 금지정책을 금지하고 있으며 부속의정서 II 제4조 제1항에서도 전멸명령을 금지하고 있다. 포로포획 금지의 선언 또는 이러한 명령의 금지는 국제관습법의 지위를 갖는 것으로 평가된다.[1390]

포로포획 금지 선언은 무자비성의 표출을 통하여 적의 사기를 꺾고 공포에 떨게 하려는 목적에서 이루어지는 경우가 많으며 이러한 상황이 상대방에게 알려질 경우 상대방은 더욱 격렬히 저항하여 불필요한 피해로 이어질 수 있다. 이러한 명령이 적에게 알려지지 않고 내부 명령의 형태로만 존재할 경우에는 적을 공포에 몰아넣는 것과는 관계되지 않으나 전투력을 잃거나 항복한 사람까지 살해하라는 국제인도법 위반행위에 대한 지시에 해당한다.

1385) 부속의정서 I 제54조 제2항 참조.
1386) MüKoStGB/Dörmann VStGB § 11 Rn. 120.
1387) 제네바협정 IV 제55조, 부속의정서 I 제69조 등 참조.
1388) MüKoStGB/Dörmann VStGB § 11 Rn. 117.
1389) Werle, Gerhard; Jeßberger, Florian, 전게서, p. 503.
1390) 2차 대전 이후 다수의 독일 장교들이 전멸 명령 등으로 유죄판결을 선고받았다. 이에 대하여 상세한 것은 Werle, Gerhard; Jeßberger, Florian, 전게서, p. 503.

로마규정은 포로포획 금지정책을 선언하는 것을 금지행위로 규정하고 있으나 로마규정 범죄구성요건은 부속의정서 I 제40조를 반영하여 적군을 위협할 목적이나 혹은 생존자를 남기지 않는다는 원칙 하에 적대행위를 전개할 목적으로 포로포획 금지정책을 선언하거나 명령하는 것도 대상 행위로 규정하고 있다.[1391] 본 조항을 유추 적용하여 생존 가능성이 없는 무기를 사용하는 것 역시 여기에 해당한다는 견해가 있다.[1392] 그러나 로마규정은 처벌 대상 행위를 생존자를 남겨놓지 않겠다는 선언이나 명령으로 명백히 제한하고 있으므로 죄형법정주의 원칙상 이러한 해석은 허용되지 않는다고 보아야 할 것이다.[1393]

본 범죄는 유효한 명령을 내릴 수 있거나 예하의 군대를 통제할 수 있는 지위에 있는 사람의 행위를 대상으로 한다.[1394] 따라서 전장에서 전투를 수행하는 보병이나 민간인 등과 같이 이러한 지위에 있지 않은 사람이 전쟁에서 구명을 허락하지 않겠다고 위협하는 것은 본 조항의 적용대상이 아니다.[1395]

생존자를 남겨두지 않겠다는 선언이나 명령이 내려지면 곧바로 범죄는 성립하며 이러한 명령에 따라 전투행위에 종사하지 않는 사람들이 실제로 살해되었다면 로마규정 제8조 제2항 (b)(vi) 등 다른 전쟁범죄에 대한 형사책임도 함께 부담하게 될 것이다.

〔국제범죄법 제13조 제1항 제6호 등〕
① 국제적 무력충돌 또는 비국제적 무력충돌과 관련하여 다음 각 호의 어느 하나에 해당하는 행위를 한 사람은 무기 또는 3년 이상의 징역에 처한다.
  6. 군대의 지휘관으로서 예외 없이 적군을 살해할 것을 협박하거나 지시하는 행위
② 제1항 제1호부터 제6호까지의 죄를 범하여 인도에 관한 국제법규에 따라 보호되는 사람을 사망 또는 상해에 이르게 한 사람은 다음의 구분에 따라 처벌한다.
  1. 사망에 이르게 한 사람은 사형, 무기 또는 7년 이상의 징역에 처한다.
  2. 중대한 상해에 이르게 한 사람은 무기 또는 5년 이상의 징역에 처한다.
④ 제1항 또는 제3항에 규정된 죄의 미수범은 처벌한다.

국제범죄법 제13조 제1항 제6호는 국제적 무력충돌 또는 비국제적 무력충돌의 상황에서 군대의 지휘관이 예외 없이 적군을 살해할 것을 협박하거나 지시하는 행위를 처벌대상으로 규정하고 있다.

우리 법은 본 범죄의 주체를 '군대의 지휘관'으로 제한하고 있다. 그러나 로마규정 등 국제

1391) 로마규정 범죄구성요건 제8조 (2)(b)(xii) 참조.
1392) J. de Preux, in Y. Sandoz, C. Swinarski, and B. Zimmermann (eds), Commentary on the Additional Protocols (1987), para. 1598.
1393) Werle, Gerhard; Jeßberger, Florian, 전게서, p. 503.
1394) 로마규정 범죄구성요건 제8조 (2)(b)(xii) 3. 참조.
1395) Werle, Gerhard; Jeßberger, Florian, 전게서, p. 503.

형사법의 영역에서는 유효한 명령을 내리거나 예하의 군대를 통제할 지위에 있는 사람이면 족할 뿐 본 범죄의 주체가 군대 지휘관으로만 제한되어 있지는 않다.[1396] 특히 본 범죄는 비국제적 무력충돌에도 적용되므로 적용 대상을 군대의 지휘관으로 엄격히 제한하기 어려운 측면이 있으며 실제 적용상으로도 이러한 상황을 조장할 수 있는 민간인 지휘관도 포함시킬 필요가 있을 것이다.[1397] 따라서 군대 지휘관으로 본 범죄의 주체를 제한하고 있는 우리 국제범죄법은 입법론 상 재검토할 필요가 있을 것으로 생각된다.[1398]

우리 법은 로마규정 범죄구성요건에서 사용하는 '선언(Declaring)'이나 '명령(order)'이라는 표현 대신 예외 없이 적군을 살해할 것을 '협박'하거나 '지시'하는 행위를 행위 태양으로 규정하고 있다. 표현상의 차이에도 불구하고 로마규정 범죄구성요건의 내용과 국제관습법에 따라 대상 행위의 의미와 범위가 해석될 수 있을 것이다. 이러한 협박이나 지시행위가 있을 경우 범죄는 성립하며 지시에 따른 행위가 현실적으로 실행되어야 하는 것은 아니다.

2. 배신적 살해나 상해

〔로마규정 제8조 제2항 (b)(xi) - 국제적 무력충돌〕
적대국 국가나 군대에 속한 개인을 배신적으로 살해하거나 부상시키는 행위
(Killing or wounding treacherously individuals belonging to the hostile nation or army)

〔로마규정 제8조 제2항 (e)(ix) - 비국제적 무력충돌〕
상대방 전투원을 배신적으로 살해하거나 부상시키는 행위
(Killing or wounding treacherously a combatant adversary)

로마규정 제8조 제2항 (b)(xi)은 국제적 무력충돌의 상황에서 적대국 국가나 군대에 속한 사람을 배신적으로 살해하거나 부상시키는 행위를 전쟁범죄로 규정하고 있다. 이러한 배신적 살상 행위는 헤이그육전규범 제23조 (b)와 부속의정서 I 제37조에서 금지되고 있으며 국제관습법의 일부를 이루고 있다.[1399] 이러한 배신적 행위는 국제인도법의 준수를 막고 국제인도규범의 침해 행위를 조장한다. 배신적 행위가 발생하는 상황 하에서는 국제인도법을 준수하는 것이 불리하게 작용할 수 있다고 인식되어 불필요한 고통을 줄이기 위한 노력이 심각하게 훼손될 수 있다.[1400]

1396) 로마규정 범죄구성요건은 명령을 내리는 사람과 관련하여 유효한 지휘 통제 요건을 규정하고 있을 뿐이다. 로마규정 범죄구성요건 제8조 (2)(b)(xii) 3. 참조.

1397) 본 조항의 적용여부를 결정함에 있어 지휘 권한의 국내법적 승인이 요구되는 것은 아니며 사실상 그러한 지휘 권한을 행사하는 사람이면 족하다. MüKoStGB/Dörmann VStGB § 11 Rn. 127.

1398) 독일 국제범죄법의 경우에도 본 범죄의 주체는 지휘관으로만 규정되어 있을 뿐 군대 지휘관으로 제한되고 있지는 않다. 독일 국제범죄법 제11조 제1항 제6호 참조.

1399) Tadić, ICTY (AC), decision of 2 October 1995, para. 125; Werle, Gerhard; Jeßberger, Florian, 전게서, p. 496.

1400) Cryer, Robert; Friman, Håkan; Robinson, Darryl; Wilmshurst, Elizabeth, 전게서, p. 301.

본 조항에서의 '배신적(treacherously)' 행위 금지가 무력충돌에서 사용되는 모든 기망과 책략적 행위를 금지하는 것이 아니다. '배신적' 행위는 상대의 신뢰를 배신할 목적으로 국제인도법에 의하여 보호받을 자격을 갖추고 있거나 상대방이 보호 의무를 부담하는 것으로 그릇된 신뢰를 유도하는 행위만을 대상으로 한다.[1401] 따라서 범죄자는 자신이 무력충돌에서 적용되는 국제법 하에서 보호받는 지위에 있거나 상대방이 그러한 보호를 하여야 할 의무 하에 있는 것처럼 가장하여 상대방의 신뢰를 유도한 후 상대방을 살해하거나 상해를 가하여야 한다.[1402] 전투원이 민간인 혹은 비전투원인 것처럼 가장하거나 상처 입은 사람이라고 주장하는 것, 적을 공격하기 위하여 항복을 가장하는 것 등이 여기에 해당할 수 있다.[1403]

이처럼 보호받는 지위에 관하여 유도된 믿음을 통하여 얻어지는 신뢰의 남용만이 금지될 뿐이며 전쟁에서의 계략과 같은 기망은 허용된다. 제네바협정 부속의정서 I 제37조 제2항은 국제인도법에 의한 보호와 관련된 신뢰를 유발하지 않는 위장, 유인, 양동작전, 오보의 이용 등은 배신행위가 아닌 것으로 규정하고 있다.[1404] 따라서 자기 군대의 군사력이나 위치를 속이는 것, 공격이나 후퇴를 가장하는 것, 적의 정보체계에 거짓정보를 흘리는 것 등은 적을 속여서 신중하지 못하거나 성급한 행위를 유도하고 이를 통하여 이득을 취하는 것일 뿐 금지된 배신행위가 아니다. 스파이나 비밀정보원을 활용한 정보취득 역시 국제법에서 승인되는 것으로 배신행위가 아니며 적의 사기를 저하시키기 위한 선전 역시 배신행위에 해당하지 않는다.[1405] 적으로부터의 공격에서 살아 나오거나 혹은 포로수용소를 탈출하기 위하여 죽은 것으로 가장하는 행위, 적군의 일부로 가장하는 행위 역시 본 조항에 해당하지 않는다.[1406] 게릴라 부대는 명백하게 구조화된 부대조직을 갖추지 않은 것이 일반적이며 국제법상 제복을 입을 의무도 부담하고 있지 않다. 따라서 민간인과의 구분이 어렵기 때문에 적군을 살해한 게릴라는 배신적 행위로 처벌받을 가능성이 높다. 이와 관련하여 부속의정서 I 제44조 제3항은 군사작전 기간이나 군사작전을 준비하는 동안 무기를 공공연히 휴대하는 경우에는 배신적 행위로 간주되지 않는다고 규정하고 있다.[1407]

본 조항에 해당하기 위해서는 국제법에 의하여 보호되는 지위에 대한 믿음이나 신뢰를 부당하게 활용하여 적을 죽이거나 상해를 가하였어야 한다.[1408] 여기에서의 공격대상은 국제적 무력

1401) 부속의정서 I 제37조 제2항.
1402) 로마규정 범죄구성요건 제8조 제2항 (b)(xi) 1.
1403) 부속의정서 I 제37조 제1항 참조. 중립국의 국기를 사용하거나 보호의 대상인 표장을 사용하는 것은 로마규정 제8조 제2항 (b)(vii)에 별도로 규정되어 있다.
1404) 부속의정서 I 제37조 제2항 참조.
1405) 헤이그육전규범 제24조에서는 전쟁에서의 계략과 적군 및 적군에 대한 정보획득을 위하여 필요한 수단의 행사는 허용되는 것으로 규정하고 있다. 기타 부속의정서 I 제39조 3. 참조.
1406) Werle, Gerhard; Jeßberger, Florian, 전게서, p. 497 이하.
1407) 부속의정서 I 제44조 전투원 및 전쟁포로.
1408) 로마규정 범죄구성요건 제8조 (2)(b)(xi) 3. 4. 참조.

충돌의 경우 적대 당사자에 속하는 민간인과 군인이 모두 포함된다.[1409]

로마규정 범죄구성요건은 범죄자가 상대방의 신뢰를 침해하려는 의도를 가지고 있어야 한다고 규정하고 있으며[1410] 이러한 의도는 일반적 고의의 범위를 넘어서는 특별한 목적으로 해석된다. 범죄자가 처음부터 신뢰를 부당하게 이용하려고 의도한 경우인가 아니면 신뢰 형성 행위 이후 이러한 목적이 발생한 경우인가 여부는 중요하지 않다.[1411]

비국제적 무력충돌에서의 상대방 전투원에 대한 배신적 살해나 상해는 로마규정 제8조 제2항 (e)(ix)에 규정되어 있다. 기본적으로 국제적 무력충돌에서의 설명이 그대로 적용될 수 있을 것이나 살상행위의 대상은 전투원이며 민간인에게는 적용되지 않는다는 차이가 있다.[1412] 비국제적 무력충돌에 있어서는 특히 게릴라전과 관련한 문제점이 부각될 확률이 높을 것이나 국제적 무력충돌의 경우와 같이 군사작전 기간이나 군사작전을 준비하는 동안 무기를 공공연히 휴대한 경우라면 배신적 행위로 간주되지 않는다고 보아야 할 것이다.[1413]

〔국제범죄법 제13조 제1항 제7호 등〕
① 국제적 무력충돌 또는 비국제적 무력충돌과 관련하여 다음 각 호의 어느 하나에 해당하는 행위를 한 사람은 무기 또는 3년 이상의 징역에 처한다.
　　7. 국제법상 금지되는 배신행위로 적군 또는 상대방 전투원을 살해하거나 상해를 입히는 행위
④ 제1항 또는 제3항에 규정된 죄의 미수범은 처벌한다.

국제범죄법 제13조 제1항 제7호는 국제적 무력충돌 또는 비국제적 무력충돌의 상황에서 국제법상 금지되는 배신행위로 적군 또는 상대방 전투원을 살해하거나 상해를 가하는 행위를 전쟁범죄로 규정하고 있다.

배신적 행위에 해당하는가 여부는 국제인도법에 의거하여 결정될 수 있으므로 앞서 살핀 국제형사법 영역에서의 논의가 국내법의 해석에도 적용될 수 있을 것이다.[1414] 따라서 국제인도법상 보호받는 지위를 가장하거나 혹은 상대방이 그러한 보호를 부여하여야 할 의무가 있는 것으로 믿게 하는 국제법 위반행위가 존재하여야 하며 범죄자는 상대방의 잘못된 믿음을 남용할 의도를 가지고 있어야 한다.[1415]

1409) 로마규정 제8조 제2항 (b)(xi), 로마규정 범죄구성요건 제8조 (2)(b)(xi) 5 참조.
1410) 로마규정 범죄구성요건 제8조 (2)(b)(xi) 2. The perpetrator intended to betray that confidence or belief.
1411) Werle, Gerhard; Jeßberger, Florian, 전게서, p. 498.
1412) 로마규정 제8조 제2항 (e)(ix), 로마규정 범죄구성요건 제8조 제2항 (e)(ix) 1 참조.
1413) Werle, Gerhard; Jeßberger, Florian, 전게서, p. 499; 부속의정서 I 제44조 제3항 참조.
1414) 배신행위의 해당 여부는 국제인도법 특히 부속의정서 I 제37조에 의거하여 해석될 수 있을 것이다.
1415) 본 범죄는 국제범죄법 제12조 제2항의 표장의 부당사용 범죄와 유사하나 목적 요건 등에 있어서는 차이가 있다. 형량 역시 상이하므로 두 범죄의 요건을 동시에 충족시킬 경우에는 더욱 중한 형벌을 규정하고 있는 표장의 부당사용 범죄가 적용될 것이다.

본 범죄가 성립하기 위해서는 적군 또는 상대방 전투원을 살해하거나 상해를 입히는 결과가 발생하여야 한다. 따라서 배신적 행위로 인한 체포나 군사목표물에 대한 손괴는 본 조항의 적용 대상이 아니다. 특히 로마규정에서는 국제적 무력충돌의 경우 민간인까지 보호내상으로 규정하고 있는 것과 달리 국제범죄법은 오직 상대 전투원만을 보호대상으로 규정하고 있다.[1416)

제7절 인도적 활동이나 식별표장 등에 관한 전쟁범죄

1. 인도적 원조나 평화유지임무에 대한 공격

〔로마규정 제8조 제2항 (b)(iii), (e)(iii)〕

국제연합헌장에 따른 인도적 원조나 평화유지임무와 관련된 요원, 시설, 자재, 부대 또는 차량이 무력충돌에 관한 국제법에 따라 민간인 또는 민간 대상물에게 부여되는 보호를 받을 자격이 있는 한도에서 그들에 대한 고의적 공격

(Intentionally directing attacks against personnel, installations, material, units or vehicles involved in a humanitarian assistance or peacekeeping mission in accordance with the Charter of the United Nations, as long as they are entitled to the protection given to civilians or civilian objects under the international law of armed conflict)

로마규정 제8조 제2항 (b)(iii), (e)(iii)은 국제적 무력충돌이나 비국제적 무력충돌에서 국제연합헌장에 따른 인도적 원조나 평화유지임무를 수행하는 사람이나 물자에 대한 공격을 별도의 전쟁범죄 유형으로 규정하고 있다. 유엔 활동에 대한 공격은 국제사회의 이해관계에 직접적 영향을 미칠 뿐만 아니라 평화유지활동과 인도적 원조활동에 참여하려는 노력을 감소시킬 수 있다. 로마규정은 유엔과 유엔 관련 인물들에 대한 공격을 전쟁범죄로 규정한 최초의 다자협정으로 본 범죄는 국제관습법을 반영한 것이다.[1417)

부속의정서 I 제71조 제2항이 구호활동 참여자에 대한 존중과 보호를 규정하고 있었으며 1990년대부터 유엔 인사들에 대한 공격이 증가하자[1418) 유엔총회에서는 국제연합요원 및 관련

1416) 이는 우리 입법자가 민간인은 배신적 살상의 대상이 될 수 없다고 입법적으로 결정한 것이다. 전투에 참가하지 않는 민간인의 경우 다른 조항들에 의하여 보호될 수 있으므로 이와 같은 제한이 특별한 법적 공백을 가져오지는 않을 것이다. 다만 국가수반 등 전쟁에 영향을 끼칠 수 있는 고위공무원을 배신적으로 살해하는 경우 국가수반 등은 군대 구성원이 아닌 까닭에 일정 부분 논란이 발생할 수 있을 것이다. MüKoStGB/Dörmann VStGB § 11 Rn. 142, 143.

1417) Werle, Gerhard; Jeßberger, Florian, 전게서, p. 524.

1418) 1993년에만 252명의 유엔 직원이 살해되었으며 1948년부터 2017년 3월까지 모두 3,553명이 상해를 입었다. 이에 대한 상세한 자료는 http://www.un.org/en/peacekeeping/resources/statistics/fatalities.shtml 참조; 소말리아와 유고에서의 충돌과정에서 수많은 공격이 발생하였으며 1994년에는 400명의 유엔 요원들이 포로가 되었다. Werle, Gerhard; Jeßberger, Florian, 전게서, p. 524.

요원의 안전에 관한 협약(Convention on the Safety of the United Nations and Associated Personnel)을 채택하였다.[1419] 시에라리온 특별재판소는 2009년 3월 2일 최초로 평화유지군에 대한 공격을 전쟁범죄로 선언하였다.[1420]

　　본 범죄는 인도주의 활동에 대한 공격을 처벌한다는 상징적 의미뿐만 아니라 민간인이나 민간 목표물에 대한 공격 조항만으로는 처벌할 수 없는 형사처벌의 공백을 메우는 역할을 하고 있다. 앞서 본 바와 같이 로마규정은 비국제적 무력충돌에서의 민간 목표물에 대한 공격을 전쟁범죄로 규정하지 않고 있어 본 조항이 없을 경우 로마규정 체계 하에서는 이들 범죄에 대한 처벌이 불가능한 상황이다. 또한 제네바협정 IV의 보호받는 사람의 범위에 자국민은 포함되지 않아 기존의 전쟁범죄 조항만으로는 처벌되지 않는 영역이 존재할 수 있으나 본 조항의 경우 피해자의 국적을 불문하므로 규범의 보호범위가 확장된다.

　　본 범죄에서 규율되는 공격 대상은 인도적 원조나 평화유지임무에 종사하는 요원, 시설, 자재, 부대 또는 차량 등이다.[1421] 평화유지임무는 대규모의 군사작전이 발생하지 않거나 더 이상 존재하지 않는 긴장 상황에서 적대행위의 발발을 방지하기 위한 목적으로 군 병력을 일시적으로 전개하는 것이다.[1422] 자기방위의 범주를 넘어서는 적대행위에는 참여하지 못한다는 점 등에서 유엔헌장 제7장에 의한 강제적 군사적 조치와는 구분되는 것으로 본 조항에 따른 보호대상이 되기 위해서는 분쟁 당사국의 동의, 활동의 중립성, 자기방위를 넘어서는 적대행위에 참가하지 않을 것 등의 요건이 필요하다.[1423]

　　인도적 원조의 개념과 수행방식 등은 부속의정서 I 제70조와 제71조에 규정되어 있다. 인도적 원조에 해당하는 행위는 일차적으로 무력충돌의 피해자 등 민간인 주민에게 물품을 공급하는 것이다. 이러한 원조는 반드시 공정하게 이루어져야 하며 인도적 원조에는 장기 조치인 발전 원조는 포함되지 않는다.[1424] 일반적으로 비정부조직이나 정부간 기구, 유엔 보조기구인 유엔난민

1419) 위 협약은 1994년 12월 9일 국제연합 총회에서 채택되어 1999년 1월 15일 발효되었다. 우리나라는 1997년 11월 17일 국회에서 위 협약을 비준하여 1999년 1월 15일 조약 제1481호로 발효되었다.

1420) 재판부는 국제적 무력충돌이나 비국제적 무력충돌 모두에서 이러한 유형의 행위가 국제관습법에서의 범죄로 존속하여 왔다고 판시하였다. Sesay et al., SCSL (TC), judgment of 2 March 2009, para. 218; S. Sivakumaran, "War Crimes before the Special Court for Sierra Leone", 8 JICJ (2010), p. 1024 et seq; 이와 관련된 국제형사재판소의 결정으로는 Abu Garda, ICC (PTC), decision of 8 February 2010, paras. 71 et seq; Nourain and Jerbo, ICC (PTC), decision of 7 March 2011, para. 63.

1421) 로마규정 범죄구성요건 제8조 (2)(b)(iii), 제8조 (2)(e)(iii).

1422) 유엔사무총장의 1992년 'An agenda for peace'에서는 평화유지임무의 의미를 해당 지역 내에서 관련 당사자의 동의를 받아 유엔군 등을 통하여 유엔의 존재를 전개함으로써 충돌 방지와 평화 회복 가능성을 확장시키는 기법으로 설명하고 있다. An agenda for peace: preventive diplomacy, peacemaking and peacekeeping Initial proceedings, p. 823.

1423) Abu Garda, ICC (PTC), decision of 8 February 2010, para. 71 이하; Nourain and Jerbo, ICC (PTC), decision of 7 March 2011, para. 63; Werle, Gerhard; Jeßberger, Florian, 전게서, p. 525.

1424) Werle, Gerhard; Jeßberger, Florian, 전게서, p. 525.

기구(UNHCR), 유엔아동기금(UNICEF), 국제연합교육과학문화기구(UNESCO)와 유엔 식량기구(FAO) 등이 이러한 인도적 원조 임무를 수행하고 있다. 적십자위원회가 수행하는 인도적 행위에 대한 공격은 로마규정 제8조 제2항 (b)(xxiv)에 별도로 규정된 '제네바협약의 식별표장을 사용하는 건물, 장비, 의무부대와 그 수송수단 및 요원에 대한 고의적 공격'에 해당할 수 있다.

　　인도적 원조나 평화유지임무를 수행하는 인물이나 물자 등은 무력충돌에 관한 국제법에 따라 민간인 또는 민간 대상물에게 부여되는 보호 자격을 구비하고 있어야 한다.[1425] 따라서 인도적 원조나 평화유지임무를 수행하는 인물은 민간인과 동일하게 적대행위에 직접 가담하지 않아야 하며 사용된 물자가 군사적 목적으로 사용되지 않는 등 군사목표물의 기준에 해당하지 않아야 한다.[1426] 그런데 비국제적 무력충돌의 경우에는 민간 목적물에 관한 부속의정서 I에 상응하는 규정이 없어 본 조항의 해석과 관련하여 문제가 발생할 수 있다. 이와 관련하여 국제형사재판소는 본 조항의 성립 당시 제시된 체약당사국들의 의견과 특히 부속의정서 I 제52조 제2항이 비국제적 무력충돌에도 적용될 수 있는 국제관습법의 지위를 갖는다는 견해, 관련된 임시재판소의 판결 등을 받아들여 동일한 원칙이 비국제적 무력충돌에 있어서도 적용될 수 있다고 판시하였다.[1427] 자기 방위권을 행사하는 정당방위 상황에 있어서는 무력사용에도 불구하고 보호되는 지위가 그대로 유지된다.[1428]

　　본 조항에서 사용되는 '공격(Attack)'의 의미에 대하여는 논란이 있다. 시에라리온 특별재판소는 부속의정서 I 제49조 제1항에 규정된 바와 같이 군사작전의 개념으로 이해되어야 한다고 판시하였다.[1429] 그러나 본 조항의 전제가 된 국제연합 요원 및 관련 요원의 안전에 관한 협약 제9조에서는 살해, 납치 기타 신체나 자유를 공격하는 침해행위뿐만 아니라 공공건물, 직원 주택 또는 수송수단에 대한 과격한 공격 등 신체나 자유를 위태롭게 할 가능성이 있는 행위들을 형사처벌의 대상으로 규정하고 있다.[1430] 따라서 본 조항에서의 공격은 부속의정서 I 제49조 제1항에 규정된 군사작전에 제한되지 않으며 인도적 원조와 평화유지임무에 대한 모든 형태의 무력 사용이 포함된다는 견해가 타당한 것으로 생각된다.[1431]

1425) 로마규정 제8조 제2항 (b)(iii), (e)(iii).

1426) 부속의정서 I 제51조 제3항, 제52조 제2항 참조.

1427) Abu Garda, ICC (PTC), decision of 8 February 2010, para. 85 이하. 국제관습법에 해당한다는 것에 대하여는 para. 88; Kordić and Čerkez, ICTY (AC), judgment of 17 December 2004, para. 59; Galić, ICTY (AC), judgment of 30 November 2006, para. 190; Jean-Marie Henckaerts, Louise Doswald-Beck, 전게서, pp. 25-36.

1428) Abu Garda, ICC (PTC), decision of 8 February 2010, para. 83; Sesay et al., SCSL (TC), judgment of 2 March 2009, para. 233.

1429) Sesay et al., SCSL (TC), judgment of 2 March 2009, para. 220.

1430) 국제연합 요원 및 관련 요원의 안전에 관한 협약 제9조 참조.

1431) Werle, Gerhard; Jeßberger, Florian, 전게서, p. 526.

〔국제범죄법 제12조 제1항 제1호 등〕
① 국제적 무력충돌 또는 비국제적 무력충돌과 관련하여 다음 각 호의 어느 하나에 해당하는 행위를 한 사람은 3년 이상의 유기징역에 처한다.
　1. 국제연합헌장에 따른 인도적 원조나 평화유지임무와 관련된 요원·시설·자재·부대 또는 차량이 무력충돌에 관한 국제법에 따라 민간인 또는 민간 대상물에 부여되는 보호를 받을 자격이 있는데도 그들을 고의적으로 공격하는 행위
③ 제1항 또는 제2항에 규정된 죄의 미수범은 처벌한다.

국제범죄법 제12조 제1항 제1호는 국제연합헌장에 따른 인도적 원조나 평화유지 임무와 관련된 요원·시설·자재·부대 또는 차량을 공격하는 행위를 전쟁범죄로 규정하고 있다.[1432]

본 조항은 인도적 원조활동이나 평화유지 임무에 종사하는 개인의 생명, 신체, 자유, 재산을 보호하며 동시에 이러한 활동 자체와 이러한 활동을 통하여 이루려는 세계평화도 함께 보호하려는 목적을 가지고 있다.[1433]

국제범죄법은 이러한 임무와 '관련된 요원'이라는 표현을 사용하고 있다. 따라서 이러한 임무에 참여하는 부대의 구성원뿐만 아니라 민간인으로서 이들을 돕는 사람들도 포함되는 것으로 해석된다.[1434] 국제범죄법의 규정과 같이 본 조항은 무력충돌에 관한 국제법에 따라 민간인 또는 민간 대상물로 보호를 받을 자격이 존재할 경우에만 적용될 수 있으며 이러한 자격 여부에 대한 판단에 있어서는 앞서 본 로마규정에서의 해석을 원용할 수 있을 것이다.[1435] 특히 비국제적 무력충돌의 경우에 있어서의 보호 자격에 대하여도 앞서 살핀 국제형사재판소의 판례와 동일한 해석이 가능할 것이다.[1436] 본 조항이 배타적 효력을 갖지는 않는 것으로 해석되므로 본 조항은 사람에 대한 전쟁범죄와 민간인이나 민간 목표물에 대한 범죄와 상당 부분 교착할 수 있다.[1437]

본 범죄는 공격만으로 완성되며 구체적인 해악의 결과가 발생하여야 하는 것은 아니다.[1438]

1432) 평화유지 임무와 평화강제 임무를 구분하는 시에라리온 특별재판소의 판례〔Issa Hassan Sesay et al. (RUF Case), SCSL (TC), judgment of 2 March 2009, paras. 221-231〕에 대한 소개와 구체적 사안에서 유엔의 결의가 어떠한 임무를 부과하는 것인가 여부가 불분명한 경우가 많다는 점과 평화강제 임무와 적극적 평화유지 임무가 구분되기 어려운 상황에서 평화유지임무를 좁게 해석하여 무력사용을 허가받은 사람이 보호대상에서 배제되는 것으로 볼 필요가 없다는 주장은 MüKoStGB/Zimmermann/Geiß VStGB § 10 Rn. 9, 10.
1433) MüKoStGB/Zimmermann/Geiß VStGB § 10 Rn. 1.
1434) 유사한 입법을 하고 있는 독일의 사례에 대한 MüKoStGB/Zimmermann/Geiß VStGB § 10 Rn. 10 참조.
1435) 정당방위 상황에서 무력이 사용된 경우, 전체 부대의 일부만이 무력을 사용한 경우 등에 대한 논란에 대한 것은 MüKoStGB/Zimmermann/Geiß VStGB § 10 Rn. 16.
1436) Abu Garda, ICC (PTC), decision of 8 February 2010, paras. 85 et seq.
1437) 시에라리온 특별재판소는 본 범죄가 새로운 전쟁범죄가 아닌 민간인이나 민간 대상물에 대한 범죄의 특별한 유형이라고 판시한 바 있다. Sesay et al. (RUF Case), SCSL (TC), judgment of 2 March 2009, paras. 215, 218; BT-Drucks. 14/8524, S. 31.
1438) 추상적 위험범에 해당하나 높은 형량을 고려할 때 특히 자동차 등 민간 대상물에 대한 공격에 있어서는 일정한 수준의 심각성 요건이 충족되어야 할 것이라는 견해는 MüKoStGB/Zimmermann/Geiß VStGB § 10 Rn. 2, 18.

우리 국제범죄법이 '공격'의 개념을 별도로 규정하고 있지 않아 군사작전만을 의미하는 것인가를 둘러싸고 논란이 있을 수 있을 것이나 로마규정의 해석에 대한 논의에서 본 바와 같이 공격의 개념을 광범위하게 이해하여 모든 종류의 무력행사로 해석할 수 있을 것이다.[1439]

우리 국제범죄법이 본 범죄에 대하여 3년 이상의 징역형을 단일하게 규정한 것과는 달리 독일 국제범죄법 제10조 제1항은 군사적 수단을 사용한 경우에는 3년 이상의 징역, 군사적 수단을 사용하지 않은 경우에는 1년 이상의 징역으로 법정형을 구분하여 규정하고 있다.

2. 제네바협정 식별표장 사용자 등에 대한 공격

〔로마규정 제8조 제2항 (b)(xxiv), (e)(ii)〕

국제법에 따라 제네바협정의 식별표장을 사용하는 건물, 장비, 의무부대와 그 수송수단 및 요원에 대한 고의적 공격

(Intentionally directing attacks against buildings, material, medical units and transport, and personnel using the distinctive emblems of the Geneva Conventions in conformity with international law)

로마규정 제8조 제2항 (b)(xxiv)와 (e)(ii)는 국제적 무력충돌과 비국제적 무력충돌에 있어서 국제법에 따라 제네바협정의 식별표장을 사용하는 사람 또는 목표물에 대한 고의적 공격을 전쟁범죄로 규정하고 있다.

제네바협정에서 승인되는 표장으로 흰 바탕에 붉은 십자가, 붉은 초승달, 붉은 사자와 붉은 태양 모양 등이 있다.[1440] 최근에는 부속의정서 III에서 백색 바탕에 사각형 모양의 적색 틀로 구성된 적수정을 추가 식별표장으로 새로이 규정하였다.[1441] 이러한 식별표장을 합법적으로 부착할 수 있는 경우는 제네바협정과 부속의정서에서 상세히 규정하고 있다. 제네바협정에 의하여 이러한 보호표장을 사용할 수 있도록 승인된 사람은 의료진, 의료기관과 의료시설 운영자, 군목, 적십자 기구에서 일하는 사람, 중립국가의 구호 조직 피고용자 등이며 사용가능한 대상물에는 병원, 의료용 자동차, 의료용 선박, 의료용 비행기, 해안 구조 장비 등이 있다.[1442] 충돌 당사국은

1439) 우리 국제범죄법에서는 '공격'이라는 용어가 인도에 반한 죄에서도 사용되는 등 일관된 하나의 의미로 사용되는 것으로 보이지 않는다. 국제범죄법 제9조 등 참조; 유사한 규정을 두고 있는 독일 국제범죄법에서의 동일한 취지의 확장된 해석에 대한 것은 BT-Drucks. 14/8524, S. 32.

1440) 제네바협정 I 제38조, 부속의정서 I의 제1부속서 제3조 표2의 다음과 같은 문양 ☾ ✚ 🦁 참조.

1441) 부속의정서 III의 부속서 제1조 ◆ 표장 참조; 부속의정서 I 제18조 등에서는 식별표장 이외에 식별신호의 사용을 허용하고 있으며 광선신호, 무선신호, 전자적 식별 등 구체적 내용은 부속서 제5조 내지 제8조 참조; 그 밖에 이스라엘에 의하여 사용되는 붉은 별이 사실상 받아들여지고 있는 표장이라는 견해는 Werle, Gerhard; Jeßberger, Florian, 전게서, p. 490.

1442) 제네바협정 I 제24조에서 제27조, 제36조, 제39조에서 제44조; 제네바협정 II 제42조에서 제44조; 제네바협정 IV 제18조에서 제22조; 식별표장의 사용에 대한 상세한 것은 J.K. Kleffner, "Protection of the Wounded, Sick, and Shipwrecked", in D. Fleck (ed.), The Handbook of International Humanitarian Law, 3rd edn

식별표장을 사용할 수 있는 의료시설이나 의료종사자 등이 식별될 수 있도록 보장하기 위하여 노력하여야 하며[1443] 이러한 식별표장은 함부로 사용될 수 없다.[1444] 부속의정서 II 제12조에 의하여 이러한 식별표장은 비국제적 무력충돌에서도 사용된다.[1445]

로마규정 범죄구성요건은 제네바협정 상의 식별표장뿐만 아니라 제네바협정의 보호 하에 있다는 점을 나타내는 다른 식별방법을 통하여 보호받는 지위를 갖는 것으로 인식된 사람, 건물, 의료부대, 수송수단 등에 대한 공격을 본 범죄의 대상으로 규정함으로써 부속의정서 I에 규정된 식별수단도 포함시키고 있다.[1446]

식별표장 그 자체가 국제인도법에 의한 보호의무를 부여하는 것이 아니므로 실제 국제인도법상 보호되는 지위를 향유하고 있고 범죄자가 상대방의 보호받는 지위를 인식하고 있었다면 이와 같은 식별표장을 부착하지 않았더라도 본 조항의 전쟁범죄에 해당한다는 주장이 있다.[1447] 식별표장에 의하여 국제인도법상의 보호받는 지위가 부여되는 것이 아닌 것은 사실이나 로마규정에는 명백히 본 범죄의 대상이 되기 위해서는 국제법에 따라 제네바협정의 식별표장을 사용할 것을 요건으로 규정하고 있으므로 죄형법정주의 원칙에 비추어 받아들이기 어려운 주장으로 생각된다.[1448]

공격은 민간인 주민에 대한 공격 범죄에서 사용되는 개념과 동일하게 적대 상대방에 대한 폭력행위로서 군사작전을 의미한다.[1449]

〔국제범죄법 제12조 제1항 제2호 등〕
① 국제적 무력충돌 또는 비국제적 무력충돌과 관련하여 다음 각 호의 어느 하나에 해당하는 행위를 한 사람은 3년 이상의 유기징역에 처한다.
  2. 제네바협약에 규정된 식별표장(識別表裝)을 정당하게 사용하는 건물, 장비, 의무부대, 의무부대의 수송수단 또는 요원을 공격하는 행위
③ 제1항 또는 제2항에 규정된 죄의 미수범은 처벌한다.

(2013), para. 629 et seq; J. de Preux, in Y. Sandoz, C. Swinarski, and B. Zimmermann (eds), Commentary on the Additional Protocols. Geneva, Martinus Nijhoff Publishers (1987), p. 446 et seq.

1443) 부속의정서 I 제18조 제1항.
1444) 부속의정서 I 제38조 제1항, 제2항.
1445) 부속의정서 II 제12조; 이와 별도로 부속의정서 II 제11조 제1항은 의무부대와 수송선에 대한 공격을 금지하고 있다.
1446) 로마규정 범죄구성요건 제8조 (2)(b)(xxiv) 1 '----a distinctive emblem or other method of identification indicating protection under the Geneva Conventions.'
1447) Jean-Marie Henckaerts, Louise Doswald-Beck, 전게서, p. 595.
1448) Werle, Gerhard; Jeßberger, Florian, 전게서, p. 490.
1449) Y. Sandoz, C. Swinarski, and B. Zimmermann (eds), Commentary on the Additional Protocols. Geneva, Martinus Nijhoff Publishers (1987), p. 603 et seq; Werle, Gerhard; Jeßberger, Florian, 전게서, p. 477.

본 범죄는 제네바협정에 규정된 식별표장을 정당하게 사용하는 건물, 장비, 의무부대, 의무부대의 수송수단 또는 요원을 공격하는 행위를 그 대상으로 한다.[1450] 앞서 본 바와 같이 로마규정의 해석에 있어서 보호받는 지위가 인정되고 상대방이 그러한 사실을 인식하였다면 반드시 현실적으로 식별표장을 부착할 필요가 없다는 견해가 있다.[1451] 그러나 우리 국제범죄법은 '제네바협약에 규정된 식별표장(識別表裝)을 정당하게 사용'할 것을 요건으로 규정하고 있으므로 본 범죄의 적용대상이 되기 위해서는 제네바협약의 식별표장이 사용되어 외부에서 쉽게 식별 가능한 상태에 있었어야 한다.[1452]

공격의 개념은 국제범죄법 제12조 제1항 제1호의 인도적 원조나 평화유지임무에 대한 공격에 준하여 해석할 수 있을 것이다.

로마규정 범죄구성요건은 부속의정서 I에 규정된 식별수단도 포함시키고 있다.[1453] 그러나 우리 국제범죄법은 오직 식별표장만을 대상으로 규정하고 있으므로 죄형법정주의 원칙상 식별신호를 사용한 경우는 본 조항의 적용이 없다고 보아야할 것이다.

한편 국제범죄법은 제네바협정에 규정된 식별표장만을 대상으로 규정하고 있으므로 부속의정서 III에 규정된 식별표장도 본 조항의 규율대상이 되는가의 문제가 존재한다. 독일의 경우 사람에 대한 전쟁범죄를 규정한 독일 국제범죄법 제8조에서는 제네바협정과 제네바협정 부속의정서를 명확히 구분하여 사용하고 있으나 본 범죄를 규정한 독일 국제범죄법 제10조에서는 이러한 구분이 이루어지지 않는다는 이유로 제네바협정의 식별표장 개념에는 제네바협정 부속의정서에 규정된 것도 포함되는 것으로 해석하고 있다.[1454] 우리 국제범죄법은 사람에 대한 전쟁범죄 부분이 아닌 국제범죄법 제2조 제7호에서 이와 같이 제네바협정과 부속의정서를 구분하여 사용하고 있으나 이는 '인도(人道)에 관한 국제법규에 따라 보호되는 사람'에 대한 해석과 관련된 것일 뿐 직접적으로 식별표장에 대한 것이라고 보기 어렵다. 따라서 본 조항의 식별표장에는 제네바협정뿐만 아니라 부속의정서에 규정된 것도 포함되는 것으로 해석할 수 있을 것이다.

1450) 본 조항의 적용대상에는 부속의정서 I 제23조에 따라 의료용 항공기도 포함된다. MüKoStGB/Zimmermann/Geiß VStGB § 10 Rn. 22.

1451) Jean-Marie Henckaerts, Louise Doswald-Beck, 전게서, p. 595.

1452) 따라서 이러한 표장은 외부에서 인식 가능할 수 있도록 상당한 크기로 부착되어야 한다. MüKoStGB/Zimmermann/Geiß VStGB § 10 Rn. 24.

1453) 로마규정 범죄구성요건 제8조 (2)(b)(xxiv) 1. ----a distinctive emblem or other method of identification indicating protection under the Geneva Conventions.

1454) MüKoStGB/Zimmermann/Geiß VStGB § 10 Rn. 23.

3. 식별표장 등의 부적절 사용

〔로마규정 제8조 제2항 (b)(vii)〕

사망 또는 심각한 신체적 상해를 가져오는, 제네바협정상의 식별표장뿐만 아니라 휴전 깃발, 적이나 국제 연합의 깃발 또는 군사표식 및 제복의 부적절한 사용

(Making improper use of a flag of truce, of the flag or of the military insignia and uniform of the enemy or of the United Nations, as well as of the distinctive emblems of the Geneva Conventions, resulting in death or serious personal injury)

로마규정 제8조 제2항 (b)(vii)은 국제적 무력충돌에 있어서 제네바협정의 식별표장, 휴전 깃발, 적이나 국제연합의 깃발 또는 군사 표식 및 제복의 부적절한 사용으로 사망 또는 심각한 신체적 상해를 가져오는 경우를 전쟁범죄로 규정하고 있다. 로마규정은 비국제적 무력충돌의 경우에는 이러한 행위를 전쟁범죄로 규정하고 있지 않으나 보호되는 표장의 부적절한 사용은 비국제적 무력충돌의 경우에도 국제관습법상 형사처벌의 대상으로 인정되고 있다. 인도주의 활동에 대한 공격은 무력충돌의 유형에 관계없이 비난의 대상이 되고 있으며 인도주의 활동에 대한 보호 규범의 중요성을 무력충돌의 유형에 따라 구분할 필요성도 없으므로 본 조항의 규율범위 역시 비국제적 무력충돌로 확대하는 것이 타당할 것이다.[1455] 우리나라와 독일의 국제범죄법은 모두 비국제적 무력충돌의 경우에도 표장의 부적절한 사용을 전쟁범죄로 규정하고 있다.[1456]

헤이그육전규범 제23조 (f)는 제네바협정의 식별표장, 휴전 깃발, 적의 표장 등의 부적절 사용 금지를 규정하고 있으며 이러한 행위는 부속의정서 I 제37조 제1항 (d), 제38조 제2항에 의하여도 금지되어 있다. 부속의정서 I 제85조 제2항 (f)는 이러한 행위로 인하여 사람이 살해되거나 심각한 상해가 발생한 경우를 의정서에 대한 심각한 위반으로 규정하고 있다.

본 조항에는 제네바협약 상의 식별표장, 휴전 깃발, 적의 깃발 또는 표식, 국제연합의 깃발 또는 군사표식 등 모두 4개의 유형이 규정되어 있다. 각각의 유형들은 구체적 인정 근거와 인정 요건 면에서는 다소간 차이점을 가지고 있으나 이들은 모두 제8조 제2항 (b)(xi)의 배신적 살해의 특별한 형태로서 국제관습법을 반영한 것이다. 이러한 행위는 사망 또는 상해의 결과를 야기한다는 공통점을 가지며 다만 적군 표장의 부적절 사용과 달리 휴전 깃발과 제네바협정의 식별표장, 국제연합 표장의 부적절 사용은 이러한 표장이 구비하고 있는 일반적 수용성의 토대를 허문다는 중대성을 추가로 가지고 있다.[1457]

1455) Werle, Gerhard; Jeßberger, Florian, 전게서, p. 502.
1456) 우리나라 국제범죄법 제12조 제2항, 독일 국제범죄법 제10조 제2항.
1457) Werle, Gerhard; Jeßberger, Florian, 전게서, pp. 499, 500.

이들 개별 유형들의 인정요건은 다소 차이가 있다. 먼저 휴전 깃발의 부적정 사용은 공격받거나 포로로 잡히지 않을 권리를 갖는 협상 사절을 표시하는 흰 깃발을 부적정하게 사용하여 상대방을 살해하거나 상해를 가하는 것이다. 헤이그육전규범 제32조는 '교전자 일방의 허가를 받아 타방과 교섭하기 위하여 백기를 들고 오는 자는 군사(軍使)로 인정된다. 군사와 그를 따르는 나팔수, 고수, 기수 및 통역은 불가침권을 가진다'라는 내용으로 침해받지 않을 권리를 규정하고 있다. 이처럼 백기는 교섭 의사를 표명하는 수단인 까닭에 백기를 들고 있는 동안에는 공격의 대상이 되거나 포로로 잡히지 않는다.[1458] 본 범죄는 휴전 깃발을 악용하여 협상의 의사가 있는 것처럼 가장한 후 적을 살상하는 행위를 처벌하는 것이므로 범죄자가 이와 같은 방식으로 휴전 깃발을 사용하는 행위의 불법성을 알았거나 알 수 있었어야 하며 이러한 행위는 협상을 가장할 목적으로 이루어진 것이어야 한다.[1459]

흰 바탕에 붉은 십자가, 붉은 초승달, 붉은 사자와 붉은 태양 모양 등 제네바협정에 의하여 승인되는 표장은 제네바협정 I 제38조에 규정되어 있으며 최근에는 부속의정서 III에서 백색 바탕에 사각형 모양의 적색 틀로 구성된 추가 식별표장인 적수정을 새로이 규정하고 있다. 의료시설, 의료물자 수송 수단, 의료지역, 의료장비 등과 의료종사자 등 적대행위가 아닌 인도주의 업무를 수행하는 사람만이 제네바협정과 부속의정서 I의 조건에 따라 이러한 식별표장을 사용할 수 있을 뿐 이러한 표장은 함부로 사용될 수 없다.[1460] 범죄자가 이러한 표장을 본래의 목적이 아닌 적대행위와 직접적으로 관련된 전투의 목적으로 사용한 경우 본 범죄가 성립하며[1461] 범죄자는 이러한 방식으로 표장을 사용하는 것의 불법성을 알았거나 알 수 있었어야 한다.[1462] 그러나 휴전 깃발의 부적절한 사용의 경우와는 달리 이를 이용한 기망의 목적이 요구되는 것은 아니다.[1463]

유엔 표장의 부적절한 사용은 별도의 범죄로 규정되어 있는 유엔 평화유지군에 대한 공격과 밀접한 관련을 갖는 것으로 국제공동체의 이해관계에 큰 영향을 미친다. 원칙적으로 유엔 표장에는 유엔의 푸른 깃발과 각종 표장들, 유엔의 제복과 보조 기구의 제복 등이 포함되나 로마규정의 문언에는 오직 국제연합의 깃발과 국제연합 군대의 표장만이 규정되어 있다.[1464] 이러한 표장

1458) Werle, Gerhard; Jeßberger, Florian, 전게서, p. 500.

1459) 로마규정 범죄구성요건 제8조 제2항 (b)(vii)-1.

1460) 부속의정서 I 제38조 참조.

1461) 로마규정 범죄구성요건 제8조 (2)(b)(vii)-4 2. 참조.

1462) 로마규정 범죄구성요건 제8조 (2)(b)(vii)-4 3. 참조.

1463) Werle, Gerhard; Jeßberger, Florian, 전게서, p. 501.

1464) 부속의정서 I 제38조 제2항은 국제연합의 식별표장 전체를 승인된 용도 이외로 사용하는 것을 금지하고 있으며 군사적 표장과 비군사적 표장을 구분하고 있지 않다. 로마규정 초안자들이 비군사작전에서 사용되는 표장을 배제하려고 의도한 것이 아니며 단순한 편집상 오류라는 주장은 Werle, Gerhard; Jeßberger, Florian, 전게서, p. 501. 그러나 이러한 주장에 따라 로마규정에 규정되지 않은 표장을 규율대상에 포함시키는 것이 죄형법정주의 원칙에 부합하는가는 의문이다.

은 반드시 국제법에서 금지하는 방식으로 사용되어야만 하며[1465] 주관적 요건이 완화되어 있는 다른 유형들과는 달리 범죄자는 반드시 표장의 금지되는 본질을 인식하고 있었어야 한다.[1466] 유엔 외부에 존재하는 사람이 유엔 표장의 사용에 대한 구체적 내용들을 쉽게 알기 어렵다는 점이 고려된 것으로 보인다.[1467]

적의 깃발 또는 군사 표식 및 제복의 부적절한 사용으로 상대방을 살해하거나 심각한 상해를 가하는 행위 역시 금지된다. 그러나 이러한 유형에 있어서는 금지의 정도가 다소 완화되어 있다. 부속의정서 Ⅰ 제39조 제2항은 국적표장 공격에 참가하는 중이거나 혹은 군사작전을 엄폐, 지원, 보호 또는 방해하기 위하여 적대당사국의 기, 군사표장, 기장, 제복을 사용하는 것만을 금지하고 있다. 국제관습법상으로도 군사작전에서 적의 깃발 등을 직접적으로 사용하는 것은 금지되나 적대행위 준비과정에서의 사용은 때때로 허용되는 것으로 보이기도 하였으며[1468] 로마규정 범죄구성요건 역시 금지의 범위를 공격과정에서 행하여지는 국제법에 반하는 부적절한 사용으로 제한하고 있다.[1469] 범죄자는 이러한 방식으로 적 표장을 사용하는 것이 불법이라는 점을 알았거나 알 수 있었어야 한다.[1470] 그러나 범죄자에게 적을 속이기 위한 목적이 요구되는 것은 아니다.[1471]

이러한 각각의 유형들 모두 부적절한 사용을 통하여 사람에 대한 사망 또는 심각한 상해로 이어질 경우 처벌의 대상이 된다.[1472] 신체적 완결성의 훼손이 심각하거나 상해 기간이 장기간이라면 심각한 상해로 볼 수 있을 것이다.[1473]

로마규정이나 로마규정 범죄구성요건 모두 피해자를 일정한 범위로 제한하고 있지 않으므로 배신적 살해와 같이 본 조항에서의 피해자에는 적군 군대 구성원과 민간인이 모두 포함되는 것으로 해석된다. 그러나 자국 국민은 일반적으로 본조의 보호범위에 포함되지 않는다.[1474]

1465) 로마규정 범죄구성요건 제8조 (2)(b)(vii)-3 1.과 2. 참조.
1466) 로마규정 범죄구성요건 제8조 (2)(b)(vii)-3 3. 참조. 동조항의 각주 41에서는 다른 유형에서 완화되어 있는 주관적 요건이 이러한 유형에는 적용되지 않음을 명백히 하고 있다.
1467) Werle, Gerhard; Jeßberger, Florian, 전게서, p. 502.
1468) Werle, Gerhard; Jeßberger, Florian, 전게서, p. 500.
1469) 로마규정 범죄구성요건 제8조 (2)(b)(vii)-2 2. 참조.
1470) 로마규정 범죄구성요건 제8조 (2)(b)(vii)-2 3. 참조.
1471) Werle, Gerhard; Jeßberger, Florian, 전게서, p. 500.
1472) 로마규정 범죄구성요건 제8조 (2)(b)(vii)-1,2,3,4의 각 4.
1473) B. Zimmermann, in Y. Sandoz, C. Swinarski, and B. Zimmermann (eds), Commentary on the Additional Protocols (1987), para. 3474.
1474) Werle, Gerhard; Jeßberger, Florian, 전게서, p. 502.

〔국제범죄법 제12조 제2항 – 국제적 무력충돌 및 비국제적 무력충돌〕
제12조(인도적 활동이나 식별표장 등에 관한 전쟁범죄)
② 국제적 무력충돌 또는 비국제적 무력충돌과 관련하여 세네바협약에 규정된 식별표장·휴전기(休戰旗), 적이나 국제연합의 깃발·군사표지 또는 제복을 부정한 방법으로 사용하여 사람을 사망에 이르게 하거나 사람의 신체에 중대한 손상을 입힌 사람은 다음의 구분에 따라 처벌한다.
  1. 사람을 사망에 이르게 한 사람은 사형, 무기 또는 7년 이상의 징역에 처한다.
  2. 사람의 신체에 중대한 손상을 입힌 사람은 무기 또는 5년 이상의 징역에 처한다.
③ 제1항 또는 제2항에 규정된 죄의 미수범은 처벌한다.

본 범죄는 배신적 살상행위의 특별한 유형으로 우리 국제범죄법은 로마규정과 달리 본 범죄의 적용범위를 비국제적 무력충돌의 경우로 확대하고 있다.

로마규정 범죄구성요건은 일부 행위는 전투 상황에만 적용되는 것으로 규정하고 있으나[1475] 우리 법은 '부정한 방법'으로 사용하는 것만을 요건으로 규정하고 있다. 따라서 전투상황 뿐 아니라 탄약수송 등 비전투적 상황에도 적용될 수 있을 것이다.[1476] 본 조항에는 이러한 표장을 이용하여 직접 상대방을 살해하거나 상해를 가한 경우 뿐 아니라 적십자 표장을 부착하고 적군을 폭격하는 경우도 포함된다.[1477]

우리 국제범죄법은 본 조항의 대상을 '제네바협정에 의하여 보호되는 사람'이 아닌 '사람'으로 규정하고 있다. 따라서 사망이나 상해를 입은 사람이 반드시 적군 소속이어야 하는 것은 아니며 민간인이나 전투력을 잃은 사람도 포함된다.[1478]

본 조항이 적용되기 위해서는 이러한 행위를 통하여 사람이 사망에 이르거나 중상해의 결과가 발생하여야 하며 범죄자의 행위와 이러한 결과는 인과적으로 연결되어야 한다.[1479]

1475) 로마규정 범죄구성요건 제8조 제2항 (b)(vii)-4 2. 참조.
1476) BT-Drucks. 14/8524, S. 32 참조.
1477) MüKoStGB/Zimmermann/Geiß VStGB § 10 Rn. 40.
1478) 적군 군복을 입은 경우 자국 국민도 위험에 처하게 되는 까닭에 규범의 목적상 자국 국민도 포함된다는 견해는 MüKoStGB/Zimmermann/Geiß VStGB § 10 Rn. 42; BT-Drucks. 14/8524, S. 32.
1479) 독일 형법에서 일반 형법상의 중상해에 대하여는 1년 이상 10년 이하의 징역형에 처하고 있음에 반하여 독일 국제범죄법 제10조 제2항에 의하면 본 조항에 해당하는 행위는 5년 이상의 보다 중한 형에 처해질 수 있다는 이유로 본 조항에서의 특별한 불법성은 행위와 결과 사이의 직접적 연계가 존재하는 경우에만 인정될 수 있고 심각한 결과는 본 조항이 규정하고 있는 행위에서 유래되는 특별한 위험의 실현이어야 한다고 해석하고 있다. MüKoStGB/Zimmermann/Geiß VStGB § 10 Rn. 42. 우리 형법 제258조는 중상해를 1년 이상 10년 이하의 징역에 처하도록 하고 있는 반면 본 조항의 경우에는 무기 또는 5년 이상의 징역형에 처할 수 있다는 점에서 동일한 해석이 가능할 것으로 생각된다.

제 8 절 금지된 방법에 의한 전쟁범죄의 처벌

국제범죄법 제13조 제1항 제1호부터 제7호까지 규정되어 있는 민간인 주민에 대한 공격, 특별히 보호되는 목표물에 대한 공격, 무방호(無防護) 지역에 대한 공격, 과도한 부수적 피해를 야기하는 공격, 인간방패의 금지, 민간인 주민에 대한 기아, 포로포획 금지의 선언 또는 명령, 배신적 살해나 상해 등은 모두 무기 또는 3년 이상의 징역에 처하도록 규정하고 있다. 과도한 부수적 피해를 야기하는 공격의 일종으로 자연환경에 대한 광범위하고 장기간의 중대한 훼손을 가하는 것이 명백한 공격행위에 대하여는 국제범죄법 제13조 제3항에서 보다 낮은 3년 이상의 유기징역에 처하도록 규정하고 있다.

위 범죄들 중 배신적 살상행위를 제외한 나머지 범죄들로 인하여 피해자에 대한 사망의 결과가 발생한 경우에는 사형, 무기 또는 7년 이상의 징역, 중대한 상해의 경우에는 무기 또는 5년 이상의 징역에 처하도록 규정하고 있다. 본 조항은 결과적 가중범에 해당하는 것으로 적어도 중한 결과에 대한 예견가능성이나 과실이 있을 경우 성립할 것이다.[1480] 로마규정에는 유사한 범죄유형이 존재하지 않음에도 무력충돌 상황에서 발생하는 심각한 위험성을 고려하여 이와 같은 결과적 가중범 규정을 두게 된 것으로 생각된다.[1481]

또한 국제범죄법 제12조 제1항에서는 국제연합헌장에 따른 인도적 원조나 평화유지임무와 관련된 요원 등에 대한 공격, 제네바협약에 규정된 식별표장을 정당하게 사용하는 건물 등에 대한 공격을 3년 이상의 유기징역에 처하도록 하고 있다. 이는 앞서 본 민간인 주민 또는 민간 목적물에 대한 공격이 무기 또는 3년 이상의 징역에 처해질 수 있는 것에 비하여 형량이 오히려 약화되어 있어 실무상 적용가능성은 낮을 것으로 생각된다.[1482] 배신적 살해나 상해의 특별규정으로서의 성격을 가지고 있는 국제범죄법 제12조 제2항은 제네바협정에 규정된 식별표장 등의 부정사용으로 말미암아 피해자가 사망에 이른 경우에는 사형, 무기 또는 7년 이상의 징역, 중대한 상해에 이른 경우에는 무기 또는 5년 이상의 징역에 처하도록 규정하고 있다.

1480) BT-Drucks. 14/8524, S. 29; 독일법은 사망의 결과에 대한 고의가 존재하는 경우, 사망의 결과에 대한 과실만 존재하는 경우, 중한 상해에 대한 고의와 과실이 존재하는 경우로 나누어 형량을 차별화하고 있다. 독일 국제범죄법 제11조 제2항 참조.
1481) 본 조항의 경우 전제되는 행위와의 직접적 연계성이 필요하며 따라서 전제된 범죄에 전형적으로 내재되어 있는 위험성이 실현된 것이어야 한다. MüKoStGB/Dörmann VStGB § 11 Rn. 164.
1482) 국제범죄법 제12조 제3항.

제 8 장 금지된 무기를 사용한 전쟁범죄

전쟁에서 사용될 수 있는 수단과 방법은 무제한적인 것이 아니며 일정한 규범적 제약 하에 있다. 국제인도법은 과도한 상해나 불필요한 고통을 야기하는 무기 혹은 무기 자체의 비차별적 특성으로 인하여 민간인과 군인을 구분하여 사용할 수 없는 무기 사용을 금지하고 있으며 로마규정 역시 원칙적으로 이와 같은 요건에 해당하는 무기 사용 행위를 형사처벌의 대상으로 규정하고 있다.

금지된 무기 사용으로 인한 전쟁범죄는 민간인에 대한 보호와 전투원에 대한 보호 목적을 함께 가지고 있다. 핵무기, 화학무기 등 비차별적 특성을 가진 무기의 사용금지는 일차적으로 민간인 보호를 위한 것이며 과도한 상해나 불필요한 고통을 야기하는 무기 사용금지는 민간인 보다는 공격의 대상이 되는 전투원 보호에 중점이 있다. 적을 제압하는데 효과적이라 할지라도 지나치게 심각한 결과를 가져오는 무기의 사용은 제한되어야 한다.

불필요한 고통을 유발하는 무기 혹은 무기 사용 효과가 적군에 제한되지 않는 비차별적 속성을 지닌 무기 사용이 금지되어야 한다는 일반원칙은 지속적으로 발전되어 왔다. 이러한 특성을 지닌 무기 사용의 금지는 헤이그육전규범 제23조 (e)와 제네바협정 부속의정서 I 제35조 제2항, 제51조 제4항 (b) 등에 명시되어 있을 뿐 아니라 뒤에서 살필 바와 같이 많은 조약들이 이러한 범주에 해당하는 특정한 무기의 사용을 금지하고 있다. 그러나 여전히 전쟁 수행의 권한과 직결되어 있는 무기의 사용금지에 관한 문제는 인도주의적 고려와 군사적 필요성 사이에 존재하는 매우 강한 긴장관계를 보여주는 영역이다. 핵무기에 대한 국제사법재판소의 판결뿐만 아니라 국제재판소들도 전쟁수단에 관한 권리에 대하여는 매우 조심스런 입장을 취하고 있으며 금지된 무기의 사용으로 인한 전쟁범죄는 금지된 방법에 의한 전쟁범죄에 비하여 후행하고 있다는 평가이다.[1483]

1483) ICJ, advisory opinion of 8 July 1996 (Legality of the Threat or Use of Nuclear Weapons), in ICJ Reports 1996, 226; MüKoStGB/Kreß VStGB § 12 Rn. 4.

국제인도법 영역에 존재하는 무기 사용에 대한 제한 규범에도 불구하고 로마규정의 전쟁범죄 조항은 정치적 타협의 산물로서 법이론적 일관성이 결여되어 있다는 비판을 받고 있다. 로마규정에서는 국제법에서 장기간 금지하여 온 독[1484], 독성 가스[1485], 일정한 유형의 탄약[1486]만이 금지 대상에 포함되어 있으며 핵무기, 화학무기, 생물무기 등은 모두 규율대상에서 배제되었다. 로마규정 제8조 제2항 (b)(xx)에서 과도한 상해나 불필요한 괴로움을 야기하는 성질을 가지거나 또는 무력충돌에 관한 국제법에 위반되는 무차별적 성질의 무기 사용을 금지하는 것으로 선언하여 마치 핵무기, 화학무기, 생물학 무기 등 대량살상무기를 규율하는 듯한 형태를 취하고 있으나 로마규정 제121조, 제123조의 개정 절차에 따라 대상 무기가 부속서 형태로 목록화 되어 있어야 한다는 요건을 부가하고 있어 실질적 규범력이 결여되어 있는 상황이다.

특히 로마규정은 금지무기 사용으로 인한 전쟁범죄를 국제적 무력충돌의 경우에만 적용되는 것으로 제한하고 있다는 점에서 국제관습법에 역행하는 것일 뿐 아니라 처벌의 공백상태를 만든다는 비판이 있어 왔다. 이에 따라 캄팔라 재검토 회의에서는 로마규정 제8조 제2항 (e)(xiii)-(xv)을 새로이 규정하여 국제적 무력충돌과 동일한 내용이 비국제적 무력충돌에도 적용될 수 있도록 하는 내용의 합의가 이루어졌다.[1487] 우리 국제범죄법 제14조는 국제적 무력충돌의 경우뿐 아니라 비국제적 무력충돌에 있어서도 이미 새로이 개정된 로마규정과 동일한 규정을 두고 있었다.[1488]

금지무기 사용으로 인한 전쟁범죄는 추상적 위험범으로 무기의 사용만으로 처벌요건은 충족되며 이러한 무기의 사용으로 말미암아 생명이나 신체를 손상시키거나 위험을 발생시켰을 필요는 없다.[1489]

제 1 절 로마규정에서의 무기 사용 금지

〔로마규정 제8조 제2항 (b) - 국제적 무력충돌〕
(xvii) 독이나 독성 무기의 사용(Employing poison or poisoned weapons)
(xviii) 질식가스, 유독가스 또는 기타 가스와 이와 유사한 모든 액체·물질 또는 장치의 사용
(Employing asphyxiating, poisonous or other gases, and all analogous liquids, materials or devices)

1484) 로마규정 제8조 제2항(b)(xvii).
1485) 로마규정 제8조 제2항(b)(xviii).
1486) 로마규정 제8조 제2항(b)(xix).
1487) Resolution RC/ Res. 5, Amendments to article 8 of the Rome Statute (16 June 2010).
1488) 국제범죄법 제14조 참조.
1489) Ambos, Kai, 전게서 II, p. 179; Werle, Gerhard; Jeßberger, Florian, 전게서, p. 510.

(xix) 총탄의 핵심부를 완전히 감싸지 않았거나 또는 절개되어 구멍이 뚫린 단단한 외피를 가진 총탄과 같이, 인체 내에서 쉽게 확장되거나 펼쳐지는 총탄의 사용

(Employing bullets which expand or flatten easily in the human body, such as bullets with a hard envelope which does not entirely cover the core or is pierced with incisions)

(xx) 과도한 상해나 불필요한 괴로움을 야기하는 성질을 가지거나 또는 무력충돌에 관한 국제법에 위반되는 무차별적 성질의 무기, 발사체, 장비 및 전투방식의 사용. 다만, 그러한 무기, 발사체, 장비 및 전투방식은 포괄적 금지의 대상이어야 하며, 제121조와 제123조에 규정된 관련 조항에 따른 개정에 의하여 이 규정의 부속서에 포함되어야 한다.

(Employing weapons, projectiles and material and methods of warfare which are of a nature to cause superfluous injury or unnecessary suffering or which are inherently indiscriminate in violation of the international law of armed conflict, provided that such weapons, projectiles and material and methods of warfare are the subject of a comprehensive prohibition and are included in an annex to this Statute, by an amendment in accordance with the relevant provisions set forth in articles 121 and 123)

〔로마규정 제8조 제2항 (e) – 비국제적 무력충돌〕

(xiii) 독이나 독성 무기의 사용(Employing poison or poisoned weapons)

(xiv) 질식가스, 유독가스 또는 기타 가스와 이와 유사한 모든 액체·물질 또는 장치의 사용

(Employing asphyxiating, poisonous or other gases, and all analogous liquids, materials or devices)

(xv) 총탄의 핵심부를 완전히 감싸지 않았거나 또는 절개되어 구멍이 뚫린 단단한 외피를 가진 총탄과 같이, 인체 내에서 쉽게 확장되거나 펼쳐지는 총탄의 사용

(Employing bullets which expand or flatten easily in the human body, such as bullets with a hard envelope which does not entirely cover the core or is pierced with incisions)

1. 독(Poison) 또는 독성 무기(Poisoned Weapons)

로마규정 제8조 제2항 (b)(xvii)은 사망이나 건강에 심각한 해악을 가져오는 독이나 독성무기를 사용하는 행위를 전쟁범죄로 규정하고 있으며 로마규정 범죄구성요건 제8조 제2항 (b)(xvii)는 이에 대한 보다 상세한 규율을 두고 있다. 헤이그육전규범 제23조 (a)는 독성 무기 사용을 금지하고 있었으며 ICTY 제3조 (a)에도 유사한 조항이 존재한다.

본 조항의 처벌 대상은 '독'을 사용하는 행위이다.[1490] 따라서 '독'의 생산과 보관은 본 조항

1490) 국제관습법을 조문화한 헤이그육전규범 제23조 (a)가 성립될 당시에는 유독가스(Poison Gas)가 잘 알려져 있지 않아 유독가스에 대한 규정이 명시되어 있지 않았었다. 따라서 신체에 대하여 독성의 피해를 가하는 물질로서 유독가스의 사용이 독의 사용금지에 포함되는가 여부가 문제될 수 있었으나 로마규정 제8조 제2항 (b)(xviii)은 독가스의 사용을 별도로 명시하고 있어 이러한 개념상 논쟁이 더 이상 특별한 의미를 갖지

에서의 처벌대상이 아니다.[1491] '독'은 독성 성분으로 인하여 사람에 대한 사망이나 건강에 심각한 해악을 가져오는 물질로서[1492] 그 자체로 사용되거나 총알이나 탄환 등 다른 무기와 함께 사용될 수 있다.[1493] 오직 환경 혹은 동물에만 유해한 영향을 미치거나 건강에 심각한 영향을 미치지 않는 것은 본 조항의 적용대상에서 제외된다. 신체에 심각한 해악을 가져오지 않으면서 단기간 동안만 영향을 미치거나 상대적으로 미약한 효과를 갖는 무능화 작용제(incapacitating agents)나 최루가스(tear gas), 환경에 영향을 미치는 물질 등도 포함시키자는 주장이 있었으나 채택되지 않았다. 로마규정은 심각한 범죄만을 대상으로 한다는 점에서 독의 개념을 중대한 효과를 가지는 것으로 엄격히 제한하는 것이 법 정책적 측면에서 타당한 것으로 생각된다.[1494]

군사적 필요성이 인정되는 경우에도 독성 무기 사용은 허용되지 않는다. 독이 일단 사용되었다면 본 조항의 요건은 충족되며 독이 어떠한 방식으로 사용되었는가 여부는 중요하지 않다. 따라서 독을 사용하기 이전에 미리 적이나 민간인들에게 경고하여 위험에 빠지지 않을 수 있도록 하였는가 여부에 관계없이 독의 사용 그 자체가 금지된다.[1495] 다만 독성 효과가 부수적인 것으로 주요한 효과에 비하여 중대하지 않은 경우는 본 조항의 적용대상에서 제외되며[1496] 인체에 치명적인 해악을 가져오더라도 독성이 아닌 진동 등 물리적 충격이나 방사능에 의한 것은 여기에 포함되지 않는다.[1497]

2. 유독가스(Poisonous Gas) 및 유사 물질

로마규정 제8조 제2항 (b)(xviii)은 질식성, 독성 가스 등의 사용을 금지하고 있으며 로마규정 범죄구성요건은 이에 대한 보다 상세한 규정을 두고 있다. 위 조항은 독성 가스 등의 사용을 금지한 '질식성, 독성 또는 기타 가스 및 세균학적 전쟁수단의 전시사용 금지에 관한 의정서

못하게 되었다.

1491) Werle, Gerhard; Jeßberger, Florian, 전게서, p. 511.
1492) 로마규정 범죄구성요건 제8조 (2)(b)(xvii) 2. 참조.
1493) 로마규정 범죄구성요건 제8조 (2)(b)(xvii) 1. 참조; 개념상으로는 화학무기가 본 조항의 독이나 뒤에서 살필 독가스 유사물질에 해당할 수 있을 것이나 대량살상무기에 해당할 수 있는 생물무기와 화학무기는 로마규정 제8조 제2항(b)(xx)의 규율대상으로 논의되었으며 핵무기와의 관계를 고려하여 종국적 규율대상에서 배제되었다.
1494) Werle, Gerhard; Jeßberger, Florian, 전게서, p. 512.
1495) Werle, Gerhard; Jeßberger, Florian, 전게서, p. 511.
1496) 방탄효과를 무력화시키는 우라늄 성분 내장 탄환의 경우 독성 효과가 입증되어 있지 않았으며 주된 목적이 방탄효과를 무력화시키는 것으로 독성효과를 의도하지 않는다는 점에서 본 조항에 해당될 수 없다는 취지의 논의에 대한 것은 J.A. Beckett, "Interim Legality : A Mistaken Assumption?— An Analysis of Depleted Uranium Munitions under Contemporary International Humanitarian Law", 3 Chinese Journal of International Law (2004), p. 43.
1497) Werle, Gerhard; Jeßberger, Florian, 전게서, pp. 512, 517; ICJ, advisory opinion of 8 July 1996 (Legality of the Threat or Use of Nuclear Weapons), ICJ Rep. 1996, 226, para. 55.

(Protocol for the Prohibition of the Use in War of Asphyxiating, Poisonous or Other Gases, and of Bacteriological Methods of Warfare)'에 기초한 것이다.[1498] 위 의정서는 규제 대상물질과 관련하여 상대적으로 광범위한 개념을 채택하고 있으나 위 협약과 같이 국가에 대한 의무 규범을 규정하는 것이 아닌 형사적 금지를 규정하는 로마규정에서는 피해자가 사망에 이르거나 건강에 심각한 해악을 가할 수 있는 질식성 또는 독성물질을 사용하는 경우로 범위를 제한하고 있다. 따라서 단순히 자극적인 가스의 사용은 로마규정에서의 형사처벌 대상이 아니다.[1499]

3. 금지된 탄환의 사용

로마규정 제8조 제2항 (b)(xix)는 인체 내에서 쉽게 확장되거나 펼쳐지는 총탄의 사용을 금지하고 있다. 이러한 특수한 탄환을 사용하는 것은 불필요한 고통을 야기하는 전쟁 수단에 대한 금지 규범에 위반되는 것이다.[1500] 소위 덤덤탄(dum dum bullets)과 같이 총탄의 핵심부를 완전히 감싸지 않았거나 또는 절개되어 구멍이 뚫린 단단한 외피를 가진 총탄이 본 조항에 해당한다. 본 조항의 적용 여부는 탄환의 사용 당시 상태를 기준으로 결정된다. 따라서 처음부터 이러한 특성을 구비하도록 제조된 것인가 아니면 정상 탄환을 사후에 개조한 것인가 여부는 중요하지 않다.[1501] 로마규정 범죄구성요건은 범죄자가 탄환의 특별히 위험한 특성을 인식하고 있어야 함을 명확히 하고 있다.[1502]

4. 포괄 조항

로마규정 제8조 제2항 (b)(xx)는 '과도한 상해나 불필요한 괴로움을 야기하는 성질을 가지거나 또는 무력충돌에 관한 국제법에 위반되는 무차별적 성질의 무기, 발사체, 장비 및 전투방식의 사용'을 원칙적으로 금지하는 포괄 조항을 두고 있다. 로마규정은 이처럼 원칙론적으로는 적대행위에 직접 관계된 사람에 대하여 특별한 고통을 야기하는 전쟁수단과 적대행위에 참가하지 않는 사람에게까지 무차별적 효과를 갖는 무기 사용을 금지함으로써 이들에 대한 보호목적을 달성하기 위한 원칙 조항을 두고 있다.[1503] 그러나 로마규정은 이러한 포괄 조항을 두면서도 위 조항이 적용되기 위해서는 대상이 되는 전쟁방법이 포괄적 금지의 대상이어야 할 것과 금지되는 대상

1498) 위 조약은 1989년 1월 4일 조약 제968호로 우리나라에 대하여 발효되었다.

1499) 로마규정 범죄구성요건 제8조 (2)(b)(xviii) 2. The gas, substance or device was such that it causes death or serious damage to health in the ordinary course of events, through its asphyxiating or toxic properties.

1500) 위 조항은 1899년 7월 29일 인체 내에서 쉽게 확장되거나 평평해지는 탄환의 사용에 대한 선언(Declaration on the Use of Bullets Which Expand or Flatten Easily in the Human Body)에 기초한 것이다.

1501) Werle, Gerhard; Jeßberger, Florian, 전게서, p. 515.

1502) 로마규정 범죄구성요건 제8조 제2항 (b)(xix) 3. 참조.

1503) 이러한 원칙은 앞서 살핀 헤이그육전규범 제23조 (e)와 부속의정서 I 제35조 제2항, 제51조 제4항 (b), ICTY 제3조 (a) 등에 표현되어 있다.

전쟁 수단이 로마규정 개정 절차에 따라 로마규정의 부속서 목록에 포함되어야 한다는 요건을 함께 두어 위 조항의 적용을 실제적으로는 유보시키고 있다. 포괄적 금지의 대상이어야 한다는 요건이 어떤 의미를 갖는가 여부는 현재로서는 불분명한 상황이나 로마규정 부속서 목록에 규정되는 금지되는 수단은 포괄적 금지의 충분한 표식이 될 것이라는 견해가 있다.[1504] 이처럼 현재로서는 어떤 전쟁 수단이 포괄적 금지의 대상에 포함되는가 여부가 불분명할 뿐 아니라 대상 전쟁수단은 부속서 목록에 포함되어야 함에도 현재까지 위 조항에 대한 부속서는 채택되지 않고 있으며 복잡한 로마규정 개정 절차와 각 국가들의 이해관계 상충 등을 고려할 때 짧은 기간 안에 위 조항이 실질적 효력을 발휘할 것으로는 보이지 않는다.[1505]

제 2 절 대량살상 무기에 대한 논란

1. 핵무기

핵무기 사용이 국제법 하에서 금지되는가의 여부는 논란의 대상이다. 핵무기의 생산과 확장을 금지하는 다양한 국제조약들이 존재할 뿐만 아니라[1506] 핵무기를 특정적으로 규율하지 않더라도 핵무기 역시 기존의 국제인도법의 적용 대상임은 분명하다. 그러나 핵무기의 사용금지에 대한 국제사법재판소의 권고적 의견은 국제법상 핵무기 사용이 확정적으로 금지되어 있지 않다는 것이었다.

1996년 국제사법재판소는 유엔총회의 요청에 따라 내린 권고적 의견에서 국제조약이나 국제관습법 어느 곳에서도 핵무기의 사용이나 핵무기 사용의 위협을 허용하고 있지는 않으나(전원 일치) 핵무기 그 자체의 사용 또는 사용의 위협을 금지하는 조약이나 관습법 역시 존재하지 않는다는 견해를 표명하였다.(11:3 결정) 나아가 재판소는 핵무기 사용이나 사용의 위협 역시 무력충돌에 있어서 적용되는 국제법의 요건과 특히 국제인도법의 원리와 규칙 및 핵무기를 다루는 조약상의 의무에 부합해야 한다고 선언하면서(전원 일치) 관련 요건에 비추어 볼 때 핵무기 사용이나

1504) Werle, Gerhard; Jeßberger, Florian, 전게서, p. 516.

1505) 로마규정에서 위 조항의 효력이 보류되어 있다는 사실이 국제관습법의 효력을 제약할 수는 없을 것이라는 입장은 Ambos, Kai, 전게서 II, p. 179.

1506) 핵무기의 비확산에 관한 조약(Treaty on the Non-Proliferation of Nuclear Weapons, NPT)은 1970년 3월 5일 발효되었으며 우리나라에 대하여는 1975년 4월 23일 조약 제533호로 발효되었다.; 대기권, 외기권 및 수중에서의 핵무기 실험금지조약(Treaty Banning Nuclear Weapon Tests in the Atmosphere, Outer Space and Under Water)은 1963년 10월 10일 발효되었으며 우리나라에 대하여는 1964년 7월 24일 조약 제127호로 발효되었다.; 핵무기 및 기타 대량 파괴무기의 해저, 해상 및 그 하층토에 있어서의 설치금지에 관한 조약(Treaty on the Prohibition of the Emplacement of Nuclear Weapons and Other Weapons of Mass Destruction on the Sea-bed and the Ocean Floor and in the Subsoil Thereof)은 1972년 5월 18일 발효되었으며 우리나라에 대하여는 1987년 6월 25일 조약 제926호로 발효되었다.; 기타 관련된 다양한 조약들에 대한 것은 Werle, Gerhard; Jeßberger, Florian, 전게서, p. 517.

사용의 위협은 무력충돌에 관한 국제법 특히 국제인도법의 원리와 규칙에 반한다고 볼 수 있으나 현재의 국제법의 상황과 문제된 사실관계의 요소들을 고려할 때 극단적 정당방위 상황에서 핵무기의 사용이나 사용의 위협이 합법인가 아니면 불법인가를 확정적으로 단언할 수 없나고 판단하였다.(7:7, 의장 캐스팅보트) 그리고 마지막으로 핵무장 해제를 위한 성실의무를 만장일치로 인정하였다.[1507]

이러한 국제사법재판소 판결 등을 근거로 핵강대국들은 핵무기의 사용은 국제법 위반이 아니라고 주장해 왔으며 로마규정 제정 과정에서도 핵무기의 사용 금지 여부에 대하여 논란이 있었으나 결국 합의에 이르지 못하였다.[1508] 따라서 현재로서는 핵무기의 포괄적 사용금지가 국제관습법에서 승인되었다고 추정하기는 어려운 상황이다.[1509]

이와 관련하여 핵무기 사용이 금지되지 않은 진정한 이유는 공격적이건 방어적이건 자신들의 세계전략에 방해가 되는 법을 허용하지 않으려는 핵무기 보유국의 이해관계 때문이며 이러한 점에서 국제형사법은 아직까지 법적 체계로서 일관성을 갖지 못하고 있다는 비판이 제기된다.[1510] 또한 핵무기는 본질적으로 비차별적 효과를 가지는 무기의 사용 금지 규범에 위배되는 것이므로 핵무기의 사용은 원칙적으로 형사처벌의 대상이 되어야 한다거나[1511] 핵무기의 사용 방식에 따라 민간인에 대한 직접적 공격금지 혹은 비례성을 상실한 공격금지를 규정한 로마규정 제8조 제2항 (b)(i), (iv)에 해당할 수 있다는 견해가 있다.[1512]

2. 화학무기 · 생물무기

화학무기 사용의 국제법적 금지는 일반적으로 받아들여지고 있다. 미국, 러시아 등 151개국이 비준한 화학무기의 개발 · 생산 · 비축 · 사용금지 및 폐기에 관한 협약[1513] 제1조 제1항은 화학무기 사용은 어떠한 상황 하에서도 금지된다고 규정하고 있으며 특히 제7조 제1항 (a)는 체약 당사국에 대하여 위반행위에 대한 형사처벌을 의무화하고 있다. 위 조약은 국제관습법을 반영한 것으로 평가되고 있다.[1514]

1507) ICJ, advisory opinion of 8 July 1996 (Case Concerning the Legality of the Threat or Use of Nuclear Weapons), ICJ Rep. 1996, 226. 나아가 핵무기의 주된 효과가 독성 물질에 의한 중독이 아니라는 이유로 가스의정서가 적용되지 않는다는 의견도 표명하였다. 위 판결 para. 55.

1508) Cryer, Robert; Friman, Håkan; Robinson, Darryl; Wilmshurst, Elizabeth, 전게서, p. 299.

1509) Werle, Gerhard; Jeßberger, Florian, 전게서, p. 517.

1510) Allan A. Ryan, 전게서, p. 335.

1511) Werle, Gerhard; Jeßberger, Florian, 전게서, p. 517.

1512) Cryer, Robert; Friman, Håkan; Robinson, Darryl; Wilmshurst, Elizabeth, 전게서, p. 299.

1513) 화학무기의 개발 · 생산 · 비축 · 사용금지 및 폐기에 관한 협약(Convention on the Prohibition of the Development, Production, Stockpiling and Use of Chemical Weapons and on Their Destruction, CWC)은 1997년 4월 29일 발효되었다. 우리나라에 대하여는 1997년 4월 29일 조약 제1377호로 발효되었다.

1514) Werle, Gerhard; Jeßberger, Florian, 전게서, p. 518.

생물무기 사용 역시 국제법적 금지의 대상이다. 세균무기(생물무기) 및 독소무기의 개발, 생산 및 비축의 금지와 그 폐기에 관한 협약은 체약당사국에 대하여 생물무기나 독성 무기의 개발, 생산, 비축 또는 기타 방법으로 이러한 무기를 획득하거나 보유하는 것을 금지하고 있다.1515) 위 협약이 생물무기의 사용을 명시적으로 금지하고 있지는 않으나 협약의 서문에서 생물무기 사용 금지가 협약의 목적임을 언급하고 있고 생물무기의 개발, 생산, 비축 등을 금지하는 조항으로부터 사용 금지라는 규범이 도출되는 것으로 해석되고 있다. 나아가 질식성, 독성 또는 기타 가스 및 세균학적 전쟁수단의 전시 사용 금지에 관한 의정서(Protocol for the Prohibition of the Use in War of Asphyxiating, Poisonous or Other Gases, and of Bacteriological Methods of Warfare)는 모든 세균무기의 사용을 금지하고 있다. 따라서 생물 무기의 사용이 국제관습법상 형사처벌의 대상이 된다는 점에 대하여는 큰 이론이 없는 상황이다.1516)

이처럼 화학무기와 생물무기의 사용 금지에 대하여 국제법적으로 별다른 이견이 없음에도 불구하고 이들 무기에 대한 사용 금지도 로마규정에 포함되지 않았다. 이는 핵무기 사용 금지를 로마규정에 도입하지 않는 것과 관련한 형평성 논란에 따른 것이었다. 로마규정 협상 과정에서 인도를 비롯한 일부 국가의 대표들은 로마규정에 핵무기 사용 금지 조항이 포함되어야 한다고 주장하였으나 앞서 본 핵무기 사용에 관한 1996년 국제사법재판소의 권고적 의견이 존재하는 상황에서 핵무기 사용 그 자체가 국제관습법 하에서 금지된다는 점에 대한 의견일치가 이루어지지 않았다. 그러나 많은 국가들은 부자들의 대량살상 무기인 핵무기 사용은 금지하지 않으면서 가난한 자들의 대량살상 무기인 생화학무기에 대한 금지규정만을 로마규정에 포함시키는 것은 공평하지 않다고 주장하였다. 결국 이러한 교착상태를 타개하기 위하여 생화학무기뿐만 아니라 핵무기 등 대량살상 무기의 사용 금지 여부에 대한 결정을 로마규정 개정 논의 시 다시 다루도록 연기하고 이러한 협상 과정을 반영하여 로마규정 제8조 제2항 (b)(xx)에 '--무력충돌에 관한 국제법에 위반되는 무차별적 무기, 발사체, 장비 및 전투방식은 포괄적 금지의 대상이어야 하며, 제121조와 제123조에 규정된 관련 조항에 따른 개정에 의하여 이 규정의 부속서에 포함되어야 한다'는 내용만이 삽입되었다.1517)

1515) 세균무기(생물무기) 및 독소무기의 개발, 생산 및 비축의 금지와 그 폐기에 관한 협약(Convention on the Prohibition of the Development Production and Stockpiling of Bacteriological(Biological) and Toxin Weapons and on Their Destruction, BWC)은 1972년 4월 10일 런던, 모스크바 및 워싱턴에서 작성되어 1975년 3월 26일 발효되었다. 우리나라에 대하여는 1987년 6월 25일 조약 제925호로 발효되었다.

1516) Werle, Gerhard; Jeßberger, Florian, 전게서, p. 519.

1517) Cryer, Robert; Friman, Håkan; Robinson, Darryl; Wilmshurst, Elizabeth, 전게서, p. 299; 많은 사람들이 화학무기의 위험에 노출되어 있는 상황에서 비차별적 효과를 갖는 무기 사용 금지를 선언한 이러한 로마규정이 국제관습법상 화학무기 사용 금지 규범의 형사법적 성격을 강화시키며 비록 로마규정에는 생물무기와 화학무기에 대한 조항이 도입되지는 않았으나 국제관습법 하에서는 이들 무기의 사용행위가 형사처벌의 대상이 될 수 있다는 것은 Werle, Gerhard; Jeßberger, Florian, 전게서, pp. 513, 518; 우리 국제범죄법 제14조 제1항은 국제관습법을 반영하여 이들 무기의 사용을 전쟁범죄로 규정하고 있다.

제3절 재래식 무기 관련 협약

특정 재래식 무기의 사용금지에 대하여는 '과도한 상해 또는 무차별적 효과를 초래할 수 있는 특정 재래식 무기의 사용금지 및 제한에 관한 협약(Convention on Prohibitions or Restrictions on the Use of Certain Conventional Weapons which may be deemed to be Excessively Injurious or to have Indiscriminate Effects)'[1518]과 위 협약에 대한 5개의 의정서가 존재한다. 각각의 의정서에서는 X-Ray 탐지 불가능 파편무기(의정서 I)[1519], 지뢰와 부비트랩(의정서 II)[1520], 민간인 밀집지역에 위치하고 있는 민간인과 군사적 목표물에 대한 화염무기(의정서 III), 실명 레이저 무기(의정서 IV), 전쟁 후 잔류할 가능성이 있는 폭발물(Protocol V)[1521] 등의 사용을 금지하고 있다.

대인지뢰는 군인과 민간인을 구분할 수 없는 비차별적 특성을 가지고 있고 민간인에 대하여서까지 오랜 기간 심각한 고통을 야기한다.[1522] 주의할 점은 국제법 하에서 일정한 재래식 무기의 사용이 금지된다고 하여 이들 무기 사용행위가 곧바로 국제관습법상 형사처벌의 대상이 되는 것은 아니라는 점이다. 재래식 무기 관련 협약에서 생명과 신체에 대한 구체적 위험을 가져오는 이들 무기의 사용행위를 규율하고 있다 하더라도 이들 협약은 원칙적으로 체약당사국에 대하여만 효력이 있을 뿐이며 다만 대인지뢰 사용 금지는 국제관습법에서 전쟁범죄로 변화되어 가는 과정에 있다는 견해가 있다.[1523] 로마규정 제정 과정에서 대인지뢰와 실명 레이저 무기 사용 금지를 로마규정에 포함시키려는 노력이 있었으나 성공하지 못하였으며 캄팔라 재검토 회의에서도

1518) 위 협약은 1980년 10월 10일 제네바에서 작성되어 1983년 12월 2일 발효되었다. 우리나라에 대하여는 2001년 11월 9일 조약 제1578호로 발효되었다.

1519) 탐지 불능 파편에 관한 의정서[과도한 상해 또는 무차별적 효과를 초래할 수 있는 특정재래식무기의 사용금지 및 제한에 관한 협약 제1의정서 Protocol on Non-Detectable Fragments(Protocol I), Geneva, 10 October 1980]는 1983년 12월 2일 발효되었으며 우리나라에 대하여는 2001년 11월 9일 조약 제1579호로 발효되었다.

1520) 지뢰, 부비트랩 및 기타장치의 사용금지 또는 제한에 관한 개정의정서[과도한 상해 또는 무차별적 효과를 초래할 수 있는 특정재래식무기의 사용금지 및 제한에 관한 협약 개정 제2의정서 Protocol on Prohibitions or Restrictions on the Use of Mines, Booby-Traps and Other Devices as amended on 3 May 1996 (Protocol II to the 1980 Convention as amended on 3 May 1996)]는 2001년 11월 9일 조약 제1580호로 발효되었으며 우리나라는 지뢰를 소량으로 오로지 훈련 및 실험목적으로 사용할 권리를 유보하고 있다.

1521) 전쟁잔류폭발물에 관한 의정서[제5의정서 Protocol on Explosive Remnants of War (Protocol V)]는 2006년 11월 12일 발효되었으며 우리나라에 대하여는 2008년 7월 23일 조약 제1904호로 발효되었다.; 상세한 내용은 L. Maresca, "A New Protocol on Explosive Remnants of War: The History and Negotiation of Protocol V to the 1980 Convention on Certain Conventional Weapons", International Review of the Red Cross (2004), p. 815 et seq 참조.

1522) Cryer, Robert; Friman, Håkan; Robinson, Darryl; Wilmshurst, Elizabeth, 전게서, p. 299; 그 밖에 집속탄 (Cluster Munitions)에 관한 협약이 논의 중에 있으나 아직 발효되지 않고 있다. 이에 대한 설명은 Werle, Gerhard; Jeßberger, Florian, 전게서, p. 520.

1523) Cryer, Robert; Friman, Håkan; Robinson, Darryl; Wilmshurst, Elizabeth, 전게서, p. 299.

금지무기의 범위 확대를 계속적으로 논의하자는 안건이 채택되지 못하였다.[1524]

제 4 절   국제범죄법

〔국제범죄법 제14조〕
제14조(금지된 무기를 사용한 전쟁범죄)
① 국제적 무력충돌 또는 비국제적 무력충돌과 관련하여 다음 각 호의 어느 하나에 해당하는 무기를 사용한 사람은 무기 또는 5년 이상의 징역에 처한다.
  1. 독물(毒物) 또는 유독무기(有毒武器)
  2. 생물무기 또는 화학무기
  3. 인체 내에서 쉽게 팽창하거나 펼쳐지는 총탄
② 제1항의 죄를 범하여 사람의 생명·신체 또는 재산을 침해한 사람은 사형, 무기 또는 7년 이상의 징역에 처한다.
③ 제1항에 규정된 죄의 미수범은 처벌한다.

국제범죄법 제14조 제1항은 국제적 무력충돌의 경우뿐만 아니라 비국제적 무력충돌의 경우에도 독물(毒物) 또는 유독무기(有毒武器), 생물무기 또는 화학무기, 인체 내에서 쉽게 팽창하거나 펼쳐지는 총탄을 사용하는 경우를 전쟁범죄로 규정하고 있다. 이처럼 우리 국제범죄법은 이미 비국제적 무력충돌의 경우에도 금지무기 사용으로 인한 전쟁범죄를 규정하고 있어 앞서 본 바와 같이 독성 무기 등에 관한 캄팔라 회의에서의 로마규정 개정에도 불구하고 국제범죄법에 대한 개정 필요성은 없다. 또한 앞서 본 바와 같이 로마규정에서 생물무기와 화학무기가 규율대상에서 배제된 것은 핵무기와 관련된 논란 때문으로 생물무기와 화학무기의 사용 금지에 대한 국제규범과 이러한 무기 사용으로 인한 중대한 결과 등을 고려할 때 로마규정과 달리 국제범죄법이 이를 처벌대상에 포함시킨 것은 타당한 입법으로 생각된다.

본 범죄의 대상 행위는 금지되는 무기를 사용하는 것이다. 범죄의 주체에 제한이 없으므로 누구나 본 범죄의 주체가 될 수 있다. 금지되는 무기를 사용하는 경우가 본 조항의 적용대상이므로 이러한 무기의 사용을 위협하거나 이러한 무기를 생산하거나 보관·배포하는 행위는 본 조항의 적용대상이 아니다. 다만 경우에 따라서는 이러한 행위로 인하여 금지무기 사용에 대한 공범 책임을 부담하는 경우가 있을 것이다.

금지무기의 사용이 있을 경우 범죄가 성립하며 생명이나 신체를 침해하는 결과 발생이 요구되는 것은 아니다. 다만 생명, 신체, 재산을 침해하는 결과가 발생한 경우 제2항에 따라 가중 처벌된다.

1524) Werle, Gerhard; Jeßberger, Florian, 전게서, p. 519 et seq 참조.

제14조 제1항 제1호에서 규정하는 독은 사람에 대한 사망이나 건강에 심각한 해악을 가져오는 물질이어야 한다.[1525] 건강에 대한 해악이 영구적이나 불가역적일 필요는 없으나 일시적 훼손만을 가져오는 물질은 본 조항의 적용 대상이 아니며 정상적인 생활을 영위할 수 있는 능력을 감소시키는 것이어야 한다.[1526] 동물이나 식물에만 영향을 미치고 사람에게 작용하지 않는 물질 역시 본 조항에 해당하지 않는다.

제2호에 규정된 생물무기의 개념은 국제법적으로 명확히 정의된 바 없으나 일반적으로 사람 등에게 질병이나 사망을 야기하거나 실질적인 손상을 가하는 것으로 바이러스, 박테리아 등을 사용하는 행위가 포함될 것이다. 이러한 생물무기는 신진대사에 영향을 미치는 독성물질로서 생물체로부터 축출되거나 인공적으로 합성될 수도 있다.[1527] 화학무기의 개념은 기본적으로 화학무기의 개발·생산·비축·사용금지 및 폐기에 관한 협약에 의할 것이다.[1528] 로마규정에 명시되어 있지는 않으나 화학무기의 경우에도 독성 무기와 동일하게 사람에 대한 사망이나 심각한 건강훼손을 야기할 수 있는 것으로 제한되어야 할 것이다.[1529]

제3호의 금지된 탄환의 사용과 관련하여 로마규정 범죄구성요건은 심각한 고통이나 상처를 입힐 것을 인식하여야 한다고 규정하고 있다.[1530] 피해자에게 가해지는 효과의 영역을 인식의 대상으로 삼은 것은 범죄자에게 구체적인 기술적 인식을 요구할 수는 없다는 고려 때문으로 이러한 내용은 우리 법의 해석에 있어서도 고려될 수 있을 것이다.[1531]

국제범죄법 제14조 제2항이 이러한 금지무기를 사용한 결과 재산 침해를 야기한 경우까지 사형에 처할 수 있도록 규정한 것은 입법론상 의문이다. 예를 들면 로마규정에서 금지하는 '독'은 사람에 대한 사망이나 건강에 심각한 해악을 가져오는 물질로 정의되며 환경 혹은 동물에만 유해한 영향을 미치거나 건강에 심각한 영향을 미치지 않는 것은 본 조항의 적용대상에서는 제외되고 있다.[1532] 이처럼 원래의 보호규범이 사람의 신체를 침해하는 경우로 제한되고 있음에도 당초 규범의 보호범위에 포함되는 것으로 보기 어려운 동물 등에 대한 재산상 손해가 발생하였다고 하여 이를 가중 처벌하도록 하는 것은 법이론상 타당하다고 보기 어려울 것이다. 특히 재산 손해의 규모에 관계없이 범죄자를 사형에 처할 수 있도록 한 것은 재검토할 필요가 있다.[1533]

1525) 로마규정 범죄구성요건 제8조 (2)(b)(xvii) 2 The substance was such that it causes death or serious damage to health in the ordinary course of events, through its toxic properties.

1526) MüKoStGB/Kreß VStGB § 12 Rn. 23.

1527) MüKoStGB/Kreß VStGB § 12 Rn. 29.

1528) 화학무기의 개념에 포함되는가 여부를 결정함에 있어서 화학물질을 생산하게 된 동기와 목적 등이 중요한 요소로 작용할 것이라는 주장은 MüKoStGB/Kreß VStGB § 12 Rn. 32.

1529) MüKoStGB/Kreß VStGB § 12 Rn. 27 et seq 참조.

1530) 로마규정 범죄구성요건 제8조 제2항 (b)(xix) 3. 참조.

1531) 위 조항의 당부에 대한 상세한 논의는 MüKoStGB/Kreß VStGB § 12 Rn. 44.

1532) 로마규정 범죄구성요건 제8조 (2)(b)(xvii) 2 참조.

1533) 금지무기 사용으로 인한 가중처벌을 규정한 독일 국제범죄법 제12조 제2항은 재산에 대한 손해발생을 가중

제9장   전쟁범죄에 있어서의 죄수론

전쟁범죄에 해당하는 행위는 집단살해죄나 인도에 반한 죄에도 동시에 해당할 수 있다. 이들 범죄 상호 간에는 어떤 범죄도 특별법의 지위에 있지 않으며 이러한 범죄들은 동시에 개별적으로 성립할 수 있다.[1534]

전쟁범죄 내에서 하나의 전쟁범죄와 다른 전쟁범죄 사이의 경합관계 여부를 선언한 판례는 발견되지 않는다. 다만 ICTY는 제네바협정의 심각한 위반을 규정한 ICTY 법령 제2조는 전쟁의 법과 관습에 근거한 법령 제3조에 대하여 특별법 관계에 있다고 판시한 바 있다.[1535]

동일 범죄자가 서로 다른 시간과 장소에서 다양한 전쟁범죄를 범하였다면 이러한 행위들은 일반적으로 독립된 행위로서 독립적으로 기소될 수 있다. 동일한 집단살해의 목적을 가지고 범하여진 다수의 집단살해 행위가 일정한 요건 하에서 하나의 범죄로 연계될 수 있는 것과 달리 전쟁범죄가 동일한 무력충돌의 배경에서 발생한 것이라 하더라도 그러한 사실만으로 하나의 포괄적 범죄로 변하는 것은 아니다.[1536]

사유로 규정하고 있지 않다.

1534) Werle, Gerhard; Jeßberger, Florian, 전게서, p. 527.

1535) Mucić et al., ICTY (AC), judgment of 20 February 2001, paras. 414 et seq; Kordić and Čerkez, ICTY (TC), judgment of 26 February 2001, paras. 821 et seq; Naletilić and Martinović, ICTY (TC), judgment of 31 March 2003, paras. 734 et seq; 이러한 판례가 로마규정의 전쟁범죄 조항에 그대로 이전될 수 없다는 견해는 Werle, Gerhard; Jeßberger, Florian, 전게서, p. 527.

1536) Werle, Gerhard; Jeßberger, Florian, 전게서, p. 527.

제4편

침략범죄
(The Crime of Aggression)

우리 헌법은 전문에서 '항구적으로 세계평화에 이바지함'을 명시하고 제5조 제1항에서 '대한민국은 국제평화의 유지에 노력하고 침략적 전쟁을 부인한다'라는 내용으로 세계평화주의를 선언하고 있다.

오랜 역사 속에서 수많은 전쟁들이 있어 왔으나 전쟁수행의 권리(jus ad bellum)에 대한 국제적 제한은 인정되지 않아 왔다. 제2차 대전 이후 침략전쟁의 책임자들이 뉘른베르크 재판과 동경 재판에서 처벌됨으로써 국제사회는 침략전쟁의 금지를 향한 새로운 발걸음을 내딛게 되었다. 그러나 이후 로마규정이 성립하기까지 침략행위 책임자에 대한 처벌이 이루어지지 않았을 뿐 아니라 침략범죄에 대한 국제적 규범화 작업 또한 제대로 진척되지 않았다. 로마규정 성립 과정에서도 침략범죄의 범죄성을 인정하고 이를 명문화하려는 움직임이 있었으나 침략범죄의 보편적 개념 정의에 대한 합의는 쉽게 이루어지지 않았다. 유엔 안전보장이사회 상임이사국들은 안전보장이사회가 아닌 다른 기관에서 침략범죄의 성립 여부를 결정하고 처벌하는 것에 대하여 거부감을 가지고 있어서 침략범죄의 수사와 기소 요건을 둘러싸고 많은 논란이 야기되었다. 결국 침략범죄는 상징적인 의미에서만 국제형사재판소의 재판권에 포함되게 되었다.

오랜 협상과정을 거쳐 2010년 캄팔라 재검토회의에서 침략범죄의 개념과 재판권 행사 조건들이 합의됨으로써 침략범죄는 새로운 전기를 맞이하게 되었다. 캄팔라 개정안은 체약당사국 중 30개국 이상의 비준과 2017년 1월 1일 이후 체약당사국 3분의 2 이상의 다수결에 의한 재판권 활성화 결정이 있을 경우 효력이 발생할 수 있게 되었다.

침략범죄의 범죄성은 이처럼 어려운 발전 과정을 거쳐 국제형사법의 영역에 자리 잡게 되었으며 이러한 발전은 평화로운 인류의 공존을 위한 중대한 발걸음으로 평가될 것이다.

제1장 총 설

제1절 의 의

    침략범죄는 국가의 정치적 활동이나 군사 활동을 실효적으로 지배하거나 지시하는 지위에 있는 사람이 국제연합 헌장에 명백히 위반되는 침략행위를 계획, 준비, 개시, 실행하는 것이다.

    2002년 로마규정 제정 당시에는 침략범죄의 개념에 대한 합의에 이르지 못하여 침략범죄는 국제형사재판소의 재판권에는 포함되었으나 실제로 활용될 수 없는 '대기 중인 범죄'의 상태에 있었다. 그러나 2010년의 캄팔라 합의에 따라 침략범죄에 대한 규범이 가까운 시기에 효력을 발휘할 수 있는 가능성이 열렸다.

    로마규정에서는 오직 국가에 의한 침략행위만을 규율하며 침략범죄를 범할 수 있는 사람은 침략정책을 결정하는 지도자로 제한된다. 또한 로마규정에 새로이 규정된 침략범죄의 개념에는 침략적 목적과 같은 특별한 목적은 규정되어 있지 않다.

제2절 연 혁

1. 침략전쟁 금지

(1) 금지규범의 발전

    침략범죄는 침략전쟁의 금지를 전제로 한다. 그러나 침략전쟁 금지에 관한 국제법의 역사는 매우 짧다. 20세기 초반까지도 전쟁은 합법적인 정치적 수단으로 간주되었으며 모든 주권국가는 자국의 이익을 위해 전쟁을 수행할 수 있었다.[1537)

1537) 고대의 성 어거스틴(St. Augustine)의 이론, 이슬람에서의 '지하드(Jihad)' 관념 등에서 정당한 전쟁(Just War)에 대한 논의가 이루어졌으며 중세 시대에는 토마스 아퀴나스(St. Thomas Aquinas)에 의하여 정당한 무력 사용의 기준들이 더욱 발전되었다고 한다. Keith A. Petty, "Sixty Years In The Making: The Definition of

침략전쟁의 제한에 대한 논의는 1899년과 1907년의 헤이그 평화회의(Hague Peace Conference)에서 진행된 국제분쟁의 평화적 해결을 위한 협약(Convention for the Pacific Settlement of International Disputes) 체결 과정에서 조심스럽게 이루어졌다. 그 결과 무력에 의존하기 이전에 분쟁을 평화적으로 해결하도록 하는 의무를 당사국들에게 지우게 되었으나 이는 사정이 허락하는 경우에만 적용되는 제한적인 것이었다. 제1차 대전 이후 등장한 국제연맹 체제에서 현대적 의미의 전쟁금지 이론이 본격적으로 형성되기 시작하였으나 규범의 내용과 강제성의 측면에서 실효성을 발휘하기는 어려운 제한적인 것이었다.[1538)]

전쟁에 대한 포괄적인 금지체계는 1928년 8월 27일 켈로그 브리앙 조약(Kellogg-Briand Pact)에서 비로소 도입되었다. 위 조약에서는 전쟁을 국제적 분쟁의 해결수단으로서 활용하는 것을 불법화하는 한편 체약당사국이 국가정책 수단으로의 전쟁 활용을 포기하도록 규정하고 있다.[1539)] 많은 국가들에 의하여 비준된 위 조약은 보편적 적용성을 가진 것으로 현재까지도 그 효력이 유지되고 있다. 위 조약은 이후 국제관행에 의하여도 뒷받침되어 뉘른베르크 헌장을 포함한 다양한 형태의 전쟁금지 조약들의 기초를 형성하게 되었다.[1540)] 그러나 위 조약 역시 침략행위 개념을 명시하고 있지 않았으며 침략행위에 대한 개인의 형사책임도 규정하지 못하는 한계가 있었다. 실제 제2차 대전의 주요 교전국들이 모두 위 조약의 당사국이라는 점은 위 조약이 현실적 규범력을 제대로 발휘하지 못하였음을 잘 드러내고 있다.[1541)] 그러나 이러한 한계에도 불구하고 전쟁금지에 관한 국제법은 위 조약으로 인하여 획기적으로 변화되었으며 더 이상 전쟁을 합법적 정치수단으로 공공연히 사용할 수 없게 되었다는 점에서 침략전쟁은 상당한 제한을 받을 수밖에 없게 되었다. 특히 위 조약은 제2차 대전 이후의 뉘른베르크 재판과 동경 재판에서 침략범죄의 범죄성을 근거 짓는 매우 중요한 자료로 활용되었다.

(2) 유엔헌장의 금지체계

제2차 대전 이후 새로이 출발한 유엔체제에서는 침략행위의 금지가 더욱 확장되었으며 이는

Aggression for the International Criminal Court", Hastings International and Comparative Law Review, Vol. 31, (2008), p. 3. 그러나 중세에서 발전된 이러한 기준들은 국가 체제의 출현과 함께 더욱 제한적인 것이 되었다.

1538) 국제연맹 서문은 국제적 평화와 안전을 보장하기 위하여 '전쟁에 의존하지 않을' 체약당사국의 의무를 강조하고 있으며 제10조에서는 영토의 보존과 현존하는 국가들의 독립성에 대한 존중을 규정하였다. 그러나 국제연맹헌장에서의 전쟁 금지는 침략전쟁조차도 무조건적 금지 대상이 아니었으며 분쟁해결절차인 중재절차를 거부하더라도 경제적 제재만이 가능하다는 점에서 불완전한 것이었다. Werle, Gerhard; Jeßberger, Florian, 전게서, p. 531.

1539) 조약의 구체적 내용은 http://avalon.law.yale.edu/20th_century/kbpact.asp 참조.

1540) Werle, Gerhard; Jeßberger, Florian, 전게서, pp. 513, 533.

1541) Michael J. Glennon, "The Blank-Prose Crime of Aggression", The Yale Journal of International Law(2010), p. 74.

국제형사재판소에서의 침략범죄의 처벌과 밀접하게 관련되어 있다. 우선 유엔헌장 제2조 제4항은 다음과 같이 무력의 사용 또는 무력의 위협을 원칙적으로 금지하고 있다.[1542]

> 모든 회원국은 국제관계에 있어서 다른 국가의 영토보전이나 징치적 독립에 대하여 또는 유엔의 목적과 양립하지 아니하는 어떠한 방식으로도 무력의 위협이나 무력행사를 삼간다.[1543]

그러나 이와 같은 무력사용 금지가 모든 상황에서 절대적으로 적용되는 것은 아니다. 유엔헌장은 자위권과 안전보장이사회에 의한 집단적 안보체제라는 2가지 예외를 규정하고 있다.

자위권은 유엔헌장 제51조에 규정되어 있다.[1544] 모든 국가는 스스로를 방어하기 위하여 개별적 혹은 집단적으로 무력을 사용할 권리를 갖는다. 그러나 방어 목적의 무력 사용도 비례성 요건을 충족시켜야 한다.[1545] 특히 주목할 것은 유엔헌장이 도입하고 있는 집단적 안보체제이다. 유엔헌장은 침략행위 등 국제평화를 위협하는 행위를 억제하고 분쟁을 평화적으로 해결하기 위해 유엔을 통하여 일정한 조치를 취하는 집단적 안보체제를 도입하였다. 이러한 체제에서 안전보장이사회는 평화에 대한 위협, 평화의 파괴 또는 침략행위의 존재 여부를 결정할 권한을 갖는 등 매우 중요한 역할을 수행하고 있다.[1546] 유엔 안전보장이사회는 침략행위가 존재한다고 인정할 경우 유엔헌장 제42조에 따라 군사적 조치를 취할 수 있으며 개별 국가 혹은 국가집단의 군사력 사용을 승인할 수 있는 권한을 보유하고 있다.[1547] 유엔평화유지군의 활동도 안전보장이사회의 이러한 권한에 기초한 것으로 이러한 형태의 군사력 사용은 유엔헌장 제2조 제4항이 규정

1542) 무력사용금지는 국제관습법에 근거한 기본적 법원칙으로 평가받고 있다. ICJ, judgment of 27 June 1986 (Case Concerning Military and Paramilitary Activities in and against Nicaragua, Nicaragua v USA), in ICJ Reports 1986, 14, paras. 188-190; Cryer, Robert; Friman, Håkan; Robinson, Darryl; Wilmshurst, Elizabeth, 전게서, p. 317.

1543) 유엔헌장 제2조 제4항.

1544) 유엔헌장 제51조 : 이 헌장의 어떠한 규정도 국제연합회원국에 대하여 무력공격이 발생한 경우, 안전보장이사회가 국제평화와 안전을 유지하기 위하여 필요한 조치를 취할 때까지 개별적 또는 집단적 자위의 고유한 권리를 침해하지 아니한다 ----.

1545) 무력사용이 필수적인 경우에도 비례성의 원칙을 충족시켜야 하므로 적의 공격을 피하거나 대응함에 있어 과도하지 않을 것을 요건으로 한다. 이와 관련된 전통적 규칙으로는 1837년 Caroline 사건에서 나타난 미국 국무장관 웹스터의 규칙이 있다. 위 규칙에서는 '자위의 필요성이 즉각적이고 압도적이며 선택의 수단을 남기지 않아 숙고의 여유를 주지 않는 것'이어야 하며 방위행위는 '합리적이고 과도하지 않아야 한다. 정당화되는 행위는 자위의 필요성에 따라 제한되어야 하며 필요성의 범주 내에 명확히 위치하여야 한다.' 고 규정한다. Cryer, Robert; Friman, Håkan; Robinson, Darryl; Wilmshurst, Elizabeth, 전게서, p. 317; 그 밖에도 선제적 방위(pre-emptive self-defense)의 허용 여부, 공격행위가 일정한 강도에 이르러야 하는가 여부, 다른 국가의 영토에 존재하는 테러리스트에 대한 공격의 합법성 등 자위권을 둘러싼 다양한 논란이 존재하고 있다.

1546) 유엔헌장 제39조 참조.

1547) 그 밖에 안전보장이사회는 최후의 수단으로 여겨지는 군사작전 이외에 당사국에 대하여 일정한 내용을 권유하거나 경제 제재 등 비군사적 조치를 부과할 수 있다. Werle, Gerhard; Jeßberger, Florian, 전게서, p. 533.

하는 무력사용 금지의 예외에 해당하는 것이다.[1548]

(3) 유엔 침략행위 개념 – 유엔총회 결의 3314호

유엔헌장 제39조에 따라 안전보장이사회는 특정한 사안에 있어서 침략행위의 존부를 결정할 권한을 행사한다. 안전보장이사회의 이러한 권한행사와 관련하여 유엔 차원에서 침략행위의 개념을 규정한 1974년 12월 14일 유엔총회 결의 3314호가 존재한다.

위 결의 제1조에서는 침략의 개념을 '다른 나라의 주권, 영토보전 혹은 정치적 독립에 대한 무력사용 또는 유엔헌장에 위반되는 여하한 방법의 무력의 사용'으로 정의한다. 제2조는 유엔헌장에 반하여 행하여지는 1차적 무력사용은 침략행위에 대한 일응(prima facie)의 증거에 해당한다고 규정하고 있으며 제3조는 무력 침공 또는 점령, 폭격, 해상봉쇄 등 침략행위에 해당하는 다양한 예들을 규정하고 있다. 여기에서의 침략행위들은 예시적인 것으로 선전포고 여부는 침략행위 인정 여부와 무관하다.[1549] 여기에는 전쟁에 비하여 중대성이나 강도가 약한 것들도 함께 포함되어 있다.[1550]

2. 침략범죄의 처벌

침략전쟁을 범죄화하려는 시도는 제2차 대전 이전부터 존재하였다. 제1차 대전 이후 체결된 베르사이유 조약 제227조는 독일 황제를 제1차 대전을 촉발시킨 책임으로 기소할 것을 규정하고 있었으며, 비록 효력을 발생하지는 못하였으나 1924년 10월 2일자 제네바 의정서는 침략전쟁을 국제범죄로 규정하고 있었다.[1551] 또한 국제연맹 결의, 제6차 범아메리카 대륙회의 등과 함께 전쟁의 포기를 선언하고 있는 Kellogg-Briand 조약 등에서 광범위하게 인정된 침략전쟁 금지원칙 등을 기반으로 침략전쟁을 수행한 개인에 대한 형사책임을 부담시키는 방향으로의 발전이 이루어졌다.[1552]

1548) 2003년 이라크에 대한 무력개입의 타당성 등에 대하여는 많은 논란이 제기되고 있다. Cryer, Robert; Friman, Håkan; Robinson, Darryl; Wilmshurst, Elizabeth, 전게서, p. 319.

1549) 유엔총회 결의 3314호 제4조 참조.

1550) 유엔헌장 제2조 제4항에도 전쟁보다 강도가 약한 행위인 다른 국가 내에 있는 반군에 대한 무기공급, 무력의 사용 등이 포함된다. Werle, Gerhard; Jeßberger, Florian, 전게서, p. 534; 1991년 북이라크와 1999년 코소보에 대한 군사개입이 현존하는 국제법 하에서 합법적인가 여부에 대하여 많은 논란이 있다. 또한 안전보장이사회의 승인이 없음에도 현재 혹은 임박한 인도주의적 참상을 방지하기 위한 군사적 개입이 인도주의적 개입이라는 명목으로 허용되는가의 문제도 함께 제기되고 있다. 보호책임의 실행을 허용하는 국제관습법을 근거로 찬성하는 견해와 유엔헌장 제2조 제4항은 강행법규에 의해서만 번복될 수 있는데 인도주의적 개입에 대한 몇몇 의심스런 사례만으로는 국제관습법이 형성될 수 없으며 특히 선제적 조치는 더욱 허용될 수 없으므로 안전보장이사회의 승인이나 관련 국가의 동의가 없다면 유엔헌장 제2조 제4항에 반한다는 입장이 상충되고 있다. Cryer, Robert; Friman, Håkan; Robinson, Darryl; Wilmshurst, Elizabeth, 전게서, p. 319.

1551) Protocol on the Pacific Settlement of International Disputes of 2 October 1924.

1552) Werle, Gerhard; Jeßberger, Florian, 전게서, p. 536.

(1) 뉘른베르크 재판과 동경 재판

뉘른베르크 헌장은 침략전쟁을 저지른 사람에 대한 형사책임을 인정한 최초의 국제조약이다. 뉘른베르크 헌장 제6조 (a)는 평화에 반한 죄를 '침략전쟁 또는 국제조약, 협정 또는 약정을 위반하는 전쟁의 계획, 준비, 개시 혹은 실행 또는 앞선 것들의 실행을 위한 공동계획 또는 공모에 참가'라고 정의하고 있다. 뉘른베르크 재판에서는 22명이 평화에 반한 죄로 기소되어 12명이 유죄판결을 받았다. 동경 헌장 제5조 (a)는 뉘른베르크 헌장 제6조 (a)와 동일한 내용이 규정되어 있었다. 동경 재판에서는 28명의 피고인들이 평화에 반한 죄로 기소되어 25명이 유죄판결을 받았다. 통제위원회 법령 제10호 제2조 제1항 (a) 역시 뉘른베르크 헌장 제6조 (a)와 동일한 내용으로 평화에 반한 죄를 규정하고 있었다. 그러나 뉘른베르크 후속 재판에서는 다수가 평화에 반한 죄로 기소되었지만 오직 두 명의 피고인만이 유죄판결을 받았다.[1553]

이와 같이 제2차 대전 이후 주축국 전쟁 책임자들을 평화에 반한 죄로 처벌한 것에 대하여는 형사처벌 법규를 소급적으로 적용(ex post facto)한 것으로 정의의 원칙에 반한다. 비판이 제기되었다. 제2차 대전 이전에도 침략전쟁이 광범위하게 금지되고 있었던 것은 사실이나 관련 조약에서는 침략전쟁에 책임 있는 사람에 대한 형사처벌을 규정하고 있지는 않았다는 점에서 침략전쟁의 실행이 명시적으로 형사처벌의 대상이었다고 보기는 어렵다는 것이다. 뉘른베르크 재판부는 이러한 비판에 대하여 침략전쟁의 심각한 결과를 고려할 때 침략전쟁을 실행하는 것은 모든 범죄들 중 가장 심각한 것이라는 실질적 논의를 통하여 침략전쟁의 금지로부터 침략전쟁의 범죄성을 끌어내는 방식을 정당화시켰다. 재판부는 침략범죄를 저지른 개인들의 처벌을 통해서만 전쟁 금지를 강제할 수 있으며 국제법 하에서의 범죄는 국가 자체에 의하여 범하여지는 것이 아니라 개인에 의하여 범하여지는 것이므로 이들이 형사책임을 부담하는 것이 필요하다고 설시하였다.[1554] 침략전쟁의 실행은 마땅히 처벌받을 만한 것이고 처벌 필요성이 존재한다는 사실로부터 침략전쟁의 실행은 실제로 처벌가능하다는 결론을 이끌어 낸 것이다. 뉘른베르크 재판부는 전쟁의 법은 정지되어 있는 것이 아니라 변화하는 세계의 필요에 따라 점진적으로 적응해 가는 것으로 보았으며[1555] 죄형법정주의 원칙을 완화된 형태로 규범화시킨 후 정의의 요청이 있을 경우 대상자의 처벌을 막을 수 없다는 의미에서 그 자체를 정의의 원칙의 하나로 이해한 것이다.[1556]

뉘른베르크 재판과 동경 재판에서 나타난 침략범죄의 범죄성과 관련한 논란에도 불구하고

1553) 침략범죄의 기소와 선고 등에 대하여 상세한 것은 Werle, Gerhard; Jeßberger, Florian, 전게서, p. 535.
1554) IMT, judgment of 1 October 1946, in The Trial of German Major War Criminals, Proceedings of the International Military Tribunal Sitting at Nuremberg, Germany, Pt 22 (1950), 447.
1555) IMT, judgment of 1 October 1946, in The Trial of German Major War Criminals, Proceedings of the International Military Tribunal sitting at Nuremberg, Germany, Pt 22 (22 August 1946 to 1 October 1946) 445.
1556) 이에 대한 논의는 제1부 제1편 제4장 제2절 3. 뉘른베르크 재판에 대한 평가 부분 참조.

뉘른베르크 헌장과 동경 헌장에 기초하여 이루어진 판결들은 국제형사법 영역에서 침략범죄의 범죄성을 인정하는 굳건한 기초를 형성하게 되었다. 이러한 판결들은 침략범죄를 실행하는 행위는 형사처벌의 대상이라는 확립된 국제사회의 법적 견해(opinio juris)를 위한 새로운 출발점이 되었으며 침략전쟁의 준비와 실행을 형사처벌의 대상으로 삼는 국제관습법의 창조에 기여하는 것이었다.[1557]

(2) 범죄성의 강화와 로마규정에서의 합의

제2차 대전 이후 침략전쟁의 실행은 형사처벌의 대상이 되어야 한다는 침략범죄의 범죄성에 대한 지지는 매우 강화되었다. 유엔총회는 1946년 12월 11일 유엔총회 결의 95(I)에서 침략범죄의 범죄성을 확인하였으며 유엔 침략행위 개념과 우호적 관계에 대한 선언에서도 침략전쟁은 명시적으로 국제평화에 대한 범죄로 정의되었다.[1558] 또한 1991년과 1996년에 국제법위원회에서 만든 국제형사재판소 관련 초안에도 침략범죄가 포함되어 있었다.[1559] 반면 이후 설립된 임시재판소에는 침략범죄에 대한 재판권이 부여되지 않았고 사담 후세인의 쿠웨이트 침공에 대한 침략범죄 재판도 이루어지지 않는 등 침략범죄가 현실적으로 쉽게 적용되지 못하는 상황이 전개되었다. 그러나 이와 같은 실제적인 면책성의 상황이 존재함에도 불구하고 침략전쟁의 실행이 범죄로 처벌되어야 한다는 것에 대하여는 의문이 제기되지 않는 상황으로 침략범죄는 이미 국제관습법 하에서의 처벌 대상으로 평가되었다.[1560]

국제사회에서 침략범죄의 범죄성이 승인되고 있다 하더라도 침략범죄의 개념을 구체적으로 정의하고 안전보장이사회와의 관계를 규정하는 것은 쉬운 문제가 아니었다. 실제 로마규정 성립과정에서는 침략범죄의 요건뿐만 아니라 침략범죄를 기소하는데 있어서의 안전보장이사회의 역

1557) A.C. Carpenter, 전게논문, p. 18 et seq; Werle, Gerhard; Jeßberger, Florian, 전게서, p. 537.
1558) Declaration on Principles of International Law Concerning Friendly Relations and Co-operation Among States in Accordance with the Charter of the United Nations, UN Doc. A/ RES/ 2625 of 24 October 1970.
1559) 1991년 초안 제15조 이하 및 1996년 초안 제16조.
1560) 임시재판소에 침략범죄 재판권이 부여되지 않았다거나 다른 국제형사법원들에서 침략전쟁과 관련한 재판이 이루어진 바 없다는 사실이 침략범죄의 범죄성에 결정적 영향을 미치는 것으로 보이지는 않는다. 왜냐하면 국제관습법의 인정에 있어 언어적 행동의 중요성을 고려할 때(Tadić, ICTY (AC), decision of 2 October 1995, paras. 96 et seq) 형벌규범 위반에 대한 면책성(impunity)이 존재한다는 사실이 국제규범의 유효성에 결정적 의문을 제기하는 것으로는 보이지 않기 때문이다. 기타 국제관습법에서의 범죄성을 인정하는 견해와 이를 부정하는 견해에 대한 상세한 소개는 Werle, Gerhard; Jeßberger, Florian, 전게서, pp. 59, 537, 538; 이를 긍정하는 견해는 L. Griffiths, "International Law, the Crime of Aggression and the Ius Ad Bellum", 2 International Criminal Law Review (2002), p. 308; 연합국의 이라크 침공에 대한 영국에서의 시민불복종 관련 판결에서 침략범죄는 국제관습법상의 범죄이나 영국법상의 범죄는 아니며 이러한 범죄가 자동적으로 국내법에 편입될 수는 없다는 내용의 영국 판결(Regina v Jones et al., House of Lords, judgment of 29 March 2006, 2 Criminal Appeals 2006)과 이에 대한 상세한 논의는 C. Villarino Villa, "The Crime of Aggression Before the House of Lords: Chronicle of a Death Foretold", 4 JICJ (2006), p. 866.

할에 대하여 어떠한 합의도 도출될 수 없었다. 그러나 이러한 교착 상황에서도 많은 국가들은 침략범죄가 로마규정에서 완전히 누락되어 가까운 장래에도 이를 규율할 수 없게 되는 상황이 초래되지 않기를 희망하였다. 그 결과 개정 전 로마규정 제5조 제1항 ⒟, 제2항은 국제형사재판소에 대하여 침략범죄를 심리할 수 있는 재판권을 부여하여 현존하는 침략범죄를 있는 그대로 승인하되 침략범죄의 개념이 정의되고 침략범죄와 유엔헌장과의 관계가 명확해질 때까지 국제형사재판소는 침략범죄에 대한 권한을 행사할 수 없는 유보되어 있는 범죄로 규정하기에 이르렀다. 이처럼 비록 침략범죄의 개념이 로마규정에 명확히 정의되지는 않았으나 국제형사재판소의 재판권 대상 범죄로 포함시킴으로써 최소한 체약당사국들 사이에서는 살아있는 국제범죄로 존재하게 된 것이다.[1561)

이후 침략범죄 개념에 대한 합의를 위한 노력이 계속되었다. 1998년 로마회의에서 침략범죄의 개념과 재판소가 재판권을 행사할 수 있는 조건과 규칙에 대한 초안을 만들 수 있는 권한을 준비위원회에 부여하여 준비위원회가 활동을 계속하였으며 2002년의 체약당사국 총회에서는 준비위원회의 작업을 계속해 나갈 특별작업반 구성에 합의하였다. 이후 새로이 구성된 특별작업반에서는 국제형사재판소가 재판권을 행사할 수 있는 조건에 대한 합의안을 도출하지는 못하였으나 침략범죄 개념에 대하여는 합의하는 성과를 이루었다.[1562) 그리고 로마규정 제123조 제1항에 근거하여 캄팔라에서 소집된 2010년의 재검토 회의에서 침략범죄와 관련된 안전보장이사회의 역할, 국제형사재판소의 재판권, 개정 로마규정이 효력을 발생하기 위한 조건 등에 대한 토론이 이어졌으며 결국 역사적이라 할 수 있는 침략범죄에 대한 캄팔라 합의에 도달하게 되었다.[1563) 위 합의에 따라 로마규정 제5조 제2항은 삭제되고 새로운 침략범죄 개념이 제8조의2에 추가되었다. 그리고 새로운 제15조의2, 제15조의3에서 개정안의 효력발생 조건과 국제형사재판소의 재판권에 대하여 규율하고 있다. 로마규정 범죄구성요건도 함께 개정되었으며 새로운 조항의 해석에 대한 양해(understanding)도 작성되었다.[1564) 최초 로마규정 성립 당시 존재하였던 복잡한 논란에도 불구하고 캄팔라 회의에서 침략범죄에 대한 구체적 합의를 이끌어 낸 것은 국제관습법 하에서 존재하는 침략범죄의 범죄성에 대한 믿음을 표현한 것으로 평가된다.[1565) 이러한 합

1561) Ilias Bantekas, 전게서, p. 285.

1562) Werle, Gerhard; Jeßberger, Florian, 전게서, p. 547.

1563) 캄팔라 회의에는 111개 체약당사국 중 84개국이 참석하였으며 비정부기구와 미국 등이 참관인 자격으로 참석하여 매우 적극적 활동을 하였다.

1564) 이러한 '양해(understanding)'는 인도주의적 개입이 침략범죄의 개념에 포함되지 않음을 명확히 해 줄 것을 요청하는 미국 대표의 강력한 요청에 의하여 도입되었다고 한다. 양해의 법적 성격과 불명확성에 대한 형사법적 측면에서의 고찰은 K.J. Heller, "The Uncertain Legal Status of the Aggression Understandings", 10 JICJ (2012), p. 229; R. Heinsch, "The Crime of Aggression After Kampala : Success or Burden for the Future?", 2 Goettingen Journal of International Law (2010), p. 729 et seq; 캄팔라 회의의 합의 과정에 대하여 상세한 것은 최태현, "ICC규정 침략범죄관련 조항의 채택과 합의", 서울국제법연구 제17권(2010) 참조.

1565) G. Gaja, "The Long Journey Towards Repressing Aggression", in A. Cassese, P. Gaeta, and J.R.W.D. Jones

의는 침략범죄가 제2차 대전 추축국에 대해서만 적용된 예외적인 것이 아니라 일반적으로 유효한 범죄라는 견해를 국제사회에서 명확히 표명한 것으로[1566) 국제법에 있어서 침략범죄의 범죄성은 더욱 확고해졌다고 볼 것이다.

이와 같이 로마규정에 침략범죄의 개념이 규정된 것은 사실이나 국제법에 위반한 모든 무력사용이 침략범죄로 형사처벌의 대상이 되는 것은 아니다. 국제관습법 하에서도 침략전쟁에서 요구되는 강도에 도달하지 못하는 침략적 행위까지 모두 형사처벌의 대상이 된다는 증거는 존재하지 않는다. 침략범죄의 내용에 대하여는 쉽게 합의될 수 있는 일반적 법적 견해(opinio juris)가 존재하지 않은 경향이 강하며 결국 로마규정에서의 구체적 규율 내용은 유일한 선례라고 할 수 있는 뉘른베르크 판결, 동경 판결 등 제2차 대전 이후 있었던 몇몇 판결들과 새로이 규정된 로마규정 조항에 입각하여 결정될 것이다.[1567)

제3절 보호 이익

침략범죄는 평화로운 인류의 공존을 보호하려는 것이다. 침략범죄를 범죄로 규정하고 이러한 행위를 저지른 사람을 처벌함으로써 세계평화와 국제적 안전을 보호한다.[1568)

침략범죄는 집단살해죄, 인도에 반한 죄, 전쟁범죄 등 다른 중대한 국제범죄가 발생할 수 있는 배경을 조성하는 불법적인 무력에의 의존 자체를 형사적으로 규율하는 것이다. 대규모의 전쟁은 커다란 고통을 야기하며 필수적으로 잔학행위를 동반한다. 뉘른베르크 재판부는 '침략범죄를 개시하는 것은……최고의 국제범죄로서 그 내부에 총체적인 악성이 누적적으로 내포되어 있다는 점에서 전쟁범죄와 구분된다.'고 설시한 바 있다.[1569)

(eds), The Rome Statute of the International Criminal Court, Vol. I (2002), p. 431; C. Kreß and L. von Holtzendorff, "The Kampala Compromise on the Crime of Aggression", 8 JICJ (2010), p. 1182 et seq.

1566) Werle, Gerhard; Jeßberger, Florian, 전게서, p. 537.

1567) Werle, Gerhard; Jeßberger, Florian, 전게서, p. 538; 침략범죄의 내용에 대한 구체적 논의는 C. Kreß, "Time for Decision: Some Thoughts on the Immediate Future of the Crime of Aggression : A Reply to Andreas Paulus", 20 EJIL (2009), p. 1139 et seq; T. Meron, "Defining Aggression for the International Criminal Court", 25 Suffolk Transnational Law Review (2001), p. 9 등.

1568) Ambos, Kai, Internationales Strafrecht. Münich : Verlag C. H. Beck(2006), p. 246.

1569) IMT, judgment of 1 October 1946, in The Trial of German Major War Criminals. Proceedings of the International Military Tribunal sitting at Nuremberg, Germany, Pt 22 (22 August 1946 to 1 October 1946) 421. 'To initiate a war of aggression, therefore, is not only an international crime; it is the supreme international crime differing only from other war crimes in that it contains within itself the accumulated evil of the whole'

제4절 범죄의 구조

1. 이중적 구조

침략범죄는 국가들 사이에서의 무력에의 의존 금지를 기반으로 하는 것으로 국가에 의한 침략행위가 전제된다. 따라서 침략범죄는 필수적으로 국가들 사이의 법적 현상인 침략행위와 이러한 침략행위에 개인들이 관여하는 법적 현상을 규율하는 2중의 구조를 가지게 된다. 이처럼 국가에 의한 전쟁범죄의 실행이라는 거시적 문제와 국가 구성원들의 참여라는 미시적 문제가 함께 존재하는 까닭에 개인의 법적 책임 역시 집단적 성격을 갖는 침략행위와의 관계 하에서만 존재한다.[1570)]

이러한 현상은 집단살해죄의 경우 개별 범죄행위가 개인에 의한 특정 행위로 분절되어 존재한다는 사실과 뚜렷이 대비되는 것이다. 침략범죄는 국가에 의한 집단적 침략행위와 이러한 집단적 행위에 대한 개인의 참여라는 침략범죄의 실질적 요소를 구성하는 행위 형태로 존재한다.

또한 다른 국제범죄들과 달리 침략범죄는 국가의 계획이나 정책의 일부로서 실행되는 침략전쟁을 전제로 하는 까닭에 오직 국가를 대표하여 범하여질 수 있을 뿐이다.[1571)] 따라서 침략전쟁에 참여한 모든 사람이 형사책임을 부담하는 것이 아니며 침략정책을 결정하는 지도자들만이 그 책임을 부담하는 '지도자 범죄'의 특성을 갖는다. 개정된 로마규정 제25조의3 제2항은 침략범죄의 주체를 국가에 있어서 정치적, 군사적 통제권한을 행사할 수 있는 사람으로 한정하여 침략범죄의 지도자 범죄성을 명백히 하고 있다.

2. 안전보장이사회와의 관련성

국제형사재판소가 침략범죄를 수사하여 범죄자를 처벌하는 권한과 이에 대한 구체적 실현절차는 국제평화와 안전에 주도적 역할을 담당하고 있는 유엔 안전보장이사회와의 긴장 관계 속에서 존재한다. 앞서 본 바와 같이 유엔체제 하에서 침략행위의 존부에 대한 결정 권한은 1차적으로 안전보장이사회에 있으며 안전보장이사회는 국제평화와 안전의 유지에 대한 배타적 책임을 보유하고 있다.[1572)] 이러한 상황 하에서 국제형사재판소에 부여하려는 침략범죄에 대한 수사와 기소 권한에 관하여 안전보장이사회에 어떤 역할을 부여할 것인가는 매우 논쟁적인 문제였다. 침략행위 존재 여부를 결정하는 안전보장이사회의 권한과 침략범죄에 대한 수사와 재판을 진행하려는 국제형사재판소의 권한을 상호간 어떤 방식으로 자리매김할 것인가는 국제 정치적으로

1570) Ambos, Kai, Internationales Strafrecht. Münich, p. 246.
1571) Cryer, Robert; Friman, Håkan; Robinson, Darryl, 전게서, p. 312.
1572) 유엔헌장 제24조, 제39조 등 참조.

매우 민감한 문제였다.

안전보장이사회의 상임이사국들은 국제형사재판소가 침략범죄에 대한 수사를 개시하기 위해서는 반드시 안전보장이사회가 먼저 문제된 행위가 침략행위에 해당함을 확인하는 절차가 필요하다고 주장하였다. 이러한 주장은 유엔헌장 제39조가 군사력 사용과 관련하여 침략행위의 해당 여부에 대한 결정 권한을 안전보장이사회에 부여하였다는 것을 근거로 하는 것이었다. 나아가 유엔헌장 제24조도 세계평화를 유지할 1차적 책임을 안전보장이사회에 부여하고 있다는 것도 논거의 하나로 주장되었다. 이에 대하여 대다수의 국가들은 안전보장이사회로 하여금 문제된 행위가 침략행위에 해당하는가 여부를 사전적으로 확인하게 하는 방식으로 국제형사재판소의 기소절차에 관여하게 하는 것은 재판소의 독립성을 훼손하고 신뢰성을 감쇄시킨다는 이유로 안전보장이사회의 지나친 관여를 막으려 하였다. 실제로 다수 국가들은 안전보장이사회 상임이사국들이 그들이 도입하기를 희망하는 개입절차를 통하여 자신들 혹은 동맹국들을 보호하고 기존의 정치질서에 존재하는 정의롭지 못한 부분들을 더욱 공고화시키려 할 것이라는 우려를 갖고 있었다.[1573]

침략행위 여부를 결정하는 1차적 책임이 국제평화와 안전을 유지하는 안전보장이사회의 배타적 책임으로부터 유래하는 것은 사실이나 유엔헌장의 범위를 넘어서 침략행위에 대한 수사 개시의 독자적 권한을 국제형사재판소에 부여하는 것은 이론적으로 다른 차원의 문제로 볼 수 있는 것이었다. 또한 대다수의 국가들은 유엔헌장 제24조나 제39조 어느 곳에서도 다른 기관이 침략행위의 개념을 결정하지 못하도록 명시하지 않았음을 지적하였다.[1574]

결국 다수 국가들의 의견에 따라 로마규정은 국제형사재판소의 독립성을 인정하는 방향으로 개정되었다. 침략범죄의 개념(제8조의2)과 재판권을 행사하는 조건(제15조의2, 3)이 명확히 분리되어 안전보장이사회가 침략범죄의 개념을 정의할 수 있는 상황을 피하게 되었다. 또한 수사개시 절차에 있어서도 기존의 수사개시 방식인 로마규정 13조를 기초로 이를 다소 강화시킨 제15조의2와 제15조의3만을 두게 되었다. 결국 수사와 기소를 안전보장이사회의 결정에 의존시키는 체제를 피하고 국제형사재판소의 독립성을 도모할 수 있게 된 것이다.[1575]

1573) Werle, Gerhard; Jeßberger, Florian, 전게서, p. 552; 상세한 논의 내용은 C. Kreß, "The Crime of Aggression before the First Review of the ICC Statute", 20 Leiden Journal of International Law (2007), p. 859 et seq; H.-P. Kaul, "Kampala June 2010 A First Review of the ICC Review Conference", 2 Goettingen Journal of International Law (2010), p. 664 등.

1574) Ambos, Kai, "The crime of aggression after Kampala", German Yearbook of International Law, Vol. 53 (2010), p. 6; C. Kreß and L. von Holtzendorff, 전게논문, p. 1194.

1575) 이러한 분리가 국제형사재판소의 독립성 유지에 어느 정도 성공적 역할을 할 것이라는 평가와 이러한 독립성이 인정되지 않았다면 국제형사재판소는 수용하기 어려운 정치화와 권위의 실종에 휩싸이게 될 수도 있었다는 견해는 Ambos, Kai, "The crime of aggression after Kampala", p. 28.

제 1 절　침략행위의 주체

　　침략범죄의 전제가 되는 침략행위는 한 국가의 다른 국가에 대한 침략행위로 제한된다. 따라서 어느 한 국가의 영토 내에서 당해 국가가 소수자에 대하여 자행한 행위가 국가 간 군사개입에 필적하는 참혹한 결과를 가져온다 하더라도 현재의 침략범죄 개념에는 포섭되지 않는다.[1576) 또한 국가의 지원을 받지 않은 용병의 행위, 비국가 조직에 의한 불법적 무력 사용 등도 제외된다.

　　이러한 국가 중심적 접근 방식을 비판하는 입장이 존재한다. 침략범죄의 본질은 행위의 불법성에 의하여 결정되어야 함에도 행위 주체에 따라 결정되도록 함으로써 비국가 조직에 의하여 범하여지는 수많은 현대적 침략행위들이 포섭될 수 없게 되었다는 것이다.[1577) 국제형사법은 국가가 아닌 개인의 형사책임을 대상으로 한다는 점에서 이러한 주장이 이론적으로 타당한 측면이 있는 것은 사실이다.[1578) 그러나 현재로서는 국가 이외의 집단에 의하여 침략범죄가 범하여질 수 있다는 견해에 대한 일반적 지지는 존재하지 않는 것으로 보인다.[1579)

제 2 절　침략행위의 개념

　　침략행위의 불법성은 침략행위 당시 적용되는 국제법에 기초하여 판단된다. 국제법에 위반되는 경우에만 침략행위가 존재하며 국제법에 위반된 침략행위에 관여한 경우에만 개인의 형사

1576) 다만 아프리카 연합은 비국가집단에 의한 행위를 포함하는 광범위한 침략행위 개념을 채택하고 있는 것으로 보인다. African Union Non-Aggression and Common Defence Pact 2005.

1577) Antonio Cassese, "On Some Problematical Aspects of the Crime of Aggression", 20 Leiden Journal of International Law (2007), p. 847 et seq; M. Politi, "The ICC and the Crime of Aggression: A Dream that Came Through and the Reality Ahead", 10 JICJ (2012), p. 286 et seq.

1578) Ambos, Kai, "The crime of aggression after Kampala", p. 20.

1579) Cryer, Robert; Friman, Håkan; Robinson, Darryl, 전게서, p. 314.

책임이 발생할 수 있다.[1580]

로마규정 제8조의2 제2항은 침략행위의 개념과 관련하여 무력의 사용이 유엔헌장과 상응하지 않을 것을 요건으로 규정함으로써 국제공법을 위반한 무력의 사용만이 그 대상임을 명시하고 있다. 따라서 유엔헌장 제7장에 의한 유엔의 조치나 제51조의 자위권 행사에 따른 무력 사용은 침략행위의 개념에서 배제된다.

로마규정 제8조의2 제2항은 아래와 같이 침략행위 개념을 규정하고 있다.

제8조의2(침략범죄)

1. 이 규정의 목적상 '침략범죄'라 함은 ----침략행위를 계획, 준비, 개시 또는 실행하는 것을 말한다.

2. 제1항의 목적상 '침략행위'라 함은 한 국가에 의한 다른 국가의 주권, 영토보전 또는 정치적 독립에 대한 또는 국제연합 헌장과 일치하지 않는 그 밖의 방식에 의한 무력의 행사를 말한다. 다음의 어느 행위든지, 선전포고의 유무에 관계없이, 1974년 12월 14일 국제연합 총회 결의 제3314호(XXIX)에 따라 침략행위로 된다.

   (a) 한 나라의 군대에 의한 타국의 영역에 대한 침공 또는 공격, 일시적인 것이라도 이러한 침공 또는 공격의 결과로 인한 군사점령 또는 무력행사에 의한 타국의 영역의 전부 또는 일부의 합병

   (b) 한 나라의 군대에 의한 타국의 영역에 대한 폭격 또는 한 국가의 타국의 영역에 대한 무기의 사용

   (c) 한 나라의 군대에 의한 타국의 항구 또는 연안 봉쇄

   (d) 한 나라의 군대에 의한 타국의 육군, 해군, 공군 또는 함대 또는 항공편대에 대한 공격

   (e) 수용국과의 합의에 따라 그 나라의 영역에 있는 군대의 당해 행위에 대해 명시된 조건에 반하는 사용 또는 당해 합의의 종료 후의 이러한 공간 내에서 당해 군대의 주둔 지속

   (f) 타국의 사용에 제공한 영역을 해당 타국이 제3국에 대한 침략행위를 하기 위하여 사용하는 것을 허용하는 국가의 행위

   (g) 상기의 여러 행위에 상당하고 중대성을 가지는 무력행위를 타국에 대하여 실행할 무장한 집단, 무장한 단체, 무장한 비정규병 또는 무장한 용병의 국가에 의하거나 국가를 위한 파견 또는 그러한 행위에 내한 국가의 실실석인 관여

1580) 뉘른베르크 헌장 제6조 (a)는 평화에 반한 죄를 '침략전쟁 또는 국제조약, 협정 또는 약정을 위반하는 전쟁의 계획, 준비, 개시 혹은 실행 또는 앞선 것들의 실행을 위한 공동계획 또는 공모에 참가하는 것'이라고 규정하였다. 위 헌장의 규정은 평화에 반한 죄가 침략전쟁과 국제조약 등에 위반되는 전쟁의 두 가지 유형으로 이루어진 것 같은 인상을 준다. 뉘른베르크 재판부는 침략전쟁에 대하여만 언급하고 있을 뿐 국제조약에 위반한 전쟁에 대하여는 침략전쟁이 이미 입증되었으므로 상세히 검토될 필요가 없다고 설시하고 있다.〔IMT, judgment of 1 October 1946, in The Trial of German Major War Criminals, Proceedings of the International Military Tribunal Sitting at Nuremberg, Germany, Pt 22 (1950), 442〕 그러나 침략전쟁과 국제조약에 반한 전쟁으로 분리될 수는 없으며 침략전쟁은 국제법 하에서 금지되어 있는 전쟁으로 보아야 할 것이다. 이러한 맥락에서 통제위원회 법령 제10호는 '국제법과 조약을 위반한 침략전쟁'이라고 규정하고 있다. Werle, Gerhard; Jeßberger, Florian, 전게서, p. 539.

이러한 로마규정의 침략행위 개념은 기본적으로 1974년 유엔총회 결의 3314호에 기반한 것이다.[1581] 로마규정이 독자적이고 자족적인 침략행위 개념을 만들지 않고 이처럼 유엔총회 결의 3314호를 그대로 활용함으로써 형사법에서 요구되는 법적 명확성을 갖추지 못하게 되었다는 비판이 존재한다. 실제 로마규정이 기반한 유엔총회 결의 3314호는 개인에 대한 형사책임을 전제로 만들어진 조항이 아니다. 위 결의는 유엔에서 유엔헌장 제39조의 의미에서 침략행위 해당 여부를 결정하고 유엔헌장 제7장의 권한을 행사하기 위한 목적에서 만들어진 것으로 무력사용과 관련한 국가의 책임을 판단하는 안전보장이사회의 역할 수행을 돕기 위한 것이었다.[1582]

이처럼 로마규정이 형사법 체계를 상정하여 만들어지지 않은 체계에 의존하고 있다는 문제점이 존재하는 것은 사실이나[1583] 이와 별도로 제8조의2 제1항이 높은 수준의 전제조건을 규정함으로써 전체적으로는 침략행위 개념이 어느 정도 수용 가능한 수준에 이르렀다는 평가도 있다.[1584]

침략행위의 구체적 내용과 관련하여서도 제2항에 규정되어 있는 것들 중 (c), (e)항은 엄격한 의미에서 무력사용에 해당하지 않는 것으로 제1항에 규정된 기준에 미치지 못하는 것이라는 주장, 형사법적 입장에서는 (f), (g)항 역시 다른 국가 혹은 무장단체에 대한 도움과 관련된 것이라는 점에서 무력 사용의 개념에 혼란이 있다는 비판이 있다.[1585]

로마규정 상 침략행위 유형들이 예시적인 것인가 아니면 열거적인 것인가에 대한 논란 역시 법적 명확성 측면에서의 문제점을 나타내는 것이다. 유엔총회 결의 3314호는 안전보장이사회가 침략행위 여부를 결정함에 있어 위 결의에 열거된 침략행위 사례에서 벗어나 판단할 수 있는 권한을 명시적으로 부여하고 있다.[1586] 이와 달리 로마규정 제8조의2 제2항이 이러한 권한 여부에 대하여 명시적으로 규정하지 않음으로써 국제형사재판소가 로마규정에 열거된 유형들 이외에 다른 유형들을 판례법을 통하여 발전시켜 나가는 것이 금지되어 있는가 여부가 명확하지 않은 상황이다. 그러나 이를 예시적으로 해석하는 것은 로마규정의 '자족적' 형사법 체계와

1581) 로마규정은 1974년 유엔총회 결의 3314호 결의의 제1조 제1문장과 제3조에서 규정된 예들을 결합시킨 것이다. Werle, Gerhard; Jeßberger, Florian, 전게서, p. 548.
1582) Ambos, Kai, "The crime of aggression after Kampala", 19면
1583) A. Paulus, "Second Thoughts on the Crime of Aggression", 20 EJIL (2009), p. 1121 et seq; O. Solera, "The Definition of the Crime of Aggression : Lessons Not Learned", 42 Case Western Reserve Journal International Law (2009), p. 805 et seq.
1584) Ambos, Kai, "The crime of aggression after Kampala", p. 18; 국제형사법의 영역에서는 명확성의 원칙을 보다 완화시켜 이해할 수 있다는 입장은 R. Heinsch, 전게논문, p. 729 et seq; C. Kreß, "Time for Decision : Some Thoughts on the Immediate Future of the Crime of Aggression : A Reply to Andreas Paulus", p.1136 et seq..
1585) Ambos, Kai, "The crime of aggression after Kampala", p. 19; 장거리 무기를 사용한 임박한 공격과 관련하여 침략국가를 특정하고 이에 대하여 선제적 대응을 하는 것에 관한 사항들이 충분히 나타나 있지 않다는 비판은 Ambos, Kai, 전게서 II, p. 203.
1586) 유엔총회 결의 3314호 제4조 The acts enumerated above are not exhaustive and the Security Council may determine that other acts constitute aggression under the provisions of the Charter.

부합하지 않는 것일 뿐 아니라 로마규정의 죄형법정주의 원칙에도 부합하지 않는 것이다.[1587] 실제로 로마규정은 예시적 규정일 경우에는 제7조 제1항 (k)에서와 같이 명문으로 이를 규정하고 있다. 그러나 침략범죄에 대하여는 이처럼 확장 해석을 가능하게 하는 조항이 존재하지 않으므로 로마규정 제8조의2에 규정되어 있는 내용들은 죄형법정주의 원칙에 비추어 열거적인 것으로 보아야 할 것이다.[1588]

침략행위에 해당하기 위해서는 일정한 강도로 적대행위를 개시하는 것이 필요할 뿐 선전포고가 요구되는 것은 아니다. 동경 헌장은 선전포고가 필요하지 않음을 명시적으로 규정하고 있었으며[1589] 형식적이고 전통적인 전쟁의 개념은 제2차 대전 이전에도 이미 타당성을 잃고 있었다. 유엔헌장이나 제네바협정에서도 선전포고가 전쟁의 필수 요건으로 받아들여지고 있지 않으며 로마규정 역시 선전포고 등 형식적 행위가 요건이 될 수 없음을 명시하고 있다.[1590]

제 3 절 중대성 요건

국가에 의한 무력행사가 있더라도 군사력이 사용된 모든 경우가 침략행위에 해당되는 것은 아니다. 오직 일정한 수준의 강도에 다다른 경우에만 침략범죄의 전제가 되는 침략행위에 해당될 수 있다. 이와 같은 요건을 충족시키지 못하는 국경에서의 소규모 충돌이나 바다나 공중에서의 사소한 침해행위는 그러한 행위가 유엔헌장 제2조 제4항의 위반에 해당하거나 유엔헌장 제51조의 자위권을 촉발시킨다 하더라도 형사처벌의 대상은 될 수 없다.[1591]

로마규정 협상과정에서도 국제공법에 위반되는 모든 무력의 사용을 침략범죄로 규정하는 것에 대하여는 대다수의 체약당사국들이 동의하지 않았다.[1592] 이에 따라 로마규정 제8조의2 제1항은 무력의 사용이 갖는 '특성, 중대성 및 규모(character, gravity and scale)'에 있어 유엔헌장에 대한 '명백한 위반(manifest violation)'에 해당하는 심각한 것만을 대상으로 규정하는 객관적 제한 방식을 채택하고 있다. 이러한 특성, 중대성, 규모의 세 가지 요건은 누적적으로 충족되어야 한다. 따라서 이러한 객관적 요건을 충족시키지 못하는 것으로 국제공법의 관점에서 평가가 불분명한

1587) Ambos, Kai, "The crime of aggression after Kampala", p. 19.
1588) Ambos, Kai, "The crime of aggression after Kampala", p. 19; Werle, Gerhard; Jeßberger, Florian, 전게서, p. 549; M. Mancini, "A Brand New Definition for the Crime of Aggression : The Kampala Outcome", 81 Nordic Journal of International Law (2012), p. 234 et seq.
1589) 동경헌장 제5조 (a) 참조.
1590) 로마규정 제8조의2 제2항 참조.
1591) 뉘른베르크 재판과 동경 재판에서는 침략전쟁에 해당할 수 있는 군사력의 정도에 대하여 추상적 개념이 선언되지는 않았다. 그러나 독일의 인접 국가에 대한 침공은 일반적으로 거대한 군대를 동원하는 방식으로 이루어졌으며 피침공국 영토의 전부 또는 일부의 점령으로 이어졌다. Werle, Gerhard; Jeßberger, Florian, 전게서, p. 541; R.L. Griffiths, 전게논문, p. 319 et seq.
1592) Report of the Special Working Group on the Crime of Aggression (ICC-ASP/ 5/ 35), Annex II, paras. 16, 18.

경우는 형사책임의 대상에서 배제되며 중대성과 규모 요건에 따라 국경에서의 사소한 충돌이나 영토 주권의 일시적 침해행위 역시 본 조항의 적용대상에서 배제된다.[1593]

이처럼 침략행위의 요건을 강화시켜 침략범죄의 적용범위를 좁혀 둔 것이 국제형사정책적 관점에서는 만족스럽지 못한 것일 수 있으나 아직까지는 보다 넓은 범위의 행위를 범죄의 대상으로 포함시키는 것에 대한 국제사회의 공통된 법적 견해와 국제 관행이 모두 존재하지 않는 상황으로 보인다.[1594]

또한 이러한 행위는 유엔헌장에 대한 명백한 위반에 해당하여야 한다. 따라서 명백성 요건을 특성, 중대성, 규모 요건 등과 함께 해석할 경우 문제가 되는 무력의 사용은 특히 심각한 것만을 대상으로 한다고 볼 수 있다.[1595]

이러한 요건의 해석과 관련하여 인도주의적 간섭이나 선제적 자기방위 역시 로마규정의 특성 요건을 통하여 무력사용의 목적이 고려됨으로써 배제될 수 있다는 주장,[1596] 이러한 세 가지 요건과 별도로 로마규정이 명시한 '명백한 위반' 이라는 요건이 법적 명확성의 원칙에 반하는 것이라는 주장 등이 있다.[1597]

제 4 절 목적 요건의 배제

로마규정은 침략의 의도나 목적을 요구하는 주관적 접근법을 채택하지 않았다. 따라서 로마규정에서의 침략범죄는 점령, 정복, 합병 등 일정한 침략의 의도나 목적이 존재하는가 여부와 관계없이 성립할 수 있다.[1598] 이와 같이 별도의 주관적 요건을 채택하지 않은 것은 다수 국가들이 목적적 요소에 따라 국제형사재판소의 재판권이 제한되기를 원하지 않았기 때문이다.[1599] 점령, 정복 등 제한된 목적을 침략범죄 요건으로 규정할 경우 경제적 혹은 정치적 이익을 얻을 목적으로 일으킨 전쟁이 형사처벌의 범주에서 배제되게 된다.

1593) Werle, Gerhard; Jeßberger, Florian, 전게서, p. 549, 550.

1594) Werle, Gerhard; Jeßberger, Florian, 전게서, p. 541.

1595) 결국 이러한 질적 제한의 존재 등으로 인하여 국제관습법과 비교할 때 형사책임의 확장 범위는 사소한 정도에 불과하다는 주장은 Werle, Gerhard; Jeßberger, Florian, 전게서, p. 549; C. Kreß, "Time for Decision : Some Thoughts on the Immediate Future of the Crime of Aggression : A Reply to Andreas Paulus", p. 1140.

1596) Werle, Gerhard; Jeßberger, Florian, 전게서, p. 550; Ambos, Kai, "The crime of aggression after Kampala", p. 15.

1597) 법적 명확성을 충족시키는가 여부에 대한 찬성과 반대 입장의 상세한 논의는 A. Paulus, 전게논문, p. 1121; C. Kreß, "Time for Decision : Some Thoughts on the Immediate Future of the Crime of Aggression : A Reply to Andreas Paulus", p. 1140 등.

1598) 주관적 목적 요건 도입의 타당성을 둘러싼 다양한 논란에 대한 것은 Ambos, Kai, "The crime of aggression after Kampala", p. 15.

1599) Werle, Gerhard; Jeßberger, Florian, 전게서, p. 549; C. Kreß, "Time for Decision: Some Thoughts on the Immediate Future of the Crime of Aggression: A Reply to Andreas Paulus", p. 1129.

제2차 대전 당시 침략전쟁으로 비난받았던 행위들은 모두 다른 국가의 영토를 합병하려는 것이거나 다른 국가를 복속시켜 그들 국가의 자원을 이용하려는 것이었고 국제관습법이 침략전쟁과 국제법에 반하는 다른 전쟁들과 구분하는 요소로 침략적 목적을 요구하고 있으므로 이러한 주관적 요건을 도입하는 것이 타당하다는 주장이 존재한다.[1600] 침략범죄의 성립요건으로 주관적 목적 요소를 도입하려는 입장에서는 집단살해나 심각한 인권위반을 방지하기 위한 목적에서 행하여지는 이른바 인도주의적 간섭(humanitarian intervention)과 자국민을 구조하기 위한 군사작전은 침략범죄의 범주에 포섭되지는 않아야 한다고 주장한다.[1601]

[1600] 일반적으로 전쟁의 침략적 목적은 전쟁을 실행하는 정부에 의하여 결정되며 정치적 지도자의 성명 등을 통하여 증명될 수 있을 것이다. 범죄자 자신이 전쟁의 침략적 목적을 설정하였다거나 혹은 이러한 목적을 형성하는데 관여하였을 필요는 없다. 이와 관련한 뉘른베르크 재판에 대한 분석은 Werle, Gerhard; Jeßberger, Florian, 전게서, p. 539.

[1601] 인권 침해 체제를 제거하기 위한 것이라는 이유만으로는 이라크에 대한 공격이 국제법적으로 정당화될 수 없다고 보면서도 침략범죄에 있어서 합병 등의 목적이 필요하다는 이유로 형사책임을 부담하지는 않는다는 입장은 Werle, Gerhard; Jeßberger, Florian, 전게서, p. 540; 2005년 6월 21일 독일 연방행정법원(Bundesverwaltungsgericht)은 이라크에서 연합군에 부여된 임무 수행을 거부한 독일인에 대한 사건에서 대상자가 이라크에 대한 침공이 명백한 불법이므로 명령을 거부할 정당한 권한이 있다고 주장한 것과 관련하여 이라크 침공의 합법성에 대한 심각한 우려를 표명한 바 있다. 이에 대하여 상세한 것은 Nikolaus Schultz, "Was the War on Iraq Illegal? - The German Federal Administrative Court's Judgement of 21st June 2005", German Law Journal(2005); 선제적 방위조치의 합법성에 대한 논의는 A.D. Sofaer, "On the Necessity of Pre-Emption", 14 EJIL (2003), p. 209; M. Bothe, "Terrorism and the Legality of Pre-Emptive Force", 14 EJIL (2003), p. 227 등; 인도주의적 간섭에 대한 다양한 논의 상황은 Conor Foley, "The Evolving Legitimacy of Humanitarian Interventions", International Journal on Human Rights, Vol. 19, (2013), p. 75; R. Goodman, "Humanitarian Intervention and Pretexts for War", 100 AJIL (2006), p. 107 등.

제 3 장 침략범죄

제1절 주 체

1. 지도자 범죄(Leadership Crime)

국가적 차원에서 거시적으로 이루어지는 침략전쟁 또는 침략행위에는 국가 지도자로부터 실제 전투를 수행하는 개별 군인에 이르기까지 매우 많은 사람들이 관여하게 된다. 그러나 침략범죄는 범죄의 성립 주체가 침략국가의 지도자 그룹으로 제한되는 '지도자 범죄'이다.

뉘른베르크 헌장이나 동경 헌장, 통제위원회 법령 등에서는 침략범죄를 저지를 수 있는 사람의 자격을 문언상으로 직접 제한하지는 않았다. 그러나 실제 재판에서는 국가의 핵심층을 형성하는 소규모 집단으로 처벌대상이 제한되어 정치 지도자나 군사 지도자만이 침략범죄의 처벌 대상이 되었다.[1602] 이처럼 침략범죄는 출발 당시부터 국가 지도자나 고위급 정책결정자에 의하여만 범하여질 수 있는 지도자 범죄로 자리매김한 것이다. 로마규정 역시 침략범죄를 범할 수 있는 주체를 '국가의 정치적 활동 또는 군사활동을 실효적으로 통제하거나 지시할 수 있는 지위에 있는 사람'으로 규정하여 침략범죄의 지도자 범죄성을 명확히 하고 있다.[1603]

이처럼 침략범죄의 지도자 범죄성이 오랫동안 인정되어 온 것은 사실이나 누가 이러한 지도

[1602] 뉘른베르크 재판에서는 독일 정부와 군대, 나치당의 고위급 대표자들만이 침략범죄로 유죄판결을 받았다. 뉘른베르크 후속 재판에서는 국가 정책의 형성에 영향을 미칠 수 있는 기업가들도 평화에 반한 죄를 범할 수 있는 주체로 간주되었다. US Military Tribunal, Nuremberg, judgment of 30 July 1948 (Krauch et al., so-called 'IG Farben Trial'), in Trials of War Criminals VIII, 1081; US Military Tribunal, Nuremberg, judgment of 31 July 1948 (Krupp et al., so-called 'Krupp Trial'), in Trials of War Criminals IX, 1327.

[1603] 로마규정 제8조의2 제1항 'by a person in a position effectively to exercise control over or to direct the political or military action of a State'; 침략범죄의 지도자 범죄성에 대한 상세한 논의는 G. Gaja, 전게논문, p. 437 et seq; R.L. Griffiths, 전게논문, p. 368 et seq; I.K. Müller-Schieke, "Defining the Crime of Aggression Under the Statute of the International Criminal Court", 14 Leiden Journal of International Law (2001), p. 419 et seq.

자 그룹에 속하는가 여부를 결정하는 것은 쉽지 않은 과제이다. 우선 법적 지위와 같은 형식적 기준에 의하여만 판단되는 것은 아니다. 국가의 정치적·군사적 행위를 지시하거나 통제할 수 있는 지위에 있었다면 정치적 지위나 군사적 직책 등 공적 지위를 보유하고 있었는가의 여부에 관계없이 침략범죄의 주체가 될 수 있다.[1604] 사기업을 운영하는 기업가, 경제지도자, 종교지도자 등이 단순한 영향력의 정도를 넘어 침략정책에 대하여 실효적인 통제력을 행사한 경우가 여기에 포함될 수 있다.[1605] 범죄 혐의자가 전쟁인가 평화인가의 문제를 실질적으로 결정하여야 할 필요까지는 없으나 침략전쟁의 계획, 준비, 개시, 실행에 있어서 주요하고 중요한 활동에 참여하였어야 한다.[1606] 결국 효과적인 통제기능을 수행하거나 효율적 리더쉽을 가지고 있었는가 여부 등에 따라 결정되는 것이다.

새로운 로마규정 제25조 제3항의2는 지도자 범죄 요건과 관련하여 국가의 정치적, 군사적 행동에 대한 유효한 통제와 지시(effective control and direction) 원칙을 규정하고 있다.[1607] 비록

1604) Werle, Gerhard; Jeßberger, Florian, 전게서, p. 542; 뉘른베르크 재판에서 Wilhelm Keitel 장군은 독일군 최고사령부 수장으로 비록 독일군의 개별 부대에 명령을 내릴 권한을 가지고 있지 않았으나 공격과 군사작전의 계획에 관여함으로써 유죄판결을 받았으며[IMT, judgment of 1 October 1946, in The Trial of German Major War Criminals, Proceedings of the International Military Tribunal Sitting at Nuremberg, Germany, Pt 22 (1950), 491 et seq] 독일 잠수함 함대 지휘관이자 이후 해군대장이 된 Admiral Karl Dönitz도 침략전쟁에 참여한 혐의로 유죄판결을 받았다. 그의 행위가 독일의 전쟁 노력에 있어 큰 비중을 차지하였고 히틀러가 주기적으로 그에게 조언을 구하였다는 사실 등이 주요한 근거가 되었다. IMT, judgment of 1 October 1946, in The Trial of German Major War Criminals, Proceedings of the International Military Tribunal Sitting at Nuremberg, Germany, Pt 22 (1950), 507.

1605) Ambos, Kai, "The crime of aggression after Kampala", p. 21.

1606) Werle, Gerhard; Jeßberger, Florian, 전게서, p. 542; 범죄자의 지위가 인정되지 않는다는 이유로 다수의 무죄판결이 내려지기도 하였다. 제국의 젊은 지도자였던 Baldur von Schirach에 대하여는 전쟁 준비에 직접적으로 관련되지 않은 것으로 판단되어 무죄판결이 내려졌으며[IMT, judgment of 1 October 1946, in The Trial of German Major War Criminals, Proceedings of the International Military Tribunal Sitting at Nuremberg, Germany, Pt 22 (1950), 511], 전 독일 은행장이었던 Hjalmar Schacht 역시 독일의 재무장에만 관여한 행위 자체만으로는 범죄를 구성하지 않는다는 이유로 무죄판결을 받았다.[IMT, judgment of 1 October 1946, in The Trial of German Major War Criminals, Proceedings of the International Military Tribunal Sitting at Nuremberg, Germany, Pt 22 (1950), 504 et seq] 이러한 요건은 통제위원회 법령에 의한 미국 군사재판부 심리사건인 Von Leeb and others(the High Command case)에 잘 나타나 있다. 14명의 피고인은 모두 다 군 고위직에 있었는데 침략범죄는 정책 결정 차원에서 참여한 사람들로 제한되어야 한다는 취지에서 재판 도중 자살한 한 명을 제외한 다른 모든 피고인들에 대하여 무죄가 선고되었다.[U.S. Military Tribunal Nuremberg, judgment of 28 October 1948, in Trials of War Criminals before the Nuremberg Military Tribunals under Control Council Law No. 10, Vol. XI, 462] Krauch and others(the IG Farben 사건)에서도 전쟁의 감행에 있어서 다른 생산 기업들이 행한 것과 동일한 방식으로 전쟁을 도왔을 뿐 전쟁을 계획하고 지도하는 것에 미치지 못하였다는 이유로 무죄판결이 선고되었다.[Carl Krauch et al. (so-called IG Farben Trial) U.S. Military Tribunal Nuremberg, judgment of 30 July 1948, in Trials of War Criminals before the Nuremberg Military Tribunals under Control Council Law No. 10, Vol. VIII, 1081]

1607) Article 25 Individual criminal responsibility 3 bis. In respect of the crime of aggression, the provisions of this article shall apply only to persons in a position effectively to exercise control over or to direct the

공식적 지위나 직책을 침략범죄자의 요건으로 규정하지는 않았으나 로마규정의 이러한 원칙은 뉘른베르그 재판에서의 '형성 혹은 영향(shape or influence)' 원칙보다 엄격한 것으로 이해되고 있다. 이러한 엄격성을 요구하는 것은 '형성 혹은 영향' 원칙에 의할 경우 현대 민주사회에 존재하는 매우 다양하고 광범위한 집단이 모두 포괄되게 된다는 우려 때문이다.[1608]

2. 공범에 대한 특별 조항

침략범죄의 지도자 범죄성을 긍정할 경우 이들의 범죄에 공범으로 가담한 사람을 어떻게 취급할 것인가의 문제가 필연적으로 제기된다.

지도자 요건을 충족시키는 사람들 사이에서는 로마규정 제25조 제3항의 공범조항이 범죄의 구조상 적용가능한 영역에서는 그대로 적용될 것이다.[1609] 그러나 이러한 지도자 집단의 외부에 위치하면서 이들을 도운 외부자들을 어떻게 다룰 것인가는 매우 어려운 문제이다. 로마규정은 공범의 경우에도 지도자 요건을 충족시킨 경우에만 공범 조항에 따라 처벌될 수 있다는 규정을 두어 지도자 범죄의 특성과 로마규정 제25조 제3항의 공범 조항 사이에 발생할 수 있는 문제점을 직접적으로 해소하고 있다.[1610] 따라서 교사범이나 방조범의 경우에도 지도자 요건을 충족시켜야 한다.[1611] 그러나 이러한 특별규정이 로마규정에서의 공범 체계와 부합하지 않으며 과도한 면책성을 부여한다는 비판이 있다.[1612]

제 2 절 범죄행위

침략범죄에서의 범죄행위는 국가에 의한 거시적 침략행위와 여기에 참여하는 지도자 혹은 고위 정책결정자의 행위 사이의 연계 속에서 결정된다. 뉘른베르크 헌장 제6조 (a)는 침략전쟁의 계획, 준비, 개시, 실행과 함께 침략범죄의 공모를 형사처벌의 대상으로 규정하고 있었다.

---

political or military action of a State.

[1608] Ambos, Kai, 전게서 II, p. 205; 이러한 요건이 과거 뉘른베르크 판결의 경우보다 지나치게 엄격하여 기업가 등을 포섭하기 어렵다는 주장은 K.J. Heller, "Retreat from Nuremberg, The Leadership Requirement in the Crime of Aggression", 18 EJIL (2007), p. 477; M. Politi, 전게논문, p. 285.

[1609] Werle, Gerhard; Jeßberger, Florian, 전게서, p. 551; 이를 구체적으로 살펴보면 공동실행, 명령 혹은 교사, 방조 등은 적용될 수 있을 것이나 집단에 대한 방조는 지도자가 일반적으로 범죄를 범하는 집단에 속한다는 점에서 적용되지 않을 것이다. 미수 조항 역시 적용될 수 있는 실질적 중요성은 크지 않을 것이며 특히 상급자책임 조항은 논리적으로 적용이 불가능하다. 왜냐하면 이는 부하에 의한 기본 범죄를 전제로 하는 것인데 지도자 범죄 요건에 따라 부하의 부차적 참여 형태는 형사처벌의 대상이 아니기 때문이다. Ambos, Kai, "The crime of aggression after Kampala", p. 23.

[1610] 로마규정 제25조 제3항의2 참조.

[1611] Werle, Gerhard; Jeßberger, Florian, 전게서, p. 551.

[1612] 또한 지도자 개념의 제한성으로 말미암아 준군사조직이나 테러리스트와 같은 현대의 탈관료적 조직이 충분히 포섭되지 못한다는 문제점도 함께 제기되고 있다. Ambos, Kai, 전게서 II, p. 207.

동경 헌장과 통제위원회 법령 제10호도 뉘른베르크 헌장과 본질적으로 동일한 내용을 규정하고 있었다.[1613]

침략행위의 개념은 침략전쟁을 계획하고 준비한 후 이를 개시하고 실행하는 범죄의 진행 단계를 토대로 규정되어 있다. 특히 침략전쟁의 실행이 별도로 규정되어 있는 까닭에 침략전쟁이 이미 시작된 이후 침략전쟁에 참여하는 경우까지 처벌대상에 포함된다.[1614] 실제로 제2차 대전 이후 독일 잠수함 함대 지휘관이었던 Dönitz는 침략전쟁의 계획, 준비, 개시에는 참여하지 않았으나 침략범죄의 실행에 참여한 혐의로 처벌되었다.[1615]

침략전쟁을 실행하였다는 이유만으로 처벌하는 것은 대상자가 침략범죄의 계획에 참여하지 않아 침략전쟁 자체를 막을 기회를 가지지 않았다는 점에서 부당하다는 비판이 있다. 실제로 침략범죄로 인한 형사책임은 침략전쟁의 개시로 시작되며 침략전쟁의 실행에만 관여한 범죄자는 침략범죄의 시작 자체에는 직접적 책임이 없다는 점에서 이러한 주장은 일면 타당한 점이 있는 것으로 보인다. 그러나 최고위급 지위에서 침략전쟁을 실행함으로써 침략전쟁의 전체적 계획에 따른 불법성을 악화시켰다는 점에서 침략전쟁의 실행을 처벌하는 것이 정당화될 수 있을 것이다.[1616]

로마규정도 침략범죄 행위를 침략전쟁의 계획, 준비, 개시, 실행 등으로 규정하고 있다.[1617] 공모를 규율대상에서 제외한 점 이외에는 뉘른베르크 헌장이나 동경 헌장과 본질적으로 동일한 내용을 규정한 것이다. 침략전쟁의 개시, 실행뿐만 아니라 예비 단계라 할 수 있는 침략전쟁의 계획, 준비 등도 함께 규정되어 있어 로마규정 제8조의2의 문언만을 근거로 해석할 경우에는 예비 단계를 별도로 범죄화하였다는 주장도 가능할 것으로 보인다.[1618] 그러나 원칙적으로 침략전쟁의 계획과 준비는 적대행위가 실제로 개시된 경우에 한하여 형사처벌의 대상이 되며[1619]

1613) 침략범죄의 공모가 형사처벌 대상 행위로 규정되어 있으나 뉘른베르크 재판부는 이를 매우 제한적으로 해석하여 공모 조항이 독립적 중요성을 갖지 못할 정도에 이르렀다고 평가된다. Werle, Gerhard; Jeßberger, Florian, 전게서, p. 543; 공모는 계획이나 준비와 거의 차이가 없으며 공모 혐의로의 기소는 사실상 불필요하였다는 견해는 Cryer, Robert; Friman, Håkan; Robinson, Darryl; Wilmshurst, Elizabeth, 전게서, p. 314.

1614) Werle, Gerhard; Jeßberger, Florian, 전게서, p. 543.

1615) IMT, judgment of 1 October 1946, in The Trial of German Major War Criminals, Proceedings of the International Military Tribunal Sitting at Nuremberg, Germany, Pt 22 (1950), 507.

1616) Werle, Gerhard; Jeßberger, Florian, 전게서, p. 544.

1617) 로마규정 제8조의2 제1항; 로마규정 범죄구성요건 8 bis Crime of aggression Introduction 1. The perpetrator planned, prepared, initiated or executed an act of aggression.

1618) 이러한 입장을 취하더라도 이러한 논의는 사실상 이론적 차원의 것이라는 주장이 설득력 있는 것으로 보인다. 제8조의2 제1항에서 특성, 중대성 및 규모에 따른 제한을 두고 있을 뿐 아니라 국제형사재판소의 재판권 행사조건 등을 고려할 때 예비나 미수 단계의 범죄가 국제형사재판소에 회부될 확률은 현실적으로 거의 없다는 것이다. Ambos, Kai, 전게서 II, p. 210.

1619) 제2차 대전 당시 독일에 의한 덴마크와 룩셈부르크의 점령은 상당한 수준의 군사력을 사용함이 없이 이루어졌음에도 침략전쟁으로 판단되었으나(IMT, judgment of 1 October 1946, in The Trial of German Major War Criminals, Proceedings of the International Military Tribunal Sitting at Nuremberg, Germany, Pt 22

로마규정 범죄구성요건 제8조의2 역시 전제되는 침략행위가 실제로 범해져야 한다고 규정하고 있다.[1620] 따라서 침략전쟁의 계획, 준비 등 실제적 실행 이전의 경과적 행위나 예비적 행위만으로는 처벌될 수 없으며 국제관습법이 입장에 따라 적대행위가 실질적으로 시작되었을 경우에만 형사처벌 대상에 포함된다고 보아야 할 것이다.[1621]

　형사법의 조기 간섭을 제한하는 법익침해 이론의 관점이나 로마규정이 공모(conspiracy) 책임을 별도로 규정하고 있지 않다는 체계론적 관점에 비추어 보더라도 이러한 제한적 해석이 보다 타당한 것으로 생각된다. 따라서 로마규정에서의 침략범죄는 침략행위 그 자체에 초점이 맞추어져 있으며 실행 단계에 이르지 않은 집단적 침략행위의 시도, 침략의 위협 등은 로마규정의 직접적 규율대상에 포함되지 않는다.

　(1950), 437 et seq) 체코슬로바키아와 오스트리아의 점령은 단지 '침략적 행위'로 언급되었고 침략계획의 일부로서 분석되었다.〔IMT, judgment of 1 October 1946, in The Trial of German Major War Criminals, Proceedings of the International Military Tribunal Sitting at Nuremberg, Germany, Pt 22 (1950), 493, 519〕 이러한 침략적 행위들은 독일 제국의 침략정책의 증거가 되었을 뿐 그 자체만으로는 형사책임의 기초를 형성하는 것은 아니라고 본 것이다. Werle, Gerhard; Jeßberger, Florian, 전게서, p. 544.

1620) 로마규정 범죄구성요건 제8조의2 3. The act of aggression ----was committed.
1621) Ambos, Kai, 전게서 II, p. 209.

제4장 주관적 요건

　침략범죄의 주관적 요건은 로마규정 제30조의 일반적 주관적 요건에 따라 결정된다. 침략전쟁의 계획, 준비, 개시, 실행 등은 고의적으로 행해져야 하며 범죄자는 이와 같은 전쟁의 침략성을 인식하고 있음에도 불구하고 침략전쟁의 계획, 준비, 개시, 실행 등을 계속하였어야 한다.[1622]

　다른 범죄와 마찬가지로 주관적 요소는 객관적 행위와 범죄적 맥락을 연결하는 접점 역할을 한다. 주관적 요소는 로마규정 제30조의 행위, 결과, 상황 등의 객관적 요소에 상응하여야 하는 것으로 국가의 행위를 효과적으로 통제하거나 지도한다는 사실적 지위에 대한 인식이 요구된다. 또한 대상 행위가 유엔헌장에 위반되는 것이라는 국가의 침략행위에 대한 인식도 요구되나 법적 의미에 대한 정확한 평가까지 필요한 것은 아니다.[1623]

　논란은 있으나 범죄자가 침략적 목적과 같은 특별한 주관적 요건을 구비하고 있을 것이 요구되지 않으며 이러한 목적은 뉘른베르크 재판부에 의하여도 요구되지 않았다.[1624]

1622) 선 독일 은행장이었던 Hjalmar Schacht는 독일 재무장 프로그램의 중심적 인물이었으나 뉘른베르크 재판부는 '뉘른베르크 헌장에서 재무장 자체는 범죄가 아니며 헌장 제6조 하에서 평화에 대한 죄가 되기 위해서는 Schacht가 침략적 전쟁을 감행하려는 나치 계획의 일부로서 이러한 재무장을 실행하였다는 것이 입증되어야 한다.'는 이유로 무죄판결을 선고하였다.[IMT, judgment of 1 October 1946, in The Trial of German Major War Criminals, Proceedings of the International Military Tribunal Sitting at Nuremberg, Germany, Pt 22 (1950), 504 et seq] 그 밖에 거대한 권력을 누리며 히틀러에 대하여 커다란 영향력을 행사한 Borman에 대해서도 그가 침략 계획을 알았다는 것이 증명되지 않았고 실제 그는 중요한 계획 회의에 참석하지도 않았다는 이유로 평화에 반한 죄에 대하여 무죄판결이 내려졌다. Cryer, Robert; Friman, Håkan; Robinson, Darryl; Wilmshurst, Elizabeth, 전게서, p. 322.

1623) RC/ Res. 6, 16 June 2010, Annex II, Elements 4 and 6; 4. The perpetrator was aware of the factual circumstances that established that such a use of armed force was inconsistent with the Charter of the United Nations. 6. The perpetrator was aware of the factual circumstances that established such a manifest violation of the Charter of the United Nations.; 행위의 형사법적 특성도 인식하고 있어야 한다는 것은 Ambos, Kai, 전게서 II, p. 211.

1624) 침략적 목적을 긍정하는 입장에서 범죄자가 전쟁의 침략적 목적을 인식하였음에도 침략행위로 나아갔다면 침략적 목적을 승인한 것으로 보아야 한다는 주장은 Werle, Gerhard; Jeßberger, Florian, 전게서, p. 545.

제 5 장　침략범죄 재판권

　　침략범죄의 개념과 재판권 행사 요건을 둘러싼 논란은 침략범죄가 가지고 있는 법적 측면과 국제정치적 함의를 잘 보여주는 것이다. 실제로 지금까지 행사된 침략범죄에 대한 재판권은 뉘른베르크 재판과 동경 재판 뿐이라는 점에서 침략범죄의 민감성이 잘 드러나고 있다.

　　캄팔라 회의에서도 복잡한 이해관계가 얽혀 있는 침략범죄 재판권을 둘러싸고 적지 않은 논란이 있었으며 종국적으로는 다른 국제범죄와 비교할 때 국제형사재판소의 재판권을 조금 더 제한하고 안전보장이사회의 관여 권한을 조금 더 강화시키는 것으로 합의가 이루어졌다. 개정안은 체약당사국 중 30개국 이상의 비준과 2017년 1월 1일 이후 체약당사국 3분의 2 이상의 다수결에 의한 재판권 활성화 결정이 있어야 효력을 발생할 수 있다.

제 1 절　안전보장이사회와의 관계

　　안전보장이사회는 국가의 어떠한 특정행위가 침략행위에 해당하는가 여부를 결정할 수 있는 유엔 차원에서의 1차적 권한을 보유하고 있다. 이러한 권한은 국제평화와 안전을 유지하는 안전보장이사회의 배타적 책임으로부터 유래하는 것이다.[1625] 이러한 권한을 가지고 있는 안전보장이사회가 침략범죄의 기소와 처벌과 관련하여 어떤 역할을 담당할 것인가는 과거부터 매우 큰 논란의 대상이 되어 왔다. 침략범죄 개정을 위한 특별작업반의 논의 과정에서 뿐만 아니라[1626]

1625) 유엔헌장 제24조 제39조 등 참조.

1626) 특별작업반은 안전보장이사회의 관여 방법에 대한 몇 가지 대안을 제시하였다. 첫 번째는 안전보장이사회의 의뢰가 있거나 혹은 유엔헌장 제39조에 의한 침략행위 결정이 있을 경우를 요건으로 하는 것이다. 두 번째는 국제형사재판소에 자율성을 주는 방안으로 안전보장이사회가 6개월 이내에 대응조치를 취하지 못할 경우 국제형사재판소가 스스로 활동하는 것을 허용하는 것이었다. 이 경우 전심 재판부(pre-trial chamber) 혹은 유엔총회, ICJ 등에 의한 승인이 요건으로 제시되었다. Report of the Special Working Group on the Crime of Aggression of 20 February 2009 (ICC-ASP-7-SWGCA-2), Annex I.

재검토 회의 과정에서도 이러한 문제는 침략범죄와 관련된 핵심적인 주제 중 하나였다.[1627)

　　안전보장이사회 상임이사국들은 로마규정 개정 과정에서도 침략범죄의 전제가 되는 침략행위 존부를 자신들이 결정할 수 있도록 해야 한다는 입장을 견지하고 있었다. 그러나 수많은 논의 끝에 다음과 같이 안전보장이사회의 개입을 어느 정도 인정하면서도 국제형사재판소의 독립성도 보장하는 제한적 형태의 개입만을 인정하는 것으로 결정되었다.

　　구체적으로 살펴보면 안전보장이사회는 침략행위가 존재하였는가 여부의 판단을 자신들이 전적으로 결정할 수 있도록 제도화할 것을 희망하였으나 로마규정은 침략범죄의 개념을 규정하는 제8조의2와 재판권 행사조건을 규정하는 제15조의2, 제15조의3을 완전히 분리하여 규정함으로써 안전보장이사회가 직접 침략범죄의 개념을 정의할 수 있는 상황을 피하도록 기본적 골격을 만들었다.[1628) 또한 침략범죄에 대한 수사 개시와 관련하여서도 새로운 제15조의2 제1항과 제15조의3 제1항에서 안전보장이사회에 의한 회부가 있는 경우 뿐 아니라 체약당사국에 의한 회부와 검사의 직권에 의한 수사개시도 가능하도록 함으로써 일반 국제범죄와 동일한 골격을 유지하게 되었다.

　　안전보장이사회는 다른 국제범죄의 경우와 같이 침략범죄와 관련된 일정한 상황을 스스로의 판단에 따라 국제형사재판소에 회부할 수 있다.[1629) 안전보장이사회는 국제형사재판소에 회부하는 특정한 상황에 있어서 침략행위가 존재하는가 여부에 대한 결정 권한을 가지고 있으나 국제형사재판소에 대한 회부를 위하여 침략범죄의 존부를 미리 결정하여야 할 의무를 부담하는 것은 아니다.[1630) 또한 안전보장이사회에 의한 회부의 경우에도 국제형사재판소는 침략행위의 존재 여부에 대한 안전보장이사회의 결정에 구속되지 않는다.[1631)

　　안전보장이사회에 의한 회부가 아닌 체약당사국에 의한 회부나 혹은 검사가 스스로 수사를 개시하는 경우는 새로운 로마규정 제15조의2에서 별도로 규율되고 있다. 그러나 이러한 절차 역시 다음에서 보는 바와 같이 로마규정 제13조에 규정된 통상의 절차를 약간 강화한 것에 불과하

1627) 회의 당시 스위스와 그리스를 제외한 유럽국가들은 침략국에 의한 동의를 재판권의 요건으로 주장하였고, 아프리카, 라틴아메리카, 카리브해 국가들은 이에 대하여 강하게 반대하였다. Ambos, Kai, "The crime of aggression after Kampala", p. 7; 침략범죄에 대한 개정 과정에 대한 논의는 C. Kreß and L. von Holtzendorff, 전게논문, p. 1201 et seq; B. van Schaack, "Negotiating at the Interface of Power and Law : The Crime of Aggression", 49 Columbia Journal of Transnational Law (2011), p. 560 et seq; S. Barriga and L. Grover, "A Historic Breakthrough on the Crime of Aggression", 105 AJIL (2011), p. 526 et seq; J. Trahan, "The Rome Statute's Amendment on the Crime of Aggression : Negotiations at the Kampala Review Conference", 11 International Criminal Law Review (2011), p. 66 et seq.
1628) 이러한 분리가 안전보장이사회에 대하여 독립성을 유지함에 성공적인 역할을 하였다는 평가는 Ambos, Kai, "The crime of aggression after Kampala", p. 28.
1629) RC/ Res. 6, Annex I, 제15조의3; 위 조항이 향후 기소에 미치는 영향에 대한 것은 C. Kreß and L. von Holtzendorff, 전게논문, p. 1211.
1630) Werle, Gerhard; Jeßberger, Florian, 전게서, p. 552.
1631) RC/ Res. 6, Annex I, 제15조의2 제9항, 제15조의3 제4항.

며 안전보장이사회의 희망과는 달리 안전보장이사회의 결정이 침략범죄의 수사개시를 위한 조건으로 규정되지 않았다.[1632] 안전보장이사회에 의한 회부가 아닌 경우 일반적 국제범죄의 절차와 다른 점은 안전보장이사회가 침략행위 존부에 대한 결정을 할 수 있도록 안전보장이사회에 사전통보 절차를 의무화하고 있다는 점과 안전보장이사회가 침략행위의 존재에 대한 결정을 내리지 않았을 경우에 있어서 국제형사재판소 내에서의 통제절차를 다소 강화시켰다는 점이다. 국제형사재판소의 검사는 침략행위에 대한 수사가 필요하다고 판단하는 경우 이에 대한 안전보장이사회의 침략행위 존부 결정이 있었는가를 우선 확인하고 안전보장이사회에 대하여 침략행위 존부 결정에 대한 기회를 부여하기 위하여 관련 정보와 자료를 첨부하여 국제연합 사무총장에게 이러한 내용을 알려야 한다.[1633] 이후 안전보장이사회가 침략행위가 존재한다는 결정을 내릴 경우에는 로마규정 제15의2 제7항에 의하여 수사가 진행되며 이와 달리 안전보장이사회가 6개월 내에 침략행위 존부에 대한 결정을 내리지 못한 경우에도 제15조의2 제8항에 의하여 수사가 진행될 수 있다. 다만 안전보장이사회의 결정이 없을 경우에는 전심재판부(Pre-Trial Chamber)의 승인을 받도록 한 다른 국제범죄에 대한 수사개시 절차[1634]를 보다 강화하여 전심재판단(pre-trial division)의 승인을 요건으로 규정하여 국제형사재판소의 내부적 통제절차를 강화시키고 있다.[1635]

체약당사국에 의한 회부나 혹은 검사가 스스로 수사를 개시하는 경우 안전보장이사회가 침략행위에 해당하지 않는다는 부정적 결론을 내린 상황을 새로운 로마규정 제15조의2가 명시적으로 규정하고 있지 않아 논란이 있을 수 있다. 그러나 안전보장이사회의 결정에 대하여 언급하는 로마규정 제15조의2 제6항과 명백히 긍정적 결정을 의미하는 제15조의2 제7항과 제8항을 함께 종합적으로 해석하면 안전보장이사회에 의한 부정적 결정은 제15조의2 제8항이 의미하는 결정이 없었던 경우와 동일한 것이므로 안전보장이사회가 침략행위가 존재하지 않는다는 결정을 내린 경우에도 역시 동일한 절차에 따라 수사를 진행할 수 있다고 해석된다.[1636]

유엔헌장 범위 내에서의 침략행위 존부 판단이 아니라 침략행위에 대한 수사 개시 조건으로서 국제형사재판소에 대하여 침략행위의 존재 여부에 대한 독자적 판단권한을 부여할 것인가는 다른 차원의 문제일 것이다. 이처럼 안전보장이사회는 유엔헌장 제24조에 의하여 국제형사재판소 외부기관으로서 일정한 결정권한을 행사할 수 있으나 국제형사재판소는 어떠한 경우에도 침략행위의 존재 여부에 대한 안전보장이사회의 결정에 구속되지 않으며 수사 개시 절차 역시 통상적 수사 개시 절차에 적용되는 일반 원칙을 강화하는 수준으로 안전보장이사회의 결정이 국제

1632) Ambos, Kai, "The crime of aggression after Kampala", p. 28.
1633) RC/ Res. 6, Annex I, 제15조의2 제6항.
1634) 로마규정 제15조 제3항 참조.
1635) RC/ Res. 6, Annex I, 제15조의2 제8항, 로마규정 제39조 제1항, 제2항 (b)(iii) 참조; 이러한 변화에 대한 분석은 H.-P. Kaul, 전게논문, p. 665.
1636) Ambos, Kai, 전게서 II, p. 213; Werle, Gerhard; Jeßberger, Florian, 전게서, p. 553.

형사재판소 재판권 행사에 대한 전제조건으로 인정되지 않은 것이다.[1637] 이는 침략범죄 존부에 대한 판단의 독자성과 검사의 직권적 권한 유지 등을 인정함으로써 국제형사재판소의 독립성을 보존하면서도 안전보장이사회의 입장과는 상당 부분 잘 조화시킨 것으로 평가되고 있다.[1638] 특히 안전보장이사회의 결정이 없는 상황에서 검사의 권한남용에 대한 통제를 외부기관이 아닌 재판소 자체에 남겨둔 것은 국제형사재판소의 독립성의 측면에서 매우 큰 의미가 있는 것이다.

그러나 다음에서 살피는 바와 같이 침략범죄의 국제정치적 민감성으로 인하여 국제형사재판소의 침략범죄 재판권 자체에 대한 상당한 수정이 이루어졌다.

제 2 절 일반적 재판권 조항에 대한 수정

1. 침략범죄 재판권의 제한

침략범죄의 존부를 판단하는 것은 국가 차원의 무력 사용의 합법성에 대한 사법적 판결이라는 점에서 국제적 평화와 안전에 대한 커다란 반향이 수반되는 것이다. 따라서 침략범죄의 수사와 기소 과정에서 안전보장이사회가 어느 정도 관여할 것인가의 문제와 국제형사재판소가 어떤 범위에서 침략범죄에 대한 재판권을 행사할 수 있는가의 문제는 실제적으로는 밀접히 관련되어 있었다.[1639] 비록 앞서 본 바와 같이 국제형사재판소의 독립성이 보존되기는 하였으나 그와 동시에 국제형사재판소의 침략범죄 재판권을 제한하는 특수한 규정도 신설되어 안전보장이사회의 회부가 있었던 경우에는 재판소가 완전한 재판권을 행사하나 안전보장이사회에 의한 회부가 아닌 경우에는 다른 일반 국제범죄에 비하여 재판권이 제한되게 되었다.

먼저 안전보장이사회의 회부가 있었던 경우에는 개정안이 효력을 발생하는 순간부터 국제형사재판소는 완전한 재판권을 가진다. 안전보장이사회가 회부하는 사건을 이처럼 특별하게 취급할 수 있는 이유는 안전보장이사회가 국제형사재판소에 사건을 의뢰하지 않더라도 국제연합 헌장 제7장에 기한 권한에 근거하여 침략범죄를 재판할 수 있는 별도의 임시재판소를 설립할 수 있다는 점에 있다. 따라서 안전보장이사회의 회부가 있었던 경우에는 체약당사국이 개정안을 비준하였는가 여부, 대상 국가가 로마규정 체약당사국인가 여부에 관계없이 국제형사재판소는 침

1637) 그러나 여전히 안전보장이사회의 결정은 상당한 영향력과 가치를 가질 것이다. Werle, Gerhard; Jeßberger, Florian, 전게서, p. 553.
1638) Ambos, Kai, "The crime of aggression after Kampala", p. 30; 물론 안전보장이사회는 진행 중인 수사나 기소를 로마규정 제16조에 따라 중단하게 할 수 있으나 이는 일반적인 절차에 따라 이미 안전보장이사회가 가지고 있던 권한일 뿐이다. 이러한 권한은 비체약당사국을 ICC의 권한으로부터 배제하기 위하여 사용한 것 이외에는 아직 한 번도 사용된 바 없다.
1639) 캄팔라 회의에서의 토의 결과 국제형사재판소의 안전보장이사회로부터의 독립성이 침략범죄 재판권의 행사 가능성을 제한함으로서만 지켜질 수 있었다는 것은 Werle, Gerhard; Jeßberger, Florian, 전게서, p. 553; C. Kreß and L. von Holtzendorff, 전게논문, pp. 195, 1212 et seq.

략범죄에 대한 재판권을 행사할 수 있다.[1640]

　　이와 달리 체약당사국의 회부에 의하거나 혹은 검사가 직권으로 수사를 개시한 경우의 재판권은 다른 국제범죄에 비하여 상당 부분 제한된다. 일반 국제범죄의 경우에는 범죄행위가 체약당사국의 영토 내에서 발생하였다면 로마규정 제12조 제2항 (a)의 영토주의 원칙에 따라 국제형사재판소가 재판권을 행사할 수 있다. 그러나 새로운 로마규정 제15조의2 제4항은 침략행위가 체약당사국에 의하여 범하여진 경우로 재판권의 범위를 제한하여 영토주의 원칙에 수정을 가하고 있다.[1641] 따라서 현재로서는 비체약당사국에 의한 침략행위는 국제형사재판소의 재판권 범위에서 자동적으로 배제된다.[1642] 나아가 새로운 로마규정 제15조의2 제5항은 침략범죄의 주체가 비체약당사국 국민이거나 침략범죄가 비체약당사국 영토에서 발생한 경우 재판권을 행사할 수 없도록 추가적 제한을 가하고 있다.[1643] 일반 국제범죄의 경우 로마규정 제12조 제2항 (b)의 적극적 속인주의 원칙에 따라 비체약당사국에 대한 체약당사국 국민의 범죄행위에 대하여 재판권을 행사할 수 있었으며 이러한 점에서 로마규정 비체약당사국에 대하여 상호성의 측면에서 일정 부분 특권을 부여한 상태였다. 그러나 새로운 제15조의2 제5항에 의하여 이와 같은 일반적 특권이 배제되었다.[1644] 또한 체약당사국에 의하여 저질러진 침략행위에 비체약당사국 국민이 가담한 경우에도 이에 대한 책임을 물을 수 없다.[1645]

　　이러한 개정 결과의 정치적 타당성은 별론으로 하더라도 이러한 문언을 채택하는 과정의 절차적 문제점을 제기하는 견해는 설득력이 있는 것으로 보인다. 이처럼 침략범죄의 재판권 범위를 로마규정 제12조의 경우와 달리 비체약당사국에 대하여 제한하도록 개정하는 것은 보다 엄격한 로마규정 개정 절차를 규정한 로마규정 제121조 제4항의 요건을 충족시켜야 하는 것으로 보이기 때문이다.[1646]

1640) Werle, Gerhard; Jeßberger, Florian, 전게서, p. 553.
1641) RC/ Res. 6, Annex I, 제15조의2 제4항 The Court may, in accordance with article 12, exercise jurisdiction over a crime of aggression, **arising from an act of aggression committed by a State Party**, unless that State Party has previously declared that it does not accept such jurisdiction by lodging a declaration with the Registrar. The withdrawal of such a declaration may be effected at any time and shall be considered by the State Party within three years.
1642) Werle, Gerhard; Jeßberger, Florian, 전게서, p. 554.
1643) RC/ Res. 6, Annex I, 제15조의2 제5항 In respect of a State that is not a party to this Statute, the Court shall not exercise its jurisdiction over the crime of aggression **when committed by that State's nationals or on its territory.**
1644) Werle, Gerhard; Jeßberger, Florian, 전게서, p. 554.
1645) 중국, 러시아, 미국 등의 영향으로 이러한 광범위한 제한이 채택되게 된 것으로 이러한 제한에 대한 비판은 R.S. Clark, "Amendments to the Rome Statute of the International Criminal Court Considered at the First Review Conference on the Court, Kampala, 31 May- 11 June 2010", 2 Goettingen Journal of International Law (2010), p. 705; 이에 대한 상세한 논의는 최태현, "ICC규정 침략범죄관련 조항의 채택과 함의", 서울국제법연구 제17권(2010), 140면 이하 참조.
1646) Cryer, Robert; Friman, Håkan; Robinson, Darryl; Wilmshurst, Elizabeth, 전게서, pp. 324-325.

2. 개정안 비준 여부에 따른 논란

침략범죄 이외의 다른 3개의 범죄의 경우 로마규정 제12조에 따라 대상 범죄가 체약당사국의 국민에 의하여 범하여지거나 체약당사국 영토에서 범하여진 경우 국제형사재판소가 재판권을 행사할 수 있으므로 국제형사재판소의 재판권은 비체약당사국 국민이나 영토로 확장된다. 그러나 앞서 본 바와 같이 캄팔라 회의에서 합의된 개정안은 침략범죄의 경우 비체약당사국 국민에 의한 침략범죄나 비체약당사국 영토 내에서 발생한 침략범죄의 재판권을 일반적으로 배제하고 있으며1647) 다른 기존의 국제범죄와 달리 침략범죄에 대한 선택적 배제도 허용하고 있다.1648) 또한 개정안이 대상 국가에 대하여 효력을 발생하기 위해서는 원칙적으로 체약당사국의 국내적 비준절차가 요구되는 상황으로 침략범죄에 대한 개정안이 채택되었음에도 이를 비준하지 않은 국가를 어떻게 취급할 것인가에 대한 매우 복잡하고 다양한 논란이 이어지고 있다.

우선 침략국과 피침략국 모두가 개정안을 비준하였다면 국제형사재판소가 재판권을 행사할 수 있음은 의문이 없으며 양 국가 모두 개정안을 비준하지 않았다면 재판권을 행사할 수 없음도 명백하다.1649) 논란이 있는 것은 침략국 또는 피침략국 어느 한 쪽만이 개정안을 비준한 경우로서 기존 체약당사국인 국적국이나 영토국이 개정안을 수락하지 않았을 경우에도 국제형사재판소가 이들에 대한 재판권을 행사할 수 있는가의 문제가 제기된다.

우선 개정 전 로마규정 제5조 제2항은 침략범죄에 대한 재판권 행사 조건으로 '제121조 및 제123조에 따라 침략범죄를 정의하고 재판소의 관할권 행사조건을 정하는 조항이 채택된 후, 재판소는 침략범죄에 대한 관할권을 행사'하도록 규정하고 있었다. 해석상 복잡한 문제를 발생시키는 것은 위 조항이 전체회의 다수결에 의한 일반적 승인을 의미하는 '채택(adoption)'이라는 용어와 함께 개별 국가의 개정효력 승인조건을 규정한 제121조 제5항이 포함된 제121조를 함께 언급하고 있다는 점이다. 나아가 개정안에 대한 결의 제1항은 침략범죄에 대한 개정안은 '비준 혹은 가입에 의존하며, 제121조 제5항에 따라 효력을 발생한다'고 규정하고 있다.1650) 이러한 기본적인 법적 규율 체계 속에서 다수결로 침략범죄 개정안이 채택되었음에도 개별 국가가 개정안을 비준하지 않았다면 비준을 거부한 국가를 개정안과 관련하여 어떻게 취급하여야 하는가에 대한 명확한 해석지침을 두고 있지 않아 매우 복잡한 논란을 발생시키고 있다.

1647) RC/ Res. 6, Annex I, 제15조의2 제4항.

1648) RC/ Res. 6, Annex I, 제15조의2 제4항 참조. 그러나 안전보장이사회가 회부한 사건에 대하여는 여전히 이러한 제한이 존재하지 않으므로 국제형사재판소는 체약당사국이 개정안을 비준하였는가 여부와 이러한 배제 선언 여부에 관계없이 재판권을 행사할 수 있다. RC/ Res. 6, Annex I, 제15조의3; 한편 침략범죄에 대하여도 로마규정 제12조 제3항에 따라 재판권에 대한 임시적 승인이 가능하다. Cryer, Robert; Friman, Håkan; Robinson, Darryl; Wilmshurst, Elizabeth, 전게서, p. 323.

1649) Werle, Gerhard; Jeßberger, Florian, 전게서, p. 554.

1650) RC/Res. 6 The crime of aggression(11 June 2010).

우선 개정 전 로마규정 제5조 제2항에 따라 이른바 개정안의 '채택(adoption)'만 있으면 족하다는 입장이 있을 수 있다. 이러한 입장에서는 로마규정 제121조 제3항만이 적용되므로 당사국총회 또는 검토회의에서 3분의 2 다수결로 개정안이 채택되었다면 개별국가의 비준 여부와 무관하게 국제형사재판소는 재판권을 행사할 수 있다고 보는 것이다.[1651] 이러한 해석은 로마규정 제5조 제2항과 제121조 제3항에서 사용된 채택이라는 용어를 근거로 한 것이나 침략범죄에 대한 당사국의 비준 여부가 당해 국가에 대하여 어떠한 요건으로도 작용하지 못한다는 문제점이 있다. 이러한 입장에 따를 경우 체약당사국으로서는 침략범죄라는 정치적으로 매우 민감한 문제에 대하여 비준하지 않기로 하는 결정을 내렸음에도 이에 대한 국제형사재판소의 재판권이 무조건적으로 적용되는 미처 예견하지 못한 놀라운 결과를 맞이하게 된다. 뿐만 아니라 로마규정 제122조는 '채택'과 '효력의 발생'을 명확히 구분하고 있고 개정안에 대한 결의 제1항에서도 침략범죄에 대한 개정안은 '제121조 제5항에 따라 효력을 발생한다'고 규정하고 있다는 점에서 받아들이기 어려운 해석이 아닌가 생각된다.[1652]

두 번째는 범죄자의 국적국이나 범죄발생지 국가에서 개정안을 비준하지 않았을 경우 국제형사재판소는 침략범죄의 재판권을 행사할 수 없다는 견해이다. 로마규정의 개정 효력이 당해 국가에 대하여 발생하기 위해서는 당사국에 의한 개정안 수락이 필요하다고 규정한 로마규정 제121조 제5항에 근거한 것으로 이는 로마규정 제121조 제5항과 관련한 이른바 부정적 해석(negative understanding)의 입장이다.[1653] 로마규정 제121조 제5항은 개정안의 효력에 대하여 상대적으로 명확한 내용을 규정하고 있으며 이러한 조항이 탄생하게 된 역사에 비추어 보더라도 체약당사국이 캄팔라 개정안을 수용하거나 비준하지 않았다면 재판권의 대상이 되지 않는다는 것이다.[1654] 이러한 주장의 가장 큰 문제점은 침략범죄가 새로이 로마규정에 추가되는 범죄가 아니라 기존의 로마규정 제5조 제1항 (d)에 의하여 이미 국제형사재판소의 재판권의 대상이 되어 있었다는 점이다. 이러한 부정적 해석의 입장에 의하면 체약당사국이 개정안을 수락하지 않는다면 체약당사국에 대한 재판권이 일반적으로 배제되는 모순적인 결론에 도달하며 이는 체약당사국이

1651) 로마규정 제121조 제3항 당사국총회의 회의 또는 검토회의에서 컨센서스에 도달할 수 없는 경우, 개정안의 채택은 당사국의 3분의 2의 다수결을 요한다.

1652) C. Kreß and L. von Holtzendorff, 전게논문, p. 1196 et seq; Ambos, Kai, "The crime of aggression after Kampala", p. 32.

1653) 로마규정 제121조 제5항 이 규정 제5조, 제6조, 제7조 및 제8조에 대한 개정은 그 개정을 수락한 당사국에 대하여 비준서 또는 수락서가 기탁된 지 1년 후에 발효한다. 개정을 수락하지 아니한 당사국의 국민에 의하여 또는 그 국가의 영역에서 개정으로 포함된 범죄가 범해진 경우, 재판소는 그 범죄에 대하여 관할권을 행사하지 아니한다.

1654) 이러한 입장을 취할 경우 일단 체약당사국이 개정안을 비준한 후 또다시 새로운 제15조의2에 의하여 선택적 배제를 할 수도 있으나 이러한 선택적 배제는 오직 당해 체약당사국이 범한 범죄에 대한 관계에서만 배제된다고 해석될 것이다. Cryer, Robert; Friman, Håkan; Robinson, Darryl; Wilmshurst, Elizabeth, 전게서, p. 324.

오히려 비체약당사국에 비하여 유리한 위치에 서게 하는 것으로 로마규정의 정신과 모순된다는 주장이다.[1655]

세 번째는 로마규정 제121조 제5항과 관련된 이른바 긍정적 해석(positive understanding)의 입장이다. 이러한 입장에서는 '개정을 수락하지 아니한 당사국의 국민에 의하여 또는 그 국가의 영역에서 개정으로 포함된 범죄가 범해진 경우, 재판소는 그 범죄에 대하여 관할권을 행사하지 아니한다'는 제121조 제5항 두 번째 문장이 개정안을 수락하지 않은 당사국을 로마규정 제12조 제2항의 적용에 있어서 비체약당사국과 동일한 입장에 위치시키는 제한적 효과만을 갖는 것으로 해석한다. 따라서 범죄자의 국적국이 침략범죄 조항을 비준하지 않았다 하더라도 국제형사재판소의 재판권 행사가 범주적으로 배제되는 것은 아니며 로마규정 제12조 제2항 (a)에 따라 피침략국이 개정안을 수락한 경우에도 국제형사재판소가 재판권을 행사할 수 있다는 것이다. 앞서 본 부정적 해석의 입장을 취할 경우 개정안을 수락하지 않은 체약당사국과 비체약당사국과의 사이에서 불공정한 차별 문제가 발생하나 제121조 제5항에 보다 강력한 효력을 부여하지 않는 이러한 해석은 이러한 문제를 피할 수 있다는 장점이 있다. 그러나 반면 이러한 해석은 위 조항의 문언 자체에서 그대로 도출되기 어렵다는 문제점을 가지고 있다.

매우 논란이 많은 문제이나 일응 로마규정 제12조를 언급하고 있는 새로운 로마규정 제15조의2 제4항이 제12조를 승인한 것으로 보고 제15조의2, 제15조의3의 제2항에 의하여 다른 재판권이나 절차적 개정 조항과의 관계에서 특별법 관계에 있는 제121조 제5항의 두 번째 문장이 암묵적으로 개정된 것으로 보는 것이 조문 해석상으로는 합리적인 것으로 보인다. 구조적으로 존재하는 로마규정 제121조 제5항과의 충돌 문제를 제15조의2, 제15조의3의 제2항들을 제121조 제5항에 대하여 일부 특별법으로 해석하여 해결하려는 입장이다.[1656] 그러나 이러한 견해의 내용적 타당성 여부에도 불구하고 이러한 해석은 로마규정의 개정절차에 부합하지 않는다는 비판이 가능하다. 로마규정은 새로운 범죄를 추가하는 방식으로 새로운 범죄에 대한 재판권 행사 가능성을 열어두는 한편 새로운 범죄를 추가하는 것에 대한 일종의 안전장치로 체약당사국의 3분의 2에 해당하는 다수결에 의한 개정안 채택과 체약당사국의 동의 요건 등을 규정하고 있다. 그런데 로마규정 제121조의 이러한 개정절차를 위와 같이 완화하여 해석하는 것은 로마규정 제121조 그 자체를 개정하는 것에 해당하므로 로마규정 제121조 제4항에 따른 개정절차에 따라야 한다는 것이다.[1657]

1655) Werle, Gerhard; Jeßberger, Florian, 전게서, p. 555.

1656) Ambos, Kai, "The crime of aggression after Kampala", p. 35. 이러한 입장은 로마규정 제15조의2 제4항이 개정안이 일단 효력을 발생한 경우 체약당사국이 개정안을 수락한 후 이에 대한 배제 선언을 하지 않는 한 국제형사재판소의 재판권이 존재하는 것을 전제로 규정하는 것과도 부합하는 것으로 보인다.

1657) 로마규정 제121조 제4항 제5항에 규정된 경우를 제외하고, 개정은 당사국의 8분의 7의 비준서 또는 수락서가 국제연합 사무총장에게 기탁된 때로부터 1년 후에 모든 당사국에 대하여 발효한다.; 특히 이러한 해석의 문제는 침략범죄에 대한 개정 뿐 아니라 다른 로마규정상의 범죄에 대하여도 영향을 미칠 수 있을 것이다.

현재로서는 이와 같은 상충되는 조항들에 대하여 모든 측면에서 불합리성을 해소할 수 있는 완전한 해결책을 도출하기는 쉽지 않은 것으로 보인다. 이러한 문제에 대하여는 향후 체약당사국 총회에서 새로운 결의를 통하여 명확히 결정하는 것이 필요하며 그렇지 않을 경우 종국적으로 국제형사재판소에 의하여 결정되는 상황에 이를 것으로 보인다.[1658]

제 3 절 재판권 활성화 조건

국제형사재판소의 침략범죄에 대한 재판권 조항이 효력을 발생하여 재판권이 활성화되기 위해서는 새로운 로마규정 제15조의2 제2항과 제3항, 제15조의3 제2항과 제3항에 규정된 조건이 중첩적으로 충족되어야 한다.[1659] 따라서 새로운 로마규정 제15조의2 제2항과 제15조의3 제2항에 동일하게 규정되어 있는 바와 같이 체약당사국 중 30개국 이상이 개정안에 대한 비준이나 가입을 완료하여야 하며 그 경우에도 국제형사재판소의 범죄의 시적 관할(ratione temporis)은 이러한 비준이 있은 때로부터 적어도 1년 후부터 발생한 범죄에 대하여서만 재판권을 행사할 수 있도록 제한된다. 나아가 국제형사재판소가 재판권을 행사하기 위해서는 제15조의2 제3항과 제15조의3 제3항에 따라 2017년 1월 1일 이후 체약당사국 3분의 2 이상의 다수결로 재판권 활성화를 승인하는 결정도 있어야 한다.[1660]

Cryer, Robert; Friman, Håkan; Robinson, Darryl; Wilmshurst, Elizabeth, 전게서, p. 328.
[1658] Cryer, Robert; Friman, Håkan; Robinson, Darryl; Wilmshurst, Elizabeth, 전게서, p. 324.
[1659] RC/ Res. 6, Annex III 양해(understanding) 1, 3; 중첩적 요건의 요구는 양해 사항에 규정되어 있으나 그 법적 효력에 의문을 제기하면서 30개국의 비준이 있을 경우 국제형사재판소는 재판권을 행사할 수 있는 것이 아닌가라는 의문을 제기하는 견해가 있다. Ambos, Kai, 전게서 II, p. 215.
[1660] 2017년 5월 현재 독일, 우루과이, 벨기에 등 16개국이 개정안을 비준하였으며 28개국이 적극적으로 비준절차를 진행시키고 있다고 한다. http://crimeofaggression.info/the-role-of-states/status-of-ratification-and-implementation/

앞서 본 바와 같이 국제형사재판소가 침략범죄를 기소하는 권한과 절차, 안전보장이사회의 관여 방식 등에 대하여는 국제사회의 합의가 이루어졌다. 그러나 국제정치적으로 중요한 의미를 갖는 침략범죄 기소 권한을 개별 국가가 행사하는 문제에 대하여는 충분한 논의가 진행되고 있지 않다.

이와 관련하여서는 보충성 원칙이나 보편적 관할에 관한 이론이 침략범죄에 대하여도 그대로 적용될 수 있는가의 여부, 안전보장이사회는 그 과정에서 어떤 역할을 할 수 있을 것인가의 문제들이 존재한다.

제 1 절　보충성 원칙과의 관계

침략범죄에 대한 로마규정 개정 과정에서 가장 논란이 되었던 부분 중 하나는 로마규정의 보충성 원칙과의 관계였다. 침략범죄의 판단에는 국가 차원의 침략행위의 불법성 판단이 필수적으로 전제된다. 따라서 주권국가는 다른 주권국가에 대해 재판권을 갖지 않는다는 'par in parem non habet jurisdictionem'의 관점에서 침략범죄에 있어서는 개별 국가에 의한 직접적 강제체계가 강조될 수 없으며 국제형사재판소의 근간을 이루는 보충성 원칙과 관련된 국내 기소권의 일반적 우월성도 대부분 인정될 수 없다는 것이다.[1661] 침략범죄와 관련한 양해 제5조에는 이러한 개정이 어떤 국가에 대하여 타국이 행한 침략행위와 관련하여 관할권을 행사할 권리나 의무를 창설하는 것으로 해석되어서는 안 된다고 규정하고 있다.[1662] 이러한 양

1661) Werle, Gerhard; Jeßberger, Florian, 전게서, p. 556; 이에 대한 상세한 논의는 B. van Schaack, "Par in Parem Imperium Non Habet: Complementarity and the Crime of Aggression", 10 JICJ (2012), p. 133; C. Kreß and L. von Holtzendorff, 전게논문, p. 1216.

1662) RC/ Res. 6, Annex III 양해(understanding) 5. It is understood that the amendments shall not be interpreted as creating the right or obligation to exercise domestic jurisdiction with respect to an act of aggression

해의 존재 여부에 관계없이 로마규정 체제 하에서는 체약당사국에 대한 국제범죄의 기소의무가 일반적으로 인정되지 않는다는 점에서 이러한 특별한 규정을 둔 것은 다른 핵심범죄들과 달리 침략범죄에 있어서는 포괄적인 국내 기소를 가능케 하려고 의도한 것이 아니라는 점을 명확히 한 것으로 해석된다.[1663] 침략범죄의 국내 기소와 관련된 사항들은 향후 로마규정의 개정이 체약당사국들의 국내법 개정으로 이어지는가 여부 등과 직접적으로 연계되어 있을 것이다.

제 2 절   개별 국가의 재판권

자국 국민에 의하여 행하여진 전쟁범죄를 해당 국가가 기소할 수 있는 권한을 가지고 있다는 점은 의문이 없을 것이다.[1664] 그러나 피침략국 혹은 보편적 관할권만을 가지고 있는 국가가 국제정치적으로 민감한 침략범죄에 대한 재판을 중립적으로 수행할 수 있는가에 대하여는 논란이 있다. 이러한 우려에도 불구하고 피침략국은 자국을 상대로 한 침략전쟁의 범죄자들을 일반적인 형사재판권의 원칙에 따라 기소할 권한을 가져야 한다는 주장이 있다.[1665] 또한 제3국에 의한 기소는 침략범죄의 정치적 본질에 비추어 이상적 해결책이 아닌 것은 사실이나 침략범죄가 국제공동체 전체의 가치를 침해한다는 점에서 제3국 역시 침략범죄를 기소할 권한을 가질 수 있다는 주장도 제기되고 있는 상황이다.[1666]

---

committed by another State.

1663) Werle, Gerhard; Jeßberger, Florian, 전게서, p. 556.

1664) 이라크 특별재판소(Supreme Iraqi Criminal Tribunal)는 '전쟁의 위협을 야기할 수 있는 정책을 추진하거나 아랍 국가들에 대한 이라크 군대를 사용'한 것을 재판할 수 있는 권한을 가지고 있었다. (Statute of the Iraqi Special Tribunal 제14조 (c) 참조.

1665) Werle, Gerhard; Jeßberger, Florian, 전게서, p. 545.

1666) Werle, Gerhard; Jeßberger, Florian, 전게서, p. 545. 종전에는 개별 국가에서 재판이 열리기 이전에 유엔안 전보장이사회나 유엔총회가 침략전쟁이 발생하였는가 여부에 대하여 결정을 내려야 한다고 주장하였으나 [Gerhard Werle, Principles of International Criminal Law. Cambridge : Cambridge University Press(2005), p. 400] 신판에서는 삭제되었다.; 앞서 본 RC/ Res. 6, Annex III 양해(understanding) 5에서는 미국의 제안에 따라 침략범죄 개정 조항은 개별 국가가 침략범죄를 기소할 권한이나 의무를 인정하는 것으로 해석되지 않는다는 내용이 삽입되었으나 각국의 입법 상황 등에 비추어 이러한 양해사항을 통하여 미국인이 기소되는 것을 막으려는 시도는 성공하지 못할 것이라는 주장 등 침략범죄의 보편적 관할권과 관련된 상세한 논의는 M.P. Scharf, "Universal Jurisdiction and the Crime of Aggression", 53 Harvard International Law Journal (2012), p. 357; 침략범죄를 포함한 심각한 범죄에 대한 보편적 관할권을 승인하는 프린스턴 원칙 제1조 제2항, 제2조 제1항 참조; 각국 국내법에서는 피해국가로 인정될 경우에만 재판권을 인정하는 것이 보다 일반적으로 보인다. 이러한 국가에는 캐나다 형법 제46조 제1항 (b),(c), 중국형법 제102조, 프랑스 형법 제411-4, 일본 형법 제81조, 제82조. 독일 형법은 자국이 피해자인 경우 뿐 아니라 자국민이 범죄자인 경우도 처벌대상으로 규정하고 있다. 독일형법 제80조. 보편적 관할권을 인정하는 입법례로는 타지키스탄 형법 제15조 제2항 (a), 몰도바 형법 제11조 제3항.

우리 형법은 외환유치죄[1667]와 여적죄[1668]를 규정하고 있으며 이에 대하여는 외국인의 국외범을 처벌하는 역외재판권이 인정되고 있다.[1669]

[1667] 형법 제92조 외국과 통모하여 대한민국에 대하여 전단을 열게 하거나 외국인과 통모하여 대한민국에 항적한 자는 사형 또는 무기징역에 처한다.

[1668] 형법 제93조 적국과 합세하여 대한민국에 항적한 자는 사형에 처한다.

[1669] 형법 제5조(외국인의 국외범) 본법은 대한민국영역외에서 다음에 기재한 죄를 범한 외국인에게 적용한다.
    2. 외환의 죄

제 5 편

조약범죄(Treaty Crime)

제1절 의 의

국제사회의 이해에 가장 큰 영향을 미치는 국제범죄는 로마규정 제5조에서 제8조의2까지에 규정되어 국제형사재판소의 재판권 대상이 되고 있다. 그러나 이러한 국제범죄 이외에도 인류의 안녕과 세계경제에 심대한 영향을 미치며 실제적 혹은 잠재적으로 초국가적인 영향력을 갖는 일련의 범죄들이 존재한다.[1670]

초국가적 특성을 가지고 있는 이러한 범죄들의 규율을 위하여 국제사회에서는 이른바 '억제조약(suppression convention)'을 체결하여 이러한 범죄들에 대한 체계적이고 조화로운 대응을 모색하고 있다. 이러한 억제조약의 체약당사국은 조약범죄의 처벌과 기소의무뿐만 아니라 국제적 협력의무도 부담하게 되는 등 억제조약은 이러한 범죄에 대한 효율적 대응을 위한 체제를 구축하고 있다. 이와 같은 범죄들이 억제조약 체제에 따라 규율되고 있다는 점에서 이들 범죄는 조약범죄(Treaty Crime)로 지칭되거나 혹은 범죄의 초국가적 성격에 주목하여 초국가범죄(Transnational Crime)로 지칭되기도 한다.

엄격한 의미에서의 국제범죄에 대한 개인의 형사책임은 국제법에 직접 근거하여 발생하며 이들 범죄는 국제재판권의 대상이 된다. 그러나 조약범죄에 있어서는 국제사회가 직접 이들 범죄를 처벌할 수 있는 초국가적 재판권이 존재하지 않으며 억제조약에 따라 각 국가가 범죄자를 처벌하는 경우에도 그 처벌근거는 국제법이 아닌 국내법이다.[1671]

1670) Cryer, Robert; Friman, Håkan; Robinson, Darryl; Wilmshurst, Elizabeth, 전게서, p. 329; 초국가적 조직범죄가 정치, 사회, 경제에 미치는 부정적 영향에 대한 우려 표명은 RES/ 56/ 120 (2002).

1671) 이처럼 조약범죄의 경우 특정한 행위가 국제법 하에서의 범죄로 직접 규정되는 것이 아니라 억제조약을 매개로 한 체약당사국의 권한과 의무에 기반하고 있다. 따라서 체약당사국이 범죄를 처벌할 의무를 다하지 않은 경우에도 당해 국가가 국가 책임의 규칙에 따른 책임을 부담할 뿐이다. 조약범죄와 그 기반이 되는 억제조약은 초국가적 형사법(transnational criminal law)의 영역을 형성하여 엄격한 의미에서의 국제형사법

많은 억제조약들이 테러 등과 같이 국제사회에서 심각하게 문제되는 사태에 대응하여 만들어져 왔다. 현재 억제조약 체제를 갖는 200개가 넘는 다자 조약들이 존재하고 있다.[1672] 테러, 고문, 마약[1673], 해적행위[1674], 노예화[1675], 인종차별[1676], 강제적 실종[1677], 뇌물[1678], 인신매매·불법이민·무기밀매 등이 포함된 초국가적 조직범죄[1679] 등이 대표적인 것으로 다양한 분야에 있어서 억제조약들이 계속 증가하고 있는 추세이다.

제2절 억제조약 체계

조약범죄에 대한 대응은 억제조약을 매개로 각 국가의 국내 사법체계에 의존하는 형태를 취한다. 대상 범죄가 초국경적 효과를 가짐으로 인하여 어느 한 국가의 국내적 차원에서만 다루어지기 어려운 까닭에 범죄의 예방과 대응을 위한 각국 정부와 법집행기관 사이의 협력 강화가 도모되고 있다. 체약당사국은 억제조약에 따라 대상 범죄를 처벌할 의무를 부담하며 이러한 의무를 이행하여 조약이 규제하는 대상 범죄를 국내법에 도입하고 이를 기소하여 처벌한다.

억제조약은 대상 범죄의 객관적 요소와 주관적 요소를 정의하여 국내 입법의 지침을 제공하며 국가 간 협력이 가능하도록 하는 플랫폼으로서의 기능을 수행한다. 대부분의 억제조약들은 대상이 되는 조약범죄와 관련하여 체약당사국으로 하여금 대상 범죄에 대한 영토재판권을 국내법에 규정하도록 명시하고 있다. 그러나 이러한 범죄들은 일반적으로 국경을 초월하는 특성을 가지고 있어 체약당사국의 영토재판권만으로는 그 대응이 충분하지 못한 것이 사실이다. 따라서 억제조약에서는 일반적으로 보편적 재판권 등 개별 국가의 일반적 재판권을 확장하는 내용을 규정하고 있다.[1680]

의 외곽에 위치하고 있다. 조약법이 이들을 직접 범죄로 규정하는 것이 아니라는 점에서 이들을 조약범죄라고 부르는 것이 다소 부적절한 측면이 존재하는 것이 사실이다. Ambos, Kai, 전게서 II, p. 223.

1672) Ambos, Kai, 전게서 II, p. 223.

1673) UN Convention against Illicit Trafficking in Narcotic Drugs and Psychotropic Substances 1988.

1674) UN Law of the Sea Convention 1982.

1675) 1926 Slavery Convention; the UN Supplementary Convention on the Abolition of Slavery, the Slave Trade and Institutions and Practices Similar to Slavery 1956; the UN Convention on the Law of the Sea 1982, Art. 99.

1676) International Convention on the Suppression and Punishment of the Crime of Apartheid 1973.

1677) International Convention for the Protection of All Persons from Enforced Disappearance 2006.

1678) UN Convention against Corruption 2003.

1679) UN Convention against Transnational Organized Crime 2000; Protocol to Prevent, Suppress and Punish Trafficking in Persons, Especially Women and Children, supplementing that Convention; Protocol against the Smuggling of Migrants by Land, Air and Sea, supplementing that Convention; Protocol against the Illicit Manufacturing of and Trafficking in Firearms, their Parts and Components and Ammunition, supplementing that Convention.

1680) 자국 내에 있는 범죄자를 기소하지 않을 경우 다른 국가에 범죄자를 인도하는 것을 내용으로 하는 범죄인인도 또는 기소의무(aut dedere aut judicare)는 조약범죄의 대응에 있어서 특히 중요한 역할을 담당한다. 자국

이와 같은 억제조약 체계에 대하여는 통일적 강제체계로서의 정합성이 부족하며 범죄에 대한 억제 효과가 불완전하다는 비판이 있다.

억제조약 체계에 대한 비판은 우선 억제조약을 매개로 이루어지는 국내법 체계와의 관계 속에서 존재한다. 조약범죄는 억제조약을 매개로 국내법에 자리 잡게 되지만 각 국가들이 서로 상이한 형사법 체계를 가지고 있어 조약범죄가 모든 체약당사국에서 동일한 형태로 국내법에 이전되는 것이 사실상 불가능하다는 것이다.[1681] 또한 대상 범죄의 국내 입법 과정에서도 범죄의 주관적 요소와 객관적 요소가 상세히 규정되지 않는 경우가 적지 않아 규범적 불확실성이 존재한다는 점도 비판의 대상이 되고 있다.

나아가 억제조약 체계에는 감독적 요소가 결여되어 있어 강제 여부 자체가 조약범죄를 도입하는 체약당사국들의 의사에 의존한다는 비판, 국내법 체계에 의존함으로써 발생하는 재판권의 불소급성, 조약범죄를 처벌하려는 체약당사국의 의사가 강할 경우 발생하는 인권침해와 절차적 보장의 미비점 등도 함께 지적되고 있다.[1682] 특히 억제조약 체계 전체 구조에 대한 비판으로는 조약범죄를 규율하는 초국경형사법은 느리고 유연성이 없을 뿐만 아니라 일정한 영역을 한정하여 범죄화의 대상을 확장시키려는 서방국가들의 이해만을 반영하는 사례가 흔히 발생한다는 것이다.[1683]

이와 같이 조약범죄를 다루는 억제조약 체계에는 적지 않은 문제점과 불명확성이 존재하는 것이 사실이다. 그러나 이러한 억제조약의 존재는 국제사회의 다수 국가들이 특정한 범죄적 행위에 대하여 상호협력하려는 의지를 표명한 것일 뿐만 아니라 일정한 범죄가 갖는 특별한 중요성에 대한 규범적 승인이다. 따라서 이러한 조약의 대상이 되는 범죄들은 새로운 핵심범죄로 발전할 수 있을 뿐 아니라 이러한 억제조약이 실질적 규범력을 발휘하는 사례도 적지 않은 것으로 보인다.

2012년 국제사법재판소는 세네갈 법원이 벨기에에서 진행되던 Hissène Habré에 대한 범죄인인도를 거부하자 세네갈이 고문방지협약을 통하여 부담하고 있는 국제적 의무를 위반하고 있으며 범죄인인도를 하지 않을 경우라면 지체없이 Hissène Habré의 사건을 형사기소를 위하여 권한 당국에 인계하여야 한다'고 판시하였다.[1684] 이러한 판결은 이후 세네갈 특별재판소(Extraordinary

---

영토 내에 범죄자가 존재할 경우 체약당사국은 대상 범죄를 기소할 재판권을 가지고 있는 국가에 이들을 인도하거나 혹은 자국과의 재판권 관련성 요건이 존재하는가 여부에 관계없이 자국 영토 내에 있는 범죄자를 기소하여야 할 의무를 부담한다. 이와 같이 확장된 재판권이 개별 조약에 규정된 경우 체약당사국들은 다른 체약당사국이 이러한 확장된 재판권을 주장하는 것에 대하여 자국 주권을 침해하는 것이라는 주장을 할 수 없다. Ambos, Kai, 전게서 II, pp. 224, 225.

1681) Ambos, Kai, 전게서 II, p. 226.

1682) Cryer, Robert; Friman, Håkan; Robinson, Darryl; Wilmshurst, Elizabeth, 전게서, p. 331.

1683) Ambos, Kai, 전게서 II, p. 226.

1684) ICJ, judgment of 20 July 2012 (Questions Relating to the Obligation to Prosecute or Extradite, Belgium v

African Chambers)의 설립과 활발한 활동으로 이어져 주요 범죄자들이 처벌되는 성과를 이루게 되었다.

또한 각 국가들의 상이한 국내 형사법 체계에 따른 불명확성은 조약범죄에 국한된 문제는 아닐 것이다. 그리고 국내법 체계의 불완전성을 지적하는 비판 역시 국제형사재판소가 보충성 원칙을 채택하여 원칙적으로 국내법 체계에 의한 간접강제 체계를 중요시한다는 점에서 억제조약 체계에 대하여만 특별히 주장될 수 있는 심각한 비판이라고 보기는 어렵다.

이처럼 조약범죄를 규율하는 억제조약 체계는 국제적 관심사가 되는 범죄 영역에 있어 중요한 역할을 담당하고 있으며 특히 다음에서 보는 바와 같이 일정한 범죄가 진정한 국제범죄로 발전할 수 있는 토대를 제공하고 있다.

제 3 절 국제범죄로의 발전 가능성

집단살해방지조약, 헤이그법과 제네바법 등의 사례에서 보듯이 현재 존재하는 국제범죄도 최초에는 다자조약이나 지역조약을 규범적 기반으로 출발하여 시간이 지남에 따라 현재와 같은 핵심적 국제범죄로 진화하여 왔다. 지금도 고문과 테러는 전제되는 배경적 요소 등이 충족될 경우 전쟁범죄나 인도에 반한 죄에 해당할 수 있으며 기타 조약범죄들도 국제관습법의 발전에 따라 진정한 국제범죄로 탈바꿈할 수 있다.[1685]

로마규정 제정 과정에서도 마약과 테러 등을 로마규정에 포함시키는 문제가 논의되었으며 실제 이러한 범죄들은 국제법위원회의 1991년 초안과 1994년 초안에 국제형사재판소의 재판권 대상으로 포함되어 있었다.[1686] 그러나 1996년 초안에서는 이들 범죄들이 재판소의 규율대상에서 제외되었으며 종국적으로 조약범죄에 대한 명확한 개념 논란, 심각성에 대한 서로 다른 평가, 비체약당사국에 대한 취급 문제 등 다양한 이유로 로마규정에 포함되지 않게 되었다.[1687] 캄팔라 재검토회의에서도 일부 국가들이 이들 범죄를 로마규정에 포함시키자고 제안하였으나 로마규정 제정 과정과 유사한 상황이 전개되어 새로운 로마규정에도 포함되지 않게 되었다.[1688]

향후 일부 중요한 조약범죄가 국가관행 등에 의하여 뒷받침되는 등 국제관습법의 인정 요건을 충족시키고[1689] 로마규정 회원국들도 이들 범죄가 국제사회의 직접 관여에 충분한 중요성과

Senegal), in ICJ Reports 2012, 422.

1685) Ambos, Kai, 전게서 II, p. 226.
1686) 1991년 초안 제24조, 제25조, 1994년 초안 제20조 (e).
1687) Cryer, Robert; Friman, Håkan; Robinson, Darryl; Wilmshurst, Elizabeth, 전게서, p. 330.; Ambos, Kai, 전게서 II, p. 225.
1688) Report of the Bureau on the Review Conference, ICC-ASP/ 8/ 43, paras. 15-22(2016. 12. 10. 접근 https://asp.icc-cpi.int/iccdocs/asp_docs/ASP8/ICC-ASP-8-43-ENG.pdf).
1689) 국제사법재판소 법령 제38조 제1항 (b) 참조.

영향을 가진 것으로 합의하는 등 국제범죄로 진화하기 위한 요건이 갖추어진다면 새로운 범죄가 국제형사재판소의 재판권에 포함될 수 있을 것이다.[1690]

1690) Cryer, Robert; Friman, Håkan; Robinson, Darryl; Wilmshurst, Elizabeth, 전게서, p. 330; 이와 달리 대상 범죄의 개념 정의가 어렵다는 점과 국제형사재판소의 업무량 등을 고려할 때 가까운 장래에 국제형사재판소의 재판권 대상으로 포함될 것으로 보이지는 않는다는 전망은 Ambos, Kai, 전게서 II, p. 225.

제 1 절 의 의

고문금지 규범은 인권법과 국제인도법의 중요한 일부를 형성하고 있다.[1691] 고문 범죄자들은 '인류의 공통된 적'으로 받아들여져 왔으며 국제법은 명백하고 절대적으로 고문을 금지하고 있다. 고문의 금지는 전쟁, 국내 정치의 불안정 등 어떠한 비상상황에서도 예외나 정당화가 허용되지 않는 절대적인 것이다.[1692]

고문범죄 자체에 국제적 요소가 필수적으로 존재하는 것은 아니나 고문은 국제공동체의 기본적 가치를 침해하는 행위이다. 따라서 이에 대한 국제적 대응으로 고문 및 그 밖의 잔혹한, 비인도적인 또는 굴욕적인 대우나 처벌의 방지에 관한 협약(Convention against Torture and Other Cruel, Inhuman or Degrading Treatment or Punishment)이 체결되어 150개국에 의하여 유보 없이 비준되었다. 이처럼 고문금지 규범은 보편적 승인을 받고 있는 강행규범(ius cogens)으로서의 지위를 인정받고 있다.[1693]

고문이 일정한 요건을 충족하여 전쟁범죄나 인도에 반한 죄에 해당하는 경우에는 국제법정에서도 처벌될 수 있으나 현재 일반적인 고문 그 자체만으로는 국제범죄에 해당하지 않는다. 다만 억제조약을 매개로 국내 법원에서 처벌될 수 있을 뿐이다.[1694]

1691) 세계 인권 선언(Universal Declaration of Human Rights) 제5조, 시민적 및 정치적 권리에 관한 국제규약 (International Covenant on Civil and Political Rights) 제7조, 제네바협정 공통 제3조, 부속의정서 I 제75조 제2항 (a)(ii) 등.

1692) 1984년 유엔고문방지협약 제2조 제2항 등 참조; Cryer, Robert; Friman, Håkan; Robinson, Darryl; Wilmshurst, Elizabeth, 전게서, p. 346.

1693) Ambos, Kai, 전게서 II, pp. 88, 242; 국가 공무원의 고문행위는 행위자의 처벌 이외에 국가에 대한 국제법적 책임도 가져오게 된다. Furundžija, ICTY (TC), judgment of 10 December 1998, para. 153 et seq.

1694) Cryer, Robert; Friman, Håkan; Robinson, Darryl; Wilmshurst, Elizabeth, 전게서, p. 346.

제 2 절   보호 이익

고문은 인간의 존엄성에 대한 근원적 공격행위로서 고문의 금지는 인간의 존엄성을 보호하려는 것이다. 이러한 보호는 신체적 완전성이나 자유의지에 대한 일반적 공격 범주를 초월하는 인간의 존엄성이라는 가치에 대한 것이라는 점에서 다른 일반 범죄와는 구분되는 특수성을 갖는다. 고문의 절대적 금지는 인격체를 비인간화하고 특정한 목적을 달성하기 위하여 인간을 단순한 객체로 전락시키는 것을 방지한다.[1695)

고문의 절대적 금지와 고문 금지의 강행법규성에도 불구하고 정치적 고려나 정책적인 측면에서 보다 유연한 접근을 취하려는 시도들도 반복되어 왔다. 무고한 사람들의 생명을 구하기 위하여 고문이 행하여지는 경우(ticking bomb scenarios)와 특히 전 세계적으로 잔인하고 광범위하게 자행된 테러에 대한 대응 조치와 관련하여 이러한 움직임이 발견된다. 그러나 이러한 일부 움직임에도 불구하고 고문 금지의 절대성은 여전히 승인되고 있는 상황이다.[1696)

제 3 절   객관적 요건

고문방지협약 제1조 제1항은 고문범죄의 객관적 요소로 정신적 또는 육체적으로 심각한 고통이나 괴로움을 주는 행위일 것과 이러한 행위가 공무원이나 공무원의 권한을 가지고 행동하는 사람에 의하여 이루어지거나 이들의 교사나 동의 또는 묵인 하에 이루어질 것을 요건으로 규정하고 있다. 또한 이러한 고통이나 괴로움이 합법적 제재로부터 초래된 것은 고문행위의 범주에서 제외된다.

1. 고문행위

고문에 해당할 수 있는 행위와 관련하여 고문방지협약 제16조나 유럽인권협약 제3조 등 일부 국제협약에서는 '고문'과 '잔인하고 비인도적이거나 굴욕적인 처우나 처벌'을 구분하고 있으나 이에 대한 명확한 구분기준은 제시되고 있지 않다.[1697) 유엔 총회의 고문방지 관련 선언에서는

1695) Ambos, Kai, 전게서 II, p. 244.
1696) 고문이 예외적 상황에서 허용될 수 있을 것이라는 주장[Alan M. Dershowitz, "Why Terrorism Works: Understanding the Threat, Responding to the Challenge" (New Haven, CT, 2002)]과 이에 대한 반박은 Paola Gaeta, "May Necessity Be Available as a Defence against Torture in the Interrogation of Suspected Terrorists?" (2004) 2 Journal of International Criminal Justice. p. 785 et seq; 선의로(bona fide) 행위한 국가공무원들의 형사 책임이 매우 엄격히 정의된 상황 하에서 면제될 수 있다는 것에 대한 소개는 Ambos, Kai, 전게서 II, p. 244.
1697) 세계인권선언 제5조, 시민적 및 정치적 권리에 관한 국제규약 (International Covenant on Civil and Political Rights) 제7조 'No one shall be subjected to torture or to cruel, inhuman or degrading treatment or

고문을 잔인하고 비인간적인 행위유형 중 더욱 심각하고 의도적인 것으로 표현하고 있으며[1698] 고문방지협약 위원회는 비인도적 행위는 고문의 경우처럼 심각한 괴로움이나 고통을 가하는 것일 필요가 없으며 특별한 목적이 필요한 것도 아니라는 의견을 표명하였다.[1699] 결국 이에 대한 구체적 판단은 인권에 대한 유엔협약이나 유럽인권협약 등의 내용과 협약과 관련된 관행, 전쟁범죄나 인도에 반한 죄에 대한 국제재판소의 판례법 등을 참고하여 내려질 수 있을 것이다.

고문행위의 다양성에 비추어 고문에 해당하는 행위에 대한 구체적인 목록을 만드는 것은 어려울 것이다. 그러나 다음의 사례들에서 고문으로 인정될 수 있는 행위들의 대체적인 경향을 추론할 수 있다. 1970년대에 영국보안부대(British security forces)는 심문기술로 '벽 보고 세우기, 두건 씌우기, 소음에의 노출, 수면과 음식과 물의 박탈' 등의 수법을 사용하였다. 1978년 유럽인권법원은 이러한 행위들은 고문이 아닌 비인도적 처우(inhumane treatment)에 해당하는 것이라고 결정한 바 있으나[1700] 이후 이러한 행위가 고문에 해당될 수 있음을 암시하는 판결도 나타난다.[1701] 일정한 유형의 행위는 가해지는 고통 그 자체가 고문에 해당하며 그러한 행위로 인한 고통의 수준이 입증될 필요가 없는 경우도 있다. 임시재판소는 고통이나 괴로움에 대한 절대적 기준이 존재하는 것은 아니라고 보면서 성폭력은 정신적인 것이든 육체적인 것이든 필수적으로 심각한 고통이나 괴로움을 유발하며[1702] 강간 역시 고문의 범주에 속할 수 있는 심각한 괴로움을 가하는 행위로 판단하고 있다.[1703] 독방 감금 역시 금지되는 고문의 목적을 달성하기 위한 것이고 피해자에게 심각한 고통이나 괴로움을 야기하였다면 고문에 해당할 수 있다.[1704] 이른바 물고문(waterboarding)도 고문에 해당하는 것으로 광범위하게 인정되고 있다.[1705]

---

punishment'; 고문방지협약 제16조 '---other acts of cruel, inhuman or degrading treatment or punishment which do not amount to torture as defined in article 1.'; Ambos, Kai, 전게서 II, p. 242.

1698) 유엔총회결의 Res. 3452 (XXX) annex 제1조 제2항.

1699) UN Doc CAT/C/GC/2(24 January 2008), para. 10 'In comparison to torture, ill-treatment may differ in the severity of pain and suffering and does not require proof of impermissible purposes' 고문방지협약 위원회는 고문방지협약 제17조에 따라 설립된 것으로 10명의 구성원들이 4년마다 선거로 선출된다.; 유럽인권법원(European Court of Human Rights)은 고문과 비인도적 처우를 구분하는 몇 가지 기준을 제시하고 있다. ECHR, judgment of 28 July 1999, case no. 25803/94 (Selmouni v France), para. 98, ECHR, judgment of 22 July 2008, case no. 39857/03 (Kemal Kahraman v Turkey), para. 34 등; 고문의 개념을 가해지는 고통의 정도에 따라 판단하지 않고 고문행위자의 주관적 측면에서 판단하여야 한다는 견해나 아메리카 대륙 고문협약에서 고문을 보다 넓은 개념으로 이해하여 대상 행위가 피해자의 인격을 말살하거나 육체적·정신적 능력을 감소시키려 하는 것이라면 특별한 목적이나 가해지는 고통이나 괴로움의 수준에 관계없이 고문에 해당한다고 규정한 것에 대한 소개는 Cryer, Robert; Friman, Håkan; Robinson, Darryl; Wilmshurst, Elizabeth, 전게서, p. 348.

1700) ECHR, judgment of 18 January 1978, case no. 5310/71 (Ireland v. United Kingdom).

1701) ECHR, judgment of 28 July 1999, case no. 25803/94 (Selmouni v France).

1702) Kunarac et al., ICTY (AC), judgment of 12 June 2002, paras. 149, 150.

1703) Mucić et al. (Čelebići), ICTY (TC), judgment of 16 November 1998, para. 489.

1704) Krnojelac, ICTY (TC), judgment of 15 March 2002, para. 183.

1705) Cryer, Robert; Friman, Håkan; Robinson, Darryl; Wilmshurst, Elizabeth, 전게서, p. 348.

어떠한 행위가 고문에 해당되는가 여부를 육안으로 식별 가능한 고문의 신체적 흔적 여부에 의존할 수는 없다. 왜냐하면 심리적 괴로움을 가하는 심각한 유형의 행위들이 배제될 수 있기 때문이다. 고문이 아직 실행되지는 않았으나 고문을 가하겠다는 위협 역시 고문을 실제로 실행하는 경우만큼이나 피해자의 자유의지에 영향을 끼치는 것일 수 있다. 따라서 이러한 위협이 '충분히 실질적이고 즉각적(sufficiently real and immediate)'인 것으로 볼 수 있다면 구체적 사안에 따라 고문에 해당할 수 있을 것이다.[1706]

고문방지협약은 국제법에 현존하는 고문 금지를 보다 효과적으로 기능하도록 하기 위한 목적을 가진 것으로[1707] 일반적인 억제조약의 경우와 같이 체약당사국에 대하여 고문범죄를 국내법상의 범죄로 규정할 의무를 부과하고 있다. 고문방지협약은 부작위에 대하여 명시적으로 규정하고 있지 않으나 고문범죄는 부작위에 의해서도 가능한 것으로 인정되고 있다.[1708] 고문방지협약 제4조는 고문행위의 미수나 공모도 처벌대상에 포함시키고 있다.[1709]

각국은 고문의 개념과 관련하여 자국 내에서 법령을 제정할 수 있으나 지나치게 좁게 설정된 고문 개념은 ICTY에 의하여 거부되고 있다. 고문방지협약의 이행을 위하여 제정된 미국법의 해석과 관련하여 2002년 8월 미국 법무부가 발간한 문서에서는 '장기손상, 신체기능 장애, 사망 등에 필적하는 심각한 신체적 상해를 수반하는 정도에 필적하는 것이어야 한다'며 매우 제한적인 입장을 취함으로써 극단적인 행위만이 고문에 해당하는 것으로 기술하고 있다.[1710] 고문의 개념과 관련된 이와 같은 미국 법무부의 해석은 미국이 부담하고 있는 협약상의 의무를 지나치게 제한적으로 해석한 것이라는 비판과 함께 이른바 테러와의 전쟁 동안 구금된 자에 대한 처우와 관련하여 어떠한 행위가 고문에 해당할 수 있는가에 대한 수많은 논의를 촉발시켰다. 이후 ICTY의 Brđanin 사건에서 피고인은 위와 같은 미국 법무부의 고문행위에 대한 해석을 인용하여 고문범죄의 국제적 개념 역시 제한적으로 해석되어야 한다고 주장하였으나 ICTY는 '아무리 강대하고 영향력 있는 국가의 관행이라 하더라도 그것이 즉각적으로 국제관습법이 되는 것은 아니'라고 설시하면서 이러한 주장을 배척하였다.[1711]

1706) Ambos, Kai, 전게서 II, p. 243; ECHR, judgment of 25 February 1982, case no. 7511/76, 7743/76 (Campbell and Cosans v UK, para. 26), para. 26.

1707) 고문방지협약 서문 참조.

1708) Mucić et al. (Čelebići), ICTY (TC), judgment of 16 November 1998, para. 468; Cryer, Robert; Friman, Håkan; Robinson, Darryl; Wilmshurst, Elizabeth, 전게서, p. 348.

1709) 고문방지협약 제4조 제1항 당사국은 모든 고문행위가 자기 나라의 형법에 따라 범죄가 되도록 보장하며 고문 미수, 고문 공모 또는 가담에 해당하는 행위도 마찬가지로 다룬다.

1710) Memorandum from the Office of the Legal Counsel, Department of Justice, to Alberto R. Gonzales, Re: Standards of Conduct for Interrogation under 18 USC 2340-2340A (1 August 2002).

1711) Brđanin, ICTY (AC), judgment of 3 April 2007, para. 247.

2. 공적 지위와의 관련성

고문방지협약은 공적 지위와의 관련성 요건을 규정하고 있다. 그러나 이러한 요건은 형사절차에 직접 적용되는 법적 개념으로서의 일반적 고문 개념을 규정한 것이 아니며 고문방지협약에 대한 이해와 도입을 위한 것으로 판단하는 입장이 유력하다.[1712] ICTY는 고문방지협약 제1조 제1항의 고문 개념이 국제관습법을 반영한 것이기는 하나 위 조항은 국가 행위를 규율하려는 측면에서 국가에 대한 의무 부과를 위해 공적 지위와의 관련성을 규정하고 있으나 이러한 개념이 반드시 고문범죄 일반에 대하여 적용되는 것이라고 보기는 어렵다고 판단하고 있다.[1713] 인도에 반한 죄와 전쟁범죄에서의 고문 개념에는 공적 지위와의 관련성 요건이 요구되지 않는다.

3. 합법적 제재의 예외

비록 고통이나 괴로움이 가하여졌다 하더라도 이러한 괴로움이나 고통이 합법적 제재에서 유래한 것이라면 고문의 개념에 포함되지 않는다. 고문방지협약 제1조 제1항은 고문의 개념과 관련하여 이러한 점을 명확히 규정하고 있다. 그러나 가해지는 제재는 인도적인 것이어야 하며 공정 취급의 원칙이라는 최소기준을 충족시키는 것이어야 한다. 따라서 이러한 형식을 빌어 실질적으로 고문을 행하는 것은 어떠한 경우에도 정당화될 수 없다.[1714]

제 4 절 주관적 요건

고문범죄가 성립하려면 범죄자에게 고문행위에 대한 고의가 존재하여야 한다. 범죄자는 고문행위와 관련하여 자신의 우월적 지위를 통하여 피해자를 통제할 수 있는 점을 인식하고 이를 의식적으로 사용하였어야 한다.[1715] 나아가 범죄자에게는 고문방지협약에서 규정된 특별한 목적이 있어야 한다. 고문방지협약 제1조 제1항에는 자백의 취득 등 고문의 목적으로 인정될 수 있는 것들이 열거되어 있으나 조약의 성안 과정이나 고문방지협약 자체에 '그와 같은(such as)'이라는 용어가 사용되고 있다는 점에서 이러한 목록은 예시적인 것으로 해석된다. 따라서 이러한 목

[1712] Cryer, Robert; Friman, Håkan; Robinson, Darryl; Wilmshurst, Elizabeth, 전게서, p. 347.

[1713] Kunarac et al., ICTY (AC), judgment of 12 June 2002, paras. 146, 147; Kvočka et al., ICTY (AC), judgment of 28 February 2005, para. 284.

[1714] Ambos, Kai, 전게서 II, p. 244; 이와 같이 고문의 개념이 제한되는 것에서 발생하는 공백을 회피하기 위하여 가능한 제한의 범위를 포로의 처우에 관한 유엔의 최소기준에 상응하는 수준으로 한정하려는 시도가 있었다. 그러나 위 기준은 법적 구속력이 없고 단지 포로에 대하여만 적용되는 것이라는 이유로 받아들여지지 않았다. Cryer, Robert; Friman, Håkan; Robinson, Darryl; Wilmshurst, Elizabeth, 전게서, p. 349.

[1715] dolus eventualis만으로는 충분하지 않다는 견해는 Ambos, Kai, 전게서 II, p. 244.

적들과 유사한 목적이 존재하면 족하다.[1716]

이처럼 목적 요건이 별도로 존재함에 비추어 순수 가학적인 목적은 이러한 목적의 범주에 포함될 수 없을 것으로 보이나 각국이 국내법에서 고문범죄를 입법함에 있어서는 이와 같은 목적요건을 도입할 필요가 없다. 실제 영국은 국내법에서 이러한 목적 요건을 두고 있지 않다.[1717]

제 5 절 고문범죄의 처벌

고문방지협약 제5조 제1항은 전통적 재판권으로서의 영토주의, 기국주의, 적극적 속인주의, 소극적 속인주의 등을 모두 규정하고 있으며 제5조 제2항은 범죄인이 자국 영토 내에 있을 경우 범죄자를 관할권 있는 국가에 인도하지 않을 경우에는 당해 범죄에 대한 기소의무를 부과하는 체제도 함께 도입하고 있다. 또한 고문방지협약 제6조와 제7조는 자국 영토 내에 있는 범죄자를 처벌하는 것에 대한 구체적 규정을 두고 있다.[1718]

고문방지협약 제15조는 고문으로 인한 증거를 법적 절차에서 사용하지 못하도록 규정하고 있으며 제14조는 고문 피해자에 대한 충분한 보상 등도 규정하고 있다.[1719]

고문범죄에 해당하는 행위가 배경적 요소 등 국제범죄의 요건을 충족시킬 경우에는 인도에 반한 죄와 전쟁범죄에 해당되어 국제범죄로 처벌될 수 있다. 또한 인간의 존엄성을 침해하는 고문행위의 금지는 절대적 강행규범으로 어떤 장소에서 발생한 고문범죄인가의 여부에 관계없이 전 세계적으로 기소되어야 하는 범죄로 인정되고 있다. 국가가 고문에 관여되어 있는 상황들이 실제로 존재하는 경우라면 로마규정 제7조 제2항의 정책 요소가 인정되어 다른 요건이 충족될 경우 인도에 반한 죄가 성립하는 경우도 있을 것이다.

그러나 고문범죄가 인간의 존엄성을 침해하는 범죄라는 사실만으로 진정한 국제범죄로 변모될 수 있는가에 대하여는 의문이 제기되고 있다. 현재 국제범죄에 포함되어 있는 고문범죄는 국제적 이해관계와의 관련성을 가져오는 광범위하고 체계적 공격 혹은 무력충돌의 존재라는 배경적 요소에 기반하고 있으나 개별적 고문범죄에는 이러한 요소가 결여되어 있다. 개별 고문범죄가 특별히 잔인할 경우 국제범죄와 유사하게 국제적 관심사의 대상이 될 수도 있으나 이러한 효과가 항상 수반되는 것은 아닌 까닭에 단일하거나 고립된 장소에서의 고문행위가 세계 평화와

1716) Cryer, Robert; Friman, Håkan; Robinson, Darryl; Wilmshurst, Elizabeth, 전게서, p. 349.; Ambos, Kai, 전게서 II, p. 244.

1717) Cryer, Robert; Friman, Håkan; Robinson, Darryl; Wilmshurst, Elizabeth, 전게서, p. 349; 목적 요건을 폐지한 것으로 영국의 Criminal Justice Act 1988 제134조 참조.

1718) 고문방지협약상의 이러한 의무와 관련한 국제사법재판소의 판결로는 Belgium v Senegal, ICJ, judgment of 20 July 2012 (Questions Relating to the Obligation to Prosecute or Extradite).

1719) 고문방지협약 제3조는 고문의 위험이 존재하는 것으로 믿을 만한 합리적 근거가 있는 경우에는 고문을 예방하려는 목적에서 대상자를 그러한 국가로 범죄인인도나 추방하는 행위도 금지하고 있다.

안전을 위협하는 것으로 보기는 어려울 것이다.[1720] 따라서 현재로서는 고립되어 발생하는 단일한 고문범죄까지 진정한 국제범죄에 해당하는 것으로 인정할 수는 없다.

1720) Ambos, Kai, 전게서 II, p. 245.

제 3 장   테러범죄

테러리즘은 법적 측면에서 수많은 어려운 문제들을 야기한다. '누군가에게는 테러리스트인 자가 다른 누군가에게는 자유의 투사이다(one man's terrorist is the other man's freedom fighter)'라는 표현은 테러리즘을 정의하는 어려움이 모든 사람들에게 공통된 것이며 법률가들에만 국한된 것은 아니라는 점을 나타내고 있다. 테러행위를 테러범죄로 취급하는 것과는 별개로 9 · 11 테러 이후 테러에 대한 군사적 대응의 허용성과 테러에 대한 대응과정에서 나타난 국제법 위반행위들이 논란이 되어 왔으며 테러에 대한 대응은 재정적 제재를 포함한 유엔 안전보장이사회의 결의 등 다차원적으로 진행되고 있다.[1721]

형사법의 영역에서도 테러범죄에 대한 대응은 중요한 쟁점이 되고 있으며 특히 누구를 테러범죄자로 볼 것인가 등의 매우 어려운 법적 문제가 제기되고 있다. 현재로서는 테러범죄는 그것이 전쟁범죄나 인도에 반한 죄에 해당하는 경우에만 국제적 차원에서 처벌되는 것으로 일반적으로 받아들여지고 있어[1722] 테러범죄는 국제범죄가 아닌 일반 조약범죄의 범주에서 고찰되어야 한다.

테러범죄는 조약범죄들 중에서도 특별히 중요한 위치를 차지하고 있다. 그러나 테러범죄는 하나의 단일한 초국경범죄 내지 조약범죄의 형태가 아닌 테러행위를 억제할 목적으로 성립된 다수 다자조약들의 집합체 속에 존재하고 있다. 이러한 조약들에는 공중납치, 포로행위, 외교관에 대한 공격, 폭파 등에 대한 조약이 포함되어 있다.[1723]

1721) Cryer, Robert; Friman, Håkan; Robinson, Darryl; Wilmshurst, Elizabeth, 전게서, p. 332.
1722) 특히 레바논 특별재판소 항소심에서 평화 시의 테러범죄를 국제범죄로 선언한 것과 관련하여 많은 논란이 존재하는 상황이다. STL (AC), Interlocutory Decision on the Applicable Law of 16 February 2011. 참조.
1723) Ambos, Kai, 전게서 II, p. 228.

제 1 절 국제적 협력체제의 발전

테러를 국제적으로 금지하려는 초기 단계의 시도는 1937년의 테러행위의 방지 및 처벌 협약으로 이는 1934년 알렉산더 1세에 대한 암살 후 국제연맹에서 논의되었던 것이다.[1724] 이후 유엔 총회는 1972년 테러에 대한 위원회를 창설하여 테러의 개념을 정의하고 이를 금지하기 위한 임무를 부여한 바 있다. 그러나 1979년까지 계속된 위원회에서는 제국주의 식민지배로부터의 독립 운동이 테러의 개념에서 제외되어야 하는가 등의 문제를 포함하여 테러의 개념에 대한 합의에 이르지 못하였다.[1725]

이처럼 테러의 개념을 정의하고 이에 해당하는 행위에 대하여 무조건적 비난을 가하는 것에 대한 국제적 합의가 불가능해짐에 따라 이른바 주제별 접근방식이 채택되어 특정한 유형의 구체적 테러행위를 방지하고 이러한 테러에 협조하는 행위를 규율하는 방식으로 국제적 대응방식이 전환되었다. 따라서 당시 만연하였던 특정한 유형의 테러행위에 선별적으로 대처하기 위하여 테러행위의 특정 유형에 대해 모두 11개의 협약이 체결되었다.[1726] 비록 이들 조약에 테러의 일반

[1724] 위 협약은 테러행위를 '특정한 사람들 혹은 일군의 집단 혹은 일반 대중의 마음에 공포(terror) 상태를 만들 것을 의도하거나 이를 계산하여 행하여지는 국가에 대한 범죄행위'로 정의하였으며 각 국가들이 범죄화하여야 할 대상 행위로 사망이나 심각한 상해의 결과를 발생시키는 것, 국가지도자와 공무원들의 자유 상실을 가져오는 것, 다른 나라의 공공 재산에 대한 피해, 공공 대중의 생명에 대한 위험을 발생시키는 행위 등을 포함시켰다. League of Nations Doc. C. 546(1). M. 383(1). 1937. V. Cryer, Robert; Friman, Håkan; Robinson, Darryl; Wilmshurst, Elizabeth, 전게서, p. 333; 위 협약은 체약당사국들의 충분한 비준이 이루어지지 못하여 효력을 발생하지 못하였다. Ambos, Kai, 전게서 II, p. 228.

[1725] 테러가 감행된 원인이 해소된 경우가 아니라면 이러한 행위에 대한 국제적 금지가 인정되어서는 안 된다는 주장도 제기되었다고 한다. Cryer, Robert; Friman, Håkan; Robinson, Darryl; Wilmshurst, Elizabeth, 전게서, p. 333.

[1726] 1970 Convention for the Suppression of Unlawful Seizure of Aircraft (the Hague Convention); 1971 Convention for the Suppression of Unlawful Acts against the Safety of Civil Aviation (the Montreal Convention)과 1988 Protocol for the Suppression of Unlawful Acts of Violence at Airports Serving International Civil Aviation; 1973 Convention on the Prevention and Punishment of Crimes against Internationally Protected Persons, including Diplomatic Agents; 1979 International Convention against the Taking of Hostages; 1980 Convention on the Physical Protection of Nuclear Material; the 1988 Convention on the Suppression of Unlawful Acts against the Safety of Maritime Navigation (SUA Convention)과 1988 Protocol for the Suppression of Unlawful Acts against the Safety of Fixed Platforms Located on the Continental Shelf; 1997 International Convention for the Suppression of Terrorist Bombings (Terrorist Bombing Convention); 1999 International Convention for the Suppression of the Financing of Terrorism (Terrorist Financing Convention); 2005 International Convention for the Suppression of Acts of Nuclear Terrorism (Nuclear Terrorism Convention). 이러한 테러협약의 범위에 종종 포함되어 논의되는 협약으로는 1963 Convention on Offences and Certain Other Acts Committed on Board Aircraft (Tokyo Convention)와 1991 Convention on the Marking of Plastic Explosives for the Purpose of Detection이 있다. UN Convention on the Safety of United Nations and Associated Personnel 1994 (annexed to GA Res. 49/ 59).

적 개념이 명시적으로 정의되어 있지는 않으나 이 조약들은 대상이 되는 테러행위의 피해자들이 무작위적이고 자의적인 공격의 대상이 되었다는 점을 공통적인 요소로 구비하고 있다. 피해자들은 특정 시간 특정 장소에 우연히 있었다는 사실 때문에 테러의 피해자가 된 것으로 피해자는 철저히 탈개인화되는 경향을 보이고 있다는 것이다.[1727] 또한 이들 협약에서는 특정한 행위를 범죄화하여 처벌할 의무와 함께 범죄인인도 혹은 기소의무(principle aut dedere aut judicare)도 함께 규정하고 있다.[1728]

이러한 협약들은 실제로 발생한 테러에 대응하여 만들어지는 경우가 많았다. 초기 협약인 헤이그협약과 몬트리올협약은 당시에 있었던 항공기 납치 등에 대응하여 해결되었으며 이탈리아 유람선에 대한 납치사건으로 유대계 장애인 미국시민이 사망한 사건에 대응하여 1988년 해상 항해의 안전에 반한 불법행위 억제 협약(Convention on the Suppression of Unlawful Acts against the Safety of Maritime Navigation)이 추진되었다.[1729] 1997년 폭탄테러의 억제를 위한 국제협약(International Convention for the Suppression of Terrorist Bombings)의 완성으로 테러리즘에 대한 종류별 협약 체계는 완성되었으나 모든 종류의 테러 유형을 포괄하는 포괄적 협정을 만들려는 움직임도 계속되었다. 특히 1994년의 유엔총회에서는 상당히 광범위한 형태로 국제 테러 배제를 위한 조치에 관한 선언(Declaration on Measures to Eliminate International Terrorism)[1730]과 1996년 이에 대한 보충선언[1731]이 이루어지게 된다. 그러나 그 이후에도 테러의 개념과 관련하여 일반적으로는 테러에 해당할 것으로 보이는 행위를 이러한 개념으로부터 배제시킬 수 있는 정당한 근거가 존재하는가의 문제와 국가의 테러행위를 인정할 것인가의 문제 등을 둘러싸고 합의의 어려움은 계속되고 있다.[1732] 유엔총회의 결의에 의하여 만들어진 유엔 임시위원회에서는 2000년부터 테러에 대한 포괄적인 개념을 만들기 위하여 테러범죄에 대한 초안을 성안하려는 노력을 진행하고 있으

1727) Ambos, Kai, 전게서 II, p. 229.

1728) 경우에 따라서는 범죄인인도와 형사사법 공조와 관련하여 이러한 범죄를 정치적 범죄로 보지 않는다는 조항 등도 포함되어 있다. Terrorist Bombing Convention 1997 제11조, Terrorist Financing Convention 1999 제14조, Nuclear Terrorism Convention 2005. 제15조 등.

1729) Cryer, Robert; Friman, Håkan; Robinson, Darryl; Wilmshurst, Elizabeth, 전게서, p. 334.

1730) Declaration on Measures to Eliminate International Terrorism (1994), annexed to GA Res. 49/ 60 of 9 December 1994. "정치적 목적에 따라 일반대중, 일단의 인원, 특정한 인물들에게 공포상태를 유발할 것을 의도하거나 이를 위하여 계산된 범죄적 행위는 어떠한 정치적, 철학적, 이데올로기적, 인종적, 종교적 혹은 정당화에 호소하는 다른 특성을 고려하더라도 어떤 경우에도 정당화될 수 없다." 위 선언은 앞선 경우와는 달리 국가독립운동에 따라 저질러진 행동에 대한 언급이 없으며 테러행위의 동기나 주체에 관계없이 테러리즘은 비난받아야 한다는 것을 매우 명백히 하고 있다. 그러나 위 결정에 나타난 거의 조건 없는 테러에 대한 개념은 실질적으로 쉽게 합의될 수 없는 것이었다. Cryer, Robert; Friman, Håkan; Robinson, Darryl; Wilmshurst, Elizabeth, 전게서, p. 335.

1731) Declaration to Supplement the 1994 Declaration on Measures to Eliminate International Terrorism, Annex to GA Resolution A/ Res/ 51/ 210.

1732) Cryer, Robert; Friman, Håkan; Robinson, Darryl; Wilmshurst, Elizabeth, 전게서, p. 335.

나 아직까지 완전한 동의를 이끌어 내지는 못하였으며 일차적으로 유엔 차원의 국제적 테러에 대한 포괄 협정 초안(Draft comprehensive convention against international terrorism)만이 도출된 싱태이다.[1733]

제 2 절   국제재판소의 판례

제네바협정 부속의정서 I 제51조 제2항 제2문과 제네바협정 부속의정서 II 제13조 제2항 제2문은 국제적 무력충돌과 비국제적 무력충돌에서 '민간인 주민 사이에 테러를 만연시킬 것을 주목적으로 하는 폭력행위 및 위협은 금지된다'고 규정하고 있다. 그러나 로마규정 제8조 제2항의 전쟁범죄 조항에는 이러한 국제인도법의 조항과 직접적으로 상응하는 내용이 규정되어 있지 않다.

1. ICTY

ICTY는 Galić 사건에서 민간인 주민에 대한 테러가 ICTY 법령 제3조에 규정된 전쟁범죄로서 ICTY의 재판권에 해당할 수 있는가 여부와 그 조건에 대하여 판단하였다. 위 사건의 1심 재판부는 단순한 폭력의 위협이 아니라 민간인 주민에 대한 폭력행위가 실제로 발생하여 민간인의 사망이나 신체에 대한 심각한 손상으로 이어졌다면 형사책임이 인정되는 것으로 판단하였다.[1734] 항소심에서도 이러한 테러범죄가 재판권의 대상이 된다는 1심 판결을 승인하였으며 나아가 민간인 주민에 대한 공격의 위협도 범죄에 해당하며 사망이나 신체에 대한 심각한 손상 등은 요건이 아닌 것으로 판단하였다.[1735] 이는 신체에 대한 심각한 침해에 완전히 심리적인 형태의 침해도 포함되는 것으로 판단한 것이다.[1736]

이와 같이 테러에서의 핵심요소인 민간인 주민에 대한 공포화는 최종적 목적을 향한 중간 목적에 해당하는 것으로[1737] 이러한 테러범죄는 민간인 사이에서 테러를 만연하게 할 목적을 가지고 범하여졌어야 한다.[1738] 이와 같은 특별한 주관적 목적 요건을 통하여 테러범죄는 민간인에 대한 다른 공격들과 구분될 수 있다.[1739] 그러나 이러한 테러행위로 인하여 민간인 주민들 사이

1733) 초안의 한계와 내용에 대하여는 Ben Saul, "Legislating from a Radical Hague: The United Nations Special Tribunal for Lebanon Invents an International Crime of Transnational Terrorism", LJIL(2011), p. 694.

1734) Galić, ICTY (TC), judgment of 5 December 2003, paras. 127 et seq.

1735) 특히 항소심은 테러가 민간인에 대한 직접적 공격뿐만 아니라 무차별적 공격이나 비례성을 상실한 공격에도 해당할 수 있음을 강조하였다. Galić, ICTY (AC), judgment of 30 November 2006, paras. 86 et seq, para. 102.

1736) Galić, ICTY (AC), judgment of 30 November 2006, paras. 100 et seq.

1737) Sesay et al., SCSL (AC), judgment of 26 October 2009, paras. 668, 893.

1738) 위 판결에서는 '테러(terror)'를 '극심한 공포(extreme fear)'로 정의하고 있다. Galić, ICTY (TC), judgment of 5 December 2003, paras. 133, 137.

1739) Galić, ICTY (TC), judgment of 5 December 2003, paras. 162, 769; Galić, ICTY (AC), judgment of 30 November 2006, para. 87.

에 실제로 공포화의 현상이 발생할 필요는 없다.[1740]

2. 시에라리온 특별재판소

시에라리온 특별재판소 법령 제3조 (d)는 테러범죄를 명시적으로 규정하고 있다. 시에라리온 특별재판소는 기본적으로는 테러범죄에 대한 ICTY 판례와 같이 폭력의 위협도 형사처벌의 대상이 되는 행위로 보았다. 그리고 가옥이나 생존수단에 대한 파괴나 공격 등 재산에 대한 공격이나 위협도 민간인에게 공포를 불어넣기에 충분한 것이므로 민간인 대중에 대한 공포를 확산시키려는 목적이 있었다면 테러범죄의 요건을 충족시키는 것으로 판단하고 있다.[1741]

3. 레바논 특별재판소

2011년 2월 레바논 특별재판소 항소심은 재판소가 적용하여야 할 법에 대하여 결정하면서 무력충돌의 시기가 아닌 평화의 시기에도 테러는 국제관습법에 따라 형사처벌의 대상이 되며 독립된 범죄로 승인될 수 있다는 부가의견을 표명하였다. 재판부는 테러의 처벌에 관한 확립된 관행이 존재하고 이러한 관행은 테러의 처벌에 관한 사회적 필요성에 대한 국가들의 믿음의 증거라고 주장하였다. 그리고 테러의 개념에 관하여 범죄적 행위의 실행 또는 그 위협, 대중들 사이에 공포를 확산시킬 목적 혹은 국가나 국제기구가 어떤 행위를 하거나 하지 못하도록 할 목적, 행위의 초국가적 요소 등 3가지를 열거하고 있다.[1742] 이러한 판결에 대하여는 많은 비판이 있었으나[1743] 이러한 판결의 당부와 무관하게 테러의 기본적 개념이 국제법에 등장하고 있다는 점은 부인하기 어렵다.[1744]

1740) Galić, ICTY (TC), judgment of 5 December 2003, para. 133; Galić, ICTY (AC), judgment of 30 November 2006, para. 104.

1741) Norman et al., SCSL (TC), decision of 21 October 2005, paras. 111 et seq; Brima et al., SCSL (TC), judgment of 20 June 2007, paras. 667 et seq, para. 670; Sesay et al., SCSL (TC), judgment of 2 March 2009, para. 114; Fofana and Kondewa, SCSL (AC), judgment of 28 May 2008, paras. 359 et seq.

1742) 이러한 결정을 뒷받침하기 위하여 재판부는 유엔총회 및 안전보장이사회의 결의와 국내법에서 테러가 광범위하게 범죄화되어 있다는 점을 들었다. STL (AC), Interlocutory Decision on the Applicable Law of 16 February 2011. paras. 85, 102, 104, 111.

1743) 이러한 결정은 명시적인 문언이 존재하지 않을 경우에도 레바논이 부담하고 있는 국제적 의무의 맥락에서 레바논 법을 해석하여 어떠한 내용의 법도 재판소에 의하여 적용가능하게 하는 방식의 해석을 바탕으로 한 것이었다. Cryer, Robert; Friman, Håkan; Robinson, Darryl; Wilmshurst, Elizabeth, 전게서, p. 189; 이에 대한 상세한 비판은 Ambos, Kai, "Judicial Creativity at the Special Tribunal for Lebanon: Is there a Crime of Terrorism under International Law?", 24 Leiden Journal of International Law (2011); Ben Saul, 전게논문 등.

1744) Ambos, Kai, 전게서 II, p. 232.

제 3 절 국제 테러에 대한 포괄 협정 초안

아직까지 구속력 있는 광범위한 조약 체계 속에서 테러의 개념이 합의된 바는 없다. 테러자금협약을 제외하면 11개의 협약 어느 것도 테러의 개념을 직접 규정하고 있지 않으며 테러자금협약에서의 개념 역시 2차적 목적을 위한 암묵적인 것일 뿐이다.[1745] 테러와 관련된 많은 협약에서 테러라는 용어 자체를 언급하고 있지 않다는 점은 테러범죄의 내용을 특정한 형태로 규정함이 없이도 테러리즘을 다룰 수 있다는 사실을 보여 준다. 일부 지역협정에서 테러의 개념이 규정되기도 하였으나 심각성의 정도와 무관하게 범죄의 종류만을 나열하는 것이거나[1746] 그 자체에서 스스로 적용할 수 있는 개념을 만들어 낸 것이었다.[1747]

일반적으로 테러범죄의 개념과 관련하여서는 어떤 범죄행위를 대상으로 할 것인가와 테러목적이 어떻게 취급되어야 하는가의 두 개의 문제가 논란이 되고 있으나 이에 대한 국가의 관행은 일관되어 있지 않다.[1748]

2000년부터 유엔 임시위원회에서는 테러범죄의 개념에 대한 초안을 만들기 위한 노력을 진행하여 국제 테러에 대한 포괄 협정 초안(Draft comprehensive convention against international terrorism)이 유엔 차원에서 합의되기에 이르렀다. 이러한 초안은 테러범죄에 대한 포괄적 개념을 규정하여 기존의 억제조약들을 보충하기 위한 것으로 비록 국제사회에서 완전히 합의된 내용이라고 보기는 어려우나 이를 통하여 현재 단계에서 테러범죄의 개념과 관련하여 논의되고 있는 잠정적 견해를 추론해 볼 수 있을 것이다.[1749]

1. 보호 이익

다수의 억제조약 서문과 안전보장이사회 결의에서 나타나듯이 테러리즘은 평화와 안전에 대한 위협으로 인류의 보편적 가치에 대한 중대한 위협이다. 유엔의 국제 테러에 대한 포괄 협정 초안의 서문에는 테러리즘을 '국제적 평화와 안전에 대한 위협으로 국가들 사이의 우호적 관계를 위험에 빠뜨리고 국제적 협력을 방해하며 기본적 인권과 자유, 사회의 민주적 기반을 훼손할 것

1745) Cryer, Robert; Friman, Håkan; Robinson, Darryl; Wilmshurst, Elizabeth, 전게서, p. 337.

1746) European Convention on the Suppression of Terrorism 1977 and the European Convention on the Prevention of Terrorism 2005.

1747) Arab Convention on the Suppression of Terrorism 1998.

1748) 테러의 요건으로 초국가적 요소를 부가하여 한 국가 내로 효과가 제한되어서는 안 된다는 점을 규정하는 경우가 있으며 특히 자유를 위한 투쟁이나 국가 테러 등에 대하여는 많은 논란이 존재한다. Cryer, Robert; Friman, Håkan; Robinson, Darryl; Wilmshurst, Elizabeth, 전게서, p. 338; Antonio Cassese, "The Multifaceted Criminal Notion of Terrorism in International Law", 4 Journal of International Criminal Justice (2006).

1749) Ambos, Kai, 전게서 II, p. 229.

을 의도하는 것'으로 규정하고 있다. 이처럼 테러범죄의 처벌 규범은 세계의 평화와 안전, 생명, 신체의 완전성, 자유 등 집단적 이익과 개인적 이익을 함께 보호하는 것이다.[1750]

2. 객관적 요건

테러범죄가 성립하기 위해서는 일정한 범죄행위의 실행이 요구된다. 이러한 행위는 사람의 사망이나 상해 혹은 공공재산 또는 개인재산에 대한 심각한 피해를 유발하는 것으로 현재의 테러 관련 억제조약들은 모두 이와 같은 범죄행위를 대상으로 하고 있다.[1751]

유엔의 국제테러에 대한 포괄협정 초안에 나타난 테러범죄의 객관적 요건은 사람의 사망이나 심각한 신체적 상해, 공공재산이나 사유재산에 대한 심각한 피해 또는 중대한 경제적 손실을 야기하였거나 야기할 수 있는 불법적 행위를 대상으로 규정하고 있다.[1752] 나아가 위 초안은 테러의 위협[1753], 미수[1754] 등도 처벌 대상에 포함시키고 있으며 테러범죄의 직접 실행과 공범 조항도 두고 있다.

테러범죄의 경우 초국경적 요소로 인하여 영토와 범죄자 혹은 피해자와 관련하여 적어도 두 개 이상의 국가의 관여가 요구되는 경우가 있다. 초안 역시 초국가적 범죄만을 대상으로 규정하여 모든 범죄적 요소가 한 국가에 국한된 범죄는 제외하고 있다.[1755]

3. 주관적 요건

테러범죄는 특별한 목적을 요구한다는 점에서 다른 일반 범죄와 구분된다. 그러나 테러범죄와 관련된 협약들은 테러의 개념 규정을 회피하고 있을 뿐만 아니라 범죄를 범하게 되는 목적 역시 특정하지 않고 있다.[1756] 이처럼 특별한 목적 요건을 규정하지 않는 접근방식은 이러한 협약들이 보다 쉽게 체결될 수 있도록 하는 측면이 있는 반면 목적 요소의 결여로 인하여 단순히 개인적인 이유나 상업적 이유로 행한 범죄도 포함되어 테러범죄의 고유한 특성을 포섭하지 못한다는 비판이 가능하다.[1757]

1750) Ambos, Kai, 전게서 II, p. 232.

1751) 다만 여기에 대한 예외로는 테러행위에 사용되는 자금의 공급이나 모집에 관한 Terrorist Financing Convention 1999.

1752) 국제적 테러에 대한 포괄 협정(초안) 제2조 제1항.

1753) 위 협정(초안) 제2조 제2항 'Any person also commits an offence if that person makes a credible and serious threat to commit an offence as set forth in paragraph 1 of the present article.'

1754) 위 협정(초안) 제2조 제3항 'Any person also commits an offence if that person attempts to commit an offence as set forth in paragraph 1 of the present article.'

1755) 위 협정(초안) 제4조 'The present convention shall not apply where the offence is committed within a single State, the alleged offender and the victims are nationals of that state, the alleged offender is found in the territory of that State and no other State has a basis [...] to exercise jurisdiction [...]'

1756) 이에 대한 예외는 Terrorist Financing Convention 제2조, Hostages Convention 제1조.

1757) Cryer, Robert; Friman, Håkan; Robinson, Darryl; Wilmshurst, Elizabeth, 전게서, p. 340.

테러범죄의 특수성을 나타내는 목적으로는 공포의 확산(spreading terror)이 가장 뚜렷하게 나타난다. 그러나 이러한 목적은 매우 광범위하면서도 한편으로는 입증하기 어려운 것이기도 하다.[1758] 유엔의 국제테러에 대한 포괄협정 초안은 대중을 공포에 빠뜨리거나 정부에 대하여 어떤 행위를 하도록 할 목적을 범죄성립요건으로 규정하고 있다.[1759]

기본적으로는 이러한 초안의 입장을 지지하면서도 공포의 확산과 같은 모호한 용어가 사용된다는 점에서 죄형법정주의에서 요구되는 명확성의 원칙 측면에서 우려를 제기하는 입장도 있다.[1760]

제 4 절 평가와 과제

1. 국제적 기소 가능성

테러범죄는 로마규정에 규정되어 있지 않으므로 국제형사재판소의 재판권 대상에 포함되지 않는다. 따라서 현재로서는 관련 조약 혹은 국제관습법에서 인정될 경우 국내적으로 기소될 수 있을 뿐이다.

테러 관련 조약에 규정된 범죄인인도 또는 기소 원칙에 따라 테러행위를 기소할 국가의 권한을 확장시켜 나가는 경향이 있으며[1761] 테러에 대항하는 효율적인 초국가형사법에 대한 관심이 증대되고 있는 것은 사실이나 아직까지 전통적 재판권 요건에 변화가 있는 것은 아니다.[1762]

유엔의 국제테러에 대한 포괄협정 초안은 개인의 형사책임에 대하여 규정하면서도 보편적 관할권을 예정하고 있지 않으며 오히려 역외재판권(extraterritorial jurisdiction)을 배제하는 명시적 규정을 두고 있다.[1763] 이처럼 현재의 협약 초안은 영토주권과 비간섭 원칙을 강조하고 있다.[1764]

1758) Cryer, Robert; Friman, Håkan; Robinson, Darryl; Wilmshurst, Elizabeth, 전게서, p. 340.
1759) 국제적 테러에 대한 포괄 협정(초안) 제2조 참조.
1760) Ambos, Kai, 전게서 II, p. 232.
1761) 관련된 억제조약은 이미 본 바와 같이 전통적 재판권 원칙과 범죄인인도 혹은 기소 원칙(aut dedere aut iudicare)에 따른다. 국제연합 총회의 1994년 선언은 주로 테러행위 정보의 국가 간 교환과 관련된 국제법을 국내법으로 도입하는 문제에 집중한 것이었으나(GA Resolution A/ RES/ 49/ 60, paras. 6-8) 1996년의 선언에서는 범죄인인도 혹은 기소 원칙을 권유하고 있다.(UN GA Declaration to Supplement the 1994 Declaration on Measures to Eliminate International Terrorism, Annex to GA Resolution A/ Res/ 51/ 210, para. 5)
1762) 실제로 유엔의 1996년 선언은 영토주권의 원칙을 확인하고 있을 뿐 보편적 관할권에 기반한 기소나 영토 연계 요건에 대한 비종속성 등을 추진하는 것이 아님을 명확히 하고 있다. Ambos, Kai, 전게서 II, p. 233; UN GA Declaration to Supplement the 1994 Declaration, para. 6.
1763) 국제적 테러에 대한 포괄 협정(초안) 제22조 Nothing in the present Convention entitles a State Party to undertake in the territory of another State Party the exercise of jurisdiction or performance of functions which are exclusively reserved for the authorities of that other State Party by the law in force in that State Party.
1764) 국제적 테러에 대한 포괄 협정(초안) 제21조 'States Parties shall carry out their obligations … in a manner consistent with the principles of sovereign equality and territorial integrity of States and that of non-inter-

이러한 현상은 국제사회에서 아직까지 테러를 보편적으로 기소될 수 있는 범죄로 구성하려는 일반적인 법적 견해(opinio juris)나 의도가 존재하지 않음을 보여주는 것으로 생각된다.[1765]

2. 실체적 쟁점들

무력충돌 상황에서 군대나 무장집단의 행위가 테러범죄에 해당할 수 있는가는 논란이 많은 문제이다. 제네바협정 부속의정서 I 제51조 제2항 제2문과 제네바협정 부속의정서 II 제13조 제2항 제2문은 국제적 무력충돌과 비국제적 무력충돌에서 '민간인 주민 사이에 테러를 만연시킴을 주목적으로 하는 폭력행위 및 위협은 금지된다'고 규정하여 이미 무력충돌 상황에서 테러행위에 대한 규율을 두고 있다. 따라서 무력충돌 기간 동안에는 국제인도법이 평화 시에 적용되는 테러리즘에 대한 법에 우선한다는 주장이 가능하다.[1766] 실제 국제인도법이 관련된 상황을 완전히 규율하고 있는 경우라면 특별법(lex specialis)의 지위에 있다고도 볼 수 있을 것이다.[1767]

한편 자유를 위한 투쟁 과정에서 이루어진 행위에 대하여는 이를 자기결정권 행사의 합법적 표현으로 보는 견해와 테러리즘의 가장 나쁜 경우로 간주하는 견해가 대립되고 있다. 이러한 의견 불일치는 현 시점에서 테러에 대한 단일한 개념이 존재하지 않는다는 합의에 근거를 제공하는 것으로 식민지배로부터의 해방운동을 어떻게 다룰 것인가는 여전히 어려운 과제로 남아 있다.[1768] 일부 지역협정들은 테러범죄의 범주에서 외국의 점령에 대항하거나 혹은 국가 독립을 위한 과정에서 국제법에 따라 범하여진 행위들을 예외로 규정하고 있다.[1769] 이러한 어려움을 해결하기 위하여 민간인에 대한 공격은 항상 불법이라는 점에서 테러범죄의 대상을 민간인으로 제한하는 방안이 제시되기도 하나[1770] 평화 시에 적용될 수 있는 민간인 개념을 정의하기 어려울 뿐 아니라 구체적 상황에서 발생하는 다양한 문제들을 어떻게 취급할 것인가에 대해 구체적 해결책을 제시하지 못하고 있다는 비판이 있다. 결국 이는 테러범죄의 범주를 결정하는 매우 어려운 부분과 맞물려 있는 난해한 과제이다.[1771]

나아가 정부의 군대가 평화 시에 행한 행위에 대하여도 일치된 견해가 존재하지 않는다. 특히 민간인 대중을 향한 '국가테러(state terror)'의 경우가 그러하다. 서방국가들이 유엔에서 오랫동안 표명해 온 입장은 국가의 잘못된 행위는 그것이 테러리즘으로 지칭되는 것인가 아닌가에

---

vention …'

1765) Ambos, Kai, 전게서 II, p. 233.

1766) Antonio Coco, "The Mark of Cain The Crime of Terrorism in Times of Armed Conflict as Interpreted by the Court of Appeal of England and Wales in R v. Mohammed Gul", 11 JICJ (2013), p. 433 et seq에서는 영국 법원이 무력충돌의 상황에서 일반적인 테러 관련법을 적용한 것에 대하여 비판하고 있다.

1767) Ambos, Kai, 전게서 II, p. 231.

1768) Ambos, Kai, 전게서 II, p. 231.

1769) OAU Convention 제3조 제1항; Arab Convention 서문과 제2조 제1항 등.

1770) Suresh v. Canada [2002] SCC 1, para. 98.

1771) Cryer, Robert; Friman, Håkan; Robinson, Darryl; Wilmshurst, Elizabeth, 전게서, p. 339.

관계없이 형사법이 아닌 국가 책임을 다루는 일반 규칙에 의하여야 한다는 것이었다. 그리고 이러한 입장이 폭탄테러행위의 억제를 위한 국제협약(International Convention for the Suppression of Terrorist Bombings) 제19조 제2항에 반영되기도 하였다. 그러나 이와 반대로 테러범죄는 국가를 포함하여 누구에 의하여 범하여지는가 여부에 관계없이 처벌되어야 한다는 견해도 있으며 테러에 대한 포괄조약 협상 과정에서 이러한 견해가 실제로 제시되기도 하였다.[1772]

3. 테러 관련 규범의 발전과 인권보호

테러범죄는 아직까지 이를 규율하는 포괄적 조약이 존재하지 않는다는 점에서 일반적으로 승인되는 초국가적 범죄 혹은 억제조약에 기반한 조약범죄라고 보기 어려울 것이다. 또한 일정한 요건이 구비될 경우 극단적 형태의 테러는 전쟁범죄나 인도에 반한 죄에 해당할 수 있으나 테러범죄로 지칭되는 모든 행위가 국제법에 의하여 직접 책임을 부담하는 국제범죄에 해당하는 것은 아니다. 그러나 앞서 본 바와 같이 유엔 안전보장이사회와 유엔총회에서 테러가 특별히 취급되고 있음은 분명하며 테러범죄는 진정한 국제범죄로 점차 접근하는 '특별한(special)' 범죄라는 평가이다.[1773]

마지막으로 국내적 차원이든 국제적 차원이든 테러범죄의 개념을 정의함에 있어서 인권에 대한 고려가 반드시 있어야 한다는 점이 강조되어 왔다. 포괄적이고 모호한 테러범죄에 대한 개념 규정은 국가 권한당국에 부당하게 광범위한 재량을 부여하거나 남용의 위험을 가져올 수 있으며 이러한 남용 위험성은 유엔 차원에서도 제기되어 왔다.[1774] 실제로 테러범죄는 일반범죄에 비하여 보다 높은 형량이 부과될 가능성이 적지 않으며 국내법 체계는 테러범죄에 대하여 더욱 침해적인 수단으로 활용되기 쉽다. 범죄인인도에 있어서도 정치적 범죄의 예외가 인정되기 어려우며 망명도 거절되기 쉽다. 만일 테러범죄에 포함된 범죄적 행위가 심각한 것이 아니거나 혹은 이러한 범죄행위의 목적이 지나치게 광범위하게 규정된다면 일반적인 범죄나 정치적 적대자에 대하여도 테러범죄가 적용되어 매우 사소한 범죄자까지 테러범죄자로 취급될 우려가 있다.[1775]

우리나라는 국민보호와 공공안전을 위한 테러방지법을 법률 제14071호로 2016년 3월 3일부

1772) Cryer, Robert; Friman, Håkan; Robinson, Darryl; Wilmshurst, Elizabeth, 전게서, p. 340.
1773) 예상할 수 없는 테러 행위를 통하여 주민들 사이에 지속적인 공포 상태를 유발하는 테러는 조직화된 집단에 의한 항구적인 위협의 전달이라는 '공포의 전달' 구조를 구비하고 있고 결국 이를 통하여 국제범죄에서 요구되는 테러리즘의 배경적 요소를 보충할 수 있을 것이라는 주장은 Ambos, Kai, 전게서 II, p. 234.
1774) Cryer, Robert; Friman, Håkan; Robinson, Darryl; Wilmshurst, Elizabeth, 전게서, p. 338; 행위의 목적에 대한 제한 등을 통한 제한적 테러행위 개념을 제시하는 것으로는 Report of the Special Rapporteur on the Promotion and Protection of Human Rights and Fundamental Freedoms while Countering Terrorism – Ten Areas of Best Practices in Countering Terrorism, 22 December 2010 (A/ HRC/ 16/ 51), paras. 26–28.
1775) 정치적 데모 과정에서의 재산에 대한 사소한 침해가 테러범죄로 취급되어 심각한 법적 제재가 부과되어서는 안 된다는 것과 이와 관련된 남아프리카 공화국의 입법에 대한 소개는 Cryer, Robert; Friman, Håkan; Robinson, Darryl; Wilmshurst, Elizabeth, 전게서, p. 337.

터 제정하여 시행하고 있으며 특히 테러 관련 범죄행위에 대한 세계주의를 규정하고 있다.[1776]

1776) 위 법 제2조 제1호는 테러의 개념을 규정하는 한편 동법 제17조에 의하여 처벌의 대상이 되는 테러단체의 개념을 국제연합이 지정하는 테러단체(제2조 제4호)로 규정하고 있다. 또한 테러단체 구성죄를 규정한 제17조에서는 테러단체를 구성하거나 구성원으로 가입하는 행위, 테러자금 관련 행위, 미수와 선동, 예비와 음모 등을 범죄행위로 규정하고 있으며 형법 등 국내법에 규정된 행위가 제2조의 테러의 개념에 해당하는 경우에는 해당 법률에서 정한 형에 따라 처벌하되 제19조에서는 이러한 범죄들에 대한 세계주의 재판권을 규정하고 있다. 또한 이와 별도로 제18조는 제17조의 죄에 대한 무고, 위증, 증거의 날조·인멸·은닉에 대한 처벌규정과 함께 범죄수사 또는 정보의 직무에 종사하는 공무원이나 이를 보조하는 사람 등이 직권을 남용하여 이러한 행위를 한 경우에 대한 가중 처벌을 규정하고 있다.; 이에 대한 최근의 논의는 김재현, "테러범죄에 대한 형사법적 고찰" - 특히 테러단체구성죄에 대한 형법적 논의를 중심으로 -, 형사법의 신동향(2017) 참조.

제 4 장　해적범죄

해적범죄는 가장 오래된 국제적 범죄의 하나로서 해적행위의 범죄성은 국제사회의 광범위한 승인을 받아 왔다.[1777] 최근 해적행위는 조직화된 집단에 의하여 발생하고 있으며[1778] 국제해사국(International Maritime Bureau) 통계에 의하면 2015년 한 해 동안 190건의 해적 사건이 보고되었다고 한다.[1779]

제 1 절　개념과 보호 이익

1. 해양법 협약

해적행위의 개념은 1958년 공해 조약(the Convention on the High Sea of 1958) 제15조와 유엔 해양법 협약 제101조에 규정되어 있다.[1780]

> 유엔 해양법 협약 제101조 해적행위라 함은 다음 행위를 말한다.
>
> (a) 민간선박 또는 민간항공기의 승무원이나 승객이 사적 목적으로 다음에 대하여 범하는 불법적 폭력행위, 억류 또는 약탈 행위
>
> (i) 공해상의 다른 선박이나 항공기 또는 그 선박이나 항공기 내의 사람이나 재산
>
> (ii) 국가 관할권에 속하지 아니하는 곳에 있는 선박·항공기·사람이나 재산

[1777] 로마제국 시대의 해적행위는 개별 피해자를 대상으로 한 범죄가 아닌 모든 국가들을 대상으로 한 '사적 전쟁'으로 여겨졌다. Ambos, Kai, 전게서 II, p. 238.

[1778] Yvonne M. Dutton, "Bringing Pirates to Justice: A Case for Including Piracy within the Jurisdiction of the International Criminal Court", Chicago Journal of International Law (2010), p. 216.

[1779] https://icc-ccs.org/piracy-reporting-centre/piracynewsafigures 2016. 10. 11. 접근. 2008년에만 몸값등으로 US $ 80 million 이상이 갈취되었다는 것은 Ambos, Kai, 전게서 II, p. 240.

[1780] 해양법에 관한 국제연합 협약(United Nations Convention on the Law of the Sea, UNCLOS)은 1994년 11월 16일 조약 제1328호로 우리나라에 대하여 발효되었다.

> (b) 어느 선박 또는 항공기가 해적선 또는 해적항공기가 되는 활동을 하고 있다는 사실을 알고서도 자발적으로 그러한 활동에 참여하는 모든 행위
> (c) (a) 와 (b)에 규정된 행위를 교사하거나 고의적으로 방조하는 모든 행위

유엔 해양법 협약의 해적행위 개념은 국제관습법을 반영한 것으로[1781] 이에 대해 지속적 반대의사를 표명하지 않은 비체약당사국에 대하여도 구속력을 가진 것으로 평가된다.[1782]

2. 해적행위의 요건

해적행위의 객관적 요건으로는 ① 공해상에서 ② 민간 선박 또는 민간 항공기에 승선해 있는 사람이 ③ 다른 선박 또는 항공기 또는 그 선박이나 항공기 내의 사람이나 재산 등을 대상으로 ④ 불법적 폭력, 억류 또는 약탈 행위를 하는 것이다.

해적행위를 범하는 주체는 민간 선박 등에 승선하여 있는 사람으로 제한된다. 따라서 원칙적으로 군함 등 공용 선박에 승선한 사람에 의한 행위는 해적행위에 해당하지 않는다. 그러나 해양법 협약 제102조에 의하여 승무원이 반란을 일으켜 탈취된 군함에 승선한 사람에 의한 해적행위는 민간 선박에 의한 해적행위로 간주된다. 또한 동 협약 제103조에 의하여 선박 또는 항공기를 실효적으로 통제하고 있는 사람이 해적행위를 목적으로 선박 등을 사용하려는 경우에도 당해 선박은 해적선으로 간주된다. 그러나 공격을 받는 선박이 민간 선박일 필요는 없으므로 국가의 선박도 해적행위의 대상이 될 수 있다.[1783]

공격은 반드시 다른 선박에 승선하여 있던 사람으로부터 이루어져야 하므로 선박을 탈취하기 위하여 선원으로 가장하여 승선한 후 일으킨 폭력행위는 해적행위의 개념에 포함되지 않는다. 왜냐하면 해양법 협약 제101조는 공격을 가하는 선박과 그 선박의 선원들과 공격을 받는 선박을 엄격하게 구분하고 있어 반드시 별개의 선박으로부터의 또 다른 선박에 대한 공격이 요구되기 때문이다.[1784]

범죄행위는 공해상에서 범하여져야 하며 본 조항의 공해 개념에는 배타적 경제수역도 포함된다.[1785]

폭력행위 등은 불법적인 것이어야 한다. 해적행위는 국내 법원에서 강제되어 온 국제적 범죄로서 '불법(illegal)'의 개념이 법역별로 서로 상이하게 이해될 수 있으나 지나치게 협소한 개념

1781) Maggie Gardner, "Piracy Prosecutions in National Courts", JICJ (2012), p. 815.
1782) Ambos, Kai, 전게서 II, p. 238.
1783) Ambos, Kai, 전게서 II, p. 239.
1784) 이러한 제한적 적용으로 발생하는 법적 공백 일부는 Aircraft Convention, Hijacking Convention, Civil Aviation Convention, Maritime Convention 등 다른 협약에 의하여 규율되고 있다.
1785) 따라서 해안국가의 배타적 혹은 1차적 재판권은 영해로 제한된다. 해양법 협약 제58조 배타적 경제수역에서의 다른 국가의 권리와 의무 제2항 참조.

을 적용하여 부당하게 형사처벌이 배제되는 상황이 발생하지 않도록 불법의 요건은 국제규범 등을 고려하여 폭넓게 이해되어야 할 것이다.[1786]

주관적 요건으로는 일반적 고의 이외에 개인적 이익을 얻기 위한 목적 등 사적 목적의 추구가 추가적으로 요구된다.[1787] 이와 같은 추가적 주관적 요건은 해적행위 개념에 있어 가장 논란이 많은 요소이다. 이러한 주관적 요건을 통하여 테러리즘과 같은 정치적 목적을 추구하는 범죄와 구분될 수 있을 것으로 판단하기도 하나 사적 목적 추구에 해당하는가 여부를 판단하는 기준이 명백하지 않아 예상 밖의 결과에 이를 수 있다. 예를 들면 환경오염 의심행위를 둘러싸고 벌어진 그린피스 선박의 네덜란드 선박에 대한 공격이 문제가 된 Castle John v NV Mabeco 사건에서 벨기에 대법원은 그린피스가 정치적 목적이 아닌 사적 이익을 위하여 행위한 것으로 판단하였다.[1788] 이러한 판결 결과를 둘러싸고 이러한 내용의 사적 목적까지 범죄의 주관적 요건에 포함시켜 인정하는 것은 존재 가치를 인정받는 시민단체에 의한 합법적인 사회적 항의를 소말리아에서의 범죄적 해적행위와 동일선상에 위치시키는 것으로 지나치게 국가 중심적으로 설정된 것이라는 비판이 제기되었다.[1789]

3. 보호 이익

해적행위는 항상 '인류에 대한 적(hostes humani generis)'으로 간주되어 왔다. 왜냐하면 이들의 행위는 국가에 대한 충성이 아닌 이기적 필요와 욕구에 의하여 촉발된 것으로 이러한 범죄는 모든 해양국가들에 대한 위협이었기 때문이다. 해적범죄를 규율하는 규범들은 국제무역과 국제항공운송, 국제 해양운송 등을 보호하며 아울러 생명, 자유, 신체, 재산 등 개인의 전통적 법익들도 함께 보호하고 있다.[1790]

제 2 절 국제적 기소 가능성

해적행위는 보편적 관할권이 인정되는 전형적인 범죄이다.[1791] 해적행위가 인류에 대한 적

1786) Ambos, Kai, 전게서 II, p. 239.

1787) Ambos, Kai, 전게서 II, p. 238.

1788) Castle John and Nederlandse Stichting Sirius v NV Mabeco and NV Parfin, Belgium Court of Cassation, ILR, 77 (1988), 357, 358-9 (19 December 1986).

1789) '정치적' 요건을 '공적 혹은 정부에 의한 정치적' 요건으로 대체하려는 주장 역시 상황을 더욱 악화시켜 모든 사적 행위를 형사처벌의 대상으로 삼는 결과를 초래할 수 있다. 왜냐하면 이러한 주장에 의할 경우 항의의 목적으로 이루어지는 그린피스의 공격 행위를 포함하여 민간의 모든 행위자들은 사적 목적을 추구한 것으로 추정되기 때문이다. Ambos, Kai, 전게서 II, p. 240.; 위 판결에 대하여 상세한 것은 Samuel Pyeatt Menefee, "The Case of the Castle John, or Greenbeard the Pirate?: Environmentalism, Piracy and the Development of International Law", California Western International Law journal(1993) 참조.

1790) Ambos, Kai, 전게서 II, p. 240.

의 지위를 갖는다는 점에서 이러한 행위는 해적행위에 의하여 직접적으로 영향을 받지 않는 국가들에 의하여도 기소되어 왔다.[1791] 유엔 해양법 협약 제105조 역시 모든 국가는 배타적 경제수역을 포함하여 공해상에서의 해적행위 범죄자들을 체포하여 기소할 수 있는 권한을 보유하는 것으로 규정하고 있다.

제 3 절 소말리아 해적 사건

1. 사건 개요

2011년 1월 15일 우리나라 선원 8명과 외국인 선원 13명이 승선하여 아라비아해 공해상을 운항 중이던 삼호주얼리호가 중화기로 무장한 소말리아 해적 13명에 의해 납치된 사건이 발생하였다. 2011년 1월 21일 새벽 소말리아 해역에 파병된 우리나라 해군에 의해 선원과 선박 모두 안전하게 구출되었으며 해적범죄를 저지른 소말리아 해적 5명이 생포되었다. 이들은 2011년 1월 30일 항공편으로 우리나라에 도착하여 수사와 재판이 시작되었다.

소말리아 해적 5명은 2011년 2월 25일 해상강도살인미수죄 등[1793]으로 구속 기소되어 1심[1794]과 2심에서 주요 피고인 1명에 대하여는 무기징역, 나머지 4명에 대하여는 12년에서 15년의 징역형이 선고되었다.[1795]

2. 사법절차의 적법성

해적에 대한 체포는 앞서 본 유엔 해양법 협약 제105조에 따라 이루어졌다. 당시 체포가 수사기관이 아닌 해군에 의하여 이루어진 관계로 형사소송법 제212조에 의한 현행범인 체포에 해당하는 것이었다. 장소적 이격성으로 인하여 체포 약 9일 후 이들에 대한 신병이 수사기관에 인계되고 그 시점에서 구속영장이 집행되었다. 이와 관련하여 형사소송법 제213조 제1항의 '즉시 인도' 요건이 충족되었는가 여부가 재판에서 쟁점으로 부각되었는데 대법원은 해적 사건의 특수성과 공간적·물리적 제약에 비추어 해군이 정당한 이유 없이 체포된 해적들의 인도를 지

1791) Maggie Gardner, 전게논문, p. 803.

1792) Ambos, Kai, 전게서 II, p. 240.

1793) 이들에 대한 주요혐의는 선박 강취, 선박 내 재물 강취, 선박운항강제, 인질 석방 대가 요구, 군인들에 대한 총격, 갑판장에 대한 상해, 선원들에 대한 인간방패 사용행위, 선장 석해균에 대한 총격 등이었으며 적용된 죄명은 해상강도살인미수죄·해상강도상해죄, (인질)강도살인미수죄·(인질)강도상해죄, 특수공무집행방해치상죄, 선박및해상구조물에대한위해행위의처벌등에관한법률위반죄 등이었다.

1794) 4명은 국민참여재판을 신청하여 2011년 5월 23일부터 5월 27일까지 5일간에 걸쳐 국민참여재판이 진행되었다.

1795) 부산지방법원 2011. 5. 27. 선고 2011고합93, 부산고등법원 2011. 9. 8. 선고 2011노349, 대법원 2011. 12. 22. 선고 2011도 12927. 위 사건에 대한 상세한 내용은 이정렬, "소말리아 해적사건의 국내법적 검토 - 소말리아 해적수사 사례를 중심으로 -", 인도법논총 32호(2012) 참조.

연하지는 않은 것으로 판단하고 체포와 구속영장 청구의 적법성을 모두 인정하였다. 그리고 적법한 구속과 연계된 적법한 현재지로서 부산지방법원의 관할권도 인정하였다.[1796]

3. 재판권

소말리아 해적 사건은 공해상에서 이루어진 해적행위에 대하여 우리나라가 재판권을 행사한 최초의 사건으로 우리나라가 적법한 재판권을 보유하고 있는가 하는 문제가 제기되었다.

선박위해법[1797] 위반 부분에 대하여는 선박위해법 제3조 제3호에서 '대한민국 영역 외에서 제5조 내지 제13조의 죄를 범하고 대한민국 영역 안에 있는 외국인'에 대한 처벌을 규정하고 있어 우리나라의 재판권이 인정되었다.[1798]

우리나라의 선원이 신체적 피해를 입은 부분에 대하여는 비록 공해상의 범행이기는 하지만 형법 제6조에 따라 우리나라의 재판권이 인정될 수 있었다. 그러나 외국 선원이 입은 신체적 피해에 대하여는 우리나라 국민이 아니므로 형법 제6조를 적용할 수 없음은 물론 삼호주얼리호가 몰타에 등록된 노르웨이 선박펀드회사 소유인 관계로 형법 제4조에 규정된 '대한민국 선박'으로도 보기 어려운 상황이었다. 결국 외국인에 대한 상해는 공해상의 외국선박에서 벌어진 외국인에 의한 외국인에 대한 범죄로 죄형법정주의 원칙에 따라 기소 대상에서 제외되었다.[1799]

제 4 절 평가와 과제

앞서 본 바와 같이 해적범죄의 국제적 특성은 오랜 기간 동안 인정되어 왔으며 해적범죄에 대한 광범위한 보편적 관할권의 인정으로 이러한 특수성은 재확인되고 있다. 현 시점에서 해적범죄는 엄격한 의미의 국제범죄에 매우 근접해 있다.[1800]

해적범죄의 개념 중 '불법적 행위(illegal act)' 요건과 관련하여 존재하는 일부 불명확성에도 불구하고 해적범죄의 개념은 충분히 정치하게 다듬어져 있는 것으로 평가된다. 다만 이타적 목적으로 이루어지는 행위들과 합법적인 사회적 항의의 표현이 해적범죄의 개념에서 배제될 수 있

1796) 대법원 2011. 12. 22. 선고 2011도 12927.
1797) 선박및해상구조물에대한위해행위의처벌등에관한법률.
1798) 우리나라는 2003년 4월 해상테러행위에 대처하기 위한 '해양항해의 안전에 대한 불법행위 억제협약'에 가입하였으며 2003년 5월 27일 국내 이행법률인 선박 및 해상구조물에 대한 위해행위의 처벌 등에 관한 법률이 법률 제6880호로 제정되어 시행 중에 있었다.
1799) 그러나 이러한 사실은 양형에 참작될 수 있는 경과적 사실로 제출되었다. 이정렬, 전게논문, 201면 참조; 기타 해적행위의 처벌과 보편적 관할권 도입 문제 등 소말리아 해적 사건을 둘러싼 상세한 논의는 이석용, "해적행위 억제를 위한 국제법적·국내법적 대응에 관한 연구", 충남대학교 법학연구 제24권(2013), 이재민, "소말리아 해적사건과 국제법 - 영해 내 해적행위 대응과 1982년 해양법 협약 및 안보리 결의", 인도법논총 32호(2012), 박영길, "유엔해양법협약 상 해적의 개념과 보편적 관할권", 서울국제법연구 제18권(2011).
1800) Ambos, Kai, 전게서 II, p. 241.

도록 해적범죄에서 요구되는 특별한 주관적 요건은 보다 좁게 해석되어야 할 것이다.

해적행위와 관련하여 문제가 되는 것은 규범적 측면보다는 이러한 행위에 대한 처벌이 제대로 이루어지지 못하고 있다는 면책성의 상황에 대한 것이다. 해적행위의 범죄 장소가 공해 혹은 국제 영공인 관계로 이러한 범죄를 처벌함에 특별한 어려움이 있어 왔다. 특히 이들 범죄는 주로 동남아시아, 동아프리카, 중앙아메리카, 남아메리카 등 효율적인 형사사법 체제가 갖추어지지 않은 지역에서 발생하고 있으며[1801] 보편적 관할권의 행사에 의하여도 제대로 된 처벌이 이루어지기 어려운 상황이다. 또한 범죄자들을 공해상에서 체포한 후 국내 법원으로 이송하여 처벌하는 과정 역시 범죄지와의 이격성 등의 사유로 객관적인 증거가 부족한 상태에서 처벌 절차가 진행되는 경우도 발생하고 있다.[1802]

1801) 소말리아의 상황에 대하여는 Douglas Guilfoyle, "Prosecuting Somali Pirates A Critical Evaluation of the Options", JICJ (2012), p. 789 et seq.

1802) Yvonne M. Dutton, 전게논문, p. 228 et seq.

참고문헌

국내문헌

[단행본]

강우예,『형사특별법 정비방안(16) 국제조약의 국내이행 형사특별법: 국제조약의 국내이행 입법방안』서울
    : 한국형사정책연구원, 2008.
구스타프 라드브루흐 : 최종고 역,『법학의 정신』서울 : 종로서적, 1982
권오걸,『형법총론』서울 : 형설출판사, 2007.
김기준,『일사부재리 원칙의 국제적 전개 — 국제적 이중처벌 방지를 위한 새로운 모색』서울 : 경인문화사,
    2013.
김대순,『국제법론』서울 : 삼영사. 2014.
김성돈,『형법총론』서울 : 성균관대학교 출판부, 2015.
김신규,『형법총론』서울 : 청목출판사, 2009.
김영석,『국제형사재판소법강의』서울 : 법문사, 2003.
김영석,『국제형사재판소 관할 범죄의 처벌 등에 관한 법률 해설서』서울 : 법무부, 2008.
김종원(편집대표),『주석 형법총칙(상)』한국사법행정학회, 2001.
김한택,『현대국제법』서울 : 지인북스, 2007.
김한택,『테러리즘과 국제법』서울 : 지인북스, 2007.
김헌진,『ICC 규정과 형법』한국학술정보, 2006.
도중인·김유근·김현우,『주요선진국의 형사특별법제 연구: 주요외국의 형법개정과 특별형법전과의관계』
    서울 : 한국형사정책연구원, 2008.
민병훈,『주석형법각칙(1)』서울 : 한국사법행정학회, 2006.
박미숙,『공소시효제도에 관한 연구』서울 : 한국형사정책연구원 2013.
박상기,『형법총론』서울 : 박영사, 2009.
박재섭·박기갑,『전쟁과 국제법』서울 : 삼우사 2010.
박찬운,『국제범죄와 보편적 관할권』서울 : 한울, 2009.
배종대,『형법총론』서울 : 홍문사, 2008.
백기봉,『국제형사증거법』서울 : 박영사, 2008.
성낙인,『헌법학』서울 : 법문사, 2010.
손동권·김재윤,『형법각론』율암문화사, 2013.
신동운,『형법총론』서울 : 법문사, 2015.
신동운,『판례백선 형법총론』서울 : 경세원, 1998.
신동운,『판례분석 형법각론』서울 : 법문사, 2014.
신동운,『신형사소송법』서울 : 법문사, 2014.
신동운,『판례분석 신형사소송법』서울 : 법문사, 2007.

신의기,『국제형사법원 설립에 관한 연구』서울 : 한국형사정책연구원, 1999.

신의기,『형사판결집행에서의 국제공조방안』서울 : 한국형사정책연구원, 2000.

신의기,『테러리즘 관련법제 정비방안』서울 : 한국형사정책연구원, 2002.

신의기,『형사판결집행에서의 국제공조방안』서울 : 한국형사정책연구원, 2005.

오영근,『형법총론』서울 : 박영사, 2009.

이국진,『한영해설성경』서울 : 아가페, 1997.

이병조 · 이준범,『국제법신강』서울 : 일조각, 2007.

이재상 · 조균석,『형사소송법』서울 : 박영사, 2015.

이재상 · 장영민 · 강동범,『형법총론』서울 : 박영사, 2015.

이재상,『형법각론』서울 : 박영사, 2010.

이진국,『주요선진국의 형사특별법제 연구: 스위스 신형법의 주요내용과 정책적 시사점』서울 : 한국형사정책연구원, 2008.

이천현 · 강석구 · 조상제,『국제형법의 체계에 관한 이론적 토대』서울 : 한국형사정책연구원, 2007.

정성근 · 박광민,『형법각론』서울 : SKKUP, 2015.

조병선,『國際環境刑法 : 國際的 越境環境汚染에 대한 刑法의 國際化』서울 : 한국형사정책연구원 1996.

조상제,『국제형법의 체계에 관한 이론적 토대』서울 : 한국형사정책연구원, 2007.

조상제,『형사특별법 정비방안(17) 국제조약의 국내이행 형사특별법: 독일 국제형법전의 입법과정과 내용』서울 : 한국형사정책연구원, 2008.

조상제 · 천진호 · 류진철 · 이진국,『국제형법』서울 : 준커뮤케이션즈, 2011

차용석 · 백형구,『주석형사소송법(Ⅰ)』서울 : 한국사법행정학회, 1998.

차용석 · 최용성,『신형사소송법』(제4판) 서울 : 21세기사, 2013.

천진호,『국가간 수형자 이송제도 연구』서울 : 한국형사정책연구원, 2006.

최민영,『소말리아 해적에 대한 형사재판의 쟁점과 개선방안』서울 : 한국형사정책연구원, 2011.

후지타 히사카즈 ; 이민호 · 김유성 역『국제인도법』서울 : 연경문화사, 2003.

법무부,『국제수형자이송실무』서울 : 법무부, 2008.

법무부,『독일형법』서울 : 법무부, 2008.

법무부,『독일형사소송법』서울 : 법무부, 1998.

법무부,『범죄인인도실무』서울 : 법무부, 2008.

법무부,『형사사법공조실무』서울 : 법무부, 2013.

법무부,『오스트리아형법』서울 : 법무부, 2009.

법무부,『일본의 형사절차법』서울 : 법무부, 2001.

법무부,『중국형사법』서울 : 법무부, 2008.

법무부,『프랑스형법』서울 : 법무부, 2008.

법무부,『프랑스 형사소송법』서울 : 법무부, 2005.

법무부,『國際刑事管轄權 : 國際刑事法院 規程』서울 : 법무부, 1999.

사법연수원,『검찰실무Ⅰ』서울 : 사법연수원, 2008.

사법연수원,『국제형사법』서울 : 사법연수원, 2008.

사법연수원,『형사판결서 작성 실무』서울 : 사법연수원, 2006.

한국형사정책연구원,『형사소송법제정자료집』서울 : 한국형사정책연구원, 1990.

한국형사정책연구원,『형사판결집행에서의 국제공조방안』서울 : 한국형사정책연구원 2000.

한국형사정책연구원,『스위스형법전』서울 : 한국형사정책연구원 2009.

[논문]

강두원, "무기거래조약의 발효에 따른 국내적 이행 방안", 국제법학회논총 제60권(2015)

강병근, "심각한 인권 침해를 이유로 제기된 불법행위청구소송과 국제법의 발전 방향", 국제법학회논총 제58권(2013)

강성은, "ICC 규정의 국내입법화를 위한 독일국제형법전 초안에 대한 검토", 법률행정논총 제22집(2002)

강성현, "제노사이드와 한국현대사 −제노사이드의 정의와 적용을 중심으로−", 역사연구 제18호(2008)

강정완, "R. Dworkin의 法原理와 權利의 理論에 關한 硏究", 서울대학교 석사논문(1985)

강정우, "海賊 團束를 둘러 싼 法的 諸 問題 檢討", 저스티스 통권 제123호(2011)

고시면, "한국에서 강간 등의 중대범죄에 있어서 '유기징역 가중시 상한 50년 이하'(개정형법 제42조)가 국제형사재판소에 관한 로마규정(조약 제1619호) 제77조의 '유기징역 30년 이하'에 위반 여부", 사법행정(2010)

곽재성, "과거청산의 국제화와 보편적 관할권의 효과 − 피노체트 사건의 영향을 중심으로", 라틴아메리카연구(2007)

김기준, "일사부재리 원칙의 국제적 적용에 관한 연구", 서울대학교 박사논문(2010)

김대순, "침략범죄와 테러리즘의 정의에 관한 소고", 인도법논총(2005)

김도균, "법적 이익형량의 구조와 정당화 문제", 서울대학교 법학 제48권 제2호(2007)

김도준, "효과적인 해적퇴치를 위한 법적 대응방안 연구", 인하대학교 법학연구 제16집(2013)

김동률·최성진, "체제불법의 형법적 과거청산의 당위성에 대한 연구 − 통일 후 구동독 체제에 대한 청산과정에서의 논의를 중심으로 −", 동아법학 제66호(2015)

김동욱, "대한민국 해군작전과 국제인도법 −『산레모 매뉴얼(San Remo Manual)』의 수용 −", 인도법논총 제30호(2010)

김명기, "국제인도법상 국제적십자운동 기본원칙의 법적 구속력", 인도법논총(2005)

김민서, "韓國에서의 自由權規約 履行 現況에 대한 論考", 법학논정 제30집(2009)

김부찬·이진원, "인도적 개입과 보호책임 −인도적 개입 논의에 대한 보호책임의 의의와 한계를 중심으로 −", 법학논총 제31집 제3호(2011)

김병렬, "4세대 전쟁에서의 민간인의 보호를 위한 국제인도법에 관한 일고", 국제법학회논총 제55권(2010)

김석연, "뢸링 판사는 동경재판을 부정했는가 − 소수의견 제출에서 말년의 회고까지 −", 일본역사연구 제36집(2012)

김성규, "일사부재리의 원칙과 형법 제7조의 의미", 성균관법학 제14권 제1호(2002)

김성규, "형법의 장소적 적용범위에 관한 규정의 내용과 한계", 형사법연구 제18호(2002)

김성규, "형사국제법의 국내적 수용의 형상과 국제형법의 과제", 외법논집 제29집(2008)

김성규, "형사관할권의 국제적 경합에 있어서 일사부재리의 적용범위", 형사법연구 제20권 제1호(2008)

김성규, "속지주의의 적용에 있어서 외국 관련 공범의 범죄지와 가벌성", 비교형사법연구 10권 제2호(2008)

김성규, "국제형사재판소에 관한 로마규정(Rome Statute of the International Criminal Court)의 국내적 이행−현상과 과제". 동아법학 제46호(2010)

김성돈, "공소시효제도와 소급금지원칙", 법학논총 제11집(1995)

김영석, "국제형사재판소의 설립 현황 : 로마회의 이후를 중심으로", 인도법논총(2001)

김영석, "국제범죄형사재판소 규정상의 전쟁범죄", 국제법학회논총 제46권(2001)

김영석, "국제범죄형사재판소 규정상 비국제적 무력충돌시의 전쟁범죄", 인도법논총(2003)

김영석, "국제형사재판소의 최근 설립 현황과 전망", 저스티스 제71호(2003)

김영석, "전쟁범죄에 있어서 군사지휘관 및 기타상급자의 책임에 관한 고찰", 인도법논총(2005)

김영석, "국제법상 테러행위의 규제와 미국의 아프가니스탄에 대한 전쟁에 관한 고찰", 중앙법학 제7집(2005)

김영석, "국제범죄를 범한 개인에 대한 사면(amnesty)의 국제법적 효력", 서울국제법연구 제12권(2005)

김영석, "국제형사재판소규정상의 침략범죄에 관한 최근 논의 고찰", 서울국제법연구 제16권(2009)

김영석, "일본군 위안부 문제의 국제법적 해결방안 검토", 이화젠더법학 제5권(2013)

김영석, "국제형사법 관련 우리나라의 주요판례 검토 : 해상강도사건판결과 범죄인인도사건판결을 중심으로", 서울국제법연구 제21권(2014)

김영석, "국제형사재판절차상 국제적십자위원회의 증언거부권", 인도법논총(2006)

김재현, "테러범죄에 대한 형사법적 고찰" – 특히 테러단체구성죄에 대한 형법적 논의를 중심으로 –, 형사법의 신동향(2017)

김찬규, "소말리아 海賊事件에 대한 國際人道法的 考察", 인도법논총 제32호(2012)

김태운, "국제형사재판절차상 인권보호", 저스티스 통권 제85호(2004)

김태천, "고문의 정의 – 고문방지협약의 국내적 적용과 관련하여 –", 저스티스 통권 제87호(2005)

김학성, "국제수형자 이송제도의 이론과 실제–유럽평의회 국제수형자 이송협약을 중심으로–", 한국형사법학의 신전개, 志松 이재상 교수 정년 기념논문집(2008)

김학성, "국제수형자 이송제도의 문제점 및 해결방안", 교정연구 제44호(2009)

김헌진, "국제형사재판소규정과 그 이행입법에 대한 연구", 청주대학교 박사논문(2005)

김헌진, "ICC 규정상의 전쟁범죄에 대한 연구", 법학연구 제19집(2005)

김현주, "무력충돌 시 문화재 보호에 관한 헤이그협약의 제정 배경과 발전", 인도법논총 제33호(2013)

김형구, "국제범죄자에 대한 국가사면에 관한 국제법의 입장과 전망", 국제법학회논총 제53권(2008)

김형구, "레바논특별재판소의 설립과 관련 법적 쟁점", 국제법학회논총 제53권(2008)

김형구, "국제법상 전후법(Jus Post Bellum)에 관한 현대적 논의 : 개념과 원칙을 중심으로", 국제법학회논총 제54권(2009)

김형구, "국제인권기준과 국제형사재판에 있어서의 궐석재판의 허용과 한계", 법학논총 제23집(2010)

김형구, "현행 공전법규체제와 전쟁법의 기본원칙의 적용", 인도법논총 제31호(2011)

김흥석, "사이버 테러와 국가안보", 저스티스 제121호(2010)

김희강, "일본군 '위안부' 문제와 책임성", 아세아연구 제53권(2010)

나인균, "UN의 국제형사재판소의 설치와 안보리권한의 한계 – 레바논 특별재판소를 중심으로 –", 강원법학 제35권(2012)

도경옥, "거창양민학살사건의 국제형사법적 분석", 서울국제법연구 10권(2003)

도시환, "일본군'위안부' 문제의 현황과 국제인권법적 재조명", 국제법학회논총 제53권(2008)

류여해, "독일과 한국의 로마규약 이행법률에 대한 비교", 비교형사법연구 제10권 제1호 통권18호(2008. 7.)

류여해, "수형자의 이송에 관한 협약 분석", 교정연구 제61권(2013)

목진용, "해적피해 방지를 위한 법률 정비 방안", 한국해양수산개발원 연구보고서(2010)

문규석, "국제형사재판소의 보충적 관할권의 행사에 관한 연구", 인도법논총(2006)

문규석, "로마규정 제98조 제2항: 이송금지협약", 국제법학회논총 제51권(2006)

문봉규, "공무원의 반인권적 범죄에 대한 공소시효 연장·배제에 관한 연구", 전북대학교 법학연구 제32집(2011)

박노형·정명현, "사이버전의 국제법적 분석을 위한 기본개념의 연구 : Tallinn Manual의 논의를 중심으로", 국제법학회논총 제59권(2014)

박경규, "전쟁범죄 범행 회피를 이유로 탈영한 병사의 난민 자격성 : 유럽사법재판소 셰퍼드 판결의 국제인권법적·국제형법적 의미 및 우리 법에로의 시사점", 형사정책연구 제26권(2015)

박미경, "국제형사재판소(ICC)의 '범행지배이론'에 대한 고찰", 국제법학회논총 제60권(2015)

박병도, "국제범죄에 대한 보편적 관할권", 국제법학회논총 제49권 제2호(2004)

박병도, "국내법원에서 국제범죄의 소추와 처벌", 중앙법학 제8집 제1호(2006)

박병도, "국제형사절차에 있어서 적법절차 − 국제형사재판소규정을 중심으로 −", 국제법학회논총 제55권(2010)

박병도, "외국의 형사관할권으로부터 국가공무원의 면제 − ILC 작업을 중심으로", 법학연구 제49집(2013)

박선기, "집단살해죄(Genocide), 인도에 반한 죄 등에 관한 국제형사법적 고찰", 저스티스 통권 제146−2호(한국법률가대회 특집호Ⅰ)(2015)

박영길, "국제법상 보편적 관할권 개념의 재검토", 인하대학교 법학연구 제12집(2009)

박영길, "유엔해양법협약 상 해적의 개념과 보편적 관할권", 서울국제법연구 제18권(2011)

박정원, "국제사회에서 국제공동체로: 국제법 규범 질서의 질적변화에 주목하며", 국제법학회논총 제56권(2011)

박중섭, "부하의 전쟁범죄에 대한 지휘관의 형사책임 − ICC규정 국내이행법률안에 대한 소견 −", 인도법논총(2007)

박지현, "국제법위반에 대한 민간군사기업의(PMCs)의 책임", 국제법학회논총 제53권(2008)

박지현·김민서, "적십자표장 오·남용에 대한 법적대응", 인도법논총 제34호(2014)

박찬주, "대통령의 불소추특권에 관한 몇 가지 문제", 법조 633호(2009)

박희권·정동은, "국제형사법원(ICC)의 설립논의 동향과 전망", 국제법학회논총 제41권(2006)

백기봉, "국제형사재판소(ICC)의 형사절차제도상의 한계에 대한 검토−현재 계류 중인 사건을 중심으로 −", 서울국제법연구(2009)

백범석·김유리, "미연방대법원 Kiobel 판결의 국제인권법적 검토", 국제법학회논총 제58권(2013)

서이종, "만주의 '벌거벗은 생명'과 731부대 特設監獄의 생체실험 희생자 − 1938~1945년 관동군의 特殊移送자료를 중심으로 −", 만주연구 제 18집(2014)

석광현, "강제징용배상에 관한 일본판결의 승인 가부", 국제사법연구(2013)

성재호, "국제적 사법기관의 발전과 과제", 국제법학회논총 제48권(2003)

송영승, "구 유고연방의 붕괴와 ICTY의 설립", 인도법논총 34호(2014)

신희석, "제1차 세계대전과 제2차 세계대전 이후의 전범재판 : 평화와 인도에 반한 죄의 탄생", 서울국제법연구 제22권(2015)

심우찬, "민간군사보안기업의 규제에 관한 소고 − Draft UN Convention 중심 −", 인도법논총(2012)

안권섭, "일본의 국제수형자 이송제도", 해외연수검사논문집(2005)

양은룡, "항공기 납치사건에 대한 법적 고찰", 서울지방변호사회 판례연구 제16집下(2002. 12)

양천수, "뉘른베르크 국제전범재판의 역사적·법적 문제와 그 의미−법사학적·법철학적 논의를 중심으로 −", 군사 제60호(2006.8.)

오미영, "국제무력충돌과 국제인도법의 적용", 인도법논총(2005)

오미영, "개인의 국제범죄로서의 침략범죄", 인도법논총(2006)

오미영, "국제인도법상 강간 개념에 관한 소고", 인도법논총(2007)

오미영, "국제인도법 이행을 위한 국내 조치", 인도법논총 제30호(2010)

오승진, "대규모 인권침해에 대한 국내법적 사면의 국제법적 효관에 대한 연구", 법학연구 제51권(2010)

오태곤, "국제범죄 대응을 위한 국제형사경찰기구의 강화방안", 법학연구 제18집(2005)

오일석·김소정, "사이버 공격에 대한 전쟁법 적용의 한계와 효율적 대응방안", 법학연구 제17집(2014)

유복근, "국가간 수형자 이송제도에 관한 연구", 고려대학교 박사학위 논문(2006)

유재형, "국제형사재판소(ICC)의 역할과 과제", 동아법학 제42호(2008)

유재형, "국제테러리즘에 대한 국제기구의 대응체제에 관한 연구 − 국제연합을 중심으로", 충남대학교 법학연구 제20권(2009)

유재형, "무력충돌법상 민간인의 보호", 강원법학 제32권(2011)

유재형, "무력충돌법과 환경보호", 강원법학 제38권(2013)

이광표, "무력충돌 시 문화재 보호에 관한 헤이그협약의 국제적 이행 사례", 인도법논총 제33호(2013)

이규창, "재중 탈북자 보호와 고문방지협약", 국제법학회논총 제51권(2006)

이규창, "국제법싱 강제송환 및 추방의 제한에 관한 일고찰 – 탈북자 강제송환금지에 대한 논거 보강의 관점에서 – ", 인도법논총 제32호(2012)

이상해, "해적퇴치에 있어서의 법적 문제– 현대의 변화된 인권법적 측면을 고려하여", 공법학연구 제12권(2011)

이석용, "해적행위 억제를 위한 국제법적·국내법적 대응에 관한 연구", 충남대학교 법학연구 제24권(2013)

이신화, "유엔 '안보역할'의 발전과 한계 對 아프리카 인도적 개입의 불평등성과 비일관성", 한국아프리카학회지 제41집(2014)

이순천, "ICJ의 보스니아 Genocide 판결 및 평가", 국제법학회논총 제52권(2007)

이영진, "외국국가의 재판권면제에 관한 연구 – 일본군 위안부 피해자들의 손해배상청구소송과 관련하여 –", 미국헌법학연구 제25권(2014)

이용호, "Geneva제협약의 국내이행입법에 관한 외국의 실태", 인도법논총(2005)

이용호, "제네바법(the law of Geneva)의 발전과 현대적 과제", 국제법학회논총 제56권(2010)

이용호, "내전에서의 희생자보호와 그 한계", 법학논총 제27권(2014)

이용호, "우리나라에 있어서의 국제인도법의 발전과 한계", 법학논총 제26권(2014)

이윤제, "국제형사재판소 루방가 사건과 검사의 증거개시의무", 형사정책연구 제22권(2011)

이윤제, "야마시타 사건과 상급사책임", 서울국제법연구 제20권(2013)

이윤제, "국제범죄에 대한 지휘관책임의 연구", 서울대학교 박사논문(2016)

이윤제, "일본군 '위안부'에 대한 국제범죄의 법적 구성", 형사법의신동향 제53호(2016)

이훈규·신의기, "범죄인인도 제도", 한국형사정책연구원(1995)

이재민, "소말리아 해적사건과 국제법 – 영해 내 해적행위 대응과 1982년 해양법 협약 및 안보리 결의", 인도법논총 32호(2012)

이장희, "도쿄국제군사재판과 뉘른베르크 국제군사재판에 대한 국제법적 비교 연구", 동북아역사논총 제25호(2009)

이정렬, "소말리아 해적사건의 국내법적 검토 – 소말리아 해적수사 사례를 중심으로 –", 인도법논총 제32호(2012)

이종갑, "형법상 책임주의의 재구성", 강동호 교수 화갑기념 논문집(1992)

이종갑, "양형에 있어서의 책임주의", 범주 서영배 박사 화갑기념 논문집(1995)

이종갑, "형벌이론과 양형", 한양법학(2007)

이진국·도중진·이천현, "테러자금조달억제를 위한 선진 각국의 정책동향", 형사정책연구 제17권(2006)

이진국, "국제형법상 범죄의 주관적 요소 : 그 체계와 해석", 형사정책연구 제18권(2007)

이진국, "독일 국제형법전의 실효성과 정책적 시사점", 형사정책연구 제19권 제3호 통권 제75호(2008)

이진국, "국제형법상 독자적 귀속모델로서 상급자 책임", 한국형사법학의 신전개, 志松 이재상 교수 정년기념논문집(2008)

이진국, "국제형법상 침략범죄 구성요건의 신설과 전망", 형사정책연구 제24권(2013)

이진국, "국제형사재판절차에서 피해배상의 가능성과 한계", 형사정책연구 제26권(2015)

이진규·권한용, "국제법상 '군사적 필요성'에 관한 일고찰 – 국제인도법 조약 규정을 중심으로 –", 동아법학 제71호(2016)

이창수, "전쟁과 법치: 민간인 집단학살 가해자의 처벌가능성을 중심으로", 역사연구 제21호(2011)

이태엽, "국제형사법상 전시 지휘관 책임의 법적 성격", 서울 : 법조 제56권 제11호 통권 제614호(2007)

이학수, "전쟁과 문화재", 한국지방정부학회 학술발표논문집(2008)

이학수, "전시문화재보호에 관한 연구", 한국사회와 행정연구 제20권(2010)

이현조, "구유고 내전에서의 집단살해범죄자에 대한 기소 및 형벌집행", 민주주의와 인권(2002)

임동규, "일사부재리 원칙에 대한 연구", 서울대학교 박사논문(1994)

장복희, "국제법상 수용자 처우와 국내법제도 개선", 교정연구 제32호(2006)

장복희, "동아시아지역에서의 무력충돌의 성폭력 희생자들에 대한 법적 보상 배상", 인도법논총(2014)

장 신, "사이버 공격과 Jus in Bello", 국제법학회논총 제60권(2015)

전학선, "국제인권법과 헌법재판", 미국헌법연구 제19권(2008)

장영민, "법 발견 방법론에 관한 연구". 서울대학교 박사논문(1990)

전일수·노영돈, "해적방지를 위한 국제적 동향과 우리나라 관련 법제의 개선방향", 해운물류연구 제42호 (2004.9.)

정순철, "종군위안부에 대한 일본군 행위의 범죄구성요건해당성 − 국제형법 및 국제인도법적 관점", 형사 정책연구 제13권 제2호(2002)

정서용, "ILC 국제형사재판소규정 초안에 관한 고찰", 서울국제법연구 제2권(1995)

정인섭, "조약의 국내법적 효력에 관한 한국 판례와 학설의 검토", 서울국제법연구 제22권(2015)

정재준, "유엔(UN)의 국제범죄 방지 신동향과 우리나라의 대응방안", 강원법학 제39권(2013)

정진성, "군위안부 강제연행에 관한 연구", 정신문화연구 21권 제4호(1998)

조병선, "우리나라에서의 국제형법의 전망과 과제 − 국제형사규범의 국내법원을 통한 국내적 이행을 중심 으로 −", 형사법연구 제19권 제4호(2007 겨울 통권 제33호)

조시현, "일본군'위안부' 문제에 있어서 역사와 법", 법사학연구 제49호(2014)

조시현, "일본군 '위안부' 문제를 통해서 본 1910년 '백인노예매매'의 진압을 위한 국제협약", 전북대학교 법학연구 제42집(2014)

조영희, "크메르루즈 재판을 중심으로 본 캄보디아 과거청산의 정치동학", 국제정치연구 제14집(2011)

조인현, "남북한 관계에 있어서 우리 형법의 장소적 적용범위에 관한 연구", 서울대학교 박사학위 논문(2008)

주진열, "국제형사재판에 있어서 증거법에 관한 연구", 국제법학회논총 제52권(2007)

천진호, "수형자이송제도의 현황과 발전방향", 형사정책연구 제18권(2007)

최수정·이동현, "해적행위에 대한 보편적 관할권의 한계와 집행력 제고방안", 해양정책연구 제26권(2011)

최은범, "적십자표장에 관한 종합적 고찰 : 그 유래와 변천, 사용 및 보호", 인도법논총 제35호(2015)

최은범·박지현, "몽트로 지침의 고찰", 인도법논총(2011)

최철영, "미국연방헌법의 표현의 자유와 일본의 증오언설 − 일본의 증오언설에 대한 국제형사법 적용가능성 −", 미국헌법연구 제26권(2015)

최철영·송휘영, "일본의 조선 강점기 성노예제에 대한 국가책임의 해법", 일본문화학보 제63집(2015)

최태현, "국제형사재판소 설립에 따른 주요 법적 쟁점", 서울국제법연구 제3권(1996)

최태현, "국제형사재판소규정", 국제법학회논총 제43권(1998)

최태현, "국제형사재판소 설립에 대비한 국내법제의 정비", 국제법학회논총 제46권(2001)

최태현, "국제형사재판소 관할대상범죄로서의 침략범죄의 정의", 국제법학회논총 제47권(2002)

최태현, "국제법 위반행위에 대한 국가면제의 제한", 국제법학회논총 제51권(2006)

최태현, "국제형사재판소(ICC)규정 제정과정에서의 한국의 기여", 서울국제법연구 제13권(2006)

최태현, "국제적 법치주의의 본질과 기능에 관한 소고", 동아법학 제43호(2009)

최태현, "ICC규정 침략범죄관련 조항의 채택과 함의", 서울국제법연구 제17권(2010)

최태현, "북한의 위기상황에 대한 국제인도법적 검토", 서울국제법연구 제18권(2011)

최태현, "한국법원에서의 정치범불인도원칙의 적용 : 리우치앙사건을 중심으로", 서울국제법연구 제20권(2013)

최태현(CHOI Tae−hyun), "Ratification and Implementation of the Amendments on the Crime of Aggression under the ICC Statute in Korea", 서울국제법연구 제22권(2015)

칼 슈미트·헬무트 그라비치 주해, 김효전 역, "국제법상의 침략전쟁의 범죄와 「죄형법정주의」 원칙", 동아법학 제34호(2004)

하재환·박배근, "구유고국제형사법정의 관할권에 관한 국제법상의 제문제", 법학연구 제36권(1996)

하태영, "국제형법(세계주의의 도입여부)", 형사법연구 제22호(2004)

한스 하이너 퀴네, "독일 검찰의 지위 - EU 국가들과의 비교법적 관점에서의 분석 - " 형사법의 신동향 통권 제17호(2008 12)

한희원, "테러와의 전쟁과 관련된 신(新) 법률문제에 대한 연구 - 미국 법원의 판례를 중심으로 -", 중앙법학 제15집(2013)

홍성필, "북한 지역내 인도에 반한 죄의 법률적 처리에 관한 연구", 한양법학 제27권(2016)

Boo Chan Kim, Seung Jin Oh, "The International Rule of Law and Universal Jurisdiction", 국제법학회논총 제51권(2006)

Jung, Nu Ri, "Is the Shelling of Yeonpyeong Island a War Crime?: A Review under Article 8 of the Rome Statute of the International Criminal Court", 국제법학회논총 제57권(2012)

Kwang-ho, Jung, "Sexual Assault Crimes during Armed Conflict", 법학논고(2005)

Kyo Arai, "일본의 국제인도법 이행", 인도법논총 제31호(2011)

Nu Ri Jung, "Jurisdictional Conflicts between the International Criminal Court and a Municipal Court : A Case of Libya", 서울국제법연구 제18권(2011)

Tae Hyun Choi, Sangkul Kim, "Nationalized International Criminal Law : Genocidal Intent, Command Responsibility and An Overview of the South Korean Implementing Legislation of the ICC Statute", Michigan State Journal of International Law(2011)

Yung-Sang Lee, "Cumulative Charging and Convictions in the ICTY and ICTR Jurisprudence", 국제법학회논총 제53권(2008)

井田良·이정민 역, "일본의 형사입법에 관한 방법론적 제문제(日本の刑事立法をめぐる方法論的諸問題)", 형사정책연구 제19권 제4호 통권 제76호(2008년 겨울)(국회도서관)

외국문헌

[단행본]

Albin Eser, Susanne Walther, Wiedergumachung im Kriminalrecht/Reparation in Criminal Law. Freiburg : Ed. Iuscrim, Max-Planck-Inst(1997)

Alexander Zahar, Göran Sluiter, International Criminal Law A Critical Introduction. New York : Oxford University Press(2008)

Alison Des Forges, 'Leave None to Tell the Story' Genocide in Rwanda. New York, Human Rights Watch(1999)

Allan A. Ryan, Yamashita's Ghost: War Crimes, MacArthur's Justice, and Command Accountability. Kansas: University Press of Kansas(2012)

Ambos, Kai, Internationales Strafrecht. Münich : Verlag C. H. Beck(2006)

Ambos, Kai. Treatise on International Criminal Law: Volume I: Foundations and General Part : Oxford University Press. Kindle Edition(2013)

Ambos, Kai. Treatise on International Criminal Law: Volume II: The Crimes and Sentencing: Oxford

University Press. Kindle Edition(2014)

Andrews, William. Daughters of the Dragon: A Comfort Woman's Story. : MADhouse Press LLC. Kindle Edition(2014)

Antonio Cassese, International Criminal Law. New York : Oxford University Press(2003)

Antonio Cassese, The Tokyo Trial and Beyond Reflections of a Peacemonger. Cambridge : Polity Press(1993)

Antonio Cassese, Paola Gaeta, John R.W.D. Jones, The Rome Statute of The International Criminal Court : A Commentary volume I., II New York : Oxford University Press(2002)

Badar, Mohamed Elewa. The Concept of Mens Rea in International Criminal Law: The Case for a Unified Approach : Bloomsbury Publishing. Kindle Edition(2013)

Bartram S. Brown, Research Handbook on International Criminal Law. Cheltenham: Edward Elgar Publishers, 2011

Bert Swart, André Klip, International Criminal Law in the Netherlands. Freiburg : Ed. Iuscrim, Max—Planck—Inst.(1997)

Beth Van Schaack, Ronald C. Slye, International Criminal Law and Its Enforcement. New York : Foundation Press(2007)

Bix, Herbert P., Hirohito And The Making Of Modern Japan : HarperCollins. Kindle Edition(2000)

Boas, Gideon; Bischoff, James L.; Reid, Natalie L.. International Criminal Law Practitioner Library: Volume 1, Forms of Responsibility in International Criminal Law : Cambridge University Press. Kindle Edition(2007)

Bruce Broomhall, International Justice and The International Criminal Court. : Between Sovereignty and the Rule of Law. New York : Oxford University Press(2004)

B.V.A. Röling and Antonio Cassese, The Tokyo Trial and Beyond. Cambridge : Polity Press(1993)

Cesare P.R. Romano, André Nollkaemper, Jann K. Kleffner, Internationalized Criminal Courts Sierra Leone, East Timor, Kosovo, and Cambodia. New York : Oxford University Press(2004)

Chantal Meloni, Command Responsibility in International Criminal Law. Hague : TMC Asser Press (2003)

Chacha Murungu, "Prosecution and Punishment of International Crimes by the Special Court for Sierra Leone" in Chacha Murungu and Japhet Biegon(eds.), Prosecuting International Crimes in Africa(Pretoria, 2011)

Chandra Lekha Sriram, Globalizing Justice for Mass Atrocities. New York : Routledge(2005)

Christine Van den Wyngaert, International Criminal Law A Collection of International and European Instruments. Hague : Martinus Nijhoff Publishers(2005)

Cryer, Robert; Friman, Håkan; Robinson, Darryl; Wilmshurst, Elizabeth. An Introduction to International Criminal Law and Procedure, Cambridge : Cambridge University Press(2007)

Cryer, Robert; Friman, Håkan; Robinson, Darryl; Wilmshurst, Elizabeth. An Introduction to International Criminal Law and Procedure : Cambridge University Press. Kindle Edition(2014)

David Chuter, War Crimes Confronting Atrocity in the Mordern World. Colrado : Lynne Rienner Publishers, Inc.(2003)

David Luban, Julie R. O'Sullivan, David P. Stewart. International and Transnational Criminal Law. New York, : Aspen Publishers(2010)

D. Luban, "A Theory of Crimes Against Humanity", 29 Yale Journal of International Law(2004)

Dr. Wolfgang Joecks, Dr. Klaus Miebach, Münchener Kommentar zum Strafgesetzbuch. München : Verlag C. H. Beck(2003)

Edward Drea, Greg Bradsher, Robert Hanyok, James Lide, Michael Petersen, Daqing Yang, Researching

Japanese War Crimes Records. Washington DC : the National Archives and Records Administration for the Nazi War Crimes and Japanese Imperial Government Records Interagency Working Group (2006)

Edwards, Wallace, Comfort Women: A History of Japanese Forced Prostitution During the Second World War. Kindle Edition(2013)

Eser Meyer － Kommentar zur Charta der Grundrechte der Europäischen Union － 2. Auflage. Baden－Baden : Nomos Verlagsgesellschaft(2006)

E.van Sliedregt, The Criminal Responsibility of Individuals for Violations of International Humanitarian Law. Hague : TMC Asser Press(2003)

Ezekiel J. Emanuel, Christine Grady, Robert A. Crouch, Reidar K. Lie, Franklin G. Miller, David Wendler, The Oxford Textbook of Clinical Research Ethics. New York : Oxford University Press (2008)

Farhad Malekian, Jurisprudence of International Criminal Justice. Newcastle : Cambridge Scholars Publishing(2014)

Fleck, Dieter, The Handbook of International Humanitarian Law. Oxford ; OUP Kindle Edition(2003)

Geert－Jan Alexander Knoops, An Introduction to the Law of International Criminal Tribunals A Comparative Study. New York : Transnational Publishers(2003)

Geert－Jan Alexander Knoops, Theory and Practice of International and Internationalized Criminal Proceedings. Hague : Kluwer Law International(2005)

Gerd Pfeiffer, Strafprozessordnung Kommentar. Münich : Verlag C. H. Beck(2005)

Guénaël Mettraux, The Law of Command Responsibility : Oxford University Press(2009)

Guy Stessens, Money Laundering A New International Law Enforcement Model. Cambridge : Cambridge University Press(2002)

Helmut Satzger, Die Europäisierung des Strafrechts. Köln : Carl Heymanns Verlag KG(2001)

Hicks, George. The Comfort Women: Japan's Brutal Regime of Enforced Prostitution in the Second World War : W. W. Norton & Company. Kindle Edition(1995)

Human Rights Watch, "Universal Jurisdiction in Europe: The State of the Art" Volume 18, No. 5(D) (2006)

Ilias Bantekas, International Criminal Law. Oxford : Hart Publishing Ltd(2010)

International and Operational Law Department, "Operational Law Handbook 2015", Virginia, The Judge Advocate General's Legal Center and School(2015)

Jean Jacques Rousseau, The Social Contract & Discourses, 1762. : George Douglas Howard Cole 번역 e－book. www.gutenberg.org

Jean－Marie Henckaerts, Louise Doswald－Beck, Customary International Humanitarian Law Volume I : Cambridge, Cambridge University Press(2009)

John R.W.D. Jones, Steven Powles, International Criminal Practice. New York : Oxford University Press(2003)

Joseph E. Persico, Uuremberg Infamy On Trial. New York : Penguin Books USA Inc.(1994)

J.S. Pictet, Geneva Convention I, Commentary, Geneva, International Committee of the Red Cross (1957)

J.S. Pictet, Geneva Convention II, Commentary, Geneva, International Committee of the Red Cross (1960)

J.S. Pictet, Geneva Convention III, Commentary. Geneva, International Committee of the Red Cross (1960)

J.S. Pictet, Geneva Convention IV, Commentary. Geneva, International Committee of the Red Cross (1958)

Keller, Nora Okja. Comfort Woman. : Penguin Publishing Group. Kindle Edition(1998)

Kelly Dawn Askin, War Crimes Against Women Prosecution in International war Crimes Tribunals. Hague : Martinus Niihoff Publishers(1997)

Knut Dörman, Elements of War Crimes under the Rome Statute of the International Criminal Court Sources and Commentary. Cambridge : Cambridge University Press(2003)

Larry May & Zachary Hoskins, International Criminal Law and Philosophy : Cambridge University Press. Kindle Edition(2010)

Lori F. Damrosch, The International Court of Justice at a Crossroads. New York : Transnational Publishers(1987)

Maria L. Nybondas, Command Responsibility and its Application to Civilian Superiors. Hague : TMC Asser Press(2010)

Maria Rosa Henson. Comfort Woman: A Filipina's Story of Prostitution and Slavery under the Japanese Military(Asian Voices) : Rowman & Littlefield Publishers, Inc. Kindle Edition(1999)

M. Cherif Bassiouni, International Criminal Law volume I., II., III. Leiden : Martinus Niihoff Publishers (2008)

M. Cherif Bassiouni, Crimes against Humanity in International Criminal Law. Hague : Kluwer Law International(1999)

Michael Faure, Günter Heine, Criminal Enforcement of Environmental Law in the European Union. Hague : Kluwer Law International(2005)

Michael Hirst, Jurisdiction and the Ambit of the Criminal Law. New York : Oxford University Press (2003)

Mireille Delmas−Marty and J.R. Spencer, European Criminal Procedures. Cambridge : Cambridge University Press(2002)

Mortimer N. S. Sellers, Elizabeth Andersen, International Criminal Law and Philosophy. Cambridge University Press(Kindle Edition)(2009)

Olaoluwa Olusanya, Rethinking International Criminal Law : The Substantive Part. Amsterdam : Europa Law Publishing(2007)

Olympia Bekou, Robert Cryer, The International Criminal Court. Burlington : Ashgate Publishing Company(2004)

Peter Papadatos, The Eichmann Trial. New York : Frederick A. Praeger, Publisher(1964)

Pierre Hazan, Justice in a Time of War. Texas : Texas A&M University Press(2004)

P. van Dijk, G.J.H. van Hoof, Theory and Practice of the European Convention on Human Rights. Boston : Kluwer Law International(1984)

Qiu, Peipei, Chinese Comfort Women: Testimonies from Imperial Japan's Sex Slaves. : Oxford University Press. Kindle Edition(2014)

Roelof Haverman, Olga Kavran and Julian Nicholls(eds.), Supranational Criminal Law: A System Sui Generis. New York : Grotius Centre for International Legal Studies, Leiden University(2003)

Rudick, Roger. Story of a Comfort Girl. : Roger Rudick, Kindle Edition(2012)

Ralph Henham, Punishment and Process in International Criminal Trials. Burlington : Ashgate Publishing Company(2005)

Robert Cryer, Håkan Friman, Darryl Robinson, Elizabeth Wilmshurst, An Introduction to International Criminal Law and Procedure. Cambridge : Cambridge University Press(2007)

Roy S. Lee, States' Responses to Issues arising from the ICC Statute : Constitutional, Sovereignty, Judicial Cooperation and Criminal Law. New York : Transnational Publishers(2005)

Roy S. Lee, The International Criminal Court the Making of the Rome Statute Issues, Negotiations, Results. Hague : Kluwer Law International(2002)

Salvatore Zappalà, Human Rights in International Criminal Proceedings. New York : Oxford University Press(2005)

Sangkul Kim, A Collective Theory of Genocidal Intent, Hague : TMC Asser Press(2016)

Siehon Yee, International Crime and Punishment. Maryland : University Press of America(2004)

Stephen Macede, Univeral jurisdiction National Courts and the Prosecution of Serious Crimes under International Law. Pennsylvania : University of Pennsylvaina Press(2004)

Silvia D'Ascoli, Sentencing in International Criminal Law. Oxford and Portland, Oregon: Hart Publishing Ltd(2011)

Tanaka, Yuki, Japan's Comfort Women(Asia's Transformations). : Taylor and Francis. Kindle Edition (2003)

Werle, Gerhard, Principles of International Criminal Law. Cambridge : Cambridge University Press (2005)

Werle, Gerhard; Jeßberger, Florian. Principles of International Criminal Law. : Oxford University Press. Kindle Edition(2014)

Wolfgang Joecks, Klaus Miebach, Münchener Kommentar zum StGB, München : Verlag C.H. Beck (2013)

Willian A. Schabas, The UN International Criminal Tribunals The former Yugoslavia Rwanda and Sierra Leone. Cambridge : Cambridge University Press(2006)

Ward N. Ferdinandusse, Direct Application of International Criminal Law in National Courts. Hague : TMC Asser Press(2006)

Wolfgang Joecks, Klaus Miebach, Münchener Kommentar zum StGB, München : Verlag C.H. Beck(2013)

Yale Kamisar, Wayne R. LaFave, Jerold H. Israel, Nancy J. King, Modern Criminal Procedure. St. Paul West Group(2004)

Yves Beigbeder, International Justice against Impunity Progress and New Challenges. Leiden : Martinus Niihoff Publishers(2005)

Y. Sandoz, C. Swinarski, and B. Zimmermann(eds), Commentary on the Additional Protocols. Geneva : Martinus Nijhoff Publishers(1987)

森下忠, 國際刑事司法共助の研究, 東京, 成文堂(1981)

森下忠, 國際刑法の潮流, 東京, 成文堂(1983)

森下忠, 刑事司法の國際化, 東京, 成文堂(1990)

森下忠, 國際刑法入門. 東京, 悠悠社(1993)

森下忠, 國際刑法の基本問題, 東京, 成文堂(1996)

森下忠, 新國しい國際刑法, 東京, 信山社(2002)

森下忠, 刑法適用法の理論, 東京, 成文堂(2005)

森下忠, 國際刑法學の課題, 東京, 成文堂(2006)

森下忠, 現代の國際刑事司法, 東京, 成文堂(2015)

山岸 秀, 國際犯罪と國際刑法, 東京, 早稲田出版(2003)

山本草二, 國際刑事法, 東京, 三省堂(1991)

浅田和茂, 刑法總論, 東京, 成文堂(2007)

石丸俊彦, 刑事訴訟の實務(上), 東京 : 新日本法規出版株式會社(2005)

藤永幸治, 河上和雄, 中山善房, 大コンメンタール刑事訴訟法, 第一券 東京 : 靑林書院(1996)

植松慶太, 極東國際軍事裁判, 東京, 人物往來社(1962)

大塚 仁, 佐藤 文哉, 河上 和雄, 古田 佑紀, 大コンメンタール刑法, 第1巻 靑林書院(2008)

大塚 仁, 川端 博, 刑法＜1＞新・判例コンメンタール, 東京, 三省堂(1996)

[논문]

A.A. Agbor, "The Problematic Jurisprudence on Instigation under the Statute of the ICTR : The Consistencies, Inconsistencies and Misgivings of the Trial and Appeals Chambers of the ICTR", 13 International Criminal Law Review(2013)

A. Abass, "The International Criminal Court and Universal Jurisdiction", 6 International Criminal Law Review(2006)

A. Abass, "Prosecuting International Crimes in Africa", 24 EJIL(2013)

A. Alexander, "The Genesis of the Civilian", 20 Leiden Journal of International Law(2007)

A. Aponte Cardona, "Criminal Prosecution of International Crimes: The Colombian Case", 10 International Criminal Law Review(2010)

A. Bianchi, "Immunity versus Human Rights: The Pinochet Case", 10 EJIL(1999)

A. Bisset, "Truth Commissions: A Barrier to the Provision of Judicial Assistance?", 10 International Criminal Law Review(2010)

A.C. Carpenter, "The International Criminal Court and the Crime of Aggression", 64 Nordic Journal of International Law(1995)

Adam Abelson, "The Prosecut/Extradite Dilemma : Concurrent Criminal Jurisdiction and Global Governance", UC Davis Journal of International Law and Policy, Vol. 16(2010)

A. D. Sofaer, "On the Necessity of Pre−Emption", 14 EJIL(2003)

A. Gil Gil, "The Flaws of the Scilingo Judgment", 3 JICJ(2005)

A.K.A. Greenawalt, "Rethinking Genocidal Intent, The Case for a Knowledge−Based Interpretation", 99 Columbia Law Review(1999)

Alan M. Dershowitz, "Why Terrorism Works: Understanding the Threat, Responding to the Challenge" (New Haven, CT, 2002)

Albin Eser, "Article 31 - Grounds for excluding criminal responsibility", in Otto Triffterer(Hrsg.): Commentary on the Rome Statute of the International Criminal Court : observers' notes, article by article. Baden−Baden: Nomos, 1999.

Albin Eser, "The Law of Incitement and the Use of Speech to Incite Others to Commit Criminal Acts: German Law in Comparative Perspective", in D. Kretzmer and F. K. Hazan(eds.), Freedom of Speech and Incitement Against Democracy(2000)

Albin Eser, "Individual Criminal Responsibility", The Rome Statute of The International Criminal Court : A Commentary volume I. New York : Oxford University Press(2002)

Albin Eser, "Superior Responsibility", The Rome Statute of The International Criminal Court : A Commentary volume I. New York : Oxford University Press(2002)

Albin Eser, "For Universal Jurisdiction : Against Fletcher's Antagonism", The University of Tulsa law review 39(2004)

Albin Eser, "Symposium: Twenty−Five Years of George P. Fletcher's Rethinking Criminal Law For Universal Jurisdiciton : Aganist Fletcher's Antagonism", Tulsa Law Review(Summer 2004)

Albin Eser, "Mental Elements − Mistake of Fact and Mistake of Law", in International Criminal Law volume I.,: Leiden : Martinus Niihoff Publishers(2008)

Alexandra Huneeus, "International Criminal Law by Other Means: The Quasi−Criminal Jurisdiction of the Human Rights Courts"(2013) 107 American Journal of International Law 1.

Allison Marston Danner, Jenny S. Martinez, "Guilty Associations: Joint Criminal Enterprise, Command Responsibility, and the Development of International Criminal Law", California Law Review, Vol

93(2005)

Ambos, Kai,, "General Principles of Criminal Law in the Rome Statute", Criminal Law Forum 10(1999)

Ambos, Kai, "Joint Criminal Enterprise and Command Responsibility", 5 JICJ(2007)

Ambos, Kai, "The Fujimori Judgment", 9 JICJ(2011)

Ambos, Kai, "Other Grounds for Excluding Criminal Responsibility", in The Rome Statute of The International Criminal Court : A Commentary volume I. New York : Oxford University Press (2002)

Ambos, Kai, "Remarks on the General Part of International Criminal Law", Journal of International Criminal Justice(2006)

Ambos, Kai, "International Core Crimes, Unversal Jurisdiction and § 153f of the German Criminal Procedure Code : A Commentary on the Decisions of the Federal Porosecuor General and the Suttgart Higher Regional Court in the Abughraib/Rumsfeld case", Criminal Law Forum(2007)

Ambos, Kai, "Individual criminal responsibility", in O. Triffterer(ed.), Commentary on the Rome Statute of the International Criminal Court. München 2nd. ed. 2008.

Ambos, Kai, "Superior Reponsibility", in O. Triffterer(ed.), Commentary on the Rome Statute of the International Criminal Court. München 2nd. ed. 2008.

Ambos, Kai, "The Legal Framework of Transitional Justice", in K. Ambos et al.(eds), Building a Future on Peace and Justice(2009)

Ambos, Kai, "What Does "Intent to Destroy" in Genocide Mean?", 91 International Review of the Red Cross(2009)

Ambos, Kai, "The crime of aggression after Kampala", German Yearbook of International Law, Vol. 53(2010)

Ambos, Kai, "Defences in International Criminal Law" in Brown, B. S., ed., Research Handbook on International Criminal Law. Cheltenham, Northampton: Edward Elgar Publishing, 2011.

Ambos, Kai, "Judicial Creativity at the Special Tribunal for Lebanon: Is there a Crime of Terrorism under International Law?", 24 Leiden Journal of International Law(2011)

Ambos, Kai , "Punishment without a Sovereign? The Ius Puniendi Issue of International Criminal Law: A First Contribution towards a Consistent Theory of International Criminal Law", Oxford Journal of Legal Studies(2013)

Ambos, Kai and Steffen Wirth, "The Current Law of Crimes against Humanity: An Analysis of UNTAET Regulation 15/ 2000", Criminal Law Forum(2002)

Aminta Ossom, "Aa African Solution to an African problem? How an African Prosecutor could strengthen the ICC", Virginia Journal of International Law Digest(2011)

Amy J. Sepinwall, "Failures To Punish: Command Responsibility in Domestic and International Law", Michigan Journal of International Law, Vol. 30(2009)

Adriaan Bos, "From the International Law Commission to the Rome Conference(1994−1998)", in A. Cassese, P. Gaeta, and J.R.W.D. Jones(eds), The Rome Statute of the International Criminal Court, Vol. I(2002)

Angelina Tchorbadjiyska, "JOINT CASES C−187/01 AND C−385/01 GÖZÜTOK AND BRÜGGE", Columbia Journal of European Law(Summer, 2004)

Anthony Anghie and B.S. Chimni, "Third World Approaches to International Law and Individual Responsibility in Internal Armed Conflict", Chinese Journal of International Law(2003)

Anthony D'Amato, "National Prosecution for International Crimes", International Criminal Law volume Ⅲ. Leiden : Martinus Niihoff Publishers(2008)

Anthony J. Colangelo, "Double Jeopardy and Multiple Sovereigns : A Jurisdictional Theory", Washington University Law Review(2009)

Antonio Cassese, "The Geneva Protocols of 1977 on the Humanitarian Law of Armed Conflict and Customary International Law", U.C.L.A. PACIFIC BASIN LAW JOURNAL(1984).

Antonio Cassese, "The Statute of the International Criminal Court: Some Preliminary Reflections", 10 European Journal of International Law'(1999)

Antonio Cassese, "The Rome Statute of the International Criminal Court : Some Preliminary Reflections", European Journal of International Law(1999)

Antonio Cassese, "Terrorism is Also Disrupting Some Crucial Legal Categories of International Law", 12 EJIL(2001)

Antonio Cassese, "When May Senior State Officials be Tried for International Crimes? Some Comments on the Congo v Belgium Case", European Journal of International Law(2002)

Antonio Cassese, "Is the Bell Tolling for Universality?", 1 JICJ(2003)

Antonio Cassese, "Black Letter Lawyering vs Constructive Interpretation: The Vasiljević Case", 2 JICJ (2004)

Antonio Cassese, "The Multifaceted Criminal Notion of Terrorism in International Law", 4 Journal of International Criminal Justice(2006)

Antonio Cassese, "On Some Problematical Aspects of the Crime of Aggression", 20 Leiden Journal of International Law(2007)

Antonio Cassese, "On Some Merits of the Israeli Judgment on Targeted Killings", 5 JICJ(2007)

Antonio Cassese, "The Italian Court of Cassation Misapprehends the Notion of War Crimes", 6 JICJ' (2008)

Antonio Cassese, "The Italian Court of Cassation Misapprehends the Notion of War Crimes: The Lozano Case" 6 Journal of International Criminal Justice(2008).

Antonio Cassese, "Affirmation of the Principles of International Law Recognized by the Charter of the Nürnberg Tribunal", United Nations Audiovisual Library of International Law(2009)

Antonio Cassese, "International Criminal Court and Tribunals The Legitimacy of International Criminal Tribunals and the Current Prospects of International Criminal Justice", Leiden Journal of International Law(2012)

Antonio Cassese, "The Nexus Requirement for War Crimes", 10 JICJ(2012)

Antonio Coco, "The Mark of Cain The Crime of Terrorism in Times of Armed Conflict as Interpreted by the Court of Appeal of England and Wales in R v. Mohammed Gul", 11 JICJ(2013)

A. Paulus, "Second Thoughts on the Crime of Aggression", 20 EJIL(2009)

A. Paulus and M. Vashakmadze, "Asymmetrical War and the Notion of Armed Conflict − A Tentative Conceptualization", 91 International Review of the Red Cross(2009)

A. Pellet, "Applicable Law", in A. Cassese, P. Gaeta, and J.R.W.D. Jones(eds), The Rome Statute of the International Criminal Court, Vol. II(2002)

Arthur Thomas O'reilly, "Command Responsibility : A Call to Realign Doctrine with Principles", American University International Law Review Vol. 20(2004),

A.S. Brown, "Adios Amnesty: Prosecutorial Discretion and Military Trials in Argentina", 37 Texas International Law Journal(2002)

A. Strippoli, "National Courts and Genocide − The Kravica Case at the Court of Bosnia and Herzegovina", 7 JICJ(2009)

A.T. Richardson, "War Crimes Act 1991" 55 Modern Law Review(1992),

Audrey I. Benison, "International Criminal Tribunals : Is there a Substanvie Limitation on the Treaty Power?", Stanford Journal of International Law(2001)

A. Zahar, "The ICTR's "Media" Judgment and the Reinvention of Direct and Public Incitement to Commit Genocide", 16 Criminal Law Forum(2005)

A. Zimmermann, "Palestine and the International Criminal Court Quo Vadis?", JICJ(2013)

Barrie Sander, "Unravelling the Confusion Concerning Successor Superior Responsibility in the ICTY Jurisprudence", Leiden Journal of International Law, Volume 23(March 2010)

Ben Saul, "Legislating from a Radical Hague: The United Nations Special Tribunal for Lebanon Invents an International Crime of Transnational Terrorism", LJIL(2011)

Ben Schiff, "The ICC's Potential for Doing Bad when Pursuing Good", Ethics and International Affairs (2012)

Beres, "Genocide,, Death and Anxiety, A Jurisprudential/Psychiatric Analysis", Temple International and Comparative Law Journal(Fall 1996)

Bert Swart, "The European Union and the Schengen Agreement", International Criminal Law volume II. : Leiden : Martinus Niihoff Publishers(2008)

Beth Van Schaack, Ronald C. Slye, "Defining International Criminal Law", Santa Clara Univ. Legal Studies Research Paper No. 07−32(2007)

Beth Van Schaack, Ronald C. Slye, "A Concise History of International Criminal Law: Chapter 1 of Understanding International Criminal Law", Santa Clara University School of Law Legal Studies Research Papers Series Working Paper No. 07−42, September 2007(Revised 9/12/08)

Beth Van Schaack, "Crimen Sine Lege: Judicial Lawmaking at the Inetrsection of Law and Morals", Georgetown Law Journal(November, 2008)

B. Goy, "Individual Criminal Responsibility before the International Criminal Court", 12 International Criminal Law Review(2012)

Bing Bing Jia, "The Doctrine of Command Responsibility Revisited", Chinese JIL(2004)

B. Krebs, "Justification and Excuse in Article 31(1) of the Rome Statute", 2 Cambridge Journal of International and Comparative Law(2013)

Bruce Broomhall, "Symposium: Universal Jurisdiction: Myths, Realities, and Prospects Panel Five: Expanding United States Codification of Universal Jurisdiction towards the Development of an Effective System of Universal Jurisdiction for Crimes under International Law", New England Law Review(Winter, 2001)

B. Tuzmukhamedov, "The ICC and Russian Constitutional Problems", 3 JICJ(2005)

B. van Schaack, "Par in Parem Imperium Non Habet: Complementarity and the Crime of Aggression", 10 JICJ(2012)

B. van Schaack, "Negotiating at the Interface of Power and Law: The Crime of Aggression", 49 Columbia Journal of Transnational Law(2011)

C.A.E. Bakker, "Full Stop to Amnesty in Argentina", 3 JICJ(2005)

Carmen M. Argibay, "Sexual Slavery and the "Comfort Women" of World War II", Berkeley Journal of International Law, volume 21(2003)

Carsten Stahn, "Justice under Transitional Administration: Contours and Critique of a Paradigm", 27 Houston Journal of International Law(2005)

Catharine MacKinnon, "Defining Rape Internationally: A Comment on Akayesu", 44 Columbia Journal of International Law(2005)

Cedric Ryngaert, "Horizontal Complementarity : The Complementarity Jusrisdiction of Bystander

States in the Prosecution of International Crimes under the Universality Principle", Working Paper No. 44 – March Katholieke Universiteit Leuven(2010)

Chacha Murungu, "Prosecution and Punishment of International Crimes by the Special Court for Sierra Leone" in Chacha Murungu and Japhet Biegon(eds.), Prosecuting International Crimes in Africa(Pretoria, 2011).

Chantal Meloni, "Command Responsibility Mode of Liability for the Crimes of Subordinates or Separate Offence of the Superior?", Journal of International Criminal Justice 5(2007)

Charles Chernor Jalloh, "Regionalizing International Criminal Law?", International Criminal Law Review (2009)

C.B. Murungu, "Towards a Criminal Chamber in the African Court of Justice and Human Rights", 9 JICJ(2011)

C. Chinkin, "Women's International Tribunal on Japanese Military Sexual Slavery", 95 AJIL(2001)

Christine van den Wyngaert and Dugard, "Non-Applicability of Statute of Limitations", in A. Cassese, P. Gaeta, and J.R.W.D. Jones(eds), The Rome Statute of the International Criminal Court: A Commentary , Vol. I(2002)

Christine Van den Wyngaert and Tom Ongena, "Ne bis in idem Principle, Including the Issue of Amnesty", The Rome Statute of The International Criminal Court : A Commentary volume I. New York : Oxford University Press(2002)

C. Gray, "The Use and Abuse of the International Court of Justice: Cases Concerning the Use of Force After Nicaragua", 14 EJIL(2003)

C. Kreß, "The Iraqi Special Tribunal and the Crime of Aggression", 2 Journal of International Criminal Justice(2004)

C. Kreß, "The Darfur Report and Genocidal Intent", 3 JICJ(2005)

C. Kreß, "The Crime of Aggression before the First Review of the ICC Statute", 20 Leiden Journal of International Law(2007)

C. Kreß, "The International Court of Justice and the Elements of the Crime of Genocide", 18 EJIL (2007)

C. Kreß, "Time for Decision: Some Thoughts on the Immediate Future of the Crime of Aggression: A Reply to Andreas Paulus", 20 EJIL(2009)

C. Kreß and L. von Holtzendorff, "The Kampala Compromise on the Crime of Aggression", 8 JICJ (2010)

C. Kreß, "On the Outer Limits of Crimes Against Humanity – The Concept of Organization within the Policy Requirement – Some Reflections on the March 2010 ICC Kenya Decision", LJIL, 23 (2010)

Conor Foley, "The Evolving Legitimacy of Humanitarian Interventions", International Journal on Human Rights, Vol. 19,(2013)

C. Stahn, "Complementarity, Amnesties and Alternative Forms of Justice", 3 JICJ(2005)

C. Tournaye, "Genocidal Intent Before the ICTY", 52 International and Comparative Law Quarterly (2003)

C. Villarino Villa, "The Crime of Aggression Before the House of Lords: Chronicle of a Death Foretold", 4 JICJ(2006)

D. Akande, "The Legal Nature of Security Council Referrals to the ICC and its Impact on Al Bashir's Immunities", 7 JICJ(2009)

D. Akande, "Clearing the Fog of War? The ICRC's Interpretive Guidance on Direct Participation in Hostilities", 59 International and Comparative Law Quarterly(2010)

D. Akande, "Classification of Armed Conflict; Relevant Legal Concepts", in Elizabeth Wilmshurst (ed.), International Law and the Classification of Conflict(2012)

D. Akande and S. Shah, "Immunities of State Officials, International Crimes, and Foreign Domestic Courts", 21 EJIL(2010)

D. Akande and S. Shah, "Immunities of State Officials, International Crimes and Foreign Domestic Courts : A Rejoinder to Alexander Orakhelashvili", EJIL(2011)

David L. Speer, "Redefining borders: The challenges of cybercrime", Crime, Law & Social Change (2000)

David Marshall and Shelley Inglis, "The Disempowerment of Human Rights−Based Justice in the United Nations Mission in Kosovo", 16 Harvard Human Rights Journal(2003)

David Nersessian, "The Contours of Genocidal Intent: Troubling Jurisprudence from the International Criminal Tribunals", 37 Texas International Law Journal(2002)

David S. Rudstein, "Rertying the Acquitted in England PART II: THE Exception to the Rule against Double Jeopardy for "Tainted Acquittals"". San Diego International Law Journal(2008)

David Wippman, "Atrocities, Deterrence and the Limits of International Justice", Fordham International Law Journal(1999)

Dionysios SPINELLIS, "The Ne bis in idem principle in "Global" Instruments", International Review of Penal Law(Vol. 73)(2002)

D. Jinks, "September 11 and the Laws of War", 28 Yale Journal of International Law(2003)

D.C. Caro Coria, "Prosecuting International Crimes in Peru", 10 International Criminal Law Review (2010)

D. Dukic, "Transitional Justice and the International Criminal Court − In "the interests of justice"?", 89 International Review of the Red Cross(2007)

Deidre Willmott, "Removing the Distinction between International and Non−International Armed Conflict in the Conflict in the Rome Statute of the International Criminal Court", Melbourne Journal of International Law(2004)

Diane Orentlicher, "Settling Accounts, The Duty to Prosecute Human Rights Violations of a Former Regime", 100 Yale Law Journal(1991)

Dire Tladi, "The ICC Decisions on Chad and Malawi: On Cooperation, Immunities, and Article 98", 11 Journal of International Criminal Justice(2013)

D. Kretzmer, "Targeted Killing of Suspected Terrorists: Extra−Judicial Executions or Legitimate Means of Defence?", 16 EJIL(2005)

D. Kretzmer, "Rethinking the Application of IHL in Non−International Armed Conflicts", 42 Israel Law Review(2009)

Douglas Guilfoyle, "Prosecuting Somali Pirates A Critical Evaluation of the Options", JICJ(2012)

D. Raab, "Evaluating the ICTY and its Completion Strategy", 3 JICJ(2005)

D. Robinson, "Defining Crimes Against Humanity at the Rome Conference", 93 AJIL(1999)

D. Robinson, "Serving the Interests of Justice: Amnesties, Truth Commissions and the International Criminal Court", 14 EJIL(2003)

D. Robinson, "How Command Responsibility got so complicated : A Culpability Contradiction, its obfuscation, and a simple solution", Melbourne Journal of International Law(2012)

D. Scheffer, "Article 98(2) of the Rome Statute: America's Original Intent", 3 JICJ(2005)

E. Crenzel, "Argentina's National Commission on the Disappearance of Persons", 2 International Journal of Transitional Justice(2008)

Edward M. Wise, "International Crimses and Domestic Criminal Law report submitted by the American national section, AIDP", DePaul Law Review(1989)

Elena A. Baylis, "Parllel Courts in post−conflict Kosovo", Yale Journal of International Law(Winter 2007)

Elies van Sliedregt, "Article 28 of the ICC Statute: Mode of Liability and/or Separate Offense?", New Criminal Law Review: An International and Interdisciplinary Journal Vol. 12, No. 3(2009)

Ethan A. Nadelmann, "Global prohibition regimes: the evolution of norms in international society" International Organization, Vol. 44, No. 4(Autumn, 1990)

Eva Brems, "Universal Criminal Jurisdiction for Grave Breaches of International Humanitarian Law: The Belgian Legislation", Singapore Journal of International and Comparative Law(2002)

E.van Sliedregt, "Deffences in International Criminal Law", Convergence of Criminal Justice Systems : Building Bridges Bridging the Gap, The International Society For The Reform Of Criminal Law. 17th International Conference(25 August 2003)

E.van Sliedregt, "Command Responsibility at the ICTY – Three Generations of Case Law and Still Ambiguity", In The Legacy of the International Criminal Tribunal for the Former Yugoslavia, Oxford University Press(September 2011)

Evan Wallach & I. Maxine Marcus, "Command Responsibility", International Criminal Law volume II.,: Leiden : Martinus Niihoff Publishers(2008)

Eyal Benvenisti, "Judicial Misgivings regarding the Application of International Norms: An Analysis of Attitudes of National Courts", 4 European Journal of International Law(1993)

F. Boudreault, "Identifying Conflicts of Norms: The ICJ Approach in the Case of the Jurisdictional Immunities of the State(Germany v. Italy: Greece Intervening)", 25 Leiden Journal of International Law(2012)

F.B. Schick, "The Nuremberg Trial and the International Law of the Future", 41 AJIL(1947)

F.G. Monteconrado, M. Zilli, M.E. Rocha de Assis Moura, "International Criminal Law and Transitional Justice in Brazil", 10 International Criminal Law Review(2010)

Firew Kebede Tiba, "The Mengistu Genocide Trial in Ethiopia" 5 Journal of International Criminal Justice(2007)

F. Jeßberger and C. Powell, "Prosecuting Pinochets in South Africa, Implementing the Rome Statute of the International Criminal Court", 14 South African Journal of Criminal Justice(2001)

F. Lafontaine, "No Amnesty or Statute of Limitation for Enforced Disappearances: The Sandoval Case before the Supreme Court of Chile", 3 JICJ(2005)

F. Muñoz Conde and H. Olásolo, "The Application of the Notion of Indirect Perpetration Through Organized Structures of Power in Latin America and Spain", 9 JICJ(2011)

G.A. Finch, "The Nuremberg Trial and International Law", 41 AJIL(1947)

Gabriella Blum, "Re−envisaging the International Law of Internal Armed Conflict: A Reply to Sandesh Sivakumaran", 22 European Journal of International Law(2011)

Gillian Triggs, "Australia's War Crimes Trials: A Moral Necessity or Legal Minefield?", 16 Melbourne University Law Review(1987)

Gillian Triggs, "Implementation of the Rome Statute for the International Criminal Court: A Quiet Revolution in Australian Law", Sydney Law Review(2003)

Geoffrey R. Watson, "Offenders Abroad : The Case for Nationality−Based Criminal Jurisdiction", Yale Journal of International Law(Winter, 1992)

Geo. Gordon Battle, "The Trials before the Leipsic Supreme Court of Germans Accused of War Crimes", Virginia Law Review, Vol. 8, No. 1(1921)

George P. Fletcher, "Against Universal Jurisdiciton". The Journal of Criminal Justice(2003)

Gerald Draper, "Humanitarian Law and Internal Armed Conflicts", 13 Georgia Journal of International and Comparative Law(1983)

Gerard Conway, "Ne Bis in Idem and the International Criminal Tribunals", Criminal Law Forum (2003)

Gerard Conway, "Ne Bis in Idem in International Law", International Criminal Law Review(2003)

Georges Abi−Saab, "The Proper Role of Universal Jurisdiction", The Journal of Criminal Justice(2003)

G. Gaja, "The Long Journey Towards Repressing Aggression", in A. Cassese, P. Gaeta, and J.R.W.D. Jones(eds), The Rome Statute of the International Criminal Court, Vol. I(2002)

GILLIAN TRIGGS, "Implementation of the Rome Statute for the International Criminal Court: A Quiet Revolution in Australian Law", Sydney Law Review(2003)

G. Mettraux, "The 2005 Revision of the Statute of the Iraqi Special Tribunal", 5 JICJ(2007)

G.S. Gordon, ""A War of Media, Words, Newspapers, and Radio Stations": The ICTR Media Trial Verdict and a New Chapter in the International Law of Hate Speech", 45 Virginia Journal of International Law(2004)

G.S. Gordon, "From Incitement to Indictment − Prosecuting Iran's President for Advocating Israel's Destruction and Piecing Together Incitement Law's Emerging Analytical Framework", Journal of Criminal Law and Criminology, Vol. 98, Issue 3(2008)

Guido Acquaviva, "At the Origins of Crimes Against Humanity", 9 JICJ(2011)

Guyora Binder, "Representing Nazism: Advocacy and Identity in the Trial of Klaus Barbie", 98 Yale Law Journal(1989)

Hansjörg Strohmeyer, "Collapse and Reconstruciton of a Judicial System: The United Nations Missions in Kosovo and East Timor", American Journal of International Law(2001)

Hans−Jügen Bartsch, "Council of Europe Ne Bis in Idem : The European Perspective", International Review of Penal Law(Vol. 73)(2002)

H. Ascensio, "Are Spanish Courts Backing Down on Universality?", 1 JICJ(2003)

H. Ascensio, "The Spanish Constitutional Tribunal's Decision in Guatemalan Generals", 4 JICJ(2006)

Hans Kelsen, "Will the Judgment in the Nuremberg Trial Constitute a Precedent in International Law?", 1 International Law Quarterly(1947)

Helen Silving, "In Re Eichmann: A Dilemma of Law and Morality", 55 American Journal of International Law(1961)

Helmut Satzger, "German Criminal Law and the Rome Statute: A Critical Analysis of the New German Code of Crimes against International Law", 2 International Criminal Law Review(2002)

H.G. van der Wilt, "Genocide, Complicity in Genocide and International v. Domestic Jurisdiction", 4 JICJ(2006)

H.H. Koh, "International Criminal Justice 5.0", 38 Yale Journal of International Law(2013)

Horsington, Helen, "The Cambodian Khmer Rouge Tribunal: The Promise of a Hybrid Tribunal", Melbourne Journal of International Law(2004)

H.−P. Kaul, "Kampala June 2010 − A First Review of the ICC Review Conference", 2 Goettingen Journal of International Law(2010)

Hunjoon Kim and Katherine Sikkink, "Explaining the Deterrence Effect of Human Rights Prosecutions for Transitional Countries", International Studies Quarterly(2010)

H. van der Wilt, "Bilateral Agreements between the United States and States Parties to the Rome Statute", 18 Leiden Journal of International Law(2005)

H. van der Wilt, "Universal Jurisdiction under Attack", 9 JICJ(2011)

H. van der Wilt, "Domestic Courts' Contributions to the Development of International Criminal Law: Some Reflections", 46 Israel Law Review(2013)

H. Vest, " Structure−Based Concept of Genocidal Intent", 5 JICJ(2007)

I. Josipović, "Responsibility for War Crimes Before National Courts in Croatia", 88 International Review of the Red Cross(2006)

I.K. Müller−Schieke, "Defining the Crime of Aggression Under the Statute of the International Criminal Court", 14 Leiden Journal of International Law(2001)

Ilias Bantekas, "The Iraqi Special Tribunal for Crimes against Humanity", 54 International and Comparative Law Quarterly(2004)

Ilias Bantekas, "Tthe Principle of Mutal Recognition in EU Criminal Law", European Law Review (2007)

Irene Gartner, "Austria concurrent National and International Criminal Jurisdiction and the Principle "Ne Bis in Idem", International Review of Penal Law(Vol. 73)(2002)

Irwin Cotler, "Bringing Nazi War Criminals in Canada to Justice: A Case Study", ASIL Proceedings (1997)

I. Wuerth, "Pinochet's Legacy Reassessed", 106 AJIL(2012)

J.A. Beckett, "Interim Legality: A Mistaken Assumption? − An Analysis of Depleted Uranium Munitions under Contemporary International Humanitarian Law", 3 Chinese Journal of International Law (2004)

J. Allain and R. Hickey, "Property and the Definition of Slavery", 61 International and Comparative Law Quarterly(2012)

Jayant Kumar, "Determining Jurisdiction in Cyberspace", National Law University Working Paper Series(2006)

J. Crawford, "The Work of the International Law Commission", in A. Cassese, P. Gaeta, and J.R.W.D. Jones(eds), The Rome Statute of the International Criminal Court, Vol. I(2002)

J. Doak, "The Therapeutic Dimension of Transitional Justice", 11 International Criminal Law Review (2011)

J.D. Ohlin, "Three Conceptual Problems with the Doctrine of Joint Criminal Enterprise", 5 JICJ(2007)

J. Dondé Matute, "International Criminal Law Before the Supreme Court of Mexico", 10 International Criminal Law Review(2010)

J. Dugard, "Dealing with Crimes of a Past Regime: Is Amnesty Still an Option?", 12 Leiden Journal of International Law(1999)

J. Dugard, "Possible Conflicts of Jurisdiction with Truth Commissions", in A. Cassese, P. Gaeta, and J.R.W.D. Jones(eds), The Rome Statute of the International Criminal Court: A Commentary , Vol. I(2002)

J. Dugard, "Palestine and the International Criminal Court", 11 JICJ(2013)

Jeannine Davanzo, "An Absence of Accountability for the My Lai Massacre", Hofstra Law and Policy Symposium(1999)

Jenny S. Martinez, "Understanding Mens Rea in Command Responsibility From Yamashita to Blaškić and Beyond", Journal of International Criminal Justice Volume 5(2007)

Jens David Ohlin, "Towards a Unique Theory of International Criminal Sentencing" in Göran Sluiter and Sergey Vasiliyev(eds.), International Criminal Procedure: Towards a Coherent Body of Law (London, 2009)

Jens Meierhenrich, Keiko Ko, "How do States Join the International Criminal Court? The Implementation of the Rome Statute in Japan", Journal of International Criminal Justice(2009)

J.G. Stewart, "'Towards a Single Definition of Armed Conflict in International Humanitarian Law: A Critique of Internationalized Armed Conflict", 85 International Review of the Red Cross(2003)

J.G. Stewart, "Rethinking Guantánamo: Unlawful Confinement as Applied in International Criminal Law", 4 JICJ(2006)

J.K. Kleffner, "Protection of the Wounded, Sick, and Shipwrecked", in D. Fleck(ed.), The Handbook of International Humanitarian Law, 3rd edn(2013)

J.L. Guzmán Dalbora, "The Treatment of International Crimes in Chilean Jurisprudence: A Janus Face", 10 International Criminal Law Review(2010)

J. Lu and Z. Wang, "China's Attitude towards the ICC", 3 JICJ(2005)

J.M. Henckaerts, "Deportation and Transfer of Civilians in Time of War", 26 Vanderbilt Journal of Transnational Law(1993)

J.M. Kamatali, "The Challenge of Linking International Criminal Justice and National Reconciliation : the Case of the ICTR", 16 Leiden Journal of International Law(2003)

J.N. Clark, "Courting Controversy: The ICTY's Acquittal of Croatian Generals Gotovina and Markač", 11 Journal of International Criminal Justice(2013)

Joan Fitzpatrick, "Sovereignty, Territoriality, and the Rule of Law," Hastings International and Comparative Law Review 303(2002)

John A.E. Vervaele, "The Transnational Ne bis in idem principle in the EU Mutual recognition and Equivalent protection of Human rights", Utrecht Law Review(2005)

John A.E. Vervaele, "European Criminal Law and General Principles of Union Law", College of Europe European Legal Studies, RESEARCH PAPERS IN LAW(2005)

Jon B. Jordan, "Universal Jurisdiction In a Dangerous World : A Weapon for All Nations against International Crime", Michigan State University−DCL Journal of International Law(2000)

Josè Luis De La Cuesta, "Concurrent National and International Criminal Jurisdiction and the Principle 'Ne bis in dem' General Report". International Review of Penal Law(Vol. 73)(2002)

Joshua L. Root, "Some Other Men's Rea? The Nature of Command Responsibility in the Rome Statute", available at: http://works.bepress.com/joshua_root/2

J. Rikhof, "Hate Speech and International Criminal Law", 3 JICJ(2005)

J.S. Martinez and A.M. Danner, "Guilty Associations: Joint Criminal Enterprise, Command Responsibility, and the Development of International Criminal Law", 93 California Law Review(2005)

J.Somer, "Jungle Justice: Passing Sentence on the Equality of Belligerents in Non−International Armed Conflict", 89 International Review of the Red Cross(2007)

J.T. Holmes, "Complementarity: National Courts Versus the ICC", in A. Cassese, P. Gaeta, and J.R.W.D. Jones(eds), The Rome Statute of the International Criminal Court, Vol. I(2002)

J. Trahan, "The Rome Statute's Amendment on the Crime of Aggression: Negotiations at the Kampala Review Conference", 11 International Criminal Law Review(2011)

Juan E. Mendez, "Significance of The Fujimori Trial", 25 American University International Law Review(2010)

K.A. Rodman, "Is Peace in the Interests of Justice? The Case for Broad Prosecutorial Discretion at the International Criminal Court", 22 Leiden Journal of International Law(2009)

K. Eichensehr, "On Target? The Israeli Supreme Court and the Expansion of Targeted Killings", 116 Yale Law Journal(2007)

Keith A. Petty, "Sixty Years In The Making: The Definition of Aggression for the International Criminal Court", Hastings International and Comparative Law Review, Vol. 31,(2008)

Kenneth C. Randall, "Universal Jurisdiction Under International Law", 66 Tex. L. Rev. 785, 786(Mar. 1988)

Kerstin von Lingen, War Crimes Trials in the Wake of Decolonization and Cold War in Asia, 1945－1956: Justice in Time of Turmoil(World Histories of Crime, Culture and Violence). Helsinki : Springer International Publishing. Kindle Edition.(2016)

Kevin R. Johnson, "WHY ALIENAGE JURISDICTION? HISTORICAL FOUNDATIONS AND MODERN JUSTIFICATIONS FOR FEDERAL JURISDICTION OVER DISPUTES INVOLVING NONCITIZENS", Yale Journal of International Law(Winter 1996)

K.J. Heller, "Retreat from Nuremberg, The Leadership Requirement in the Crime of Aggression", 18 EJIL(2007)

K.J. Heller, "The Uncertain Legal Status of the Aggression Understandings", 10 JICJ(2012)

K.J. Heller, "" One Hell of a Killing Machine": Signature Strikes and International Law", 11 JICJ(2013)

K. Mills, "'Bashir is Dividing Us": Africa and the International Criminal Court", 34 Human Rights Quarterly(2012)

K. Rodman, "Darfur and the Limits of Legal Deterrence", Human Rights Quarterly(2008)

L.A. Casey, "The Case Against the International Criminal Court", 25 Fordham International Law Journal (2002)

Lara A. Ballard, "THE RECOGNITION AND ENFORCEMENT OF INTERNATIONAL CRIMINAL COURT JUDGMENTS IN U.S. COURTS", Columbia Human Rights Law Review(1997)

Laura A. Dickinson, "The Promise of Hybrid Courts"(2003) 97 American Journal of International Law.

L.C. Berster, ""Duty to Act" and "Commission by Omission" in International Criminal Law", 10 International Criminal Law Review(2010)

L. Condorelli and M. Ciampi, "Comments on the Security Council Referral of the Situation in Darfur to the ICC", 3 JICJ(2005)

Leena Grover, "A Call to Arms:Fundamental Dilemmas Confronting the Interpretation of Crimes in the Rome Statute of the International Criminal Court", 21 European Journal of International Law(2010)

L.E. Fletcher, H.M. Weinstein, and J. Rowen, "Context, Timing and the Dynamics of Transitional Justice : A Historical Perspective", 31 Human Rights Quarterly(2009)

Leila Nadya Sadat, "Competing and Overlapping Jurisdictions", International Criminal Law volume II.,: Leiden : Martinus Niihoff Publishers(2008)

Leila Sadat Wexler, "The French Experience", International Criminal Law, 3rd edn(Leiden, 2008) Vol. III

L.J. Laplante, "Outlawing Amnesty: The Return of Criminal Justice in Transitional Justice Schemes", 49 Virginia Journal of International Law(2009)

L. Mallinder, "Can Amnesties and International Justice be Reconciled?", 1 International Journal of Transitional Justice(2007)

L. Maresca, "A New Protocol on Explosive Remnants of War: The History and Negotiation of Protocol V to the 1980 Convention on Certain Conventional Weapons", International Review of the Red Cross(2004)

L.N. Sadat, "Crimes Against Humanity in the Modern Age", 107 AJIL(2013)

Lorraine Finlay, "Does the International Criminal Court Protect against Double Jeopardy : An Analysys of Article 20 of the Rome Statute", U.C. Davis Journal of International Law and Policy(2009)

Lubell, N., Derejko, N., "A Global Battlefield?: Drones and the Geographical Scope of Armed Conflict", Journal of International Criminal Justice(2013)

Luc Reydams, "Universal Criminal Jurisdiction: The Belgian State of Affairs" Criminal Law Forum 11 (2000)

L. van den Herik and D. Dam−De Jong, "Revitalizing the Antique War Crime of Pillage", 15 Criminal Law Forum(2011)

L.V. Faulhaber, "American Servicemembers' Protection Act of 2002", 40 Harvard Journal of Legislation (2003)

L. Waldorf, "Mass Justice for Mass Atrocity: Rethinking Local Justice as Transitional Justice", 79 Temple Law Review(2006)

Marco Sassoli, Antoine A. Bouvier, Anne Quintin, "How Does Law Protect in War? Cases, Documents and Teaching Materials on Contemporary Practice in International Humanitarian Law", Volume I Outline of International Humanitarian Law. Chapter 3.

Madeline H. Morris, "Symposium: Universal Jurisdiction: Myths, Realities, and Prospects Panel Three: Contemporary Developments Universal Jurisdiction IN A DIVIDED WORLD: CONFERENCE REMARKS", New England Law Review(Winter, 2001)

Maggie Gardner, "Piracy Prosecutions in National Courts", JICJ(2012)

Major Christopher M. Supernor, "International Bounty Hunters for War Criminals : Privatizing the Enforcement of Justice", Air Force Law Review(2001)

Maria Fletcher, "Some Developments to the ne bis in idem Principle in the European Union: Criminal Proceedings Against Hüseyn Gözütok and Klaus Brügge". Modern Law Review Limited (2003)

Martin Wasmeier.Nadine Thwaites, "The Development of Ne bis in idem into a Transnational Fundamental Right in EU Law : Comments on Recent Developments", European Law Review (2006)

Matthias Goldmann, "Implementing the Rome Statute in Europe:From Sovereign Distinction to Convergence in International Criminal Law?", Yearbook of International Law, vol. 16(2005/2008)

Mark A. Drumbl, "Collective Violence and Individual Punishment : The Criminality of Mass Atrocity", Northwestern University Law Review(2005)

Mark Osiel, "Ever Again: Legal Remembrance of Administrative Massacre", University of Pennsylvania Law Review(1995)

Mark Osiel, "Why Prosecute? Critics of Punishment for Mass Atrocity", Human Rights Quarterly(2000)

Mark Sweeney, "The Canadian War Crimes Liaison Detachment – Far East and the Prosecution of Japanese "Minor" War Crimes", PHD Thesis University of Melbourne(2005)

Markus Benzing, "The Complementarity Regime of the International Criminal Court : International Criminal Justice between State Sovereignty and the Fight against Impunity". Max Planck Yearbook of United Nations Law Volume 7.(2003)

M. Bothe, "War Crimes", in A. Cassese, P. Gaeta, and J.R.W.D. Jones(eds), The Rome Statute of the International Criminal Court, Vol. I(2002)

M. Bothe, "Terrorism and the Legality of Pre−Emptive Force", 14 EJIL(2003)

M. Byers, "The Law and Politics of the Pinochet Case", 10 Duke Journal of Comparative and International Law(2002)

M. Cherif Bassiouni, "Post−Conflict Justice in Iraq: An Appraisal of the Iraq Special Tribunal", 38 Cornell International Law Journal(2005)

M. Cherif Bassiouni, "The Normative Framework of International Humanitarian Law: Overlaps, Gaps and Ambiguities", International Law Studies(1998)

M. Cherif Bassiouni, "Introduction to transfer of Criminal Proceedings", Law and Practice of United States", International Criminal Law volume II.,: Leiden : Martinus Niihoff Publishers(2008)

M. Cherif Bassiouni, "Law and Practice of United States", International Criminal Law volume II.,: Leiden : Martinus Niihoff Publishers(2008)

M. Cherif Bassiouni, "Universal Jurisdiction for International Crimes: Historical Perspectives and Contemporary Practice", International Criminal Law volume II.,: Leiden : Martinus Niihoff Publishers (2008)

M. Damaška, 'The Shadow Side of Command Responsibility', American Journal of Comparative Law, Volume 49(2001)

M. Damaška, "What is the Point of International Criminal Law?", Chicago－Kent Law Review(2008)

M.E. Badar, "" Just Convict Everyone!" － Joint Perpetration: From Tadić to Stakić and Back Again", 6 International Criminal Law Review(2006)

M.E. Badar, "Drawing Boundaries of Mens Rea in the Jurisprudence of the International Criminal Tribunal for the Former Yugoslavia", 6 International Criminal Law Review(2006)

M. Glasius, "Do International Criminal Courts Require Democratic Legitimacy?", The European Journal of International Law(2012)

M. Hlavkova, "Reconstructing the Civilian/Combatant Divide: A Fresh Look at Targeting in Non－International Armed Conflict", 18 Journal of Conflict and Security Law(2013)

Micaela Frulli, "Exploring the Applicability of Command Responsibility to Private Military Contractors", Journal of Conflict & Security Law(2010)

Michael Carrol, "Australia's Prosecution of Japanese War Criminals", PHD Thesis University of Waterloo (2013)

Michael Geist, "Is There a There There? Toward Greater Certainty for Internet Jurisdiction", Berkeley Technology Law Journal(2001)

Michael J. Glennon, "The Blank－Prose Crime of Aggression", The Yale Journal of International Law (2010)

Michael Plachta, "Human Rights Aspects of the Prisoner Transfer in a comparative Perspective", Louisiana Law Review(1993)

Miranda Sissons, Ari Bassin, "Was the Dujail Trial Fair?", 5 Journal of International Criminal Justice (2007)

Mirjan R. Damaska, "The Shadow Side of Command Responsibility", The American Journal of Comparative Law 49(2001)

M.J. Ellis, "Purging the Past: The Current State of Lustration Laws in the Former Communist Bloc", 59 Law and Contemporary Problems(1996)

M. Lippman, "The Other Nuremberg: American Prosecution of Nazi War Criminals in Occupied Germany", Indiana International and Comparative Law Review(1992)

M. Loosteen, "The Concept of Belligerency in International Law", 166 Military Law Review(2000)

M. Mancini, "A Brand New Definition for the Crime of Aggression: The Kampala Outcome", 81 Nordic Journal of International Law(2012)

M. Morris, "The Democratic Dilemma of the International Criminal Court", Buffalo Criminal Law Review(2002)

M.M. Vajda, "The 2009 AIDP's Resolution on Universal Jurisdiction － An Epitaph or a Revival Call?!",

10 International Criminal Law Review(2010)

M.N. Schmitt(ed.), Tallinn Manual on the International Law Applicable to Cyber Warfare(2013)

Mohanmed Abdul−Azia, "International Perspective on Transfer of Prisoner and Execution of Foreign Penal Judgement", International Criminal Law volume II. : Lciden : Martinus Niihoff Publishers (2008)

Mohamed Shahabuddeen, "Does the Principle of Legality Stand in the Way of Progressive Development of the Law?", 2 Journal of International Criminal Justice(2004)

M. Politi, "The ICC and the Crime of Aggression: A Dream that Came Through and the Reality Ahead", 10 JICJ(2012)

M.P. Scharf, "The Amnesty Exception to the Jurisdiction of the International Criminal Court", 32 Cornell International Law Journal(1999)

M.P. Scharf, "Is It International Enough?: A Critique of the Iraqi Special Tribunal in Light of the Goals of International Justice", 2 JICJ(2004)

M. Scaliotti, "Defences before the International Criminal Court, Part 1", 1 International Criminal Law Review(2001)

M. Wise, "The International Criminal Court : A Budget of Paradoxes", Tulane Journal of International and Comparative Law(Spring 2000)

Nadine Thwaites, Mutual Trust in Criminal Matters: the European Court of Justice gives a first interpretation of a provision of the Convention implementing the Schengen Agreement Judgment of the European Court of Justice of 11 February 2003 in Joined Cases C−187/01 and C−385/01, Hüseyin Gözütok and Klaus Brügge, GERMAN LAW JOURNAL)Vol. 04 No. 03(2003)

Nathan Rasiah, "The Court−Martial of Corporal Payne and Others and the Future Landscape of International Criminal Justice", 7 Journal of International Criminal Justice(2009)

N. Berman, "Privileging Combat? Contemporary Conflict and the Legal Construction of War", 43 Columbia Journal of Transnational Law(2004)

N. Bhuta, "Fatal Errors: The Trial and Appeal Judgments in the Dujail Case", 6 JICJ(2008)

Nehal Bhuta, "Fatal Errors: The Trial and Appeal Judgments in the Dujail Case", 6 Journal of International Criminal Justice(2008)

Neil Boister, "'Transnational Criminal Law?", European Journal of International Law(November, 2003)

Nikolaus Schultz, "Was the War on Iraq Illegal? - The German Federal Administrative Court's Judgement of 21st June 2005", German Law Journal(2005)

Olympia Bekou, "Crimes at Crossroads: Incorporating International Crimes at the National Level" (2012) 10 Journal of International Criminal Justice.

O. Solera, "The Definition of the Crime of Aggression: Lessons Not Learned", 42 Case Western Reserve Journal International Law(2009)

Pádraig McAuliffe, "Suspended Disbelief? The Curious Endurance of the Deterrence Rationale in International Criminal Law", New Zealand Journal of Public and International Law(2012)

P. Akhavan, "Beyond Impunity: Can International Criminal Justice Prevent Future Atrocities?", 95 AJIL (2001)

Paolu Gaeta, "Is NATO Authorized or Obliged to Arrest Persons Indicted by the International Criminal Tribunal for Former Yugoslavia?", European Journal of International Law(1998)

Paola Gaeta, "Official Capacity and Immunities", in A. Cassese, P. Gaeta, J. R.W.D. Jones(eds), The Rome Statute of the International Criminal Court. A Commentary, Oxford, Oxford University Press, 2002, vol. I

Paola Gaeta, "May Necessity Be Available as a Defence against Torture in the Interrogation of Suspected Terrorists?" 2 Journal of International Criminal Justice(2004)

Paola Gaeta, "Does President Al Bashir Enjoy Immunity from Arrest?" 7 JICJ(2009)

Pater Baauw, "Ne bis in idem", International Criminal Law in the Netherlands. Freiburg : Ed. Iuscrim, Max－Planck－Inst.(1997)

Patrick Capps, "The Court as Gatekeeper: Customary International Law in English Courts", 70 Modern Law Review(2007)

Paul Schiff Berman, "The Globalization of Jurisdiction", University of Pennsylvania Law Review(2002)

P. Behrens, "Assessment of International Criminal Evidence, The Case of the Unpredictable Génocidaire", 71 Zeitschrift für ausländisches öffentliches Recht und Völkerrecht(2011)

P. Behrens, "Genocide and the Question of Motives", 10 JICJ(2012)

P.F. Parenti, "The Prosecution of International Crimes in Argentina", 10 International Criminal Law Review(2010)

P. Galain Palermo, "The Prosecution of International Crimes in Uruguay", 10 International Criminal Law Review(2010)

P. Hayner, "Truth Commissions: A Schematic Overview", 88 International Review of the Red Cross (2006)

Philippe Sands QC, "Twin Peaks: The Hersch Lauterpacht Draft Nuremberg Speeches", Cambridge Journal of International and Comparative Law(2012)

P. Hwang, "Defining Crimes Against Humanity in the Rome Statute of the International Criminal Court", 22 Fordham International Law Journal(1998)

Pier Paolo Rivello, "The Prosecution of War Crimes Committed by Nazi Forces in Italy", 3 Journal of International Criminal Justice(2005)

Priscilla Hayner, "Fifteen Truth Commissions – A Comparative Study", 16 Human Rights Quarterly (1994)

P. Robinson and G. Ghahraman, "Can Rwandan President Kagame Be Held Responsible at the ICTR for the Killing of President Habyarimana?", 6 JICJ(2008)

R. Boed, "An Evaluation of the Legality and Efficacy of Lustration as a Tool of Transitional Justice", 37 Columbia Journal of Transnational Law(1999)

R. Coupland and D. Loye, The 1899 Hague Declaration Concerning Expanding Bullets, 85 International Review of the Red Cross(2003)

R. Dolzer, "Clouds on the Horizon of Humanitarian Law?", 28 Yale Journal of International Law(2003)

R. Goodman, "Humanitarian Intervention and Pretexts for War", 100 AJIL(2006)

R. Heinsch, "The Crime of Aggression After Kampala : Success or Burden for the Future?", 2 Goettingen Journal of International Law(2010)

R.L. Griffiths, "International Law, the Crime of Aggression and the Ius Ad Bellum", 2 International Criminal Law Review(2002)

Roberta Arnold, "The Abu－Ghraib Misdeeds:Will there Be Justice in the Name of the Geneva Conventions?", 2 Journal of International Criminal Justice(2004)

Robert Cryer, "International Criminal Law vs State Sovereignty: Another Round?", The European Journal of International Law(2005)

Robert Cryer and Paul David Mora, "The Coroners and Justice Act 2009 and International Criminal Law: Backing into the Future?", 58 International and Comparative Law Quarterly(2010)

Robert Currie, Ion Stancu, "R v. Munyaneza: Pondering Canada's First Core Crimes Conviction", 10

International Criminal Law Review(2010)

Roger O'Keefe, "Universal Jurisdiction: Clarifying the Basic Concept", 2 JICJ(2004)

Roozbeh(Rudy) B. Baker, "Customary International Law in the 21st Century: Old Challenges and New Debates", 10 EJIL(2010)

R.S. Clark, "Amendments to the Rome Statute of the International Criminal Court Considered at the First Review Conference on the Court, Kampala, 31 May- 11 June 2010", 2 Goettingen Journal of International Law(2010)

Russell L. Christopher, "Tripartite Structures of Criminal Law in Germany and Other Civil Law Jurisdictions", Cardozo Law Review(2007)

Ruth Alberdina Kok, "Statutory Limitations in International Criminal Law", doctoral thesis Amsterdam University(2007)

Salvatore Zappalà, "Symposium The Twists and Turns of Universal Jurisdiction Edited by A. Cassese The German Federal Prosecutor's Decision not to Prosecute a Former Uzbek Minister Missed Opportunity or Prosecutorial Wisdom?", Journal of International Criminal Justice(2006)

Samuel G. Walker, "Lawful Murder : Unnecessary Killing in the Law of War", Canadian Journal of Law & Jurisprudence, Vol. 25, Issue 2(2012)

Samuel Pyeatt Menefee, "The Case of the Castle John, or Greenbeard the Pirate? : Environmentalism, Piracy and the Development of International Law", California Western International Law journal (1993)

Sandesh Sivakumaran, "Re−Envisaging the International Law of Internal Armed Conflict", 22 European Journal of International Law(2011)

S. Barriga and L. Grover, "A Historic Breakthrough on the Crime of Aggression", 105 AJIL(2011)

S. Chesterman, "An Altogether Different Order, Defining the Elements of Crimes Against Humanity", 10 Duke Journal of Comparative and International Law(2002)

S.E. Smith, "Definitely Maybe: The Outlook for U.S. Relations with the International Criminal Court during the Obama Administration", 22 Florida Journal of International Law(2010)

S. Estreicher, "Rethinking the Binding Effect of Customary International Law", 44 Virginia Journal of International Law(2003)

S. Gorove, "The Problem of "Mental Harm" in the Genocide Convention", 28 Washington University Law Quarterly(1951)

Shahram Dana, "Beyond Retroactiveity to Realizing Justice : A Theory on the Principle of Legality in International Criminal Law Sentencing", Journal of Criminal Law and Criminology(Fall 2009)

S. Papillon, "Has the United Nations Security Council Implicitly Removed Al Bashir's Immunity?", 10 International Criminal Law Review(2010)

S. SáCouto and K. Cleary, "The Gravity Threshold of the International Criminal Court", 23 American University International Law Review(2008)

S. Sivakumaran, "Courts of Armed Opposition Groups", 7 JICJ(2009)

S. Sivakumaran, "War Crimes before the Special Court for Sierra Leone", 8 JICJ(2010)

S. Kirsch, "Two Kinds of Wrong, On the Context Element of Crimes Against Humanity", 22 Leiden Journal of International Law(2009)

S. Oeter, "Methods and Means of Combat", in D. Fleck(ed.), The Handbook of International Humanitarian Law, 3rd edn(2013)

S. Swoboda, "Paying the Debts − Late Nazi Trials before German Courts: The Case of Heinrich Boere", 9 JICJ(2011)

S. Talmon, "Jus Cogens after Germany v. Italy: Substantive and Procedural Rules Distinguished", 25 Leiden Journal of International Law(2012)

Stephanie Nolen, "Nigerian E—Mail Scammers Feeding on Greed, Gullibility," Globe and Mail (December 5, 2005)

Steven R. Ratner, "Belgium's War Crimes Statute: A Postmortem" 97 American Journal of International Law(2003)

Sunil Kumar Gupta, "Sanctum for the War Crimnal : Extradition Law and the International Criminal Court", California Criminal Law Review(2000)

Susan Lamb, "Nullum crimen, Nulla poena sine lege in International Criminal Law", in Antonio Cassese, Paola Gaeta, John R.W.D. Jones, The Rome Statute of The International Criminal Court : A Commentary volume I New York : Oxford University Press(2002)

Susan W. Brenner & Bert—Jaap Koops, "Approaches to Cybercrime Jurisdiction", Journal of High Technology Law(2004)

Susan W. Brenner, "Cybercrime jurisdiction", Crime Law Soc Change(2006)

Susanne Walther, "Cumulation of Offences", The Rome Statute of The International Criminal Court : A Commentary volume I. New York : Oxford University Press(2002)

Suzannah Linton, "Prosecuting Atrocities at the District Court of Dili", Melbourne Journal of International Law(2001)

Suzannah Linton, "Unravelling the First Three Trials at Indonesia's Ad Hoc Court for Human Rights Violations in East Timor", 17 Leiden Journal of International Law(2004)

Suzannah Linton, "Rediscovering the War Crimes Trials in Hong Kong, 1946- 48" Melbourne Journal of International Law(2012)

Suzannah Linton, "Cambodia, East Timor and Sierra Leone : Experiments in International Justice", Criminal Law Forum 12(2001)

S. Williams, "The Extraordinary African Chambers in the Senegalese Courts", 11 JICJ(2013)

Sylvia de Bertodano, "Current Developments in Internationalized Courts: East Timor - Justice Denied" (2004) 2 JICJ

Theodor Meron, "International Criminalization of Internal Atrocities", 89 American Journal of International Law(1995)

Tijana Surlan, "Ne bis in idem in Conjunction with the Principle of Complementarity in the Rome Statute". ESIL Florence Agora Papers(2004)

Timothy Wu, Yong—Sung(Johnathan) Kang, "Criminal Liability for the Actions of Subordinates — The Doctrine of Commnad Responsibility and its Analogues in United States Law", Harvard International Law Journal(Winter, 1997)

T.J. Farer, "Restraining the Barbarians: Can International Criminal Law Help?", Human Rights Quarterly (2000)

T. Meron, "Defining Aggression for the International Criminal Court", 25 Suffolk Transnational Law Review(2001)

Tom Parker, "Prosecuting Saddam: The Coalition Provisional Authority and the Evolution of the Iraqi Special Tribunal", 38 Cornell International Law Journal(2005)

Toshihiro Kawaide, "Concurrent National and International Criminal Jurisdiction and the Priciple "Ne bis in idem" in Japan", International Review of Penal Law(Vol. 73)(2002)

T. Vander Beken, G. Vermeulen & T. Ongena, "Belgium Concurrent National and International Criminal Jurisdiction and The Principle 'Ne bis in idem'", International Review of Penal Law(Vol.

73)(2002)

T. Weigend, "" In general a principle of justice": The Debate on the "Crime against Peace" in the Wake of the Nuremberg Judgment", 10 JICJ(2012)

U. Garms and K. Peschke, "War Crimes Prosecution in Bosnia and Herzegovina(1992-2002)", 4 JICJ (2006)

U. Ramanathan, "India and the ICC", 3 JICJ(2005)

Valerie Oosterveld, Mike Perry, John McManus, "The Cooperation of States With the International Criminal Court", Fordham International Law Journal, Volume 25(2001)

Volker Nerlich, "Superior Responsibility under Article 28 ICC Statute ForWhat Exactly is the Superior Held Responsible?", Journal of International Criminal Justice 5(2007)

Werle, Gerhard, Jeßberger, Florian, "International Criminal Justice is Comming Home : The New German Code of Crimes against International Law", Criminal Law Forum 13(2002)

Werle, Gerhard, B. Burghardt, "Do Crimes Against Humanity Require the Participation of a State or a "State －Like" Organization ?", 10 JICJ(2012)

W. Ferdinandusse, "The Prosecution of Grave Breaches in National Courts", 7 JICJ(2009)

Wibke Kristin Timmermann, "The Relationship between Hate Propaganda and Incitement to Genocide: A New Trend in International Law Towards Criminalization of Hate Propaganda?", Leiden Journal of International Law, 18(2005)

William Schabas, "War Crimes, Crimes against Humanity, and the Death Penalty", 60 Albany Law Review(1997)

William Schabas, "Perverse effects of the nulla poena principle: national practice and the ad hoc tribunals", European Journal of International Law Vol.11(2000)

William Schabas, "National Courts Finally Begin to Prosecute Genocide, the Crime of Crimes", 1 Journal of International Criminal Justice(2003)

William Schabas, "Genocide Trials and Gacaca Courts", 3 Journal of International Criminal Justice (2005)

William Schabas, "Conjoined Twins of Transitional Justice? The Sierra Leone Truth and Reconciliation Commission and the Special Court", 2 JICJ(2004)

W.J. Fenrick, "The Targeted Killings Judgment and the Scope of Direct Participation in Hostilities", 5 JICJ(2007)

W.L. Cheah, "Post－World War II British "Hell Ship" Trials in Singapore, Omissions and the Attribution of Responsibility", 8 JICJ(2010)

Wolfgang Schomburg, "Germany Concurrent National and International Criminal Jurisdiction and the Principle "Ne bis in idem"", International Review of Penal Law(Vol. 73)(2002)

Yaël Ronen, "Silent Enim Leges Inter Arma – But Beware the Background Noise: Domestic Courts as Agents of Development of the Law on the Conduct of Hostilities", 26 Leiden Journal of International Law(2013)

Yuval Shany, "Does One Size Fit All?", 2 Journal of International Criminal Justice(2004)

Yvonne M. Dutton, "Bringing Pirates to Justice: A Case for Including Piracy within the Jurisdiction of the International Criminal Court", Chicago Journal of International Law(2010)

Z. Deen－Racsmány, "Prosecutor v. Taylor: The Status of the Special Court for Sierra Leone and Its Implications for Immunity", 18 Leiden Journal of International Law(2005)

주요 법령

1. 국제형사재판소 관할 범죄의 처벌 등에 관한 법률

제1장 총칙

제1조(목적) 이 법은 인간의 존엄과 가치를 존중하고 국제사회의 정의를 실현하기 위하여 「국제형사재판소에 관한 로마규정」에 따른 국제형사재판소의 관할 범죄를 처벌하고 대한민국과 국제형사재판소 간의 협력에 관한 절차를 정함을 목적으로 한다.

제2조(정의) 이 법에서 사용하는 용어의 뜻은 다음과 같다.

1. "집단살해죄등"이란 제8조부터 제14조까지의 죄를 말한다.
2. "국제형사재판소"란 1998년 7월 17일 이탈리아 로마에서 개최된 국제연합 전권외교회의에서 채택되어 2002년 7월 1일 발효된 「국제형사재판소에 관한 로마규정」(이하 "국제형사재판소규정"이라 한다)에 따라 설립된 재판소를 말한다.
3. "제네바협약"이란 「육전에 있어서의 군대의 부상자 및 병자의 상태 개선에 관한 1949년 8월 12일자 제네바협약」(제1협약), 「해상에 있어서의 군대의 부상자, 병자 및 조난자의 상태 개선에 관한 1949년 8월 12일자 제네바협약」(제2협약), 「포로의 대우에 관한 1949년 8월 12일자 제네바협약」(제3협약) 및 「전시에 있어서의 민간인의 보호에 관한 1949년 8월 12일자 제네바협약」(제4협약)을 말한다.
4. "외국인"이란 대한민국의 국적을 가지지 아니한 사람을 말한다.
5. "노예화"란 사람에 대한 소유권에 부속되는 모든 권한의 행사를 말하며, 사람 특히 여성과 아동을 거래하는 과정에서 그러한 권한을 행사하는 것을 포함한다.
6. "강제임신"이란 주민의 민족적 구성에 영향을 미치거나 다른 중대한 국제법 위반을 실행할 의도로 강제로 임신시키거나 강제로 임신하게 된 여성을 정당한 사유 없이 불법적으로 감금하여 그 임신 상태를 유지하도록 하는 것을 말한다.
7. "인도(人道)에 관한 국제법규에 따라 보호되는 사람"이란 다음 각 목의 어느 하나에 해당하는 사람을 말한다.
   가. 국제적 무력충돌의 경우에 제네바협약 및 「1949년 8월 12일자 제네바협약에 대한 추가 및 국제적 무력충돌의 희생자 보호에 관한 의정서」(제1의정서)에 따라 보호되는 부상자, 병자, 조난자, 포로 또는 민간인
   나. 비국제적 무력충돌의 경우에 부상자, 병자, 조난자 또는 적대행위에 직접 참여하지 아니한 사람으로서 무력충돌 당사자의 지배하에 있는 사람
   다. 국제적 무력충돌 또는 비국제적 무력충돌의 경우에 항복하거나 전투 능력을 잃은 적대 당사자 군대의 구성원이나 전투원

제3조(적용범위) ① 이 법은 대한민국 영역 안에서 이 법으로 정한 죄를 범한 내국인과 외국인에게 적용한다.
② 이 법은 대한민국 영역 밖에서 이 법으로 정한 죄를 범한 내국인에게 적용한다.
③ 이 법은 대한민국 영역 밖에 있는 대한민국의 선박 또는 항공기 안에서 이 법으로 정한 죄를 범한 외국인에게 적용한다.

④ 이 법은 대한민국 영역 밖에서 대한민국 또는 대한민국 국민에 대하여 이 법으로 정한 죄를 범한 외국인에게 적용한다.

⑤ 이 법은 대한민국 영역 밖에서 집단살해죄등을 범하고 대한민국영역 안에 있는 외국인에게 적용한다.

제4조(상급자의 명령에 따른 행위) ① 정부 또는 상급자의 명령에 복종할 법적 의무가 있는 사람이 그 명령에 따른 자기의 행위가 불법임을 알지 못하고 집단살해죄등을 범한 경우에는 명령이 명백한 불법이 아니고 그 오인(誤認)에 정당한 이유가 있을 때에만 처벌하지 아니한다.

② 제1항의 경우에 제8조 또는 제9조의 죄를 범하도록 하는 명령은 명백히 불법인 것으로 본다.

제5조(지휘관과 그 밖의 상급자의 책임) 군대의 지휘관(지휘관의 권한을 사실상 행사하는 사람을 포함한다. 이하 같다) 또는 단체·기관의 상급자(상급자의 권한을 사실상 행사하는 사람을 포함한다. 이하 같다)가 실효적인 지휘와 통제하에 있는 부하 또는 하급자가 집단살해죄등을 범하고 있거나 범하려는 것을 알고도 이를 방지하기 위하여 필요한 상당한 조치를 하지 아니하였을 때에는 그 집단살해죄등을 범한 사람을 처벌하는 외에 그 지휘관 또는 상급자도 각 해당 조문에서 정한 형으로 처벌한다.

제6조(시효의 적용 배제) 집단살해죄등에 대하여는 「형사소송법」 제249조부터 제253조까지 및 「군사법원법」 제291조부터 제295조까지의 규정에 따른 공소시효와 「형법」 제77조부터 제80조까지의 규정에 따른 형의 시효에 관한 규정을 적용하지 아니한다.

제7조(면소의 판결) 집단살해죄등의 피고사건에 관하여 이미 국제형사재판소에서 유죄 또는 무죄의 확정판결이 있는 경우에는 판결로써 면소(免訴)를 선고하여야 한다.

제2장 국제형사재판소 관할 범죄의 처벌

제8조(집단살해죄) ① 국민적·인종적·민족적 또는 종교적 집단 자체를 전부 또는 일부 파괴할 목적으로 그 집단의 구성원을 살해한 사람은 사형, 무기 또는 7년 이상의 징역에 처한다.

② 제1항과 같은 목적으로 다음 각 호의 어느 하나에 해당하는 행위를 한 사람은 무기 또는 5년 이상의 징역에 처한다.

1. 제1항의 집단의 구성원에 대하여 중대한 신체적 또는 정신적 위해(危害)를 끼치는 행위

2. 신체의 파괴를 불러일으키기 위하여 계획된 생활조건을 제1항의 집단에 고의적으로 부과하는 행위

3. 제1항의 집단 내 출생을 방지하기 위한 조치를 부과하는 행위

4. 제1항의 집단의 아동을 강제로 다른 집단으로 이주하도록 하는 행위

③ 제2항 각 호의 어느 하나에 해당하는 행위를 하여 사람을 사망에 이르게 한 사람은 제1항에서 정한 형에 처한다.

④ 제1항 또는 제2항의 죄를 선동한 사람은 5년 이상의 유기징역에 처한다.

⑤ 제1항 또는 제2항에 규정된 죄의 미수범은 처벌한다.

제9조(인도에 반한 죄) ① 민간인 주민을 공격하려는 국가 또는 단체·기관의 정책과 관련하여 민간인 주민에 대한 광범위하거나 체계적인 공격으로 사람을 살해한 사람은 사형, 무기 또는 7년 이상의 징역에 처한다.

② 민간인 주민을 공격하려는 국가 또는 단체·기관의 정책과 관련하여 민간인 주민에 대한 광범위하거나 체계적인 공격으로 다음 각 호의 어느 하나에 해당하는 행위를 한 사람은 무기 또는 5년 이상의 징역에 처한다.

1. 식량과 의약품에 대한 주민의 접근을 박탈하는 등 일부 주민의 말살을 불러올 생활조건을 고의적으로 부과하는 행위

2. 사람을 노예화하는 행위

3. 국제법규를 위반하여 강제로 주민을 그 적법한 주거지에서 추방하거나 이주하도록 하는 행위

4. 국제법규를 위반하여 사람을 감금하거나 그 밖의 방법으로 신체적 자유를 박탈하는 행위

5. 자기의 구금 또는 통제하에 있는 사람에게 정당한 이유 없이 중대한 신체적 또는 정신적 고통을 주어 고문하는 행위

6. 강간, 성적 노예화, 강제매춘, 강제임신, 강제불임 또는 이와 유사한 중대한 성적 폭력 행위

7. 정치적·인종적·국민적·민족적·문화적·종교적 사유, 성별 또는 그 밖의 국제법규에 따라 인정되지 아니하는 사유로 집단 또는 집합체 구성원의 기본적 인권을 박탈하거나 제한하는 행위

8. 사람을 장기간 법의 보호로부터 배제시킬 목적으로 국가 또는 정치단체의 허가·지원 또는 묵인하에 이루어지는 다음 각 목의 어느 하나에 해당하는 행위

    가. 사람을 체포·감금·약취 또는 유인(이하 "체포등"이라 한다)한 후 그 사람에 대한 체포등의 사실, 인적 사항, 생존 여부 및 소재지 등에 대한 정보 제공을 거부하거나 거짓 정보를 제공하는 행위

    나. 가목에 규정된 정보를 제공할 의무가 있는 사람이 정보 제공을 거부하거나 거짓 정보를 제공하는 행위

9. 제1호부터 제8호까지의 행위 외의 방법으로 사람의 신체와 정신에 중대한 고통이나 손상을 주는 행위

③ 인종집단의 구성원으로서 다른 인종집단을 조직적으로 억압하고 지배하는 체제를 유지할 목적으로 제1항 또는 제2항에 따른 행위를 한 사람은 각 항에서 정한 형으로 처벌한다.

④ 제2항 각 호의 어느 하나에 해당하는 행위 또는 제3항의 행위(제2항 각 호의 어느 하나에 해당하는 행위로 한정한다)를 하여 사람을 사망에 이르게 한 사람은 제1항에서 정한 형에 처한다.

⑤ 제1항부터 제3항까지에 규정된 죄의 미수범은 처벌한다.

제10조(사람에 대한 전쟁범죄) ① 국제적 무력충돌 또는 비국제적 무력충돌(폭동이나 국지적이고 산발적인 폭력행위와 같은 국내적 소요나 긴장 상태는 제외한다. 이하 같다)과 관련하여 인도에 관한 국제법규에 따라 보호되는 사람을 살해한 사람은 사형, 무기 또는 7년 이상의 징역에 처한다.

② 국제적 무력충돌 또는 비국제적 무력충돌과 관련하여 다음 각 호의 어느 하나에 해당하는 행위를 한 사람은 무기 또는 5년 이상의 징역에 처한다.

1. 인도에 관한 국제법규에 따라 보호되는 사람을 인질로 잡는 행위

2. 인도에 관한 국제법규에 따라 보호되는 사람에게 고문이나 신체의 절단 등으로 신체 또는 건강에 중대한 고통이나 손상을 주는 행위

3. 인도에 관한 국제법규에 따라 보호되는 사람을 강간, 강제매춘, 성적 노예화, 강제임신 또는 강제불임의 대상으로 삼는 행위

③ 국제적 무력충돌 또는 비국제적 무력충돌과 관련하여 다음 각 호의 어느 하나에 해당하는 행위를 한 사람은 3년 이상의 유기징역에 처한다.

1. 인도에 관한 국제법규에 따라 보호되는 사람을 국제법규를 위반하여 주거지로부터 추방하거나 이송하는 행위

2. 공정한 정식재판에 의하지 아니하고 인도에 관한 국제법규에 따라 보호되는 사람에게 형을 부과하거나 집행하는 행위

3. 치료의 목적 등 정당한 사유 없이 인도에 관한 국제법규에 따라 보호되는 사람을 그의 자발적이고 명시적인 사전 동의 없이 생명·신체에 중대한 위해를 끼칠 수 있는 의학적·과학적 실험의 대상으로 삼는 행위

4. 조건 없이 항복하거나 전투능력을 잃은 군대의 구성원이나 전투원에게 상해(傷害)를 입히는 행위

5. 15세 미만인 사람을 군대 또는 무장집단에 징집 또는 모병의 방법으로 참여하도록 하거나 적대행위에 참여하도록 하는 행위

④ 국제적 무력충돌 또는 비국제적 무력충돌과 관련하여 인도에 관한 국제법규에 따라 보호되는 사람을 중대하게 모욕하거나 품위를 떨어뜨리는 처우를 한 사람은 1년 이상의 유기징역에 처한다.

⑤ 국제적 무력충돌과 관련하여 다음 각 호의 어느 하나에 해당하는 행위를 한 사람은 3년 이상의 유기징역에 처한다.

1. 정당한 사유 없이 인도에 관한 국제법규에 따라 보호되는 사람을 감금하는 행위
2. 자국의 주민 일부를 점령지역으로 이주시키는 행위
3. 인도에 관한 국제법규에 따라 보호되는 사람으로 하여금 강제로 적국의 군대에 복무하도록 하는 행위
4. 적국의 국민을 강제로 자신의 국가에 대한 전쟁 수행에 참여하도록 하는 행위

⑥ 제2항·제3항 또는 제5항의 죄를 범하여 사람을 사망에 이르게 한 사람은 사형, 무기 또는 7년 이상의 징역에 처한다.

⑦ 제1항부터 제5항까지에 규정된 죄의 미수범은 처벌한다.

제11조(재산 및 권리에 대한 전쟁범죄) ① 국제적 무력충돌 또는 비국제적 무력충돌과 관련하여 적국 또는 적대 당사자의 재산을 약탈하거나 무력충돌의 필요상 불가피하지 아니한데도 적국 또는 적대 당사자의 재산을 국제법규를 위반하여 광범위하게 파괴·징발하거나 압수한 사람은 무기 또는 3년 이상의 징역에 처한다.

② 국제적 무력충돌과 관련하여 국제법규를 위반하여 적국의 국민 전부 또는 다수의 권리나 소송행위가 법정에서 폐지·정지되거나 허용되지 아니한다고 선언한 사람은 3년 이상의 유기징역에 처한다.

③ 제1항 또는 제2항에 규정된 죄의 미수범은 처벌한다.

제12조(인도적 활동이나 식별표장 등에 관한 전쟁범죄) ① 국제적 무력충돌 또는 비국제적 무력충돌과 관련하여 다음 각 호의 어느 하나에 해당하는 행위를 한 사람은 3년 이상의 유기징역에 처한다.

1. 국제연합헌장에 따른 인도적 원조나 평화유지임무와 관련된 요원·시설·자재·부대 또는 차량이 무력충돌에 관한 국제법에 따라 민간인 또는 민간 대상물에 부여되는 보호를 받을 자격이 있는데도 그들을 고의적으로 공격하는 행위
2. 제네바협약에 규정된 식별표장(識別表裝)을 정당하게 사용하는 건물, 장비, 의무부대, 의무부대의 수송수단 또는 요원을 공격하는 행위

② 국제적 무력충돌 또는 비국제적 무력충돌과 관련하여 제네바협약에 규정된 식별표장·휴전기(休戰旗), 적이나 국제연합의 깃발·군사표지 또는 제복을 부정한 방법으로 사용하여 사람을 사망에 이르게 하거나 사람의 신체에 중대한 손상을 입힌 사람은 다음의 구분에 따라 처벌한다.

1. 사람을 사망에 이르게 한 사람은 사형, 무기 또는 7년 이상의 징역에 처한다.
2. 사람의 신체에 중대한 손상을 입힌 사람은 무기 또는 5년 이상의 징역에 처한다.

③ 제1항 또는 제2항에 규정된 죄의 미수범은 처벌한다.

제13조(금지된 방법에 의한 전쟁범죄) ① 국제적 무력충돌 또는 비국제적 무력충돌과 관련하여 다음 각 호의 어느 하나에 해당하는 행위를 한 사람은 무기 또는 3년 이상의 징역에 처한다.

1. 민간인 주민을 공격의 대상으로 삼거나 적대행위에 직접 참여하지 아니한 민간인 주민을 공격의 대상으로 삼는 행위
2. 군사목표물이 아닌 민간 대상물로서 종교·교육·예술·과학 또는 자선 목적의 건물, 역사적 기념물, 병원, 병자 및 부상자를 수용하는 장소, 무방비 상태의 마을·거주지·건물 또는 위험한 물리력을 포함하고 있는 댐 등 시설물을 공격하는 행위

3. 군사작전상 필요에 비하여 지나치게 민간인의 신체·생명 또는 민간 대상물에 중대한 위해를 끼치는 것이 명백한 공격 행위

4. 특정한 대상에 대한 군사작전을 막을 목적으로 인도에 관한 국제법규에 따라 보호되는 사람을 방어수단으로 이용하는 행위

5. 인도에 관한 국제법규를 위반하여 민간인들의 생존에 필수적인 물품을 박탈하거나 그 물품의 공급을 방해함으로써 기아(飢餓)를 전투수단으로 사용하는 행위

6. 군대의 지휘관으로서 예외 없이 적군을 살해할 것을 협박하거나 지시하는 행위

7. 국제법상 금지되는 배신행위로 적군 또는 상대방 전투원을 살해하거나 상해를 입히는 행위

② 제1항제1호부터 제6호까지의 죄를 범하여 인도에 관한 국제법규에 따라 보호되는 사람을 사망 또는 상해에 이르게 한 사람은 다음의 구분에 따라 처벌한다.

1. 사망에 이르게 한 사람은 사형, 무기 또는 7년 이상의 징역에 처한다.

2. 중대한 상해에 이르게 한 사람은 무기 또는 5년 이상의 징역에 처한다.

③ 국제적 무력충돌 또는 비국제적 무력충돌과 관련하여 자연환경에 군사작전상 필요한 것보다 지나치게 광범위하고 장기간의 중대한 훼손을 가하는 것이 명백한 공격 행위를 한 사람은 3년 이상의 유기징역에 처한다.

④ 제1항 또는 제3항에 규정된 죄의 미수범은 처벌한다.

제14조(금지된 무기를 사용한 전쟁범죄) ① 국제적 무력충돌 또는 비국제적 무력충돌과 관련하여 다음 각 호의 어느 하나에 해당하는 무기를 사용한 사람은 무기 또는 5년 이상의 징역에 처한다.

1. 독물(毒物) 또는 유독무기(有毒武器)

2. 생물무기 또는 화학무기

3. 인체 내에서 쉽게 팽창하거나 펼쳐지는 총탄

② 제1항의 죄를 범하여 사람의 생명·신체 또는 재산을 침해한 사람은 사형, 무기 또는 7년 이상의 징역에 처한다.

③ 제1항에 규정된 죄의 미수범은 처벌한다.

제15조(지휘관 등의 직무태만죄) ① 군대의 지휘관 또는 단체·기관의 상급자로서 직무를 게을리하거나 유기(遺棄)하여 실효적인 지휘와 통제하에 있는 부하가 집단살해죄등을 범하는 것을 방지하거나 제지하지 못한 사람은 7년 이하의 징역에 처한다.

② 과실로 제1항의 행위에 이른 사람은 5년 이하의 징역에 처한다.

③ 군대의 지휘관 또는 단체·기관의 상급자로서 집단살해죄등을 범한 실효적인 지휘와 통제하에 있는 부하 또는 하급자를 수사기관에 알리지 아니한 사람은 5년 이하의 징역에 처한다.

제16조(사법방해죄) ① 국제형사재판소에서 수사 또는 재판 중인 사건과 관련하여 다음 각 호의 어느 하나에 해당하는 사람은 5년 이하의 징역 또는 1천500만원 이하의 벌금에 처하거나 이를 병과(併科)할 수 있다.

1. 거짓 증거를 제출한 사람

2. 폭행 또는 협박으로 참고인 또는 증인의 출석·진술 또는 증거의 수집·제출을 방해한 사람

3. 참고인 또는 증인의 출석·진술 또는 증거의 수집·제출을 방해하기 위하여 그에게 금품이나 그 밖의 재산상 이익을 약속·제공하거나 제공의 의사를 표시한 사람

4. 제3호의 금품이나 그 밖의 재산상 이익을 수수(收受)·요구하거나 약속한 참고인 또는 증인

② 제1항은 국제형사재판소의 청구 또는 요청에 의하여 대한민국 내에서 진행되는 절차에 대하여도 적용된다.

③ 제1항의 사건과 관련하여「형법」제152조, 제154조 또는 제155조제1항부터 제3항까지의 규정이나 「특정범죄 가중처벌 등에 관한 법률」제5조의9에 따른 행위를 한 사람은 각 해당 규정에서 정한 형으로 처벌한다. 이 경우「형법」제155조제4항은 적용하지 아니한다.

④ 제1항의 사건과 관련하여 국제형사재판소 직원에게「형법」제136조, 제137조 또는 제144조에 따른 행위를 한 사람은 각 해당 규정에서 정한 형으로 처벌한다. 이 경우 국제형사재판소 직원은 각 해당 규정에 따른 공무원으로 본다.

⑤ 제1항의 사건과 관련하여 국제형사재판소 직원에게「형법」제133조의 행위를 한 사람은 같은 조에서 정한 형으로 처벌한다. 이 경우 국제형사재판소 직원은 해당 조문에 따른 공무원으로 본다.

⑥ 이 조에서 "국제형사재판소 직원"이란 재판관, 소추관, 부소추관, 사무국장 및 사무차장을 포함하여 국제형사재판소규정에 따라 국제형사재판소의 사무를 담당하는 사람을 말한다.

제17조(친고죄ㆍ반의사불벌죄의 배제) 집단살해죄등은 고소가 없거나 피해자의 명시적 의사에 반하여도 공소를 제기할 수 있다.

제18조(국제형사재판소규정 범죄구성요건의 고려) 제8조부터 제14조까지의 적용과 관련하여 필요할 때에는 국제형사재판소규정 제9조에 따라 2002년 9월 9일 국제형사재판소규정 당사국총회에서 채택된 범죄구성요건을 고려할 수 있다.

제3장 국제형사재판소와의 협력

제19조(「범죄인 인도법」의 준용) ① 대한민국과 국제형사재판소 간의 범죄인 인도에 관하여는「범죄인 인도법」을 준용한다. 다만, 국제형사재판소규정에「범죄인 인도법」과 다른 규정이 있는 경우에는 그 규정에 따른다.

② 제1항의 경우「범죄인 인도법」중 "청구국"은 "국제형사재판소"로, "인도조약"은 "국제형사재판소규정"으로 본다.

제20조(「국제형사사법 공조법」의 준용) ① 국제형사재판소의 형사사건 수사 또는 재판과 관련하여 국제형사재판소의 요청에 따라 실시하는 공조 및 국제형사재판소에 대하여 요청하는 공조에 관하여는「국제형사사법 공조법」을 준용한다. 다만, 국제형사재판소규정에「국제형사사법 공조법」과 다른 규정이 있는 경우에는 그 규정에 따른다.

② 제1항의 경우「국제형사사법 공조법」중 "외국"은 "국제형사재판소"로, "공조조약"은 "국제형사재판소규정"으로 본다.

부칙 <제8719호, 2007.12.21.>

제1조 (시행일) 이 법은 공포한 날부터 시행한다.

제2조 (다른 법률의 개정) ① 범죄수익은닉의 규제 및 처벌 등에 관한 법률 일부를 다음과 같이 개정한다. 제2조제2호나목을 다음과 같이 한다.

　　나.「성매매알선 등 행위의 처벌에 관한 법률」제19조제2항제1호(성매매알선등행위 중 성매매에 제공되는 사실을 알면서 자금ㆍ토지 또는 건물을 제공하는 행위에 한한다),「폭력행위 등 처벌에 관한 법률」제5조제2항ㆍ제6조(제5조제2항의 미수범에 한한다),「국제상거래에 있어서 외국공무원에 대한 뇌물방지법」제3조제1항,「특정경제범죄 가중처벌 등에 관한 법률」제4조,「국제형사재판소 관할 범죄의 처벌 등에 관한 법률」제8조부터 제16조까지의 죄에 관계된 자금 또는 재산

② 특정범죄신고자등보호법 일부를 다음과 같이 개정한다.
제2조제1호에 라목을 다음과 같이 신설한다.
　　라.「국제형사재판소 관할 범죄의 처벌 등에 관한 법률」제8조부터 제16조까지의 죄

　부칙　＜제10577호, 2011.4.12.＞
이 법은 공포한 날부터 시행한다.

2. Nuremberg/IMT Charter〔Extract〕
(Charter of the International Military Tribunal)

Article 6.

The Tribunal established by the Agreement referred to m Article 1 hereof for the trial and punishment of the major war criminals of the European Axis countries shall have the power to try and punish persons who, acting in the interests of the European Axis countries, whether as individuals or as members of organizations, committed any of the following crimes.

The following acts, or any of them, are crimes coming within the jurisdiction of the Tribunal for which there shall be individual responsibility:

(a) CRIMES AGAINST PEACE: namely, planning, preparation, initiation or waging of a war of aggression, or a war in violation of international treaties, agreements or assurances, or participation in a common plan or conspiracy for the accomplishment of any of the foregoing;

(b) WAR CRIMES: namely, violations of the laws or customs of war. Such violations shall include, but not be limited to, murder, ill−treatment or deportation to slave labor or for any other purpose of civilian population of or in occupied territory, murder or ill−treatment of prisoners of war or persons on the seas, killing of hostages, plunder of public or private property, wanton destruction of cities, towns or villages, or devastation not justified by military necessity;

(c) CRIMES AGAINST HUMANITY: namely, murder, extermination, enslavement, deportation, and other inhumane acts committed against any civilian population, before or during the war; or persecutions on political, racial or religious grounds in execution of or in connection with any crime within the jurisdiction of the Tribunal, whether or not in violation of the domestic law of the country where perpetrated.

Leaders, organizers, instigators and accomplices participating in the formulation or execution of a common plan or conspiracy to commit any of the foregoing crimes are responsible for all acts performed by any persons in execution of such plan.

Article 7.

The official position of defendants, whether as Heads of State or responsible officials in Government Departments, shall not be considered as freeing them from responsibility or mitigating punishment.

Article 8.

The fact that the Defendant acted pursuant to order of his Government or of a superior shall not free him from responsibility, but may be considered in mitigation of punishment if the Tribunal determines that justice so requires.

3. Tokyo/IMTFE Charter〔Extract〕
(International Military Tribunal for the Far East Charter)

Article 5. Jurisdiction Over Persons and Offences.

The Tribunal shall have the power to try and punish Far Eastern war criminals who as individuals or as members of organizations are charged with offences which include Crimes against Peace. The following acts, or any of them, are crimes coming within the jurisdiction of the Tribunal for which there shall be individual responsibility:

(a) Crimes against Peace: Namely, the planning, preparation, initiation or waging of a declared or undeclared war of aggression, or a war in violation of international law, treaties, agreements or assurances, or participation in a common plan or conspiracy for the accomplishment of any of the foregoing;

(b) Conventional War Crimes: Namely, violations of the laws or customs of war;

(c) Crimes against Humanity: Namely, murder, extermination, enslavement, deportation, and other inhumane acts committed against any civilian population, before or during the war, or persecutions on political or racial grounds in execution of or in connection with any crime within the jurisdiction of the Tribunal, whether or not in violation of the domestic law of the country where perpetrated. Leaders, organizers, instigators and accomplices participating in the formulation or execution of a common plan or conspiracy to commit any of the foregoing crimes are responsible for all acts performed by any person in execution of such plan.

Article 6. Responsibility of Accused.

Neither the official position, at any time, of an accused, nor the fact that an accused acted pursuant to order of his government or of a superior shall, of itself, be sufficient to free such accused from responsibility for any crime with which he is charged, but such circumstances may be considered in mitigation of punishment if the Tribunal determines that justice so requires.

4. CCL No. 10〔Extract〕
(Allied Control Council Law No. 10: Punishment of Persons Guilty of War Crimes, Crimes Against Peace)

Article II

1. Each of the following acts is recognized as a crime:

(a) Crimes against Peace. Initiation of invasions of other countries and wars of aggression in violation of international laws and treaties, including but not limited to planning, preparation, initiation or waging a war of aggression, or a war of violation of international treaties, agreements or assurances, or participation in a common plan or conspiracy for the accomplishment of any of the foregoing.

(b) War Crimes. Atrocities or offenses against persons or property constituting violations of the laws or customs of war, including but not limited to, murder, ill treatment or deportation to slave labour or for any other purpose, of civilian population from occupied territory, murder or ill treatment of prisoners of war or persons on the seas, killing of hostages, plunder of public or private property, wanton destruction of cities, towns or villages, or devastation not justified by military necessity.

(c) Crimes against Humanity. Atrocities and offenses, including but not limited to murder, extermination, enslavement, deportation, imprisonment, torture, rape, or other inhumane acts committed against any civilian population, or persecutions on political, racial or religious grounds whether or not in violation of the domestic laws of the country where perpetrated.

(d) Membership in categories of a criminal group or organization declared criminal by the International Military Tribunal.

2. Any person without regard to nationality or the capacity in which he acted, is deemed to have committed a crime as defined in paragraph 1 of this Article, if he was (a) a principal or (b) was an accessory to the commission of any such crime or ordered or abetted the same or (c) took a consenting part therein or (d) was connected with plans or enterprises involving its commission or (e) was a member of any organization or group connected with the commission of any such crime or (f) with reference to paragraph 1 (a) if he held a high political, civil or military (including General Staff) position in Germany or in one of its Allies, co−belligerents or satellites or held high position in the financial, industrial or economic life of any such country.

3. Any persons found guilty of any of the crimes above mentioned may upon conviction be punished as shall be determined by the tribunal to be just. Such punishment may consist of one or more of the following:

(a) Death.

(b) Imprisonment for life or a term of years, with or without hard labor.

(c) Fine, and imprisonment with or without hard labour, in lieu thereof.

(d) Forfeiture of property.

(e) Restitution of property wrongfully acquired.

(f) Deprivation of some or all civil rights. Any property declared to be forfeited or the restitution of which is ordered by the Tribunal shall be delivered to the Control Council for Germany, which shall decide on its disposal.

4. (a) The official position of any person, whether as Head of State or as a responsible official in a Government Department, does not free him from responsibility for a crime or entitle him to mitigation of punishment.

   (b) The fact that any person acted pursuant to the order of his Government or of a superior does not free him from responsibility for a crime, but may be considered in mitigation.

5. ICTY Statute〔Extract〕
(Statute of the International Criminal Tribunal for the Former Yugoslavia)

Article 1 Competence of the International Tribunal

The International Tribunal shall have the power to prosecute persons responsible for serious violations of international humanitarian law committed in the territory of the former Yugoslavia since 1991 in accordance with the provisions of the present Statute.

Article 2 Grave breaches of the Geneva Conventions of 1949

The International Tribunal shall have the power to prosecute persons committing or ordering to be committed grave breaches of the Geneva Conventions of 12 August 1949, namely the following acts against persons or property protected under the provisions of the relevant Geneva Convention:
  (a) wilful killing;
  (b) torture or inhuman treatment, including biological experiments;
  (c) wilfully causing great suffering or serious injury to body or health;
  (d) extensive destruction and appropriation of property, not justified by military necessity and carried out unlawfully and wantonly;
  (e) compelling a prisoner of war or a civilian to serve in the forces of a hostile power;
  (f) wilfully depriving a prisoner of war or a civilian of the rights of fair and regular trial;
  (g) unlawful deportation or transfer or unlawful confinement of a civilian;
  (h) taking civilians as hostages.

Article 3 Violations of the laws or customs of war

The International Tribunal shall have the power to prosecute persons violating the laws or customs of war. Such violations shall include, but not be limited to:
  (a) employment of poisonous weapons or other weapons calculated to cause unnecessary suffering;
  (b) wanton destruction of cities, towns or villages, or devastation not justified by military necessity;
  (c) attack, or bombardment, by whatever means, of undefended towns, villages, dwellings, or buildings;
  (d) seizure of, destruction or wilful damage done to institutions dedicated to religion, charity and education, the arts and sciences, historic monuments and works of art and science;
  (e) plunder of public or private property.

Article 4 Genocide

1. The International Tribunal shall have the power to prosecute persons committing genocide as defined in paragraph 2 of this article or of committing any of the other acts enumerated in paragraph 3 of this article.
2. Genocide means any of the following acts committed with intent to destroy, in whole or in part, a national, ethnical, racial or religious group, as such:
  (a) killing members of the group;
  (b) causing serious bodily or mental harm to members of the group;
  (c) deliberately inflicting on the group conditions of life calculated to bring about its physical

    destruction in whole or in part;
  (d) imposing measures intended to prevent births within the group;
  (e) forcibly transferring children of the group to another group.
3. The following acts shall be punishable:
  (a) genocide;
  (b) conspiracy to commit genocide;
  (c) direct and public incitement to commit genocide;
  (d) attempt to commit genocide;
  (e) complicity in genocide.

Article 5 Crimes against humanity

The International Tribunal shall have the power to prosecute persons responsible for the following crimes when committed in armed conflict, whether international or internal in character, and directed against any civilian population:
  (a) murder;
  (b) extermination;
  (c) enslavement;
  (d) deportation;
  (e) imprisonment;
  (f) torture;
  (g) rape;
  (h) persecutions on political, racial and religious grounds;
  (i) other inhumane acts.

Article 6 Personal jurisdiction

The International Tribunal shall have jurisdiction over natural persons pursuant to the provisions of the present Statute.

Article 7 Individual criminal responsibility

1. A person who planned, instigated, ordered, committed or otherwise aided and abetted in the planning, preparation or execution of a crime referred to in articles 2 to 5 of the present Statute, shall be individually responsible for the crime.
2. The official position of any accused person, whether as Head of State or Government or as a responsible Government official, shall not relieve such person of criminal responsibility nor mitigate punishment.
3. The fact that any of the acts referred to in articles 2 to 5 of the present Statute was committed by a subordinate does not relieve his superior of criminal responsibility if he knew or had reason to know that the subordinate was about to commit such acts or had done so and the superior failed to take the necessary and reasonable measures to prevent such acts or to punish the perpetrators thereof.
4. The fact that an accused person acted pursuant to an order of a Government or of a superior shall not relieve him of criminal responsibility, but may be considered in mitigation of punishment if the International Tribunal determines that justice so requires.

Article 8 Territorial and temporal jurisdiction

The territorial jurisdiction of the International Tribunal shall extend to the territory of the former Socialist Federal Republic of Yugoslavia, including its land surface, airspace and territorial waters. The temporal jurisdiction of the International Tribunal shall extend to a period beginning on 1 January 1991.

Article 9 Concurrent jurisdiction

1. The International Tribunal and national courts shall have concurrent jurisdiction to prosecute persons for serious violations of international humanitarian law committed in the territory of the former Yugoslavia since 1 January 1991.
2. The International Tribunal shall have primacy over national courts. At any stage of the procedure, the International Tribunal may formally request national courts to defer to the competence of the International Tribunal in accordance with the present Statute and the Rules of Procedure and Evidence of the International Tribunal.

Article 10 Non-bis-in-idem

1. No person shall be tried before a national court for acts constituting serious violations of international humanitarian law under the present Statute, for which he or she has already been tried by the International Tribunal.
2. A person who has been tried by a national court for acts constituting serious violations of international humanitarian law may be subsequently tried by the International Tribunal only if:
 (a) the act for which he or she was tried was characterized as an ordinary crime; or
 (b) the national court proceedings were not impartial or independent, were designed to shield the accused from international criminal responsibility, or the case was not diligently prosecuted.
3. In considering the penalty to be imposed on a person convicted of a crime under the present Statute, the International Tribunal shall take into account the extent to which any penalty imposed by a national court on the same person for the same act has already been served.

6. ICTR Statute〔Extract〕
(Statute of the International Criminal Tribunal for Rwanda)

Article 1: Competence of the International Tribunal for Rwanda
The International Tribunal for Rwanda shall have the power to prosecute persons responsible for serious violations of international humanitarian law committed in the territory of Rwanda and Rwandan citizens responsible for such violations committed in the territory of neighbouring States between 1 January 1994 and 31 December 1994, in accordance with the provisions of the present Statute.

Article 2: Genocide
1. The International Tribunal for Rwanda shall have the power to prosecute persons committing genocide as defined in paragraph 2 of this article or of committing any of the other acts enumerated in paragraph 3 of this article
2. Genocide means any of the following acts committed with intent to destroy, in whole or in part, a national, ethnical, racial or religious group, as such:
    a) Killing members of the group;
    b) Causing serious bodily or mental harm to members of the group;
    c) Deliberately inflicting on the group conditions of life calculated to bring about its physical destruction in whole or in part;
    d) Imposing measures intended to prevent births within the group;
    e) Forcibly transferring children of the group to another group.
3.The following acts shall be punishable:
    a) Genocide;
    b) Conspiracy to commit genocide;
    c) Direct and public incitement to commit genocide;
    d) Attempt to commit genocide;
    e) Complicity in genocide.

Article 3: Crimes against Humanity
The International Tribunal for Rwanda shall have the power to prosecute persons responsible for the following crimes when committed as part of a widespread or systematic attack against any civilian population on national, political, ethnic, racial or religious grounds:
    a) Murder;
    b) Extermination;
    c) Enslavement;
    d) Deportation;
    e) Imprisonment;
    f) Torture;
    g) Rape;
    h) Persecutions on political, racial and religious grounds;
    i) Other inhumane acts.

Article 4: Violations of Article 3 common to the Geneva Conventions and of Additional Protocol II
The International Tribunal for Rwanda shall have the power to prosecute persons committing or ordering to be committed serious violations of Article 3 common to the Geneva Conventions of 12 August 1949 for the Protection of War Victims, and of Additional Protocol II thereto of 8 June 1977. These violations shall include, but shall not be limited to:
   a) Violence to life, health and physical or mental well—being of persons, in particular murder as well as cruel treatment such as torture, mutilation or any form of corporal punishment;
   b) Collective punishments;
   c) Taking of hostages;
   d) Acts of terrorism;
   e) Outrages upon personal dignity, in particular humiliating and degrading treatment, rape, enforced prostitution and any form of indecent assault;
   f) Pillage;
   g) The passing of sentences and the carrying out of executions without previous judgement pronounced by a regularly constituted court, affording all the judicial guarantees which are recognised as indispensable by civilised peoples;
   h) Threats to commit any of the foregoing acts.

Article 5: Personal jurisdiction
The International Tribunal for Rwanda shall have jurisdiction over natural persons pursuant to the provisions of the present Statute.

Article 6: Individual Criminal Responsibility
   1. A person who planned, instigated, ordered, committed or otherwise aided and abetted in the planning, preparation or execution of a crime referred to in articles 2 to 4 of the present Statute, shall be individually responsible for the crime.
   2. The official position of any accused person, whether as Head of State or Government or as a responsible Government official, shall not relieve such person of criminal responsibility nor mitigate punishment.
   3. The fact that any of the acts referred to in articles 2 to 4 of the present Statute was committed by a subordinate does not relieve his or her superior of criminal responsibility if he or she knew or had reason to know that the subordinate was about to commit such acts or had done so and the superior failed to take the necessary and reasonable measures to prevent such acts or to punish the perpetrators thereof.
   4. The fact that an accused person acted pursuant to an order of a Government or of a superior shall not relieve him or her of criminal responsibility, but may be considered in mitigation of punishment if the International Tribunal for Rwanda determines that justice so requires.

Article 7: Territorial and temporal jurisdiction
The territorial jurisdiction of the International Tribunal for Rwanda shall extend to the territory of Rwanda including its land surface and airspace as well as to the territory of neighbouring States in respect of serious violations of international humanitarian law committed by Rwandan citizens. The temporal jurisdiction of the International Tribunal for Rwanda shall extend to a period beginning on 1 January 1994 and ending on 31 December 1994.

Article 8: Concurrent jurisdiction

1. The International Tribunal for Rwanda and national courts shall have concurrent jurisdiction to prosecute persons for serious violations of international humanitarian law committed in the territory of Rwanda and Rwandan citizens for such violations committed in the territory of the neighbouring States, between 1 January 1994 and 31 December 1994.

2. The International Tribunal for Rwanda shall have the primacy over the national courts of all States. At any stage of the procedure, the International Tribunal for Rwanda may formally request national courts to defer to its competence in accordance with the present Statute and the Rules of Procedure and Evidence of the International Tribunal for Rwanda.

Article 9: Non bis in idem

1. No person shall be tried before a national court for acts constituting serious violations of international humanitarian law under the present Statute, for which he or she has already been tried by the International Tribunal for Rwanda.

2. A person who has been tried before a national court for acts constituting serious violations of international humanitarian law may be subsequently tried by the International Tribunal for Rwanda only if:

a) The act for which he or she was tried was characterised as an ordinary crime; or

b) The national court proceedings were not impartial or independent, were designed to shield the accused from international criminal responsibility, or the case was not diligently prosecuted.

3. In considering the penalty to be imposed on a person convicted of a crime under the present Statute, the International Tribunal for Rwanda shall take into account the extent to which any penalty imposed by a national court on the same person for the same act has already been served.

7. ICC Statute〔Extract〕
(Rome Statute of the International Criminal Court)〕

PREAMBLE

The States Parties to this Statute,

Conscious that all peoples are united by common bonds, their cultures pieced together in a shared heritage, and concerned that this delicate mosaic may be shattered at any time,

Mindful that during this century millions of children, women and men have been victims of unimaginable atrocities that deeply shock the conscience of humanity,

Recognizing that such grave crimes threaten the peace, security and well−being of the world,

Affirming that the most serious crimes of concern to the international community as a whole must not go unpunished and that their effective prosecution must be ensured by taking measures at the national level and by enhancing international cooperation,

Determined to put an end to impunity for the perpetrators of these crimes and thus to contribute to the prevention of such crimes,

Recalling that it is the duty of every State to exercise its criminal jurisdiction over those responsible for international crimes,

Reaffirming the Purposes and Principles of the Charter of the United Nations, and in particular that all States shall refrain from the threat or use of force against the territorial integrity or political independence of any State, or in any other manner inconsistent with the Purposes of the United Nations,

Emphasizing in this connection that nothing in this Statute shall be taken as

authorizing any State Party to intervene in an armed conflict or in the internal affairs of any State,

Determined to these ends and for the sake of present and future generations, to establish an independent permanent International Criminal Court in relationship with the United Nations system, with jurisdiction over the most serious crimes of concern to the international community as a whole,

Emphasizing that the International Criminal Court established under this Statute shall be complementary to national criminal jurisdictions,

Resolved to guarantee lasting respect for and the enforcement of international justice,

Have agreed as follows:

PART 1. ESTABLISHMENT OF THE COURT

Article 1 The Court

An International Criminal Court ("the Court") is hereby established. It shall be a permanent institution and shall have the power to exercise its jurisdiction over persons for the most serious crimes of international concern, as referred to in this Statute, and shall be complementary to national criminal jurisdictions. The jurisdiction and functioning of the Court shall be governed by the provisions of this Statute.

Article 2 Relationship of the Court with the United Nations

The Court shall be brought into relationship with the United Nations through an agreement to be approved by the Assembly of States Parties to this Statute and thereafter concluded by the President of the Court on its behalf.

Article 3 Seat of the Court

1. The seat of the Court shall be established at The Hague in the Netherlands ("the host State").
2. The Court shall enter into a headquarters agreement with the host State, to be approved by the Assembly of States Parties and thereafter concluded by the President of the Court on its behalf.
3. The Court may sit elsewhere, whenever it considers it desirable, as provided in this Statute.

Article 4 Legal status and powers of the Court

1. The Court shall have international legal personality. It shall also have such legal capacity as may be necessary for the exercise of its functions and the fulfilment of its purposes.
2. The Court may exercise its functions and powers, as provided in this Statute, on the territory of any State Party and, by special agreement, on the territory of any other State.

PART 2. JURISDICTION, ADMISSIBILITY AND APPLICABLE LAW

Article 5[1) Crimes within the jurisdiction of the Court

The jurisdiction of the Court shall be limited to the most serious crimes of concern to the international community as a whole. The Court has jurisdiction in accordance with this Statute with respect to the following crimes:
  (a) The crime of genocide;
  (b) Crimes against humanity;
  (c) War crimes;
  (d) The crime of aggression.

Article 6 Genocide

For the purpose of this Statute, "genocide" means any of the following acts committed with intent to destroy, in whole or in part, a national, ethnical, racial or religious group, as such:
  (a) Killing members of the group;
  (b) Causing serious bodily or mental harm to members of the group;
  (c) Deliberately inflicting on the group conditions of life calculated to bring about its physical destruction in whole or in part;
  (d) Imposing measures intended to prevent births within the group;
  (e) Forcibly transferring children of the group to another group.

Article 7 Crimes against humanity

1. For the purpose of this Statute, "crime against humanity" means any of the following acts when committed as part of a widespread or systematic attack directed against any civilian population, with knowledge of the attack:
  (a) Murder;

---

1) Paragraph 2 of article 5 ("The Court shall exercise jurisdiction over the crime of aggression once a provision is adopted in accordance with articles 121 and 123 defining the crime and setting out the conditions under which the Court shall exercise jurisdiction with respect to this crime. Such a provision shall be consistent with the relevant provisions of the Charter of the United Nations.") was deleted in accordance with RC/Res.6, annex I, of 11 June 2010.

(b) Extermination;

(c) Enslavement;

(d) Deportation or forcible transfer of population;

(e) Imprisonment or other severe deprivation of physical liberty in violation of fundamental rules of international law;

(f) Torture;

(g) Rape, sexual slavery, enforced prostitution, forced pregnancy, enforced sterilization, or any other form of sexual violence of comparable gravity;

(h) Persecution against any identifiable group or collectivity on political, racial, national, ethnic, cultural, religious, gender as defined in paragraph 3, or other grounds that are universally recognized as impermissible under international law, in connection with any act referred to in this paragraph or any crime within the jurisdiction of the Court;

(i) Enforced disappearance of persons;

(j) The crime of apartheid;

(k) Other inhumane acts of a similar character intentionally causing great suffering, or serious injury to body or to mental or physical health.

2. For the purpose of paragraph 1:

(a) "Attack directed against any civilian population" means a course of conduct involving the multiple commission of acts referred to in paragraph 1 against any civilian population, pursuant to or in furtherance of a State or organizational policy to commit such attack;

(b) "Extermination" includes the intentional infliction of conditions of life, *inter alia* the deprivation of access to food and medicine, calculated to bring about the destruction of part of a population;

(c) "Enslavement" means the exercise of any or all of the powers attaching to the right of ownership over a person and includes the exercise of such power in the course of trafficking in persons, in particular women and children;

(d) "Deportation or forcible transfer of population" means forced displacement of the persons concerned by expulsion or other coercive acts from the area in which they are lawfully present, without grounds permitted under international law;

(e) "Torture" means the intentional infliction of severe pain or suffering, whether physical or mental, upon a person in the custody or under the control of the accused; except that torture shall not include pain or suffering arising only from, inherent in or incidental to, lawful sanctions;

(f) "Forced pregnancy" means the unlawful confinement of a woman forcibly made pregnant, with the intent of affecting the ethnic composition of any population or carrying out other grave violations of international law. This definition shall not in any way be interpreted as affecting national laws relating to pregnancy;

(g) "Persecution" means the intentional and severe deprivation of fundamental rights contrary to international law by reason of the identity of the group or collectivity;

(h) "The crime of apartheid" means inhumane acts of a character similar to those referred to in paragraph 1, committed in the context of an institutionalized regime of systematic oppression and domination by one racial group over any other racial group or groups and committed with the intention of maintaining that regime;

(i) "Enforced disappearance of persons" means the arrest, detention or abduction of persons by, or with the authorization, support or acquiescence of, a State or a political organization, followed by a refusal to acknowledge that deprivation of freedom or to give information on the fate or whereabouts of those persons, with the intention of removing them from the protection of the law for a prolonged period of time.

3. For the purpose of this Statute, it is understood that the term "gender" refers to the two sexes, male and female, within the context of society. The term "gender" does not indicate any meaning different from the above.

Article 8[2] War crimes

1. The Court shall have jurisdiction in respect of war crimes in particular when committed as part of a plan or policy or as part of a large−scale commission of such crimes.

2. For the purpose of this Statute, "war crimes" means:

 (a) Grave breaches of the Geneva Conventions of 12 August 1949, namely, any of the following acts against persons or property protected under the provisions of the relevant Geneva Convention:

 (i) Wilful killing;

 (ii) Torture or inhuman treatment, including biological experiments;

 (iii) Wilfully causing great suffering, or serious injury to body or health;

 (iv) Extensive destruction and appropriation of property, not justified by military necessity and carried out unlawfully and wantonly;

 (v) Compelling a prisoner of war or other protected person to serve in the forces of a hostile Power;

 (vi) Wilfully depriving a prisoner of war or other protected person of the rights of fair and regular trial;

 (vii) Unlawful deportation or transfer or unlawful confinement;

 (viii) Taking of hostages.

 (b) Other serious violations of the laws and customs applicable in international armed conflict, within the established framework of international law, namely, any of the following acts:

 (i) Intentionally directing attacks against the civilian population as such or against individual civilians not taking direct part in hostilities;

 (ii) Intentionally directing attacks against civilian objects, that is, objects which are not military objectives;

 (iii) Intentionally directing attacks against personnel, installations, material, units or vehicles involved in a humanitarian assistance or peacekeeping mission in accordance with the Charter of the United Nations, as long as they are entitled to the protection given to civilians or civilian objects under the international law of armed conflict;

 (iv) Intentionally launching an attack in the knowledge that such attack will cause incidental loss of life or injury to civilians or damage to civilian objects or widespread, long−term and severe damage to the natural environment which would be clearly excessive in relation to the concrete and direct overall military advantage anticipated;

 (v) Attacking or bombarding, by whatever means, towns, villages, dwellings or buildings which are undefended and which are not military objectives;

 (vi) Killing or wounding a combatant who, having laid down his arms or having no longer means of defence, has surrendered at discretion;

 (vii) Making improper use of a flag of truce, of the flag or of the military insignia and uniform of the enemy or of the United Nations, as well as of the distinctive emblems of the Geneva Conventions, resulting in death or serious personal injury;

 (viii) The transfer, directly or indirectly, by the Occupying Power of parts of its own civilian

---

2) Paragraphs 2 (e) (xiii) to 2 (e) (xv) were amended by resolution RC/Res.5 of 11 June 2010 (adding paragraphs 2 (e) (xiii) to 2 (e) (xv)).

population into the territory it occupies, or the deportation or transfer of all or parts of the population of the occupied territory within or outside this territory;

(ix) Intentionally directing attacks against buildings dedicated to religion, education, art, science or charitable purposes, historic monuments, hospitals and places where the sick and wounded are collected, provided they are not military objectives;

(x) Subjecting persons who are in the power of an adverse party to physical mutilation or to medical or scientific experiments of any kind which are neither justified by the medical, dental or hospital treatment of the person concerned nor carried out in his or her interest, and which cause death to or seriously endanger the health of such person or persons;

(xi) Killing or wounding treacherously individuals belonging to the hostile nation or army;

(xii) Declaring that no quarter will be given;

(xiii) Destroying or seizing the enemy's property unless such destruction or seizure be imperatively demanded by the necessities of war;

(xiv) Declaring abolished, suspended or inadmissible in a court of law the rights and actions of the nationals of the hostile party;

(xv) Compelling the nationals of the hostile party to take part in the operations of war directed against their own country, even if they were in the belligerent's service before the commencement of the war;

(xvi) Pillaging a town or place, even when taken by assault;

(xvii) Employing poison or poisoned weapons;

(xviii) Employing asphyxiating, poisonous or other gases, and all analogous liquids, materials or devices;

(xix) Employing bullets which expand or flatten easily in the human body, such as bullets with a hard envelope which does not entirely cover the core or is pierced with incisions;

(xx) Employing weapons, projectiles and material and methods of warfare which are of a nature to cause superfluous injury or unnecessary suffering or which are inherently indiscriminate in violation of the international law of armed conflict, provided that such weapons, projectiles and material and methods of warfare are the subject of a comprehensive prohibition and are included in an annex to this Statute, by an amendment in accordance with the relevant provisions set forth in articles 121 and 123;

(xxi) Committing outrages upon personal dignity, in particular humiliating and degrading treatment;

(xxii) Committing rape, sexual slavery, enforced prostitution, forced pregnancy, as defined in article7, paragraph2(f), enforced sterilization, or any other form of sexual violence also constituting a grave breach of the Geneva Conventions;

(xxiii) Utilizing the presence of a civilian or other protected person to render certain points, areas or military forces immune from military operations;

(xxiv) Intentionally directing attacks against buildings, material, medical units and transport, and personnel using the distinctive emblems of the Geneva Conventions in conformity with international law;

(xxv) Intentionally using starvation of civilians as a method of warfare by depriving them of objects indispensable to their survival, including wilfully impeding relief supplies as provided for under the Geneva Conventions;

(xxvi) Conscripting or enlisting children under the age of fifteen years into the national armed forces or using them to participate actively in hostilities.

(c) In the case of an armed conflict not of an international character, serious violations of article 3 common to the four Geneva Conventions of 12 August 1949, namely, any of the following acts committed against persons taking no active part in the hostilities, including members of armed forces who have laid down their arms and those placed hors de combat by sickness, wounds, detention or any other cause:

(i) Violence to life and person, in particular murder of all kinds, mutilation, cruel treatment and torture;

(ii) Committing outrages upon personal dignity, in particular humiliating and degrading treatment;

(iii) Taking of hostages;

(iv) The passing of sentences and the carrying out of executions without previous judgement pronounced by a regularly constituted court, affording all judicial guarantees which are generally recognized as indispensable.

(d) Paragraph 2 (c) applies to armed conflicts not of an international character and thus does not apply to situations of internal disturbances and tensions, such as riots, isolated and sporadic acts of violence or other acts of a similar nature.

(e) Other serious violations of the laws and customs applicable in armed conflicts not of an international character, within the established framework of international law, namely, any of the following acts:

(i) Intentionally directing attacks against the civilian population as such or against individual civilians not taking direct part in hostilities;

(ii) Intentionally directing attacks against buildings, material, medical units and transport, and personnel using the distinctive emblems of the Geneva Conventions in conformity with international law;

(iii) Intentionally directing attacks against personnel, installations, material, units or vehicles involved in a humanitarian assistance or peacekeeping mission in accordance with the Charter of the United Nations, as long as they are entitled to the protection given to civilians or civilian objects under the international law of armed conflict;

(iv) Intentionally directing attacks against buildings dedicated to religion, education, art, science or charitable purposes, historic monuments, hospitals and places where the sick and wounded are collected, provided they are not military objectives;

(v) Pillaging a town or place, even when taken by assault;

(vi) Committing rape, sexual slavery, enforced prostitution, forced pregnancy, as defined in article7, paragraph2 (f), enforced sterilization, and any other form of sexual violence also constituting a serious violation of article 3 common to the four Geneva Conventions;

(vii) Conscripting or enlisting children under the age of fifteen years into armed forces or groups or using them to participate actively in hostilities;

(viii) Ordering the displacement of the civilian population for reasons related to the conflict, unless the security of the civilians involved or imperative military reasons so demand;

(ix) Killing or wounding treacherously a combatant adversary;

(x) Declaring that no quarter will be given;

(xi) Subjecting persons who are in the power of another party to the conflict to physical mutilation or to medical or scientific experiments of any kind which are neither justified by the medical, dental or hospital treatment of the person concerned nor carried out in his or her interest, and which cause death to or seriously endanger the health of such person or persons;

(xii) Destroying or seizing the property of an adversary unless such destruction or seizure be imperatively demanded by the necessities of the conflict;

(xiii) Employing poison or poisoned weapons;

(xiv) Employing asphyxiating, poisonous or other gases, and all analogous liquids, materials or devices;

(xv) Employing bullets which expand or flatten easily in the human body, such as bullets with a hard envelope which does not entirely cover the core or is pierced with incisions.

(f) Paragraph 2 (e) applies to armed conflicts not of an international character and thus does not apply to situations of internal disturbances and tensions, such as riots, isolated and sporadic acts of violence or other acts of a similar nature. It applies to armed conflicts that take place in the territory of a State when there is protracted armed conflict between governmental authorities and organized armed groups or between such groups.

3. Nothing in paragraph 2 (c) and (e) shall affect the responsibility of a Government to maintain or re−establish law and order in the State or to defend the unity and territorial integrity of the State, by all legitimate means.

Article 8 *bis*[3] Crime of aggression

1. For the purpose of this Statute,"crime of aggression"means the planning, preparation, initiation or execution, by a person in a position effectively to exercise control over or to direct the political or military action of a State, of an act of aggression which, by its character, gravity and scale, constitutes a manifest violation of the Charter of the United Nations.

2. For the purpose of paragraph 1, "act of aggression" means the use of armed force by a State against the sovereignty, territorial integrity or political independence of another State, or in any other manner inconsistent with the Charter of the United Nations. Any of the following acts, regardless of a declaration of war, shall, in accordance with United Nations General Assembly resolution 3314 (XXIX) of 14 December 1974, qualify as an act of aggression:

(a) The invasion or attack by the armed forces of a State of the territory of another State, or any military occupation, however temporary, resulting from such invasion or attack, or any annexation by the use of force of the territory of another State or part thereof;

(b) Bombardment by the armed forces of a State against the territory of another State or the use of any weapons by a State against the territory of another State;

(c) The blockade of the ports or coasts of a State by the armed forces of another State;

(d) An attack by the armed forces of a State on the land, sea or air forces, or marine and air fleets of another State;

(e) The use of armed forces of one State which are within the territory of another State with the agreement of the receiving State, in contravention of the conditions provided for in the agreement or any extension of their presence in such territory beyond the termination of the agreement;

(f) The action of a State in allowing its territory, which it has placed at the disposal of another State, to be used by that other State for perpetrating an act of aggression against a third State;

(g) The sending by or on behalf of a State of armed bands, groups, irregulars or mercenaries, which carry out acts of armed force against another State of such gravity as to amount to the acts listed above, or its substantial involvement therein.

Article 9[4] Elements of Crimes

1. Elements of Crimes shall assist the Court in the interpretation and application of articles 6, 7, 8 and 8 *bis*. They shall be adopted by a two−thirds majority of the members of the Assembly of

---

3) Inserted by resolution RC/Res.6 of 11 June 2010.

4) As amended by resolution RC/Res.6 of 11 June 2010 (inserting the reference to article 8 *bis*).

States Parties.

2. Amendments to the Elements of Crimes may be proposed by:

(a) Any State Party;

(b) The judges acting by an absolute majority;

(c) The Prosecutor.

Such amendments shall be adopted by a two−thirds majority of the members of the Assembly of States Parties.

3. The Elements of Crimes and amendments thereto shall be consistent with this Statute.

Article 10

Nothing in this Part shall be interpreted as limiting or prejudicing in any way existing or developing rules of international law for purposes other than this Statute.

Article 11 Jurisdiction ratione temporis

1. The Court has jurisdiction only with respect to crimes committed after the entry into force of this Statute.

2. If a State becomes a Party to this Statute after its entry into force, the Court may exercise its jurisdiction only with respect to crimes committed after the entry into force of this Statute for that State, unless that State has made a declaration under article 12, paragraph 3.

Article 12 Preconditions to the exercise of jurisdiction

1. A State which becomes a Party to this Statute thereby accepts the jurisdiction of the Court with respect to the crimes referred to in article 5.

2. In the case of article 13, paragraph (a) or (c), the Court may exercise its jurisdiction if one or more of the following States are Parties to this Statute or have accepted the jurisdiction of the Court in accordance with paragraph 3:

(a) The State on the territory of which the conduct in question occurred or, if the crime was committed on board a vessel or aircraft, the State of registration of that vessel or aircraft;

(b) The State of which the person accused of the crime is a national.

3. If the acceptance of a State which is not a Party to this Statute is required under paragraph 2, that State may, by declaration lodged with the Registrar, accept the exercise of jurisdiction by the Court with respect to the crime in question. The accepting State shall cooperate with the Court without any delay or exception in accordance with Part 9.

Article 13 Exercise of jurisdiction

The Court may exercise its jurisdiction with respect to a crime referred to in article 5 in accordance with the provisions of this Statute if:

(a) A situation in which one or more of such crimes appears to have been committed is referred to the Prosecutor by a State Party in accordance with article 14;

(b) A situation in which one or more of such crimes appears to have been committed is referred to the Prosecutor by the Security Council acting under Chapter VII of the Charter of the United Nations; or

(c) The Prosecutor has initiated an investigation in respect of such a crime in accordance with article 15.

Article 14 Referral of a situation by a State Party

1. A State Party may refer to the Prosecutor a situation in which one or more crimes within the jurisdiction of the Court appear to have been committed requesting the Prosecutor to investigate the situation for the purpose of determining whether one or more specific persons should be charged with the commission of such crimes.
2. As far as possible, a referral shall specify the relevant circumstances and be accompanied by such supporting documentation as is available to the State referring the situation.

Article 15 Prosecutor

1. The Prosecutor may initiate investigations *proprio motu* on the basis of information on crimes within the jurisdiction of the Court.
2. The Prosecutor shall analyse the seriousness of the information received. For this purpose, he or she may seek additional information from States, organs of the United Nations, intergovernmental or non−governmental organizations, or other reliable sources that he or she deems appropriate, and may receive written or oral testimony at the seat of the Court.
3. If the Prosecutor concludes that there is a reasonable basis to proceed with an investigation, he or she shall submit to the Pre−Trial Chamber a request for authorization of an investigation, together with any supporting material collected. Victims may make representations to the Pre−Trial Chamber, in accordance with the Rules of Procedure and Evidence.
4. If the Pre−Trial Chamber, upon examination of the request and the supporting material, considers that there is a reasonable basis to proceed with an investigation, and that the case appears to fall within the jurisdiction of the Court, it shall authorize the commencement of the investigation, without prejudice to subsequent determinations by the Court with regard to the jurisdiction and admissibility of a case.
5. The refusal of the Pre−Trial Chamber to authorize the investigation shall not preclude the presentation of a subsequent request by the Prosecutor based on new facts or evidence regarding the same situation.
6. If, after the preliminary examination referred to in paragraphs 1 and 2, he Prosecutor concludes that the information provided does not constitute a reasonable basis for an investigation, he or she shall inform those who provided the information. This shall not preclude the Prosecutor from considering further information submitted to him or her regarding the same situation in the light of new facts or evidence.

Article 15 bis[5] Exercise of jurisdiction over the crime of aggression(State referral, proprio motu)

1. The Court may exercise jurisdiction over the crime of aggression in accordance with article 13, paragraphs (a) and (c), subject to the provisions of this article.
2. The Court may exercise jurisdiction only with respect to crimes of aggression committed one year after the ratification or acceptance of the amendments by thirty States Parties.
3. The Court shall exercise jurisdiction over the crime of aggression in accordance with this article, subject to a decision to be taken after 1 January 2017 by the same majority of States Parties as is required for the adoption of an amendment to the Statute.
4. The Court may, in accordance with article 12, exercise jurisdiction over a crime of aggression, arising from an act of aggression committed by a State Party, unless that State Party has previously declared that it does not accept such jurisdiction by lodging a declaration with the

---

5) Inserted by resolution RC/Res.6 of 11 June 2010.

Registrar. The withdrawal of such a declaration may be effected at any time and shall be considered by the State Party within three years.

5. In respect of a State that is not a party to this Statute, the Court shall not exercise its jurisdiction over the crime of aggression when committed by that State's nationals or on its territory.

6. Where the Prosecutor concludes that there is a reasonable basis to proceed with an investigation in respect of a crime of aggression, he or she shall first ascertain whether the Security Council has made a determination of an act of aggression committed by the State concerned. The Prosecutor shall notify the Secretary—General of the United Nations of the situation before the Court, including any relevant information and documents.

7. Where the Security Council has made such a determination, the Prosecutor may proceed with the investigation in respect of a crime of aggression.

8. Where no such determination is made within six months after the date of notification, the Prosecutor may proceed with the investigation in respect of a crime of aggression, provided that the Pre—Trial Division has authorized the commencement of the investigation in respect of a crime of aggression in accordance with the procedure contained in article 15, and the Security Council has not decided otherwise in accordance with article 16.

9. A determination of an act of aggression by an organ outside the Court shall be without prejudice to the Court's own findings under this Statute.

10. This article is without prejudice to the provisions relating to the exercise of jurisdiction with respect to other crimes referred to in article 5.

Article 15 ter[6] Exercise of jurisdiction over the crime of aggression(Security Council referral)

1. The Court may exercise jurisdiction over the crime of aggression in accordance with article 13, paragraph (b), subject to the provisions of this article.

2. The Court may exercise jurisdiction only with respect to crimes of aggression committed one year after the ratification or acceptance of the amendments by thirty States Parties.

3. The Court shall exercise jurisdiction over the crime of aggression in accordance with this article, subject to a decision to be taken after 1 January 2017 by the same majority of States Parties as is required for the adoption of an amendment to the Statute.

4. A determination of an act of aggression by an organ outside the Court shall be without prejudice to the Court's own findings under this Statute.

5. This article is without prejudice to the provisions relating to the exercise of jurisdiction with respect to other crimes referred to in article 5.

Article 16 Deferral of investigation or prosecution

No investigation or prosecution may be commenced or proceeded with under this Statute for a period of 12 months after the Security Council, in a resolution adopted under Chapter VII of the Charter of the United Nations, has requested the Court to that effect; that request may be renewed by the Council under the same conditions.

Article 17 Issues of admissibility

1. Having regard to paragraph 10 of the Preamble and article1, the Court shall determine that a case is inadmissible where:

 (a) The case is being investigated or prosecuted by a State which has jurisdiction over it, unless

---

6) Inserted by resolution RC/Res.6 of 11 June 2010.

the State is unwilling or unable genuinely to carry out the investigation or prosecution;

(b) The case has been investigated by a State which has jurisdiction over it and the State has decided not to prosecute the person concerned, unless the decision resulted from the unwillingness or inability of the State genuinely to prosecute;

(c) The person concerned has already been tried for conduct which is the subject of the complaint, and a trial by the Court is not permitted under article 20, paragraph 3;

(d) The case is not of sufficient gravity to justify further action by the Court.

2. In order to determine unwillingness in a particular case, the Court shall consider, having regard to the principles of due process recognized by international law, whether one or more of the following exist, as applicable:

(a) The proceedings were or are being undertaken or the national decision was made for the purpose of shielding the person concerned from criminal responsibility for crimes within the jurisdiction of the Court referred to in article 5;

(b) There has been an unjustified delay in the proceedings which in the circumstances is inconsistent with an intent to bring the person concerned to justice;

(c) The proceedings were not or are not being conducted independently or impartially, and they were or are being conducted in a manner which, in the circumstances, is inconsistent with an intent to bring the person concerned to justice.

3. In order to determine inability in a particular case, the Court shall consider whether, due to a total or substantial collapse or unavailability of its national judicial system, the State is unable to obtain the accused or the necessary evidence and testimony or otherwise unable to carry out its proceedings.

Article 18 Preliminary rulings regarding admissibility

1. When a situation has been referred to the Court pursuant to article 13 (a) and the Prosecutor has determined that there would be a reasonable basis to commence an investigation, or the Prosecutor initiates an investigation pursuant to articles 13 (c) and 15, the Prosecutor shall notify all States Parties and those States which, taking into account the information available, would normally exercise jurisdiction over the crimes concerned. The Prosecutor may notify such States on a confidential basis and, where the Prosecutor believes it necessary to protect persons, prevent destruction of evidence or prevent the absconding of persons, may limit the scope of the information provided to States.

2. Within one month of receipt of that notification, a State may inform the Court that it is investigating or has investigated its nationals or others within its jurisdiction with respect to criminal acts which may constitute crimes referred to in article 5 and which relate to the information provided in the notification to States. At the request of that State, the Prosecutor shall defer to the State's investigation of those persons unless the Pre−Trial Chamber, on the application of the Prosecutor, decides to authorize the investigation.

3. The Prosecutor's deferral to a State's investigation shall be open to review by the Prosecutor six months after the date of deferral or at any time when there has been a significant change of circumstances based on the State's unwillingness or inability genuinely to carry out the investigation.

4. The State concerned or the Prosecutor may appeal to the Appeals Chamber against a ruling of the Pre−Trial Chamber, in accordance with article 82. The appeal may be heard on an expedited basis.

5. When the Prosecutor has deferred an investigation in accordance with paragraph 2, the Prosecutor may request that the State concerned periodically inform the Prosecutor of the progress of its

investigations and any subsequent prosecutions. States Parties shall respond to such requests without undue delay.

6. Pending a ruling by the Pre−Trial Chamber, or at any time when the Prosecutor has deferred an investigation under this article, the Prosecutor may, on an exceptional basis, seek authority from the Pre−Trial Chamber to pursue necessary investigative steps for the purpose of preserving evidence where there is a unique opportunity to obtain important evidence or there is a significant risk that such evidence may not be subsequently available.

7. A State which has challenged a ruling of the Pre−Trial Chamber under this article may challenge the admissibility of a case under article 19 on the grounds of additional significant facts or significant change of circumstances.

Article 19 Challenges to the jurisdiction of the Court or the admissibility of a case

1. The Court shall satisfy itself that it has jurisdiction in any case brought before it. The Court may, on its own motion, determine the admissibility of a case in accordance with article 17.

2. Challenges to the admissibility of a case on the grounds referred to in article 17 or challenges to the jurisdiction of the Court may be made by:

 (a) An accused or a person for whom a warrant of arrest or a summons to appear has been issued under article 58;

 (b) A State which has jurisdiction over a case, on the ground that it is investigating or prosecuting the case or has investigated or prosecuted; or

 (c) A State from which acceptance of jurisdiction is required under article 12.

3. The Prosecutor may seek a ruling from the Court regarding a question of jurisdiction or admissibility. In proceedings with respect to jurisdiction or admissibility, those who have referred the situation under article 13, as well as victims, may also submit observations to the Court.

4. The admissibility of a case or the jurisdiction of the Court may be challenged only once by any person or State referred to in paragraph 2. The challenge shall take place prior to or at the commencement of the trial. In exceptional circumstances, the Court may grant leave for a challenge to be brought more than once or at a time later than the commencement of the trial. Challenges to the admissibility of a case, at the commencement of a trial, or subsequently with the leave of the Court, may be based only on article 17, paragraph 1 (c).

5. A State referred to in paragraph 2 (b) and (c) shall make a challenge at the earliest opportunity.

6. Prior to the confirmation of the charges, challenges to the admissibility of a case or challenges to the jurisdiction of the Court shall be referred to the Pre−Trial Chamber. After confirmation of the charges, they shall be referred to the Trial Chamber. Decisions with respect to jurisdiction or admissibility may be appealed to the Appeals Chamber in accordance with article 82.

7. If a challenge is made by a State referred to in paragraph 2 (b) or (c), the Prosecutor shall suspend the investigation until such time as the Court makes a determination in accordance with article 17.

8. Pending a ruling by the Court, the Prosecutor may seek authority from the Court:

 (a) To pursue necessary investigative steps of the kind referred to in article 18, paragraph 6;

 (b) To take a statement or testimony from a witness or complete the collection and examination of evidence which had begun prior to the making of the challenge; and

 (c) In cooperation with the relevant States, to prevent the absconding of persons in respect of whom the Prosecutor has already requested a warrant of arrest under article 58.

9. The making of a challenge shall not affect the validity of any act performed by the Prosecutor or any order or warrant issued by the Court prior to the making of the challenge.

10. If the Court has decided that a case is inadmissible under article 17, the Prosecutor may submit a request for a review of the decision when he or she is fully satisfied that new facts have arisen which negate the basis on which the case had previously been found inadmissible under article 17.

11. If the Prosecutor, having regard to the matters referred to in article 17, defers an investigation, the Prosecutor may request that the relevant State make available to the Prosecutor information on the proceedings. That information shall, at the request of the State concerned, be confidential. If the Prosecutor thereafter decides to proceed with an investigation, he or she shall notify the State to which deferral of the proceedings has taken place.

Article 20[7)] Ne bis in idem

1. Except as provided in this Statute, no person shall be tried before the Court with respect to conduct which formed the basis of crimes for which the person has been convicted or acquitted by the Court.

2. No person shall be tried by another court for a crime referred to in article 5 for which that person has already been convicted or acquitted by the Court.

3. No person who has been tried by another court for conduct also proscribed under article 6, 7, 8 or 8 *bis* shall be tried by the Court with respect to the same conduct unless the proceedings in the other court:

(a) Were for the purpose of shielding the person concerned from criminal responsibility for crimes within the jurisdiction of the Court; or

(b) Otherwise were not conducted independently or impartially in accordance with the norms of due process recognized by international law and were conducted in a manner which, in the circumstances, was inconsistent with an intent to bring the person concerned to justice.

Article 21 Applicable law

1. The Court shall apply:

(a) In the first place, this Statute, Elements of Crimes and its Rules of Procedure and Evidence;

(b) In the second place, where appropriate, applicable treaties and the principles and rules of international law, including the established principles of the international law of armed conflict;

(c) Failing that, general principles of law derived by the Court from national laws of legal systems of the world including, as appropriate, the national laws of States that would normally exercise jurisdiction over the crime, provided that those principles are not inconsistent with this Statute and with international law and internationally recognized norms and standards.

2. The Court may apply principles and rules of law as interpreted in its previous decisions.

3. The application and interpretation of law pursuant to this article must be consistent with internationally recognized human rights, and be without any adverse distinction founded on grounds such as gender as defined in article 7, paragraph 3, age, race, colour, language, religion or belief, political or other opinion, national, ethnic or social origin, wealth, birth or other status.

PART 3. GENERAL PRINCIPLES OF CRIMINAL LAW

Article 22 Nullum crimen sine lege

1. A person shall not be criminally responsible under this Statute unless the conduct in question constitutes, at the time it takes place, a crime within the jurisdiction of the Court.

---

7) As amended by resolution RC/Res.6 of 11 June 2010 (inserting the reference to article 8 *bis*).

2. The definition of a crime shall be strictly construed and shall not be extended by analogy. In case of ambiguity, the definition shall be interpreted in favour of the person being investigated, prosecuted or convicted.

3. This article shall not affect the characterization of any conduct as criminal under international law independently of this Statute.

Article 23 Nulla poena sine lege

A person convicted by the Court may be punished only in accordance with this Statute.

Article 24 Non-retroactivity ratione personae

1. No person shall be criminally responsible under this Statute for conduct prior to the entry into force of the Statute.

2. In the event of a change in the law applicable to a given case prior to a final judgement, the law more favourable to the person being investigated, prosecuted or convicted shall apply.

Article 25[8] Individual criminal responsibility

1. The Court shall have jurisdiction over natural persons pursuant to this Statute.

2. A person who commits a crime within the jurisdiction of the Court shall be individually responsible and liable for punishment in accordance with this Statute.

3. In accordance with this Statute, a person shall be criminally responsible and liable for punishment for a crime within the jurisdiction of the Court if that person:

  (a) Commits such a crime, whether as an individual, jointly with another or through another person, regardless of whether that other person is criminally responsible;

  (b) Orders, solicits or induces the commission of such a crime which in fact occurs or is attempted;

  (c) For the purpose of facilitating the commission of such a crime, aids, abets or otherwise assists in its commission or its attempted commission, including providing the means for its commission;

  (d) In any other way contributes to the commission or attempted commission of such a crime by a group of persons acting with a common purpose. Such contribution shall be intentional and shall either:

   (i) Be made with the aim of furthering the criminal activity or criminal purpose of the group, where such activity or purpose involves the commission of a crime within the jurisdiction of the Court; or

   (ii) Be made in the knowledge of the intention of the group to commit the crime;

  (e) In respect of the crime of genocide, directly and publicly incites others to commit genocide;

  (f) Attempts to commit such a crime by taking action that commences its execution by means of a substantial step, but the crime does not occur because of circumstances independent of the person's intentions. However, a person who abandons the effort to commit the crime or otherwise prevents the completion of the crime shall not be liable for punishment under this Statute for the attempt to commit that crime if that person completely and voluntarily gave up the criminal purpose.

3 *bis*. In respect of the crime of aggression, the provisions of this article shall apply only to persons in a position effectively to exercise control over or to direct the political or military action of a State.

4. No provision in this Statute relating to individual criminal responsibility shall affect the responsibility of States under international law.

---

8) As amended by resolution RC/Res.6 of 11 June 2010 (adding paragraph 3 *bis*).

Article 26 Exclusion of jurisdiction over persons under eighteen
The Court shall have no jurisdiction over any person who was under the age of 18 at the time of the alleged commission of a crime.

Article 27 Irrelevance of official capacity
1. This Statute shall apply equally to all persons without any distinction based on official capacity. In particular, official capacity as a Head of State or Government, a member of a Government or parliament, an elected representative or a government official shall in no case exempt a person from criminal responsibility under this Statute, nor shall it, in and of itself, constitute a ground for reduction of sentence.
2. Immunities or special procedural rules which may attach to the official capacity of a person, whether under national or international law, shall not bar the Court from exercising its jurisdiction over such a person.

Article 28 Responsibility of commanders and other superiors
In addition to other grounds of criminal responsibility under this Statute for crimes within the jurisdiction of the Court:
  (a) A military commander or person effectively acting as a military commander shall be criminally responsible for crimes within the jurisdiction of the Court committed by forces under his or her effective command and control, or effective authority and control as the case may be, as a result of his or her failure to exercise control properly over such forces, where:
  (i) That military commander or person either knew or, owing to the circumstances at the time, should have known that the forces were committing or about to commit such crimes; and
  (ii) That military commander or person failed to take all necessary and reasonable measures within his or her power to prevent or repress their commission or to submit the matter to the competent authorities for investigation and prosecution.
  (b) With respect to superior and subordinate relationships not described in paragraph (a), a superior shall be criminally responsible for crimes within the jurisdiction of the Court committed by subordinates under his or her effective authority and control, as a result of his or her failure to exercise control properly over such subordinates, where:
  (i) The superior either knew, or consciously disregarded information which clearly indicated, that the subordinates were committing or about to commit such crimes;
  (ii) The crimes concerned activities that were within the effective responsibility and control of the superior; and
  (iii) The superior failed to take all necessary and reasonable measures within his or her power to prevent or repress their commission or to submit the matter to the competent authorities for investigation and prosecution.

Article 29 Non-applicability of statute of limitations
The crimes within the jurisdiction of the Court shall not be subject to any statute of limitations.

Article 30 Mental element
1. Unless otherwise provided, a person shall be criminally responsible and liable for punishment for a crime within the jurisdiction of the Court only if the material elements are committed with intent and knowledge.
2. For the purposes of this article, a person has intent where:

(a) In relation to conduct, that person means to engage in the conduct;

(b) In relation to a consequence, that person means to cause that consequence or is aware that it will occur in the ordinary course of events.

3. For the purposes of this article, "knowledge" means awareness that a circumstance exists or a consequence will occur in the ordinary course of events. "Know" and "knowingly" shall be construed accordingly.

Article 31 Grounds for excluding criminal responsibility

1. In addition to other grounds for excluding criminal responsibility provided for in this Statute, a person shall not be criminally responsible if, at the time of that person's conduct:

(a) The person suffers from a mental disease or defect that destroys that person's capacity to appreciate the unlawfulness or nature of his or her conduct, or capacity to control his or her conduct to conform to the requirements of law;

(b) The person is in a state of intoxication that destroys that person's capacity to appreciate the unlawfulness or nature of his or her conduct, or capacity to control his or her conduct to conform to the requirements of law, unless the person has become voluntarily intoxicated under such circumstances that the person knew, or disregarded the risk, that, as a result of the intoxication, he or she was likely to engage in conduct constituting a crime within the jurisdiction of the Court;

(c) The person acts reasonably to defend himself or herself or another person or, in the case of war crimes, property which is essential for the survival of the person or another person or property which is essential for accomplishing a military mission, against an imminent and unlawful use of force in a manner proportionate to the degree of danger to the person or the other person or property protected. The fact that the person was involved in a defensive operation conducted by forces shall not in itself constitute a ground for excluding criminal responsibility under this subparagraph;

(d) The conduct which is alleged to constitute a crime within the jurisdiction of the Court has been caused by duress resulting from a threat of imminent death or of continuing or imminent serious bodily harm against that person or another person, and the person acts necessarily and reasonably to avoid this threat, provided that the person does not intend to cause a greater harm than the one sought to be avoided. Such a threat may either be:

(i) Made by other persons; or

(ii) Constituted by other circumstances beyond that person's control.

2. The Court shall determine the applicability of the grounds for excluding criminal responsibility provided for in this Statute to the case before it.

3. At trial, the Court may consider a ground for excluding criminal responsibility other than those referred to in paragraph 1 where such a ground is derived from applicable law as set forth in article 21. The procedures relating to the consideration of such a ground shall be provided for in the Rules of Procedure and Evidence.

Article 32 Mistake of fact or mistake of law

1. A mistake of fact shall be a ground for excluding criminal responsibility only if it negates the mental element required by the crime.

2. A mistake of law as to whether a particular type of conduct is a crime within the jurisdiction of the Court shall not be a ground for excluding criminal responsibility. A mistake of law may, however, be a ground for excluding criminal responsibility if it negates the mental element

required by such a crime, or as provided for in article 33.

Article 33 Superior orders and prescription of law

1. The fact that a crime within the jurisdiction of the Court has been committed by a person pursuant to an order of a Government or of a superior, whether military or civilian, shall not relieve that person of criminal responsibility unless:

   (a) The person was under a legal obligation to obey orders of the Government or the superior in question;

   (b) The person did not know that the order was unlawful; and

   (c) The order was not manifestly unlawful.

2. For the purposes of this article, orders to commit genocide or crimes against humanity are manifestly unlawful.

PART 4. COMPOSITION AND ADMINISTRATION OF THE COURT

Article 34 Organs of the Court

The Court shall be composed of the following organs:

(a) The Presidency;

(b) An Appeals Division, a Trial Division and a Pre-Trial Division;

(c) The Office of the Prosecutor;

(d) The Registry.

판례색인

1. 뉘른베르그 국제군사재판소(International Military Tribunal at Nuremberg)

2. 극동 국제군사재판소(International Military Tribunal for the Far East)

3. 지역 군사재판소

Wilhelm von Leeb et al. (High Command Trial)

U.S. Military Tribunal Nuremberg, judgment of 28 October 1948, in Trials of War Criminals before the Nuremberg Military Tribunals under Control Council Law No. 10, Vol. XI, 462   236, 282, 299, 302, 311, 737

Wilhelm List et al. (Hostage Trial)

U.S. Military Tribunal Nuremberg, judgment of 19 February 1948, in Trials of War Criminals before the Nuremberg Military Tribunals under Control Council Law No. 10, Vol. XI, 1230   236, 291, 299, 312

Erhard Milch

U.S. Military Tribunal Nuremberg, judgment of 17 April 1947, in Trials of War Criminals before the Nuremberg Military Tribunals under Control Council Law No. 10, Vol. II, 773   291

Otto Ohlendorf et al. (Einsatzgruppen Trial)

U.S. Military Tribunal Nuremberg, judgment of 10 April 1948, in Trials of War Criminals before the Nuremberg Military Tribunals under Control Council Law No. 10, Vol. IV, 411   275, 299, 311

Oswald Pohl et al.

U.S. Military Tribunal Nuremberg, judgment of 3 November 1947, in Trials of War Criminals before the Nuremberg Military Tribunals under Control Council Law No. 10, Vol. V, 958   235

Ernst von Weizsäcker et al. (so-called Ministries Trial)

U.S. Military Tribunal Nuremberg, judgment of 11 April 1949, in Trials of War Criminals before the Nuremberg Military Tribunals under Control Council Law No. 10, Vol. XIV, 308   275, 311

3. 舊유고 국제형사재판소(International Criminal Tribunal for Former Yugoslavia, ICTY)

Rahim Ademi and Mirko Norac

ICTY (Referral Bench), decision of 14 September 2005, case no. IT−04−78−PT   368

Zlatko Aleksovski

ICTY (TC), judgment of 25 June 1999, case no. IT−95−14/ 1−T   189, 239, 588, 603, 635, 636

ICTY (AC), judgment of 24 March 2000, case no. IT−95−14/ 1−A   21, 60, 114, 150, 159, 206, 227, 228, 245, 246, 565, 582, 636

Vidoje Blagojević and Dragan Jokić

ICTY (TC), judgment of 17 January 2005, case no. IT−02−60−T   204, 251, 413, 424, 426, 437, 441, 448, 484, 513, 527, 592, 615

ICTY (AC), judgment of 9 May 2007, case no. IT−02−60−A   222

Tihomir Blaškić

ICTY (TC), judgment of 3 March 2000, case no. IT−95−14−T   189, 221, 224, 225, 239, 240, 247, 249, 312, 326, 468, 471, 475, 476, 477, 479, 480, 483, 511, 514, 524, 525, 551, 556, 588, 592, 603, 604, 612, 613, 652, 662, 669, 670, 677, 681, 682

ICTY (AC), judgment of 29 October 1997, case no. IT−95−14   144, 147, 150

ICTY (AC), judgment of 29 July 2004, case no. IT−95−14−A   114, 150, 181, 189, 206, 225, 227, 241, 246, 248, 254, 305, 326, 327, 328, 467, 472, 477, 512, 514, 567, 613, 663, 671, 682

Fatmir Limaj et al.

ICTY (TC), judgment of 30 November 2005, case no. IT−03−66−T 120, 221, 473, 496, 550, 551, 585, 589

Milan and Sredoje Lukić

ICTY (TC), judgment of 20 July 2009, case no. IT−98−32/ 1−T 210, 524, 572, 594

ICTY (AC), judgment of 4 December 2012, case no. IT−98−32/ 1−A 226, 486, 511, 524, 603

Milan Martić

ICTY (TC), judgment of 12 June 2007, case no. IT−95−11−T 472, 496, 594, 603, 653, 669, 677, 678

ICTY (AC), judgment of 8 October 2008, case no. IT−95−11−A 189, 190, 275, 326, 472,

Dragomir Milošević

ICTY (TC), judgment of 12 December 2007, case no. IT−98−29/ 1−T 315, 665, 669

ICTY (AC), judgment of 12 November 2009, case no. IT−98−29/ 1−A 225, 483, 594, 663

Slobodan Milošević

ICTY (TC), decision of 8 November 2001, case no. IT−02−54 62, 151

ICTY (TC), decision of 16 June 2004, case no. IT−02−54−T 448, 490

Milan Milutinović et al.

ICTY (TC), judgment of 26 February 2009, case no. IT−05−87−T 564, 579, 593

ICTY (AC), decision of 21 May 2003, case no. IT−99−37−AR72 118

Mile Mrkšić et al.

ICTY (TC), judgment of 27 September 2007, case no. IT−95−13/ 1−T 214, 226, 472, 577

Mile Mrkšić and Veselin Šljivančanin

ICTY (AC), judgment of 5 May 2009, case no. IT−95−13/ 1−A 180, 181, 226, 228, 471

Zdravko Mucić et al. (Čelebići)

ICTY (TC), judgment of 16 November 1998, case no. IT−96−21−T 172, 178, 184, 239, 240, 244, 245, 247, 248, 249, 273, 283, 305, 364, 496, 497, 501, 562, 565, 573, 576, 577, 588, 589, 592, 594, 598, 599, 603, 604, 605, 609, 638, 650, 651, 653, 655, 764, 765

ICTY (AC), judgment of 20 February 2001, case no. IT−96−21−A 26, 114, 160, 189, 240, 241, 244, 246, 250, 273, 305, 306, 317, 319, 326, 327, 328, 329, 330, 482, 565, 638, 715

Mladen Naletilić und Vinko Martinović

ICTY (TC), judgment of 31 March 2003, case no. IT−98−34−T 221, 314, 511, 562, 580, 603, 604, 605, 615, 644, 650, 651, 652, 677, 715

ICTY (AC), judgment of 3 May 2006, case no. IT−98−34−A 496, 511, 527, 572, 573

Dragan Nikolić

ICTY (TC), judgment of 18 December 2003, case no. IT−94−2−S 21, 328

Naser Orić

ICTY (TC), judgment of 30 June 2006, case no. IT−03−68−T 181, 187, 200, 222, 246, 247, 248, 249, 254, 260, 592

ICTY (AC), judgment of 3 July 2008, case no. IT−03−68−A 181, 244

Momčilo Perišić

ICTY (TC), judgment of 6 September 2011, case no. IT−04−81−T 207, 226, 228, 244, 246, 247, 477, 484, 512, 524, 528, 594, 663

4. 르완다 국제형사재판소(International Criminal Tribunal for Rwanda, ICTR)

Eliezer Niyitegeka
ICTR (TC), judgment of 16 May 2003, case no. ICTR−96−14−T   501, 507
ICTR (AC), judgment of 9 July 2004, case no. ICTR−96−14−A   424
Ildéphonse Nizeyimana
ICTR (TC), judgment of 19 June 2012, case no. ICTR−2000−55C−T   428
Elizaphan and Gérard Ntakirutimana
ICTR (TC), judgment of 21 February 2003, case nos ICTR−96−10 and ICTR−96−17−T   245
ICTR (AC), judgment of 13 December 2004, case nos ICTR−96−10−A and ICTR−96−17−A   212, 214, 227, 317, 485
Georges Ruggiu
ICTR (TC), judgment of 1 June 2000, case no. ICTR−97−32−I   204, 453, 455, 456
Emmanuel Rukundo
ICTR (TC), decision of 29 November 2006, case no. ICTR−2001−70−T   369
George Rutaganda
ICTR (TC), judgment of 6 December 1999, case no. ICTR−96−3−T   181, 416, 419, 428, 444, 467, 484, 665
ICTR (AC), judgment of 26 May 2003, case no. ICTR−96−3−A   590
Vincent Rutaganira
ICTR (TC),, judgment of 14 March 2005, Case No. ICTR−95−1C−T   19
Laurent Semanza
ICTR (TC), judgment of 15 May 2003, case no. ICTR−97−20−T   202, 435, 436, 589
ICTR (AC), judgment of 20 May 2005, case no. ICTR−97−20−A   207, 209, 224, 328, 330, 430
Athanase Seromba
ICTR (AC), judgment of 12 March 2008, case no. ICTR−2001−66−A   202, 210, 228, 329, 437, 438, 484
Ephrem Setako
ICTR (TC), judgment of 25 February 2010, case no. ICTR−04−81−T   485
Aloys Simba
ICTR (AC), judgment of 27 November 2007, case no. ICTR− 01−76−A   213, 328
Jean Uwinkindi
ICTR (Referral Bench), decision of 28 June 2011, case no. ICTR−2001−75−R11bis   95
ICTR (AC), decision of 16 December 2011, case no. ICTR−01−75−AR11bis   227, 229, 230, 585, 652, 663, 665, 667

5. 국제형사재판소(International Criminal Court)

〔Situation in the Central African Republic〕
Jean Pierre Bemba Gombo
ICC (PTC), warrant of arrest, 23 May 2008, case no. ICC−01/ 05−01/ 08−1−tENG   83
ICC (PTC), decision of 15 June 2009, case no. ICC−01/ 05−01/ 08−424   83, 119, 120, 174, 197, 198, 199, 210, 215, 216, 244, 246, 248, 249, 250, 318, 319, 467, 470, 479, 480, 482, 483, 497, 502,

6. 시에라리온 특별재판소(The Special Court for Sierra Leone, SCSL)

8. 캄보디아 특별재판소(Extraordinary Chambers in the Courts of Cambodia, ECCC)

9. 레바논 특별 재판소(Special Tribunal for Lebanon)

10. 동티모르의 심각한 범죄 재판부(Serious Crimes Panels)

11. 상설국제사법재판소(Permanent Court of International Justice) 및 국제사법재판소 (International Court of Justice, ICJ)

12. 유럽인권법원(European Court of Human Rights)

[국내판례]

사항색인

저자 약력

1989. 서울대 법과대학 졸
1991. 제33회 사법시험 합격
1997. 서울중앙지검 검사
2000. 부산지검 검사
2003. 법무부 국제법무과 검사
2007. 지식경제부 장관 법률자문관
2009. 천안지청, 춘천지검 부장검사
2010. 법무부 국제법무과장
2011. 서부지검 부장검사
2012. 인천지검 부장검사
2014. 울산지검 부장검사
2015. 부산광역시청 파견
2016. 서울고등검찰청 검사

2000. 호주 시드니대 방문학자
2005. 서울대 대학원 법학과 석사
2010. 서울대 대학원 법학과 박사
2014. 미국 보스톤 칼리지 방문학자

저서 & 논문

형법 제7조에 대한 헌법불합치 결정에 대한 고찰, 서울대학교 법학연구소 주최 국제세미나 「시간과 공간 속의 형사법」(2016. 11. 18. 서울대학교 근대법학교육 백주년 기념관) 발표 자료
일사부재리 원칙의 국제적 전개 - 국제적 이중처벌 방지를 위한 새로운 모색 - (2013. 경인문화사)
일사부재리 원칙의 국제적 적용에 관한 연구(2010. 서울대학교 박사논문)
수사단계 압수수색 절차규정에 대한 몇가지 고찰(2009. 형사법의 신동향)
독립적 긴급압수수색 제도의 도입필요성에 대한 고찰(2008. 형사법의 신동향)
체포 또는 구속에 수반되지 않은 긴급압수수색검증(2005. 서울대학교 석사논문)
이혼소장의 각하가 고소권에 미치는 효력(1999. 형사판례연구7)

국제형사법

초판발행   2017년 6월 20일

지은이   김기준
펴낸이   안종만

편 집   한두희
기획/마케팅   조성호
표지디자인   조아라
제 작   우인도·고철민

펴낸곳   (주) **박영시**
               서울특별시 종로구 새문안로3길 36, 1601
               등록 1959. 3. 11. 제3070-1959-1호(倫)

전 화   02)733-6771
f a x   02)736-4818
e-mail   pys@pybook.co.kr
homepage   www.pybook.co.kr
ISBN   979-11-303-3031-0   93360